民国笔记小说粹编编委会

民国笔记小说粹编

凌霄一士随笔

（一）

徐凌霄 徐一士 著

山西出版传媒集团 三晋出版社

图书在版编目(CIP)数据

凌霄一士随笔 / 徐凌霄，徐一士著. —太原:三晋出版社，2023.7

(民国笔记小说粹编)

ISBN 978-7-5457-2453-0

Ⅰ. ①凌… Ⅱ. ①徐… ②徐… Ⅲ. ①笔记小说—小说集—中国—民国 Ⅳ. ① I246.1

中国国家版本馆CIP数据核字(2023)第139507号

凌霄一士随笔

著　　者: 徐凌霄　徐一士
责任编辑: 张仲伟
助理编辑: 郭亚林　李旭杰　董　颖
责任印制: 李佳音
封面设计: 段宇杰

出 版 者: 山西出版传媒集团·三晋出版社
地　　址: 太原市建设南路21号
电　　话: 0351-4956036(总编室)
0351-4922203(印制部)
网　　址: http://www.sjcbs.cn

经 销 者: 新华书店
承 印 者: 山西人民印刷有限责任公司

开　　本: 850mm×1168mm　1/32
印　　张: 68.25
字　　数: 1365千字
版　　次: 2023年7月　第1版
印　　次: 2023年7月　第1次印刷
书　　号: ISBN 978-7-5457-2453-0
定　　价: 262.00元(全四册)

如有印装质量问题，请与本社发行部联系　电话:0351-4922268

总 序

黄 霖

承蒙三晋出版社的错爱，我遵嘱为他们在《民国笔记小说大观》的基础上再做的选粹本作了这个序。说实话，当时我一听这个书名就感到有点头疼，因为自从 1912 年王文濡推出《笔记小说大观》以来，究竟如何认识"笔记小说"这个名目可以说是众说纷纭，非三言两语能够说清，再加上手头的事情实在太多，不想去算这笔糊涂账了。但后来一想，近年来我正从研究近代文论的圈子里跨出来，在关注现代的"旧体"文学与文论，"笔记小说"这个名目作为一种文类或文体亮相并引发了争议，也正是从近现代开始的，因此也不妨乘此机会来梳理一下吧。

显然，要辨说"笔记小说"，首先要将"笔记"与"小说"这两个概念简要地说一说。好在古代对这两个概念，大家的认识本来就大致相近。

假如从《庄子 · 外物》《论语 · 子张》《荀子 · 正名》分别所说的"小说""小道""小家珍说"算起，"小说"之名是出现得比较早的。到汉代桓谭《新论》所提的"小说"就与 20 世纪前一般学者所认识的"小说"比较一致了。它指出其特点是“丛残小语，近取譬论，以作短书”。尽管“小说”于“治身理家，有可观之辞”，但据《论衡·谢短篇》等篇的解释，这类“短书”，写的都是“小道”，“非儒者之贵也”。到《汉书·艺文志》就明确在史志目录中将“小说”归为一类，并列出了具体的书名，从中可见，“小说”中既有“史官记事”之作，也有“迂诞依托”之书，另有阐发哲理的议论、风俗逸闻的记载，等等，内容庞杂，范围广泛。以此可见，“小说”这个概念的出现，先是从内容着眼，强调它写的是有别于经传“大道”之外的杂七杂八的“小道”，与此相适应的是在形式上都是“丛残小语”。简言之，所谓“小说”，就是并非正面、集中阐述“大道”的杂、碎文字。

至于“笔记”之名，当后起于文笔相分的六朝。刘勰《文心雕龙·总术》云：“今之常言，有文有笔，以为无韵者笔也，有韵者文也。”笔记，当属用无韵之笔随记而成的、有别于经年累月、深思熟虑写就的杂、碎文字。当时之所以起用“笔记”之名，主要是从写作的方式与形式的角度上来考虑的。一时使用这个概念者也较多，如刘勰在《文心雕龙·才略》中明确地提出了有“笔记”之作：“路粹、杨修，颇怀笔记之工”，“温太真之笔记，循理而清通，亦笔端之良工也”。差不多同时的萧子显在《南齐书》卷五十二《文学·丘巨源传》中也提到了“笔记”之名。到宋代就有了以“笔记”为名的书籍，如宋祁的《宋景文公笔记》、苏轼的《仇池笔记》等等，久盛不衰。假如也用一语而言之，则所谓“笔记”，就是随笔而记的无韵杂、碎文字。

于此可见，“小说”与“笔记”之别，主要是在起用这两个概念时的着眼点、出发点不同，一是从内容出发，一是从写作的方式出发，在20世纪以前的文献学意义上，它们的实际内涵与外延应该是大致相同的，所谓“笔记”或“小说”，都是指经（正）史之外的，包括各类内容与多种形式的零简短章。它们一般都用的是文言，所以到现代，有人在“小说”之前加了“笔记”，用来与“白话小说”相区别；它们一般成集，但也有单篇或零星几章的，特别是在报刊兴起之后，单篇之作也很多。正因为“小说”与“笔记”两个名目，有异有同，古人又似未见对此有所辨析，只是在各自的著作中自做不同的分类或赋予不同的名目，于是就分分合合，弄得缠夹不清了。

不过，据我粗略的检视，在20世纪以前的漫长历史中，文人墨客或用“小说”之名，或称“笔记”之作，绝大多数并没有将这两个名称合在一起，没有把“笔记小说”或“小说笔记”作为一个文体或文类的名称来使用的。偶尔有之，也是为了文气的连贯而将两者作为相近文体或文类而并列在一起而已。假如当时有标点符号的话，应该是写成“笔记、小说”更为确切，只是当时没有标点符号，就将两者并写在一起了，如宋代史绳祖在《学斋占毕》卷二“蔆蕿二物”条中说：“前辈笔记小说固有字误，或刊本之误，因而后生末学不稽考本出处，承袭谬误甚多。”①再如清代王杰所编的《钦定重刻淳化阁帖释文》中有一文写道，“各有专书以纠其失，其他见于古今诗、文及说部、笔记者指摘不胜枚举”。② 这里的诗与文、说部与笔记之间都是应该加顿号的，它们都是并称的。再如江藩在说钱大昕治元史时说：“搜罗元人诗文集、小说笔记、金石碑版，重修元史，后恐有违功令，改为《元诗纪事》。”③其“小说笔记”也只能看作是性质相近的两类文字并写在一起，也并没有将“小说笔记”四字合在一起看作是一个文体或文类。

时代跨进了20世纪，在新的文学思潮影响下，1902年梁启超在正式发行中国第一本小说杂志《新小说》之前两个月，在《新民丛报》第十四号上发了一篇《中国惟一之文学报〈新小说〉》，对将要发行的《新小说》的宗旨、形式、内容、发行等问题做了介绍，特别详细地对将要发表的各类小说做了分类说明，指出有历史小说、政治小说、哲理科学小说、军事小说、冒险小说、探侦小说、写情小说、语怪小说等不同，这些显然都是从内容上分类的。接下来就从形式上、或者说从文体上指出还有“札记体小说”与“传奇体小说”。在这里，“札记”与“笔记”义同。他特别在“札记”与“小说”之间加了一个“体”字，意义非

---

① 史绳祖《学斋占毕》卷二，文渊阁四库全书本。

② 王杰等辑《钦定石渠宝笈续编》卷二十三，清乾隆末年内府朱丝栏抄嘉庆增补本。

③ 江藩《国朝汉学师承记》卷三，清嘉庆十七年刻本。

凡。这表明在新潮的西方文学观念影响下,他所认识的“小说”已不再是传统的不论在内容上还是形式上都是包罗万象、混沌模糊的一个概念,而是开始将“小说”看作“文学”中的一种自具特色的文体,而“笔记”也只是一种特殊的表现形式与手段。正是在转变了小说观念之后,他在“笔记”与“小说”之间加了一个“体”字,以示这类小说是“笔记”类文体或形式的小说。后在《新小说》正式发行时,他又将“札记体小说”略称为“札记小说”。这种“札记小说”的代表作就是“随意杂录”的“《聊斋》《阅微草堂》之类”。这也就是说,“札记小说”乃是一种用随意笔记的形式写就的如《聊斋志异》《阅微草堂笔记》一类的有故事、有人物,乃至有虚构的文字,也就是“札记体小说”。现在看来,梁启超在新潮的纯文学观念影响下,他心中的“小说”已不同于桓谭、班固到刘知几、胡应麟及四库馆臣笔下的“小说”了。他已将“小说”作为“文学”中的一种独立的文体,不再与“笔记”混同一体,而认为古代作品中“笔记”与“小说”这两者的关系,只能是“笔记体小说”或“小说体笔记”,因而在他主编的《新小说》中发表诸如《啸天庐拾异》《反聊斋》《知新室新译丛》等作品时所标的“札记小说”四个字的含义,实际上已经与古人所用的“笔记小说”之义大相径庭,赋予了“笔记体(类)小说”的新意。这是一次历史性的跨越。自此之后,“札记小说”或“笔记小说”四字的含义,就不再只是“笔记与小说”或者是“笔记加小说”一解,而是另有了一种新义了。而且在这里也清楚地告诉了人们，“笔记”与“小说”两者是不能相混的：在“笔记”中有一类是“小说”，还有许多并不是小说；在小说中有一类是“笔记体”，还有很多是非笔记体的；所谓“札记体小说”或“札记小说”，就是用笔记的手法写成的小说，或者说是归于“笔记”类中的“小说”。

梁启超的看法立即产生了影响。继《新小说》之后，不久发行的一些小说杂志，如《竞立社小说月报》《月月小说》，乃至如以学术为主的《东方杂志》之类也都在这样理解“札记小说”四字的基础上安排了这一专栏，发表了一系列的“笔记体（类）小说”。同时，商务印书馆出版的规模宏大的“说部丛书”，也据梁氏的分类标准，在每一部的封面上大都醒目地标明了是属于某类小说，如政治小说、军事小说等等，其中也有《海外拾遗》《罗刹因果录》等标明是“笔记小说”。此二书，都是分八则，写了各色人等的故事。这里的“笔记”与“小说”之间虽无一个“体”字，但实际就是“笔记体（类）小说”的意思，都是用随笔的形式写成的有故事、有人物、有虚构的作品。乃至在1929年4月2日的《新闻报》的广告栏中刊载大华书店发售的小说，也标明了不同的分类，除了从内容上区别“武侠小说类”“香艳小说类”及新与旧的不同外，另就形式而言也有“笔记小说类”。显然，这个“笔记小说类”也就是“笔记中的小说”或“小说类的笔记”，与梁启超的认识是一脉相承的。

但到民国年间出现了新问题，好编丛书的王文濡，接连编印了《古今说部丛书》《笔记小说大观》《说库》等将传统笔记与小说混在一起的丛书。其用“说部丛书”“说库”之名当无问题，而其于 1912 年用进步书局之名出版的《笔记小说大观》一书，共分八辑，收 220 余种作品，体量极大，尽管其书的《凡例》称“所选趋重小说”，但同时又说，“然关于讨论经史异义，阐发诗文要旨”等“古人笔记中往往有之”之作品也不忍“割爱”。且开宗明义第一条就说：“本编纂辑历代笔记，起六朝，迄民国，巨人伟作，收罗殆遍。”其书在报纸上刊载的“预约广告”也说：“《笔记小说大观》，系集汉魏以来笔记二百余种之汇刊，都五百余册。”①都是将“笔记”覆盖了“小说”。可见王文濡心目中还是将“小说”与“笔记”混在一起的。这样一来，同样“笔记小说”四字，自古至今出现了三种理解：一种是古代个别学者将“笔记”与“小说”并称而合在一起；另一种是如梁启超们将“笔记”中可称“小说”的一类称之为“札记体小说”或略称为“札记小说”；再者就是王文濡将“笔记”与“小说”混为一类的“笔记小说”。

由于当时的小说界普遍接受了新潮的小说观，而对古人曾经有过的零星将“笔记”与“小说”并称的情况没有注意，所以一见王文濡将“笔记”与“小说”混为一类就多有不满，如在当时文坛上比较活跃的姚赓夔就撰文说：

---

① 《新闻报》《民国日报》1928 年 6 月 19 日同载。

“笔记小说”四字，最不可解。笔记自笔记，小说自小说，岂可相混？笔记而名之以小说，是何异画蛇而添足乎？①

署名玉衡者也发文说：

笔记与短篇小说，体裁既异，结构亦不自同。而今之作者，往往互相混淆，是无异于孙周之兄不能辨菽麦。②

《海上繁华梦》作者漱石生也说：

笔记有笔记体裁，小说有小说绳墨，二者绝不相混也。③

与此同时，小说界开始注意辨析“笔记”与“小说”的异同。如《申报》1921年3月20日载《笔记与小说之区别》，列举了九条，如云：“笔记须有记载之价值，次之趣味；小说须有百读不厌之精神，次之勿使阅者意懈，目不终篇。”“笔记重实叙，故曰记；小说可虚绘，故曰说。”“笔

① 《小说杂谈》，《星期》1922年第29期。

② 《小说管窥》，《星期》1923年7月29日。

③ 《余之古今小说观》，《新月》1925年11月1日。

记叙人物、地址皆有名，示翔实焉；小说多以‘某’代之，或并某字而无之，如‘生’‘女’皆成名称，不妨虚衬也。”为了避免将“笔记”与“小说”混淆，一些学者重拾梁启超的旧话，用“笔记体的小说”①“笔记式的小说”②或“笔记的小说”③等提法来取代容易混淆的“笔记小说”。应该说，假如大家都遵循这样的提法的话，后世就不会产生歧义了。

但问题比较麻烦的是，实际上从梁启超始，既创用“札记体小说”之名，又将之略称为“札记小说”，自乱了阵脚。现经《笔记小说大观》热炒畅销之后，特别经过一些“笔记+小说”类的“笔记小说”选本与丛书的不断亮相（选本与丛书中也有一些是只收“小说”的或只称“笔记”的），还是有相当一部分人将“笔记小说”看成是“笔记+小说”的。“笔记小说”一个名目、两种理解状况就始终存在着。

更使人缠夹不清的是，尽管自20世纪二三十年代后，大多数小说史家与文学史家笔下的“笔记小说”的实际含义已是“笔记类小说”，但他们还是乐此不疲地沿用“笔记小说”来论文与著史。最典型的如郑振铎先生，他在1930年写的专论小说分类的《中国小说的分类及其演化的趋

① 叶楚伧《中国小说谈》，《民国日报》1923年7月24日。

② 赵芝岩《小说闲话》，《半月》第3卷第14号。

③ 周群玉《白话文学史大纲》，上海群学社1928年版，第123页。

势》长文中，一方面指责《笔记小说大观》收之太滥，强调“笔记小说”丛书应当编成“故事集”，另一方面还是沿用“笔记小说”之名。他说：

> 第一类是所谓“笔记小说”。这个笔记小说的名称，系指《搜神记》（干宝）、《续齐谐记》（吴均）、《博异志》（谷神子）以至《阅微草堂笔记》（纪昀）一类比较具有多量的琐杂的或神异的“故事”总集而言；范围固不能过于狭小，内容的审查，固不能过于严格，然也不能如前之滥，将一切“杂事”“异闻”“琐语”都包括了进去，有如近日出版的通俗本的“笔记小说大观”。我们应该将他们限于“故事集”的一个标准之下，或至少须是具有大多数的故事的。所谓“琐语”之类的东西，像《计然万物录》（编者注：托名计然著，东汉时成书，原书佚，清茆泮林辑）、《博物记》（汉唐蒙）、《博物志》（晋张华）、《清异录》（宋陶谷）、《杂纂》（唐李商隐）、《幽梦影》（清张潮）、《板桥杂记》（清余怀）；所谓“异闻”之类中的《山海经》《海内十洲记》《神异经》；所谓“杂事”之类中的《摭言》（唐王定保）、《云溪友议》（唐范摅）、《北梦琐言》（宋孙光宪）、《归田录》（宋欧阳修）、《侯鲭录》（宋赵德麟）等

等，都是不能算作“笔记小说”的。[①]

在民国时期另作专论“笔记小说”的是王季思先生。他写的《中国的笔记小说》《中国笔记小说略述》两文内容大致相同。其基本意思也同郑振铎。他说：“就笔记说，凡是纯属学术的讨论与考订的，如《困学纪闻》《日知录》《廿二史札记》《十驾斋养新录》，虽是笔记，却非小说。”除此之外，笔记的“轶事、怪异、诙谐”三类中，不论所写“幻想幻觉”还是“所见所闻”，凡有故事，有人物，“最可见作者及所记人物个性”的，就是“笔记小说”。[②]

民国时期两篇有关“笔记小说”的专论，都是认同用四个字来表达笔记中的小说是一种独立的文体。这样的认知与表达实际上也反映了民国以来绝大多数的文学史、小说史作者的看法。不但如此，以后的文学史、小说史作者大都也是如此，一直到20世纪90年代所出的几本具有代表意义的“笔记小说史”，乃至目前最流行的袁行霈先生主编的《中国文学史》与袁世硕先生主编的《中国文学史》，都是将“笔记小说”理解为“笔记体小说”而不是“笔记与小说”的。苗壮先生的《笔记小说史》定义“笔记小说”时说：“以笔记形式所写的小说，它以简洁的文言、短

---

① 郑振铎《中国小说的分类及其演化的趋势》，《学生杂志》1930年第17卷第1期。

② 王季思《中国的笔记小说》，《战时中学生》1939年第9期；《中国笔记小说略述》，《新学生》1947年第4卷第2期。

小的篇幅记叙人物的故事。”①而袁行霈先生主编的《中国文学史》说“笔记小说”是“采用文言，篇幅短小，记叙社会上流传的奇异故事、人物的逸闻轶事或其片言只语”。②显然，他们都将“小说”之外的“笔记”排斥在“笔记小说”之外。但是，时至今日，人们在沿用这个歧义的“笔记小说”的名目时，已经很少有人再想起历史上曾经用过的“笔记体小说”“笔记式小说”“笔记类小说”这类比较确切的提法了。

从梁启超到郑振铎、王季思，到当代的文学史、小说史作者们，为什么明明心里想要表达的是“札记体小说”，要将“笔记”与“小说”区别开来，认为混入了不少笔记的《笔记小说大观》收得过滥，而最后还是没有鲜明地表示“笔记自笔记，小说自小说”，还是用了一个容易混淆视听的“笔记小说”呢？我想可能主要是汉字构词的特点所造成的。我们的汉字富有弹性，构词时常常留下了活络的空间。“笔记小说”四字，的确可以包容“笔记与小说”“笔记体小说”“笔记小说这一类小说”这三种不同的理解。谁都可以用这四个字来表达，谁都不能算错。再加上传统写诗作文，用四字构词比较上口，特别如梁启超，在为未出的《新小说》做广告时拈出了“札记体小说”，而当《新

① 苗壮《笔记小说史》，浙江古籍出版社1998年版，第4页。

② 袁行霈主编《中国文学史》第三版，第二卷，高等教育出版社2014年版，第153页。

小说》正式付印时，考虑与“历史小说”“政治小说”“科学小说”等并称，就略称为“札记小说”。当时在他心目中，肯定觉得这“札记小说”就等于“札记体小说”，殊不知“札记小说”也可理解成不是“札记体小说”的呢！

再看，从《笔记小说大观》问世以来，陆陆续续用“笔记小说”之名出版的一些选本或丛书，其总体数量虽不能与一些史著与研究著作相比，但其混乱的程度却非常突出。当然，其中也有一些选本或丛书用“笔记小说”或“小说笔记”之名来编选作品时，基本上都是选录了一些有小说意味的作品，如1934年江畬经编选的规模不小的《历代小说笔记选》就是一例。1949年后，如2004年天津古籍出版社出版的《唐宋笔记小说释译》就明确说，“所选篇目以故事性、趣味性的轶事为主”。对于“笔记小说”概念的辨析最为清楚的，要数严杰先生在他编选几种“笔记选”时所写的前言中说的：“笔记小说只是笔记中的一大类”；“笔记大致可以分为三类”，“第一类以记载短小故事为主”，“第二类以历史琐闻为主”，“第三类以考据辨证为主”；“把笔记划分为三大类，并确定笔记小说的范围，需要注意的是，其间界限并不是非常清楚的，只能划出大略的轮廓而已。在确认第一类笔记为笔记小说的同时，也应该承认第二、第三类中也存在着相当数量的小说。笔记小说毕竟不能算是有意识创作的产物，其中的文学成分不是很纯净的”；“我们就不便再把唐传奇当作笔记小说看待了，尽管它同笔记小说有着渊源关系”。[1] 但是，毋庸讳言，还有编选者对于“笔记小说”的概念是缠夹不清的。比如，自《笔记小说大观》之后，1978—1987 年台北新兴书局出版的《笔记小说大观丛刊》，1990 年、1994 年先后由周光培编辑出版的《历代笔记小说汇编》（辽沈书社）、《历代笔记小说集成》（河北教育出版社），1999—2007 年上海古籍出版社出版的《历代笔记小说大观》，规模都很庞大，然其所收的没有小说意味的笔记触处可见，显然它们都是受王文濡的影响，将笔记与小说混为一类的。还有的，甚至将传奇、通俗长篇小说都纳入“笔记小说”之内，如有《清代笔记小说类编》一书，其《总序》说：“全书以传奇体小说为入选重点，从清人所作的约一百五十部笔记中选取二百余位作家创作的约一千九百篇作品，按类分编成十卷。”[2]我真不知道他选的究竟是传奇还是笔记。还有的竟然将《岭南逸史》《儒林外史》这样的长篇通俗小说也归入“笔记小说类”。[3] 此外，还有不少人将“笔记小说”与从语言上分类的“文言小说”混为一谈。如江西人民出版社 1984 年出版的《历代笔记小说选》称：“我国古代短篇小说，可分为两种：一是笔记小说，一是话本小说。前

① 严杰《唐五代笔记小说选译前言》，《唐五代笔记小说选译》，巴蜀书社 1990 年版，第 1—6 页。

② 陆林《〈清代笔记小说类编〉总序》，《清代笔记小说类编》，黄山书社 1994 年版，第 3 页。

③ 《新闻报》1929 年 4 月 2 日载大华书局广告。

者是用文言写的，后者是用白话写的。”诸如此类，可见对于“笔记小说”的理解真是五花八门，难怪程毅中、陶敏等先生站在不同的角度上大呼“笔记小说”的提法“于古于今都缺乏科学依据”，[①]“造成了许多混乱”。[②] 的确，这种混乱的局面再也不能继续下去了。

如今，我们要厘清“笔记小说”这个概念，就应该既要尊重历史演变的实际，又要解开一个结。这个结，就是要在正确认识传统的“大文学观”与目录学的基础上，去顺应近现代中西文学交流下的文学观念的通变，接受新的“小说”观，从而重新审视传统的“笔记”与“小说”。我们不能简单地认为接受新的小说观就是“以西律中”，抛弃传统。事实上，中国传统的包括叙事文学观在内的文学观本身也是在不断地发展变化，对于“文学”不同于学术乃至其他所有“文字著于竹帛”者而自具特性的认识也在不断发展与深化。就“小说”而言，对于这一文体的叙事、写人、虚构等特质的认知也是在一步一步地从混沌走向明晰，所以当西方的小说观传入后就能一拍即合，相互融合，形成了一种新的“小说”文体观。20世纪以来逐步形成的所谓“小说”，乃至“笔记小说”“传奇小说”“话本小说”“章回小说”等名目，都是在立足本土、借镜西方、反复

---

① 程毅中《略谈笔记小说的含义及范围》，《古籍整理研究学刊》1991年第2期。

② 陶敏、刘再华《“笔记小说”与笔记研究》，《文学遗产》2003年第2期。

讨论的过程中形成的具有中国特色的新概念。这种新的小说文体观的确立与分类的细化，正标志着中华民族文化的进步，也显示了我们民族具有包容与消化世界先进文化的胸怀与能力。实际上，我们对于古代与西方的文化，都应该以一种辩证的、发展的、现实的眼光来看待，站在当代的、中国的、科学的立场上来接受与扬弃。承传中华民族文化的优秀精神，不是要倒退，而是要向前。假如今天不接受百年来形成的新的小说观，再将古今两种小说观搅在一起的话，“笔记”与“小说”的糊涂账将是永远算不清楚的了。

当我们辨明“笔记小说”四字的前世今生，再面对现实的发展态势，我相信将来的发展可能不用学者们过多辩说，事实上会“约定俗成”地形成这样的情况：“笔记小说”四字即表达了“笔记体小说”或“笔记类小说”“笔记式小说”的意思。这已为自梁启超以来的百余年历史所证明，绝大多数小说家及文学史、小说史专家，以及多数“笔记小说”的选本、丛书等出版物，都是将“笔记小说”理解为用笔记体写成的、大致符合现代文体分类中具有“小说”意味的作品。它是“笔记”的，也就是不同于有完整故事的传奇，更不是通俗长篇之作，而是一些随意编录的零简短章；它是含有现代所理解的“小说”意味的，其核心是记事的，或实或虚，或真或幻均可，而不同于传统习用的内容没有边界、相互纠缠不清的“小说”“笔记”“说部”“杂说”等名目了。

至于将“笔记”与“小说”混成一体的、甚至再羼杂“笔记”“小说”之外作品的“笔记小说”观，虽然在一些选本与丛书中偶然还看到，但实际数量是并不多的。而且我们还应该注意到，不少选本与丛书的选家，为了避免混淆“笔记”与“小说”，就干脆只用“笔记”之名而摒弃了因古今理解不同而容易引起歧义的“小说”两字，在《笔记小说大观》之后，就出现了为数不少的唯名“笔记”的选本，如姜亮夫编的《笔记选》(北新书局1934年版)、陈幼璞编的《古今名人笔记选》(商务印书馆1938年版)、叶楚伧主编的《历代名家笔记类选》(正中书局1943年版)、吕叔湘编的《笔记文选读》(文光书店1946年版)、刘耀林编的《明清笔记故事选译》(中华书局1962年版)、《历代史料笔记丛刊》(中华书局于1979年起编刊)、周续赓等编的《历代笔记选注》(北京出版社1983年版)、福建师范大学历史系华侨史资料选辑组编的《晚清海外笔记选》(海洋出版社1983年版)、卉子编的《中国古代笔记文选读》(四川少年儿童出版社1986年版)、偬仕编的《魏晋笔记选》(中国文学出版社1999年版)、黄飙编的《历代笔记选析》(海峡文艺出版社2015版)、倪进编的《唐宋笔记选注》(上海教育出版社2016年版)和《元明笔记选注》(上海教育出版社2018年版)等等，其中有的甚至主要或全部收的是“笔记体小说”，也宁可用“笔记”之名而不带“小说”两字了。这与1983年江苏广陵古籍刻印社重刊《笔记小说大观》的序言提到的一种看法完全相同：“笔记就是笔记，联带上‘小说’有点不伦不类，不如叫《笔记大观》为好。”[①]这的确既遵循了传统，又避开了混乱，可谓是明智之举。以后欲将“笔记”与“小说”混为一类的选家，不妨都照此办理，只用“笔记”或“说部”之类中国传统的概念来标名，恐怕不失为一条坚守传统的老路吧！

至于有时要将“笔记”与“小说”放在一起并称的，那就比较简单，只要中间加个顿号就解决了。

这样，用三种方法来表示三类本来纠缠不清的“笔记小说”，就不会相混了。我相信，历史的发展必然会继续沿着百余年来已被多数学者所认同和走过的这条道路继续前进。

行文至此，话归正传。我们打开山西古籍出版社1995年始出版的《民国笔记小说大观》，共有四辑52种，其中除《曾胡治兵语录》一编外，大致都有现代意义上的“小说”味。如今又出《民国笔记小说萃编》凡24种，已无《曾胡治兵语录》一类的笔记了，但其中有三部书也可能会产生一些不同的看法。第一部是刘成禺的《洪宪纪事诗本事簿注》。假如从传统文献分类来看，它的基本性质是一部诗注。但它是用“笔记小说”类的文字来注的，其注98篇文字编撰了丰富而生动的故事，说它是笔记体小说也应该是可以的。第二部是《寒云日记》。“日记”本身

---

① 高斯《重刊〈笔记小说大观〉序》，《笔记小说大观》，江苏广陵古籍刻印社1983年版，第2页。

就是一体。这本日记又夹杂了不少有关诗词的著录、名物的考辨等，然“日记”作为按日所记之笔记，作者又以自己作为中心，用其简约、隽永的文字，逐日记事写情，还是具有一点“小说”因素的。第三部就是缪荃孙之《云自在龛随笔》。从此书的主要成分看，实是一部学术随笔，所记多为金石书画、版本目录之学，但中间亦可见多篇记事写人、饶有文趣之作。所以这三部书，虽然显得各有一点另类的味道，但就其实，用比较宽松的眼光来看，不妨也可列于“笔记小说”之中吧。

至于其他著作，几乎都是记述一些社会生活中的大小事件、人物轶事之类，作者当时往往将它们视为“掌故”“杂史”“稗史”之类的史著，未必认同这也是“小说”。本来，在古代笔记中有小说味的作品主要是两类，一类是记鬼怪，另一类是记人事。记人事的也有虚、实之别，当然是写实的居多。凡所谓稗史、掌故、野史、琐记、轶闻等等，名目繁多，都是以记人叙事为主。在晚清民国时期，倡导科学，因而多视记鬼怪者为迷信，不少作者有意回避。与之相应，此时做笔记者大都自命其作是为了补翼正史。作者又多生于高官世家，或本身就是名流学者，熟稔朝廷内外及学界文场的种种故实，所记多自亲睹亲闻，有的还到图书馆里翻阅书刊查证。笔下虽有一些是梳理了历史上的陈迹，但最可宝贵的是触及了晚清民国时期诸如宫廷斗争、外交风波、官场倾轧、吏治腐败、名臣功过、史事曲折、遗老姿态、名士趣闻等方方面面，且多标榜信实，自诩为良史。固然，这些笔记，从作者的写作意图来看，他们主要是想写“史”，而不是要创作小说。后来的历史研究者们，引用这些民国笔记中的片段时，也往往将它们作为故实来证史。它们“史”的本质毋庸讳言。

强调信实的历史著作，与可以虚构的文学创作，从现代学科分类来看，当然是两个门道。但是，它们最重要的一个内核，即记事，是相同的。古代朝中史官之记事，当然是一件十分严肃的事情，所谓“圣人之记事也，虑之以大，爱之以敬，行之以礼，修之以孝养，纪之以义，终之以仁”（《礼记·文王世子第八》）。但后来到民间记事，就未必如此郑重其事了，所记未必都是国家大事，也有的来自道听途说，再有的加些油盐酱醋，甚至有的还故意幻设了一些故事，于是就出现了所谓“稗史”“野史”“外史”，乃至“谐史”“趣史”之类，虽也称之为“史”，但此史已不同于彼史了。更何况，就是一些纪传体、纪事本末体之类的所谓“正史”之作，所记之事，所写之人，也有的富有文学意味，人们也常将它们当作文学作品来欣赏。一部《史记》，不是在“中国文学史”著作中也有着崇高的地位吗？与此同理，民国间那些用笔记的形式，所记的大大小小的故事、形形色色的人物，不也可以当作文学中的一类“小说”来欣赏吗？

事实正是如此。我们就以颇有代表性的瞿兑之来说吧。他在民国期间大力提倡“掌故学”，其主要精神是为了在“正史”之外用“杂史”来保存与发掘真实而完整的史料。有人称他是继王国维、梁启超之后，可与陈寅恪相颉颃的“史学大师”。[①] 他认为，自宋以后，在“正史”中已找不着“政治社会制度之实际情况”了，这是因为“自来成功者之纪载必流于文饰，而失败者之纪载又每至于湮没无传。凡一种势力之失败，其文献必为胜利者所摧毁压抑”。所以治史者“为救济史裁之拘束，以帮助读史者对于史事之了解”，必须“对于许多重复参错之琐屑”加以综合审核之后，“存真去伪，由伪得真”，所以“杂史之不可废”。更何况到了清末，“文字之禁骤然失效，从前闷着不敢说的一切历史上疑案”，人们都敢说敢写了，再加上私家印书方便，报章杂志风行，笔记杂事轶闻之作就纷然而起，以求在“史学上”做出贡献。同时，从文字表达的角度来看，他认为先前的《史记》《汉书》，“叙述一个重要人物每从一二节上描写，使其人之性情好尚，甚至于声音笑貌跃然纸上，即一代兴亡大事，亦往往从一件事故的发生前后经过著意叙述，使当时参加者之心理，与夫事态之变化都能曲折传出，而其所产生之果自然使读者领会于心。”但“后来史家每办不到而渐趋于官样文章之形式。所以然者，秉笔之人多少有一点公务的史职在身，而后代的文网较为苛密，加之私家的传说太多，不是公认的话不敢说，不是官式的史料不敢依据，因此虽然极好的史裁也受

① 周劭《瞿兑之与陈寅恪》，《闲话皇帝》，上海书店 1994 年版，第 113 页。

了限制，不能像《史记》那样活泼泼地了。”[1]所以现在他要从“杂史”中找回“正史”中早就不存在的那种“活泼泼”的文字，这也就使他们的“笔记”“掌故”等杂史之作带有了文学味、小说味。他们写的既是史著，但又可视之为“小说”了。且看其《杶庐所闻录》中有一则记张之洞曰：

> 张文襄虽主新政，而思想陈旧，亦出人意表。其在鄂督任时，公文不用新语，必苦思所以代之者。及入管学部，一日稿中偶有新名词。公批曰：“新名词不可用。”部员某年少好事，戏夹签于内曰：“新名词亦新名词，亦不可用。”次日更定上之，而忘去此签。公见而惭怒，竟日不语，遍翻古书，欲有以折之，卒不可得，乃霁颜谢焉。[2]

此短短数语，将虽主新政、思想仍旧的张之洞，围绕着“新名词”一词，对于属下批评后的神情变化，表现得惟妙惟肖。另见其《辛丑和约余闻》一则，就李鸿章签订和约事，写张之洞与李鸿章因两人所处的地位、经历不同而各持己见，各有意气，只用了一二语，即神情毕现：

---

① 瞿兑之《〈一士类稿〉序》，《一士类稿》，《民国笔记小说大观》第二辑，山西古籍出版社 1996 年版，第 17—27 页。

② 瞿兑之《杶庐所闻录》，《民国笔记小说大观》第一辑，山西古籍出版社 1995 年版，第 27 页。

辛丑议和之役，李鸿章一手主持，不免有徇外人之意太过者。当时急于求成，亦无人起而抗争。惟与俄国单独订密约一事，众议哗然，中外皆不以为然，卒未画押。张之洞、刘坤一争之尤力。相传刘、张联衔电李争持，实出张之手。李愤甚，电致军机处，谓："不意张督任封疆二十年，仍是书生意见。"张闻之亦惭怒，谓人曰："李相办和议事二三次，便为交涉老手耶？"①

与瞿兑之同道的有徐一士，写的笔记小说也多，他们两人一吹一唱，所持的观点完全一致。徐一士也认为笔记首先当写得"不违乎事实，而有益于知闻"，同时要有文采，"或为工丽之章，或具闲逸之致"。但在"专制之朝，王者为防反侧"，迭兴文狱，"故以当时之人而为私家之著作，处境綦难，有时饰为颂扬，良非得已。至清之既亡，则野史如林，群言庞杂，秽闻秘记，累牍连篇，又过于诞肆，楚则失矣，齐亦未为得也。"至于民初设清史馆，所编《清史稿》之类，"取材循官书文件之旧，评赞多夷犹肤饰之词"，根本无当于"史笔"。因此，他要将"有清一代，专三百年中华之政，结五千年专制之局，为世界交通新陈代谢之窍键"中的"是非得失"，"爬梳搜辑"，通过"随笔之体"

① 瞿兑之《杶庐所闻录》，《民国笔记小说大观》第一辑，山西古籍出版社1995年版，第194页。

来“贡一得之愚”。[1] 他自幼就好读《三国演义》《水浒传》《西游记》《封神演义》《聊斋志异》《儒林外史》《隋唐演义》《儿女英雄传》《三侠五义》等“闲书”，以听故事为乐，这种熏陶，就使他的笔记更有小说味了。其他收入此编的诸作，虽然文风有异，繁简有别，但大都如这样的一些文史兼备之作，读来皆有兴味。所以此编名之为《民国笔记小说粹编》，也可谓是名副其实，不知读者以为然否？

2022 年 1 月 2 日

---

① 徐凌霄、徐一士《〈凌霄一士随笔〉自序》，《凌霄一士随笔》，《民国笔记小说大观》第三辑，山西古籍出版社，1997 年版，第 8、9 页。

编纂凡例

《民国笔记小说粹编》，选编民国时期笔记小说名家名作，呈现民国笔记小说主要面目，以利阅读和研究。

一、命名。笔记小说是对文史掌故笔记著作的传统称谓。《四库全书总目提要》将掌故著作归于杂家及小说家等类，20世纪20年代有集古代掌故笔记著作之大型丛书《笔记小说大观》出版。至90年代，本社出版《民国笔记小说大观》凡四辑52种49册。本次整理选其精要，亦收新品，精编精校，名之曰“民国笔记小说粹编”。

二、收录范围。本丛书主要收录民国时期(1912—1949)撰写或出版过的文史掌故著作。兼收个别清末出版的重要掌故笔记，因这些清末著作实质上是民国笔记的先声，对民国笔记的繁荣发展起过巨大的推动作用；但只限于其作者为入民国后仍从事创作活动并有相当影响者。丛书所收民国笔记均在万字以上，个别有特殊价值的不受字数限制。

三、排版、文字。简体横排。

四、点校、加注。凡有多种版本的，择一善本为底本，他本作参校，需要时出校记；手稿或单一版本的采取自校。整理时原则上保持底本文字原貌，异体字一般统一为规范字（涉及古地名、人名、译名等的字不在此限），凡明显错讹缺衍之字、词，均做改正并加以标示，符号为：原稿残缺或无法辨识的字用“□”标示；错别字后跟改正字外加“（）”标示（以下情形不做标示：人名前后不一致的，径改为正确人名；词形不一致，原文即混用的，直接统一改为现代汉语规范字，如“看作”“看做”统一改为“看作”）；缺脱字直接补充字外加“〔〕”，衍文外加“〈〉”。丛书正文不加注释，需特殊说明之处，做脚注，或于导言中予以说明。

原书未分段、标点者，均分段并以新式标点标点。如有整段引文或整首诗词等，亦分段。

特别说明：书稿中用语、用字、用法具有时代特征，与现行规范不合的，保留原貌，如“的、地、得”的使用；“右述”“如左”等原有格式标指文字，保留原貌；特殊的公文（如法律条文等），原文未标点，保留原貌；音译外国人名、地名等，保留原貌。

五、撰写导言，拟小标题。本丛书每部书前均由编者撰以导言，对作者生平、版本流变及内容特点等予以简介。对未予随事标题之笔记，凡有条件者，均酌情拟小标题（此种情况须在导言中说明），以便索引及阅读。

六、原书中有“胡清”“发逆”“拳匪”“蛮”“夷”等歧视性称谓，以及某些不当观点，为保存原著全貌，保存原著作者观点，均未予删节或更改，特此申明。

由于时隔久远、资料不足，加之其他种种原因，本丛书虽纠正了原著诸多误载，但绝难尽善尽美，敬希读者予以指正。

民国笔记小说粹编编委会

2022 年 2 月

目 录

一

第二卷（原第七卷）

二

第三卷（原第八卷）

第四卷（原第九卷）

三

第五卷（原第十卷）

第六卷（原第十一卷）

四

第七卷（原第十二卷）

第八卷（原第十三卷）

导 言

民国年间，掌故笔记著作甚夥，早期如李孟符之《春冰室野乘》、许指严之《南巡秘记》、况周颐之《眉庐丛话》、袁克文之《辛丙秘苑》、林纾之《畏庐琐记》，等等，允称名作。然率多忆旧之作，述多于作，概民初诸笔记著者，尚无意、无精力、无条件对前清朝野掌故作有规模、有系统之整理。时至民国中期，多于此甚为留意者，其中有三大掌故名著：一为黄濬之《花随人圣庵摭忆》、一为瞿兑之之《人物风俗制度丛谈》，一为徐凌霄、徐一士之《凌霄一士随笔》。历经时间考验，这三大著作均证明堪入史学名著之列。有趣的是，三部著作的著者瞿兑之与黄濬、徐一士均十分相熟，他们出身晚清名门世家，家学深厚，博涉新学，故而均有志于研究清代掌故，乃成为一种自觉行为。可以说，民国中期掌故笔记著作的成熟、丰收，仅就学术成就而言乃是以黄、瞿、徐形成的。就具体成就而言，黄濬的《花随人圣庵摭忆》五十余万字，侧重于资料之广博，以清代为中心，而不专于清代，尤不专于晚清，其笔法以载述为主；瞿兑之的《人物风俗制度丛谈》，三十余万字，资料丰富，尤集中探析人物、风俗、制度之变迁，时限则兼跨明清，其笔法以排类资料，文尾点睛为特征。徐凌霄、徐一士的《凌霄一士随笔》，近一百二十万字，是民国年间篇幅最长的掌故著作，集中理析清道咸朝至民初百年之间的朝野掌故，尤矢志于此期著名人物、科举制度及风俗流变。其笔法则重在排比资料，连类缕析，探微析幽。事实上，黄、瞿二人均涉足政坛，且或以诗词，或以骈文，或以史著闻名，而徐一士则是终身致力于清代掌故，有《一士谭荟》《一士类稿》《近代笔记过眼录》《亦佳庐笔记》等著作；《凌霄一士随笔》尤以补《清史稿》之不足自命，在《国闻周报》连载八年，加之准备时间，堪称十年磨一剑。故尔称《凌霄一士随笔》是民国年间掌故笔记之压卷之作，恐非过誉之词。

《凌霄一士随笔》，1929 年 7 月 7 日起初载于《国闻周报》第 6 卷，署名凌霄一士。凌霄是一士之兄，为民国年间大著述家，但他主要是搜集资料，参与其谋，操笔者乃是其弟徐一士。凌霄虽然功不可没，但本书是以徐一士为真正的著者，这是需要特别说明的。郑逸梅先生在其《艺林散叶》中有一段话，是很可以说明此著风靡一时、倾倒读者的情况的："在三十年代，《大公报》附刊《国闻周报》，刊登《凌霄一士随笔》，同时《中央日报》附刊《中央时事周报》，刊登黄秋岳（即黄濬）之《花随人圣庵摭忆》，成为对垒之作。”事实上，黄作连载未竟，是后来由别的刊物连载完毕的，而徐作则始于1929年7月7日，止于1937年8月9日（因战事而止），煌煌九卷巨著（第6卷至第14卷），在《国闻周报》乃至现代期刊史上当属连载时间最长的掌故著作。在如此漫长的时间跨度内，徐一士兄弟每日搜集资料，撰稿不辍，以应报刊需索，付出大量劳动，而能乐此不疲者，一在于距清亡未远，读者于前期轶事甚为留意；二在于徐氏“累世重家学”，正史之外，兼通杂书，《随笔》征引杂书数百种，可见读书之广；三在于一士钟情掌故，“早岁即喜弄笔墨，……尝试学笔记聊以自娱”。其《随笔》自序有言：

清史设馆于民国初元，迄于昨岁，始有一《史稿》刊行。虽传志表谱，略具规模，而取材循官书文件之旧，评赞多夷犹肤饰之词。盖与斯役者，多胜代遗臣，词曹故吏，拘于俗例，势所必然，以云史笔则无当矣。居恒窃念，有清一代，专三百年中华之政，结五千年专制之局，为世界交通新陈代谢之窔键，是非得失，非止爱新一姓所关，辄思爬梳搜辑，贡一得之愚。年来分载平、津、沪报章者，尚未尽其什一，继兹以往，当赓续前绪，以竟全功。其他珍闻俊语，文苑艺林，有可以佐谈广益，亦所兼收，不限于掌故一端，用符随笔之体。惟思科举抡才，台谏肃政，法良意美，昭于前朝，而复为近时五权宪法创制之根据，故拟特为注重，审其沿革，辨其利弊，冀为研讨者之一助焉。

观此，足征其撰此书之背景、用意，以及内容之概貌。详而言之，《凌霄一士随笔》的内容可分如下几个方面：

一、排比资料，探析近代历史上朝野重要人物，此类似于正史之传记。其罗列分析，集中于三个方面：第一类人物以道咸间“中兴名臣”骆秉章、曾国藩、左宗棠、胡林翼、官文等人为中心，兼及其他枢廷重臣、封疆大吏，在朝有恭亲王奕䜣、肃亲王肃顺、名臣祁寯藻等，在野有鲍超、杨岳斌、彭玉麟、曾国荃、李续宾等。这一大群能臣干吏以镇压太平天国和捻军起家，奠定清朝“中兴”局面，而实质上是给慈禧专制统治一个苟延残喘之机。在清末至民国年间，他们久享威名，尤以曾、左、胡几臻于完美。徐一士所述，则重于质疑，即打破成见，揭示他们生活中平凡的一面，以及其种种错综复杂的关系。如官文与胡林翼之交欢，是久播人口的佳话，有多种说法，但侧重于胡林翼主动交欢之举动。徐一士所述，则揭示出官文始傲终屈、主动附和胡氏的内幕，近于合乎情理。又如曾国藩，似近乎完人，而徐一士于《铜官感旧图》一节，反复征引爬梳，揭示曾氏失信于人的一面，也为超人之见。同时，于此期朝廷的对立面——洪杨集团的主要人物也有大量记述，此不赘述。第二类人物集中于光绪戊戌变法、庚子之变前后。徐氏兄弟之叔父徐致靖及族兄徐和甫均为光绪变法集团重要人物，故于此期人物事件及其中因果关系甚为谙熟，且于力主变法之帝党人物甚表同情。其中主要涉及人物除西太后、光绪帝外，主于变法者如康、梁和戊戌六君子、许景澄、立山、联元、徐用仪等，以及翁同龢、岑春煊、鹿传霖、王文韶、瞿鸿禨、张百熙之流，反对变法者如庆亲王、荣禄、刚毅、赵舒翘、毓贤等，皆有专文述及。游移二者之间者，如李鸿章之淮系集团、袁世凯之北洋集团，是晚清左右政局之重要势力，如第二卷之“李鸿章拼命做官”“李鸿章与北洋官场风气”等题材，更是著者注意力集中之处。第三类人物集中于有清一代文坛重要人物，早如清初之纪昀、徐健庵，中如曾国藩之湘乡派、姚鼐之桐城派，稍晚如李慈铭、辜鸿铭、梁鼎芬、樊增祥、王闿运、杨度、章太炎、谭延闿、康有为、梁启超等，皆于其文学主张、治学成绩、性情品格有独到记载，如第一卷之“李慈铭好以俗学讥人”“王闿运拟文戏弟子”，第二卷之“梁鼎芬力诋康有为”，第三卷之“王闿运痴人说梦”“薛福成史才过人”，第六卷之“兼论胡林翼左宗棠奏议”“吴汝纶诋斥中医”“曾国藩激赏俞樾”“曾国藩《求阙斋日记》”“张之洞善诗钟”，皆有中肯之论。

二、甄述清代科举制度演变历史。科举乃封建社会士人进身之途，文人学士成于斯、败于斯者，充满悲喜色彩，甚而有关学问风气、社会演变，故著者极为重视。要而观之，一在科场疑案，二在科场制度，三在科场轶事。科场疑案，徐氏反复撰文述及咸丰戊午科场案。第一卷“咸丰帝斩柏葰”“李慈铭述柏葰翻案”最为详悉。其中力主斩柏相者为肃顺，咸丰帝初不欲为，而鉴于科场混乱，几不可收拾，乃痛下此决心。著作对斩柏相之正面效果予以积极评价，然颇不值肃顺借机清除异己之险恶用心。事实上，此科场案最终衍为政治案件，肃顺因此树敌太多，一朝被斩，未尝不种因于此。关于科场制度，历来与授官相关，故徐氏文章多联而述之。如第一卷之“副榜无益，优贡实优”“殿试之程式”“殿试论满汉畛域”“明初殿试授职之制”，第二卷之“清代科场犯讳录”“试帖诗规制綦严”“清代科场磨勘綦严”，为最集中之叙述，释疑解惑，脉络分明。关于科场轶事，所述甚多，如第一卷之“徐桐主试遗笑柄”“翁同龢力拔张謇”“光绪帝亲拔骆成骧为状元”“钦定主考颇近儿戏”“万流仰企群伦艳羡之状元公”，均甚有味。

三、留意官制变迁与官场升降，力图理清清代官僚派系斗争之脉络。如第一卷之“清代之总督”“督抚异称考”“清代翰林官定制及待遇”“吏部权力之盛衰”“外务部之成立”；第二卷之“清代议政名义之沿革”“汉臣奏事称臣，满臣奏事称奴才”“历代宰相权重位尊”“李鸿章拼命做官”“徐世昌长于为官之术”“清末山东候补道之盛”“袁树勋裁员减薪风波”等，皆大量引用第一手资料，不仅在观官制沿革，亦在窥探官场风气，揭示清代覆灭之根本原因所在。又如清廷实权派与清流派之斗争，朝臣与疆吏之斗争，总督与巡抚之斗争，林林总总，均为治清史之关捩所在，其述评皆具史家眼光，读者不可不予留意！

《凌霄一士随笔》是徐凌霄、徐一士久注心血之作，可谓清代社会资料的百科全书，其中征引著作数百种，率多杂书，其中许多书籍早已绝版，或消亡，甚不易得，故仅徐氏兄弟保留资料之功即不可没，值得大书特书。本书的整理出版，必将大大有助于清史及民国史的研究。

由于本书为八年连载所成，文为随笔性质，故不免拉杂成文，间有重复之讥。其中《一士类稿　一士剩稿》《一士谭荟》中所载，此著均有所述。但本书所述资料更为丰富，读者更易于反复排比中窥见历史的真面目，此亦其长处，故整理时基本不予删除，亦便于保存原著风貌。

又原稿连载时，多附作者与读者往来信件，亦一并保留，以见当时《随笔》风靡情状，且为读者研考之助。点校整理时，为方便阅读及搜寻资料，做了两件重要工作：一是每则轶事，勉力加注小标题；二是于每卷重新排列后，卷首注明原卷数及年月，并注明每期期数，庶几读者读来不仅一目了然，而且易于前后互见，统摄全著。

张继红

自　序

笔记体类至繁，或辨异同，或传人物，或系掌故，或采风俗，所期不违乎事实，而有益于知闻。如《啸亭杂录》《竹叶亭杂记》之详稽典制；《庸盦》《郎潜》《庸闲斋》之掇辑遗闻、胥称简要，可参史乘；若留仙《志异》、纪氏《阅微》，或为工丽之章，或具闲逸之致，皆属寓言，别饶深意，流传久远，有由来也。

在昔专制之朝，王者为防反侧，以非理示其权威，朱元璋以"殊""则"二字，辄行杀戮，胤禛、弘历，踵其故智，叠兴文狱，故以当时之人而为私家之著作，处境綦难，有时饰为颂扬，良非得已。至清之既亡，则野史如林，群言庞杂，秽闻秘记，累牍连篇，又过于诞肆，楚则失矣，齐亦未为得也。

清史设馆于民国初元，迄于昨岁，始有一《史稿》刊行。虽传志表谱，略具规模，而取材循官书文件之旧，评赞多夷犹肤饰之词。盖与斯役者，多胜代遗臣，词曹故吏，拘于俗例，势所必然，以云史笔则无当矣。居恒窃念，有清一代，专三百年中华之政，结五千年专制之局，为世界交通新陈代谢之窍键，是非得失，非止爱新一姓所关，辄思爬梳搜辑，贡一得之愚。年来分载平、津、沪报章者，尚未尽其什一，继兹以往，当赓续前绪，以竟全功。其他珍闻俊语，文苑艺林，有可以佐谈广益，亦所兼收，不限于掌故一端，用符随笔之体。惟思科举抡才，台谏肃政，法良意美，昭于前朝，而复为近时五权宪法创制之根据，故拟特为注重，审其沿革，辨其利弊，冀为研讨者之一助焉。

1929 年 7 月（民国 18 年 7 月）

第一卷 （原第六卷）

1929 年（民国 18 年）

一　清末民初改定新官制之议

清光绪之季，改订新官制，命奕劻、孙家鼐、瞿鸿禨总司审核，并令诸大臣会议。第一次会议之际，袁世凯主裁都察院，孙与争甚烈，不欢而散。第二次会议，孙不到，惟书片纸送往，中有“都察院之制，最不利于雄奸巨慝，亦惟雄奸巨慝，最不乐有都察院”数语，举座为之失色，都察院遂得保存。在当日观之，宜笑孙迂腐不晓立宪精神，今当觉其主张不谬，而三权宪法亦非一成不变也。迨入民国，袁氏亦尝特设肃政厅，期为变相之都察院，不知尚念及孙氏否？又张之洞、袁世凯持废科举之议时，王文韶与之力争，不恤大被顽固之谤。今则多悟张、袁未必是，王未必非矣。袁氏所颁之学绩试验制，定选士、俊士等名目，非欲师科举遗意乎？孙、王二人素有庸庸之名，然实非全无风骨者。

二　历代言官秩卑而责重

历代言官，均秩卑而责重。欧阳修《上范司谏书》谓："司谏七品官尔，天下之得失，一时之公议系焉。谏官虽卑，与宰相等。宰相尊，行其道；谏官卑，行其言。言行道亦行也。"其见重如此。明初之制，都御史仅正七品，监察御史仅正九品，后乃改都御史为正二品，与六卿侔（明代尚书亦正二品）。监察御史则为正七品，司言责，为朝廷耳目之官。其外简巡按，号为代天巡狩，声势尤极烜赫。以七品之官，临二三品大员之藩、臬两司上，犹汉代太守（二千石）承刺史（六百石）之节制也。刘继庄《广阳杂记》云："巡按七品官耳，其中军则参将也。"（参将明代正二品。）尊严可见一斑。当时朝廷喜简少年进士为巡按，盖用其朝气，俾勇于任事，搏击豪强，故有十七岁即口含天宪，骤任巡方者。其本旨未可尽非，然以显达过早，亦多狂傲矜张，擅作威福。及其末流，颇不理于人口。巡按制度，至清而废，未始不由于此。而清代科、道巡城巡街者，为京师人士所震悚，犹依稀揣见当年巡按之威风也。

三　言官科道并称

言官科、道并称。清制，给事中专以御史迁除，明代则科、道同由他职选入（清初尝沿明制），科职重于察内，故以部分；道职重于察外，故以布政司分，所谓六科十三道也。科虽班在道右，然巡按、督学、巡盐、巡漕、巡江诸要差，惟御史获简，给事不得与。而给事掌封驳，有驳正章奏、封还制敕之权，亦非御史所及。迨清以六科隶都察院，科之特权浸废，而台谏混同矣。明制：科设都给事，从六品；左右给事，正七品；给事中，从七品；道设监察御史，正七品。清罢都给事、左右给事，升给事中为正五品，御史为从五品，季年复以掌印给事中为正四品。

（原第6卷第26期）

四　唐宋科场荐贤利弊

以科举取士，始于唐代。隋炀帝建进士科，试诗赋及策，已略具科举雏形。唐太宗私幸端门，见新进士缀行而出，喜曰：天下英雄，入吾彀中。后人遂以"入彀"为考试中式之通用语，今多引作明太祖之言，实误。或以用八股文试士，始于有明，因联想而有此失耳。唐制取士之科，有秀才、明经、进士、俊士、明法、明字、明算等，见于史者，五十余科，所谓科目也。下迄明清科举，犹沿科目之称，实则有科无目矣。就积极的以言求才之方，后固不如前；而就消极的以言防弊之法，前亦不如后。唐代虽行考试，而人才每早储于夹袋，场屋衡文，或至仅存形式。故有志于斯者，竞以文字为媒介，奔走权门，夤缘要路。相习成风，恬不为怪。号为以肩承道统自任之韩愈氏，为之尤工，其《应科目时与人书》中“今又有有力者当其前矣，聊试仰首一鸣号焉，庸讵知有力者不哀其穷，而忘一举手一投足之劳，而转之清波乎。其哀之，命也；其不哀之，命也；知其在命而鸣号之者，亦命也”诸语，令人何堪卒读。自言不肯“俯首帖耳，摇尾乞怜”，而乞怜之意，固可掬也。当时风气，足见一斑。公开的自荐既盛行，当局之贤者，可以衡鉴人才于平日，为考试时甄拔之准备，其效非不优于专凭场屋中一日之长，以定去取。而方便之门既开，不肖者亦复以抡才之大典，为汲引私人之机会，鉴空衡平，谈何容易。其害之尤大者，则为导智识阶级于夤缘奔竞之途，摧抑士气，莫此为甚。唐代气节之衰，职是之由。宋以崇尚节行扶植士气为立国根本，科举制度，较唐为严，而士之自好者，亦多不肯如唐人之乞怜当道。然如韩琦柄政时，苏轼兄弟将就试，辙忽卧病，韩知而奏曰：“今岁制科之士，惟苏轼、苏辙最有声望。今闻辙偶病，未能与试。如彼兄弟中有一人不得就试，甚非众望，宜展限以待之。”得请后，数使人问辙病状。既闻痊愈，方举行试事，视常例展二十日，盖犹有唐代“通榜”之遗意焉。（唐时科举不问试艺高下专取知名之士者，谓之通榜。）此种异数，岂能望诸明、清。大臣苟以是上请，必获重咎也。

五 雍正帝腰斩俞鸿图

明代以严酷为政，科举立法，自非唐宋之比，莘莘学子，惟以简练揣摩为事，逐鹿于场屋之中，通榜之风，盖杳焉无存矣。然明世君主，昏庸者多，大权旁落，非奄竖窃柄，即佥壬当途。政治不良，影响及于科场风纪，末流多弊，理固宜然。如吴应箕《留都见闻录》所记："南场自贿赂公行，弊窦百出，司房诸公，既惮阅文，又夹袋有人。所举但取充数，即弃卷不寓目矣。即予一人甲子、癸酉、丙子三科之卷，皆未动一笔，封识如故。"腐败至是，诚为可慨。惟同一夹袋有人，而与唐代所谓通榜，却又有别。盖通榜尚以求才为说，此则营私怠职，无以自解也。清代沿明之旧，而风纪加严，衡文者舞弊发觉，动置极刑。雍正间，福建学政俞鸿图，其妾与仆勾通作弊，传递之文，即贴于俞氏背后补褂之上，仆窃取以授试士，致使赫赫文宗，躬任传递之役，本人虽不知情，责任竟难解免。事发，雍正帝命腰斩以儆。俞既被刑，宛转求死，以手自濡其血，连书七"惨"字。雍正帝固以酷刻著，亦缘清代重视科场风纪，惩弊以严为主也。

六　咸丰帝斩柏葰

雍正以后，历乾、嘉、道、咸，科场风纪渐弛，以立法至峻，执政台谏，不敢轻于举发以兴大狱。瞻徇既多，弊端乃滋。咸丰帝特诛柏葰等，用肃观听。谳上（帝于柏葰以其端揆宿望，尚欲宽之，谓："宰相可杀乎？"肃顺伉声对曰："此非杀宰相，杀主考也。"帝乃含泪许之。亦以宰相犯法可宥，主考犯法不可宥。本于清代重视科场风纪之意耳）。积玩之后，振之以猛，法行自上，岂可厚非。乃世论重诟肃顺，举发此案之御史孟传金，亦见病孟浪，实为未允。西后垂帘，以痛恨肃顺之故，对柏昭雪予谥，尤见其罔知大体耳。科举以机会平等为精神，请托贿赂之风盛，无财无势者自大受影响。柏等既诛，寒士有感泣者，江阴缪荃孙（光绪丙子翰林）尝语人云："柏葰不死，吾辈穷酸，焉有登第之望。"盖苟咸丰戊午科之大狱不兴，势将每况愈下。同、光两朝之科举，将不可问矣。

（原第6卷第28期）

七　李慈铭述柏葰翻案

柏葰之昭雪，给事中高延祜为柏等讼冤一疏，与有力焉。李慈铭《越缦堂笔记》谓："高君此疏，首欲翻戊午科场案矣。然此狱虽为载垣等三人逞威之始，而被罪诸人，皆由自取。柏相国之死，朝野多怜之，要不得为无罪，徇私营贿，关节公行，按律诛流，岂云滥枉。特以禁网久弛，上下容隐，事出创见，以为过当。”自是通人之论，惟李氏主张太后垂帘之说，撰《临朝备考录》一书，以干当道，于《笔记》中自矜发议最早，亦所谓犹有蓬心耳。

八　李慈铭好以俗学讥人

越缦笔记论姚鼐暨桐城派文，有道着处，而亦有误处。如姚氏《礼恭亲王家传》，其首叙云：“礼恭亲王讳永恩，其始封礼烈亲王”，讳代善，太祖高皇帝第二子也。推戴太宗，有大功于社稷。”云云。越缦谓“礼烈亲王”，礼封号，烈谥也。而曰始封为礼烈亲王，几似两字王矣。按：“其始封”犹言其最初封爵之人，文省而意自可明。越缦所纠，似失之凿。又谓：“孔子曰：‘信而好古。’古人之善学者，于经文及汉世大儒之书，墨守而不贰，缺者补之，略者申之，疑者通之而已。宋以后儒，逞其思力，好为异论，而经学遂衰。姬传之论《左传》、论《说文》，亦似有理。而前之通儒，岂无见及此者？而不言，恐导后人以疑经不信古之渐，故不敢妄作聪明也。”此等议论，足代表曩昔大多数读书人自锢聪明之意见。刘子玄《疑古》《惑经》之篇，所以沉冥千载也。（纪昀《史通削繁》即将《疑古篇》全删，《惑经篇》亦削去不少。）李氏好以俗学讥人，而此则适见其未能免俗欤。

九　王闿运拟文戏弟子

王闿运为国史馆长时，拟返湘，与宋育仁谈及。宋谓："师如离任，馆长职务应有人代理。"王询何人可代，曰："可即由馆员中指定，如师意尚无所属，弟子亦可勉效此劳。"王曰："汝能代理甚善。一言为定。俟吾行，汝即就职可也。"王（宋）曰："依程序言，宜呈明总统，由总统下令。"曰："尚欲呈请总统耶？太麻烦矣。此甚细事，不值小题大作也。"宋谓："即不呈请总统，亦宜由师以馆长名义，下一馆令，为弟子就职之依据。"曰："馆令尚容易，汝姑待之，吾即下令矣。"宋以为事已定局，而退后静候两日，馆令未下，因谒王询之。王谓："顷已亲书令文一纸，交秘书处，汝可往视。"比至，则众方聚而欣赏馆长奇文也。文云："本馆长因事返湘，所有馆长职务，拟请谭老前辈代理；如谭老前辈无暇，则请唐老前辈代理；如唐老前辈亦无暇，则请宋老前辈代理；如宋老前辈亦无暇，则请馆中无论何人代理。好在无事可办，人人均可代理也。此令。"宋为之爽然。王于清末科举已停时，以著述由老举人赏翰林院检讨，因对先入词馆诸人，均以老前辈称之，故此滑稽令文中，乃有许多"老前辈"也，其玩世不恭之态，可谓老而益笃。王氏少年，喜谈大略，屡以军谋政术干湘军诸帅，而所陈多能坐言而不能起行者，故见谓迂阔，仅以文人目之。王意不能平，撰《湘军志》一书，文笔雄健，成一家言。然所记是否皆为信史，尚多疑问。以其平日持论之多疏，未敢必其予夺之悉当耳。郭嵩焘、崑焘兄弟，尝摘其疵误，崑焘之孙振墉，辑录为《湘军志平议》，虽亦一面之词乎，而原书误处，固有不能掩者，可供读《湘军志》之参考也。闿运以不得志于湘军诸帅，故志中时有微词，崑焘谓："自来小人之陷君子，求事迹不得，则从而厚诬其心，使之无能置辩。不意临文之顷，亦以此伎俩行之。使其得志，吾湘善类岂不可为寒心也哉。"嵩焘谓其"开端数行中，便谓'洪寇之盛，实自湖南始。始合围而纵之，又起偏师追而歼之'，直以蔽罪湖南，亦竟不测壬秋之果为何意也。"又谓："张笠臣指为诬善之书，且言楚人读之惨伤。"其深见嫉恨如此，宜在湘曾遭毁板之厄也。至袁世凯罗致为国史馆长，不过骛优礼耆学之名，为粉饰太平之具，于修史之旨，本自去题万里。王氏所谓"好在无事可办"，亦是实话。后袁氏营帝制，风王附和，王致书袁氏及杨度，似庄似谐，若劝若讽，颇饶诙诡之趣，附见《湘绮楼日记》中。

（原第 6 卷第 29 期）

一〇　刘坤一密推李鸿章主国政

庚子联军入京之初，南中得京师已陷、两宫不知下落之讯，甚有谣传已遇害者，人心为之皇皇。江督刘坤一，乃发起推李鸿章以类似伯里玺天德之名义，主国政，俾暂维大局，应付外交。鄂督张之洞等赞成之。时李已奉诏还任直督，迭促赴京，以西后尚无觉悟，恐入都徒被牺牲，故勾留沪上，静观变化，为将来补救之地。迨刘以公推之说密告，李慨然曰："众既以此见推，吾亦知他人亦断不肯任此挨骂之事，苟利国家，吾不敢辞。日内如两宫仍无消息，当勉从众议。惟一俟探得两宫安讯，即日奉还大政，守我臣节。"会翌日即得两宫行至某处之报，此议遂寝。其事甚秘，当时知者甚罕。近闻人述其崖略，揆诸刘之能断大事，李之肯负责任，似非虚诬也。其后和议甫就绪，李以劳瘁死，饰终之典过于曾国藩，京师建立专祠，尤为有清汉大臣之创格。论者或以为外人意本在和，辛丑之约，丧失国家权利甚巨，即微李，亦何能更酷于是。李固无功可言，然其时能与外人周旋坛坫者，舍李竟无其人。则李氏实非无关系者，若与李同事之奕劻，固仅尸其名耳。

一一　庶子地位评析

词曹故事，新进士初入馆，于前辈投刺书侍生，而口称学生；七科以前，为大前辈，则书晚生；若庶子以上，虽未及七科，亦书晚生。侍读、侍讲、洗马，虽与庶子同为五品，于此则不侔。阮葵生《茶余客话》谓："尝问翰苑诸公，皆不能言其故，但云俗称庶不见庶而已。今年归里，质之家大人云，于故籍亦无可征，但明有掌坊学士之官，而员不恒备，多以庶子兼之。盖其始止于学士称晚生，而其后亦用于兼官之庶子，沿袭至今，遂并用于不兼学士之庶子矣。”《客话》所述，盖亦想当然尔之词。而翰林历官至庶子，其地位实有特异者。自编、检至读、讲，京察一等记名者，以道府用；如擢至庶子，则已记名者须撤销，示其官已尊于道府；苟特予外简，可任司使也。地位既异，斯称谓有别耳。若庶不见庶之说，不过以庶子之庶，与庶吉士之庶适同，因而望文生义也。嘉庆九年，定从四品之翰林院读讲学士、内阁侍读学士，正五品之庶子，正六品之司业，均于补放后自行具折谢恩，亦见庶子体制优于从五品之读讲、洗马焉。惟司业卑于读讲，且迁擢之速不逮同为正六品之中允（洗马迁擢亦较读讲为迟，故相传有“一洗万古”“大业千秋”之语）。竟亦得专折谢恩者，则以其为国子监堂官，可以京堂论也。明有六品京堂，清无之，惟司业以翰林官而略带六品京堂意味，故有“大司官”“小堂官”之称，大司官谓军机处三品章京，小堂官即谓司业。

一二　翰詹大考

翰詹大考，起于乾隆二年。少詹以下，编、检以上，均令与试，不准规避。优者可邀超擢（一等第一，编、检可擢读学，且有擢少詹者），劣者则罚俸、降官，或逐出词曹有差。故翰林之文事荒疏或书法不佳者，一闻大考，每惴栗失色。祭酒、司业，以国子监堂官之故免试，与其他翰林官异，故陈用光官司业时，语梅曾亮曰：“吾性好阅文，而拙于书，莫宜是官。”惟考差时，祭酒与侍郎、京堂同为大考差，司业则仍为小考差，不得与京堂伍。若以职掌论，司业与祭酒同为堂官也；若以品秩论，则祭酒与读讲学士同为从四品，而亚于少詹之正四品也。待遇异同盖有未允。

一三 《古文辞读本》非张之洞选

偶于坊间见《古文辞读本》一书，封面题“南皮张文襄选”，夏同龢所书也，有吴汝纶弟子南宫李刚己光绪乙巳原序，谓：“今中丞南皮张公，取周汉以降辞约义显之文三十六首，属刚已详加评识，杂采旧说，以为中小学读本。”中丞为巡抚之称，其时张之洞官总督盖二十年矣，不应仍称中丞，是书与之洞无涉明甚。惟之洞同族曾敭，时官巡抚，南皮张公，殆曾敭耳。曾敭之名，未若之洞之著，故有此张冠张戴之事。书贾寡识，无足深咎，何状元公亦漫不省察耶。

一四 清末忌用“革”字

清末政府之于革命党，有谈虎色变之概，甚至讳言改革之“革”字。视宋徽钦时禁用“危”“亡”“乱”诸字，尤为可笑。宣统三年六月间，内阁《会奏典礼院官制》一折，中有“隆朝会郊庙之典，协沿袭损益之宜”二语，闻原稿“沿袭”本为“沿革”，与“损益”字面相称，当局见一“革”字，联想及于革命，顿觉惊心动魄，亟援笔改之，不顾文理之不通也。今则“革命”二字之使用，至为广泛，而以“不革命”“反革命”为大诟矣，比而观之，相映成趣。（原第6卷第30期）

一五 清代之总督

总督一职，在明代除漕运、河道外，惟两广总督为常设之官，其他则以统辖军务，临时设置。清代各省总督，渐成固定员额，权力兼及民政，为封疆大吏最高之官。中叶以后，地方总督，为直隶、两江、闽浙、湖广、陕甘、四川、两广、云贵，共八督。（两江、陕甘各辖三省，直隶、四川各辖一省，余均两省。）王闿运主讲四川尊经书院时，尝仿扬雄“州箴”之体，以“八督箴”课士，盖以八督拟汉之十二州牧也。迨光绪之季，设东三省总督，遂为九督，其时漕督、河督已先后裁汰矣。清初漕、河两督，头衔与地方总督同。乾隆四十八年降谕：“漕运、河道总督，与各省总督不同。嗣后该部（吏部）俱奏请给与兵部侍郎、右副都御史衔，着为令。”于是专职总督乃与巡抚等夷，不复如地方总督之加兵部尚书、右都御史矣。故地方总督俗称大部堂，专职总督俗称小部堂，以文告虽同署总督部堂，而地位有尊卑也。（仓场侍郎，亦称仓场总督，然京官也。）

一六　督抚异称考

漕、河两督之视地方总督，本犹粮道、河道之视巡道，徒以疆吏集权，渐成积重，漕、河两督，遂降格而侪于巡抚。甚且漕、河督视转任巡抚为美除，巡抚视转任漕、河督为调闲矣。惟会衔时，漕、河督仍列衔巡抚之前，其中军为副将，亦同于地方总督（巡抚中军为参将），犹稍示督部堂之体制较崇于抚部院焉。盖总督本官，均为正二品，巡抚则为从二品，虽专职总督加衔改同巡抚，而原阶实高一级。如遇降级处分，则漕、河督降一级为布政使，降二级为按察使，巡抚降一级即为按察使也。总督通称部堂，巡抚则称部院，以兼衔论，固同为兵部、都察院堂官，而称谓有别者。盖其始均以部院称，后乃称总督曰部堂，以示异于巡抚耳。章实斋谓“督抚虽同曰封疆，而总督头衔则称部堂，盖兵部堂官虽兼右都御史，而仍以戎政为主者也。巡抚头衔则称部院，盖都察院堂官虽兼兵部侍郎，而仍以察吏为主者也。”是言总督以兵部堂官为本，而都察院堂官为辅；巡抚以都察院堂官为本，而兵部堂官为辅。对部堂、部院之异称解释似颇中理，然实近于附会。督抚之兵部、都察院衔，均平列，未有孰轻孰重之明文。而所谓“以戎政为主”，指地方总督尚可，若漕、河总督，职有专司，固非以戎政为主，何以亦称部堂？且如章氏之例，巡抚应称院堂矣。或谓总督加兵部正堂衔，故称部堂，巡抚虽加部衔而非正堂，故不得蒙部堂之称，此亦非谛。尚书、侍郎，固同号部堂，如曾国藩以侍郎治军时，文告即自称“本部堂”。其咨侍郎万青藜，亦称为“贵部堂”，可见部堂非必正堂，而巡抚之兵部侍郎，亦何尝非部堂乎？（漕、河总督，亦系兵侍，而称部堂。）督抚异称，实相沿而成之惯例，所谓约定俗成，不必就兼衔而为之剖析也。

一七　张之洞过河拆桥

张之洞探花及第，以翰林累迁至内阁学士，外简山西巡抚，遂致大用，可谓科举中得意者，后乃偕袁世凯力持废科举之议。袁本以异途致通显，主保留科举者，责备尚不甚严，对张则极诋为“过河拆桥”。按：元顺帝时，平章政事哲尔特穆尔建议罢科举，太师右丞相巴延以为然，遂定议。参政许有壬争之力。翌日宣诏，特命许为班首以折辱之。许惧祸不敢辞。治书御史布哈诮之曰：“参政可谓过河拆桥者矣。”许以为大耻，移疾不出。其受讥与张之洞同，可谓张之前辈。然许为反对罢科举者，徒以畏祸不敢辞宣诏班首耳，若张则为罢科举之主动人物，过河拆桥，当之无愧，许犹非其伦也。

（原第6卷第31期）

一八　徐桐主试遗笑柄

光绪乙未，徐桐主会试，欲摈康有为（时名祖诒），误摈梁启超，而康竟高列，徐恚甚。宋欧阳修主试，得一文，曰："天地轧，万物茁，圣人发。"欧曰："此必刘几也。"戏续之曰："秀才刺，试官刷。"乃以朱笔涂抹之，大批"谬"字，既而果几也。后数年，欧为御试考官，谓除恶务尽，一文甚险怪，欧曰："吾已得刘几矣。"黜之，乃萧稷也。一文以"静而延年，独高五帝之寿；动而有勇，形为四罪之诛"数语（题为《尧舜性之赋》），为欧所赏，擢为第一。及唱名，乃刘辉。有识之者曰："此即刘几也。"欧愕然久之。与徐、康之事，可云大似。暗中摸索，故有此种笑柄。而能文者敛才就范，变易文体，以求合于主司，往往获售也。宋仁宗时，定糊名考校之律，仍虑认识字画。其后袁州人李彝宾上言，请别加誊录。因著为令。自糊名易书之法行，机会平等之精神，更进一步矣。

一九　《子见南子》上演案

曲阜山东省立第二师范学校，演《子见南子》新剧，致起孔氏族人公愤，控之于教育部。部派参事朱葆勤会同山东教育厅长何思源查办。以“似无故意侮辱孔子事实”呈复，此案当告一段落矣，惟原控有“女教员装成南子，冶艳出神，所唱歌词，则《诗经·鄘风·桑中篇》也，丑态百出，亵渎备至，虽旧剧中之《大锯缸》《小寡妇上坟》亦不是过”等语。校长宋还吾之自辩，则谓“所咏歌词，均系《三百篇》旧文。如谓《桑中》一篇，有渎圣明，则各本《诗经》，均存而不废，能受于庭下，吟于堂上，独不得高歌于大庭广众之中乎？原呈以《桑中》之篇，比之于《小寡妇上坟》及《大锯缸》，是否孔氏庭训之真义，异姓不得而知也”。《桑中》之篇，号为淫荡之词，由来已久，而据梁绍壬《两般秋雨盦随笔》，则实有别解。其说云：“《鄘风·桑中》一篇，《小序》《集传》皆以为刺淫而作。仁和李海匏学博光彝云：‘此戴妫答庄姜之诗，所以报燕燕于飞一什也。其曰《桑中》上宫淇上者，皆当日话别送行之地也；其曰孟姜者，指庄姜而言也。下二章曰孟庸、孟弋者，庸与弋皆姜氏同姓之国，因怀庄姜而兼及当时之媵妾也。’其说甚新。”若依此说，《桑中》之篇，固毫无淫亵之意。使宋还吾知此，不更振振有辞乎？又孔氏族人原控称“学生扮作孔子，丑末脚色”，宋还吾斥为“信口胡云”。然戏剧脚色，丑自丑，末自末，究竟是丑是末，原控措词，殊不分明也。宋氏所辩，谓：“扮孔子者衣深衣，冠冕旒，貌极庄严。”既云“貌极庄严”，固似与丑不类，而末则与生相近，其于“貌极庄严”，并非格格不入者。

二〇　明清副榜之刻朱卷认同年

明代乡、会试均有副榜，会试副榜得授诰敕中书（明中书舍人分三种：以进士授职者曰进士中书，举人曰诰敕中书，异途曰办事中书）、翰林院待诏、县教谕等职，亦举人入仕之一途。吴应箕《留都见闻录》谈乡试副榜云：“武陵杨相，以拔贡保举多赝士，欲于副榜中隆其选。于是中副榜者刻录设燕，亦称正榜为同年。而车服炫耀入里门，持刺拜客，且刻朱卷、讳副榜而曰贡举生，大可笑也。”是明末乡试副榜始刻朱卷，认同年，而士论犹哗笑之，其见轻如此。副榜本名“激赏”，示额满见遗之意也。清会试不设副榜，惟于中额外挑誊录，使可议叙得官耳。顺治间曾令廪生乡试中副榜者，贡至吏部谒选，优者以推官、知县用。由增生、附生中者，入监读书，满一年送吏部历事考用，如廪生例。后罢谒选入监之制，副榜即称副贡，与恩、拔、岁、优，共称五贡，亦曰上五贡，以别于功、廪、增、附、例诸贡（所谓下五贡）也，刻朱卷，与正榜认同年，固视为当然矣。优、拔贡亦与举人认同年。

拔贡除本科同年外，并与前后一科之拔贡认同年。选拔之试，酉年举行，十二年一次，其同年之范围，乃及于二十四年，甚奇。文武科举，昔有认同年者，后多不认，以重文轻武之故，文不屑俯就，武不敢高攀也。

（原第 6 卷第 32 期）

二一　副榜无益，优贡实优

俗号副榜为半个举人，生监得之，亦为慰情胜无，以入仕已为正途，捐官可免“捐免保举”之费耳。惟以副榜再中副榜，则除又认一次同年外，毫无所益，两半个依然半个也。（雍正四年曾谕：“今科各省所中副榜，内有两次中副榜者，亦准作举人，一体会试。”寻停止。倘垂为定制，半个举人名实乃适符矣。）若优、拔贡尚未朝考者，则甚惧中副榜。盖欲得举人，仍须乡试，而朝考之权利已被剥夺矣。拔贡朝考获售，一等用七品小京官或知县，二等用教官及佐职。优贡一等用知县，二等用教官。如得一等，亦仕宦捷径。（举人三科后始能大挑，一等亦不过知县。）七品小京官，尤为名贵，三年即改主事，俨同进士榜下也。五贡之序，优居最后，故相传嘲优贡语云：“虎豹犀象猴，鼋鼍蛟龙鳅。江淮河汉沟，恩拔副岁优。”实恶谑。然优贡之试，定额甚少，得之非易，且获朝考，其声价殊不低。

二二 明清大学士职权比较

清大学士阶正一品，为百僚之长，而明代则仅正五品耳。洪武十五年，置殿阁大学士，以礼部尚书邵质为华盖殿大学士，翰林学士朱讷为文渊阁大学士，检讨吴伯宗为武英殿大学士，典籍吴沉为东阁大学士（又置文华殿大学士，征耆儒鲍恂、余诠等为之，以辅导太子），以秩仅五品，故典籍微员亦获膺此也。（明典籍为翰林院官，清移诸内阁，而别设典簿于翰林院。）明太祖自诛丞相胡惟庸，以为朝廷魁柄不可旁落，遂罢丞相不设，亲裁政务。令翰林、春坊详看诸司奏启，兼司平驳，大学士特侍左右，备顾问而已，非宰相也。然君主一人精力有限，智虑难周，遇有咨询商榷之事，则侍左右备顾问之大学士，自有近水楼台之势。而翰林、春坊有审核奏牍之责，明代翰林官地位之优越，亦于此可见。明大学士为文学侍从之臣，最初以翰林官入阁为原则。礼部堂官在明代亦以翰林官论也。其后始旁及卿寺诸臣，继则他部尚侍亦获与，而大学士复加“预机务”字样。有明诸帝，洪武、永乐而外，多委政臣下，阁老之权渐重，于是实至名归，世俗亦以相称之矣。虽大学士本官之仅为五品自若，然以相权所在，莫不荣之，不复计及其品秩也。明尚书正二品，侍郎正三品，入阁不为降官者，以原秩仍在。且有秩位较卑之官，受特达之知，加尚侍头衔入阁者。盖中叶以后，大臣入阁，又成故事。其晋阶公孤者，已臻极品，尤为声势烜赫，迥非文学侍从之本来面目矣。然撰拟青词之役，阁臣犹多为之，仿佛清之南书房翰林，仍与初制为近。清大学士必至翰林院行到任礼，亦犹存明大学士为翰林官之遗意。至汉人非进士出身，不得大拜，亦循明旧（左宗棠举人出身，以军功特予入阁，是特例）。清雍正帝定大学士为正一品，始正式为百官领袖，相体似益尊矣，然阁权之夺，亦肇自雍正帝。时因用兵西北，以内阁在太和门外，虑泄漏机密，乃设军机房于隆宗门内，后名军机处，一切要政，渐集中于此。大学士之不值军机处者，俨若闲曹，官尊而权轻，与明代之官卑权重，适为相反。故说者谓大学士而不兼军机，有相之位无相之权；军机大臣而不入阁，有相之权无相之位。必二者得兼，始为真相。而阁臣通称为相国，以位言之也。（原第6卷第33期）

二三　清代大学士之品秩

乾隆之初，祀典之陪祀，犹称尚书以下，盖沿用旧文。明代尚书为文官最高之阶，言尚书以下，则大学士等均在其内也。时大学士品秩已升，在尚书以上，遂不与陪祀。乾隆十三年乃降谕："所称'尚书以下'，应改为'大学士以下'，嗣后一切祭祀，大学士等均令斋戒陪祀。"亦正名定分之意。是年并谕："内阁居六卿之首，（按：此有语病，六卿指六部言，遂尚书为正卿，侍郎为卿贰，应谓内阁在六卿之上，不当谓居首。）满汉大学士，应有定额，方合体制。嗣后著定为满汉各二员，其协办满汉或一员或二员，因人酌派。”其后遂以四大学士、二协办大学士为常。清殿阁大学士，以中和、保和、文华、武英四殿，文渊阁、东阁、体仁阁为序。后中和、保和不设，仅存文华等二殿三阁，大学士四人，大率为一殿三阁，汉人居首，则为武英；满人居首，则为文华（李鸿章由武英晋文华，在当时为异数）。亦偶有二殿二阁时，盖非有成文法之拘束也。至内阁中之座次，则大堂中横列六案，满东三案，汉西三案，仍以满汉堂官为序，汉人为首相，座序亚于满次相。其同兼掌院学士者，院中列衔，满相在前，且不论正揆、协揆。荣庆、孙家鼐掌翰林院时，列衔荣前孙后，荣仅协办大学士，孙则首相武英也。

二四　清代翰林官定制及待遇

明以礼部尚侍及吏部右侍郎为翰林官，清初因之。故顺治十年谕：“自吏、礼两部翰林侍郎及三院学士、詹事府詹事以下，各候朕旨亲试，分别高下，以昭朕慎重词臣之意。”是与后之所谓大考翰詹用意相同，惟被试者范围较广。曰吏、礼两部翰林侍郎者，则吏左不与试也。礼尚亦翰林官而免试，或以官尊之故，亦犹乾隆时定翰詹大考之制，而詹事府自少詹以下，詹事不与也。此类考试，雍正时亦尝举行，自乾隆二年规定少詹以下编、检以上，遂垂为定制，循行迄光绪焉。所谓三院者，顺治三年裁翰林院为内三院，称内翰林国史院，内翰林秘书院，内翰林宏文院。十五年复内三院为内阁，置翰林院。十八年裁内阁翰林院，复置内三院。康熙九年复改内三院为内阁，别置翰林院。此三院及内阁翰林院之沿革也。雍正六年谕："五部堂官俸银俸米，加倍给与。"独礼部不然。盖犹视为翰林官，故待遇有异。乾隆元年谕："礼部堂官照五部堂官例，给与双俸。"六部乃一律。

二五　袁世凯受张人骏密荐而获大用

袁世凯以戊戌告变，受知西后，任山东巡抚，缉逐义和拳，保护外侨，使山东全省，超然于庚子祸乱之漩涡，勋业烂然，遂致大用。然当时定议，实决于藩司张人骏之言，袁独擅其名耳。盖袁氏惧忤西后之旨，始犹有抚用拳众意，迟回审顾，未能即决。张人骏动以利害曰："公试揣此类妖妄之徒，古来有能成大事者乎？如料其能成，自宜善遇之；若策其必败，则亟须早决大计，毋为所牵率以获重咎也。"袁大悟，称善者再，遂一意以拒拳保侨为事矣。鲁人恨教民欺陵，多同情于拳众之排外思想，见袁氏竭力压迫之，皆大愤，而以"汉奸""二毛子"诟骂袁氏，委巷间亦时有大书詈袁文句者，俨若今之贴标语呼口号也。迨京津祸变既成，众始一变其论调，而歌颂袁抚台不置。京津官绅避难者，麇集济南，咸有适彼乐土之感。

济垣市面，繁荣气象，倍于平日。言及袁抚台，莫不曰“山东福星”“中国伟人”也。然非张人骏之片言定计，鲁亦危矣。张氏不自表暴，故知其事者不多。（厥后张氏历官督抚，安静而知大体，与袁为姻家，而与他督抚之仰袁氏鼻息者不侔，亦清末疆吏之贤者。）

（原第6卷第34期）

二六　袁世凯“思虑太多，防患太深”

袁少年读书从叔保恒（甲三之子，官侍郎，殁逝，〔谥〕文诚）京寓时，保恒尝诫之曰：“汝思虑太多，防患太深，遇大事恐难立断。”可谓知侄莫如叔。袁氏为人，有术而无学，重利害而轻是非。张氏以利害之说动之，宜其折服。至谋定而后，行以坚毅，固袁氏所长耳。（又据《庚子西狩丛谈》述吴永语，谓袁氏初奉奖励拳民焚毁教堂之诏，主遵旨办理，抚署洋务文案徐抚辰以去就争，袁始一变宗旨云云，亦足为袁氏成名非出独断之旁证。或张诤之于外，徐又谏之于内也。）戊戌之事，袁氏深为清议所讥，而当时袁固审虑光绪帝与西后之间，与幕僚某密计之。幕僚谓帝虽一国之主，然当国日浅，势力脆薄，后则两朝总持魁柄，廷臣疆帅均其心腹，成败之数，可以预卜。与助帝而致祸，宁附后而取功名。袁为所动，告变之谋遂决，亦基于利害观念也。思虑多，防患深，亦与其叔之言正合。或谓袁氏告变，系惧为成济，此解嘲语，乖事实。帝何尝欲杀后乎？晚年以营帝制致败，闻初尚犹豫，继动于左右之怂恿，乃锐意图之，而进言者亦假利害为说云。综袁一生，富于魄力，工于手腕，从善言则能为伟举，惑浮议则不免成大眚，质美未学，良可慨惜。

二七　吏部权力之盛衰

明太祖罢丞相，六部直接人主，叙官以尚书为最尊，而吏部居各部之首，权力尤巨。吏尚地位，差似《周官》冢宰也。（明时小说及演为戏剧者，极言官大，必曰吏部天官，以此。）自阁权渐重，成事实之宰相。吏尚声势，乃亚于阁老，然孝宗时以礼部尚书邱濬兼文渊阁大学士，预机务。吏部尚书王恕，犹自谓六卿之长，遇会集，位仍列邱上，弗让也；既而内宴，濬径居恕上，阁臣始自尊矣，以后遂成故事。阁臣班列六部尚书上，不论原官，然官吏黜陟吏部掌大权，其地位犹与他部不同。尚侍固尊严，即司员亦待遇优异，他部司员以对品调吏部为超擢也。（六部堂官吏以权重为最要，礼以翰林官为最清，吏右侍亦翰林官，与礼为近。）清初沿明制，吏部尚杰出班行（翰林于中堂、吏部尚书处，投刺称晚生，于五部尚书、左都御史、总督，称侍生），后乃浸同他部。盖自军机处立，既夺阁权，兼侵部权，吏部仅循成例，大员用舍，悉听军机耳。光绪辛丑，设外务部，以亲王领之，班列各部之上，吏部名义上亦复不为首席。宣统辛亥，设新内阁，裁吏部，改设叙官局，其规模益非旧观，“天官赐福”亦告终矣。（裁布或纸为斗方，书“天官赐福”四字，盖以吏部印，吏部司员以之赠人，取吉利。刑部则书“秋官驱邪”，谓可代张天师符箓用，后改法部，犹因之，此亦胜朝京曹之小故事也。）

二八　外务部之成立

外务部之前身为总理各国事务衙门，设于咸丰十年（本名总理各国通商事务衙门），为专办外交之机关。光绪庚子之变，外人于议和时请改为外务部，以总理各国之名为不逊也，并请设大臣一员，必须宗支王公，会办大臣二员，其一必在军机大臣上行走者，其一至少必须有尚书衔者。清廷俯首从命。其列为第一部，亦徇外人之意。本国官制，而劳外人代订，实国耻之尤，亦官制沿革上一大污点。入民国后，虽改称外交部，而居各部之首依然。迨国民政府成立，始以内政部为首部，外交部次之，盖亦鉴于外部设立之历史，而于此微示尊重主权之旨欤。

二九　潘祖荫无愧名臣

潘祖荫当官有贤声，其于左宗棠在湘幕被谗几罹不测时，抗疏以百口保之，言官文有意吹求，而谓“天下不可一日无湖南，湖南不可一日无左宗棠”。盖闻左之贤能于郭嵩焘，而与左初未识面也（时潘官少詹事，郭官编修，为南书房同事）。即此一端，无愧名臣矣。而其性颇乖僻，往往剃发至半，即挥剃者去。少顷复召，使竟其事，甚或越日始召之。有洁癖，不与其妻同寝处，故无子。官刑尚时，欲改一稿，司员某力争之，潘声色渐厉，司员愤而掷稿于地曰："谁改我的稿，谁便是王八蛋。"潘从容拾起，援笔改之，曰："我就算王八蛋罢。"众咸为此司员危，而竟无他，是亦可谓休休有容者。（原第6卷第35期）

三〇　载铨《息肩图》案

华阳卓君星槎，道、咸朝大学士文端公秉恬曾孙也，藏箑一柄，为定郡王载铨赠诸文端者。绘《息肩图》，载铨作园叟状，倚花担而立，旁以竹石点缀，笔致颇生动。载铨自为诗七首，暨友朋和韵诸诗，以细楷录箑上，亦颇工整。此箑有关掌故，不仅可作骨董观也。载铨甚为道光帝所倚信，居要津。及咸丰帝嗣位，宠眷渐衰。载铨觖望，因绘《行乐图》二，一为《曳车图》，作一叟曳车状；一即《息肩图》，寓尽瘁事国，今得卸责，亦牢骚之意。自为诗题之，索知交题和，并仿绘箑上，兼录唱和之作，分赠和者。文端有和诗，故亦获赠。本曳车、息肩各一柄，今仅存其一矣。咸丰二年，兵科给事中袁甲三疏劾载铨，辞连《息肩图》，奉旨征阅，旋解载铨内大臣之职，并罚其王俸三年。文端则缘是罚俸半年，他和者亦获咎焉，是亦当时一文字狱也。清代累以文字兴大狱，多对汉人而发，此固甚小，而事由亲贵，实一特点。和诗者王有成邸，宰相有潘（世恩，时已予告，同和之星斋、绂庭，均其子）、卓（时为武英殿大学士）、祁（寯藻，时尚未入阁）、柏（葰，时尚未入阁）等，而伯葰为中国科举史上有名之咸丰戊午科场案首要，其作品尤有一读之价值。爰就□转录唱和各作，以见当时亲贵、公卿、朝士、词翰之一斑焉（中有数首已漫漶，姑阙之）。行有恒堂主人者，载铨别号也。

其一

汝身老去有谁怜，衰迈深惭俗累牵。
拱手好期长已矣，回头所愿允终焉。
风尘不用悲歧路，梅鹤真堪娱暮年。
莫问果能抛世味，力微应早怯赪肩。

其二

丈夫磊落畏人怜，独立能祛万虑牵。
身耐酸辛浑未已，路经逼仄合休焉。
担花勤动恒终岁，蹑屩忘劳亦有年。
老我情怀消欲尽，新诗漫赋耸吟肩。

其三

力倦长途只自怜，苦无旁贷慨羁牵。
任劳从古皆如此，释担于今见有焉。

张翰思莼归隐日，陶潜对菊遂初年。
白头不作宵征计，袖手花间得息肩。

其四

饱尝甘苦可深怜，几度徒劳遇境牵。
荷蒉壮怀曾久矣，灌园老况拟安焉。
路途厌倦悲尘世，筋力衰微失妙年。
解得优游林下趣，不妨满载歇仔肩。

其五

不世情堪冷眼怜，耽花多是夙因牵。
消磨壮志徒劳耳，放浪闲游窃慕焉。
老圃生涯容末路，群芳代谢感华年。
掉头莫笑归休早，两袖清风负两肩。

其六

篱根砌角动遥怜，宿累独教物外牵。
况复移来情厚也，更能卸却忘高焉。
春风回首伤畴昔，秋雨关心慨晚年。
老去不成庄蝶梦，且凭花担憩余肩。

行有恒堂主人题

其一

顾影花前每自怜，甚时抛却世情牵。
劳劳终日非贪也，仆仆长途未息焉。

亦欲逍遥难了事，颇能担荷屡经年。
苦心一片堪同谅，恐负知音忍卸肩。

其二

是翁不肯受人怜，也拟抽身谢俗牵。
所愿果然能慰否，其心从此转安焉。
劳生阅历疲筋骨，当局担承积岁年。
终谓功成才可退，优游事外息仔肩。

其三

妙手空空讵乞怜，曾经柳绊与花牵。
积劳已久应如是，重负而今得免焉。
一自从容寻止境，几番辛苦忆当年。
繁华冷淡看来惯，徒倚东风笑耸肩。

卓海帆相国和韵

其一

姹紫嫣红剧可怜，镜中幻影总情牵。
满天风月春如许，回首光阴代谢焉。
白傅襟怀标艳句，逋仙眷属恋余年。
众香国里缤纷雨，斜袒袈裟久息肩。

其二

铅华照眼尽人怜，色色香香一例牵。
坡老簪来聊戏耳，司勋吟苦亦痴焉。

柳枝桃叶成新侣，金谷琼楼忆昔年。
从此风流判局外，含毫微笑拍诗肩。

其三

尘缘执吝总堪怜，梦醒炊粱解缚牵。
鼻观闻香原坦若，眼根吸影久忘焉。
雨中作意邀谁赏，雾里相看叹老年。
一任纷纷小儿女，摊钱买去笑扶肩。

其四

捏目成花不自怜，三春风物梦魂牵。
红妆银烛诚豪矣，泥絮禅心可拟焉。
云水无边堪洗眼，绮罗易谢感流年。
挑来聊作林泉友，萧散烟霞歇一肩。

慧秋谷员外和韵

其一

霜鬓皤皤剧可怜，是翁苦为利权牵。
一生碌碌奚为者，十亩闲闲孰与焉。
插我满头犹昨日，看他歇手已残年。
拈花欲笑还相问，许否旁观暂息肩。

其二

半生强健是天怜，谢却俗尘虑绝牵。
担荷一身轻若尔，逍遥三径乐於焉。

任从宦海奔波后，念到形骸放浪年。
胼胝未遑人已老，闲情谁与赋颓肩。

其三

傲骨独撑敢受怜，释来重负少缠牵。
簪花有愧吾衰矣，面圃何曾愿学焉。
相彼乌还悲往事，可知鱼乐忆当年。
眼前恐被黄花笑，才得息肩又担肩。

其四

香偏晚节动人怜，为饱风霜惹恨牵。
况此清新推白也，不须显贵慕桓焉。
漆园化去仍陈迹，彭泽归来不计年。
领略莺花无限趣，东山一卧许容肩。

麟棋谷大宗伯和韵

秋芳难得谢家怜，辛苦浑忘俗虑牵。
壮不如人今老矣，兴之所至亦安焉。
风尘鞅掌无虚日，花事关心又一年。
偶尔息肩聊自慰，翻劳上客耸诗肩。

潘芝轩相国和韵

红紫芳时剧可怜，此心不为利名牵。
四围绿荫真清绝，一担香风且息焉。
尘世薪劳徒仆仆，江乡花事自年年。

得闲便是神仙侣，好向洪崖一拍肩。

潘星斋庶子和韵

神仙原不受人怜，老去休教俗虑牵。
消遣佳时聊复尔，流连结习未忘焉。
清如梅格添吟兴，健比松身伴暮年。
尘世深尝甘苦味，回头一笑释吾肩。

潘绂庭中翰和韵

其一

饥驱寒迫乞谁怜，插脚红尘万感牵。
有子任他堪荷否，无能为役合休焉。
仙犹瞥眼三千岁，谁办平头八百年。
失喜而今真弛担，向禽巢许可随肩。

其二

不关天遣若为怜，蚕裹蛛丝枉自牵。
风味遍尝空鹿禄，尘劳错步等乌焉。
谁知太上忘情客，斯是邯郸醒梦年。
多少路旁人羡煞，此翁潇洒耸山肩。

其三

毕竟伊人未足怜，尚存一息总缠牵。
藤条葛蔓纷如许，带水拖泥乐有焉。
贺监池边招鹤日，蕲王湖上控驴年。

直教撇手排烟去，定有洪崖笑拍肩。

柏静涛司农和韵

其一

吾将知命是天怜，独爱黄华颂意牵。
风动疏篱香胜矣，露凝老圃翠荣焉。
荷担到处原非俗，培养由来信有年。
晚节成时花事了，埙篪声里乐随肩。

其二

爱煞黄花徙倚怜，露华湛湛几枝牵。
老担此任堪胜矣，小憩犹吟亦幸焉。
三径霜中留晚节，九秋香里度遐年。
劳生为博渊明赏，不到东篱不歇肩。

其三

斯图示我见犹怜，老圃应无世虑牵。
生意几丛秋色尔，壮怀独荷晚荣焉。
辛勤靖节真千古，风雨重阳又一年。
他日献来延寿酒，欲归甘谷息吟牵。

成邸和韵

特立昂藏讵受怜，此身不为利名牵。
尘中纷扰奚为者，林下栖迟何损焉。
期与幽芳留晚节，肯随凡卉逐流年。

只缘为善心常乐，璿萼培英仗永肩。

王菱堂司空和韵

其一

径松篱菊意犹怜，茅屋藤萝手自牵。

荷莜岂真遗世者，角巾今见有人焉。

休嗟白发无公道，且看青山似少年。

紫陌红尘回首处，担头秋色正盈肩。

其二

北郭何期造物怜，南荣岂为世清牵。

忘机鸥鹭常如此，得意骅骝亦偶焉。

老圃簪花娱晚节，短衣跃马笑残年。

不须更觅神仙侣，已喜洪崖共拍肩。

祁春圃大司农和韵

其一

衰躯谁复见犹怜，回首深悲世网牵。

免俗未能聊复尔，见几而作则藏焉。

一枰黑白旁观日，十亩田园小隐年。

识得长生元有术，逋仙葛老许齐肩。

其二

备尝甘苦亦堪怜，碌碌车牛笑肇牵。

衡泌道途安孰在，风尘隐逸取将焉。

曰归林下聊娱老，何待昌阳始引年。
局外闲观多自在，好凭花担息双肩。

其三

碧竹苍梧惟我怜，编茅松下女萝牵。
山林美矣还高矣，杖履游焉与息焉。
世界花花悲过客，劳人草草剩余年。
好将重负从兹释，试访洪崖一拍肩。

其四

历尽长途顾影怜，归舟一任缆徐牵。
清风明月谁知此，野鹤闲云合拟焉。
驹过隙中伤去日，花看雾里惜残年。
会当携杖空山外，吟眺烟霞倚瘦肩。

富容斋学士和韵

《息肩图》花担中之花，为菊花、秋海棠之属，以时令言，应曰西风，而卓相诗乃云“徒倚东风”，盖谨慎之意。慧秋谷名成，曾官河督，道光朝以河决获遣。诗谓“柳枝桃叶成新侣，金谷琼楼忆昔年”，深寓身世之感。其罢河督后镌一小印，文曰“曾经沧海”，用意相同，兼谓尝膺治水之任也。

三一　载铨好蓄瓷器

载铨在亲贵中，颇有风雅名，喜吟咏，好蓄瓷器。定府“行有恒堂”款识诸瓷，为道光朝瓷器最佳者。今琉璃厂古玩肆所称“有恒堂”，即指“行有恒堂”而言。星槎所藏之篦，骨镌“道光戊申夏行有恒堂制”字样，亦定府自造之品。

三二　袁甲三弹劾载铨

袁甲三官台谏时，好弹击，颇著直声。其劾载铨肆意妄行、不恤物议诸款，词甚峻厉，并有“臣职虽微，然自通籍以来，受先帝豢养之恩，已历十余年，如有挟私妄讦摇惑圣听之处，先帝陟降在天，断不令臣幸逃法网也”之语，盖庶几指九天以为正矣。又以载铨为道光帝所重用，恐咸丰帝不便轻加处分，故疏中以“先帝时本未深资倚畀”为言，俾为道光帝误用解脱，可免瞻顾，亦此类弹章中应有之词令也。疏中言载铨声气烜赫，广收门生，满汉臣僚多有拜为老师者，有定门四配、十哲、七十二贤人之称。奉旨诘以广收门生，有何证据，袁乃奏称：“闻载铨绘有《息肩图》一卷，题咏甚多，凡属门生，均系师生称谓。应请旨饬令载铨将所藏《息肩图》呈出，则某人为门生，历历可数，无从含混矣。”此《息肩图》取进之由。

按：潘相、卓相等，名位早隆，年辈亦高，断无拜门之事。和韵之作，不过友朋交际。其他资望较卑者，是否果有师生称谓，原图不获见，其详待考。

三三　嘲载铨联

袁氏同时并劾刑部侍郎书元谄附载铨及他罪状，疏谓京师相传一联云："知止而后有，小有才必酿大患；尽信不如无，下无法何以上人。"上联含一"定"字，下联含一"书"字，为二人深被物议之证。此联颇趣，不知出何人手笔。

三四　袁甲三劾章有授意之嫌

钦差大臣李星沅督师广西，咸丰元年卒于军，饰终之典甚优，予谥文恭，乃翰林院撰祭文碑文进呈，咸丰帝忽朱批严加申饬，谓其夸奖过当，词藻太多。并谓李调度乖方，功过难掩，历任封疆，尤不足称。于是袁甲三上疏请夺李谥。说者谓袁氏先未有言，迨上意咎李，始为此请，未免有迎合之嫌。故其疏劾载铨，有疑即出咸丰帝授意或希旨为之者。　　　　（原第6卷第36期）

三五　翁同龢力拔张謇

张謇少负文名，屡困场屋。光绪乙酉以优贡中顺天南元（第二名），甲午始成进士，年四十二矣。壬辰科翁同龢主会试，欲拔为元，误中刘可毅，张乃被摈，翁大悔恨。甲午殿试，翁为读卷大臣，张卷挖补一字，漏未填入，翁为之代填，并与同列力争，定大魁。胪唱时，张喜极而踣，由侍卫扶掖而上，勉强谢恩如仪，得失之心重矣哉。其《文录外编》自序有云："综吾少壮之日月，宛转消磨于有司之试，而应其求，盖三十有五年。"是年会试，即拟为最后之入场，如再不中，将绝意春官，而居然中式，且获大魁，积三十五年之宿志，至此乃获大伸，其惊喜失措，亦人情也。闻光绪帝尝询翁以此卷何故为元，对曰："殿试向重写不重作，此卷则写作均佳，允可冠冕多士。且今年皇太后六十万寿，此人为会试第六十名贡士，适符庆典，可为国家得人贺。"洵善于词令矣。翁、张投分之深，实与寻常座主门生之关系不同。张昔佐吴长庆幕于朝鲜，自谓备悉日朝情势。值中日衅作，力倡开战之议，翁本主战，入张说而持之益坚。战既大败，张颇为人指目，意不自安，遂不作升官放差之想。历戊戌散馆试后，即引退归里，渐以大实业家著闻于世，而其号召之初，犹仗状元头衔之足以歆动社会也。

三六　光绪帝亲拔骆成骧为状元

殿试号为天子临轩策士，故试卷禁例亦多。如不许勾点，及篇终须一行到底，抬头之前一行亦然。惟同治癸亥，张之洞不依定式而得探花。光绪乙未，马关和约甫成，正各省举子公车上书（康有为主稿），痛论国事之际，骆成骧殿试卷，有“主忧臣辱，主辱臣死”之语，亦素尚模棱空衍之殿试策中所罕见者。读卷大臣李文田奇赏之，徐桐不谓然；李力争，徐许以二甲第一；李不满，又力争，始以一甲第三拟呈。光绪帝亲拔为状元。其榜眼喻长霖，卷中有谈变法语，光绪帝由二甲第七名（进呈前十本之末）拔之者也。

三七　王寿彭科场得意

乡、会试不重书法，以试卷须经过誊录之故。光绪壬寅以后，改试策论，并废誊录，仅糊名而不易书矣，于是有赖书法之工而获售者。癸卯状元王寿彭、甲辰状元刘春霖之捷乡会试，均得力于字体端整。壬寅山东乡试，王卷分余际春房，余阅后不甚惬意，拟不荐，或语以此卷文虽平平，然书法如馆阁体，甚宜于朝殿试，君可预收一翰林门生也，余乃荐之。竟连捷乡、会。殿试时，以明年西后七十万寿，欲得一名中有“寿”字者为状元，藉示预祝。

王名既有寿字，且含祝嘏意义，而书法亦复黑大圆光，遂定元焉。忆某岁朝殿试，有王国均者，本置前列，西后闻读其名，曰“好难听”，以其音同“亡国君”也。国均以此被抑，蹉跎以终。此王与彼王，升沉均决于命名，是可异矣。寿彭后以修撰实授湖北提学使，则出学部尚书荣庆之力。荣督学山东时，寿彭以岁考一等补廪，受知甚早也。张宗昌在鲁，以其为状元而延揽之，使长教育厅及山东大学。革命军入鲁后，下令通缉，并查抄原籍（潍县）家产，今作逋客矣。

三八　钦定主考颇近儿戏

各省乡试主考，例先放云贵。癸卯贵州正考官为编修李哲“明”，副考官为御史刘彭“年”；云南正考官为编修张星“吉”，副考官为编修吴“庆”坻，盖〈于〉取于“明年吉庆”四字，亦所以预祝西后七十万寿也。事颇近于儿戏。

三九　童试难得小三元

童试府县案首，惯例均必入泮，此由学政对于守令之面子关系，亦所以报棚规之惠也。如县、府、院三试连得案首，谓之小三元，其罕觏殆过于乡、会、殿之连中三元。以府试乐得多成全一人，必不肯仍以县首冠军；其偶有之者，则为原拟府首发生故障之故。已亥江苏常州府试，无锡某童连得三场首选，府案首固舍彼莫属矣。而三覆题为“吾不试，故艺”，忽大谈西学声光化电，并谈生理，有“血输脑筋”字样，因抑置第五，然以案首变更，恐外间猜疑他童以贿赂夺之，乃即以县首充府首，藉靖浮议。盖值戊戌以后，正严禁新学之时也。（州试同县，直隶州对属县如府，本州诸童，连院试仅二试。）

（原第6卷第37期）

附：胡著《章实斋年谱》赘辞

胡适之博士所撰《章实斋先生年谱》，为甚有价值之一部著作，其苦心与特色，具详自序中。全书搜辑之勤，剪裁之工，读者当咸知之。惟间有一二末节，不无斟酌之余地，兹就愚见所及，试为申述，或可作土壤细流之助欤。

> 先生述戴氏论古文谓“古文可以无学而能，余生平不解为古文词，后忽欲为之而不知其道，乃取古人之文反复思之，忘寝食者数日。一夕忽有所悟，翼日取所为文者（适按：者字当删）振笔而书，不假思索而成，其文即远出《左》《国》《史》《汉》之上。”（原书二十六—二十七页）

按：“取所欲为文者”之“者”字，盖指所欲为文之对象而言，实不为赘，胡君言当删，恐有未合。此种句法古来颇不乏，如《礼记·祭义》云："斋之日，思其居处，思其笑语，思其志意，思其所乐，思其所嗜。斋三日乃见其所为斋者。""所为斋者"与"所欲为文者"句法正相类也。

内藤谱记先生是年……为道员陈东浦作诗序。适按："道员"二字亦误。《诗序》有"遍历三司"之语，可证其此时已非道员。（原书九十一——九十二页）

按：此时陈东浦是否仍为道员，尚待旁证，以"遍历三司"，难为"已非道员"之充分的证据也。前清道员历署藩、臬、运三司，并非事实上不可能之事。曾署三司之道员，其为道员自若也。如王闿运所撰常大淳神道碑，于其以两浙盐运使历署布政、按察两使，称"三司践莅。卓有余声"，其下始叙迁安徽按察使……迁陕西布政使。未迁之前，虽曾署藩、臬，本官固仍是运司耳。以运司历署两司与以道员历署三司，均可以三司为言。"历"字作"经过"解，"遍历"更应活看，未可谓非真除不为"遍历"也。

作陈东浦方伯诗序。（原书九十四页）

按：既称方伯，似可证陈氏是时已非道员矣，然道员之曾署布政使者，亦可蒙方伯之称，故是时是否已非道员，仍难据以确断。

> 先生……有《题随园诗话》十二首……如云……“堂堂相国仰诸城，好恶风裁流品清。何以称‘文’又称‘正’，《随园诗话》独无名？”（此指刘墉。据先生云，刘墉官江宁时，欲以法诛袁枚，而朱筠为解脱之。语见《论文·辨伪篇》）（原书九十八—九十九页）

按：此诸城相国，非指刘墉也。刘墉虽亦以诸城人入阁，然谥文清，不谥文正，且实斋卒于嘉庆六年辛酉（1801），至嘉庆九年甲子（1804）刘墉乃卒，实斋固不及称其谥也。诸城相国而谥文正者，自为刘墉之父刘统勋无疑。胡君盖以刘、袁有隙，而刘墉适亦一诸城相国，遂于此未及深考耳。

今春与适之先生晤谈，据言此书复由姚名达君增补，加入新材料不少，内容当更丰富。因尚未读，故仍就适之原著，聊为芹献。（原第6卷第38期）

四〇　书榜佳话

同治甲子山东乡试，榜元为王善泽（书榜例自第六名写起，故第六名曰榜元。全榜书竟，再由第五名起逆填，最后书元），其父藩署礼房书吏也，每秋试题榜，父子恒偕入司缮写之役。王前已以拔贡朝考用知县，以父命未赴，是科出场后，复随父入贡院书榜，首即自书己名，一时传为佳话。房师王五桥为作《乔柯毓秀图》，题咏者甚多。或曰，其父执笔，骤见己子之名，笑不可仰，自监临、主试下至执事人，皆骇怪。询得其故，均为道贺。因喜极手颤，不能作书，乃由善泽书之。此与《随园诗话》所记，江西写榜吏陈巨儒，书武乡试榜，解元即其孙腾蛟，掀髯一笑，笔堕于地，正相若。

四一　义和团兴起之动机

庚子义和团之乱，召八国之兵，遂有《辛丑条约》之订立，创深痛巨，中国盖几于不国矣。故事后道及义和团，莫不痛加诋斥，视为妖孽。然溯其动机，实起于外人以传教为侵略之媒，入教者挟外人之势，鱼肉良民，无所不至，有司迎合政府惧外之心理，务抑民以伸教。民间疾苦，莫可告诉，义愤所激，遂取仇外以自卫之行动。而外人枪炮之可畏，人尽知之，义和团乃以诸神附体枪炮无灵之说，起而号召。蚩蚩之氓，翕然附和，亦固其所。西后方衔外人以国事犯待康梁不肯引渡之怨，复以欲谋废立，见格于外交团，骤闻义和团有神术足以歼外人，因利用之以泄忿，而大祸成矣。梁启超尝论此事，谓“义和团实政府与民间之合体也，而其所向之鹄各异，民间全出于公，愚而无谋，君子怜之；政府全出于私，悖而不道，普天嫉之”，实为中肯之语。

四二　义和团目标之转变

义和团之目标，本为对外，与今之所谓“打倒帝国主义”，精神上固有相符之点，然初志在杀外人，杀教民，继则以邪术之不足以敌枪炮也，乃一变而逞志于本国无辜商民，焚掠之酷，屠杀之惨，故老言之，犹为切齿。盖团之渠魁，诱胁群众以为恶，初起时之精神，荡焉无存矣。今日颇有为义和团昭雪而鼓吹之者，愚以为其动机出于义愤，深值吾人之同情，其初起时之精神，亦有可称许者，独其方法之妖妄，行为之荒谬，实足悬为厉戒，未可一概而论也。

四三　庚子之乱西后为祸首

至当时酿乱之政府人物，亦宜分别观之。西后挟私忿而肇大祸，允为罪魁祸首。（其实废立为本国内政，无须征询使团，断行之后，外国固难施以干涉。西后遣人探使团意见后，怵不敢发。实昧于国际常轨，或廷臣反对废立者假是以缓之耶？）出亡后，反自诩有维持调护之功，以光绪帝名义所下罪己诏，则一味罪人。比其回京，沿途供应浩繁，欣然有喜色，更为无耻之尤。端王载漪，志在其子速立，纯以私心行之，罪盖亚于西后。他如徐桐、刚毅辈，误以邪术为可恃，喜其“扶清灭洋”之主张，与己尊王攘夷之旨相合（其心目中之王，名皇帝，实太后也），故崇奖而袒庇之，质愚识暗，而心尚无他。论者痛大祸之成，故于彼辈无恕词，且对其私德亦多诋諆。如谓刚毅南下理财，广通贿赂，殆近罗织；外兵入京，徐桐自杀以完大节，而当时竞传其本欲偷生，为其子承煜逼死，实不免深文周纳。夫身为大臣，而败坏国事至此，咎何可辞，独多方文致以毁其人，大可不必耳。（忆某笔记载徐尝反对废立，斥主张者为“胡闹”，与一般所传者迥异，其事若确，则徐尚非全无分晓者。）至若多数依草附木之流，本无定见。其助义和团张目，无非为取媚西后以猎好爵起见，无足道矣。

（原第6卷第38期）

四四　西后公仇可忍私忿难忘

光绪戊寅，曾纪泽奉简出使英法大臣，召对时，言及教案，曾氏谓：“中国臣民常恨洋人，不消说了，但须徐图自强，乃能有济。断非毁一教堂，杀一洋人，便算报仇雪耻。”西后云：“可不是么，我们此仇何能一日忘记，但是慢慢要自强起来。你方才的话，说得很明白，断非杀一人，烧一屋，就算报了仇的。”是时西后之见解如是。后竟中风狂走，倒行逆施。盖其心理，公仇可忍，而私忿不可忍也。罪魁之实，舍彼其谁！乃诿过臣下，诛杀多人以自解于敌，毫无愧怍之意，诚所谓哀莫大于心死矣。浙人刘焜所编《庚子西狩丛谈》，述其乡人吴永语，以记团乱及两宫出亡之情事。吴永为曾国藩孙婿，时官怀来县知县，躬受义和团之厄，两宫出亡过境，以迎驾办差称旨，深受西后知遇（吴自称受知两宫，实仅一宫耳）。随赴行在，超擢广东雷琼遗缺道，诸事多耳闻目击，故言之亲切有味。刘氏笔致清畅，足以达之，可供史家之要删，亦近年谈掌故有相当价值之作品也。书中言赵舒翘奉命视察团众归京后，力言拳民之不可恃，先赴荣禄处详悉报告，继见西后覆命，亦一一据实奏陈。西后已受魔热，词色颇不怿。赵出告人曰："我对军机、太后均已尽情倾吐，应说尽说，抚心自问，庶几可告无罪矣。"徒以碍于端、刚，未敢正式具折言之，后遂坐罪被诛。而上谕中只责其草率，且有"查办拳匪亦无庇纵之词"等语，即据西后口中所言，亦足证明其始终未言拳匪可靠云云。为赵昭雪，似或可信。赵氏历官京外，素著廉勤之誉，西安绅民，尝聚众呼吁，谋逭其死。

四五　西后误杀许景澄袁昶

《丛谈》记西后杀许景澄、袁昶事，言召对情形，实误于上下隔膜："先是荣禄误信各国已决定宣战之谣，密奏西后，西后乃召集群臣，谋应战方略。战与不战，已无拟议余地。廷臣则未知西后已入荣言，以为尚是商议和战问题，因之奏对龃龉，许、袁遂逢西后之怒而被杀矣。使知荣有此奏，只须将洋人并无宣战事实，委曲开陈，未尝不可消解。夫洋人已决战，而尚主不战，则惟有降之一法，宜其不能相人也。”云云。此与记赵舒翘事，均关于史料之珍闻也。书中转载某杂志所载许、袁及立山在狱中言动，断为事实，惟谓系李端棻所亲见，则非。原稿出家弟适庵手，乃闻诸先世父子静公者。庚子先世父犹在狱也。戊戌政变，礼部汉三堂均以赞新政获咎，李遣戍新疆，王锡蕃革职永不叙用，先世父则下狱监禁。故得目击三人情事，并于立山在狱恸绝时，以药苏之，吴氏以为李，不知李正远戍也。盖以同官致误耳。

四六　《慈禧外纪》之失误

外人谈中国事，每有隔膜。如英人濮兰德、白克好司所著《慈禧外纪》，搜集材料，盖煞费苦心，而不免可笑之处。其记同治帝逝后议立新君，谓：“慈禧曰：‘可以投名法定之。’慈安太后无异言。其结果则醇王等投溥伦，有三人投恭王之子，其余皆如慈禧意投醇王子，于是大位遂定。盖慈禧志意既坚，而众人皆向戴慈禧为中国之主者也，故多遵慈禧意投醇王子。”尤为诞谬，读之令人发噱。殆著者习于立宪国议院票决大政之制，遂以为光绪帝之立亦由群臣投票选举也。书中对西后推崇甚至，多非其质，对荣禄更力称其公忠，谓可方驾曾国藩，亦拟不于伦。似是书取材，以得之接近西后、荣禄者为多，故大为二人宣传耳。至谓同治帝逝时，其后已有孕，恭王奕䜣且尝建言应暂秘不发丧，如生皇子，自当嗣立；如所生为女，再议立新帝不迟，盖亦齐东野人之语。即译者（陈冷汰、陈诒先）亦按其“恐未必确”矣。书中又言西后于咸丰朝即与政务，主大计，亦不足信。使咸丰帝果听西后干政者，何临危独授大事于赞襄八大臣乎？西后杀载垣等而成垂帘听政之局，乃谓赞襄之命出于伪造，则其强颜自饰之词也。《外纪》厚责载垣等，均根据西后片面宣传，当时中国士大夫论此，尚多如是，外人著作，更不足异矣。书中舛误甚多，不暇一一举也。　　（原第6卷第39期）

四七　西后杀毓贤以自保

惟《外纪》中亦不乏可供史家之参考者，是在吾人分别观之。如言西后至太原，巡抚毓贤在城外跪接，“太后命毓贤近前，谕曰：‘去岁汝请训时，力言义和团之可靠，可惜你错了。今北京已破矣。但汝奉旨甚力，今山西境内已无洋人，人皆称汝之能，余亦知之。现洋人报仇，索汝甚亟，余或将革汝之职。但汝不必因此伤感，此举不过遮外人之目而已。’毓贤九叩首答曰：‘微臣之捉洋人，如网中取鱼，虽幼童及狗，亦未任其幸免。臣已预备革职受罪。’凡此问答之语，旁观者有数人，听之甚悉。”此节颇近事实。毓贤在晋所行，实遵西后之旨，故西后嘉其奉旨甚力而慰藉之。初意毓贤辈革职即足以谢外人，后以外人态度坚执，西后只求自保，不复能顾全若辈矣。《外纪》又言：“太后又召见毓贤一次，谕之曰：‘现在棺木价亦贵了。’意在讽其自杀，以免后祸也。太后以毓贤杀尽山西洋人，须定死罪以谢之。又以其在山西声名甚好，百姓颇誉之，故示意令其自尽也。”似亦可信。毓贤官山东曹州知府时，即大著酷吏之名，然勤政事，励操守，誉亦日起。上官力荐之，遂洊历封疆，在晋屠杀外侨，惨无人理。然仇外实秉朝旨，而以积愤外侮之凭陵，遂躬为屠伯而不顾。其事至谬，其心则不无可谅，不学无术害之也。庚子六月十三日，毓贤大杀外人及教民，计中外男女老幼共七十余人。令下后，藩司李廷箫谒毓，劝勿孟浪。毓曰：“吾已熟计之矣，吾以一颗头颅换数十颗异样之头颅，亦大值得。”迨行刑毕，复谓李曰：“吾头当稳被洋人砍之。”将来大祸盖亦已虑及，其志固拼一死以报国矣。后在兰州从容就刑，死状至为壮烈，绅民泣吊，十余日不辍。相传毓有自挽联云：“臣罪当诛，臣志无佗，念小子生死光明，不似终沉三字狱；君恩我负，君忧谁解，愿诸公斡旋补救，切须早慰两宫心。”又一联云：“臣死国，妻妾死臣，谁曰不宜，最堪悲老母七旬，弱女九龄，髦稚难全，未免致伤慈孝治；我杀人，朝廷杀我，亦复何憾，所自愧，服官三省，历仕念载，涓埃未报，空嗟有负圣明恩。”亦可谓不欺其志者。(《慈禧外纪》著者按语，称其操守非常廉洁，声名甚好，死后贫无一钱，足见外人亦颇重其人格也。惟译者于此二挽，由英文译意，作散文，稍失其真。）道光间，钦差大臣裕谦视师镇海，英人嗢哩以舢板船搁浅，为浙民擒送大营，裕命生剥其皮，并抽其筋为马缰，呼号三日乃死。裕且形诸奏牍，自鸣得意。后兵溃自杀，优旨饰终，予谥靖节，朝野号为忠臣。是亦毓贤之类，其野蛮残忍或有过之矣。

四八　毓贤为官冷酷

毓贤丁酉官山东按察使时，考试景贤书院（此为臬、运二司轮课之书院）。省垣书院四，惟此须点名，然司使不亲往，皆委候补知府一人代为点名监试。领卷后，门甫扃即开，以监试者先不耐此一日之假拘留也。开门后，考生亦多散归寓所，惟道远者始留场，已沿为惯例。是日，毓忽亲临，并谕实行扃门。考生大起鼓噪，谓未携食物，不能枵腹构思。毓不听，且厉声曰：“你们枉读圣贤书，连规矩都不守，这还了得。再闹一齐扣考。”又曰：“你们实在要出去，本司尽留场的拔在前名。”于是无敢再抗者。及出题，乃“瑚琏也”三字，考生正愤无可泄，即拥至堂上大呼曰：“大人是三品大员，不懂得犯讳吗？”毓尚茫然，经监场委员向之解释，谓“琏”字犯端慧太子讳，例应敬避，乃大窘。因即以朱笔改写下节，题为“或曰雍也仁而不佞”，而又将“佞”字右旁书作“妄”字，众又大哗，遂狼狈而去。时有人嘲其后曰：“毓小辫也有今日。”

以毓辫发稀，有“毓小辫”之称也。官曹州知府时，有“毓小辫的便宜沾不得”之谚，盖尝于生辰高坐大堂，提出囚犯，谕曰：“你们这些东西，都是该切头的，本府今日作寿，便宜你们罢。”众囚以为网开一面也，皆大喜过望，叩首曰：“大人天恩。”不知所谓便宜者，乃仅予以全尸而立毙杖下也。于是众囚恶骂至死方止。毓治盗极严酷，而不无冤滥。刘铁云《老残游记》所称“玉大尊”即毓，虽小说家言，而毓之酷固著闻于时也。迨其就刑兰州，喜谈果报者，每举其事而言天之报施酷吏，实为不爽焉。戊戌废八股诏下，独毓课书院仍用八股试帖，对人辄言：“皇上吃了天主教了，这上谕我是不遵的”。其头脑顽旧如此。且与后党刚毅为姻戚，帝、后不协，新政之局，行即有变，毓早料及，故敢公然反抗，而闻者莫不称异也。　　　　　　　　（原第 6 卷第 40 期）

四九　酷吏长赓轶事

鲁省酷吏，前于毓，而与毓齐名者，为长赓。丁宝桢抚鲁，沂州府匪乱甚炽，与省垣文报不通，是郡首邑兰山知县缺员，藩司连委数人，均不敢往。时长赓以知县在省候补，丁闻其声名颇劣，欲劾之，特传见以察其是否尚有一长可取，为最后之决定，长固不知也。当随班入谒，丁偶谈及兰山事，兴才难之叹。众皆视为畏途，莫敢置对。长乃挺身自荐曰：“如大帅不以职为不才，职当不避险阻，勉膺此席，平匪安民，为大帅分忧。”丁壮之，询其果有把握否。长谓：“请大帅假以便宜，必誓死践言，不济甘任其罪。”丁大喜，即命藩司下委。长奉檄后，招募死士数百人，率之以行，皆济南之游手无赖也。沿途扬言，省中已发大兵平寇。匪本乌合，骤闻此讯，咸惊。复见长来势汹汹，罔敢阻截，长遂越匪巢而过。文报之稽于途者，均得达省垣，省中大吏共称长令之才勇矣。既莅任，简练军实，锐意剿匪，果于杀戮，匪竟渐平。为政专尚严酷，犯法者动处极刑，一时兰山境内，号为路不拾遗。丁奇赏而力荐之，累获峻擢，数年之间，由府道而臬司。位高而酷名亦益著，且以腾达之速，谓可肆志，乃向属吏婪索财物。牧令不纳苞苴者，辄以法中之。事闻于丁，大怒，召藩司而语之曰：“长笏臣为酷吏，吾早知之。以其实有才干，故予荐拔。今加之以贪，弗可容矣。君可告笏臣，速自为计。吾念其前功，不再吹求，否则勿怪白简无情也。”藩司以语长，遂称病引退。长亦尝官曹州知府，至今曹人言及长、毓，犹称其酷，而亦未尝不许其治盗之严也。

五〇　武举述略

昔日科举动人信仰最深，顾武科亦科也，以视文科，冷暖之判，不啻天渊。文科所有者，除五贡外，武科均有之，而社会上注意者甚罕，盖重文轻武之故。即以武职论，由武科出身者，初不较行伍出身者为名贵，且官至提镇大员者，反以行伍为多，无所谓正途也。明代尚有锦衣卫所，以膴仕著，为武鼎甲之荣除；清则并此而无之。历县府考而童试以主于学政，乡试则巡抚主之。会试简正副总裁各一，正总裁多为二品，副总裁多为四品，均文官也。武科之考试权掌于文官，而武科出身者不获与此，亦武科被轻视之一例。文科之刻朱卷，拜老师，团拜，及种种恳亲之举，武科皆不为。先世父子静公，光绪甲午，以翰林院侍读学士充武会试副总裁，试毕揭晓，会元岳某以贽银二两来谒师，在当时已属仅见矣。武童应试之状，幼年随先父山东长山县任所获睹，与试者以翩翩少年居多数，装束华美，甚有面施脂粉者，以视文童之寒畯为多衣服蓝缕者迥不侔。讶而询人以故，盖习文贫家力尚能办，习武则非素封不可，所习弓、刀、石、马、步、箭诸技，延教师，辟场所，置具购马，必需相当资力，寒士岂能任之。素封之家所以愿令子弟习武，则以便于保护财产之故，苟能得一武举、武生，亦足为乡曲之健者。是以虽当右文之世，武科远不若文科之足重，而若辈仍甘于从事劳费较甚之弓、石、刀、马、步、箭也。清季科举之废，武科视文科更早两届。盖以火器作战既盛行，昔所考试之武技无所用之，而于变通考试之项目，藉为强健国民体魄之一助，则未遑留意焉。今功令有考试国术之规定，以提倡中国固有之武技，而发扬尚武精神，用意殊为不谬。若能推行尽善，持之不懈，则风声所树，行见研习武技者日众，或足以矫国民懦弱之病软。（原第6卷第41期）

五一　清疆吏之年终考语

清疆吏例于年终对属吏出具考语奏闻，大抵藩、臬二十余字，道员十余字，知府八字。如字数较少，虽无贬词，亦为表示不满。如政府中有奥援者，即调官他省，否则罢职矣。此所谓年终密考，例不得泄诸属吏也。而清末多视为虚应故事，有扬无抑。疆吏拜折后，往往属幕僚录考语密函致诸司道，司道且诣辕称谢焉，盖大失立法本旨矣。

五二　假年终密考劾罢大臣

光绪戊子，赣抚德馨、陕抚叶伯英，假年终密考，示不满于赣藩李嘉乐、陕藩李用清，二李均奉旨开缺。大学士阎敬铭以二李为己所保，抗疏争之，奉旨将原折掷还，并严词申饬。未几阎遂引疾去官，此固西后对阎眷注已衰，有借题发挥之意。而当时疆吏年终密考实犹甚重要也。沈葆桢为两江总督时，政尚严峻，江宁布政使孙衣言以文儒居承宣之任，见谓迂缓，而沈道光丁未会试中式，出孙弟锵鸣之房，以长者之礼待孙，不便劾罢，乃藉年终密考以去之。据闻考语字数，亦足二十余字，不独无贬词，且甚加褒许，而奏折既达，孙遂奉内调太仆寺卿之旨矣。盖考语为“清操雅望，坊表群伦”等字样，无一字切藩司之职掌，且无一字切外官之地位，言外之意，即隐示其堪任京官，难胜现职。政府喻其微旨，故调孙内用（孙交卸藩篆后，称病回籍，未莅新任）。以布政使调三品卿，品级上为降，体制上为升，实际上则由繁剧而成闲散，易膴仕而为冷官。藩司一擢便膺疆寄；仆卿依阶平进，须迁转多次，始至卿贰，谓为左迁，未为不可。惟如袁昶之由直隶布政使开缺以三品京堂候补（旋补光禄寺卿，迁太常寺卿），授为总理各国事务衙门大臣，则又当别论。译署要地，大臣要差，内召实缘重用也。

五三　磨王与“魔王”

嘉庆间，辛从益官台谏，屡与磨勘之役，多所纠摘，考官、士子均畏之，京中呼之为磨王。同治间又有御史梁僧宝，与磨勘事，最喜吹求，屡兴大狱，因而获咎者颇多。潘祖荫由侍郎降编修，即以此。庚午顺天解元李璜纶，闱艺甚佳，磨勘前自行检举，谓第二场患病，经文某篇系昏瞀中钞袭成文，遂褫夺，盖恐为梁氏举发，致获重咎也。时人号梁曰魔王。磨、魔同音也，盖前后两魔王矣。

五四　万流仰企群伦艳羡之状元公

乡、会、殿三试，咸以得元为荣显，而状元头衔之歆动朝野，尤为特甚。儒生稽古之荣，盖无以加之焉。虽授职之初，秩位犹卑，将来仕途亨屯，亦尚难预卜，而当胪唱之后，万流仰企，群伦艳羡，有不知其然而然者，信乎帝王牢笼人才之妙诀也。清初汪度龄中状元，京师有小家女陆氏，粗通文墨，欣然愿为之妾。结婚之夕，见其貌陋，恚而雉经以死。或嘲之曰："国色太娇难作婿，状元虽好却非郎。"状元之惑人有如是者。据宋人笔记，"每殿廷胪传第一，则公卿以下无不耸观，虽至尊亦注视焉。自崇政殿出东华门，传呼甚宠，观者拥塞通衢，人肩摩不可过，锦鞯绣毂，角逐争先，至有登屋而下瞰者。庶士倾羡，欢动都邑。洛阳人尹洙，意气横跞，尝曰：'状元登第，虽将兵数十万，恢复幽蓟，逐强蕃于穷漠，凯歌劳还，献捷太庙，其荣亦不可及也。'"宋代强邻逼处，在北宋时已成偏安之局，恢复幽蓟，殆为梦想所不能到，而状元之荣，乃若过之，固见宋人之陋。然状元魔力伟大，令人心醉，则信可知矣。中国小说陈套，每以落难公子中状元为最快意之事，在外国小说则为贫儿骤得巨额遗产，惟遗产属于物质，而状元之见重，实有一种超乎物质之意味，盖难相提并论也。　　　　（原第6卷第42期）

五五　殿试之程式

有清殿试题文，均趋于空洞敷衍，与试者受种种格律之钤束，条对之文，但求其机圆调熟，读之铿锵可听即可，不顾言之无物也。衡文者惟察其格式，较其书法，以定甲乙。其出题之法，则由内批出八字，如求贤、育才、军政、河工之类，每二字为一项。读卷大臣八人奉到后，即由领衔之一人（大学士）交列衔最后之一人（侍郎或阁学、副都），依此四项撰拟策问，类为笼统堆砌陈陈相因之词。撰毕，经众公阅后，仍由撰者书就，而题目告成矣。与试者除卷中首尾之照例话头，即就题中字面，逐项敷凑，骤视非无条理，细按惟有空套。殿试号为天子临轩策士，本所以验实学，乃相沿而成如斯情状，实大悖初旨。间有例外，如前述张之洞不依格式，骆成骧、喻长霖以文受知拔置鼎甲是。前乎此者，则如毕沅以对屯田事独精核，为乾隆帝特赏获状头，亦历届殿试所罕见者。殿试衡文诸臣称读卷，即诸卷由皇帝亲阅之意，所谓天子门生也。

五六　殿试论满汉畛域

顺治六年殿试，时方轸念满汉畛域，故专就此事策问曰："从古帝王以天下为一家，予自入中原以来，满汉曾无异视，而远迩百姓犹未同风，岂满人尚质，汉人尚文，习俗或不同欤？抑音语未通，意见偶殊，畛域尚未化欤？今欲联满汉为一体，使之同心合力，欢然无间，何道而可？要言可行，不用四六旧套，予将亲览焉。”盖廷对四六之套，自明代已然。清初开科，傅以渐首得大魁，亦仍其习。是科策问，特令破除旧套，征其所见，自足觇开国气象。然满汉畛域之不能化除，乃为事实问题，种族不同，待异显遇，安能泯兹痕迹？惟有使少数满人同化于多数汉人，始无畛域可言，而此又非清主所乐闻也。康、雍、乾诸朝大兴文字狱，使汉人不敢言而敢怒，畛域因之益深，故辛亥一举而清祚移矣。是科状元为刘子壮，其对策有云：“满人有开创之功，其权不得不重；满人有勤劳之绩，其势不得不隆。汉人虽处尊贵之位，其力固不敢相抗，其志固不能必行也。其中自专者，未免轻汉人为善狡为朋交，其中自疑者，未免惧满人之多强之多势。是以有怀而不能相喻，有才而不能自尽也。此满汉之相为异也。今欲去其异而同之，臣谓满人尚质，以文辅之；汉人尚文，以质辅之。”又云：“一文一质，方将变通古今，转移造物，而何所不化之畛域哉。”当时称为名作，而其所陈质文相辅之具体办法，亦不脱老生常谈，未能洞其奥窔，解其症结。盖汉人地位，所能言者，亦仅如是而止，过此将逢大戾矣。刘为清初八股大家，故殿试文亦俨然八股腔调。

五七　明初殿试授职之制

清设官沿明制而损益之，殿试授职亦然。（自雍正元年增朝考，殿试后惟鼎甲先授职，余则于朝考后。）惟有明最初之制，状元授礼部员外郎，榜眼授吏部主事，探花授礼部主事，二甲俱授六部主事，三甲俱授县丞，与后此制度大异，见清杭世骏《洪武四年会试录跋》。是科会元俞友仁即以殿试三甲第二十六名授县丞，时安南、占城、高丽之士，在本国乡试毕，准至京师会试。高丽至者三人，中金涛一人，殿试三甲第六名，亦授县丞，后乞还，为其国相。

五八　贡士入殿试自署为举人

举人会试中式曰贡士，言贡之大廷，候天子临轩策问也。故殿试自署仍为举人。殿试揭晓，始列一、二、三甲，赐进士及第、进士出身、同进士出身有差。俗每称会试中式曰中进士，以会试名次为进士名次，非其质矣。而清帝有赏大臣子孙进士，许一体殿试者，竟亦误沿俗称，不知既须殿试，何以先为进士乎？闻光绪帝尝问孙家鼐，应殿试者何自称举人，孙不能对。帝盖习闻会试中式称进士之说，反以殿试举人为疑。孙以大魁为帝师，乃不能片言释惑，亦太陋矣，意或传者之过耶？雍正丙午江南乡试，徐景曾以兼作五经文中副榜，邀准一体会试，此为破格之举。如捷会试，其殿试策既不得署举人，当即仍署副贡耳。又己酉特旨大臣子弟一体会试，尚书稽（嵇）曾筠子璜以监生中式，尤为旷典，其殿试时，虽贡士而犹监生也。（原第6卷第43期）

五九　清末之名书局

自冯道发明刊板，而古书亡佚者渐少；自铅、石印法流传中国，而文化上裨益尤宏。就光绪初年言之，铅印为申报馆，石印则点石斋，稍后则有同文书局（石）、广百宋斋（铅）、大同书局、鸿宝斋、蜚英馆、积石书局（皆石）、图书集成局（铅）数家，以点石、同文、蜚英之出品为最佳。纸张坚厚洁白，楷书一笔不苟，校对一字无讹。其小说中图画，皆倩名手为之，今购得者，与骨董品一例珍视矣。凡旧刊板之精者，或零裁碎剪，黏裱成页，合数页为一页而缩印之，如《渊鉴类函》《佩文韵府》，可置诸巾箱焉。近所见者，惟上海会文堂所印胡刻《文选》，犹可仿佛。商务印书馆之《四部丛刊》，与当年蜚英馆（精印原板丛书最多）较，盖远逊矣。

六〇　关羽乞娶吕布妻考

关羽乞娶秦宜禄妻，见于《三国志》本传注语，而亦有作乞娶吕布妻解者。《关羽传》注引《蜀记》曰："曹公与刘备围吕布于下邳，关羽启公，布使秦宜禄行求救，乞娶其妻。公许之。临破，又屡启于公，公疑其有异色，先遣迎看，因自留之，羽心不自安。"俞曲园《小浮梅闲话》谓："据此，则吕布妻必美，且又牵涉关公，杂剧有'关公月下斩貂蝉'事，即因此附会也。"月下斩貂，既不见于史传，即演义中亦无之，俞氏推其附会所由来，不为无见，是固谓关羽乞娶吕妻矣。而王渔洋《香祖笔记》有云："胡应麟作《丹铅新录》《艺林学山》，以驳升庵，自负博辩，然舛讹复不自觉。如引《三国志》关某传注，谓羽欲娶布妻，启曹公，疑布妻有殊色，因自留之。按：此乃秦宜禄妻，与布何涉？元瑞岂未一检《陈书》耶？"胡解与俞同，王则主秦妻说。其实"其妻"之"其"，固可作秦宜禄解，而解作吕布，却亦非不可通。且"临破"当然指破吕，谓为乞娶吕妻，似更于文义为近。袁子才《读胡忠简公传》，举其在广州恋黎倩为朱子所讥事，谓"即此可以见公之真"。并引"苏武娶胡妇、关忠武请秦宜禄妻"，谓"彼其日星河岳之气，视此小节，如浮云轻飚之过太虚，而腐儒矜矜然安坐而捉搦之。譬凤凰已翔云霄，而鸴鸠犹讥其毛羽有微尘，甚无谓也"。亦言秦宜禄妻。至称关以忠武，未知何本。蜀汉谥为壮缪，清乾隆帝诏改壮缪为忠义，未尝曰忠武也。即宋封崇惠公武安王，明封协天护国忠义大帝，亦无忠武之称，殆误以岳谥当之耶？（宋昭雪岳飞，追封鄂王，谥忠愍，继改武穆，卒定忠武。）昔北京悟善社所出《灵学丛志》，载岳氏降坛，自署头衔“武穆侯忠武王”云云，两谥并举，分隶侯王，甚可笑。关氏降坛，署衔“寿亭侯”云云，竟不知汉寿之为地名，尤谬。袁氏以细行不检，为士论所薄，理学家尤深恶之，故作此文，示小德可以出入之意，聊以解嘲耳。

六一 关羽神化之过程

关、张称万人敌，为魏、吴所惮，而关尝威震华夏，曹操欲迁都以避之，张传亦言飞雄壮威猛亚于关羽，是关之骁勇尤著，然勇而无谋，济以骄矜，故卒败死，蜀汉王业因之终于一隅，盖将才而非帅才也。古来勇将，亦自不乏，而关独神而且圣，为历代朝野所极端崇奉，殊不可解。关庙联有云：“先武穆而神，大汉千古，大宋千古；后文宣而圣，山东一人，山西一人。”又云：“圣以武成名，刚毅近仁，于清任时和中，又增一席；学于古有获，春秋卒业，在诗书易礼外，别有专经。”竟引为仲尼之同志，则以《春秋》一经相牵合，谓撰者、读者不妨并列故，孔夫子之外，又有关夫子焉。然关读《春秋》不见正史，惟《三国志》本传注引《江表传》云：“羽好《左氏传》，讽诵略皆上口。”俗传关读《春秋》，当即缘此附会而成。然传自传，经自经，岂宜混而同之。且“略皆上口”，其讽诵《左传》之程度，亦不过尔尔，以视有《左传》癖而作集解之杜预，尚非其伦也。或谓关之享大名，纯为《三国演义》之力，惟《演义》内容，除就《陈志》《裴注》等推衍，兼采民间传说而成。关氏之神圣化，当依流俗之尊仰，而先有种种传说，《演义》乃缘以发挥，非凭空创造也。观宋世已有武安王之封，《演义》则滥觞于元人，完成于明代，关氏之见崇，在《演义》问世之前，尤可徵信，然《演义》固不可谓无关系者。盖对于民间此类传说实经过一番荟萃整理之工夫，使散漫的成为系统的。自此书出，其神圣化之色采，乃愈臻浓厚矣。

（原第 6 卷第 44 期）

六二　清帝之优崇关羽

刘继庄《广阳杂记》谓：“佛菩萨中之观音，神仙中之纯阳，鬼神中之关壮缪，皆神圣中之最有时运者，莫知其所以然而然矣。举天下之人，下逮妇人孺子，莫不归心向往，而香火为之占尽，其故甚隐而难见，未可与不解者道也。”三者之中，关尤烜赫，“关公显圣”，殊威震于流俗，诚莫知其所以然而然也。有清以异族入主中夏，对关亦特示优崇，以顺应汉人心理，为收拾人心之计。顺治帝封为忠义神武大帝，“忠义”二字，沿自明封，乾隆帝以关氏本谥壮缪非美，下诏改谥忠义，命于《三国志》本传原文中，以“忠义”易“壮缪”刊行，夫改谥犹可说，而竟窜易史实，自作聪明，邻于儿戏矣。诏且斥陈寿于蜀有私嫌，故不为论定，尤为无理取闹。

六三　桃园三结义考析

世俗崇拜关羽，最重一个“义”字，而溯源于桃园三结义，即《三国演义》第一回标目所谓“宴桃园豪杰三结义”也。《演义》云：“……同到张飞庄上，共议大事。飞曰：‘我庄后有一桃园，花开正盛，明日当于园中祭告天地，我三人结为兄弟，协力同心，然后可图大事。’玄德、云长齐声应曰：‘如此甚好。’……”戏剧中演三国事，动曰桃园兄弟，谓刘备事业，则称桃园大事，而关羽庙联亦有“花开三月想桃园”之句，均本此。正史中初无三人结拜之事，惟《三国志·关羽传》有刘与关张“恩若兄弟”语，《张飞传》有“羽年长数岁，飞兄事之”语，结拜兄弟之说，当即由此敷衍而成，尚非完全杜撰。惟关、张兄弟之序，固无问题，而刘备之为大哥，则犹有疑问。忆曾有人考证刘关年龄，谓关年实长于刘，则大哥之称，宜属之关矣。《演义》记三人相遇时，仅言刘备年已二十八岁，关、张年龄则阙如；记结拜，亦仅言“拜玄德为兄，关羽次之，张飞次之”，不言序齿，盖以刘与关张后有君臣之分，当然君兄臣弟耳。然苟真有结拜兄弟之事，岂可不序齿以定长幼，此固不能如《水浒》中梁山泊忠义堂上坐第一把交椅者便是众好汉之大哥也。至若《金瓶梅》中结拜十兄弟，推富豪为兄，猥鄙已甚，尤难相提并论矣。蜀汉诸将中，赵云为出色人物，武略既优，志节亦伟，而鉴识尤异寻常。《三国志》关羽、张飞、马超、黄忠、赵云五人合传，赵居最后。《演义》中刘备进位汉中王，封五虎大将，以关、张、赵、马、黄为序，使赵亚关、张而居马、黄之上，盖所以为赵鸣不平也。于是赵云行四，由之而起，戏剧中对赵每有四将军之称，三结义几若四结义，《恶虎村》黄天霸乃以赵四将军见摈于三义庙为憾矣。复考诸《演义》，虽未为之正兄弟之名分，而除在五虎大将中序次与关、张相接，尚有数处可资兄弟关系之附会。第一回“宴桃园兄弟三结义”，具乌牛白马祭告天地，第二十八回刘备与关、张古城重会，并新得赵云，杀牛宰马，拜谢天地。毛宗冈氏评云“宛如桃园结义之时”，且是回标目谓“会古城主臣聚义”。“聚义”虽与“结义”不同，然亦适有一“义”字，可由联想而牵合，此其一。第七十三回“玄德进位汉中王”，关氏闻五虎大将之封，有“子龙久随吾兄，即吾弟也，位与吾相并可也”之语，是明明承认赵云可受弟之待遇矣，此更其一。第九十二回“赵子龙力斩五将”后，为魏军所困，关兴、张苞率兵解围，赵嘱往擒夏侯楙，兴、苞既去，“云回顾左右曰：‘他两个是吾子侄辈，尚且争先于功，吾乃国家上将，朝廷旧臣，反不如此小辈耶？’”视兴、苞为子侄辈，亦若与羽、飞为兄弟行也，此又其一。演义既能据《三国志》“恩若兄弟”“飞兄事之”之文，演出桃园三结义刘大、关二、张三之事，戏剧更就《演义》中近似兄弟关系之写状与口吻，增一赵四，扩大三结义若四结义，亦有何不可之有？且正史所载，宁即字字实录，以视小说戏剧，其不可靠处，盖亦仅为程度上之差异耳。故吾人论带有历史性之小说戏剧，正不必动以违背正史责之也。

（原第 6 卷第 45 期）

六四　关张赵作战之武器

《演义》中对于诸将作战之武器，如关羽使刀，张飞使矛，赵云使枪，均为固定的，戏剧中亦因之，独《凤鸣关》一剧，演“赵子龙力斩五将”事，则易枪为刀，与他剧之赵云不同，盖就“斩”字作狭义的解释，以为刀称斩，枪称刺，既曰“斩”矣，用枪不如用刀也。其实《演义》中赵云之于五将，韩瑛则“一枪刺死于马下”，韩琪则“中枪落马，韩阵中偏将急出救去”，韩琼则“一箭射中面门，落马而死”，韩瑶则“生擒归阵”，韩德则亦“刺死于马下”，“斩”字岂可呆看，然使枪使刀，本无多大关系，借此换一花样，亦属无妨，此等处若必以不合《演义》相讥，更为胶柱鼓瑟矣。

六五　铲除神庙说

泰山夙号东岳，在五岳为最尊，历代祀典最为隆重，故泰安一地，神庙之多，甲于鲁省。鲁谚所云“济南府人全，泰安府神全”是也。然考诸志乘，圮废者亦已不少。自革命军入鲁，以外交关系，省政府先在泰安成立，为破除迷信计，实行打倒神像。或谓乡愚无知，若并此崇拜神权之观念而铲除。处此乱世，人心将愈趋败坏，又有谓各庙神像，可以存古迹，觇美术，考历史制度与社会风俗，不应漫为毁弃者。后一说似尤有考虑之价值。其实今日乡愚迷信神权，多偏重于祈福免罪，求子得财，与古代神道设教之意，已不相侔。清乾隆帝时，有御史奏请沙汰僧道，帝有诗咏之曰：“颓波日下岂能回，二氏于今亦可哀。何必辟邪独泥古，留资画景与诗材。”今之神像，或可作如是观欤？然破除迷信，要为当务之急，神权之能有裨于乡愚之道德者已至鲜，而所受迷信之害实甚巨。铲除神权，挽回颓波，在号为革命政府者，宜不能视为缓图。惟于各地神庙神像，辨其有无古迹美术等之特性，以为毁留之标准，其留者且不妨酌为修葺，以保存古物之原则，妥为保存，俾考古审美之士，藉为研究之资料。其涉于迷信之举动，则劝导乡愚，永革陋俗，斯为两全之道耳。

六六　泰安岱庙之龙凤柏

泰安城内岱庙，祀东岳大帝，建筑拟皇宫。（泰山上亦有东岳庙，然陋隘。）古树参天，丰碑林立，夏日松阴纳凉品茗，被襟当风，暑气全消。而神像却不甚多，峻极殿中塑像颇雄伟，已于省政府设泰时摧毁，就其处改为国民饭店。殿前有龙、凤二柏最奇，龙柏在丹墀东，挺然斜立，大可数抱，旁枝岐出，名曰“龙爪”，然究不甚肖，且久枯矣，今不知尚存否。凤柏在丹墀西，高可五丈余，大可十围，向西横生一枝，接干处为凤头，喙则紧贴树干，头圆，双目具于左右，稍下垂为凤颈，长约二尺，渐向上曲为膝，歧出多枝，聚而为腹、为足，再出细枝无数，挺然上竖为尾，状似孔雀翎，腹旁又横出二枝，俨然两翼奋张焉。化工之巧，叹观止矣。清光绪乙未冬，一夜狂风，吹落平地，盖全身之重，仅首处接干，宜其不胜也。时曾往观，则所有细枝，以折坏均已斫去，犹甚似鸟骨全具，长约一丈五六尺。此事距今已三十余年，近闻友人自泰来者，言凤已再生。据其所谈形状，乃与昔者正同，是尤足异已。惟愿地方当局，加意保存，或以木支拄之，毋令再毁于风，而使游览者兴凤兮之叹也。

六七　蒿里山阎罗庙之创建

蒿里山者，相传即田横客挽歌所称，一曰蒿里，一曰薤露。所谓“鬼伯一何相催促，人命不得稍踟蹰”也。或又谓蒿里本无其地，乃由汉武封禅奉高里而讹，因之附会为蒿里山，姑弗深考。山仅一土丘，在泰安西南城外，上有阎罗庙，创建之期，盖已久远，清光绪间，仅存正殿。癸巳，华阳毛征官泰安令，到任即病，经久不瘥，精神惝惘，目中时若见有鬼物。因念曾作令曹州府属之荷泽、曹县、单县、定陶，皆盗风甚炽，非武健严酷，不能胜任愉快，已任内以峻法治盗，捕杀极多，得毋昔所杀者，或不无冤滥，而有怨鬼索命之事乎？此盖其心理作用，乃于蒿里山大兴土木，重修阎罗庙，以为禳解。正殿重施金碧，焕然一新。山门塑神马，分列左右。仪门则二鬼王守焉，高丈余，巨掌攫拿，双睛睒睗，状至可怖。进仪门，由甬道直达正殿，而两庑合抱正殿，作曲尺形，共塑七十二司。神像大小，无虑千百，状貌各异，间杂以历史及小说故事，使观者惊心眩目。仪门内两旁为时值、日值、月值、年值四司，皆立像，宛若佛寺所塑之四大天王也。东偏院为望乡台，两庑一为三法司，一为六案司，神像左六右三，皆贵官装，嬉笑怒骂，神气栩栩欲活。工程既竣，全庙采色烂然，当时人工物料皆廉，闻所费犹银万两云。

六八　敬祀阎王庙之风俗

蒿里山之为迷信集中地之一，自明代已然。据明人小说《醒世姻缘》第六十九回“蒿里山希陈哭母”中有云：“这蒿里山离太安州有六七里远，山不甚高也，是个大庙，两廊塑的是十殿阎君，那十八层地狱的苦楚，无所不有。传说普天地下，凡是死的人，没有不到那里。所以凡是香客，定到那里，或是打醮超度，或是烧纸化钱。看庙的和尚道士，又巧于起发人财，置了签筒，签上写了某司某阎王位下的字样。烧纸的人，预先讨了签，寻到那里，看得那司里是个好所在，没有甚么受罪苦恼，那儿孙们便就喜欢；若是甚么上刀山、下苦海，碓捣磨研的恶趣，当真就像那亡过的人在那里受苦一般，哭声震地，好不凄惨。天气起于人心，这般一个鬼哭神号的所在，你要他天晴气朗，日亮风和，怎么能够。自然是天昏地暗，日月无光，阴风飒飒，冷气飕飕，这是自然之理。人又愈加附会起来，把这蒿里山通成当真的酆都世界。”明代之蒿里山如此，前乎此者，不暇详考。要之是山号为阴司领土，而为民间重视之所，盖所从来者远矣。毛氏为病魔所苦，疑及幽冥，而以修葺是山庙宇为祈禳之道，当亦以俗传管领鬼魂之总机关在是耳。毛氏未修之前，庙虽圮坏，而附近一带，民家之新有死亡者，咸往叩祭，故香火仍盛。自毛氏大兴土木，庙貌庄严，祭祷者益趋之若鹜矣。庙由道士住持，挈眷居庙旁，俗称伙居道士，因香火之盛，收入颇不恶。惟不知明代签筒分司之法，亦尝沿用否？犹忆前清部曹之分司行走，由堂上官抽签定之，亦颇以所分司之优劣为喜戚焉，是可谓不类而类矣，一笑。是庙去岁亦为泰安省政府所废，泥像悉捣碎铺路，后此不可复睹，故记其梗概，以供谈助。愚意此种人间地狱，亦社会迷信心理之一结晶品，未尝不可资研究民俗历史者之考镜，其光怪陆离之泥像，或亦含有美术意味，可作鬼趣图观，当时若将保存旧迹与破除迷信分别为之，使两不相妨，不更善欤？

六九　泰山碧霞宫五哥庙及铜庙

泰山碧霞宫，颇轮奂，而塑像之工，则以斗姆宫为最。正殿侍立者，左右共二十余尊，皆垂貂珥珰，袍笏森然，玉皇阁正中玄天上帝神龛后，左右有真武、雷公两坐像。又有立像四，亦左右分列，高二丈，装塑精工，或斜立，或昂首，或睨视，目光炯炯，与吾人肉眼若针锋相对，皆《封神演义》中人物也。《封神演义》一书，大似群神之职员录，世俗所祀之神，多导源于此，小说之势力亦伟哉。泰安西城外，又有所谓五哥庙者，俗称也，或云即五路财神殿，额署“灵派侯”。神像金甲持鞭，状甚狞恶。两庑则塑十司，如城隍庙，亦奇，今当皆无存矣。泰安城南十里，又有所谓铜庙焉，仅一间，中供铜佛，自屋顶以及壁龛梁柱，皆铜质，故有铜庙之称。幼时往观，已易板壁，旁卧铜梁一，闻系道光时有司欲毁以铸钱，既而以质粗不任熔冶乃止，而民间则相传佛祖有灵矣。

（原第6卷第46期）

七〇 禹城县抬官桥之掌故

山东禹城县，昔属济南府。距县城三里，有桥名禹城桥，为北上必由之路。光绪初间，豫人李某宰是邑，未及匝月，因相验下乡，乘轿过桥。忽有多人麇集，持械包围，迫令轿夫将官抬至省城。群众沿途护送，抵藩署，哗噪而入，于大堂击堂鼓，大呼“请藩台大人出来”。藩司闻之，急命经历代见，问其所以，众皆曰：“这个县官太坏，所以把他送回，请藩台大人给我们换一个好的。”藩司乃将群众及轿夫交历城县（首县）拘留，一面派员赴禹城访查，则李某受理民讼，听断愦愦，为邑人所不满，而此次发难之群众，系勾通书吏差役，作此恶剧也。李某卒撤任，继任者奉大吏密谕，杖毙与谋之书吏差役二人，余置不究，拘留历城县署者，悉得释焉。至今禹城县人指禹城桥为抬官桥，且就其事演为戏剧云。此事在今日或不为奇，而当日专制政体之下，乃见此举，诚异闻矣。

七一　历下名妓受骗记

光绪甲申，济南城内宽厚所街，寓有妓女桂英者，为历下第一名妓，自十四五岁时，艳名即噪。至是年已花信，所积缠头不下四五万金，以厌风尘，思择人而嫁，谓须显宦乃可，且曰嫁即为正室，妾媵非所甘也。彼时官场纳妓为妾者虽数见不鲜，而正式夫妇，则名义攸关，罕有敢尝者。官之显者，更谁肯与论婚，故久之无所遇。其邻为一大客栈，忽有一状若贵官者莅止，仆从烜赫，皆作北京口音。举止甚阔绰，第不与本地官场往来。而仆从间时露语气于栈主，谓本省大僚为台谏纠参，主人奉旨来此密查，事竣当返京覆命，并嘱慎勿轻泄。栈主信为钦差，趋奉甚至。如此者月余，乃招栈主与语，询以桂英事，栈主以实对，此人曰："此天缘凑合也。余为京朝大官，断弦未续，愿娶为正室，将来偕赴都中，距此既远，无人知其出身矣。汝其为余媒合之，当不吝重酬。"栈主以告桂英，桂英以宿愿获偿，喜而允之，遂成婚礼。不数日，此人自谓查案已毕，宜回京，因雇车偕仆从装运行李先发，而告新夫人以即遣轿来接，至城外某街会齐。乃候至许久，不见轿来，心始疑讶。比遣人往城外某街探视，则殊无踪迹，乃知遇骗，而所有财物，则为此假贵官席卷以去矣。盖桂英自前此决意适人，即谢绝游客，以故来往人稀，骗者得施其伎俩焉。自此遂一贫如洗，畴昔熟客中有知其事者，不时资助，勉维生活，不久即愤郁而死。据人言，彼时苟稍一注意，此种骗局不难识破，而桂英久为名妓，阅人已多，竟漫焉不察，深信不疑，殆虚荣心之锢其智慧耳。

七二　假冒状元

前山东河务局长沧县张庆沄者，前清末科（光绪甲辰）状元刘春霖继室之父也。闻此段姻缘之前，尚有一冒充状元之趣事，而为两家缔姻之楔子焉。张素工书，其长女亦长于八法。刘为拔贡时，即书名大著，其石印小楷，为张女平日所临仿者。甲辰之岁，张以浙江候补知县任宁波厘金差，一日，忽有持盈尺红柬来访者，则赫然新科状元之名也。张与刘虽素不相识，然因系直隶同乡（刘为肃宁县人），且新科翰林，游行各省，以朱卷联扇打抽丰，亦寻常事，遂延入。既晤，张先致钦慕意，即取壁上所悬未书团扇一柄，请其挥毫。讵客竟变色支吾，张讶之，请益力。客不得不勉强书就，而其从人已闯然入，附其耳作数语，客即谓寓中适有要事，匆匆辞去。张取扇视之，字画尚端正清楚，而去刘书远矣，始知为冒充也。张为人忠厚，以此必寒士所为，遂置不究，是人冒名谒张，殆欲空手打抽丰。不意忽被面试书法，从人知其受窘，机关将败露，故入而促行，以解其困耳。后张同寅间谈及此事，因谓张虽与刘素昧平生，然刘之书法张固能辨之，且其女即临仿刘书也。中有与刘稔者，即曰：“刘君断弦后，尚虚中馈，与张君女公子适为佳偶，吾当为之作合。”众皆称善，促其实行，张、刘遂缔姻焉。假状元愚张而计不获售，张却缘之而得真状元为婿，其事盖甚趣。

七三　南省女子妆奁糜费

习惯专制，势力甚巨，有恶俗相沿，人知其非，而矫正不易者，嫁女奢侈之风，其一端也。闻浙江绍兴一带，其嫁女妆奁之糜费，至为可惊，倾家荡产而不得不随俗铺张者甚夥。妆奁之外，翁姑伯叔大小姑日用所需，一年四季，妇家皆有馈赠，名目繁多，婿家权利，殆无限制。生儿育女后，一切负担，亦取给于妇家，必待儿女婚嫁后，义务始得解除。盖女嫁则彼自有母家供给，而男婚则又有妇家供给也。妆奁之中，最奇者所谓万年箱是。此箱严密封固，平时不得启视，其中所储，即女及婿对于尊长之丧服，至需用时然后启封云。南省他处类此者綦众，特举其一例耳。近不知已随时代潮流而渐获改革否？又闻山东章丘，亦有此风，惟丧服乃临时由妇家制办，名曰上孝，作俑者谁，不可解已。今《女子继承法》颁布，国人以创见而异之，而中有扣除妆奁费用一节，说者谓尚不失为公允。特追溯之际，计算上不无困难，至能否因此矫正社会中嫁女奢侈之陋习，亦犹待事实之证明。此则改革社会者所宜注意，勿徒信法律万能也。（《大公报》论《女子继承法》，谓此项法律对于女子是祸是福，尚未可知，实为卓见。盖恐诱惑欺诳及家庭暗密中之悲剧，有因此发生者也。）吾国夙有“好男不吃分家饭，好女不穿嫁时衣”之谚，颇有提倡自立之精神，盖谓女子有相夫之责，能使其夫为有自立能力，而不倚先人遗产为生活者，方为女子之荣。今日思想进步，则更贵女子自具能力，不独不穿嫁时衣，且不必衣食专仰给于其夫，无论旧习惯之妆奁与新法律之继承，在卓然有志者视之，均不足萦其怀抱矣。

七四　清末祀河神大王之俗

畴昔君主时代有事至荒诞而列入祀典者，如河神大王庙其一也。考诸载籍，曰河伯，曰河宗，曰冯夷，而大王则起于近代，谓其神附于蛇体，以形色而辨其等差。又有所谓将军，则亦水族或蜥蜴等。金龙四大王者，在大王中为最尊，相传为宋人谢庆绪，理宗谢后之侄。宋亡，投钱塘江殉国，后封为大王，以其行四，故称四大王。继又增“金龙”二字，称金龙四大王焉。其蛇体为方头小蛇，盖蕲蛇类。清代祀治河有名者为大王或将军，如道光间东河总督栗毓美，当官著绩，死后祀为栗大王，以栗色蛇当之是也。直、鲁、豫三省河工人员，事大王甚虔，于大王灵迹，津津道之，故神话最多。溯其缘起，当是治河者假以鼓励抢险丁役之一种作用，犹用兵者藉神权以使兵士效命。其后踵事增华，迷信者众，遂俨若大王之于河工，真有无上之权威矣。其实崇祀自崇祀，决口自决口也。清亡而后，河工人员迷信大王之心理，未能骤革。某岁河南河务局，且绘图石印专册，以表彰之。闻其图前数页绘蛇形，有黄者、白者、青者、灰色者、红绿斑者，与神像并列，凡五六，后列者皆止神像而已。河工人员见大王式之蛇，如一类者成群结队而至，亦以常蛇目之，惟一蛇独现，则哗然曰："大王降临矣。"近来服务河工者，其思想应较昔为开明，大王之迷信，当已渐祛耳。光绪间，李秉衡为山东巡抚，当河工决口祭大王时，因久不合龙，乃愤然曰："神应保护百姓，不令河工出险。决口已乖职守，今复不能合龙，何神之有？"即取大王而腰斩之，掷诸浊流。一面严督员弁丁役，努力工事，众皆骇然，以为大触神怒，水患将不可测，而未几决口处竟得合龙。此在当时，诚为快人快事之惊人举动，而迷信者曾不因而觉悟。迨庚子李氏督师御外兵，军溃自杀。且谓系当年腰斩大王之报，真可笑也。（原第6卷第47期）

七五　李秉衡清操直节

李秉衡当官著清操，曾国藩督直时，李以下僚官直隶，受曾知遇，以贤员荐，历官至广西臬司。值中法战衅作，桂抚潘鼎新以兵败夺职，李护理巡抚，与帮办军务冯子才（材），分任战守，遂奏谅山之捷，为有清对外战史极有名誉之一页。冯氏钦其贤，上奏归功于李，其和衷可见。冯固贤将，李亦无愧良吏也。彭玉麟以兵部尚书治军于粤，深重冯、李，与两广总督张之洞，会衔疏请特予褒赏。其称李有云："于主客各军将领，苦心调和，视同一家，粮饷军火，不分东局西局，但择其急者便宜应之。在军自奉刻苦，滥费冒支，力持不予。于战恤功赏，则搜括腾挪，力从其厚，一无吝惜。护抚命下之日，欢声雷动。桂省官吏军民，若庆更生。无论桂军，即广军、楚军诸大将，无不虚心相听，愿为尽力。"又谓："冯子材、李秉衡两臣，其忠诚廉直皆同，而其得人心亦同，一战之功不足喜，而边疆文武大臣能得人心为足恃。"揆之当时情势，殆非溢美。李之大有名于时，此役之故也。其为山东巡抚，励廉隅，肃吏治，一时共推为疆吏之贤者，或议其清而不免于矫，故属吏有饰为廉俭以欺之者，盖揣摩风气，巧宦优为，偶有所蔽，或亦难免。要之李以清廉倡率，其志固在爱民耳。迨义和拳之变起，外兵内犯，李方任巡视长江差，朝京师，统张春发、陈泽霖、万木华、夏辛酉四军御敌，战败兵溃，李自杀，奉优旨赐恤，予谥忠节。当时之人，以其与外兵战也，遂以拳党目之，视若端、刚之流，后此议和，外人举其名入罪魁之列，乃撤销谥恤，追夺原官，毕生清望，徒留唾骂，近人始渐有为之讼冤者。盖附和义和拳是一事，督师御外兵又是一事，时战端已开，天津已陷，李督师于危难之际，以卫京国，既战而败，遽以身殉，一死亦颇壮烈，而竟坐以拳党之名，使身后永负遗谤，是可哀已。沃丘仲子《近代名人小传·李秉衡篇》有云："当拳匪初起，方出巡阅长江，予在奎俊幕，见其手札，有'匪类不可重用，外衅不可遍开'语，继则南中疆吏，联衔电阻。秉衡亦列名，而中朝不省。迨津战既作，仓卒勤王，其时外衅已启，即秉衡不战，亦莫从弭兵，在狡黠者正可延宕观望，乃不出此，卒以身殉。"又《慈禧传信录》有云："李秉衡亦奉诏至，枢臣候之，秉衡谓兵可备战，匪不可备战。启秀叩意见，秉衡谓衅已开，战亡，不战亦亡，故宁一战。既见后，自请赴前敌。后告以大臣中多通敌为汉奸者，奈何。秉衡不知所指，卒应曰：'若然，军法从事可耳。'其事实若此，而世人以杀袁、许用拳民皆秉衡主持，失之诬矣。"所记差与事实为近，异乎人云亦云，浮光掠影之谈。而吾更以其官山东巡抚时腰斩群众崇敬之"大王"证其饶于胆识，非妄信义和拳邪术者也。至罗惇曧《庚子国变记》有云："李秉衡出视师，请义和拳三千人以从，秉衡新拜其大师兄，各持引魂幡、混天大旗、雷火扇、阴阳瓶、九连环、如意钩、火牌、飞剑，拥秉衡而行，谓之八宝。"言之凿凿，又似李实有崇信义和拳之事者。然亦采自流俗所传，未必即为实录。盖流俗论人之大病，在先坐以罪名，罪名立而诸恶悉萃，乃成众口铄金、积毁销骨之势，义和拳之役，国人创巨痛深，对袒拳者深恶而痛绝之，而于当时祸首之西后，以尊王之观念未祛，援为尊者讳之义，反多回护之词（如谓西后所下之诏为载漪矫诏之类是）。西后出亡后，为自救计，复竭力宣传，诿过臣下，于是所有罪状，均由袒拳诸臣尸之，而迹在疑似之间者，亦遂莫逭清议之口诛笔伐焉。李秉衡之与端、刚辈同类交讯，职是之由耳。

七六　晚清官场情状一瞥

李氏以异途入仕，而雅重读书人。抚鲁时，遇有县缺，每嘱藩司以即用班知县优先遴补。尝语藩司曰："若辈十载寒窗，得此一官匪易，不宜久令赋闲也。迨李去鲁，省垣听鼓之即用知县，几为之一空焉。（昔河东总督田文镜，以己非科第中人，不喜正途。祥符令王士俊谒田，田问出身，王故作窘状而对曰："职不肖，某科翰林也。"田大恶之，与李正相反。）尝巡视河工，至某处，河工督办道员丁某（捐纳出身）晋谒，于所询诸事，应对未能称旨，李怫然诘责之，声色颇厉。丁悚惕而退，深以帅怒难霁，将被撤参为虑。旋有防汛委员即用知县田某谒见，李以其进士出身也，已重之，而田于河工情事，素极究心，陈述甚为明悉，李嘉其诚朴干练，与谈良久，因言丁道才识平常，难膺河工要任，田以丁为己长官，未便坐视，即婉词为之解释，并举某事某事，以见其非无成绩。李乃谓子言当可信，姑令彼仍任其事，可告彼好自为之。田退后，即往谒丁，具言大帅初意颇不可测，职委婉进言，始回帅怒。丁曰："子与大帅有旧耶？"曰："初次觌面耳。"丁意不怿，漫曰："子大劳苦矣。"田以书生入宦途，虽任事勤干，而于官场机械，尚未深谙，惟意丁当德我，不虞有它。未几，田补寿光县，盖李氏授意藩司所补，优缺也。（进士榜下知县曰即用，俗有“一日可补，百年可补”之语，言补缺迟速视大吏之意也。而以捐班拥挤，即用知县往往久不获补，故又有“即用者不用也”之语。曾有某即用知县，分发江西，到省多年，除授终虚，家将断炊矣。因以大字署门联曰：“即用终不用，皇恩仗宪恩。”意谓天子许以即用，而大吏故靳之也。巡抚舆中望见之，矍然动容，亟告藩司为补一缺。李氏抚鲁，优待即用知县，“即用”二字乃名符其实。）迨准备赴任，丁乃乘机留难，关于经手工料之帐册，屡上屡驳，而非经核销，不获离差之官。田大诧，语其友曰：“吾与丁素无芥蒂，且有恩于彼，彼胡以怨报德耶？”友询所以，田告以前事。友曰：“子误矣。官场最讲面子，丁氏尤甚。彼督办，子委员也，分为堂属；彼监司大员，子县令也，官有尊卑。彼逢帅怒，子承帅眷，在彼已觉难堪矣，而复赖子之解释以回帅怒。相形之下，尤使其自觉惭恧，感激之意，不胜其忌嫉之心，宜其不快于子。况子当面告以此事，得不益令其疑子为意存揶揄乎？今彼之故意留难，俾子不克履新，无足怪耳。”田恍然曰：“今而后知做官之难也。惟彼既以怨报德，吾不能坐听鱼肉，亦自有以处之。因胪列丁氏对于工事不实不尽诸状，具禀向李氏揭发。既缮就，复为友言之，谓吾所禀均有事实可稽，李公风厉明察，必当伸我而抑彼，彼之督办职务，观察头衔，均将不保，亦令其勿再小觑区区一县令也。友曰：“子又误矣。

子揭彼，彼亦必砌词相讦，彼以长官禀揭属吏，其势顺；子以属吏禀揭长官，其势逆。历来堂属互讦，属吏最佳之结果为两败俱伤，罕有倾长官而获自保者。子所恃者李公耳，李公纵右子，而藩臬诸大吏，必以此风不可长为言，即听子而绌丁，亦将坐微罪以罢子。且子尝为丁解于李公矣，今复力陈其失，李公当讶为前后矛盾，恐益无幸。”田曰：“子言良是。惟彼欺我太甚，愿拚此一官以与之角，不惜两败俱伤也。”友曰：“甚矣，子之迂也。寿光令为著名美缺，岁入可数万金，何苦不忍小忿，自误膴仕？子毋以一县令拚与一道员同败为得计。须知道员虽贵，输金可得，子莅任后，宦囊不患不丰。当兹捐例大开之时，如额纳资，子亦赫然观察公矣。此时宁值与彼争闲气耶？”田曰：“彼蓄意留难，相持不解，奈何？”友曰：“彼虽度量浅狭，不慊于子，然究无深仇大怨，得人善为疏通，事当可解。闻子友仓太守与彼相稔，盍请其缓颊？”田如其言，丁果不复留难，帐册再上，依例核销，田遂获卸差赴任，官寿光者六年，后调署他邑，辞不赴，并引疾请开本缺，谓人贵知足，不欲再浮沉宦海矣。有劝以捐资过道班者，亦不应。当时风气，官牧令致富图娱晚景者，辄输金为候补道，以头衔之荣，为颐养之乐。田解组后，居省垣，友朋中候补道颇多，人以其宦囊丰裕，当亦援例晋阶监司，每误以观察称之云。述李秉衡因及丁、田事，所以见晚清官场情状之一斑，作《官场现形记》读可也。

（原第 6 卷第 48 期）

七七　厉秀芳官场圆通之道

偶阅清光绪戊寅申报馆辑印之《屑玉丛谈》初集，中有《梦谈随录》一种，仪征厉秀芳所著也。厉道光间官山东武城令，解组后著此，述在官时政绩，于听讼折狱、催科抚字、亲贤礼士诸端，均有所记，而于谨事上官、和洽同僚之道，亦举其经验与心得告人，就所著观之，亦一时牧令中之能员也。武城为临清直隶州属，州牧尝押送官民剥船三百只赴德州，抵武境，告厉以“适有公事返州，烦为接押”。厉以上官之命，弗敢辞，而不知个中大有轇轕，州牧图卸重责，隐其情以属之耳。迨困难既发现，厉委曲补救，煞费周章，幸得无事。粮道以临清牧误公，嘱德州牧详参，亦赖厉斡旋得免，其自叙有云：“返武后赴州销差，吏目吴铭九询剥船到德何速，……余乃备述其详，吴曰：‘此情不可以告本州。彼见尔才驾其上，必日寻艰巨以窘尔矣。’余曰：‘呜呼，本州嫁祸于余，余于德州详参之际，犹为多方为之斡旋，是则人负我而我终不负人也。’”厉初任县令，莅武甫三月，吴氏虑其未悉官场堂属相处之宜忌，故先告之也。此与述前丁田事盖有相类处，均可为专制时代官场腐败积习之史料，时至今日，此种恶劣心理，政界中为长官者，或已随时代潮流而湔革欤？

七八　薛福成好谈神怪

薛福成好谈神怪，未能免俗，《庸盦笔记》中“水神显灵”“贾庄工次河神灵迹”“武员唐突河神”诸篇，均铺张“大王”灵异，所述“大王”“将军”名号体态，为类甚夥，并谓“闻河工凡见五毒，皆可谓之大王、将军，如蛇、蝎虎、蟾蜍，皆是也，然托于蛇体者最多。但其首方，其鳞细，稍与常蛇不同，位愈尊，灵愈显，则形愈短。金龙四大王长不满尺。降至将军，有长三尺余者。又如金龙四大王金色，朱大王朱色，黄大王黄色，栗大王栗色，皆偶示迹象，以著灵异。”言之津津，若信而有征者。现代之人读之，当为失笑。而所谓大王、将军者，出于流俗附会，名类既繁，殆不尽指治河有功之人矣。《水神显灵篇》记“党将军”冲决捷地坝，引运河水入减河，助提督黄翼升困捻。且言李鸿章扼守黄、运两河，卒收灭捻之全功，亦多赖大王、将军以水阻捻之力。同治辛未，党将军见于天津，既而大王、将军陆续踵至，津吏送入大王庙中，民众焚香演剧以侑之，两月未已。李氏时为直督，以正值荒歉，何如移此费以振饥民，议将大王、将军送之河干。而党将军降神于优人之体，斥李太无情谊。“于是属吏力请李公，听其演剧，凡三阅月而大王将军乃渐去。”是李鸿章尚非虔事大王、将军者，然不敢坚持驱送，视前述李秉衡斩大王事，此李之胆识，远逊彼李矣。且议罢演剧，而为神所凭者适为优人，此中显有情弊，何鸿章不察乎？或以群众迷信，喻解为难，遂不欲因此过咈舆情耶？

七九　阎敬铭与黄厓山之役

阎敬铭抚鲁时，有黄厓山之役，事后传闻异词，或谓诛当其罪，或谓实系屠杀良民。吾尝访之故老，则此狱生于误会，不得谓之非冤。黄厓山者，在济南城西南百余里，肥城、长清二县交界处也。光绪之初，捻匪初平，有殉难临清州牧张积功胞弟积中，在山颠神庙讲道。所讲则附会儒家学说，羼以方士派道家之语，类近之悟善社、同善社所为。亦设乩坛以卜休咎，附近男女，往听讲者颇夥。张又以乩语告众，谓兵祸未已，山东将全省糜烂，惟此山为福地，可免刀兵之劫，有缘者，居此听吾指示，必无他虞。风声所播，众益趋之若鹜。官、幕两界携眷往依者亦甚多。或曰是即白莲教之一派也。事闻于阎，以匪乱戡定未久，人心未宁，流言犹滋。张僻处深山，聚集多人，言行涉于诡异，已疑其叵测，会有以张氏谋为不轨行将举事告密者，乃遣弁莅山视察。而张率众居山，亦时恐为匪所扰，因以健儿司守卫，遥见弁骑马持武器至，则以为匪也，遽开枪击毙之。邑令闻而大骇，即飞禀巡抚，谓张积中擅杀省弁，逆迹已著，非派兵剿办不可。阎亦以黄厓山真反矣，立命满人某道员率兵往剿。时有候补知府陈某，适奉差在长清，闻其事，往谒某道员力阻，谓真相尚待考查，不可孟浪从事。而某道员急于邀功，答以奉帅令行事，不知其他。陈无如之何，以山中信徒相识者不鲜，遂乘夜潜往密报，谓大军一到，将无噍类，即刻离山，勿稍迟疑。当时转相告语，下山男女二千余人，多裸身披发，逃至城内。陈即促长清令谕令城内当店将质库存衣，尽量运出，以衣此辈。次日未明，官兵大至，对山开炮轰击，死者无算。张则自缢而死。某道员亲入张氏居所搜查，则惟神坛一座，图书四壁，所谓谋为不轨者，毫无证左（佐），复讯悉山中武备，亦惟健儿十余人，枪数枝，张所置以自卫防匪而已。屠杀之后，无以复命，会山中尝演剧祀神，留有戏箱，因取其王冠衮衣，指为张氏谋叛实据，以逆众肃清、元凶毙命报捷。阎即据以入告，奉旨褒许，某道员自获优奖焉。说者谓张氏诚妄人，其聚众讲道，使信徒裸身披发，邪僻荒唐，非无应得之咎，然实无谋为不轨之事。至信徒则以避免兵燹之心理，冀张有神术以庇之，懵然相从，其愚可笑，其罪岂应诛？乃聚而歼旃，实当时一大冤狱，亦一浩劫也。闻阎氏旋亦廉得其情，自悔孟浪，引为终身之恨。后阎以致仕大学士卒，因抚鲁有绩，诏许山东建专祠。济南阎公祠成，楼阁崇焕，水木明瑟，为是邦胜地。而言者追论黄崖山事，谓其草菅人命，有愧祀典，遂罢其祀。陈某之子冕，癸未科以进士第一人及第，谈因果报应者，谓是其父活人之报云。

八〇　方苞之母严守妇道

桐城派古文家所宗之方苞，为清初笃守宋五子之理学名臣，其母亦有可述者。据李元度《方望溪侍郎事略》云："母夫人尤严正，尝遘疾，天子赐医，医曰：'法当视面按脉。'乃复命。母曰：'我虽老，妇人也，可使医者面乎？'公曰：'君命也。'母闭目，命搴帏，颜变者久之。既而曰：'圣恩良厚，继自今勿使吾疾更上闻矣。'"理学名臣之母，拘谨一至于此，亦何其太甚乎。未知方氏理学源于母教，抑其母自苦若是，乃由方氏启导之效也。宋儒讲学，实有不近人情处，若方母者，其一例已。方母之面，不能令男子窥，而其子申以君命，乃万不得已，而使医者望见颜色，观其闭目变颜之态，其内心之苦痛可知。然君命可以强理学名臣之母所难如是，且口颂圣恩良厚焉，是亦宋儒提倡尊君之成绩耳。（古人君臣之际，本不甚严，所谓合则留，不合则去也。故汉魏州郡掾属对于府主，亦执君臣之礼。自宋儒严申三纲之说，君之于臣，其关系乃迥异寻常矣。）今之痛辟旧礼教者，如读此节，得无益生"吃人的礼教"之感耶？清初女子魏于云《遗袁子》有云："人生天地间，肖形造物，同此六尺躯，不知何故倏分男女，无论身名事业，让与男子做；即欲高谈雄论，谢女道蕴之设青帷帐，为小郎解围，今日亦不可得。《诗》曰：'无非无仪，惟酒食是议。'《礼》曰：'内言不出，外言不入。’稍不遵守，即犯逾闲之戒。呜呼，何其苦哉！”则有争男女平等之意，可谓当时富于解放思想之女子也。假令方母论之，必以即此一念，已足为离经叛道名教罪人矣。（原第6卷第49期）

八一　光绪癸巳科场案

光绪癸巳，科场案凡三：陕西主考丁惟祥，尝贿通内监，谋四川主考，过付人有编修饶士腾及二酉堂书肆，为御史林绍年揭参。饶畏罪服毒毙，丁则案未结而病死。浙江主考殷如璋赴浙途中，有浙籍中书周福清拜谒，商买关节，为殷举发，定斩监候之罪。（辛卯浙试，“子张学干禄”一章题，中卷文主《春秋》者，说者亦谓关节也。）北闱则揭晓后新举人数名为台谏纠以枪替，因命覆试，文字相符准一体会试者一人，即周学熙也，余停科及黜革有差。

八二　凤阳婚姻陋俗

各地关于婚姻之陋俗颇多，族侄某娶妇于凤阳，闻凤阳女子，以适本邑人为苦。其俗二年以内，新夫妇不许在室外有人处交谈，否则人以为大辱；又新妇入门，二十一日内不许食物。然如此岂非入饿鬼道中，盖多由其夫于夜间私相飨遗，聊以疗饥。而若夫妇感情不佳，其夫援俗例以断其接济，则除窃食，惟有饿死耳，真旧俗之奇谬者也。近来风气较开，各处此类陋俗，宜可渐次改革，惟穷乡僻壤间，恶剧骤难尽除，是亦有志改良社会、矫正民俗者之责也。

八三　都司之职明尊清卑

光绪季年，山东设大学堂（后改称高等学堂，继又改设师范校）。于济南泺源书院，其地称都司门口，盖旧日都司署也。时外观犹存衙署规模，与藩司署略同。颇疑都司非尊官，何衙署宏伟若是。继考之有明官制，都司固专阃大员也，与藩、臬合称都、布、按三司。其全衔为都指挥使司都指挥使，秩正二品，本地方最高武职，故有都阃之称。（清都司犹号都阃，沿此。）贰官则有同知（从二）、佥事（正三），犹布政司之有参政（从三）、参议（从四），按察司之有副使（正四）、佥事（正五）也。三司之制，都司掌军政，藩司掌民政，臬司掌刑名，盖寓军民分治暨司法独立之意焉。都司设文属官经历、正副断事、都事等，以司使品秩高于藩一级、臬二级也，故司属之品秩亦高于藩、臬、司属一二级（都司经历正六，布经历从六，按经历正七，余类推），其体制优崇可以概见。若参将、游击，时亦正二品，为钦差官，班列都指挥使上。正、副总兵官，则以京师中、左、右、前、后五军都督府堂官（都督正一、同知从一、佥事正二）之头衔统军

（正总兵官类为都督或同知，副总兵官为佥事），都司隶焉，略同督抚以兵部、都察院堂官头衔辖藩、臬两司也。有明中叶以后，重文轻武之势日益显著，军事大权掌于文臣，总兵降为偏裨，声威乃远逊督抚。（据《广阳杂记》："明制，诸镇先有总兵，后添设巡抚，其署衔则曰参赞军务。其无总兵官及后设总兵者，则曰提督军务。"是初制巡抚治军，尚为总兵之参赞也。）参、游以下，地位益卑。至清，则都司之名虽存，仅为一正四品武职，实已不成为司，以视藩、臬之犹为省中大宪，迥不相侔。三司之称，乃以藩、臬、运当之矣。山东都指挥使司既废，其署改设书院，复改为校址。近岁外观亦已拆改，衙署旧状荡焉无存，然都司门口之名，济人犹呼之也。《两般秋雨盦随笔》云："吾杭学使署前有石柱，柱上刻天禄字，下有云雷文，名分茅柱，盖学署初为都指挥府，今官废而柱犹存，土人尚以都司卫名其地焉。"曰分茅柱，盖即开府专阃之意。亦想见明代都司之尊严焉。

八四　明代府州县隶属之制

幼时观《绒花记》剧，知县断案后，败诉者不服，谓将上控，知县告以"任你州上去告，府上去告，本县就是这样断法。"而怪其于事理未合，盖是邑如为府属，则无与州事，如为直隶州属，则亦不归府辖。上控之地，不应既州且府也。嗣乃知明制初无所谓直隶州，而州既隶于府，复可领县，故县有径为府属者，有直接为州属而间接为府属者。是剧所演，据云为明代故事，则不服县判而上控，可由州而府者，当系是邑直接隶州、间接隶府之故。按之程序，良不为谬，非可绳以清代体制也。

（原第6卷第50期）

附：读《沈寐叟年谱》稿

嘉兴沈子培先生（曾植），为近代硕学，而以笃志潜修，不喜表襮，世之知其名者，不过曰胜朝显宦耳。略稔其人者，亦仅目为书家耳、诗人耳。于其治学之本源，及言行之端要，殆罕能道其概梗。苟无有统系的撰述，何以发潜德之幽光，示后学以模楷。《年谱》之作，诚不容已，然斯类撰著，良非易易。搜辑不备，或失之疏陋；铺张过情，或失之浮夸。二者交讥，难云合作。顷读《东方杂志》第二十六卷第十五、十六两号所载沈氏门人王蘧常君《嘉兴沈寐叟先生年谱初稿》，而叹其用心之专，致力之勤，无愧忠于师门者也。谱中于沈氏修己、从政、为学、讲艺诸荦荦大端，均荟集各种资料，详缜考证，按年排比，秩然有序。叙述文字亦雅饬可诵。沈氏之为沈氏，得此编而灿然大明，虽不知沈氏者，赖此亦可窥见大凡，信乎其非苟作矣。清光绪庚子之役，东南自保，获免全国糜烂，俾大局危而复安。尚论者惟知李鸿章、刘坤一、张之洞诸氏决大疑，定大计，功莫与京。而于沈氏之尝与商机密，奔走宁鄂，以促其成，盖知之者鲜，亦正由沈氏功成不居，不自表襮之故。谱中于此，特申其原委，揭其肯要，尤近代史史料所关也。至清运告终，民国肇建，沈氏笃念前朝，欲挥鲁阳之戈，民国六年辟复之变，躬与其事，事败而后，眷怀故居弥笃，以迄于死，谱中亦一一著录，不稍隐讳。并殁后逊帝赐恤之谕，赐祭之文，而明著于篇，今之读者或深斥其悖而引为哗笑之资。然吾人知人论世，应谅其所生之时代，所处之环境，个人信念，先入为主，不必以现代之眼光，苛责胜朝之遗老也。而观其立身自有本末，亦可谓不欺其志者。谱中备举无隐，所以仰体沈氏之意，亦所以蕲成实录，盖未为不可耳。遗老之可鄙者，约有三类：当清室之亡，蓄辫远引，言必流涕，一若南山可移此志不可夺者，而一面仍潜向新朝当局，目挑心招，藉遗老之声价，为干禄之媒介。一旦所欲既偿，新命遥颁，则如所谓"西山薇蕨吃精光，一阵夷齐下首阳"者，踊跃奔赴，甘为新朝之佐命矣，此一类也。清季政治混浊之际，以膴仕致巨富，鼎革而后，坐拥厚资，乃以遗老自鸣，作租界之寓公，享贵族之生活，己虽不出，而为其子弟营美官，俾富而益富，此一类也。亦有自托贞臣，追随逊帝，而实则藉为衣食之资，甚且天家故物，干乞入己，貌为恭谨，心存利欲（逊帝左右，度亦有效其愚忠者，此非一笔抹煞），此又一类也。是三类者，良为清议所不贷，而沈氏故均非其伦矣。

王君此作，称曰"初稿"，是无专己自封之意，而尚待续加斟订，用期至善。不佞既读一过，觉大体信为佳构，而字句及考证上，不无可以商榷之处。爰就一时所见及者，聊为芹献，藉供王君此作定稿之参考，或亦王君所乐闻欤。

“同治九年庚午……秋，公以太学生应顺天乡试，同考官罗绎农（家劭）得公及闽县王可庄（仁堪）卷，诧为奇才，荐于主司。报罢，罗大惋惜。”按：沈氏报罢，而王氏则正于是科获隽，此处叙次似稍欠分明。

“光绪六年庚辰……夏，公中式第二十四名进士……殿试第三甲第九十七名，赐同进士出身……”按：举人会试中式曰贡士，言贡之大廷，候天子临轩策问也，故殿试自署仍为举人，殿试揭晓，始列一、二、三甲，赐进士及第、进士出身有差，俗称会试中式曰中进士，以会试名次为进士名次，非其质矣。此处先言中式进士，继言赐出身，盖循俗称，实则未赐出身之前，固未可云进士也。虽此种误解相沿已久（清帝有赏大臣子孙进士许一体殿试者，竟亦误沿俗称。不知既尚须殿试，何以先为进士乎），而为文体之谨严计，究以改之为是。

“自是公名益隆，先后……得交……文道希侍读（廷式）……”按：此节记沈氏所交诸人官阶，著其一生最后者，惟文氏称侍读非是。文氏于庚寅成进士，入词林。甲午大考翰詹，以一等第一名，由翰林院编修擢称谓，以示谨严。凡此之属，不一一举。王君宜将全稿检点一过，俾免自乱其例之弊。（康广厦之上缀籍贯，其余则否，似不妥。稿中他处所叙沈氏交游诸人，亦或缀或不缀。如别无用意，亦当改使一律。）

“光绪二十三年丁酉，八月二十九日，韩太夫人殇于京师……哀毁骨立，剧病累年，见者为危”，下接“腰痺益剧，百方不效……”语气似不甚连属。盖缘摘自所据材料之两节故，此宜加以剪裁贯串，使若天衣无缝。

“光绪二十四年戊戌……五月，两湖总督张香涛（之洞）聘公主武昌两湖书院史席……”按：两湖总督之正式名称为湖广总督，稿中之言两湖总督者，均以改称湖广总督为是。

“冬，约石遗及闽县郑太夷京卿（孝胥），暇时相督为律诗。”“光绪二十六年庚子……过汉上，与郑太夷京卿，同登鲁山赋诗。”按：郑氏于癸卯岁始赏四品京堂督办广西边防。戊戌庚子时，尚未为京卿。若谓指其在前清官阶最后者，则迄宣统辛亥，其头衔固曾晋至湖南布政使也。

“光绪二十六年庚子……与督办商约大臣盛杏孙中丞（宣怀）、沈涛园中丞、汪穰卿中书（康年）密商中外互保之策……”按：盛氏时为宗人府府丞，终身未尝为巡抚或副都御史，不应称中丞。观下文正称为府丞，是处当系笔误，或手民误植耳。惟督办商约大臣之下连缀三人，不间以虚字，界限稍嫌不清。且沈之官巡抚，汪之官中书，均在此以后，三人连书，一称当时之官，二称将来之官，亦似不甚妥。

“光绪二十八年壬寅……正月，始还刑部供职……时初改总理各国事务衙门为外务部，即奉奏调补外务部和会司员外郎。”按：沈氏官刑部，前于壬辰已云擢江苏司郎中矣。此忽降一级而补外务部和会司员外郎，次岁“简放江西广信府知府”，注语谓“公系截取班，例不易简放，此次军机大臣呈单，德宗首圈公名……”而部曹可截取知府者惟郎中，非同京察一等郎员均可以道府记名简放也，凡此均当有说。据愚所闻，沈氏虽经奏派和会司行走，而未补外务部实缺，其外放知府，仍系以刑部资格得之，宜再详考。又稿中于沈氏在刑部之官历，似太简，并主事何年补缺而无之，宜逐一考明，按年入谱。盖既为《年谱》之作，而沈氏去今未远，其官历未可过于疏略也。

“光绪三十二年丙午，四月，简安徽提学使……”按：各省设提学使时，定制由知府简充者，均以道员用署理，沈氏似亦如是。（据稿，虽曾署督粮、盐法二道，本官犹是知府也。）下文“光绪三十四年戊申……去岁夏，子封提法简山西平阳府知府，未到任。本年三月，奉旨以道员用简署广东提学使……”正是此例。如沈氏之任安徽提学使，初系简署，后于某时乃真除，亦应考明入谱，不应于简署一层，详于其弟而反略于本人也。（倘沈氏系以知府真除提学使，则为一时异数，亦应揭出。）

“光绪三十三年丁未……先后招致耆儒杰士，如马通伯太史其昶……”“宣统元年己酉……冬，为桐城马通伯太史厘订《抱润轩文集》体例……”按：马氏以附生为中书科中书及学部主事，未尝官翰林，太史之称盖误。

“宣统三年辛亥……以沪堧为南北绾毂，遗民豪侠所薮，易于见闻，遂常侨居焉。（原注：“见家大人散文公寿序”。）惟岁时祭扫，或一归来，（原注：“见家大人骈文公寿序”。）按：所谓“归来”自指归原籍嘉兴，而语气稍欠明了，盖用寿序原句，惟寿序中当承上文而言，此则应略加改易，如易“来”为“里”似较妥（稿中取材成文，原非皆一字不易者）。

“中华民国六年丁巳……有主张下诏取消复辟者，公不听……”按：“公不听”语气太硬，与沈氏当时地位欠合，以沈氏位不过列卿，非政由己出也。

王氏于篇末，附言作沈氏《年谱》有三难，夫知其难而勇为之，足征其毅力已。并谓：“时代不同，言论或异，亦不敢为天下讳也。”是申明其不避讳反潮流之讥之意。又谓：“见闻狭陋，海内知公者多，不弃图钝，匡其谬舛，为异日写定之资。幸甚幸甚！”斯为王君以初稿问世本旨，谦怀虚衷，于兹可见。愚于沈氏，愧不深知，偶读是篇，漫为商订。所述至肤末，实无当于宏旨，惟推王君集思广益之志，或在鸿纤靡遗，故敢以此发表，未知亦稍能作土壤细流之助否耳。至沈氏学术，王君既获亲炙于沈氏之门，自有相当之体会，愚不欲以门外汉强作解人，率尔侈谈也。（王君更有《嘉兴沈乙盦先生学案小识》一文，于沈氏之学，为简明之叙述，顷见之于《天津商报·文学周刊》第十一期，亦足供留心沈学者之考镜。）

年谱与学案不同，本人官历，不可不明，故愚以为王君宜再加详考，以期应有尽有。至同时交游诸人，既缀官阶，则为文字上之矜慎起见，自当以毫无舛误遗漏为归，否则不如除与其职守有关者仍缀其官外，其余概行削去，亦不失为简净。

抑愚尚有进于王君者：王君体本师之遗意，以征信为原则，故于清亡以后沈氏之言动，备举无隐，诚未为不可。惟叙述时语气间宜于可能之范围内，更注意今日之时代性，庶既不悖于过去，复不戾于现在。王君高明之士，当能斟酌益善也。(取材成文，有不必直录原句者。)

又谱稿“中华民国二年癸丑……”注语中，引俄人卜伊萨林论沈氏有云：“生平崇孔教，恶改革，守旧派之魁首也。”王君谓：“公在逊清，龂龂为维新之魁，何云恶改革？何云守旧？”愚意新旧亦至难言矣。康梁之在前清，非以倡新为举国所震惊乎？民国以后，康有为氏又非举国所称为守旧之魁乎？梁启超氏号为最能随潮流为转移者，而晚年亦躬被腐旧之目矣，新旧亦何常之有？

第二卷（原第七卷）

1930 年（民国 19 年）

一　“义”字掌故（一）

《两般秋雨盦随笔》云：“天宝末童谣云：‘义髻抛河内，黄裙逐水流。’因贵妃以假髻作首饰而好服黄裙故也，见《太真外传》。假髻曰义髻，二字甚新。”按：“河内”本作“河里”，亦见《唐书·五行志》。义字原有假之一解，如云义父、义子、义兄、义弟之类，均别于真者而言，义髻之称，虽若新颖，正不足异。又唐人弹筝用之假指甲，称义甲，见明谢肇淛《文海披沙》。元刘壎《隐居通议》云：“往昔江南承平时，乡里诸斋，间出题示学者，赋绝句，考殿最，有极精巧者，是时俱名曰义试诗。尝抄录成帙，乱后失之。”盖私家集生徒命题考试，犹清代之所论会课。曰义试者，以别于有司之正式考试，亦作假解也。项梁求得楚怀王孙心，尊为楚怀王；及项籍入关，遂尊为义帝。余尝谓此处之义字，不能作仁义之义解，义帝云者，当即假帝之意。以当时豪杰并起，未定一尊，故奉以假帝之位，暂为天下共主，俾挟之以令诸侯，亦所以为自身帝业张本耳。韩信下齐，自请为假王以镇之。假王、义帝取义相同，恰是巧对。后知《文海披沙》正谓“犹假帝也”。是昔人已先我言之矣。日本人今犹谓假发曰义发，已断之手足以橡皮制或木制者补之曰义手、义足，义亦沿此。因思清初摄政王多尔衮卒，追上尊号曰义皇帝，义字似亦有取乎假字意义，切摄政言，又所以示别于真帝，拟谥者当非漫焉为之也。若专以忠义之义解，未免尚失之浅矣。孙可望降清，封以义王，亦可看作假王之意。以孙之为人，仁义之义，忠义之义，均适得其反也。

二 “义”字掌故（二）

义既可作假解，而伪曰假，临时或非正式亦曰假，义字亦犹是也。惟字面则义字较假字为好看耳。忆民国初元，北京某报论南京临时政府事，文中有“南京假政府”云云，他一报社中人，见而大愤，以为假者伪也；伪者僭窃之称也，实对南京政府极大之侮辱，遂至某报社问罪，殴其社长徐某，成讼于法庭。据徐所自辩，则谓假政府犹言临时政府，非诋其为伪也。此狱争议久之，竟无结果，以同业调停而罢。假字所以起衅，正缘习惯关系，字面上不好看之故。若当时某报称以南京义政府，意义不殊，而字面好看，则一场纠纷可免矣，惟又觉其不通俗耳。

三　后之视今，亦犹今之视昔

古来有许多口头俗语，见于记载，而后人以其古也，遂尊为雅言，引用入文，而对于并时之口语，则鄙为俚俗，临文避不敢犯。同一口语，而轩古轻今如此，说破甚为可笑。如《史通·言语篇》有云："江芊骂商臣曰：'呼役夫，宜君王废汝而立职。'汉王怒郦生曰：'竖儒几败乃公事。'单固谓杨康曰：'老奴，汝死自其分。'乐广叹卫玠曰：'谁家生得宁馨儿。'斯并当时侮嫚之词，流欲鄙俚之说，必播以唇吻，传诸讽诵。而世人皆以为上之二言（役夫、竖儒）不失清雅，而下之两句（老奴、宁馨）殊为鲁朴者。何哉？盖楚汉世隔，事已成古；魏晋年近，言犹类今。已古者即谓其文，犹今者乃惊其质。夫天地长久，风俗无恒，后以视今，亦犹今之视昔，而作者皆怯书今语，勇效昔言，不其惑乎？"刘子玄之论卓矣。纪昀削繁本眉批云："老奴、宁馨二语，今亦觉其雅矣，子元之说，不其然乎？"则正可云魏晋世隔，事已成古，已古者即谓其文矣。后以视今，亦犹今之视昔，岂不然哉！宁馨儿三字，今日文中常用之，不独以为文雅之词，且兼以为赞誉之词，诚昔人所料不到者也。又按《晋书》："王衍总角尝造山涛，涛曰：'何物老妪，生宁馨儿。然误天下苍生，未必非此人也。'"宁馨儿为当时口头俗语，犹言"那样的小儿"也。乐广、山涛，均循俗作如是语，迨入记载家之手，以字表音，遂成宁馨，近人望文生义，以其既安宁，复馨香，字面好看，乃用为赞誉小儿之雅称，或并省略儿字，而“那样”竟若作“安宁馨香之小儿”解矣，真怪事也。假令当时记载家表音不以“宁馨”而以“狞腥”，必又用作丑诋之词矣，其实皆“那样”耳。

（原第7卷第3期）

四　袁崇焕杀毛文龙考述

东汉苏章为冀州刺史，有故人为清河太守，章行部欲案其奸赃，乃为设酒，甚欢。太守喜曰：“人皆有一天，我独有二天。”章曰：“今夕苏孺文与故人饮者，私思（恩）也；明日冀州刺史案事者，公法也。”遂举正其罪，州境肃然。南宋泾原都统制曲端，有叔为偏将，战败，诛之，既乃发丧，祭之以文曰：“呜呼，斩副将者，泾原都统制也；祭叔者，侄曲端也。”一军皆畏服。明末辽东督师袁崇焕杀总兵官毛文龙，次日命备酒席，亲诣文龙棺前拜祭云：“昨日我奉皇上命斩你，是朝廷法；今日祭你，是本部院情。”遂下泪，各官将俱下泪感叹。三事颇相类，要皆画清公与私之界限、法与情之分际也。惟三人中曲、袁二氏，均先行法后言情，苏氏则先言情后行法，是其小异。而袁氏之杀毛文龙，遗议尚多，未有定论，盖毛氏经营皮岛，士马壮盛，屡战清军，歼其大将，有此一军，实明季边防之劲旅，虽野性不驯，有跋扈冒饷之罪，苟大帅有将将之才，处之亦自有道，何遽即加诛戮，自坏长城？毛氏既诛，皮岛诸将解体。孔有德、耿仲明降清，至沈阳，清天聪帝率诸贝勒出德盛门十里郊迎，行抱见礼。旋召入宫赐宴，以孔为都元帅，耿为总兵官。正月朔，命共八和硕贝勒同列第一班行礼，待遇优渥如是，其喜得毛氏部将可知矣。尚可喜继降，恩礼同于孔、耿，后均为清出死力，膺王封，为亡明之元勋焉。苟不杀毛氏而善抚用之，是三王者宁至于此乎？世以袁氏被诛之冤，哀其志而重其人，故曲为解说，谓毛实应诛，未必为平允之论也。《近世中国秘史》扪虱谈虎客云："袁督师天挺伟人，雄才大略，近世无两，其视毛文龙，不过狐鼠等类，曾不足以当其一指趾，馘之杯酒间，仅如振落，而国家之大患已潜销。"语近客气，实则毛死而部将降清，正为有明之大患耳。扪虱谈虎客又引《庸闲斋笔记》："乾隆年间，纪文达公阅历朝档子，始知文龙曾通款我朝，文龙在明，实万死不足惜。"谓"亦足见公论之久而愈彰矣"。而据《啸亭杂录》，则谓毛文龙并无谋叛之事，此亦一疑案也。夫明之杀袁崇焕，乃清帝效《三国演义》"群英会蒋幹中计"之术，擒明太监杨某，监于帐中，使闻私语，谓袁即输诚，复阴纵之归。崇祯帝信之，立磔袁氏。所谓毛氏通款者，未知是否亦为清帝故设之疑阵。纵毛氏果有反侧之心，亦缘明政不纲，边将自危，既无谋叛实迹，非不可安其反侧而坚其内向者。且当日袁如发觉其通款于清而诛之，正宜声其事状，以示诛当其罪，何反举其轻而遗其重乎？故余推究此事，终觉袁之杀毛，不免孟浪也。《啸亭杂录》为毛鸣不平，谓杀毛为明代亡国之大机，似不为谬。又谓："或曰，毛文龙尝求陈眉公（继儒）作文，陈邀以重价，毛靳不与，陈深恨之，乃备告董文敏，言毛不法专擅诸状，董信之。崇焕为董门生，任辽抚时，尝往谒董，董以陈语告袁，袁故决意为之。"此亦可备一说。明季文人，好以私意持边将之短长，最为恶习，固不仅此一端耳。至袁氏杀毛，诚为非计，然其人以忠勇为清人所畏忌，亦当时帅臣之杰出者。崇祯帝中间冤杀，愦愦甚矣。帝承天启之后，大局已难收拾，虽勤政忧国，欲回颓运，而知人不明，虑事无识，举措乖忤，终以亡国。论者叹其遭时之艰屯，悲其殉国之壮烈，故不忍苛责，要其才智之绌，实无可为解也。尝忆某说部言，帝殉国后，某处时闻空中呼"君非亡国之君，臣皆亡国之臣"二语，知为帝魂，有人厉声报之曰："亡国之臣谁用？"后遂寂然。此虽寓言，然不可谓无意致者。（原第7卷第4期）

五　梁鼎芬与黄兴密会交诚

据湘友谈，黄克强，初名轸，后于从事革命时，始改名兴，少尝肄业两湖书院，以能文工书，最为院长梁鼎芬所赏器，恒以国士目之。鄂督张之洞派赴日本考察学务，亦梁所推荐也。其革命之思想即基于斯时。迨归国后，致力革命事业，名日著。某岁，以国内举事无成，而索捕甚亟，欲赴日暂避，并计划再举，而绌于川资，乃潜至武昌，乘夜密谒梁氏（时官按察使）。梁责其奈何躬与叛逆，实深负昔日之殷勤教诲与期许，并称颂大清功德，劝其改节。谓子如洗心革面，为朝廷效忠，当为设法开脱。且云此亦所以为国家爱惜人才，如因此一番成全，俾国家收得人之效，则今日一晤，乃大有关系，非专顾师生私谊也。黄氏对以师意至厚，敢不敬聆，惟三军可夺帅，匹夫不可夺志，既已许身革命，万无易节之理。今日至此，生死惟命。因为梁开陈种族大义，革命原理。复谓默察民心国势，清运将终，师盍亦早自为计乎。梁怃然曰："士各有志，余亦不再词费。从此子为子之革命党，余为余之大清忠臣，各行其是可也。"旋询知东渡乏资，遂赠银若干，谓"师生之谊尽于此日，子宜即日离鄂，再见则余惟知有国法矣"。黄遂告别，匆匆离鄂。越两日，梁度黄已行远，乃行文全鄂，谓"风闻革命党首黄兴，潜来鄂境，应严缉务获"云云。其后黄氏卒为革命伟人，梁于鼎革后邀逊帝溥仪文忠之谥，虽冰炭不同器，未可相提并论，然亦可谓各成其志矣。此为前数年湘友某君所谈，因述黄氏革命宗旨之坚定，举此事以为谈佐。顷偶忆及，笔之于此，或足为黄、梁轶事之鳞爪乎。

六　张之洞器重梁鼎芬

张之洞督鄂时，于属官最倚信者，一文一武，文为梁鼎芬，武则张彪也。当其权督两江，曾致湖北官场一电，有“金陵太守无梁节庵，如何不思武昌哉。又念各学生及营兵”之语，时梁官武昌知府也，其倾心于梁可见。后以大学士内召，入枢府，尝力荐梁氏堪任封疆，而见格于奕劻、袁世凯，每引以憾焉。

七　张之洞与张彪之契合

之洞在鄂推行新政，以办学、练兵为两大端，故电中并以学生及营兵为言。办学之事，委之梁鼎芬；练兵之事，委之张彪。之洞检阅军队，例致训词，而不耐高声久语，则呼彪趋前领训，之洞口授训词纲要，然后由彪退向大众高声演绎，就之洞口授数语，为长时间之演说，颇能申明原委，有条不紊。彪夙以不通文义著，闻者莫不称异，盖其聪敏亦有过人处也。彪起家寒微，以受之洞之知，历末弁而洊擢大将，故事之洞甚谨。迨官湖北提督，与总督分为敌体（提督虽受总督节制，而公文往来，以咨行之），而之洞颐指气使，视之犹昔，彪亦卑逊不遑，自视犹昔也。李鸿章督直时，以提镇大员多由其以走卒拔起，故待之若仆隶，为论者所讥。之洞之于彪，盖亦如之。虽重文轻武为当时积习，然李、张之待大将，实大乖体制耳。至李氏部曲之致身通显，多由苦战之功得之，而彪则未闻有若何战功，尚非其伦也。黎宋卿亦尝为之洞部曲，虽亲密逊于彪，而之洞以勤朴赏之。彪亦雅重其笃厚，故私交颇不恶。黎在总统任时，授彪以陆军中将，加上将衔，复授冠字将军，亦眷怀旧雨之意。

八　清代议政名义之沿革

清初设议政王大臣数人，以满员充之，凡军国重事不由阁臣票发者，皆交议政王大臣会议，其权颇重。雍正中设军机处，不独阁权见夺，议臣（政）王大臣亦名存实亡，仅为满员兼衔而已。至乾隆，遂并其名而罢之。同治帝初立，西后以恭亲王奕䜣助除肃顺等，赞其垂帘，且为一时人望所归，遂特授议政王辅政，为群臣领袖，以示尊宠。嗣恶其骄，假事黜之。旋以诸臣吁奏，奕䜣亦引咎自责，乃令仍值军机，惟议政头衔不复畀。光绪辛丑，设督办政务处；丙午，改为会议政务处。其大臣以军机处王大臣、大学士、尚书等兼任之，号为新政机关，然实权仍在军机处也。至宣统辛亥设新内阁，乃与军机处等同时裁撤。有清一代议政名义之沿革如是。

（原第7卷第5期）

九　汉臣奏事称臣，满臣奏事称奴才

有清故事，汉臣奏事称臣，满臣则称奴才，惟与汉臣会衔，始亦称臣，非以满臣为卑，盖视若家奴，亲之之意，汉臣则较疏也。吴贯因氏《社会旧阶级身分之变迁》一文，谓“满人凡非科甲出身者，虽位至一品，尚自称为奴才”。其实满臣之称奴才，初不以是否科甲出身而有所区别，至此种称谓，亦不尽准乎法令。道光五年上谕云：“向来督抚等奏折，有关地方公务，例俱称臣。从前乾隆年间，屡奉圣谕通饬各省，自应永远钦遵。近日各省奏折，不能画一，殊属未协。嗣后各省旗员督、抚、藩、臬除请安谢恩外，凡奏事具折着一律称臣。”是奴才之称，自有范围，仅限于请安谢恩可用，不能施诸公务奏折也。然满臣习于奴才称谓，若非此不足以示亲昵，故道光帝申谕之后，未久即故态复萌，满臣之单衔奏事者，无论公务私情，一称奴才，诸帝亦不复诘责，是可异也。武员奏事，不问满汉，亦称奴才，或以躬当帝室爪牙之任，亦在家奴之列耳。或谓满人入关后，本行举族皆兵制，其服官也，文武通用，虽任文职，其名仍隶伍籍，与汉人文官不同，故视臣与奴才为文武之分，较视为满汉之分，于理为长，此说亦颇可通。宣统二年，命满汉诸臣一律称臣，奴才之称遂废，而谕旨中引乾隆时上谕“臣即仆，仆即奴才”之语，以示虽臣而亦奴也。盖古来臣字本有奴隶之一解，如所谓有“男为人臣，女为人妾”是矣。惟其时清廷方以革新政治预备立宪自鸣，既欲革除陋习，何必尚引用乾隆上谕语以生人反感乎？又臣僚之以奴自称，古亦有之，史称晋王李存勖欲称帝，张承业谏而不听，恸哭曰：“诸侯血战，本为唐家，今王自取之，误老奴矣。”或沿沙陀旧习，而满洲亦犹之耶？

一〇　历朝宰相权重位尊

宋代宰相称同平章事，位尊权重，班列诸王之上。蔡京《保和殿曲宴记》称：“宣和元年九月十二日，皇帝召臣蔡京、臣王黼、臣燕王俣、臣楚王似、臣嘉王、臣楷、臣嗣、臣濮、臣王仲理、臣童贯、臣冯熙载、臣蔡攸、臣蔡絛、臣蔡脩宴保和殿。”以蔡与王黼为宰相，故署名最前也。《香祖笔记》有云：“宋宰相班诸王上，枢密使班诸王下。至明，诸王始不与群臣齿列，为得大体。”王士祯盖援尊君之义，王为懿亲，不能使与群臣伍，故觉宋制为非是。然宰相国之元臣，责任极重，视诸王由人君家庭关系所推恩者，尊宜过之。宋制颇明于公私之分际，未为失也。明太祖诛胡惟庸后，罢中书丞相，并以“建言设立丞相者，本人凌迟，全家处死”，设为酷法，以杜其后。而继体之君，多委政臣下。于是备顾问视制草之阁臣，渐握相权，实至名归，人咸以相目之。有清擢阁臣为极品，虽雍正后实权为军机处所夺，而礼数犹优，非他官可比。

（清初诸帝，咸自负英察，最恶威柄下移，故亦不乐有相，某帝尝有大学士非相之谕，然既秩位最高，群称相国弗替也。）惟对于诸王，其初尚甚卑屈。如康熙二十六年，诸王大臣议礼永康左门，诸王以次环坐，内阁九卿科道议毕，阁臣白其议，向诸王长跪移时，文华殿大学士李之芳，年老踣地。吏科给事高层云抗疏争之，始以凡会议时大臣见诸王不得长跪，著为令。其后诸王益优礼阁臣，渐持敌体仪，尚书以下见诸王用章京帖，阁臣则可用名刺，其互相称谓，阁臣称王曰王爷，王亦称阁臣曰中堂。相传义和拳之役，李鸿章在京议和时，恭亲王溥伟，呼以少荃，为李所诃，谓当年老恭王（指奕䜣）亦称我中堂也。（诸王待满阁臣，礼数稍差，王之为近支者尤倨，盖以私昵之故。然亦视其人。如和珅、荣禄之流，诸王且逢迎恐后也。）《香祖笔记》又云："本朝遇内朝行庆贺礼，则上率东宫拜于两宫之门内，诸王公、贝勒、贝子等，从拜于门外，阁臣亦与焉。六部尚书、都察院、左都御史以下，则拜于午门，最为得体。"是亦阁臣与部院诸臣异处。又如和珅（坤）案中，嘉庆帝谕旨，有"振八王爷、七额驸、刘中堂讯问"，及"将原单交八王爷、绵二爷、刘中堂、盛住，会同户、工二部，悉心公同估价"等语。此为谕旨中非常例之称谓，除亲贵称其行次外，刘墉亦不称名而称中堂，盛住则名之矣，亦见阁臣地位之较崇焉。

（原第7卷第6期）

一一　清代科场犯讳录

昔科举时代，禁例甚多，其最著者首为犯讳。前清自康熙帝起，凡御名一体敬避，寻常文字，不指御名言者，及录写已往文字，可缺末笔或用替代字，如烨为煜，禛为祯，玄为元，弘为宏，曆为歷，寧为甯，淳为醇之类。至场屋中，虽缺笔及替代字亦不得用。惟顺治帝名福临，曾下朱谕，谓不可以朕一人而使天下无福，遂并临字不讳。场屋文字不得用缺笔及替代字，功令并无明文，而主司为格外敬慎起见，曾缘此黜落某人某卷，则互相传说，视为厉戒矣。举一例言，如光绪己丑科会试，首题为“子曰行夏之时”至“乐则韶舞”，有江西顾某卷中，用“歷象照（昭）垂”一语，“歷”字虽替代，亦以犯讳被斥也。然迨策论两科，则又不甚吹求。如壬寅山东中卷中，多有用“熙甯”字样者，此闱之用房元龄者，亦未挑剔，均不为磨勘所纠也。（房名字皆犯讳，故惩于旧事者，只称其姓。）

一二　避讳清帝名

康熙帝玄烨，本不避上一字“玄”，雍正帝降谕，谓每见此字，追念皇考，不胜悲痛，故令一并敬避，后诸帝亦如之。迨自咸丰，乃又不避上一字，惟书“奕”字。其

“大”字一捺，须改为点，作“奕”，至“载”“溥”二字，则完全不避矣。宣统时科举已停，“仪”字之避，仅之于寻常文字，如銮仪卫之改为銮舆卫，礼部仪制司见改为典制司，衙署中仪门之改为宜门，人名则如唐绍仪之改为唐绍怡，均甚可笑。最奇者，因避“烨”字，并“晔”字避之，此犹曰义同也。因避“詝”字，并及于“宁”“纻”“伫”等字，因避“湉”字并及于“恬”字，寻常书写，亦须缺笔。此类尤为无理之极。上一字之可不避者，大员亦或避之示敬。湘军水师名将杨岳斌本名载福，即因避同治御名而改。又同音之字亦有避者。如同治间翰林何金寿、华金寿，相传其本名均有“铸”字，因与咸丰帝之“詝”字音同，故拆“铸”字为“金寿”二字，斯尤可怪已。光绪间王季樵（锡蕃）年丈，与先从兄缦愔同在词馆，尝力劝改“仁铸”之名为“仁寿”，以西后最留意于此为言，先从兄未之从也。入民国后，与季樵丈相晤于北京，谈及曩事，犹举此以告余焉。他字中如有“玄”字者，“玄”字亦须缺笔，惟“畜”字则否，以不可于畜类中论御名也。又“兹”字因系两“玄”字，故不许用，概用“兹”。三十年前，有一谜，为制谜名家徐晋臣所制，以“玄之又玄”射“四书”一句，为“今兹未能”，即道此。唐奉老子为始祖，尊为玄元皇帝，清雍正后以避讳故，以“元”代“玄”，书作元元皇帝。今又见有作玄玄皇帝者，盖误以两元字均为代替字而矫枉过正矣。

一三　乾隆帝避“寿”“岁”二字

乾隆帝忌讳最多，如“壽”字，谓“壽”岂可断缺如此，因改为“壵”。又“歲”字下为“戌少”谓岁岂可少止。因改为从“山”从“小”作“嵗”。实则“少”乃“步”字古体，并非“少”字也。惟坊间刻书所谓宋体字，则依然未改。今帝制久废，而“壵”“嵗”之写法犹通行，盖亦庶几约定俗成矣。

一四　避诸王及圣人名讳

避讳不独御名，如乾隆端慧太子之“琏”字，光绪帝本生父之“譞”字，均在应避之列。又如孔、孟、关羽之名，亦应避。“丘”之替代字为“邱”，故姓“丘”者亦改为“邱”，“羽”字则书作“羽”。读“四书”至孔、孟名，均读曰“某”，示不敢直呼圣讳也。

一五　乾隆帝兴王锡侯文字狱

清代屡兴文字狱，乾隆间王锡候（侯）《字贯》案其一也。所认为大逆不道之实迹者，以其有批评《康熙字典》语，及于《凡例》内将庙讳、御名排写耳，其实批评《康熙字典》，系于颂扬后略言其卷帙浩繁，不便穿贯，而排写庙讳、御名，则为示人以应避也。其供词有云："少年时未知庙讳、御名，是后来科举时才知道的。恐怕少年人不知避忌，故此于书内开写，使人人知晓。至将孔子名讳开列于前，是我从前进场时，见场内开出应避讳的条规，是将孔子开列于前，故此照着写的。"事实不过如是。而乾隆帝竟谓："深堪发指，此实大逆不法，为从来未有之事，罪不容诛，应照大逆律问拟，以申国法而快人心。"竟兴大狱，肆刑诛，专制淫威，一至于此。

一六　避讳之应谶兆者

顺治帝谕令不讳己名，以不可以一人使天下无福为言，说者因谓道光讳宁，从此天下不宁，宣统讳仪，而《毛诗》云"人而无仪，不死胡为"，清运遂终，皆恶谶也。笃信前定者，每以为信非偶然。此与北京前三门，正阳含有元顺帝年号至正之"正"字，崇文含有明思宗年号崇祯之"崇"字，宣武含有清逊帝年号宣统之"宣"字，三朝亡国之君，分见门额，均乐道谶兆之流所引为征验者，虽附会可哂，然会逢其适，盖亦甚巧矣。

一七　韩愈作《讳辩》释

避讳之风，由来已旧，国讳之外，有家讳焉。甚者如父名石，遂终身不敢践石，父名桥，遂终身不敢过桥，迂而谬矣。唐李贺父名晋肃，与贺争名者诋其不应举进士，犯父之讳。韩愈为劝贺举进士者，作《讳辩》以辟其妄，文笔犀利，持论甚正。唐人避讳之陋，于兹可见。林纾《春觉斋论文》有云："韩昌黎作《讳辩》，灵警机变，时出隽语，然而人犹以为矫激，非昌黎之辩穷也。时人以不举进士为李贺之孝，固人人自以为正，昌黎之言虽正，而辩亦不立，若为昌黎计者，可以不作此辩，果有所见于中，淘淅以先圣之理，讵无文字可为。《孟子》一书，与门人辩论者十可五六，然皆切于时变，关乎正学，至劝人犯物议以就科名，吾知决非孟子之所忍出。故作文须求好题目，有正言亦易于立干，易于傅色。真能古文者，固不轻易为文也。"真乡愿之论。所谓物议者，要视其理之当否，而避犯准诸是非，裁以识度，言即正矣，胡为而可不作。且《讳辩》中固明著"听者不察也，和而唱之，同然一辞。皇甫湜曰：'若不明白，子与贺且得罪。'愈曰：'然。'"为所以作文之缘起，则"为昌黎计"，即以自卫与卫李言，亦乌容已，岂可责以轻易为文乎？其以《孟子》一书相拟，亦不伦。《孟子》自是《孟子》，不能作孟子与文集观也。至谓作文须求好题目，则《讳辩》之作，岂寻求题目之事？且为文宜以口有所欲言，心有所自会者为贵，题目固不必待求而得之。若墨守作文须求好题目之旨，鲜不堕入无病呻吟之苦境，而口所欲言心所自会者，反有所惮而不敢出矣。韩氏《伯夷颂》谓："士之特立独行，适于义而已。不顾人之是非，皆豪杰之士，信道笃而自知明也。一家非之，力行而不惑者，寡矣。至于一国一州非之，力行而不惑者，盖天下一人而已矣。至于举世非之，力行而不惑者，则千百年乃一人而已耳。若伯夷者，穷天地互（亘）万世而不顾者也。”韩氏之为人为文，固难悉副所称道之特立独行之义，而取此与林氏所论互观，则益形林氏所见之陋耳。韩文如谀墓干禄之作，实多可厌，而《讳辩》箴时砭俗，言之有物，自为集中有价值之文，虽起于劝人犯物议以就科名，曷足病哉！

一八　林纾论归有光方苞之文

《春觉斋论文》又谓：“归、方之文，立言颇正，文体亦不稍涉纤佻。然归有《寒花葬志》，方有《逆旅小子》，谓之为碎，亦无不可。惟《逆旅小子》尚用以警醒有司，而《寒花葬志》虽不作可也。”此亦由其斤斤于作文须求好题目之故。不知心有所感，情有所寓，即可成为佳文，碎与不碎，初不在是。归有光文之不满人意处，如曾国藩《书〈归震川文集〉后》所谓“彼所为抑扬吞吐，情韵不匮者，苟裁之以义，或皆可以不陈，浮芥舟以纵送于蹄涔之水，不复忆天下有曰海涛者也。神乎味乎，徒词费耳”。及吴敏树《记钞本震川文后》所谓“近时为古文以仿归氏，故喜为闲情妙状，摇曳其声，以取姿媚，以为归氏学史之遗，而文章始衰矣。余是以有《史记别钞》之选，欲正之也……世有知古文之道者，虽不喜归氏可也”。

均为有见。而归文之较工者，实在《寒花葬志》之类，缘其个性与才思，与此类文字最相近，心所感、情所寓，能有曾氏“书归文后”所称“不刻画而足以昭物情”之长处，异乎无病呻吟也。（原第 7 卷第 7 期）

一九　林纾古文失于意境

林氏之于古文，私淑桐城，研讨甚勤，个中甘苦，颇能言之历历，评论古来名家之作，亦非无道着处，而其所自为，则不免小家气，造诣无甚可观，斯则天事限之也。林氏酷好柳文，于所著《韩柳文研究法》中，阐扬甚至。其游记诸作，亦似以柳氏小山水记为法，然大有仙凡之判，未足为善学者，良以文学上之技术既远不逮，而意境更难攀跻耳。北平《新晨报》尝载吴承仕讥评林文之作，于其行文、隶事、引古之舛误处，摘发若干则，虽间有一二或近吹求过甚者，而大体足令林氏折服。友人某君与余论此，余谓林文苦于所造仅此耳，使所造者果能度越恒流，蔚然极盛，则虽有如吴氏所指摘者，仍无妨其江河不废之价值，盖古来卓然成家之作者，亦多偶有不经意之失，未足为大病，小疵不掩大醇也。若林氏之文，纵无此等舛误，亦难提高其在文学界之地位，而传之不朽也。友以为然。而近代之为古文与林氏相后先者，尚不乏人，以视林氏，其所造或过之，或不及。不及者无论矣，即过之者，亦似难大惬人意，求其能迈往直进，凌驾姚、曾者，盖未之有焉。才难之叹，不其然乎！林氏兼以移译外国小说鸣于时，晚年所译，多粗率潦草，前期诸种，则不无佳构，类能以中国古文笔法，运用西洋小说家之意境，使自成一种风格，匠意苦心，实有不可泯没者在，其可传固远过于所为古文耳。（以久事移译，其古文亦每含所译小说之风格，盖薰染之效如是，而亦不能使其古文增重，所谓迁地不良欤！）至其自撰小说之类，则无一佳者，阅之惟觉腐气满纸，索然意尽，不独远逊其译品，即视其古文亦更不如，林氏文字之最拙劣者也。严复译《群学肄言》，闻尝以稿本就正于林，林氏颇为之点窜润色。是书之成，林氏与有力焉。严氏为有名译家，是书译笔亦无愧雅饬，而林氏译才，尤于此可征矣。意者林氏于文学上之修养，技术方面实有相当之成就，而个人意境则殊失之凡陋，故佳构必出于译事，自作即相形见绌也。严氏所为文，视林为胜，亦缘意境较高耳。

二〇　严译林译之轩轾

严、林二氏，同为吾国近代译界前辈。以量论，林氏为富；以质论，严氏尤精，皆为有功学术之人，若双峰之并峙焉。严氏之逝，林以联挽之，其下联云："齐名吾有愧，卢前王后，江湖犹自说严林。"盖二人齐名者久矣。胡适《五十年来中国之文学》有云："严复是介绍西洋近世思想的第一人，林纾是介绍西洋近世文学的第一人。"

又谓："严复的英文与古中文的程度都很高，他又很用心，不肯苟且……他对于译书的用心与郑重，真可佩服，真可做我们的模范。"又谓："严复的书，有几种——《天演论》《群己权界论》《群学肄言》——在原文本有文学的价值。他的译本，在古文学史也应该占一个很高的地位。"又谓："林译的小说，往往有他自己的风味，他对于原书的诙谐风趣，往往有一种深刻的领会，故他对于这种地方，往往更用气力，更见精采。"又谓："林纾用古文做翻译小说的试验，总算是很有成绩了……古文的应用，自司马迁以来，从没有这样大的成绩。"于二人在译界之地位及所长，甚表推许。惟继于林译谓："但这种成绩，终归于失败。这实在不是林纾一般人的错处，乃是古文本身的毛病……我且举一个最明显的例：十几年前，周作人同他的哥哥，也曾用古文来译小说。他们的古文工夫，既是很高的，又都能直接了解西文，故他们译的《域外小说集》，比林译的小说，确是高的多……但周氏兄弟辛辛苦苦译的这部书，十年之中，只销了二十一册。这一件故事，应该使我们觉悟了。"词意殊欠周洽。盖推论林氏或并及其一派之译品成败，而以销行之数衡之，自应首举林译销数如何，以下断案。商务印书馆所出《说部丛书》，其销数固以林译为巨擘也。今舍林而别举周氏译品"十年之中只销了二十一册"以断其失败，讵足服林之心乎？夫译品之真价值，及其究竟之成败，良有非仅以一时代之销数便可论定者。若乃既以销数立论矣，则林译有林译之销数，未宜

喧宾夺主，舍近求远耳。　　　（原第7卷第8期）

二一　胡适林纾新旧文学之战

民国七八年间，北京尝有所谓新旧文学之战，北京大学教授胡适、钱玄同等为文学革命运动，主以白话易文言；林纾则起而“卫道”，主古文不可废，以文字与胡等角，而林氏昔亦北大教授也。林意气甚盛，而辩才不逮，每为胡等所折，愤而作小说以丑诋之，张脉偾兴，怒容可掬，未免溢于辩论事理范围之外矣。角战之际，政府中人亦多注意。其结果，主新之北大文科学长陈独秀解职，接近林氏与闻角战之北大某生亦被黜，此事乃略告一段落。林氏以某生学绩素优，将届毕业，被黜实为己故，因赠序以相慰藉。原文不复忆，惟忆大旨有云：昔在是校教授，有最器赏之两生，皆未卒业而去，今皆居显秩，享厚禄，同学而卒业者，咸莫之及，足见卒业与否，无关得失。中伤者为徒劳心力，而劝某生不必以学业未竟介介于怀。说者以为失言，盖以位尊多金为蕲向，非长者慰勉后进之道也。林氏为人，尚非醉心于官禄者，其平日论文，尤以“陈义必高”为言，即其他撰著，虽时或以不脱俗情为累，而其命意，亦不至卑陋如是。是或七十老翁不胜其一时忿懥之〈客〉气，言为心声，遂流露于不自持欤？胡氏《五十年来中国之文学》，论及文学革命运动，以宗旨之相悬，对于林氏抨击新派之战迹，故多非笑，而论及译事，对于林译之地位，仍尊重之，不没其长，盖不失学者态度焉。

二二　试帖诗规制綦严

科举时代有所谓试帖诗者，诗中之试帖诗，犹文中之八股文也（其废与八股同时），亦自成其一种气息，与寻常之诗有异，盖谨于刻画，而体格卑下，故能诗者羞称焉，然为当日读书人敲门砖之一。故事：举业者不能不治之，其于乡、会试，说者谓成事不足，败事有余。以棘院衡文，例不以诗为重，求其平妥无疵即可，而诗如违式出韵，则文虽佳亦为所累也。光绪丁酉科顺天乡试，孝感秦翔中第二名（此名必以南皿卷充之，所谓南元也）。前科甲午，主司评语极佳，而仅获挑誊录，则以诗末“升平”二字未抬头，故不获入彀。有人询以此二字应抬头，君不知耶？曰：“不但知之，且知顺天试场，诗无颂扬语，亦是违例（颂扬语必有抬头），而场屋中缮竟时，虑有错失，复阅二三次，竟未注意及此。临交卷时，遇姻戚某君，以卷示之。某君且盛赞诗之工，亦未看出，科场信有鬼欤？”此盖得失心重，反致懵懂一时，其戚则匆匆一阅，仅顾及字句，而未遑审其格式耳。此等处如改正，须先将本字添笔，改作别字，再行点去。又如卷中“皇”“王”“圣”等字亦须如是，然后可以涂改，否则亦以违例论。

二三 试帖诗逸事

若殿廷考试之复试朝考，试帖诗所关甚巨。其失意之最著者，如王闿运嘲高心夔“平生双四等，该死十三元”之事是也。其藉以见长者，则如道光庚戌复试，俞樾以“花落春仍在”之句（题为“淡烟疏雨落花天”），见赏于曾国藩，获一等第一。俞不工小楷，赖此得入翰林。又乾隆乙未朝考，袁枚诗有“声疑来禁苑，人似隔天河”之句（题为“因风想玉珂”）。阅卷者将摈之，尹继善力争，众议始定，获与馆选。尹袁、曾俞师生感情之厚，皆由此一段文字因缘焉。京曹考差，试帖诗之工拙，亦得失所系。《两般秋雨盦随笔》云：“京师考差之年，各衙门诸老先生，亦有诗文会课之事，亦犹士子之乡会试也。道光壬午，苏子斋先生邀同部七人各作试帖一首，题为‘左右惟其人’，内於公克襄一首，记其中四句云：‘辅也还兼弼，臣哉即是邻。是谁肩厥辟，惟汝翼斯民。’以‘肩’‘翼’二字贴左右，何等浑脱大方。”适成其为试帖诗之名句耳。《儿女英雄传》第三十四回，安学海对于其子骥举行义试，“安老爷便看头二篇，把三篇合诗请程师爷圈点，一时都圈点出来。老爷见那诗里的‘一轮探月窟，数点透梅岑’两句，程师爷只圈了两个单圈，便问道：‘大哥，这样两句好诗，怎么你倒没看出来？’程师爷道：‘我总觉这等题目，用这些花月字面，离题远些。’安老爷道：

‘不然，你看他这月窟、梅岑，却用得是‘月到天心处’合‘数点梅花天地心’的典。那‘探’字、‘透’字，又不脱那个‘讲’字，竟把‘讲易见天心’这个题目，扣得工稳的很呢。’程师爷拍案道：‘啊哟，老翁，你这双眼睛真了不得！’”《儿女英雄传》著者文康，虽非科第中人，而为精于举业者。此虽小说家言，大可作一则试帖诗话读也。（原第7卷第9期）

二四　包拯与阎罗王

包拯在宋，其誉望非韩、范、富、马等比，而沿及近代，其名独著于流俗，小说戏曲广为宣传，乡僻妇孺，莫不知有“包老爷”者，世且奉为阎罗焉。包于仁宗时，知开封府，执法不阿，贵戚宦官，为之敛手，童稚妇女，亦知其名。京师语曰：“关节不到，有阎罗包老。”性寡笑，时人以其笑比黄河清，盖其刚劲之气，有过人者，在当时已特为流俗所重。“阎罗包老”一语，遂为见推阎罗之张本。昔年偶过北京江南城隍庙，见城隍神之两庑，塑所谓十殿阎君者，右为第一殿秦广王，第二殿楚江王，第三殿宋帝王，第四殿五官王，第六殿卞城王；左为第五殿阎罗天子，第七殿泰山王，第八殿都市王，第九殿平等王，第十殿转轮王。九殿均称王，独阎罗曰天子，诸王之冠不一，独阎罗天子为冕旒。昭天子之仪制，黑面略同戏剧中之包龙图。众咸指目之曰：“包老爷也。”第五殿依序宜居右列之末，兹乃居左列之首，与第六殿易位，盖使之领袖班行，亦所以尊之耳。惟既曰“天子”“曰王”，而屈在城隍神之两庑，若其掾属，神庙塑像之以意为之，类如是也。未知他庙两庑之塑十殿阎君者，其顺序亦若此否？始意第五殿之称天子，未必有所根据，继阅迷信书之所谓《玉历至宝钞》者，果称阎罗天子，异于他殿。并云：“阎罗天子原居第一殿，因怜鬼犯屈死，屡放还阳，伸雪降调。”是笑比黄河清之阎罗包老，反因过于慈悲，得此处分，且为屈死者谋伸雪，岂非聪明正直者所应为，而竟缘是获咎，更匪夷所思矣。

二五　旧京之乩坛请神

民国六七年间，北京某处乩坛请神，降坛者曰第五殿阎君，诸信徒以为阎罗包老至矣，咸悚然叩拜。而乩笔第一语乃“何故人之多也”。众讶问所以，乃谓：“余即袁慰廷，上帝重余为人，新授斯职。”众又问包孝肃何往？答曰：“孝肃以资劳推（擢）升第四殿矣。”闻者传以为异，特不知袁氏获此荣除，亦得援包老之例。冕旒而称天子，如洪宪皇帝之着祭天礼服否，惜诸信徒未叩其详也。或谓主坛事者，本洪宪旧臣，以他处乩坛有谓袁在冥间受诸苦者，故意令扶手为此，藉为昭雪。诸信徒亦多与袁有旧，故颇信之耳。昔北京乩坛甚多，悠谬之说，比比皆是，斯亦其一也。

二六　包拯掌速报司

包为冥君，其说相沿于流俗者已久，而据元好问《续夷坚志》，盖先有主东岳速报司之说，谓：“世传包希文（按：当作仁）以正直主东岳速报司，山野小民，无不知之。庚子秋，太安界南征兵掠一妇还，云是希文（仁）孙女，颇有姿色。倡家欲高价买之，妇守死不行。主家利其财，捶楚备至，妇遂病，邻里嗟惜而不能救。里中一女巫，私谓人云：‘我能脱此妇，令适良人。’即诣主家，闭目吁气，屈伸良久，作神降之态。少之，瞑目咄咤，呼主人者出，大骂之。主人具香火，俛伏请罪，问何所触尊神，巫又大骂云：‘我速报司也。汝何敢以我孙女为倡？限汝十日，不嫁之良家，吾灭汝门矣。’主家百拜谢过，不数日嫁之。”是当时包尚未正冥君之位，而速报司之头衔，已足慑人如此，迨其溯“阎罗包老”之谚而升格，宜声威益为烜赫矣。（所谓速报司者，即《天雷报》剧中张继宝受雷击之所也。顾名思义，报而且速，自亦为流俗所惊惮。）

二七　包文正黑脸考

戏剧中包拯自称包文正，自命解事者，每斥其不应以谥自称，不知包谥孝肃，文正乃《七侠五义》中包氏之字耳。戏剧取材小说，其不曰希仁而曰文正，固不足怪；脸谱之为黑色，亦本《七侠五义》，所谓“包黑子”也。以脸谱之关系，其黑乃如漆，包龙图俨若非洲黑人矣。而据《宋稗类钞》所载，则宋代另有一漆黑之龙图。略谓：“漳州界有一水，号乌脚溪，涉者足皆墨，饮则病瘴。梅龙图公仪宦州县时，素多病，至乌脚溪，兢惕过甚，忽坠水中，举体黑如昆仑〔奴〕，自谓必死。然自此宿病尽除。”是殆故神其说。而昔之所谓昆仑〔奴〕，近人有谓即非籍黑奴之展转入华者。黑如昆仑〔奴〕，其黑可知，虽纵有其事，亦梅而非包，然适亦一龙图也。

（原第7卷第10期）

二八　包拯以严毅不恕见用

包拯为台官，严毅不恕，朝列有过，必力弹击，故言事无瑕疵者曰没包弹。欧阳修知开封时，承包政猛之后，一切循理，不事风采。或以包之政励之，欧曰：“凡人材性不一，各有长短，用其所长，事无不举；强其所短，政必不逮，吾亦任吾所长尔。”闻者服其言。包尝刊《家训》云：“后世子孙，仕宦有犯赃滥者，不得放归本家。亡殁之后，不得葬于大茔之中。不从吾志，非吾子孙。”凡是均足见包氏刚猛清介之度，其以“阎罗包老”见推，非无故也。又据俞樾《茶香室丛钞》所考，寇准、韩琦、范仲淹，均传有为阎罗之说，何宋代名人为阎罗者之多乎？

二九　王安石包孝肃之高下

王安石亦以刚介著，故论述者每以与包拯并举。据《宋稗类钞》："李待制在仁宗朝，尝为州县官，因邸吏报包希仁拜参政，或曰，朝廷自此多事矣。承之正色曰：'包公无能为。今知鄞县王安石，眼多白，甚似王敦，他日乱天下者必此人。'"盖包氏之在当时已有不满人意处，而王氏则以行新法为异党所痛嫉，故传其知鄞县时即为人预料必乱天下也。宋人既称王眼多白，而又有目睛如龙之说，岂龙睛固多白耶？又称其牛耳虎头，视物如射，盖其状貌瑰异，为世俗所注意耳。又尝有谏官，言其宅枕乾刚，貌类艺祖，王上疏云："宅枕乾刚，乃朝廷所赐；貌类艺祖，乃父母所生。"斯尤可发一噱。李岳瑞《春冰室野乘》云："长安薛云阶尚书允升尝言，以王荆公之道德气节，而宋儒至侪诸卢杞。包孝肃使生于两汉时，在酷吏传亦不过仅居下驷之列，而至今妇孺皆知，奉为神明。名实何必相符，史册安有定论耶！尝为嘉兴沈乙盦述之，乙盦叹息，以为至言。"是为伸王抑包者，所以破人云亦云之论也。包氏自可入酷吏传，惟列诸下驷，则似近苛。其用法严峻，固自以为人不敢欺。而据沈括《梦溪笔谈》云："包孝肃尹京，号为明察，有编民犯法，当杖脊。吏受赃，与之约曰：'今见尹，必付我责状，汝第呼号自辨，我与汝分此罪。汝决杖，我亦决杖。'既而包引因问毕，果付吏责状，因如吏言，分辨不已，吏大声诃之曰：‘但受脊杖出去，何用多言！’包谓其市权，捽吏于庭，杖之七十，特宽囚罪，止从杖坐，以抑吏势。不知乃为所卖，卒如素约。’”此等处盖自负严正明察者最易受欺，斯犹其小焉者耳。《老残游记》之写酷吏毓贤，锐于治盗，而反为盗所愚，以杀良民，当不尽为刘铁云之凭空结撰也。

三〇 王安石耿介

忆宋人某笔记言，包知开封时，尝宴集宾僚，以酒劝客。众惮其威厉，素不能饮者，皆勉尽之，虽司马光之方正，亦不敢辞，独王安石不从，包亦卒不能强也。则王之刚劲，良不亚于包，虽王以学者而为大政治家，其历史上之格位，非包之比，而性行固有相近处。《梦溪笔谈》又云：“王荆公病喘，药用紫团山人参，不可得。薛师政自浙东还，适有之，赠公数两，不受。人有劝公曰：‘公之疾非此药不可治，疾可忧，药不足辞。’公曰：‘平生无紫团参，亦活到今日。’竟不受。”介甫之介，此亦足见一斑。

三一 王安石面黧黑

包在小说戏剧中黑面而著“包黑子”之称，或由铁面无私而来，而王固黑面者。《梦溪笔谈》谓：“公面黧黑，门人忧之，以问医。医曰：‘此垢汗，非疾也。’进澡豆，令公颒面，公曰：‘天生黑于予，澡豆其如予何?’”是正可谓“王黑子”矣。

三二　王介甫戏咏王介

王介甫未尝有阎罗之号，而却有一自命阎罗之友人王介。《两般秋雨盦随笔》云：“宋王介性轻率，喜怒易形于色，与人鲜有合者，而独与荆公友善。工诗，除湖州知府。一日谒荆公，荆公口占一绝赠之曰：‘吴兴太守美如何，太守诗才未足多。遥想郡人迎下担，白蘋一夜起苍波。’盖以其性易触怒，亦以规劝之也。介得诗悻悻而去，和云：‘吴兴太守美如何，太守从来恶祝鮀。生若不为上柱国，死时犹合署阎罗。’明日盛气而诵于荆公，荆公笑曰：‘阎罗现缺，请速赴任。’”此亦本之宋人记载。王介之名不显，未为世俗所推，遂使此愿终虚，永无赴任之期耳。

三三　姚忠肃堪比包拯

包拯既著阎罗之誉，故附会其事者甚多，甚且有“昼断阳夜断阴”等说，可笑熟甚。若所谓《龙图公案》述包氏折狱事，犹附会之稍近情理者也。戏中有《双钉计》，亦谓谳狱发奸者为包氏，此固有所本。据陶宗仪《辍耕录》云：“姚忠肃公至元二十年癸未，为辽东按察使，武平县民刘义，讼其嫂与其所私同杀其兄成，县尹丁钦以成尸无伤，忧懑不食。妻韩问之，钦语其故。韩曰：‘恐顶囟有钉，涂其迹耳。’验之果然。狱定上谳，公召钦谛询之，钦因矜其妻之能。公曰：‘若妻处子耶?’曰：‘再醮。’令有司开其棺，毒与成类，并正其辜；钦悸卒。时比公为宋包孝肃公拯云。”斯狱与戏中所演，大体相同。元人以姚比包，言其严察近似也。而以包名独震于后世，此事遂复经点染，亦属之包氏焉。元姚天福至元中拜监察御史，弹击不避权贵，大德间累拜参知政事，兼大兴尹，畿内大治。其人物及官历，固包拯一流也。陶氏所称之姚忠肃公，似即天福，待考。

三四　清末状元王寿彭轶事

清癸卯状元王寿彭，近卒于津，状元之存者，现似仅余一末科（甲辰）状元刘春霖，若灵光硕果矣。王氏大魁之由，前已述之。其人本潍县寒士，未第时，在省垣候补知府朱猛家教读。以诸生应泺源书院试，屡获前列，书院卷格，略同殿试卷，同应试者见其字体之“黑大圆光”，咸叹异之，谓将来如得殿试，鼎甲可望也。潍县陈庆桂（湝）《归里清谭》云：“王寿彭传胪时，予正仕京曹。俗例，同乡有应殿试者，京官必携荷包、忠孝带，以备前十名引见佩用。是日辰初，读卷大臣鱼贯进内。至辰刻，大臣手捧黄纸自内出，立于乾清门丹陛上，高呼曰：‘王寿彭！’王惊喜变色。同乡官代应曰：‘在此！’乃为之整衣，佩荷包、忠孝带，扶上丹陛，肃立大臣之后。俟前十名依次传齐，乃带领引见。”此与前述张謇胪唱时喜极而踣，可以参看。状元之荣，洵足令人惊喜失措哉。有清一代，山东状元凡六人，聊城傅以渐、邓钟岳，济宁孙如瑾、孙毓溎，潍县曹鸿勋、王寿彭。曹、王两状元皆住潍县南关新巷，且比邻也。亦见陈氏所记。王氏授职后，入进士馆肄业，毕业列最优等第一名，亦以状元之故，旋实授湖北提学使。迂道过鲁，以“新授湖北提学使司提学使”之衔片拜客，意兴高骞，人夸昼锦，居停依然听鼓，而西宾则赫赫司使大员矣。抵任后，尝署布政使，骎骎大用。辛亥事起，仓黄离鄂，袁世凯以其为状元也，使充总统府秘书，司书写匾额对联之属，不获与闻机要。或嘲之曰：“是书而不秘者。”总统屡易，而王以状元头衔，迄未更动。迨张宗昌督鲁，曰此山东之文曲星也，宜延致之，因询幕僚曰：“王状元在前清为何官？”曰：“湖北提学使。”复询提学使可方今日何官，对以差类今之教育厅长，遂以山东教育厅长请简，而王乃与张宗昌为缘矣。张骄倨，且喜怒无常，省长以下，咸卑逊已甚，王委蛇其间，每与人话及提学旧事，有不堪回首之感。会山东大学开办，张曰：“校长须令学问好者为之。”学问最好莫过状元，即令王兼长山东大学，告之曰：“山东是圣人之邦，学校中须以尊孔读经为要旨。我以汝为状元，乃饱读圣贤书者，故以校长畀汝。其好为之，勿令后生小子离经叛道也。”张氏在鲁，尝自谓武功已卓著，宜更以文治缘饰之，故徇幕僚之请，以扶持旧文化自命，精印《十三经》等书赠人。其语王氏者，亦即此意。王固懵于新学潮流，重以张氏之训，处理校务，动与时乖，怨声乃大作。比革命军入鲁，其名与于张、褚余孽之列，为通缉令中之人物，遁迹租界，末路可嗟，其不堪盖远过于辛亥一役鄂中之走矣。以视其同县状元前辈曹鸿勋之外历封疆，内班卿贰，虽功业未著，而晚节无疵，不逮良多。出处之际，诚不可不慎耳。（原第9卷第11期）

三五　科举梦异

闻熟于科举旧事者所谈，癸卯王寿彭大魁，事前尚有一段梦境。鄂人王葆清者，是科会试中式后，忽梦本科状元姓名为王彭，因于殿试时易名彭，欲以应梦。其复试时犹是王葆清也。比揭晓，状元乃王寿彭，为之惘然若失。尝以此告人，或谓君殆梦中少记一字耶。按：与此事相类者，如《春冰室野乘》云：“同治乙丑会试，吾师蕲州李百之先生士彬中第三名，榜前有丁士彬者，梦观榜礼部门外，己名在第三，惟姓字独小，且较他人略低半字，不解其故。及榜发，竟落第。十余日后，入城经礼部门，榜犹在，因趋近观之，则第三名李字之上半，为雨所淋，仅存其下半之丁矣，乃大骇。丁与师故不相识，次日乃寻至师寓所，以梦告之，相与叹咤不置。”一少一字，一少半字，梦何恶作剧乎？又《宋稗类钞》云："宛陵吴胜之柔胜，淳熙辛丑得隽于南宫，将赴廷对，去家数十里，有地名朱唐，舟行之所必经。里之士夜梦有语之者曰：'吴胜之入都，至朱唐而反矣。'起而告诸人。时吴有亲在垂白，意其或尼于行也，私忧之，既而无他。集英赐第，乃在第三甲。上曰朱端常，联之者曰唐廙，始悟所梦。里士怒曰：'吴胜之登科，何与我事，鬼乃侮我耶？'"王寿彭之及第，李士彬之中式，其在王彭与丁士彬，亦均所谓"何与我事"也。自有科举以来，此类传说甚夥，亦间有因改名而得之者。在今日观之，诚不免乎迷信，而科举之为物，方其为举国读书人心力集中之时，实含有一种神秘作用，固可见耳。

三六　科场中可恤可悯之事

家兄龢佛（和甫）云：考场中每号号舍，多者五六十，少者二三十，有号官为管理，有号军一人或二三人为服役。甲辰年，余在汴应会试，第二场同号邻舍，忽有人大声疾呼，连称"了不得"。亟问所以，则系某显宦之公子，瘾君子也，其仆代理考具，误将空烟盒置于箱内，瘾发无以御之，惶急万状。乃公议询同号中，有同嗜者共为凑集，以资救急，结果同嗜者仅有三人（彼时不禁烟，然烟民之数乃大逊于今日，因无强有力者专卖提倡故也）。所携不多，既不能从井救人，只分出少许，不足应需要，且质劣不合用。因又有人提议，请号官来设法，号官霎时巡查至栅外。余舍最前，因代为呼曰："号官老爷请住。"乃公恳代觅。号官欣然承诺，取得二两广膏以赠。此人喜极，拱手点额，道谢不已。号官笑曰："但愿今科高中，将来多照应我们这小官儿罢。"因留姓名而去。此虽小事，且颇可笑，然亦足表示场屋为尊重道德之地，一旦相逢，则秦、越一家，同患相恤，不于竞争得失之时，存幸灾乐祸之念也。是日更有一事足纪者，余与同号某君，正谈论头场题目时，一号军忽从旁羼言，议论风生，语皆中肯。问其名，曰王执中，乃陈留老岁贡也。累试不第，满腹牢骚，曾受同学揶揄，谓："今生今世，会试场中没有你的分了。"因趁借闱机会，来此一泄忿气耳。遂共加优礼，不以寻常号军视之。斯则足见科举之困人，而失意者之可悯也。《儒林外史》之写周进哭号板，情景盖如画矣。

三七　避讳补遗

前谈避讳，谓："甚者如父名石，遂终身不敢践石，父名桥，遂终身不敢过桥。"记忆有误。据《宋稗类钞》云："徐仲车父名石，终身不践石，逢桥则使人负之而趋。"盖以桥为石成，一人之事也，而避讳之范围，国讳、家讳而外，尚有避及长官之名及其家讳者，古来甚多，清代亦尚不乏，旗员视之最重。《官场现形记》于此尤描写尽致矣。又前述宣统二年谕满汉诸臣一律称臣，引乾隆上谕“臣即仆，仆即奴才”之语，兹复忆及，所引实“奴才即仆，仆即臣”，意义要为无殊耳。旗员奏事自称奴才，而其仆婢对主人亦称奴才，故读《儿女英雄传》一书，觉“奴才”之声洋洋盈耳也。（原第7卷第12期）

三八　潘祖荫翁同龢并为天阉

潘祖荫有洁癖，不与其妻同寝处，已据所闻述之。顷阅陈庆溎《归里清谭》，则潘氏乃天阉也。据云：“尚书天阉，与翁常熟同。一门生不知，初谒时，询问老师几位世兄，尚书曰：‘汝不知我天阉乎？’”同、光间，潘、翁齐名，号为京朝清流宗主，而竟复同为天阉，斯亦奇矣。

三九　赵尔巽于式枚刘廷琛各有其志

赵尔巽主撰之《清史稿》，以违悖时代潮流，近已禁止流行。当赵之卒于北京，临终遗书，于此极示惓惓，盖未尝不自负为不朽之大业也。袁世凯设清史馆，聘赵为总裁，并以于式枚、刘廷琛副之，命总统府秘书吴镠（璆），赍聘函至青岛招致，志本不重修史，借以延揽胜朝遗老而已。（其实赵于民国元年尝官奉天都督，虽为时甚暂，而遗老资格已不能成立，惟尚与遗老为缘。）赵氏得函，颇欣然乐就。即访于，询其就否，于不答，先问公意如何。赵谓“当视君与幼云意见为从违，如二君允北上，亦当勉为一行”。于乃曰：“既如是，公可先询幼云肯就否，某将以幼云之意见为意见。”盖明知刘必不肯就也。赵旋往访刘，刘以父与赵为同治甲戌会试同年，执礼甚恭。赵语以来意，并谓“我辈均受先朝厚恩，今逢鼎革，所以图报先朝者，惟此一事，且修史与服官不同，聘书非命令可比，似可偕往，致力于此”。刘怫然曰：“年伯已视袁世凯为太祖高皇帝耶？历朝之史，均国亡后由新朝修之，今大清皇帝尚居深宫，何忍即为修史乎？年伯如以为可，则与袁世凯好为之，小侄不能从，晦若当亦不能从也。”赵犹再三劝驾。刘曰：“愿勿再谈此事，否则当恕小侄不接待矣。”赵太息而去。复往劝于，于亦固拒之。赵遂独受袁聘北上。袁慰之曰：“得公来此，事可成矣。固知公不忘先朝也，晦若、幼云未免拘执太甚，听之可耳。”赵既受事开馆，所延总纂、纂修、协修等，遗老为多，以图报先朝之信念，孳孳从事，经费不继，则呼吁于疆吏以济之。讫赵之卒，史稿已大体就续（绪），未几遂以《史稿》付印焉。刘廷琛蓄复辟之念，故以大清未亡拒赵，后卒参与复辟之役，为短期小朝廷之议政大臣，以头脑最旧著，事败逋亡，闻今尚健在。于式枚则早已侘傺而终。既拒修史之聘，复拒参政之招，亦所谓人各有志者。民国三年夏间，尝致书袁氏，称“慰庭四兄大人”，讽以复辟，有“戡定祸乱者，功在一时；扶植纲常者，功在万世。先圣之称微管，昌黎之尊禹功，天下之望，舍公奚属”及“想公必能坚持初志，力争上流，取虞渊而洗光，扶天柱以立极，后世称为伊尹、华盛顿合而为一，乃为中西古今第一奇人。此系千载遭际难值之事机，亦是多年故交惟一之祷祝者也”等语，实无聊之极思，且对袁氏之为人，未能了解也。惟书中又谓：“宣统改元以来，政以贿成，纪纲尽弛，即使无武昌之变，变迟祸大，更不可言。”是于清末之政治腐败，自取其咎，亦正不讳言之矣。

四〇　郑板桥与潍县状元

王寿彭以光绪壬寅举人连捷，中癸卯状元，殿试卷署二十八岁，闻系少报二岁，其时已三十岁矣。此亦科举时代所习见者。近阅报载“告哀”，谓卒于民国十九年一月二十二日，享寿五十有六岁，盖犹以己巳腊月计之，溯至癸卯，适为三十岁也。其为诸生时，馆于山东候补知府豫人朱猛家，教授其子。去岁河南有一县长自缢案，陈留县长朱彤，为猛之长子，素谨厚，感于民生之疾苦，催科抚字，兼顾为难，遂自杀以明志，闻者慨惜焉，即王氏门人也。潍县科名之盛，据陈氏《归里清谭》云：“潍自明至清乾隆，三百余年来，未有翰林。乾隆末，郑板桥宰潍，以城南护城河入白狼河之处，人多病涉，乃相度地势，导引风脉，筑一长桥，桥成，名之曰状元桥。父老窃笑曰：‘贤宰厚爱吾潍耳。蕞尔一小县，僻在海滨，翰林迄未得见，焉能盼得状元？’然自板桥培植各处风脉以后，科名渐盛，竟出两状元，此外翰林十八人，天人相应可知矣。”

实则历来各地文风不振者（俗称科名曰文风）往往有讲堪舆设佳谶之举动，多数无验者，无人称引。其偶与后此事实相中，即群惊奇验，哗传不已矣。使天人一一相应，安得如许状元、翰林以供分配乎？

（原第7卷第13期）

四一　文廷式未尝授志锐兄妹读

相传文廷式尝授志锐兄妹读，非也。志锐为庚辰翰林，文廷式则庚寅翰林，以科第论，志锐早十年，且年龄亦长于文，实无从学事。至两家之交谊，则志锐之父官广州将军时，文父为广东候补道，缔交颇深，文与志锐因之为总角交。后文氏至京，恒寓志锐家，珍、瑾二妃曾就学为诗词，遂误传为授志锐兄妹读耳。

四二　文廷式有驴面榜眼之称

文氏殿试以一甲二名赐进士及第，有“驴面榜眼”之称，盖殿试卷有“……闾阎而……”一句，“闾”下即书“而”，遗一“阎”字。卷纸本厚，在善于改误者，可以刨字小刀刨去墨迹，以刀柄捶紧，书之略无痕迹，此为预备殿试者平日练习之一种技术。文自负善书，以为不至有误书之事，于此素未讲求，大窘，私丐同试者代为之，以自顾不暇辞，乃将“而”字添笔作“面”，其下复书

“而”字，遂成“……闾面而……”矣。读卷大臣八人，翁同龢、汪鸣銮与其列，以文为名下士，亟思置之前列，正搜求其卷。而此卷已入某大臣手，阅至“闾面”，病其杜撰，拟加签以抑之，为翁所见，审为文卷，因告以此人为名士，不宜吹求，某大臣曰：“无论是否名士，‘闾面’二字，如何可通！”汪曰：“此二字实有出处，古赋某篇以‘闾面’对‘檐牙’，足证并非杜撰。”翁亦和之，某大臣以翁、汪均号博学，“闾面”或真有所本，若与固争，恐贻谫陋之诮，遂不再言，而文乃得榜眼。使无“闾面”之事，翁等或使大魁也。后为御史所纠，大臣八人均获罚俸三月处分，而“驴面榜眼”之名大著。忆王闿运《日记》中，尝以“闾阎”称文，盖传讹也。又按“闾”字本亦有兽名之义，其说为如驴一角，或曰如驴歧蹄，《山海经注》谓：“闾即羭也，一名山驴。”又世往往以“闾”代“驴”字，如“丑驴”改“丑闾”，见《元史》。是“闾”“驴”二字，不独音同，尤为巧合。

四三　吴鲁终得大魁

是科状元为吴鲁，早以癸酉拔贡为刑部司员，并充军机章京，部中将为补缺，屡辞之，盖素工书，以状元自期，补缺则不能应试也。至戊子始捷秋闱，庚寅会试复获隽，竟得大魁，酬其夙愿。

四四　吴趼人笔下之文廷式

梁鼎芬之妻龚，舍梁从文，其事世竞传之。吴趼人小说《二十年目睹之怪现状》第一百二回“温月江义让夫人”即演此，谓温月江（梁星海）挈眷赴京会试，寓友人家，“可巧那朋友家里已经先住了一个人，姓武，号叫香楼（文芸阁），却是一位太史公。”出场归寓，见拒于妻。“忽然看见武香楼从自己夫人卧室里出来，向外便走。温月江直跳起来，跑到院子外面，把武香楼一把捉住……在护书里取出一叠场稿来道：‘请教请教看，还可以有望么？’……及至三场的稿都看完了。月江呵呵大笑道：‘兄弟此时也没有甚么望头，只望在阁下跟前称得一声老前辈就够了。’”可谓形容尽致，然于事实则相违太甚。梁为庚辰翰林，与志锐同年，亦即早于文氏十年，实其翰林前辈，何能写作武香楼已为太史公，而温月江犹会试，反希望以前辈称武乎？虽小说家言，不必过于认真，然既显有所指，宜大略有所考信，未可若是之以意为之耳。又《怪现状》第二十四回有云：“继之笑道：‘……有一个广东姓梁的翰林……曾经上折子参过李中堂，谁知非但参不动他，自己倒把一个翰林干掉了。折子上去，皇上怒了，说他末学新进，妄议大臣，交部议处。部议得降五级调用。’我道：‘编修降了五级，是个什么东西？’继之道：‘那里还有甚么东西，这明明是部里拿他开心罢了。’我屈着指头算道：‘降级是降正不降从的，降一级便是八品，两级九品，三级未入流，四级就是个平民，还有一级呢。哦，有了，平民之下，还有娼、优、隶、卒四种人，也算他四级，他那第五级，刚刚降到娼上，是个婊子了。’继之道：‘没有男婊子的。’我道：‘那么就是个王八。’”亦言梁鼎芬事，一味谩骂，未免过于轻薄（所谓王八盖亦阴寓文、龚事）。且降正不降从之说，并非事实。梁氏降五级，实降为太常寺司乐，由正七降至从九，正从并计，适为五级，何尝不降从乎？（梁卒时，讣告备列官衔，翰林院编修上即为太常寺司乐，可证。）吴氏为清末名小说家，笔致谐畅，善状物情，然于京朝故事，未遑留意，故有此失。

四五　志锐忤西后而远戍

志锐之由侍郎远谪乌里雅苏台，固以西后素不慊于珍妃，而其时志锐适上奏言某事，忤西后旨，遂即出之，奏稿即文廷式代草而劝其上者也。自是志锐遂久戍边塞，迄辛亥革命，在伊犁将军任殉难。其间惟一官杭州将军，未重宦京朝。

四六　西后徽号谥号之崇优

西后之死，加徽号曰“配天兴圣”，谥曰“孝钦”，士论颇不然之。以“配天”非后号所应有，“钦”字亦类帝谥也。旋为于式枚所纠，礼部尚书溥良缘是出为察哈尔都统。闻礼部所拟字样，实秉中旨，盖预嘱于帝谥中择之耳。摄政王载沣颇德西后，故欲逾格优崇。有告以“钦”字非美，举宋钦宗为言者，意亦不怿，适于氏疏上，遂谪溥良。

四七　王乃徵刚猛折服瑞澂
岑春蓂柔弱屈于张之洞

宣统间，湖广总督瑞澂，因事请陛见，而与湖北布政使王乃徵不相得，不欲其护理督篆，奏称拟以藩司代拆代行。既上奏，告王曰：“奉旨后当北上，署中例行公文，已奏明请君代拆代行，望为偏劳。”王以藩司例可护院，何乃区区而不予畀，意甚愤，因谓藩司事务繁剧，恐难兼顾，请公别委他员，庶免贻误。瑞澂笑曰：“以君大才，何至不能兼顾？君太谦矣。”王仍以司中事繁为言，遂不欢而散。旋奉旨：“瑞澂准其陛见，湖广总督印务著王乃徵暂行护理。”盖王氏昔居言路，有直声，颇为载沣所重也。瑞澂以事出意外，甚怏怏。会王氏入谒，乃强颜称贺，谓：“荣权兼圻，足见帝心简在，指日真除封疆矣。此实一大喜事，某当代择一最吉之日，俾君接印。”其意实以己虽奏准入觐，而非即日成行，尚有若干日之勾留，不愿其早日就职，故以代择吉日为说，临行时始令接印。而王已窥其隐，即曰：“某自服官以来，向不知所谓择日，何敢以琐事劳公？请不必费神。”瑞澂无言而罢。王归藩署，即召督署巡捕至，告以现已奉旨护院，定于某日接印，其速准备勿误。瑞澂虽不欲，而无如之何，只可听其接印，自是益衔王，入觐时言其才具平常。政府知其不相能，未久即调王为河南布政使焉（后又调贵州）。光绪间，鄂抚端方奉命出洋考察政治，入觐时面保鄂臬岑春蓂堪任封疆，遂简署贵州巡抚，鄂督张之洞以岑邀此峻擢，而非由己奏荐，介介于怀，故靳其交卸，仍以司使待之。岑素拘谨，不敢与张抗，忧愤至于咯血，赖梁鼎芬为解，张始不再留难。此与瑞澂、王乃徵事有相类处，均晚清鄂督与司使间之轶闻也。王性刚，故敢于折瑞澂；岑性柔，故俯首而受张之侮。张之封僚属，盖因人而施，使岑刚猛如其兄春煊，则张必不轻以此等面目对之也。

四八　清代部员最重差遣

有明部权颇重，京秩势尊，故郎曹不以外转为荣。清代则一麾出守，诚若登仙。京察一等，记名者以道府简放，不记名者备内升，可得内阁侍读学士。阁读学体制较道府为崇（可以四品京堂论，故五品京堂得迁是职，候补四品京堂，亦每补此。惟遇考差，则又比照翰林院侍读学士，为小考差，不偕京堂为大考差也），立法本意实重视之，然以京官清苦，均愿记名。各部郎中、员外郎之得京察一等，视其乌布而定（乌布，满洲语，犹宋时之差遣。

职务依乌布，不依本官，惟仅限于本机关内。如吏部考功司郎中其本官，文选司掌印其乌布，则治文选司事，不问考功，视宋时以中书舍人判吏部事，吏部郎中知审刑院，大理寺丞知某州之类，范围有广狭之异），故平日最注意乌布。光绪间，有内阁侍读魏乃勷者，转礼部员外郎，尚书毕道远与相契，命为祠祭司掌印。礼部四司中，以仪制、祠祭二司为大司，其掌印例得京察一等。于是举部司员大哗，谓此大乌布宜由本部资劳最著者充之，魏供职内阁，虽已资深，而在本部则为新进，奈何以是畀之？势汹汹然，要求收回堂谕。卒改畀魏以他乌布，风潮始息。盖事乖常格，故司员振振有词耳。司员在本部递升，曰“走题缺”，原于堂官题本之议；其所谓“走选缺”，则由吏部铨选，多入他部，恒不喜之，亦以乌布关系。

（原第7卷14期）

四九　官场简放如儿戏

京曹内转，如历员外郎而郎中、监察御史、掌道、给事中、掌印、鸿胪寺少卿、光禄寺少卿，以至通政司参议，凡九转而仍为五品。其地位则三变，部属、科道、京卿也。京察一等记名道府，科道、郎员同之，惟截取则给事中道员，御史、郎中均知府，员外郎不与焉。道缺少，府缺多，故京察记名者多简放知府，间得道员，则以为优擢。此与简放之迟速，其权盖操之军机大臣，苟非上意所专属者，每与军机大臣随时商决也。同得记名，简放时不复衡量其原官，故员外郎可放道员，掌印给事中可放知府，不以为异。光绪间，给事中吴寿龄，以道员截取，在任候选，会贵西道出缺，吴应轮选。知而病黔省边瘠，乃请假以避之，不意假满之后，竟简授贵阳遗缺府，盖兼有京察一等记名道府资格而被简，卒不免黔省之行，而官阶则以郡守易监司矣，亦所谓官场如戏场也。（首府出缺，例由外府调补，而简员补其递遗之缺，故曰遗缺府，间有新简者为大吏所特赏即补首府者。）

五〇　知府重于道员

外官中，道府体制有尊卑之殊。道员抗礼藩、臬，长揖督抚；知府为所直辖，对之执属吏礼惟谨。而京曹外放之制，乃视为等夷，颇若不可解。说者谓政府以知府直辖州县，职务繁剧，故视之尤重于道员，盖本意固若是也。忆清初有知府报效款项者，上谕命大吏考察，如此人堪胜知府之任，即却其报效，仍令供职知府，如不胜知府之任，则纳其报效，升为道员，此为重视知府之显证。明代官制，各道之本官，分为布政司左右参政、左右参议，按察司副使、佥事，实两司之贰官。清废参、副、佥诸称，而画一其自从三至正五之品级，定道员为正四品（并改知府之正四品为从四品），始不为司贰，然用关防而非印信，年终亦仍由两司出具考语，则犹以贰官目之也。其视知府重于道员，盖如同知、通判为府贰，知州、知县为府属，以职务之重要论，州县自过于同、通耳。陈庆湝《归里清谭》云："予由给谏简放知府，乡人为予惋惜曰：'宜放道员，今屈就矣。'予晓之曰：'朝廷视知府重于巡道、盐道，工部同僚有志崇者，字岳亭，为六额驸之子，以荫赏郎中，在部当差十余年，按资得京察一等记名道府，会宁夏巡道缺出，大军机刚毅为之说项。太后曰：'此子吾甥也，极老实，能作府道乎？'刚毅奏曰：'作知府恐不胜任，作巡道食禄而已，不管重要案件。'乃得旨简放。以是知朝廷视知府重于道员也。"是亦言府重于道者。惟道为监司大员，一迁即为臬司，而府之升道，视道之升臬为难，故外放者仍乐为观察公也。若清末海关各道，收入饶裕，最号膴仕，更不能以寻常例之矣。

五一　首府之重

知府之坐升道缺，类皆先调首府。首府与督抚司道同城，长官甚多，其尊严远不若外府，然多为督抚亲信，权势迥非外府可比（州县以下官奉檄后，虽不隶首府者，亦必诣府禀谢，首府遇事亦可直接下札）。其地位仿佛民国时代前此之政务厅长，而又有专辖之区域者也。周馥为山东巡抚时，以济南府徐世光患病不能理事，勒令开缺。徐本在任候补道，遂过道班。后杨士骧抚鲁，与徐善，委署粮道。候补道丁达意自负资深，且与杨同乡相契，当得之，乃为过道班未久之徐氏所获，愤而言于杨曰："大帅委用不公。"杨曰："徐道曾任首府，故令署斯缺，非有所偏徇也。"虽杨语未必由衷，而首府之重自可见。胡林翼《致严树森书》谓："一部《红楼梦》，教坏天下之堂官、掌印、司官、督抚、司道、首府及一切红人。"于诸府中特言首府，亦以其地位非外府之伦耳。

五二　山长名称之兴废

五代蒋维东隐居衡岳，受业者号曰"山长"，此为山长名义之始。元制，书院设山长，遂为教授书院者之定称，不必有山矣。明清因之。乾隆三十年上谕："各省书院，延师训课，向有山长之称，名义殊为未协。既曰书院，则主讲席者自应称为院长。"是已明谕改称，然以相沿已久，犹多呼为山长也。自书院废止，山长之称始不复闻。今大学有学院，院长名义仍（乃）腾播士林矣。

五三　清代翰林之外放截取及简放

明代极重翰林官，清望所归，宦途最利。有清视之已不逮，然在京曹犹为特出。编、检七品耳，而外放四品之道府，与五品之给事中、御史、郎中、员外郎同，且地位清贵，非郎员所及，不以品级论也。而有时亦复计较品级，翰林官内转京卿，须已至五品，不独编、检不获与科道、郎曹侔，即已开坊之翰林如中允、赞善辈，亦尚有待耳。以翰林官而转入卿寺，号为明升暗降，盖体制虽较尊，而迁擢则有迟速之异也。又截取之制，给事中截取道员，御史、郎中截取知府，编、检不能截取，仅能保送知府（截取者三月内开单请简，逾期未简，可在任候选，保送则惟有分省听鼓。忆清末疏通翰林出路，似曾许编、检之资深者截取，容再考），是亦有较量品级之意。至其京察一等简放道府，固行之已久，而中间亦尝经过一度波折。嘉庆五年谕："嗣后除开坊之翰詹等官，其修撰京察一等记名外用者，遇有道府缺出，仍开列请旨；其编、检京察一等记名外用者，遇有同知、直隶州知州缺出，开列简放。"殆亦其品级过卑之故，然此与编、检历来清贵之身份不合（同知、直隶州知州而可简放，亦异常例），议者多不然之。故寻又定资俸已进前二十名者，仍开单请简道府。至道光元年，乃复谕不必进二十名，亦以道府请简，良以此与翰林官之体面有关。政府中人起于翰林者为多，嘉庆帝裁抑编、检之制，遂未久即罢也。

五四　翰詹科道清而兼要

科、道在明分立，他官可直接转给事中，与转御史同，科非由道迁也。清初因之。嗣乃定给事中为御史之升阶（并以六科亦入都察院），于是他官不能直接入科矣。（清末新官制，废六科名义，仅称给事中，仍为御史升阶。）翰、詹为儒臣养望之官，号为最清，科、道为朝廷耳目所寄，清而兼要，四者并称，同为清议所属，虽曰“穷都”“穷翰林”，然仕宦中之高格，所谓“骨头重”也。骆秉章自挽一联云：“十载忝清班，由翰詹科道而转京卿，奉使遍齐州汴州吴州，回首宦途如梦幻；廿年膺外任，历鄂黔滇湘以莅巴蜀，督师平石逆李逆蔡逆，殚心戎务识时艰。”丁宝桢笑之曰：“此履历也。”以联论，诚不佳，惟翰詹科道罕能遍历，翰林官仅编、检可得御史，而既出翰林，依常例不能再入詹事府矣，而骆氏则由编修历御史、给事中、鸿胪寺少卿、奉天府丞，坐事落职，旋特授左庶子，于是翰詹科道乃遍历之（惟京卿在前，詹在后）。其宦迹实有与寻常不同者，故颇以此沾沾自喜耳。明代东宫官，詹事府、春坊、司经局并立，清以春坊、庶子、中允、赞善、司经局、洗马并入詹事府，虽结衔仍署坊局，而均为詹事府官，既不立储，詹事府亦无所事事，仅为翰林升转之地而已，犹之宫保头衔不废，留为大臣荣典之用也。

五五　范纯仁厚外任而薄京官

宋范纯仁，每仕京师，早晚二膳，自己身以至婢妾，皆治于家，往往镌削过为简俭，有不饱者，虽晚登政府亦然。补外则付之外厨，加料几倍，无不厌余。或问其故，曰：“人进退虽在己，然未有不累于妻孥者。吾欲使居中则劳且不足，在外则逸而有余。故处吾左右者，朝夕所言，必以外为乐，而不顾恋京师，于吾亦一助也。”当时咸服其志尚之迥不犹人。此缘唐宋时代，以京官为膴仕，外吏则相形见绌，京官补外，类由贬谪，而热中躁竞者，每不能堪，即贤者于此，亦复不免。其牢骚见诸诗文者，往往而有。故范氏厚外而薄京，欲以矫之，在当时诚为卓尔不群者矣。至乐为京官之风，明代盖犹未替，若有清之世，则“在京的和尚出外官”腾于众口，于唐宋风气适得其反矣。（原第7期第15期）

五六　父兄科闱遗事

今岁为庚午，上一庚午为同治九年，是科顺天乡试，先父（致愉——整理者注）以第六名中式，年二十三。先大父（家杰——整理者注）时以阳信知县充山东乡试同考官，出闱后闻先父捷音，赋诗以勖曰：

奎壁有辉光，重阳无风雨。
我征出棘闱，桃李此焉树。
披拣遑告劳，少休趋大府。
千里驰题名，汝名次魁五。
菑畲乃有获，如农慰作苦。
既以为汝喜，汝喜不可怙。
汝性颇沉静，汝姿则拙鲁。
朝夕督课之，汝兄及汝父。

汝兄汝师事，三发犹中柱。
汝父试京兆，四试始见取。
幸汝得之易，益复念尔祖。
尔祖富文史，挥翰若挥麈。
汝叔三登科，妙龄书录谱。
汝年尤最少，观光遂步武。
兹事信有命，非若多钱贾。
永叔听朱衣，进士无杜甫。
宿学滞龙门，华颠隐鸿庑。
汝文列房行，颇不惭士伍。
根柢未深厚，尤期学以聚。
经史学之本，子集为之辅。
研悦得于心，光焰万丈吐。
横潦无根源，文艺焉足数。
空疏动贻患，命曰儒之腐。
致用在通经，切今由茹古。
用时方恨少，章句岂徒诩。
惟业精于勤，荒嬉儿失乳。
不殖则将落，芜田无黍稌。
一举偶穿杨，勿贻诮强弩。
人情之所羡，芝兰在庭宇。
尚望加灌溉，青葱斯快睹。
矢诗固不多，讵复惮觌缕。
置为座右铭，下帷力宜努。

先父受学于先大父及先世父子静公，是岁初次观场，随先世父应试，竟获高列。先世父为之欣然，而督课不少宽假，方批改先父窗课，或戏谓监生乃为举人改文耶。而先世父即于次科中式，旋成进士，入词馆。先父则四试春闱不利，庚辰遂以大挑一等就知县。科名之迟速得失，诚若有命矣。庚午顺天正主考为倭文端（仁），盖其末次之掌文衡也（文端次年四月即逝世）。解元为李璜纶，闱艺甚工，而第二场经文某篇，系钞袭成文，中式后，以磨勘甚严，惧获重咎，乃自行检举，奉旨褫夺。丰润张幼樵先生（佩纶）中第十六名，闽县王可庄先生（仁堪）亦同登顺天榜。此六十年之往事也。今先父弃养亦且六载，是科各省举人之现存者，据所知，惟有胶县柯凤荪老博士（劭忞）一人，可谓灵光巍然矣。此在昔年，有所谓重宴鹿鸣之典，士林以为荣，盖非科第甚早而又年寿甚高者不能也（柯翁中举时，年二十一，榜年十七）。先父庚午中式后，阅二十四年，光绪甲午，先从兄艺甫，亦以第六名捷顺天乡试，叔侄"榜元"，同在午岁，亦事之巧合者已。

五七　曾国藩选苏轼奏议之不当

曾国藩长于奏议，并以是教其弟国荃，选自汉迄清名奏议十七篇，加以评释，授国荃研读，所谓《鸣原堂论文》也。所评释者，颇可玩味。苏轼《上皇帝书》亦在选中，于其"自古役人必用乡户，犹食之必用五谷，衣之必用丝麻，济川之必用舟楫，行地之必用牛马，虽其间或有以他物充代，然终非天下所可常行。今者徒闻江浙之间，数郡雇役，而欲措之天下，是犹见燕齐之枣栗，岷蜀之蹲鸱，而欲以废五谷，岂不难哉”一节，注云：“王荆公新法，惟雇役为善政，当日诸君子亦争之不已，厥后司马温公改雇役仍为差役，东坡又力争之。雇役犹今军中雇募民夫给与饭钱也，差役犹今掳人当夫不给钱文也。”实地指点，苏氏之谬自见，所云“掳人当夫”，犹今之所云“拉夫”也。近岁兵争不已，“拉夫”之名词，为一般人耳熟能详，农工社会尤若惊弓之鸟，谈虎色变，使苏氏论之，或当亦谓“行军必须拉夫，犹食之必用五谷，衣之必用丝麻，济川之必用舟楫，行地之必用牛马”耶？司马光复差役，昔攻新法最力之范纯仁、苏轼均争之。苏氏极言役可雇不可差，虽圣人复起不能易，且谓农民应差，官吏百端诛求，比于雇役，苦乐十倍。司马不听。苏归舍，方卸巾弛带，辄连呼曰：“司马牛！司马牛！”不平之态可掬，盖早悔其前奏之失矣。王安石行新法，攻者麻起，苏氏尤称雄辩，此文更为人所传诵。曾氏称以“典显二字，千古所罕见”。然词浮于理，引喻失当，气盛而言多不宜，气亦客气耳，虽典显曷足甚贵乎？世或以此文与王氏《上仁宗皇帝言事书》并论，而王奏精整遒劲，理实气充，文格既高，所见尤卓，苏奏非其比也。曾氏此选，舍王而取苏，盖未为得。曾谓新法惟雇役为善政，其实新法之善者，尚不尽此一端也。

五八　李鸿章重李秉衡之清望

李秉衡官直隶时，以循廉为总督李鸿章所重。会西后谒陵，于召对时询直隶吏治，鸿章面奏其贤，乃由定州直隶州知州，特简永平知府。而秉衡适有参限处分，部议降调，鸿章争之不获，遂降同知。张之洞简山西巡抚，求文案人才于鸿章，鸿章即推荐秉衡，因奏调赴晋，而竟令赋闲。秉衡贫不能自给，太原知府马丕瑶、阳曲知县锡良与之善，各月以银二十两资之。久之，张始委使办振，以系奏调奉旨发交差遣者，故附片奏明。西后睹其名，忆及鸿章尝极称其治绩，遽简授朔平知府，历擢至浙江按察使。值中法衅起，鸿章言其"廉公有威"，请改授广西按察使，俾"整饬吏治，简练军实"。莅桂后，旋护理巡抚，筹济饷糈，策励将士，遂奏谅山之捷。张之洞时官粤督，与办理粤防兵部尚书彭玉麟，会衔奏陈秉衡与前敌统将冯子材勋绩，极言二人之"忠诚廉直"，请优加褒赏，其名乃益著矣。后秉衡抚鲁，上疏论中日军事，语颇侵鸿章，鸿章奉命至鲁筹河时，与鲁抚张汝梅谈及秉衡，谓："李鉴堂这娃子，真没良心。甲午年居然参我，不想我当初如何提携成全他。"然犹重其清望。秉衡以开缺川督起而巡阅长江，鸿章力也。不修小怨，盖有大臣之度焉。马丕瑶、锡良，均廉吏，性行与秉衡近，故在晋甚相得。秉衡抚鲁时，锡良官武定知府，秉衡特荐之，因擢兖沂曹济道。

五九　冯桂芬奉帝命读《后汉书》

冯桂芬咸丰朝以中允值南书房，帝偶询以近阅何书，冯先闻奄人言帝时观《汉书》，因即以《汉书》对。帝问《马援传》聚米为山，山系何山？冯仓卒不能答。乃谓臣近读《前汉》，《后汉》不能省记。帝曰："汝可回家熟读《后汉书》再来。"遂回籍，阅三年归朝，仍值南斋。帝曰："汝读《后汉书》三年，当已烂熟矣。《党锢传》中党人姓名，其一一举之。"冯复不能尽忆，帝笑曰："是《后汉书》尚未熟也。可回家再读三年。"三年后再至京，而帝逝于热河矣，乃归里不复出。尝致书渑池张石渠（名文林，曾官山东济东泰武临道，殁赠太仆寺卿），备言其事，而自伤学陋，有负帝眷焉。吾闻诸张君石曾，石渠先生之曾孙也。咸丰帝文学颇优，而性喜苛察，斯亦见其一端已。左宗棠所为《中允冯君景庭家传》述其告归之由，谓"有间之者"，或帝先中于人言，而故以是难之欤？

六〇　孙楫科场宦途异遇

孙毓汶胞侄楫，以庶吉士应散馆试，题为"天禄琳瑯赋"，义取《藏书》，楫以就本义发挥，不足见长，而忆及《汉魏丛书》中有作墓上兽名之解，即本此为文。其他一人亦犹之。阅卷者赏其留意僻典，遂拟楫一等第一，他一人次之。比进呈，咸丰帝深斥其谬，谓圣祖仁皇帝尝亲书“天禄”“琳瑯”二匾，悬诸文华殿，何得以墓上兽名为说，姑念新进无知，从宽处置，遂命将首二名均授内阁中书。后孙楫由京曹外放潮州知府，洊擢广东按察使，内迁顺天府尹。会广东巡抚出缺，楫思得之，恳毓汶为力。时毓汶犹在军机，谋之于同官，自礼亲王世铎以次，均允相助。毓汶度正式奏报将至，即请假数日，俾同官推荐其侄，而西后适于瀛台见蝗啮草几尽，谓蝗害如此，顺天府尹迄未奏陈捕蝗事宜，其玩视民瘼可见，即召见孙楫，峻责之，欲罢其职，赖军机大臣力求始已。越日而粤抚出缺之奏至，军机大臣遂不敢以孙楫为言。丁忧广西巡抚马丕瑶方起复至京，即简授焉。此光绪甲午事。

六一　卫荣光以学士外放道员

蒙古亲王僧格林沁，以钦差大臣督师剿捻，直、鲁、豫三省督抚提镇，均听节制，势张甚。山东济东泰武临道出缺，例归外补，巡抚阎敬铭委候补道张文林署理，即拟以之请补，而僧格林沁属补随其治军之铭新，阎不可。然以自行遴补，将益忤僧，乃破例请由中简，拜命者为翰林院侍读学士卫荣光。翰林官至庶子，例即撤销记名道府，示秩位已高，外简宜为司使，卫乃以学士外放道员，亦非故事也。　　（原第 7 卷第 16 期）

六二　曾国藩四大弟子之古文造诣

曾门弟子，张、吴、黎、薛均以古文鸣，黎、薛兼师其经济，张、吴则最致力于文章。以功候论，张裕钊、吴汝纶固视黎庶昌、薛福成差胜，二人之中，吴尤服张，以为非己与黎、薛所及也。曾氏尝致书告张以“足下为古文，笔力稍患其弱”；又谓：“柔和渊懿之中，必有坚劲之质、雄直之气运乎其中，乃有以自立。足下气体近柔，望熟读扬、韩各文，而参以两汉古赋以救其短。”张遂由是求之，颇有所得。故曾又称以“尊作古文，著句俱有筋骨，日进无疆，至为欣慰”，盖曾氏于古文传人，属望于张者最殷。其见于《日记》者，则有“张廉卿文有王介甫之风，日敬（进）不已，可畏可爱”，及“阅张廉卿近所为古文，喜其入古甚深”之语（吴汝纶评王安石《泰州海陵县主簿许君墓志铭》谓：“张廉卿初见曾文正公，公朗诵此篇，声之抑扬诎折，足以发文之指趣，廉卿言下大悟，自此研讨王文，笔端日益精进。”此“有王介甫之风”之所由来也），推重可见。至张氏之所自负，如《答李佛笙太守书》云：“近者撰得《书元后传后》一篇，乃忽妄得意，自以犹近似西汉人，且私计国朝为古文者，惟文正师吾不敢望。若以此文校之方、姚、梅诸公，未知其孰先孰后也。”其意态固以湘乡派传人自喜，而不肯低首于桐城派诸老矣。吴汝纶《与姚仲实书》谓：“后儒但能平易，不能奇崛，则才气薄弱，不能复振，此一失也。曾文正公出而矫之，以汉赋之气运之，而文体一变，故卓然为一代大家。近时张廉卿又独得于《史记》之谲怪，盖文气之雄俊不及曾，而意思之诙诡，词句之廉劲，亦能自成一家，是皆由桐城而推广，以目（自）为开宗之一祖，所谓有所变而后大者也。”曾氏论古文，喜谈诙诡之趣，张氏亦于此致力，虽造诣非无可观，而何能与曾同称开宗之祖？吴氏此论，盖过情之誉也。吴于古文，所造实不亚于张。黎、薛二氏，虽功候稍浅，而亦各有所得，就大体言之，亦勉可颉颃张、吴，若夫追跻曾氏，则四人均若未能耳。

六三　张裕钊文有炫己之讥

章氏《文史通义·黠陋》篇云：“黠于好名而陋于知意者，序人请乞之词，故为敷张扬厉以谀己也。一则曰：吾子道德高深，言为世楷，不得吾子为文，死者目不瞑焉。再则曰：吾子文章学问，当代宗师，苟得吾子一言，后世所征信焉。己则多方辞让，人又博颡固求。凡斯等类，皆入文辞，于事毫无补益，而借人炫己，何其厚颜之甚邪！”此为应人请而为传志者言，而谊可通于他文，足为文家针砭。苟犯此弊，实最令人生厌，纵古人有之，不可效也。张裕钊《范鹤生六十寿序》云：“鹤生闲语余：‘吾与子总角相好，其后出接世事，所识海内隽伟魁杰之士虽众，然其交最夙而今尚老而存久而不厌者，莫吾与子若。吾明年六十矣，子可无一言？且子以文章名一世，可使余名氏不见于子文邪？'余笑应曰：'然。'"借人炫己，盖适如章氏所讥矣。张氏之文，衍名师之绪，卓然能自树立，而竟有此败笔，是可异也。吴汝纶《答方存之书》谓："廉卿文集，出世过早，亦疑存者过滥。"或即指其此类文字耶？

六四　副使惟臬司有之

清既废明制布、按贰官之称，画一道员品级，而清人文字，间尚称道员为副使，以有明诸道，惟按察司副使为正四品，与画一后之道员相同也。刘大櫆《倪司城诗集序》有云："大臣尝有荐其才可知一郡及为藩、臬之副使者。"意即堪任道府耳，而实有语病。副使名义，惟臬司尝有之，不得曰藩、臬之副使也。

六五　晚清翰林准予截取

翰林向不截取，罢科举后，疏通翰林出路，始亦准其截取。自侍读至编、检，资俸在十年以上者，截取道员，不及十年者，截取知府。昔编、检仅能保送知府也。后又疏通司员出路，准郎中请改直隶州知州，员外郎请改知州，主事请改知县，实为降格，然以得缺甚速，苦京曹沉滞而乐为州县者，亦多趋之。

六六　清代知县行取之例

明有行取之制，州县官得内转科、道、部属，清初尚采用其法。如康熙四十四年，定行取知县以主事用，准考选科、道。乾隆三年，定行取三年一次，正途出身者大省三人，中省二人，小省一人是也。迨乾隆十六年，乃谕："向例直省知县，三年行取一次，此特相仍故套，而于吏治人才，毫无裨益，所当永远停止。"自是行取遂成为历史上名词矣。然知县内转京曹，吏部犹有此例，惟内转者甚少耳。其近者，如劳乃宣于光绪间由直隶吴桥知县内转吏部主事，闻者以为罕睹之事焉。盖部例有知县卓异二次，正途者得推升吏、礼二部主事，异途者得推升七品京官之规定，劳之内迁以此。袁世凯为山东巡抚时，临清直隶州出缺，布政使张人骏请示应补何人，袁谓宜就州县中资格最深者升补，虽未明指姓名，而意在调署黄县本任郯城知县之仓尔爽。仓与袁为同乡，且父执，而宦鲁最久也。议尚未定，吏部忽选仓为中书科中书，亦援卓异内升之例。临清一缺，乃为胶州知州张某所得。仓大恚，且宦橐已裕，不甘入京为此冷官，因捐资为候选知府。或曰仓之内转，即张交通吏部书吏为之，以临清素称美缺，其时最有得此之希望者，舍仓即张耳。部吏前以仓任内有命盗案，将届四参之限，挟之向仓需索，仓未应，旋以调署得免，本有旧隙，故益助张而与仓恶作剧，仓为异途，中书科中书，犹非吏部主事之比也。又孙宝琦抚鲁时，以〔署〕历城县〔之某县知县〕金猷大请补临清。吏部不可，谓金前保在任候补知府，已有“免补直隶州”字样矣。孙争之，以此次请补，系以卓异推升之资格，与在任候补府一案无关，而部中终执既免补不得复补为理由，不之许，盖亦部吏有意为难耳。孙遂调金署恩县，亦著名优缺也。金于去夏病故济南，春间孙氏游济相晤，金以二百圆助旅费云。

六七　陶模为官之道

陶模以庶吉士散馆，用知县，所谓“老虎班”也。会江苏某县出缺，应陶轮选，部吏倩人为陶言，江苏善地，某县腴缺，如以五百金相畀，即可选授，否则甘肃瘠区，亦出一缺，舍彼即此矣。陶固寒士，且以铨选自有成格，应选苏缺，不赂部吏亦当得之，遂置不理。而部吏略施狡狯，陶竟选授甘肃文县，甚懊丧，且患道远无力之官，商之所亲，欲呈请改教。所亲曰：“改教须在选缺之前，今已选而请改，例所不许，谓之规避，当得革职处分，慎勿孟浪。至虑无力成行，则选缺边远，有预支养廉银若干之例，宜就此设法。”卒赖是之官。既受事，以严法治盗，循声大著，甘督左宗棠奇赏之。屡邀荐拔，宦途腾踔，竟至兼圻。说者谓陶固干吏，亦缘边省人才较少，且值用人之时，易于见长。使昔年果选江苏某县，安得有此遭际，一时之失意，乃适为因祸得福也。庚子由陕甘总督移督两广，过武昌，见鄂督张之洞，预诫随从及办差之江夏知县，谓张公吾师，当以门生礼谒之，勿用敌体仪也。江夏令请示于张，张谓："陶子方已官至总督，何不知大体，以总督见总督，自有应循之体制，岂可以意为之乎？"令遂以张氏决不敢当，陈之于陶。陶曰："师生名分所在，何敢僭越？若张公必固执体制之说，是屏我于门墙之外矣。"翌日，陶至督署，欲下桥自角门进，而张已令戈什哈多人守候，亟开中门，拥轿直入，张廷接如仪，陶拜，张亦拜，与陶揖让周旋，言不及私。延入书斋，乃正色告之曰："顷者相见，公事也。国体攸关，吾与子均不可因私而废公。今公事已毕，可叙师生私谊矣。"陶复叩拜，张立而受之，相与话旧良久。陶请训示治粤方策，张举昔督两广之治状以告，并诲以为政之道，俨然老师面目，毫不谦让矣。比兴辞，仍以敌体仪送之。陶氏当官有廉直之誉，号为晚清疆吏之贤者，其请废奄人一疏，尤言人所不敢言，张虽规模较宏，而逊其质实也。（张于同治丁卯典浙试，陶其所得士也。）　　　（原第 7 卷第 17 期）

六八　曾国藩暗承欧阳修
薛福成足敌吴汝纶

欧阳修之文，以阴柔之美著，若《集古录目序》，则大有阳刚气象，在欧集中盖不多见。其自跋此序，谓“谢希深善评文章，尹师鲁辨论精博，余每有所作，伸纸疾读，便得深意。以示他人，亦或有所称，皆非予所自得。此序之作，惜无谢、尹知音。”足见为得意之作也。而姚范论之曰：“公此文前幅近于瑰放莽苍，故自喜耳。要之公笔力有近弱处，故于所当驰骤回斡处，终未快意。”亦不为无见。良以其天事于此实不甚相近，故未为极佳耳。姚鼐《复鲁絜非书》谓：“宋朝欧阳、曾公之文，其才皆偏于柔之美者也。欧公能取异己者之长而时济之，曾公能避所短而不犯。”欧、曾异同，斯论颇确。故此类文字，尚偶见于欧集，而为曾巩所绝无也。言古文者，动以欧、曾并称，而曾氏笔力弥弱矣。欧阳此作，可谓取异己者之长之最显者。虽造句运气，力求奇倔，有凌纸怪发、字字生稜之致，然力不能余于文之外，遂不免稍露竭蹶之态，不为欧文之最胜者。曾国藩《金陵湘军陆师昭忠祠记》之“诸将枯瘠，神色非人……每破一垒，将士须臾殒命，率常数百人，回首有余恸焉。其穿地道以图大城者，凡南门一穴，朝阳至钟阜门三十三穴，篝火而入地，崖崩而窟塞，则纵横聚葬于其中。贼或穿隧以迎我，薰以毒烟，灌以沸汤，则趫者幸脱，而悫者就歼。最后神策门之役，城陷矣而功不成；龙膊之役，功成矣而死伤亦多，于是叹攻坚之难，而逝者之可悯也”，句法语气，实袭自欧阳《集古录目序》之“珠出南海，常生深渊，采者腰絙而入水，形色非人，往往不出，则下饱鲛鱼。金矿于山，凿深而穴远，篝火馃粮而后进。其崖崩窟塞，则遂葬于中者，率常数十百人。其远且难而又多死祸常如此”。可谓学古而迹未能忘，惟气势更形刚大，声光倍觉炯伟。此固国藩所长，而与全篇文字，亦极相称，故骤视或不能察其渊源所自也。国藩此文，叙战事经过，用“弟之言曰”“毓橘之言曰”“连捷之言曰”“南桂之言曰”分段铺陈，极为得势。而其子纪泽之为《叔母熊伯夫人墓志铭》，即袭其机调，以“叔父之言曰”“又曰”“纪瑞、纪官之言曰”“纪瑞又言曰”“纪官亦述母氏训励之辞曰”数段，表著其叔母之言行，摹仿之处，过于显露，不得为善学也。纪泽古文，本自庭训，才思亦自不弱，而所造盖不甚深，为之不专故耳。其外交之才，著于补救俄约一事，为中外所推重。使命就绪后，所上《密陈改订俄约办事艰难情形》一疏，条畅而兼精密，亦奏议之名作也。

吴汝纶《答黎莼斋书》，论及薛福成文，谓其“长于议论，经涉殊域矣，而颇杂公牍笔记体裁，无笃雅可诵之作”。而薛氏《拙尊园丛稿序》亦谓“曾文正公幕府……其治古文辞者，如武昌张裕钊廉卿之思力精深，桐城吴汝纶挚父之天资高隽，余与莼斋咸自愧弗逮远甚”。是不独吴氏对薛不甚许可，而薛亦正自谓远不逮夫张、吴也。以严格的所谓古文义法论，斯固然矣，然薛文平易近人，不以矜奇吊诡为事，亦自有可取处。黎文亦略近之。而薛氏留意掌故，搜述史料，尤有独至者，如集中此类记述及《庸盦笔记》中史料、轶闻二门，虽非全无曲笔，要为有裨史实，不仅可供谈佐而已，惟喜谈鬼神休咎，是其一弊也。《庸盦笔记》“戊午科场之案”谓：“条子者，截纸为条，订明诗文某处所用之字，以为记验。凡与考官、房官熟识者，皆可呈递，或辗转相托而递之。房考官入场，凡意所欲取者，凭条索之，百不失一。盖自条子兴，而糊名易书之法几穷矣。”又谓：“当咸丰之初年，条子之风盛行，大庭广众中不以为讳。敏给者常制胜，朴讷者常失利，往往有考官夙所相识，闱中不知而摈之，及出闱而咎其不递条子者。又有无耻之徒，加识三圈五圈于条上者，傥获中式，则三圈者馈三百金，五圈者馈五百金。考官之尤无行者，或歆羡之。余不知此风始自何时，然以余所见，则世风之下，至斯极矣。识者早虑其激成大狱，而不知柏相之适当其冲也。然自戊午严办考官之后，遂无敢明目张胆显以条子相授受者。迄今三十余年，乡、会两试，规模尚称肃穆，则此举诚不为无功。”于当时科场弊端，言之甚明，足见大狱之起，决非无病而呻，盖科举精神，贵在机会平等，条子横行，平等云何？咸丰帝置伯葰等于重典，以挽既倒之狂澜，使科举精神得维持以迄清末改制，自是英主之作用。（且当时国难方亟，而于此案不稍姑息，尤足示朝廷纲纪尤在，俾全国耳目一新。清之所以危而不亡，斯亦大有关系，其重要视何桂清之诛，有过之无不及也。）薛氏谓“此举诚不为无功”，信为公论。下文所云：“然肃顺等之用意，在快私憾而张权势，不过假科场为名，故议者亦不以整顿科场之功归之也。”则以西后以肃顺等为大逆，伯葰且荷昭雪予谥，恐蹈左袒肃顺等之嫌，不得不如是说法。篇中深咎肃顺、陈孚恩辈，均不外此，即对于咸丰帝，亦不敢颂扬其英断也。至谓“至公堂于某夕哗传大头鬼出见，都人士云，贡院中大头鬼不轻出见，见则是科必闹大案”，乃其喜谈鬼神休咎之一端耳。若“咸丰季年三奸伏诛”，更专为西后作片面的宣传，成一种官样文章矣。然彼时所谓清议，对于此事，类皆以当王者贵之心理，为成败论人之断案。薛氏所习闻者，盖即如是，不足怪也。此篇述肃顺对恭王语曰：“老六，汝与两宫叔嫂耳。”语体与文言互用，颇能传神，盖“汝”字在文言之习惯上，为尊己卑人之口吻，足传肃顺当时骄傲之情，而“老六”则又是当时语体之称谓，亦足传肃顺轻慢之态。若改为纯文言或纯语体，皆不能恰到好处矣。古人文字，往往于文言中间以语体，俾神态逼真，生动有致，《史记》尤工为之。后人为文，乃多所禁忌，力避语体，未免所见不广。

六九　《史记》未取《战国策》原文

《史记·刺客列传》，文极瑰伟，而传荆轲尤为最胜，然首尾之外，尽同《战国策》，故幼时所读《史记菁华录》即仅选其首尾，盖以惟此为司马迁之文也。吴汝纶《记太史公所录左氏义后》有云："昔者尝怪子长能窜易《尚书》及五帝德帝系姓之文，成一家言，独至《战国策》，则一因仍旧文，多至九十余事，何至乖异如是。及训察《国策》中若赵武灵王、平原君、春申君、范雎、蔡泽、鲁仲连、苏秦、荆轲诸篇，皆取太史公叙论之语而并载之，而曾子固亦称《崇文总目》有高诱注者仅八篇，乃知刘向所校《战国策》亡久矣。后之人反取太史公书充入之，非史公尽取材于《战国策》决也，惜乎吾不得知言之士与论此耳。"吾读而颇韪其说。以为他姑不论，即以《刺客列传》赞观之，固明言"世言荆轲，其称太子丹之命，天雨粟、马生角也，大过；又言荆轲伤秦王，皆非也。始公孙季功、董生与夏无且游，具知其事，为余道之如是"矣。（梁启超《要籍解题及其读法》列举《史记》资料取诸载籍以外者之证，未引此。）如司马迁述荆轲受燕太子命刺秦王情事，系直录《战国策》本文，何能妄谓亲闻诸人乎？而就此篇之文字研究，亦属迁文本色，也尝为人言之。继阅方苞《书刺客传后》云："余少读《燕策·荆轲刺秦王篇》，怪其序事类太史公，秦以前无此。及见《刺客传赞》，乃知果太史公文也。彼自称得之公孙季功、董生所口道，则非《国策》之旧文决矣。意《国策》本无是文，或以《史记》之文入焉。”则方氏已论及此，吾人读书所见，时或与昔人偶合，类如此也。吴氏以桐城人而殚心古文，乃于其乡前辈号为古文大师之方氏此作，可与其说相发明者，当时亦似未措意。

（原第7卷第18期）

七〇 失印救火故事及昭君琵琶

戏剧中有《胭脂褶》，又称《失印救火》。谓巡按失印，为知县所得，挟以与巡按为难。巡按之父画策，令巡按自焚其廨，救火时以印匣交知县守护，知县仓卒中不暇审虑，即受之，旋悟中计，而无以自白，乃以所得巡按印实其中，还诸巡按。忆某笔记小说载有类是之事，则失印者为知县，还印者为典史，殆即一事而传说各异欤？林纾译英人倩伯司《诗人解颐语》，有“因火得印”一则，云：“暹罗之制，官之印信，亲王金也，其次银也，小官则用铜制。无论何官，以印为信，无印则不成为官。一日，有文官与兵官哄，兵官以术取其印。此官失印，当得罪，恒以病在告。众疑何以久假，即启之节使。节使召此官问之，官以实对，且疑为兵官所窃。节使颇知状，即曰：‘余为尔取印，尔今归署纵火，彼兵官必来应援。来时，尔以空匣托之保护，彼仓卒中不及备，悟时必纳印其中还尔，决不能投尔以空匣。火灭后，尔必得印矣。果以空匣相授，则尔当索印于彼，彼亦不可逃责。’此官如言。火发，兵官至，官如言授以空匣。迨火灭，印复其故处矣。于是节使以资助之，复造新署。”此英人所述暹罗之“失印救火”也。与中国之传说，极见巧合，或本由中国输入，亦未可知。《宋稗类钞》云：“承平时，宰相入省，必先以秤秤印匣而后开。蔡元长秉政，一日印匣颇轻，疑之，摇撼无声。吏以白元长，元长曰：‘不须启封，今日不用印。’复携以归私第，翼日入省，秤之如常日，开匣则印在焉。或以询元长，曰是必省吏有私用者，偶仓卒未及入。傥失措急索，则不可复得，徒张皇耳。盖即裴晋公之事也。”疑亦一事而由裴度复传为蔡京耳。《两般秋雨盦随笔》云：“阇黎饭后钟事，及御沟流红叶事，屡见记载，而各异其人，究不知当以何为据。”盖古来典故歧出，类是者众矣。《秋雨盦》又云：“琵琶古名枇杷，又名鞞婆，昭君常用琵琶坏，令胡人改为之而小，昭君笑曰：‘浑不似。’后讹为‘胡拨四’，又讹为‘虎拍思’，又讹为‘琥珀思’，纷纷聚讼，其实即琵琶一物也。”此在梁绍壬，固以为独标真谛，而实则千古艳称之昭君琶琶，溯其由来，不过想当然耳之语。石崇《王明君辞》序云：“昔公主嫁乌孙，令琵琶马上作乐，以慰其道路之思，其送明君，亦必尔也。”（明君即昭君，晋人避司马昭讳改。）本石崇理想之谈，并未坐实其事，后人乃踵事增华，使昭君与琵琶结不解缘，一言琵琶，即联想而及昭君，且引为考证琵琶之确切典故，而公主嫁乌孙事，反无人道及矣，昭君之名较著故也。

七一　咸同将才陈国瑞优劣

咸同间将才，陈国瑞以骁勇著，而桀骜不驯，累与诸帅忤，惟从僧格林沁，受命惟谨，非僧格林沁御将有特长，盖其性行相近，意气相投耳。然中间亦尝有龃龉，几成变故，赖河南光州知州任静山调护解释，始仍为僧格林沁用，其事颇可传。先大父有《光州记事》，道其梗概，亦史料所关也。文云（上略）："同治甲子，任静山牧光州。是时捻贼纵横，僧忠亲王驻兵光之长陵。某统领等密禀陈镇国瑞有异志，邸帅拟即奏闻，顾左右无可与计议者。知静山能，延至密室诹之，静山曰：'陈镇从王久矣，为国家出死力，蹙贼锋，位膺旄节，宜非反者，必与诸将争功，或酒后忿怒失节见嫉耳，某当察虚实以闻。'遂单骑入陈营。州绅力阻，谓使君一州保障，奈何蹈不测，诸营官谓即去某等应与部下偕，静山谢却之。及见陈镇，陈镇曰：'嘻，人皆言我反，使君何敢见我？'静山曰：'公之战功，妇孺皆知，勇气咆勃，由忠义奋发。王方倚公平贼，百姓望公如慈父母，公安能反？速上书自明尔。'陈镇曰：'使君爱我甚，微使君言，我军将安归？'支应局已散矣，军中不食三日矣，乃邀至州，饥者食之，寒者衣之，一军以定。即驰禀备言状，请调至大营，备征剿。邸帅大喜，如所言，陈亦感激如再生。自后诸统帅需陈军策应救援者，率函嘱静山代达焉。陈镇立功齐鲁，生祠殆遍，戊辰捻贼窜东，军憩武定，郡人募粟六百石饷军，半日而集，其力战得民心如此。时余宰阳信，目击者也。陈旋以事牵连，卒于戍所，奉诏开复优恤，昭公论也。”（下略）当僧格林沁阵亡，曾国藩受命督师剿捻，欲裁成陈国瑞，使变犷悍之习，以为己用。批其禀牍二三千言，为谆谆之诲，谓：“本部堂细察群言，怜该镇本有可为名将之质，而为习俗所坏，若再不加猛省，将来身败名裂而不自觉。今为该镇痛下针砭，告戒三事：一曰不扰民，二曰不私斗，三曰不梗令。”又谓：“国家定制，以兵权付之封疆将帅，而提镇概归其节制，相沿二百余年。封疆将帅虽未必皆贤，然文武咸敬而尊之，所以尊朝命也。该镇好攻人短，讥评各路将帅，亦有伤于大体。当此寇乱未平，全仗统兵大员心存敬畏，上则畏君，下则畏民，中则畏尊长，畏清议，庶几世乱而纪纲不乱。今该镇虐使其下，气凌其上，一似此心毫无畏惮者，殆非载福之道。嗣后该镇奉檄征调，务须恪恭听命，凡添募勇丁，支应粮饷，均须禀命而行，不可擅自专主，渐渐养成名将之气量，挽回旧日之恶名。”又谓：“该镇如能细心领会，则俟军务稍松，前来禀见，本部堂于觌面时，更当谆切言之，务令有益于该镇，有益于时局。玉成一名将，亦本部堂之一功也。”又谓：“保天生谋勇兼优之本质，改后来傲虐自是之恶习，于该镇有厚望焉。”其望陈降心就范，俾收其用，盖深情若揭，而陈不能听也。《近世中国秘史》谓“曾文正爱其勇，蓄为义子”，则并无其事。曾氏喜收门生，不蓄义子，其部下勇将关系最深之鲍超，亦仅以弟子待之，无父子称谓，况陈氏之尚无师弟关系者乎？（胡林翼对鲍倾心结纳，联为昆弟之交，而鲍亦实师事之。胡卒，鲍遇岁时伏腊及生辰，必设胡位，焚冥镪，以志追慕。迨曾卒，亦循是礼，行之终身，以知己之感最切也。）曾氏批中又有谓：“本部堂在安庆、金陵时，但闻人言该镇劣迹甚多，此次经过淮扬、清江、凤阳，处处留心察访，大约毁该镇者十之七，誉该镇为十之三。”既举毁者所言之劣迹，并谓：“其誉者则谓该镇骁勇绝伦，清江、白莲池、蒙城之役，皆能以少胜众，临阵决谋，多中机宜。”又谓：“该镇至性过人，闻人谈古来忠臣孝子，倾听不倦，常喜亲近名儒，讲诵《孟子》。”又谓：“该镇素不好色，亦不甚贪财，常有出世修行弃官为僧之志，凡此皆言该镇之长处者也。”是陈氏虽犷悍武夫，而不好财色，有出世之想，亦可谓难得者。《秘史》录《见闻随笔》述陈事有云：“余于同治二年，避地通州石港场北庄，收一难民王焘为抄书佣。王曾伺候陈将军，为营中书办，道陈督兵严而好杀，罚罪不顾亲朋，不好妇女，喜与僧人交。尝言功成名立之余，退隐名山古寺，为方外游，终其天年，于愿足矣。其出兵身先士卒，战无不克，攻无不利；性燥急，与人论事不合，当面斥之。”可与曾批所云合看。余闻北京故老言，陈居京时，颇有方外交也。既获罪遣戍黑龙江，中俄伊犁交涉正亟时，洗马张之洞上疏主战，言立功宿将，犹以陈与彭玉麟、杨岳斌、鲍超、刘铭传等并举，谓："山有猛虎，建威销萌。"而李鸿章当陈遣戍后，与薛福成论及，将来有事，似尚可用。薛对以骄暴之性，终不能改，且迩来困于烟色，其精锐已销竭矣。盖放废之余，遂有醇酒妇人之志也。晚节黯黮，亦可悲已。在鲁剿捻，舆论颇佳，似尚非扰民者。其死于戍所，鲁人尤嗟惜之。鲁籍京官编修尹琳基等，谓其行军有法，遗爱在民，请于山东建立专祠，奉旨允许。陈著勇名，流俗多传其事，而不尽可信。《铁公鸡》一剧，以陈为向荣大将，实误，陈固未隶向部也。

（原第 7 卷第 19 期）

七二　明清言官之制

明制重京曹，科道居言路，尤以清要见称。（六科之名依六部，以吏科为首；十三道之名依十三布政司，以河南道为首，最号雄剧。）直臣辈出，志节轩昂，旷览《明史》，每为神往。然其末流之弊，气矜太过，理智为感情所蔽，门户恩怨之争，嚣然盈廷，甚至挟持边将，妨害老谋，熊廷弼尝慨乎言之。其不肖者，且甘为权门鹰犬，助攻善类，论者亦痛心焉。（明言路较宽，部曹等均可奏事，不限于科道，惟科道为重心所在耳。）推其致弊之由，固非一端。而君主不明，失所以振导而因应之道，实为主要原因。其由于科道制度之本身者尚少也。有清代兴，惩于明代言官意气之过甚，多方裁抑，盖矫枉而过正者，故虽气矜之弊较少，而言官尸位者多，直言极谏之风衰矣。乾隆三十五年，曾有谕云："我朝乾纲独断，大权不稍下移。皇考世宗宪皇帝，曾令六科归都察院堂官管理。彼时无识之徒，尚有惑于台无长官之陋说，连名渎奏者，赖我皇考睿断举行，至今诸事整饬。该御史复囿于积习，辄以言官不涉司员职任，妄自尊大，欲于朕前巧售其术，能乎不能？明季科道颓风，专务相矜标榜，驯至党援门户，牢不可破，其时国事败坏，此辈实为厉阶，此其可引为前车炯戒者，不可不力防其渐也。"其于言官之不慊，可谓情见乎词，而予智自雄之态度，尤溢于言表矣。（御史陈圣时奏，火器营房工程，经督办大臣奏请交内阁、六部、都察院派员承办，御史有稽察刷卷之责，若分办工程，恐彼此意存瞻顾，与从前兼部事属相类，合行停止。乾隆帝降谕斥以"所奏非是"，上所引为谕中借题发挥语也。）

七三　宋清言官之别

宋待士大夫最宽厚，京曹外转，便为峻罚。明太祖以严厉为政，遇臣工甚酷，沿以为例，故明代言事者或遭廷杖，或下诏狱，或被杀戮，而言路前仆后继，其气益盛，不因摧残而馁。盖虽遇之酷，而视之则重，且酷遇亦未尝不由重视，故矜气节者不以受刑为辱，反以为荣，有以廷杖几次署为衔牌以相夸诩者矣。清对言官，待之较宽，虽忤中旨，多不加罪，或将原奏留中，置之不理。其偶加处分，亦不过回原衙门行走（谓其不胜言官之任，不以惩罚论。）或革职，最甚者遣戍而已。待遇虽宽，而视之则较轻。言官自视亦遂不甚尊严，每以为一麾出守之借径，气焰大杀，直臣乃少，其寓裁抑于宽大之术，行之诚非无效，所得在减少积弊，所失则在销磨志节也。（明代廷杖之法，至清而废，然清初犹偶见之。如李元度《徐（元梦）文定公事略》有云："上御瀛台，教诸皇子射，公不能挽强。上怒，以蜚语诘责。公奏辩，上震怒，命扑责重伤。"是尚有廷杖之遗意也。事在康熙二十六年。徐元梦，满洲人，时以侍讲为皇子师。）

七四　明清科道尊卑

明科道尊严，外转道府，视若左迁；至清则科道群喜外转，而政府亦视若重用矣。然康熙初年，科道称职者多内升，惟素无建白或才力不及者乃外转，盖犹略沿明旧也。科道京察外放，均道府并用，而截取则给事道，御史府。其制定自乾隆五十三年，谕谓："京察之期，都察院堂官原有保送记名道府之例，但外转只此一途，热中之辈，未免以壅滞窃议。嗣后汉科道当照六部汉郎中之例，都察院堂官，核其才具，分别繁简，送部截取，御史以知府用，科员以道员用。"曰热中，曰窃议，口角殊轻薄，亦清代科道被轻视之一证也。光绪末叶，张学华由御史外简山东登州知府，陈伯陶集句为联以赠云：“今夕只可谈风月，谪居犹得近蓬莱。”盖以古人京官改外曰谪，故借用谪居之句，而其时御史实以一麾出守为乐，虽舍獬豸清班而为风尘俗吏，然已绝非贬谪矣。（给事中例推升鸿胪寺少卿，多以为苦，以浮沉卿寺，道府既不获放，而简任司使，甚不易觏也。有乞假以规避者。）《广阳杂记》云：“明南京御史，外转者止于知府耳。谚曰：‘南道如老虎，转出作知府。’”南京科道，逊于北京科道，御史又逊于给事，而外转知府，社会犹以为异，以明代科道地位固尊也。清言官以风厉著者，出为知府，人亦颇以为惜，则以朝廷将少一直臣，且觉科道究非郎员之比耳，而政府苦其纠弹，亦每以速放知府为省事之法。

七五　江春霖之去留

江春霖以御史得京察一等，摄政王载沣不予记名，盖其初政颇思振作有为，特留此言路直臣，以收耳目之用，不愿其外放。而后此仍为庆王奕劻等所持，政治混浊，江亦以直言而回原衙门行走，呈请归养。严复与熊纯如书谓：“读遍中西历史，以谓天下最危险者，无过良善暗懦人，下为一家之长，将不足以庇其家，出为一国之长，必不足以保其国。古之以暴戾豪纵亡国者，桀纣而外，惟杨广耳。至于其余，则皆煦煦姝姝，善良谨悫者也。”其言非为清事而发，而有清之亡，正缘载沣之暗懦谨悫、无领袖之才，坐视国是颓靡耳。（清运之促，西后自为罪魁，然当国时，群小尚有畏惮之心，至载沣摄政，奕劻、载泽之流，争权攘利，元首俨成赘疣，纲纪乃荡然矣。）江春霖虽以言去官，然犹能款段出都，优游林下，视明代直臣罹祸之酷，远不相侔，则又清制宽大之较善处矣。

七六　六科之沿革

六科本古门下省之职，在后汉曰侍中寺。晋代给事黄门侍郎与侍中俱管门下众事，始谓之门下省。南北朝因之，侍中为长官，领给事黄门侍郎、散骑常侍、给事中、谏议大夫等官。唐尝改为东台，为鸾台，为黄门省，旋复为门下省。宋因之，掌受天下之成事，审命令，驳正违失，受发通进奏状，进请宝印。元罢门下省而仍有给事中。明分为吏、户、礼、兵、刑、工六科，掌侍从规谏，纠察六部之弊误，有驳正章奏封还制敕之权。清初犹因之。所奉旨意，有灼见未便之处，许封还执奏；部院督抚本章有情理未协者，俱得驳正题参。至于朝政得失，百官贤否，或特疏或公本奏闻。是给事中虽与御史同为言官，而职掌实以封驳为最要，门下省虽无，其职未废也。迨雍正元年，命六科内升外转着归都察院管，以后一切城仓漕盐等差，与御史一体开列，科道职掌混淆，而封驳之职遂不能举，以视唐武后时所谓“不经凤阁（中书省）鸾台（门下省）何名为敕”者，大相径庭矣。乾隆间，给事中曹一士疏请复六科旧制，谓："御史职在监察百司，故居于外，六科职在宣行制敕，故居于内，所以重王言，尊国体，内外秩然，不可易也。"又谓："内升外转，会典旧例，各科将条陈参劾本章，造册移送吏科，序俸开列，题请钦定，是则资之浅深，言之当否，御览昭然，原无待他属而后定也。且国初以来，台省未尝合一，不闻差遣乏员，傥以城仓漕盐等差，事属繁要，人数未敷，则但当增置御史之员，不必更分给事之任。抑臣更有请者，《会典》开载，凡内阁交出密本，由各该科挂号，即将原封送各该部，取职名附簿备查，是从前密本，未有从内阁径下者，即前代中书、门下两省更互校验之意也。今臣到任以来，见所发各科本章，只有红本，而密本并未一见，至皇上谕旨，径由内阁发部者，臣等迟至浃旬，始得从邸抄一读。如此则虽欲有所论列，或已无及于事，似非设立科臣之初指也。嗣后请听臣等派出本科笔帖式二员，每日轮班恭抄谕旨，并所发各臣条奏密本，既省挂号转发之烦，臣等亦可不待邸抄即得预闻旨意，备见奏章，庶几随时论列，以仰赞高深之万一。"所论甚正，而科臣不能举其职之状况，足见大凡。惟改制本意，即在不欲科臣权重，特加裁抑，所谓"我朝乾纲独断，大权不稍下移"。雍、乾二帝，心理相同，曹氏之请，自亦目为"陋说"。六科旧制既不能复，科之异于道者，惟官高一级，为其升阶而已。

七七　科道流品号为纯洁

科、道本分立，故均可由他官转入，非互为升转。其规定给事中由御史升用，在雍正五年，盖与令六科归都察院堂官管理，用意有一贯之精神。科之与道，犹部属郎中之与员外郎矣。是年并令御史兼用贡监出身者，亦轻视之意。言官清贵之身份，尤为减色。十三年乃复定仍专用正途，故迄清之终，科道流品，犹号为纯洁焉。（嘉庆十一年，定荫生出身者亦准考御史，以荫生服官，亦可以正途论也。）汉人重科道，而满科道则非其伦。满人入仕之途较宽，复不分正途异途，甚至身为言官，不能作书，偶上疏言事，则倩人捉刀。其由部属入台，不须考试，愿就者则经本衙门奏请即记名，盖视之更轻矣。满员之官部属者，多以在本部无外补之望，始谋保送御史。汉科道京察之外，尚有截取之例，满科道则无之，故尤非满员所乐。

（原第 7 卷第 20 期）

七八　清末言官改制议

《官场现形记》卷三十六有云："唐二乱子着实拿师四老爷恭维，又道：'现在朝廷广开言路，昨儿新下上谕，内务府人员可以保送御史，将来贵府衙门又多一条出路。'师四老爷绉着眉头说道：'好什么，外头面子上好看，里头内骨子吃亏。粤海、淮安监督，江宁织造，一齐裁掉，你算算一年要少进几多钱。做了都老爷难道就不喝西风，就是再添一千个都老爷，也抵不上两个监督、一个织造的好。这叫做明升暗降。'”满员对于“穷都”之心理，此亦可见一斑。明干者不屑为，任此者多下驷，间有直言极谏者，若凤毛麟角矣。《春冰室野乘》云：“光绪甲午冬，东事正亟时，一日早朝，福山王文敏在午门外与同列论及军事，太息曰：‘事急矣，非起檀道济为大将不可。’盖指董福祥也。一满御史在旁闻之，殷殷问‘檀道济’三字如何写，或书以示之。次日即上奏，请起用檀道济。”或非故甚其词欤。光绪丙午，御史江春霖《奏请修改都察院章程》一疏论及满汉御史，谓：“满员之内，非乏人才，然就都察院而论，则建白少于汉员，众人之耳目固不可掩也。今新设衙门，皆不分满汉，本院堂官，亦已融满汉之界，而章程于满御史，独照旧例办理，保非为汉员敢言，裁之惟恐不少，满员简默，留之惟恐不多耶？且既以出路较隘，准其三年保送道府矣。而又必由彼察其才品，是否克胜，加考送部，是并此简默者，亦必使之局促如辕下驹，受其束缚驱策而后快也。”复谓：“明制：六科不隶都察院，御史虽隶都察院，统而不属。国朝体制虽杀，都御史有过，仍许纠弹，所以作言官之气者，具有深意。一旦举黜陟之权，尽付之三堂官。三堂官皆贤，尚难保无害，一有不贤，不至于方正不容谄谀竞进不止矣。”虽对于满汉御史，不敢尽情轩轾，而满御史之尸位，语气自见。

“简默”二字，即噤若寒蝉之谓耳。清末政治日趋混浊，言路声势虽未若明代之盛，而上奏以争得失攻权要者，亦累有所闻。政府厌苦之，乃更定都察院制度，裁抑言官，并加重都察院堂官权限，以考核为裁抑之一法。江氏屡言其非是，此疏且附片论劾都御史陆宝忠立法箝制科道，兼及吸烟诸事，以申“统而不属”“都御史有过仍许纠弹”之义焉。给事中既隶都察院，本职遂不能举，而六科衙署，仍在禁近。迨废六科之名，乃令迁出，改设于河南道。丁未江氏《奏请提议修改都察院新章》一疏，论及此事，谓“给事中制昉于秦，自汉以下，或为加官，或为正员，要皆取给事殿中之义。至明而分为六科，专司封驳，列署在午门外，犹此意也。今虽省去六科，仍存给事中之号，其宜在中而不宜在外也明矣。一旦将公署移河南道，是直给事于外也，名实不几紊耶。就云封驳久停，中已无事可给。然给事中旧制，既不可复，则何不援民政、度支各部为例，并其名而改之也。且恭查圣祖仁皇帝御制碑亭，尚在朝房，实奉世宗宪皇帝圣谕，令给事中轮流守护，何等慎重。而既令迁署，竟不言碑亭作何安置，放弃祖训，莫此为甚。”断断为给事中名实之争，并引御碑祖训以为重，著迁署之非。然封驳之职既停，给事中久已名存实亡，其衙署与御史固无分别内外之必要，纵使仍居旧地，亦诚所谓“中已无事可给”。江氏所争，盖告朔饩羊之意而已。至谓旧制既不可复，何不并其名而改之，所论自允。（都察院堂官，旋据给事中等呈，奏请仍在旧署，俾护御制碑亭。)

七九 清末言官之超然

京曹多喜外转，然言官自重其职者，亦或安于乌台，努力建白，不欲舍言责而取膴仕，盖有一种超越物质的观念焉。江氏于请修改都察院章程之奏，附片奏请御史俸满勿拘旧例截取，谓："御史二年俸满，例应截取知府，吏部则咨院催传，截取后开罪权贵，多以府缺出之，磊落奇士，扼于俗吏，往往郁不得伸，无所展布，反不如终老谏职，犹得稍有建白。今当整饬台纲，若令嗣后御史俸满，愿截取者照例截取，其不愿者听之，勿复拘以旧例，亦所以作敢言之气，而集论思之益。"足见其志所在。且以捐纳冗滥，幸门大开，道员流品甚杂，不甘为其属吏，故又谓："仕途之杂，无过今日，运动二字，传为捷诀。市井屠沽，用银万数报捐，更能觅得明保，外之可为监司大员，内之且无难跻于丞参侍郎之位。给事中外升道员，犹得与之同列，御史出为知府，则属员矣。朝阳鸣凤，一旦为燕雀役，言职不举，正坐于此。"语尤警策。《官场现形记》卷二十九，写纨绔子弟捐道员，谓："幸遇朝廷捐例大开，上代有得元宝，只要抬了出去上兑，除掉督抚藩臬，例不能捐，所以一个个都捐到道台为止。"及卷三十一写田小辫子以市侩而捐道员，卷三十二写余荩臣钻营明保诸状，虽形容处有不免过于刻薄者，而清末名器之滥，诚为有识者所寒心，其致亡之重要原因斯其一也。戊申江氏俸满，应行截取，特呈都察院堂官辞之，以“按之当躬，参以时局，有不堪外任者五”为说。其呈中所引乾隆帝上谕：“朕留意察其隐微，一生积虑，总不出名利两途。即偶有建白者，亦并非为国为民，思尽言官之责，不过博取虚誉，冀朕之赏识，加以升迁外用，多得养廉耳。”轻蔑言官之口吻，有如此者。故江氏申明素志，欲为言官一雪此言也。

八〇 岑春煊助高凤岐入朝为官

江氏以御史而不欲为知府，同时尚有一以知府而求为御史者。广西梧州知府高凤岐，值变通旧制推广保荐御史之途，以侍郎于式枚荐，召试御史，意得甚，谓弃郡入台，当日取天下利病，言之于上，以酬夙愿。据林纾赠序，前桂抚首荐高留桂领郡者为林绍年，其时正居政府。继者为张鸣岐，本与高同客岑春煊幕，最相得，均欲其官于桂。岑督两广时，已欲擢为桂平道，高不可。邮传部又以丞参荐于朝，前后尚书争相致，又不可，卒入京试御史。其视御史之重如此，足为“穷都”吐气矣。既试，名列第一，而庆王奕劻方深恶岑春煊，知其与岑有旧，惧其入台助岑相攻也，密讦之，竟不获记名，朝野称异焉。是言官犹甚足为权贵所畏忌也。

八一　满汉御史互称前辈

汉科道如内阁、翰詹、吏礼两部之例，均论前后辈，所谓清贵衙门也。而满科道则无前后辈之分，彼此以前辈相称，与汉科道亦然。满汉言官身分之不同，是亦一端。剧有《双铃记》，巡城满汉两御史，互称前辈，或嗤其谬，以为御史既以入台之先后分前后辈，何能同为前辈，而不知满汉御史之互称，正是如此。编剧者固不误耳。

八二　御史诨称种种

“都老爷”本御史之专称，自给事中隶都察院，得充御史各差，人亦以此称之，且往往泛称御史。如给事中之巡城者，亦号巡城御史也。故“穷都”乃成为科道公用之诨名，其勇于纠弹者，或戏目为“疯狗”。

八三　清代科场磨勘綦严

前述同治庚午科乡试，顺天解元李璜纶第二场经文某篇，钞袭成文，中式后畏磨勘而自行检举。顷阅陈康祺《郎潜纪闻》云：“北场乡试，有不利午科之说。远则乾隆庚午科，几成大狱，近则咸丰戊午科，按法诛放数十辈，今年庚午，十八魁中以录旧自请注销者四人，解元李璜纶与焉，亦所罕见。”是犹不仅李氏一人，当时磨勘之严可知矣。至不利午科，则附会之谈。有清一代，午科甚多，乌可以二三事判其利否乎？此盖以咸丰戊午之狱，最为一般人所惊耸，故生此说耳。（关于戊午科场案，陈氏谓：“科场一案，为御史孟传金举发，众皆咎其多言。然嘉道以还，公卿子弟，几视巍科为故物。自戊午兴大狱，而朱门后起之秀，始知束身安分，不致妨寒畯之进身。”又谓：“中外皆归咎刑部长肃顺，以为用刑过严。盖肃顺素恶科目，又与柏相国有隙，此举固借以行私。其实慎重制科，法律严峻，亦本朝家法然也。”以下引顺治时科场诸案前例，而谓“厥后衡文获咎者，尚难枚举，圣谕煌煌，从未比附轻典。然则戊午一案，同官不闻连坐，家属亦未长流，圣意哀矜，岂部臣所能持柄哉”。阐明此狱之不容已，及办理未为过酷，以破俗论，所见颇卓。）

（原第7卷第21期）

八四　柯劭忞轶事

庚午举人之灵光硕果柯凤荪老博士（劭忞）系于光绪丙戌成进士，入词林，盖亦屡踬礼闱矣。陈庆湝《归里清谭》记其轶事云：“太史原籍胶州，因捻匪之乱，避居潍邑……甲戌会试后，柯、李（丰纶，字季侯）皆下第，同赴河南禹州投亲。已入豫境，离禹城仅九十里，坐车行至深沟。其地两面悬崖，中为大道，雨后山水陡下，季侯淹毙，同死者车夫三四人，骡马十余头。凤荪踞车盖之上，浪冲车倒行，其后悬崖崩塌，车乃止，乃呼救。崖上人缒而上之，竟得生。此行也，得生者凤荪一人，亦云幸矣。太史自言，得生固幸，水退后，一面雇人寻尸，一面雇人赴禹州送信，夜间尸体在野，一人守之，与群犬酣战，殆竭尽生平之力矣。”人徒知其巍科高龄，而不知其曾历兹巨险也。使迷信家称引之，或当云大难不死，必有后福，命中注定应点翰林，故鬼神默为呵护耳。其继配为吴汝纶女，《归里清谭》谓：“过门后，嘱太史带往寺内前室灵前行礼，见太史所作挽言，悬于壁间，嗤其语句多疵，则夫人学问又加太史一等矣。”盖不愧名父之女。又谓柯母掖县李氏“诗学三唐，稿中《乱后忆书》一律，京师传诵殆遍。诗云：‘插架五千卷，竟教一炬亡。斯民同浩劫，此意敢言伤。业废凭儿懒，窗闲觉日长。吟诗怜弱女，空复说三唐。’”饶有雄浑之致，亦女诗人中杰出者也。

八五　辛从益严纠闱墨

磨勘官嘉庆间之辛从益，同治间之梁僧宝，均以勇于纠摘，著“魔王”之号，前已述之。复据《郎潜纪闻》云：“磨勘之例，自乾隆己卯始严。时磨勘官宫太保焕文、阎侍御循琦、朱侍御丕烈、朱侍御稽，尽心细核，指摘较多，世以为魔王，盖借‘魔’作‘磨’也。同治癸酉，梁京卿僧宝充小磨勘，爬剔极严，主司、房考多获谴，人亦呼梁曰魔王。至不安其位，乞病去。”是魔王之称，辛、梁外尚有数人矣。科举素为大典，磨勘之严，亦固其所。梁氏虽以是去官，其重视责任可取也。嘉庆甲戌闱后，辛从益为磨勘官，上疏纠各省乡试取中之闱墨，请正文体，其所纠有云：“如《易经》‘垂衣裳而天下治’题，文用《文选·东都赋》‘盛三雍之上仪’一段。查三雍宫立自汉朝，黄帝尧舜时无之。且原赋云：‘盛三雍之上仪，修衮龙之法服。铺鸿藻，申景铄，扬世庙，正雅乐。’而原卷抄用，因《文选》注本释‘服’字下，有‘音匐’二字，遂误认为正文，平写作‘鼘’字。分作‘鼘铺鸿藻，信景铄扬’，各四字为句，而将‘世庙正雅乐’截去。”此种谬误，实甚可笑，宜辛氏剀切言之也。而考官之不学者，亦每以文义艰深，非己所解，纵为佳卷，亦摈不录。盖误中恐以磨勘而获咎，误抑则一任通才遭屈，并无后患耳。

八六　纪昀浑涵敦厚

潘世恩初入翰林，以歙砚求铭于纪昀。纪为之铭曰：“棱棱有骨作作芒，取墨则利颖亦伤。繄包孝肃岂不刚，我思韩范富欧阳。”《郎潜纪闻》谓：“文恭少年浑涵端重，文达正当以风骨勖之，何反虑其过刚，殊不可解。”不知纪氏学问虽通博，然非有风骨者。久居朝列，官至协揆，而仍不过以文学侍从之臣自视，以云大臣猷为则伴食耳。其以过刚戒潘，正其本色，何不可解之有？潘氏状元宰相，久值枢廷，生加太傅，荣典稠叠，所谓庸庸多厚福者，实可为太平宰相之标本，此即浑涵而以过刚为戒之效欤？纪氏蓄砚甚富，有九十九砚斋，其一今藏华阳卓星槎家，镌纪氏铭词云："持较旧坑，远居其后；持较新坑，汝则稍旧。边幅虽狭，贵其敦厚；偃息墨林，静养尔寿。更越百年，汝亦稀觏。"敦厚养寿，亦太平宰相之志事也。张英自述养心法有云："费力挽回事决不做。"此语不独为太平宰相之养心法，尤太平宰相之心法也。

八七　纪昀"片言解纷"

纪昀毕生事业，惟总纂《四库全书》为一不朽之事，其评订诸书，旨趣为当时宋学家所深不满。姚鼐亦尝充纂修官，晚年与人书，谓"去秋始得《四库全书目》一部阅之，其持论大不公平。鼐在京时，尚未见纪晓岚猖獗若此之甚，今观此，则略无忌惮矣，岂不为世道忧邪？鼐老矣，望海内诸贤尚能救其弊也。"宋学家不平之声，斯其一也。而成绩具在，固难以门户之见一笔抹杀。李元度纂《国朝先正事略》，入纪于名臣，盖以官尊耳。然实宜入文苑，乃为名实相符。《事略》著其"片语解纷"云："实录馆请甄叙，或言其过优。仁宗以问公，公不置可否，但云：'臣服官数十年，无敢以苞苴进者，惟戚友倩臣为其先人题主或铭墓，虽厚币辄受之。'上輾然曰：'然则朕为先帝推恩，何不可之有？’某科考试差后，有宣布前列诗句姓名者，台臣密以告，上召公问之。公顿首曰：‘如臣即泄漏者。’问何故，曰：‘书生习气，见佳作必吟哦，或记诵其句，出而欲访问为何人手笔，则不免泄漏矣。’上含笑，事遂寝。”（此二事陈康祺《燕下乡脞录》亦载之，惟谓第二事在乾隆某年。）第二事所谓大事化小，小事化无，良以习尚因循，一言而免兴大狱，自为朝士所推服，与孟传金举发科场案，为众论所不容，适一反面。第一事以国家名器，作君主为先人推恩之用，所见甚谬。世乃翕然称之，殊不衷于理，保奖冗滥，为宦途混浊、政治腐窳之一因。而关于皇室诸事之保案，吏部不敢问，超阶滥保，尤为积弊，使果为名臣者，岂可以“片语解纷”为能事乎？《郎潜纪闻》以公卿子弟乃不致妨寒畯之进身，为咸丰科场案之功效，续谓“惟近二三年来（按：指光绪初年），两宫吉地，先帝陵工，以及实录、玉牒诸馆，偶效微劳，每邀殊宠，若辈多捐纳阁部官，洊保显秩，并不必区区甲乙科矣。”盖亦痛心于此也。

八八　明太祖特赐刘基金瓜椎

小说戏剧中，君主特赐武器，有甚大之权威，如“八贤王”之金锏，“徐千岁”之铜锤，其尤著者，事固荒诞，然非无所本。据《诚意伯文集》附录刘基次子璟传，明太祖授为阊门使，书“除奸敌佞”四字于铁简（按：

即“锏”本字）赐之，且命曰：“百官敢有不法，卿持此简击。”于时袁都御史奏车牛事忤旨，公当殿以简击其顶，上曰：“正当如此。”自是举朝畏公。又王文禄《龙兴慈记》云：“圣祖赐刘诚意一金瓜，曰击门锥（按：当作椎。即锤也），有急则击之。一夕，夜将半，击宫门，乃洞开重门迎之曰：‘何也？’曰：‘睡不安，思圣上弈棋耳。’命棋对弈。俄顷报太仓灾，命驾往救。刘止之曰：‘且奕。’圣祖遽起曰：‘太仓，国之命脉也，不可不救。’曰：‘请先遣一内使充乘舆往。’遂如言。回则内使已毙车中。圣祖惊曰：‘何知以救朕厄？’曰：‘观乾象有变，特来奏闻耳。’……刘诚意影神画中，有童子持金瓜随侍，即上赐也。”刘基前知，恐出附会，而金瓜之赐，容有其事。八贤王锏击人，徐千岁鎚击门，盖即由刘基父子金瓜、铁简推演而来。其他之言特赐武器者，当亦以此类事实为渲染之所自。（原第7卷第22期）

八九　周兆熊之死

《近世中国秘史》“续记咸同间用兵轶闻”采《在野迩言》“周副将殉难”一则，述周兆熊事，论之曰：“斯时洪军兵势浩大，周副将以区区千人，抗十倍方张之敌，慷慨捐躯，阖营同烬，不谓烈哉？视吉尔杭阿身统大军七十营，一战而溃，仓皇自刎，其贤不肖为何如矣。”盖周氏固当时戎行健者，死事尤甚壮烈，惟以名位未显，故知者不多耳。先大父有《周兆熊传》，与《在野迩言》所述互有详略异同，可以参看。文云：

周兆熊，四川人，积战功至参将，晋副将衔。咸丰六年四月二十八日，镇江全师总统吉抚军击贼高资阵亡。九华山老营，以军中无主，各弃营溃，惟兆熊一营五百人不动。当是时，大兵溃散，九华山以下，惟东岘山余镇军一军，仅自守。下游无捍蔽，贼急图下窜丹阳、常州，而兆熊故骁将，贼畏如虎，将兵虽少，虑蹑其后也。因麇众环攻之。贼数万，兆熊将五百人，竭力固守，血战三日，粮食火药俱尽，麾下存三百人。兆熊进而语之曰："势不支矣，吾受国厚恩，位至大将，不敢偷生负天子，尔曹宜速去。"众哭失声，愿相从俱死，无一走者。贼持黄风帽、黄马褂诸伪职服诱降，兆熊佯许之，潜即营内掘地道，而以所余火药实之，铺薄板，覆以芦席，置马踏坐其上，右手持烟管，左手持火绳以待，大开营门，而使使绐贼降，趣贼渠入营，定要约，即可信则降若，不者有死耳。贼度其无他，易之，贼渠十余人，从者数百人，欢噪入营。兆熊起立，呼曰前，前则绳堕药轰起。兆熊与麾下俱死，贼渠歼焉。兆熊既死，贼始进攻余营，而张总镇国樑援兵已至，余营得无恙，下游布置渐定，贼不敢入，兆熊力也。得旨赠恤如例。

周氏所将兵数与诈降诱敌之策,《迩言》均未之及也。

九〇　李鸿勋传

先大父又有《李鸿勋传》,亦当时良将也。文云:

李鸿勋者,怡悦亭制军、张殿臣总统保奏堪备干城六将之一也,积战功至游击。总统逐贼于珥村也,贼潜扑金坛,总统已前使鸿勋将兵八百人赴金坛防守。贼既被扼丹阳不得逞,悉众攻金坛。始至,为难民服野掠,士民相率奔入城,则红巾已至城下。鸿勋下令闭城,驱丁壮登陴,以银米饷军者记其籍,守御具顷刻办。贼围之数重,重赏购募,始得达大营。自七月十四至八月初六日,凡被围二十二日,昼夜环攻,鸿勋随方战守,未尝挫衄。掘地道者五,悉为兵民侦知,贼尽歼。城被攻坍,鸿勋督众由缺处下,立杀悍贼数百,贼始却。会总统亲将援兵至,内外夹攻,一日三大捷,杀贼无算,贼一夕弃营遁。是役也,贼瞰金坛无重兵,谓可唾手取。又贼恃掘地道为长技,破城率用之,最为贼精锐,至是多死,丧失精魄,贼情携散,而内变以作,杨秀清竟为其下所杀云。叙功鸿勋擢参将,旋隶某总兵麾下,攻贼于句容。某总兵者,与鸿勋有隙,令鸿勋前搏贼,己为后继。鸿勋方鏖战,某总兵遽撤兵退,鸿勋殁于阵。金坛民闻之，无不痛哭失声者。得旨赠恤如例，并允疆臣请，建祠坛邑，祀罔替。鸿勋死时，年二十四。

先大父复自书传后，论其时军事大局云：“向忠武卒后，怡悦亭制军以张殿臣为全师总统，诸将皆听指挥，军威大振，而贼目方互相残杀。使是时以殿臣代忠武为帅，贼灭矣。乃钦差大臣一位，文庙意亦主张，而枢府以用降将为帅，恐贻笑史册，力阻之，遂用和春。和在皖省亦能战之将，然非帅才，到军即忌张之能，任用不专，信私人王浚者，军务日弛，致有庚申之祸。江浙沦陷，伏尸百万，至甲子后始渐定，岂气数耶。噫嘻！”庚申江南大营之溃，和春身为统帅，自不能辞其咎。张国樑勋名威望，远出和春之上，而帅符不属，受制于人，军覆身殉，世论尤痛惜之。初犹传其尚存，既死之数月，事状始上闻。咸丰帝谕云：“东南半壁，倚为长城，尚冀该提督不死，出为国家宣力。”又云：“若张国樑在，苏、常何至糜烂若此！”盖亦深悔未果以张为钦差大臣矣。

九一 《金陵问答》回护和春

和春于偾军后自杀，亦获赐恤予谥，而极不理于人口。多传其龁龁张国樑及掯饷不发诸状。（二十余年前，在济南观连台若干本之《铁公鸡》剧，演至向荣卒军，和春代帅，以点卯不到，欲杀张国樑，将士环恳，始谓“死罪已免，活罪难饶”，而加以杖责，盖犹《下河东》剧中欧阳方之于呼延寿廷也。虽委巷传说，播诸戏剧，未免附会可哂，然亦可见民间不慊于和而为张不平之一斑焉。）方德骥《金陵问答》虽咎和之失策致败，而亦颇为辩护，谓：“和公初至江南也，高要已被总统之命。金陵将卒，皆其心膂，奉号令惟谨。和公深沉而机警，知三军皆为彼用，且高要方受殊宠，负中外重望，遂一切委任之，推贤让能，欢洽无间。高要忠勇善战，轻财养死士，两军相角，当机制胜，一时罕有其俦。至于长驾远驭，深心大用，审缓亟之序，而决成败之机，则两公皆不能无憾。”又谓：“和公天资刻深，自奉俭约，无声色裘马之嗜。甫受命渡江，与制府约，将帅主兵事，地方筹军实，核计水陆军需月五十万金，粮台籍其数，上之督府，督府以授藩司覆核，辇金常州，依时散放。各营并日至丹阳关领，而行间实不名一钱。以若所闻，督师果拥厚赀，则当贼势披猖，饷道中绝，悬金募士，何敌不摧，又安至徒手叫呼，上下坐困，而卒为悍贼乘哉！”亦可备一说。

九二　张国樑之“反复无常”

张国樑初名嘉祥，《庸盦笔记》“张忠武公逸事”言其为某山盗魁：“及洪秀全反于金田，遣党招之，嘉祥拒不往，曰：‘吾之为盗，非得已也，岂从叛贼者哉！’向忠武公荣提军广西，使绅士朱琦为书招之。嘉祥约官军压其巢，出御而伪败，乃悉括山中财物，散遣其党，使归为良，而自降于布政使劳崇光军前，改名国樑，得旨赏千总衔，归向公差遣。”是张氏未尝为洪秀全用也。剧演《铁公鸡》则张为洪氏部将，受命诈降向荣，向设策愚洪，杀张妻子，张乃真降，似颇不经。然据朱孔彰《张忠武公别传》云：“洪秀全等煽乱，附者众，公为众所胁，与其党合。贼党令公率二百人诈降，向公荣知之，令所部留壁中，易二百壮士从公战，贼大败，杀公妻子。公遂以诚告，向公善遇之，由是居向公戏（麾）下。”则剧中情事，非无所本。其谓向氏以女妻之，亦缘是渲染也。《近世中国秘史》著录张事，既采薛记，复谓“世传张国樑初从洪氏，洪甚任之，使伪降官军为内应。向荣以反间计愚洪，洪怒，尽诛国樑妻子，国樑乃倾心归附向荣，待之极厚，认为父子，故深得其死力。闻端溪人士言，国樑母寿辰，以千金乞其乡人彭泰来作序，彭挥之门外，盖恶其反复云。”是亦传张曾事洪之说者。朱氏张传又云：“治军暇，辄作虎字，大径丈，中直墨半枯，屹如铁柱，名书家所不及。”晚近武人好书一笔“虎”字（如孟恩远等），盖此风旧矣。江南大营既溃，江苏全境几尽为“太平天国”军所有。曾国藩督两江，命李鸿章统淮军赴上海，为收复苏省之计，遣程学启从。曾拊其背以张国樑相勖，果累建战绩，为李部骁将之冠。后受伤而死，江南人每以与张并举焉。程亦起自降将也。

九三　王葆清梦状元游街

朱君厚叔过谈，及光绪癸卯殿试前王葆清因梦境更名王彭事。据云，王葆清梦新状元游街，冠上嵌有三字，第一字为“王”，第三字为“彭”，惟中间一字若有若无，模糊不可辨。醒而异之，以为殆神示改名以得大魁耶，遂呈请改“葆清”为“彭”。迨胪唱，状元乃为王寿彭，王彭则名在二甲。己巳祀灶日，寿彭病故津寓。彭以二联挽之，其一云：“当年走马春风，同时李益，错认颜标，故事宜添嘉话录；又到占蛇岁运，生作经师，死罹恶谶，贤乡合与郑公邻。”又一云：“夙世果何因，登科织锦，名偶从同，至今传遍长安，独着小冠歧杜郧；浮生原若寄，待终饰巾，君翻先去，倘是碑书有道，天留直笔表林宗。”录之以补前述。科举时代，往往有涉于梦境之传说，要可作为谈助耳。　　　　（原第7卷第23期）

九四　程学启张国樑之降清

程学启本隶太平天国英王陈玉成部，以勇著，曾国荃围安庆，知其名，遣人入城劝降，已有成议而事泄，乃乘夜逾城投曾贞干营。“太平”军追之不及，返而杀其妻子，悬首城上。其事与世传张国樑降向荣事不同，而妻子被祸则一也。张国樑在江南大营为总统，程学启在李鸿章部称统率，军务之际，夙有总统名义，示节制诸统领。向荣卒军，旧部由张接统，故膺此头衔。惟向荣所遗之钦差大臣，朝命畀和春，秉钺专征，帅任攸属，故一时舆论极为张氏不平，而对于大营之溃，责备和春甚严也。至统率之称，则李鸿章立之以旌异程氏者，亦为诸统领之长之意。

九五　李鸿章程学启杀降

李以淮军收吴，程功最多，旋攻嘉兴受伤，创发身死。李痛之甚，上曾国藩书有云："程镇治军有纪律，多谋足智，实为今之名将，天夺之速，可为短气腐心。"又与曾国荃书，谓："此公用兵方略，为十余年来罕有之将，公以赠我而无完璧归公，徒深痛惜。"自无愧淮军第一名将也。其《请恤》一折，述程氏临终情态，谓："初九日属家丁为穿御赏黄马褂，望阙叩头，旋绕室行走数步，见案上有茶，举杯至口，不能下咽，凄然泪下。并令其营务处知州韩杰驰赴臣处，属专心剿贼，不及等候回省，语不及私，临绝时大呼心事未了，圣恩未报，脑浆迸流，当于初十日子时出缺。"极凄惋动人。李氏长于奏牍，为曾国藩所称，此折亦其得意之作。折中叙杀苏州降将事，谓："十月间收复苏城，降酋部云官等九人，谋据半城，拥众二十万，意图胁制。戈登煦煦妇人之仁，胁令收抚，稍一濡忍，变生肘腋。程学启谓曾在贼中，熟知情伪，此辈罪孽重大，杀数头目，即可解散余众，保全实多。臣故毅然诛其酋，散其党，苏城大局，顷刻即定。戈登虽偶反复，久之公论自明，群疑遂释。其能谋能断，亦近时武将所罕见。”当时实逼处此，李、程之杀降将，诚亦有不得不然之势。然此举究极悖理，不独戈登愤懑异常，后此论者，亦多不能为之谅。如《近世中国秘史》论李秀成有云：“可以见秀成之器度，其不杀降将，礼葬敌帅，事事暗合于国际法，皜乎有古名将古大臣之风。其视李文忠之诱杀苏州八酋，其人格之相去，殆不以道里计。”梁启超《李鸿章》云：“李文忠于是有惭德矣。夫杀降已为君子所不取，况降而先有约，且有保人耶。故此举有三罪焉：杀降背公理，一也；负约食言，二也；欺戈登负友人，三也。戈登之切齿痛恨，至欲剚刃其腹，以泄大忿，不亦宜乎？虽彼鉴于苗沛霖、李世忠故事，其中或有所大不得已者存，而文忠生平好用小智小术，亦可见其概矣。”均于李氏无恕词焉。吴汝纶《程忠烈公神道碑》述此，谓“密白李公，请诛八人者以定乱。是时常州、嘉兴皆未复，李公愕然曰：‘杀已降不祥，且令常、嘉贼闻风死守，是自树敌，不可。’公争不能得，则脱所着冠提李公曰：‘以此还公，某从此诀矣。今贼众尚二十余万，多吾军数倍，徒以战败畏死乞降，其心故未服也。今释首恶不杀，使各将数万人，糜军饷大万百余，与吾军分城而处，变在肘腋，吾属无遗类矣。’拂衣径出。李公急起挽公曰：‘徐之，吾今听若，何怒为？’公曰：‘苟见听，请一依某指挥。’”如所云，程氏建议，李初尚不允，以程持之坚，始决也。

俗传程氏伤疾垂愈矣，见冤鬼为厉，创发遂死，或程亦内疚于心，故病中神经上起变化，若有所睹欤？王闿运《湘军志》谓：“学启养伤苏州，创已合，一日独坐深念，有所忿，误发创口，血溢竟死。”词颇隐约。（朱孔彰《程忠烈公别传》谓：“伤渐平，败骨为梗，医言不能去。公一日有所忿，自去之，伤喉，六日水不下咽，创口覆裂。”是乃近于自杀矣，亦未言所忿为何也。）又谓：“自学启之归诚，经百战，每战料胜败无所失。或知当败，则戒诸将曰：‘公等皆不善败，吾当自饵贼，某时败，某时期某所来援，贼可退矣。’诸将素惮服其能，谨如约，则如所言。至其突阵陷围，见者以为神兵……江苏之战，始上海，终嘉兴，功成而学启死，其名位亚于多隆阿矣。”多隆阿与鲍超有“多龙鲍虎”之称，而多谋勇兼备，尤见推于时，故王氏以之与程相拟也。（曾国藩同治戊辰奏对，西后询及所见将才，曾有“多隆阿就是极好的，有勇有谋，鲍超也很好，勇多谋少”之语。）其述苏州杀降事，谓：“八寇将谒鸿章，受二品冠服，乃谒学启，学启先已置人于坐（座），数其罪，悉引出斩之，报鸿章。鸿章大惊惧。学启入城谕众，皆听命，或颇散走。而先与寇将誓约者，曰副将郑国魁，恨负约，涕泣不食，卧三日。鸿章亦颇咎学启轻发，且曰：‘何为已甚，君亦降人也。’学启大怒还营，将引军去。其营员奔告鸿章，鸿章覆过学启，阳论他事，笑语甚欢，事乃解。”则是程氏未启李而专杀，且缘此几与李乖离矣。朱孔彰谓其为李氏任怨，盖颇有见，而杀降之谋发之于程，则诸家记述所同也。

九六　曾国藩亟称李鸿章杀降

曾国藩在安庆得李鸿章收复苏州之报，始而大喜，继则愀然不怡，神思弗宁，幕僚入贺，曾方绕室徬徨，问之不答，众莫喻其旨。旋据报杀降，乃如释重负，欣然称道李氏不置，谓其英断非己所及。《日记》中言："李少荃杀苏州降王八人，殊为眼明手辣。"盖降将拥众如许，势犹张甚，极为李军危之，迨李氏犯大不韪而杀降，始觉释然无患。而此种辣手，非曾所忍出，亦非〈曾〉所能出也。李上曾国藩书，尝以昆山之克，称"程镇谋勇险辣，冠绝诸将，于此益信"。事在收复苏州之前。迨苏州杀降，其辣可谓更极显著，李且因之而以辣见褒于曾矣。其后中日战役，既大败，李氏毕生军事上之英名毁于一旦。尝太息语人："使程方忠犹在，何至是。"虽当日大势如彼，独恃一程学启，亦未必能操胜算，然自远过于叶志超之流耳。又李于部将之自诩武勇者，每诃之曰："尔自度能如程方忠耶？"

九七　清廷殿试看重书法（附：陈重远轶事）

清代科举之殿廷考试专尚书法，文作含糊模棱语即可，读卷、阅卷诸臣，仅留意其有无触犯忌讳违悖程式等而已，名次高下，一以书法定之。乾嘉以前，犹不尽然。自道光朝乃渐成积重之势，而所尚之书法，复专宗所谓馆阁体，不合其矩度，虽精于书者亦难望前列也。乡、会试卷用誊录，应试者字体之工拙，无关得失，而会试中式后，应朝殿诸试，书法一道，几为毕生荣辱所系焉。天子临轩策士之本意，固为之荡然，而销磨士子之志气，使劳精疲神，致力角胜于无用之事，其弊尤甚。咸丰元年，御史王茂荫奏谓："殿试、朝考，务重文义，嗣后请读卷、阅卷大臣，不论字体工拙，专取学识过人之卷，进呈钦定，批明刊发，使天下晓然于朝廷所重在文不在字。"所论甚正，而格于部议，未能实行。光绪壬寅、癸卯、甲辰乡、会试，废八股，改试策论，号为革新，而朝殿试之专尚书法如故。高要陈重远（焕章），万木草堂弟子也，少年劬学，癸卯、甲辰连捷乡、会试，殿试对策，畅论地方自治诸事，不循陈套，书法亦不作馆阁体，自谓如遇知音，当得鼎甲，倘读卷大臣眼光不变，则三甲末矣。比揭晓，竟居三甲后列，朝考文甚得意，以为可望一等而得庶常，乃又被抑而列三等，用内阁中书。后由进士馆送美国留学，以"孔门理财学"论文，得哥仑比亚大学博士以归。谓当日犹幸用中书，入进士馆，苟外用知县，则一行作吏，困于风尘，且不获赴美留学矣。重远在美，校试辄高列，同时留学者，亦多出人头地，美人相惊以中国选送学生之精。重远告以中国遣送留学，多缘机会而得，初非精选，乃益叹华人资秉之优云。重远尝为言，美国政治号开明，而选举奔竞之风最甚，得失之际，有难言者，以视中国科举制度之纯洁公平，实不相侔。时重远方以力争定孔教为国教之故，任参议院议员。余戏曰：“君得无枉尺而直寻乎？”重远曰：“弑父与君，亦不为也。”以喻立身自有本末，不至随俗而丧所信守也。重远久主孔教会，并创建孔教大学，以衍洙泗之绪。近岁作欧洲之游，宣扬孔子教义，致力甚勤，其宗旨之坚定，愿力之宏大，盖非恒人所及焉。（原第7卷第24期）

九八　湘中怪诞之事

湘友述湘中旧话，颇奇诡有趣致，虽涉于诞，亦足为留心民间传说者之参考耳。

（一）请奖关帝及城隍默佑守城之功

故老相传，“太平天国”军之围攻长沙，城中兵少，乃舁关羽及善化县城隍神塑像，登城助守（按：提督鲍起豹居城南楼，迎城隍神大像与对坐，见《湘军志》）。事定，巡抚请奖二神默佑之功，得旨加封善化县城隍神为定湘王，并以关羽已称协天大帝，无阶可晋，则颁给匾额、藏香。长沙时为两县分治，故有长沙、善化两县城隍神。长沙神曰左伯侯，不若善化神之素著灵异，有求必应。善化神自膺王封，湘人益虔事之，祈祷无虚日，各县且建定湘王分庙以祀，香火亦盛。湘军既下金陵，定湘王势力随之伸张至彼，湘军公所中亦设其分庙焉。（长沙有三庙，最为迷信者所信服，一观音，一龙神，一即定湘王，而定湘王尤著。）

（二）雪狮子炮中萧朝贵

长沙受攻正亟时，营官某取城上旧存大炮一，实以弹药，命军士燃放，而炮以年久生锈，燃后即由药线处冒火，屡试不能发。有薛某者，持水烟袋蕲人吸，乞取微赀，丐之流也。睨而笑曰："一炮尚不能放，何言御敌乎？"营官命执之，谓曰："丐胡敢相嘲？今即命汝燃炮，炮发则请长官官汝，否则杀汝。"薛伸足示之曰："此非赤脚者所能。"营官乃脱履使着，促令燃放。既燃，薛急以足力按药线处，使火不得出。俄顷，巨声骤作，炮竟发矣。"太平"军西王萧朝贵之死，即为此炮所中，长沙遂得解围。营官上其功，巡抚授薛以千把之职，并为炮请奖，封红袍将军。当时谈者复归功于善化城隍神，谓非神灵阴相，炮不能发，发亦不能即中敌魁也。薛某传者失其名，惟言众号以"雪狮子"，以薛为丐时，尝于冬令夜间拥敝氈蹲睡路隅，值大雪，及晓，人见其为雪所掩，若搏雪所成之狮子，而雪、薛又同音，遂号以"雪狮子"云。

（三）长沙固守

"太平"军北上，所过诸城，均为攻陷，独长沙城获完。"太平"军尝实棺以火药，穴地炸城。城崩矣，而敌未能攻入。或谓敌见红面绿袍（关羽）、白面红袍（城隍神）二神显圣，惧而退却。（按：历来守城得完，民间往往有此类传说，均缘迷信神权之心理而生。《湘军志》叙轰城及守御事云："九月丙子，南城地雷轰发，城崩四丈。邓绍良部军，方集天妃祠摊钱博戏，绍良独拔刀当城缺，斫先登一人颠。部军闻之，皆弃钱奔城缺，寇不敢上。练丁辇木石塞缺口，城守复定。十月己卯，地雷再发，不及城垣。甲午，地雷发，城崩八丈，瞿腾龙拒缺口，寇复退去。"盖城被轰崩，不仅一次，守御得力可知。王闿运轻描淡写，杂以诙谑。郭嵩焘评之曰："长沙初次轰城，邓忠武功最著，无可訾议，却插入'摊钱博戏'一语，以故示讥嘲，小人之不乐人美，乃如是耶。'"深致不满。又《湘军志》叙地雷轰城以前事有云："寇据郭外民居，不知所以攻，但发炮击城。炮丸及城中，街有卖浆者，方食而碎其碗，城中大震，或议发城上大炮击之，或曰无炮台，必惊崩城垣，不可轻也。"郭嵩焘评之曰："壬秋学史公，惯从此等绝无关系处着意摹写，其实皆浮谈不经之言，并无佐证。"盖王氏挟策干诸帅不遇，故薄视当时军功。《湘军志》中于奏牍所举有声有色之战守诸状每有微词，奏牍敷陈，自不免有张大其事者。而王氏所记，时有近于儿戏，亦无怪二郭之多所纠摘。至若湘人所传之奇迹，自更为不经之言矣。）

（四）长沙赛会

每岁五月下旬，两县城隍神巡方，各三日。长沙神先巡，善化神继之，均舁神像，遍历全城，对省郡两城隍神行禀见礼，并互行拜会礼。所过官署，各官或亲出拈香，或遣员代行，商民视为大典。祭祷者麇集，各商行侈陈百戏，以襄盛会，有举国若狂之慨。善化县治所多富商，神复以灵异著，故后三日尤称极盛焉。康熙间，巡抚赵申乔，清正得民心，以青天名。有人于城隍神巡方赛会中，纸糊二狮，斜置之，复糊二人倒立，以纸钱悬其身，狮人分列，中设高案，燃巨烛置其上，为之说曰："两司（狮）不正，两道（倒）要钱，一支龙烛赵（照）青天。"以颂赵而讥藩臬暨粮盐二道。光绪间，赵尔巽抚湘，湘绅与之善者，曾举以相告，谓公亦一赵青天也。

（五）长沙祈雨神异

长沙乡间有陶公真人（相传为陶侃之孙）、李公真人肉身像，久旱祈雨不得，则大吏迎二真人像入城叩祷，谓必能得雨。以二真人为玉皇大帝之客卿，不拘形迹，可以直请玉皇降雨，较他神之启奏天廷，收效较易。赵申乔为巡抚时，大旱，约诸官斋戒祈雨无效，乃传诸官集议抚署，阴以桐油入茶中，饮后均呕吐。赵所吐为素食，诸官则肉食，赵怒谓尔等食肉，心不诚，无怪甘霖不至。众惶恐谢罪，赵戒以勿再犯，不然者，必以白简从事。众奉命惟谨。（按：此类传说，他省亦颇有之，行之者不一其人，盖不易辨其孰为可信矣。）赵遂遣员迎二真人像，与诸官虔诚叩祷，数日无验。赵曰："二真人罔顾民艰，不从呼吁，宜罪之。余不德，致灾及吾民，义不当偷生，愿与二真人同殉。"因命人以铁链锁己与二真人像于戏台上，如午时仍不雨，即举火焚之。届时赤日当空，殊无雨意。赵促举火，火未及而雨骤降，众乃解链扶赵下，并舁二像回坛并受祭拜。（按：以自焚祈雨之传说，他省长吏，亦间有之，民间极喜称道，均近于神话。光绪间曾国荃抚晋，晋人亦传其聚火药以祈雨，某时不雨，即燃药自轰，届时果大雨，亦此类耳。）然雨水颇不洁，且杂有小鱼之属，少顷即止，次日始大降甘霖，农田沾足，说者谓第一日盖二真人以降雨不及，临时摄附近沟渎中之水以应急者。第二日始为真雨，亦二真人力也。

（六）湘人呼虎曰爬山子

湘人呼虎曰爬山子，而"虎"与"抚""府"读音相同，巡抚与长沙知府，同驻省城，有大爬山子、小爬山子之称。

（七）湘抚高于提督

巡抚例加兵部侍郎衔，故湘抚虽不兼提督，亦有"统属文武"之衔牌，惟遇湖南提督至省城，此衔牌即暂收藏不用。以提督为全省武职之领袖，受总督节制，非巡抚可言统属也。

（八）拆湘王庙不果

民国初元，长沙当局下令拆庙，定湘王庙方除卸匾额，积尘扬动，眯工人目，自梯下堕，重伤。绅民哗言定湘王发怒，群吁当局勿拆，故此庙得暂存，其后未知已拆否？

九九　左伯侯　杨彭岭

长沙县城隍神，号左伯侯，“左伯”二字颇费解，王闿运《湘绮楼日记》云：“观城隍神出游，牌题左伯侯，向以为谬。今思之，此殆秦汉古字，左伯者，今佐霸也。”亦以意为之，未必即为确诂。又云：“左季高初封伯，人知其必侯，以此为符，亦祯祥之先见者已。”虽附会而颇巧合。《郎潜纪闻》云：“长江千里，再造于杨（岳斌）彭（玉麟）手。康祺按：京口为长江咽喉，其地夙有杨彭岭。康熙间汤文正公尝作游记，今载集中，惟公亦不解命名之何义。由今思之，伟人未生，嘉名先锡，青山无恙，战迹长留，事皆前定，不信然欤？”与此盖相类。

一〇〇　清代之站丁应试

（附：王树枏赠张学良寿联）

清代科举，奉、吉、黑应顺天乡试，民籍廪、增、附为夹号，中额八名；旗籍满、蒙、汉军、内务府包衣则为合号，中额亦八名。其汉军、内务府下五旗之礼部园丁（司种菜）、渔丁（司捕鱼，均为祭祀用）、道丁（即伙居道）、兵部站丁（驿站之丁役，三藩旧部之后也）、公主府以下八旗世爵仆丁（花名册在满洲正红旗第一佐领处）等，均不许应试及服官，惟站丁一项，待遇稍优，可官驿丞。光绪十三年（丁亥），以奉天府丞（例兼学政）朱以增奏，准站丁应试。越十年，吴景濂中丁酉顺天乡试副榜。有清一代，得科名者惟此一人，为籍隶站丁者空前绝后之事。此为友人近自沈阳归来者所谈。

又云，张学良三十岁生日，王树枏赠联云："眼中历碌无余子，天下英雄惟使君。"颇为来宾传诵。

（原第7卷第25期）

一〇一　记李沅发事

洪秀全起事之前，湖南有李沅发之乱，亦当时一大事也。先大父有《记李沅发事》云：

己酉岁，湖南新宁之变，代理邑令万公，莅任甫阅月，忽闻会匪至，吏役皆逃。公走出，遇贼于途，盖匪首李沅发者，曾为学署火夫，入城即趋学署，封闭署门而出，持械环公。公谕之曰："汝等何戏为？有事告我，我为直之。"众瞠，强曰："今方旱，闻县已领赈银，何不发？"公曰："赈银则未领，旱固然，我行出示筹赈恤矣，汝辈无哄。"众又曰："前数年某匪案，杀人有冤，欲相报。"公曰："果有冤，汝等具呈，我为理之可也。散矣。"众无辞。则曰："天旱，民心惶惶，县官宜出城安民。"公行未数武，忽一醉贼直冲公前，未及诘，刃揕公胸，众急止之，已绝矣。众大惊曰："官已戕，有反耳。"时匪等只二百人，乃开库放囚据城，官军一二千，离城十里，止屯弗前。城中士民知匪等无能为，日夜望官军入，而相持月余，无一卒至城下。匪等粮已罄，遂于夜间开城呼噪而去，屯内灭烛屏息不敢声。已而官军入城，骚扰淫掠，十倍于贼，而抚军奏称收复县城，毙贼数百，李沅发亦燔毙，竟邀甄叙矣。此股出后，惑胁至四千余人，李沅发复出，抚军遣戍。又用兵数月，首匪始就擒。逾年而广西洪秀全之变作。

盖当时大吏欺饰，官军扰民，有如此者。"太平"军起，直下金陵，所过如摧枯拉朽，岂无故哉。

一〇二　彭玉麟王东槐等升迁

湘军名将彭玉麟，以生员从军讨李沅发。李既成擒，总督录其功，误以为武生，拔补临武营外委，彭辞去，此为彭在军事上崭然露头角之始，亦其回翔文武之第一步也。咸丰帝即位之初，求直言极谏，左都御史王广荫，荐给事中王东槐忠鲠可大用，升内阁侍读学士，旋出守衡州。故事：给事中外用，多为道员，阁读学更无用知府者，帝面谕云："以汝朴实，故任以外事。"盖楚南当李沅发乱后，帝亟欲得良二千石以拊循之也。后擢武昌道，署臬事，以丁忧人员殉难，见《郎潜纪闻》。阁读学对品外转知府，实为左迁，然为地择人，有作为之君主固可不拘故常，权宜除授耳。（清初诸帝，对于内外官吏之迁调，时有不循常格者。）

一〇三　文庆代胡林翼受过

（附：光绪帝继统秘闻）

道光庚子，胡林翼以编修与侍郎文庆同典江南乡试，以文庆携人入闱阅卷，牵连降级。顷据张君二陵所谈，此狱真相，盖携人入闱者，为胡林翼，非文庆，特文庆代胡受过耳。林翼所携为江西举人胡某，出闱后昌言于众，谓夙闻江南为人文渊薮，非他省所及，今乃知亦不过尔尔矣。事遂败露。文庆重林翼才识，以为将来必能大有展布，若以新进获重咎，将难再起，已为旗员，且旧臣虽降黜，易于登进也，因挺身自任其事，遂降四级为鸿胪寺卿，林翼仅坐失察降一级。后文庆果又大用，居政府，主重用曾、胡以定乱，以名相见称焉。

二陵又云：文庆在以侍郎典试江南之前，尝官礼部尚书，值道光后钮祜禄氏逝世，帝宠全贵妃（恭亲王奕䜣之生母，咸丰帝亦由彼抚育，故即位后晋皇太后），而不慊于后，丧仪诸从减约。文庆于奏对时力争，偶有“三载遏密八音”之语，帝谕谓：“遏密八音，乃对帝尧，岂对尧后。朕尚在，皇太后尚在，文庆竟作此语，殊为荒谬。且文庆起家翰苑，非昧于文义者，尤非寻常误对可比。念系书生，加恩降为编修。”此为其第一次降官，然眷顾未替，故未久复至卿贰，以户部侍郎典试，庚子之狱，其第二次降官也。

二陵又谈及光绪帝继统事云：当时两太后召见诸臣，商立新帝。吏部尚书文煜对曰：“国有长君，社稷之福。”西后勃然变色，厉声曰：“尔以为宜立何人耶？”恭亲王奕䜣亟曰：“文煜糊涂妄言，仍请皇太后断自圣裁。”盖奕䜣与文煜为姻戚，故为之解也。西后遂宣布立醇亲王之子载湉为嗣皇帝，众唯唯称是，无敢置词者矣。醇亲王奕譞则惊而晕仆，由内侍扶掖而退云。

一〇四　科举之重文轻武

科举取士，文武并设，而重文轻武，风习相沿，故武科之荣视文远逊。即有清一代，号为名将者，亦多起自行伍，武科出身虽不乏循资平进，官至提镇，而大著声威者则甚罕。武职本不以是否武科出身分正异途，起自行伍者反以军事之实地经验较多，易有所成也，惟杨遇春以武举从戎，积功致大用，官兼圻，爵通侯，勋名彪炳，差为武科吐气焉。至武科重赴鹰扬宴之典，多阙而不举。《郎潜纪闻》云："文官重赋鹿鸣、重宴琼林者，屡见记载。武科虽亦有重赴鹰扬宴之典，而见之例案者，仅嘉庆十五年，陕西巡抚奏，朝邑武举蔺廷荐，系乾隆庚午中式，现在重遇庚午科，奏乞恩施。奉旨赏千总衔，重赴鹰扬筵宴。盖儒臣耆德，林下颐年，幸遇科甲重周，必有故吏门生为之端牍乞恩，赋诗纪盛，故其事易于传播；若夫白头故将，老废田间，子孙则椎不知书，旧部则投戈星散，即躬享上寿，再值紫光献技之年，恐伏枥自悲，亦不冀朝廷有此旷典，而地方有司，更无过而存之者，宜举报寥寥矣。"为武科故将鸣不平，语甚悲凉。忆清末有在山东济宁原籍之提督衔前河南南阳镇总兵田在田者，以重遇乡试中式年分，由山东巡抚奏请加恩，奉旨赏加太子少保衔。盖以田尝在豫统军剿捻，在宿将之列，故从优以宫衔锡之。次年又值会试中式年分（田为武状元），奏报之后，获赏都统衔，则以若晋太子太保嫌过优，都统一职，时已满汉通用，故畀以是衔耳。于是田有加衔三矣。若田者，以武科大魁，晚年两蒙“旷典”，其恩荣自远过赏千总衔之武举蔺廷荐，物以稀为贵，亦武科人物中足记者也。

一〇五　清代连中三元者佳话

《纪闻》（二笔）述“三元”云：“本朝三元，仅江苏钱棨、广西陈继昌两人。陈为桂林相国文恭公元孙，故嘉庆庚辰胪唱时，仁宗尤极嘉悦，御制诗有‘大清百八载，景运两三元，旧相留遗泽，新英进正论’之句。”按：此相国文恭公，陈宏谋也，继昌其曾孙，道光壬午、癸未乡、会、廷试皆第一。此有误。《纪闻》（三笔）又述“武科三元”云：“本朝三元，乾隆间一钱棨，道光（按：亦知非嘉庆矣）间一陈继昌耳。而有国初天津镇总兵王玉璧者，中顺治辛卯武乡试第一，壬辰会试第一，廷试亦第一，是武科中之三元也。且王于前明崇祯朝已举武闱第一，入国朝乃弃此重应试，仍连中三元，以今方古，直与《说储》所载崔元翰之四头并驾齐驱矣。视钱、陈二君，尤为难遇。”钱、陈两三元，谈科举佳话者，犹多能道之，若一朝三元、两朝四元之王玉璧其人，则知者绝少矣。文武科之轩轾，此亦可见也。

一〇六　清代州县及六部之肥瘠

清代以州县缺肥瘠不同，故对于优缺，尝相传有比拟之语，以著膴仕。如山东济南府属有“金章丘、银历城、铁打长清”之称，东昌府属有“十美图”之称（言十属均善地）；河南则有“金杞县、银太康”之称，皆是也。历城为山东首邑，在光绪间非美缺，以收入虽多，而供应各长官之费甚巨，恒以为苦（其后停止办差，宦囊乃稍裕）。惟升擢较易，或调任极优之处（所谓“调剂”）耳。闻昔年兼司各项工程，报销可浮冒，利润不赀，此“银历城”之所由来。自工程改归善后局，始形减色。京官六部，亦有金工、银户之称，以户部掌财赋，处膏可润，工部则可以工程为生财之道也。（工部满缺九十余，汉缺仅十八，故汉司员补缺甚难。川人赵亮熙以进士分工部，十八年补主事，人谓之“苦守寒窑王宝钏”。见《归里清谭》。）

一〇七　王寿彭“死罹恶谶”说

王寿彭己巳冬病故于津，是年夏曾谣传其死于大连，谓因在某日入银行存款，悉付张宗昌在鲁时所发纸币，愤而自缢。知交惊问，旋知其讹。王彭挽联中“死罹恶谶”语，谓此也。　　　　（原第 7 卷第 26 期）

一〇八　谈王士珍

王士珍病逝北平，北洋派元老又弱一个。平市商民，以其两次主持临时治安会，当大局变化阛阓震惊之际，维持秩序，化险为夷，九城安堵，所全者大，夙极称颂其为人，今闻其逝，咸悼惜焉。民国十五年之治安会，王与赵尔巽同为领袖，有二老之称。赵长于王者十余龄，而当时王之精神步履，视赵为不逮，盖数年来王氏已大呈老态矣。十七年之治安会，则王氏独执牛耳，任事尤勤，不避劳瘁。奉军出关，鲍旅留平镇摄，以俟接防。王氏调护其间，殊费心力，北平人士多能道之。（去岁平民大学公祭校长汪大燮，董事会祭文，有“两度黄杨之厄，京兆万家”之句，即言治安会事，汪亦会中主要人物，共王等筹画奔走甚力也。）王居西城堂子胡同，近岁虽精力已衰，而晨起犹每曳手杖徐步西单牌楼间，颓然一老，衣冠朴旧，见者不知即为号称北洋三杰之龙头，曾执国柄之大人物也。今年七十岁，报纸或言其生于同治辛酉年，同治纪元，始于壬戌，实无辛酉，当为咸丰辛酉（十一年）始合耳。

王在北洋武备学堂肄业，即见器于李鸿章，追从袁世凯练兵小站，尤以才识为袁所赏。袁任山东巡抚，王随往，义和拳在鲁啸聚，袁诱其首领入署试技，枪毙之，众慑服散去，或谓即用王策也。官兵部侍郎时，冯、段位望，均出其下，在部颇以精勤见称，旋外任江北提督。清代重文轻武，武职至提督，阶一品，已为极崇，然声势远逊督抚。此职则江淮巡抚所改设（江淮巡抚之前身为漕运总督），虽武职而兼兵部侍郎衔，节制文武，体制视巡抚，实提督中之地位特异者。政府甚重视之，不与他提督等，故王氏可以兵侍转此。当官虽无赫赫之功，而清操特著。辛亥为袁内阁陆军大臣，睹袁有异志，甚不然之，而大势所趋，无能为力。尝对人流涕，为清室不平，退位诏之下，拒不署名。鼎革而后，绝意仕宦。袁氏屡强之，始复与政治为缘。然委蛇其间，旅进旅退，视世事如浮云，有大隐在朝之概。个人出处，无可无不可，若无所容心于其间，其宗旨之可见者，惟主张和平，其事业之最大者，惟治安会之举耳。治黄老之学，北京尝有一“道德学社”（今不知尚存否），推为社长，时与社员谈道。说者以段祺瑞好佛，称为北洋元老之一僧一道云。（道德学社以段某为社师，自谓少年于深山中得见老子，录为弟子，授以要道，故与孔子为同门。时于社中宣讲，以道家言为主，而亦以儒书比附之，谓道儒同源也。社长以外，诸社员均为社师弟子，有所叩询或启白，必长跪，谓师严而后道尊也。出书数种，辞多玄诞。）沃丘仲子《当代名人小传》称其“数经忧患，锐气渐丧，行事益趋和厚。”又谓“若士珍者，德优于才，近世武人中不易觏，然识难济变，殆亦孟公绰之流耳”。其实王之于政治上罕所建树，尚不尽关乎识之不足，乃由于对政治不感兴味，无志有为也。锐气之丧，盖已久矣。

当其在国务总理任，有于燕见时叩以政见者，太息曰：“余少年时，意气不可一世，视建功立业，直寻常事。比追随李合肥，以彼勋望之隆，才猷之富，阅历之深，凭藉之厚，而见其行事多扞格，每郁郁不自得，始叹天下多难事，非可妄自矜许，从此遂不敢放言高论。后渐跻高位，闻见更广，益知建树之不易，惟兢兢自持而已。自由江北提督解任归里，即无宦情。辛亥一出，已为蛇足。其后以项城敦迫，故交牵率，勉相周旋，毫无裨补。今复以河间推挽，忝尸揆席，而国事则久无可为，岂余之才力所能有济，不过聊徇友谊，暂维门面，有何政见之可谈乎？惟私心默视和平统一，早日实现，兵祸不作，举国宁谧，余得为一太平之民，安居乡里，于愿足矣。然颇虑此愿之不易偿也。”其意态如此，宜其委心任运，无所作为矣。

段祺瑞之为临时执政也，于荫昌及王，月各致银千圆，谓一老师，一老友，谊不可忘，人称其念旧。（冯、段均荫昌门人，冯为大总统时，荫昌方为总统府侍从武官长，雄冠佩剑，趋跄追随，奉其职惟谨。冯不自安，谓岂敢以老师为侍从，乃解其职，而聘为高等顾问，支原薪。报载王氏略历，颇有舛误，有谓王尝充侍从武官长者，王实未任此也。）昔者袁与段交恶，特设陆海军大元帅统率办事处，藉夺本兵之权，以王资望不亚于段，起为办事员以自助。（统率办事处，设官以办事员为最高，报载王为坐办，非也。或称其为政事堂办事，当由统率处办事员传误。）后段辞职，王遂长陆军。黎与段交恶，既罢段总理，则以王为京畿警备司令，以防段派报复（未几有复辟之变，王为议政大臣，段则兴师致讨）。冯与段交恶，则以王代段组阁。即民九所谓直皖战争，段以战败罢各职，徐世昌亦命王以德威上将军代段管理将军府事务。是王、段盖若屡处于牴牾之地位矣。而段与王订交既夙，知其与世无争，非相忮害者，故友谊如初耳。张作霖之开府北京，于赵尔巽及王，甚致敬礼，各有馈遗，并以笺启请诲导，词极谦抑，谓赵为我老师，久受知遇，王为军界前辈，亦在师友之间，均不能视若寻常也。（张一日欲亲访王寓，王闻之曰：陋室不足以款大元帅车从，乃入府相见。）

民国时代之王，何官均非所乐为，而何官亦非视若决不可为，推挽由人，每有不即不离之观。惟对于总统一席则坚决引避。尝谓："如与人有仇，即可请其做总统。"闻北京临时执政府解散后，有人向王述吴佩孚意，拟推为临时总统。王重申前语，谓："子玉与我无仇，望勿与我开玩笑。"事遂中止。王不喜道人短长，惟闻尝以"不可刚愎人用，气令智昏"规某公云。

吾兄凌霄论王氏有云："说到民国，王士珍总是比较的最淡泊宁静的了。晚年的态度，简直像个恂恂老儒，可是他少年时代也是很英发的。在老袁手下，冯、段等人，虽然勇气勃勃，可都没有王先生心思细密，步伐稳健，劲气内敛。见得到做得到的事情，他一样是积极而勇往，不过外表没有锋芒，所以与冯、段不同。至入民国，似隐似现，忽行忽止，大有随便玩票之意，像是一切都看穿了。”盖极有见。“随便玩票，一切看穿”，洵王氏晚年之的评也。民国时代，或谓其貌若浑厚，而机械内蕴，城府甚深，实屡（属）于政治上有所操纵，似非知王者。

王氏膺德威上将军头衔，或谓实“德而不威”，虽谑语，然颇肖其为人也。自奉俭约，居恒未以清廉自表襮，而识与不识，均谓其清廉不可及，斯亦足传矣。

（原第7卷第27期）

一〇九　左宗棠部将刘锦臣文武兼备

武职虽不以出身武科为重，然亦有在行伍获保武职，仍行应试者。如左宗棠部将刘锦臣，由军功入营充勇丁，立功保蓝翎把总。奉旨之前，请假回湖南永定县省亲，在籍应考，取中武生，旋又回营从战，累保花翎尽先补用参将。复请假回籍，应同治甲子科湖南武乡试，中式武举，仍回营立战功，尚未叙保，请咨赴部，应乙丑科武会试中式，殿试后点用三等侍卫，新职反较原阶为逊。其兄福建福宁镇总兵刘明灯，代为呈报左氏，谓前由营赴部应试，所有迭次保札，均在原籍，未及携带随身，中式后因恐各案保举奉旨年月记忆不确，殿试后未及将原保官职翎枝在部呈明。迨蒙点用侍卫，正当感受新恩之时，不敢补呈旧绩。左氏因为奏明，谓刘锦臣身历行阵，志切观光，兹既备员禁卫，似可毋庸再计前资。惟念其从军四载，屡经战阵，所得劳绩保案，似亦未可泯没。应据实陈明，仰恳饬部核议。前保各案应否准其合并计算注册，抑或将保案注销，作为三等侍卫供职之处，出自圣裁。奉旨兵部议奏。当时部议云何，待考。此人经历颇奇，从军应试，参间为之，盖武科名之荣，固远不逮文，而亦属科举，殿试一甲，亦有状元、榜眼、探花之称，故武人之有科举思想者，虽已从军得官，犹不能忘情于此耳。或以军兴之际，军营保举既多，真除甚难，故仍应试武科，作一出路，亦未可知。（武殿试授职之制，一甲第一名授头等侍卫，第二名、三名授二等侍卫，二甲内选授三等侍卫，三甲则选授蓝领侍卫，均隶领侍卫府，俗称武翰林，谓犹文进士之授修撰、编、检暨庶常也。刘锦臣点用三等侍卫，其殿试当在二甲。）

一一〇　翁同龢巍科显宦
翁曾源状元无为

常熟翁氏多巍科显宦，同龢咸丰丙辰，曾源同治癸亥，叔侄状元，尤为士流所艳称。惟同龢官至协办大学士，状元宰相，两朝帝师，久参枢要，位望交隆，不独足传其父心存衣钵，声势且过之矣。虽以见迕西后，遭放逐，未获以功名终，而究为有清一代状元中之名迹彰著者。曾源则抡元而后，没没无闻，病累之也。曾源承祖荫，先后恩赐举人、进士，越乡、会试而应殿试，居然大魁天下，时已患风疾，不时举发，发则仆地吐沫，不省人事，手足抽搐，移时始愈，所谓羊角风也。虽文理书法均不恶，而知者咸以殿试不能终场为虑，幸得无事出场。既胪唱，说者谓龙头所属，仍缘追念故相旧学，恩出自上，然曾源殿试卷，书法良工整，与历科状元策可颉颃，故士论未甚以为不然云。终以病不能宦京朝，未几即去官归里，否则以家世之盛，主眷之隆，宦途显达，亦意中事耳。后尝居沪，上海道某与有世谊，为于某书局谋一位置，然病既不瘳，不能任事，故月薪仅银二三十圆，实干修也，卒侘傺以终。此可谓有清一代状元中之最黯黮者已。

一一一 应殿试者自署格式

应殿试者，于卷中自署"应殿试举人臣某，年若干岁，某省某府州县人，由某生（有官者兼书其官），应某年本省（或顺天）乡试中式，由举人（有官者兼书其官）应某年会试中式，恭应殿试"云云，此通例也。（进士之赐，须俟殿试后，故仍称"应殿试举人"，会试中式即曰进士，乃俗称，不能沿用。）翁曾源未尝有乡、会试中式之事，故殿试卷所署异是，而为"应殿试贡士臣翁曾源，年二十七岁，江苏苏州府常熟县人，由钦赐举人考取国子监学正学录，于同治元年钦赐进士，恭应殿试"。盖已赐进士，不能称“应殿试举人”。而既应殿试，进士复须待赐，亦不便即称“应殿试进士”，以会试中式，例谓贡士，言贡之殿廷，候天子亲试也。曾源虽非其伦，而获与殿试，若合于贡士之旨，故遂署此，实亦假借耳。迨其与榜眼、探花同赐进士及第，则俨成双料进士矣。从知恩赐进士之所谓“赏给进士，准其一体殿试”，殊为不词。

一一二　育神童以邀名

宋叶梦得《避暑录话》云：“饶州自元丰末，朱天锡以神童得官，俚俗慕之。小儿粗能念书，自五六岁，即以次教之五经，以竹篮坐之木杪，绝其视听，教者预为价，终一经偿钱若干。流俗因言饶州出神童，然苦之以至于死者，盖多于中也。”读之令人失笑，而为被苦小儿呼冤。忆清末有山东神童入京事，盖某氏子幼颇颖悟，貌亦英挺，其父课读甚力。宣统三年，甫五龄，其父以张载《西铭》授读，使成诵，并教以宋儒门面语，为应对之用，于是神童之名渐起。山东提学使陈荣昌，偶微服骑驴，至乡间视察小学，若所谓私访者。至某校，某氏子肄业其间，陈故闻神童之说，因面试之。（一说，先有某绅向陈为某氏子揄扬，陈此行即专访神童也。）命言志，对曰：“为天地立心，为生民立极，为前圣继绝学，为万世开太平。”陈夙服膺宋儒学说，闻而大惊异，谓是真神童矣。归即传见其父，诫以善视若子，前途未可量也。并赠银二十圆助膏火。旋言诸巡抚孙宝琦，此子抱负非凡，将来遇必为理学名臣，不遇则亦一代名儒，山东有此神童，公宜留意。孙遂命某氏挈子至署见之，致勉励语，奖以笔砚楮墨之属。既得院司之褒赏，神童之誉乃益著。会逊帝典学，鲁绅十余人，谓灵秀所钟，蔚为是邦人瑞，不可自闷，当贡之天子，俾裨圣学。因连名上呈巡抚，蕲奏请令神童伴读。孙氏以此事近于儿戏，奏必不得请，且将贻笑。然时方预备立宪，张绅权，孙在当时督抚中号开通，尤礼下绅士，殷勤甚至，不欲批驳以显拂其意。商之幕僚，得一策，诿其事于学部，即据原呈咨部酌核，而告诸绅以斯非疆吏所得擅奏，已转咨学部办理，某氏可挈子谒部候考询也。某氏父子遂入都，至学部求见堂官。堂官命一司员代见，告以皇上典学，国家自有体制，疆臣不便奏，部臣亦不便奏也。长安居大不易，盍早归乎？旋谒学务大臣唐景崇于寓所，唐正色语某氏曰："神童之名，自来不乏，而大器实尚晚成，进锐退速，则不足贵。若子既天资甚佳，正宜循序求学，培养良材，将来何患不能出人头地？若遽以神童相矜，图早达，实类揠苗助长，无益有害。且以数龄之童，即挈之跋涉长途，自炫其能，启其幸心，长其骄气，尤乖豢养之道，甚无谓也。"继谒学部侍郎宝熙、于式枚寓，所言与唐略同。因又历谒王公大臣，知伴读天家，事终不谐，始怏怏作归计。而当其时，山东神童来京，载诸报章，噪于日下，都人士至西河沿某旅馆看神童者，络绎不绝，差足为神童生色云。吾之记此，非欲以坐木杪之宋代饶州神童相拟，然唐氏之言，实正论也。唐刘晏八岁献颂行在，授太子正字，人称神童；明代似亦尝有擢用神童入翰林充东宫讲读官事，或即为鲁诸绅请以某氏子伴逊帝读所本。而清代则未闻有此，且由太子而皇帝，所望盖尤奢矣。

一一三　曾国荃劾罢官文

曾国荃之为湖北巡抚，负剿捻之责，总督官文于兵事饷事，颇掣其肘。既不快，复愤其庸鄙不职，而对己甚倨（曾初起治军，尝受官、胡号令，军饷亦出鄂发，故官文颇以后进轻之，且以为有恩于彼，宜降心相从，督抚间遂多扞格），因上疏严劾之。而助成此举者，盖为湖北盐道丁守存（山东日照人）。前此臬司出缺，巡抚欲以丁署理，官文持不可，竟改委他员，丁自负资望当得此，恚甚，且虑官文更谋不利于己也。及见曾、官相失，乃搜求官文贪劣诸状，悉以告曾，力劝先发制人，曾意始决，疏稿亦丁所草。刑部尚书谭廷襄以查办大臣莅鄂，官文既解任，受命暂署督篆，微闻其事，谓官相虽有过，然监司构督抚不和，此风不可长，令人传语速自为计，丁遂告病开缺。

（原第 7 卷第 28 期）

一一四　外交家汪大燮遗事

（一）追念王士珍治安会之迹

王士珍之逝，北平人士追念其治安维持会之绩不置。汪大燮亦治安会主要人物之一，卒于戊辰之冬，寿亦七十，王氏祭以文，于其任治安会事独详，谓：

> 忆在寅岁，玄黄龙战。近距郊垧，群情讻乱。我迫众议，出维治安。公指导之，克济巨艰。运逢厄闰，烽烟载起。四郊垒多，九衢羹沸。大厦虞覆，累卵势危。重联斯会，艰于往时。桓桓司隶，保我商旅。乃师言还，或薄之阻。一言之迕，兆乱之阶。公独慷慨，出处与偕。人谓公危，公安如常。苍髯矍铄，青锷摧芒。排难解纷，词严义正。回澜砥平，氛雾敛影。旧京士庶，赖公而生。公遽奄化，遐弃斯民。风雨同舟，艰难共济。追昔抚今，横颐陨涕。

非有奇辞奥旨，而情韵不匮，事状曲达，读之想见当时危城之中，人心皇皇，龙钟诸叟，奔走擘画，不辞况瘁也。丙寅、戊辰两次治安会，尤以戊辰鲍旅之事为最难处置，维持调护，解释疏通，诸叟所费心力甚至，而汪氏更躬历危棘，力任其难。祭文所云，良为实录。王氏挽联云："单骑仰汾阳，安堵万家，戎马仓皇同急难；九原感随会，慭遗一老，邦国殄瘁更兴悲。”上联亦道治安会事，句颇健举，下联语气稍弱，不甚相称。

（二）谙于外交

汪服务外交界甚早，久于其事，寿至古稀，故为外交家之老辈，其所建树，亦以在外交者为最巨，徒以不好为大言以自炫，不知者或以庸碌目之。民国初元，黄远生为沪报驻京记者，每于通信中论述外交问题，思想敏锐，文笔犀利，读者群称之，因颇自喜，以为汪虽外交界人物，然旧官僚耳，于个中奥窔，未必果有真知灼见也。一日相晤于某所，偶以外交诸问题询之，汪与谈良久，于所询均穷原竟委以告，并裁以个人意见，黄为之爽然自失。

（三）发轫于总理衙门

总理衙门为汪氏从事外交发轫之地，京曹捷径，有所谓“帝师王佐、鬼使神差”之称。翰林官在弘德殿、毓庆宫授读者，号为帝师。其值南、上两斋者，亦或连类而有此号。上书房教授皇子，犹皇室之教读老夫子，南书房为皇帝治文翰，犹皇室之书启老夫子，均广义的帝师耳。王佐则指部曹、中书之充军机处或总理衙门章京者，以两署大臣，类由亲藩领袖，章京襄佐其间也。俗呼外人为洋鬼子，故出使外国人员曰鬼使。总署章京，以与外人周旋或亦以是称之。神差指神机营差使，为满员之美授，无与汉人。总署章京，虽清华不逮所谓帝师，而当时应付外交，章制未备，事多草创，负才者易于见长，其显达之速，犹过于小军机。汪氏宦途腾踔，即肇基于王佐而兼鬼使之总署章京焉。其在总署，以清才敏识，出乎流辈，遂渐以外交家名。迨改设外务部，补官员外郎，洊至卿贰，屡持使节。入民国后，所任亦以关于外交者为多，后起诸外交家，咸奉以前辈之礼。（汪尝在张荫桓家教读，宾主相得，其洞达外情，盖亦由此。）

（四）两次拒签，挽救主权

汪氏外交主张，关乎国家大计者，有两次“拒签”：在前清时代为拒签俄约。庚子义和拳之役，李鸿章衔命与八国议和，辛丑和议将成，而俄使以破裂相胁，索东三省特别权利，势张甚，李与奕劻电行在请旨，西后于议和之始，以躬为首祸，恐各国不利于己，阴蕲俄人为解。与闻其事者，为荣禄、李莲英。或谓尝招俄使馆参赞至西安密商，所许条件，即关东三省者，故得京电，虽知俄人所望过奢，不敢峻拒，将覆电允签矣。汪氏方以总署章京随扈，亟草说帖上之堂官，力陈各国均势关系，断不可于和议正约之外，与俄别订专约，致各国效尤，并代新简驻俄公使桂春草奏入告。于是行在诸臣，亦多知签约贻患之深，西后始电京拒签。俄使旋允缓议，和局乃成。在民国时代，为拒签欧洲和会对德条约。日本攘山东权利，列强袒日抑我，我代表主拒主签，意见不一。政府惧失欢列强，颇多主签。汪时为外交委员会长，究其利害，实以拒签为得，因向总统徐世昌密陈战后远东形势，以收回胶济路及青岛政权为要务，徐乃电代表主拒。后此山东问题解决，收回权利，汪实与有力焉。黎元洪再任总统，值接收青岛之期，而受逼武人，内阁解体，黎以机不可失，商请维持，汪毅然署揆，事竟即翩然而退。故平民大学教职员祭文有云："一为青岛之权，相公十日。"当受命之时，友好之劝阻，悍将之怪诧，不顾也。（先是，各机关裁员，汪长甄用委员会，审查其资格成绩，合格则循功令应复职，而各长官多以意轩轾，因人而施，或复或否。独汪于署揆时，令国务院被裁诸员之甄用合格者，一律复职。此虽细事，亦见其重威信而有定力也。）

（五）力主对德宣战

参加欧战一事，关系綦重，汪主参战甚力，卒于丁巳外交总长任内，对德宣战。既正式公布，喜形于色，语人云："此吾生平第一快心事也。"王式通挽诗有云："世尽强秦畏，纵横测大瀛。笑谭持义战，胜负决佳兵。拒虎谋能定，连鸡势竟成。澶渊孤注掷，往事莫相衡。"又述拒签俄约云："行在惊边事，辽东恣予求。要盟罗刹亟，失地伏波忧。孤愤排群议，虚声识狡谋。纳言筹表饵，终不弃维州。"均可诵。丁未，苏杭甬铁路借款交涉，汪以外务部侍郎奉命折冲，谤讟大起，浙人至诋以卖国贼，而汪氏实于国权路权，未尝不断断争持，故未久事即大白矣。

（六）晚年殚心教育事业

癸卯，汪以五品卿衔充日本留学生总监督，是为其从事教育职务之始，癸丑复一任教育总长，晚年尤殚心教育事业。辛酉，北京平民大学创建，被推为董事长。校长张一麐因事南下，不克就职，商允兼代，后乃即真。与发起诸人，悉力经营，并特设新闻学系，为吾国大学有斯系之最早者。延徐宝璜、邵振青主其事。毕业诸生，服务报界者，多能卓然自立，筚路蓝缕，汪之力也。汪对诸生诲勉备至，并时以己赀助校费。戊辰秋冬间，校中小有事，汪氏力疾筹维，不遑宁憩，善后甫就绪，遂撒手长往矣。平大董事会张继等祭文有云："公视生徒，家人无异。课以艺能，勖以道义。病榻神游，寸心长寄。"又云："集议兼旬，手书盈尺。荐贤孔亟，毁家不惜。八难交乘，二竖寝迫。惓惓校事，至于易箦。公今已矣，厥愿未完。身轻校重，力尽思殚。"王式通挽诗有云："劝学忘家计，穷思至盖棺。籯金遗子少，画象状心难。校厄身同尽，人存责敢宽。世风犹不薄，八百泣孤寒。"曹经沅挽联云："促坐每闻愁国语，毁家未了育才心。"李家驹联云："爱士具慈怀，尚留广厦千间，八百孤寒齐下泪；斯文丁厄运，且荐生刍一束，两三耆旧怆同归。"均颇能道出此老心事。汪与郭曾炘、刘若曾同卒于二三日间，闻者有耆旧凋零之感，李氏下联及之。林开謩联，亦有"慨与郭刘同逝，贞元朝士已无多"语。梁启超（汪己丑乡举同年）未几亦逝，故王式通挽诗有云：“饮冰今继逝，同蹑吉祥云。”张元济联有云：“纯飞遽亡，饮冰继逝，知交尽零落，怕翻齿录数同年。”黄濬联有云：“九京盛朋从，归神忍更饮冰招。”汪为沈家本婿，故王诗有“翁婿润清誉”之句。

（原第7卷第29期）

一一五　徐法绩补荐左宗棠

左宗棠以举人参湖南巡抚张亮基、骆秉章幕，主军谋，声誉日著，遂致大用。既戡内乱，复靖边陲，相国兼圻，高爵上谥，使举人一途大为生色。（咸、同间中兴名臣，曾、胡、左、李四人称最，曾、胡、李均翰林，惟左以举人起。）而其道光壬辰乡举之时，已为本房所黜，赖搜遗始获隽。是科兄弟同捷，其兄宗植为解元，主试者礼科掌印给事中徐法绩，编修胡鉴副之。胡病卒，徐遂独任其事，奉诏搜遗卷，得六人，宗棠及古文家吴敏树均与焉。左居首，中第十八名，本房同考官某（山东福山人），于左卷已批“欠通顺”三字。既拟中，徐嘱易批补荐，某谓中不中是星使之事，荐不荐是房官之事，星使欲中即中，批不可易也。嗣由诸同考官婉劝，始易一字为“尚通顺”云。后左于督师西征之际，撰《书徐熙庵师家书后》，述及此事，谓：“公令同考官补荐不应，徐以新奉谕旨晓之，旋调次场经文卷，传视各同考，乃无异议。礼经文尤为公所欣赏，题为选士厉兵简练俊杰专任有功，书中所称经文甚佳者也，后并进览。当时闱中自内帘监试官以下，颇疑是卷为温卷也。比启糊名，监临巡抚南海吴公荣光贺得人，在事诸公多有知余姓名者，群疑益解。”徐、左遇合，良有过于寻常座主门生者，宜左氏惓惓于师门者甚至也。而其最被欣赏之礼经文，题若与左氏异日事业隐相关合者，盖抱负所在，故言之有物，不同人云亦云者耳。《书后》又云：“选举废而科目兴，士之为此学者，其始亦干禄耳。然未尝无怀奇负异者出其中，科名之能得士欤，亦士之舍科名末由也。惟朝廷有重士之意，主试者不忍负其一日之长，则兴教劝学，其效将有可睹，于世道人心，非小补也。”论亦轩爽。

一一六　吴士鉴科场异数

光绪壬辰榜眼吴士鉴，会试时头场已为同考官编修吴鸿甲（江阴人，丙戌进士）斥落，总裁翁同龢以荐卷二三场佳者不多，嘱各房搜求补荐。鸿甲于士鉴二三场卷，识为佳构，而三场对策尤渊博精切，深得奥窔，遂并头场易美批补荐，竟得中式。揭晓后，鸿甲告人，士鉴头场文，覆视亦甚工，不知初阅何以懵懂一时也。是与前一壬辰湖南乡试左宗棠所遇之同考官异其趣矣。士鉴庚子以编修简任江西学政。故事，赣省学差，均放已开坊之大翰林，士鉴得此，颇为异数。时随扈西安，由王文韶力保，遂不复拘以常格也。鸿甲癸巳、甲午连放湖北正考官两次，亦典试中所罕觏者。

一一七　科场揣摩之书——《云路指南》

科举时代，乡、会试均三场，头场四书文，二场经文，三场对策。（至壬寅改制，乃为头场论，二场策，三场义。）本非专阅头场，而头场势成积重，如不获荐，二三场纵有佳作，亦多漫不省录矣。士子奉以揣摩之书，有所谓《云路指南》，山阴举人张商霖著。道光朝宰相汤金钊序称为“洵有志科名者所宜奉为圭臬焉”者也。其说云：“三场专重首场，首场尤重首艺，故首艺须尽终日之精力为之，先审题窍，次定一篇之机局，次定逐股之词意，必有得意胜人处，然后落笔。脱稿之后，须考订字句，期于完善。至次、三艺，只求机调圆，词气足，局法整，兴会酣。题窍既得，自可猝办，切勿瞻徇后劲，反致潦草前茅。”又云“语云：八行中式，谓起讲提比也，落卷之文，前半篇大抵失之松，若此处能以精浑制胜，则已令阅者刮目，况中后文势又振得起耶。”盖头场之中，更重首篇，首篇之中，更重前八行，诚研究衡文者心理有得之言，上以是求，下以是应，宜二三场动成无足重轻之势矣。其论二三场云：“二场经艺，亦不草率，务要畅晓匀称，若能风华更妙。三场策条，须平时记其要者，入场倘有遗忘，不妨据大概运化，出以古文笔法，切不可影响谬对，亦不可轻听人言，比空疏之害更甚也。要之二三场而好，未必有益于中，如其不好，却又有碍于中。闱中以瑕疵黜落者，每科不免，故宜纯用检点之功，打磨干净，方为完璧耳。”是二三场虽若无足重轻，然亦视为成事不足，败事有余，故须打磨干净，免为头场之累。三场对策，足瞻学力，惟既不能以此制胜，而所对有误，则不免被黜，故群以含糊其词，掩其空疏。所谓运化，所谓古文笔法，其作用如是，虽空疏实不能掩。所幸阅卷者如取中头场，于此苟非显有错误，不复苛求。相沿既成习尚，立法本意浸亡。同光间潘祖荫、翁同龢累掌文衡，以振文风、矫积弊自任，故兼重二三场，而三场对策详赡者，尤深器之。壬辰翁典会试，所出策题，为其得意之作，应试者能洞明原委者盖寡。而吴士鉴所对则源源本本，恰符真谛，既补荐中式，淹雅之名亦大著，南斋儤直，为翰林中通品焉。左宗棠以“经文甚佳”特邀主司欣赏，事亦可传。

一一八　左宗棠李鸿章功名比较

左宗棠、李鸿章均以幕僚显。左氏誉望之著早于李，其为巡抚、总督，咸在李先，独入阁后于李者五年（李同治七年，左十二年），皆以军功得之，当时命相之谕，于李则谓：“览奏之余，实深嘉悦。捻逆自倡乱东南，十有余年，窜扰数省，生民受其荼毒，神人共愤，罪恶贯盈。上年派李鸿章为钦差大臣，剿除任柱、赖汶洸等股匪。本年正月间，逆匪张总愚，复纠合匪众，肆扰山西、河南、直隶，窥伺畿疆……朝廷复调李鸿章赴直东一带督剿，以收众志成城之效。现经李鸿章会同各军，督率各将领，荡平捻逆，并将余匪搜捕净尽。具见该大臣督抚等协力同心，肤功克奏。前已赏还李鸿章双眼花翎、骑都尉世职、黄马褂，并开复处分……自应分别再沛恩施，以昭懋赏。李鸿章著赏加太子太保衔，并以湖广总督协办大学士……以示锡爵酬庸用彰庆赏至意。”于左则谓：“陕甘扰乱，十有余载，势极披猖，自简任左宗棠总督陕甘，数年以来，不辞艰苦，次第剿除。此次亲临前敌，督饬将士，克复坚城，关内一律肃清，朕心实深嘉悦，自应特沛殊恩，用昭懋赏。左宗棠著以陕甘总督协办大学士，该大臣前经赏给骑都尉世职，亦著改为一等轻车都尉世职。”以枚卜为酬庸之具，且明著其词，盖以荣典视之，若唐代节度使之加同平章事矣。所异者彼时使相无定员，此则擢补额缺，且解任封疆时即在京供阁职耳。左以举人大拜，尤为优异。其谢恩折中所谓“乙榜并甲科之选，佐理平章”也。俗传左自憾非进士，不获入阁，疏请解职会试，乃特赐进士出身拜相，则齐东野人之语矣。当肃州将下时，左氏家书言及政府拟以使相两江酬庸，盖已预为示意。后此果亦令督两江也。（左由西陲入京，以万寿庆贺到班迟误，为礼部尚书延煦特疏纠劾，谓其以乙科入阁，已赏优于功，乃既膺爰立，日形骄肆。醇亲王奕譞复疏劾延煦，谓特恩沛自先朝，敢讥其滥。左年老功高，不应以危词耸听。延煦遂交部议处。此为左氏举人大拜之余波。）当在江督任，彭玉麟查复两江营务处参案折，有“方今海宇清平，封疆任重，皇上以两使相分为南、北洋大臣，如周、召之分陕而治，知人善任，媲美成周”语。直、江两督，为疆臣领袖，李、左勋望尤隆，故彭氏云然。（此折于左颇有微词，盖欲抑先扬，且素重左，故竭力抬高其身分。）二人侯伯之封，则李于金陵之下即封一等伯，兼赏双眼花翎。左于“小天王”就擒，始封一等伯，“太平”军全灭，乃赏双眼花翎。左之二等侯，得于西陲军务告蒇，李之一等侯，则以议和之功，于饰终得之，相距逾二十年矣。至宫衔之锡，李克苏州，左克杭州，先后加太子少保，平捻同晋太子太保。李最后死，所获荣典亦独多。（如太子太傅、三眼花翎、方龙补服，均缘庆典加恩。）身后追赠三公，二人均太傅。左留京时，为军机大臣，李则未尝。对外左素主战，以未得一决雌雄为憾事，清议归之。李最不欲战，而中日之役，迫其一试，竟丧令名，为士大夫所唾骂，故说者谓左福命较优。严复挽李联云：“使朝廷早用公言，则世事奚至于此；设晚节无以自见，而士论又当何如。”则以义和拳之乱，收拾残局，晚节颇不寂寞也。

（原第7卷第30期）

一一九　左宗棠私谥为忠　李鸿章自许为襄

左宗棠谥文襄，而尝自谥曰忠；李鸿章谥文忠，而尝自许为襄。左襄办曾国藩军务时，致郭崑焘书有云：“涤公谓我勤劳异常，谓我有谋，形之奏牍，其实亦皮相之论。相处最久，相契最深，如老弟与咏公，尚未能知我，何况其他。此不足怪，所患异日形诸记载，毁我者不足以掩我之真，誉我者转失其实耳。千秋万世名，寂寞身后事，吾亦不理，但于生前自谥曰忠介先生可乎？一笑。”盖其自负最高，视同时辈流，罕当意者。即名满天下，以明于知人著称之曾、胡，亦以为不足窥己之蕴蓄，而所自信大过于人者，惟忠与介。曾奏谓其勤劳有谋，犹粗迹而非本源，故指为皮相也。李在直督任时，与幕僚燕谈，谓本朝李文襄公有几，或对以惟康熙朝宰相武定李之芳一人。李笑曰：“或当有二耳。”易名之典，李忠左襄，非昔者所自期矣。然论者颇谓其允惬也。李尝为清议诋以卖国，疑为秦桧，身后特谥忠字，盖棺论定，心迹固可共见耳。

一二〇　李鸿章拼命做官

曾国藩之入阁，以同治元年元旦下诏，虽未明言酬庸，而旋以京察上考，谕谓：“协办大学士两江总督曾国藩，督军剿贼，勤劳罔懈，于江、皖地方，叠复名城，战功卓著，甄拔所部将领，贤能称职，前经简授协办大学士，仍著交部从优议叙。”酬庸之意，固补述之也。曾、骆（秉璋）、李、左，均由总督以勋臣膺爰立。即阎敬铭、张之万由尚书大拜，一以总理胡林翼粮台著绩而起，一亦尝以外吏与军务。而李氏之居揆席，凡三十余年。其他汉臣入阁甚难。《庚子西狩丛谈》记吴永述李氏轶事云："公任直督时，深受常熟排挤，故怨之颇切……在贤良寺时，一日项城来谒……旋进言：'……不如暂时告归，养望林下，俟朝廷一旦有事，闻鼓鼙而思将帅，不能不倚重老臣，届时羽檄征驰，安车就道，方足见老成声价耳。'语未及已，公即厉声呵之曰：'止止！慰亭，尔乃来为翁叔平作说客耶？他汲汲要想得协办，我开了缺，以次推升，腾出一个协办，他即可安然顶补。你告诉他，教他休想，旁人要是开缺，他得了协办，那是不干我事；他想补我的缺，万万不能。武侯言鞠躬尽瘁，死而后已。这两句话，我还配说。我一息尚存，决不无故告退，决不奏请开缺。'……项城出后，公即呼予相告曰：'适才袁慰廷来，……说得天花乱坠，要我乞休开缺，为叔平作成一个协办大学士，我偏不告退，教他想死。我老师的挺经，正用得着，我要是传他衣钵的，我决计与他挺着，看他们如何摆布。'"所述颇能传神。翁同龢帝师清望，时最有入阁之把握，所患无缺可补，李正失势无聊，忧谗畏讥，故冀其开缺递遗一席，而非李自请，后、帝念耆臣旧勋，犹不忍并此首辅空名而遽罢之。袁方亲翁，自恃尝为李所器，乃代翁游说，不意李竟倔强如是。李卒后，吴汝纶为护理直督周馥草奏，胪陈李氏忠勤功绩，推崇备至。其关于出处者，谓："自少至老，历常变夷险，未尝一日言退。虽间婴疾病，不轻乞假。尝言曾国藩晚年求退为无益之请，受国大任，死而后已。朝廷岂肯放归。马关遇刺，定和而还，论者未已，所亲劝令乞归，答言李鸿章于国实有不能恝置之谊，今事败求退，欲安归咎。人以此知李鸿章之忠勤爱国，非浅识所能窥测。”可与吴永所述参看。汝纶服膺曾、李，于李氏生平，尤推阐表扬，不遗余力，此节所云，足见李氏此等处之善于挺，实过于曾，不仅足传衣钵而已，故曾氏尝有“李少荃拼命做官”之谑也。曾好作谐语，有所谓“挺经十九条”之说。郭嵩焘致曾书，戏就“挺”字发挥，颇有趣致。略云：

蒙录示挺木挺人挺年一书，盛哉挺也。年有尽而挺无穷，挺之传曰，见挺不挺，其挺自泯。且大帅之挺，当用以斡旋世宙，不当用以挺贤。孟氏有言：“王请无好小挺，王请一挺而安天下之民。抑又闻之，天下有道，小德挺大德，小贤挺大贤。天下无道，强挺弱，智挺愚，唯智者为能挺人，唯仁者为能受人之挺。智者用于人者也，仁者用人者也，大帅宜何择焉？”诸葛公教曰：“诸有忠虑于国，但勤攻我之阙。”董幼宰参署七年，事有不至，至于十反，来相启告。幼宰之殷勤，十挺而不倦，诸葛公但以九挺当之，愿大帅用其九挺，缓其一挺，使左右之人违覆而得中。故曰：“君子之挺也，君子而时中，请仿扬雄《反离骚》之意以注挺经可乎？”

此书为郭氏集外之文，想见昔贤风趣。曾门弟子彭玉麟授官必辞，李鸿章不肯言退，亦各行其是耳。丁酉，协办大学士李鸿藻卒，翁同龢乃补其缺，次岁即放归，任协揆仅半年余，未获晋正揆也。阁运修短，视鸿章迥不侔矣。

一二一　徐世昌长于为官之术

己酉、庚戌间，汉阁臣相继出缺，为时甚促，汉臣以次入阁，踵相接也。若徐世昌之以编修不满八年，即为一代最末之大学士，尤为神速。徐官编修十余年，未放一差，以黑翰林著。壬寅授司业，亦缘特擢。王蜷翁《兰隐斋笔记》云：

> 定例：翰林院编修，须满六年资格，方可迁转。此六年中，一日不得间断，若有事出京，亦须回时按日补足。袁项城练兵小站时，延徐太史世昌参其军事，呈请王夔石制军，为求免扣资格，奉旨，徐世昌准其在营效力，所请免扣资格之处，著无庸议。于是徐君仍回原衙门行走，但受小站营务处虚衔，月支数百元薪俸而已。向来翰林迁转，虽有六年资格，而每遇缺出，必以二十人引见。皆为首者得旨补授，余十九人随班而散，俗谓之抬轿。光绪壬寅之冬，国子监司业出缺，吾乡朱延熙引见居首，以为可得矣。散朝

后，普请成均官长于东华门外九和兴酒楼，未终席，得报司业已放徐世昌，遂匆匆一揖而散。徐之班次在第十三，越级得之，异数也。朱不数日放湖南盐道以去。”朱氏此际实难为情，惟失司业而得盐道，以仕宦恒情论，则又觉此胜于彼矣。

丁未，御史江春霖奏请提议修改都察院新章疏中，有“民政部尚书徐世昌前以第十四名之编修升司业”语，与王记小异。（此类升擢，俗称翻牌子，先世父子静公，癸巳以左中允迁右庶子，亦由翻牌子而得，名列最前者为侍读崔国因，适以出使美国大臣任内某事，为光绪帝所不慊，故抑之。）沃丘仲子《徐世昌》有云：

> 迨回銮，世凯迎驾，面奏世昌学兼文武，才优干济，特宣入对。孝钦见其体貌英挺，音吐清扬，大喜；谘以直鲁军防，条对明晰。翌日，后告荣禄曰：“徐世昌或足继李鸿章后乎？”其期许若此。

徐氏风度端凝，长于奏对，司业之除，心简有自，即后此累邀峻擢，致通显，亦颇由此。曾国藩之荐李鸿章，称以“才大心细，劲气内敛”。徐非李之伦，而“劲气内敛”四字，亦良足当之。机心默运，罕露圭角，居恒不为疾言遽色，有躁释矜平之概。其得为总统也，若水到渠成，自然合拍。后见局势有变，即飘然而去，未至狼狈不堪，且自此不谋再出，洵所谓养到功深者。在总统任，值五四学潮起，国务总理钱能训，谒商应付，状甚焦灼，徐神色不变，从容谓之曰：“凡事不可着急，著急则无办法矣。”是即徐之处事哲学也。（李鸿章以毕生未掌文衡为憾事，即朝、殿阅卷、读卷，亦未获与。徐则于甲辰以卿贰为末次之朝考阅卷大臣，慰情胜无，差足傲李。其所为甲辰同年录序，谓“策论之试，甫定于寅岁，科场之制，遽迄于辰年。余于是科获襄阅卷，含元殿上，曾瞻金镜之持；光范门前，细数晓钟之列。马融晚性，惟爱琴音；徐演残牙，犹思饼啖。”词气有悲喜交集之致。）

一二二　刚毅之浅陋

方汉阁臣连翩出缺，满阁臣则巍然不动，荣庆久任协揆，以世续、那桐无恙，竟不得更上一层也。刚毅为协揆时，正揆为崑冈、荣禄。高树《金銮琐记》有云：“笔正文词尚未通，荣堂考试为包容。迩来协揆位相逼，醉后生嗔掷酒钟。”自注谓：“荣仲华相国为堂官时，考笔正，刚毅与考，文尚未通，后官至协揆，同为枢臣。在直庐午酌，刚有不豫之色，以酒杯击案有声。荣相问何事，刚曰：‘公与崑晓峰各占一正揆缺，我何时补正揆？想及此，是以怏怏。’荣笑曰：‘何不用毒药将我与晓峰毒毙。’二公从此水火。”刚毅之浅殊可一噱。高树为军机章京，得闻其事。

后与弟枏同官御史。时学部尚书为协揆荣庆，左右丞为乔树枏（人戏呼为乔壳子）、孟庆荣（字瓛臣），或撰一联云：“壳子平吞双御史，瓛翁倒挂老中堂。”颇传诵一时。（原第7卷第31期）

一二三　奏对讹误趣谈

林纾《铁笛亭琐记》云：“前清某朝，引见南中总兵官，帝问之曰：‘汝来自江南，江南水患如何?’对曰：‘浩浩乎怀山襄陵。’帝不悦，曰：‘吾问百姓如何耳。’对曰：‘如丧考妣。’帝大怒，下令今后此武官不许通文。”以是为前清某朝事，而未确指何帝。其乡前辈梁章钜于此已先有记述，且指明为乾隆朝。《浪迹丛谈》云：“记得乾隆间有南省某总戎入觐者，时值南河漫口奏至。上问：‘汝过清江浦时，情形若何?’对曰：‘浩浩怀山襄陵。’上首肯曰：‘然则百姓光景如何?’对曰：‘百姓如丧考妣。’上斥出之。翼日即有嗣后凡武臣引对不准通文之谕……按：宋臣高琼，尝从宋主幸澶渊，琼请幸河北曰：‘陛下不登北城，百姓如丧考妣。’上乃幸北城。虏退后，命寇准戒琼曰：‘卿本武臣，勿强学儒士作书语也。’语载《名臣言行录》。古今人事暗合有如此者。”所述视林为详，并谓其暗合高琼事，宜若乾隆间实尝有此矣。而据宋人所记，则此宋仁宗时事也。沈括《梦溪笔谈》云：“庆历中，河北大水，仁宗忧形于色，有走马承受公事使臣到阙，即时召对，问水灾如何，对曰：‘怀山襄陵。’又问百姓如何，对曰：‘如丧考妣。’上默然。既退，诏今后武臣奏事，并须直说，不得过为文饰。”庆历、乾隆，上下数百年，竟若重规叠矩，未免太奇，其为一事误传明甚。林氏可不论，梁氏著作等身，夙号淹博，且即生于乾隆时，成嘉庆七年（壬戌）进士，以词曹扬历京外，累官封圻，于朝章国故，盖颇究心，复为朱珪、纪昀、阮元辈门人，师友多习知京朝故事，乃亦偶有此失，无怪清代旧闻，诸家记载时有不经之谈也。颇疑《梦溪笔谈》所记亦或未必有此，而即真宗时高琼事装点歧出，传为仁宗时趣闻者。不然，何真、仁两朝武臣，惯向皇帝说“如丧考妣”乎？

梁氏述此，附见于记庄芳机事后。记庄事有云：

> 任参将时，与余同官。值入觐回，告余曰：“我此行几误事。入见时，上问汝自江南来时，可见过蒋攸铦？我对曰：‘没有。’三问三对如前。上变色曰：‘汝太糊涂，岂有江南武官来京，而不向江南总督辞行者乎？’我急对曰：‘有有有。’上容稍霁。数语毕即出，而浑身汗透矣。”余诘其故，庄曰：“我只晓得江南总督或蒋中堂，他从来没有名帖拜我，我又未尝请他写过一联一扇，那知甚么蒋攸先，蒋攸后乎？”余笑曰：“此自君之疏失，然无碍于理，主上宽仁，断不汝罪也。”庄颔之。未几即升广东总戎去。

其事殊趣，与沃丘仲子所记“总兵陈际清入觐，后问旧从何帅，答初出尝从彭打铁，后茫然。以询枢府，文祥对：‘此湘汉间谚语也，言其人坚冷过铁，故谓之打铁。’后曰‘然则玉麟其今之包拯、海瑞矣。打铁非恶名也。’”（见《慈禧传信录》）及“际清粗率，初入觐，召见时数言曾中堂，拉后笑颔之”。（见《近代名人小传》）均为清代武臣奏对之笑柄。初不以此获咎，则武人鄙野，正被视为本色，且喜其朴鲁无机心为易驭也。庄芳机之超授总兵，或即得力于不知总督之名欤？庄与梁同乡，其“有有有”之对，恰是福建人官话，否则，未见可对“没有”，曾见不能对“有”也。闽人述闽人语，故尔口吻逼肖。

一二四　会试中式不得即称进士

会试中式，不得即称进士，前尝论之。顷阅梁氏《归田琐记》记“张孟词贡士”有云：“孟词于癸丑会试中式，磨勘停科。乙卯未及补殿试，卒于京中……文正师（朱珪）得孟词死耗，寄家人书……才如孟词，文如孟词，学如孟词，犹不得一进士出身，然则倘有侥幸成进士者，岂不愧耶？不得者又何憾耶？”正以会试已捷，未获应殿试以成进士，故朱氏恸惜之。梁氏以“贡士”标题，不曰进士，亦以此。惟如“阮云台师哭孟词云……既乃甫中进士，未及殿试而卒，宜石君师恸之深也……”未殿试而曰“中进士”，则是阮元徇俗以称之耳。

一二五　诸葛亮自比管乐之真意

诸葛亮自比管乐，其旨后人多所推测，俞樾《春在堂尺牍》有《与易笏山方伯》论此云："前日谈及考试正谊书院，以孔明自比管乐命题，弟归途于舆中思之，孟子以管晏并称，太史公亦以管晏合传。乐毅与管仲，人本不伦，从古无以并论者。孔明生当汉季，草庐中自揣其才，若汉室未亡，群公中有能用我者，则我必为管仲，尊汉室以匡天下。计当时惟曹孟德可辅，而惜其不能为齐桓公也。荀文若一误，我不可再误，则管仲已矣。又思若汉室沦亡，则择可辅者而辅之，兴复汉室，还于旧都，我其为乐毅乎？盖为管仲是一番事业，为乐毅又是一番事业也。其后受知昭烈，辅相后主，拳拳以讨贼为事，盖此时意中惟有一乐毅矣。观其《出师》两表，与昌国君报惠王书，异曲同工，可知其瓣香有在，乃秋风五丈原，大星遽陨，不能为管，又不能为乐，而其自比管乐之意，千古遂无知者，可叹也。"颇能自圆其说。而前乎俞氏者，明人张燧《千百年眼》所见与之略同。其说云："孔明自比管乐，后人多疑其谦，不知此自有深意。比管仲，取其尊王也；比乐毅，取其复仇也。盖隐隐有兴复汉室之图，于比拟间微示其意。"张氏书成于万历四十二年，明末避地日本，携稿自随。光绪十四年，始重印传入中国。据孙点跋称："酒井藩主与张君善，得读所著，忻然心赏，即付梨枣，以饷同好，未几复毁于兵火。后三百年，四明王子惕斋来游，从旧侯家得初印善本，宝之多年，欲再搜访其一章不可得。中原坊肆及藏书家，非特未见，且未之闻，因用铜板缩刊二册，将以传播四方，扩人眼界，其意良厚。”俞氏与易佩绅论此时，未见是书，而见地适与张氏冥合，非袭取也。《千百年眼》论述史事，颇有创解，足以发人思致。若诸葛自比管乐，其实即就政术武事言，已自可通，张愈深求之，反若近迂。刘备以汉室疏宗崛起，虽以兴复揭櫫，其事实为创业，故《出师表》首言“先帝创业未半，而中道崩殂”也。（《出师》二表，后表人多论其为赝作。）效忠蜀汉，以知遇之感，表谓“由是感激，遂许先帝以驰驱”，意尤可见。

一二六 赵申乔微行斥贪官

前录湘友谈故老所传巡抚赵申乔轶事，赵有“青天”之誉，而两司有“不正”之谤。据《郎潜纪闻》云：“赵恭毅公抚楚，尝微服偕藩臬之市肆中，问政得失，市人盛称公而诋两人，两人愧汗，不敢出一语。公偕藩臬去，顷复还，呼其人谓之曰：‘若言两司过，两司必怒若。然有我在，无恐。’因以所携扇贻之曰：‘持此谒藩司，则无事矣。’明日藩司以扇还公，公徐语曰：‘人言可畏也。’其后藩臬亦奉法。”是两司“不正”，盖亦实有其事，惟获改过于“青天”之下耳。忆某笔记述长麟抚浙微行，遇仁和令于途，偕饮酒肆，肆人称巡抚爱民，而言令贪墨状。长麟既偕令出，复至酒肆待之，县役来拘肆人，长麟强与俱。至县署索令印去，谓省一员摘印官。事与赵申乔微行，有相类处。赵氏为政，清苦自厉，扶弱抑强，有包拯、海瑞之风，故民誉最著，久而弗替。然官左都御史时，兴戴名世之狱，不能无杀人以媚人之讥焉。

一二七　熊少牧才高运蹇

道光庚子江南科场案，前就张君二陵说，略纪其事。据《郎潜纪闻》所述，则被挈入闱者为湖南举人熊少牧，其人亦可传。《纪闻》云：

> 道光十九年，胡文忠公副长白文端公文庆，典试江南，文端挈湖南举人熊少牧入闱，襄校试卷。言路劾文端，文忠亦被议镌级，少牧下请室，除名放归。考少牧故名士，缘昔以优贡入成均，文〔端〕为祭酒，大激赏，重违知己，勉从之也。少牧负异禀，能文章，作为诗歌，尤雄视湖湘间。（中叙以乞饷及守城功复原资，官训导，擢内阁中书，请告归。）初主求忠书院，士喜得师，横舍至不能容。晚年辟草堂，莳花木，问字乞诗文者，接踵于门。著作百卷，躬享大耋，使非中诖吏议，弃绝浮荣，当咸同军兴，殆亦曾、胡诸公夹袋中人物也。

于熊氏本末，言之历历，惟所云道光十九年，稍误，实二十年也。（原第7卷第32期）

一二八　奕䜣曾国藩论武职之出身

清文职以科第出身者为正途，武职则重行伍，初不以武科为正途也。武科殿试授职侍卫者，俗称武翰林，然身分固视翰林悬殊。明代武鼎甲可授锦衣卫所职，实为美除，人多荣之，差足云武翰林耳，侍卫亦非其伦也。武科既不见重，故当火器既行之后，犹用马、步、箭、刀、弓、石各技取士。光绪二十三年，协办大学士、兵部尚书荣禄奏请设武备特科，分列格致诸学，枪炮诸科，以为之目。旧制之武乡、会试，姑仍其旧。其应特科之人，由武童层递作为武举、武进士，每次限以三年，略取九年大成之意，不必与旧科同岁举行，止须将原有中额之半拨入特科，试之有效，再将旧制全停，谓可造就人材。下军机大臣会同兵部核议。恭亲王奕䜣等覆奏，以为时势多艰，办事务求核实，无取铺张，亦不必有特科名目，请仍就经制武科，加以变通，改试枪炮。疏末则发挥武科本不足重之旨，谓“国朝军政，自提镇以下，一切武职，本以行伍为正途，其武举、武进士，原不过聊备一格。道光以前，姑不具论，即如咸丰、同治以来，荡平粤捻，在事将帅，满洲如多隆阿、塔齐布，汉人如鲍超、刘松山，皆系行伍出身，蔚为名将。武科所得，率多偏裨奔走之材，断不能与文场乡、会相提并论。即欧美各国，讲求武备，如英国、德国之水陆军大书院，美国之委士盘大书院（按：时以外国之学校拟中国之书院，故有大书院之称），皆情愿入伍之人，始准入堂学习，学成之后，即令分隶各营，充当士卒，并无所谓武科也。今欲建威销萌，折冲樽俎，宜就各省勇营认真挑选，厚其赡资，严其功课，腹心干城之寄，在彼不在此。至于武科改制，臣等今日所议，已得其大概。宋臣苏轼所谓取士之法，不过如此，不得谓区区一科遂足尽天下之人材也。”对于武科之轻鄙，可谓畅所欲言，而“武职本以行伍为正途”一语，见之奏牍，武科之地位，尤为明显。不独视马、步、箭、刀、弓、石之武科为聊备一格，即改试枪炮，亦视为聊备一格。将才仍当舍是而求诸正途之行伍，故以腹心干城之寄，望之于各省勇营也。至谓欧美各国无所谓武科，其实外国不行科举之制，文武科举均无。惟文官尚有考试授职之例，不闻有武官考试，故奕䜣等不妨为是言耳。（何绍基督川学时，试武童，以墨涂镜加眼上曰：“此无益，吾何观焉？”见《近代名人小传》。武试之见薄于文科人物如此，所谓断不能与文场相提并论也。）武科之设，虽不过装饰品之性质，非真欲求将才于其中，然其本意亦未尝不藉为一种无用之用。盖于文科所牢笼者外，更为民间好勇有力之辈设一利禄之途，使以此为蕲向，而寄其勇力于马、步、箭、刀、弓、石，亦消弭乱源之一道。（以武举、武生之头衔武断乡曲者，亦多有之，然其患较小，与揭竿斩木者不可同日语。）曾国藩道光二十七年为武会试总裁，其序进呈之试录，文字殊胜，不同寻常官样文章，可供论武科者之参究。文云（上略）：

> 自唐宋以后，招致将才，不可必得，乃按图而索骥，于是有武举之科，有武学之额，有赐及第、出身之目。宋庆皇间，定武举以策为去留，弓、马为高下。禄利之途一开，爪牙之士稍稍骧首。元明以来，循是不废，然上以名求，下之人因袭是名而巧弋之。其以弓、马得者，不过挽强引重市井之粗材。而以策试中者，亦皆记录章句琐琐无用之学，故论者谓人才之兴，不尽由于科目，理固然也。我朝定鼎以来，威· 无外，自虎贲宿卫，八旗禁旅，往往有熊罴不二心之臣，肩比而鳞萃。而各行省山泽猛士，又罗之以科举，所以储干城之选，至周且当。顾循行既久，向之所谓市井挽强记录无用者，亦儳乎其中，而臣之所职，又惟校此默写孙吴之数行，无由观其内志外体，与其进退翔舞之节。而欲使韬钤之材之必入于此，不遗于彼，臣诚不敢以自信。独念圣天子神武震烁，臣等凭藉宠光，亦足增长刚气，而以精神与多士相感召，庶几廉、蔺、魏、尚之辈，或出于此。区区之诚，不胜至愿。《传》曰：“同明相照，同气相求。”虽不能必，志之而已。

言外之意，亦即谓武科实不足以获将才，与奕䜣等所云可以印证。而文特诙诡可喜，盖寓滑稽于典重之中，意味乃极隽永。国藩论文，好讲诙诡之趣，又以吞言咽理为文家之胜概，是作盖可当之。此境良不易到，非大手笔不能也。读曾集者以其为“例得飏言简端”之官样文章，多不甚措意，熟玩乃知其佳处耳。所谓“山泽猛士，罗之以科举”，虽不能“储干城之选”，其即武科无用之用欤？

一二九　谭嗣同著《兵制论》

谭嗣同尝为《兵制论》，著其概于《石菊影庐笔识》，思以选与养寓之于武科。其说略云：

> 欲定制，不外选与养，夫选未可执途之人而遍察之也，必出于科目而后可。今之武科，得士岁以千计，然皆老死田陇，即一二得官者，浮沉散秩，无一人一士之权。是设科取之，适以废之。欲毋废之，必选而入兵，侍卫可长千人，进士长百人，举人长十人，武生则兵也。欲为兵必先为武生，兵中贤者，递迁而上，尤必用土著，俾无他往，守其祖宗坟墓之墟则力奋，战于乡闾长养之地则势审，平居无骚扰之端，征发无逃亡之患。如此则兵不择而精，气不鼓而壮，且武科亦不虚设。是一振而积弱祛，一举而众善备。

盖深慨于兵制之不讲，而武科之徒有其名，故欲合武科、行伍而一之，以谋改善，论甚新颖，然其效亦言之太易。且此种兵制，实类于捍卫乡里之民团。民团之与兵，性质固不尽同也。

一三〇　古人慎用火器之因

中国发明火药最早，火器之利于作战，何尝不久已知之。然海禁大开以前，向不轻用于战事，所通用者，炮则定时刻（如明炮、午炮、定更炮、三炮之类）、壮威仪（如官僚出入之三声大炮）而已。军中有所谓号炮，为信号之用，亦非以之直接杀人也。枪则曰鸟枪，用于猎人之击禽兽，顾名思义，固非杀人之器。（清律，金刃杀人，罪甚于他物，鸟枪则又甚焉。深恶火器之杀人也。）枪炮之用，能如是即可，故无取乎讲求精进。遇有战事，苟有术可以胜敌，不欲多所杀伤，火器因之罕用。偶以不得已而用炮以制胜，则以神秘视之，封以“大将军”名号，虽似迷信，实以示不敢轻用，故用毕，或锢藏而任其锈檄，或瘗埋而灭其踪迹，盖不祥之物，屏之惟恐不远。而废弃之旧炮，后人乃无意中发现之焉。近事如北平宣武门拆除瓮城，掘出大炮数尊，即其一例。昔者对于火器之态度，由今日观之，宁非大愚至拙？然此种不嗜杀人之美德，良足供吾人之追维也。乾隆时，英国遣使马戛尔尼来华通好，归国为笔记以述华事，极笑中国军队不用火器，而用刀枪弓矢之属，不堪与洋兵一战，斯固无愧所谓文明先进国人之观察耳。曾国藩《日记》中，述及“群子”（时对于子弹有群子及大子之称），谓“每炮用百余颗，多者或三四百颗，喷薄而出，如珠如雨，殆无隙地，当之辄碎。不仁之器，莫甚于此矣。然海疆尚未靖谧，此其亟宜讲求者也。”则潮流所被，欲故步自封而势有不能矣。使曾氏获见今日不仁之器锐进无已，战事杀伤之多，其惊愕更当何如乎？

一三一　曾国藩诫勿专恃火器

曾氏治军，火器虽已参用，而于刀矛仍极重视，每诫部下勿专恃火器。其咸丰八年批何应祺条陈有云：“临敌交锋，刀矛尤为利器。南方矛法，素少师传，故湘勇多不善使矛，此实历年大病。然本部堂于三年夏间，曾赁天妃宫，教邬家矛法，闭门教习两月，亦未敢轻视此事。各营现亦日操长矛二次，禀中所称‘窃嗤腹诽’云云，似尚无此气习。该令如能觅得教师，本部堂不惜重价雇募，以挽颓弱。”已用火器，而谓刀矛尤为利器，竭力讲求，看似不免近迂，无怪当时已有窃嗤腹诽之说。然军旅之事，正有未可率尔臆断者，曾氏知兵，岂肯泥古自误，盖肉薄之际，刀矛亦非无特长耳。证以今日火器之利，更过昔多多，而中原战事，大刀队之大刀颇发扬其威力，益可见矣。　　　　（原第 7 卷第 33 期）

一三二　徐世昌之弟徐世光宦鲁轶事

（一）官运亨通

徐世昌与弟世光，光绪壬午科同榜捷秋试。世昌旋于丙戌成进士，入词林，世光则以捐纳同知，分发山东，供差河工，保知府。袁世凯巡抚山东，夙与世昌善，亦交世光，为补青州知府，旋即调任济南知府。故事，首府升道缺最易，盖将真除监司矣。会周馥抚鲁，以其有名士习，且多病，谓道府为全省官场枢纽，非可卧治者，勒令开缺，时世光本在任候补道，遂开缺过道班。（世光之前任为卢昌诒，世凯迫其开缺过道班，俾世光调首，与周馥事颇相类。惟卢自为候补道，即没没无闻，与世光异。）后杨士骧为鲁抚，与世昌同亲世凯，且丙戌同年翰林也，于世光极优待，使署济东泰武临道及粮道，任河防局、营务处等要差。在候补道中，共朱钟琪、萧应椿、杜秉寅称朱、萧、徐、杜“四红道”焉。世光声势尤著，有“二帅”之称。以巡抚称大帅，世光若仅亚之，且世昌已贵显也。士骧在鲁抚任被劾，词连钟琪，钦差尚书清锐莅鲁查办，士骧关说得解，以查无实据覆奏，钟琪则以苛征车捐等罪革职。车捐事方鞫讯时，钟琪抗辩甚力，钦差随员出所得捐票质之，乃无词。后由东三省总督赵尔巽，特保开复，固总角交也。旋任奉天度支使。应椿于山东设巡警、劝业二道时，补劝业道。（粮道裁缺。以其经费改设二道。补巡警道者为潘延祖。）后调安徽、奉天。世光于宣统间简授登莱青胶道，兼东海关监督，为山东各道中第一优缺。（时适丧妻，其悼亡诗有“隔宵天子诏书来”之句。）先是，又尝奉巡抚委署兖沂曹济道，适济南知府胡建枢已奉旨擢任是缺，遂未履任。而就名义上言，山东旧有各道，世光可谓遍历矣，“四红道”中，迄清之亡，未获一握司道之篆者，秉寅一人而已。

（二）逃避青岛

登莱青胶道，以兼司交涉驻烟台，辛亥事起，有数人持白帜噪于市曰：“革命军至矣。”世光闻之，急挈眷走青岛，文武官闻道台已走，皆骇散，党人遂不血刃而占领烟台，建都督府焉。方其始，党人至者甚少，世光以兵备道统防军，力固足以制之，然念清运将终，以免祸为幸，不欲抵抗也。（此为当时一种公共心理，党人所至，清吏望风而逃以此，固缘清政不纲，亡征已见，亦以武昌一举，而清廷先张皇失措，故人无固志也。）

（三）静极思动

世光为青岛寓公，蓄辫，以清室遗臣自居，会世昌亦至，则已去辫矣。世光谯让之曰：“弟官不过监司，犹感激大清恩遇，守首阳之节，兄宰辅三公，何以遽忘先朝，而作出山之计耶？”世昌笑谢之，不与辩。迨日德构兵，青岛不可留，世光乃迁居天津租界，以昔日久尝宦味，静极思动。世昌时为国务卿，知其意，言于世凯，使督办濮阳河工，隆其体制，优其经费，世光乃去辫以拜命，人谓世昌笃于手足也。既受事，山东河工旧僚麇集，参谒如见督抚。世光亦盛设前清威仪，视河道总督焉。迨工竣，僚吏均满意而去，且得优保，号为名利双收，咸称颂世光不置。

（四）“两袖清风”

或谓世光既历膺膴仕，家已巨富，濮阳之役，所获尤丰。然吾闻去岁世光在津病革时，世昌往视疾，世光流涕相语曰：“自知旦夕永诀，惟清风两袖，将以举家累大哥矣。”世昌慰之曰：“有老兄在，毋以身后为忧。”世光乃曰：“如是弟先行一步。”则人言或不足尽信耶？（世昌无子，以世光子为嗣。）

（五）推服世凯

世光夙推服世凯，当世凯被放归里，甚致惊慨。适宠妾病死，与友人书云：“项城既去，小妾复亡，国事家事，两不可为矣。”虽拟不于伦，而以国事推袁之意自见。鼎革之际，颇言世凯世受国恩，不应取代，然濮工之命，初不谢绝也。

(六) 晚年信道

世光、秉寅，晚年均皈依道院，崇奉“老祖”，受乩坛上之封号。虽不免迷信，然藉是办理慈善事业，活人不少，亦所谓神道设教欤？泰安岱庙，宏伟壮丽，为山东胜迹，而年久失修，日就颓敝。世光等尝发起募捐修缮。谓既所以敬神灵，亦所以彰名胜。然以工程浩大，醵资匪易，其愿未克偿也。数载之前，秉寅卒于济南，鲁人传其已由“老祖”加封某某真人，列仙班，及种种神话。盖以慈善家又弱一个，故多表惋惜焉。去岁世光继卒于津，人惜之如秉寅。世光字友梅，近日报载世界红卍字会会长徐友梅灵榇至北平西郊安葬，迎送吊祭者颇夥云。沃丘仲子《徐世昌》记世昌家庭，谓兄世光、弟世章，有误，世光实世昌弟，世章则从弟也。又谓世光官东昌府，亦青州府之误。（沃丘仲子闻为四川费氏，尝受业于王闿运，熟于国故，文笔劲爽，所撰《慈禧传信录》详赡精核，断制谨严，蔚为良史之才。其《近代名人小传》《当代名人小传》论断亦有甚精处，而事实舛误者颇不乏。其自叙有云：“饥驱南朔，或撰杖乎耆硕之侧，事必问，问必记，三十年中，所得积四十卷，都百三十万言。虽见闻详略有差，而毁誉不谬于圣人，视世之以谀墓文为事略者，少不侔矣。丙午夏五，滇师一炬，万卷皆烬，仓卒奔徙，达乎海滨，三十年之所闻见记载，终不欲其尽佚，于是追思补录，凡三阅月，乃始成书，而视曩作仅及什一。呜呼，姓氏得存，名称能举，是亦足矣。而所记或邻于稗官，或无关宏旨，故命名小传。”凡例有云：“旧稿毁于兵燹，客中追录，难免遗忘。行箧无书，补辑匪易，罅漏或什七矣。大雅不弃，示我周行，俾不越规矩，何幸如之。”是于此亦深不自满假，旧稿之毁，为史家一大损失，则至可慨喟也。尝欲博考周谘，为之订补，而卒卒少暇，当俟异日。至所撰《徐世昌》《段祺瑞》，似急就之作，然亦可供浏览。)

（七）追慕风雅

世光才识器度，不逮世昌，亦颇慕风雅，能书画。世昌书学苏，世光则学黄，论者谓世光书风致胜其兄。当为候补道时，寓济南城外“东流水”，景物颇佳，书门联云：“水向东流，城北徐公今吏隐；门迎西爽，济南名士半湖居。”自谓不同俗吏也。或传其在津挽周馥联，有“名震三多里”句（馥寓三多里），语气近谑，盖未忘前事云。

一三三　清末山东候补道之盛

山东官场，庚子以前，候补道不过十余人，候补府不过二十余人。道为局所总办，月薪百金，府为提调，数半之，间有外来投效人员，不过数人而已。自世凯抚鲁，率武卫新军至，官场人物，辐辏曼衍，局面之恢宏，风气之开扩，视昔迥异矣。士骧至，踵事增华，宦途尤有甚嚣尘上之观。且以励行新政之名义，广设机关，多置员司，月薪之厚，倍蓰于前。济南乃为仕宦乐土，冗员愈聚愈众，一局所而候补道充会办有多至七八人者，有一人而身兼八九差者（朱钟琪兼充局所总、会办九）。挂空名，领干薪，为极寻常之事。抚署文案某，兼洋务局挂名委员，缘局中保案，以异常劳绩过班，昌言于人曰："吾不知洋务局大门是何方向也。"其可笑如此。（后士骧督直，天津洋务局会办，乃有六七十人，则由假局差交接京曹，以干薪示惠，故各局所会办之多，更非山东之比。闻此风李鸿章时已启之，世凯继之而加甚，士骧又加甚焉。）以员冗而薪厚，消费者多，且时值承平，济南大呈繁荣气象，商肆旅店，利市三倍，而夏日大明湖之繁荣，尤为盛极一时。阔官或贵游子弟，征妓宴歌于画舫（惟现任官尚不敢公然为之）。寻常游人，则乘小舟追随听歌，通宵达旦，乐此不疲。湖中之历下亭，及傍湖之北极阁，均成临时商场，彻夜灯烛辉煌，游人往来如织也。（比士骧闻被劾，乃下令禁挟妓游湖，明湖顿萧瑟矣）。

一三四　山东候补道讲求饮馔之盛

道员之膺优差或官州县致富而过道班者，位尊而多金，厚自奉养，多讲求饮馔，或相聚而研究之，于铺馁之品，时有发明。其庖人经特别训练，均成个中名手。后多自营饭馆，私家烹调，遂公诸同好。（有名"雅园"者，设大明湖滨司家码头，榜曰：“馎馁研究社”，意即谓所售馎馁诸品，实由研究而来也。）今平津之所谓济南馆，烹调之法，渊源亦由于彼，非济南旧式饭馆之本色也。源远流长，或可永为山东候补道之纪念品矣。鼎革以还，山东候补道，已成历史上名词，其与济南馆之关系，将来恐无知者，爰表而出之，庶馎馁者不至数典忘祖耳。

（原第 7 卷第 34 期）

一三五　吴廷斌具疏恳辞

当杨士骧擢任直督，朝命山东布政使吴廷斌署抚。廷斌年事已高，且与士骧颇相得，故守职无所更张，惟以署理与护理不同，真除大有可望，暮年得此，足慰老怀。乃未几而民政部侍郎袁树勋，忽又简署山东巡抚，于廷斌则并无下文，既未令无庸署理，亦未言仍回本任。于是山东一时乃有两署抚，亦一奇谈。新命既颁，廷斌抚篆势须让出，此身未分明，不知作何安顿。若回藩司本任，再坐司道官厅，不免哙伍之感。犹冀政府念其服官资历已深，有调署他省巡抚之后命，或内用卿贰，亦尚可为，徊徨者累日。而于树勋将至济时，始奉命调任直隶布政使，遂约集亲信商进止，谓：“吾老矣，即退休亦大佳。惟直藩隶总督，非隶巡抚者比，且与莲帅本旧日堂属，素承知契，再持手版，亦未为屈节。拜命与辞职孰宜，诸君其为吾筹之。”诸人未遽对，候补道姚联奎，其安徽同乡也，独毅然曰："据职道管见，大帅可以不必干矣。"廷斌乃曰："君言大善，吾亦不欲恋栈。服官一生，今由山东巡抚任归田，固不为辜负矣。"即具疏恳辞，疏中历叙入仕以来治河从政诸绩，谓积劳致疾，请即开缺。盖言外颇有区区不予畀之意。疏入得请。

一三六　袁树勋裁员减薪风波

树勋既至，鉴于山东官场风气之浮靡，度支之冗滥，首以裁员减薪为务。各司所冗员既多所裁汰，并限制任差者薪水，道员任总办月二百金，知府任提调月百金，余递降。裁员声中，官场大为恐怖之空气所笼罩。穷员被裁，生计顿绝，有自杀者，如某学堂杂务司事候补巡检傅某，月薪三十金，恃以糊口养家，以被裁服生鸦片自杀，举家同殉，闻者伤之。当士骧时，候补人员得差最易，即无人说项，苟再三恳求，亦可如愿。尝有谒见者，目击一事，某员与同谒，固与士骧毫无瓜葛，亦非有人代为请托者也，惟陈诉家贫亲老，请大帅赏派差事。士骧不允，因连请数安，求大帅栽培，并言大帅如不施恩，阖家成饿殍矣。士骧即许派某局某差，谓薪水月三十金，当可维持。某员复请安恳求，谓家中人口多，三十金实不能敷衍。士骧曰："然则四十金耳，勿再溷我矣。"乃称谢而退。其善慷公家之慨类如是。若稍有渊源者，更如响斯应也。迨树勋一至，肃杀之气，弥漫宦海。此辈追念士骧，咸有孤寒下泪之概。然树勋裁员，实以冗员过多，而冗员之麇集，均士骧藉公帑营广厦有以致之，树勋当时在官场中怨声载道，亦士骧造因耳。树勋限制薪水，其制亦颇不能尽行，如山东高等学堂监督，月薪本三百金，时为一候补知府，以府班论，仅应百金，而改定为百五十金，则以是为学务要差，向以道员充任，故折中于道府之间也。此固有相当理由，其他以特别关系而通融者，间亦有之。至其延揽乡人之以名流称者，任新政各差，动以诸生月薪二三百金，尤与所谓限制薪水者不侔。盖名士声价，非是无以羁縻耳。所委法政学堂监督雷某，亦属此类。是堂肄业者有道员，以藩、臬兼督办，首府兼提调，监督与督办平行，而为提调之长官，故历来必以道员任之，知府不获充任，雷氏乃用诸生郎中虚衔得之。抚院衙参，坐司道官厅，官僚诧为异数焉。[法政学堂学员，自候补府以迄佐杂微员，均须按日上课。惟候补道以监司大员，特蒙优待，许不上课，惟考试时来堂与考。会届毕业考试，雷躬自监场，见一学员置讲义于案，振笔直钞。雷大怒，即将讲义取去，谓将查究。此人亦即拂袖而出。某职员告雷曰："此某观察也，现充某要差，且与大帅素善（时鲁抚已易孙宝琦），奈何开罪？"后有人调解，揭晓时列为最优等第一名。此人旋以法学优长膺荐，简司法要职，洊至通显云。]

一三七　瘾君子崔某之死

候补道崔某，素以黑道著，于树勋任鲁抚之前，忽得署理盐运使。树勋严禁官吏吸鸦片，府班以下，由禁烟局调验，司道则自试之。在抚署厅事集司道茶话，限自上午八时至十二时，以察其有无嗜好，各候补道座次较远，犹易设法掩饰，现任司道，则共巡抚一案，掩饰较难。崔氏烟癖甚深，强持至十一时许，瘾发难支，竟晕仆于地。树勋亟令扶归，归即发病，数日而死。其他瘾君子尚侥幸免败露，说者谓抚署茶役于此颇有所获云。崔氏开吊之日，候补道往吊者甚多。方聚谈一室，忽报大帅来吊，丧家请招待，徐世光曰："此人不近人情，吾不愿与款接。"先引避，众随之，（树勋政尚严肃，遇属吏风棱甚峻，候补道黑者不论，即红道亦动遭呵斥，故咸畏之如虎。）而推同班之朱庆元勉为其难。庆元方逊让，树勋已入，不得不趋前周旋。树勋与谈良久，庆元久官州县，于鲁省利弊，言之甚悉。树勋大器之，遂委充南运局总办。此著名优差，庆元盖以无意中得之，其际遇颇奇。（后亦获署运司，在孙宝琦任鲁抚时。）

一三八　禁烟局局员因烟癖革职

禁烟局由臬司主政，树勋闻局员二人有烟癖，立奏劾革职永不叙用。二人固按察使胡建枢亲信也，谓树勋有意督过，称病不衙参，告人曰："袁某太与我过不去。山东官场有瘾者岂仅彼辈，能尽参耶？我即有瘾，彼亦未必无之，彼既喜参人，可即参我，我不惧也。"树勋闻而恚甚，然知其朝里有人，未敢轻以白简从事，旋以司道调停而解。建枢辛亥冬超授巡抚，以举人知县官山东，累擢遂秉节钺，始终未离本省。

一三九　"位极人臣"之候补道

清末捐例宏开，保案浮冒，遂至官多若鲫，而外官捐保以道员为峰极，故候补道号为"位极人臣"，其萃集南北洋者为尤众。天津有"群道如毛"之语。有人戏列其较著者为三十六天罡，七十二地煞；南京则有如《官场现形记》所谓"江南本来有个口号是：婊子多，驴子多，候补道多。"济南虽视之有逊色，然清末亦呈空前盛况，其多于候补府且十倍焉。以体制论，则长揖军门，抗衡藩、臬；以实际论，则差多而收入丰，故群趋之。（一局所总办一人，会办若干人，均道差。知府仅能充提调，而类为一人，且可以同知、直隶州通判充任，非府班所专利。总办以知府位仅相亚，势分已尊，不便颐指气使，尤喜引同、通辈为提调。道、府之相形见绌如此。至署事补缺，则非有大力不获，均非寻常所敢望也。即以署事言，知府限于同班，道员则范围上至藩司，其声光更大异矣。）某抚尝病司道官厅之拥挤，命惟现任司道及候补道之充要差者，坐司道官厅，余在别室候见，人戏呼为黑道官厅云。（候补道如赋闲，以体制所关，勉撑门面，苟非多财，处境亦良苦。）

一四〇　捐官之滥

捐纳之制既行，输赀即可得官。咸丰间，太平军人物，尝以捐官混迹宦途，为军事上之一助。苏常之陷，及江忠源之身殉庐州，据黄钧宰《金壶遁墨》、薛福成《庸盦笔记》所记，可见一斑。光绪间，革命党徐锡麟之以安徽候补道刺杀巡抚恩铭，尤事之彰著者也。山东巡抚杨士骧闻之，于接见诸候补道时，戏谓曰："候补道中竟亦有若而人乎？"某道对曰："道其所道，非吾所谓道也。"杨大笑，众亦輾然。

一四一 “道亦有盗”

吴廷斌任内有一事，亦极趣。候补道某充某学堂监督，视事后，即为学堂开一后门，潜运堂中器具于已寓。学生知而禀揭于巡抚，谓监督盗公物，遂撤差。司道官厅中，以为谈资。巡警道潘延祖曰：“此所谓‘道亦有盗’。也。”众为哄堂。（某道未撤差前，屡以事与学生讧，尝出一牌示，谓学生如再不率教，即传其父兄云云。学生有往诘者，谓监督所管者学生耳，学生之父兄，非受管辖者，何能曰“传”？如谓以候补道之资格，则学生父兄中，候补道亦不乏，岂可传乎？某道曰：“此为汝等误解文义，吾所谓‘传’非传问之‘传’，应读如《左传》之‘传’。‘传’者转也，即转告之谓耳。”亦甚可笑。是校本无提调名目，某道欲援引其故交曾署兖州府之某候补府，而他职与其头衔不相称，乃特设提调一席以位置之，亦屡为学生所窘，与某道俱去，提调复废，所谓因人设差也。）（原第7卷第35期）

一四二 名姓趣谈

《铁笛亭琐记》云：“贺宏勋者，江西知县也，方曾文正收复金陵时，江西尚未知状，而贺为上司饬令解饷至江宁。江宁适于昨日克，而贺以明日至。文正见贺手版，名曰‘宏勋’。宏勋者，大功告成而来贺也。无心竟中文正之怀，即令入见，加以褒词，且谓左右，此人诚悫可用。即草一书授贺，令投之藩司，叙贺品学佳处。时文正方封侯，行即入相。藩司奉令惟谨，即授临川，岁入可七万金。贺本庸才，以名姓为巨公符瑞，竟得美缺，宜乎满人皆以吉祥为字也。”

按：宋袁某《枫窗小牍》云：“丁谓倾意以媚莱公，冀得大拜。然事未可必，生平最尚禨祥，每晨占鸣鹊，夜看灯蕊。虽出门归邸，亦必窃听人语，用卜吉兆。时有无赖于庆，贫寒不振，计且必死冻饿。谋于一落第老儒，老儒曰：‘汝欲自振，必易姓名，当大济耳。幸无忘我。’庆拜而听之，老儒遂改于为丁，易名宜禄，使投身于谓。谓大喜，收之门下。皆怪问之，谓不答，第曰：‘吾得此人，大拜必矣。’不旬月而谓果入相，此人遂以宠冠纪纲。虽大僚节使，无弗倚藉关说，不逾年而宜禄家十万矣。老儒亦以引见，竟得教授大郡。至今相传，不解所谓。顷偶读沈约《宋书》曰：‘宰相苍头，呼为宜禄。宜禄复姓丁，愈惬所念，莫谓晋公眼不读书也。’”林纾所述曾国藩事，得无类是？然国藩最号有知人之明，于将吏才品，考察素精，虽容有偶为辩给者所欺之事。（如相传萧山一书生，自称浙江教职，谒国藩，言论通敏，国藩谈及丁僚欺蔽之难杜，答以中堂至诚感人，人自不忍欺，复品藻人才，亦多中肯。国藩器之，令督制炮船，忽挟千金遁去。国藩咄咄自语曰：“人不忍欺！人不忍欺！”）然所谓君子可欺以方，讵能以姓名取庸才，即称其诚悫，赏其品学？且丁谓热中大拜，故录用宜禄，以取吉兆。揆之当时事理，尚为相近。国藩则宏勋已成，贺不贺有何关系，而必加优遇乎？时江西巡抚为沈葆桢，留心吏治，御下严峻，复正与国藩不睦。国藩肯否出此，亦一疑问。而民牧之与家奴，尤难等量齐观也。林纾所叙，更有欠分晓处。金陵初下，国藩尚在安庆，岂能即于江宁见宏勋？至谓“方封侯，行即入相”，则国藩入阁，早于封侯者两年余，倘云“入相”指以阁老兼军机大臣实行相权而言，则国藩以使相终，终身未尝有此，而当时亦并无此说也。

一四三　八字相同，命运迥异

宋马永卿《懒真子》云：

> 洛中士人张起宗，以教小童为生，居于会节园侧，年四十余。一日行于内前，见有西来行李甚盛，问之。曰：“文枢密知成都回也。”姬侍皆骑马，锦绣兰麝，溢人眼鼻。起宗自叹曰：“同丙午生，相远如此！”傍有瞽卜，辄曰：“秀才，我与汝算命。”……曰：“好笑，诸事不同，但三十年后，有某星临某所，两人皆同，当并案而食者九个月。”起宗后七十余岁时，文公亦居于洛，起宗视其交游饮宴者，皆一时贵人，辄自疑曰：“余安得并案而食乎？”一日，公独游

> 会节园，问其下曰："吾适来，闻园侧教学者甚人？"对曰："老张先。"公曰："请坐。"及见，大喜。问其甲子，又与之同。因呼为会节先生。公每召客，必预召赴人会，无先生则不往。公为主人，则拐于左；公为客，则拐于右。并案而食者将及九月。公之子及甫，知河阳府，公往视之。公所居私第，地名东田，有小姬四人，谓之东田小藉，共升大车随行，祖于城西。有伶人素不平之，因为口号曰："东田小藉，已登油壁之车；会节先生，暂别玳筵之宴。"坐客微笑。自此潞公复归洛，不复召之矣。

此为宋人相传之文彦博事，喜谈禄命者，或称引及之。

《庸盦笔记》有"禄命同而不同"一则云：

> 节相恪靖侯左公，有中表弟曰吴伟才，与侯相同以嘉庆十七年十月初七日寅时生，所居相距九里许，两家报喜者，相遇于适中之地。其八字则壬申辛亥丙午庚寅也，少有奇童之目，与侯相同。道光壬辰，侯相与兄景桥中书（宗植）同举于乡，而伟才改业屠豕。侯相督闽浙时，伟才尝一至闽。侯相勋业烂然，杀贼以千万计，而伟才禄命中之煞刃，仅用之于屠豕。昔有与文潞公同命者，仅得同席而食者数十日，亦此类也。伟才好大言，尝曰："太公隐于屠沽，何独余也。"同治八年，已不在屠肆，而亲旧岁时用牲，

或召之，辄欣然鼓刀而往云。侯相在泾州军次与王孝凤（家璧）言之。

此又清人相传之左宗棠事，薛福成谓系宗棠自语诸人者，似为信而有征矣。而以杀人与杀猪为同业，俾同符所谓禄命中煞刃，以与文、张同案而食相拟，颇可笑。

又据《湘绮楼日记》，光绪元年六月十七日所记有云：

闻曾沅浦移豫抚，劼刚言，其乡中有屠人，与沅公同年月日时生。子寿云，此屠人日内必小有迁移也。

是曾国荃亦有一同八字之屠人，亦所谓禄命中煞刃，不杀人即杀猪耶。王闿运谓系闻诸曾纪泽，似又非诬，与宗棠事何其巧合欤！至以国荃调任，卜屠人必有迁移之说，尤足发噱。如所云，同八字者，尊卑显晦可以悬殊，而动静则须息息相通矣。国荃时官河东河道总督，未尝改官豫抚，闿运所记，盖传闻之误耳。

前乎左、曾之事者，更有史贻直事之传说。如阮葵生《茶余客话》所述云：

德清蔡翁，精子平之学，一日史胄司夔过访，蔡告以南中生一孙，推其命颇富厚，若迟一时，则大贵。史叩其日时，大惊曰："予今岁得子，正其月日时也。"蔡曰："此儿必入阁。"即今文靖公贻直也。

京师传为佳话。康熙辛酉，胄司携眷入都，泊舟水驿，生子。家人往来岸上，闻一铁工家亦生一子，问其时正相同。归告胄司，心识之，字之曰："铁匡。"后二十余载，文靖已官清禁，胄司南归，复经其地，欲验旧事，亲行访之，则门宇如故，一少年持斤斧操作甚勤，问之，则辛酉某日生者也。公归，竟夕不寐，既乃悟，语客曰："此四柱中惟火太盛，惜少水制。幸生舟中，得水气补其缺；若生于熔冶之地，则以火济火，全无调剂矣。"

此则无可附会，而亦强为之说。星命家之头头是道，大抵如是。若果可信，则蔡翁言大贵、言入阁时，何以并未言水火调剂乎？

又《阅微草堂笔记》云：

八字贵贱贫富，特大概如是，其间乘除盈缩，略有异同。无锡邹小山先生夫人，与安州陈密山先生夫人八字干支并同。小山先生官礼部侍郎，密山先生官贵州布政使，均二品也。论爵，布政不及侍郎之尊，论禄，则侍郎不及布政之厚，互相补矣。此或疑地有南北，时有初正也。余第六侄与奴子刘云鹏，生时只隔一墙，两窗相对，两儿并落蓐啼，非惟时同刻同，乃至分秒亦同。侄至十六岁而夭，奴子今尚在，岂非此命所赋之禄，只有此数？侄生长富贵，消耗先尽；

奴子生长贫贱，消耗无多，禄尚未尽耶！盈虚消息，理固如斯。

纪昀固喜谈此类事者，而此种斡旋圆通之笔调，则又文人惯技也。

一四四　陈其元质疑星命推步之说

《庸闲斋笔记》辟星命之说，谓：

> 余最不信星命推步之说，以为一时生一人，日日当生十二人。以岁计之，则有四千三百二十人；以一甲子计之，止有二十五万九千二百人而已。今只一大郡，以计其户口之数，已不下数十万人，（原注：如咸丰十年，杭州府一城八十万人。）则举天下之大，自王公大人，以至小民，何啻亿万万人，则生时同者必不少矣。其间王公大人始生之时，必有庶民同时而生者，又何贵贱贫富之不同也？每举是说以诘谈星命者，多不能答。近见海宁李善兰所作《星命论》，尤为畅快。其略谓大挠造甲子，不过纪日而已，并不纪年月与时也，亦无所谓五行生克也。其并纪年月与时，且以五行配之，皆起于后代，古人并无此意也。而术士专以五行之生克判人一生之休咎，果可信乎？且五行肇见于《洪范》，不过言其功用而已，言其性

味而已，初不言其生克也。是干支之配五行，本非古人之意矣。而谓人之一生可据此而定，是何言欤！至五星偕地球同绕日而各不相关，夫五星与地球，且不相关，况地球上之一人？而谓某星至某宫主吉，某星至某宫主凶，此何异浙江之人在浙江巡抚治下，他省之巡抚于浙江无涉也，今试谓之曰：某巡抚移节某省，于尔大吉；某巡抚移节某省，于尔大凶，有不笑其荒诞者乎？五星之推命，何以异云云。其论真属透辟，足以启发惑溺，与余所见正合。然此特论其理耳，世之穷民游士，藉此以糊其口者，几千人矣。若明著其论，则将尽无告者而饥死之，亦非仁人之用心矣，存而不论可也。

陈其元所见，实当时之不囿于俗者，善兰为科学家（以算学名），宜更有此论。此在今日岂复尚有辩论之余地？然吾尝见近岁之居高位拥大橐者，尚时有惑溺于是，足见陋习之势力也。至其元以恃以糊口者之生计为虑，则际兹破除迷信谋废卜筮星相之时，亦犹成为问题。而民生之艰，倍蓰畴曩，泛言改业，宁一蹴几，是在兼顾并筹，行之以渐，而要以增进国民智识为根本之计耳。

（原第 7 卷第 36 期）

一四五　八字相同，命运亦同

八字相同者，又有清末台谏中二陈氏之事。《归里清谭》云：

> 四品京堂陈田，字松珊，贵州人，与予为会榜同年。一日，房师黄殿撰慎之，邀同门饮宴，命门生序齿而坐。予曰年若干岁，松珊曰同岁；房师复命两人序月分，予曰几月，松珊亦曰同月；再命序日，予曰某日，松珊亦言同日；再命序时，时亦同，八字不差一字。师乃命按本房两人中式名次挨坐，予坐其上。举座叹异，咸问父母兄弟子女，亦大略相同。予曰："予素不求人批命，今后更不求人批命，即视松珊同年之命以为命。"此初登仕版时也，以后升转又同署，商量公事又意见相同。在署同餐，复嗜好、食量相同。一年，松珊断弦，人谓予曰："松珊今岁犯阳刃，君宜设法禳除。"予曰："老妻卧病已三月，已为之备办后事矣。"是年亦断弦。迨两人年逾花甲，每日同桌健饭，饮酒皆不敢过三杯，夏日冰果皆不敢入口，彼此问及睡眠，皆早睡早起。人各一妾，伺候而已。松珊窃告予曰："批吾命者，皆云官至四品。吾两人其终于此官乎？"予曰："照例升转，能谨慎无过，不患无升转之日也。批命奚足凭！"无何，逢百六之厄，

下逊位之诏，两人皆弃官退隐矣。近闻松珊犹健步游山，惟松珊胞兄灿，清代为甘省方伯，兄弟亲如手足。松珊家财或丰，予则仅能自给，然家兄任广文二十四年，官俸岁有所余。今日家居，省俭度日，必使岁少有所余，此亦可谓之相同矣。松栅之兄年近八旬，家兄亦登八旬，身尚壮健，是兄弟亦关系于八字。新有自西南来者，言松珊收藏金石字画甚富，予闻之，即将陶斋所赠吉金拓片百余器，裱悬满屋，床帐门楣，自抚汉璧汉瓦于上，又日携陶斋所拓埃及国五千年画像古篆，夸示于人。此效西施之颦，非敢云赏鉴家也。使松珊见之，又当引为同调欤？

盖几于无一不同矣。视纪昀所记邹、陈二夫人"乘除盈缩略有异同"者，更足助星命家张目。虽不能以一事而概其余，谓八字之说为可信，而巧合如此，亦一佳话也。

《归里清谭》著者为山东潍县陈氏，以光绪丙戌进士，为工部司员，后迁御史，历给事中而外简知府，此就其书中所叙而可知者也。惟其名为何，尚有疑问。书由上海小说丛报社印行，封面标题"谏书稀庵笔记"，并署"清御史陈庆潍著"。盖欲藉"谏书""御史"字样，号召读者，而于其名似未及审。（著者自序有云："乃即目所见耳所闻者，振笔录之，无以名之，名之曰《归里清谭》。门生杨咸卿曰：'曷不曰林下清谭？'予曰：'辞官归里，岂易言哉！'……咸卿曰：'师言诚是。'是为序。丁巳夏时十月朔日。谏书稀庵主人记。”）吾前此引述，遂亦以著者为陈庆湝，继考之，彼时台谏中似无陈庆湝其人，与陈田同官台谏者，有一陈庆桂。然系广东番禺人，且为庚辰进士，非丙戌。潍县丙戌进士官工部主事者，有一陈恒庆，惟其后官历未详，尚容续考。《当代名人小传》述陈田有云：“丙戌进士，官部曹，迁御史给事中，后为都给事中。国变后归，好金石书画……中岁嗜酒，众推为大户。晚乃节饮，虽七十，尚健啖善步……其同官陈庆湝，与生同年月日时，科第仕进，及妻子存殁，晚遇丰啬，无一不同。是可异矣。”是沃丘仲子亦谓陈庆湝，或即本之《谏书稀庵笔记》耳。（明代六科有都给事，至清而废。清末设掌印给事中，为给事中升阶，不名都也。）

一四六　李鸿章与北洋官场风气

《庸盦笔记》纪李鸿章在曾国藩幕府时事有云：“文正进驻祁门，傅相谓祁门地形如在釜底，殆〔兵〕家之所谓绝地。不如及早移军，庶几进退裕如。文正不从，傅相复力争之。文正曰：‘诸君如胆怯，可各散去。’会皖南道李元度次青，率师守徽州，违文正节度，出城与贼战而败，徽州失陷。始不知元度存亡，久乃出诣大营，又不留营听勘，径自归去。文正将具疏劾之，傅相以元度尝与文正同患难，乃率一幕人往争，且曰：‘果必奏劾，门生不敢拟稿。’文正曰：‘我自属稿。’傅相曰：‘若此，则门生亦将告辞，不能留侍矣。’文正曰：‘听君之便。’傅相乃辞往江西。”国藩教人以无刚为戒，或谓其后之特赏鸿章，委以平吴之任，奏荐以道员超擢江苏巡抚，盖于此等处取其能刚也。吴汝纶撰鸿章《江苏建专祠事略》谓：“李鸿章师事曾国藩，又从事曾国藩幕府，曾国藩性情坚重，谋定不变。其疏劾李元度，李鸿章尝以去就力争。曾国藩前后幕僚多知名之士，其能争议是非者，李鸿章一人而已。”亦特著此事。而《湘绮楼日记》同治十年九月三日所记云：“余为薛、陈二君言湘营旧事，薛（按：即薛福成也）云：‘李少荃云：自鸿章出而幕府废。’人之无耻，有如是耶！少荃首坏幕府之风，以媚福济者媚曾公，而幕府坏，军务坏，天下坏，曾公亦坏，乃为此言。故余不得不记之，君子表微，恐误后世也。夫记此言于草纸簿中，何能示后世？然一记则少荃已服上刑，此《春秋》之义也。”此则与福成、汝纶所述，大异其趣矣。惟王闿运以玩世不恭之态，论人论事，多以意为之，杂以诙谑，未可据为典要耳。鸿章游曾幕，坏幕府风气，虽难信，而北洋官场风气之坏，鸿章不能无责。盖察吏用人，渐重华饰，国藩贞朴之风稍替矣。至其趋承西后，（以亟欲兴办海军，而听西后营颐和园，取给于海军经费。虽曰苦心从权，要难自解。据《慈禧传信录》云：“时盛宣怀方任登莱青道，以招商置轮船电线致富，颇思藉海军事自进，乃介津商王厚忱，言于李莲英，谓果创海军，则圆明园工程可并入之，勿庸另筹。廷臣当无他议，且言洋商能报效砖木之属。后闻喜甚。时鸿章已回任，特召入觐询之。鸿章亦力言可行。”盖西后初意欲重修圆明园，后始别营颐和园也。）逢迎李阉，（《慈禧传信录》云：“经营数岁，遂得成军，鸿章奏请派重臣检阅，旨简奕谖赴津沽校旗，而后私以李莲英随之。时李已晋慈宁总管，得后宠最专。既至津，鸿章倾心奉之，其供应少杀于奕谖，且馈以五万金……莲英亦深德鸿章，归即以其忠勤状告后，后愈益倚信之。其七秩赐寿，帝后分赐联额，期以望散，为清代大臣所未有。皆莲英揄扬力也。”）尤失元老大臣之节概，委曲求全，无乃太甚，斯固国藩所决不肯为也。师门衣钵，于兹有愧，袁世凯、杨士骧，继督畿辅，踵事增华，北洋官场风气，日趋浮靡，皆号为宗法鸿章焉。

一四七　曾国藩器赏李鸿章

鸿章之见特赏于国藩，曾忆某笔记言，鸿章代草严劾翁同书一疏，亦一重要原因。盖国藩愤同书在安徽巡抚任，对苗沛霖措置失当，致酿大变，欲具疏劾之。令幕僚某氏属草，不惬意，自为之，亦觉措词不易周匝，良久未成。鸿章乃自请代草，国藩览而大称善，即以李稿缮发，同书遂革职拿问。国藩由是深器鸿章，荐任苏抚。此亦可备一说。与《庸盦笔记》所称国藩于鸿章初入幕府时谓：“少荃天资于公牍最相近，所拟奏咨函批，皆有大过人处。将来建树非凡，或竟青出于蓝，亦未可知。”亦颇可印证。

而国藩之器赏鸿章固已久矣，故咸丰十年七月《兴办淮扬水师派员先往筹办折》即称“该员劲气内敛，才大心细，与臣前保之沈葆桢，二人并堪膺封疆之寄，而李鸿章研核兵事，于水师窍要，尤所究心。拟请旨派该员前往淮扬兴办水师……李鸿章系隔省人员，呼应不灵，应请旨改授江北地方实缺，乃可措手。倘蒙皇上天恩，破格擢授两淮盐运使，俾得整顿盐课，以济舟师之饷，实于军务盐务，两有裨益。”盖知鸿章可大用，且欲用之于江苏，起意甚早，在劾元度（咸丰十年九月）之前，更在劾同书（同治元年正月）之前。且劾同书时，鸿章募军援苏，已有成议，正在从事募练（咸丰十一年十一月，又已保其“可膺封疆重寄”），固不待此而后定谋也，或缘是而益坚信任鸿章之心耳。劾翁之疏，无论是否鸿章代草，要为国藩奏议中最得辣字诀者，词气既极峻厉，文意尤为周密。“臣职分所在，例应纠参，不敢因翁同书之门第鼎盛，瞻顾迁就”数语，足使朝臣袒翁者关口夺气，即帝师元老之翁心存，亦不敢显为其子请托。同书被逮，定斩监候罪名，心存卒后，释令从军。既卒，获优恤予谥。则仍由其父余荫，亦“家门鼎盛”之效也。（原第7卷第37期）

一四八　李鸿章自荐苏抚之任

关于曾、李之际，又据欧阳兆熊《笔记》云：“辛酉，祁门军中，贼氛日逼，势危甚。时李肃毅已回江西寓所，幕中仅一程尚斋，奄奄无气，对予曰：‘死在一堆如何？’众委员亦将行李置舟中，为逃避计。文正一日忽传令曰：‘贼势如此，有欲暂归者，支给三月薪水，事平仍来营，吾不介意。’众闻之，感且愧，人心遂固。后在东流，欲保一苏抚，而难其人，予谓李广才气无双，堪胜此任。文正叹曰：‘此君难与共患难耳。’盖犹不免芥蒂于其中也，卒之幕中人材，无出肃毅右者。用其朝气，竟克苏城……故肃毅在上海寄予书云：‘吾在此以独脚戏登台，深惧贻羞知己，亦且怨及良媒，亦深悉区区推毂之意也已。’”言之凿凿，或非妄语。盖国藩之在祁门，势极孤危，鸿章适以意见不合引去，国藩之不能无介介，而以难共患难为疑，亦在人情之中耳。又尝闻人言，苏抚之任，国藩属意李榕，方与幕僚谈论此事，未及言榕，鸿章遽谓门生愿为老师分忧。国藩壮其志，榕亦言鸿章可，议遂定。此说未知可信否。而以才气论，榕自不逮鸿章也。

一四九　曾国藩李鸿章与李元度之交情

鸿章与元度同在国藩幕（时幕僚知名者有四李），元度自负与国藩关系最深，相从最久，遇鸿章颇倨。比以皖南道失守徽州，国藩欲严劾，鸿章乃以去就犯颜力争。元度既被劾，革职拿问，旋为浙抚王有龄招致，募兵援浙，累保至浙江臬司。国藩复劾罢之。言官追论前事，奉旨发往军台效力赎罪。鸿章时在苏抚任，与赣抚沈葆桢合词奏恳免其发遣（会彭玉麟、鲍超后衔），于元度前劳之足录，数奇之可悲，言之甚详，并谓："李元度少孤，其母守节数十年，抚此一子，年近七旬，家无次丁。元度今蒙重谴，方将远离，菽水之养，托付伊谁；桑榆之景，旦夕莫保。计荷戈赴戍之日，即倚闾永诀之时，悬想此情，实堪矜悯。"又谓："李元度后此虽有可议之罪，前此究有不可掩之功，且系节母孤子，在平民例得留养，况其曾为国家出力之人。夫通下情，宣上德，人臣之职也。以人事君之义，臣等虽至愚陋，不敢忘也。拘嫌疑之小节，置是非之大公，或窃窃叹息，相顾而不发一言，又臣等所不敢出也。"词意均甚切挚，且言："如蒙俞允，该革员应缴台费银两，即由臣等公同捐廉代缴。"其与葆桢函商此事有云："去冬赴金陵，揆帅每言次青独抱向隅，深自疚悔。秋间曾有密疏引咎，而为次青诉冤，不料左帅责望过甚，致有遣戍之议。（按：御史刘庆论劾后，宗棠查覆，于原参颇为辨诬。而言其未尝开仗，腾书报捷，及悻悻求去，不顾大局之罪。）次青母老家贫，何能堪此？且论咸丰六七年保障抚、信之功，足掩皖南失城、浙东乞退之过。论其血性忠诚，才识敏捷，能耐烦苦，又实为近世不易得之人才。圣明在上，我辈曾共患难，相知最深，似不可默无一言，拟将由敝处主稿……专疏吁恩……其台费则弟与阁下共出一半，再请揆帅与彭、杨共出一半。"盖此疏由鸿章发起，且主稿拜发也。拜疏后，上书国藩谓："次青一案，幼丹函允会奏，本日已缮折附驿驰递，钞稿呈政。祁门力争，特为提出，以避党援之迹，亦与吾师前疏吻合，非敢自翘异也。如荷俞旨，必要发钞，都中必有窃议，故不得不长言咏叹，遂不觉其繁冗矣。”所谓避党援之迹，亦其细心处。清室不得已重用汉臣以戡大难，而满汉成见究难尽泯。国藩门生故吏，多擢任封疆将帅，门户党援，宁无戒心乎？（当国藩逝世，鸿章与国藩幕客钱应溥、薛福成书谓：“师相与弟交深而情过亲，不欲再乞加恩，致贻世俗标榜之议。”又与国藩子纪泽、纪鸿书谓：“鄙意方拟作疏表扬，继见谕旨大致周浃，四海公论在人，九重自为知己，似无烦赘言矣。”又谓：“不乞他恩，亦可免世俗之讥嘲矣。”国藩饰终之事，鸿章乃缄默无言，盖亦惧以党援见疑耳。《湘绮楼日记》光绪三年四月二十六日所记云：“出城送劼刚，劼刚问入都云何？余曰……最忌李中堂有书疏代乞恩耳。”亦是此意。）元度得免遣戍，家居成《国朝先正事略》，后再起治军贵州，擢云南按察使。国藩为序其书，并与书许振祎谓“顷得渠函寄所著《先正事略》索序，博雅公核，近数十年无此巨制。仆自甲子以来，尝悔昔年参劾次青为太过，又以剿捻无功，引为愧憾。今大功出自少帅，而次青光复旧物，箧有传书，曩日同袍，不至菀枯悬殊，似鄙人两端愧悔，渐可以少减矣。”可谓深情若揭。元度前已官至臬司，为国藩劾罢，故以光复旧物为慰。鸿章之疏救元度，固见风义之笃，亦正体国藩意耳。剿捻之功，成于鸿章，曾、李谊犹一家，故喜其为己解愧。其与鸿章书谓：“协揆酬庸之命，恰如人人意中所欲出。此间朋好，多以李府之登庸，为曾氏之大庆，纷纷来贺，斯亦一时之佳话也。”曾、李交谊尤足征焉。

一五〇　胡林翼致书李元度

曾、胡均薄有龄之为人。林翼闻元度受有龄之招，病中致书劝止，谓：“近闻右军欲勾致阁下，遣人由祁门而江西，如苏秦以舍人随侍张仪故事，其用计亦巧。而兄不之却，何耶？岂亦未免动心耶？大抵吾儒任事，与正人同死，死亦得附于正气之列，是为正命。附非其人而得不死，亦为千古之玷，况又不能不死耶！处世无远虑，必陷危机，一朝失足，则将以薰莸为同臭，而无解于正士之讥评。右军之权诈，不可与同事，兄岂不知，而欲依附以自见，则吾窃为阁下不取也。兄之吏才与文思过人，弟与希庵兄（李续宜）均扫榻以俟高轩之至。如可相助为理，当亦涤帅所心许，何尝不欲酬复前劳，与其危身以陷险也。”词意至殷恳，而元度感有龄之优遇，亟欲建功于垂危之浙，以雪失徽被劾之耻，不能从。比有龄保授臬司，而国藩之劾疏又上矣。

一五一　曾国藩上疏，王有龄获恤谥

国藩于覆奏有龄参案，曾谓：“近年苏浙官场陋习，以夤缘钻刺为能，以巧猾谲诈为才。王有龄起自佐杂微员，历居两省权势之地，往年曾带浙员赴苏，去岁又带苏员赴浙，袒庇私党，多据要津，上下朋比，风气日敝。其委员派捐，但勒限以成数，不复问所从来。委员既取盈于公数，又欲饱其私囊，朘削敛怨，势所不免。谕旨所询属吏多贪鄙之徒，但以掊克夤缘为事，证以臣之所闻，殆非无因。”贬之颇甚。迨有龄殉难杭州，国藩则疏言：“兹以粮尽援绝，见危受命。臣断不敢以一眚掩其忠节，该抚平昔苛派捐饷，严劾绅士。杭州之人，感其死守；绍兴之人，恨其暴敛，难保无身后之訾议。应请圣主悯念时艰，表扬忠烈，并将王有龄俯赐优恤，为封疆大臣以死勤事者劝。”遂获恤谥。盖当时信条，最重死节，国藩之严劾翁同书，固愤其偾事，亦憾其临难苟免，故称为“廉耻丧尽”也。

一五二　李秀成评说王有龄

有龄夙为清议所不满，而守杭实为坚苦卓绝，故敌帅李秀成深敬之。其供状有云：

> 那杭郡巡抚王有龄，甚得军民之心，甚为坚守……每日与王有龄兵战，那时城内无粮，民亦无食，兵将饿倒，不能为战……王有龄与其师爷计及，托信与忠王，叫忠王免害杭城军民，师爷回言：“大人此信可写。两国交兵，何以称呼？称得不好，重害尔民，称得好，皇上罪尔投他。”王有龄闻之，无言可

> 对，捶心而叹："不必写文。杭城不能保守定也。"坐在大堂，等忠王入城，视忠王何等之人，见其人而死。其师爷回言曰："此人入来，万不与尔死。"后而无法，我军四面越城，一踊而进，我亲自上城，抢得一骑，单人直冲到王有龄衙内，寻取此人。入屋四寻不见，寻到后花园，见其吊死。当令亲兵放下，业已死矣……后用棺木载之，将其衣帽朝服，一应归还，放其木内。令其部将亲自看守……后将王有龄之尸首，在其亲兵之内，点足五百人，送其棺木，由省动身，给舟十五条，费银三千两，路凭一纸，送其回乡。各扶其主，各有一忠……生各扶其主，两家为敌；死不与其为仇，此出我之心愿。

所叙虽质俚不文，而写状颇尽致。秀成良有名将风度，有龄亦无愧"壮愍"矣。《越缦堂笔记》论王履谦事，有云："王有龄以贩竖之资，骤膺开府……娼忌骄横，不顾大局……吾越自庚申以来，履谦月以十万金输杭州，而有龄不出省垣一卒，以渡钱江，朘我之脂膏，而漠视我之生命。言之痛心，恨不生食其肉。"李慈铭，绍兴人，亦足证国藩所云。《近代名人小传》谓："有龄好结才士，蓄声伎，城围急，尚置酒会幕客，令家伶奏昆曲。酒酣，自起搬《张巡飨士》剧，声情激越，坐客皆失色。翌日城陷。"危殆若彼，尚有此豪情胜概耶！

（原第7卷第38期）

一五三　二李被抑始末

樊增祥有《水烟袋歌》，咏陆润庠事也。序谓："故太保陆凤石前辈，同治癸酉拔贡，春秋联捷，遂魁天下。夙与湖南李拔贡同年相善。李试京兆不售，乙亥春，将还湘，陆饯之于丰楼。酒次，意甚郁悒。陆曰：'若我主湘闱者，子必获隽。'李请关节，陆方食烟，即曰：'水烟袋嵌于试帖句可矣。'未几，擢湖南副考官，先以书抵李曰：'颇忆水烟袋否？'李发函狂喜，置书屉中，雀跃而出。妻睨其旁，疑为外舍情书。苦不识字，持归母家，母览而戒之曰：'慎勿泄也。'母有三女，所夫皆诸生，乃使长次女各告其婿，是科诗题为'惟善以为宝'得'书'字，陆得三卷，皆如所授，乃皆取之。独一卷后至，置副车，及拆封，李副榜第一，正榜两卷，则其僚婿也。一人名次较高，闱墨刊其诗云：'烟水苍茫里，人才夹袋储。'久之，其事颇泄，言官欲劾之，以陆为人和易而止。李竟不获售，以道员需次某省而卒……陆此事诚干例议，然爱才念旧，非纳贿作奸者比，无足深讳。"歌有云："湘闱万口传佳话，关节三言水烟袋。元和殿撰秉文衡，光绪初年岁乙亥。"又云："先是鸡年贡树香，同年陆李皆轩昂。"结云："徒留烟水苍茫感，谁复人才夹袋储。"樊氏此歌，流丽谐畅，自是名作，惟有失考处。陆氏为庚午优贡，与先父举贡同年，癸酉举人，又与先世父子静公同年，其举贡不在一岁。据吴郁生所撰陆氏《行状》云："同治庚午，元和县学优贡生，朝考用知县，癸酉举顺天乡试，甲戌成进士……光绪二年充会试同考官，湖南乡试副考官。"正谓庚午优贡，癸酉举人。无癸酉拔贡之事。（惟癸酉举人，例可与癸酉拔贡认同年。）丙子典湘试，亦非乙亥，盖樊氏误忆耳。又闻诸张君继斋，诗实"烟水潇湘里，人才夹袋储"。"潇湘"，切楚也。檀玑挽陆氏联有云："庚午癸酉甲戌三试我同登。"亦以陆氏庚午已得优贡。

歌又云："君不见东坡欲得李方叔，潜送程文李他出。章惇二子怀之去，端明坐迷五色目。榜发乃隽援与持，天之所废人无术。以今拟古何差殊，两僚诡遇二章如。李生若比老方叔，弱女非男聊胜无。"用苏轼事相拟，甚有致。《宋稗类钞》云："元祐中，东坡知贡举，李方叔就试，将锁院，坡缄封一简，令送方叔处。值方叔出，其仆受简置几上。有顷，章子厚二子曰持、曰援者来。取简窃观，乃'扬雄优于刘向论'一篇。二章惊喜，携之以去。方叔归，求简不得，知为二章所窃，怅惋不敢言。已而果出此题，二章皆模仿坡作，方叔几于阁笔。及拆号，坡意魁必方叔也，乃章援。第十名文意与魁相似，乃章持。坡失色……而方叔竟下第。坡出院，闻其故，大叹恨，作诗送其归。所谓'平生漫说古战场，过眼终迷日五色'者是也。其母叹曰：'苏学士知贡举，而汝不成名，复何望哉！'抑郁而卒。"此李之事，盖与彼李略似也。（据陆游《老学庵笔记》则谓："东坡素知李廌方叔，方叔赴省试，东坡知举，得一卷子，大喜，手批数十字，且语黄鲁直曰：‘此必吾李廌也。’及拆号，则章致持平，而廌乃见黜。故东坡、山谷皆有诗在集中。初廌试罢归语人曰：‘苏公知举，吾之文必不在三名后。’及后黜，廌有乳母，年七十，大哭曰：‘吾儿遇苏内翰知举，不及第，它日尚奚望！’遂闭门睡，至夕不出，发壁视之，自缢死矣。廌果终身不第以死，亦可哀也。”所述颇相异，不言致简事。李廌素工文，何至几于阁笔，吾意致简被窃之说，或起于宋人朋党之见，恶章惇之附王安石，故谓其子科名幸得耳。）俗以妇人生产喻应试，中举曰弄璋，中副榜曰弄瓦，故歌有“弱女非男聊胜无”之句。惟生监得副榜，取得贡之资格，入仕即为正途，自为慰情胜无。而拔贡得此，除多认同年以外，无取乎贡而又贡也。（其拔、优贡未应朝考而得副榜者，更为有损无益。以副贡失朝考权利，实不愿多此一中。）二李均失诸暗中摸索之际，由于糊名易书。傥如科举垂罢时之废誊录，则虽糊名，而仍可辨之于字迹，二李不至被抑矣。

一五四　猴与人同赏黄马褂

吴《状》又言，光绪二十八年，陆以左都御史充东陵随扈大臣，赏穿黄马褂。夫黄马褂向为军功优锡，润庠何以随扈东陵得之？此中有一轶闻，盖西后先以黄马褂衣猴，遂推恩以赏随扈诸大臣也。高树《金銮琐记》云：

“棋布星罗列帐围，普陀行殿乐忘归。楼头召见孙供奉，内监传呼速赐绯。”注云：“辛丑扈跸东陵，太后在楼上望见杨莲甫藩司帐上有一猿，命杨进献，赏猿黄马褂。张冶秋尚书见缝匠裁剪，叹曰：‘我辈随驾，尚未及猿！’太监入言之，一并赏穿黄马褂。东陵地名普陀峪，收句一云合与长沙并赐绯。”又云：“此事似壬寅春，误记辛丑。”即咏此事。时同沐殊恩者，尚不仅张百熙、陆润庠也。尝闻汪建斋君谈此，与高记稍异。据云，壬寅，光绪帝奉西后谒东陵，西后忽问王文韶以尔处是否有一猴，盖文韶四五两子亦随往，以十金购得一猴（东陵素产猴），置帐篷中戏弄，为后侍奄见而入告也。文韶亟以猴献，后命以黄马褂衣猴，视其跳蹲为乐。因顾内务府大臣继禄曰：“尔何不穿黄马褂？”对以未奉上赏。后曰：“今亦赏尔。”继禄即叩谢。诸臣乘后意怡悦，相率乞恩。后乃降谕随扈大臣之未得黄马褂者，一律赏穿。于是瞿鸿禨、张百熙、陆润庠等，均膺旷典焉。建斋时以外城巡警总厅佥事随驾，此其亲所见闻者。嘉庆帝尝以除夕得雪，元日恩旨，大学士庆桂、董诰，由太子太师衔晋太保，并加恩诸臣有差。以三公之尊，而得之于雪，可谓贪天之功。当时惊为异数，然犹为庆典加恩，且似援汉代以灾异罪三公之例而反用之也。若西后所为，则纯为儿戏举动耳。后于内务府司员，每以言语称旨，或趋走便捷，信口赏二品衔，故一时内务府红顶司员颇夥云。

一五五　陆润庠殉清

陆氏卒于民国四年，当筹安会事方炽，实有所感触也。吴《状》云："辛亥以后，尝谓余曰：'上方冲龄，典学事重，吾虽衰老，当效死弗去。顾事势变诡，犹靡有定，异日所处，虑更有难于今日者。'公固具有先见，言之愀然而罢。乙卯秋，京师果有筹安会之举。八月初八日入值，归而发病，竟日危坐，瞑目不言，亦不食，独口授遗折，诵声琅然。及缮成，张目视之，手自改定数字。有以家事问者，终不答。遂于是月十八日薨于京邸。"亦可谓愚忠矣。陈宝琛挽联有云："来日大难，及此全归天所笃。"语非泛设，且有"行自念也"之意焉。

一五六　言官之重要

陆氏为有清一代最末之状元宰相，立朝以和谨慎默称，于清末执政者假变更法制以竞营私利，心不然之，惟亦罕所诤议。至辛亥，乃发愤建言，故吴《状》谓："当官处事，务循绳检，常于变法致乱之原，私忧窃叹，未尝有一辞附和，以求合于时趋。而危行危言，亦不为植党营私者所嫉。至于位望益崇，时艰日迫，愤切陈词，终于无效，而国事已不可为矣。"其所言为罢新军、复科举等事，虽违悖潮流，不免迂阔，然清末之所谓新政，适以促亡，亦事实也。又有一疏，请保存言路，谓："台谏一职，历代视为重要，各国方赞美之，以为善政莫过于此。诚以朝廷耳目之官，所以巩固君权。凡政治之昏浊，民生之疾苦，无不直达御前。故天子深居九重之中，而精神烛照万里之外。贪官污吏，神奸巨蠹，有所忌惮而不敢肆者，畏言官发其覆，而朝廷正其罪也。议者谓既有国会，将来设行政裁判，不必复有言官。岂知议员职在立法，言官职在击邪；议院开会不过三月，言官则随时可以陈言。且行政裁判系定断于事后，言官则举发于事前。朝廷欲开通耳目，则谏院不可裁。诸臣欲巩固君权，则亦不敢言裁。即使他时国会成立，亦宜使该院独立，勿为异说所淆。"所见颇卓。盖与孙家鼐后先同揆，奕劻辈苦台谏不便于己，固屡谋去之也。　　　　　　　（原第7卷第39期）

一五七　《归里清谭》杂记

（一）谏书稀庵主人乃陈恒庆

撰《归里清谭》之谏书稀庵主人，吾前辨其非陈庆滩，而疑为陈恒庆。兹经续考，确是陈恒庆。恒庆，山东潍县人，以光绪丙戌进士，官工部，迁御史，历给事中而外放奉天锦州知府。按之书中叙及本人乡贯、科第、仕宦，无不吻合，其即为谏书稀庵主人，自无疑义矣。恒庆于光绪三十四年外放，宣统间已不在台谏。而时与陈田同官谏垣者，有一广东番禺人陈庆桂，上海小说丛报社印行此书，遂误以此陈作彼陈。复误“桂”为“溎”，既于封面署“清御史陈庆溎著”，且于末页署“著作者潍县陈庆溎”。沃丘仲子之撰《当代名人小传》亦遂因而致误也。

（二）“大八成”

恒庆久宦京朝，谙于旧闻，此书颇饶风趣，亦可供治掌故者之考镜。惟间有误处，当缘老年记忆力稍衰耳。如记盛昱、王懿荣有云：“清宗室盛伯羲先生，学问宏博，群呼为旗人中小圣人。作大司成，奖励后进，成均士风为之一变。汉大司成则为吾乡王文敏廉生。两人皆讲金石，讲考据，以故成均之士，讲汉学者居多。两人散署后，昕夕晤谈，端午帅亦讲金石。时相辩论，又相谑也，呼两人为大八成。时捐例以大八成为上也。”所述盛、王交谊，信然。（懿荣子汉辅《种瓜亭笔记》亦谓：“伯羲师为一时名士，与海内博雅家朝夕过从，实为皇族中之特色……与先文敏公一月可为二十九日之聚，端忠敏与先君契好，即伯羲之介绍。每纵谈深夜，令人听之不倦……两家书籍字画，彼此取携，已忘尔我。”）惟文意似谓二人同时官满、汉祭酒，则非。懿荣官祭酒时，盛昱已前致仕矣。

（三）大学士启秀

《记义和拳》有云：“大学士启秀，献策于端王、庄王。”启秀官至礼部尚书军机大臣，未入阁。

（四）西后切齿许景澄之辈

《记立山》有云，“时端王载漪，率旗兵、拳匪围攻八国使馆及教堂。德宗明达，召诸大臣垂询议和之策。尚书与徐用仪、联沅（按：沅应作元）、许景癸（按：癸应作澄）、袁昶，奏言拳匪为妖，万不可用。洋兵已集津沽，宜急赴使馆议和，乃命五人前往议和。载漪恨之，数日后矫诏尽杀之。事定后，两宫回銮方知之，乃诏各立专祠，予以易名之典。”此节记述多舛，当时曾命立山、徐用仪往使馆致意，非命五人前往也。载漪矫诏之说，乃惑于西后党为后粉饰诿过之词，尤非实录。且五人昭雪开复之旨，颁于庚子十二月，时后、帝犹在西安。辛丑十一月，复于回銮过保定时颁吏部咨查立山等子嗣几人有无官职之旨，以备录用，何言两宫回銮方知矫诏杀之之事乎？至予谥建祠，在宣统朝，与两宫回銮无干。《庚子西狩丛谈》记吴永述五人昭雪前，其奏对情形云：“予见太后意尚闲暇，因乘间奏言：‘徐用仪、许景澄、袁昶三臣，皆忠实为国，当时身罹法典，当然必有应得之罪。顾论其心迹，似尚可原。据臣所闻，外间舆论，颇皆为之痛惜，可否亮予昭雪？’方言至此处，意尚未尽，突见太后脸色一沉，目光直注，两腮迸突，额间筋脉悉偾起，露齿作噤龂状，厉声曰：‘吴永，连你也这样说耶？’予从来未见太后发怒，猝见此态，惶悚万状，当即叩头谢曰：‘臣冒昧不知轻重。’太后神色略定，忽将怒容尽敛，仍从容霁颜曰：

‘想你是不知道此中情节，皇帝在此，你但问皇帝。当日叫大起，王公大臣都在廷上，尚未说着话，他数人叨叨切切，不知说些什么，哄着皇帝，至赚得皇帝下位，牵着许景澄衣袖，叫许景澄你救我。彼此居然结着一团，放声纵哭。你想还有一毫体统么！你且问皇帝是否实在？’皇上默无一语。予只得叩头，谓臣实在不明白当日情形。太后复霁语曰：‘这难怪你，咱们宫廷里的事，外间哪里知道？你当日尚是外官，自然益发不明白了。’予见太后意解，始逡巡起立。莽遇此劈天雷电，忽而云消雨霁，依然无迹，可谓绝大幸事，然予真已汗流浃背矣。不意太后盛怒时，威棱乃至如此。”西后对景澄辈之切齿痛恨，盖偾事出亡而犹毫无觉悟若是，尚得谓系载漪矫诏所杀耶？其后昭雪复官，实出外人要求，著之条约，迫于不得已。命查子嗣，亦徇外人之意，故谕旨吞吐其词，不足以彰公道也。

（五）庶吉士与老虎班知县

《记散馆》有云：“庶吉士如婴儿初生，尚待生花，故俗谓散馆之日即生花之日。三鼎甲之卷，别为一束，阅卷大臣必置之一等，以保其功名。如文字大谬，则不能保。咸丰壬子，状元陆增祥以违式被黜为知县，群谓焉有状元而作县令者，乃捐升知府。……亦有寒士得庶吉士，自计不能耐清贫，散馆时故意错一字，出一韵，甘居三等之尾，归部铨选知县，谓之老虎班，得缺至速。”新翰林以散馆为一关键，其得失于身分所系甚大。生花之喻，颇趣。惟谓增祥以状元散馆改知县，则未谛。至穷庶常故意错误，以求得老虎班知县者，良有此风。老虎班知县，称“以知县即选”。应选县缺，俟其选毕，始及他班，故最速。再下则为“归班铨选”，与中进士时得此者同。亦号候选知县，而永无选期，惟改教始得缺耳。如《茶余客话》所记，轩辕诰以举人教谕，将升某府教授，中会元，得庶常。散馆归班改教，仍选此府教授，即其一例。光绪乙未散馆，老虎班知县特多，其中尽多写作俱佳者，志在出宰百里，故意污卷或涂改添注等，惟恐不获，为某御史所纠，谓其以知县可多得钱，居心如此，焉能勉为循吏？当降为候补班，或列诸四等，归班铨选，藉杜效尤。盖阅卷者以庶常而为老虎班知县，已属降格，存不为已甚之心，四等罕有，故某御史以为言也。（老虎班知县，不仅三等可得，二等亦有之。乙未，滇人邹毅洪且以一等第十八名而散知县。庶常究以希望留馆授编、检者为多，以地望最清华，争名于朝，不甘小就。俞樾不工小楷，会试中式后，保和殿覆试，以诗文见赏于阅卷大臣曾国藩，获一等第一，赖是而得庶常。比应散馆试，深惧不获留馆。试毕，戏书一诗黏斋壁云：“天风吹我下蓬瀛，敢与群仙证旧盟。好向玉堂称过客，重烦丹笔注微名。升沉有数人难挽，造化无心事总平。却笑随园老居士，落花诗句太关情。”跋其后云：“散官改官，口占一律。”虽作达语，适见得失萦心之切。及引见后，竟授编修。此类考试，固最重馆阁体之书法，而亦间有专以文字制胜者。又如《清谭》所记“宋太史”一则有云：“潍邑宋太史晋之，名书升。……光绪己卯科魁于乡，壬辰科成进士，文名驰京师，朝殿时，名公卿争相搜罗，见一卷，楷书寻常，而笔墨典赡，迥异俗手，乃置之一等，果得之，为庶吉士。以母老不仕，十余年未散馆。”宋亦不工小楷，而以朝考一等为庶常，亦专以文字制胜之例。)

（六）曾国藩李鸿章之功名遗憾

《记三甲》有云：“夙闻曾文正为三甲，终身不得意，及位至宰辅，功业烜赫，尚心不能忘，自撰一联曰：‘代如夫人洗脚，赐同进士出身。’以自嘲笑。于是京师人相戏，谓三甲进士为如夫人。”国藩以三甲进士为憾，事诚有之，惟非撰此联自嘲。相传其幕友有惧妾者，国藩戏以“代如夫人洗脚”使对，对以“赐同进士出身”，国藩为之不怡。而此谑似国藩之前已有之，殆以国藩名高而好诙谐，故遂传为其事耳。又云：“合肥在翰苑，未得衡文一差，一日在贤良寺，与幕友聚谈。同年杨味莼，自夸其闱作，合肥嗤之曰：‘中进士不得翰林，可羞哉！’味莼曰：‘翰林一生不得衡文差，亦可羞哉！’合肥将以杖叩之，味莼乃遁。光绪间，科举将议停止，合肥在京为无事宰相，正开经济特科，殷望派为总裁。适张文襄入都定学堂章程，大总裁一差，被其夺去，合肥郁郁者数日。”李鸿章终身未掌文衡，虽人爵之荣迥异寻常，而恒不足于此，是

也。惟鸿章卒于辛丑，而考试经济特科，事在癸卯，何能与之洞争总裁乎？（原第7卷第40期）

（七）杨翠喜案

光绪丁未三月，御史赵启霖以杨翠喜事劾载振、段芝贵，西后命载沣、孙家鼐查办。家鼐不敢得罪巨室，载沣尤懦愿，覆上，谓非实。启霖革职，而芝贵亦罢黑抚；载振不自安，因请开缺，报可。其疏词令颇工，杨士琦代草也。（《当代名人小传》谓载振辞商部尚书得请后，始有杨翠喜事，实误。）后旋令启霖复职，以手谕交军机大臣。奕劻事前不与闻，甚惶悚。盖后亦知启霖言不诬，而深不慊于奕劻矣。启霖未赴，惟有诗云："侧闻诏旨彰公道，始识朝廷有苦心。"未几，又擢授四川提学使，遂之官。至宣统庚戌，乃以开缺养亲，呈由川督赵尔巽代奏，得请。奕劻于西后晚年，知宠眷渐替，恒栗栗自危。《慈禧传信录》谓："李莲英以劻得贿多，分润特其些微，渐不能平，频为后言劻贪真，特朝臣附之，故屡察不得实，后深信之。设不死者，劻罢必矣。"盖可信。比载沣摄政，复倚任奕劻，卒墟清社焉。《归里清谭》云："杨翠喜者，天津乐妓，美姿容，歌喉清彻，名噪一时。有商人王姓与有交，欲纳之，而索价过昂。会某贝子至津，见而悦之。某候补道员重金购之，献于某贝子，并备状奁值数千金。贝子大悦，为某候补道说项，竟放巡抚，京师哄传为笑柄。御史赵启霖递折奏参，上命大员查办。大员委司员往津，某贝子知事难掩，潜送翠喜回津，交其母家。司员集讯时，预教以供，供曰：‘从未至京，实系嫁与王某。’王某亦供曰：‘以数百金买为妾，半年矣。’案遂定。大员覆奏，谓御史妄奏，乃革御史职……某巡抚仍降为候补道。越月，又起赵御史为湖北学使，而赵御史入山不出矣。”非湖北，乃四川。启霖亦非不出也。翠喜之赠，尚不仅佐以数千金之妆奁，当时人言藉藉，实更以十万金为奕劻寿，故奕劻力荐之。若仅恃载振说项，曷能遽以候补道超署巡抚乎？王某为王益孙，名锡瑛，系兵部候补郎中，盖商而兼官者。所供价银为三千五百圆。谓购为使女，以清律禁官吏娶妓为妻妾也。

此案之含混了结，自足见清政之不纲。然启霖始绌而终擢，芝贵罢署抚而未能再起，载振不得不割爱而弃翠喜，且开农工商部尚书缺，从此不能再居卿列，奕劻亦见疑于西后，实当时清议尚有相当权威，而国家纲纪犹未尽沦之征也。江春霖亦台中主持清议之骁将，当此案奉旨查办，亦上疏论劾奕劻父子，谓：“庆亲王奕劻及其子农工商部尚书载振，威权日甚，势倾中外。此次奕劻七十寿辰，都下喧传，收受礼物，骇人听闻者甚多。而京外各报，尤秉笔直书而不讳，不第署抚段芝贵一人，歌妓杨翠喜一事而已。”案既定，复疏论王大臣查案疑窦，就供词之支离，以六可疑为说，谓：“买献歌妓之说，起于天津报纸，而王锡瑛则天津富绅，杨翠喜又天津名妓，若果二月初即买为使女，报馆近在咫尺，历时既久，见闻必确，何至误登？可疑者一。使女者婢之别名，天津买婢，身价数十金，至百金而止，无更昂者。以三千五百圆而买一婢，是比常价增二三十倍矣。王锡瑛即挥金如土，掷于虚牝，愚不至此！可疑者二。翠喜色艺倾动一时，白居易《琵琶行》所谓名在教坊第一者，无过是矣。老大嫁作商妇，尚诉穷愁，岂有年少红颜，甘充使女？可疑者三。王锡瑛称在天津荣街买杨李氏养女，不言歌妓，而翠喜则称先在天仙茶园唱戏，经过付人梁二与身父母说允，又不言养于李氏。供词互异，捏饰显然，可疑者四。既为歌妓，脂粉不去手，罗绮不去身，其不能胜操作也明甚。谓在家内服役，不知所役何事？可疑者五。坐中有妓，心中无妓，古今惟程颢一人，下此虽十年浮海之胡铨，不免动情于黎倩矣。而曰买为使女，人可欺，天可欺乎？可疑者六。臣以情理断之，出名顶领之说，即使子虚，买妓为妾之事，更无疑义。伏查《大清律例·户律》内载：'凡官吏娶乐人为妻妾者，杖六十，并离异'等语。乐人注为妓者，案经王大臣查无实据，本不敢倡为异说。惟是赵启霖业已革职，载振亦复开缺，而兵部候补郎中王益孙名锡瑛，以职官而纳歌妓，顾独逍遥法外，未免滋人拟议。若非照娶乐人律科断，不惟国法未申，实无以塞都人士之口。"推勘入细，载沣、孙家鼐诚难自解。惟官吏纳妓，相习成风，例禁虽严，久为僵石耳。

一五八　“一字之衮，荣于华褒”

《铁笛亭琐记》云：“李合肥帅北洋时，淮军旧部晋谒求位置者，合肥色霁礼恭。则其人决无望；经合肥骂詈斥辱，大呼曰‘滚’者，则明日檄下，得差委矣。因有人戏曰：‘一字之衮，荣于华褒。’众大笑，苦无所对。时有某县令私其佣媪，媪谋诸本夫，伪逃，令其夫胁劫县官，向之索人。县官不为动，媪夫遂夤缘拜其刑幕问策，果得钱者，则请上其半，刑幕许之。一日席间论及主人私佣妇，妇遁，律宜坐主人，则伪引律例以恫喝之。县官大恐，因问曰：‘果有是者，厥罪如何？’刑幕曰：‘不过出口耳。’县官因以二千金授媪夫，求平其事。于是遂得对句曰：‘彼妇之走，可以出口。’闻者绝倒。”谈李鸿章轶闻者，每及此事。林纾所述，盖有所本。相传某副将谒鸿章求差委，久之不得，一日忽大喜而语所亲曰：“中堂厚我，行畀优差。”问其所以，则曰：“今日中堂詈我以‘滚’矣。”而此奇对又有属之左宗棠事者，则知者盖少。《湘绮楼日记》同治九年十月十五日所记云：“筠仙昨言，有余生游左帅军中，欲去不得，问计刘克庵，刘云：‘寻小事与相反唇，则去矣。’余生从之，左帅大怒，叱之曰‘□’。‘□’者，满洲大人叱奴子走出之词也，余遂得去。而时人为之改古语曰：‘一字之衮，荣于华褒。’丁心斋司使闻之，喜曰：十年一对，今始得矣。京师有携人妻逃出古北口者，时人语曰：‘彼妇之走，可以出口。’真绝对也。”余生求去，受教于刘典，获此一滚，郭嵩焘（号筠仙——编者）谈之，王闿运记之，似非虚诞。求去与求差不同，“出口”之说所由来，亦所述互异，而奇对则完全吻合。李、左同时，且齐名，如非其一为误传，亦可谓“真绝对也”已。（吾前述文廷式“闾面”事，谓“忆王闿运《日记》中，尝以‘闾面’称文”。顷阅其光绪二十二年八月七日所记，有“文闾面已至长沙”语，不误。）

一五九　张曜用人之术

张曜官山东巡抚时，所属将吏晋谒，其已有差缺或将畀差缺者，曜时有训饬，不稍宽假。其不欲录用者，则厚貌深情，款接尽礼，言词均蔼然可亲。或叩其故，曜曰：“宪体所在，对于所用之人，当言即言，无所用其世故周旋。若无从位置者，困顿之余，方窥吾之颜色语气，以为喜戚。吾既难畀以实惠，若再不假词色，是绝其一线之望，此辈尚安有生路乎？”故曜终鲁抚之任，宦场得意者感其知遇，初不以训饬为嫌；失意者念其情款，亦不轻起怨讟。鸿章所为，盖类乎是，斯亦疆吏之一种心法欤？

一六〇　关羽乞取秦宜禄妻

《三国志·关羽传》裴注引《蜀记》曰："曹公与刘备围吕布于下邳，关羽启公，布使秦宜禄行求救，乞娶其妻。公许之。临破，又屡启于公。公疑其有异色，先遣迎看，因自留之，羽心不自安。"是为关羽乞娶秦宜禄妻说之所本，而亦有解作乞娶吕布妻者，如胡应麟、俞樾均主此。樾且谓："据此，则吕布妻必美。且又牵涉关公，杂剧有'关公月下斩貂蝉'事，即因此附会。"盖就文义言，"其妻"作布妻解，固甚可通也。而据曹真传附何晏事，裴注引《魏略》曰："太祖为司空时，纳晏母，并收养晏。其时秦宜禄儿阿苏，亦随母在公家，并见宠如公子。苏即朗也。"则羽所乞娶操所自留者，自仍以作秦宜禄妻解为是。（原第7卷第41期）

一六一　谭延闿应举遗事

清季科举改试策论，谈闱艺者，以甲辰谭延闿会试元卷为最当行出色。盖绚烂酣湛，异夫寻常也。延闿系以癸卯举人连捷。闻张君二陵言，壬寅延闿应北闱乡试，以河南候补道胡翔林奉派入闱监试，与为姻戚，遵例回避，故次科始获隽云。其父钟麟，官至总督，历任陕甘、闽浙、两广，《近代名人小传》传钟麟，误以延闿为其孙。

一六二　裕德善让

甲辰会试，谭延闿得元，张百熙之力也。故事：乡会试元卷，多由正考官阅定。若同考官荐至副考官处者，得元较难。是科正考官为裕德，延闿卷入副考官张百熙手，大赏之，争于裕德，谓此卷允可冠冕多士，且吾湘久无会元，务请成全。裕德虽以官职较尊而为正考官，然科第稍后于百熙。（裕德丙子进士，时以兵部尚书协办大学士；百熙甲戌进士，时官吏部尚书。）翰林素重前辈，以百熙持之坚，重违其请，且阅延闿卷实佳，遂即定元，人多裕德之善让也。

裕德善让，犹不仅此。壬寅以兵部尚书充顺天乡试正考官，不独解元高毓浵卷非其所阅，自第二至第四，亦均出副考官处。其所阅名次最高者，为第五名刘新桂，尤为善让矣。副考官为左都御史陆润庠（甲戌进士）、户部侍郎陈邦瑞（丙子进士）、内阁学士李联芳（辛未进士），邦瑞其同年，润庠、联芳均其前辈。（或云：裕德及邦瑞，会试中式，均出润庠房。若然，则更有师生关系矣。）

一六三　壬寅湖北乡试佳话

壬寅湖北正考官为翰林院侍读宝熙（壬辰进士），副考官则编修沈曾桐（丙戌进士）也。宝熙于所阅诸卷，最赏左树珍，拟定元。曾桐则极称汪哕鸾卷之佳，力请以元属哕鸾。宝熙从之，乃定汪元左亚焉。二人闱艺均工也，是亦善让前辈者。此榜，陈曾寿中第六名，陈曾德第八名，陈曾矩第五名，兄弟三人，同居前列，亦一佳话。

一六四　谭延闿大唱复仇之义

甲辰会试论第五题为“北宋结金以图燕南宋助元以攻蔡论”。延闿卷大唱复仇之义，文字极动人。起云：“辽金于宋，世仇也。祖若宗含垢忍辱，数十百年，不得藉手稍泄其忿。而子孙卒能排击摧陷之，虽志与事不必尽同，功不必皆就。要其意气之盛，可谓壮哉。”又云：“辽人三入中原，所过残破，易置帝位如弈棋，踞燕、云且二百载，索金缯达数千万，此中国之大辱，噙齿戴发之伦，所宜同恨，不仅宋之私仇也。金更无论矣。攘夺土地，羁虏帝后，蹂躏宫阙，剪夷宗庙，扶植逆臣，宋之君臣，稍有人心，固当泣血椎心，北向以死报者……一有所触，决起直前，举百数年奇辱大耻郁积不得发者而一倾吐之，伟哉！诚不意见之徽宗、理宗之朝也。”当时革命党人，方以排满复仇之论号召群众，每举清初扬州十日、嘉定三屠等惨剧，用助宣传，更就历代异族凌辱中华之往事，引申而传播之，俾唤起汉人之自觉，共趋于排满复仇之途，若辽金史迹，亦其宣传之资料。延闿闱艺，居然大声疾呼，揭橥复仇大义，与革命党人所号召者，若相呼应。殆潮流所渐，延闿是时已颇具革命思想欤，而敢言如此，洵公车诸士中所仅睹也。且辽事关系尚浅，金则清室族系所由来，称为远祖。如《满洲老档秘录》（延闿会榜同年中第一百八十一名之金梁，就沈阳故宫旧藏满洲老档所辑）所载，清太祖天命六年致书朝鲜国王，自称“后金国大皇帝”。又是年“驾经盖州时，有人献大金天惠三年所铸铜钟一口，谕曰：‘今遣员役，将古钟一口送京。’此钟得自盖州，系大金天惠三年所造。天惠者，太祖阿骨打之弟乌珠汗在位之年号也。该员役等护送吾远祖遗物有功，宜酌加升赏，以示鼓励。”又致书朝鲜，谓：“昔辽天祚帝纳我大金叛臣阿苏，宋徽宗纳我大金叛臣张角，卒之大金兴师，悉灭辽、宋，是知悖天妄为，必遭祸败，理有固然，不可逃也。”盖清室之起，虽造为天女朱果之说，以附会真命天子渊源所自，而实自认金后。延闿此文，如在雍、乾文网綦密之世，必大兴文字狱，即出题衡文者亦将获咎矣。至当时出题者之用意，或系关合时事，隐指外患。时际庚子拳乱、辛丑缔约之后，辽、金、元所以喻东西之列强，且似针对所谓以夷制夷、联某制某之说也。延闿此文结处云：“悲夫，逞一时之意气，不深惟事之终始，轻举妄动，贻害无穷，使一二妄庸人得持短长而议其后，寒忠臣义士之心，并复仇之大义亦遂不明于天下，相率婞婀曲媚，取容于敌人，自以为无患，而不知敌之睨其旁者，方且日夜伺隙，且惟恐不得当也。此乃向者宋之君臣所羞也。”则固以“轻举妄动、贻害无穷”，暗拟庚子之事；“婞婀曲媚，取容于敌人”，隐寓不宜矫枉过正，一味媚外之意，亦关合时事立言也。所谓“复仇之大义”，可作对八国联军之役而勖国人无忘雪耻观，与今日所谓“打倒帝国主义”者，盖亦相近。

一六五　甲辰会试为科举结局

甲辰为清代末科会试。自隋唐以来之科举制度，至此而历数告终。此榜多知名之士，以之结科举之局，颇不落莫。其中之以非命死者，有辛亥随父死太原之难谥文节之第一百七十五名陆光熙，因政治关系被戕于新大陆之名记者第一百十六名黄为基（字远庸，又字远生），大政客第一百六十七名汤化龙，若曾任广西省长后以吴佩孚秘书长被戕于豫之第八十六名张其锽，亦其一也。延闿与其锽稔交，其死也，以诗挽之。

其锽于文事自负甚高，对古今文家，罕所许可。尝与人有所评骘，谓韩愈之文“不离娘家”，曾国藩之文“举业”，王闿运之文“剽窃”，康有为之文“先施公司”，各施以冷酷之考语，一笔抹杀，无乃太甚。

愈文号起八代之衰，虽论者于此颇有异同，而韩、柳崛起唐时，在文学上实以复古为革命，无愧健者。以意境论，韩有不逮柳处，以学古而善于变化论，视柳为胜，惟后人推尊太过，若文统、道统舍韩莫属者，斯未为得。其锽泛以不离娘家贬之，亦非平情之论。

一六六　评曾国藩之文

国藩之文，吾尝论其梗概。其所作虽非全无可议，要其以刚大之气，运精思，铸伟词，洵足度越恒流，未宜过贬。其锽评以“举业”，或以其好讲字句声调之故，然此亦文家所有事，宁足为病？桐城派之末流，如李详《论桐城派》所谓“世之为古文者，茫亡所主，仅知姬传为昔之大师。又皆人人所指明，遂依以自固，句模字剽，于其承接转换也、邪、与、矣、哉、焉诸助字，若填匡格，不敢稍溢一语，谓之谨守桐城家法，而于姬传所云谊（义）理、考据、词章三者不可阙一，则又舛焉背驰。”斯则正可云“举业”耳。国藩岂其伦乎？又归有光、方苞，为姚鼐所崇，桐城派之先导也，均以时文宗匠为古文大师，说者颇谓其未脱时文气，而国藩亦不能与之同类交讥也。黄侃《〈曾涤生复陈右铭书〉书后》有云：“姚氏既没，弟子治其术者，渐不能自振。晚有曾氏，自任狡黠，既以军功显于当世，其文章又颇能自异。声气既广，趋附者兹多，其势盖视姚氏为盛矣，然其功力故有过绝人者。”虽以宗尚有异，亦致贬词，然未尝无推服处，视其锽之论有间矣。

一六七　王闿运论摹拟古文

闿运过重摹古，然才气不群，工候颇至，亦难概以剽窃目之。其《论文》有云："文有时代而无家数，今所以不及古者，习俗使之然也。韩退之遂云非三代两汉之书不敢观，如是仅得为拟古之文，及其应世，事迹人地全非古所有，则失其故步，而反不如时手驾轻就熟也。明人号为复古，全无古色，即退之亦岂有一句似子长、扬雄耶！故知学古当渐渍于古，先作论事理短篇，务使成章，取古人成作，处处临摹，如仿书然，一字一句，必求其似，如此者，家信帐记，皆可摹古。然后先取今事与古事类者，比而作之，再取今事与古事远者，改而文之，如是非十余年之专功不能到也。人病在好名欲速，偷懒姑息，孰肯三年而刻楮叶，七日以削棘猴？故自唐以来，绝无一似古之文，唯八家为易似耳。今贬八家不得言文，及其作文，更不如八家，以八家亦自有二三年功力乃可至也。"盖宗旨如是，所为文固有摹古而未能脱化者，而笔力健举，饶有劲气，足自树一帜，未可厚非。（其锽称韩文"不离娘家"，而闿运则言其"岂有一句似子长、扬雄"，颇相映成趣。）

一六八　康有为晚年为文杂沓

有为之文，胜处在苍浑雄肆，英霸之气逼人，而有时失之粗。晚年所作，尤以杂沓为累，谑者至喻以海参、鱼翅、豆腐、白菜一齐下锅。其锽先施公司之评，殆亦以百货纷陈喻其杂沓也。然其豪迈倔强，亦有未易及者。《当代名人小传》谓其“丁酉……上书乞变法图强，引书之兼弱攻昧，取乱侮亡，反复申引，沉痛剀切，直拟西京。”又云：“早岁能文，浩瀚雄杰；晚而力尽，一文恒脱为数节。”褒贬颇允。惟其晚年文之退步，尚不尽缘才尽，盖多信笔疾书太不经意之作，或随口成文，命门人笔录，不复省顾，即行发表，宜其减色矣。

（原第 7 卷第 42 期）

一六九　与胡适之博士一席谈

胡适之先生，为当代第一流学者，高才虚衷，思精心细，言动均无愧学者态度。宜其声誉远播，为我国学术界之权威。十月二十三日，余往访之，纵谈良久，所谈以涉于小说者为多。兹记其梗概。

（一）论《水浒传》

胡君于此书之研讨，致力甚勤，曾发表关于考证之文字数篇，久已脍炙人口，信非有“历史癖”与“考据癖”之素养者不能为也。余近于《京报》撰《小说漫话》，对胡君之说，颇有征引，亦间以鄙见相商榷。胡君谈及拙作，谓言颇有当，而拙作系每日信笔为之，无章法，无统系，他日加以整理，当再就正胡君耳。胡君谓近对此书，复事研究，所得有视旧作不同者，如金圣叹自称家藏“贯华堂古本”，据以改正“俗本”。此问题本有两说：一谓圣叹实有此种古本，非出假托；一谓所谓俗本，乃是真本，圣叹造为古本之说，改窜原书，割裂前七十回，定为施耐庵旧著，而指其余者为罗贯中所续。前此考证，颇主圣叹实有古本之说。近来研究之结果，则认圣叹假托之说为不谬，新撰之文，已收入《胡适文存》三集矣。至《水浒传》著作之时代问题，胡君夙谓：“我们须要记得‘施耐庵’是明朝中叶一个文学大家的假名。”以元人一般作品，不逮太甚，不信旧传元人所作之说。余于《小说漫话》曾以有明中叶，去宋已远，不应书中名物称谓，言词习惯，不脱宋代之旧，而毫未杂以明代背景，谓仍以元人之说为近似。盖去宋未久，相沿多肖，且元人作品，纵多不佳，而天才过人者，固不妨翘然杰出。明人小说，其文句风格亦无一似《水浒传》者。胡君谈及此节，颇以为然，对于明朝中叶，已不坚持，谓《水浒传》之文句风格，确为特异，著者时代，尚待再考，或为元人亦未可知，亦或至明代复有润色而始完成耳。余谓纵有经明代中叶文人修改处，而其量当不多，胡君亦谓然。（《水浒传》

如系经圣叹假托古本，施以割裂，则删余者文句风格等，当与通行之七十回本相同。而所谓续传者，实不类。胡君近作，对于此点，当已有确切之解说矣。)

（二）论《金瓶梅》

由《水浒传》而谈及《金瓶梅》，胡君谓此书著者，尚未能考得其人。余谓《金瓶梅》虽亦为一部名著，而似不足为第一流小说，难与《水浒传》《红楼梦》颉颃也。《红楼梦》不指明朝代，《水浒传》写宋代之事，其背景无牴牾之处。若《金瓶梅》则亦托之宋代，而一切制度俗尚实明而非宋，官职名称，又宋、明杂见，体例实为不纯。昔人著为小说，多不愿显示己名，此书乃所谓淫书，著者自更讳莫如深。主名之考究，自属较杂，旧有王世贞所撰一说，根据太薄弱，当不可信。胡君亦谓王世贞一说不可靠。

（三）论《醒世姻缘》

余谓《醒世姻缘》一书，笔墨与《金瓶梅》颇相近，虽其名不若《金瓶梅》之著，而价值盖在其上。其写明代社会状态等，均与当时符合，良有史料价值。其作意虽不脱因果报应之说，而文字之酣畅恣肆，生气勃勃，实为一部好小说。惜不知作者为谁氏。胡君谓此书诚一佳构，近已考得其著者即作《聊斋志异》之淄川蒲留仙（松龄）矣。余以两书笔墨均工，而一系古典派之著作，号为最雅；一则为语体文，书中人言语，纯用山东土话，号为最俗，若两极端然。蒲氏能为此两部大书，使雅俗各得其宜，各见其妙，此才真不可及。因更请其说，胡君谓二书出一人手笔，此念蓄之甚久。《醒世姻缘》写薛素姐之悍戾，与《聊斋志异》之江城，情形宛似，且妇既不贤若此，何以不能离异？古有所谓七出之条，休妻不患无名，而竟委曲容忍（薛素姐迄未离异，江城离而旋合），亦惟有归之于前生冤孽耳，二事尤为吻合。而《聊斋志异》马介甫一则，写杨万石之妻尹氏，又颇肖薛素姐。因疑《醒世姻缘》或即蒲氏所著，惟以佐证未具，未敢武断。旋闻人言，缪筱山（荃孙）尝谓此书为蒲作，益引起研究此事之兴味，然仅凭口说，未知其真实出处，犹未便即下断案。嗣经搜辑资料，详为考证，而可靠之证据，居然发现，蒲氏撰《醒世姻缘》已无疑义矣。言次，即出示所获各种资料，及孙楷第君考证《醒世姻缘》之作。资料中有清初某氏一文，述蒲氏遗著，内列《醒世姻缘》一种，此证甚为明显。又蒲氏致友人某氏书，此人有悍妇，书中叙及其行为，可与《醒世姻缘》之薛素姐相印证。又有蒲著剧曲数种，本事多为《聊斋志异》之背景，其一种为江城之背景，亦即薛素姐之背景也。孙君之作，就志书等抉择旁证，推论此书之作者及著作时代、书中背景等，与胡君谈话间，未及细阅，惟忆似论定为蒲氏就淄川、章邱本事所作，稿成，请序于胡君。胡君对此，以周谘博考，期为详尽之序文，故尚未草就。将来胡序孙书出版，当为读

《醒世姻缘》者辟一新途径，实一快事也。俟读全文，或再述鄙见。

（四）论《聊斋志异》

嗣谈及《聊斋志异》之价值，余谓此书以文言道俗情，写状甚工，虽喜用古典，尚非堆砌辞藻者可比，后来学之者不少，无一能几及者，足见其文境之高。林琴南（纾）所撰此类小说，名为用古文笔法，论者或称以聊斋体，然局促如辕下驹，视《聊斋志异》，何可以道里计乎？胡君谓然。并言《聊斋志异》中，实有若干篇好文字也。

（五）论《儒林外史》

因论及著作者与其书所叙之时代问题，胡君谓《儒林外史》，托之明代之事，尚多相合，亦缘著者时代，去明未甚远也。余谓虽不若《醒世姻缘》所写之真切，要可云大致不差，胜于《金瓶梅》之写宋事也。

（六）论《红楼梦》

胡君谓近得一可宝贵之“脂砚斋”所批《红楼梦》残本，据其自言，尝与曹雪芹约，书成后当为批评，不意全书未竟，曹即逝世。第十三回“秦可卿死封龙禁尉”，“脂砚斋”批谓“原作‘秦可卿淫丧天香楼’。叙可卿事以史笔出之。老朽（批者自称）以可卿托梦王熙凤一节，所言为居安富尊荣之家者所不易见到，写来甚为可取，故劝其删节，以存忠厚，遂将全回删去三分之一，而标题亦遂改易。又可卿死后，‘彼时合家皆知，无不闷闷，都有些伤心。’‘伤心’原作‘疑心’”。胡君此项发现，洵足为讲红学者增一有价值之资料。其详胡君已撰有一文，亦收入《胡适文存》三集中。

（七）论《九命奇冤》

吴沃尧之《九命奇冤》为清末一部好小说，胡君甚称赏之，尝于《五十年来中国之文学》谓其“可算是中国近代的一部全德的小说”。又云：“在技术一方面，要算最完备的一部小说了。”复列入“一个最低限度的国学书目”中。此书实由一部半文言体之小说《警富奇书》脱胎，惟一经运化，遂尔生面别开耳。与胡君谈及，胡君谓近已知此书实以《警富奇书》为蓝本，因与余同声曰：“此真可谓化臭腐而为神奇矣。”

（八）论《古城返照记》

胡君谈及上海《时报》所载吾兄凌霄之《古城返照记》，颇称其佳，谓运用戏词，摇笔即来，何戏词若是之熟乎！惟以分日刊载，未能全阅。余谓将来拟出单行本也。（按：吾兄之意，拟创一“剧体文”以与“语体文”相骖靳，盖剧词亦有其特异之优点，即声韵圆湛，句法整齐，与文言、白话、方言、小说文皆不同也。）

（九）论报纸

谈次，又及今日之报纸。胡君谓以《大公报》为最佳，尤称其议论之善；并谓近亦订阅《国闻周报》，所刊《随笔》，于史料掌故等，整理论断，甚有心得，颇喜阅之。以前所刊，想已不少，未知拟出单行本否？余谓俟加以整理，当再就正。胡君谓本人出洋甚早，对于掌故诸事，未遑深讨，然甚有研究之兴味。先君与张幼樵（佩纶）有旧，由其介绍，以拔贡参吴清卿（大澂）幕府，偕赴宁古塔画界，甚见宾礼。时颇究心掌故之学，其遗著当有可助《随笔》资料者，此次南旋，拟检理带至北平相示。复谓王小航（照）君，为戊戌党案要人之一，前曾晤谈，知其著作有与史料有关者。当时老新党，今日零落将尽，王君巍然尚存，宜往访一谈，聆其所述，必于史料有裨。胡君并致慨于王君晚境之艰，国家与社会对此老新党不应漠然也。

（一〇）论新式标点

小说之有新式标点本，始于汪原放君。汪君于版本句读，研究煞费心力，非率尔为之者。并经胡君之指导，故大体精审，有裨学子。余壮其志，于其《儒林外史》出版时，尝摘举数则，聊为商榷。良以此项工作，看似不难，实非易易，百密难免一疏，拾遗补阙，读者之责，非故事吹毛索瘢也。汪君见之，咸以为然。再版时一一照改，并以新本相赠，属再纠正。因复举出数则，汪君又于四版照改，亦以新本相赠，其虚心可佩。嗣更举数则，则不知汪君曾否见及。其后牵于他务，遂未赓续。而风气既开，标点旧书者，纷然并起，其善者亦犹汪君，而妄人为之，则笑话百出矣。余与胡君谈话及此，谓汪君一流，为之诚善，而近来无知妄作者，亦足误人。胡君谓此事吾为始作俑者，平心论之，标点各书，固有不善者，而各书之有标点，究于读者为便，流（统）计得失，仍为利余于弊耳。

（一一）入宫见逊帝

胡君昔尝以入宫见清逊帝称谓问题，引起一部分人之诟病。当时余于《京津时报》，草一短评，谓优待条件，既谓清帝尊号不废，待以外国君主之礼，胡君称谓，亦犹见外国皇帝耳，不误。胡君见之，颇谓《京津时报》能持公论也。余与胡君谈及此事，胡君因以与溥君晤谈经过相告。盖溥君亲以电话约胡君入谈，事前左右老臣及英教师庄斯敦等，均不之知。胡君以溥君处彼之环境，居然有此举动，自为青年有志，不妨相见，而彼无随意出入宫禁之自由，势不能来访，惟有入宫见之。既见之后，当赠以新书，而未与通书问。民国十三年，溥君出宫时，外间对于胡君，颇有蜚语，比见清理溥君文件，仅获胡君一名刺，上书“今日有课，不能入宫，请原谅”十一字，（溥君某日遣人请胡君往谈，胡君以无暇未往，书此由来人携回。）乃爽然。至溥君出宫一事，胡君谓当时颇病当局者手续之未安，曾致书王儒堂论之。及今思之，溥君出宫，在其个人得一解放，可有相当之自由，胜于蛰处深宫，势等囚禁。而故宫图籍珍品，亦得与国人相见，作研究之资料，尤胜于长此锢闭，听其埋没。是此举虽近操切，而事实上实为有益，觉当时意见，犹有几许火气未除耳。余谓此为一种非常举动，故立时解决，若按部就班缓缓商办，即将办不动矣。胡君曰然。余问近复与溥君相晤否？胡君谓溥君出宫后，仅一晤，久未再见矣。（当胡君入宫见溥君时，有人告以宜循旧仪，除眼镜示敬。溥君亦必以除镜相答，俟其请戴，然后同戴。溥君近视颇深，亦不能离镜也。胡君诺之。而以社交上此礼久废，故临时忘之，遂均未除镜。）

（一二）谈中药特效方剂

又谈及胡君昔年患病垂危，服中药黄芪得愈事。胡君谓中医确亦有特效之方剂，盖由经验而得。中国药料，品类甚繁，用之得当，可以愈疾，良有研究之价值。

（一三）深嘉谢兴尧之志

北京大学毕业生谢揖唐君，在研究所继续治学，近研究“太平天国”史料，拟编一信史。曾于《国闻周报》见拙著《随笔》，有谈及当时事迹者，因致书有所咨询，由社中转至。余以此甚盛事，遂报书略抒所见。谢君旋来访谈，意见多相合，盖绩学之士。其所搜集之资料，已颇不少，仍在广为访求，其书若成，必有可观。余与胡君谈次，亦及此事，并谓其愿得胡君匡益。胡君深嘉其志，乐为指导，并谓此种史料，若专在中国求之，殊苦不足，宜多观外籍，方可有济也。

（一四）论天资与用功

余称胡君天分之高，非常人所及。胡君则自谓非天分高，惟用功耳，此言亦可味。学者之成其业，固不能仅恃天分，用功自属其要。胡君治学孳孳罔懈之精神，信可取法。

（原第7卷第43期）

一七〇　巧取奕劻百万存款

《归里清谭》云："姜侍御……闻枢廷王爷有百万之款，存汇丰洋行，洋行司事与侍御相契，乃秘商一计，令侍御奏参王爷贪婪，存储洋行者数百万。上命大臣率侍御往查，洋司事乃暗改账簿，将款支出，入于私囊，王爷敢怒而不敢言。迨查无实据，侍御以诬参革职，洋司事分给侍御二十万。"按：此为光绪季年奕劻事。蒋御史，非姜也，陈恒庆曾官台谏，不应误记其姓氏，殆以同官而故讳之欤？以余旧日所闻，款似银六十万两，由司事与蒋对分。其所获处分，则为回原衙门行走，而非革职。《慈禧传信录》记此云："劻益无忌惮，取贿日富，皆以贮之外国银行。有某银行司事华人某，与载振饮妓寮，为振所辱，衔之，言于御史蒋式瑆：'劻某日新贮资六十万，可疏劾之。行察时，劻必托销簿籍，则此款我二人朋分之，君可富；若劻不我托，我必以实告察办者，则劻必罢枢要，君直声且震天下，更必获大用。'式瑆大喜。疏入，令大臣察覆，劻果托是司事注销存据，遂以察无实据入奏。式瑆落职，竟分得三十万。"某银行即汇丰，所记视《清谭》为审，惟言式瑆落职亦误。又据《复庵笔记》谓："某侍御疏劾奕劻贪婪纳贿，且举汇丰银行存金百万为证。有旨派鹿传霖、清锐查办，传霖等官尊齿宿，而暗于外情，以银行为存款之地，宜察视其簿册，则衣冠舆从以往。而是日适值星期，比至，门扃甚严，叩之无应者，即途人问焉，方知其休息不办事，怅然而返。翌日复往，有西人自称大班者出见，态甚倨，问何事至此，则以奉旨彻查奕劻存款对。因索阅其存款名册，大班曰：'行中定例，此册不得示人。'时去庚子未久，洋势方张，传霖等不敢再诘，踉跄辞出，遂以查无其事覆奏。某侍御以所奏不实，回原衙门行走。有知其事者云：'奕劻存款百万属实，奏劾之举，乃银行中人勾串为之，事后据其款而瓜分焉。奕劻莫敢问。'"所述尤详，足广异闻。《官场现形记》卷三十三《查账目奉札谒银行》写江宁藩司赴沪查余荩臣汇丰银行存款，与复庵记传霖等事甚肖，如《现形记》此卷撰于是案之后，当系李伯元即以所闻，于是案者作背景也。

一七一　胡思敬辩御史回原衙门行走

宣统间，御史江春霖以参劾奕劻获回原衙门行走处分，台谏上疏请收回成命。胡思敬疏谓："御史着回原衙门，向来少见，有之自参某邸之蒋式瑆始，已而赵启霖亦然。今江春霖复如是，是不啻专为某邸开此例矣。"（此据当时《东方杂志·中国大事记》所引。）御史回原衙门行走，向来有之，非自式瑆参奕劻为始。至赵启霖，则系革职，与此不同。盖言式瑆革职者，缘启霖而误；言启霖回原衙门者，又缘式瑆而误，以均事关奕劻耳。疏又谓："去年召见江春霖两次，备蒙奖励，今忽被峻斥。两年之间，安能善恶相悬如此。"盖载沣初政，甚思励精图治，对于言官之风厉者，深加器许，如擢用王乃徵，重视江春霖，均见有志振作。而卒以才绌性懦，受制奕劻、载泽辈，使政治混浊过于西后当国时，其致亡非不幸也。疏又谓："谕旨既谓江春霖莠言乱政，则情罪甚重，理当处以相当之罪。若仅回原衙门，以五品官仍为五品官，岂非情罪不符？"御史之回原衙门，不过以"不称言官之职"，非科罪之比。而当时谕旨系谓春霖"实属莠言乱政，有妨大局，亲贵重臣，固不应任意诋诬。即内外大臣名誉所关，亦不当轻于污蔑。似此信口雌黄，意在沽名，实不称言官之职"。既加以浓重之罪名，而处分仅为回原衙门，本是说不过去，故思敬亦以为言。春霖系以翰林院检讨授御史，而检讨已由七品改五品，与御史同。今令仍回原职，故曰以五品官仍为五品官，其实官阶崇卑，有不可以品级论者。编检前虽七品，地位亦若五品，改官御史，乃以清华而为清要，与寻常所谓升官者异也。（明代给事中、御史，亦仅七品，而势视清代尤尊。惟编检改官科道，视若左迁，则以明代最重翰林，升迁速而入阁易，非科道所及。）载沣不得不严责春霖以慰奕劻，而未尝不心许其直。若予重咎，则亦非意之所安，委曲迁就，处境良苦。

一七二　于人面上起草

《清谭》又云："刺字一事，亦须有仁心。予审窃贼，只令刺'窃'字，不刺'竊'字，俾少受疼楚，殆亦古哀矜勿喜之义也。曾见两城满汉御史，为此'竊'字相与争论，此曰宜正写，彼曰俗写亦可，争论不已，复刮贼之肉而改刺之。"按：《宋稗类钞》云："有朝士陆东通判苏州而权州事，因断流罪，命黥其面曰'特刺配某州牢城。'黥毕，幕中相与白曰：'凡言特者，罪不至是，而出于朝廷一时之旨，令此人应配矣。又特者非有司所得行。'东大恐，即改'特刺'字为'准条'字，再黥之，颇为人所笑。后有荐东之才于两府者，石参政闻之曰：'吾知其人矣，得非权苏州日于人面上起草者乎？'"其于人面上起草，与《清谭》所述颇类似。又忆某书曾载某官鞫窃贼，命刺字。既刺，见系"窃"字，谓非是，命改刺

“竊”字。贼遂有“不幸而遇识字官”之语，事在《清谭》所述者以前。此种笑柄，何竟无独有偶欤？

一七三 字之误用

吴沃尧《趼廛笔记》云：“汪穰卿，名康年，庚子岁在沪，约一友同游金、焦。友扬州人，以事先返扬，订于汪曰：‘子至镇江，以电来，吾即至也。’汪诺。友去，未几汪至镇江，发电扬州，而电信署名处押一‘康’字，盖其名也。一时哗传，谓南海先生已至镇江矣。不数日，谣遍长江上下游。”民国二三年间，北京亦有因电信误传康有为来一事。时康氏弟子龙泽厚，在京组织孔道会，接康氏由沪来电，本文仅“即来”二字，闻者误传康氏即至，报纸亦竞载其事，或且加以妆点，都下益哄传之。袁世凯方罗致康氏甚力，康虽虚与委蛇，间通书问，而迄未北上。此讯既传，政府中人均甚注意，拟筹备欢迎矣，旋知其误，盖康氏实命龙赴沪也。就发电者口气言，“即来”二字，简而可明，而误会竟因之发生者。以翰札中“来”字每与“往”字通用，沿误已久也，字之解释，往往以误用而成惯例。又如“缴”之一字，本与“收”相对，而近岁报纸关于军事之记载，恒以“某军缴某军之械”或“某军被某军缴械”，为一种极普通之用语，于是“缴”字竟作“收”解矣。苟约定俗成，便习非成是，且“乱臣十人”之以“乱”训“治”，“安扰邦国”之以“扰”

训“顺”，“亲结其缡”之以“结”训“解”，其例可援耳。

一七四　“看太太”

厉秀芳《梦谈随录》记其官山东武城知县时事（道光间）云：“上元节，乡间妇女必来署谒官夫人，阍者弗能阻。室人于花厅正坐，檐下遮以栏杆，妇女乃钻栏隙而入，若室人少假以词色，则归语于人曰：‘我今年大顺利，官夫人与我答话也。’自朝至午，应接不暇。尝于年前预藏果饵花粉，及是时赏之，语之曰：‘是官夫人予尔等顺利也。’众皆欣欣然欢笑而去。询之土人云，其旧俗如此。”武城为临清州属，鲁省此风，实不仅斯邑为然，曹州府属亦多有之。先父光绪丙戌知定陶县，其地即有此风，谓之“看太太”。例于上元节于大堂前搭高台，官太太公服端坐其上，城乡妇女麇集，翘首列肩，以望见颜色为幸，谓必如此年谷乃有收成之望。盖蚩蚩之氓，对于父母官尊若帝天，敬若神明，更由官而推及官太太焉。入民国后，未知此风尚存否，或以破除迷信而革之矣。

一七五　吾家应举佳话

先父捷同治庚午顺天乡试，首题“季康子问仲由两章”。次科（癸酉）先世父子静公继捷，则题为“回也其心三月不违仁”，恰相连也。光绪戊子先从兄缦愔获隽，首题“‘是以大学始教’至‘至乎其极’”。三题“始条理者四句”。癸巳先从兄由庵获隽，首题“‘故君子必慎其独也’至‘其严乎’”，三题“伯一位子男同一位”，亦均下章相连，（名次则缦愔二十一，由庵四十二，恰倍之。）可云巧合。（原第7卷第44期）

一七六　谈徐致祥

（一）上疏严劾张之洞

张之洞咸丰壬子领解，年十六，故陈恒庆尝以孔子及之洞为诗钟云：“心倾东鲁三千士，首解南皮二八年。”（之洞手定学堂章程，或戏谓其删订五经，可称孔子复生。恒庆乃作此。）徐致祥已未膺乡举，后于之洞，而次年即成进士。之洞则同治癸亥始捷春闱点探花也。惟致祥会元卷，“大学之道”题，套之洞解元卷“中庸之为德也一章”之文，时传以为笑。光绪癸巳，致祥以“疆臣辜恩负职”上疏严劾之洞，谑者称为以怨报德。其疏有云：“湖广总督张之洞，博学多闻，熟习经史，屡司文柄，衡鉴称当。臣昔年与之同任馆职，深佩其学问博雅，侪辈亦群相推重。”又云：“方今中外诸臣，章奏之工，议论之侈，无有过于张之洞者；作事之乖，设心之巧，亦无有过于张之洞者。此人外不宜于封疆，内不宜于政地，惟衡文校艺，谈经征典，是其所长。”盖虽加以弹劾，而对于其文学之优，则仍念念不忘，情见乎辞。与“大学之道”套“中庸为德”之曩事，亦若一线相承也。至谓“司道大员，牌期谒见，有候至三五时，候至终日，而仍不见者，视为故常，毫无顾忌。至候补府州县以下，概不接见。属员之贤否，不问也；公事之勤惰，不察也。所喜者一人而兼十数差，不喜者终岁而不获一面。其赏识之员，率皆浮薄喜事功利夸诈之辈。厚重朴诚者，则鄙为无能而不用。兴居无节，号令不时，即其幕友亦群苦之。”则固不为无因耳。《官场现形记》卷四十三“八座荒唐起居无节”，即以之洞事为背景。

疏以之洞骄泰之心，炽于中法之役，保全粤疆，谓“晋授兼圻，寄以岭南重地，时上特命前兵部尚书彭玉麟督办防务。该督深资彭玉麟威望，指画调度，故粤疆得以安全无事。而该督骄泰之心，由兹炽矣。”冯子材等奏谅山之捷，大创法军，为海通以还中国对外战史仅有之光荣一页，玉麟、之洞主持之功不可没。玉麟虽老于军事，著威望，然分属客帅，非有贤粤督以地主而护持之，不免掣肘，且玉麟为人，倔强自喜，易与人龃龉。之洞奉以前辈之礼，和衷共济，故能收效。后玉麟病逝故里，之洞挽联有云：“五年前瘴海同袍，艰危竟奠重溟浪。”又诗有云：“我亦受危任，同臭若兰茝。论奏出腐儒，谬谓谋可采。”注云：“凡防海规越，计画兵食，及谏阻停战撤兵诸事，余意皆与公合。折奏电奏，皆余属稿，联衔会奏，不易一字。”事固有征，非之洞强攀同志，虽深资玉麟，亦自有足多者。惟此役之后，声望日著，朝眷日隆，泰心因之而生，良有如致祥所云，“其督鄂最久，扶植新机，广开风气，亦若大有作为。而偏重于张皇门面，巧宦华士，辐辏鄂渚，非能实事求是者也。”（晚年居政府，坐啸画诺，尤失人望。或以其目击亲贵弄权，尝私忧窃叹，而谅其心迹。然元老端揆，岂如是即为无忝乎?）疏又谓：“统观该督生平，谋国似忠，任事似勇，秉性似刚，运筹似远，实则志大而言夸，力小而任重，色厉而内荏，有初而鲜终，徒博虚名，无裨实用，殆如晋之殷浩。而其坚僻自是，措置纷更，有如宋之王安石。”抨击甚厉。然安石志行卓然，虽新法之效不如所期。然自是有宋一大政治家，之洞视之，有愧色矣。致祥以守旧称，故于安石之行新法，之洞之讲新政，同类交讥焉。

（二）深嫉与外人周旋者

致祥既不喜维新，故对于号为通达洋务善与外人周旋者，深嫉之。光绪甲申，张荫桓简授太常寺少卿，致祥疏论“名器不可轻假”，请收回成命。谓：“臣惟卿寺乃清要之职，虽不必拘于科目，要自当澄其品流。查张荫桓出身卑微，幼习洋业，故夷情略悉，已为自爱者所鄙。”又谓：“臣犹冀其自惭形秽，惧玷崇班，必具折力辞，乃竟腼颜受命，居之不疑。臣谓此举关张荫桓一身者小，关国家全局者大也。”又谓：“且臣更有虑者，张荫桓俨然卿寺，此外如李凤苞、马建忠辈，同类相招，势必群生觊觎，效尤踵至，夤缘谄附，靡所不为，倚洋务为进取之资，挟洋人为自固之地，廉耻尽丧，祸乱潜滋，履霜坚冰，可为深戒。”又谓：“臣与张荫桓素日无嫌，并未识面，特以众论所不容，九列所共耻，不敢苟安缄默，以贻朝廷名器之累。”此疏可代表彼时士大夫一派之心理。（一）清流必出于科第。荫桓起自佐杂微员，虽优于文学，致祥辈固不屑引为同调也。（《儒林外史》中高翰林所谓“他果然肚里通达，就该中了去。”）疏虽云卿寺不拘于科目，此种观念，盖仍有之。（二）以外人为贱族，洋务为贱事，一与为缘，便若名节有亏，故郭嵩寿、曾纪泽，均以出使为时论所诟惜。疏中以“夷情略悉”与“已为自爱者所鄙”连贯成文，可以概见，“洋业”二字尤奇。盖以衣冠不齿之娼优隶卒目之矣。（三）卿寺类有位无权，闲冷之职，然从容雅步，号为清秩，不容阑入浊流。“名器不可轻假”，乃于此致其郑重之意焉。至谓“卿寺乃清要之职”，其实清可云清，要则不要。曰清要者，乃因清而要之耳。荫桓之补太常少卿，已前授总理各国事务衙门大臣，当外交之冲，正是要职。而致祥不言者，以总署本与洋鬼子打交道之地，不妨以“出身卑微幼习洋业”者与其事，今置诸清班，则深有适从何来遽集于此之感，而羞与为伍，所谓“九列所共耻”也。

（三）上书请杀张荫桓

戊戌政变，荫桓遣戍新疆，致祥更疏论之。以西后幽光绪帝而以病宣于外，乃谓："道路哄传，佥谓皇上疾初起时，张荫桓暗以药饵进献。初虽小效，继遂增剧，论者疑为唐柳泌之金丹、明李可灼之红丸，方术诡秘，莫知其由，以致燥烈铄精，喜怒失当。此辈乃乘之以为奸，是张荫桓之罪，等于康有为，且在总理衙门盘踞年深，其欺君卖国之计，秘而且毒，人皆知之，而莫测其究竟。诚如谕旨所云，行踪诡秘，反覆无常，而其平日于外洋各国，多结私交，往还最密，将来必耸动洋人，代为请释起用，后患尤不可胜言，应请密降谕旨，饬令新疆巡抚，俟其到戍时，即时就地正法，以申国典而快人心。"其恶之欲其死，有如是者。庚子西后卒杀荫桓于戍所，此疏亦可谓伏线也。辛丑回銮，西后复于途中降谕："奕劻等奏，美国使臣请将张荫桓开复等语。已故户部左侍郎张荫桓，着加恩开复原官，以昭睦谊。"此种词令，著于谕旨，国家体面何在？而致祥"洋人代请"之语，乃亦若不为全无着落欤。疏中摭拾后党宣传之谰言，以入荫桓之罪，抑何昧昧！

（四）屡掌文衡之内幕

甲午，致祥以大理寺卿简浙江学政。杭士之好事者，就会元套解元文事，撰诗联以嘲之。（此类事杭士夙所喜为。相传之讥嘲衡文者之作颇多。）致祥闻而大恚，后奏减学额，说者谓其报睚眦之怨云。（京师先传有一联云：“大学套中庸，前解元，后会元，谁说文章无定价；书房兼清秘，叔学差，侄试差，才知家国有奇才。”见陈氏《归里清谭》。时致祥放试差，其叔鄘放学差也。）浙学任满，更拜安徽学政之命。其门人孙葆田所撰神道碑，叙此有云：“论者或为公惜。”京官以掌文衡为荣，尤喜任学政。而屡掌文衡，官秩较尊，亦颇有以身在朝班为胜于久任外差者。当时敬仰致祥者，多谓政府忌其正色立朝，直言极谏，故假是以远之也。闻张君二陵云，庚子以编修赞李秉衡戎幕死难之王廷相，当丁酉致祥简皖学，时为御史，疏论其事，谓“名为优隆，实则屏绝”，获回原衙门行走处分。葆田所云，当即指是。前述闻诸二陵之谭延闿、胡翔林事，记忆偶误，顷晤二陵，复为道之。盖延闿实壬寅湖南本省乡试中式，癸卯至汴会试，适其僚婿胡翔林，以河南候补道为外监试，依功令回避（胡、谭岳翁为曾任江西藩司之方汝翼），遂留开封，寓其业师大挑知县屈寿祺家，次岁乃入场得元。（翔林先请假，避再派闱差。）二陵捷壬寅河南乡试，寿祺其房师也，识延闿于寿祺所，故悉其事云。复按之《壬寅湖南同年录》：“第九十九名谭延闿，年二十二岁，茶陵州优贡生。”延闿今年五十五岁，中举时应二十七岁，盖少报五龄。

（原第 7 卷第 45 期）

附：答胡毓崧君

承惠教，甚感。惟谭君所书者，乃宋人之诗，《湘报》错认谭作也。潘长吉《宋稗类钞》云：“‘农桑不扰岁常登，边将无功吏不能。四十二年如梦觉，春风吹泪过昭陵。’此诗题于仁宗寝宫，不著名氏，韩子苍表出之。”昭陵者，宋仁宗葬永昭陵也。又据厉樊榭《宋诗纪事》所载，上二句全同，下二句作“四十二年如梦过，东风吹泪洒昭陵”。（引《复斋漫录》云：“此诗题于寝宫，不著姓氏。宜表而出之。”）不同者凡三字，盖因所据版本之关系。古人诗句流传，往往小有出入，类如此也。谭所书即是此诗，而更有数字相异，则似不尽缘于版本，以所差嫌多，盖非谭记忆偶疏，即《湘报》所登有误。谭工诗，决不能盗袭古人成作，窜改数字，将自己年龄砌入，据为己有。且如谓系谭感慨时事而作，昭陵字样，与谭之时事何干乎？王静庵自杀前若干日，为人书扇，录陈弢庵《落花》诗，迨其既逝，颇有人误认为其遗作，谭事亦可作如是观。至谓拙稿证《湖南同年录》之误，科举时代，应试者有意少报年龄，为甚习见之事，《同年录》据以登载，误不在彼也。除将来函披露，以见爱护乡前辈之殷，并略识数语，藉答雅意。

原函：顷阅《国闻》第四十五期，观先生所撰之

《随笔》，允称博洽，敬佩无量。惟末后一段云，谭延闿今年五十五岁之说，似有未允。而先生又引之以证《壬寅湖南同年录》廿二岁之误，云谭公中举当在廿七岁时，少报五龄云云。据崧所知，两说均有出入。忆民十二之际，崧读书长沙，谭公于是年督师北伐，驻节衡阳，赵恒惕划江而守，藉北庭为奥援，始终抗拒。迨湘潭一役，鲁涤平兵败易俗河，衡阳震动，谭公闻讯，状至不怿，适乡人某持扇索书，公即挥毫赋诗一绝以示之。诗登长沙各报，其原句云："桑麻遍野谷丰登，边将无功吏不能。四十五年容易过，秋风吹泪上昭陵。"其诗于感慨时事外，自云四十五年，当可信，自民十二至今已七载，则公之享年确为五十二岁，毫无疑义。然则其中举时在二十四，不在二十七，彰彰明矣。《壬寅湖南同年录》似少报二龄，较为可信。又公同时维新诸辈，如凤凰熊希龄、湘潭胡子靖等于民十七之际，公年五十，诸老皆有文词以寿公，胡文于上海《申报》附刊见之，熊词则载于其女公子熊芷女士刊行之《香山集》中（熊词为《金缕曲》，其上半阕概公之平生为容与忍云）。二公皆谭之数十年交好，所见当更可靠。又，立法院长胡汉民先生于纪念周讲演谭公之生平，亦云五十二岁（见天津《益世》报纸），均为左证。至先生之说，当有所本。据崧揣测，想系根据平津各报纸五十五岁之说而言，盖其谬误在通讯社传闻失实之错，于先生无咎焉。崧

为湘人，于里老乡贤既有所知，自难缄默，因不辞谫陋，深恳更正为荷。　　　　（原第7卷第49期）

一七七　陈伯陶刘福姚未散馆而掌文衡

东莞陈伯陶，近卒于香港。胜清遗老，又弱一个。伯陶为光绪壬辰探花，仕至江宁提学使。壬辰状元为刘福姚，榜眼为吴士鉴。次年（癸巳）乡试，福姚、伯陶即获简典试，士鉴亦分校顺天，未散馆而掌文衡，此是鼎甲便宜处，以胪唱后已授职耳。

一七八　梁鼎芬力诋康有为

粤中人物，近多以转移风气，领导时势，图建新事业著称，而甘以胜朝遗臣终者，亦颇出乎其间。其声气较广者，为已故之康有为、梁鼎芬。有为昔为新人物之巨擘，戊戌党祸之前，鼎芬极丑诋之，与王先谦书有云："四夷交侵，群奸放恣，于是崇奉邪教之康有为、梁启超，乘机煽乱，昌言变教。"又谓："湖南乃忠义之邦，人才最盛。昔吾粤骆文忠公，巡抚此地，提倡激厉，贤杰辈出，同卫社稷，如云龙之相从，至今海内以为美谈。岂意地运衰薄，生此三丑。（指康、梁及黄遵宪。遵宪，鼎芬所斥为'阴狡坚悍'者也。）以害湘人，以坏岭学，凶德参会，无所底止。上则欲散君权，下则欲行邪教，三五成群，邪说暴作，使湘有无穷之祸，粤有不洁之名，孰不心伤！孰不发指！”又谓：“廉耻日丧，大局皇皇；群贼狓猖，毫无忌惮；吾党君子，闻风相思；风雨凄凄，不改其度。请告张、黄、叶（按：张祖同、黄自元、叶德辉也）诸公，誓戮力同心，以灭此贼。发挥忠义，不为势怵，不为祸动，至诚所积，终有肃清之一日，大快人心，皇天后土，实鉴斯志。”深恶痛绝，一至于此。晚年乃同以胜清愚忠见称焉。惟鼎芬曩之痛斥其“上则欲散君权”，以其好言申民权也。而复辟之时，有为实主所谓“虚君共和”之制，与“欲散君权”之被诋，仍可谓息息相通，固视一般遗老异趣，则犹同而不同矣。鼎芬标举骆秉章，引为桑梓之光荣，比其死也，逊帝予以易名之典，适亦为“文忠”二字。

一七九　康有为躬与复辟之事

复辟之时，有为躬与其事，被视为主动者，日久负文名，故多传小朝廷类似宣言及关乎制度之谕旨，皆出其手，如《归里清谭》纪复辟有云：“皇上出，张勋拥之登宝座……命康有为草诏布天下……遣官至总统府，逼其下令退位，黎总统以死拒之，张乃命康有为为伪令，宣之于外……所有诏旨，由康一手为之，下笔千言，殆如夙构。”亦得之当时传闻也。

有为草诏，事诚有之，惟均未采用耳。其所草凡八：

（一）登极，（二）开国民大会以议宪法，（三）召集国会，（四）保护各教，（五）定中华帝国，（六）免拜跪，（七）合新旧，（八）亲贵不干预政事。当其时，有为意气甚盛，以为首辅一席非己莫属。即出所草各诏，蕲颁行，而刘廷琛等大反对之。其虚君共和及废除大清名义之主张，尤为众所目笑。（有为所草登极诏有云："英有君主，实亦共和。"又云："政权公之国民，犹是共和也。"开国民大会诏有云："虚立君位，同于共和。"定中华帝国诏谓："朕惟立国必有国号，中国之为华夏，历数千年，我朝上承唐虞夏商周汉唐宋元明之正统，大清朝号，只对前朝言之。今五族一家，同为中华国民，不可以朝号代国号，应定国号为中华帝国。"）遂悉弃置，且视有为若怪物，不独首辅不属，即内阁议政大臣之列，亦不获与，仅以弼德院副院长头品顶戴畀之，所谓敬鬼神而远之耳。有为以首辅自居，故入宫之初，即已珊瑚其顶珠，仙鹤其补服，用极品仪，未候赏给也。此等以意为之率性而行之态度，众亦以为笑柄焉。有为既大失所望，故复辟未败，已对人作牢骚语，兴吾谋不用之慨矣。且有为更有与诸遗老不同处，诸人多于西后当国时邀拔擢，故对西后怀感恩知己之念，即不然，亦以名分关系，不敢轻诋。有为则始终深恨西后，其将卒之岁，寓青岛，值七十生日，逊帝遣人赍赐物，有为具折谢恩。历叙生平，语甚沉痛悲凉，说者谓大似遗折也。折中称西后以那拉后而痛詈之，遗老多讥其谬。谓奏折中应抬三头之人，而对之如是，其大不敬为何如，且即不论皇家名分，而对孙骂祖母，亦属岂有此理。凡此咸足见有为在遗老中另成一格。（《清谭》谓有为受勋命伪造黎氏退位令，宣之于外，尤诞。其时固无此令也，惟小朝廷所颁登极诏，有“据黎元洪奏请奉还大政，以惠中国，而拯生民”字样，及封以一等公诏，谓其“奏恳复御大统，以拯生灵，自请待罪有司”。故段祺瑞兴师致讨，亦有“竟据黎元洪奏称”之语，续发檄文，始谓“该伪谕中横捏我大总统……之奏词，尤为可骇。我大总统手创共和，誓与终始。两日以来，虽在樊笼，犹叠以电话手书，密达祺瑞，谓虽见幽，决不从逆，责以速图光复，勿庸顾忌”。盖第一电骤闻警耗，不暇辨其有无也。诏中不过借其名一用，未必真代备奏折。八日寿命之内阁官报，“折奏”中亦无之，要与有为无涉。）

一八〇　清遗老温肃张学华

伯陶广东同乡如顺德温肃，番禺张学华，亦遗老也。肃以癸卯进士，官至御史，颇有声，复辟时代拜副都御史之命。闻近亦居香港。学华庚寅进士，为伯陶翰林前辈，尝由御史简授登州知府。伯陶赠以集句“今夕只可谈风月，谪居犹得近蓬莱”一联，一时传诵。（伯陶颇工为联，如挽张之洞云：“继中兴名佐，独有千秋，自是我朝真宰相；合天下学人，同声一哭，岂徒垂老小门生。”亦为人所称。）后官至江西提法使，盖由检讨，历御史、登州、济南知府、济东泰武临道而迁此，升转并不为迟。提学使班在臬司之上，伯陶由编修一转即先得之。学政改设提学使，虽体制较逊，然实宦途一捷径也。（学华在济东道任，曾兼署山东提学使。）学华久膺外任，有循名。鼎革归里，宦橐萧然，居恒自赴市肆买菜，洵廉吏已，今不知尚健在否？

一八一　袁崇焕杀毛文龙乃失策之举

报载伯陶著有《东莞五忠传》等书，五忠袁崇焕当居其一。崇焕冤死，论者哀之，粤人以乡土关系，尤重其人。惟杀毛文龙一事，颇启聚讼。《明史》崇焕传谓："初，崇焕妄杀文龙，至是帝误杀崇焕。自崇焕死，边事益无人，明亡征决矣。"虽极许为边才，而亦咎其妄杀。至《庸闲斋笔记》谓"纪文达公阅历朝档子，始知文龙曾通款我朝，则文龙在明，固万死不足惜者也。"兹据《满洲老档秘录》所载文龙与书，通款之说，固非无根。然谓已决心叛明，亦似未尽然。盖有两面投机之意，有明纵不能善为抚驭，得其死力，亦当羁縻，俾不为患。崇焕杀之而无以善其后，使其部将投清，为虎傅翼，速明之亡，良为失策。其杀之也，数以十二当斩。"辇金京师，拜魏忠贤为父，塑冕旒像于岛中。"为当斩之第十。而崇焕于天启七年，亦以辽东巡抚，与蓟辽总督阎鸣泰，为忠贤建祠于宁前。（《明史》称"中外方争颂忠贤，崇焕不得已，亦请建祠。”）以五十步笑百步，岂无瑕者可以戮人之旨乎？

一八二　陈伯陶谒端方趣事

伯陶在江宁提学使任时，有一趣事。尝谒总督端方，谈话间，以手探靴筒，若取物者。端方大惊，一跃而起，亟问何为。盖时距安徽巡抚恩铭被候补道徐锡麟刺毙未久，深有戒心也。清代官场习惯，属吏见长官，不得挥扇，多于延见时置靴筒中。伯陶此际，觉足部不适，欲取出重置。不意竟启误会，因即述明所以，端方色始定，且自笑焉。（原第7卷第46期）

一八三　胜清衙署旧事

吾兄龢佛以《随笔》时及胜清旧事，来书附寄谈旧时衙署制度稿云：

> 旧谚云：在京“和尚”出京“官”。和尚则吾不甚了了，若外官之视京曹，则地位之显，威势之大，利益之厚，相去不可以道里计。即以衙署论，京官惟顺天府尹（与府属），大、宛两知县（与其佐属）、五城指挥等方有衙署，（此所云衙署，专指公廨私宅混合者而言，下仿此。若办公之所，固各官皆有也。）

其余虽以大学士之尊，只居私第，（顺天府自治中以逮经历，均有署，惟府丞住民宅。府丞昔兼学政，与奉天同。后乃以直隶学政改顺天学政，府丞只管府考矣，然关防仍有兼提督学政字样也。未并直隶时，府丞主院试，而府试则归四路同知，与奉天之以军粮同知管府试者同。什锦花园固有学政署，或即当年府丞所居，特内容久已破秽不堪。）外官则未入流之典史、闸官，亦例有衙署，规模虽小，而大堂、二堂、客厅、住宅、花园（即隙地）件件俱全。就鲁省而言，规模最大者当推抚、藩、臬、运，其次为知府，其次为道。（道虽尊于府，然本布、按两司之贰，在布曰“参政、参议”，在按曰“副使、佥事”。清初沿明制犹如是，后乃去司贰之名，统称曰“道”，署较浅，无掾佐，惟粮、盐道间有库大使，无者则由他属官兼。明山东副使署附按署东偏，后成空地，然有碑可考也。）其次则为州县，其次则为同知、通判及六品以下佐杂等职，惟盐场大使，则以兼地方官性质（管灶户词讼），署之规模视州县，惟地基较小。又武秩中之卫守备，管理卫地，职权与州县似，名曰：“武官文做”。其品级印信，均与直隶州似，惟见知府用堂属礼耳。（武职多关防钤记，此则方印，颇特别，而满缺又当别论。）其衙署亦视知州也。此皆举普通者言之，其或借改，或因乱烧失而赁民房者，亦多有之。但道府以上无赁民房者（山东巡警、劝业道，清末新设，暂用民房，未及建署），位尊则修造亦易也。惟如广西思恩府，地处蛮荒，规制简陋，有衙役上墙（署罕衙役，乃于壁上画红黑帽刑杖表示，内地惟末秩有之），老虎上堂（地多虎患，大堂设虎阱焉）之谣。按：《归里清谭》云："各省苦缺，莫苦于广西思恩府，且引以为危事。其地瘴疠极恶，至其地者，九死一生。太守莅任，拜印后，书吏请拜一室，室内牌位林立，皆在此病故之前守，此可令人心恶。仰首而观，阁上有长木板，皆庋置前故幕宾之箱笼，书曰某县某人。是死于此而旅榇不返者，见之更觉心恶，焉能不病！予仕京廿余年，知死于其地者，不下三四人，因之记名候简之京官，日夜祷祝，勿放此缺。以后偶有得此缺者，多告归不再仕。此人不往，则再请简，枢密大臣尝笑曰：'既皆不愿往，何必请简？'予怪大臣等奚不奏明其地情形，改为外补之缺，以久仕粤西习惯水土之人任之，何必置京官于烟瘴之地哉！清代不改置，民国则改之，废此府城为墟，以武鸣县遥控之而已。"可以参观，诚有如柳宗元所谓"播州非人所居"矣。播州治今贵州遵义县，唐时仕宦者所最视为畏途者也。

一八四　山东学政署为不祥之地

山东学政署，在大明湖滨，为明学道署改充。署不甚大，格局尚清雅。光绪戊子，学政裕德始借居皇华馆，以居署者多不利，说者谓以其坐南向北故。（此诚罕见。此外余只见长芦盐运使署耳。今长芦运署为庚子前旧直督行辕所改，非原址也。）计光绪中叶后，除裕德、华金寿外，丁忧为多。秦澍春且故于兖州考棚，尹铭绶降三级留任，载昌裁缺。然姚丙然、荣庆，亦未住署，而一革职，一丁忧，是迁地亦不为良。而迷信家复以此缺为不祥云。（此署后屡作学校，今则财政厅也。）

一八五　合肥临榆旧署

安徽合肥，明代曾为省会，府县署以旧抚藩署为之，甚壮丽。直隶临榆县署为旧行宫，地广数十亩，俨然王者之居也。其原有县署，则典史居之。

一八六　署如萧寺

余尝问某通判，同、通之职，与知府抗礼，州县官亦以属员礼谒见，而署之规模何小也。某曰："不过浅及房屋少耳。东昌同知署系明佥事旧署，规模较大，而居之空旷，转嫌冷寂，盖衙署本办公之地，无事而占地多，转不若住宅之适。"所言极为有理。有某县令交卸，其妻有身五月，不能就道，商之后任，拟缓迁出衙署，后任借住书院，房屋亦颇足用，慨然允诺。乃不数日，即就地别租民舍迁焉。人问其故，曰："今而后知卸任之官署如萧寺，几乎白昼见鬼，不但不愿省此房租，即倒贴钱亦不可一日居也。”

一八七　长山县市集

余父尝知长山县。是处市集，系每旬逢一、三、六、八之四日，逢六则为城中。于是自署之影壁，以达大堂暖阁，设摊挑担售物者，鳞次栉比。盖旧时衙署，大堂以外，完全公开无阻，时际承平，无取乎荷枪实弹者，矗立门前，入者多方盘诘也。

一八八　误设辕门

文如督、抚、道、同、通，武如提、镇、副、参，印曰关防，署设辕门，藩、臬不然也。提学使之设，体制同藩、臬，乃山东提学使连甲，建署而设东西辕门，人颇笑其非故事云。

一八九　明代官制杂述

龢佛稿又述及有明官制云：“前清官制，沿袭朱明，递改递变，渐失本来。明代各省长官，名曰三司，即布政司布政使（从二品）、按察司廉使（正三品）、都指挥司都指挥使（正二品）是也。总督、巡抚、巡按，皆中央部院之官，衔命监察，原与地方长官不同。布政者，犹古方伯，为行政首领；按察者，职司刑狱，犹今日所云司法独立；都指挥为武职，管军政，体制相同。（在南京者为留守司）。按、都两司，于布政为旁系（明称某省为某布政司），府州县承布政为直系，故知府（正四品）比布政使小三级，知州（从五品）比府又小三级，知县（正七品）比州又小三级。明，县之上有府、州两级者，惟州有有属县与无属县之分而已。”

以上所述，皆指正印官（领袖）言，其偏印官（贰官）在布政为参政（从三）、参议（从四），在按察为副使（正四）、佥事（正五），在都司为同知（从二）、佥事（正三）。至司属，布政则有经历、理问（均从六）、都事（从七）等，按察则有经历（正七）、知事（正八）等，都司则亦有文属官经历、断事（均正六）、都事（正七）等。文重武轻，论势分，布政使当在都使之上。而司属升转，乃由布升都（如布经历升都经历，理问升断事），则以品级关系。［按：三司顺序，本依品级而有都、布、按之称，犹京师称五府六部，以府列部前。都督（正一）势分不逮尚书（正二）而品级则较高也。《醒世姻缘》第九十九回，有云：“抚院……传请三司进院会议……那几个都司……穿了员领，戴了纱帽，掌印的拖了印绶，夹在那两司队里，倒也尽成个家数。”亦以武官势分较轻，故作此调侃语。曰几个都司，盖合都使及同知、佥事而言之。若清之都司，则更难望夹在两司队里之荣矣。惟都阃之称，犹想见昔时专阃大员之遗型耳。]

府之知府（正四）、同知（正五）、通判（正六）、推官（正七），州之知州（从五）、州同（从六）、州判（从七），县之知县（正七）、县丞（正八）、主簿（正九），亦如布、按之例，各递降二级。（清改知府为从四，又有直隶州知州正五，其例乃乱。）推官司刑狱，虽品级在同、通下，而权势特著，名贵之官，盖亦司法独立之意。（按：府之长贰，似即三司之雏形。同知称军厅，犹都司也；推官称刑厅，犹臬司也。藩司以行政首领兼司钱粮，府则知府为行政首领，而以钱粮属通判，所谓粮厅也。州县以行政首领兼刑狱，贰官亦如同、通。设官初意，当是如此。迨府、州、县长权积重，贰权见夺，同、通以迄丞、簿，俨成伴食，惟推官司法之权独存，盖刑狱特被重视之故，乃非同、通之比。清裁推官一职，于是知府兼刑狱，犹州县矣。《醒世姻缘》一书，写明代事，甚有史料价值，对于推官职权之重要，势分之尊严，尤言之历历焉。）

盐运司于三司外，另成一系统。运使虽从三品，然苟非破格擢用，大抵仅升同品之参政，视正四品之副使之能升藩、臬，实在其下，至清而运使乃为道员升阶矣。

（原第7卷第47期）

一九〇 星命说之妄

前引《茶余客话》所述史贻直事，以见星命家之附会可笑。顷阅陈衎《槎上老舌》记“星命”一则云：

> 日者以干支定人祸福，起于唐兵部员外李子平。然干支生克之外，又有微妙难言者。吾乡先辈按察使王公应时，年月日时，皆属于火，于法不当贵。有精此术者，疑其生于江海之上，公曰：“时雨潦方涨，大水入屋，母夫人架板于水而生耳。”盖干支虽极燥，而适逢大地真水，足以相制，的为显贵。

此所谓水火相制，犹贻直事之所谓“此四柱中惟火太盛，惜少水制，幸生舟中，得水气补其缺”也。贻直于“法”固当大贵，而适有一同八字于“法”亦当大贵而竟不贵之铁工子，应时于“法”不当贵而亦竟贵，均于“法”求其说而不得，乃就水火而为之词。非“精此术者”何能头头是道，自圆其说乎？遁辞也，而曰“微妙难言”，迷信星命者之易欺，类如是耳！《槎上老舌》续云：

> 陈公纪官佥都御史，与一水夫八字相同。一日者研推兼旬，方请曰：“公生时当在星斗之下，不然弗贵。”验之果然。太夫人娩公，仓皇露处于园圃中也。

以此观之，干支即甚灵，又有别解矣。是亦犹贻直有一同八字之铁工子，干支而有“别解”作辩护，宜无往而不“甚灵”矣。研推之时间达兼旬，殆侦得曩事，以供缘饰。日者之谈言多中，每恃此术，所谓“事后有先见之明”也。吴沃尧小说《九命奇冤》第二、三两回，写马半仙为凌贵兴批命有云：

> 半仙道，批成本的不是含糊可以了事，先要考定太阴太阳经纬，追究胎元胎息，参考七政四余，飞星划度，还要装地盘神煞，考查流年小限，以断定一生衣禄。大约十天之后，方可应命。贵兴道：“不要紧。就是十天，十天之后我叫人来取就是了。”……不知不觉，过了十天，便叫喜来到马半仙处取批的命本。半仙见了喜来，送茶送烟的同他交谈起来，用言语打听了好些贵兴家事，临了才说这几天实在太忙，还不曾批好，再过三天就有了。喜来只得回覆贵兴。过了三天，再去取来……看的贵兴手舞足蹈，如同疯子一般，嘴里只说这位先生真说得灵。

于此辈伎俩颇能道著。此亦一“甚灵”也。《茶余客话》又有一则，谓：

> 嵇叔子精于子平，自谓官止四品，而夫人之禄位不称，举孝廉，即丧偶。媒妁盈门，叔子排算其八字，俱以为不类。某富翁欲以女妻之，先以年庚付一

术士推之，术士云："此十恶大败命。"翁以情告术士曰："试易之何如？"因将生日移前数日，而时干亦易，通局俱变矣。翁乃付媒往议，叔子以手推之，曰："是恭人也。"遂成姻。任杭州太守，妻受四品封。叔子卒后十余年，诸子将为母称七十觞，先期营办，恭人笑止云："某日非吾真生辰也。"因述其故。家人皆惊，盖嵇氏父子为所绐者四十年矣。

是即足辟星命说之妄。阮葵生既记此，而犹津津乐道贻直事何欤？《客话》又谓："嵇叔子为李太虚作《阆园影赋》数千言，编珠贯玉，地负海涵，刻画殆尽。李携示赵洞门开心、李叔则明睿，各舌挢不下。嵇美髯，眉间一寸，守杭州，清介爱士，四壁萧然，风雨不蔽，郡有好古之士，必折柬招致。"盖亦一时奇士，而惑溺于八字若是，诚所谓习俗移人，贤者不免矣。（《客话》复有述及相士者，谓"庄殿撰培因，偕某上舍自裘文达斋饮归，同诣于佛寺访江西一相士。上舍即与庄易帽同车行，是时业有人报知相士矣。及至庙，殿撰谓易帽恐涉轻薄，仍各冠进。相士遂言上舍为状元，历巡抚、尚书，而诋殿撰贫贱，不列于仕籍，即日声名大损。"命相同流，倚以为生者，其伎俩固大相类也。使帽不再易，则声名不"大损"而"大著"矣。）

《啸亭杂录》云：

> 信恪郡王如松、庄慎亲王永瑺同年月日生，庄惟后信数刻时，互以兄弟称之。稽其福命，信先庄薨十七年。然其子恭王淳颖以复睿忠王爵故，因赠王为亲王，庄恪王无子，嗣其弟子承袭，信恪王少封公爵，任工部侍郎等官，庄恪王少亦赐公品级，历副都统等官。虽文武少差，而其升转如一，亦一异也。

并时皇族王公，际遇略同，有何可异？奚必以“同年月日生”而“稽其福命”？即以八字言，其八字且不尽同，然星命家亦可以两不尽同处，益附会八字之“法”为可信也。

《竹叶亭杂记》云：

> 仕宦之通塞，实有子平所不能推者。休宁汪薰亭阁学滋畹，凡日者皆言官不过同知，困顿场屋。始就盐大使。乾隆戊申，赴部候选，自分风尘，梦不作大罗天上客矣。候选者每月朔到部投供，阁学平生喜斗马吊，一日欢会，继之以夜，次日为月朔，不忍舍之散。同室人有投供者，倩之代。同室人到部忘之，是月出缺。汪以月朔未投供也，不得选，懊恨无及，不得已入闱应试。是科获售，联捷成进士，官翰林。不二十年，至内阁学士，使同室者一为投供，则早已执手版听鼓辕门矣。然平生不知几经精子平者推算，竟无一许其为木天人也，亦异矣哉！或曰：凡乡居无

日规，即有之，或遇阴晦，则诞生之时，多由意度，盖时辰不得真也。理或然欤？

姚元之记此，既谓子平所不能推，是不信星命之说矣，而又赘以“或曰”之“别解”，作“理或然欤”之断语，盖犹有蓬心也。

《杂记》又有一则云：

人有生同年月日时而命绝不似者，星家因言所生之地有不同也。汪文端公廷珍，与盛京成司马书，同年月日时生，汪进士第，成仅一举。汪官六品，成必五品。汪五品，成则四品。成官侍郎，汪则三品。官阶每成大一级。今汪官尚书，（按：前举其谥，此而曰今。盖文端字样，为稿成后补入者，故有扞格。）而成犹侍郎，其爵位犹不甚相远。所可异者，二公面貌酷肖，八字同而乃面貌亦同，此则罕闻事也。其曩时丁内外艰，年岁亦略相同。

八字与面貌均同，可云甚为巧合，大可作日者相士命相合参之资料，以神明其“法”。

又如《宋稗类钞》所载：

阴阳家流，穷五行术数，不得为亡，至一切听之，反弃人事，斯失矣。蔡元长生庆历之丁亥，其月当壬寅，日当壬辰，时为辛亥。在昔幼时，言命者或不多取之。及逢时遇主，位极人臣而后，操术者争谈格局之高。推富贵之繇，徒足发贤者之一笑耳。大观改元，岁复丁亥，东都顺城门内，有郑氏者，货粉于市，家颇赡给，俗号“郑粉家”。偶以正月五日亥时生一子，岁月日时，适与鲁公合。其家大喜，极意抚爱，谓且必贵，时人亦为之倾耸。长则恣其所欲为，斗鸡走犬，一切不禁也。迨年十有八，春末，携妓从浮浪人跃马游金明，自苑中归，上下悉大醉，马忽跃入波中，水浸而死。五行之不足信如此。蔡元度娶王荆公之女，封福国夫人，止一子，谈天者多言其寿命不永。元度夫妇忧之。一日，尽呼术者之有名如林开之徒集于家，相适决其疑，云当止三十五岁。元度顾其室云：“吾夫妇老矣，可以放心，岂复见此逆境耶。”其子后竟至乾道中寿八十而终。然其初以恩幸为徽猷阁学士，至靖康初，蔡氏既败，例遭削夺，恰年三十五，盖其禄尽之岁。由是而知五行，又不可谓尽无也。

分明两俱不验，而后一事偏借官禄当寿命，以圆成“不可尽信亦不可不信”之模棱学说。如所言，凡无官禄者，均可以无寿命论矣。此种模棱见解，实一通病。

一九一　大挑挑命

《归里清谭》云：

> 清代举人赴大挑场，王公大臣司之，举人身躯伟大者，挑一等，作知县；中人者，挑二等，作教职；其身卑琐者，则落挑，此显而易见者也。某年大挑时，有山东某举人，人如曹交，竟落大挑。其人愤甚，俟大臣事毕登舆时，拦舆诘之曰："大挑以何者为凭？"大臣知其为落挑负屈者，高声应之曰："我挑命也。"举人无言而退。

此可与相传之嘲某主考联参观。某主考者，旗籍，疏于文事，榜发，物议哗然，或嘲以一联云："尔小生论命莫论文，碰；咱老子用手不用眼，抽。"是皆以得意者即为命佳，失意者即为命不佳，虽滑稽而颇痛快，胜于根据八字以论"法"时藉遁词回护也。即引"君相可以造命"之语者，亦嫌多事。　　（原第7卷第48期）

一九二　妇女守节杂谈

夫死守节，古虽以为美谈，而妇人改适，亦视为恒事，并不以耻辱目之也。自有宋程朱诸儒，始认守节若天经地义，程颐“饿死事小，失节事大”之语，尤为后儒拳拳服膺。教义所播，改适遂为社会所羞称矣。蔡景真《笠夫杂录》云：“范文正公置负郭常稔之田千亩，号曰‘义田’，以济养群族之人，日食人一升，岁衣人一缣。嫁女者五十千，再嫁者三十千，娶妇者三十千，再娶者十五千，葬者如再嫁之数，葬幼者十千。日格子曰，程子论孀妇，谓‘饿死事极小，失节事极大’，何范氏义田有再嫁之给也？程子扶世教而立言，范公处世变而立法，其皆有所见乎？愚意再嫁当是次女，前辈错解否？”景真以清初人根据程朱以后之信条，而为仲淹斡旋，宜有此误。再嫁者是次女，再娶者亦是次男乎？仲淹视女子再嫁，犹男子再娶，正合古来习惯，亦无所谓处世变而立法也。颐重失节，始为变耳，自是以后，地方陋俗，变本加厉，乃有迫寡妇殉夫之惨剧及笑柄矣。《铁笛亭琐记》云：“闽中少妇丧夫，不能存活，则遍告之亲戚，言将以某日自裁。而为之亲戚者，亦引以为荣，则鸠资为之治榇。前三日，彩舆鼓吹，如迎神人。少妇冠帔衮服，端坐舆中，游历坊市，观者如堵。有力者设筵饮之，少妇手鲜花一束，凡少年之未诞子者，则就其手中乞花，用为生子之兆。三日游宴既尽，当路结采棚，悬彩绳其上，少妇辞别亲戚，慨然登台，履小橙，以颈就绳而殁，万众拍手称美。余七八岁时，老媪曾抱余观之。迨年十九时，翁学本为抚民分府，恶其事，乃大张告示以谕众曰：‘为严禁贞烈事。’余观而笑曰：‘然则，劝导淫奔耳。’闻者大笑。俗吏之不通，往往令人喷饭。”此种惨剧，读之令人毛戴，斯诚所谓“吃人的礼教”矣。林纾谓出诸少妇自愿，恐不尽然。盖有由于迫胁而成者，间有甘心就死，亦社会风尚所驱使。既俗耻改适，复无以自存，遂无罪而就死地耳。其以夫妇感情关系而自杀者，自当别论，然决不愿大张旗鼓，演此喜剧式的惨剧，以供“如堵”之“观者”之玩赏也。学本示禁，其事甚通，是有心人，是良有司，纾不痛斥陋俗之荒谬，反摘其示语引为讥笑，颠矣。又如《庄谐选录》有云：“闽俗重节烈，以建牌坊，官临祭为荣。闾阎无知，尝有力劝新孀殉节以为荣耀者，百计说之。若妇首肯，则即发帖请地方官临祭，并遍请官绅戚族，届期为台，妇坐椅上，盛设祭品，官绅等以次祭毕，妇即出带自经死。前有送帖至某国领事者，领事大怒，遽牒询何小宋（璟）制军曰：‘贵国有此残忍之俗，何为不禁止？’何亦讶甚，乃亟禁阻，此妇乃免于死。”可与纾记参阅。《选录》又一则云：“福州俗，凡人丧夫，每有族长等诱逼令自尽……尝有一妇为人逼殉，而临时自悔，既上坐，忽欲下。众前阻之曰：‘汝将殉夫，为宗族光，何忽下？’妇无辞，亟曰：‘吾栏中猪尚未喂，宜往视。’遂夺路去，不复返。至今福州人笑人作事中悔者，辄曰：‘汝得无有猪须喂耶！’”则由惨剧而变为笑柄矣。此妇盖临时作“为什么”之想，遂幸逃于“吃人的礼教”之下耳。（明建文状元胡广，与人相约殉难，吴溥闻其呼家人谨视猪，曰：“一猪尚不舍，能舍生乎？”卒迎降永乐帝。其事亦有猪在，与此相映成趣。）或谓闽人此风，起于李光地之盛倡节烈，光地故程朱信徒，以肩承道统自任者也。

一九三　范仲淹不以再嫁为耻

《香祖笔记》云："宋世士大夫最讲礼法，然有不可解者二：仕宦卒葬终身不归其乡，一也；阀阅名家，不以再嫁为耻。如范文正幼随其母改适朱氏，遂居长山，名朱说。既贵，凡遇推恩，多予朱姓子弟。其长子纯佑，与王陶为僚婿。纯佑卒，陶妻亦亡，陶遂再婚范氏长姨，忠宣但疏之而已。文正辄听其改适，不为之禁，尤不可解也。"是王士禛亦以程朱之礼教信条绳前人也。仲淹固有宋儒宗，然是程朱前辈，何能受程朱信条之约束？禁子妇改适，其母更无论矣。且万世师表之孔子，亦未禁子妇改适。尤可不必少见多怪。至陶婚范氏长姨，后人于程朱教义之下，或视为悖礼，而在当时亦不足异，仲淹实无干涉之必要。

一九四　王安石为儿媳择婿

魏泰《东轩笔录》云："王荆公之次（?）子名雱，为太常寺太祝，素有心疾，娶同郡庞氏女为妻。逾年生一子，雱以貌不类己，百计欲杀之，竟以悸死。又与其妻日相斗哄。荆公知其子失心，其妇无罪，欲离异之，则恐其误被恶声，遂与择婿而嫁之。”是安石不独不禁其子妇改适，且择婿而嫁之，复不在其子死后，而在生时，然所为固允。若衡以程朱教义，则骇人听闻矣。安石学行最著，亦所谓“最讲礼法”之“士大夫”也。(惟《笔录》心疾云云，是否尽可信？是一问题。安石以行新法见嫉，攻安石者每兼及雱，喜捏造事实以诋之，流传众口，颇多不根之谈。)

一九五　梁绍壬之通论与迂论

《两般秋雨盦随笔》云：“漱玉、断肠二词，独有千古，而一以桑榆晚景一书致诮，一以柳梢月上一词贻讥。后人力辨易安无此事，淑真无此词，此不过为才人开脱，其实改嫁本非圣贤所禁，〔生查子〕一阕，亦未见定是淫奔之词，此与欧公箕钱一事，今古哓哓辩论，殊可不必，不若竹垞翁之直截痛快曰：‘吾宁不食两庑豚，不删风怀二百韵也。’”梁绍壬此论颇通达。而又一则云：“昔人云：‘女子无才便是福。’然今之闺秀，比比是矣。有某公语云：‘闺秀之诗，其寻常者无论，即使卓然可传，而令后之操选政者，列其名于娼妓之前，僧道之后，吾不知其自居何等也。’此言虽刻酷，而亦有理。愿以告玉台之治诗者。”则腐儒之论已。

一九六 打破程朱教义者

士大夫之家，有以身作则，打破程朱教义者。如王蜷翁《兰隐斋笔记》云："袁爽秋昶，庚子六（?）忠之一，全椒薛淮生侍御之婿也。其女适高子衡观察尔伊，世为杭州首富。子衡四十余以疾卒。袁夫人欲改适，子衡之弟尔嘉，号子羡，王夔石相国之孙婿也，跽请于嫂，幸无夺志，家非不足于财者。有侄数人，听择为嗣，且年近五十，宁又更贻家门羞也。袁氏曰：'君言诚有理，惟贞节之说，迂儒不近人情之谭也。吾当力破此戒，以开风气，无庸更为烦聒。'于是嫁一大腹贾去。子羡后与吾相见京师，尚垂涕而道也。"信如所云，年近五十而改适一大腹贾，或当若李易安所谓"猥以桑榆之晚景，配兹驵侩之下材"耶？然不囿于环境，毅然行乎心之所安，置非笑于不顾，亦一振奇人哉。（原第7卷第49期）

一九七 群臣不敢论劾和珅之因

清乾隆帝自负英察，动谓"以朕为何如主"，而晚年宠信和珅，纵其弄权纳贿，剥丧元气，国运遂由极盛而趋于衰，实有清一代一大关键。最可怪者，与和珅同时而号为正色立朝之名臣，不一而足，委蛇其间，不敢稍发其奸贪，坐视政治日坏，若无所容心者。迨嘉庆帝亲政，言路乃敢论劾和珅。和珅既败，诸名臣之誉望益隆焉。此辈中之最清介者，亦不过尸位保身之自了汉而已，而新帝既特示优崇，清议亦惟有歌颂，殊不可解。当和珅势焰正炽时，御史曹锡宝上疏纠弹，然亦不敢直劾和珅，惟以其家人全儿为言，即此已是凤毛麟角。故嘉庆帝追赠左副都御史，以旌其直。后复于十一年降谕论其事，谓“朕恭阅皇考《高宗纯皇帝实录》内载，乾隆五十一年六月，钦奉圣谕，前据曹锡宝奏，和珅家人全儿，服用奢侈，器具完美，恐有招摇撞骗等事。著留京王大臣详悉访查讯问，务得实在情形。朕于此案，总期根究明白。留京王大臣，不可误会朕旨，将曹锡宝加以词色，有意吹求，务须平心静气，虚衷详问。如果和珅有营私舞弊款迹，不妨据实指出，朕必质讯明确。如果得实，不难将和珅治罪等因。仰见皇考至公至明，纤微毕照。彼时御史曹锡宝参劾和珅家人全儿款迹，其意本欲参劾和珅，又不敢明言，故以家人为由，隐跃其词，以为旁敲侧击之计。皇考因该御史陈奏，即恐和珅有营私舞弊情事，令王大臣虚衷详讯，并令曹锡宝指出实据。其时该御史若能胪列款迹，皇考必澈底严办，立将和珅惩治。乃该御史仅以一奏了事，迨叠经开示，令其指实，曹锡宝毫不能指出确据。而王大臣于审办此事，存投鼠忌器之鄙见，颟顸完案，以致和珅益无忌惮，骄纵日甚，必致身罹重辟而后已。在当日王大臣等，以私意揣测高深，竟似查办和珅，未必仰合圣意。今恭阅《实录》所载节次圣旨，指示明切，至再至三，可见皇考于和珅种种不法，早经照及。特当日大小臣工，无一举劾，是以未及究办耳。”此谕虽系为乾隆帝回护之词，而当时诸臣之不职，自亦咎无可辞。乾隆帝予智自雄，喜以不测之威临人，养成一种谨葸将顺之风气。和珅盗柄，亦系以迎合为欺误。比宠眷独隆，乾隆帝为所操纵，诸臣不肖者既争谄事和珅，其贤者能敬而远之，已翘然自异，谓不与同流合污，能有是是亦足矣。虽乾隆帝有时导之使究珅事，而怵于不测之威，虑击而不中，或中而再起，行必为所中伤。亦惟有逡巡却顾，不肯多事。盖谨葸之习既成，无望其能为人所不敢为也。乾隆帝握无上之君权，时时以威柄不能下移，申告有众，和珅弄权，乃所谓鼠窃狗偷一流。乾隆帝直以弄臣畜之，被其利用而不自觉，自负英察，适为珅之护符。

一九八　横取于民者仍还之于民

赵翼《廿二史札记》云：“权臣强藩，积赀无算，或亲行掊克，或广收苞苴，无一非出自民财。汉桓帝诛梁冀，收其财货，县官斥卖三十余万万，以充官府用，减天下税租之半。唐李锜反，兵败伏诛，朝廷将辇其所没家财送京，李绛奏言，锜家财皆刻剥六州之人所得，不如赐本道，代贫下户今年租税。宪宗从之。以横取于民者仍还之民，此法最善。宪宗英主，其说易从，不谓桓帝先已行之也。后世有似此者，籍没贪吏之财以偿民欠，籍没权要之财以补官亏，亦裒益之一术也。”盖目击乾隆朝大员籍没者之多，及和珅辈之广收苞苴，此论或非无因而发。和珅籍没，其财产之巨，至为可惊。相传尽入内府，故有“和珅跌倒，嘉庆吃饱”之谣。

一九九　和珅任意攫取大内之宝辩

自和珅籍没，其宝藏之富震于宇内，于是遂多相因而起之齐东野人之语。如《春冰室野乘》所记和珅遗事有云：“宫中某处陈设，有碧玉盘，径尺许，上所最爱。一日为七阿哥所碎，大惧，其弟成亲王曰：‘盍谋诸和相，必有以策之。’于是同诣和珅，述其事。珅故为难色曰：‘此物岂人间所有？吾其奈之何！’七阿哥益惧，失声哭。成邸知珅意所在，因招至僻处，与耳语良久，珅乃许之，谓七阿哥曰：‘姑归而谋之，成否未可必，明日当于某处相见也。’及期往，珅已先在，出一盘相示，色泽尚在所碎者上，而径乃至尺五寸许。成邸兄弟感谢珅不置。乃知四方进御之物，上者悉入珅第，次者始入宫也。”此真儿戏之谈。乾隆帝岂无目者！色泽既异，大小复不同，何能混充原物？如系赔偿，自可令帝满意，而情事固不尔，且不更将究问异品所从来乎？

二〇〇　和珅食珠辩

《野乘》又云："偶读焦里堂《忆书》，有'宰相食珠'一则，亟摭录之。吴县有石远梅者，以贩珠为业。恒衷一小箧，锦囊缠裹，赤金为丸，破之则大珠藏焉。重者一粒直二万金，次者直万金，最轻者犹直八千金。士大夫争购之，惟恐不得。问所用，则曰所以献和中堂者也。中堂每日晨起，以珠作食，服珠后则心窍通明，过目即记。一日之内，诸务纷沓，胸中了了，不少遗忘。珠之旧者，与已穿孔者，服之皆无效。故海上采珠之人，不惮风涛，今日百货无如此物之奇昂者也。（按：周官有供王食玉之说，今乃有供宰相食珠者，真异闻矣。）西人所撰《金塔剖尸记》小说，载埃及女王格鲁巴坚，锦帆张燕时，用酒化一珠而服之，人已惊为穷奢极汰。今和珅方以此为常服之药饵，其汰不又在格鲁巴坚上万万耶。"此亦不根之谈。以珠之为物，无论如何食之，决无此种奇效也。珅广纳财货珍异，奔走其门者，争以重价购大珠献之，事无足异。而以所收既多，（上谕宣布罪状，以"家内所藏珍宝，内珍珠手串竟有二百余串，较之大内，多至数倍。并有大珠较御用冠顶尤大"，为大罪第十五款。足见在位时收集此物之美富。）臆测为必有一特别用途，于是食珠之"异闻"出焉。或即因古人有食玉之说，连类而附会及珠耳。食玉之说，本属荒诞，益以食珠，诞亦如之。至李岳瑞所引埃及女王食珠事，本是小说家有意结撰，更不必取作穷奢极汰之比较也。且珅之为人，贪而不奢。《啸亭杂录》云：“和相赋性吝啬，出入金银，无不持筹握算，亲为称兑。宅中支费，皆由下官承办，不发私财。其家姬妾虽多，皆无赏给，日飧薄粥而已。”固一守财虏也。昭梿为珅同时人，所记当可信。

二〇一　珠刺辨

《蜕庐丛缀》（著者署“佩秋”）有“珠刺”一则，亦关于和珅者。谓：“和珅之当国也，奔走于其门者，实繁有徒。然其后为和珅所援引者，悉牵累获罪，即投一刺于和珅之门者，籍抄时为吏所得，辄不免。某知府知和珅之必败也，然当和珅势盛时，又不敢不走谒其门，因缀珍珠为刺，门者得之，随取其珠而毁其刺，故和珅败而某知府独无咎。呜呼，是真小人之尤者矣。”夫以知府谒相国，自有体制，既非意在戏谑，岂有投以珠刺之理！且蝇头小楷之衔名，珍珠如何缀法？纵能勉强缀成，此种细碎之珠，能值几何，乌足歆动相府之门者。殆以是亦可用大字名片拜会耶。至谓一刺即可获罪，亦甚谬。和珅一案，株连甚少，且其时上谕有云：“和珅所管衙门本多，由其保举升擢者，自必不少，而外省官员，奔走和珅门下，逢迎馈贿，皆所不免，若一一根究，连及多人，亦非罚不及众之义……惟在儆戒将来，不复追咎既往，凡大小臣工，无庸心存疑惧。况臣工内中材居多，若能迁善改过，皆可为国家出力之人。即有从前热中躁进，一时失足，但能洗心涤虑，痛改前非，仍可勉为端士，不至终身误陷匪人。”安有一刺获罪之事。

二〇二　和珅善谀

乾隆五十年，举行千叟宴，臣工年六十以上者获与，和珅和御制诗，自注云：“臣年三十六，齿最少。迨圣寿满百，臣已六十一岁，再开斯宴，定沐此恩。”信为巧于贡谀，所谓“走心经”也。　　（原第7卷第50期）

民国笔记小说粹编编委会

民国笔记小说粹编

凌霄一士随笔

（二）

徐凌霄　徐一士　著

山西出版传媒集团
三晋出版社

第三卷（原第八卷）

1931年（民国20年）

一　王闿运与肃顺

肃顺受咸丰帝顾命赞政，以抗垂帘诛死。虽当时清议以成败论人，多不右之，而自是一代英物。王闿运尝客顺所，后记此狱缘起，颇为辨雪，且于同治十年（辛未）造其家存问。《湘绮楼日记》是年七月六日所记云："至二龙坑劈柴胡同，见豫庭二儿，一曰徵善，字信甫，出继故郑王端华；二曰承善，年十八，甚英发。园亭荒芜，竹树犹茂，台倾池平，为之怅然。"八日所记云："故郑王子徵善来，余本约豫庭子承善来，（原注：字智甫，又云禹阶。其弟同善，字禹襄，独与母出居于外。盖豫庭二妾不和也。）而以无衣冠不能至。旗人仍习气，讲排场，不能变也。谈久之，无策可振之。宗室禁严如此，亦定制之未善耶。虽格于环境，爱莫能助，要为恋恋有故人之意。今岁又值辛未，去彼时六十年，顺后人更不知若何矣。"

二　王闿运辛未入都之意

闿运彼岁入都，为会试也。忆曾有人谓此行专为慰视顺家，会试特托名耳，盖未必然。其时闿运名心尚未尽忘（湘绮楼笺启《致董研樵兵备》谓："进仕之意，绝于乙亥矣。"乙亥，光绪元年也），且三月三日抵京，试后于七月将行时（十五日出京），始往其家，足见北上非专为此。《东轩笔记》云："湖南王壬秋先生得策后，赴部试，车行见京阙矣，忽洒涕回车。此事予幼年闻人所道，未知确否，后阅《湘绮楼钞集》，有萍始华（按：华当作生）会试赋一首，则先生固尝入礼闱也。或为予述先生语曰：'我若会殿，必许（？）状头。但光绪帝年太幼，引见时跪拜不甘耳。'时先生已逾六十，诙谑之妙，不减少年。"谐语亦与"进仕之意绝于乙亥"语相通。赋作于咸丰庚申，闿运壬子乡举后，会试非仅一次也。集中《会试萍始生赋》自跋云："咸丰十年，会试天下举人，天子命大学士周祖培为正总裁官，二场试五经义，至《礼记》独发此萍始生一句，案其义例，说数十言明白矣。而功令限三百字以外，乃作赋一篇，又禁挟片纸，不得录稿。既黜落领卷，故题为会试赋云。"亦有玩世不恭之致。赋起句为："有一佳人之当春兮。"衡文者或当为之一惊。

三　朱凤标身名俱泰

同治辛未会试，正总裁为体仁阁大学士朱凤标，工部尚书毛昶熙、左都御史皂保、内阁学士常恩副之。凤标，科举史中有名之咸丰戊午科场案副主考也。肃顺最为朝士嫉恨，缘于此案。是科主考三人，正主考大学士柏葰被诛，副主考左副都御史程庭桂遣戍（其子以传递关节斩决，据《庸盦笔记》，犯罪者幼子，长子代对簿受诛），惟凤标处分独轻，仅革职，（王大臣载垣等奏："副考官兵部尚书朱凤标，虽讯无请托情弊，而当柏葰补中试卷时，何以并未询其撤换缘由，出场后又不即参奏，实属违例。"请交部严议。奉谕："尚无知情情弊，从宽革职。"）未几即命以侍讲学士仍直上书房，因又擢至尚书，同治间遂登揆席，复掌文衡，比殁，得优恤，谥文端。历险而夷，身名俱泰，福命不为不优，要是谨饬一流耳！凤标为道光壬辰榜眼，其孙文钧题诗许季湘所藏是科进士榜颂述祖德云："宣皇御宇十二年，我祖释褐来田间。大廷射策名第二，吴公季公相后先。清秩稍迁佐国子，三天儤值承恩始。圣代崇儒师道尊，亲藩问学天颜喜。（原注："先文端值上斋，督课极严，一日为宣宗所闻，喜甚。特召见温谕良久，君臣遇合，自此益深。"）平生报国矢兢兢，礼遇三朝简在膺。历遍六官人已老，天教黄阁赞中兴。卅载持衡重帝畿，满城桃李竞芳菲。门罗将相语非侈，以人事君如此稀。”吴公、季公，谓状元吴锺骏，探花季芝昌也。当凤标以戊午案黜罢，值六十寿，张之洞献诗《座主会稽朱尚书六十寿辰，戒勿置酒，命门人各赋诗。时方以科场事诖误罢职闲居》：“张侯论语夏侯书，帝辅王师有大儒。地近论思归侍从，时艰担荷在中枢。（原注：“曾官兵部尚书。”）孤芳讵免菉葹累，公论终无薏苡诬。旧德岿然资顾问，岂容挥手卧江湖。”“曾记龙门第一游，柳条西北近光楼。（原注：“澄怀园楼名，师居之。”）笼中芝箭孤青眼，岁暮松筠易白头。修竹群贤兰渚会，黄冠一老镜湖秋。会稽山水堪娱老，句漏丹砂不待求。”以凤标方失意，故多慰藉语。闿运与之洞乡举同年，若辛未获隽，则又同门矣。（凤标子其煊，宣统间官山东布政使，已笃老。巡抚孙宝琦厌其庸愦，遣人示意引退，否则白简从事，乃自请开缺。宝琦继袁树勋抚鲁，风厉不逮树勋，然对大员颇不宽假，如曹州镇总兵陆建章之开缺，登莱青胶道徐抚辰之革职，均所论劾。惟其煊既去，来者为志森，奕劻侄婿也，所为多纵恣，宝琦弥不快，而以其朝里有人，莫如之何。）

四　王闿运记辛未试事

闿运辛未《日记》，关于试事者，可供谈助，且饶风趣。三月六日云：“是日入闱，考官如朱凤标、毛昶熙、常恩、皂保，知贡举为志和、潘祖荫。”八日云：“晓起，入贡院东右门听点，午初入场，坐闰字号。”九日云：“题纸下，有‘子曰信近于义’一章，‘人一能之’五句，‘天下之善士’二句，‘移花使得莺，得移字’。酉正文诗成，写二篇，早睡。”十日云：“写文诗毕，辰正出。晓岱坐待，索文看之，面色如墨。予问：‘尚有望否？’怫然云：‘尚何所望！’”十一日云：“午入场，坐寒字号，夜雨，甚冷。有乡人同号，携有夹褥，惟恐余借，言语支离，甚可笑也。以夹衫蒙头而睡。”十二日云：“题纸下，‘日月丽乎天’二句，‘曰肃时雨若，大发尔私’四句。‘春，城小谷’，‘大夫以鱼须’至‘可也’，酉正俱成，写四篇。然烛毕之。夜甚寒。”十三日云：“辰正出。”十四日云：“甚热，巳正入，坐生字号，与程雨苍同年同号。高明区君名为梁，字慎铭，头场同号舍，今复同坐。武陵梅君名埰，字石卿（即后湘潭学官也），来访余，谈久之。”十五日云：“热。题纸下，一问经注篇目，二问正史得失，三问畿辅水利，四问练兵，五问农官。余以练兵无益为对，嫌其骂题。五问乃以骈体敷衍了之。石卿钞稿而去。申正毕，雨苍初成一目也。”十六日云：“阴，晓气溟濛，春蒸甚润。晓起已纷纭出场矣。”二十五日云：“申刻，斐泉、子久来云，镜初等相待。欲吃梦，与翰仙同车去。至宴宾斋，梦神为曹价藩，同局者又有王晴舫、曹五叔、叔衡，共八人。”（按：应试者于榜前聚餐，酒食之费，归中者担任，号曰吃梦。以非应试者一人为梦神，如皆不中，则费归梦神任之。）四月四日云：“有人自内出，传言湖南十四人，无余卷。余来本不为试事，而勉赴试期。今银钱在南，浮寄京师，必当坐困，徇人之害如此。余试文有云：独修于家，则悔吝无因而至。一接于世，而荣辱忽已在人。有味乎其言之哉！余前自谓能无怒欲，未涉世之谈耳。一经小试，辄已怫然，除情根信非易易，况又沉酣于哀乐乎！非与循及朱桐轩，不能为我针砭。谚曰：'经一事，长一智。'谅然。明当扫除世缘，一雪此羞。比日市上芍药盈担，繁华秾丽，使人思小院春光，复有天涯之恨。"（按：虽云"不为试事"，而一闻传言未中，便尔自怨自艾，足见功名之念尚存。桐轩，凤标字也。）十一日云："叔鸿得《题名录》，以示余，子久中式，同年十九人，同县十五人，均下第。"（按：子久，瞿鸿禨也，以庚午举人连捷，其父与闿运有旧。）

是科殿试，状元梁耀枢，榜眼高岳崧，探花郁昆，后均未大用。耀枢官至少詹事，传胪恽彦彬官至侍郎，入阁者则有瞿鸿禨、李殿林。

五　王闿运记圆明园之游

闿运是年《日记》，述及圆明园之游，四月十日云："出西直门卅里，访廖枫亭参将（承恩），留饭。同廖车游六角桥、八方亭（名廓如）。访砖殿、铜殿，皆已毁矣。湖水半涸，铜犀无尾，以荆棘围之。东南诸山，苍翠无恙。还寻扇子湖、澄怀园，旧游无可识矣。游鸣鹤园，惠王赐第也。戌初归泄水湖，即廖所居。”次日云：“至故宫角门，寻董二太监同游园中，循出入贤良门西行，过正大光明殿、勤政殿、保和殿，皆无复阶陛。由殿下循石路稍西，过极福堂，后寝也。堂东为帝寝（题曰“天地一家春”），皆临前湖。湖前石山为屏，即正殿，湖后皆坐落，名不可胜纪。益东为福海，琼岛在焉，甚远，不可往。乃西上石山（题曰“四面云山”），望湖水山树，苍秀静旷。后湖前文宗新建清晖堂，亦毁矣。穿石洞，登一亭。又西至双鹤斋，后殿（曰“廓然大公”）房舍未毁。登龟背桥，行廊相通，然俱低窄。太监二人引行，谭道咸宫中事甚晰。日西，欲循石道出，过舍卫城，廿万尊佛均毁矣。”此毁后十年之圆明园剩迹也。

（原第8卷第1期）

六　“刑赏忠厚之至”出典

有极熟之成语，而溯其出处，为通博之儒所骤难道破者。如苏轼“刑赏忠厚之至论”，塾童之尝读《古文观止》者，皆能烂熟胸中。然“刑赏忠厚之至”一语，出自何书，轼文既未点明，后人亦多弗暇深考，仅知轼应试时曾为此文而已。王闿运同治辛未在京，尝就诸名流询此语出处，多不能置对。《湘绮楼日记》记此，颇有趣致。六月朔云：“出访寿衡（按：徐树铭也）、荇农（按：周寿昌也），问‘刑赏忠厚之至’出何书，未能指证也。新进士中当有知者否，无从问之矣。”十四日云：“遣问伯寅（按：潘祖荫也）‘刑赏忠厚’语所出，复云，庞葆生（按：庞钟璐也）拟题，即从《古文渊鉴》中寻扯，不知出典也。南书房侍臣议论如此，使后生何述！”十五日云：“遣送诗伯寅，并询疏题，云东坡已不知出典，宁散为三百东坡也，伯寅复书云，为之失笑。事正如此，他日问信近于义，则以辛未会墨为数典之祖矣。”二十五日云：“遇陆广蕲编修，询知‘刑赏忠厚’语出伪孔书传，云故友杨汀鹭所说。杨名开第，以殉母死十余年矣。”以一极熟之成语，而难倒硕学数辈，妙在钟璐引以拟题，亦未究其适从何来也。闿运谓东坡已不知出典，当不诬。苟知之，不应不点明耳。其文有云：“当尧之时，皋陶为士，将杀人，皋陶曰杀之三，尧曰宥之三。故天下畏皋陶执法之坚，而乐尧用刑之宽。”杜撰典故，亦尝成一出处问题。盖皋陶曰二句，主司咸不知其出处，及入谢，欧阳修问出于何书，轼笑曰：“想当然耳。”众大笑。而据张燧《千百年眼》，则谓非杜撰。其说云：“尝观《曲礼》云，公族无宫刑，狱成，有司谳于公，公曰：‘宥之。’有司又曰在辟，公又曰：‘宥之。’有司又曰在辟，及三宥，不对走出，致刑于甸人。乃知东坡之论，原有所本。想主司偶忘之，而东坡不敢辄拈出处以对，故漫应如此。后人遂以公为趁笔，则又陋甚矣。”《礼记·曲礼篇》中实无此文，惟《文王世子篇》有云：“公族其有死罪，则磬于甸人，其刑罪，则纤剸亦告于甸人。公族无宫刑，狱成，有司谳于公。其死罪，则曰某之罪在大辟；其刑罪，则曰某之罪在小辟。公曰宥之，有司又曰在辟；公又曰宥之，有司又曰在辟。及三宥，不对走出，致刑于甸人。公又使人追之曰：‘虽然，必赦之。’有司对曰：‘无及也。’反命于公。公素服不举，为之变。如其伦之丧，无服，亲哭之。”装腔做势处，宛然一幕喜剧。燧所引乃由是摘取，而此种待遇，限于“公族”，且何尝指为尧与皋陶之事。轼语或受其影响，然仍不得谓非杜撰。如谓轼语可以此为出处，尚不若谓出处在《王制篇》。《王制篇》有云：“大司寇以狱之成告于王，王命三公参听之，三公以狱之成告于王。王三又（注：又当作宥），然后制刑。”注谓：“天子犹必三宥而后有司行刑者，在君为爱下之仁，在臣有守法之义也。”不更与轼“天下畏尧（皋）陶执法之坚，而乐尧用刑之宽”语意相近乎？惜尧非王，皋陶非大司寇，亦难强为附会耳。至谓轼以主司偶忘，遂不敢以实对，故漫应之，亦殊牵强，实对虑不敬，“想当然耳”之漫应，不益不敬耶？吾意盖以古代史迹渺茫者多，周秦诸子好征引古事以张其说，率多以意为之，杜撰之风由来已旧，临文之际，遂亦故作狡狯，藉助文字兴会，正不必强为之词也。

清太祖天命八年七月颁各牛录书有云：“今盗贼之风日甚矣，特颁书与尔各牛录严察属下人等，嗣后若男丁为盗，则使其妇人足蹈炽炭，首戴红锅，刑而杀之。惧刑者当各以婉言劝谏其夫，若实不可劝，即来首告。男子所盗之财帛粮食，妇人等不取，其谁取之，盖其夫之为盗，多因妇人之贪心所致也。”后因永顺为盗，遂杀其妻。见《满洲老档秘录》。男子为盗，刑诛其妻，大奇。尝闻王闿运长成都尊经书院时，于高材生之已娶者，恒奖以妇人用品，如手帕、脂粉暨弓鞋之木底等物，命转致其妻，谓勤学由于内助，闺阁之劝勉，胜于师长之督责也。两事固不伦，而重视内助则同。惟一不失为隽趣，一则残酷之政耳。

七　翁同龢被逐

光绪戊戌科状元为夏同龢，适与咸丰丙辰状元翁同龢同名，榜眼则夏寿田也。胪唱后，尚书裕德（字寿田）戏谓翁氏曰：“新陈代谢，后起有人，吾两人殆将退耶？”逾日而西后迫光绪帝降谕逐翁矣，谑语竟验一半，惟裕德无恙耳。翁氏被放，为光绪朝一大事。当时情况，据《翁文恭公日记》是年四月所记云：“二十七日，丑初微雨，既而潺潺。喜而不寐，入看折，治事如常。起下，中官传翁某勿入。同人入，余独坐看雨，检点官事五匣，交苏拉英海，一时许，同人退，恭读朱谕：‘协办大学士翁同龢，近来办事多不允协，以致众论不服。屡经有人参奏，且每于召对时咨询事件，任意可否，喜怒见于词色，渐露揽权狂悖情状，断难胜枢机之任。本应察明究办，予以重惩，姑念其毓庆宫行走有年，不忍遽加严谴，翁同稣著即开缺回籍，以示保全。钦此。’臣感激涕零，自省罪状如此，而圣恩矜全，所谓生死〈人〉而肉白骨也。随即趋出至公所小憩，同人退甚迟，除授亦甚夥也。章京李玉坡、王嘉禾来，玉坡代撰谢折，余改数语，交南屋苏拉递。刚、钱、廖三公皆来，余衣冠诣三处辞行。张樵野来。晚与三公痛谈，明日须碰头，姑留一宿。廿八日晴，午正二，驾出，余急趋赴宫门，在道右碰头。上回顾无言，臣亦黯然如梦，遂行。”翁氏以帝师协揆，值枢密，掌邦计，受帝殊眷，声势正隆，忽遘此变，真若晴天霹雳也。“回顾无言”“黯然如梦”八字至可味。先是有德国亨利亲王来京及恭亲王奕䜣病故二事，都人因一撰谐联云：“恭亲王去，德亲王来，见新鬼应思故鬼；夏同龢兴，翁同龢败，愿贵人莫学常人。”以俗以鬼称洋人。翁籍常熟，夏籍贵州也。高树《金銮琐记》有云：“执贽抠衣大卷呈，春闱毕后避师名。谁知胪唱魁多士，借用师名永不更。”自注：“某君大卷课，为常熟所拔取，会试前贽见常熟曰：‘僭师相名，例应改避，礼部试前不允，请俟闱后。’常熟颔之，喜其知礼。及殿试后，常熟去位，遂永不改。或谓常熟丙辰得殿撰，某尚未生，非误同名，实假借耳。今不改，是久假不归也。余笑曰：‘今之久假不归者多矣。’”颇致不满之意。

八　曾国藩亦信风水

曾国藩学有本源，不尚迷信，风水之说亦在不信之列。每引祖训“不信地仙”之语以诏子弟，而有时亦复未能免俗。如道光己酉致诸弟书有云：“九弟生子大喜，敬贺敬贺！自丙午冬葬祖妣大人于木兜冲之后，我家已添三男丁，我则升阁学，升侍郎，九弟则进学补廪。其地之吉，已有明效可验。我平日最不信风水，而于朱子所云‘山环水抱’‘藏风聚气’二语，则笃信之。木兜冲之地，予平日不以为然，而葬后乃吉祥如此，可见福人自葬福地，非可以人力参预其间。”是特不肯费力营求耳，而非完全不信也。升官添丁，曰吉曰福，盖言之津津矣。此犹家书中语，而于公牍中亦尝作风水之谈，尤可怪。同治丙寅批道员王勋《湘乡县治亟宜创造城垣禀》有云：“湘乡本无城池，相安已久，今忽欲办此数百年未有之事，本部堂不甚以为然。同治元二年间，曾议于安庆建立贡院，业已买地平基，购木簰，开砖窑，费钱三万余矣。以其为向来所无，恐风水不利，卒未敢主张办成。今本邑正盛之际，不知修城是否有碍风水，本部堂亦不敢主张也。”对于风水关系，颇为重视，亦所谓习俗易人耳。

（原第 8 卷第 2 期）

九　假托为李秀成之诗文

李秀成供状，除为可珍之史料，兼可考见秀成之文字程度。而世俗相传，尚有误以各种作品归之者，如胡蕴玉《太平轶史》云：

> 李秀成亦工翰墨，喜亲文士，据苏州后，常月夜泛舟虎丘，引杯觅句。金陵被围已久，李恒西望咨嗟，忧形于色。或有劝进者，则怫然拒之。有《感事》两律云：
>
> 其一
>
> 举觞对客且挥毫，逐鹿中原亦自豪。
> 湖上月明青箬笠，帐中霜冷赫连刀。
> 英雄自古披肝胆，志士何尝惜羽毛。
> 我欲乘风归去也，卿云横亘斗牛高。
>
> 其二
>
> 鼙鼓轩轩动未休，关心楚尾与吴头。
> 岂知剑气升腾后，犹是胡尘扰攘秋。
> 万里江山多筑垒，百年身世独登楼。
> 匹夫自有兴亡责，肯把功名付水流。

此岂秀成所能为（忆此诗似亦有属之石达开者）？

《轶史》又云：

> 淮军之攻苏也，秀成尽驱老弱登陴，会粮绝，勺饮不入口者七日，而军心不散。秀成草一短札寄秀全，遣一亲校怀之，出城里许，为清军所杀。书入某弁手，弁故敬李人格，潜藏其书，及近年来上海，乃出书钩勒上石，拓以赠人。书兼行草，气韵颇类宋人。其辞云：
>
> 婴城自守，刁斗惊心。沉灶产蛙，莫馈鞠穷之药；析骸易子，畴为庚癸之呼。伤哉入瓮鳖，危矣负嵎虎。金陵主公所定鼎，本动则枝摇；金阊主公之辅车，唇亡则齿敝。一俟（俟）重围少解，便当分兵救援。锦片前程，伏惟珍重，磨盾作字，无任依驰。秀成手奏。

尤为不伦不类，辞采既弗肖，口气亦甚谬。“主公”之称，“锦片前程，伏惟珍重”之语，讵当时秀成可施诸天王者？洪、李之间，君臣之分颇为严重，安得脱略形迹若是。虽“奏”字为臣对君所用，然某某“手奏”乃友朋书翰间之用语，与章奏之“奏”有异，未可牵混也。又凌善清所辑《太平天国野史》载有秀成联语，天王寝殿云：“马上得之，马上治之，造亿万年太平天国于弓刀锋镝之间，斯真健者；东面而征，西面而征，救廿一省无罪良民于水火倒悬之会，是曰仁人。”指挥云：“指示机宜，伤心二百余年，忍令故国衣冠，沦为妖服；挥军力战，假手六千君子，但愿当朝父老，复返王都。”祭阵亡将士云：“魂兮归来，三藐三菩提，梵曲依然破阵乐；悲哉秋也，一花一世界，国殇招以巫咸词。”谓均秀成所撰，亦可笑也。太平天国兴也勃焉，亡也忽焉，后人以其有合于种族革命之旨，而惜其无成，故对于“太平”人物，多缘饰附会之传说。秀成为个中杰出之才，尤易为缘饰之目标。其实秀成自有本末，无愧一失败之英雄，无取乎以咬文咽字之事附会之。英雄何必定系文武全才乎？世俗所传太平人物之遗文轶事，类此者不少，往往有号为通人者，亦信而不疑。当清末革命排满声中，更为多数人所津津乐道。然藉为一时之宣传，可云题中应有之义，若据为典要，则厚诬秀成辈矣。三联中之寝殿、祭将士二联，亦见《轶史》，惟谓祭联系青词，与诗札均录自扪虱谈虎客（其人闻为韩氏，即辑《近世中国秘史》者也）。所辑《舟车醒睡录》，而野史亦录诗札入秀成传中，此类文字，辗转沿录，盖咸视为可信也。

一〇　“𤣥”字之封

秀成供状有云：“主见失算，封出许多之王，言如箭发难收。又无法解，后以封王俱为列王者，因此之由来也。后列王封多，又无可改。王加头上三点，以为𤣥字之封，人心更不服，多有他图。”“𤣥”字不知读何音，其时封此爵者，亦不知皆为谁何也。

一一 《石达开日记》之真伪

《轶史》又云："翼王石达开被擒时，絷于川臬署狱中，神色闲定自如，日拈笔自述其生平行事，小字密行，至盈四卷。殉国后，清川藩录一副本，庋之藩库，其真本则在臬库。闻两本皆尚完好无恙，蜀人多有见之者，云其文笔迥在李秀成上。然李之亲供，已经曾国藩幕下士改窜，非其真面。原稿凡八万余言，今行世者盖不及伍之一矣。安得好事者麇而刊之，有裨史者当不少。"亦录自《舟车醒睡录》，而《春冰室野乘》亦尝有关于《石达开日记》之记载，谓"达开在狱中，述其生平事迹及洪逆作乱以来，与官军相持始胜终败，得失之由，为《日记》四册，记载最详。今其书犹存四川臬司库中，藩库亦存副本，官书记载用兵时事，率多为官军回护，掩败为胜，迥非当时实录。昔李秀成被获后，手书供词凡七八万言，为曾军幕下士删存什之三四。计其关系重要之语，已芟薙尽矣。达开此书，倘有人录而传之，其有裨史料者当不少也。"是清末确有达开《日记》之一种传说，惟清亡迄今，已届廿载，何以达开《日记》竟未出现？实为可疑。倘果有此，自亦是可珍之史料，政府宜令川中当局查明究竟，有则刊布流传，以供治近代史者之研究，无亦明白宣布，以释疑窦。

至世界书局出版武进许指严编辑之《石达开日记》，

即根据此种传说而撰成者。托言四川藩库吏节录之本，由指严“考订各家记载，联缀其事，润色其辞，将以便同好者之涉猎”，完全是洋场才子作文言小说之笔墨，事迹牵强，情节支离，“联缀”“润色”，遁词显然。且其根据之传说，固谓狱中所书，而此则止于被擒之前，且多闲情逸致。使狱中之日记，变为平日之日记，盖又颇信达开脱去之传说，故谓：“按：石氏记绝笔于此，盖不出二日，即为清师骆氏所擒，槛车解送成都矣。然所闻异词，或谓石氏遁入峨眉山为僧，骆所获者纪信黄屋之类也。”（附录天南遯叟《纪四姑娘事》。言达开遁去为僧。指严谓“为僧之说较可信”。）近闻有人对于此书之真伪，详加考证，就所叙情事，逐一勘对。其实作伪之技太拙，迹太显，固可一望而知也。指严云：“若以向壁罪我，则燕郢之编，宁求大雅一赏哉！”是已自画供招矣。

达开亦一时健者，其就擒被磔，为人所怜，故传有逃亡之说。天南遯叟（王韬）谓其为僧，亦袭古来陈套，帝王若明建文帝，盗贼若黄巢、李自成（黄、李均尝建帝号，谓之帝王亦可），人或悲其不幸，或震其凶悍，均有不死为僧之传疑，达开为僧说之仿古，正不足怪耳。此外仅言达开得脱者尚不乏，如所谓《石达开日记》附录之仓山旧主《琐闻编》《红桃花馆笔记》均言有人遇逃亡后之达开，咸在舟中相晤，情态言谈如一。而一则云浙人李君所遇，一则云王昭峰所遇，岂有如此巧合之理。惟露迹处不同。《琐闻编》云：“李既送客，比返舟，则一伞遗焉。

防其复来携取，为之移置，则重不可举。异之，视伞柄，系坚铁铸成。旁有‘羽異王府’四小字，始恍然知为翼王也。”《红桃花馆》云：“老者与先生作别曰：‘前承苦询姓名，不即告者，恐致疑恐耳。兹者相别在即，实告君，余即翼王石达开也。’”皆所谓齐东野人之语也。伞柄有“羽異王府”四字，尤不近情理。如伞系达开未败时旧物，则翼王自翼王耳，折翼为羽異胡为？若逃亡后所置，则当自晦不遑之际，岂肯著此迹象，以招弋者之篡乎？此种无稽之谈，商务印书馆出版胡贞惠编辑之《新时代国语教科书》（小学校高级用）居然采入，并以伞柄之字为“羽翼王府”，更不知所云矣。

撰《慈禧传信录》《名人小传》之仲子，其人为费行简。段祺瑞执政时，开善后会议，曾以川将刘成勋代表与会，吾曩以其著作中最关切川事，疑为川人。兹闻诸射洪谢君揖唐，实浙之湖州人，其父以知县仕蜀，达开就擒后，尝亲见之。行简在蜀甚久，故性情言语，均似川人也。行简究心晚清史事，尤具史识，其作品中从未及达开《日记》之说。苟有之，似不应毫未措意，恐系李岳瑞辈道听途说耳。

一二　曾国藩删却李秀成供状

秀成供状，曾国藩批跋云：“自六月廿七日至七月初六日，每日约写七千字，其别字改之，其谀颂楚军者删之，闲言重复者删之，其宛转求生乞贷一命，请招降江西、湖北各贼以赎罪，言招降事宜有十要，言洪逆败亡有十误者，亦均删之。其余虽文理不通，事实不符，概不删改，以存其真。”扪虱谈虎客于《近世中国秘史》中谓：“秀成原供当有七八万言，此所存者不过三之一耳……以原文之悃朴若彼，度其经点窜涂改者尚少。”除“十要”“十误”外，究被国藩删却几许，惜不知“十误”“十要”共若干字，不易考证。谢君研究秀成供状，据云曾见“十误”“十要”印本，文字颇肖供状，而细按之亦是赝鼎，惟作伪之技术，远胜指严耳。至“关系重要之语，已芟薙尽矣”“非其真面”云云，为岳瑞辈率尔之谈，言之过甚。《太平天国野史》谓供状“文气浩瀚，字体雄伟，国藩以其诋触清朝，匿其稿，命幕客别拟上之”，尤无足论。

（原第8卷第3期）

一三　中英相似之繁文缛节

法国名将霞飞元帅之丧仪，隆重举行。英国以欧战合作之谊，备致悼唁。据路透电报告，The Lord Mayor of London（伦敦市长）亦赴法参礼，随行者有Sword bearer（执剑者）、Mace bearer（执笏者）等，当是沿自往昔之一种特别仪从（Mace一字，义为版笏，谓似锤矛之棒，又本作锤矛解，乃中古之武器，头上有钩钉，用双手舞者）。英国在欧洲，为最尊重旧习惯及礼节之国，故英王及议院，尚时有旧仪。伦敦市长为一荣誉之职，繁文缛节，亦颇沿古制。清光绪五年（己卯，西历一八七九年）三月二十三日，出使英法大臣曾纪泽《日记》有云："英之各城，皆有城主，能赏罚城中之民，犹美、法等国公举伯理玺天德，以治英国。惟每城岁一易主，瓜期较促，与伯理玺天德微异耳。伦敦之自毁其城而更为守险之局也；留一门不毁，以为古迹。阛阇胥具，而无朝夕启闭之限。君主车驾将入门，则城主阖门，而故为诘问之词，前驱告以乘舆来幸，然后启门。主奉黄金管钥以献于君主，君主曰：'卿总辖此城甚善，其仍掌管钥。'鞠躬免冠以谢，君主乃驱车而入焉。盖相承之仪文如此。城主自有宫室从官，有不敬于城主者，为失礼于伦敦之民，众之所共忿也。"所谓城主，盖即市长（Mayor）也。（昔有称伦敦市长为伦敦府尹者，乃以我国之顺天府尹相拟，然性质固不同，其音译者或译 Mayor 为"马腰"。）纪泽所记，距今已逾五十年，此种告朔饩羊之仪文，未知仍保存弗替否？至"故为诘问之词"，纪泽未言其词云何，而据宋人记载，则中国古亦尝有类是之滑稽仪文，释文莹《玉壶清话》云："太祖初郊，凡阙典大仪，修讲或未全备。至于勘契之式，次郊方举，大礼毕，銮辂还至阙门，则行勘箭之仪；内中过殿门，则行勘契之仪。勘箭者，其箭以金铜为簇，长三寸，形若凿柄。其笴香檀木为之，长三尺，金缕饰其端，以绛罗泥金囊韬之，金吾仗掌焉。其簇以紫罗泥金囊贮之，驾前司掌焉。每大驾还，阖中扃，驻跸少俟。有司声云：‘南来者何人？’驾前司告云：‘大宋皇帝。’行大礼毕，礼仪使跪奏曰：‘请行勘箭。’金吾司取其笴，驾前司取其簇，两勘之，罢，即奏曰：‘勘箭讫。’有司又声曰：‘是不是？’赞唱者齐声曰：‘是。’如是者三，方开扇，分班起居迎驾，大辂方进。勘契者，以香檀刻鱼形，金饰鳞鬣，别以香檀板为鱼形，坎而为范。其鱼则驾前司掌焉，其范则宫殿门司掌焉。銮舆过宫殿门，以鱼合范，然后开扇迎驾，其赞唱迎拜，一如勘箭之式。”又张舜民《画墁录》云：“熙宁以前，凡郊祀大驾还内，至朱雀门外，忽有绿衣人出道，蹯跚潦倒如醉状，乘舆为之少抳，谓之天子避酒客。及门，两扇遽阖，门内抗声曰：‘从南来者是何人？’门外应曰：‘是赵家第几朝天子。’又曰：‘是也不是？’应曰：‘是。’开门，乘舆乃进，谓之勘箭。此近司门符节之制，然蹈袭鄙俗，至是果命罢之。”与英俗颇肖。其“故为诘问之词”当亦大致相同欤？

一四　詹长人　刘长人

前岁北平农事试验场收票者长人刘某，为美国电影业者以厚薪招去，入明星之林。一时“刘大人”之名颇著，报纸且每载其行动言谈焉。《庸闲斋笔记》云：“詹长人者，徽之歙县人，身九尺四寸以长，人竟以长人呼之，遂亡其名，而以长人名。长人业墨工，身长，故食多，手之所出，不能糊其口之所入，不家食而来上海，依其宗人詹公五墨店以食。食虽多而伎甚拙，志在求食者，论其伎且将不得食，困甚。偶游于市，洋人谛视之，大喜，招以往，推食食之。食既饱，出值数百金，聘之赴外国，于是乘长风而出洋矣。出洋三年，历东西洋数十国，旋行地球一周，计水程十余万里，恣食宇内之异味。每到一国，洋人则帷长人，使外国人观之，观者均出钱以酬洋人。洋人擅厚利，稍分其赢与长人，长人亦遂腰缠数千金，娶洋妇、置洋货而归。昔之长人，今则富人矣。同治辛未，余摄令上海，出城赴洋泾浜，途遇长人，前驱者呵之，见其仓皇走避，入一高门，犹伛偻而进，异之。询悉其故，将呼而问之，乃以澳斯马国明年将斗宝，长人又被洋人雇以出洋，往作宝斗矣。闻长人言，所到之国，其国王后妃以及仕宦之家，咸招之入见，环观叹赏，饮之食之，各有赠遗。外国之山川城郭，宫殿人物，皆历历在目中。眼界恢扩，非耳食者可比。噫，昔者一旬三食犹难，今则传食海外，尊为食客之上，可谓将军不负腹矣，际遇亦奇矣哉。”陈其元上一辛未所见之“詹长人”，洵“刘大人”之老前辈，而所历之广，犹远过之矣。“刘大人”将来不知能追踪前人否？“詹长人”出洋时，尚无电影事业，故未获呈身银幕。“澳斯马”国者，时奥大利、匈牙利合为奥匈帝国，称“奥斯马加”（Austria Magyar）也。至所谓“斗宝”，即赛会之意。

一五　韩愈工碑志而伤于艰涩

韩愈工为碑志、铭词，练字练句，戛戛独造。后之作古文者多宗之，曾国藩亦颇师其意。而如愈《国子监司业窦公墓志铭》，其铭词有云：“后缗窦逃闵腹子（后缗方娠，逃出自窦，归于有仍），夏以再家窦为氏（后缗生少康，少康生二子，曰杼、曰龙。龙居有仍，遂为窦氏），圣愕旋河犊引比（孔子将西见赵简子，至于河，闻窦鸣犊，舜华之死，临河而叹曰：‘美哉水，洋洋乎，丘之不济，此命也夫！’）相婴拨汉纳孔轨（窦婴相武帝，好儒术，此谓拨汉家黄老之习，而纳之孔子之道）。”刻意烹练，艰涩至不成话，文从字顺之谓何！故国藩评以“酷练，然伤雕琢”，不肯学其此种。昔有戏述歪诗者，句有云：“太窥墙漏豆（太婆由墙穴外窥，漏出黑睛如豆），了（丫）洗水飘姜（丫头洗脚水面，如飘老姜两块）。”愈此铭句法，得无相类耶？

一六　曾国藩于碑志亦一大手笔

国藩之于碑志，亦一大手笔，铭词实大声宏，极擅阳刚之美，而情韵尤富。如《仁和邵君墓志铭》铭词云：“城有时而为湖，海有时而成田，物固有非常之变，乌可以常理测彼昊天。善不必福久矣，曾不自夫子而始然。愍东南之大戾，仁圣与蝼蚁而同捐，箸述蠹其荡尽，仅吊煨烬之残编。文之精者不复存，存者又未必果传。独其耿耿不磨之志，与日星而长悬，魂无远而不之，魄则依妻子以全。庶上为神祇所许，而下为百世学者之所怜。”灏气流转，哀感动人，不独度越恒流，实可卓立千古。王先谦评以“倚天拔地”，未为过誉。方存之《柏堂师友言行记》有云：“曾公作《金陵昭忠祠记》，予谓文中一段句法宜少变化，公即删易之。又作邵位西志文，予谓铭词有近六朝句法，亦即改之，真大海不泽（择）细流也。”未知所商订者为何句，国藩昭忠祠数记，瑰伟深挚，均杰构也。

一七　林纾评论古人文字颇有可取

林纾所为古文，致力虽勤，而可传者少，盖天事所限。而评论古人文字，颇有可取，足见个中甘苦，非无所会。如《韩柳文研究法》论及韩愈《送廖道士序》，谓：“此文制局甚险，似泰西机器，悬数千万斤之巨椎于梁间，以铁绳作辘轳，可以疾上疾下；置表于质上，骤下其椎，椎及表面玻璃而止，分毫无损也。文自五岳于中州起，至千寻之名材不能独当也。止二百余言，作一气下，想廖道士读到不能独当句，必谓已足以当之。此千万斤之铁椎已近玻璃表面矣，意必有吾未见六字，即轻轻将椎勒住，于表面无损分毫。然又防他扫兴，即复兜住，言无乃迷惑溺没于老佛之学而不出，似于廖师身上，仍留一线生机。其下率性还他好处，说岂所谓魁奇而迷溺。又将巨椎收高放下，弄得廖师笑啼间作，几谓得隽即在言下。忽言廖师善知人，若不在其身，必在其所与游。此一掷真有万里之远，把以上酴至兴会话头，尽化作蜃楼海市，与廖师一毫无涉。此在事实上则谓之骗人，而在文字中当谓之幻境。”于此文狡狯处，能道得出，且善于形容，令人解颐。其《春觉斋论文》中论此，意同而词稍异，亦颇有风趣。

（原第8卷第4期）

一八　梁鼎芬樊增祥等挽张之洞

张之洞门人中，梁鼎芬、樊增祥最承眷注，故之洞卒后，有人戏挽一联，有“星海云门同怅惘”之句。二人挽之洞，各有二联。鼎芬联云：“甲申之捷，庚子之电，战功先识孰能齐，艰苦一生，临没犹闻忠谏语；无邪在粤，正学在湖，讲道论心惟我久，凄凉廿载，怀知那有泪干时。”又云：“老臣白发，痛矣骑箕，整顿乾坤事粗了；满眼苍生，凄然流涕，徘徊门馆我何如？”增祥联云：“取海外六大邦政艺，豁中华二千载圜蒙，弱者使强，愚者使智；有晏婴三十年狐裘，无孔明八百株桑树，公而亡私，国而忘家。”又云：“廿八载身都将相，行乎中国，达乎四夷，平生东阁宏开，主旧学，宾新学；卌一年亲炙门墙，教以文章，授以政要，今日西州痛哭，人一天，我二天。”均得意之作。而樊作颇失之矜张，不若梁作之沉实也。鼎芬第一联尚非甚佳，第二联情韵不匮，殊有远致。此联多传为王闿运作，实大误。闿运固有一联，其词为：“文襄定胜左文襄，汉宋兼通，更有鳌头廷试策；年伯今成太年伯，斗山在望，来看马鬣圣人封。”（款署“王闿运遣第三子代舆斋叩”）甚怪特。考其致误之由，盖《张文襄公荣哀录》中王、梁联相接，王名适在梁联之前，故有此误。闿运以廷试策为言，以之洞殿试卷直言时政，不循常格也。

一九　李汝谦挽张之洞诗

挽诗以李汝谦作为最佳，有云：“天将时局故翻新，万种艰危试一身。有福方能生乱世，无疵转不算完人。直兼新旧将焉党，最凛华夷却善怜。甘苦要听公自道，调停头白范纯仁（用公旧句）。”义精词卓，允推杰构。湘乡陈毅联云：“其论政论学，宗旨极纯，乃调和出之，孰为公谅；以名相名儒，生平自许，所表树如此，想见时艰。”寓不满之意，亦极有内心。又云：“曾许敢言，上书我愧陈同甫；老而入相，当日群期范仲淹。”亦隐谓不副所期。张曾敭联云：“评议庸何伤，功德具存，没世允堪三不朽；责望久弥厚，忧劳莫赞，拂公只为百无能。”款署“受业侄曾孙”，其族人也。尝并为疆吏，才气不如之洞，而综核名实，不尚华饰，与之洞意见盖不相投，故联语云尔。（曾敭官浙抚，以杀秋瑾大为人诟病。夫清疆吏杀革命党者多矣，何独咎曾劼？盖彼时多谓瑾系被诬耳。迨满清既覆，事益大白，曾劼所为，尚乌足异乎？其实彼时众非尽昧瑾实党人，而清议抨击曾劼甚厉者，悯瑾以女子罹祸，且亦人心渐已去清之征也。）

二〇　张之洞与甲申之役

之洞获“文襄”之谥，论者颇以武功未著为疑。（咸丰三年，有文武大臣武功未成者不得拟用“襄”字之谕，于此特示郑重。）而甲申之役，之洞在粤督任，虽未亲莅行阵，其事固有可称，故罗献修联，特为解释，其下联云：“易名媲湘阴爵侯，夫何疑者，慨中外两军相见。威震远人，独数谅山一役，全仗纡筹决策，将略知非短武乡。”盖左宗棠战绩之多，自远非之洞所可比，而谅山之捷，乃与外兵作战，亦非宗棠所有也。（宗棠久蓄与外人一战之志，甲申之役，督闽防，正筹战备，遽罢兵议和，愤而发病，遂卒。）郑业斆挽诗，于之洞与此役关系尤举要详言之，颇有史料价值。诗云：

越裳我属国，屏蔽西南偏。
岛夷肆凭陵，肇衅窥龙编。
中朝赫斯怒，雄师出临边。
典兵嗟匪才①，韬铃未精研。
疆场频失利，重关弛扃键。

坐令千里内，鞣辋无人烟[②]。
诡词飞入告，诿罪偏裨焉[③]。
失律有常刑，严旨降自天[④]。
桓桓冯与王，束发事戎旃。
百战著勋绩，卓为当世贤。
胡来三字狱，陷法难生全。
公时洎本兵[⑤]，激昂意不平。
抗论发覆盆，敷奏如涌泉。
主将实恇怯，措施多倒颠。
败衄乃自致，部曲洵无愆。
巧饰口如簧，其言岂其然[⑥]。
天高能听卑，德音幸复宣。
重谴坐专阃，此外毋株连[⑦]。
一时士气伸，踊跃声殷阗。
锻矛砺乃刃，凌厉势无前。
谅山遂奇捷，威棱詟垓埏。
彼丑大奔北，蔽野抛戈铤。
匍匐泥淖中，但乞残喘延[⑧]。
神武贵不杀，纳款许自湔[⑨]。
此日推冯王，论功莫与先。
景风行庆赏，圭卣颁联翩。
呜呼微两公[⑩]，谠直回坤乾。
将使百粤地，祸至不踵旋。
苍黔困征缮，井邑沦腥膻。

乃知不世人，济变能达权。
所规在远大，民物归陶甄。
兹事诚绝伟，宜付青史传。
即令溯前尘，一瞥垂卅年。
彭公既往矣，公复班飞仙。
边防且日棘，筹笔谁仔肩？
徒令梁园客，临风叹逝川。

自注：①潘琴轩中丞。

②潘遇敌即退，两日夜驰数百里，遁回南宁。敌蹑踪而来，龙州、镇南关遂失守。

③潘并未临阵，乃电奏苦战受伤，冯子材、王德榜两军不听调度，坐视不援，故致此败。

④电旨冯子材、王德榜不听调度，着即军前正法。

⑤谓彭大司马。

⑥公接电旨，即与彭公会商，谓前敌所恃，惟冯、王两军，今若此，大局不可问矣。遂合词电奏，并非冯、王不听调度，实由潘抚调度乖方，且陈其欺饰状，将前旨缴请收回。

⑦有旨褫潘职，冯、王释不问。

⑧西人战败，凡投械跪地者即不得杀，华兵不知此例，概行屠害，故法人此役死亡甚众。

⑨军既大捷，而鲍春霆军门大队已由桂林南来，使合军乘胜长驱而前，不独越南失地可

以尽复，即其西贡老巢亦可一举廓清，乃廷议许和，遽令罢兵。公与彭公力争之，不能得。

⑩公与彭公。

业敩尝在彭玉麟粤幕，获闻其事也。王闿运与玉麟书，言及粤事，谓："公当洋面首冲，而敌船不敢窥伺，此非宿望伟烈，不能幸致。孝达依倚，遂成砥柱。"以玉麟老于戎务，而之洞书生新贵，故曰依倚。然之洞和衷共济，亦良足多。

宋育仁诗十首，于之洞外交、军谋诸端，颇多阐述，均与史料有关。

二一　严复　辜鸿铭　端方

严复联云："庶政视舆论为从违，造膝所陈，实统夫新知旧学；遗疏与伊训相表里，同胞异日，会思此老生常谈。"不若其挽李鸿章联之佳，亦颇有意致。

辜汤生联云："邪说诬民，孙卿子劝学崇儒，以保名教；中原多故，武乡侯鞠躬尽瘁，独矢孤忠。"名教、孤忠，确是其文字本色。

端方联云："寻诗江令宅，筹笔庾公楼，宦迹久相从，万古云霄成一瞬；早岁贾生书，晚年诸葛表，时艰方待补，巨川舟楫失同心。"下款自称"愚侄"，盖旧有世谊也。张、端为鄂督抚时，或戏撰一联嘲之曰："端拱无为，遇事全推老世伯；张皇失措，大权旁落丫姑爷。"督抚同城，方遇事罕所主张，惟云须请示老世伯，故谑联及之。

二二　陈宝琛与张之洞交谊甚笃

陈宝琛与之洞订交最早，投分甚深（光绪初，同为京朝清流党人物），祭文有云："天既畀公以高世之特操，过人之异姿，以学以仕，复厚积而昌大之，宜使之得道以济时，胡又或使或尼，若遇若不遇，而不究其施。"又云："至耄老而始入相，益以孤孑伊郁，徒涕出于弥留之一疏，与绝笔之一诗。"又云："吾之交公也以天下，哭公也亦以天下，而无所为私。独以三十年之离索犹及生存数面，濒危一诀，盖亦非人之所能为。"又联云："以经天纬地为文，新法旧经，持世恐无人可代；有注海倾河之泪，近忧远虑，窥微早识病难为。"又诗（送归榇作）有云："对谈往往但微叹，此景追昧滋涕涟。"又所为之洞墓志铭有云："初，宝琛与公接膝京师，谬引同志。里居一访公广州，前后契阔，几三十年。前岁入都，见公道孤志励，气郁虑煎，私用忾叹，孰知会遭而决遽哉！"足见二人交谊之笃，而之洞晚居政府，不满时政，与知交私忧窃叹之意态，尤流露于字里行间。以彼之资望地位，目击亲贵紊治，日即危殆，乃委蛇伴食，无所匡救，惟以私忧窃叹自解于清议，身后之责，讵能免乎？宝琛诗又云："太行蜿蜒送公处，卅载岂意重随肩。”则以之洞前以内阁学士简任山西巡抚，此时宝琛适亦以阁学拜晋抚之命也（旋命以侍郎留京授逊帝读）。

二三　马贞榆高凌霨祭张之洞

马贞榆祭文有云：“而其大者，以为彊生于力，力生于知，知生于学。”此引《劝学篇》中语也，可云之洞之“三生主义”。

高凌霨联云：“十桂论政要，五福治文书，随侍八年，惟见公心血多人数斗；灵均忧时亡，武乡尽瘁死，远谋百世，知举国歌泣尚在他年。”亦颇可诵。

（原第 8 卷第 5 期）

二四　张之洞与西后关系甚深

大臣遗折，卒后他人代撰者，类多空泛之语，循行故事而已。王闿运致陈士杰书有云：“雪芹遗折，省城颇咎陈大人未能核定。昔唐艺渠遗折，系闿运代拟，大为王夔石所訿。遗折犹有美恶，一何可笑。”亦以事等具文也。张之洞遗折，出于亲授，言之有物，故挽词多及之。之洞与西后关系甚深，极感知遇，折谓：“殿试对策，指陈时政，蒙孝贞显皇后、孝钦显皇后拔置上第，遇合之隆，虽宋宣仁太后之于宋臣苏轼，无以过之。”著受知西后之始也。（两后垂帘，孝贞仅尸其名。）挽联中如王世琪之“合东坡、涑水为一人，恩礼宣仁终始重”，桂邦杰之“比苏玉局事功独迈，溯先朝知遇，犹闻遗疏念宣仁”，均就此发挥。（按：史称苏轼内召为翰林学士，尝锁宿禁中，召见便殿，宣仁问曰：“卿前年为何官？”对曰：“黄州团练副使。”曰：“今为何官？”对曰：“待罪翰林学士。”曰：“何以遽至此？”对曰：“遭遇太皇太后、皇帝陛下。”曰：“非也。”对曰：“岂大臣论荐乎？”曰：“亦非也。”轼惊曰：“臣虽无状，不敢自他途进。”曰：“此先帝意也。先帝每诵卿文章，必叹曰：‘奇才奇才！’但未及进用卿耳。”轼不觉哭失声。宣仁与帝亦泣。左右皆感涕。已而命坐赐茶，徹御前金莲烛送归院。）与之洞登第事本不同，惟涉及文字受知，故遗折本之，藉号称戈（女）中尧舜之宣仁为颂扬耳。（其实宣仁听政，徒快朋党之报复，博一部分人之讴颂，亦殊不足称。）高树《金銮琐记》云：“湖园召见上帘钩，年少探花已白头。各有伤心无一语，君臣相对涕横流。”自注：“癸卯，张文襄来，湖园召见，出殿门，树往迎之，扶到朝房休息数刻，坐肩舆回小寓。后遇濮梓泉前辈，闻之内监云，孝钦与文襄见面，孝钦呜咽涕泣，文襄亦涕泣，始终未交言。盖各有伤心，不知从何处说起，惟有对泣而已。对泣已久，孝钦命休息，乃出。孝钦癸亥垂帘，阅定文襄殿试卷，是时文襄二十六（?）岁，今免冠叩首，白发髯髻，孝钦焉能无感！”亦特著文字知遇之曩事焉。忆有某笔记，述西后召见之洞情事，谓西后向之洞垂涕而道庚子之祸，言误于王文韶一人，当时尚可挽回，曾命文韶赴各使馆解释，文韶惧不敢往，事遂不可收拾。迨文韶卒，西后仍予优恤，足见待文韶之厚云云。苟如所述，则亦西后诿过于人之惯技。惟文韶之卒，后于西后，恤典之加，出自载沣，无与西后事，所述盖不足信也。

二五　刘坤一有守非张之洞所及

之洞既深自结于西后，故对光绪帝不满。帝谥曰景，庙号德宗，闻出之洞主张。或谓阴拟唐德宗、明景泰帝，取信用奸邪及不当立而立之义也。昔西后欲废帝，虑人心不服，征之洞及刘坤一意见，坤一一再力争，（陈三立撰坤一神道碑，谓："德宗景皇帝之初变法也，大忤皇太后，图废立，已阴有代之者，中外噤不敢出声，公独传电匡不可，稍稍顾忌。明岁入对，益反覆讽谏，语绝痛。终以公耆德重臣可信，寝不行。"纪实也。）之洞则效徐勣"此陛下家事，何必更问外人"之口吻，谓权在太后，非疆臣所得干预，固见之洞之软滑，亦以方厚结后党，不愿持异议也。当帝行新政时，之洞奉行颇力，时共陈宝箴疏陈兴革事宜，为帝所倚重。军机四卿中之杨锐，亦以其为之洞亲厚弟子而擢用，坤一则以玩视新政，明诏申饬。（谓："于本年五六月间谕令筹办之事，并无一字覆奏。迨经电旨催问，刘坤一则藉口部文未到，一电塞责……受恩深重、久膺疆寄之人，泄沓如此，朕复何望？倘再藉词宕延，定必予以惩处。”）而至政局一变，乃二人态度如是，故士论称坤一之有守，无愧大臣风节，非之洞所及焉。

二六　张之洞至老始获大拜

之洞以词臣清望，出任封疆，领兼圻者二十余年，至光绪丁未，始获大拜，望眼欲穿，颇嗟淹滞。（五月为协办大学士，六月即授大学士，其由协至正，则时期甚速。七月遂由使相内召入军机。）故陈宝琛撰墓志铭，谓：“公抱体国之忠，救时之略，膺疆寄垂三十年。英流硕彦，群冀公持钧轴奠区夏者，殆十年二十年，而需迫归迟，重夺之速，天之不吊何如也。”铭词有云：“宋庸乐喜，邻国寝兵。陶桓淹广，晋业不宏。相才俾镇，如栋作楹。老毗匪晚，愿大宁盈。”又祭文有云：“以公之忠顺纯密，况数有大劳于国，早为两宫之所毗。而乃累召累止，至耄老而始入相。”均著意于此。当之洞拜协揆之命，王闿运致樊增祥书有云：“孝达乘间，遂得参知，酬十年企望之心，亦宜有佳章作贺。”曰乘间者，盖指协揆瞿鸿禨与奕劻相持，被人论劾开缺也。

二七　张之洞好为壮语

徐致祥癸巳疏劾之洞，谓：“昨岁该督祝大学〔士〕李鸿章寿文，极意谀颂。末有自述语云：‘度德量力，地小不足以回旋。’夫以两湖幅员之广，毕力经营，犹恐不足，而顾嫌其地小，夷然不屑为耶。何其狂诞谬妄若是之甚也。”之洞口气，诚为不小。又陈恒庆《归里清谭》记“张文襄”有云：“及开府山右，尝函告友人曰：‘地小不足回旋。’及督湖广，督两江，槃槃大才，方能开展。”证以祝鸿章寿文，是晋抚固不足回旋，鄂督仍不足回旋也。其由两广移湖广后，意盖在“三省钧衡”之一席。江督辖四布政司，兼南洋大臣，地望雄剧，过于鄂督耳。乃两次权理，迄未真除。惟卒后江督张人骏据苏绅黄思永等之请，奏恳于江宁为建专祠。报可。则以在署任非无作为，且庚子保障东南，关系甚大也。相传张之万尝佩时计二，或讶其多，之万笑曰：“吾仅二表，视吾弟八表犹少矣。”盖之洞到粤督任，谢恩折有云：“身系一隅，敢忘八表经营。”故之万引作谐谈。之洞之好为壮语，亦其惯习，俞廉三挽联云：“三晋领封圻，策励群材，守令中秉节者五人，开藩者四人，当日得人称盛事；片言窥抱负，经营八表，法越后甲午为一变，庚子为再变，老成应变建丰功。”即用之洞此语。之洞抚晋，勤民事，奖廉吏，政绩甚著。廉三为所荐起，“秉节者五人”之一也（廉三官湘抚，罕所建树，而闻其尚能不取非义）。

二八　张之洞筹款之术

陈衍联云："合陶桓公、谢太傅为一人，宏济艰难心力尽；有裴中令、李赞皇老从事，平生学术见闻真。"盖尝居之洞幕府，故以老从事自居，言关系之不浅。据《兰隐斋笔记》云："福州陈石遗孝廉衍，诗才清俊，庚寅之秋，余与同在上海制造局，后又与余同在张文襄幕府。时正苦库储匮乏，石遗建议改铸当十铜元，谓二钱之本可得八钱之利。余谓此病民之策，何异饮鸩救渴，决不可为，君他日亦必自受其害。石遗抚头不答。文襄欣然从之。未几，各省纷纷效尤，民生自此益蹙，不免灾害并至矣，哀哉！"之洞持己颇廉，遗折以"不殖生产"自明，未为矫伪。然挥霍公帑则甚奢，在鄂多所兴举，华逾于实，用财至滥。沾溉所及，冗官游士，有广厦大庇之感焉。经费不足，则多方筹款，创铸铜圆以牟利，尤厉民之政之大者，如兰隐所云。此议乃发之诗人陈石遗，亦一轶闻。之洞墓志铭谓："公为政经画恢宏，而综理微密，千条万端，一心默识，用财繁浩，率取之中饱私规，不竭民膏，不侵库款。"盖宝琛为死友回护之词耳。夫铜元非不可铸，而以"二钱之本可得八钱之利"为动机，实为巨谬。方便之门既开，全国币制大紊，流毒无穷。之洞惟喜辟一筹款捷径，罔顾其他，当时固有小儿得饼之乐也。

二九　张之洞重用冯启钧

冯启钧联云："岘首怆登临，湛辈追从，泪堕丰碑千祀远；曲江吟感遇，杜陵家则，气含公鼎八哀终。"颇有韵致。启钧受之洞识拔，官湖北巡警道，以长于侦缉党人，故之洞重用之。后瑞澂恶其不法，严劾褫职，并诛所部劣弁，鄂人大快，一时风厉之名甚著，而说者谓民党之得在鄂活动，使武昌为首义之区，澂此举所系亦良巨云。

（原第8卷第6期）

三〇　张之洞保全袁世凯

西后死后，袁世凯几被诛，其幸得保全，张之洞力也。载沣出朱谕，系以"揽权跋扈、植党营私"字样治罪（或云即正法，不俟审拟也），奕劻辈震怖不敢置一词。之洞独再三婉陈，力为乞恩，始得转圜。即由之洞改拟谕旨，藉足疾命开缺回籍。有私叩之洞者，谓"项城英挚之器，朝廷既不能用，杀之是也。今使鞅鞅归里，不虞遗患他日乎？之洞曰："明崇祯帝勤政爱民，亦一代令辟，徒以御下操切，轻杀大臣，遂致亡国。今监国仁明，宜益导以宽大，培祥和之气，以厚国脉。倘初政即戮先朝最倚重之大臣，吾惧其手滑而蹈明末覆辙也。"

三一　袁世凯声势显赫于西后时

当西后在时，世凯受殊眷，声势烜赫，顾盼非常，已大为朝列所侧目。如《金銮琐记》云："卫士持枪似虎熊，桓温入觐气何雄；玻璃窗内频探望，暗暗心忧两相公。"注："项城在湖园入觐，卫士如虎如熊，有桓温入觐之概，王、瞿两相国在玻璃窗内观之，观后，凭几而坐，默然不言者良久。"

又云："如云驺从剑光寒，内监惊疑伫足看；装饰狰狞谁不畏，满身都画虎皮斑。"注："项城荷枪卫士，以黄布裹头至足，画虎豹头，虎皮斑文，王公大臣骡马见之，皆辟易，宫监亦却立呆看。查东西洋无此军服，惟中国戏场有之。项城入京城，以此示威，可谓妙想。"

又云："怒马锋车孰敢当，舍人奔避入朝房；偏言海外真天子，内监谰言亦太狂。"注："西苑当值下班，项城卫士驱逐行人，山人与徐博泉奔入朝房。行道者摇首曰：'太凶猛。'有一魁梧内监，高声嚷于道曰：'难道袁某非海外天子耶？无人与辨？京中岂海外之比，况在宫门口，何得如此！'此即清室禅位之影响，洪宪天子之先声。"世凯时以直督入觐，其气焰固非首辅通侯领北洋二十余年之李鸿章可比矣。王文韶、瞿鸿禨均非素善世凯者，鸿禨尤不满之，宜有"暗暗心忧"之态。

又云："革命青年遍匿踪，督辕兵到逞威风；天街逮捕无人管，都在袁家掌握中。”注：“丙午年春夏，袁世凯派兵入京城逮捕革党，官民惊愕，不敢过问，恐其反噬以为通党也。人人皆知指鹿为马，试行其术，而太后方向用，亲贵与交驩。百官噤不敢言，于是辇下亦归袁掌握中。”亦见声势之盛。

三二　张之洞与袁世凯共助停科举

科举之停，之洞与世凯，意见最同，主张甚力，大为反对者所讥，尤以过河拆桥病之洞。文韶为持反对之议者，以顽固见斥于时论，而朝士亦颇称其持正焉。《琐记》云：“天下英雄入网罗，二臣焉得请停科？应交内外臣工议，王相年高远识多。”注：“历代制科，所以网罗英雄也。袁世凯与张南皮请停科，王相曰：‘国家大典，应交内外臣工议，岂能由二臣请停！’南皮闻之，到王相宅谢疏忽之咎。”此所谓挑过节也。

三三　张之洞起居无节

之洞之起居无节，见于劾疏，其著于诸家记载者，不一而足。猴精转世之说，亦与此有关。《归里清谭》云：“传说张文襄公香涛系猴精转世，蜀地山上有洞，洞中蓄老猴，百余年矣。文襄父仕蜀，偕夫人游山，夫人欲观此猴，老和尚答言，久不出洞，不必观。夫人强之，乃舁出。猴向夫人坐化，遂生文襄。少嗜枣栗，读书过目不忘。性喜睡，亦易醒。宴客时，所邀多僚属，一馔甫上，则已坐睡。片刻睡醒，馔已冰，僚属又不便先尝，故一馔重温者数次。是与猴性无异。”之洞既起居无节，颇异恒人，传者遂故神其说，而有猴精转世之附会耳。之洞名有一“洞”字，香涛之“涛”复与“桃”同音，由洞与桃，均可联想而及于猴，传说之起，当亦因此也。

又如《天徒》所记云：“张文襄起居无节，能历久不眠，然无论何地何时，皆可酣睡，左右不敢惊之也。一日学政往谒，文襄见之，数语方始，而文襄鼾声起矣。学政不能谈，又不敢辞，止于花厅者数时，文襄乃醒，然学政固门弟子，不敢怒也。某日文襄报谒巡抚（时巡抚尚未裁），主人延入，鸣炮启门，请轿进内，乃停舆。文襄不出，揭帘视之，则又在舆中蘧然入梦矣。主人急以围屏幛之，而衣冠以待，随来之员弁皆鹄立而待，不敢离。舆止于二堂者六时，文襄方觉，振衣而起，剧谈良久而出。主人及侍从皆饥倦不堪，而文襄自若也。甲午移署南洋大臣，时黄公度在美洲，文襄以有要务待商，急电促之归，赴宁趋谒，三月不得见，盖文襄忘之久矣。公度愠而返沪，未三日，文襄始询及，更以电召之。公度复赴宁，又待至半月始得见。有某观察者，体弱，值冬日传见，趋往，坐于官厅者竟夕，饥寒交迫，归而大病，几至不起。首府某太守者，每值辕召，必襆被备食而往，曰吾不蹈某观察之覆辙也。”《官场现形记》以之洞为背景，写“入座荒唐、起居无节”之“贾制台”，洵与此宛肖矣。《天徒》又云：“某部郎爆值枢廷，以京察外放鄂省遗缺知府，性素戆直，进谒不时见，知其素习，则纵步直入。巡捕阻之，部郎与之哄，大言曰：‘寝馈之行，人性皆同，各有所事，何能久伺？见则见，不见则已。宫门召对，且有定时，乌有疆臣不以礼待僚属，而骄纵如此乎？’文襄闻之，急出见慰藉之，亦竟无他。”盖总督虽尊，而抬出皇帝老子，则不能不动色而为之折。

《俟徵录》云：“道咸间，某公督两广，凡属员入见，跪拜之顷，某常倚卧胡床，不为礼。适某大令以部曹改捐知县，指省粤东，将谒督宪。或告以某公傲状，某大令不信曰：‘天下安有此理！’或固言之，大令曰：‘吾当以满汉席一桌赌输赢，何如？’大令入谒，则某公翘一足倚胡床，果如人言。既忿且惭，阴念前所博既输去，当思所以劫之起立，因垂手谨白曰：‘卑职顷自京来，有面回事。’某公意必有要津传语事，不觉起坐，听所言。大令曰：‘无他，只是敢问大人在京陛见皇上时，皇上举止何如？’某公闻言，悚骇久之，自是骄态稍戢。”是亦以皇帝折总督者。盖之涸此习，正由总制兼圻，觉天高皇帝远，而故作偃蹇，以示惟我独尊之态，岂尽天性使然。当其衰年入相，逐日召对，何未闻鼾声起于天颜咫尺之际乎？

三四　张之洞玩弄袁世凯

当筵而睡之事，之洞且尝施诸世凯。癸卯《新民丛报》云："得京友函，袁至南京，与张商议一切。袁行之日，张饯之，酒及半，张遽睡熟，久未醒。袁不及待而行，张醒后，急命排队请袁回。袁欲不返，幕僚劝之行。比至，重张宴谢罪，欢饮而别。夫张之待袁，为敬乎？为慢乎？以南洋大臣款北洋大臣之重客，而居然睡熟，则其慢之意可知也。张何为而慢袁？张任粤督时，袁仅一同知，袁以后辈突居上游，张自负老辈，或隐然示之以老督抚之派欤！旋继之以优礼，其玩弄袁之状，袁其能终忍之乎！"此种做品，殆亦之洞见轻于世凯之一因。其后袁势日盛，之洞相形见绌，迨同居枢府，权力亦迥不侔。之洞署门联曰："皇王有道青春好，门馆无私白日闲。"盖于世凯有微词焉。锡良庚子以湘藩司勤王过武昌谒之洞，之洞亦宴之而坐睡，则在彼固不足异。以良尚为属吏，且系其抚晋时所赏拔，由知县荐起者，更可故作偃蹇也。（俞廉三挽之洞联所谓"守令秉节者五人"，良亦其一。）

三五　张之洞负光绪帝

尝闻汪君建斋言，光绪帝弥留时，令小内侍传片纸至军机处，盖致之洞之手谕也。文曰："立溥伟为嗣皇帝。"

众大惊失色，之洞徐曰：“乱命乱命。”且言且以手团搓之，竟置靴筒中，事遂寝。据云此说闻诸清宫某氏。若然，是之洞负帝者屡矣。（西后议立溥仪，以载沣摄政，之洞力赞之，众无异词。独世续以宜立长君为言，意亦在溥伟，虽格不行，而当时伟确亦一有望之人也。）至置皇帝手谕于靴中，稽之于古，亦尝有其事。史称宋徽宗患众羌扇结，命王厚安抚洮西，合兵十万讨之，并以童贯监其军。适禁中火，徽宗下手札驿止贯兵毋西，贯发视，遽纳靴中。厚问故，贯曰：“上趣成功耳。”遂行，卒大捷，拔湟州。贯奄竖耳，此节却可取，颇有将在外君命有所不受之气概也。之洞事视之，固不伦已。

（原第8卷第7期）

三六　京城之浙江三老

曩者北京有浙江三老焉，孙慕老（宝琦）与汪伯老（大燮）、钱幹老（能训）是也。前清官至卿贰封疆，民国均曾任总揆，资望既高，尤笃乡谊，故旅京浙人，奉为祭酒。钱、汪先后逝世，今孙氏又卒于上海，于是三老尽矣。

三七　谈孙宝琦

（一）生平简介

孙氏以二品荫生，授主事，分刑部，旋改直隶候补道，庚子随扈西安，办理军机处电报，旋设立政务处，派为总办，以四五品京堂候补（同事者以侍郎衔郭曾炘领衔，徐世昌以编修居末席，于式枚、严修等亦与其列），后晋三品京堂候补，遂擢山东巡抚，其间先后为出使法、德大臣，署太常寺少卿，顺天府尹，充帮办津浦铁路大臣。民国历官外交总长、审计院长、财政总长、税务处督办、赈务督办、国务总理、外交委员会长等职，尝被命为淞沪市政督办，驻苏俄大使，均未就任。近岁不居政地，作大连寓公，以患贫，犹时往来南北。（盛宣怀死后，其事业由孙以亲家翁关系，被推主持。领空名、支干薪而已，实权盖不属也。）

（二）与汪大燮为外交界前辈

浙江三老之中，孙与汪氏同为我国外交界前辈，其所荐使才，如陆徵祥、刘式训、吴宗濂、钱恂、沈瑞麟等，皆先后出使。他如顾维钧、唐在复、戴陈霖、陈箓、王继曾、夏诒霆等，非其属吏，即其门人也。早岁出使，为生平得意事之一。段祺瑞为临时执政，以驻苏俄大使属之，孙以此为中国设驻外大使之始，欣然拜命。后格于环境，未获成行，恒怏怏也。在使法任内，奏请制定宪法，则其生平得意之笔。后此每述及宪法问题，必以前事为言，盖如戏剧中赵子龙之好言“当年长阪坡”云。

（三）超擢山东巡抚

其为山东巡抚，尤生平最得意之事。其时巡抚多由藩司推升，而孙以未补缺之三品卿得之，实为破格，且山东巡抚，地望为各巡抚之冠，升任总督最易。如袁世凯由此擢直督，周馥擢江督，袁树勋擢粤督，均总督中要缺也。世凯以工部侍郎，树勋以民政部侍郎转此，人犹羡为美除，况在孙氏。而孙氏注意此席，尚不仅是其岳翁张曜昔为鲁抚，声誉甚隆，孙尝以娇客居节署，于是邦最所萦心，故欲遥承衣钵，作翁婿开府之佳话。奕劻为之说项，则以山东对德交涉綦繁，孙曾使德，谙其国情，便于应付为词也。既抵任，有司承指将大明湖畔之“张公祠”葺饰一新，亦所谓题中应有之义。

当拜命之初，语人以山东为勤果公旧治，人民讴思不忘，自应勉为取则，不敢贻羞勤果也。既以言宪法最早者自负，故在鲁抚任，关于立宪及新政之文电，发表甚多，类斐然可观，于当时督抚中，号为头脑较新者。其对待僚属，虽不若袁树勋之声色俱厉，而迭劾镇道大员，颇有朝气。如曹州镇总兵陆建章、东海关道徐抚辰、下游河工督办候补道何国湜，均为所劾罢（陆开缺，徐、何革职）。

陆、徐均袁世凯特赏之人，关系素密，时袁虽被放归里，而潜势力犹甚巨，且与孙为姻家，孙不稍瞻徇，毅然论劾，实有相当魄力（布政使朱其煊之自请开缺，亦孙所示意），固与庸碌者有间矣。孙之抚鲁，实有心做好官，然其人短于才，故未能大有展布。

（四）办理濮州一案

其办理濮州一案，亦颇风厉。州民某为知州蒋兹滥刑毙命，家属控之府，曹州知府王赓廷驳斥之，又控之道。兖沂曹济道吴永上其事，孙派员查覆属实，立奏参蒋兹遣戍，王赓廷革职。（隶役之行刑者亦充军。）此固其鲁政之可记者，惟当时闻人谈此案原委，谓蒋氏人虽粗疏，然于此案实煞费苦心，其情可原。盖州民某，土豪也，与继母有暧昧事，遂与妻不睦，且嫌其碍眼，因于夜间以绳勒毙之，而饰为自缢之状。妻家不信，仍以勒毙控，某畏罪而逃。蒋氏前往验尸，谛视颈间之痕，实勒毙而非自缢，然以凶手在逃，不能正罪，乃当众宣言，尸经本州验明，确是自缢，谓勒毙者妄也。即命仵作照自缢填具尸格，并命四邻具结作证，复晓谕某之家属曰：某妻系自寻短见，无与他人事，其夫并无何等罪名。惟一日不到堂，此案一日不了，只须至州过堂一次，立予销案。倘仍避而不来，反似畏罪情虚。俟经缉获，则无罪有罪，本州惟有以严法处之耳。蒋氏此计奏效甚速，某果自行投案矣。乃严诘勒毙情事，某谓："民妻自缢经青天大老爷验明，何以复言勒毙?”蒋曰：“不云自缢，汝肯到堂耶?”某知受欺自投罗网，愤甚，坚不吐实。蒋命笞之，某惟大呼冤枉，语且侵蒋。蒋大怒，益以严刑取供。供终不可得，而某则挺刑垂毙矣。始命停刑收监，以伤重数日即死狱中。事既上闻，委员谢宗夏到州查案，调卷阅视，则尸格及四邻之结，均言自缢，而蒋忽刑求勒毙，显为大谬。蒋虽自辩，而所指凶手已无供刑死，一面之词，亦骤难取信矣。此当时所闻于人者。蒋氏办理此案，心迹纵可谅，而就事论事，要不得谓非滥刑毙命也。（禀揭此案之兖沂道吴永，孙氏随扈西安之旧相识也。《庚子西狩丛谈》述吴氏语云：“予同时奉鄂督、湘抚先后密保，即以五月六日正式召见，与前大总统徐公、前总揆孙公宝琦，三人同起入见，均奉旨以道员记名简放。”又云：“辛丑五月十五日，予奉旨简放雷琼道遗缺，予与徐、孙两公，均以密保同日引见，而予才及十日，即蒙简放。当时慕韩总揆且向予欣贺不置，谓君今乃先着祖鞭，令人有景倩登仙之羡。吾等尚不知挨磨几许时日，方有此希望也。今两公皆已登峰造极，名播中外，而予则依然故我，碌碌无成，回首云泥，空增惆怅而已。”又云：“皇太后万寿，司房太监首领传旨颁赏，予蒙赏给大缎二匹，江绸袍褂料一卷，并蒙加赉橄榄，鱼翅、燕窝、桂圆、藕粉、蜜枣糕等食物多品。衣料尚为例赏，余物向惟亲贵大臣始得沾溉，予亦与及，可谓逾格异数。慕韩观察，时与王稚夔京卿同在军机处译电，寒夜服务，手僵指冻，甚为辛苦，乃此次竟未之及。予偶言之于李监，即蒙补赏匹头二件。予由司房代为领出，李监并当面慰劳之。”吴氏在怀来知县任迎銮，以办差称旨，受西后特达之知，超擢府道，简放实缺，以为指日封疆矣。乃其后未晋一阶，据谓系厄于瞿鸿禨、岑春煊也。宣统间孙氏抚鲁，吴为兖沂道，徐则大拜矣。入民国后，吴尝任胶东道尹，亦未获大用，视徐、孙地位，尤觉不侔，而当年西后宠眷，实在其上也，故谈“西狩”事，涉及个人宦历，多牢骚语。)

（五）用人惟才

有准补汶上知县匡鼎彝者，张曜抚鲁时，尝在抚署供差。补缺后，院司以其年老，谓不胜繁剧，靳不令赴任。孙氏到任后，谒“张公祠”，遍览祠中楹联，见有匡氏一联，为感恩知己语，亟传见。匡述张氏旧事颇悉，乃告藩司曰：“此勤果所用之人也，虽老尚能理事，宜饬赴新任。”匡遂捧檄之官。

张抚鲁时，幕中多所延揽，孙亦颇延知名士为幕僚，谓取法勤果也。

历城为首县，知县例由外县调任，初任官不获握篆也。即用知县周安康为孙所赏，即破例令署历城，谓用人惟才，旧例曷足循乎？原首县由外县调充，固以资格关系，而此缺须为各长官办差，所费不赀，号为苦缺。尤以久任外县宦囊已丰者当之为便，其报酬则升擢，或再调优缺也。是时已废止办差，历城亦优缺矣。后大挑知县赵飞翰复署此缺，亦初任官也。(周补章邱。)

(原第8卷第8期)

(六) 莱海民变竟未获咎

莱海民变一案，为孙宝琦在鲁抚任一大事。莱阳、海阳两县官绅，以苛敛肇民变，孙氏派员调解未协，遣兵弹压，遂演海阳兵民激战之惨剧，人民生命财产，损失甚巨，鲁籍御史王宝田奏劾，奉旨令直督陈夔龙派员查明具奏。据覆："均系地方官办理不善所致，孙宝琦派兵弹压，实出于万不得已。"孙氏先经引咎电请开缺听候查办，复奏陈两县民变情形，附片自请罢黜，谓："伏念臣以菲材渥承恩遇，忝膺疆寄，夙夜悚惶。东省幅员广阔，政务殷繁，臣才智庸暗，实有汲深绠短之虞。方今时局多艰，民心不靖，端赖整饬吏治，县令得人，方足以销患未萌。此次莱阳、海阳之事，固由已革知县朱槐之、方奎平日抚绥无术，办理不善之所致，而臣察吏无能，境内迭起变端，卒至调兵剿办，上烦圣虑，下起群疑，负疚五中，百喙莫解。臣曩两次奉使，在内地服官日少，诚如该御史原奏所云，于吏治民情，阅历甚浅，深恐日久贻误大局，惟有仰恳天恩，俯赐罢黜，俾释咎戾，并请另简贤员接替，以重地方。"奉朱批："该抚向来办事认真，所请开缺，著毋庸议。"而言者未已，山东同乡京官柯劭忞等暨旅京士商，均呈请都察院代奏，详举官军焚杀淫掠诸状，请派公正大员，彻底查办，旋令孙氏再行据实覆奏。孙于覆奏起乱始末及善后情形，请再惩处官绅文武各员外，并谓：“登州镇总兵李安堂，统领军队，约束不严，臣督率无方，均难辞咎，应请旨饬部一并议处。”奏上，降谕分别惩处各员，并令李安堂开缺。而对孙则“仍着免其置议”。说者谓微奕劻之力不及此。盖巡抚“统属文武”，为全省领袖，责任最重。今辖境既酿巨变，无论巡抚措施有无乖谬，而在责任上自有应得之咎。官绅文武各员，获咎者不少，巡抚纵不罢黜，亦当予以降留或革留之所谓风流处分者。乃置之不问，亦清末纲纪废弛之一证。至孙氏于此案之起，一再派员调解，冀免扩大，则初非有心草菅人民也。

（七）“奏请独立”

孙氏抚鲁，为其最得意之时代。虽莱、海之案，为一疚心之事，然躬未获咎，朝眷犹笃，且内有奥援，官运方亨，众以为行将擢北洋或南洋矣。不料时局突变，武昌起义后，山东亦有独立之举，孙氏精神上受窘最甚，实生平最失意之一时。盖鄂事既作，各省风从，济南响应革命者，组织全省联合会，在谘议局集合，商脱离清廷事。新军（第五镇）阴右之，惟主除与清廷脱离关系，省政暂维现状。众以鲁省逼近畿辅，亦不欲遽言北伐也。会既集，乃邀孙莅会，询赞成共和否，孙曰赞成，已有电请政府宣布共和矣。众请即对清廷独立，称中华民国山东临时政府，推孙为大统领，（旋以各省均称大都督，亦改从一律。）新军协统贾宾卿副之。孙力劝不可，谓本省兵力单薄，北军一至，万难抵御，并谓本人世受清恩，且与庆王有特别关系，尤难任此。再三剖说，涕泪俱下，众竞言民意所在，不得违抗，声震屋瓦，其势汹汹。孙始含泪从之。返署后，即电内阁以被迫独立状请代奏，故其时山东号“奏请独立”也。此电且油印，张贴通衢，所颁文告，亦未用大统领或大都督名义，而称“山东临时政府抚部院”，洵一时奇观。众亦竟无诘难之者，则以顾虑北军之来，咸有戒心，遂弗暇斤斤较量耳。其激烈者或倡组北伐军直捣幽燕，以和之者少，未成事实。未几，袁世凯遣张广建、吴炳湘至济，疏通新军收效，与新授统制吴鼎元取消独立。孙乃乞罢，黯然别鲁父老，颇以未克媲美勤果为憾云。

（八）与奕劻联姻非为图荣

其宦途腾踔，最得力于与奕劻为姻家，故为清议所少。江春霖以“老奸窃位多引匪人”劾奕劻，词亦及之。惟庆、孙联姻，非出孙所营求。盖奕劻宴会外宾于邸，或言孙女能西语，娴礼仪，因邀往招待女宾。奕劻见其周旋中节，大善之，乃为其第五子求婚。陈夔龙承命竭力撮合，势等强委禽，孙不得已而许之，固非预有借以依托权门之意，献女图荣也。

（九）怒辞财长职务

民国时代，孙屡居要津，罕所见长，惟民国五年中、交两行停止兑现，时孙为财政总长，深夜国务院令下，翌晨孙始知之，一怒辞职赴津。此事足见风骨，所宜大书特书者。偌大事件，不用大总统令，而以国务院令行之者，即以府令须由财长副署，惧为孙所拒也。

（一〇）“七十老翁”

曹锟为总统时，孙为国务总理。其提出国会，在民国十二年十月三十日，咨送履历系五十七岁（今年二月四日卒于沪，云六十四岁。盖犹以旧历庚午年内论也。正合），旋出席国会演说，并与人谈政见。各报据通信社稿，载其言词，每有“七十老翁”之自谓。盖孙氏年近五十，即已白须彪彪然，有元老风度。至是众以为必届古稀矣，故有此误。孙见报纸代其叹老，为之失笑。

（一一）财有所取，有所不取

孙在总揆任，与财长王克敏不洽。国务院向有所谓秘密费者，供挹注，月七万圆，王谓非正当开支，靳不与，故龃龉益甚。迨德发债票案办成，总统府以三万圆馈孙，孙不受。

（一二）致力维持治安

民国十五年，北京当军事递嬗之际，王士珍、赵尔巽等组维持治安会，以保秩序，市民德之。孙亦会中诸老之一，颇致力焉。至民国十七年二次治安会，孙已他适，故未与其事。（孙对于国事，屡以文电劝导和平。）

（一三）习于豪侈而患贫

孙氏久膺膴仕，然时以患贫闻，则以用财不节，衣食起居，习于豪侈。复好博屡负，故每致不给。民国十六年，在大连向四十人借会，人五百元。其小启云："清风满袖，愧避债之无台；旧雨关怀，幸成裘而集腋。廉泉惠假，具仰高情。瑑竹难宣，弥萦私悃。宝琦卌年宦海，曾何补于涓埃！三字官箴，差无惭于衾影。急浪知退，惟余琴鹤以自娱；逋负待偿，典尽朝衣而未足。爰思集会，非等醵金；聊通有无，暂资挹注。五百名罗汉，敢云取不伤廉；四十曰贤人，庶乎轻而易举。十年为限，六月一期，按收款之后先，分付债之次序。但冀源头水活，早教合浦珠还。倘有不时之需，亦必唯命是听。谨呈借券，尚希察存。君是孟尝，素仰轻财而好义；我惭季子，未能位高而金多。专此申谢，敬颂秋祺。"别开生面，颇有雅趣，而窘态可鞠矣。时有言其贫为伪者，尝与汪伯棠谈及，汪谓贫实不诬，家用过巨累之也。仆从如云，无间于在职与赋闲，女仆一项，多至十八人云。（孙多幼年子女，女仆之众，盖亦由此。奕劻幼孙每日上学，各以女仆二人伴护。孙与奕劻为姻家，或沾染王府派头。）

（一四）述庭训以道素志

孙父子授（诒经）以翰林负清望，官至户部侍郎，尝授光绪帝读，清室退位后，逊帝允宝琦请追谥曰文悫。先缦愔兄壬午童试游泮，其为顺天学政时所得士也。民国十七年，宝琦于大连撰《先文悫公书画卷求题咏启》，叙及其父在顺天学政任书赐格言事，谓："甲申秋，将按试保定，宝琦持联纸跽求书格言，以铭座右。蒙赐书'欲除烦恼须忘我，各有因缘莫羡人'十四字。谕曰：'汝其终身诵之，于身心性命之学，用之不尽。'宝琦谨志之不敢忘。岁庚子，在天津遘拳匪之乱，佚去上联，仅存下联，敬谨翦裁，装为横卷。先文悫公按试之余，恒手谕诫宝琦以敦品励学。尝录王文成公《客座私祝》以寄宝琦，谓吾不敢希文成，惟所期汝者视此矣。此纸原装横架，饰以玻璃，幸未遗失。亦改装卷子，俾便尊藏。"又云："宝琦德业不足仰绍先型，惟毕生兢兢，服膺庭训，不忮不求。服官中外，随寓而安。以天地为逆旅，视富贵如浮云。嗟乎，世衰道微，廉耻沦丧，居官者惟图安富尊荣，欲壑靡有止境，于进退出处之节、辞受义利之辨，茫然不知，充其极必至植党营私，贪权罔利，盗窃国家，涂毒生灵而不恤。卒之不旋踵而身败名裂有同泡影，可哀也已。"述庭训以自道素志也。　　　　（原第8卷第9期）

三八　人生富贵乃由命定之说

张鷟《朝野佥载》云："魏徵为仆射，有二典事之长参。时徵方寐，二人窗下平章，一人曰：'我等官职，总由此老翁。’一人曰：‘总由天上。’徽闻之，遂作一书，遣‘由此老翁’者，送至侍郎处，云与此人一员好官。其人不知，出门心痛，凭‘由天上者’送书。明日引注，‘由老翁者’被放，‘由天者’得留。徽怪之，问焉，具以实对。乃叹曰：‘职料由天，固自不虚。’”唐人既传有此说，而宋人亦有类是之记载。曾敏行《独醒杂志》云：“仁宗皇帝尝闲步禁中，闻庑外有哗者，稍逼听之，乃二卫士。甲曰：‘人生富贵，在命有无。’乙曰：‘不然。今日为宰相，明日有贬削为匹夫者；今日为富家，明日有官籍而没之者。其权正在官家耳。’因相与诘难未服，故争辩不已。帝因密识其人。一日出金奁，封缄甚密，特呼乙送往内东门。行将达，忽心腹痛作，不堪忍，惧愆其期。偶与甲遇，令代捧以先。门司启奁，乃得御批云：‘去人给事有劳，可保明补官。’乙随至，则辨曰：‘已得旨送奁，及门疾作，令甲代之尔。’门司覆奏，帝命与捧至者，甲遂补官。”二事乃巧合如此。疑宋事即由唐事脱胎，均由谈天说命者附会而来，未必真有其事也。忆某笔记道清代某帝事，亦大略相类，盖辗转因袭耳。又据《宋稗类钞》所述：“仁宗尝御便殿，有二近侍争辨。仁宗问之，曰甲言贵贱在命，乙言由至尊。帝默然，即以二小金合，各书数字藏于中，曰‘先到者保奏给事有劳推恩’，封闭甚严。先命乙携一往东门司，约及半道，命甲携一继往。无何，内东门司保奏甲推恩，问之，乃是乙半道伤足，甲遂先到。帝叹曰：‘信有命哉。’”与《独醒杂志》小异，系别有所本，则一说而又相传互歧者也。官禄之权，操于君相，而言其不能与命争，斯命定之论，函盖一切矣。(《类钞》又有："元丰中，王岐公珪作宰相，王和父安礼尹京，上眷甚渥，且将大用。岐公乘间奏曰：'京师卫者，皆言王安礼明年二月作执政。'神宗怒曰：'执政除拜由朕，岂由术者之言！他日纵当次补，特且迟之。'明春，安礼果拜左丞。珪曰：'陛下乃违前言，何也?'上默然久之曰：'朕偶忘记。信知果是命耶?'"术者之言，君主不能违，亦助命定论张目者。)若李泌所谓"君相造命，不当言命，言命则不复赏善罚恶矣"，是亦不否认命定论之原则者，特为君相设一例外而已。而如张、曾辈所记，则君相亦是无如命何，参互观之，亦颇有趣。

三九　宋清三朝弈家故事

相传之清代弈家故事，有黄月天为徐星友所欺一则，如易宗夔《新世说》所述云："星友与月天同时供奉内廷。月天诚朴不苟，星友结纳内监，大内之事，辄预知之。一日语月天曰：'君棋实胜于某，惟君胜局已不少矣。明日御前相较，能让一子以全一日之名否?'月天笑应之曰：'是亦何难!'明日内廷忽召二人入，高宗指案上一朱漆盒曰：'内有一物，奕胜者取之。'遵旨对奕，奕毕，星友胜，月天负。盖预得内监之报告，知匣中为知府文凭一纸也。"傅芸子《东华剩语》亦记其事，尤详于易，并述

"帝太息谓黄曰：'汝棋向虽胜于彼，其如命之不如彼何？'"考之宋人记载，亦有类似者焉。叶绍翁《四朝闻见录》云："思陵（按：宋高宗也。葬永思陵）时，百工技艺，咸精其能，故挟技术者率多遇，而亦有命焉：吴郡王益……偶致棋客，关西人，精悍短小，王试命与国手敌，俱出其右，王因侍上弈言之。翌日宣唤，国手夜以大白浮之，出处子，极妍靓，曰：'此吾女也。我今用妻尔，来日于御前饶我第一局，我第二局却又饶尔，我与尔永为翁婿，都在御前，不信吾说，吾岂以女轻许人？'国手实未尝有女，女盖教坊妓也。关西朴而性直，翌日，上诏与国手弈，上与王视。第一局关西阳逊国手，上拂衣起，命王且酌酒曰：'终是外道人，如何敌得国手。'关西才出，知为所卖，郁闷不食而死。"弈家相倾于皇帝之前，猎官争名，均以诈欺之道行之，颇相类似也。得失之际，由于机心，与魏徵之长参，宋仁宗之卫士（或近侍）事异，固与命无涉矣。而衡以"得意者即为命佳，失意者即为命不佳"之旨，则亦不妨说"得之不得曰有命"耳。

四〇　再述长人遗事

前述北平农事试验场收票者长人刘某，赴美入电影明星之林，取《庸闲斋笔记》所载"詹长人"事相拟，惟陈记未及所终。兹据《四铜鼓斋笔记》云："长人詹五，徽州农家子也。父母均以疫死，与妹同居，妹年十三，詹年十五也。家贫，为人牧牛，藉以度日。一日从田沟中得大鳝，短而粗，久苦无肉食，商诸妹，杀鳝。燃火煨熟，分而食之。夜半，身暴长，五本席地而卧，觉头足均触墙，醒已天明。视手肥大倍于往日。失声狂呼，妹闻声出视，五见其妹身高齐屋顶，大惊，急跃而起，头触中梁痛甚。盖不知己身长亦如妹也。二人偕出，村人咸集，叱为妖。五有族叔，向客汉口，开詹大有墨庄，适回家，见五异焉，遂携五到汉口。时余随宦在鄂，得一见。其长约一丈，身颇瘦削，头则大如斗。衣深蓝布长衫，食量极宏，赠以大面饼二十枚，顷刻而尽。观者如堵，啧啧叹为奇。后为西人雇往外洋，观者每人索金钱一枚。五大安乐，历游各国都城，得赀甚厚。在外十余年，通西语，改装，娶西妇。光绪十三年六月，自英回华，寓沪老闸路，自起新宅，来往多西人。余回家过沪，遇于味莼园。次年三月，詹乘人力车至跑马厅，身重车小，从车中跌下，受伤而死。西妇尽得其赀财，另嫁西人而去。其妹自羞身长不类常人，竟于暴长之后一夜，服毒自毙云。”此可与陈记参阅，惟食鳝暴长，事涉怪异，恐出附会耳。清初以长人著者，尚有一张大汉。景星杓《山斋客谭》云：“张大汉，淮人，名大汉，身高丈余，总河三韩靳公见而奇之，召入衙，与之语，盖村农也。询其常习武否，曰善铁槊，欲试之，期以明日将槊来，曰昨寄十里外农家，可立取也，许之。瞬息至，命选标下善槊者十余将，与之校，皆莫能胜。公喜，询能食几何，曰不知，但生平仅二饱耳。叩其故，曰一日过舅家，舅知其腹粗，具肉腐各十斤，菜三十束，饭斗米以饷，是日得饱。次年春，访叔氏于远村，叔闻舅语，亦具如舅氏食以给，但惟此二饱耳，盖未尝有三饱也。公大异之，谓曰：‘子今至是，饱得三矣。’命照前给之，群使好戏，每物增广，大汉一啜无余。乃前跪谢曰：‘拜公惠食，大汉今日真饱矣。’公大笑，命补帐下千兵，乘骑足不离地，出唯步行随公云。”此又一身隶戎行之长人也（靳公盖指靳辅，康熙朝名河督也）。农事试验场，旧本有司收票之长人二。其一视此刘某尚略长，惜前死，未获同作新大陆之游。

四一　林纾三谒崇陵

林纾、陈衍，均闽人之为古文者，清末同膺京师大学堂教席，论文弗相善也。盖纾于《史》《汉》、唐宋八家之文研究最勤，有心得，自负非衍所及；衍则兼治经学，讲训诂，轻纾不学，谓：“不通经何能言文乎！”纾以译小说名，而以计字博酬。晚年所译，惟尚速成，遂多草率从事，不暇检理，衍尤病之。比纾卒，衍方修《福建通志》，为撰一传，颇有微词，于译事致揶揄，略谓：“其友陈衍入其译书之室，曰此造币厂也。”对于死友，抑何谑虐？赵尔巽主持之清史馆，与其事者多胜朝遗臣，以纾不仕民国，屡谒崇陵，为作一佳传，甚加褒许。纾尝发愿岁必一谒光绪帝之陵，用昭臣节。其民国三年所作《三谒崇陵记》有云："故事，小臣无与陵祭，今则犬马之私，可以自贡于先皇矣……呜呼，惟先帝神圣，力图宪政，乃见沮于群小。孝定皇后，心恤黎元，不忍涂炭，让政一举，超轶古今。帝后之仁，被及万祺。臣纾不肖，未与仕版。然恋恩之心，至死不泯。祗谒崇陵，至是为第三次矣。既庆陵工之竣，二圣永安，臣纾果不就委沟壑，岁必一来，用表二百余年养士之朝，尚有一二小臣蒲伏陵下也。甲寅，举人臣林纾记。"笃念先朝，自矢忠贞若是，故清史馆遗老，引为同志，以佳传报之。纾尝以译事与严复齐名，传中即附传复，以复以清臣服官民国，且躬与筹安会之举，大节有亏，与纾之未官清季而能恪守臣节，特示轩轾焉。然复学问之优，实大非纾所逮也。

（原第8卷第10期）

四二　林纾陈衍同为古文而相轻

旧都昔尝有新旧文学之争，林纾以"卫道"自任，为小说以丑诋蔡元培、陈独秀等。而前乎此者，林氏更尝于小说中讥其乡人同为古文而相轻之陈衍。盖负气喜争，固林之素性也。《畏庐漫录》之"江天格"一则，托诸"翰苑中人"之鬼语，发挥己意，有云："叟曰：……'吾所最恶者，近有一种人，自知不能传后而寿世，则广收护法之少年，加以谀辞，编之诗话，令之欣悦而附己。一唱群和，结为死党，究竟能传与否，自关实际，何至恃护法者而始传？譬如释迦之法力，必得迦蓝为之护，而后始成为释迦。苟无迦蓝，而释迦之名，遂同烬于涅槃之一炬乎！’中年者笑曰：‘叟言似有所指，殆谓随园乎？’叟曰：‘随园尚有干力，吾言其不如随园者耳。’”此中有人，呼之欲出，所讥实陈氏也。林不慊于陈，而陈撰《石遗室诗话》甚有名，故于此致其诋諆焉。陈氏见之，则有《与梁众异、黄秋岳书》，入《石遗室文集》，谓：“衍治诗四十年，其始第以纪游览，志聚散，兄弟倡和，友朋不过二三人，皆寂寞无闻者。二十余岁，出游西方。稍识一二贤俊，然赠答至寡。今所存诗，年岁具在，可得而按也。三十余岁，颇究哲理，以为人之有生，积气所在，气尽则声光随之，又何神之不灭！没世之名，非己所与知也，而胡爱焉？若及身则犹有取耳……其有与吾所至略相若，而知且好之者，意又得甚。孔子所谓时习而悦，有朋而乐，孟子所谓独乐孰若与人，与少孰若与众者是也。昔有馋者，人以饮食宴乐之，则谀之曰：‘至乐之事，无如以美馔享客。’客自始馈至既饱，誉其馔不容口，馔之美诚不虚矣。为美诗文者，殆犹是耳。若夫虽久而不泯，愈远而弥彰者，固为之工且至者所不靳。而其身虽逝，则誉之而不闻，受誉者固无得也。夫己氏谓一倡群和者，未必传后而寿世。夫后之传不传，后者之事，非倡与和者之忧，而益非夫己氏之忧也。”正针对林氏而发。林氏此篇，兼讥当时之讲小学，训诂、目录、版本等者，范围较广，似亦有陈氏在内。

四三　林纾素性负气喜争

其《与姚叔节书》有云："敝在妄庸巨子，剽袭汉人余唾，以挦扯为能，以饤饾为富，补缀以古子之断句，涂垩以《说文》之奇字，意境义法，概置勿讲，侈言于众，吾汉代之文也。伧人入城，购缙绅残敝之冠服袭之，以耀其乡里，人即以缙绅目之，吾弗敢信也。"则似诋章炳麟或刘师培一流，亦足见其负气喜争之态。又云："桐城之派，非惜抱先生所自立，后人尊惜抱为正宗，未敢它逸而外轶，转转相承，而姚派以立。仆生平未尝言派，而服膺惜抱者，政以取径专而立言正。若弗务正，而日以挦扯饤饾，震炫流俗之耳目，吾可计日而见其败。"是林氏固以私淑桐城自居者，然号为桐城嫡派之文家，则于林文每弗深许。如与林同膺京师大学堂教席之湘人郭立山，为文笃守桐城，谓林文时有过火之字句，涉于粗犷。桐城以清醇雅洁为尚，宁有是乎？故二人不相得。（《畏庐漫录》原名《践卓翁小说》。其以"践卓"自署，或谓系对待曾任教育次长之董鸿祎者。盖与董缘事龃龉，乃取义于践踏董卓云。）

四四　林纾见轻于其乡之文人

《畏庐笔记》亦其小说之一种。“马公琴”一则有云：“客曰：‘……由考据而入古文，如某公者，从游不少，亦可云今日之豪杰。且吾读其文，光怪陆离，深入汉魏之域，子云、相如，不过如是。足见（下）苟折节与交，沾其余沈，亦足知名于世。生笑曰：‘此真每下愈况矣。某公者，捋扯钉饾之学也，记性可云过人，然其所为文，非文也。取古子之文句，一一填入本文，如尼僧水田之衣，红绿参错照眼。又患其字之不古，则逐一取换，易常用之字以古字，令人迷惑怪骇，不敢质问，但惊曰博，私诧其奇。夫古人为文，焉有无意境、义法可称绝作者？汉文之最宏丽者，无如《封禅文》《典引》及《剧秦美新》，然细按之，皆有脉络可寻，即《三都》《两京》之赋，中间亦有起伏接笋之笔。某氏但取其皮，不取其骨，一味狂奔，余恒拟为商舶之打货，大包巨簏，经苦力推跌而下，货重而舱震，又益以苦力之呼嗥，似极喧腾，实则毫无意味。’”意与《与姚书》同，而揶揄更甚，盖为文致力之途径不同，尝见谓弇陋不学，故于小说中泄其忿耳。此篇中论诗之语，亦有暗讥陈衍辈处，谓：“相阿则阴树党援。树党者，防己之不传……一篇既出，甲尊乙曰后山复生，乙推甲曰鲁直再世。”（至所谓“又次则无腔之笛，信口而吹，参苓与溲渤同投，嫱、施合盐、嫫并坐。一篇之出，动即千言，听之如老百岁之唱探亲，声声入窍，然实不能辨其句读，然亦哗赞高才，盛推作手”，则似指易顺鼎辈。）与其在所译小说《旅行述异》中附加之按语，谓“至于今日，则又昌言宋诗，搜取枯瘠无华者，用以矜其识力，张其坛坫……盖诗人之门户党派，等诸理学。理学争朱陆，诗家区唐宋，一也。吾尝持论，谓诗者称人之性情，性情近开元、大历，开元、大历可也；近山谷、后山，山谷、后山可也。必扬麾举纛，令人望景而趋，是身为齐人，屈天下均齐语；身为楚产，屈天下皆楚语，此势所必不至者也。”意旨相类。陈宝琛、陈衍等，所作导源宋诗，主持风会，俨成正宗。林氏有作，陈等弗引为同调，故以党援门户讥之。林之见轻于其乡之文人，固以宗尚有异同，而其家在福州城外之南台，亦为一因。南台所居少士流，林虽雅有文名，而谑者指为“土名士”。以此，林特于《畏庐琐记》（原名《铁笛亭琐记》）中为解嘲之语谓：“余家居在福州城外南台，而城中轻薄少年，咸以乡下老目余。夫以一城之隔，即分文野耶？南台居城外，无诸之钓台在焉，或即以此得名。按《蒋氏日录》，苏有姑苏台，故苏州曰‘苏台’；相有铜雀台，故相州谓之‘相台’；滑有测景台，故滑州谓之‘滑台’，然则苏人、相人、滑人尽伧夫耶？余老矣，久客在外，而轻薄子同客者，尚时斥余为南台人，殊可异也。”一城之隔，畛域遽分，宜其作不平之鸣耳。所谓“乡下老”亦即“土名士”之意，而以“土名士”著之文字者，如林万里以其为文颂某武人，著论于某报责之，即拈出“土名士”字样。万里（原名獬）本老革命党，清季尝以排满遭通缉，纾则主忠清，意见久已不合也。

四五　西后深感李鸿章

西后肇庚子之祸，赖李鸿章当议和之冲，收拾残局，虽《辛丑条约》创深痛巨，而皇太后之尊荣，幸得无恙，故深德之。回京途次，得李电奏病势危笃，即为之流涕。比卒，追晋侯封，饰终之典极优。后其孙国杰以袭侯简广州副都统，召见时，后语以广东本尔祖李鸿章旧治，故亦令汝官彼处，其好为之。并谓今言及尔祖，更念及其勋劳不已，因以巾拭目云。

四六　李国杰袭封崭露头角

西后安葬时，国杰以农工商部左丞随扈，以“沿途派人照相，举行迁奠礼，焚化冠服时乘舆横冲神路而过，又于风水墙内借行树为电杆”诸状，劾罢直隶总督端方，颇崭然露头角。闻为其草奏者乃本部郎中冒广生，而力劝奏劾者则本部侍郎杨士琦也。当时李曾谓杨曰：“端方不敬之罪，自应论劾，以肃纪纲。惟公秩位较尊，何不由公上之，俾易动听。”杨曰：“此关国家重大典礼，非农工商部公事可比。君元勋之后，爵通侯，今勋臣至陵者惟君，君不可不言。吾不过一寻常卿贰，身分固远不及也。”李乃欣然上奏。谕旨既下，朝野群称李侯之一鸣惊人焉。（近北平历史博物馆陈列义参赞罗斯所藏各种佩章，有所谓“李鸿章赏牌”者，以有“钦差出使大臣一等肃毅侯李”字样也。然鸿章生前未膺侯封，不宜有此，当是国杰为出使比国大臣时所颁发者耳。） （原第8卷第11期）

四七　黎元洪电报滥用“涂山”之典

民国二年，副总统黎元洪报告由鄂北上电，有“亲从汜水之师，致后涂山之会”语，其幕僚饶汉祥手笔也。盖用“禹会涂山，防风后至”之典，然其结果为“诛之”。饶氏于此为失词矣。李后主卒，宋太宗命其故臣徐铉撰《神道碑》，其警句云：“东邻遘祸，南箕扇疑。投杼致慈亲之惑，乞火无里妇之辞。始劳因垒之师，终后涂山之会。”饶实袭其语调。而南唐系为宋以兵力征服，徐用“涂山”之典，犹可说也；袁、黎之间，岂其伦乎？李后主有不良于死之说，如宋王铚《默记》记徐铉奉太宗命往见，后主相持大笑。及坐，默不言，忽长吁叹曰：“当时悔杀了潘佑、李平。”铉既去，有旨召对，询后主何言。铉不敢隐，遂有秦王赐牵机药之事。牵机药者，服之前却数十回，头足相就，如牵机状也。又后主在赐第，七夕，命故妓作乐，声闻于外，太宗闻之大怒；又传“小楼昨夜又东风”及“一江春水向东流”之句，并坐之，遂被祸云。又明薛应旂《宋元资治通鉴》谓："煜诞辰，帝遣使赐宴，宴毕，暴卒。"盖本宋龙衮《江南野史》。苟李非善终，尤可以骨节专车之防风氏相拟矣。惟此均传闻之说，与宋太祖之死有"烛影斧声"之疑，同属暧昧。且复传说互歧，所谓牵机药之为物，尤涉玄诞。宋待降王，素主保全，李尤荏弱，不足虑，当未必因语言文字之细故，遽置死地。纵徐氏当时亦闻李非善终，固不敢寓意于奉命所撰碑文也。

四八　国务员出席国会之苦

北京政府有国会时，国务员以出席国会为苦，盖答辩之际，动遭议员之戏侮窘辱也。议员可以逞臆而谈，无所顾忌；国务员则必须字斟句酌，惧稍有失言，授人以柄，偶一不慎，哗笑随之。而吹毛求疵，口众我寡，应付实大不易。故国务员出席，每致狼狈而退，宜其视为畏途。独曹锟为总统时，孙宝琦以总揆屡出席国会，从容答辩，未受窘侮。或谓不仅以词令之工，亦缘天然之元老仪表，为议员所尊重也。《新世说》云："孙慕韩体癯而气腴，长髯飘飘，有鹤立鸡群之概。迎宾馆有君画像，栩栩欲动。"迎宾馆俗称"外交大楼"，所悬孙氏画像甚工肖，忆某西报尝为文记之，极为赞叹。《拊掌录》（著者自号鸍然子，盖元人）云："科场进士程文，多可笑者。治平（按：宋英宗年号）中，国学试策，问体貌大臣。进士对策曰：

'若文相公、富相公，皆大臣之有体者；若冯当世、沈文通，皆大臣之有貌者。'意谓文、富丰硕，冯、沈美少也。刘原甫遂目沈、冯为有貌大臣。"孙氏长身伟貌，不丰而硕，庶几有体而兼有貌者矣，惟貌非美少之貌耳。

四九　诗人樊增祥

当代诗人中，樊增祥年最高，近卒于北平，寿八十六矣。生平为诗最夥，盖无日不作也。《石遗室诗话》尝论作诗贪多，谓："其实传不传不关于此。"又云："剑南万首，乐天三千首外，杜则仅逾千首，韩则不过数百，又何尝以多为贵哉！近人樊樊山已届万首，易实甫略相等，余送实甫之官诗，所谓'渐西樊山旧同调，赋诗刻烛乘公余。艰辛容易各有致，樊易叉手袁捻须。冰堂高足得三子，于湖牛渚悲云殂'者也。袁爽秋有《于湖集》，所著书皆署渐西村舍，作诗冷涩用生典，与樊、易二君皆抱冰弟子，而诗派迥然不同。"其旨可见。此陈衍昔年所记。后此樊诗愈多，比卒，存诗达三万余首，并词计之，逾四万，其量之丰良可惊。晚岁所作，尤以率易出之，往往友人招饮，未及赴，而诗已先成矣。《诗话》又论樊诗云："樊山才华富有，欢娱能工，不为愁苦之易好。余始以为似陈云伯、杨蓉裳、荔裳，而樊山自言少喜随园，长喜瓯北，请业于张广雅、李越缦，心悦诚服二师。而诗境并不与相同。自喜其诗，终身不改涂易辙，尤自负其艳体之作，谓可方驾冬郎，《疑雨集》不足道也。尝见其案头诗稿，用薄竹纸订一原本百余叶，细字密圈，极少点窜。不数月，又易一本矣。余辑有《师友诗录》，以君诗美且多，难于选择，拟于往来赠答诸作外，专选艳体诗，使后人见之，疑为若何翩翩年少，岂知其清癯一叟，旁无姬侍，且素不作狎斜游者耶！”亦颇有微词焉。樊氏诗词好为美人写照，故尝有“樊美人”之目云。

五〇　郑孝胥和樊诗

陈衍于樊诗体格，虽有微词，而亦称其能效瘦淡之体。《诗话》又云：“读樊山《与苏堪冬雨剧谈》之作，瘦淡似苏堪，不类平日之富丽，叹才人能事不可测，往往效他人体也。”此为有意摹仿，以见才敏。樊与郑孝胥均为张之洞所器赏，而素不识面，鼎革后乃相晤于上海，故郑氏和作有云：

久于南皮坐，习闻樊山名。
老矣始一见，赵璧真连城。
落笔必典赡，中年越峥嵘。
才人无不可，皎若日月明。
春华终不谢，一洗穷愁声。
南皮夙自负，通显足胜情。
达官兼名士，此秘谁敢轻。

晚节殊可哀，祈死如孤茕。
其诗始抑郁，反似优生平。
吾疑卒不释，敢请樊山评。

与樊诗派不同，对于樊氏喜为富丽欢娱之作，特引张氏诗境，为质疑之语，推许之中，壁垒俨然矣。

五一　为师乡会试之捷晚于徒弟

李慈铭为樊之师，而乡、会试之捷，均后于樊。（李庚午举人，庚辰进士；樊丁卯举人，丁丑进士。）亦犹康有为乡举在梁启超后也。（康癸巳，梁己丑。）

五二　樊增祥自称尚书案

去岁，樊忽与清室发生一桩公案。樊在津鬻文字，其登报之启事，标题《樊山尚书文字润例游津暂定》，谓："樊山尚书，吾国名宿，今年八十有五，有安乐行窝之兴，同人奉约来津，为重九登高之雅集。凡在津名公韵士，愿结文字因缘者，尚书均乐于酬答。"阅者颇讶，其在胜朝仅官至藩司，虽好以尚书侍郎称民国之为总次长者，而本人尝为顾问参政，亦不能以"尚书"相拟，或近邀逊帝特进崇衔耶？未几，报端乃有清室驻津办事处委托律师所登启事，谓："查樊山为樊增祥别号。增祥由江宁藩司革职，人所共知……诚恐有不肖之徒，见他人自称穷官，无人追究，遂更肆无忌惮，窃名欺骗，于清室关系甚大，不可不预为郑重申明。”词甚峻激，闻实有为而发，非专对樊，特于樊自亦有所不快耳。先是有费某者，曾官某省财政厅长暨某旗都统，艳羡宫保之荣衔，谒逊帝乞赏太子少保，逊帝以资浅难之。费谓都统为一品大员，宜沐此恩，逊帝漫应之，而并未明文特锡也。费出，遽扬言已加宫保矣。于是相识者亦即称以费宫保焉。清室遗臣闻而大愤，以为此风不可长，且民国所授之都统，何与清室事乎？然费之宫保，系口头传播，无从理论。会“樊山尚书”见于报端，遂就题发挥，所谓“肆无忌惮”，实言之有物也。樊鬻文字启事，盖夏寿田所草，并代约人列名介绍。（以年辈推陈宝琛首署，而夏自为之殿。当时陈氏虽允列名，而未前睹夏稿。）清室启事既出，乃由夏自登一启事，谓：“鄙人为该润例起草人，义当负责，于樊山无关，于介绍诸公亦无关。”作此段公案之尾声，惟于樊山何以有尚书之称，则未加辨白。据闻其作此称谓，虽甚兀突，然亦非全无来历。以樊于端方调任直隶总督时，尝以江宁藩司护理两江总督也。总督例有尚书头衔，故向以尚书称总督。樊虽藩司护理，而亦曾握督篆，乃援总督之例而称尚书。（其实非实官总督，结衔不能有尚书字样。）不料清室出面计较，以致扫兴。至清室启事所谓“由江宁藩司革职”，有引以为疑者，以樊官陕藩时，为总督升允劾罢，迨随鹿传霖按毂事后，再起为江宁藩司，以迄鼎革，未闻有再遭革职之说也。而宁藩革职，事固有之，惟未明发上谕耳。辛亥革命军入宁，樊与宁城同官获革职处分，以廷寄行之。未几清即逊政，故知之者较少。

（原第8卷第12期）

五三　名将韩光第碑铭

东北军旅长韩光第，名将也。前岁率部御俄阵亡，论者惜之。近见许季湘（宝蘅）代黑龙江主席万福麟撰《韩氏神道碑》稿，叙次赡整有法。其铭词云：

将军死绥，烈士殉名，吾闻自古。私斗非勇，残民不威，在御外侮。胜清以来，边衅屡启，名将可数。道光辛丑，关守虎门，祥福是辅。化成宝山，继芸闽疆，实为肱膂。定海三镇，葛与郑王，大节各树。费左暮年，平壤殉师，光绪甲午。逮于庚子，八国来侵，食人窫窳。合肥一聂，喋血大沽，屹然天柱。桓桓九贤，为国陨身，光于册府。谁其继者，维我韩公，生气虎虎。众寡异形，强弱殊势，公视无睹。知难不避，履危如夷，赫斯奋怒。拼此热血，宁为玉碎，不负其语。君子六千，熸焉并命，报公妪煦。一林二张，洒血相从，公之肺腑。公自遂志，抗彼九贤，争光接武。坏我长城，摧我腹心，霣泪如雨。九原可作，百身可赎，吾请负弩。怀痛罔穷，勒此丰碑，昭示来许。

以死于御外之关天培、祥福、陈化成、江继芸、王锡朋、郑国鸿、葛云飞、左宝贵、聂士成九人作陪，足以表其壮烈。关等七人事迹，见于诸家记载，声誉甚彰著。而祥福、江继芸则知者较罕，二人均死于御英之役。祥以署湖南提督镇筸镇总兵，与关同殉虎门炮台。江则以金门镇总兵战死厦门。

五四　樊增祥与易顺鼎齐名

樊增祥、易顺鼎齐名，由来已久。其揄扬女伶诗词，互相竞角，人尤以樊易并称。惟樊之于易，心实轻之，樊易齐名，非所乐闻也。诗人黄哲维藏有樊氏论易氏手札及词稿，手札云：

> 索观挽石甫诗，今以写寄，弟于此子意极轻之，而又怜之。轻之者，恶其无行也。怜之者，惜其有丽才而潦倒一生也。至其临殁一年，所受之苦，有较刀山剑树为烈者，亦足为淫人殷鉴矣。死前数日，新集排印成，或谓错字尚多，请其改正，渠卧而叹曰："错讹由他，谁来看我诗也。"亦可悲矣。

虽悲之、怜之，而相轻特甚。易以冶游致恶疾而死，病状至惨。樊虽喜为绮语，而中年以后，服独睡丸，得享大年，斯固与易异趣耳。挽诗云：

孟痴卢癞事难论，床箦呻吟阅旦昏。
经国文章余谏草，美人眼泪葬诗魂。
蚕丝吐尽天机锦，獭髓难销粉颊痕。
抑郁一生珠剑气，化为兰芷满湘沅。
灭须端木擅风流，顾曲寻花老未休。
再世崔张等胶漆，六旬王马讲衾裯。
猘儿扑镜面如此，犬子援琴愿竟酬。
花案至今才揭破，私书缠叠裹红兜。
等身书胜等身金，病榻弥留尚苦吟。
春比英华秋比实，玉为肌骨锦为心。
泌观棋局成名早，愈服硫磺蕴毒深。
从此江南少颜色，文星陨又将星沉①。
陆四王三各性情，廿年交谊协琴笙。
前身子晋归仙籍，后事荀郎托老成。
门下多才私拟谥，孀闺号泣欲崩城。
衰年两眼凄惶泪，直共潇湘夜雨倾。

自注：①君与江南督军同日告逝。

又题其新印诗稿云：

万千活字排铅铜，掷地金声摩太空。
少作残啼杜鹃血，老年时发蛸蛑风。
珠光照海夺明月，玉气上天为白虹。

一世好名复好色，可怜生死穷愁中。

意态亦颇足征，惟二人交谊，固似不薄。易氏病中，樊为作禳天诗，易因有《病榻借樊山先生为余禳天诗韵，自述生平成长句一篇，呈樊山先生示由甫六弟兼谂亲友及海内知我者》，计一千四百余字，格调虽粗猥而颇奇肆，盖有韵之自传也。其后幅有云：

> 曩在汴闱监试，曾遇日者谓我寿仅五十有九龄。岂意语语皆验，此独不验，入民国后，已过六十，犹偷生。然虽偷生而从前无病者，此三年内忽乃多病，疢疾暗已积累成。吁嗟乎造物太无情，彼苍何太忍。既已使我境遇窘，又不使我寿命永。固知再实之木根必伤，跃冶之金诚不祥。然我虽非奇材同豫章，亦复尚有微惠留甘棠。而且一生大类柳下与邹峄，所遇臧纥、臧仓皆姓臧。谗谤屡诬西域贾，时宜不合东坡肚。半年额疮不愈已如星宿之连珠，一旦腹胀奇剧又似雷门之布鼓。平生第一知己樊山翁，为我手写七八百字诗一通，焚香请命于上帝之深宫。公方夜殿陈词向天虔祷冀邀天意从，我且法庭起诉与天争讼正恐天词穷。

以平生第一知己许樊，殆即樊诗所谓“廿年交谊协琴笙”欤？

五五　易顺鼎解寿诗

易夙以寿命不永为虑，当五十八岁时，以为倘如日者之言，仅余一岁。会袁世凯营帝制，易忽发妙解，作诗云：

从前譬如昨日死，以后譬如今日生。
产出中华新帝国，小臣亦改更生名。
本无五十八岁我，帝国元年我始生。
谁与我同生日者，同胞四万万同庚。

戏言耳，盖亦有厌胜之意焉。与“与天争讼”之语，正可参阅，均不甘即死之心理表现也。纪昀《姑妄听之》云：“黄叶道人潘斑，尝与一林下巨公连坐，屡呼巨公为兄。巨公怒且笑曰：‘老夫今七十余矣。’时潘已被酒，昂首曰：‘兄前朝年岁，当与前朝人序齿，不应阑入本朝；若本朝年岁，则仆以顺治二年九月生，兄以顺治元年五月入大清，仅差十余月耳。唐诗曰与兄行年较一岁，称兄自是古礼，何过责耶？’满座为之咋舌。论者谓潘生狂士，此语太伤忠厚，宜其坎壈终身，然不能谓其无理也。”易氏妙解，或从此出。

五六 樊易诗之高下

至樊易诗才高下，哲维云：“实甫天分甚优，所作时有真性情流露，其佳者殊可诵，固非专以搬弄典故、填砌辞藻为工。以视樊山，殆有过之也。”

五七 樊增祥批牍

樊氏批牍，颇为人所称，谓喜笑怒骂，皆成文章。要之笔锋犀利是其长，口角轻薄是其短。逞才武断，或亦难免，哀矜勿喜，盖不其然。如批沔县令一禀，谓：

> 苟马仁仅生一女，特招李检娃入赘，儿婿两当。自应慎选于先，乃能和睦于后。及检娃不孝，又继令伊女与金来娃苟合，并欲杀李而赘金。及被检娃看破，有要杀两之语。彼老龟者，遂商同来娃，将其婿捆打至死，此亦丈人行中所仅见者也。夫女既适人，则其身已在本夫势力（?）范围之内，此非可随时改良者也。乃为之岳者，竟欲开为公共马头，许其迭相占领。奸其女者，亦遂视为长江流域，可以彼此通商。彼本夫自有之权利，一旦奸妇欲自由，奸夫欲平权，不惟损其名誉，要亦大违公法。是以得其影响，立起冲突，愤然有革命流血之思想。而其岳与奸夫，

本有密切之关系，不甘身为牺牲，闻此风潮，立成反对，逞其野蛮手段，必欲达其目的而止，而本夫李检娃遂立毙杖下矣。奸妇李苟氏供称通奸属实，谋杀不预，犹恐狡供避就，仰再研讯确情，按拟招解。

杂用许多新名词，以道鄙亵之事，尤为“不像官话”，轻薄太甚，乃竟刊印流行，甚无谓也。民国时代，尚有为樊氏此类文字所误者，谢濂《劳谦斋公余随笔》云：

清末变法，江南改建学堂，入学者月有膏火银四两。某佐杂年老，候补多时，既未得缺，又未得差，贫难自存，上书自请入学，希得膏火自赡。时诗人樊樊山为方伯，批云：“六十老翁进学堂，可怜可喜亦可伤。禁烟局里多差遣，挂个名儿又何妨。”才子之笔，未可以违公牍体例菲薄之。惟他人妄学，必成笑话，佛法所谓学我者死是也。盖无佛之聪明而学佛，焉得不死也哉？同乡某君，公牍判牍，均自矜取法樊山，疵累百出，并曾因此获上峰之谴责，仍执迷不悟，可慨也。

即在樊氏，讵免轻薄之讥，正不必为之回护耳。

五八　林诒书挽樊增祥联

林诒书（开謇）挽樊氏联云："晚年踪迹，恒与我相因依，对终南山，领建业水，逮间关迟暮，同客王城，最伤心病榻深谈，料量身后；海内文章，当推公为巨擘，草兴元诏，拟清庙诗，叹一代才名，终归兜率，只赢得旗亭旧曲，流落人间。"情文相生，盖佳构也。林、樊稔交，尝同随扈西安，嗣又同宦江南，鼎革而后，复常聚首，友谊良笃。西安行在罪己变法诸诏，出樊手，故联语及之。民国之初，樊坚誓不仕新朝，在沪易道装摄影，题诗有"朝家若问陶弘景，六月松风枕簟凉"之句。及易顺鼎先仕，樊寄诗复有"知否故人沧海上，斜簪散发伴闲人"之句，后卒不能自持，应袁世凯之召，徒以"对酒益知谈艺好，出山思补在家贫"解嘲。林则却征不出，亦未尝厚自表襮云。（原第 8 卷第 13 期）

五九　兵部之流变

宋洪迈《容斋续笔》述兵部制度云：

> 唐因隋制，尚书置六曹，吏部、兵部分掌铨选，文属吏部，武属兵部。自三品以上官册授，五品以上制授，六品以下敕授，皆委尚书省奏拟。两部各列三

铨：曰尚书铨，尚书主之；曰东铨，曰西铨，侍郎二人主之。吏居左，兵居右，是为前行。故兵部班级在户、刑、礼之上……元丰官制行，一切更改，凡选事，无论文武，悉以付吏部。苏东坡当元祐中拜兵书，谢表云："恭惟先帝复六卿之名，本欲后人识三代之旧。古今殊制，闲剧异宜，武选隶于天官，兵政总于枢辅，故司马之职，独省文书。"盖纪实也。

枢辅盖指枢密院，宋以枢密院掌军政，与中书省号"东西二府"。而武选之权，复为吏部兼握，宜兵部成闲曹冷署矣。明代则兵部之权甚重，势分虽稍亚于吏部，实为政地要津，武选、军政均所主持。除礼部以清华特著，又当别论，若户、刑、工三部，咸不之及也。刘献廷《广阳杂记》述明事有云："留都六部，以大司马为第一，班在冢宰上。"是南京之兵部，且高出吏部，不仅如唐兵部班级在余部之上矣，当以权限特有重轻之故。（明吴应箕《留都见闻录》云："南京吏部司属最闲无事。"又云："兵部职方司，南京最紧要之职也。"）清代兵部威权远逊于明，虽仍掌武选，不过奉行例案而已。梁启超《袁督师传》论其时代，谓"制阃外将帅之命者，尤在本兵，明末本兵之权至重也。今将天启以来任兵部尚书者列表。"兵部尚书，关系军事成败綦巨，此在明代则然。若清之此任，迥不侔矣。（明兵部尚书沿宋枢密使之称而曰本兵，清亦沿用此称，兵部之称枢部，盖亦沿自枢密院。张之洞寿朱凤标诗有“时艰担荷在中枢”之句，注谓：“曾官兵部尚书。”而“枢”之一字，实多移称军机处矣。）故清代累次战役，其时本兵之为何许人，不为人所措意也。惟兵部对于武职之体制，尚甚尊严。如高树《金銮琐记》附记兵部事有云：“长壕百步向东南，三角红球费讨探。领队大臣副都统，射完马箭要堂参。”注：“双膝跪地堂参，兵部相沿惯例。”又云：“武弁翩翩骏马骄，花翎红顶直襟袍。司官端坐容恭谒，提镇参游要挂刀。”注：“见司官总办掌印，屈一膝地报名。”盖犹有明代兵部规模之遗意，惟此所云提镇，盖指非现任者。若现任“提镇”，例得陛见，无须兵部引觐，当不必恭谒司官耳。［高氏记袁世凯事，谓：“项城在湖园入觐，卫士如虎如罴，有桓温入觐之概，王、瞿两相国在玻璃窗内观之。”又言：“项城荷枪卫士以黄布裹头至足，画虎豹头，虎皮斑文。”近闻许季湘（曾为军机章京）谈及，谓“入园卫士”，非由军机大臣室窗中可睹，袁军亦未有此种怪异服装云。］

六〇　张之洞未尝劾李莲英

西后破坏祖制，命宠奄李莲英随醇亲王奕譞巡阅北洋海军。御史朱一新以“恐蹈唐代监军覆辙”为言。西后摘奏中“深宫或别有不得已之苦衷”一语，命明白回奏。旋命以主事降补，并降谕谓：“嗣后近支亲藩，遇有外差，内廷派令御前总管太监等随行，绝不干预公事，外廷臣工不必妄生疑议。”以相掩饰。徐致祥时官京卿，上疏诤之，谓：“内监近侍，不过给使令，供奔走，畜之以恩，驭之以法，随行出外，即不干预公事，而圣朝优礼宗亲，似亦不必以此辈为轻重。况历代宦寺之祸往往起于细微而延于家国，履霜坚冰，尤宜深戒。伏愿皇太后、皇上，心祖宗之心，法祖宗之法，防微杜渐，与其惩儆于事后，何如慎重于几先。”亦颇剀切。据《金銮琐记》，则与徐氏有文字因缘之张之洞亦有疏论其事。《琐记》云：“楚粤兼圻誉望佳，门徒冤狱久沉埋。当年触怒中常侍，凛凛弹章蔡伯喈。”注：“予在方略馆，见旧档册有一目录曰‘左春坊庶子（忘“左”“右”二字）张之洞折一件’，下摘事由曰‘抑近幸以防后患’，寻原折不见。是时在己卯庚辰间（忘其年），醇王与李莲英同作钦差，往天津阅兵，张公上书论之，莲英衔恨甚深。叔峤遇祸，莲英欲因此倾陷张公，太后不允。此闻荣仲华相国之言。后来张公入相，杨思尹缴呈密诏，冤狱竟未昭雪，或莲英之掣肘欤？”李奄虽窃柄内廷，势焰日甚，而未再膺外差，盖臣工诤议之力。惟偕奕譞阅军，事在丙戌（光绪十二年），非己卯（五年）、庚辰（六年）间。而丙戌张氏正在两广总督任，何能以庶子论此乎？所记殊误。张氏纵有“抑近幸以防后患”之折，而为李奄所怨，亦另是一事，与此无干。至云忘庶子之左右，则左春坊自是左庶子，以左则均左，右则均右（中允、赞善亦然），无左春坊右庶子之名目也。（陈宝琛撰《张氏墓志铭》，谓：“历官……詹事府、左中允、司经局洗马……詹事府右庶子、左庶子。”按：明代春坊、司经局均与詹事府分立，清裁坊局，将庶、中、赞、洗并入詹事府，而结衔仍署“坊局”字样，行文纵不妨省略，然既省略春坊，何独冠洗马以司经局？陈氏于此，或当有说欤？）其以戊戌冤狱不获昭雪，疑系李奄掣肘，不知杨锐之子缴呈密诏，为宣统元年事，李于西后死后已失势，且方自危，岂尚能干预及此？盖张氏自居后党，对于戊戌之狱，久目为铁案如山，固不欲其平反以彰西后之过。且载沣亦感激西后私恩者，纵主张昭雪，亦非所乐从耳。时颇相传为奕劻所沮，或缘其为众恶所归，其实纵无奕劻，此狱亦难平反也。

六一　陆宝忠请设文部

教育行政旧统于礼部，礼教久成连属之词也。光绪三十一年，始另设学部。次年，复裁学政而设提学使，为科举既停后教育行政机关之更张。先是顺天学政陆宝忠奏陈学务，曾请设立文部，并变通学政制度，谓：“现在海内学堂林立，应有文部统摄。自京师大学堂以下，天下学堂皆归文部管理。京师学务处及编书局应即裁并归入文部，设司分任。各省学务，均应责成学政主持。学政衙门亦应仿文部分设数司，统隶文部，以归画一。此后简放学政，由文部采择精于教务、熟谙学堂规则之员，自四、五品京堂及翰林、科道、各部司员由进士出身者，预行开单酌保，奏请记名。如有深明学务为部臣所夙知者，即不由进士出身，亦准变通保荐考选，仍作三年更换，有成效者酌予留任。体制俸禄应请均仍旧章。准其自辟僚属，无论京外官绅及学堂卒业生，皆可随宜选用，以备学政遣派考察该省学堂教育管理规则、考试学生毕业等事。凡各州县，应按学期将学生积分表汇报学政衙门，迨该州县学堂毕业之期，即由学政调查积分表，照章考定。其高等学堂毕业，仍由学政会同督抚奏请简员考试。”文教亦本连属之词，故陆氏以文部为请，或亦以日本有文部省也（清季讲新政多仿效日本）。今人咸知日本之教育部称文部省，而知清季亦尝有请设文部者罕矣，爰表而出之。学政一职本与督抚平行，倘如陆氏之议，体制依然。迨改设提学使，乃易差为缺，变敌体为属吏。朱益藩以值南书房之翰林院侍读学士简授山东提学使，于体制之贬损，颇不惬意，未久仍内用，盖从其志也。又陆氏官都御史时，奏请改都察院为国议会，谓：“今日新设之资政院，即各国上议院之制也。而旧有之都察院，即各国下议院之制也。现在资政院既经设立，是上议院已有基础。似应将都察院改作国议会，以立下议院基础。”盖泥于三权宪法，监察权不能独立行使，故欲改都察院为国议会。而不知三权之制，固未可视若天经地义也。　　　　（原第8卷第14期）

六二　陈衍郑孝胥讽嘲林纾

陈衍、林纾以文字相讥，前略述其事。近阅《石遗室诗话》，论及林氏云：“琴南号畏庐，多才艺，能画能诗，能骈体文，能长短句，能译外国小说百十种。自谓古文辞为最，沉酣于班孟坚、韩退之者三十年，所作兼有柏枧、梓湖之长。而世人第以小说家目之，且有深诋之者。余常为辩护，谓曾涤生所分阳刚阴柔之美，虽不过言其大概，未必真画鸿沟。然畏庐于阴柔一道，下过苦功，少时诗亦多作，近体为吴梅村，古体为张船山、张亨甫。识苏堪后，悉弃去，除题画外，不问津此道者殆二十余年。庚戌、辛亥，同人有诗社之集，乃复稍稍为之，雅步媚行，力戒甚嚣尘上矣。”盖称扬之中，寓以讽嘲焉。郑孝胥诗有《赠林琴南同年》云：

> 文如至宝丹，笔如生姜臼。一篇每脱稿，举世皆俯首。平生不屈节，肝胆照杯酒。纷纷野狐群，忽值狮子吼。京师奔竞场，暮夜孰云丑。畏庐深可畏，斧钺书在口。隐居名益重，方便薄俗厚。奈何推稗官，毋乃亵此叟。敛才偶作画，石谷辄抗手。亦莫称画师，掩名究无取。

以稗官为亵，与陈氏所谓“世人第以小说家目之”意旨略同。盖薄为小道，实所见不广。林氏文艺所最足传者，惟小说译本，其佳者颇不易及也。（仲子《当代名人小传》称以“笔致宛刻，自成蹊径”，良然。）陈、林、郑均光绪壬午举人。郑氏领解。陈氏《年谱》（其子声暨根据其日记等所编）是年下有云：“九月举于乡，登郑孝胥榜，同榜有林琴南丈群玉者，方肆力为文词，家君尝见其致用书院试卷骈文一篇，甚淹博，仿佛王仲瞿。至是，苏堪丈问其为诗祈向所在，答以钱注杜诗，施注苏诗。苏堪丈以为不能取法乎上，意在汉魏六朝也。琴南丈甚病之。”（按：丈后大挑二等，官教谕，自号畏庐。）亦涉及林氏诗文。林氏每仅自称举人，且谓“未与仕版”。据此，则林固大挑教职也，或挑后未尝膺其任耳。林原名群玉，阅此乃知之。

六三　林纾作诗铺张而好博

《诗话》又云：“前岁畏庐避地天津，忽发愤大作诗，自命‘杜陵诗史’，写十数首寄示余，工者二三，未工者七八，不及《都门游集》诸作多可存也。寓书劝其淘汰，并奉怀绝句云：‘畏庐畏乱复畏贫，稚子旁妻寄析津。飘泊干戈曹霸笔，铺张排比杜陵人。’闻畏庐颇不乐。夫铺张排比，元微之以赞美少陵。元裕之则云：‘少陵自有连城璧，争奈微之识碔砆。’（是铺张者，少陵之碔砆。）余以为铺张排比，亦谈何容易。”此等语当亦非林所乐闻。

《当代名人小传》谓林“好博，月俸皆以供摴蒱”。林见而怫然，力辩其诬。而《诗话》中亦言其好博，谓“近寓都门，畏庐日以译小说得多金，又喜赌麻雀。弢庵因和诗讽之云：‘读书博簺等伤性，多文虽富君勿贪。’”是《小传》所云，自非羌无故实矣。“多金”之语，正与后此为林作传“此造币厂也”之谑吻合。林固负气喜争，《畏庐漫录》痛诋《诗话》，岂无故哉？

六四　陈衍力主铸铜元

张之洞以创铸铜元为筹款之方便法门，动机既谬，遂致民生日蹙，流毒无穷。而谋主实为陈衍，盖以“二钱之本可得八钱之利”之说歆动之也。前引《兰隐斋笔记》，著其梗概，兹于陈氏《年谱》中，亦得其关于此事之记载。壬寅岁下有云：“首议铸铜币。初，广雅读家君所著《货币论》一卷十余篇，欲创铸当十紫铜元，终恐其不能通行，未决，匆匆移镇（按：由鄂督署江督也）。至是，抚部（按：鄂抚端方也，时兼署督篆）又疑之，家君又著论与反覆辨说，乃以停铸一两银元所剩机器试铸之，至年底，不及四阅月，估计工料，已赢余利五十万银圆，明年乃大开小学堂，会城计六十处，并大派学生留学日本。次年一年，赢利二百万银圆，而广雅回任矣。”甲辰岁下有云：“广雅归，益用家君言，盛铸铜元，前后数年，获利一千四百万银元，用以百废俱兴。汉阳兵工厂添造快枪，由日五枝至五十枝而未已，子弹称之。武健诸军外，练成第二镇新军，炮队营、辎重营等俱备。以外，遣派各种学生留学日本，士官为盛。卒成武昌革命之局，非广雅所及料矣。”其自伐其功乃如是，良可喟也。若以覆清论，则诚为大功，即不以诗鸣，亦诚无愧“一代闻人”矣。（咸丰七年，陈二岁，《年谱》于此有云：“先大父知子平算法，谓家君四柱中日禄居时天干两道文星佩印，正木火通明格，当为一代闻人。”）陈氏缘是益受知于张，而一夜“连下三委札，一督署文案委员，一商业学堂监督，一帮办洋务局，皆道员差事（按：时陈官系议叙知县），薪水皆百金，仍兼官报局总理事”焉。（迨入都以主事在学部，犹遥支干脩月五十金于湖北官报局，亦见《年谱》。）张与端方似初亦尝以后患为虑，故事几不行，卒以不胜陈氏游说之力，遂甘饮鸩止渴耳。

六五　陈衍为张之洞祝寿

张氏素喜谀颂，文字之颂扬，如被认为得体，尤能博其器许，故其亲昵恒留意于是。如樊增祥为作寿序，由电报送达，张甚激赏，其一例也。陈氏对于此道，亦颇能“走心经”。《年谱》乙巳岁下有云：“八月三日，为广雅七十寿辰。广雅向不许称觞，开府后五十、六十生辰，送寿屏者，皆只钞其文，原屏璧还。至是，先谕巡捕，并文亦不许钞录。湖北属吏群谋于家君，家君曰：‘吾姑尝试之，且看如何？'于是起草一文，首段略言广雅六十岁以前之事业六十时作文者已备述，今专就六十以后十年间所有事实关于中国政务者，凡二十八节，仿郑亚《会昌一品制集序》体质言，分疏二十八小段。末结一段，清稿呈阅，广雅甚首肯，命不要写屏，写一册页可也。于是幕僚及省垣官吏，又丐家君再出一花样，家君及取历代正史中各卿相将帅事实与广雅事实相类者，传采一条，百传采百条，每条注出处，似赞似铭然。签名上之，广雅甚喜。"足见文人长技，亦其得意事也。

六六　禁宰牛

《儒林外史》写高要知县汤奉以禁宰耕牛，处置回教"老师父"，"重责三十板，取一面大枷，把那五十斤牛肉都堆在枷上，脸和颈子箍的紧紧的，只剩得两个眼睛，在县前示众。天气又热，枷到第二日，牛肉生蛆。第三日，呜呼死了。众回子心里不服，一时聚众数百人，鸣锣罢市，闹到县前来。"未知系吴敬梓凭空结撰，抑实有背景，而其后乃竟有与此暗合之事。《庸闲斋笔记》云："先大夫署福建光泽县时，邻县因禁私宰，几至民变。盖酷杀牛者，而以牛肉环置枷上，暑腐臭烂，薰蒸致死也。"此人如看过《儒林外史》，当不至有此。

（原第 8 卷第 15 期）

六七　启秀徐承煜被斩内幕

庚子之祸，戮臣僚以谢外人。礼部尚书、军机大臣启秀，刑部侍郎徐承煜，均以祸首诛于京师。董康时官刑部主事，为监刑员之一，颇能道其情事。所撰《书舶庸谭》有《补录庚子拳祸》一则，叙二人被外军所拘及奉诏被诛情况云："联军大索朝臣之附义和团者，崇绮合门自埋殉节（按：崇绮奔保定，居莲池书院，仰药死，非在京师）。徐桐年老，颇镇静，家人照常治餐。仆某于梁间结二缳，语承煜曰：'中堂义当死国，即奴才亦当殉主。'意讽承煜同殉。讵承煜扶其父投缳后，未即死，乃破衣柜，盛其父尸，埋于阶下。无何，逮者至，并逮启秀，同拘于顺天府署中。主者为日本柴五郎，即联军总司令也……（按：联军统帅为德将瓦德西，柴五郎似不能有联军总司令之称。）会启秀母死，乞假回宅治丧。徐承煜亦援例改殓其父。事毕，二人密议奔赴行在，冀幸免。联军复捕入前之拘所。除夕，余轮值贯垣，贵尚书便服至，言祸首名单已定，总署商诸柴五郎，言新正初五前例不办事，初六、七两日，复为某庙某后忌辰，行刑之期，当在初八，属预备一室。余固知启、徐二公之不能免也。辛丑正月初五日，堂司各官入署，贵尚书出示祸首谕旨，拟死罪者……启、徐在京由刑部堂官莅视，遂定初八日行刑。推定满左侍郎景沣、汉右侍郎胡燏芬前往监视，余及郎中琦璋，主事孙文翰、王守恂监刑，咨行总署接犯收禁。柴五郎虑有他故，允俟临时解部，完成手续。至期，余等诣顺天府，柴言各国武官连日饯别启、徐，今二公死而和议成，亦忠臣也。询知中国大臣行刑故事，谓待遇太薄。又言启大人尚安定如恒，徐大人已神识瞀乱矣，命待诏为二人整容，并就各私第取赴市朝衣。承其事者为安藤虎男，余昔年在某报馆同事也。安藤斯须携一图至，绘囚车经由之路径，及各国护决兵队之次叙。二人乘绿呢大轿，舁赴刑部大堂，严阵于广庭。柴五郎至白云亭稍坐，启夫人欲与夫诀别，白于柴，令在提牢书记室叙话。柴催张筵宴，仓猝备糕点四簋，启夫人以尽忠报国相勖，无悭悭儿女子态。启言：'我不畏死，曾一度投缳垂尽，遇救复苏，仍有今日，其意何居？'各人易素坐之骡车，三时许抵菜市，琦郎中宣读谕旨，于瑞昌干果铺门首，次第就戮焉。景侍郎与徐总角交，且同官，行刑后大恸，柴五郎慰藉而去。是日外人观者殆数千人，俱挟快镜摄影，以资佐证。"所记情事，其目击者，盖甚可信也。承煜宵人，非其父桐尚以理学名臣自负者之比。启秀素以言理学为桐所重，荐入军机，观其临刑犹不改常度，其妻亦落落有丈夫气，良视承煜远胜矣。先世父子静公，尝以戊戌之狱，下刑部监禁，与承煜故有通家谊，而承煜谄附后党，气焰张甚，相苦者数。迨罹大辟，亲友知其事者，颇引以为快，先世父愀然不乐，谓大臣骈首西市，以徇外人之意，国体所关，为耻实大也。（董氏此篇有误记处，其较大者：如言庚子冬褫溥儁大阿哥名号，实辛丑十月事，时后、帝回京，过开封勾留，以“懿旨”行之。《庚子西狩丛谈》述其出宫状态云：“奉谕后，即日出宫，移处八旗会馆。太后给银三千两，由豫抚松寿派佐杂三员前往伺应。随身照料者只有一老乳媪。出宫时涕泪滂沱，由荣中堂扶之出门，一路慰藉。情状颇觉凄切。宫监等均在旁拍手，以为快事。”吴永随扈所见也。)

六八　裕禄自杀

联军陷津后，直督裕禄出走，旋自杀。其详罕见于诸家记载，兹阅管鹤《拳匪闻见录》，于此言之颇悉。据云：“徐扩廷司马来沧，谈及裕寿帅事，兹记之。津城被陷时，裕帅不欲行，为郑镇军灼三负之而出。行数里，圉仆牵马至，裕公乘马，郑引之，始至北仓（距津十八里），居民家草屋中。时宋、马各军皆退至北仓，裕公仓卒出走，幕府无人随者，笔札待理，乃觅本地学究暂为之。扩廷至北仓，往见裕公，公叹息不已。谈次，谓扩廷曰：‘吾欲吸皮丝烟亦不可得也。’扩廷曰：‘卑职尚有半包，谨以奉送。’公谢之。归寓取烟送往，并送布袜二双及零星食物。郑镇军时在裕公左右不离，恐其以身殉也。而公每以小枪佩身。一日，报敌人来攻，官兵已退矣。公命郑出视确否，郑甫及外室，即闻小枪声发，急入观，公已自击倒地，须臾而终。是时其公子虽在侧，然迫切之际，薄材粗服，草草成敛而已。余记甲午之役，公时留守奉天，日兵占据各州县时，公见僚属，辄以‘与城俱亡’一语誓于众。后日人只到海城，即未前进。进力于旅顺、金复各处，而陪都以安，公遂未死。后调任福州，移督畿辅，终于一死，且未死于津而死于北仓，殆死有定所耶。”叙述宛然，当是实录。裕禄初未信拳，后承后旨，不克自持，遂随风而靡，致有膜拜“黄莲圣母”等怪剧，一死诚无足惜。然偾事而后，毅然引决，不作苟免之想，亦庶几知耻者。与其父崇纶，仍世封圻，而均以偾事自杀焉。（崇纶咸丰间官鄂抚，陷总督吴文镕阵亡，为曾国藩严劾，奉旨逮问治罪，因自杀。曾奏词甚峻厉。闻张二陵云，曾氏奏议刊本，有一种内无此奏，系其子纪泽所删，以裕禄、裕德寖贵盛，不欲结怨云。）

六九　裕德进谏

裕德为裕禄弟，以翰林久任京秩，累掌文衡，官至大学士，以功名终，福命视父兄为优矣。当庚子之变，亦尝于后前发言。《金銮琐记》云：“天潢虎视怒如雷，裕叟三言亦可哀。流涕歔欷朱学士，森罗殿上脱身来。”注：“内阁学士朱祖谋古微，庚子秋来余寓坐谈，曰：‘昨日召见九卿，予跪居末班，大声奏曰请太后、皇上缓攻使馆，恐结怨太深’云云。太后以朱不常召见，不识面，朱身短，隐人丛中，太后闻声四顾。端王昂头虎视，大呼曰：

‘谁说话？’朱曰：‘臣是内阁学士朱祖谋。’端王、太后皆怒视之。兵部尚书裕德曰：‘奴才愿太后、皇上以天下国家为重。’太后不理，三言之，仍不理。学士窃笑其空洞无物，然不触犯天威在此。学士言讫，涕泗交颐，谓昨日召见，如置身森罗殿上云。”裕德言虽空洞，然能作此语，在同时辈流中，亦差足为敢言。忆此次召见群臣，朱祖谋犹官翰林院，非阁学。

七〇　裕德有洁癖

裕德有洁癖，陈恒庆《归里清谭》记其事，谓：“裕相国寿田有洁癖，多禁忌，家中常坐之处不令他人坐。掀帘开风门，其手所捏之处不令人捏。在部画稿，司员知其癖，递笔时皆拈笔管之顶以授之。如是日为四离四绝，则不出门，不阅公牍。所着衣服，洁净无尘，并无褶叠痕。在部坐久，偶有褶叠，归则令人以熨斗平之。一日，日已夕，步行至巷口，吃烤羊肉。都中冬日，满街有手挽车，上载羊肉、锅炉、酒壶、木炭，切肉而烤之，食者皆立于车旁，一足踏地，一足蹬车，持箸而食。是日雪后，突来一犬，雪花满身，突入相国两股间，污其白狐裘，适中其所忌，懊恨不能再食，命仆缚犬，截其尾以泄愤。予适逢之，乃相谑曰：‘古语有云：貂不足，狗尾续。乞以狗尾与我，我貂褂不完，可藉以补之。今日天寒甚，予裘不能御冬，相国如嫌狐裘已污，可以赠我。’一笑而散。相国归语家人曰：'顷相谑者，乃山东人。作给谏，吾友也。彼性不好洁，多食而健，年五六旬，犹可徒行十余里，吾何自苦哉？'由是洁癖遂改。予闻之曰：'予以谲谏规相国，相国从谏如流，此真贤相哉！'"所述殊趣，以相国之尊，而步至巷口，立手挽车旁，食烤羊肉，此在昔日京朝大官之脱略形迹者，诚不足异，惟裕德特著洁癖，而亦若是，是其洁癖亦可云本有例外已。

（原第8卷第16期）

七一　五台僧攻西什库教堂散记

义和拳之役，有五台山僧攻教堂之怪剧一幕，此僧启秀所招也。《金銮琐记》云："西库围攻计妙哉，佛门弟子是奇才。龙刀一柄经全部，函请神僧下五台。"注："尚书启秀，函请五台山僧普净，来京攻西什库教堂。僧言关圣降神附其身，携青龙刀一柄，《春秋》一部，骑赤兔马往攻，入阵便中炮亡，惟马逃归。"此僧既名普净，恰与《三国志演义》中与云长为缘之僧人普净同名，关圣附体，可云附会有自，或取名时即有意影射。惟《演义》中普净在玉泉山讲因果，博得"关公恍然大悟，稽首皈依而去"（此盖近年悟善社有关氏削发剃须之僧装摄影所本）。而五台山之普净，却藉关氏附体，以开杀戒，未免不伦耳。（罗惇曧《庚子国变记》则云"五台僧普济"。）《归里清谭》记义和拳，于僧攻教堂情状，言之最详。盖陈恒庆时官京师，所寓近西什库教堂，尝登墙观战，其见闻较切也。据云：“义和拳及虎神营兵，日日围攻，予亲见之。闻教堂内教士、教民约三四百人，其兵械只有枪数十，义和拳挟煤油柴草，从外诵咒以焚其室，迄不能然，于是谣言出矣，谓教士以女血涂其屋瓦，并取女血盛以盎，埋之地作镇物，故咒不能灵。大学士（误）启秀献策于端王、庄王曰：‘此等义和拳，道术尚浅。五台山有老和尚，其道最深，宜飞檄请之。’乃专骑驰请，十日而至，启秀在军机处贺曰：‘明日太平矣。’问其故，曰：‘五台山大和尚至矣，教堂一毁，则天下大定。’闻者为之匿笑。和尚住庄王府邸，先选拳匪之精壮者数百，又选红灯照女子数十人。协同拣选者，大学士刚毅也。韶年女子，手携红巾，足着小红履，腰系红带，下垂及足，额有红抹，掩映粉黛，口诵神咒，蹀躞于府厅氍毹之上。乐部歌妓唱荡韵（京师有此调，颇雅），舞长袖，不能比也。拣选事毕，庄王问大和尚何日攻打教堂，和尚轮指以卜曰：‘今日三点钟为最吉。’又问：‘骑马乎？步行乎？’和尚闭目言曰：‘骑载勋（庄王名）之马，备一大刀。’于是跨马挟刀率拳匪直入西安门，红灯照尾其后，刚毅亦以红布缠腰缠头，随之步行。西安门内有当店两座，早被拳匪抢掠一空，和尚暂坐其中，以待吉时。座前酒一壶，菜一柈，自斟自饮。刚毅及诸拳匪侍立于庭。将报三点钟，予在寓登壁而观，家人阻予曰：‘枪弹飞来奈何？’予曰：‘今日拼命观此一剧。’旋见和尚策马率领拳匪，直扑教堂，指令纵火。教堂内猝发数枪，正中和尚要害，堕于马下。拳匪大师兄居前者，亦被弹而倒，后队大溃，数人拖一尸而奔。红灯照幼女，有被践而死者，蹂花碎玉，殊可惜也。败北者一拥出西安门，刚毅立不能稳，足不能动，力抱门柱而立。一老阍人不知其为宰相也，曰：'你老先生如此年纪，亦学此道，何自苦也。'拳匪拖尸径奔庄王府，中道谓人曰：'和尚暨大师兄暂睡耳，吾当以咒唤醒之。'途人窃语曰：'恐长眠不起矣。'"描写当时状态，栩栩欲活，阅之如观有声电影也。惟未及此僧名何，亦未及关圣附体之说。(《慈禧传信录》云："拳匪以数万人攻西什库教堂，浃旬不能破，助以红灯照女子，仍弗下。碧云寺僧定欢，荐五台异僧于启秀。毅等专弁迓之。既至，载勋、刚毅咸执弟子礼，后遣奄迎候于郭门，赐如意锦缎，封荡魔大国师，然一战竟死于炮。是役毅、勋皆裹红巾，短衣执刀以从。")

七二　裕禄于义和团态度之变化

直隶义和拳初起，扰涞水，总督裕禄遣营官杨福同往剿，被戕于拳，其时裕禄尚不信拳也。《拳匪闻见录》云："或谓裕帅初不信匪，幕府冯、娄诸君皆知大义者，故匪烧三汊河教堂时，裕帅尚发令箭，使水师船开炮击匪，后乃迫于端、庄之嗾使耳。余闻是夜水师得令开炮，恐伤匪党，而帅令又不可违，乃告匪首，令其勿惧，盖所放三炮，皆未实子弹也。此乃水师执事人亲向余言者，想系实事。”是亦可见裕禄初时态度，惟曰端、庄嗾使，尚系皮相之论。西后主持于上，后乃尽诿其过于端、庄辈，毫无怍容耳。《近代名人小传》谓：“拳乱初作，禄尚通电各省，持正论；已而受后旨，遂附乱民。”盖于事实为近。《金銮琐记》云：“汉宫络绎召神巫，八阵纷陈元（玄）武湖。昨遇瑶池青鸟使，宣传阿母受灵符。”注：“李阉召义和团入宫，列八卦阵，太后拜受灵符。”是亦端、庄所为耶？

七三　义和团尊奉祁寯藻

罗惇曧《拳变余闻》记诸坛所供之神，谓：“又有供纪小唐者，则小说之年羹尧。最奇者为山西祁相国，则祁文端也。”按祁寯藻尝于道光朝反对对英和约，有正人之目。如《春冰室野乘》记穆彰阿事有云：“道光末五口通商之约，穆一人实专主之。王文恪既薨，祁文端尚力争。然文端在军机为后进，且汉大臣不能决事，故穆愈得志。然王、祁两公之忠，宣庙未尝不深知之。传闻和局既定，上退朝后，负手行便殿阶上，一日夜未尝暂息，侍者但闻太息声。漏下五鼓，上忽顿足长叹，旋入殿，以朱笔草草书一纸，封缄甚固。时宫门未启，命内侍持往枢廷，戒之曰：‘俟穆彰阿入直，即以授之。’并嘱其毋为祁寯藻知。盖即谕议和诸大臣画押订约之廷寄也。自是上遂忽忽不乐，以至弃天下。”祁既以反对和议之忠臣著，义和拳引为“扶清灭洋”之同志而崇奉之，未为甚异。至云纪小唐为小说之年羹尧，小说当指《儿女英雄传》，然儿女英雄传中为纪献唐，所以，影射年羹尧三字（以羹为献，用《礼记》“大名献羹”之典）并非纪小唐。纪小唐盖“济小塘”传误也。小说《升仙传》以济小塘为主人，与《绿野仙踪》之“冷于冰”时代既同，事迹复类，亦有助平倭寇之举。罗氏述义和拳咒语，有“八请前朝冷于冰”句，小说人物引助“灭洋”张目，有冷不妨更有济耳。

七四　同文书局始末

同文书局所印书，纸板精良，为世所称。惜其业中辍，今藏者视为珍品矣。近阅《徐愚斋自叙年谱》，得详其始末。徐氏即是局创办之人也。光绪八年壬午下附记云：“查石印书籍，始于英商点石斋，用机器将原书摄影石上，字迹清晰，与原书无毫发爽。缩小放大，悉随人意。心窃慕之，乃集股创办同文书局，建厂购机，搜罗书籍以为样本，旋于京师宝文斋觅得殿板白纸《二十四史》全部、《图书集成》全部，陆续印出《资治通鉴》《通鉴纲目》《通鉴辑览》《佩文韵府》《佩文斋书画谱》《渊鉴类函》《骈字类编》《全唐诗文》《康熙字典》，不下十数万本，各种法帖、大小题文府等，十数万部，莫不惟妙惟肖，精美绝伦，咸推为石印之冠。迨光绪十七年辛卯，内廷传办石印《图书集成》一百部，即由同文书局承印。壬辰年开办，甲午年全集告竣进呈，从此声誉益隆。唯十余年后，印书既多，压本愈重，知难而退，遂于光绪二十四年戊戌停办。”盖力求工致，成本过巨，畅销不易，遂致难以为继。宜后此石印书籍，群趋工省价廉之途也。同文石印诸小说甚有名，而此不之及焉，当以不在所谓“正经书”之列，故略之欤？

七五 日本宽永钱之流行

日本之宽永钱，尝输入吾国行使，而人多弗知所由，实徐氏之一种投机事业。《年谱》中亦著其梗概。咸丰十一年辛酉下云：“日本所出宽永铜钱，以紫铜为质，字样清晰。惟分量轻薄，远不及我华制钱。比时初开横滨埠，本行由夹板船运到此项钱文，计六十三万五千零八十二千文。初到申时，少见多怪，无人过问。且以数目太巨，市口不宽，不无疑惧。延积半年，由阙筑甫先生运筹，先提数千贯，分销各地，尚可通行。缘其时江浙所铸烂板私钱，每千值银五钱外。后来宽永遂愈销愈广，流行内地，每千竟涨价银七钱三四分之多。此票生意，满拟难望得利，不料统盘计算，竟得盈余银数万两，可谓喜出望外者矣。”此亦足供研考外币输入中国史实者之一助也。愚斋名润，字雨之，香山人。道光十八年戊戌生，宣统三年辛亥卒，寿七十四。幼为上海丝茶店学徒，渐以经商致富，累捐候补道，列仕籍。曾国藩首倡挑选幼童赴美留学，委令办理。招商轮船局之创办则承李鸿章之命，躬与其事。并经营实业多种。盖有为之士。《年谱》于晚清时事颇有记述，关于实业者尤夥，以史料论，亦为有价值之作。

（原第 8 卷第 17 期）

七六　谈王小航奏折

（一）奏请维新

戊戌政变为有清关系最大之一事，其后庚子之祸，以迄清运告终，均与戊戌政变息息相通。三十余年以来，党案要人相继凋谢。惟光绪帝由礼部主事特擢京卿之王小航（原名照，今以字行），灵光巍然。近与会晤，略话旧事，惜高年患疾（七十三岁，久病喘嗽），不耐作长谈耳。承赠所著《方家园杂咏二十首并纪事》［为记载晚清轶闻之作。其小引云：“方家园者，京师朝阳门内巷名，慈禧、隆裕两后母家所在也。恭忠亲王（奕䜣）曾言：‘我大清宗社乃亡于方家园。’命名所自如此。”］并以《小航文存》样本假阅，盖全书锓板尚未竣工也。《文存》首篇即为《戊戌六月礼部代递奏稿》，此奏最可注意者为揭明“广慈训以定众志”，其“请皇上奉皇太后圣驾巡幸中外以益光荣而定趋向”一节，谓：“自中外交通，我皇太后听政三十年，忧劳备至，所有变通之端，皇上继之，实皆由皇太后开之。与维多利亚东西媲美，非荷、西诸女主所能并论。（原注：是时荷兰为女主，西班牙母后垂帘，余故云然。）惟因诸臣奉行不力，致劳我皇上今日之奋厉。而皇太后起衰振靡之夙志，久已表著于中外矣。今者合万国之欢心以隆孝养，正宜奉慈驾游历邻邦，藉以考证得失，决定从违，应自日本始。中日匹敌，礼教相同。日主日后佐我皇上以捧觞上寿，不啻侄男女，欢洽何如。”又谓：“拟请皇上先禀命于皇太后，特下明诏，以后銮舆所经，勿得修饰隐匿，斯境内境外真象悉呈，兴败之机既著，得失之故可思矣。然后体皇太后之意以变法，善则称亲。以孝治镇服天下，天下孰敢持异议。”自注云：“自翁同龢黜后，大臣抗命者皆阴恃太后。然太后先年原喜变法，此时因不得干政，激而阴结顽固诸老，实不过为权利之计耳。余为皇上计，仍以变法之名归诸太后，则皇上之志可伸，顽固党失其倚赖矣。而张荫桓之为皇上谋，与此意相反。南海袒张，谓撤帘已久之太后，不容再出。且清朝不许朝臣言及宫闱，犯者死罪，虽调和亦不容出口。余如梗在喉，非言不可，故假借游历外邦之大题目，出此架空之论。语气所注，似不在两宫嫌衅之事。言者无罪，而调和之术行乎其中矣。余之苦心，时人不解，妄谓中有阴谋，欲借外势以制太后。又或谓秘结联日拒俄之约，皆不啻小孩语也。”又丙寅自跋云：“此稿余久已不存，相隔几三十年，文冗不能全记。今孔教会长陈仲远兄以所剪留当年之广州报纸，借我观读，恍如隔世。词多芜杂，出自故我之手，不堪入今我之目。然其大意不谬，其志事尤可悲矣，故眷而存之。其首段豫防愚民之顽梗，二段阴弭宫闱之变乱，三段默化徐桐等伪儒之反侧，皆针对当日之事机，隐为补救，似缓而实急者也。区区用意，与康南海小有不同，故虽蒙圣恩嘉奖，竟无所补。”（按：首段系请下诏祛惑，有云：“今到处乱民滋事，无不托言杀鬼子者，士大夫反称之曰义民，谓此为中国之元气。”于义和拳之事，实有先见。自注谓：“日手一编之新旧书生，但知义和团起于庚子，不知北省遍地久已遍育蝗蝻，至载漪、刚毅始扇令大起也。更有理想家谓因康党变法始激而出义和团，尤其不通，天下大事如是之易于忽现耶？”末段系请设教部，以尊孔教。而学堂之事，则另由学部掌之。两部相辅而不相牵掣，所以阴杜假卫道以阻抑新机者，亦见苦心。）又云：“是时德宗亲信之臣，以张荫桓为第一……荫桓与太后势不两立，南海偏信荫桓之言。一日余谓南海曰：‘太后本好名之人，若皇上极力尊奉，善则归亲，家庭间虽有小小嫌隙，何至不可感化。’南海不悦，曰：‘小航兄，你对于令弟感化之术何如？乃欲责皇上耶？’余不复辩。”盖深维变法之不易进行，其症结端在母子不和，而光绪帝虽英明勇往，而力实不足以抗西后，故主张尊戴西后，化除意见，使失意之守旧大臣，不得挟西后以为敌，自是苦心孤诣。

（二）评说帝后

小航先生谈及西后之非真守旧，谓西后对于外国器物之精巧，时表歆羡之意。仿效外国，初不讳言。而景帝则因翁同龢关系，本不主维新（翁固不达外情，尝以守旧名。帝甲午对日宣战，实徇翁请）。故自甲午迄戊戌变法之前，京朝士大夫之守旧者，多称颂皇上而不满太后。迨帝洞明时势，毅然变法，守旧诸大臣窥宫廷母子间之不相得，及西后不忘政权之意态，乃争附西后以抗帝，于是政变之祸成矣。谈及光绪帝，谓帝以“勇猛可嘉”奖我，而帝实可当“勇猛”二字。

（三）蒙光绪帝峻擢

光绪帝予王以峻擢，似于原奏之微意，虽未实行，亦颇谓然。昔胡林翼之用官文，自任其劳，而归功于官，欣合无间，遂以集事，王意或近之。惟西后究非官文之比，其为人悍戾猜狠，纵帝委曲求全，极意尊戴，是否遂能感动西后，使好名之心胜于把持权利之念，而始终听帝为之，不为乱政之举，则犹须视清之国运如何，未易确断。惟王灼见症结，不除之不容乐观，要不失为一种深虑耳。

（四）参倒六堂案

礼部六堂因阻格王奏而罢黜，世论以怀塔布以满尚书领衔，且兼任内务府大臣，于西后较亲，故责之颇严。今阅王奏自注，道其经过，乃知怀塔布不过漫画一诺耳。注谓：“三十年来，耳食者动云王照参倒六堂。（按：章士钊于《甲寅周刊》谓“戊戌揭参六部堂官，同时落职”，尤误。）其实余本应诏陈言，而堂官违诏搁置月余，余面诘其抗旨之理由，许应骙羞愤，乃具折劾余，其中发狠之语曰：‘请圣驾游外洋，安知非包藏祸心。臣等若贸然代奏，他日倘有意外，则王照之肉其足食乎。’故德宗震怒，当日立发上谕，有‘朕心自有权衡，无庸该尚书等鳃鳃过虑’语。至抗旨不奏及具折参余，皆许应骙一人所为，怀塔布原以内务府大臣兼礼部堂官，到部时甚稀，在他处画稿而不阅稿，陡闻革职，出涕曰：‘我并未见人家的折子说的什么话，跟他们一同革职，冤不冤。’其余四侍郎亦不以抗旨为然，但不敢违许应骙之意。”小航先生谈及此事，谓怀塔布是老实人，外间所传多不足信也。又谓内务府大臣最为膴仕，礼部尚书岁入仅千数百金耳，其重府务而轻部务，亦人之恒情。

（五）主张文字革新

王氏首创官话字母，主张文字革新，提倡文言合一。其所为文语文，亦不避白话，取其真切传神也。如《廉孝子传》，有“每日对父遗像，依时进盘帨茶饭如生时，呼曰：‘爸爸吃饭啊，爸爸洗脸啊。’”自注云：“余曾思索代此话之文句，辗转改易数次，实无能逼肖声情者。故宁当俚俗之诮，不忍变孝子原来语气。”又云：“文字本为情事而设，拘于文例致与情事稍违，吾不愿也。故戊戌第一奏章有‘杀鬼子’字样，以非此则外间情状不能合盘托出也。隔一年而大师兄遂以红帕登朝，呜呼！大声疾呼，尚恐不及，遑曰文哉！”又《文存·自序》有云：“文字应用，必须恰合情事之真，既欲揭土匪情状，传孝子口吻，则‘杀鬼子’‘爸爸吃饭’等句，万不容代以文言，致成纸上文章，故直书如此，乃足以激动人心耳。此可为知者道，难为文人言也。”所见盖甚通达。古之为文者，往往以当时口语入文，以肖声情。后人多所禁忌，乃同作茧自缚。近代文家如薛福成《庸盦笔记》记肃顺事，有“恭亲王乃请端华同进见，端华目视肃顺，肃顺笑曰：‘老六，汝与两宫叔嫂耳，何必我辈陪哉！’”王闿运《陈侍郎侧室李恭人行状》有“恭人愀然曰：三少爷何必然，吾为毕此瓯。”亦于文语中间以白话，俾声情宛然。其“老六”与“三少爷”倘易以文言，或加以删削，均于声情有损矣。

（原第8卷第18期）

七七　雍正强词夺理

雍正朝累兴文字狱，年羹尧之案，祸非起于文字，而其间亦有关于文字之吹求。夫“朝乾夕惕”或作“夕惕朝乾”，犹之“宵衣旰食”，或作“旰食宵衣”，均无不可也。而雍正三年，川陕总督年羹尧以日月合璧、五星联珠具本奏贺，用“夕惕朝乾”字样，竟大触帝怒。谕谓：

“年羹尧所奏本内，字画潦草，且将‘朝乾夕惕’写作‘夕惕朝乾’。年羹尧平日非粗心办事之人，直不欲以‘朝乾夕惕’四字归之于朕耳。朕自临御以来，日理万机，兢兢业业，虽不敢谓‘乾惕’之心足以仰承天贶，然敬天勤民之心，时切于中，未尝有一时懈怠，此四海所知者。今年羹尧既不以‘朝乾夕惕’许朕，则年羹尧青海之功，亦在朕许与不许之间而未定也。朕今降旨诘责，年羹尧必推托患病系他人代书。夫臣子事君，必诚必敬。陈奏本章，纵系他人代书，岂有不经目之理。观此，则年羹尧自恃己功，显露不敬之意，其谬误之处，断非无心。此本发与年羹尧，令其明白回奏。”借题发挥，亦太无理取闹矣。其后羹尧革职拿问，议政大臣、刑部等承旨题奏九十二大罪，请立正典刑，遂以“将本内‘朝乾夕惕’故写‘夕惕朝乾’”列为狂悖十三罪之一，可笑孰甚！如雍正帝之说法，“夕”决不可前于“朝”，“惕”决不可前于“乾”。今观南海瀛台迎薰亭有石刻乾隆十一年八月柏梁体诗，《御制诗序》有云：“三爵无限，尚余恭俭之仪；一日追欢，敢忘惕乾之警。”曰“惕乾”而不曰“乾惕”，宁非显悖其父之旨。且“乾”即乾隆之“乾”，不更应留意乎？此犹非公式文字，而用“夕惕朝乾”字样于谕旨者，清代亦正有之。如咸丰六年两广总督叶名琛奏贺生皇子，奉旨有云：“朕虽德薄才疏，敢不勉效纯皇之敬勤，惟知‘夕惕朝乾’，尽君职以答鸿贶。”即是一例。益见雍正帝之深文周内，强为之词矣。

七八　雍正局度浅狭

雍正帝既令羹尧自裁，并遣领侍卫内大臣马尔赛等捧手谕以示之，谓："谕年羹尧：尔亦系读书之人，历观史书所载，曾有悖逆不法如尔之甚者乎？自古不法之臣有之，然当未曾败露之先，尚皆假饰勉强，伪守臣节；如尔公行不法，全无忌惮，古来曾有其人乎？朕待尔之恩，如天高地厚。且待尔父兄及尔子并尔阖家之恩，俱不啻天高地厚。尔扪心自思，朕之恩尚忍负乎……即就廷臣所议九十二条之内，尔应服极刑及立斩者共三十余条，朕览之不禁堕泪。朕统御万方，必赏罚公明，方足以治天下。若如尔之悖逆不臣至此，而朕枉法宽宥，则何以彰国家之宪典，服天下之人心乎！即尔苟活人世，自思负恩悖逆至此，尚可以对天地鬼神、腼颜与世人相见乎？今宽尔殊死之罪，令尔自裁，又赦尔父兄子孙伯叔等多人之死罪，此皆朕委曲矜全莫大之恩。尔非草木，虽死亦当感涕也。"此种做作，适见局度之浅狭。帝屡以效法康熙帝为言，康熙帝乌肯若是乎！尤奇者，为对于钱名世之处置，年案之余波也。雍正四年，大学士九卿等奏："食侍讲俸之钱名世，作诗投赠年羹尧，称功颂德，备极谄媚。且以平藏之功归美年羹尧，谓当立碑于圣祖仁皇帝平藏碑之后，甚属悖逆。应革职交与刑部从重治罪。"奉旨谓："伊既以文词谄媚奸恶，为名教所不容。朕即以文词为国法，示人臣之炯戒，著将钱名世革去职衔，发回原籍，朕书‘名教罪人’四字，令该地方官制造扁额，张挂钱名世所居之宅。且钱名世系读书之人，不知大义，廉耻荡然，凡文学正士，必深恶痛绝，共为切齿。可令在京见任官员由举人、进士出身者，仿诗人刺恶之意，各为诗文，记其劣迹，以儆顽邪，并使天下读书人知所激劝。其所为诗文，一并汇齐缮写进呈，俟朕览过，给付钱名世。”续谕：“赐钱名世‘名教罪人’四字，著伊制扁悬于居宅。又谕旨一道及诸臣所赋刺恶之诗，一并交与钱名世刊刻进呈。凡直省学校所在，各领一部，以示鉴戒。”以文词为国法，可谓想入非非。盖以为四字之贬，严于斧钺矣。御锡宸翰，向为宠奖臣僚之具，今反其道而用之，沾沾自喜，实同儿戏。语云“士可杀不可辱”，既自以文词辱钱，复强迫科甲京曹深恶痛绝，共为切齿，而责令献诗丑诋，更寓摧抑士气之意焉。似此卖弄小聪明之举动，亦康熙帝所决不为也。

七九　雍正以书法自矜

雍正帝自书四字以赐钱，盖与其素以书法自矜亦颇有关系。四字出于自书，觉益增其昭明与严重也。雍正元年，帝亲书康熙帝陵碑匾，复命诚亲王、淳亲王及翰林官善书者各书一幅。随召九卿及南书房翰林一并阅之。谕云：“景陵碑匾，事关重大。诚亲王、淳亲王素工书法，朕已令其恭写。翰林中善书者，亦令其恭写。朕早蒙皇考庭训，仿学御书，常荷嘉奖。今景陵碑匾，朕亦敬谨书写，非欲自耀己长，但以大礼所在，不亲写于心不安。尔诸臣可公同细看，不必定用朕书，须择书法极好者用之，方惬朕心。”诸臣奏曰：“御笔之妙，天矩自然。而仁孝诚敬之意，流溢于楮墨之间，正与陵寝大事相称。圣祖仁皇帝在天之灵，实为欣慰。”其于书法之自负不浅，于兹可见。而故意与诸臣演此一幕喜剧，以证实之，亦良可哂。至雍正帝书法，固未为甚佳。方之乾隆帝，盖犹不逮。惟后人亦有谓胜于乾隆帝者，《金銮琐记》云：“一团和气榜枢堂，水火调停鄂与张。常熟携归谢恭邸，双钩笔势仰先皇。”注：“雍正时鄂尔泰相国与张文和公不睦，宪宗书此四字榜于枢堂。常熟告恭邸，请以此四字赐伊。恭邸允可，遂携去，而以木刻易之。甘少南云：‘宪宗书学米，极有精神，高宗不及甚远。’”（按：雍正帝为世宗宪皇帝，称宪宗盖误记。）或别有会心，抑故作出众之论耶？

八〇　邹汝鲁谄而得祸

康熙帝规模宏远，于励精求治之中，不失宽博惇大之气。雍正帝虽号为英察，而才识局度，相形见绌。（乾隆帝之骄奢病国，自尤不逮远甚。）惟时时称颂“皇考”，力矢遵循。雍正五年谕谓：“太常寺卿邹汝鲁进《河清颂》，内有‘旧染维新，风移俗易’等语。朕御极以来，用人行政，事事效法皇考。凡朕所行政务，皆皇考已行之旧章；所颁谕旨，皆皇考已颁之宝训，初未尝少有所增损更张也。朕已屡行晓谕中外，大小臣工无不知之。今邹汝鲁所云‘旧染维新，风移俗易’，不知其出自何心，亦不知其有何所指？且所移者何风，所易者何俗，旧染者何事，维新者何政。且《书经》成语‘旧染污俗，咸与维新’，此处岂可引用耶？邹汝鲁前在奉天府尹任内，并不实行供职，诸事怠忽，声名亦甚平常。来京陛见，条奏数事，皆属荒唐不可行之事，因转用为太常寺卿。朕见伊言动举止，知非端方之人。又因伊弟纵容家人生事，被参革职，伊心怀怨望，形于颜色。今兹河清之瑞，朕并未令臣工进献诗文。邹汝鲁若不善文词，原可不必陈献。乃于所进册叶，出此悖谬之语，显系讥讪，甚属可恶。著交与九卿公同严审定拟具奏。”旋刑部等议覆，谓：“太常寺卿邹汝鲁身为大臣，乃于进献《河清疏》内故用悖逆之语，显肆讥讪，请革职，照律拟绞立决。”奉旨：“邹汝鲁著革职，从宽免死，发往湖广荆州府沿江堤岸工程处效力。”以献颂而大遭诃责，几罹死刑，亦见惯兴“文字狱”者之喜于吹求。盖雍正帝惟恐人之议其为政异乎其父，（屡龂龂致辩，如四年谕有云：“朕自即位以来，以皇考之心为心，以皇考之政为政，宽严赏罚之间，止此一理。而愚昧无知之人，陈奏折内，往往将皇考与朕之行事，强为分别，有‘春温秋肃、仁育义正’之语，其意谓皇考为宽仁，谓朕为严义，何其谬钕！帝王为治之道，有应宽者则用宽，而非废法；应严者则用严，而非滥刑。古人云‘宽以济猛，猛以济宽’，惟宽严得当，乃为相济。朕经理万几，用宽用严，皆因其人之自取，物来顺应，初无成见，惟斟酌情理之至当而行之。天下惟此一理。诸臣须知朕今日之义，即皇考当日之仁；朕今日之仁，即皇考当日之义。道无二致，同归一中，因时制宜，使得其平。此圣人所以言平天下也。”言之尤切。）适因事疑邹怨望，故坐以悖谬讥讪。揆邹本意，当不如是，似以方不为帝所喜，欲藉颂圣而自媚，不料触怒获咎耳。至议罪从重，特留宽典，为恩出自上之地，亦成一种惯例矣。（邹汝鲁类汉人之名，盖其时奉天府尹犹兼用汉人，至乾隆始定为满缺。）

（原第8卷第19期）

八一 《圣武记》之影撰

王式通《答人问史稿凡例》论及魏源《圣武记》，谓："张石州疑魏记托克浑乡导（见《征准噶尔记》）及《老胡歌曲》（见《征厄鲁特记》）为影撰。今考《啸亭杂录》，确有托克浑其人。所载胡歌，其辞悲壮激烈，绝类西汉乐府，必非老胡所为，或别书缘饰之。魏氏好奇，遂采之以壮其文，亦择词不精之过。"按：魏氏记《胡歌》事云："献厄鲁特之俘，弹筝笳歌者毕集。有老胡工笳，口辩有胆气，兼能汉语。上赐之潼酒，使奏技，音调悲壮。歌曰：‘雪花如血扑战袍，夺取黄河为马槽，灭我贤王兮虏我使歌，我欲走兮无骆驼。呜呼，黄河以北奈若何；呜呼，北斗以南奈若何。’遂伏地谢，上大笑，手书以告皇太子。”以歌辞之气韵沉雄，音节悲壮，谓出老胡之口，自属难信。其由文人缘饰，实为近之。又《圣武记》内《绥服蒙古记》有云：“太祖崩，太宗即位，科尔沁土谢图汗使来吊曰：‘恭闻强武英明大可汗上宾，粤巴台吉敢奉书以慰八旗大小诸贝勒：昔察希尔巴敦汗主四方，握七宝，数尽则必死。雪山白狮子，其力虽大，限到亦死。深海之内，纵有诸宝，无裨于龙王之死，故成必有坏，始必有终。尔皇考奋起孤偾之中，并吞大小诸国为一，虎步中外，是天之所豪，宜返天上。惟生者能自强，则死者为不死，后嗣勉之矣。’”辞尤瑰异倔强，绝妙好辞也。（袁世凯遗令，谓：“惟生者能自强，则死者为不死，本大总统犹此志也。”代言者即用其语，颇见巧思。或谓遗令王氏所草。）此则不类出于影撰，惟译者笔致殊工耳。

八二　枪手

古来文人于文中代作他人辞歌，往往有之。如柳宗元《故襄阳丞赵君墓志铭》有云：“卜秦誗兆之曰：金食其墨，而火以贵。其墓直丑，在道之右。南有贵神，冢土是守。乙巳于野，宜遇西人。深目而髯，其得实因。七日发之，乃覯其神。”林纾《柳文研究法》谓：“鄙意兆词或柳州代为之制。兆出秦誗，词则柳州耳。”当然柳氏代制也。林氏又云："《道州薛伯高毁鼻亭神记》中有州民之歌，子厚又作枪手矣。歌曰：'我有耇老，公燠其肌。我有病癃，公起其羸。髫童之嚚，公实智之。鳏孤孔艰，公实遂之。孰尊恶德，远矣自古。孰羡淫昏，俾我斯瞽。千岁之冥，公辟其户。我子洎孙，延世有慕。'试问歌中音节，歌中气味及其颜色，是否柳州所为？若果无所谓歌者，不作可也，矫作转不足以传信。"盖此类矫作，虽足以增文字之色泽，助其兴会，而以传信言之，洵有伤矣。苏轼《表忠观碑》所录赵抃奏疏，非当时体，自系苏氏摹古代制，虽雄骏可诵，而于传信之道，亦为失之。又如薛福成《书桐城程忠烈公遗事》谓："公与诸酋指天誓曰：'自今以往，富贵相保。匿惘不告，必死于炮。'诸酋亦指天誓曰：'自今以往，反正输诚。有渝此盟，必死于兵。'"誓当有之，辞则薛氏所铸耳。

八三　程学启之死因

程氏之死，王闿运《湘军志》谓："养伤苏州，创已合。一日独坐深念，有所忿，误发创口，血溢竟死。"朱孔彰《程氏别传》谓："伤渐平，败骨为梗，医言不能去。公一日有所忿，自去之，伤喉，六日水不下咽，创口复裂。"均言有所忿，而词颇隐约。薛氏所记较详，谓："创渐合，留败骨为梗。医言不可去，公自拔之，血涌不止。伤脑及喉舌，不能食饮。遂以同治三年三月庚戌卒。

将卒之数日，口中念呬皆苏城降酋事，时奋拳作格斗状，忽嗔目叱曰：'汝等敢从我乎？'或曰公平日意之所注，疾革神瞀以至此也。"是即俗传冤鬼为厉之说。盖程氏于杀降之事，内疚神明。故病危时遂若有所睹耳。薛氏喜道鬼神，此则就心境之变态言之，不为浮诞。至谓"论者谓不克苏州，则金陵、杭州不能遽攻。微公设计招降，则苏城不下。下苏城而群酋不诛，则后事未可知，而淮军亦不能尽锐出征，迭摧坚城也。夫始约而终背之，其事谲而不正，无以服群酋之心。然公亦若愿当其祸而设誓者，公所谓不有其躬以徇功名者邪？卒之大局转旋，生民蒙福，公之成功甚伟，而忠孝之忱亦于是尽矣"。虽竭力回护揄扬，而于背约杀降之非，亦郑重视之。惟若谓祸由于誓，则所见未广。嘉兴之炮所伤非仅一人，岂果有神差鬼使耶？朱氏云："昔王朔与李广言：'祸莫大于杀已降。'李广不封侯由是。然李广诈杀陇西羌八百人，公仅诛降酋八而事定，识过于李将军矣。传曰：'苟利于国，死生以之。'祸福公奚计哉！"苏州受降之后，所杀宁只八人乎？薛氏云："公自娄门驰入云官伪府，以云官之令召贼酋桀黠者数百人，皆诛之。"吴汝纶《程氏神道碑》云："逆党惊扰，杀二千人而定。"盖八人之外，复戮其死党多人。揆之情理，亦势所必然。李鸿章《骈诛八降酋片》虽未明言八人外复诛若干人，而有"派程学启督队入城，捕搜逆党"之语，既捕搜矣，诛杀自在意中，未可以八与八百衡较多寡也。至李广不侯，谓缘杀降，是司马迁文字诙诡处，实讥汉之吝赏，而故为支离之辞，亦不可呆看。（薛氏述八降将被杀情状，谓：“忽闻大呼‘杀贼’，苍头卒百余人，挺矛直入，八人者皆起，止之曰：‘愿见抚军，惟命是听。’卒遽前斫之，皆死。八人者将死，皆顿足曰：‘乃为程某所卖。’”似代八降将不平，微指尤可见。矛而曰斫，稍有语病。）

八四　“斫”“坎”“砍”

梁绍壬《两般秋雨盦随笔》云：“斫之若切，今人读若‘坎’。张文潜《明道杂志》云：‘世传朱全忠作四镇时，一日偶出游，全忠忽指一方地曰：此可建一神祠，试召视地工验之。工久不至，全忠怒甚，左右皆失色。良久工至，全忠指地示之，工再拜贺曰：此所谓乾上龙尾地，建庙固宜，然非大贵人不见此地。全忠大喜，薄赐而遣之。工出，宾僚戏之曰：尔若非乾上龙尾，便当坎下驴头。’则知呼斫为坎，此音之讹，由来久已。”说似有当，然宾僚所言之“坎”，未必非指“砍”字，“砍”与“斫”同义，而正音“坎”也。金韩孝彦撰《篇海》，已收入“砍”字，其时去唐末未为甚远，或全忠时已有此字矣。

八五　廉兆纶功不可没

沈葆桢以守广信，初著声绩，而其妻林夫人乞援其父则徐旧部总兵饶廷选一书，尤为世所称美。然镇将听命于上，行止不能自主，非林之一书、沈之一牍所可致，赖有督师侍郎廉兆纶（字琴舫，直隶宁河人）先机奏调，饶氏始获率师赴援，以保危城。然廉之名不彰，诸家记载咸弗之及，遂于事实为失考矣。王小航《廉孝子传》特著其事。孝子名绳同，字兰如，兆纶之孙也。传有云："祖琴舫公于咸丰甲寅、乙卯间奉命督办广饶军务。广信之役，浙江衢镇饶廷选越境来防，克保危城，关系东南大局，实由公先机奏调，否则尔时总兵无越境征剿之权，岂沈文肃夫人一纸私函所能呼召。彼私家著述，瞻徇标榜，又诩新奇，不顾事实，而琴公之伟绩久没。兰如发书笥，得琴公当日调饶镇之奏稿、御批及咨浙抚稿，并其他筹谋饶广战守牍稿多件，呈送清史馆立传。"可谓发潜德之幽光，自与史料有裨。林致饶书，有"此间太守闻吉安失守之信，预备城守，偕廉侍郎往河口筹饷招募"，即谓兆纶，时以学政兼典军防也。广信防守之役，沈之誓守危城，林之刺血驰书以速援军之至，其功固甚足多。惟廉氏奏调，为饶军得来之张本，不可抹杀耳。林书云："人心皇皇，吏民商贾迁徙一空，署中童仆纷纷告去。死守之义，不足以责此辈，只得听之，氏则倚剑与井为命而已。"又云："先宫保文忠公奉诏出师，中道赍志，至今以为深痛。今得死此，为厉杀贼，在天之灵，实式凭之。乡间士民，不喻其心，以舆来迎，赴封禁山避贼。指剑与井示之，皆泣而去。”语极悱恻动听，饶氏赴援之奋迅，不可谓与此无关。至谓“将军以浙军驻玉山，固浙防也。广信为玉山屏障，贼得广信，乘胜以抵玉山，孙吴不能为谋，贲育不能为守。衢严一带，恐不可问。全广信即以保玉山，不待智者而后辨之，浙大吏不能以越境咎将军也”。陈说利害亦甚剀切。然自由越境，镇将实无此权。书中于奏调之事，竟无一字及之，岂当时林亦不知耶。

（原第 8 卷第 20 期）

八六　酒家之宣传词

酒家之帘，每书“刘伶问道谁家好”“李白回言此地高”之语，借两个古时饮酒名人为作宣传，盖相沿已久矣。虽可哂，而饶有趣致，胜于东邻卖药者之依托安道全也。（光绪末年出版之《新评水浒传》，其《新或问》论及日人之重视《水浒传》，有云：“彼邦之卖卫生长寿丹者，题其袋曰‘神医安道全秘方灵剂’。”）《宋稗类钞》云：“云间酒淡，有作《行香子》云：浙右华亭，物酒廉平。一道曾买过三斤，打开瓶后，滑辣光馨。教君霎时饮，霎时醉，霎时醒。听得渊明说与刘伶，这一瓶约迭三斤，君还不信，把秤来秤。恰有一斤酒、一斤水、一斤瓶。”托陶、刘以作宣传，与酒帘之刘、李问答方法相同，惟作用则一正一反耳。

八七 葱包子

《归里清谭》记《葱姑娘》云：“都中羊肉极肥嫩，樱桃斜街妓寮有妓曰富琴，善作羊肉包，中插葱一段，将登筵则拔去，不见葱而葱香自在。人号此妓为‘葱姑娘’。有叶员外昵之，纳为妾。予尝至叶家饮酒，饱啖一次，戏撰一联，以叶与葱作对云：‘才子一身轻似叶，佳人十指细于葱。’赵殿撰为书之，送入内房。此联大蒙佳人赏鉴。过数日又馈羊肉包一拌，以饷老饕。”此晚清事。陈恒庆山东人，故于葱尤言之津津焉。赵殿撰盖丙戌状元赵以炯，陈之同年也。陈之乡前辈王士禛《香祖笔记》云：“李沧溟食馒头，欲有葱味而不见葱，惟蔡姬者所造乃食。其法先用葱，不切入馅，而留馒头上一窍，候其熟，即拔去葱，而以面塞其窍。此谢在杭《文海披沙》所载。即所谓‘蔡姬典尽旧罗裙’者也。”清之葱姑娘与明之蔡姬，亦所谓后先同揆欤。又据《宋稗类钞》云：“有一士人于京师买一妾，自言是蔡太师府厨中人。一日命作包子，辞以不能。诘之曰：‘既是厨中人，何为不能作包子？’对曰：‘妾乃包子厨中镂葱丝者。’曾无疑乃周益公门下士，有委之作志铭者，无疑援此事以辞曰：‘某于益公之门，乃包子厨中镂葱丝者，岂能作包子哉！’”此又引作噱谈之蔡京家包子与葱故事。以未获不见葱而葱香自在之妙谛，故相府分工合作之包子，葱丝之镂，乃成职有专司也。

八八　苏东坡故事

壬寅年《新民丛报》杂俎中有苏轼与鱼之轶事云："东坡苦佛印大食。一日有馈生鱼者，坡方烹而独飱之，忽佛印施施而来。坡遥见之，则仓皇匿其鱼于承尘上，冀印之旋去而后食也。印已窥其狼狈状，故絮絮不肯行。既而问坡曰：'学士之姓蘇字，作何写法？'坡曰：'异哉，和尚宁不识？'印曰：'非也，吾见有写禾字于左、鱼字于右者，是亦蘇字乎？'坡曰：'然，特俗体耳。'印曰：'近又见有写鱼字于草头之上者，亦可乎？'坡曰：'这却不能了。'印曰：'既是不能，拿下来同吃罢。'"与另则所记苏等行酒令事，盖均世俗附会以供谈诙者也。元陆友仁《吴中旧事》云："姑苏李璋，敏于戏调。偶赴邻人小集，主人者虽富而素鄙。会次，适李坐其旁。既进食，璋视主人之前煎鲑鱼特大于众客，璋即请主人曰：'璋与主人俱苏人也。每见人书蘇字不同，其鱼不知合在右边是，合在左边是？'主人曰：'古人作字，不拘一体，移易从便可也。'璋即引手取主人之鱼示众曰：'领主人指挥，今日左边之鱼亦合从便权移过右边如何？'一坐辍饭而笑。"疑苏氏与鱼之轶事，即由此渲染附会而相传弗替耳。东坡岂若是之鄙乎！苏氏在宋人中名素著，亦庶几胡适之所谓“箭垛式的人物”也。《庄谐选录》亦载苏氏此二事，与《丛报》大同小异。《丛报》谓苏在杭州事，《选录》则云惠州，并谓：“得之惠州江君盖东坡居惠久，所传逸事尚多，惟行酒令一节，不似北宋人吐属，须再考。”梁启超主《丛报》，亦粤人，盖粤中相传之东坡故事，犹之“徐文长故事”一流也。《丛报》记“行酒令”一则，尤为有趣。据谓：“苏东坡、黄山谷、佛印三人，在杭州日日酒食征逐。惟佛印食量之大，尚过于鲁智深。每次饮宴，酒肴辄为所先尽。坡、谷苦之。一日相与谋曰：‘我们何不瞒着这老秃乐一天呢。’乃悄僦一舟，背佛印，备小酌以游西湖。不料佛印神通广大，早侦知之，瞯二人之未登舟也，先登而自匿于船板下，嘱舟子勿泄焉。既而坡、谷至，泛舟容与，放乎中流。时月夕也，坡谓谷曰：‘老秃不在座，使人整暇。我辈何不浅斟缓酌，行一雅令，以消永夕。’谷请坡出令。坡曰：‘首二句即景，末二句以四书中有哉字者贴切之，且须叶韵。’谷沉吟一晌曰：‘浮萍拨开，游鱼出来。得其所哉，得其所哉。’坡击节叹赏，旋应令曰：‘浮云拨开，明月出来。天何言哉，天何言哉。’谷方欲击节，讵知佛印已搔着心痒，按捺不住，即在舱下一面开口，一面昂头，大声喊道：‘浮板拨开，佛印出来。人焉廋哉，人焉廋哉！’遂复抹髯摇舌，据觞夺箸，风驰云卷，顷刻间盘盂之四大皆空。”苏黄如小儿惜饼，佛印如饿鬼夺食，可谓岂有此理，然却是绝好笑料。民间关于苏轼之各种传说，如能广为搜罗，辑成《苏东坡故事》一书，其趣味之丰富，当远胜“徐文长故事”一流。

八九　熊掌难熟

鱼与熊掌并举于《孟子》。因东坡故事之鱼，联想而及于熊掌。熊掌又称熊蹯，古推美味，而其难熟，则读《左传》者皆知之矣。后世食之者少，殆以难致与难熟。且以烹调进化，推陈出新，美味较多，不食熊掌未为不知味耳。今旧京豫菜馆如厚德福莼园，犹能制以飨客。虽未知视古法何如，而差胜纪昀于《阅微草堂笔记》所述“人馈以猩唇，不知制法，遂以赠人。辗转数家，莫得究竟也。”《茶余客话》云：“熊掌用石灰汤剥净，布缠煮熟，或糟尤佳。曩见陈春晖邦彦故第墙外，砖砌烟筒，高四五尺，上口仅容一碗，不知何用，云是当日制熊掌处。以掌入碗对固，置口上，其下点蜡烛一枝，微火熏一昼夜，汤汁不耗，而掌已化矣。”此种制法，未知师承所自，抑陈氏自出心裁。至豫菜馆制法，尝略询诸莼园，欲食者须六日前预订，先以泥敷掌，爆于火，后剥泥而毛下，再以水浸发。既透，乃以文火煨之。故难急就。其法与阮葵生所述，又不尽同，盖未闻有烟筒蜡烛之说也。

九〇　石达开供词

前论坊间《石达开日记》之妄，惟川库藏有石氏《日记》之说，虽属难信，而供词要当有之。据薛福成《书剧寇石达开就擒事》有云："达开到成都，对簿有司，供其前后抗官军事甚悉，口如悬河，应答不穷。自称年三十三，于当世诸将负盛名者，皆加贬辞。惟谓曾文正公虽不以善战名，而能识拔贤将，规画精严，无间可寻。大帅如此，实起事以来所未觏也。"略言其供词内容。又按骆秉章奏报，谓："臣以石达开自宝庆败窜粤西后，传闻异词，前曾奉旨饬查，臣亦不敢确指该逆是否尚在贼中。而察其行兵诡计，实与前次窜扰江西、湖南、湖北无异。仰赖天威，现既俘获到省，自应审辨确凿。先令自泸姑贼营逃出曾经认识石达开者，辨认的确。臣会同成都将军臣崇实，督饬司道，亲提该犯鞫讯。石达开自供与洪秀全等自广西金田村起事，即封伪王，及窜扰各省情形，历历如绘，皆臣所素悉，语皆符合。且其枭桀之气，见诸眉宇，绝非寻常贼目等伦，实为石达开正身无疑……并将石达开原供抄录，恭呈御览。"除详陈实系正身，并以供词钞呈，此在川省或尚有案可稽。虽原供似即由吏胥所录，不若李秀成之自书供状，然苟能发现，亦于太平天国史料大有所裨。而供词既已奏进，近方清理清室档案，在此方亦有发现之可能，惟冀当其事者深加致意焉。

九一　石达开大渡河之败

薛氏叙石谋突围时情态，谓："达开徇于众曰：'吾起事以来，十四年矣。跋险阻，济江湖，如履平地。虽遭时艰难，亦常蹇而复奋，转败为功，若有天祐。今不幸受土司迁，陷入绝地，重烦诸君血战出险，毋徒束手受缚为天下笑，则诸君之赐厚矣。'因泣稽颡，众皆泣稽颡。"写健者之末路，殊悲壮有生气。其叙其半渡撤兵，以致坐困，谓"是时大渡河北岸尚无官兵，达开使其下造船筏速渡，渡者已万余人。会日暮，忽传令撤还南岸，谓其下曰：'我生平行军谨慎，今师渡未及半，傥官军卒至，此危道也。不如俟明日毕渡。'迟明遣贼探视，忽见大渡河及松林河水陡高数丈，达开谓山水暴发，一二日可平也，当少俟之。越二日，水势稍平，忽见官军已到北岸。"（骆奏谓北岸先有官军，系饰词，薛于自跋辩明之。）见事机之稍纵已逝，惋惜之意尤可味。结云："贼众临渡而山水忽发，又似天意灭贼云。"若太史公之悲项王，特著"乃天亡我，非战之罪也"之语也。　　（原第8卷第21期）

九二　顺治帝善绘事

今画家之"速写"，能以寥寥数笔绘人状貌，神情逼真，妙技也。彭孙贻《客舍偶闻》云："世祖幸阁中，中书盛际斯趋而过，世祖呼使前跪，熟视之，取笔画一际斯像，面如钱大，须眉毕肖，以示诸臣。咸叹天笔之工。际斯拜伏，乞以赐之。笑而不许，焚之。世祖御笔，每图大臣像以赐之，群服天纵之能。”顺治帝之画盛像，殆即犹今之速写欤？帝工绘事，其为傅以渐作《状元归去驴如飞》一图，尤有风趣。张祥河《关陇舆中偶忆编》云：“顺治开科状元，为东昌傅相国（以渐）。相国尝扈随圣驾，骑蹇驴归行帐。上在高处眺望，摹写其形状，戏题云‘状元归去驴如飞’。画幅仅二尺许，设色古茂。余道出东昌，登傅氏御画楼，其裔孙傅秋坪前辈（绳勋）出赐件获观，恭纪一诗，允宜采入画苑为佳话云。”张氏见此时，盖在嘉道间，所述犹未详。光绪间见而述之者复有陈代卿，其《御画恭纪》云：“光绪丙申夏四月，东昌府学博〔士〕王君少炜邀余至相府街傅宅，恭阅世祖章皇帝御画。一绫本山水，峰峦树石，纯是董北苑家法。气韵之厚，绝非宋元人所能，神品也。一纸本达摩渡江图，科头左顾，双手拥袂向右，赤足踏一苇，衣纹数笔如屈铁，气势飘逸，直逼吴道元，能品也。一绢本青绿，大树下一人面如冠玉，微须，若四十许人，跨黑卫，二奴夹持，一执鞭拥驴项而驰，一回顾若有所语，骑者以手扶其肩，即开国殿撰傅相国以渐也，神采如生，尤为妙品。上书唐人七绝，末‘状元归去马如飞’，‘马’易作‘驴’，盖世祖戏笔也。家传中谓相国官翰林时，尝乘驴扈跸，两奴左右侍，若防倾跌。世祖顾之而笑，因绘图以赐。相国衣履悉如今式，惟貂冠朱缨无顶戴，盖国初制尚未定，至雍正十年始加顶戴也。山水上题‘顺治乙未御笔赐傅以渐’。朱印三，一‘广运之宝’，方三寸；一‘顺治乙未御笔’，长四寸，广一寸二分；一‘顺治御笔’，方一寸五分。达摩图题印皆同，但无寸五方印。”叙述特详，兼及赐画他幅。又自跋云：“章皇帝自乙酉（按：应作甲申）入关登极，至是方十有八龄。万几之暇，娱神丹青。天纵多能，直合顾、陆、关、荆为一手。观于赐图跸路，犹想见君臣相得之乐。千载一时，令人敬慕无已。是日又见傅相国自画盆景凤仙花二本，朱粉阅二百余年，如新设色，工妙绝伦。”盖傅氏亦能绘事也。陈氏于顺治帝之画，推崇容逾其量，而帝之有绘事天才，固自不虚。

九三　西狩轶事

戊戌政变，西后攘政权而囚光绪帝，迨成庚子之祸，外兵入京，乃挟帝出奔。帝请留，弗许，盖虑帝留京而恢复政权也。王小航《方家园杂咏》云：“胡骑原来识代宗，共钦中国有英雄。早教拨雾青天见，单骑何劳郭令公。”纪事：“太后之将奔也，皇上求之曰：‘无须出走。外人皆友邦，其兵来讨拳匪，对我国家非有恶意。臣请自往东交民巷，向各国使臣面谈，必无事矣。’太后不许。上还宫，着朝服，欲自赴使馆。小奄奔告太后。太后自来，命褫去朝服，仅留给一洋布衫，严禁出户，旋即牵之出狩矣。銮舆出德胜门，暮驻贯市李家。明日至昌平，遇岑春煊以甘肃马队来迎。上求春煊分护太后西巡，上自回京议和。春煊仰体太后之意，佯不敢任。于是西狩之局遂定，而中外之交涉扩大矣。”（不必李合肥始能议和，诸臣始终不解此理。）

又云：“召乱人知是牝鸡，来苏我后正同徯。将军手把黄金印，不许回銮愿向西。”纪事：“驻跸太原多日，上仍求独归议和。太后及诸臣坚持不放。其实是时早归，赔款之数可少，而外人所索保险之各种条件，皆可因倚赖圣明而无须提出。公论昭然，怀愍徽钦之祸，万万不容拟议，其理至显，而诸人因识见腐陋不知此者十之九，明知而佯为不知者十之一。此十之一则为太后、荣、王、岑诸人也。时岑幕中有张鸣岐者，年少锐敏，力劝奉皇上回京，收此大功。岑词穷而不语。”帝自愿挺身以与外人周旋，虽厄于西后不克实现，其英决勇猛之概，足见一斑。且此为脱樊笼而复政权之关键，尤机不可失。以西后之狡黠，自亦深知之，宜其必欲挟之而奔，不肯稍纵也。戊戌之变，外论多同情于帝，称为英主。比后肇义和拳之乱，知帝反对启衅，而志不获伸，益称其贤。使帝果留京主和议，外人于条件上可不至过于苛求。王氏之说，洵为有当，然后则势难重掌政权矣。盖其时后之主旨惟二，一则不惜尽诿其罪于所用诸臣，牺牲之以谢外人而图自保；一则政权必须把持，无论如何，断不令复归于帝。二愿获偿，即心满意足，条约之酷虐，国耻之深巨，固弗甚措念。故回銮之际，铺张扬厉，盛极一时，说者谓如乾隆帝之南巡焉。当联军之入京，各国互相牵制，形格势禁，除以和议为收束，无更进一步之办法。故于奕劻、李鸿章未至之前，即表示谋和之意。王氏谓不必李合肥始能议和以此。惟帝既不获躬主其事，诸臣中资格物望无出李右，遂觉舍李莫属耳。岑春煊遇后、帝于仓皇颠沛之中，苟能毅然拥帝回京，诚为社稷之臣。迨既至太原，纵有忠忱，事固大难矣。至张鸣岐与此事之关系，前闻人言，岑本有助帝之意，张以利害之说动之，力劝弃危就安，厚结于后以自谋显达，岑始变计附后。张之致身通显，亦基于是，与王说不同。张之洞督鄂时，有《抱冰堂弟子记》述其生平行事，（罗惇曧《宾退随笔》云："托名弟子，实其自撰也。"）有云："庚子七月中旬，京师危急，闻两宫意将西幸，合肥李相，纠合各督抚，力阻圣驾，并未先商，已电山东请发折，然后电知。乃急报项城，谓此议大谬，万不可行。鄂断不会衔，如已发，当单衔另奏。乃撤去鄂衔。幸此折到京之日，畿郊已大乱，疏未达而乘舆已行，不然，大局不堪问已。合肥又有联衔疏请驾留山西，勿赴陕，亦驳之。"李氏倡议阻驾，是其忠于谋国处，灼见决无怀愍徽钦之事也。张乃独持异议，正为大谬。其表面理由，当不外为两宫谋安全；其隐衷似别有在。盖自戊戌政变以后，惟以自媚于后为事，固深惧政权再落帝手也。张自负督抚中之佼佼者，而李殊轻之，不先与商，即代为列衔，电袁世凯发折，想见此老意态。

九四　西后变法诏

西后在西安，下变法及饰己罪人之诏，以帝之名义出之，曲为后回护。盖均樊增祥承旨撰拟，词颇工畅，而理实难通。《方家园杂咏》云："矫诏连篇尽滑稽，翻云覆雨太支离。金瓯撞坏由谁手，却托兴元罪己词。"纪事："西巡后掩饰纵匪，强颜回护，句句不通之诏书，皆令皇上自承之。辛丑元旦下太后变法之诏（按：此诏庚子十二月初十日所颁，有"恭承慈命"语），令皇上先自骂二句，曰：'康有为之变法，非变法也，乃乱法也。夫康有为一小臣耳，何能尸变法之名。'闻此诏非军机所拟，出自荣禄袖中，人皆意为陕臬某君所草云。"后既于戊戌尽复帝所变之法，兹复欲藉变法以媚外人，出尔反尔，如何措词，不能不费推敲。于是乃有"康逆之谈新法，乃乱法也，非变法也"等奇语，实足令人齿冷，而为康氏却益增声价不少。（费行简《慈禧传信录》云："后既西狩，颇思变法，藉示亲外人意。端方窥旨，入对时力言新政宜行，用人宜破格。后虽默然，而意益决。会奕劻等自京师密奏，亦以为言。瞿鸿禨、张百熙等自南中还朝，咸谓人心士论，皆延望变法。鸿禨谓变法自变法，康有为谋逆自谋逆，二者不可并为一谈，乞后勿顾虑。于是敕荣禄令樊增祥拟旨进。"）张之洞辛丑六月与刘坤一会衔续陈筹议变法折，结处谓："至若康有为之邪说谬论，但以传康教为宗旨，乱纪纲为诡谋，其实于西政西学之精要，全未通晓。”复提出康氏，为申申之詈，亦所以仰体“慈”意而严变法、乱法之辨欤？（原第8卷第22期）

九五 溥儁之废立

端王载漪既获重咎，大阿哥溥儁之地位自难保全。惟以事关储贰，本西后得意之笔，既觉立予废黜，有损面目，而诸臣进言，亦多顾忌，故迟至辛丑回銮途次，始黜之。据《抱冰堂弟子记》云：“庚子西幸以后，和局将定，朝廷斟酌回銮之举。外人来言：诸祸首虽已治罪，然某要事未办，名位如故，到京后各国必力要之，得请乃已。乃密电枢廷劝其面奏，趁两宫未到京之先，出自慈断发之，以全国体，此议遂定。时乘舆尚在汴也。”所谓某要事，即指废溥儁事。是张之洞固此议之发动者，为和局计，亦为西后计也。又据《庚子西狩丛谈》吴永自述云：“予在湖北时，屡谒制府张文襄公，意颇亲切。询及出狩及行在情状，每感叹不止。一日忽谈及大阿哥，公谓：‘此次祸端实皆由彼而起，酿成如此大变，而现在尚留处储宫，何以平天下之人心。且祸根不除，尤恐宵小生心，酿成意外事故。彼一日在内，则中外耳目皆感不安，于将来和议，必增无数障碍。此时亟宜发遣出宫为要著，若待外人指明要求，更失国体，不如及早自动为之。君回至行在，最好先将此意陈奏，但言张之洞所说。看君有此胆量否。’予曰：‘既是关系重要，誓必冒死言之。’曰：‘如是甚善。’”此为庚子九十月间事，时吴奉命催饷在鄂见张也。比辛丑五月回抵行在，仍伺应宫门差使。据云：“予忆及文襄所嘱，念夙诺必当实践，顾以事情重大，不敢冒昧。此时荣相已至行在，仍为军机首领，对予颇相契爱，乃先以此意叩之。荣时方吸烟，一家丁在旁装送，闻予所述，但倾耳瞑目，作沉思状，猛力作嘘吸，烟气卷卷如云雾，静默不语。吸了再换，换了又吸，凡历三次。殆阅至十余分钟，始徐徐点首曰：‘也可以说得。尔之地位分际，倒是恰好，像我辈就不便启口。但须格外慎重，勿卤莽。’予因是已决意陈奏。一日召见奏对毕，见太后神气尚悦豫，予因乘机上奏曰：‘臣此次自两湖来，据闻外间舆论，似对于大阿哥不免有词。’太后色稍庄，曰：‘外间何言？与他有何关系？’予因叩头奏曰：‘大阿哥随侍皇太后左右，当然无关涉于政治。但众意以为此次之事，总由大阿哥而起。现尚留居宫中，中外人民颇多疑揣，即交涉上亦恐多增障碍。如能遣出宫外居住，则东西各强国皆称颂圣明，和约必易就范。臣在湖北时，张之洞亦如此说，命臣奏明皇太后、皇上，并言此中曲折，圣虑必已洞烛，不必多陈，第恐事多遗忘，但一奏明提及，皇太后定有区处。’太后稍凝思，曰：‘尔且谨密勿说，到汴梁即有办法。’予遂叩头起立，默计这一张无头状子已有几分告准也。”及随扈回京途中，据云：“十月二十日仍驻开封。是日上谕，奉懿旨，溥儁著撤去大阿哥名号，立即出宫。

加恩赏给入八公分衔俸，毋庸当差云云。此事予前在西安面奏，太后曾有‘尔且勿说，到开封即有办法’之谕，予以为一时权应之语，事过即忘。至此果先自动撤废，足见太后处事之注意。”叙述甚详。是张氏且尝嘱吴言之，其对此事之关心尤为可见。而溥儁之废，则非专用吴言也。“懿旨”有“慨自上年拳匪之变，肇衅列邦，以至庙社震惊，乘舆播迁。推究变端，载漪实为祸首，得罪列祖列宗，既经严谴，其子岂宜膺储位之重”等语，盖溥儁之必废，实在意中，纵西后尚不无回护之念，而怵于外人责言，亦罔敢枝梧矣。当时西后之视“列邦”，更重于“列祖列宗”也。

近阅《方家园杂咏纪事》，知与张氏关系最深之梁鼎芬，亦尝于西安言其事。咏云：“辛苦挥戈盼日中，谈言微中狄梁公。那知阴蓄滔天势，祸水横流汉火终。”（梁文忠以疏逖小臣言人所不敢言，较狄仁杰更难也。）纪事：“自溥儁入宫，宫中诸人，心目中皆以儁为宗主，视上如赘旒。而儁性骄肆，谓上为疯为傻，昌言无忌。上佯若不闻。及西巡，所至太后皆命儁与隆裕同室，意因上性刚烈，可以挫辱致死。而上知其意，始终以呆痴应之。张文襄之以才堪大用荐梁文忠于行在也，实因文忠欲请废大阿哥之故。既得赴行在之诏，文忠由豫入陕，程愈近而心愈惧，筹思措词之难，夜不成寐。因清律臣下言及立太子、废太子，皆大辟也。一日至潼关，登山远眺，仍自心口相商，推敲字句，心忽开朗，口中自语曰：‘不如我们自己料理呀。’默自谛审不误，是夕始能熟睡。至西安召对，历述本国臣民及外人倾服皇上之情，且云：‘臣自南方来，闻洋人在上海已先议决，除杀端王外，尚有专条干涉立大阿哥事。倘至洋人提出时，伤我中国体面太大。以臣愚见，不如我们先自己料理呀。’太后正阴惧洋人追索本身，闻此连连点头。文忠密告荣、王诸大臣，不数日而废溥儁之议遂定。（此文忠最得意之事。丙午余至武昌，文忠为余详言之，而世人多不知。）张、梁师生沆瀣，于此亦有同心焉。庚戌鹿传霖卒，梁挽以联云：‘凄恻感深知，大计独陈夸有胆；忠诚难再见，遗书亲刻倍伤心。’上联似即指请废溥儁。时鹿氏已居行在政府也（鹿为张之姊婿）。至王氏所谓‘那知阴蓄滔天势，祸水横流汉火终’，盖伤溥儁虽废，光绪帝终不得其死，而清亦遂亡也。惟自戊戌以后，张、梁均非助帝者，其主废溥儁未必即欲为帝挥鲁阳之戈耳。”（梁自云有“中外倾服皇上”语，似系对王氏之一种词令。）

九六　溥儁之小慧

吴永所述“闻溥儁性甚顽劣，在宫时，一日德宗立廊下，彼突从背后举拳击之，德宗至仆地不能起，以后哭诉太后，乃以家法责二十棍。如此行径，何能承宗社之重。如废立早行，此次更不知闹成何等世界也。平日对诸宫监，亦无体统，众皆狎玩而厌恶之”。其他诸家记载，亦专著其童昏顽劣诸状，毫无恕词。独《慈禧传信录》谓其虽举止佻达非大器，而颇有小慧。据云：“儁虽慧而佻浮，素涉猎小说家言，风流自喜。出入慈宁，殷勤承顺，趋跻合度，颇得后欢。又时与诸奄戏谑，众乐其不持威仪，争于后前诵其贤。独隆裕知其非令器，尝为桂祥言，此人若真继统践大位，国祚必丧厥手。世谓儁尝戏后侍女，适为隆裕所见，尝面斥之，说固有因矣。后戒儁勿朝帝，或在慈宁与帝值，请安后亦不交一言。后偶令讲史，德宗适至，闻其舛错，嗤之以鼻。后怒，挥令帝退。然自是不复课儁讲读。高赓恩（儁之师傅）告予：儁慧，好为词赋，而记忆力弗强，诵过辄忘。而徐桐则以帝王学不在章句，每为儁讲释《大学衍义》，兼及朱程语录。儁则不待辞毕，已欹几垂头睡矣。”又记其在西安时云：“报章载其出随诸奄滋扰剧园，或宿土倡家，然皆訾说。第尝策马游近郊，而必白后始敢出。平居举止颇佻达不自重，亦喜戏剧。然工属对，且能为小诗。高赓恩为予言：尝以‘朔方十郡耕牧策’命对，即应曰‘秦中千古帝王州’。虽声未尽调，而字义工整。时方西巡，言尤有当。所为《雁字诗》，有‘聊将天作纸，挥洒两三行’，亦工切。又《望终南诗》：‘入夜宫中烛乍传，檐端山色转苍然。今宵月露添幽冷，欲访柟台第五仙。’则斐然成章矣。宋伯鲁谓此赓恩自作，然予见高诗甚多，颇拙重，无此流利也。其《忆京师诗》：‘梦里不堪闻北雁，觉来依旧说西安。’亦有意致。”洵足广异闻矣。似儁之流，苟无大阿哥之一桩公案，充其才思，当可以诗词名。而无端卷入政治漩涡，举世诟病，成一不祥之人，实大不幸，西后害之也。

九七　奕劻李鸿章请废溥儁

关于溥儁之废，《慈禧传信录》云：“初奕劻、载漪同管总署，而漪以子贵，势凌劻上。拳匪事，劻少有谏正，漪至欲假匪手诛之。劻夙有所闻，虑溥儁继统，将为患他日，遂约李鸿章密电告后，谓德帅以载漪虽降谪，而其子方居东宫，为他日继体之君，各国不能无惑。现流言颇炽，虽和约未必轻易，而留此枝节，必生他变。如近日俄人之踞奉天，即京约以外事，可引以为鉴。后以谘枢臣，荣禄谓劻、鸿章言当，宜罢儁大阿哥。且劻子载振聪明仁智，足继其选。瞿鸿禨谓，上年力正强，立嗣事可勿庸亟亟。后曰：‘以立嗣事，吾备尝诸艰，从今可勿复言。唯载漪虽获罪，其子居深宫，实无可指摘，将以何礼处之。’是时后患胃疾，议终莫决，后乃降旨。”所述奕劻及李鸿章与其事，亦颇中理。惟荣禄推荐载振之说，或未可信。“懿旨”有“承嗣一节，关系甚重。应俟选择元良，再降懿旨”等语，则当时虽寝立嗣之议，而仍着此一笔，盖遥承上文而言，所以护前自饰。

（原第 8 卷第 23 期）

九八　荣禄阻止废光绪帝

朝臣中最为西后腹心者惟荣禄，盖富于机变而为后谋最忠也。戊戌政变，尤为清议所深恶。然据《方家园杂咏纪事》，则荣尝力诤于后，光绪乃得不废。咏云："扬言不豫盖弥彰，和缓邻医竞荐良。更有谠言寒逆胆，恶声中外口难防。"纪事："戊戌八月变后，太后即拟废立，宣言上病将不起，令太医捏造脉案，遍示内外各官署，并送东交民巷各国使馆。各使侦知其意，会议荐西医入诊，拒之不可。荣禄兼掌外务，自知弄巧成拙。又尝以私意阴示刘忠诚公，忠诚复书曰：'君臣之义已定，中外之口难防。坤一为国谋者以此，为公谋者亦以此。'荣禄悚然变计，于是密谏太后，得暂不动。"又云："恨他夷狄笑无君，故煽狂徒起恶氛。眉赤巾黄朝玉座，盈廷鼓舞色欣欣。"纪事："荣禄已屈于正义，而前此与谋之徐桐、刚毅等仍与崇绮、载漪阴画进行之策，内外布置已就。于是徐桐、崇绮拟就内外大臣联名吁请废立奏稿。先密请太后一阅，太后可之，谕曰：'你两人须先同荣禄商定。'是时荣总统董、马、张、聂、袁五军，势最大也。（按：荣禄总统武卫全军，以聂士成之武毅军为前军，董福祥之甘军为后军，宋庆之毅军为左军，袁世凯之新建陆军为右军，荣禄另募亲兵万人为中军，所谓武卫五军也。至壬寅正月，以宋庆病故，始命马玉崑接统武卫左军。）二人往见荣，口称'奉太后旨意，以此稿示尔。’荣相接稿，甫阅折由，以手捧腹大叫曰：‘啊呀！这肚子到底不容啊。适才我正在茅厕，泻痢未终，闻二公来有要事，提裤急出，今乃疼不可忍。’言毕跄踉奔入，良久不出。天正严寒，二人纳稿于袖，移座围炉。荣相之入，乃寻樊云门议答法也。及出，曰：‘适才未看明何事，今请一看。’复接稿阅数行，急卷而纳诸炉中，以铜筋拨之，焰腾起。口中呼曰：‘我不敢看哪。’（好荣禄，徐桐不知愧，可谓悍贼。某文豪纪事，多以小巧之技济其毁誉之私，其骂荣禄、李莲英，亦大失其真。夫奸雄亦多术矣。就令二人果纯为奸，其高处立阔处行，眼光四照，脚踏实地，岂小说戏剧中之行径所能仿佛哉。况二人皆非甘为小人者也。荣禄是年曾与高阳李符曾言：皇上性暴，内实忠厚，太后心很，令人不测。）徐桐大怒曰：‘此稿太后阅过，奉懿旨命尔阅看，何敢如此！’荣相曰：‘我知太后不愿作此事。’二人言实出太后之意。荣相曰：‘我即入见，果系太后之意，我一人认罪。’二人怏怏而去。荣相见太后，痛哭碰头，言：‘各国皆称皇上为明主，非臣等口辩所能解释。倘行此事，老佛爷的官司输了。老佛爷辛苦数十年，完全名誉，各国尊仰。今冒此大险，万万不值。倘招起大变，奴才死不足惜，所心痛者，我的圣明皇太后耳。’言毕碰头作响，大哭不止。太后惧而意回，劝令勿哭，另作计画，于是改命新皇帝溥儁暂屈为大阿哥，入宫养育，承嗣穆宗。称今上曰皇叔。徐、刚、漪、崇辈稔知太后久已褫魄于洋人，非先制洋，不能振太后之气。于是急煽拳匪，不数月而燎原势成。拳匪之口号曰：‘不斩一龙二虎，不能成功。’二虎者荣相及在外之李文忠，一龙者皇上也。（按：一说二虎为李及刘坤一。）王公及宫监争迎大师兄，声言大师兄能望气而识二毛子。二毛子者，信洋教之人也。又言女拳师能飞行空中取人首级。太后召大师兄入宫，令其遍视妃嫔宫女，以察是否二毛子。太后平日甚聪明，亦不恶洋教，此则佯为迷信，实阴令拳匪豫识宫中部位路径，以备临时作用也……”所谓临时作用，亦足见西后蓄心险很之一斑。愚妄诸臣，信有罪矣，西后利用而主持之，罪实浮于诸臣也。荣禄谏止废立，虽为西后谋，其鉴识自远非端、刚辈所能几及耳。忆荣禄遗折，于调和两宫一节言之甚为恳挚，盖亦深冀获谅于帝也。其与人言太后心很，令人不测，甚可味。使迟死数年，或未必能长保恩眷。（王氏所称某文豪，指梁启超。）

九九　荣禄重刘坤一

荣禄重刘坤一。刘先卒数月，时为壬寅九月，荣挽以联云：“老成谋国，中外同孚，大局倚安危，天许忠诚无愧色；道义订交，初终一致，平生共休戚，我尤凄痛失知心。”又云：“忠悃济艰危，共推江左夷吾，桑土绸缪能坐镇；故交感零落，曾哭梦中李白，菊花时节又神凄。”颇肫切。以道义知心相许，盖于庚子一役自明之外，兼寓同争废立之事焉。二人饰终之典，赠太傅同，追封一等男爵同，易名亦同得忠字。而士论少以之相提并论者，则以荣为西后死党，大节有惭也。

一〇〇　王闿运作《荣文忠故宅诗》

《湘绮楼日记》民国三年甲寅闰五月十日云：“作《荣文忠故宅诗》，荣居一品五十年，真贵人也。晚好士，能荐达，不及曾侯者，士之咎耳。有一孟浩然而不能用，曰：文忠未为忠乎？‘丞相新居近御垣，当年枥马夜常喧。宫衣一品三朝贵，门客长裾四海尊。调护无惭狄仁杰，池亭今似奉诚园。只应遗恨持节使，重对茶瓜感梦痕。’”亦及谏止废立事，至以曾国藩相拟，未免不伦。

一〇一　戊戌以后之李莲英

尝闻人言，光绪帝自戊戌被幽后，宫监多不礼之，或加以陵侮。而恶名最著之李莲英独时致殷勤，帝颇感之。觉此说与诸家记载中之莲英为人异，而未知其审也。近阅《方家园杂咏纪事》，颇详著其事。王氏谙于宫廷旧闻，所述当甚可重视。如于后、帝回銮事，咏云：“炎凉世态不堪论，蔑主惟知太后尊。丙夜垂裳恭待旦，膝前呜咽老黄门。”纪事：“黜太后之条虽已删去，太后心仍疑惧。和约钤定，始敢回銮。如白昼之鼠，探首出穴耸耳侧听，行行且止，留汴最久。入直隶，心始放。袁、岑夹辅而至保定。保定行宫，太后寝殿铺陈华美，供给周备，李莲英室次之，皇上寝殿极冷落。宫监及内务府诸人，趋奉太后事毕，各散去饮博，或休息。李莲英伺太后已睡，潜至皇上寝宫，小奄无一在者，上一人对灯兀坐。莲英跪安毕，问曰：'主子为何这时还不睡？'上曰：'你看这屋里，教我怎么睡。'莲英环视之，时正隆冬，宫中除硬胎之坐褥椅垫靠枕外，无他物。莲英跪抱皇上之腿痛哭曰：'奴才们罪该万死也。'莲英出，旋抱衾枕至，曰：'今夜已深，不能再传他们。这是他们为奴才所设被褥，请主子将就用之。奴才罪上加罪，已无法也。'余尝闻上驷院卿福启言，上还京后，每追念西巡之苦，曰：'若无李俺答，我活不到今日。''俺答'满语，如汉语之奶妈也。自戊戌以后，太后宫中即二总管崔玉贵独揽大权，因莲英出言谨慎，不敢附和逆谋，故太后疑忌之，以资格仍居大总管之名。"附记："袁世凯于京中事先未明了，继合肥督直，专以杨士骧为导师。保定筹备行宫，亦杨所指挥。杨宦京久，酒食征逐，习闻市井之谈，以李莲英为主人翁，故行宫中太后褥垫皆重以黄缎狐皮褥，他物称是。莲英室亦然，帝、后宫皆无之，以是为深媚太后也。莲英鄙之。至甲辰年，世凯尚遣候补道唐小山者入京，先见莲英之妹婿白寿山，后见莲英，言欲奏保寿山为保定所练旗军之帮办大臣。原来寿山不过一内务府郎中耳，貌堂堂，不甚识字，人却谨朴，力辞之。唐向莲英求其劝白寿山同意，莲英曰："归告宫保，寿山不敢遵命，乃我教之也。万勿再啰嗦。”至是世凯始恍然于莲英之无他志，遂改途专媚崔玉贵。”众口共弃公认为光绪帝之大敌之李莲英乃能如是，斯亦奇矣。王氏笃实伉爽，且痛恶西后者，当不肯故以曲笔为李粉饰揄扬若是。按之前此所闻，亦略可印证。意者李虽挟后宠，以城狐社鼠之资格具炙手可热之势焰，而戊戌以后戒心渐萌，惧一旦西后死，帝再亲政，必罹重咎，故于帝前特示忠款，为异日地。其不敢与袁氏过密，似尤有深虑。苟不如是，则惟有与崔辈同谋弑帝以除后患，而如王氏所述，宁遭西后之忌，不敢附和逆谋，殆天人交战而良知未泯者欤？

（原第 8 卷第 24 期）

一〇二　张人骏鹿传霖气谊相投

清末督抚中，张人骏以悃愊无华、端重老成著，不随波逐流、迎合风气。历督两广、两江，均大疆繁剧。时髦政客屡攻之不能动，固以久为循吏，资望较高，而鹿传霖重其廉正，引为同调，在枢府中时加维护，极言其贤，其见信于上，不易动摇，亦多赖是也。庚戌七月，鹿卒于位，张挽以联云：“溯太公急难以来，忠节相承，名德有达人，特钟圣相；自先帝登遐而后，台衡代谢，中原正多故，又丧老成。”以圣相称之，亦见气谊相投。

一〇三　鹿传霖督川

鹿以清鲠为载沣所敬，恤典颇隆，谕称其“忠清亮直，刚正不阿”，而“一事不苟，一语不欺，公而忘私，始终如一”数语，尤为特笔表彰。陈宝琛为撰《墓志铭》，即用其语云：“一事不苟，一语不欺，帝之知臣，如臣自期。公而忘私，始终如一，济直维清，履忠以实。”挽词中用此者尤多，而以严复“同列群公，惮其有为，愧其有守；九重真鉴，一事不苟，一语不欺”一联最为健举。陈氏联云：“变法世方新，蹇蹇臣躬，他日终当思潞国；筹边今已验，悠悠党论，九原犹恨失维州。”亦颇有意致。上联寓不为时髦政客所尚之旨，下联则指督川时谋瞻对改土归流事也。鹿氏遗折犹特举瞻对事，谓：“议收瞻对，改土归流，内以震慑藏番，外杜强邻窥伺，事未果行，遂即解任。”言之实有遗恨。《墓志铭》叙其事云：“二十一年，擢四川总督。是时英、俄交窥西藏，藏番恃俄援，梗英画界。而瞻对土民苦藏官苛虐，思内附。公以瞻为蜀门户，瞻不化服，无以威藏番使听命，则界无时定，英忌俄，益急图藏。藏亡，瞻属藏，必随亡，患且及蜀。会瞻官以兵侵章谷，抗我军，公檄军讨之，尽收三瞻地，乃请归流，设汉官。疏十数上，李文正公韪其言。文正薨，廷议中变，公争益力。属有蜚语上闻，乃解公职内召。”足征鹿之督川，非碌碌者。惟所谓蜚语上闻，未质言之。据《近代名人小传》传鹿有云："督蜀日，议收川边地，置流官，为防藏策，致用兵，恭寿、文海交章言其不便，达赖疏诉于朝，奕䜣訾其多事，竟罢去。"又传文海有云："以贵州臬司授驻藏办事大臣，苦其边远，至成都，趑趄不进。鹿传霖方督川，促之。海告将军恭寿曰：'彼用兵三瞻对地，是夺子权也，何弗劾之。吾当为助。'寿信之，遂弹传霖去。"盖为旗员所中伤也。

一〇四　清末督府立宪之争

清末号为预备立宪，而政治污浊，一切设施举措，多以促亡。盖亲贵之攘利权，巧宦之猎膴仕，均藉宪政为大好题目也。各督抚以风会所趋，亦争言宪政以投时尚。政客、游士麇集幕府，藻采纷披之电牍连翩竞起，皆所谓持之有故、言之成理者，而不顾政局如斯，病在根本，纵有良法美制，不徒无益，而又害之也。庚戌之岁，各督抚群起而言速设责任内阁，开国会，滇督李经羲清辩滔滔，推论尤详。其致各督抚通电所谓："国家政策，须以理想立进取标准，以实验定施行方法。阁臣伟于实验，议员伟于理想，两相调剂，进步始稳健和平。"又谓："羲不敢谓内阁国会一成，必臻郅治。而敢谓内阁国会相维，犹之定医乃可议方，对镜方能辨影，施救未定之天，终胜于袖手待绝。"词极动听。且致电载涛、毓朗，蕲其赞助。先举反对阁会之说各二，而谓："综此四虑，皆创建应有之难，非将来不治之症。若能得有才之总理，明理之议员，清权限，明是非，朝廷主定其事，必有裨益。”尤见踊跃促成。各督抚大都和之，惟江督张人骏不以为然。通电谓：“参蓍良药，误投适以杀人……增华踵事，与各国相追逐，不揣其本而齐其末，未得貌似，形神已疲。为今之计，自应就宪政预备事项，删其可缓，致力所急……重要之端，不外饬吏治、兴实业二者。盖吏治修则民志安，实业兴则民生厚。内讧不起，外患可弭。及时修明刑政，整饬戎务，未尝不可为善国。”不避顽固迂拙之讥诮，宁为卑无高论之主张，盖所见迥异俦辈耳。鲁抚孙宝琦，夙以奏请立宪最早为生平得意之笔，通电驳之，谓：“非设责任内阁无以挈统治之机关，非开国会无以定舆论之归宿……琦窃以为欲救宪政之困难，与谋宪政之进行，舍此别无良策，至饬吏治、兴实业，自属不刊之论。但阁会不立，恐中央无严肃之精神，各省徒相承以粉饰。历来疆吏，何人不讲整饬吏治，各省亦何尝不务实业，其成效安在？就观大局，时不我与。”其言颇辩。于是粤督袁树勋复起而分析平亭之，通电谓：“事理以讨论而始明。阁会关系尤巨，仲帅发起，列公主张，皆法治也。安帅所见，则人治也。慕帅所谓历来讲吏治实业成效安在，正坐人治而非法治。故今立一法而必全国一致，无人能逾越范围，则必经多数公认。既公认则不复能违犯，夫是之谓立宪。阁会问题实不过法治之机关，至于执持进行，视乎其人。但其人苟不当，亦必有多数人监督之。”意亦侧重法治，实则身为开府建牙之督抚，而曰吏治非阁会不饬，实业非阁会不兴，无阁会则相承以粉饰，良有语病。实业犹可说也，吏治亦概诿之阁会，封疆大吏之责任安在乎！

一〇五　庆内阁

李经羲辈始以阁会并举为言，继又主先立责任内阁，国会则暂置缓图。而次年四月，以奕劻为总理大臣之所谓责任内阁，亦遂成立矣。其时之朝局，固只能产生此种内阁也。庆内阁成，而亲贵之攘权争利日益加甚，若惟恐覆亡之不速者。迷梦之中，得武昌警耗，霹雳当头，魂魄俱丧，不得不迎袁世凯组阁，遂结二百六十年之局，不及待国会之开矣。清末即使召开国会，其效亦可想而知也。

一〇六　张之洞之死

当张之洞以相国在枢府时，对于政局之坏，未能有所挽回。而至辛亥清室将退位时，朝士颇有追思张氏者。谓使南皮尚在，何至如是乎？盖以其才非当时诸大臣所及，而又非如袁之有野心也。张在亦何能为？惟清之无人，则可见耳。闻张之死，以与载沣争洵、涛典兵事。时命载洵筹办海军，载涛训练禁卫军，管理军咨处。张力谏，沣曰："此太福晋意也。"张曰："何不改畀他项优差，军事实非所宜。"沣不可。张退而发病呕血，以至不起。其受知士陈衍《诗话》云："《读白乐天〈以心感人人心归乐府〉句》云：'诚感人心心乃归，君民末世自乖离。（按：陈氏《年谱》引此诗，"民"字作"臣"，"世"字作"造"。）岂知人感天方感，泪洒香山讽谕诗。'此首为广雅绝笔之诗，因与摄政王载沣争亲贵典兵各要政不听，椎心呕血，一病至死。遗疏有'守祖宗永不加赋之规，凛古人不戢自焚之戒'云云，天下诵而悲之。"又陈氏《年谱》云："是冬广雅薨于位，即日定谥文襄。先是载沣为摄政王，专用亲贵。满州人初疑汉人排满，至是不排于汉而见排于亲贵，率多解体。洵贝勒既长陆军，涛贝勒又长海军，又将以某富侩为京卿。广雅力争以为不可，为载沣所斥，归寓呕血，曰今始知军机大臣之不可为也。"盖张自入枢府，罕所匡正。至是以清祚已垂殆，不能无恫于中。以此而死，亦甚可悲。立幼君而俾载沣摄政，张氏实赞其议，其亦有悔心欤？辛亥一举亡清，新军之力甚伟。不戢自焚，可云言必有中。而张固以提倡新军负时誉者，以彼时政治之窳败，乃孳孳以新军为事，就清论清，尤张人骏所谓"参蓍良药，误投适以杀人"。不戢之焚，不过时间问题耳。陈《谱》记之洞在鄂用陈"盛铸铜元"之策，以赢大利，遂积极扩充新军，添造快枪子弹，遣送大批学生留学日本士官，"卒成武昌革命之局"。虽"非广雅所及料"，而民国之建，之洞亦有大功足录也。（之洞卒于己酉八月，陈《谱》曰"冬"，误也。谓洵长陆军、涛长海军，尤误。陈《谱》于晚清史料掌故，颇有记述，足供参考，而舛错处亦不鲜。）

（原第8卷第25期）

一〇七　载沣与袁世凯

袁世凯之放归田里，且几不保首领也。传者或谓系隆裕欲报夫仇，殆非是。闻实出载沣之意，而亦未必与兄仇有关。盖同在军机时，袁承西后殊眷，以少不更事轻之，每不假以辞色。故一旦监国，遂修夙怨。且虑其跋扈难制，故欲除之，以张之洞谏而止，仅令开缺回籍。（一说袁氏督直时，以开平矿务案严劾载沣私人张翼，载沣为缓颊，峻拒之，乃二人结怨之始。）辛亥之起用，载沣方震怖失措，自忖此局非己所能了，不能持异同，惟冀其不念旧恶耳。比袁入京组阁，亦深惧将不利于己，乃由载涛访袁，私探其意。袁以愕然之状对曰："摄政王监国，系受先太皇太后之命，某何人斯，而敢置喙乎？"涛归告沣，以为可无他变。翌日，命沣以醇亲王退归藩邸之懿旨下。

一〇八　袁世凯入都组阁

又尝闻人言：袁氏入都组阁，日使某氏（名偶失忆，待考）与袁有旧，首请见，密询意志。袁氏力言"靖乱报国，之死靡他"，忠诚溢于言表。某氏曰："信乎？"袁益指天日为誓。某氏辞出，遂以达之于其政府。英使朱尔典与袁交最深，比来见，但叙契阔，初不及他，且云："忆曩者政府以三寸纸逐公出，吾以为从此不获相见矣，不图今更相晤于此也。"袁为之变色，自是以计覆清。而日使某则恚袁见欺，交谊遂绝。民国成立后，袁犹数与通书，竟置不答云。斯亦足备治旧闻者之参考。（袁之入都，对往见者均自矢忠诚，义形于色。故说者或谓初意犹非必欲覆清云。）

一〇九　袁世凯被逐

关于袁氏被逐事，《陈衍年谱》有云："初，德宗以戊戌事积憾于袁慰庭枢密，无如之何。及崩后，相传瀛台各处抽屉，发现'袁某著即凌迟处死'字样，袁亦知之，颇自危。时袁长外交部，语其属曰：'欧美各国使臣皆派大使，我国宜从同。若然，则美国非我莫任'。因自撰条陈上之，为张相国所知，密电驻美公使梁诚，告以中国财力不足，乞缓派大使。复电事寝，而袁疏适上，摄政王笑曰：'吾电商缓派大使，复电已允矣。'越日袁公入军机，先不叫起，遇江春霖方上他封事，跂脚卧朝房炕上候旨，袁至遇之，未几而饬袁告病之旨下矣。闻者疑春霖弹击之力，其实非也。"光绪帝逝于暧昧，自身且不保，纵有杀袁之遗命，谁其听之。袁之黜盖不由是也。惟西后既死，袁自知将不容于载沣，欲藉去国为自全之计，事或有之，而所述颇欠明晰。袁疏未上，大使之议尚无端倪，何张之洞遽电属使臣乞缓，而载沣对袁且以复电已允为说，一若此事两国已有成议乎？忆袁氏被逐后，颇有谓由于外交关系者，盖袁氏主联美制日之策，以中美互派大使为第一步。因唐绍仪以致谢减收赔款专使赴美之便，属于美政府秘商，时西后尚未死也。迨载沣监国，受日人之利用而罢袁，联美之策遂无成。揆诸袁氏夙抱之外交政策，此说或亦不为无因，而究为事实与否，犹待考信。

一一〇　光绪帝不能自抑

光绪帝自戊戌后，日处危疑之中，据《方家园杂咏纪事》，则逝世前一年，已几被弑，赖李莲英及肃王善耆救护得免。咏云："不容并立势昭昭，阎乐凶谋奉赵高。幸有老奴营救早，暂时收却笑中刀。"纪事："上虽久知韬晦，而英锐之气往往不能自抑。王士珍之补副都统也，上曰：'你这要与旗人共事了，他们都糊涂哇。'袁世凯之留京议订宪法也，上冷语曰：'你的心事我全知道。'袁不敢对。八字空言，耐人寻味，适足激成勾结逆党之决心。凡此等处，实太后所阴喜也。崔玉贵既知太后一日不在，则其生命一日不保，而内外上下抱此危惧与之同情者，又指不胜屈。上宫中旧奄被太后历年杖杀及他调者已略尽，左右近侍皆玉贵徒弟，玉贵恒对其徒弟叹息曰：'老佛爷活一天，我活一天。'其徒有孙敬福者，曰：'师父不用愁，我一个人给他抵偿就结了。''他'指皇上也。孙敬福绰号孙小胖子，侍太后最得宠。一日，皇上宫中忽得太后恩旨，命孙小胖来侍，意甚殷勤。旋有他奄于共宿时，窥其身藏利刃，互相密告，皆大惧，谓一旦有变，同被死罪，乃共于要路，伺李莲英至，环跪曰：‘我等皆活不了，求大总管救命。’莲英问何事，以小胖藏刀告之。莲英乃托外间风闻，向玉贵揭破，请其速查。（莲英至此不复顾太后之恨矣。）于是小胖不敢动。此光绪三十三年初夏事也。时瑾妃宫首领太监赵姓，家住沙滩，暮夜介田际云来访余于南池子，余立携二人往寻风林。（按：系肃王府护卫，善耆亲信也。）相与夜见肃王，密议于东花园三层小楼上。屏去侍者，王曰：‘孙小胖子容易劝化，这事凑巧，我明日即有办法，切莫声张。’又数日见王，王欣然得意曰：‘孙小胖子业已被我收服，万无一失。因小胖子家欺负邻人成讼（凡有钱之太监皆有家在京中），本系小胖家理曲，健讼不休。我先不受其请托，今因此事，乃命工巡局昧心偏断，令小胖家得直。小胖来谢，我以利害是非劝之，小胖言万无其事，指天誓日而去矣。’是时工巡局兼理京城民事诉讼，而肃王以民政部尚书辖之也。旋闻太后调回小胖，而李莲英屡因他事被责，心知太后忌之，遂以老病乞假家居，而宫中势力，崔更统一矣。”当时情事，叙述历历如绘，洵谈秘史者之珍闻也。《慈禧传信录》记锡良事有云：“良移川督，凡四召见，后所语多寒暄，不及大计。帝相向无言。及请训，后方言：‘峡江险，尔以议铁路，须自鄂入川，水道宜自小心。’帝忽曰：‘近英俄皆窥藏，藏倚川为后援。庆善、安成等皆庸材，藏事尔幸留意。’良后入川，考善、成等治藏状，果如帝谕。尝为予言帝有知人之明云。”可与此则所述帝语“他们都糊涂哇”合看，皆韬晦之中，而英气流露于不能自抑耳。

一一一　善耆密谋以消防队护卫光绪

善耆曾谋以消防队卫帝，亦见《杂咏纪事》。咏云：“袁、崔晨夕通消息，线索新加小德张。莫赤匪狐同利害，可怜忐忑肃亲王。”纪事：“袁世凯入军机，每日与太后宫进奉赏赐，使命往来，交错于道。崔玉贵更为小德张介绍于袁，小德张，隆裕宫之太监首领也。三十四年夏秋之交，太后病即笃，又令太医日以皇上脉案示中外。开方进药，上从来未饮一口，已视为习惯之具文。（当日江侍御春霖向李侍御浚言曰：“皇上知防毒，彼辈无能为。”岂料彼辈之用意不在于方药中置毒哉。）其前岁肃王曾谓余曰：‘我所编之消防队，操演军械，无异正式军队。以救火为名，实为遇有缓急保护皇上也。’至是，余自保定来，题及前话，谓‘倘至探得太后病不能起之日，王爷即可带消防队入南海子，拥护皇上入升正殿，召见大臣，谁敢不应。若待太后已死，恐落后手矣。’王曰：‘不先见旨意，不能入宫。我朝规制，我等亲藩较异姓大臣更加严厉，错走一步便是死罪。’余曰：‘太后未死，那得降旨。’王曰：‘无法。’余曰：‘不冒险恐不济事。’王曰：‘天下事不是冒险可以成的，我冒险曾冒到刑部监里去，中何用来？’余扼腕，回保定，又百余日而大变酿成，清运实终矣。”此亦秘史轶闻，局外人不易深知也。小航先生并为吾言：“清室逊位后，小德张犹与总统府交通颇密，倚势陵其乡里。袁氏既逝，段祺瑞以国务总理当国，小德张献值银数十万圆之房屋一所，段却之，后乃以廉价售诸张勋云。”（原第8卷第26期）

一一二　同考官之苦乐

科举时代，有一联嘲外省乡试同考官云：“捧檄人如鱼赴壑，入帘官似鸟投罗。”谓现任州县官调帘分校，代理帘缺者，有得握铜符之喜，踊跃莅任。而本任官则受拘棘闱，收入复因之有损，颇以为苦也。然抡才大典，衡文为最荣誉之事，起家科举之州县官，对于十载寒窗之故业，每有一行作吏此事遂废之慨，于此获掌文衡，亦读书人吐气之一机会，苦乐相衡，乐固远胜于苦，盖名心重于利心，未可概以物质的观念论之耳。仪征厉秀芳，道光甲辰以武城知县充山东乡试同考官，详记其事于所著《梦谈随录》中，欣幸之意溢于言表。据云：

州县官之至适意者，其惟帘差乎。八月初二日考帘，集于官厅。巡捕延入别院，中丞款曲数言而入。从者设笔砚，进茗碗，从容就坐。巡捕粘题纸于楹。

是考无关得失，信笔挥洒，如题而止。（按：调帘者考试一次，以分内外帘。外帘任事务诸职，内帘即同考官。惟大都考前已预定，故曰无关得失，与京曹考差不同。）初六日，赴藩署宾兴宴。宴毕进贡院，入龙门则见两旁号舍鳞列，回忆幼年时携筐觅号，何如劳惫，今则乘舆而过，不胜云泥之感。（按：先缦愔兄光绪壬辰分校会试闱中有句云："帘前安得万朱衣，愁对纷纷落叶飞。我亦当年苏季子，可怜同病竟难医。"虽非谓云泥之意，而抚今思昔，过来人均有一种感想也。）是时犹未分内外帘也。少顷中丞至，吏唱内帘，如余则曰武城县厉而不名。唱毕，本道（按：即首道，济东泰武临道也。武城以临清州属邑隶焉，故曰本道）送入内帘门，则衡鉴堂在焉。堂五楹，正面设两主试座。檐前设内监试、内收掌座，两旁设十二同考官座。座皆铺张华丽，然而心目中总觉有一种清贵气象，非有夙根人不能到此。余在堂后第一层第二房官舍。舍皆七楹，甚宽绰。从者安置毕，两主试登堂，传同考官见。见则三揖，无跪拜礼。（按：同考与主考，分犹同事，不持堂属仪。称主考曰"星使"，自称"房官"，不作"大人""卑职"之称谓也。）其时次序未分，混然而坐。正主试于筒内拈一签，吏曰第几房；副主试于筒内拈一签，吏曰某县，则是县归其座。而坐其座者坐其所离之座。唱毕十二房，坐次皆定，起而对两主试三揖，各散。同人常坐谈于余屋，或三四人，或五六人。晚间各令庖人移馔于余屋共食。馔毕，谈天说地，奇奇怪怪，如读异书，四鼓方散。友朋之乐，无过斯时。初八日刊题纸，四帘官监之，内监试主政，四隅封锁严密，乃请试官命题，饬匠人刊印。余虽帘内，是日亦不知为何题，但闻炮声，九炮是开场也，每一炮是一府点毕也，又九炮是封门也。一毫关节不通风，虽内外帘亦然。十一日，两主试传同考官登堂阅卷，三揖如初。卷分十二束，内收掌主政，两主试拈签。左吏曰第几束，右吏曰第几房，则将两签并纳于束中，由内监试加第几房戳，送其房官展阅。分派之卷总视外收掌所进之数，而内收掌分之，各于堂上阅卷，寂不闻声。阅其佳者，即时呈荐。荐则由内监试加某房官阅荐戳，进于主试。两主试亦各于座上阅卷，其取中者、黜落者，只在此俄顷中耳。而场中士子，此时方进二场，犹逢人道其得意文字，不知已落孙山外，可哀也已。明日又然。始时进卷少，各分四五十本，终日而毕。至十三四日以后，各分一二百本，则堂上所未阅者，携归夜阅之。（按：同堂阅卷，盖定制如是。后多于自室阅之，则从便宜也。）至二十日前后，则二三场卷，各按头场红号分派，各房官第取已荐者品评之，余则点注而已。果二三场有佳者，补荐头场，然亦仅事矣。（按：偏重头场之风，相沿已久。）二十四五日，主试草榜已粗定，其刊入闱墨者，则交其本房修饰之。（按：此亦久为公开之秘密。）闱中有主人酬宾、宾酢主人之例。主试与同考迭为宾主，主试送同考扇对，必致赆仪，主试家丁送同考土宜，必为赠答，皆第一房领袖之也。同人各有条幅、纸扇，互相索书，主试亦然。监临以下，莫不皆然。大率不计书法美恶，第鳞次书之，以志一时之盛云尔。其中两主试墨笔，内监试、内收掌紫笔，同考蓝笔，五色迷离，有如藻绘。暇日互相唱和。余和高唐州莫梅舫有句云：“我有阿咸隔千里，一帘明月共冰心。”是科砚秋侄主试河南，帘中人每传诵此二句。（按：叔侄同时衡文邻省，可云佳话。光绪己丑，先世父子静公典试中州，先君分校山左，兄弟同时衡文，亦一豫一鲁。）是十数日间文字因缘，结契不少，几自忘为风尘俗吏矣。九日初六日放榜，首县来安设座次：中四座则两主试、左监临、右督学坐也，东西八座则藩臬以下官坐也。同考官分坐于东西壁，西司对读，东司中条，官皆峨冠博带以襄盛典。自第六名唱起，正主试发一卷，吏曰某字第几号，但闻东墙下卷箱砉然一开，则墨卷出，捧呈主试拆弥封，与朱卷比较，送之西壁同考官对读无讹，又呈于主试。正主试于墨卷填中式名次，副主试于朱卷填名姓。又送之东壁同考官写中式条，填年貌籍贯。正主试按墨卷核对中条朱注之，吏捧条呈阅各官，然后高唱中式第几名举人某。按中条宣讫，乃以其条发填榜者题名。榜在檐前卷棚下，官目击之，题至前五魁，灯火灿然，第见吏人频频易烛，照澈上下。题毕，监临以下官随榜出。次日，余亦检点落卷，交内收掌而归寓矣。初八日赴鹿鸣宴。

于个中情事，道之颇详，兴味尤为浓厚，亦科举掌故有关系之作也。爰略加删省，实吾《随笔》，供留心此类旧闻者考镜焉。同考之乐，乐乃如是，方以“鸟之投罗”，良不其然。

虽然，同考官亦未尝无自道其苦者。宜宾陈代卿尝两充鲁闱同考，其《秋闱纪事》云：

余四年中两与闱差。自八月初六入帘，至十三日进朱卷，计半月看八百余卷。头场毕，乃阅二场。先检荐卷，再阅其余可荐者，复取头场落卷审视，加评并进。三场亦如之。又虑落卷有遗，则复搜，搜得复荐。凡搜遗十数过。至九月初五，三场毕。次日，主司定草榜，发中卷交各房磨勘。初八近夕，监临提学以下各官，盛服入聚奎堂，会同主司、房考拆弥缝填榜。五鼓揭晓，各房考次第出闱。次日同谒大府。又两日，公宴主司于江南馆，闱中精力疲尽，复连日应给之烦，奔走之苦，殆不可支，返署乃得休。嗟乎，此四十余日之苦，余尝之再矣。回忆分校时，目不暇瞬，手不停披，夜漏三四下，烛影摇红，荧荧然与朱书相眩。倦极就枕，小眠复兴，几不知饮食甘旨。得佳卷辄击节高吟，与同志共赏，以为必售技，喜极呈荐。又复过计深虑，或被经文、五策疵累。至三场皆完璧，而后大喜过望。复恐主司取舍好恶不同，心摇摇如悬旌，殆过于秀才应举时数倍。尝笑语同人曰："荐卷如养子女，既生则冀其寿，已长则望其成立。鞠育劳瘁之状，调护周至之情，父母知之而子女不知也。"同人曰："此虽一时戏言，而房考之心实无以易此。盍纪之以示应举者。"同治癸酉仲秋。

极言同考苦况，正可与厉氏所叙同考之乐参观。而观杨氏之言，则苦中固亦有至乐寓焉。盖苦在形貌，而乐在精神也。以父母之于子女相拟，其情可见。科举时代师生之谊最重，岂无故哉。今八十四翁柯劭忞，杨氏权胶州时所得士也，时方十四龄，杨于光绪甲辰入都，即寓其家，嘉其执弟子礼不倦。阅其《新元史》初稿而称许之，均见杨氏《北游小记》。

一一三　福州大水

报载福州大水灾，为数十年所未有。考闽诗人《陈衍年谱》（其子声暨编）记丙子（光绪二年）事云："五月，福州大水，上游积雨，山水涨发。侯官地界西城一带，水皆没顶。其余大街小巷，深数尺不等。时巡抚为丰顺丁公日昌，亲出梭巡，夜驻城上者旬日。遣轮船赴江浙等处运米，有诗记其事。大世父其门下士，和诗有‘船上张帆市摇橹’句。余家居妙巷，水所不至。先母归宁雅道巷，水淹半扉。稍退，泛舟回。”距今五十五年矣。

（原第8卷第27期）

一一四　古代士人之“官年”与“实年”

清代应试仕宦，年龄有故为增减之习，风气相沿，由来甚久。王士禛《池北偶谈》云：“三十年来，士大夫履历，例减年岁，甚或减至十余年。即同人宴会，亦无以真年告人者，可谓薄俗。按洪《容斋四笔》，宋时有真年、官年之说，至形于制书，乃知此风由来远矣。独寇莱公不肯减年应举。又《司马朗传》，伯达志不减年以求成。则汉、魏间已有之。”此专谓减年。而洪迈《四笔》实兼及增年。其说云：“士大夫叙官阀，有所谓实年、官年两说，前此未尝见于官文书。大抵布衣应举，必减岁数，盖少壮者欲藉此为求昏地，不幸潦倒场屋，勉从特恩，则年未六十，始许入仕，不得不预为之图。至公卿任子，欲其早列仕籍，或正在童孺，故率增抬庚甲，有至数岁者。然守义之士，犹曰儿曹甫策名委贽，而父祖先导之以挟诈欺君，不可也。比者以朝臣屡言年及七十者不许任监司郡守，搢绅多不自安，争引年以决去就。江东提刑李信甫虽春秋过七十，而官年损其五，坚乞致仕。有旨‘官年未及，与之外祠。’知房州章驷六十八岁，而官年增其三，亦求罢去。诸司以其精力未衰，援实为请，有旨听终任。知严州秦焴乞祠之疏曰：‘实年六十五。而官年已逾七十。’遂得去。齐庆胄宁国乞归，亦曰‘实年七十而官年六十七’。于是实年、官年之字，形于制书，播告中外，是君臣上下公相为欺也。掌故之野甚矣，此岂可纪于史录哉？”盖宋代官吏增减年龄之事，竟可公开直陈于君上，而人君亦居然承认其此种事实，恬不为怪。洪氏深不然之，故详著其事。至谓应举减年为求昏地，则以宋代榜下择婿之风颇盛也。其可笑者如《宋稗类钞》云：“今人于榜下择婿，其语盖本之袁崧，尤无义理，其间或有意不愿而为贵势家族拥逼不得辞者。有一新后辈，少年有风姿，为贵族之势力者所慕，命十数仆拥致其第。少年欣然而行，略不辞避，观者如堵。须臾，有衣金紫者出曰：‘某惟一女，亦不至丑陋，愿配君子可乎？’少年鞠躬谢曰：‘寒微得托迹高门固幸，将更归家试与妻子商量看如何。’众皆大笑而散。”贵人榜下择婿，乃出以绑票之手段，致被人戏弄，至可发噱，要亦见科名之足以歆动流俗。其以寒士缘是而托迹高门者，盖比比矣，宜小说戏剧中，演出几多故事也。清季如李端棻典试广东，得士梁启超，朱其懿官湖南凤凰厅同知，得士熊希龄，均以女弟妻之（《当代名人小传》谓朱以女妻熊，稍误）。由师生而郎舅，而梁、熊后又有名流之目，故传为爱才之佳话，与寻常榜下择婿者不尽同。民国时代政事堂左丞杨士琦以侄女妻留学毕业生考试第一徐新六，庶几昔者榜下择婿之遗风焉。

一一五　增年捐官

清季捐赀授官之例广开，其年长者固恒循减年之习，而贵富之家欲子弟早登仕籍，亦多增年报捐，有童孺而已膺监司郡守头衔者矣。李宝嘉《官场现形记》五编卷六十，写藩台衙门号房对黄二麻子谈藩台家事，谓："我们这位大人，一共是一位正太太，三位姨太太。不是前两天有过上谕，如要捐官的，尽两月里头上兑，两月之后，就不能捐了。因此我们大人就给太太养的大少爷捐了一个道台。大姨太太养的是二少爷，今年虽然才七岁，有他娘吵在头里，定要同太太一样，也捐一个道台。二姨太太看着眼热，自己没有儿子，幸亏已有五个月的身孕，便要大人替他没有养出来的儿子亦捐一个官放在那里。我们大人说：'将来养了下来，知道是男是女，倘若是个女怎么样？'二姨太太不依，说道：'固然保不定是个男孩子，然而亦拿不稳一定是个女孩子。姑且捐好一个预备着，就是头胎养了女儿，还有二胎哩。'大人说他不过，也替他捐了，不过比道台差了一级，只捐得一个知府。二姨太太才闹完，三姨太太又不答应了。三姨太太更不比二姨太太，并且连着身孕也没有，也要替儿子捐官。大人说：'你连着喜都没有，急的那一门？'三姨太太说：'我现在虽没有喜，焉知道我下月不受胎呢。'因此也闹着一定要捐一个知府，听说昨儿亦说好了。”（胡适之序此书，谓“此书的第五编也许是别人续到第六十回勉强结束的”。而第五编笔墨固与前甚类，倘果系他人续成，则续者亦可云酷肖矣。）虽此书旨在“谴责”，“臆说颇多，难云实录”。（周鲁迅《中国小说史略》论此书语。）而由童孺捐官推之于尚无其人，为过量之描写，亦充类至尽之意耳。当捐例将停时，增年捐官者最盛，则事实也。（“捐官”二字，依字面解释，犹“弃官”也。对政府捐输私财，而政府授之以官，省言之乃成“捐官”，义适相反矣。“捐官”可对“缴械”，以今日“缴械”二字，往往用作“收械”之义，亦适相反也。）

一一六　彭蕴章长于文事

清代应试者多减年，而亦有增年之事，则以童试冀藉笃老为宗师所怜，易于见录，而乡闱观光，复可以耄龄邀恩赐举人之荣也。道光间福建学政彭蕴章示禁童生假称年老，文云：

> 青春不再，方深忾叹之情。白首有期，何不须臾之待。该童等问年已届杖朝，觌面依然斑鬓。童试妄思弋获，宾兴即可邀恩。积习相沿，居心不正。未卜青衿之厕，徒滋绛县之疑。名器不可滥邀，宜加稽核；人品端于始进，慎勿虚浮。

词甚隽永。彭氏长于文事，其《城砖砌墙判》亦可诵：

> 政和知县详，监生某屋后围墙蛎粉脱落，露出城砖六块，请照违制斥革讯究。彭氏判曰："田宅逾制，固宪典所必加；罗织成冤，亦纠参所不贷。监生某行非枭獍，居本蓬蒿，墙内城砖，难科违制。数仅同于六鹢，非有百雉之观；屋复购自十年，已阅两家之业。欲指为盗窃，则毁城证自何人；欲拟以僭逾，则筑室成于谁氏？况蛎粉剥而始见，知出无心；若虿尾令而必行，是为枉法。难允褫鞶之请，聊纾刻木之衔。

文既工，而事理明晰，尤有老吏断狱之致。

一一七　彭蕴章升迁之速

彭氏以榜下主事官至首辅，其《拜协揆谢恩折》语，传诵一时。黄钧宰《金壶遁墨》云："长洲彭咏莪相国，未由馆选。初被协揆命，谢恩折云：登揆席而未经词馆，计本朝不过数人；由部曹而洊陟纶扉，在微臣甫逾廿载。"遗集未刊此折，盖编集时稿已不存（集中所刊奏折极少），而时人荣之，遂传此数语耳。彭于道光十五年（乙未）由内阁中书、军机章京成进士，以主事分工部。至咸丰五年（乙卯）十二月以工部尚书协办大学士，知遇之隆，腾达之速，为汉人部曹中所稀见。盖久充军机章京，著才敏，屡邀拔擢，咸丰元年遂以工部侍郎为军机大臣。更以谨密承主眷，倚畀益深也。（其子慰高等述其言行有云：“先公十载枢垣，承宣密勿，嘉谋入告，温树不言。”）然其二十七岁膺乡举（嘉庆二十三年戊寅）后，累蹶名场，迨捷春闱，已四十四岁矣。其诗有《乙未三月应礼部试毕扈跸南苑》云：

锁院春风角艺还，簪毫更逐侍臣班。

南宫七发皆虚掷，不及中黄玉靶弯[①]。

自注：①余应闱已八度。

又《观榜》云：

观榜于今十七年，成名纵晚亦欣然。

同袍寥落余颜宋，衮衮诸公早着鞭[①]。

漫言得失了无关，千里风尘几往还。

可惜华词刊落尽，未堪珥笔侍蓬山。

自注：①颜君子镐、宋君子昌皆余江南同榜，今复同登。

良足代表科举时代文人晚遇之心理。彭中第二名，其《自订年谱》述此云：“会试出场后，即赴海子随扈。潘芝轩相国（世恩）在行幄中阅考作首艺，击节叹赏，决为抡元。次日王省崖相国（鼎）阅之云：‘可元可魁，不出五名。’榜发，中式第二名。文题《大德不逾闲》‘夫孝者’

一节‘吾身不能居仁由义’二句。诗题《王道平平》，得‘平’字。座师为满洲鹤舫相国（穆彰阿）、道州何仙槎尚书（凌汉）、满洲孔修侍郎（文庆）、湖州张小轩侍郎（鳞），房师为宜黄黄树斋给谏（爵滋）。余卷为小轩先生所中，鹤舫相国拟置第一，因仙槎先生得浙江张君（景星）卷，欲置第一，乃改余卷为第二。”张鳞于出闱日即卒，彭挽以诗云：

爨桐为世弃，拂拭感公知。
一面缘何吝①，终身慕亦宜。
题名看蕊榜，执贽奠灵帷。
惆怅音容隔，悠悠托梦思。

自注：①师于出闱日逝世，不及谒见。

以屡试不售之士而掇高魁，对于特承知赏之主司，感慕之深，亦人情所同然已。（原第8卷第28期）

一一八　光绪殂逝之谜（一）

戊申十月，光绪帝与西后相继殂逝，其间止一日，实古来所罕闻。帝久处危疑之中，盛年不禄，遂成疑案。据当时诏诰，帝逝世在西后前，而外间盛传西后之死，实先于帝，后死而帝不获独存矣。入民国后，闻之老奄云：“初传太后病亟，近支王公均入宫。太后旋觉稍愈，顾谓诸人曰：‘皇上有病，亦应省侍，勿但群集于此。’众乃推醇王往视帝疾。比至，帝已不能言，相对状极苦闷。俄传太后已大渐，醇王遂返，中途遽闻传进吉祥板，犹以为太后故也，至则太后方晕厥复甦，而帝崩矣。”如所云，则帝先于后为不诬，特相传帝疾非剧而变太速，为出人意外。禁闼邃密，至今犹留为疑窦，多谓帝非善终耳。

《慈禧传信录》谓帝为饿死，其说云：

> 德宗体素强，戊戌、庚子之间，饱经忧患，未尝致疾。自西安回銮，起居虽少自由，而仍不得与后妃同居处。以亢阳素患咽痛，入夜恒不能寐。传太医院官治之，拟方皆清凉疏散，服后疾虽已，旋又作。戊申春间，以肠燥饮药弗愈，私令奄人取大黄服之，以过量，遂泻利（痢）不可止，久之始瘥，体乃渐孱。秋初患咳，始令诸臣荐医。然帝性本强，每进药，辄暗倾诸地，不服也。然实非死疾，仍排日视朝。后自夏令以食瓜破腹，渐及委顿。入冬，日食一盂，胸膈即作楚。自知将不起，而恐死先于帝，则必翻戊戌旧案。然帝病初不甚重，于是强谓帝病不善调摄，杖责诸奄。仍迁帝入瀛台，以己奄侍之。帝亦感寒，疾少剧，侍奄复不为进食。促之，则启曰：“此太后命，恐上以多食致疾也。故日仅啜粥，或饼饵少许。后万寿，帝犹起行礼，然行步已需人扶掖。面后，后曰：“尔尚未死耶？”帝知旨，归而疾大渐，越十日遂崩。帝左右

> 时以病状报后，比帝将崩，后亦喘作，不能起。莲英知帝瘳已必蒙诛，益以后命勒诸奄勿供帝饮食，竟以饿死。自来帝王末路之惨出诸家庭者，此其最矣。后知帝死，召枢臣入，伏枕谕以立溥仪为嗣，兼祧穆宗及帝。以载沣监国为摄政王。之洞力赞其当，议遂定。越日后亦殂。世传帝死，说各歧异，予闻诸桂祥邸第及群奄所述，佥谓实死于饿。后之酷虐，并吕、武而三矣。

其所述光绪帝死状如是，亦颇言之成理。至其叙及戊戌后隆裕事，有云：

> 隆裕昕夕侍后前，日益劳悴，后称其孝，曰："非若夫所及万一也。"隆裕即跽后前泣告曰："皇帝素孝谨，前者退为臣等言慈圣抚育之恩，每至垂涕，不图一旦为人所误至于如此。然其心绝无他，臣敢保之。"后闻言意少解，而仍不听帝夫妇接一语也。

盖谓隆裕固笃于伉俪之情，尝为解于西后也。惟《方家园杂咏纪事》则于帝之逝世，深咎隆裕。咏云：

> 疽成附骨最难医，竖据膏肓孰达之。
> 方信武乡非过虑，曾忧肘腋伏枭姬。

纪事：

> 隆裕自甲午以前即不礼皇上，虽年节亦无虚文。十五六年中，从未改行。上崩之数日前，隆裕忽以侍疾之名来守寝宫，令瑾妃避去。（是时崔玉贵反佯为事外人告假出宫，以避物议，小德张之名尚微，人不注意也。）上暴崩后，隆裕仍守床畔，顷刻不离，虽太后大渐亦不顾，直至奉移乾清宫大敛后，始离去。赴太后宫，太后已不能语，承嗣兼祧之事，问诸他人始知之。隆裕对于皇上，盖如是之忠也。自上崩至奉移大敛，亲王大臣以至介弟，无一人揭视圣容者，因后在旁故也。君臣大礼，盖如是之肃也。吾闻南斋翰林谭组庵、内伶教师田际云，皆言大变之前二日，尚见皇上步游水滨，意态活泼。证以他友所闻，亦大概如是。昔穆宗之以殇崩也，尚杀内监五人。此则元公负扆，休休有容，粉饰太平，足光史册。虽有南董，无所用其直矣。此五千年未有之奇冤，遂为五千年国体之结局。

虽未详帝之死状，而谓其死于非命，则情见乎词，可与《传信录》参阅。所大异者，对隆裕之一褒一贬耳。（记李奄事亦不同，前已引之矣。）康有为观杭州某戏园演《光绪痛史》剧，感赋绝句十八章，有云：

> 圣主忧民变新法，为行立宪舍君权。
>
> 竟缘救国遭囚弑，蒙难哀哀十二年。

又云：

亡清罪在两那拉，隆裕骄横剧本差。

涂炭生民鱼烂国，怒嬉笑骂说朝家①。

自注：①剧中所演隆裕后事有误。

亦谓帝死于被弑，而以骄横责隆裕，且科以亡清之罪，与西后同类交讥焉，旨与《杂咏纪事》略近。（康氏与人论及隆裕，有“妇人以妒亡国”之语，指西后与帝相乖，颇缘隆裕云。）

一一九　光绪殂逝之谜（二）

昨与王书衡先生（式通）晤，谈及光绪帝是否善终。据云：

帝实病死，非被弑。当逝世之前一日，召诸医翌晨九时入诊，闽人周景涛，方以名医荐被征诊帝疾。届时趋往，余医尚未集，乃先为帝诊切，奏曰：“上下焦不通。”帝叹曰：“我一辈子不通了。”时帝病已危，隆裕暨载沣，均在帝所；闻隆裕私询载沣帝病尚无碍否？载沣对以恐不治，后事宜预备。是日，帝遂逝世。证以周氏亲所见闻，帝死于病盖无疑也。

按：帝以天子之尊，处囚虏之境，凡所经历，人所难堪。忧能伤人，致以沉疴而损天年，亦在情理之中。观临终“我一辈子不通了”一语，愤郁之怀，足见一斑，纵非遇害，酷何亚焉。又据《陈衍年谱》述此及摄政庙号等事云：

“冬，西后与德宗前后一日崩殂。初，德宗久病未愈，征医各省，处方有效则后怒。时吾乡力轩举已退避，周松孙（景涛）由江南知县被征进诊，出言德宗居瀛台炕上，被褥至单薄，室中仅一白炉，一举动皆有老太监监之。至是，西后病泄泻，日数十遍，将大惭，而德宗忽先一夜告徂，次日后乃继之，故外论哗然。时后已立少帝溥仪为嗣，使其父载沣辅之。大臣议称辅政王与摄政王未决，广雅决用摄政。又议庙号，始将称礼宗，后乃改称德宗。议昭穆，大臣将以德宗与穆宗相昭穆，公（按：陈《谱》前由其子声暨编，后由门人王真续编，故前称家君，此称公）再奏记广雅，力言不可。广雅遣谕曰：‘本朝只一太庙，皆百世不祧，无所谓三昭三穆，不争可也。’”轩举名钧，又字医隐，尝于七年前奉帝召诊疾。林纾《力医隐六十寿序》道其情事有云：“泚笔为文，不能无感于涵元旧事也。”涵元者，瀛台寝殿，崇陵驻跸地也。医隐奉东朝懿旨，拜觐于乐寿堂，诊脉署方，大称旨。赐羹，赐锦段，赐克食，宠赉隆渥。一日，趋近辇道，崇陵驾至，医隐敛避不及，长跪道侧。崇陵曰：‘力钧，若供奉禁中，朕知若之深于医也。’医隐顿首谢。越月，手敕召力钧。既朝涵元殿，力请屏药弗御，调卫得宜，圣躬当日健，稍陈服食数事。既退直，东朝之赐立止。巨珰相见，悉反恒状。供奉三月，引疾归，遂绝朝请。则日治田于南苑矣。国变后，与余同寓析津，出所录《崇陵朱书脉案》一卷，言外皆含幽郁之气，彼此怆喟。医隐珍秘此卷，不以示人也。”

合观陈《谱》、林文转述二医入诊事，西后之于光绪帝，仇视若此，谓其久蓄死帝之心，自亦非苛论矣。（力、周均闽人以医名者。周以庶常散为刑部主事，改官如皋知县。力则尝以举人官商部员外郎，与侍郎陈璧最相契。医术之外，兼善治生。今北平有名之女子运动健将力伯津，其女孙也。）

书衡先生并为吾言：戊申三月间，修订法律大臣俞廉三因病请假，销假后召见，以病后乏力，跪久不支，起身时几致倾仆。西后命内侍扶掖，曰：“汝老矣。”因谓：“予亦久病，惟不敢宣扬，惧生谣诼耳。”俞氏退而以是日入对状告之，倩其代草谢恩折。时在法律馆任事也。

一二〇　张之洞定光绪庙号

光绪帝庙号，定自张之洞；盖以唐德宗相拟。其陵曰“崇”，亦张所主持，以唐德宗葬崇陵也。至陈《谱》谓庙号始将称“礼宗”，“礼宗”之称，未之前闻，疑系“神宗”之误。或欲拟之宋神宗欤？宋神宗固以变法久为俗论所深诟者，之洞辈苟定此号，不满之意尤显矣。

（原第 8 期第 29 期）

一二一　袁世凯订“二十一条”

民国四年，日本以“二十一条”胁我，遂成国耻。而其时袁世凯辈周旋于孤危之际，将条件中最严酷之第五号删除，亦煞费心力。世论或谓袁氏藉此卖国，以为赞成帝制之交换，殆不可信。袁氏以称帝失败愤死，固缘举国反对，将士解体。而日人不满其外交政策，不稍右之，亦其失败之一因。专使周自齐之见拒，尤事之显然者也。王书衡先生与吾谈及“二十一条”事云：“项城自接‘二十一条’之要求，即焦思苦虑，以为应付。于各条亲加批识，于个中事理及利害关系，推论甚详。当局者之苦心，可即此征之。项城卒后，此件尝存国务院，获睹者多叹服。即素薄项城者，亦为之心折焉。（后此件为人携去。）当交涉之殷，日人恫喝日厉。项城多方因应，既智尽能索，乃遣外交次长曹汝霖赴日使馆，表示中国可以让步之限度，以缓和谈判破裂之形势。曹既受命，而驻日公使陆宗舆之电至。盖以赀购得日本御前会议之结果，较项城所拟承诺者犹有轻减之处，谓苟能如是，日本即可罢手。项城得电，亟假事召曹氏回，复就陆电商应付之道，始再与日使折冲。既灼知彼方真态，交涉乃得要领矣。事后，泄漏日御前会议结果于陆之某日人，为日政府发觉处刑云。”王君所谈，可与陆氏《五十自述记》中所言者参观。陆氏云：“五月四日，内阁开元老会议。自二时迄六时，议久不决。元老有怫然而去者。至初五日，御前会议，元老与大隈各当局，争论尤力，有删除五项中两、三条条文之确言，舆即以急电达政府，谓不如待其减让条文之来，而为正式之谈判。袁总统忧惧，正无以为计，方派某要员赴日馆，以多少之让步，为和缓之计。适此急电到部，子欣总长以乡语告某要员，乃即婉转中止其说，托故而归。”亦足备此次交涉之史料也。又闻当定议之前，袁氏尝遣外交总长陆徵祥访英使朱尔典，蕲英国仗义执言，为中国援。袁、朱故夙交也，朱喟然曰：“中英素睦，余与袁大总统尤非泛泛，苟可为力，岂能袖手。惟欧战正亟，形格势禁，远东之事，悉听日本主持，我辈不便干涉，且亦不能干涉。请告袁大总统，处此无可奈何之际，只可忍耐以保和平，慎勿与之决裂，致成不可收拾之局耳。”相对欷吁而散。中日换文之后，袁氏颁训词，交各机关长官，置密室中，命全体员司分班入览，签名纸尾。内容系以强邻侵侮，诫谕百僚振奋精神，冀收卧薪尝胆之效，以雪此耻。语极挚切，而力求缜密。旋为《亚细亚报》披露，亟令更正，谓系赝鼎。盖以为有谋人之心，弗宜令人知之也。前乎“二十一条”之提出，有日军进攻青岛之役，侵犯我之中立。由龙口登陆，沿途盛骚扰。政府抗议，日本置不顾。其报纸且冷嘲热骂，于袁氏尤极轻侮，至詈为“蠢猪”（或所载日军司令神尾之语）。袁以国力不敌，茹痛在心。即以“蠢猪”二字镌为小印，用志辱而自警，并自书一联，悬之座右，文云：“致治保邦，匹夫有责；亡国灭种，时予之辜。”窥其意态，非无羞恶之心、国治之念者。乃“二十一”条之国耻方新，忽为帝制自为之谋，丑态毕现，未耄而智昏，名败而身陨。综其生平，得力恒在一“巧”字。而卒毁于至拙，是可异已。特论人贵得其平，若以谋帝之故，而于“二十一条”之事，科以卖国之罪，则未为信谳也。

（编者按：一士此论似有不足。据刘成禺《世载堂杂忆》之“新华宫秘密外交”所记，袁世凯与日人议定“二十一条”，乃是与其称帝相关的。）

一二二　叠语笑料

《论语》有“人焉廋哉，人焉廋哉”；孟子有“人焉廋哉”。宋太学士子尝戏作一论，其略曰：“知‘人焉廋哉’之义，然后知‘人焉廋哉，人焉廋哉’之义。知‘人焉廋哉人焉廋哉’之义，然后知‘人焉廋哉’之义。孔子所云‘人焉廋哉人焉廋哉’者，详言之也；孟子所云‘人焉廋哉’者，略言之也。孔子之所谓‘人焉廋哉人焉廋哉’，即孟子之所谓‘人言廋哉’也。孟子之所谓‘人焉廋哉’，即孔子之所谓‘人焉廋哉人焉廋哉’也。”继又叠三语为一云：“夫人焉廋哉人焉廋哉人焉廋哉虽曰不同，而其所以为人焉廋哉人焉廋哉人焉廋哉未始不同。”见《容斋四笔》，信可一噱，盖寓讽功令文字，肤词滥调之作也。清梁章钜《制义丛话》云：“国初嘉应州有诸生李文固者，善谐谑。考试日，宗师以‘古之人古之人’六字命题，并未注明何章。李乃揖而进曰：‘《孟子》中有两处“古之人古之人”，不知宗师所出者是上句“古之人古之人”，抑是下句“古之人古之人”。若是上句“古之人古之人”，生员好做上句“古之人古之人”；若是下句“古之人古之人”，生员好做下句“古之人古之人”。倘是上句“古之人古之人”，做了下句“古之人古之人”，或是下句“古之人古之人”，做了上句“古之人古之人”，便将宗师所出古之人古之人做错了。敢请。’数语皆一气说下，闻者无不失笑。宗师急麾之曰：‘任你去做。’”此与宋太学生之文，虽不尽同，而亦以重叠为诙谐者，在文场笑料中，可以连类齐观也。“人焉廋哉”叠三语为一，尤以含混成趣，若加新式符号，以判别之，作“夫‘人焉廋哉人焉廋哉’‘人焉廋哉’虽曰不同，而其所以为‘人焉廋哉人焉廋哉’‘人焉廋哉’未始不同。”在文义为较分明，而风趣反杀。又如某书载，阅文者嗔文中用‘而’字失当，批曰：“当而而不而，不当而而而。”亦系以“而”字重叠含混成笑料。倘书作“当‘而’而不‘而’，不当‘而’而‘而’”，则亦以分明而失其趣矣。

一二三　河神

清代河工官吏崇祀河神，有大王、将军之名目。大王中或以曾官河督者当之，如朱大王为朱之锡，栗大王为栗毓美是也。同治间河督乔松年以《朱氏家谱》考定朱大王生日，甚自得，为文记其事，略云：“观察周君煦徵，以未得知王生日，岁阙此祭，深用为憾，乃托之筵篿，定为八月初三日，为文刊之石。余以同治十年持节行河，读周文而疑之。维王去今未久，其家当有谱牒可征，假为卜筮而武断之，无乃诬神欤？王，义乌人也，遂书与浙中官府，从义乌令求索之。今得报书，录其家乘来，乃知王为十二月初七日诞生，快然自幸，喜免于欺罔之愆。夫天下事固至赜也，不可遽数而遍识也。有不知者，必就其有可知之道，徐以求之。求之而终不得，斯可无恨；若不深求而恣臆为之，靡不误者，误然后悔，亦无及矣。”殊有实事求是之科学的精神。惟以施诸最不科学的大王，则未免多事。朱大王而有灵爽，曷不即相示于卜筮乎？是为生日可靠而神不可靠者。更有藉梦寐以求得铁铉遗像之事，则为人可靠而像不可靠。济南知府萧培元《重修铁公祠神像碑记》有云：“同治壬戌，余以赞善擢济南遗缺守之缺。（按：济南首郡，向为调缺。遇出缺，简放遗缺知府，而由大吏就各府中择员调补济南。递遗之缺，以膺简者补之。惟大吏以为此人即胜任，亦可奏请径补，萧盖径补济南者。）抵郡，谒公祠。入其门，则颓然也，登其堂，则阒然也，神主在，而像则杳然也，三拜稽首，怅然舣舟返。熟思曰：公邓人也，素嗜学，必有遗书，书必刻像；必有族谱，谱必列像。乃求之遗书不得，求之族谱又不得。然则平日之思其遗像者，其真梦想耶？虽然，公之像不得，公之祠不可不修也。岁甲子四月，请于大府，并约同官数人，醵千五百金，鸠工庀材，四阅月而竣。秋七月望，夜漏三下，月明如昼，独坐堂阶，默念公祠将成而遗像终不得睹，是憾心事也。徘徊徙倚，计无所出，不觉神倦就寝。恍见一人排闼入，执一卷授余曰：‘子寻铁公传，此其书也。’余欣然受之，计四帙，长尺许，宽五寸余，外纸色蓝，内色白。披览有序，约数页。后有小像，冠带袍笏，仅露半身，长六寸有奇。面长二寸余，年约四十许。色红黄，眉宇英伟，气象愁惨。心喜曰：得此可以绘公像矣。倏然惊觉，则梦也。披衣起坐，凝神静思，揣其精神部位，约得大概。质明，谕画工绘之，终不似。乃召塑工至祠亲为指示，则今日之像是也。”铁公之为铁铉，是人可靠也。像而由梦中得之，则诞矣。惟其事当亦非萧氏故意捏造欺人，盖心理上悬拟一英伟愁惨之脸谱，思之既久，遂致形诸梦寐耳。

（原第8卷第30期）

一二四　清初禁缠足而未果

清主在关外时，恐满人染汉人缠足之习，崇德三年，定有效他国裹足者重治其罪之制。迨入主中夏，乃降谕普禁，定顺治二年以后所生女子禁裹足。临以兴朝方新之气，禁令非若具文。而汉人狃于积习，群焉不便。臣僚颇以为言，清主以定鼎之初，国基未固，惧以此失人心，遂于康熙六年弛其禁。（以后未再禁止，或亦利其为汉族自弱之道。）陋风相因，至今犹未尽革，而为外人哗笑之资，当时反有“男从女不从”之口号，以为保此国粹，可稍掩举国臣服异族之耻，良可哂已。康熙初年禁令未弛时，尝命大臣眷属放足，以为士民之倡率。相传左都御史王熙，以其妻遵旨放足奏闻，首句云："为臣妻先放大脚事"，用迎合谄媚，为士论所讥，足见汉人对于此习之保守性矣。

一二五　八股文之废

清末谈维新变法，缠足与八股取士同类交讥，以为旧弊之最大者。康熙时，王熙虽为放足之赞成者，却又为八股之拥护者。而王士禛则对于八股与熙为同志，对于放足乃大异其趣。其《池北偶谈》云："康熙二年，以八股制艺始于宋王安石，诏废不用，科举改三场为二场，首场策五道，二场《四书》《五经》各论一首，表一道，判语五条。起甲辰会试，迄丁未会试皆然。会左都御史王公（熙）疏请酌复旧章，予时为仪制员外郎，乃条上应复者八事，复三场旧制其一也。尚书钱塘黄公（机）善之，而不能悉行。乃止请复三场及宽民间女子裹足之禁，教官会试五次不中者，仍准会试三事，皆得俞旨。余五事后为台省次第条奏，以渐皆复。如宽科场处分条例，复恩、拔、岁贡，复生童科、岁两考等是也。"士禛以诗人受特达之知，官至尚书，碌碌未有奇节。而官部曹时，条陈八事，八股之恢复，缠足之弛禁，关系最巨，均赖以实现。盖当时士大夫大多数谓然者。在士禛宦迹中，诚宜大书特书，故著之《偶谈》，昭示来兹也。（乾隆间，兵部侍郎舒赫德复请废八股，经礼部议驳。）至康熙时废八股，缘其始于王安石，盖安石久为流俗所病，故举为废八股之一理由。其实安石以经义取士，其制之善否，为另一问题，而文体固与八股异。由经义而变本加厉，致成明清之八股，亦安石所不及料。惟论八股之源流者，每上溯安石经义，目为大辂椎轮耳。梁剑华《书香堂笔记》云："荆公创立制义，原与论体相仿。不过以经言命题，令天下之文体出于正，且为法较严耳。然当时对仗不必整，证喻不必废，侵下文不必忌。自后人踵事增华，文愈工而体愈降，法愈密而理愈疏。"其异同大致如是。光绪末叶，科举改章，行之于壬寅、癸卯、甲辰乡会试，结科举之局。其制为头场试中国政治史事论五篇，二场试各国政治艺学策五道，三场试四书义二篇、五经义一篇。谕旨申明，凡四书、五经义均不准用八股文程式。乃与安石经义较近。康熙时所行之四书、五经论盖亦犹之。（光绪改章之谕并谓考官阅卷，合校三场以定去取，不得偏重一场，欲祛前此偏重头场四书文之弊也。而论既列头场，衡文者复颇偏重于此焉。）八股文体猥下，在今日宁复有一顾之价值。而被目为神圣庄严的科举之命脉者，五百余年，其体格复特异于他文，则在历史上之地位，亦自有足注意者矣。忆徐树铮尝谓，研究中国各体文字，即八股文之体裁，亦当一加考览。盖亦注意文字沿革之关系，而非以其本体优劣为前提也。

一二六　清代缠足之地域分布

清代汉族缠足之风，直、鲁、豫、晋、陕、甘诸省，最为普遍，无间贫富贵贱，妇女殆无不罹此酷刑者。若南方各省，则官宦人家缠足，而平头百姓仍多天足，以便于操作也。（苏沪等处妓女，又当别论。）东三省以接近满族，多不缠足。惟鲁省移民住居日浅者，此风未革。至首都之北京，除满、蒙、回诸族外，各衙署书吏之家及土著之商民阶级，大都亦不缠足，其以缠足为原则者，惟汉官之家及商民阶级之非土著者耳。（北京俗称妇女天足者曰“旗下”，盖谓其类旗人。缠足者曰“蛮子”，盖由于满人尝称汉人为蛮子，甚可笑。）都城附近亦然。惟去京约二十里以外，则同于直、鲁、豫等省矣。北京处直隶境内，而特有天足之风气，固缘接近满族，当亦因清初禁令之关系。辇毂之下，自尤雷厉风行也。（其时禁令之施，人民或以有司之操切而深感苛扰，亦王士禛辈宽禁之请所由来欤。）

一二七　汉军旗人也有缠足者

汉军旗人介乎满人汉人之间，身虽隶于旗籍，种族犹是汉人。虽多遵循旗派不复缠足，而保守汉习者仍间有之。故文康《儿女英雄传》写汉军旗人之十三妹，可以写作“七岁上就裹的脚”（第十四回戴勤家的答安学海语）之缠足女子。第十六回《连环计深心作笔谈》有“褚大娘子道：‘这我又不明白了，既这样说，他怎的又是那样个打扮呢？’安老爷道：‘你大家有所不知。’因又写了几句，给大家看，道：‘是这样一个原故；就如我家，这个样子也尽有。’大家听了，这才明白”一节。又第十二回有“张太太说道：‘亲家太太，我看你们这里都是这大盘头大高的鞋底子，俺姑娘这打扮可不随溜儿，不咱我给她放了脚罢。’安太太连忙摆手说：‘不用，我们虽说是汉军旗人，那驻防的屯居的多有汉装，就连我们现在的本家亲戚里头，也有好几个裹脚的呢。’原来张姑娘见婆婆这等装束，正恐自己也须改装。这一改两只脚喳喳喳喳的倒走不上来。今听如此说，自是放心。安公子却又是一个见识，以为上古原不缠足，自中古以后，也就相沿既久了，一时改了，转不及本来面目好看。听母亲如此说，更是欢喜，在外间屋里端了一碗热茶喝着，龇着牙儿不住的傻笑”。均说明汉军旗人家之实有汉装缠足者。安骥生长于旗味甚浓之家庭中，而“见识”如此，至以缠足为“本来面目”，且书中“小脚儿”字样多至不可胜数。似文康虽为满人，而久与汉人相习，传染得汉人此种病态的眼光，亦以“小脚儿”为“好看”，故津津乐道。苟非清庭取缔甚严，或满人亦当有缠足者矣。

一二八　嘉庆严禁汉军缠足与衣袖宽大

嘉庆帝对于汉军女子缠足暨各旗女子汉装，曾一再申禁。九年二月谕："镶黄旗都统奏：查出该旗汉军秀女内有十九人俱经缠足，请将该管大臣交部察议，参佐领等交部议处等语。我朝服饰本有定制，必当永远遵守。今该旗汉军秀女竟有缠足者，甚属错谬。一旗既有十九人，其余七旗汉军想亦不免，今姑不深究。禄康查出，据实奏闻，尚属细心，著免其察议。该管副都统并未查出，均属非是。成书、珠隆阿俱著交部察议，该管参佐领等，交部分别议处。至此秀女十九人父兄，本应照例治罪，惟此等汉军自幼乡居，是以沾染汉习，此次著格外加恩，暂免治罪。著通谕八旗汉军各遵定制，勿得任意改装。各该管参佐领等，务按户晓谕。各该旗大臣不时留心详查，如有不遵定制者，即行参奏。傥别经参奏，不惟将该秀女父兄照违制例治罪，定将该管都统、参佐领等一并治罪。再，此次挑选秀女衣袖宽大，竟如汉人妆饰，竞尚奢华，所系甚重。著该旗严行晓示禁止，务以黜华崇俭为要。"十一年五月又谕："前于嘉庆九年挑选八旗秀女，见其衣袖宽大，并有缠足者，殊为忘本，甚属非是，当经降旨严禁。本月初九日曾降旨，令嗣后八旗汉军兵丁之女，俱无庸挑选，此乃朕体恤贫穷兵丁。该兵丁等若将其女任意缠足，及装饰宽大衣袖，是转失朕矜恤本意。我朝服饰……自宜永远奉行，傥年久沾染汉人习气，妄改服饰，殊有关系。男子尚易约束，至妇女等深居闺阃，其服饰自难查察。著交八旗满洲、蒙古、汉军都统、副都统、参领、佐领等留心严查。傥各旗满洲、蒙古秀女内有衣袖宽大、汉军秀女内有仍裹足者，一经查出，即将其父兄指名参奏治罪，毋得瞻徇。傥经训谕之后，仍因循从事，下届挑选秀女经朕看出，或有人参奏，除将该秀女父兄治罪外，必将该旗都统、章京等革职，断不轻宥。”盖汉军既隶旗籍，自必令其同化于满。满、蒙仿效汉装之禁，则深惧其同化于汉也。而汉军缠足之风，仍难尽祛。（原第8卷第31期）

一二九　清末顾黄王从祀孔庙之议

顾炎武、黄宗羲、王夫之，均以有明遗老，为清初大儒。学问节概，度越恒流。晚清学人讲经济者，尤多宗之。而革命党人以其不为清屈，亦极加推崇，风示汉族，为排满之一助。光绪末年，以三儒从祀孔子庙，主持于政府者张之洞，而袁世凯力赞之。陈衍时以主事在学部，尝与其事。其《年谱》述其经过，可供参考。丁未云：“荣协揆适与家君谈顾、黄、王三儒从祀文庙交各部议奏事，家君见顾、黄二儒早由陈弢庵阁学奏请从祀，被驳，孔学政祥霖奏请王船山先生从祀，亦被驳，因言此事恐难邀准。不知荣公意正主议驳，闻之大悦，请家君代撰说帖。家君退而思之，并查历届礼官所以议驳之说，殊不足凭，乃建议力言可以从祀。上之，遂大拂荣公意。荣公盖以为此三人皆主张革命者。”戊申云：“是时，顾、黄、王三儒久已从祀，张广雅相国所主张也。初，从祀一节，各部长官多议驳者。惟吾乡张燮钧侍郎（按：张亨嘉也）主之甚力。而适丁内艰，不得与闻其事矣。广雅往吊，张侍郎稽颡谢吊后，重稽颡曰：‘从祀事惟赖世叔主持。’后广雅至军机处，见各部说帖，皆以三儒颇言民权议驳，广雅因疏孟子言民权者数条曰：‘诸君将并孟子亦摈出文庙乎？’袁尚书世凯时亦为军机大臣，至曰：‘我议准，谁敢议驳。’于是各部长官纷纷取说帖回改作议准矣。”又云：“学部尚书荣华卿协揆就部中宴广雅。谈次，协揆逢迎广雅意曰：‘三儒业已从祀，闻外间亦将以曾文正公请矣。’广雅嚄唶曰：‘曾某亦将入文庙耶？吾以为将从祀武庙。’举座愕然。广雅曰：‘天津教案，曾某至戮十六人以悦法人。是时德兵已入巴黎，曾某尚如此。’广雅盖不忘协揆往事，故作此訾言。不然，其时中西电报未通，德兵入法都，曾文正实未之知也。”张、袁均当时大臣中号为维新者。张虽宿望端揆，而声势则不逮袁，袁氏力赞而论定矣。荣庆以三儒从祀为疑，惧张革命之气焰，不以陈衍改主议准为然，可代表多数旗籍大官之见解。然荣操履笃实，有端人之目，逢迎云云，词似过刻。张百熙管学务时务宏奖，为清议所归。荣与同事，多争执，故为士论所讥，特意见时有异同耳，荣固非宵人也。陈宝琛前请以顾、黄从祀，诸臣会议时，徐致祥特上一疏，于从祀事未置可否，而以黜邪崇正、尊崇道统为说，谓："异端不黜，则正学不昌。况今圣学日新，缉熙念典，尤须别择精微，防闲非僻。凡有以奇巧诡异之说进者，一切报罢，并罪其人。庶士大夫竞相观感，恪守师承，蒸蒸焉砥砺于实学，以上副圣朝黜邪崇正之意，而列祖列宗慎重庙祀尊崇道统之深衷，益昭然若揭矣。"徐素守旧，故其言如是，言外似亦未以顾、黄从祀为然，盖虑助言西法新学者张目耳。

一三〇 陈衍妻

前述力钧为光绪帝诊疾事，引林纾文。兹阅陈《谱》，有足补林文所未及者。据云："庆邸荐供奉内庭，医西后屡效，赏赉优渥，加四品衔。德宗亦命诊病。有间，后怒曰：'力钧胡尚不死？'而外间则以为力钧将为后药死德宗也。轩举丈危惧无以为计，先母病中闻之，谓家君曰：'轩举君熟人，何忍坐视，不惎之称疾。'轩举丈乃以鸡血滴唾壶，伪称咯血，内庭遣太监来验而信，乃免。"又云："未几，邮传部尚书陈玉苍丈璧被劾罢职，言官陈松山给谏田尚欲奏请查抄。轩举丈曾受知于陈尚书者也，知家君与给谏至相善，丐为缓颊。家君亦以陈尚书罪不至此，为力言于给谏作罢论。给谏曾严劾袁总统必为吴三桂者也。"陈田久官台谏，有直声，苟非陈衍缓颊，或竟请查抄陈璧。惟璧虽获咎，而政府中尚有与之善者。援田疏纵上，亦未必果予查抄也。谓袁必为吴三桂，比拟颇奇，未知其疏中如何说法。力钧托病而退，如《谱》所云，乃衍妻主张。衍妻姓萧，名道管，能诗文，有著作，才女也。如所撰《平安室杂记》有云："是冬，移居西门街，屋三楹，有小池，缭以碧栏，环以假山。上为小露台，旁为花坞。花木则有木芙蓉、石榴、千叶桃、水杨柳之属。入春多雨，池水遂盈。绕池青草莓苔如绒如兰，重以绿阴压檐，举几榻衣袂，无不苍润欲滴，残花坠叶浮水面，久则池水不洁。余戏缚小竹网，竹竿为柄，倚栏持向水上捞之。池小，不久已净尽，少澄则晶莹见底。秋来木芙蓉盛开，日百十朵。晓起，新开者白如霜，近午渐转红，隔夜者红似锦。"状物颇工倩有致。

一三一　梁鼎芬妒才

陈衍在鄂时，甚得张之洞器许，而与梁鼎芬则貌和而内乖。《谱》中于梁时有不满之语。最可笑者，陈尝声言欲去，梁即赠联以坚其意，并为饯别。而张旋以加委差事留之，梁复致笺慰劳，谓不应去。《谱》云："梁节庵以为家君决去也，将武昌府师范学堂积欠薪水补送二百金来，号称草堂赀。并撰草堂联句云：'写经斋近邻堪买，沧趣楼高衡可望。'硬差归里。下语可为工切矣。吾家寓阳崎，与叶损轩丈写经斋相去一牛鸣，与弢庵丈螺州沧趣楼亦只隔一水之遥，因集同人饮饯。迨广雅力挽家君，加委差事，则致笺慰劳，谓：'十年来为湖北筹画大计，广雅应留，足下亦不应去也。'" 盖陈以献铸铜元以赢厚利之策承张眷，梁患夺其宠，故利其去。既又笺谓不应去，则所谓欲盖弥彰欤。陈又尝荐章炳麟于张，为梁以宗旨不合排去。《谱》云："……此外尚有浙江章炳麟。广雅闻至此，即大不谓然曰：'梁启超文字，宗旨颇谬，然尚文从字顺。章某则并文字亦怪异矣。足下何数及此人?' 答曰：'章某能读书，实过于梁。老帅似未见其《左传》著作。' 后家君入都，闻广雅召章君至，月薪百余金。而梁节庵与其徒朱强甫方以忠君宗旨取悦广雅，章君识强甫，乃与昌言革命。强甫诘其先代有仕者，何得出此言。章君言此为强暴所污耳，子孙当干蛊。强甫以告节庵。节庵以告广雅，胁广雅当逐此人，否则上闻。广雅辞章君，赠以五百金，购其《左传》撰稿。节庵复扣留其款，章君狼狈归，至沪、至杭觅家君，皆不遇，留书而去，故知之详。" 张、章之一段因缘，亦关于章氏之轶闻也。《谱》又有云："初，广雅由两江入都，主试特科，后留定学堂章程，逾年未归。端抚部既兼鄂督，遂百计谋真除。有力助端夤缘者，即广雅素所卵翼者也。至是进谒，广雅谢不见，其人大皇恐，疏通累日乃解。" 盖亦指梁。

一三二　张之洞轶事

有署"天徒"者，记张氏轶事，亦深不满于梁。有云："文襄秉性，自以为吾素赏识之人，苟措事不衷于理，惟吾方能诋毁之，而他人必不可附和，盖人之昨是而今非，昔贤而兹不肖，吾自有辨之之术在。他人程度，殆不足以及此，且不特不可附和已也。又必为之湔祓而曲原之，以见大帅平日尝识之诚不谬，此遭不过偶尔失误，而无损于大帅知人之明。苟附和焉，是指摘其前衡鉴之未当也。而言之之时，必故与之往复辩难，隐恶扬善，侃侃而谈，为戆直不可挠之状，以附君子和而不同之义。于是大帅始掀髯自慰曰：'若子所云，亦属有理。吾尚非有目无珠者。'大帅之意乃解。清季高官虚骄之气皆类此，而文襄为尤甚。梁从文襄久，习之有素。一日，文襄召梁会食，黄绍箕仲弢、郑孝胥苏龛诸名士皆在座，有朱惠之观察名泽滋者，文襄素重其才，委办宜昌土药局。忽措置大不洽文襄之意，席中偶谈及惠之，文襄严词遥责之曰：'吾始以朱道为尚有作为，故以要差畀之，不意其今日行事荒谬，乃至于此。'遂侈言其种种之不合。此时文襄实深有憾于惠之，意念与平日大异，而梁不知也，犹以故态测之，起而言曰：'不然，朱道平素办事稳健，颇知大体。此次举动，或别有用意，或偶然不检，君子不以一眚掩大德。幸吾师曲宥之，而勿加以苛责也。'文襄大怒，曰：'吾任封疆，阅人多矣。乃吾所谓非而汝是之，吾所谓不肖而汝贤之，是吾于是非贤不肖之辨尚不如汝之真确也。吾将此座让子。'言毕而喘，梁觳觫万状，同席皆失色，不欢而散。明日，梁晤苏龛，犹战栗而言曰：'昨日天威咫尺。'苏龛哂之，梁急改易其辞曰：'帅威咫尺，帅威咫尺。’”可谓穷形尽相。而张氏之虚骄自用，亦自可见。又云：“梁为人丰骨崚峻，示人若俨然不可犯。独对于文襄，则遇事迎合其心理，视于无形，听于无声，犹孝子之事亲也。”谑而虐矣。梁氏行谊，颇为人称道，而见讥矫伪，遗议亦多。（原第 8 卷第 32 期）

一三三　明代乡宦最横

明代乡宦最横，武断乡曲，挟持官府，往往有之。且不必科甲高官，即纳粟微员，苟能广通声气，亦足为地方一霸。崇祯间，宣大总督卢象升以鸿胪寺序班孙光鼎抗挠屯田，上疏劾之，述及对卢尝试结纳情态云：“崇祯九年十月，臣初抵阳和，光鼎忽来求见，臣心讶之。及进谒，姑待以一茶，随出其昔年条陈章奏。又自言京中有要人托彼赴杀胡等口访查地方事。臣于斯时，即窥破其奸诡之概矣，正色弗与多言而去。至崇祯十年，臣巡阅至柴沟边堡，将抵近城，忽使人邀于路曰：‘孙乡官亲会话。’臣叱其禀事者，始逡巡退去。随行官役，罔不惊诧。盖臣军门体统，凡行边所至，惟巡抚可与臣会话，其次则总兵边道或以公事迎谒进见者有之，从未闻乡绅而可突来会话也，况幺磨如光鼎者哉！无何臣至公署，旋又踵门，臣恶而弗许其见。少顷，臣阅视城守，光鼎复逆臣于城头，居然欲相晋接。臣差官谕之曰：‘此非体，可速回避。’于是乃废然而返焉。异哉，光鼎何人，辄妄思结纳若此。揣其意，以土豪而变作铜臭，谬托衣冠之伦，将以是号于人曰：‘吾乡官也，吾乡宦也，督抚大吏与吾殷勤接见，可操地方官之短长，其他何敢不任吾把持也。’更以是号于人曰：‘吾京官也，吾京官也，地方利弊，不难矢口条陈，可并操督抚官之短长，其他何敢不惟吾吞噬也。’”于此辈伎俩写状颇工。明代京官势重，序班虽小，亦是京官。督抚之和巽而世故圆通者，当假以颜色，其技得售矣。卢性刚烈，故峻拒之也。有清代兴，惩明之弊，对于乡宦，屡加裁抑，缙绅能在乡里作威福者较少。末叶筹备立宪，讲地方自治，颇张绅权。然方之明代，犹非其伦。近岁群以“打倒土豪劣绅”相揭橥，盖深恶武断乡曲者之害民。而行之过当，遂不免“有土皆豪，无绅不劣”之讥。但使法律有效，豪劣自有制裁，何待特事打倒乎？

一三四　王燮之死秘闻

道光辛丑，英人犯定海，三总兵战死。寿春镇总兵王锡朋其一也。阅六十年，其曾孙燮，复以京营游击死光绪庚子义和拳之乱，壮烈均可尚。燮本诸生，负文誉，以袭世职为武官。吴汝纶与友，为撰碑文，谓：

> 以贫故用袭职出身，而教其两弟，皆成进士……公巡漕，尽祛积弊，隐民（?）既畏恶之。游击宅在东便门外通惠河南，始乱，乱民坼近畿铁轨，断电线，

以为尽外国物也。公出，立马郊原，对众言："此皇家物，有敢截电线一寸者死。"军民团听悚息。自是他电竿尽圮，独东便门一线岿然存无恙。其后乱民益横恣，红帕首，手刀，连臂过市，大群千人，小群数百人，胁戕旗汉官，所至焚杀，尸交横衢巷。五月廿五日，公驰马渡河出巡漕，乱民抽刃环拥公数匝，鼓噪欢哗，挥刀乱斫，俄顷间遂醢公，已复举公骸骨焚焉。家人从灰土中拾余骨归葬某所先人兆次。始，武强贺刑部涛居京师，以治古文名，学文者争归刑部。刑部数贻余书，称公文也。后余至京师，公以所著文见示，多可喜。尝藏其文一首行幐中。与之语时事，多与人意合。已别不复见，见公他兄弟多奇气，恐其难免于乱世，谓公故坦夷，当幸全。及乱作，而公竟惨死。公之祛漕弊，弊者故皆不便。要其祸不至若是酷。是类有连累而嫉害之者，假手于乱民，以快其私愤，而其意殆不在公也，悲夫！今兹余来京师，公少弟吏部君焯字某，为余言公遇难，所著文尽失，但诗三卷在瓦砾间。余因以所藏文一首归之。嗟乎，兄弟之累之痛于心也，甚矣哉。

铭词云：

唯愚蕴乱智祸丁，公卿横死鸡鹜轻；与及夭枉夫奚惊。同根共本相亏成，飞幸网脱伏罗婴，邱渊夷实理亦常。独从右职以文鸣，与骨灰烬邈尽亡，谁与怜者嘤友声。

夔弟小航（照）为戊戌党案中要人。吴氏疑夔之惨死，事缘小航，故文中隐约其词，特抒斯义，并有《谕儿书》道其作意云："其收笔言兄弟之累者，乃一篇微意。襄臣，小航之兄，小航乃新党，吾疑去年襄臣死事之惨，乃旧党深恨小航，波及其兄，故纵拳党毒害之。然不可明言，故前言教其两弟皆成进士，小航其一弟也。后言已别不复见，见他兄弟多奇气，恐其难免于乱世。所谓他兄弟者，即小航也。故于其少弟之痛其死，借论兄弟之累，此所谓草蛇灰线文法，但恐未能佳。其铭诗归重文字，则是吾与襄臣相交之迹。铭诗与前文，固可不别出一意，此亦古法也。"

前与小航先生晤谈，叩以吴文兄弟之累之说，据谓其兄之惨死，祸机仍重在祛漕弊一事，与戊戌党案无涉。盖营兵与粮船丁役勾结舞弊，已成积习。其兄锐意整饬，认真巡稽，惩革营兵之为首者，革兵旋为义和拳头目，而其兄复持正坚不附拳，革兵乘机报服，遂罹酷祸，无待旧党指使也。义和拳既败，此人被获，由刑部定罪，凌迟处死，因其以部曲而戕主将，故特从重典云。小航《方家园杂咏纪事》附记其兄被戕等事，谓："先兄湘岑公讳夔，以世爵供职京营，任左营游击，管辖东便门及朝阳门外一带。己亥秋，余因张廷彦由江户回北京之便，密函告兄，以大乱在即，请早托病去职。兄未以为然。及载澜奉拳，二闸分坛之师兄召先兄拜坛，先兄不应。往告母舅华祝萱公，言提督奉拳召乱，拟告病退职。祝萱公大怒，斥之曰：‘你曾祖刚节公被洋人打死，今国仇家仇，一齐报复，你反而出此泄气的话，天良何在？’兄不敢辩，归署，尽遣家人他徙，只身待命。不数日而被戕。祝萱公旋奉命往福建主考，福建考官用侍郎者甚稀，此盖衔命宣传大计，一路劝化鲁苏浙闽四省督抚也。其子华学涑曰：‘父亲借此逃难，好极了。天津、北京不久必失，不能走者苦矣。’祝萱曰：‘你小孩子懂什么天道。六十年一变，今灭洋之期已近，我岂逃哉。’学涑答曰：‘无怪乎人说三品以上皆浑蛋也。’学涑字实甫，外兵入城时尚在京，与寿伯茀太史比邻。伯茀之殉难，曾先告实甫。实甫阻之曰：‘洋兵入城，与国祚无关，何必以身殉。’伯茀曰：‘我亦确信洋人不灭我国，但我知太后拉皇上去，则将来议和之后，皇上终不能脱出太后之手。大清不久仍必灭亡，吾何必多活数年。’实甫无以难之，伯茀遂将身后事托实甫焉。”此节所记，寿富殉难之由，极可玩味。光绪之自请留京议和，欲脱出西后之手也。西后之必挟帝同行，不许其脱出己手也。留京之请既不获遂，帝乃“一辈子不通”矣。寿富为满人中之先觉，深恫清运将终，断无幸理，故毅然引决，与同时殉难诸臣，其旨趣实有异同。

一三五　光绪特擢王照之用意

光绪帝之以上书特擢王照，盖先将王之原奏送至颐和园，请西后阅看，俟西后阅毕送回，乃降谕超擢。王奏主尊戴西后以变法，词令间多归美于后，后固不以为忤。擢用之举，殆已得其同意焉。（是日降谕在旁晚之时，不依常例。）由主事赏四品京堂，已甚优异，而更有三品衔之加者，似预为出使地。时黄遵宪已赏三品京堂，拜出使日本大臣之命，而帝尚拟大用之，以佐维新。其代者则属意王照，故先隆其待遇，使头衔与黄相当云。此亦闻诸王君者，推测当时见擢之用意，良为近理。

（原第8卷第33期）

一三六　王闿运记梦

王闿运《日记》喜记梦境，多可笑，足见心闲手闲。光绪戊寅，以撰《湘军志》，而有感于曾国藩事，梦中见曾，记云：晨作《湘军篇》（按：当即《湘军志》中《曾军篇》也），颇能传曾侯苦心，其夜遂梦曾同坐一船，云："初八当去，初十定行。张参赞同诸人宴客昭忠祠，以余当增一客，送单请添入。余取笔书四川同知道衔知府曾传理，字似题壁。又邀曾一往，曾谢以不愿，而取帖送余往作客。余牵一羊，暗行入曾祠，以羊交笠沙弥而还，仍与曾坐，误著曾朝鞋。已得己鞋，乃狼皮鞋也，甚讶何时着此。俄焉而觉。”越数日又记云：“作《湘军篇》，因看前所作者，甚为得意，居然似史公矣。不自料能至此，亦未知有赏音否？夜览涤公奏，其在江西时，实悲苦，令人泣下。然其苦乃自寻得，于国事无济，且与渠亦无济，反有损。要不能不敬叹，宜其前夜见梦也。世有精诚，定无间于幽明，感怆久之。彼有此一念，决不入地狱。且吾尝怪其相法当刑死，而竟侯相，亦以此心耿耿，可对君父也。余竟不能有此愚诚。闻春风之怒号，则寸心欲碎；见贼船之上驶，则绕屋彷徨（按：曾奏中语也）。《出师表》无此沉痛。”盖当时对于曾氏之印象甚深，而梦中情景则甚浮泛何也，所论曾氏之悲苦精诚，有中肯语。而谓无济有损，则其好言大略之习耳。

又辛卯记梦李鸿章云：“梦与少泉戏论甚久，彼云当考幕府出题取《贤首经》全卷。既又出夷器见示，内有一虫甚恶，长可四尺，广二尺，头排蟹螯数十，身亦磊砢圆节，云出则必杀人。投以纸丸，虫自取吹成火，吸食如洋药，饱则睡去。俄一媪投纸不中，余知必有变。密拔后户，戒家人曰：‘闻声则走。’已而喧言中堂被毒死矣，虫亦自死。余入视之，其家人方成服，惊悸而醒。虫名烟包，余呼为琵琶虫，云雅俗名也。其性似强水，使骨肉立焦化。少荃好西学，其果有此耶，抑张姑耶之化身也？记之以俟他日之验。”尤荒唐。李在当时号为通晓洋务，守旧之士大夫深不谓然，王氏此梦殆犹此意。郭嵩焘亦以讲求外事负重谤，其奉命出使，或为联以诋之。王氏丙子《日记》有云：“传骂筠仙一联云：‘出乎其类，拔乎其萃，不容于尧舜之世；未能事人，焉能事鬼，何必去父母之邦。’筠仙晚出，负此谤名。湖南人至耻与为伍。余云：‘众好众恶，圣人不能违。’”彼时清议之严、夷夏之防，大抵如是也。至所谓张姑耶，当指张佩纶，何恶之若斯之甚乎！（马江之偾军，王氏与彭玉麟书有云：“幼樵不辰，身名俱败。然见敌始走，亦何勇也。前有裕、程，后有僧、胜，交绥未接，闻炮已逃。今乃凭仗威声，居然败绩。以后白面书生，皆敢与红衣对垒，中外之机，转移在此。”虽诙谐语，而于张有恕辞焉。）

一三七　中西文明优劣说

郭之使英，王尝进以传教之说，与书有云：“海岛荒远，自禹墨至后，更无一经术文儒照耀其地。其国俗，学者专己我慢，沾沾自喜，有精果之心，而并力于富强之事。诚得通人开其蔽误，告以圣道，然后教之以入世之大法，与之论切己之先务，因其技巧，以课农桑，则炮无所施，船无所往。崇本抑末，商贾不行，老死不相往来，而天下太平，此诚不虚此一使。夫好异喜新者，人之情也。利马窦之学，在中土则新，在彼国则旧。公之学，在中土则旧，在彼国则新。诚为之告以佳兵之不祥，务货之无益，火器能恐人而不能服人，马头利分争而不利混一。铁路日行万里，何如闭户之安；舟车日获万金，不过满腹而饱。彼土人士心气已达，耆欲是同，比之徐光启之见西儒，奚翅十倍倾仰而已。纵不即化，而后生有述。昔老聃之流沙而胡皆为佛，即其效也。奉使称职，一时之利，因而传教，万世之福。”此诚迂阔之论。居近世而梦想老死不相往来，尽人可嗤其妄也。特佳兵不祥，务货无益，于近代文明各国之病苦，亦若有冥会。欧洲大战，即缘此而突起，为空前之大屠杀。战后世界疲弊之现象，至今犹未有艾。而二次大战之危言，复时时腾播。维持世界和平，成为各国政治家焦思深虑之大问题。则王论虽极迂阔，亦非无道著处矣。当大战甫终后，欧美人士痛定思痛，怵来日之大难，不乏悲观于其物质文明之发达而羡慕中国者。梁启超于大战停止之翌岁游欧，作《欧游心影录》，有云：“我们自到欧洲以来，这种悲观的论调着实听得洋洋盈耳。记得一位美国有名的新闻记者赛蒙氏和我闲谈（他做的战史公认为第一部好的），他问我：‘你回到中国干什么事，是否要把西洋文明带些回去？’我说：‘这个自然。’他叹一口气说：‘唉，可怜，西洋文明已经破产了。’我问他：‘你回到美国却干什么？’他说：‘我回去就关起大门老等，等你们把中国文明输进来救拔我们。’我初听见这种话，还当他有心奚落我，后来到处听惯了，才知道他们许多先觉之士，着实怀抱无限忧危，总觉得他们那些物质文明，是制造社会险象的种子，倒不如这世外桃源的中国还有办法。这就是欧洲多数人心理的一斑了。”正可与王氏之论参看。美记者所谓“等你们把中国文明输进来救拔我们”，与王氏所谓“开其蔽误，告以圣道”，非若息息相通乎？虽然，大地潮流有进无退，世外桃源固已难言。胡适之民国十七年所作《请大家来照照镜子》一文有云：“人家早已在海上飞了，我们还在地上爬。人家从巴黎飞到北京，只须六十三点钟。我们从甘肃到北京，要走一百零四天（二千五百点钟）。一个英国工人每年出十二个先令（六元），他的全家便可以每晚坐在家里听无线电传来世界最美的音乐、歌唱、演说，每晚上只费银元一分七厘而已。而我们在上海遇着紧急事，要打一个四等电报到北京，每十个字须费银元一元八角，还保不住何时能送到。人家的砖匠上工，可以坐自己的摩托车去了；他的子女上学，可以有公家汽车接送了。我们杭州、苏州的大官上衙门，还得用人作牛马。”相形见绌，言之甚为明快。又云：“我们必须学人家怎样用铁轨、汽车、电线、飞机、无线电，把血脉贯通，把肢体变活，把国家统一起来。我们必须学人家怎样用教育来打倒愚昧，用实业来打倒贫穷，用机械来征服自然，抬高人的能力与幸福。我们必须学人家怎样用种种防弊的制度，来经营商业，办理工业，整理国家政治。”凡此数端，洵吾人所宜亟起直追，不能作世外桃源、老死不相往来之梦想也。至若我国固有美德之应保存而发挥光大者，西洋现代文明之有流弊而不可盲从者，要在以冷静之头脑，详审推察，随宜分别而已。

一三八　王闿运痴人说梦

王氏记梦之专涉神怪者，有如戊寅所记云：“昨梦有妖寻仇，化为道士，将甘心于我。我知不敌必死，而理气甚壮，毅然作章，诉之斗母。然心恇惧，下笔几不成字。行草书之，首题‘大清湖南举人’云云，以后忘其词。书满幅而词未尽，更回复书之。末云：‘强弱势殊，仰恃恩命上禀。’笔势宛然可记也。即怀诣斗母室，上梯而楼窗隔街。斗母殿上有三五俗人议修饰祠宇。祠甚冷落，似有余佐卿呼余，更下梯出民屋乃能登阁。余初书词时，旁来一人传妖言，俟余上章而后斗。既见像饰荒残，心疑神未必灵，自援枹欲击鼓，而祠无鼓。唯旁壁画一女像，龛内有布鼓，击之如絮。焚词香炉，炉内落一纸，拾视之，似音释字书也。章烬香烟起，而殿后壁左角地若陷，圆如车轮。烟出雷震，屋瓦不动，余几踣于地，心知彼妖死矣。惊神之灵，感泣而归，遂醒，竟不知何祥也。”痴人说梦，可以喷饭。　　（原第8卷第34期）

一三九　作文之摹仿与变化

王闿运《论文》，教人以“取古人成作，处处临摹，如仿书然，一字一句，必求其似”，而亦未尝不重变化。故又云：“诗则有家数易摹拟，其难亦在于变化。于全篇摹拟中，能自运一两句，久之可一两联，久之可一两行，则自成家数矣。”其门人费行简《近代名人小传》记其长成都尊经书院，告诸生云：“文不取裁于古则亡法，文而毕摹乎古则亡意。”其重视脱化尤可见。字摹句拟云者，盖为初学言之耳。姚鼐为文，与王氏宗尚不同，而所论摹拟古人，亦与王为近。尺牍中《与伯昂从侄孙》云：“来书云，欲于古人诗中寻究有得，然后作诗，此意极是。近人每云作诗不可摹拟，此似高而实欺人之言也。学诗文不摹拟，何由得入。须专摹拟一家，已得似后，再易一家。如是数番之后，自能镕铸古人，自成一体。若初学未能逼似，先求脱化，必全无成就。譬如学字而不临帖可乎？”此亦为初学言之也。至《与陈硕士》所云：“文家之事，大似禅悟。观人评论圈点，皆是借径。一旦豁然有得，呵佛骂祖，无不可者。此中自有真实境地，必不疑于狂肆妄言，未证为证者也。”此则又是一境，为进一步说法矣。曾国藩谕子纪泽书，谓“不特写字宜摹仿古人间架，即作文亦宜摹仿古人间架。《诗经》造句之法，无一句无所本。《左传》之文，多现成句调。扬子云为汉代文宗，而其《太玄》摹《易》，《法言》摹《论语》，《方言》摹《尔雅》，《十二箴》摹《虞箴》，《长杨赋》摹《难蜀父老》，《解嘲》摹《客难》，《甘泉赋》摹《大人赋》，《剧秦美新》摹《封禅文》，《谏不许单于朝书》摹《国策·信陵君谏伐韩》，几于无篇不摹。即韩、欧、曾、苏诸巨公之文，亦皆有所摹拟，以成体段。尔以后作文作诗赋，均宜心有摹仿，而后间架可立。其取效较速，其取径较便。”其后复谕云：“凡大家名家之作，必有一种面貌，一种神态，与他人迥不相同。譬之书家，羲、献、欧、虞、褚、李、颜、柳，一点一画，其面貌既截然不同，其神气亦全无似处。本朝张得天、何义门虽称书家，而未能尽变古人之貌。故必如刘石庵之貌异神异，乃可推为大家。诗文亦然，若非其貌其神迥绝群伦，不足以当大家之目。渠既迥绝群伦矣，而后人读之，不能辨识其貌，领取其神，是读者之见解未到，非作者之咎也。尔以后读古文古诗，惟当先认其貌，后观其神，久之自能分别蹊径。今人动指某人学某家，大抵多道听途说、扣槃扪烛之类，不足信也。君子贵于自知，不必随众口附和也。”两谕一极重摹仿，一极重变化，亦分就境诣立言，第各不相谋，遂若有矛盾处。又其《湖南文徵序》有云：“窃闻古之文，初无所谓法也。《易》《书》《诗》《仪礼》《春秋》诸经，其体势声色，曾无一字相袭。即周秦诸子，亦各自成体。持此衡彼，画然若金玉与卉木之不同类，是乌有所谓法者？后人本不能文，强取古人所造而摹拟之，于是有合有离，而法不法名焉。”所见固卓，而与其以摹仿训子者合看，更显然异趣焉。昔人论及文艺，往往就一时感想，发挥义谛，参互观之，或欠融贯，盖与有统系之著述有间。原之者自应谓言各有当，并行不悖；而疑之者则于其扞格牴牾之迹，有未能释然者矣。心之精微，口不能言；言之精微，书不能传。昔人所论，虽以个中甘苦，诏示于人，要在自具会心，不能拘泥，所谓神而明之，存乎其人也。

一四〇　二重身分

宋曲端以战败杀其叔，祭之以文，谓："斩副将者，泾原都统制也；祭叔者，侄曲端也。"清咸丰帝之诛柏葰，以杀宰相为疑。肃顺奏："此非杀宰相，乃杀主考。"遂诛之。皆就二重身分为之区别。宋洪迈《容斋续笔》记南唐主李璟事云："先是，河中李守正叛汉，遣其客朱元来唐求救，遂仕于唐，枢密使查文徽妻之以女。是时请兵复诸州，即取舒、和。后以恃功偃蹇，唐将夺其兵，元怒而降周。璟械其妻欲戮之，文徽方执政，表乞其命。璟批云：'只斩朱元妻，不杀查家女。'竟斩于市。"亦颇相类。清同治间，左宗棠西征，所部宗岳军统领吴士迈，以营官朱德树违其调度，手刃之。吴官仅中书科中书，朱则记名总兵浙江处州镇游击也。虽清代重文轻武，而以官阶论之，为七品官杀二品官，亦颇骇人听闻。吴旋病故，左为请恤，并谓："吴士迈之斩朱德树，虽不免专杀之愆，实非枉杀可比。使吴士迈尚存，臣自应照例参奏，以符定制。兹该员业经病故，可否免其查参。"得旨："免其查参，所请给予恤典，着毋庸议。"其后以朱之家属呈诉于都察院，复谕令左氏查覆。左氏覆奏，其扼要语为："军营体制，只论事寄轻重，不在品秩尊卑。有保至提镇而仍当什长、哨官，保至副、参、游而仍充亲兵、散勇者，有在他军充当统领而在此军充当营官，在他军充当营官而在此军充当统领者。时地既殊，势分即异。当统领者必节制营、哨，当营、哨者必受节制于统领，固无他说也。吴士迈官虽中书，分实统领，愤朱德树之违令杀之，是统领以违令杀营官，非中书杀总兵也。”事乃得解，亦以二重身分之故。

王闿运《湘军志·江西篇》记曾国藩以张运兰、吴国佐攻景德，有云：“吴国佐者，左宗棠所拔用，以童生领军，奏叙主簿。张运兰积功至道员。湘军法，营官不相统者，无阶级，皆平等。统将虽九品官，其营、哨官至一二品阶，听命唯谨。运兰号为大人，国佐部曲亦号国佐为大人以敌之。”是即左氏所谓“军营体制，只论事寄轻重，不在品秩尊卑”也。

一四一　吴士迈失岳州探秘

吴士迈为古文家吴敏树之弟，当太平军初起，尝防守岳州水路失事。《湘军志·湖南防守篇》云：“岳州之防，以土人领渔船五百，栅土星港，遏诸商贾民船万数。寇至，渔船散走，悉掠两岸人船，寇势自此盛矣。”郭崑（嵩?）焘批识云：“巴陵绅士吴士迈，诣湖北巡抚常文节，以防守岳州水路自任。文节信用之，于土星港设栅，遏上下商船万数。贼未至营田，士迈已先遁走，悉以所遏商船资贼，贼遂大炽。此贻误天下之最大者，而转讳其名何邪?”盖深咎之。而左氏雅重其志行，复于光绪五年上奏，以“操履坚确，行己有耻”，请将其事迹宣付史馆立传，得旨允行。疏中对于岳州之役，特为辩解，谓：“咸丰二年，粤寇犯湖南，前湖北抚臣常大淳议防江不如防湖，躬赴岳州，延吴士迈主其事。吴士迈倾财誓众，渔户千数百，分堵入湖诸港口，惟枪炮军械领于官，长沙解围。贼众由湘西犯宁乡、益阳，出临资口。渔户见贼即遁。贼得其空船，水陆并进，陷岳州，迅趋武汉。吴士迈收所领枪炮，缴还鄂台，谋入城与共存亡。讵尾贼而行，江路早为贼断，比抵金口，贼众已陷汉阳，合围武昌矣。武昌旋陷，吴士迈以救援不及为恨。实则鄂抚未尝给以文札，委之事权。船户皆仓卒召集，未尝编列队目，无人钤束，亦未尝给饷粮，遇贼即溃，非战之罪。吴士迈乃引为私戚，日夜思所以报国雪耻者，深自愧厉，寝处不遑。”又谓其“尝与人言，以洞庭渔户往事为耻，求为憔悴专一之人，藉此补咎报国。若夫希图利达，是负初心。每当论功行赏，必再三推辞，虽虚衔亦不肯受。其特立独行，有如此者”。吴以岳事内疚于心，深自引咎，故戮力戎行，不图显达，良为知耻。而细按左氏所述岳事始末，实近回护。当岳防偾事之前，敏树与曾国藩书有云：“舍弟士迈，为湖北常抚军奏令在岳州襄办防堵。”似“未尝给以文札，委之事权”之说，亦未可信。士迈遏多数商船，“太平”军得之，师行迅速，遂陷南京而建都。向荣军尾追不及，以乏船也。此实当时军事上一大关键。左与敏树同年相善，士迈亦气谊相投，盖不免有阿好之见耳。宣付史馆之请，当回疆底定之后，左氏朝眷正隆，故获俞旨。

（原第8卷第35期）

一四二　袁世凯把持朝政之始

西后惟一宠臣荣禄死后，奕劻代为军机领袖，权势日盛。其人庸碌而好货，袁世凯倾心结纳，馈遗甚丰，并与其子载振结昆弟交。奕劻奉为谋主，甘居傀儡。庆、袁之交既固，世凯遂遥制朝政，为有清一代权力最伟之直隶总督焉。东三省实行省制，主之者世凯，意在扩张势力，所谓大北洋主义也。丁未三月，徐世昌简东三省总督，并授为钦差大臣，兼三省将军，地位冠于各督。奉、吉、黑三巡抚则唐绍仪、朱家宝、段芝贵。四人皆出袁荐。东陲天府，悉为北洋附庸，固见世凯后眷之隆，而奕劻之为袁尽力，自尤匪鲜。段芝贵以直隶候补道骤加布政使衔署理黑龙江巡抚，其破格擢用，视同治元年李鸿章之抚苏、沈葆桢之抚赣。而李、沈均曾简实缺道员，且值军务正亟之时，情事犹不侔，至勋名物望非其时之李、沈比，更不待论。命下之后，舆论哗然，而哄动一时之杨翠喜参案起。

一四三　杨翠喜案

先是，西后以东三省将行省制，命载振、徐世昌出关视察（所带随员为熙彦、吴笈孙等），盖亦世凯所主张。

而世昌之督东，庆、袁已有成议，西后似亦内定矣。过津晤世凯，小作勾留，世昌居行辕，载振则居督署。段芝贵以父日陞与世凯稔交之关系，且事世凯甚谨，世凯甚赏之，屡任要差，称红道。时充北段巡警总办（前为赵秉钧，赵擢巡警部侍郎后，段继之），以亲昵随时出入督署，为司庶务，于载振供张伺应，甚周至。会世凯在署演剧款钦差，载振睹歌妓杨翠喜，惊为天人，赞叹不绝。芝贵识为一绝好机会。钦差既行，即代购翠喜以待。有财尤有势，事固易办也。比载、徐差竣回京，复过津小驻，芝贵即以翠喜献，载振大喜而纳之。而世凯于此次会晤，即将三省督抚暨其余要职商定，开一名单，交载振转致奕劻，多世凯夹袋中人物。载得翠喜，自深感芝贵，惟谓芝贵以道员超领封疆，悉赖乎是，则尚非事实。盖世凯为芝贵谋黑抚，为就东三省扩张北洋势力大计画中之一着，其政治上之意味，实重于区区载、段私人关系也。至相传芝贵并以巨金赂奕劻，则奕劻本受北洋之奉养而供驱策，事之有无不足深计矣。

迨三省督抚发表如袁旨，不满于庆、袁者大愤，尤以袁势过盛为虑。世昌以民政部尚书授东督，绍仪以邮传部侍郎授奉抚，家宝以江苏布政使署吉抚，资格均相当。惟芝贵为破格优擢，而杨翠喜事复为人知，乃极佳之弹劾资料。于是，御史赵启霖抗疏言之，西后派载沣、孙家鼐查，世凯等亟为釜底抽薪之计，即秘送翠喜回津，由张镇芳浼王益孙出面领去。益孙名锡镆，天津盐商纲总。镇芳时以候补道充全省财政总汇处总办，兼办永七盐务，二人关系素密也。及载沣、家鼐派恩志、润昌二员至津访查，而布置已定。锡镆自承系参案前购为使女，翠喜言亦如之，并有人证物证。家鼐、载沣不敢深究，虽又提传至京面讯，亦官样文章。既据以覆奏，遂以污蔑亲贵重臣名节，褫启霖职。而西后实不能无疑，故于案结之前，即撤销芝贵布政使衔，命无庸署理黑龙江巡抚（改以程德全署理）。奕劻不自安，命载振于案结后自请开去农工商部尚书及各项差使。后许之。载振疏词令颇工，有“不可为臣、不可为子”等语，其师唐文治所草也。（载振初官商部尚书时，奕劻虑其不谙部务，属文治代为主持，授右丞，继擢侍郎。）此案告一段落，事在四月。至五月而有瞿鸿禨开缺之事。

一四四　瞿鸿禨被劾罢

鸿禨以勤敏见赏于西后，军机大臣中，力能与奕劻抗者，惟鸿禨一人。而尤与世凯不洽，朝士之恶庆、袁者，隐戴为宗主。启霖湘人，为鸿禨同乡，其劾芝贵，说者谓实欲藉此牵动庆、袁。奕劻、世凯以为非去鸿禨不得安枕。加以岑春煊亦为后所喜，方留京为邮传部尚书，每于后前痛论奕劻之罪。瞿、岑相合而庆、袁益惧，乃借广东边境不靖，由世凯于入对时，谓非知兵有威望者督粤不能镇慑，而挤春煊改外（后又使江督端方以蜚语中伤，罢其粤督)，以孤鸿禨之势，而去之尚无善策也。会鸿禨独对，后言及奕劻，谓："他是我一手提拔起来的。这几年我看他也足了，可以叫他休息休息罢。"盖其时后实不慊于奕劻，鸿禨因对以"太后圣明，如罢其政权，正所以保全其晚节"。后谓："予自有办法，汝姑待之。"鸿禨喜甚，退而以告汪康年，谓奕劻行即罢政矣。(康年为鸿禨门生，且有姻戚关系。时办一《京报》，为鸿禨机关，与袒庆之《北京日报》，各张一帜，旗鼓相当。)康年转告其友伦敦《太晤士报》访员高某，高遽发电报告。驻京美国公使接伦敦电知其讯，属其妻谒后探虚实。(后自辛丑回京后，以媚公使夫人为媚外之要诀。公使夫人随时请见，均殷勤款接。)后愕然曰："无之。"因询此说何来，答谓伦敦《太晤士报》所载之北京电也。后仍谓此谣言，请勿信。美使夫人即去，后思此惟对鸿禨言之，必所泄漏。因怒甚，自语曰："瞿鸿禨混账。"奕劻女随侍宫中，闻其语，密告奕劻。奕劻商之世凯，世凯谓后方怒鸿禨，机不可失，宜亟图之。于是翰林院侍读学士恽毓鼎纠劾鸿禨之疏上。(一说：康年之知西后将罢奕劻，非直接闻诸鸿禨。盖鸿禨退朝后，语其妻，适康年妻来谒鸿禨妻，在内室闻之，归告康年。)

一四五　载沣之进用

劾瞿之疏，胪列交通报馆、授意言官、阴结外援、分布党羽等款，杨士琦所草也。始亦拟属一言官上之，谋之于给事中李灼华，灼华未允。乃复谋之于毓鼎，毓鼎籍顺天，而原籍常州，与文治为江苏同乡（文治籍太仓），素有往来，因文治而交载振，过从颇密。载振力请，不能却，遂上之。后命孙家鼐、铁良查，覆上，诏鸿禨姑免深究，着开缺回籍。后本拟罢奕劻，乃一变而为逐鸿禨，政情奇幻，殊有波诡云谲之致。奕劻虽快意，而以后意难测，不无惴栗，旋即自请退出军机，藉为尝试。后以曾对美使夫人辨谣，不便遽罢，故降谕慰留，而命载沣入军机以分其势。载沣虽有“学习”字样，班次在后。而就亲谊论，则分为皇弟，非奕劻疏宗可比。惟载沣巽懦，委蛇伴食而已。（后晚年渐重用载沣，或谓欲借此掩虐待光绪帝之迹而示“母子一心”，似犹不尽然。盖追念荣禄，故推爱其婿耳。载沣之娶荣禄女，其间尚有一段惨史。《方家园杂咏》附记其事云：“荣禄女早有艳名，太后常召之入宫，认为养女。某亲王先已订婚，系勋旧将军希元之女，太后勒令退婚，改订荣女。某王之太侧福晋入宫哭求太后曰：‘我之儿妇已向我磕过头，毫无过失，何忍退婚，教人家孩子怎么了。’太后坚执不许。希公女闻而仰药死。”）家鼐，帝师元辅，颇有正人之目，而两次查覆参案如是，论者惜焉。

一四六 “鸡寒上树”辩

《池北偶谈》云：“予赠徐隐君东痴（夜）诗云：‘先生高卧处，柴门翳苦竹。雪深门未开，村鸡鸣乔木。日午炊烟绝，吟声出茅屋。’（云云）故友叶文敏公（方蔼）最爱之，而不解‘鸡鸣乔木’之句，以为江南若见鸡上木鸣，则以为妖孽矣。然古诗已云‘鸡鸣高树颠’，陶诗云‘鸡鸣桑树颠’，而谚亦有云‘鸡寒上树，鸭寒下水’，此皆自前习见语，讱庵岂忘之耶？”王士禛援古以自伸其说，未足以折叶方蔼也。写目前景物，倘显与实事有舛，纵假古人张目，宁为知言？《宋稗类钞》云：“淮南谚曰：鸡寒上树，鸭寒下水。验之皆不然。有一媪曰：鸡寒上距，鸭寒下嘴耳。上距谓缩一足，下嘴谓藏其咮于翼间。”士禛必以上树为说，泥矣。方蔼之忘，胜于士禛之不忘；士禛之解，不如方蔼之不解。（原第8卷第36期）

一四七 汪康年唐文治交谊深厚

方奕劻与瞿鸿禨相持于枢廷，汪康年主《京报》，拥瞿而攻庆、袁，与朱淇所主之《北京日报》争辩甚炽。唐文治则以载振受业师而官至卿贰，二人居相反之地位，然交谊颇笃。比鸿禨被劾罢，康年之报馆亦牵连被封。至宣统庚戌复设《刍言报》，其体裁罕载新闻，独重讥评，就京、津、沪等报纸加以纠察。如某报为某人机关，某报受某人津贴，某报某条新闻与事实未符，某报某项言论有何等作用，刺探而推论之，言之历历，如数家珍，盖自居为新闻界之监察机关焉。（系由《北京日报》馆代印，盖汪、朱虽尝以立场不同，互为笔战，而私交亦自不恶也。）次年卒于北京。文治为作传，表彰其志行甚力，叙其致病而死之由，谓："辛亥秋，武昌事起……先生………重以为忧。会九月十二日夜，友人密函告起用项城，先生阅毕默然，遽就枕。夜半家人闻呻吟声，则先生已疾革不能言，明日遂瞑。呜呼！是所谓忧能伤生者，非耶，抑其先几之知耶？"如所云，康年之死，乃痛清室将亡，而知袁世凯一出必移清祚也，是亦可谓清之贞臣矣。又叙交谊及意气相投状云："余于先生为同年交（按：二人光绪壬辰同捷会试），旅京过从，相得甚欢。丁未四月，余营葬先妣事毕返京，遇先生于轮舶中。相与言朝政之日非，祸至之愈亟，先生洒涕沾衿，余兼痛家国之沧桑，亦不觉泣数行下。维时天风浪浪，若与悲怨声吞吐相和；海山苍苍，亦如变色有无穷之恨。远方羁旅，聚观惊诧，以为若何为者。两人始敛容退。自是不通音问者数年，而先生竟死矣。"情文交至。文治与奕劻为宾东，奕劻颇敬之。然旋即脱离宦海，经营实业于沪。盖目击政局日非，不欲藉奕劻力更谋大用，非甘终附权门者。故后之论者指目庆党，罕及之。

一四八　陆宝忠得罪袁世凯

文治师事其乡前辈陆宝忠。宝忠尝以经济特科人材论荐，称其“学术淹贯，于公法条约夙所究心。曾经游历东西洋，考求各国政治风俗，颇有心得”。（时文治为外务部主事。）而文治则称宝忠为“师而兼知己”。宝忠卒后，文治选印其奏稿，所为序文有云：“迨退食之暇，一樽相叙，酒酣耳热，公辄大言：‘我虽不逮昔贤，而气节不肯稍贬。知我莫若子，没世之名，吾以属子矣。’文治则又悚然。丁未九秋，奉亲南归，遂与公一别不得见。呜呼！公其以言事获谴而伊郁以终耶，抑蒿目世艰，吁衡世变，故损其寿考康强之质耶？”叹惋处与所为《康年传》中语笔调相同。而宝忠之死，亦实缘郁愤，且亦正以世凯之故也。先是，世凯为直隶总督，以承西后殊眷，势张甚，如顺天府尹陈璧，分为敌体，而事之甚谨，执礼极恭。宝忠以兵部侍郎为顺天学政，自以扬历清华，南斋儤值，久为天子禁近之臣，世凯虽贵盛，而赀郎骤显，非我辈中人，未肯贬节亲附。迨擢任都御史，领袖台谏，思有所建白。御史赵启霖以言段芝贵贪缘载振事革职，宝忠上疏请将启霖仍留言路，谓：“赵启霖平日学问颇优，声名尚好，戆直乃其本心，弹劾因之过当。仰恳鉴其愚诚，仍留言路，以作台谏敢言之气，而慰天下望治之心。在皇太后、皇上沛其仁如天之恩，在枢臣体薄责于人之训，而居言职者益当感激图报。”未几，奕劻、世凯协谋排去鸿禨及岑春煊。宝忠复上疏请严禁党援，广开言路，谓：“臣观去年自改定官制以来，大臣不和之事时有所闻。其几实起于细微，而其害驯至于倾轧……设朝廷之上尚植党营私，互相攻伐，将皇太后、皇上成孤立之势，其祸何可胜言。又台谏为耳目之官，现议院未立，公论不彰，大小臣僚所以稍知忌惮者，惟在言官之举发。倘一有弹劾，辄互相猜忌，将使戆直者寒心，庸懦者结舌……应请明降谕旨，严诫臣下，精白乃心，实事求是，务化其忮求排挤之念，用以尽同寅协恭之诚，复激励言官，如有见闻，务期直言无隐，庶几壅蔽尽除，忠良日进矣。”虽泛论而言之有物。盖包举启霖因言获咎及庆、瞿水火事而发之，以总宪资格，申论朝局，尤足引人注意。疏入，西后动容，启霖因之开复革职处分（旋擢四川提学使），庆、袁侧目焉。又有论东三省官制一疏，深以形式铺张、用人冗滥为虑，颇中其病。世凯迭被言官参劾，更疑系宝忠指使。而世凯等用以缓和言路攻击之一法，为奏调言官，施以笼络。宝忠上疏谓：“科道人员，祖制不惟督抚奏调，有违制者，必加严饬，所以慎耳目之司，重纪纲之寄也。乃近日督抚竟有奏调言官者，实与祖制不合。臣忝领台班，不得不维持纲纪。应请旨申明旧章，凡台谏各员，督抚不得率行奏调。如言官有愿投效外省及赴各衙门当差者，即行开去底缺，以符定制而肃台规。”亦若隐杜其计者。世凯既入军机，值厉行禁烟，因面奏封宪大臣之有烟癖者，若置之不问，非所以重禁令而风百僚。西后命质言之，乃曰："都御史陆宝忠昔为顺天学政时，与臣同官，即知其烟癖甚深。近闻其并未戒除也。"于是有宝忠暂行解任戒烟之命，其后以烟癖戒净，获回原任，然已以郁愤及勉强戒烟而成疾，旋复自请开缺，未几即卒，不啻世凯杀之矣。（时禁烟功令，一品官不在调验之列，谓人数较少，君上自能考察，实则以年老大臣戒烟不易，含有默许吸烟以为体恤之意。或谓西后以弟桂祥吸烟，特为之地也。宝忠以世凯面劾，乃不能不问耳。）宝忠以翰苑官至侍郎，素非以謇谔著称。迨任总宪，始奋然不欲负此一官。而对于院内，则颇主裁抑科道，集权于台长，致有政府授意之谦。尝为御史江春霖以"立法箝制科道"奏劾，疏中即有"戒烟之令，出自谕旨，而一味沉酣"之语，事在世凯面奏之前，西后未措意。

一四九　贻縠侵牟案

贻縠以绥远城将军兼督垦务，颇锐意经营，而侵牟亦巨，时以所获分润朝贵，奕劻等其奥援也。文哲珲者，本贻縠亲信，由骁骑校荐拔至副都统，于垦政进行久参机要，悉其底蕴。官位既显，觉副都统去将军一阶耳，而贻縠目使颐令，无殊畴曩，文哲珲意不能平，遂交恶，驯致互劾，贻縠罪状乃上闻。西后命鹿传霖、绍英往查，语传霖以"知汝方正不阿，其认真从事，勿稍瞻徇"。绍英虽同奉命，而资位弗逮（传霖时以协揆在军机，绍英官侍郎），故事专于传霖。奏调随员“为革职陕西布政使樊增祥（尝与贻榖同为荣禄武卫军幕僚，然弗相善）暨吏部主事王宪章等。增祥、宪章均传霖所信任，覆奏之稿出增祥手笔，而勾稽案情，宪章之力亦不少。奏上，后震怒，降谕以贻榖浮收渔利，纵勇滥杀诸状，均有实迹，命押解来京，交法部审讯治罪（文哲珲以尝随同画策侵挪革职），词极严厉，闻者均以为必死矣。而贻榖卒得保首领以殁者，其子侄藉长袖善舞之势，多方运动之效也。

贻榖侄锺岳（吏部文选司郎中）、子锺仑（考功司郎中）均设法营救，而锺岳尤以手腕灵活，声气广通，负较大之责任。其总机关设于大外郎营某伶家，所以避人耳目。一面联络势要，一面操纵舆论。（自办一报于京，以为喉舌；复结纳京师同业，俾助之张目。即津沪报纸，亦不乏与有关系者。）虽传霖在枢府坚持正法，以援之者众，案遂迁延未判，而亦未能遽从末减也。由光绪戊申四月，相持至宣统庚戌七月，为时逾二载，传霖乃卒于位，锺岳辈益得放手进行。时法部尚书为廷杰，旋卒，绍昌继其任，固接近奕劻者。复有礼部司员某为之介绍，至摄政王府方面，则缘其长史某通线索焉。各方布置既就绪，遂于次年判决遣戍新疆。行至易州，即托疾不前。入民国后得病死于易。

解送贻榖至法部者，宪章也。是案查覆后，增祥得简江宁藩司，而宪章仍官吏部。后吏部有假官照案发觉，得罪者多人，宪章处绞（说者颇谓系锺岳辈乘传霖已死，无大力者为援，而设计诱陷），当拿送法部时，解案之司员即锺仑，或特意讨此一差，以示报复循环云。（吏部裁改叙官局时，锺岳将以道员分发外省，忽亦以部中事为人告发革职。）言路中有因贻穀案而牺牲者，为御史秦望澜。当贻穀解京后，上疏为之辩解，奉旨回原衙门行走。望澜原系度支部主事，时莅台未久也。

（原第8卷第37期）

一五〇　杨度与梁启超

“旷代逸才”之杨度，近卒于沪上，固昔日活跃于政治上之一人也。尝与梁启超互相推重。光绪癸卯岁，启超谓：“昔卢斯福演说，谓欲见纯粹之亚美利加人，请视格兰德；吾谓欲见纯粹之湖南人，请视杨皙子。”其引重之情可见。时度作《湖南少年歌》，甚雄放，如云：

中国于今是希腊，湖南当作斯巴达。
中国将为德意志，湖南当作普鲁士。
诸君诸君慎于此，莫言事急空流涕。
若道中华国果亡，除是湖南人尽死。
尽掷头颅不足痛，丝毫权利人休取。
莫问家邦运短长，但观意气能终始。

又云：

陇头日午停锄叹，大泽中宵带剑行。
窃从三五少年说，今日中原无主人。
每思天下战争事，当风一啸心纵横。

又云：

救世谁为华拿（盛）翁，每忧同种一书空。
群雄此日争追鹿，大地何年起卧龙。
天风海潮昏白日，楚歌犹与笳声疾。
惟恃同胞赤血鲜，染将十丈龙旗色。
凭兹百战英雄气，先救湖南后全国。
破釜沉舟期一战，求生死地成孤掷。
诸君尽作国民兵，小子当为旗下卒。

意气之盛，可谓壮哉。启超既自号“少年中国之少年”，度复歌“湖南少年”。是二人者，均当时新青年中之卓卓者也。度赠启超诗有云：

茫茫国事急，恻恻忧情著。
当凭卫道心，用觉斯民寤。
古人济物情，反身先自诉。
功名岂足贵，贵克全予素。
君子但求己，小人常外骛。
愿以宣圣训，长与相攻错。

亦见其少年志量。启超谓："风尘混混中获此良友，吾一日摩挲十二回，不自觉其性之移也。"志同道合，有如此者。民国四年，度发起筹安会，为袁世凯营帝制，启超反对之。于是"君宪救国论"与"异哉所谓国体问题者"顿成冰炭矣。

一五一　杨度与袁世凯

度，湘潭人，王闿运之弟子也。其妹复适闿运之子，故于闿运渊源特深。后游学日本，值留学界革命、立宪二派各不相下，每调停其间，盖犹徘徊于革命排满与君主立宪两说焉。旋主办《中国新报》，复组织"宪政公会"，为其领袖，始显主君宪矣。在《中国新报》著《金铁论》，谓黄金黑铁也。发挥经济及军事之主张，凡数十万言，流传国内，国人乃知度之名。继复以所著《立宪与旗人》印单行本，遍送京内外大僚，其名遂益著。时世凯为军机大臣，方留意新党人物，加以延揽，度因之以候选郎中获赏四品京堂，派宪政编查馆行走。（议者有谓度太新者，故复派劳乃宣编查馆行走，亦赏四品京堂，曾官直隶吴桥知县特著声绩者也。时共度称一新一旧，二人持议每不合，后均为资政院议员，于刑律草案中无夫奸科罪问题，乃宣领袖旧派，度领袖新派，争论最烈。）此为度受世凯荐拔之始。光绪戊申入京，寓其同乡袁树勋宅。（在灯市口，相传为官星最利之房，寓者必得美除。恒以高价出租。树勋而外，孙宝琦亦曾寓此，即后之西门子洋行所在。）时树勋已外任山东巡抚，其子思亮以农工商部郎中在京，与度稔交也。度既供职编查馆，饰舆服，讲酬应，为新时代之宦途中人，非复曩时“湖南少年”之豪气矣。未几，世凯被逐，朝官至西车站送行者，严修而外，惟度与宝熙云。（后世凯起用，宝熙力言其不可。或谓度亦言于那桐等，劝勿起袁，未知其审也。）

世凯既去，度仕亦不进。至宣统辛亥，庆内阁成立，擢任统计局长，始为一实缺京堂。其间仍为立宪之活动，每遇各省请愿速开国会，必亦上疏言之，颇自负立宪派首领，而党与不多，声势弗盛也。（其所办之报曰《中央日报》，又有旗籍留学生所办之《大同日报》，与为同调。旋合并为《中央大同报》，由度主持。）武昌起义后，汪兆铭出狱，度乃约共组国事商榷会，谋解决国体，自谓代表君主立宪派焉。世凯组阁，引启超为法部副大臣，度为学部副大臣，虽均未就任，而二人其时固被视为同列也。

入民国，为世凯幕僚，虽颇见器，而不甚得志。熊希龄组阁时，约长教育。以“帮忙不帮闲”却之，盖意在交通一席也。迨任参政院参政后，发起筹安会，而政治上轩然大波起。后世凯势穷，取消帝制，度谏以事已至此，反汗徒贻笑，不如坚持倒底。既不见纳，遂呈辞参政，谓：“世情翻覆，等于瀚海之波；此身分明，总似中天之月。以毕士麦之霸才，治墨西哥之乱国，即令有心救世，终于无力回天。流言恐惧，窃自比于周公；归志浩然，颇同情于孟子。”世凯死，度挽联有“明公负君宪，君宪负明公，二百年后再平此狱”之语，虽为论者所哂，而良足见其当时意态也。讨袁功成，蔡锷旋逝，度亦挽以一联云：“魂魄异乡归，于今豪杰为神，万里河山皆雨泣；东南民力尽，太息疮痍满目，当时成败已沧桑。”专就文学上论，自为气韵沉雄之佳构。至挽郑汝成联之“男儿报国争先死，圣主开基第一功”，则为帝制进行正力时急不择词之语，惟足供笑料耳。度为参政时，世凯颁赐匾额曰“旷代逸才”，度悬之厅事，夸示于人，谓知我者元首也。

一五二　杨度与王闿运

世凯之以闿运为国史馆长，度所建议。闿运之就职，又度所怂恿也。闿运南旋，度遂以副馆长代主馆事。帝制议起，度促其劝进，闿运与书谓：“谤议发生，知贤者不惧，然不必也。无故自疑，毫无益处。欲改专制而仍循民意，此何理哉。今日将错就错，不问安危，且申己意，乃为阴阳怕懵懂。即位以后，各长官皆有贺表，国史馆由弟以我领衔可也。如须亲身递职名，我系奉命遥领者，应自本籍请代奏，不必列名也。若先劝进，则不可也。何也？总统系民立公仆，不可使仆为帝也。弟足疾未发否？可以功成身退，奉母南归，使五妹亦免北棺之苦乎，抑仍游羿彀耶？”或庄或谐，若嘲若讽。度少年游日时，闿运有与陈完夫书谓：“杨度以慕名之心转而慕利，前之师我者亦以名也，非求益者也。思依我以立名，名粗立，则弃予如遗矣。”其时当有甚不满于度处。或以度有“湘潭王先生援庄入孔，南海康先生援墨入孔，实为今世之杨、墨而皆托于孔者”之论，故意不能平欤。帝制失败，度辈遭名捕。冯国璋代理总统时，以曹锟、张怀芝之请，取消通缉，度遂为锟幕参议，未久即去之。尝蕲锟荐为北京大学校长未果。后入张宗昌幕，宗昌在鲁印《十三经》，委其主办，序文系度代撰，并书就白宗昌覆以透光之纸，而描摹付印焉。

一五三 “旷代逸才”的结局

度所营湘中锑矿，欧战时获利甚丰，盖产二十余万圆。及战事停止，复折阅不少。家用习于奢汰，因渐患贫，屡游疆帅之幕，率无所遇。近岁依上海闻人杜月笙，为司笔札，“旷代逸才”遂以是终。

（原第8卷第38期）

一五四 吴式钊出卖沈荩

癸卯，沈荩杖毙于刑部狱，吴式钊陷之也。吴本官翰林院检讨，戊戌政变后，掌院学士徐桐恶其尝与新党往来，以甄别翰林参劾革职。是岁与沈同寓刘鹗（字铁云，即著小说《老残游记》者）家（在崇文门外木厂胡同），刘富于财，喜延纳名士，二人均以为房饭主人，相契也。吴失职无聊，谋开复，苦无机会。以沈故谭嗣同友，有新党之目，而西后回京后，对于戊戌党人衔恨未已，欲假告密复官。而废员难于直达，遂乞绘事后前之内务府司员庆宽，代陈于后，谓沈与康党潜通消息，图不轨。后大怒，立命捕沈下狱，必欲死之。而时方以推行新政相涂饰，不愿显诛新党，乃夜出片纸命杖毙，实暗杀耳。吴则仅赏主事，既大觖望，复为清议所鄙。葛宝华时为刑部尚书，兼署工部尚书，谓人曰："此卖友之人，如分至刑、工两部，吾无以善处之也。"吴竟未再出。

一五五　王照之获救

王照受光绪帝特赏，以主事超擢京卿。政变，被名捕，避地日本。后以传布所创官话字母，变易姓名，秘密归国。癸卯岁亦在京，与沈时相过从。沈既罹祸，颇不自安。翌年，其踪迹渐为人注意，虑不免，即至步军统领衙门投案，以自行投案罪可减轻也。时那桐为统领，颇敬礼之，使暂居一客厅内，命司员二人相陪，而往谒军机领袖奕劻，询以此公事可办否。奕劻曰："当然办，何能延搁？"那桐曰："惧为沈荩之续耳。"奕劻曰："彼为中外知名之人，非沈荩比。且无人告其有何举动，仅有戊戌旧事，太后当从轻发落，或即邀赦免。万一太后震怒，吾当与军机同事力为乞恩，必无大碍也。"那桐乃奏明。奕劻于召见军机时请示，后冷笑一声，即以手指帝曰："你问他。"帝仍候后发言，而后殊无一语，惟面色甚庄。奕劻悚然不敢置词，相持者良久，帝不能终默，乃曰："免其一死罢。"于是定交刑部永远监禁。后奕劻语人，后预料军机必为乞恩，故以不怒不言杜其口。帝之五字，实煞费思索而出之。倘作为王缓颊之语，恐益无幸矣。不怒之怒，洵可畏哉。（按：戊戌王氏主尊戴西后以变法，故其奏疏词令间于后特致颂扬，后初不以为迕。其后有人谮于后，谓王请皇上奉太后游历外洋，实欲诱太后出国，加以暗害。后信之，故憾王甚深也。）王既下狱，奕劻仍思为请宽赦，未有间。会西后由颐和园还宫，过万寿寺小驻，闲游寺中各处，命奕劻随侍，随意言谈，颇不拘形迹。奕劻乘后意欣然，从容言近日接见各国公使，多谓政府犹仇视新党，变法恐无诚意。后之昌言变法维新，本以见好外人为第一义，因询将何以释其疑。奕劻对：苟宽赦戊戌党人，示欲起用，则外议自息矣。后以为然。旋降戊戌党人除康、梁外，一律赦免，并开复原衔之谕。王氏始获出狱。奕劻诚不足道，而此节却尚可取。

王氏之下狱也，拘于刑部南监，所居即沈氏杖毙之室。其《方家园杂咏纪事》附述其事云："余入狱，所居即沈之屋，粉墙有黑紫晕迹，高至四五尺，沈血所溅也。狱卒言，夜半有官来，遵太后手谕，就狱中杖毙，令狱卒以病死报。沈体极壮，群杖交下，遍身伤折，久不死，连击至两三点钟气始绝云。余闻而惕息。（沈死后，广西提督官保苏元春，先居沈之屋，得生出。余入居未久，亦得生出。狱卒贺喜，共谓此屋吉利。且自圆其说，谓沈先生想已成神矣。今回忆之，亦有趣也。）”

一五六　苏元春之出狱

甲申中法之役，苏元春偕冯子材、王德榜、王孝祺等大败法军于谅山，兵威大振，为我国对外光荣之一战。癸卯，粤督岑春煊以军政腐败、纵兵通匪严劾之，逮问下狱，将论死矣。卒以追念旧勋，得从末减。据高树《金銮琐记》谓系其弟枬疏救之力。《琐记》云：“越裳西附有强邻，一战谅山国愤伸。何事欲诛檀道济，黄门抗疏救功臣。”（癸卯秋，菜市张棚人言，欲杀苏元春，法兵麇至，欲观行刑。给谏城南弟谒张文襄曰：“将杀元春，公未闻耶？”公曰：“谅山一战，法兵至今不敢越广西界一步。元春功甚大，何可杀也。”弟曰：“公何不救之？”公沉吟有难色。弟曰：“公如未便言，小子言之。”奏言：“谅山战胜，法人畏中国兵威，至今不敢越广西界，此元春之功。谓元春不能靖盗，当治罪，抚臣王之春何不同下狱？”王相读疏笑曰：“此高君救元春也。”与众枢臣相商议入言于太后，元春遂出狱。）苏固宿将，晚年暮气已深，致堕休名。以情罪论，诛之亦不为过。而对外战功，不可磨灭，宽典尚未为失出也。张之洞甲申在粤督任，与驻粤治军之兵部尚书彭玉麟和衷调度，督励诸将，以奏大捷，亦其生平之壮举。易名曰襄，论者谓斯役足当之焉。

一五七　杨度挽联

杨度挽袁世凯联，前已略及。其全文系："共和误中国，中国抑误共和，百年而后，再平此狱；君宪负明公，明公实负君宪，九泉之下，三复斯言。"君宪党魁之口吻宛然，且深咎世凯对于帝制弗克猛进坚持也。杨与黄兴本同乡夙好，当留学日本时，过从颇密。后以宗旨相殊，遂若政敌。其挽黄联云："公谊不妨私，平生政见纷驰，肝胆至今推挚友；一身能敌万，可惜霸才无命，死生从古困英雄。"词气亦颇健举，惟视挽蔡锷联深警未逮耳。辞参政呈，既以霸才自许，兹复以霸才推黄，盖念念不忘此二字欤。（黎元洪挽黄、蔡联云："正倚济时唐郭李；竟嗟无命汉关张。"意境自与杨挽黄联不类，而下联用语相似。关张万人敌，见于史籍也。）王闿运之逝，杨挽联云："旷代圣人才，能以逍遥通世法；平生帝王学，只今颠沛愧师承。"推崇甚至，而自待亦良不薄。时犹在通缉中也。王氏有自挽一联云："春秋表未成，犹有佳儿述诗礼；纵横计不就，空余高咏满江山。"意态殊雄杰。王以经生文儒，喜谈大略，讲纵横，故自道如是。杨氏《湖南少年歌》述及王氏，谓："更有湘潭王先生，少年击剑学纵横。游说诸侯成割据，东南带甲为连衡。曾胡却顾咸相谢，先生笑起披衣下。北入燕京肃顺家，自请轮船探欧亚。事变谋空返湘渚，专注《春秋》说民主。廖康诸氏更推波，学界张皇树旗鼓。呜呼吾师志不平，强收豪杰作才人。常言湘将皆伧父，使我闻之重抚膺。”亦表彰其俊迈纵横之气。惟王氏果尝以割据连衡说曾、胡，不特宗旨相戾，揆之当时情势，事亦大难，宜其格格不入已。

一五八 杨度《逍遥游辞》

杨谓王氏“能以逍遥通世法”，而杨氏亦有一《逍遥游辞》，力作达语，辞云：

> 逍遥游兮，世何途而不坦，身何往而不宜。
> 无一心之择别，何万境之参差。
> 放予怀于宇宙，虽游戏而无私。
> 本无心以遇物，故随地而安之。
> 登高原以望远，见荒冢之离离。
> 贤愚异兮生日，白骨同兮死时。
> 通古今于俄倾，合万代而葬兹。
> 悟浮生之一梦，惧行乐之无期。
> 爰出门以孤往，任投足之所之。
> 或杖策于山颠，或泛舟于水湄。
> 临清流以濯足，凌高冈而振衣。
> 听哀泉之异响，挹华木之清姿。
> 枕溪边之白石，仰树杪之苍崖。

柳因风而暂舞，猿遇雨而长啼。
翫水深之鱼乐，望天空之鸟飞。
随白云以朝出，乘明月而夕归。
藉苍苔以憩卧，采松实以疗饥。
随所取而已足，何物竞之可疑。
伴渔樵以共往，见童叟而依依。
肆谈笑以适意，信人我之无违。
喜山川之寂寞，契游子之孤怀。
境渺渺以愈远，情悠悠而自知。
常萧然于物外，与一世而长辞。
惟赏心之自得，叹同乐之人稀。
偶倦游而思返，即兴尽而掩扉。
披诗书以自读，引杯酒而酌之。
任出处之自便，何外物之能羁。
仰天地之闲暇，觉人事之无为。
欲长歌以寄意，遂援笔而忘词。

颇有旷适自然之致，盖帝制失败后作以自遣者，然实仍役役尘网，不忘纷华也。（原第 8 卷第 39 期）

一五九 “无夫奸不为罪”之辩论

清末筹备立宪，以资政院示国会雏形。宣统二年九月开幕后，政府提出《新刑律草案》，此清末修订法律唯一之成绩也。杨度为政府委员，出席说明，立演台历三小时之久。穷源竟委，清辩滔滔，议场及旁听席多为之鼓掌动色。共杨到院者，有宪政编查馆提调宝熙、刘若曾等，皆危坐政府委员席，未发一言，一任杨氏逞其悬河之口，作壁上观而已。此案交议后，议员分新、旧两派，各张一帜。汪荣宝、易宗夔、雷奋、范源廉、籍忠寅等为新派翘楚，而旧派中则以劳乃宣、许鼎霖、喻长霖、闵荷生等为中坚。原案有"无夫奸不为罪"一条，旧派见而大哗，以为中国数千年纲常礼教之防为之溃决，不惜出全力以相争。而新派则以为法律应随时代而进化，此项草案乃参酌世界新法律之成规所编制，以蕲适合时代潮流而进中国于法治之域，为废除领事裁判权之张本，不能轻为窜易，致损害本法一贯之精神。故助杨张目，亦以全力拥护原案。两派于议场中各逞词锋，舌战炽然。始犹互相辩论，继遂互相骂詈，足为民国国会中叫嚣哄争之先声。其时旧派以圣贤经传为武器，新派以法律学说为武器。新派多青年，擅辩才。旧派气虽盛，而议论之头头是道弗逮也，故词锋每为新派所绌，愤懑之极，乃有喻长霖所演之一幕喜剧。喻偕劳乃宣趋至新派某议员前，长揖为礼，状甚恭。某议员亟答礼，喻氏突伸臂坚握其衣领，厉声曰："老兄，兄弟要请教请教。老兄本是宪政编查馆干员，愿有以教我。"某议员以事出不意，愕然引避，衣领为之绽破。喻氏续曰："请教老兄，老兄是赞成'无夫奸不为罪'的，假如老兄有一令妹或令爱，尚未出阁，而有人竟至尊寓与令妹或令爱如此如此，照老兄主张‘不为罪’之说，大概对此人听其自然，不加干涉。兄弟不知尊意究竟若何？请明白指教。”以时方气急败坏，且喘且言，复长揖不止，坚请答覆。劳氏和之，谓“必须请教”。某议员以其有意恶作剧，遽难以口舌与争，遂大为此二通儒所窘。（喻、劳均硕学通儒资格之钦选议员也。）民国七八年间，北平有所谓新旧文学之战，“新青年”派诸人提倡白话文，并以新思潮领导学子，从者甚众。林纾以“卫道”自任，起而以文字与角，弗胜，愤而撰小说以丑诋之，亦仿佛相似。

一六〇　宪友会与宪政实进会

院内之争既相持不下，社会亦多注意此问题。于是有人发起《新刑律草案》维持会，开大会于湖广会馆，为新派议员作院外之声援。主其事者多新闻界中人。未几，院内以蓝、白票表决，卒照原案通过。（时溥伦以总裁为议长，秘书长则金邦平，均同情于新派者。）自是有蓝票党、白票党之目，两派皆以为宜有团结，俾主张易获胜利，遂有组织政党之酝酿：迨次年九月，资政院第二次常会开会之前，北京即有宪友会及宪政实进会两团体之对峙，盖我国政党之权舆。宪友会为新派所组织，会员不限于院内，常务委员三人，为雷奋、孙洪伊、徐佛苏，孙、徐均非资政院议员。宪政实进会则旧派之集团也。革命军起，清室所谓宪政随帝运而告终，此雏形之新旧两政党，亦成陈迹矣。

一六一　“阎王”督赈

今岁大水，灾区辽阔，被灾者数千万人。赈济之事当务之急。朱庆澜君于此致力最勤，实灾民之福星，国人所敬仰。近复虑办赈人员放利营私，妨害赈务。特以“事关赈款，涓滴为重。苟有丝毫之差池，不特于神明有愧，亦为清议难容”。请国民政府令监察院派监察委员分赴办赈各省切实考察。“倘有侵吞或移挪赈款，以及放赈不实，勾通地方，滥放冒领，并其他关于赈务之种种舞弊情形，一经查实，尽法惩治。惟如有承办赈务清廉自矢，著有劳绩者，政府亦当予以奖励，以昭激劝。”惩恶奖善，尤对于赈款及受赈者实事求是之道。而此项监察委员，责任甚重，能否铁面冰心，不稍瞻徇，其关系盖至巨矣。清光绪初年，华北大旱，费行简《慈禧传信录》所记曾国荃、阎敬铭办理山西赈务情事云：“李鸿章举曾国荃抚晋，钱鼎铭抚汴。二人皆任事，国荃勋望尤隆，疆吏半其兄国藩所荐拔，将校则部属尤多。两淮盐政，宿亦国藩经营，乃有起色。闻命即以笺致各省，乞筹援助。比至晋，更以痛辞述流离状，分启远近，自处卑下。人多感之，济款纷至。国荃故挥霍，放赈颇滥。给事中张观准言于朝，后以谘枢臣，文祥谓：‘晋民什九皆饥，情宜遍赈，滥不为害。’后谓：‘公帑只有此数，滥放则需款益多，放罄必续请拨，其何以为继？当严斥国荃令核实。’奕䜣、文祥同谓微国荃晋事几不可问，乞后宽假之。李鸿藻乃举阎敬铭会办晋赈。敬铭自东抚乞休后，侨寓于晋，而夙筦鄂粮台，以精综核闻于时者也。后亦久知其贤，遂如鸿藻言，以命敬铭。既受事，主稽核撙节，屡与国荃龃龉，而晋人颇怨敬铭刻。时有‘曾活一半，阎杀一半’之谣。又称之为‘阎王’，言其酷也。然敬铭莅事，散赈官吏始无中饱者，驰驿诸官亦敛迹弗敢索供应，厥功固不可没也。”赈事贵溥，太刻自非所宜；然若过于放任，中饱之弊在所难免。赈款赈物只有此数，滥斯绌，灾民反有向隅者矣。故贵溥尤贵公贵明，苟公且明，阎王何伤。阎罗包老非传为美谈乎？陈代卿《书朝邑相国山右办赈事》云：“光绪戊寅，山西大饥，省西数十州县尤困。朝廷拨京仓米十万石往赈。时阎公敬铭由山东巡抚请疾回陕，主讲山西解州书院。上命与曾公国荃同办赈务。闻有旨拨京仓米来赈，未知实惠及民否，乃微服访，至吉州之石门，见各庄屯米山积，问庄民此谁家物，曰京米。问何不粜，曰官自主粜，人不敢问，但价昂不易买。公廉知官遏粜牟利，呼州牧段问曰：‘民饥如此，汝办赈若何？’对以米少。公曰：‘吾见某庄某地各屯米无数，何言米少？’段知事败，色骇不能语。公挥令去。即函致晋抚言状，晋抚立奏参革。太后大怒，以情重法轻，即批就地正法。既得旨，曾公提段示之，段叩头乞命。曾公曰：‘汝闭粜居奇，罔顾民命，死不蔽辜。’即缚出斩之。方阎公办此事，米即大行，省西各州县活人无算。”惩一儆百，灾民获受实惠，其事盖可法。朱君以尽法惩治为言，其于此旨固已灼知，政府宜特予重视，使考察不成具文也。如陈氏所书，段牧之诛，断自中旨，盖其时西后尚知念民瘼、肃纲纪；若庚子后假救灾而私提赈款自肥，愧对被诛之段牧矣。(《慈禧传信录》谓：“世皆知后尝挪海军经费为建筑颐和园用，而不知庚、辛、壬之间，秦、晋、京师善后助饷三捐，收数几四千万，而秦、晋灾民所得不过八百万，京津灾民所得不过六百万，余皆为后提用，至今部省皆无报销。然其资后收贮者不过千万，余皆授之内务府人员，令采办珍异物用。则干没之数，又居大半矣。”所述似不虚。)今岁水灾如此之重，使在胜清，自督抚以迄下僚，获严谴者当不知几何人。责任所在，疏防之咎焉辞，而尽法惩治者竟罕闻焉，何以伸灾黎之冤愤乎？ (原第8卷第40期)

一六二　袁世凯练新军

中国自甲午之后，以为非改革军制不足以图强。其得风气之先者，袁世凯也。时世凯已简浙江温处道，由督办军务处奏留差委，因游说当局，以新法练兵，且条陈一切办法，并拜西后惟一宠臣荣禄之门。于是光绪二十一年冬，醇王奕譞、庆王奕劻会同军机大臣奏请变通军制，在天津新建陆军，而荐世凯“朴实勇敢，晓畅戎机”，堪充督练。并请假以事权，俾专责任。先就胡燏棻所练定武军十营，步队三千人，炮队一千人，马队二百五十人，工程队五百人为根本，再加募步、马各队，足七千人之数。奉旨允行。定武军本驻距津七十里之新农镇，俗称小站，为旧日淮军统将周盛波驻兵之地。世凯既受事，修缮废垒，扩充营基，以德员司教练，步伐整齐，军容日盛，有壁垒一新之概焉。此为世凯在军界志气发抒之始，亦中国所谓新军之最早者。继复说荣禄成立武卫军，以聂士成之武毅军、董福祥之甘军、宋庆之毅军为前、后、左军，世凯之新建陆军为右军，荣禄另募亲兵万人为中军自将之，凡五军，悉统于荣禄。荣禄不知兵，徒盛设宾僚，顾盼自喜，中军具文而已。四将之中，宋庆资格最老，聂、董亦均宿将，世凯以文员新进参其间，所部营制最新，操演最勤，号为最精之兵，然实未经战阵，故宋等初不推服，而世凯以练军著效，已历直隶按察使而擢侍郎矣。

一六三　北洋军阀之起始

迨世凯由山东巡抚迁直隶总督，屡请练兵以事国防，并进筹饷之策。西后以为然，遂设练兵处，以奕劻领其事，世凯会办。奕劻奉世凯为导师，以刘永庆为军政司正使，段祺瑞为军令司正使，王士珍为军学司正使，王英楷、冯国璋等咸任要职（时北洋有胖王、瘦王之称，胖王指英楷，瘦王指士珍），皆取之北洋。练兵大臣如徐世昌、铁良，又世凯所推荐也。练兵计画，定全国练新军三十六镇，先由北洋入手。世凯锐意进行，不久北洋四镇相继告成（第四镇即由武卫右军改编）。兵力之厚，甲于各省。其粮饷处设于津，以张镇芳董其事。诸镇之兵权、饷权，悉在世凯掌握，遇事毫无掣肘。北洋声势益炙手可热，震主之嫌，于是乎起。言者集矢世凯，而形势一变。

一六四　铁良袁世凯之争

铁良夙与世凯善，且受其提挈。比朝眷日隆，乃思夺世凯之权，谓海外党人排满之说甚炽，以汉人久握军事大权，甚非慎固根本之计也。会改定官制，遂裁练兵处，改兵部为陆军部，即以铁良为陆军部尚书。铁良谋裁抑世凯，集中兵柄，特设近畿四镇督练公所，荐凤山为督练，直隶陆军部。袁、铁水火，乃腾播一时矣。铁、凤均满人中深于种族之见者，北洋将领之不附己者，多疏斥之。而于东西洋留学生尤歧视，惧其或有排满革命之志耳。世凯虽罢兵柄，而西后眷遇不衰，北洋诸镇为所手创，其潜势力依然甚巨，非铁、凤所能摧陷廓清也。

一六五　载沣载洵载涛掌兵

醇王载沣以摄政王受遗监国，代理海陆军大元帅，两弟争与军事，遂设立军谘处（后改军谘府），以载涛管理，兼充训练禁卫军大臣。并议兴复海军，以载洵充筹办海军大臣。载洵碌碌，不过以是为膴仕美除，夸耀侪辈。其藉考察之名糜巨帑以游历各国，亦视作壮游豪举，归诧朝列而已。（后设海军部，授海军大臣。大兴土木以建筑海军部，其地即与其新建之贝勒府毗连。使部府之间有门户可通，谓可便于每日到部，盖视若终身官矣。未及成而清室退位。）载涛则与其兄大异，自领军谘，即以造成军界新势力，总持全国军权为职志，淬厉精神，努力从事。虽为时甚暂，而其事有足记者。载涛知世凯虽已放逐，而北洋军界犹隐奉世凯为宗主，不消灭此种根深蒂固之势力，则军权集中有名无实。其用心与铁良不殊，而手段则大相径庭，盖以为铁良气度褊狭，不能容纳人才，对于袁系人物，排之而无以代之，适足以促进其团结，实为无益有损。故反其道而行之，首以宏延揽、广奖拔为务，所擢用者大抵为东西洋留学生，虽有革命党形迹者，亦收诸夹袋之中，不以为嫌。惟一之宗旨，在以己为中心，而造成军界伟大之新势力于全国。此富于朝气之新势力造成，袁系之旧势力相形见绌，不必有意排除，自可逐渐陵替澌灭以尽。其计画盖如此。当时东西洋军校毕业归国者，咸得破格除授，载涛之力也。载涛以稚年典兵，何遽能若是之高掌远跖，则良弼为之也。

一六六　良弼佐载涛排挤铁良

良弼为留学日本士官学校毕业生，宗室也。在东时目击留学界情况，知清室危亡将至，当力图振奋。归国后欲于军界有所建树，历说诸亲贵。及载涛出，乃一见倾心，叹为谋主，其志始得行。载涛任事之初，铁良犹长陆军。载涛挟皇叔之尊，少年气盛，与铁良每有龃龉。禁卫军初建，亦时以细故与陆军部发生争议。良弼以载涛为奥援，对铁良往往不留余地。盖以铁良不去，载涛之军权不能统一也。铁良自负军界前辈，而势不敌，遂引疾乞休。（后简江宁将军。）凤山亦简荆州将军。（后调广州，遇炸死。）近畿陆军均归陆军部直辖。荫昌继铁良为尚书，固以好好先生著者，载涛之权愈重。良弼以言听计从，凭藉亦日厚，位虽不尊，而军界无不知有良赉臣矣。（良弼于亲贵中，载涛之外，惟与肃王善耆过从甚密。其被炸之日，即自肃府驱车归红罗厂寓所也。）

一六七　良弼与吴禄贞

良弼在禁卫军，终于协统（袁内阁时开协统缺，补军谘使），禁军一切章制计画悉出其手，而全国重要军职之进退，亦多待其一言而决。其政策在利用汉人以防汉人，以为高官厚禄尽足以驾驭英才，入彀者多，即足以制反侧而延帝祚。革命党中多知名士，苟縻以好爵，联以感情，亦不难潜易（移）默化。吴禄贞与良弼交谊最笃，有满汉两人才之目。良弼于禄贞之革命思想，知之甚稔，而陕甘总督升允欲杀禄贞，赖良弼营救得免。其为第六镇统制，亦由良弼于载涛前力保其才。第六镇军械库失慎，人谓禄贞谋弱清军之势，良弼力白其无他，故载涛不疑。良弼固始终忠于清室者，其汲引党人，实具深心。而革命潮流势已如危崖转石，不能中止，宜其术之不效。且武昌起义后，各省风从，以新军将领多党人或与党人通款曲者，故一呼众应，共和迅建。微良弼之力，弗能如是之易易也。

一六八　北洋派盛衰略说

载涛入良弼之言，孳孳以建军界新势力，而被其擢用者，特假径进身，初非倾心亲附，有固结莫解之关系。视世凯之于北洋军界旧势力，迥不侔矣，无其枭雄之才也。世凯一出，挟此旧势力迫清退位，而取得总统，益盛倡北洋派团体之说，部勒诸将，以驱除异己，控制全国。而其后北洋派竟分裂，世凯称帝不成而愤死，亦所谓君以此始，必以此终者矣。世凯既死，北洋军阀之动静离合及演化，犹为时局推移之重心，至近岁始成为历史上之名词。上溯光绪二十一年，世凯小站练兵，凡三十余年。若再上溯同治元年，李鸿章募练淮军，则近七十年矣。世凯练兵时，所置将领偏裨，有取自旧将者，有取自学生者，旧将多淮军人物，学生亦鸿章督直时所造就，而世凯又夙受鸿章卵翼者也。故北洋派之系统，论者仍推鸿章为鼻祖云。

（原第 8 卷第 42 期）

一六九　善耆轶事

（一）延纳名士

清末亲贵用事，以致覆亡，而肃亲王善耆颇有贤名，盖亲贵中有数之人物也。庚子以后，清廷讲新政，谋改革，善耆尤有新派之目。其时留学生回国者日多，凡知名之士，善耆多方延纳，罗致门下。旗籍中如良弼、恒钧等皆以留学生而为肃府上客，颇见信任。有程家柽者，以同盟会健将而奔走善耆之门。善耆官民政部尚书，其渐与民党通声气，以及民党之得在北京活动，程之力也。北京自吴樾炸弹案后，设探访局于外城鹞儿胡同，以史伯龙（名云）主其事，专以侦缉民党为职务。程之见重于善耆，盖善耆欲藉程以诇察民党之内容，而程依善耆之势，遇事亦多有保全焉。程字韵孙，安徽人。民国二年二次革命之役，袁世凯坐以通敌谋破坏，捕杀之。

（二）宽释汪兆铭等

汪兆铭、黄复生、罗世勋谋炸摄政王载沣，事泄被捕，众以为必无生理矣。善耆密言于载沣，谓革命党势已盛，杀汪等适以激其怒，非大局之福，宜从宽典，示怀柔。载沣亦惧报复愈厉，因韪其言，遂仅交法部监禁。（风声所树，疆吏对于党人亦多从宽假。）当解送法部收狱之前，善耆秘延汪等会晤于其邸，待以宾礼，从容谈话，以政见相商榷，仅有顾鳌一人在旁陪侍。顾亦以留学生见器于善耆，时为外城巡警总厅六品警官也。

（三）关心宪政

各省代表之至京请愿速开国会，清廷厌且嫉之，大臣中无与代表相往还者。而善耆独招宴于邸，倾谈竟日，于宪政之实施盖惓惓焉，故代表咸许为亲贵中之有心人。

（四）遗折于逊帝

善耆之接近民党，关心宪政，均思缓和革命，以延清运，而大势所趋，无济于事。武昌起义后，议起用袁世凯，善耆不谓然。迨袁氏应召入京，知事已无可为，遂避地大连，依日人以为生活。其子女亦多有委托日人寄养，改入日籍者。尝冀得日人之援以复清。袁世凯为总统时，以其与日人为缘，恐滋后患，曾议由政府出赀为之清偿日债，劝令回京居住。由某氏居间传语，议卒不谐，竟客死大连。其致逊帝遗折云：

> 奏为赍恨哀鸣，叩谢天恩，仰祈圣鉴事：窃臣幸托宗枝，长霑门荫。拜爵之始，遭值拳祸，庐宇尽

> 毁。荷蒙先朝哀怜，畀司崇文榷务。臣梳剔积弊，课入骤增。猥因见知，管理步军统领，充御前大臣，补民政部尚书，调理藩部尚书。（按：宣统三年，庆内阁成立，尚书均改大臣，善耆为民政大臣，旋调理藩大臣，均国务大臣也。时已不称尚书矣。）辛亥兵变，各省蜂应，卒以召用非人，潜移国祚。疾首痛心，莫此为甚。臣力争不听，挽救无术，更不能与盈廷泄沓，共戴三光，遁之旅顺，偷延视息。潜抱艰贞之志，恨无开济之才。每伺再造之机，终无一成之寄。瞻望觚棱，瞬逾十稔，憔悴就死，臣罪当诛。伏愿我皇上蓄德养晦，祈天永命，重光郅治，比隆康武。微臣虽在泉壤，蒙袂含欣。臣有子十余人，率皆驽下，不堪负荷。况臣久误觐贺，罪过实深，敢请纳还爵土，即日停袭，少赎臣愆，以毕臣志。伏枕呜咽，不知所云。

词甚激楚，足见其意志之一斑。际兹国难方殷，复有关于逊清之风说，与日人谋树立所谓满蒙新政权之声，相因而起。盖曩者日人结纳善耆之用意，与今日攘我边陲之计画，固自息息相通，处心积虑，由来已久。近阅报载溥浩然君谈话，有不为人所利用之表示，其于个中利害，当已辨之审矣。

一七〇　奭良与清史馆

为善耆代草遗折者，其友奭良也。奭良字召南，素有文誉，称八旗才子。清末历官奉天东边道、湖北荆宜施道、江苏淮扬海道，丰于财，选色征歌，以豪侈著。入民国后，业渐替，以至生计艰窘。清史馆总裁赵尔巽为其舅氏，招之入馆。馆之初立，经费饶裕，盖袁世凯设馆本意，即欲假以羁縻遗老文人。赵氏既受事，以养士絷贤之说进，适契其衷，故延揽甚广，而坐领干脩者遂多。（奭良所为，赵氏《行状》有云："公近取翰苑名流，远征文章名宿，开馆之日，鱼鱼雅雅，礼容极盛。始公请于项城曰：'往代修书，即以养士，欲援曩例以絷逸贤可乎？'项城诺之。公按籍而求，闻名而致。其人或久之乃至，或竟不一至，或数年得一文，或竟不著一字，公皆礼貌有加，饩廪勿绝。"藉修书以罗致遗逸，为潜消反侧之计，前代诚有其例，然未闻奉以厚俸而听其不著一字也。迨经费告匮，乃匆匆竟事，《清史稿》之为人诟病，斯亦其一因已。）奭良则任事颇勤，与柯劭忞意见多不合，时有争执。清史馆既结束，奭良益困顿，赖友人赀助度日。尝设馆讲《庄子》，听讲者醵资为束脩，月才银三十圆耳。去岁竟以穷愁死于旧都，往事不堪回首也。与善耆为世好，庚子以后之肃王府，在北新桥船板胡同，本其产而赠诸善耆者。为善耆撰遗折，盖能曲达其旨云。

一七一　善耆喜演戏

清末亲贵多酷嗜戏剧，一腔一调，极深研几，俨成一时之风气。王公府第大抵皆有票房，肃王府其尤著者也。善耆幼年即嗜此，其随从太监率能登台奏技，府中每月必演戏数次，每演，善耆必自饰主要脚色，祈寒盛暑，不以为劳。除普通皮簧戏外，并自编成本新戏，有《战台湾》一剧，尤喜演之。自饰郑成功，文武唱做悉备，全本须演六小时。善耆精神抖擞，始终不懈，伶人多自称不如也。其弟善某（字仲千，俗呼善二爷，爵将军，尝为护军统领）亦同此嗜。往往弟兄合演一剧，互相谐谑，以为至乐。（入民国后，肃王府箱底曾出演于东安市场，所演本戏有《请清兵》等，亦颇能叫座。北京盛行皮簧，肃王府箱底则高腔也。）至今行经船板胡同，犹想见当年笙歌之盛焉。

一七二　“如当舍”

肃王府内书房，颜其额曰“如当舍”，为善耆自撰，汪荣宝所书。时汪为民政部丞参，亦以留学生受善耆赏拔者也。见者多不得其解。有叩之者，善耆曰：“君未读《孟子》乎？孟子有言：‘如’欲平治天下，‘当’今之世，‘舍’我其谁也。”闻者为之哑然。

一七三　善耆书画

善耆书画，每自题“偶遂亭主”，虽不能自成一家，而亦落落大方，不同俗套，盖天赋颇优也。尝与其妹婿蒙古亲王贡桑诺尔布（别号夔盦）合作画帧，颇有韵致。惟性耽戏曲，暇日辄袍笏登场，不遑旁骛。临池染翰之时甚少，故其书画不多见。（原第8卷第42期）

一七四　淮军将领刘铭传

李鸿章淮军诸将，程学启卒后，刘铭传功最高，望最隆。同治三年官至直隶提督，年甫二十九岁也。迨捻匪肃清，封一等男，即称病开缺。旋奉命督办陕西军务，莅事未久，复称病回籍，不愿再出。盖以文武待遇轩轾，薄提督而不为。光绪十年，中法衅作，乃以巡抚衔起之，督办台湾事务。未几补授巡抚，抚台数年而归。甲午中日之役，时议颇主以铭传为大将，督前敌各军。诏令鸿章传旨促入都，铭传自以曾任封疆，加太子少保、兵部尚书衔，分为重臣，而政府犹以提镇列将视之，不以特旨征召，仅令直督传谕，礼数太薄，遂辞不赴。说者谓翁同龢当国，不慊于鸿章，兼惎铭传，故阴沮之，殆非无因。使铭传受命督师，于大势究能裨益几何，固难确断。而总统前敌诸军偾事之叶志超，其人物自远不逮铭传耳。铭传在台抚任，新拜帮办海军之命，而三疏乞退，则愤户部奏定海军十年内毋增舰炮，无以威敌也。同龢长户部，其动机盖亦所以扼鸿章。

一七五　李鸿章“纸老虎”之说

当中国海军初成，日人惧弗敌。华舰出海游弋，过横滨，日官严戒商民曰：中国水兵登岸，倘有非理举动，宜逊让之，慎勿与较，其时实颇畏我也。而日人努力以从事军备，于海军舰炮之竞进，尤不遗余力，中国则中道而尽，故甲午日人敢与我战，竟能以小胜大。人谋不臧，咎有攸属矣。惟鸿章亦不得谓无过。战端既启，而犹守衅不自我开之旨，迟回审顾，不肯迅赴事机，希冀他国之调停或干涉，以免战祸。其实当时兵力虽受朝议牵掣，不副所愿，然与图强未久之小国周旋，苟能精于选将，锐于进取，事尚未可量，既将领颇多下驷，复坐令日人得制机先，其败诚宜。《庚子西狩丛谈》记鸿章中日战后之谈话有云：“我办了一辈子的事，练兵也，海军也，都是纸糊的老虎，何尝能实在放手办理，不过勉强涂饰，虚有其表。不揭破，犹可敷衍一时。如一间破屋，由裱糊匠东补西贴，居然成一净室。虽明知为纸片糊裱，然究竟决不定里面是何等材料。即有小小风雨，打成几个窟孔，随时补葺，亦可支吾对付。乃必欲爽手扯破，又未预备何种修葺材料，何种改造方式，自然不可收拾。但裱糊匠又何术能负其责。”言甚坦质，苦心非无可谅。其治军之宗旨，亦可谓之武装和平。特战既开矣，仍以此种心理临之，自居于纸老虎，惟恐被人戳穿，当敌而气先馁。日人则以好战之国，持孤注一掷之决心，胜负之判，缘于心理者，所系亦岂轻乎？

一七六　日本驱逐清廷议和使臣

中国既败，遣使赴日议和。初遣者为天津海关税务司德人德璀琳，携鸿章致日首相伊藤博文函以往。伊藤以其无代表交战国资格，且私书亦不足代表中国政府，拒不与见。中国乃派总理衙门大臣户部左侍郎张荫桓、署湖南巡抚邵友濂为出使日本议和全权大臣。既抵日，日人摘国书中未声明有缔结条约及签字之全权，而敕书中复有“电达总理衙门转奏裁决”字样，认为不合全权文凭方式，不以全权大臣之礼接待，并嘱其回国。荫桓等与辩弗听。继谓文凭中倘有未周之处，可以电奏改正。亦弗允，惟坚持逐客。荫桓等乃返。始由鸿章膺议和之任。张、邵之被拒，固以中国政府不谙公法，贻人口实，而日人于此，尤有深衷。盖以小国而胜大国，体面在所必争，意必使中国秩位声望均居第一流者，赴日行成，方足踌躇满志，张、邵非其人也。

一七七　李鸿章赴日议和

伍廷芳时以直隶候补道为随员，尝与伊藤在欧同学。伊藤与作私人谈话，谓："中国何不遣重臣来，文凭又何以不如式?"廷芳谓："两大臣一侍郎、一巡抚，皆中国之重臣也；至文凭不如式，不妨电请于朝，照公法规定，迅易以来，两大臣则暂留以待后命。"伊藤沉吟曰："此恐有窒碍处。今姑作朋友闲谈。请问恭王何不可来敝国?"廷芳曰："亲王向不轻出都门，安能前来贵国?"伊藤曰："李中堂大可任此，贵国何不遣之?"廷芳曰："今亦姑作朋友闲谈。李中堂如来，公等乐与订议否?"伊藤曰："李中堂如能莅止，敝国自乐与晋接，惟必需合例之文凭耳。"观此一段谈话，其力拒张、邵之真意，灼然可见。文凭纵无问题，亦不愿与张、邵开议也。张、邵归抵上海，即以此谈话电达政府。鸿章之奉使，不啻日人指定矣。曰恭王者，亦明知中国不易遽允，特用作衬笔耳。（亲王尊贵，不能出使，犹是当时情势。若庚子以后，则又当别论矣。某外国小说谓醇王载沣至德谢罪，系一剃头匠冒充，真堪喷饭。亦以中国夙号天朝，自尊已久，懿亲躬任此事，为非常之举动，而不知西后破胆，视列强尊过列祖列宗也。）伊藤与廷芳谈话中，并述及昔年晤鸿章事，谓犹忆十年前至天津与李中堂订约之时，中堂以爵相之尊严，气焰干霄，令人生悸。今中堂若纡尊降贵，吾等决不步其后尘也。其必欲鸿章俯首至日乞和，为大国宰相倨见小国使臣之往事一吐气，尤为衷怀如见。日本经营十年，一战胜我，遂为亚洲强国；又十年，再战胜俄，遂进而为世界强国之一。民国四年，日人以“二十一条”胁我，袁世凯乞英使朱尔典援手，朱尔典告以无能为力，惟愿中国从此发愤自强，十年后可战胜日本。今早逾十年之期，行即又一十年矣，而国势如此，至更受日人此次重大之陵侮。十余年来，所为何事。试一循省，能不愧死。鸿章与伊藤及其外相陆奥宗光订约于马关春帆楼，国耻之纪念地也。癸卯，鸿章之门人吴汝纶赴日考察学制，归途往游。春帆楼主人出纸请题字，汝纶沉思少顷，大书四字云：“伤心之地”。言简意赅，固不必多著一字矣。

一七八　李鸿章晚年政治生涯

鸿章议和归国后，开直隶总督缺，入阁办事，遂以大学士留京，萧闲若老僧焉。旋赴俄贺加冕，历聘各国。比归，授总理衙门大臣。后又解职，居京无聊甚（尝奉命赴鲁筹议黄河工程，计画亦未能行）。且以戊戌政变后朝局杌陧，虑难相安，因思外简，谋之于荣禄。荣禄于奏对时，称鸿章旧勋宿望，不宜久置闲散。西后遂命为通商大臣，考察通商各埠。鸿章志在疆符，此不过虚面子耳。会后言及康、梁亡命事，荣禄乃奏：“广东为康、梁原籍，闻将勾结党羽图乱，宜有威望大臣以镇之，两广总督谭钟麟恐难胜此，不如代以李鸿章，责其镇慑康党，防遏乱萌，可纾朝廷南顾之忧。且鸿章长于交涉，督粤尤便。”后曰：“尔言当。”鸿章遂拜两广总督之命。至相传一说，谓西后令鸿章探外使对废立意见，鸿章谓无机会晤诸使，须新有除授，俟其来贺而微叩之。粤督之简，由此而来。揆之事理，良为未谛。私人交际，何待新除，即有除授，奚必粤督。且既拥通商大臣之头衔，更何患无与外使从容款接之机会乎？鸿章久督畿辅，为疆臣领袖者二十余年，昔所不屑为之粤督，今则受命欣然，所谓此一时彼一时也。庚子春间，鸿章《谢京察议叙折》云：“伏念臣早从军旅，洊陟封圻，忝中外驰驱之任，三十有九年；报乾坤高厚之恩，万分无一称。”末联云：“老当益壮，敢忘责望之攸归；劳本不辞，愈矢精勤于勿懈。”（上谕中嘉其不辞劳。）笔健气雄，时传以为名作。未几有义和拳之变，奉诏再授直督，促即北上。行抵上海，徘徊不进，以待大局之变化。固缘鸿章老谋，不欲轻入危地（奏中有“若冒昧北上，唯死于乱兵妖民，而于国毫无所益”语），或谓荣禄亦阴止之云。（原第8卷第43期）

一七九　康有为《新学伪经考》案

中日战后，乙未订马关条约，创深痛巨。而国人昧于世事，于此重大之国耻，犹多未甚措意。康有为（时名祖诒）以癸巳举人是年入都会试，值和议甫成，乃上万言书，力陈变法之不可缓，并谓宜乘国耻方新之际，下哀痛之诏，作士民之气。光绪帝览而动容，此为有为获承帝眷之始基，亦戊戌变法与夫政变及党祸之张本也。而前此一年，有为已有一文字狱，幸得解免。甲午，御史安维峻奏请毁禁《新学伪经考》，谓："康祖诒以诡辩之才，肆狂瞽之谈，以六经皆新莽时刘歆所伪撰，著有《新学伪经考》一书，刊行海内，腾其簧鼓，煽惑后进，号召生徒。以致浮薄之士，靡然向风，从游甚众。康祖诒自号长素，以为长于素王，而其徒亦遂各以超回、轶赐为号。"又谓："六经训词深厚，道理完醇。刘歆之文章，具在《汉书》，非但不能窃取，而实无一语近似。康祖诒乃逞其狂吠，僭号长素，且力翻成案，以痛诋前人。似此荒谬绝伦，诚圣贤之蟊贼，古今之巨蠹也。昔太公戮华士，孔子诛少正卯，皆以其言伪而辩，行僻而坚，故等诸梼杌浑敦之族。今康祖诒之非圣无法，惑世诬民，较之华士、少正卯有过之无不及也。"末谓："相应请旨饬下广东督抚臣行令将其所刊《新学伪经考》立即销毁，并晓谕各书院生徒及各属士子，返歧趋而归正路，毋再为康祖诒所惑。至康祖诒离经畔道，应如何惩办之处，恭候圣裁。"著语甚重，盖不独请火其书，且欲诛其人也。事下两广总督查覆，粤督李瀚章覆奏，颇为湔雪。末谓："揆诸立言之体，未免乖违；原其好学之心，尚非离畔。其书于经义无所发明，学人弗尚，坊肆不鬻。即其自课生徒，亦皆专攻举业，并不以是相授受。虽刊不行，将自澌灭。似不至惑世诬民，伤坏士习。惟本非有用之书，既被参奏，奉旨饬查，自未便听其留存。臣已札行地方官，谕令自行销毁，以免物议。至该举人意在尊崇孔子，似不能责以非圣无法，拟请无庸置议。”关于长素暨超回、轶赐之号，则谓：“其以长素自号，盖取颜延年文‘弱不好弄，长实素心’之意，非谓长于素王。其徒亦无超回、轶赐等号。”疏入报闻，一场文字狱遂仅以令其自行销毁了事。寄谕中本有“革办”字样，使瀚章徇原参而为之词，即从轻发落，其举人亦当褫革矣。明年遂成进士，官部曹。而维峻则先于甲午十二月以请诛李鸿章革职遣戍矣。（维峻劾鸿章疏，以“皇太后既归政皇上矣，若犹遇事牵制，将何以上对祖宗，下对天下臣民。至李莲英是何人斯，敢干预政事乎！如果属实，律以祖宗法制，李莲英岂可复容”数语，最为人所传诵。而疏中实多可笑语，如言鸿章“接济倭贼煤米军火，日夜望倭贼之来”，其子经方“为倭贼之婿，以张邦昌自命”之类是。虽获咎而清望直声大著，盖当时多数士大夫之见解均如斯，而维峻为其代表，抗疏直言也。鸿章之被詈为秦桧，经方之被诬为日本驸马，固已众口一词矣。伶人杨三之死，至有“杨三已死无苏丑，李二先生是汉奸”之联语，亦所谓清议也。宣统时起用废员，授维峻内阁侍读。）

一八〇　李滋然《新学伪经考》辩词

瀚章奉寄谕后，命准补电白知县李滋然“迅赴坊间，调取康祖诒《新学伪经考》一书，有无离经畔道等情，详悉查核。分别签明禀复，以凭革办”。滋然禀覆，略谓：“遵即亲赴书坊，调取《新学伪经考》一书，详加查核。此书大旨以尊崇孔子、攻诘刘歆增窜六经为主，自命为二千年未有之卓识。全书援据之博，雠校之精，深思锐入，洵可称坚苦卓绝。但自信过深，偏见遂执。有不合己意者，则妄加窜改。有不便窜改者，反诬为古人所窜入，深文剖击，不遗余力，岂足为定论乎。今就全书详加校阅，有不可据者十条。签帖原文，恭呈大鉴。其立论虽主诋汉儒，其大旨犹为尊孔子。若律以离经畔道，则全书并无实证。伏读圣朝功令，文人著书立说，其有诋毁程朱、显违御案者，则应亟行毁板，不可听其刊行，如毛奇龄《四书改错》之类是也。若汉魏诸儒，门户是非，从古水火，今文古文，排击聚讼，自汉迄今，实难数指。国朝阎若璩《古文尚书疏证》、王鸣盛《尚书后案》、孙星衍《尚书今古文注疏》、魏源《书古微》，皆攻《古文尚书》之伪。刘逢禄之《左氏春秋考证》、万斯大之《春秋随笔》，攻《左传》之伪者也。魏源之《诗古微》，攻《毛诗》之伪者也。诸书皆经儒臣先后奏请，或收入《钦定四库全书》，或采入《正续皇清经解》，虽提要所标详，不无疵议，而圣朝宽大，类皆纠其误而存其书。该举人《伪经考》不过就各家成说折衷己意而推阐之，细考全篇罅漏实多。虽自命甚高，而著论无坚朴不破之才，立说鲜灏博周匝之笔。故刊板已行，而信之者少。若遽目以非圣无法，惑世诬民，不特该举人罪不至此，即取全书之词义以观，亦断不能到'言伪而辩、行僻而坚'之一境。即其书具存，亦不过一二门徒互相标榜而已。至谓其能煽惑后进，靡然向风，如是书之前后乖违、自相矛盾，尚未有此学力也。至该举人以长素为字，已自童年，因其行一，故为长，粤中士人久知之。盖取《文选·陶徵士诔》'长实素心'之语，非谓长于素王也。又遍查全书录称门人姓字者不一，实无'超回、轶赐'等语，确系外间诋毁哗笑之言。谨据见闻所及，详为述呈，可否免予销毁之处，恭候宪裁。"瀚章覆奏，大致即根据是禀。惟滋然请免予销毁，而瀚章则令其自行销毁，且以坊肆不鬻为说，盖为应付原参者计，免其怒而再争耳。有为戊戌后弃长素之字不用，改字更生。民国六年复辟失败获免，更以更甡自号。

一八一　李滋然轶事

李滋然，四川长寿人，王闿运弟子。戊子举人。己丑连捷成进士，以即用知县分广东。历官电白、曲江、揭阳、顺德四县。在顺德，以办学不力，为粤督岑春煊奏参革职。驻日使臣李家驹调充随员，旋获起用，赏县丞。值逊帝典学，进呈所著书《群经纲纪考》《四书朱子集注古义笺》《周礼古学考》《四库全书书目表》四种，得旨褒嘉，赏主事衔，以学部小京官用。鼎革后，祝发，自号“采薇僧”。当其己丑分发至粤，是年恩科乡试，即充同考官，文衡之掌，在新进士中可云最速。盖鼎甲而外，均难如即用知县之能遽掌文衡也。（庶常最速须俟留馆，主事、中书须俟补缺，始能考差。）李家驹、梁启超均滋然是年所得士。启超获隽后，闻有为之学说而慕之，乃执贽列门墙，时有为犹诸生耳。李宝嘉小说《文明小史》以“颜轶回”影射启超，即由“超回轶赐”之风说而来。

一八二　张之洞入相谢恩折

张之洞久任兼圻，大拜之愿未酬，每自嗟淹滞。丁未，协办大学士瞿鸿禨被逐，获补其缺，大有悲喜交集之概。其谢恩折云：“伏念臣早参清从，洊典方州。以章句之小儒，领荆襄之重镇。滔滔江汉，曾无文武之威风；种种鬓毛，深愧鹓鸾之时彦。岂意纶恩渥涣，鼎席叨陪；群吏叹为殊荣，愚臣知其非分。昔者向敏中之耐官职，默契朝廷；范仲淹之拜参知，远筹边事。方昔贤而有愧，对隆遇以难酬。臣惟有伛偻滋恭，经营匪懈。江湖魏阙，交萦报国之忧诚；旧学新知，勉剂救时之良策。”迟暮之感，忻慰之情，字里行间，一齐涌现，感激涕零，乃非泛语矣。闻之洞于此折命幕僚中之名手数人，加意起草，而又自行修正数处。盖字字推敲、面面俱到之作也。

昔彭玉麟谢补兵部尚书恩折有云："前年仰沐皇太后、皇上殊恩，厚予京察，至今惶悚，寝馈未安。乃忽被非常宠命，无已有加，悚悚弥深，震惊莫措。伏思我皇上用舍黜陟，自有权衡。或以臣补授兵部侍郎，在金陵未复以前，至今已念有余年，资格似应与考绩之列。或以臣辞兵部侍郎，奉巡阅长江之命，至今又十有余载，叙劳似可在升擢之中。此自是朝廷论官授职之宜，至公无私。"亦是自道资劳之意，然斤斤较量之迹太显，远逊张折之蕴藉周匝矣。（之洞五月授协揆，六月即晋正揆，则极速，以大学士王文韶亦适已予告也。）　　（原第8卷第44期）

一八三　军机四章京

光绪帝戊戌变法，以内阁候补侍读杨锐、刑部候补主事刘光第、内阁候补中书林旭、江苏候补知府谭嗣同为军机章京，均赏四品卿衔，命参预新政。召对频数，事寄甚重。盖不慊于军机诸大臣，而不便骤行易置，故擢用四卿，以夺其权。四卿以得君之专，隐若宰辅。诸大臣虽恶之，而震于帝英锐之气，方惴栗自危，弗敢显与四卿迕也。四卿中锐、旭均康有为弟子，意气尤甚。一日，旭草一谕旨毕，授满领班章京继昌，属遣人誊写。继昌谓，章京拟旨，例均自缮，无人代书也。旭怒曰："既无人代书，汝可为我书之。"继昌亦怒，谓："我岂能为汝代书？仍当由汝自书。”旭厉声曰：“今日非令汝代书不可。”继昌亦以厉声报之曰：“无论如何，我决无为汝代书之理。汝未免欺人太甚矣。”时继昌实官卿列，为小军机领袖，不肯为新进所屈也。两人哄争莫解，继昌乃曰：“汝敢同我回堂否？”旭曰：“回堂便回堂，我岂惧哉？”遂偕见军机大臣，面陈其事，请裁示。继昌自忖己直而旭曲，大臣必助我以抑旭。而诸大臣殊不敢为左右袒，相顾良久，始由裕禄以调人面目谓继昌曰：“老哥是本处老手，公事既熟，书法又好。暾谷到处未久，所以要仰仗老哥。此件是紧要谕旨，理当郑重。还是请老哥偏劳，替他写一次罢。”继昌重违大臣之命，乃含愤书之。退值后，语人曰：“今日乃为后生小子所辱，不能干了！不能干了！”然亦未辞职也（后官藩司）。

一八四　“六君子”之死

政变起，帝被囚。嗣同至旭寓，意态甚激昂，谓：“我辈之头可断，中国之法不可不变也。”旋谓：“吾素善日使馆中人，君如欲行，当为绍介至日使馆，蕲其保护出险。”旭曰：“君如何？”嗣同泫然曰：“天下岂有无父之国乎？吾决死此矣。”旭亦不肯行，遂均被逮。又尝闻人言，嗣同先以行止谋之于其友曾某（官某部员外郎，其名失忆，待考），曾曰：“君逃固善，惟今上能偕逃乎？”曰：“不能也。”“老伯（指旭父继洵）能偕逃乎？”曰：

“亦不能也。吾知所以自处矣。”留京之意遂决。六君子遇害之日，曾闻菜市口将杀人，虑嗣同不免，亟往观。嗣同瞥见之，以目示意告别。曾归而大恸，谓复生之死，实我杀之也，遂仰药而死云。旭尝为荣禄幕客，被逮后，其岳翁沈瑜庆拟谒荣禄营救未果。杨深秀官御史，虽屡上封事，而视四卿之邀特擢赞密勿者有间（康广仁因其兄之关系，又当别论），乃亦同时遇害者，以垂帘诏下后，特疏诘问，请即撤帘归政，故西后必杀之也，可谓最有大无畏之精神者。

一八五　王锡蕃

署礼部左侍郎王锡蕃以举林旭得罪（王尝督闽学五年，林为所得士），革职永不叙用。旋入李鸿章幕，李奉命赴鲁会河督任道镕、巡抚张汝梅勘议河工，王随往。迨任返开封，聘长大梁书院，李所荐也。辛丑，后、帝回京过汴，王以废员迎銮。枢臣中有为乞恩者，语未毕，帝遽叱之曰：“王锡蕃耶，彼尚有所希冀乎？”声色俱厉，言者大沮。王闻之，始犹怪昔受帝特达之知，以少詹事超署卿贰，患难君臣，胡竟如是相待，继乃知帝深悉后方恨戊戌党人，恐其怒而加罪，故先佯怒峻拒，俾后不再发作耳。民国六年，王受代理大总统冯国璋之邀，至京为冯妻周夫人点主，与人话及此事，犹深感帝保全之德而叹后之暴戾特甚也。并谓戊戌政变后，对余之处分，革职犹以为未足，且加“永不叙用”字样，亦足见其苛刻矣。甲辰，赦免康、梁以外之戊戌党人，王亦开复原衔，以乡绅资格在烟台办渔业公司（王为山东黄县人）。宣统间，用福建同乡官之请，开复原官。时詹事府已裁，遂补翰林院侍读学士。以曲阜为孔子故里，宜设大学堂，条陈于当道，将有成议，王亦大致内定为监督，会鼎革而罢。入民国后，尝为第二届国会参议院议员，说者谓其言谈举止犹不改玉堂风度云。未几卒，年六十余。

一八六　《行脚山东记》

王小航裒所为文，刊《小航文存》，胡适之为制序，媵以小简，谓：“大集中以文字论，当以《行脚山东记》为最佳，必传无疑。”按：《行脚山东记》为王氏庚子夏间化装游鲁纪行之作。先是，以戊戌党狱避地日本，是岁自称台湾和尚，作山东之游。文甚隽爽，风趣盎然。如记在烟台所见招远贡生云：“有招远县岁贡生丛姓，于一舍中设帐，以中语教日人。听其音曰‘居有样有’，视其书曰‘猪肉羊肉’。”写登州府属土音，读之解颐。又如记与一典史之谈话云：“一日于旅馆遇一刘姓典史，高谈雄辩，意似对台湾人自炫才华。其言曰：‘妙峰山四月十八日冻死百余人，其兆甚凶。光绪皇帝前年信用康有为，无故的要变法。我们中国铁桶的江山，叫他闹坏了。’和尚问曰：‘康有为何人？’典史曰：‘谋篡位者也。’和尚问康有为何官，曰：‘主事也。’和尚问主事之权其大何如，典史曰：‘非也。保康有为者，有多少大官耳。’和尚曰：‘余尝听山西梆子腔《二进宫》等戏文，于保不保三致意焉。康有为何人，竟得如许之保乎？’典史曰：‘然也。’和尚曰：‘今康有为已杀否？’曰：‘未也。逃跑耳。’和尚曰：‘今朝中大臣尚有奸者乎？’曰：‘无矣。刚、荣两中堂皆忠臣。’和尚曰：‘阿弥陀佛，中国即将兴矣。’典史方再有言，和尚则合眼击木鱼，高声诵经咒矣。”写梼昧人之声口宛然，此戊戌政变后所以多颂“女中尧舜”者也。又如记街谈巷议云：“莱州近处有一村，多卖砚石者。其街谈巷议，大抵不外天灭洋人、李鸿章卖江山、光绪爷奉教、袁世凯造反、康有为封六国圣人之类。更有言康有为带六国兵来，现在僧装，住烟台店中者。”此义和拳时代之民间舆论。至“联军之来，康实使之”之说，则西后及多少士大夫亦信之矣。又如记村民砍电杆云：“明旦赴德州，复入山东界。路见村民砍电杆，州牧所派弹压之人，戴红缨帽，徘徊其间，口称不要砍哪，不要砍哪，其声婉转应节，与砍杆丁丁之声，如一歌一吹，相属不绝也。”写得趣极。其书蓬莱阁下《夏辛酉纪功碑》云：“阁下为道观，院中有碑。某翰林书，铺张乙未正月镇将夏辛酉防守之功，大致谓倭连日若何来攻，官军若何回击，倭败遁，不敢再攻登州云云。按是时抚帅驻潍县，日人得辽东半岛后，分兵专注威海。陆军由荣成登岸以拊其背，虑大兵来救。知中国地方官功罪在名城不在要地，故遣舰于海中虚击一炮，则抚帅必以全力备登州，不暇东救，而丁、戴之援绝矣。视中国大帅如小儿，随所戏弄，无不如志。日人破威海，毁而弃之，海面纵横，无回顾忧，仍并力专向辽榆，制京畿死命，而求无不遂矣。区区登州，何用有如许攻战之事哉！书生论武，往往膈膜如是。和尚读碑，但曰阿弥陀佛。”所论亦足资研究中日战役者之考镜。日军之攻登州，自是声东击西之策。金州失而旅顺不守，荣成失而威海不守，盖覆辙相寻也。

一八七　“朋友，朋友，说真的吧”

胡序颇警辟，王氏亦称其佳。中有云：“王小航先生就是一个肯说老实话的傻子。他在《贤者之责》一篇的末段有这八个字：‘朋友，朋友，说真的吧。’我去年十月读了这八个字，精神上受着很大的感动。这八个字可以代表王先生四十年来的精神，也可以代表王先生这四卷文存的精神。读这四卷文字的人尽可以不赞成王先生的思想，但总应该对他这点敢说真话的精神表示深重的敬礼。‘说真的吧’这四个字看来很平常，其实最不容易，必须有古人说的‘贫贱不能移、富贵不能淫、威武不能屈’的精神，方才敢说真话。在今日的社会，这三个条件之外，必须还要加上一个更重要的条件，就是要‘时髦不能动’。多少聪明人，不辞贫贱，不慕富贵，不怕威权，只不能打破这一个关头，只怕人笑他们落伍。只此不甘落伍的一个念头，就可以叫他们努力学时髦而不肯说真话。王先生说的最好：‘时髦但图耸听，鼓怒浪于平流，自信日深，认假语为真理。’其初不过是想博得台下几声拍掌，但久而久之，自己麻醉了自己，也就会认时髦为真理了。”言之有物，信非无病而呻也。（原第8卷第45期）

一八八　争财神

唐绍仪之议《印藏条约》，梁士诒为随员之长，甚见倚任。比归，督办铁路，所辖铁路凡五，以士诒充提调。旋设邮传部，绍仪为侍郎，复引士诒入部，授参议（后迁右丞。）主铁路局，仕膴权重，谤亦随之，驯有“五路财神”之号，其受攻击始此。后之大著财神之名，亦以此为权舆焉。载泽长度支部时，在政府中独树一帜，以集中财权为务，犹载涛之集中军权也。盛宣怀希进用，厚结载泽，志在邮部。载泽以邮部为富有收入之机关，为扩张势力计，遂言于载沣，召用宣怀，授邮部侍郎。宣怀既受事，即以裁抑铁路局为第一着。沈云沛以农工商部右丞署邮部侍郎，且晋署尚书，与宣怀旗鼓相当。盖云沛以奕劻为奥援，而宣怀则挟载泽之势以敌云沛，其胜负之判决于尚书之谁属。与云沛之进退有密切关系者，首为士诒。士诒为云沛谋真除尚书，即所以自救。而尚书一席，卒为宣怀所得。

一八九　交通系

自载沣监国后，北府（俗称醇王府为北府，以地点言之也。新建之摄政王府未及成而鼎革。入民国后曾就设国务院，即今北平市政府所在）声势骤隆，太福晋（载沣生母）颇暗中干政。宣怀谋擢尚书，介府中管事人某通殷勤。士诒为云沛画策，亦留意斯途，且欲为特别设法。而宣怀捷足先登，兼有载泽之助。云沛仅恃奕劻，遂相形见绌。宣怀擢尚书，云沛乃授吏部侍郎。吏部昔称六曹之长，而此时已成闲署，且行将裁撤矣。云沛由绚烂而平淡，觉鸡肋之寡味，未几即乞休。宣怀如愿以偿，意气发抒，遂贯彻其主张，以侍郎李经方按收铁路局，并澈查士诒历年经手之五路款目，风行雷厉，不稍宽假。迨袁世凯入京组阁，士诒始恢复已失之势力，且以叶恭绰承其衣钵，“交通系”之名词，乃渐成立焉。民国四年，有所谓“五路参案”，恭绰以交通次长兼铁路局长，停职对簿，会帝制议起而解。虽前后五路不尽同，而两事亦若遥遥相对也。（袁世凯谋进行帝制，恐士诒等不尽力，故先藉参案以胁之。）

一九〇　载泽谋组阁

泽、盛分据财政、交通，高掌远跖，实奕劻之劲敌。庆内阁成立，载泽辈即力谋倒阁。其时谙于政情者，多谓继奕劻为内阁总理大臣者，必载泽无疑。载泽既思组阁，则延揽当时有名流之目者，以厚声势。如张謇、郑孝胥等，载泽皆竭力罗致，预储为新阁大臣之选。謇、孝胥以在野之身，均特蒙召对，载泽力也。张系健将孟昭常，在京办一《宪报》，攻击庆内阁失政最力，其言论颇见重一时。嗣以赞成铁路国有政策，为清议所不满。及川鄂事起，宣怀罢斥，《宪报》亦停刊。

一九一　载泽府中潦倒状

载泽府用浩繁，入民国后，生计日绌，其府中管事人某者，总持府中诸事，遇有用款，率由其在外挪借。其实所借之款，多其历年所侵蚀，而另使他人冒充借主，肆其盘剥。载泽虽知其弊混，而事不躬亲，已成习惯，无如之何也。数年以来，凡府中一切地租凭照及其他动产等项，概入某一人之手，近岁府用益形拮据。某以无利可图，乃拒绝代为借款。今春载泽病故，几至无以为殓，而某则匿不出面，丧葬各事遂以无人负责，不能举办。并嗾使各债权人，日往府中索债。载泽生前曾以府产抵借数万元，亦某所经手，至此某亦令一旧日军籍中人充认债权者，限期收房。当年烜赫一时之泽公，身后竟至不堪如斯，清贵族类是者盖不少耳。载泽有女，年已及笄，自愿鬻身葬父。事为熊希龄所闻，念及昔受载泽之知遇（希龄之为东三省财政正监理官及东三省盐运使，均载泽所推荐），亲诣泽府，自认为之办理身后诸事。一面言于官厅，将某传押，其以府产抵借之债，由熊担任筹集，如期偿还；一面发起泽公遗族维持会，就旧日曾受载泽知遇者，以会之名义，分别通知。希龄而外，会员有杨寿枏、杨士骢、荣厚、张镇芳等，凡承认垫款还债者九人。所有垫款，俟泽府变产后，仍如数偿之。中有声明不受者，则归入载泽遗族赡养之费云。

一九二　满洲大僚委事家仆之积习

满洲贵族大僚委事于家仆，致财权旁落，夙为积习，固不尽载泽为然。如陈恒庆《归里清谭》云："旗人作官，必听门政指挥，其发财亦赖门政。即罢官归来，所有家私，统归门政掌握。门政吞剥，富于主人。吾师嵩文恪故后，子尚幼，数年后渐患贫。冯梦华偕诸同年为之清查，勒令门政献出账簿，一一稽核，计存二十万金之产，不令门政管理，存案于顺天府，交账簿与如师母，按月由某当店、某票庄支用，母子赖以存活。至今府第及半亩园（《鸿雪因缘》所载）犹岿然存也。"是亦满洲大僚财权握于家仆之一例。虽旗人作官不必皆如恒庆所云，然相类者实不乏，积习为之耳。［嵩文恪为嵩溎（申），由翰林官至刑部尚书，为南河总督麟庆之孙，盛京将军崇实之子，累世贵显。麟庆督河致巨富，即著《鸿雪因缘》者。］恒庆又云：“工部同僚有旗员长光甫，善谑。一日同僚聚饮，端午帅本为旗员之铮铮者，数杯后，使酒骂座曰：‘旗人作外官，一事不懂，一字不识，所有事件皆请教于门政，门政即是爸爸。’长光甫肃然起立，向午帅曲一膝曰：‘给老爷请安！老爷外放时，千万将奴才带去。’诚谑而虐矣。”端方以谐语致慨于门丁用事之积习，而不虞长氏报以恶谑也。

一九三　蒙古实业公司

蒙古亲王阿穆尔灵圭（僧格林沁之曾孙），在并时蒙王中颇负时望。庚戌在京发起蒙古实业公司，以金还、陆大坊董其事，租东单牌楼二条胡同翁同龢旧宅，为公司办事处。开成立会于德昌饭店，载泽、毓朗、盛宣怀皆莅会演说，颇为时流所注目。然公司自成立后，初未有所兴举也。张謇、郑孝胥以在实业界有声，公司于其奉召来京之时，招待极殷，謇即寓公司中西院。入民国后，章炳麟、熊希龄诸要人初至京时，皆以公司为下榻之所焉。阿穆尔灵圭遣陆大坊至奉天清理旗地，与张作霖迕，被执几死。会希龄居揆席，力任营救，派李寿金赴奉解释，始获释

回。而蒙古实业公司亦遂告终。（原第 8 卷第 46 期）

一九四　第一报人朱淇

北平资格最老之新闻记者朱季箴（淇），原字菉生，为南海朱九江（次琦）之犹子。幼从受业，与康长素、梁保三（士诒之父）等共几砚。兴中会之初立，尝加入为会员，旋即离粤。其至山东时，正德人据胶澳之后，青岛一隅，为国人所注意，遂在青岛创办《胶州日报》。

一九五　《北京报》之创立

有曹倜字远谟者，山东老吏［历任东平（平度）、潍县、长山等州县］。庚子后与朱氏订交，时资助之，旋为之向上游延誉。尚其亨时为山东布政使，颇有开通之名，与朱一见倾心，因定在北京开设报馆之议，与曹合集股本数千金交朱氏，朱乃将子女暂托青岛教堂照料，只身北上。尚为汉军旗人，尚可喜之后也（其在鲁藩任丁忧举殡，犹有“平南王”之衔牌）。与朝贵素通声气。朱既入京，以尚之介绍，分谒各要津，谋开设报馆之便利。所经营之《北京报》于是出现矣。（时犹假德商名义，所以避官厅干涉而言论可较自由也。）

一九六　京都报业之兴起

庚子以前，北京除登载宫门钞、谕折之黄皮《京报》外，无所谓报纸。（其间惟有强学会机关之《中外公报》昙花一现。执笔者为梁任公。梁于民国元年在北京报界欢迎会席上，述其经过有云："乙未，强学会在后孙公园设立会所，以办报事委之鄙人。当时固无自购机器之力，且都中亦从不闻有此物，乃向售《京报》处托用粗本版雕印，日出一张，名曰《中外公报》，只有论说一篇，别无记事。鄙人则日日执笔为一数百字之短文。当时安敢望有人购阅，乃托售《京报》人随宫门钞分送诸官宅，酬以薪金，乃肯代送。办理月余，居然每日发出三千张内外。然谣诼已蜂起。送至各家，门者辄怒之以目。驯至送报人惧祸，即悬重赏亦不肯代送矣。"北京有近代式之报纸，斯其嚆矢也。）庚子后，俄人在京设《远东报》，日人亦设《顺天时报》，皆所谓外交机关报也。《辛丑条约》既成，都人士以赔款奇重，国将不堪，于是有爱国捐之提倡，所谓白话报者，应时势之需要，接踵而起。彭翼仲（诒孙）主办之《京话日报》，其最著者也。（彭氏自传有云："甲辰创办《京话日报》，初出版时，风气未开，阅报者少，群呼之为洋报，冷嘲热骂，无所不至。街设贴报牌，屡被拆毁。"盖《京话日报》之初设，一般商民，对于讥诃旧俗、提倡新知之白话报，犹多视为怪物也。）同时杭辛斋

（慎修）主办之《中华报》（文言体裁，日出一册，外观如《政府公报》然），亦颇为时所重。未几彭、杭以迕政府被逮，两报俱被封。而丁宝臣之《正宗爱国报》、萧益三之《京都日报》、乐绶卿之《公益报》、张展云之《北京女报》等，相继出版，皆白话报也。俄人之《远东报》未久即停刊。其时之文言报为朱氏之《北京报》、汪穰卿（康年）之《京报》、日人之《顺天时报》共三家。北京报纸以有政治关系著称者，自《京报》始。瞿鸿禨在军机，汪其门下士。《京报》有瞿氏机关报之目焉。恽毓鼎参瞿折所谓暗通报馆，即指《京报》而言。《北京报》出版后，朱声望渐隆，遂以廪生充商部官报总办。商部尚书载振，以杨翠喜事被劾，《京报》攻击奕劻父子甚力，而《北京报》则为之辩解。两报之笔战，炽然一时。载振去位后，朱氏之官报总办仍蝉联，以迄鼎革。

丁未《京报》用瞿氏参案停止后，北京华人所办之文言报（俗称大报）仅有《北京报》一家（旋即改名为《北京日报》）。次年，始有《中央日报》《大同日报》相继开办（未久即合并为《中央大同日报》）。既而黎堃甫（宗岳）之《国报》亦出版，北京报界渐不落莫矣。（朱氏之报社，先设于琉璃厂西门，旋迁旧刑部街。即今《村治月刊》社地址，宣统间复迁镇江胡同，自办印刷，规模宏廓为他报所不及。当迁至旧刑部街时，以琉璃厂西门旧址为发行所，后发行所又迁李铁拐斜街。）

一九七　报业联合会

北京报界之有公共团体，自戊申年始。各报因政府颁行报律，与官厅交涉事繁，遂开会于宾宴茶楼，组织北京公会，举朱氏为会长，《中央大同日报》康甲丞（士铎）副之。遇有报界公共之事，由公会代表与官厅接洽。（辛亥，沪汉粤等处报馆因注意资政院常会，多遣记者来京，既与北京同业会晤，乃共组团体，名曰“全国报界联合会”，亦推朱、康二人主会事。会甫成而武昌起义，举国震动，各记者纷纷出京，遂无形停止。）

一九八　庚戌辛亥间报业迭兴

己酉秋间，《中央大同日报》及《国报》因登载日人对安奉铁路自由行动问题，攻击外交当局，外务部谓防碍外交，请政府封禁。一时北京之文言报，又仅余《北京日报》一家。庚戌、辛亥间，陆续出版者颇夥，有《帝国日报》（陆咏沂鸿逵主办）、《帝京新闻》（康甲丞主办）、《京津时报》（雷继星奋主办）、《宪报》（孟庸生昭常主办）、《中国报》（叶岵生主办）、《公论实报》（沈实甫乃诚主办）、《国风日报》（景梅九定成主办）、《国光新闻》（田梓琴桐主办）、《国民公报》（徐佛苏主办）等，家张一帜，人鸣一喙。北京报界顿形喧阗，此亦清廷筹备立宪所谓“庶政公诸舆论”应有之点缀也。

一九九　朱淇办报稳健

朱氏办报，向持稳健主义，重要新闻及评论，均亲手裁定，始行发稿。每自撰论文，即署朱淇二字。其文不尚辞藻，以质直明快见长，别具一种风格，颇为读者欢迎。尝聘某有名记者为主笔，于某项外交问题著一长篇论文，分登数日。已登一二日矣，朱氏察其似有作用，即就其余稿改为反面之言论，仍用某记者之署名登出。某记者因之不辞而去，其精核类如此。英文《北京日报》亦宣统间朱氏所创办，为外务部机关，聘李心灵为主笔，未久即出倒。

二〇〇　朱淇与袁世凯

袁世凯在北洋及军机、外务部时，朱与有旧。及袁为总统后，朱氏持不即不离之态度，虽仍维持夙谊，而不与之发生深密关系。洪宪改元，北京各报均承命大署“洪宪元年”，而《北京日报》则署“丙辰”，而另以最小之铅字嵌“洪宪”字样于报中，骤视殆不可辨。官厅以其为元首故人，亦弗苛求也。袁氏既死，一般与之有旧者多避之若浼，朱氏则亲至怀仁堂致祭，并有挽词一联，悬之祭堂，说者颇称其古道云。

二〇一　朱淇晚年

自入民国，二十年来北京（以至北平）报界变化甚繁，老宿若朱氏实为晨星硕果。朱氏饱阅沧桑，年逾古稀，近岁态度消极，非复当年豪气。其所经营二三十年之《北京日报》，闻亦出让于人。日前遂病卒北平，长为中国报界历史上之人物矣。　　　　（原第 8 卷第 47 期）

二〇二　清国旗

清以龙旗为国旗，既随清祚而告终，民国六年北京复辟之变，突为极短时期之出现。近自日人攘我东陲，又有在沈阳秘制龙旗之事，似即将助逊清在彼复辟者。日来此讯渐消沉，或日人已变计欤？考清之国旗，同治之前固无是物。同治元年六月，两江总督曾国藩复恭王奕䜣书有云："各处兵船，仿外国竖立旗号之例，概用黄色龙旗，使彼一望即知，不敢妄动，诚可省无数事端。且于行军并无窒碍，拟即咨商各处，所有各营旗帜照常竖立外，每船另添龙旗一面。其龙旗尺寸及绘画式样，俟与各处商定，再行咨请贵衙门（按：即总理衙门）核夺。"此盖清有国旗之滥觞。始用之于兵船，后乃采用为国旗耳。光绪二十一年，国耻之《马关条约》成，割台湾与日，台人宣告自主，建民主国以拒之，制蓝地黄虎文之国旗，以清之国旗为黄地蓝龙文之故。并定为虎首内向，均所以表示仍戴中国之宗旨。清已弃台，台犹不忘中国如是。屈于暴力，卒为日有，至可悲慨。而刘永福之力战，颇脍炙人口焉。台湾虽亡，此蓝地黄虎文之国旗，至今犹凛凛有生气，且亦中国改建民主国之先声也。二十六年，西后挟光绪帝出奔，过贯市。据王小航《方家园纪事》云："贯市非大道，李家为京北一带镖行头领，富而侠，迎请驻跸其家，任粮刍捍卫。壬寅，余遇其保镖之武士于汤山店中，言皇上至李家时，尚身着蓝布衫，亦奇观也。李家镖车高插黄龙旗，云是太后所赏。是时国内商民尚无插国旗之例，以为异数。"颠沛道路之西后，乃以赏用龙旗为旌异之典，亦关于前清国旗之一段轶闻。

二〇三　裕长轶事

庚子春间，河南巡抚裕长擢盛京将军，意弗善也。入京请训时，司道诸官送别，裕长曰："吾甚乐与诸君共事，此小别耳，不久即再相聚也。"抵京后，果令仍任豫抚（是年冬罢），而另简增祺为盛京将军。裕长欣然回豫，语诸官曰："何如？今又相聚矣。"众皆惊其运动之神，以巡抚迁将军，系升官，不料其竟能去取如意也。（旗员文武兼用，而巡抚升将军或都统者，多以为明升暗降，以督抚势成积重也。后锡良由豫抚迁热河都统，亦甚不怡。）义和拳之事起，西后率诸臣以奉拳。裕长兄直隶总督裕禄，亦承后旨优遇大师兄，迎拜黄连圣母。风声所树，豫省士民多哗然欲仇外。（义和拳虽未在豫举事，而大师兄亦有至豫者。）开封有外国传教师某，或劝裕长杀之，以顺朝意而徇民望。裕长集司道会议，多谓不可孟浪，遂定议遣之出境，而令洋务局会办候补道冯光元伴送，实犹押解也。迨光元回省销差，携呈传教师致巡抚函，谢光元沿途招待之周至。于是光元大为清议所不容，群呼为二毛子，争欲得而甘心。光元杜门多日，以避众怒。未几，外兵入京，政局一变，西后复率诸臣以媚外，传教师之一封书，适为光元能与外人亲善之铁证，因之而获简授河北道，亦所谓"富贵逼人"矣。此可与《官场现形记》中海州州判及翻译求外国提督作荐书邀两江总督赏拔事参观，惟《现形记》所写，事同儿戏，仅供一噱，此则当时事实耳。

二〇四　章炳麟去鄂真因

前引《陈衍年谱》，述衍与梁鼎芬在鄂相乖事，及衍荐章炳麟于张之洞，为鼎芬所排去（见第三十二期）。顷获见敖子鱼君《书章炳麟事》一稿，阐述其学行，为言之有物之作。其中关于此节者云：

> 此一段经过，先生曾自述颇详，见《丛书·艾如张董逃歌序》，惟未明言其去为梁所致耳。仅云某椓之于之洞。据陈《谱》，则此某者当指梁无疑也。至

序中所谓"退则语人"云云者，不知其人是否陈《谱》所举之朱强甫耳。复按：己亥年西后欲废光绪帝，立端王子为储嗣。上海官绅士商经莲珊等，致电清廷，力持不可。先生之名，亦列电内。后以此事兴狱，同时被逮者数人，先生以列名故，遭株连，惟尚未被系耳。汤蛰仙者，先生之密友也。见党祸方亟，为先生惴惴，且以先生特为他人妄署，致狱为无名，劝先生驰书节庵，求为缓颊。先生不肯，应之曰："经氏狱妄署有之，昔顾宁人在狱中，犹不欲虞山为解脱，况未入狱耶？若事触天下不韪，亦令天下后世遗议，虽解脱不为也。"乃未几而汤自为书抵梁，为先生道地。先生不悦，径函节庵，示不屑有所请托，且曰："节庵自戊戌以后谂诬反覆，踞鹏不忍为。自犕知□维者，不欲与衔杯酒，如仆则又何说？"先生之不满于梁，就此书观之，更为豁露。亦与武汉之事不无连谊欤。（以上悉见《甲寅月刊》第九号及先生致梁鼎芬书。此书未收入《丛书》中。）

与陈《谱》所记，洵可参互印证也。《艾如张董逃歌序》谓："永历既亡二百三十八年春，余初至武昌，从主者张之洞招也。是时青岛、旅顺既割，天下土崩，过计者欲违难异域，寄籍为流民，计不终朝，民志益涣，骀骀似无傅丽。张之洞始为《劝学篇》以激忠爱，摧横议，就余咨度。退则语人：宙合皆含血，生于其洲而人偶其洲，生于其国而人偶其国，人之性然也。惟吾赤县，权舆风姜以来，近者五千祀沐浴膏泽、沦浃精味久矣，禀性非异人。古之谟训，上思利民，忠也；朋友善道，忠也；憔悴事君，忠也。今二者不举，徒以效忠征求氓庶……今九世之仇，纵不能复，乃欲责其忠爱，忠爱则易耳，其俟诸革命以后。闻者皆怒，辮发上指栋，或椓之张之洞。之洞使钱恂问故，且曰：'足下言《春秋》主弑君，又称先皇帝讳，于经云何？'应之曰：'《春秋》称国弑君者，君恶甚，《春秋》三家所同也。清文帝名皇太极，其子孙不为隐，当复为其子孙讳耶？'之洞谢余归，自夏口沿于大江，而作《艾如张》一篇。"如所云，其去之洞幕，主要原因在非难之洞得意著作《劝学篇》，之洞方揭櫫教忠之说以自媚于上，炳麟则主张革命排满，二者固如冰炭之不能同器矣。纵无鼎芬牴排，亦岂能相处无间。且鼎芬之牴排，亦正无足怪也。敖君谓："退则语人云云者，不知其人是否陈《谱》所举之朱强甫。"按之文中所谓"闻者皆怒"，似所语不仅一人，或朱强甫即在其列耳。

二〇五　载沣监国

载沣以摄政王监国时，于朱批奏折，颇欲效法祖宗。某都统，国戚也，自行请假戒烟，后奏陈烟癖已除，载沣批"欣悦览之"，以示褒嘉。盖雍正帝朱批中，曾有此四字，故亦用之。他如某边省督抚奏报剿抚情形，谓某弁击贼受伤，裹创力战，载沣批以“好好好”三字。又如广东提督李准谢赏穿黄马褂恩折，载沣阅至“方今时局艰难，至于如此。臣以樗栎庸材，久膺专阃，午夜焦劳，深恐不济，惟仗赤心可表，致身以酬高厚，死而后已。至于消患已萌，除恶务尽，非臣之愚昧所敢逆料也”诸语，大为感动，特以朱笔加圈，表叹赏之意。凡是均师先代激励臣下之故智，而所勉强学步者，仅属此类。故其效可睹矣。又如庚戌东三省鼠疫甚烈，谕各省防范。直隶总督陈夔龙奏报本省防疫情形，载沣批令认真严防，有“万勿令其蔓延京津一带”之语，说者颇讥其失言。盖事关人民大患，不宜显分畛域，自示不广，乃持标京津一带，一若他处犹不妨蔓延者。眼光之小，情见乎词也。

（原第 8 卷第 48 期）

二〇六　李鸿章与甲午海战

甲午中日之战，日人备战已久，临战复持以决心。中国则李鸿章之治军，志在取“猛虎在山”之势，冀外侮因而不至，而不欲轻于一战。加之廷臣掣肘，军事设施不能如意，益不敢主战。曾国藩同治八年奏对，谓：“海防是第一件大事，兵是必要练的，那怕一百年不开仗，也须练兵防备。兵虽练得好，却不可先开衅。讲和也要认真，二事不可偏废，都要细心的办。”对外军事上之设备，固视之甚重，而主旨所在，仍以不轻言战为得计，此种主张，曾、李盖同揆也。同治十三年，日人构兵台湾，交涉就绪后，鸿章筹议海防折谓："使天下有志之士，无不明于洋务，庶练兵、制器、造船各事，可期逐渐精强。目前固须力保和局，即将来器精防固，亦不宜自我开衅。彼族或以为万分无礼相加，不得已而一应之耳。"即是此意。是年日人侵扰台湾，沈葆桢等率师渡台，日人之气已夺，而中国竟以偿兵费银五十万两蕲罢兵，日军凯旋，其军官西乡从道等晋爵有差，亦一国耻。中法之役，我军奏谅山之捷，鸿章坚持和议，谓见好便收，不宜再战，战败而议和更难。政府从之，安南遂为法有。其意以为非有完全战胜之把握，宁含忍以谋和。其畏战之精神，与中日之役之不主战，亦自一贯。光绪八年，中日以朝鲜事龃龉，翰林院侍读张佩纶疏请整军图日，下鸿章议。鸿章奏谓："论理则我直彼曲，论势则我大彼小。中国若果精修武备，力图自强，彼西洋各国方有所惮而不敢发，而况在日本。所虑者，彼若豫知我有东征之计，君臣上下戮力齐心，联络西人，讲求军政，广借洋债，多购船炮，与我争一旦之命，究非上策。夫未有谋人之具而先露谋人之形者，兵家所忌，此臣前奏所以有修其实而隐其声之说也。"又谓："日本步趋西洋，虽仅得形似，而所有船炮，略足与我相敌。若必跨海数千里与决胜负，制其死命，臣未敢谓确有把握。第东征之事不必有，东征之志不可无。中国添练水师，实不容一日稍缓。谕旨殷殷以通盘筹画责臣，臣窃谓此事规模较钜，必合枢臣、部臣、疆臣同心合谋，经营数年，方有成效。”其练兵筹防之宗旨，尤昭然可见。惟中国之兴建海军，其目标自系对日。（如光绪六年，鸿章《议覆梅启照条陈折》有云：“日本国小民贫，虚骄喜事。长崎距中国口岸不过三四日程，揆诸远交近攻之义，日本狡焉思逞，更甚于西洋诸国。今之所以谋创水师不遗余力者，大半为制驭日本起见。”）虽鸿章不主东征，而日人则处心积虑，积极备战，必欲与中国决一雌雄。迨甲午而战具已堪一用，乃向我挑衅，机一发而不可遏。鸿章虽欲委曲弭兵，不独廷臣迫促，清议摘责，即日人亦断不容我以不战了事。于是仓卒应敌，而情见势绌矣。费行简《慈禧传信录》有云：“甲午法越之役，我派兵筹防亘二年，始行宣战。今五月朝乱作，七月即与日构兵，固由帝鲜阅历，而鸿章专领北洋，平日惟自矜负，临事一无布置。更信伍某说，谓俄人决不坐视日之攘朝，故其覆丁汝昌电，谓‘日俄行失和，吾特令汝观战，非令汝作战也。’汝昌守主帅戒，备益弛，日师遂出不意攻我，不浃月而海军灰烬。鸿章初不引罪自责，第归罪主战者之非。然则北洋练兵何用，岂以徒壮观瞻耶？”责鸿章颇严。平心论之，其时主战派之领袖，即前此奏定不许海军再增舰炮之人，因不慊于鸿章而误国事，自不能谓无罪。而鸿章于陆海军用人之失当，筹备之未精，临战之因循，亦实为取败之道，不能尽诿之他人也。光绪十七年，鸿章奉命偕张曜校阅海军，覆奏详述经营海军之成绩，谓：“综核海军战备，尚能日异月新。目前限于饷力，未能扩充。但就渤海门户而论，已有深固不摇之势。臣等忝膺疆寄，共佐海军，臣鸿章职任北洋，尤责无旁贷。自经此次校阅之后，惟当益加申儆，以期日进精强。”中国海军于光绪十四年成军，定例三年校阅一次，此为第一次校阅。迨二十年春，复由鸿章偕定安为第二次之校阅，覆奏又盛称技艺纯熟、行阵整齐，及台坞等工，一律坚固。（鸿章门人吴汝纶等为编奏议，此折未收。殆以未几即与日人战而覆没，故讳之；或亦关乎所谓义法欤？）两次校阅，威仪甚盛，奏入均获褒奖。在鸿章之意，以战虽尚无把握，以守固深为可恃。光绪帝则以海军成绩既大有可观，当日人之挑衅，何至不能一战，而徒留为陈设品。乃允翁同龢辈之请而宣战，实信赖鸿章所经营而日进精强之军备耳。惟国与国战，备战乃全国之事，不宜专责诸鸿章一人。说者谓甲午之役，日本非与中国战，乃与中国之北洋大臣战。虽谐语，亦与事实为近。故后之论者不忍苛责鸿章焉。八月二十日，鸿章陈奏军情折，即有“以北洋一隅之地，搏倭人全国之师，自知不逮”之语，固已自言之矣。战既败挫，同龢衔命至津诘问，其九月初二日《日记》有云：“入督署，见李鸿章，传皇太后、皇上谕慰勉，即严责之。鸿章惶恐引咎曰：‘缓不济急，寡不敌众。’此八字无可辞。后责以水陆各军败衄情状，则唯唯而已。余复曰：‘陪都重地，陵寝所在。设有震惊奈何？’则对曰：‘奉天兵实不足恃，又鞭长莫及，此事真无把握。’论议反覆数百言，对如前。”鸿章可谓窘态可鞠。苟备战有素，何至“缓不济急，寡不敌众”？然是岂鸿章一人之咎乎？（刘坤一、吴大澂等将乌合之众以御敌，无足论矣。）

二〇七　甲午战败后之李鸿章

鸿章以主帅而丧师，一大辱也；以议和专使而订创深痛巨之国耻条约，又一大辱也。而订约之翌年，使俄贺加冕，遂历聘欧美诸国，所至待以殊礼，誉望初不稍衰，则外论于中国此次之不幸，多为鸿章谅，而仍推为中国惟一之人物也。吴汝纶《跋五公尺牍》有云："曾文正既殂，今相国合肥李公独膺艰巨，经营远略垂卅年，天下想闻其风采。及国兵挫于日本，中外归过焉，盛衰有时，岂人力也哉！权势既替，历聘方外，周游九万里，所至国君优礼过等，他国使臣望尘不及，皆曰此东方毕士麻克也。毕士麻克者，德国名相也。西国人旧以李公配之，东西并峙焉。国兵新挫，而宿望故在，其是非之不同如此。中国《诗》《书》之说，《春秋》功罪之律，殆非海外殊方所与闻知也已。"汝纶师事曾、李，而于事功推服鸿章尤至。此文为鸿章鸣不平，笔致冷峭，有诙诡之趣，盖学《史记》有得者。鸿章谢奉派出使恩折末联云："阻重深于山海，未改叱驭邛坂之心；梦咫尺于阙廷，犹存生入玉关之望。"亦奏疏中名句。

二〇八　李鸿章游欧轶闻

相传鸿章聘德时，与毕士麻克谈话，自矜其削平发捻之功。毕士麻克讥其杀同种，鸿章为之失色。此甚有意致，然恐不可信。鸿章之访毕士麻克于私邸，毕士麻克款接尽礼，鸿章亦执礼甚恭。宾主周旋，词令不容唐突。鸿章于对日新败之后，似不至强颜以伐内战之绩。毕士麻克为有名之外交家，更不至面斥嘉宾，使其难堪也。又相传鸿章至英时，于英故将军戈登之纪念碑下表敬意，戈登之遗族感激之，以极爱之犬为赠。此犬盖于各地竞犬会中得一等奖者也，不意数日后得李氏谢柬云："厚意投下，感激之至。惟是老夫耄矣，于饮食不能多进，所赐珍味，欣感得沾奇珍，朵颐有幸"云云。戈登遗族得之，大诧，报纸喧腾，传为笑柄云。此亦屡见近人记载者。鸿章何至荒伧若此，盖齐东野人之语耳。而此种传说之所有生，亦自有故。昔年曾见某英人游记，盖英国与中国交通未久时之作品。所述中国风俗习惯多模糊支离语，中有云："华人以死犬之肉为美馔。"或于中国某处偶见有食犬肉者，即下此溥泛之断案。而华人食犬，当早为彼国一知半解之"中国通"所宣传，鸿章至英，此辈既知其为戈登之华友，复联想而及于犬为华人食品之说，以为此老必有同嗜，于是杜撰李鸿章轶闻时，亦附会而成此一段。迨传至我国，居然亦有盲从而乐道者，是诚笑柄已。

（原第 8 卷第 49 期）

二〇九　薛福成史才过人

曾国藩兼以古文鸣，薛福成为其四大弟子之一，虽工力不逮张裕钊、吴汝纶，而关于史料之记载，不骛古雅，不尚雕琢，平实翔赡，信而能达，盖具通识，有史才，故治史者有取焉。集中此类文字最有价值，亦非张、吴辈所能方驾也。咸丰七年十二月，英兵入广州城，使相叶名琛被俘，为我国国耻之一。且咸丰十年，英法联军陷天津，犯京师，焚圆明园，胁订所谓《北京条约》，更成重大之国耻，亦即与名琛广州之事，一线相承。名琛以不战不和不守偾事广州，诸家颇多记述，要以福成《书汉阳叶相广州之变》为最佳。叙事既委曲尽致，论断尤莹澈而谨严，能使览者于其源流因果，历历在目，通识史才，良有足多。如“叶相以翰林清望，年未四十，超任疆圻。既累著勋绩，膺封拜，遂疑古今成功者皆如是而已，不知天下事多艰难也。”“初以拒洋人入城有贤声，因颇自负，常以雪大耻、尊国体为言，凡遇中外交涉事，驭外人尤严。每接文书，辄略书数字答之，或竟不答，顾其术仅止于此。既不屑讲交邻之道，与通商诸国联络，又未尝默审诸国情势之向背虚实强弱而谋所以应之。”“叶相方在校场阅武闱马箭，忽闻炮声从东来，吏报英兵舰进夺腊得中流炮台，文武相顾愕眙。叶相笑曰：‘乌有是，日昃彼自走耳。’令粤河水师偃旗勿与战。英船进迫十三洋行。明日，英人趋凤凰山炮台，守兵以有勿与战之令也，则皆走不知所往。”“叶相狃前功，蓄矜气，好为大言以御众，渐忘其无所挟持。每到危迫无措，亦常有天幸。默念与洋人角力，必不敌，既恐挫衄以损威，或以首坏和局膺严谴，不如听彼所为，善藏吾短。又私揣洋人重通商，恋粤繁富，而未尝不惮粤民之悍。彼欲与粤民相安，或不敢纵其力之所至以自绝也。其始终意计殆如此。”“谍报英船骤至，将大举攻城。叶相笑曰：‘讹言耳，必无是事。’”“粤民自使相琦善莅粤后，常疑大府阳剿阴抚，叶相亦畏粤民之悍，遇事尤裁抑洋人，欲求众谅。然粤民见叶相之夷然不惊，转疑其与英人有私。及英人累致书不答，且不宣示，则愈疑之。僚属见寇势日迫，请调兵设防，不许；请招集团练，又不许。”“洋人张榜禁止杀掠，谓此行惟仇总督，不扰商民也。”“昔侯官林文忠公初禁洋烟之时，洋人未识中国虚实，有顾忌心。若使林公久于其任，未必无以善其后。乃使相琦善继之，而大局一坏不可振；耆英、伊里布又继之，和议遂定。彼时舍此固无以弭外患。而主和议者例受人指摘，下流所居，未必如世俗所讥之甚也。粤民之与官相抗，亦琦、耆、伊三相有以激之。叶相见林文忠、裕忠节诸公，或以挑衅获重咎，或以壮往致挠败，而主和之人，又皆见摈清议，身败名裂，于是于可否两难之中，别创一格，以蕲所以自全者。高谈尊攘，矫托镇静，自处于不刚、不柔、不竞、不絿之间，乃举事一不当，卒至辱身以大辱国。而洋人燎原之势遂不可复遏。然则洋人之祸，引其机者琦相，决其防者叶相也。要之，御非常之变，虽豪杰之士，鲜不智勇俱困焉。盖因前事无可师，而俗论不可徇也。”夹叙夹议，深中名琛病痛。而于其处境之艰，亦复设身处地，悉为表出，不同一味谩骂，足令名琛心服。

二一〇　叶名琛之隐衷

七弦河上钓叟《英吉利广东入城始末》为福成此文所据材料之一。其论名琛有云：“当世论夷事者，咸太息痛恨于汉阳，斥之为大辱国。汉阳高语镇静，矜气骄志，坐误事机，身为俘虏，是则然矣。然夷所欲得而甘心者也。使其昏懦流媚，无足为我梗，夷直藐之而已，必不恶汉阳也。恶其为梗，疑其有仇夷之心故也。心仇夷而术无以制夷，乃蔑视夷，以为夷无如我何，此汉阳之所以败也。辱身以辱国，且至荡摇边疆而无能善其后，汉阳之罪大矣。夷竟不可仇乎，必不敢仇夷而畏夷，惟夷言是从，由由然以为必不辱国之道在是也，不敢知亦不忍言也。平心气综前后察之，汉阳之罪不可逭，心犹可原也。是将仇夷不足制夷为夷所恶以至于此，能畏夷惟夷言是从，或相安至今，未可知也。此当世所以集矢于汉阳也。”则责备中尤深寓谅惜之意。

二一一　民气可恃而不可专恃

福成论及当时粤中之民气，谓："夫民气固结，国家之宝也。善用之则足以制敌，不善用之则筑室道谋，上下乖睽，互相牵累，未有不覆败者。观于粤人己酉之役，官民一心，措注协矣。厥后志满气嚣，动掣大吏之肘，微特中材以下不能用粤民，即使同治以来中兴诸将相当之，恐有大费踌躇者。叶相之瞻顾徬徨、进退失据，亦固其宜。寻至城陷帅虏，而粤民坐视不能救，其愤盈激昂之气亦稍颓矣。是果可常恃乎！"亦洞中当时粤民客气之害事。盖气必以力为后盾，非可专恃。若不知培养实力，惟血脉偾张，以鼓其气，则有气无力，适成客气。以此威敌，偶试或效，屡试必无济矣。即如庚子义和拳之役，何尝非民气之表现，西后以光绪帝名义颁布之对外宣战上谕（事后西后乃强颜谓系矫诏，完全写在载漪、载勋等账上）所谓："祖宗凭依，神祇感格。人人忠愤，旷代所无。朕今涕泣以告先庙，慷慨以誓师徒：与其苟且图存，贻羞万古；孰若大张挞伐，一决雌雄。连日召见大小臣工，询谋佥同。近畿及山东等省，义兵同日不期而集者不下数十万人。至于五尺童子，亦能执干戈以卫社稷。彼尚诈谋，我恃天理；彼凭悍力，我恃人心。无论我国忠信甲胄，礼义干橹，人人敢死，即土地广有二十余省，人民多至四百余兆，何难剪彼凶焰，张国之威。尔普天臣庶，其各怀忠义之心，共泄神人之愤。”政府之气，人民之气，何尝不有惊天地而泣鬼神之势，所可悲者，仅有此一时之气，外兵一击，客气顿消。奇耻大辱之《辛丑条约》成，西后视外人不啻祖宗神祇，而率臣民以媚外，备诸丑态矣。国家之宝之民气，非不可恃，特不可专恃耳。

二一二　曾国藩议和

同治九年，直隶总督曾国藩奉命与法人交涉天津教案。时政府惩于咸丰十年英法联军之役，不敢战，法人料政府之不敢战，而坚持其要求。京朝清议与民间舆论则均大声疾呼以主战。国藩当此难局，不独官爵非所恋，即性命亦置度外，故由保定赴津时，作遗嘱处分后事，谓：“危难之际，断不肯吝于一死，以自负其初心。”示遇有变故，不为叶名琛而堕令名，视名誉重于生命也。抵津以后，知此事非一死可了，乃决定牺牲名誉，以顾大局。以战备未修，弗能言战，即力主和平商议。交涉争持，既甚棘手，而“汉奸”“卖国贼”之声，复洋洋盈耳。国藩当唾骂之冲，受逼轧之苦，但尽其心，不求人谅。迨谈判粗有眉目，积年清望，几于扫地以尽矣。然国藩之所以为国藩者，端在不肯自欺以欺人。夫重大交涉之来，非战即和。当局者苟审时度势，可以一战，则作战之准备，宜早为之；若认为必不能战，则和亦何能讳言，断不可不图战备，惟漫以慷慨淋漓之宣战论，对人夸饰，不恤大误国家，而为自保名誉及地位之计。国藩奏称“立意不与开衅”，并谓“道光庚子以后，办理夷务，失在朝和夕战，无一定之至计，遂至外患渐深，不可收拾。中国目前之力，断难遽启兵端，惟有委曲求全之一法”。又谓：“彼所要求，苟在我稍可曲徇，仍当量予转圜。苟在我万难允从，亦必据理驳斥。”宗旨所在，昭然若揭。一面则请调兵畿疆，以壮声援而备自卫。知交中以其主和，腾书责难者甚夥，国藩惟以“外惭清议，内疚神明”谢之，不屑掩盖，或诿过以自解也。其主和之当否，及办理交涉之手腕如何，兹姑不论，要其光明不欺、肯说真话之精神，无愧文正之正矣。（其“门生长”李鸿章历办交涉，最以主和蒙诟病，而其长处亦在肯负责任。）

（原第8卷第50期）

第四卷（原第九卷）

1932年（民国21年）

一　袁金铠遗事

（一）思想陈旧

袁金铠在东三省，有元老派之目，以资年言之也。此次沈阳祸作，金铠出任维持会长，在日军控制下行使省政府职权，论者深为其晚节惜。而金铠则自谓暂维地方，无所希冀。近日人复拥臧式毅为省长，金铠苟不再受牵率，而自脱于旋涡，亦其幸也。其人思想颇旧，民国七八年间，尝对人谈，当清理奉天清故宫古物时，曾发见一木函，封缄甚固，上题年月。另有一行小字，似云此函平日无论何人不许开视，违者重谴。时典守者见有此函，以清祚已移，无所避忌，遂开视之。其中仅一纸条，上书三字一句之韵语，凡四句，十二字。文曰："兴如周，隆于汉。五百年，中一断。"下二句，盖谓辛亥逊政为一断，以后尚有二百余年之气运也。此事甚诞，明眼人皆知其伪。而所谓宗社派者，乃视为金縢宝箓，互相传播。金铠亦颇信之，而转述诸人云。国难声中，日人挟逊帝溥仪在沈复辟之传说甚盛，旋即消沉。闻溥仪有拒绝“朝鲜第二”之言，以故中止，尚不失为解人。金铠对复辟之议，据闻亦取迟回审顾之态度，或亦懔于朝鲜之曩事，而有所觉悟耶？

（二）喜以京卿相称

辛亥，赵尔巽为东三省总督，金铠时以候选训导任谘议局副议长，为尔巽所倚任。武昌起义后，民党在关外者，谋奉天独立。因军界反对，乃改设保安会，推尔巽为会长。时金铠亦反对独立，与民党争甚力。吴景濂以议长南下，参与革命事业，金铠在谘议局益得发抒。尔巽上疏表其忠，蕲优奖，遂赏三品卿衔。金铠以渥蒙异数，不独一身之殊恩，亦谘议局之光荣，遂于局中建纪恩碑，将恩旨恭镌其上。或告以谘议局为民意机关，不宜有此，弗顾也。入民国后，尚喜人以京卿相称云。

（三）无役不从之陈瀛洲

辽省昔有陈瀛洲字海峰者，在地方势力，与金铠相颉颃。清末，由谘议局议员选为资政院议员。民国元年又选为临时参议院议员。民二第一届国会，复当选参议院议员。国会停职后，由奉天派为政治会议委员，旋又选为约法会议议员。民七第二届国会，复当选参议院议员。民十所谓新新国会，又获当选。盖可谓无役不从矣，其在地方之势力可知。民十四段祺瑞以临时执政召集各项会议，金铠被推至北京参与，而瀛洲则已物故矣。

二 “汤花龙草生南浦，吴京濂日落西山”

民二众议院选举议长，国、进两党竞争甚烈。吴景濂、汤化龙为两党所推之候补人，双方互以物质的条件运动写废票，于是有书吴京濂者，有书汤花龙者，皆作废票无效。因有人为之语曰：“汤花龙草生南浦，吴京濂日落西山。”亦我国国会史上之一段趣闻。

三 庄士敦服饰怪异

逊帝溥仪居清宫时，因学习英文，由徐世昌荐英人庄士敦授课。其待遇同于毓庆宫各帝师。庄入宫任事未久，即摹仿胜清官派，溥曾赏以头品顶戴。一日，某亲贵家有喜庆事，庄往致贺，其名刺用旧式之红单贴，正面书“庄士敦”三大字，背面亦以木戳印“专诚拜谒，不作别用”字样。此犹无足怪，最奇者为其服饰，见者无不捧腹。盖足登革履，御洋服之裤，而上身则蓝袍长褂，红顶朝珠，项间仍系一白色硬领。成清、英合璧之怪状焉。因忆清季美人福开森获赏二品顶戴，恒将红顶佩挂胸间，如宝星然，亦颇奇。

四　荣寿公主之尊崇

西后藉恭王奕䜣之助，剪除肃顺等，垂帘听政，深德之。既授为议政王，并托咸丰帝遗意，封其女为公主。咸丰十一年十二月，两宫懿旨谓："恭亲王之长女，聪慧轶群，素为文宗显皇帝最所钟爱，屡欲抚养宫中，晋封公主。圣意肫肫，言犹在耳，自应仰体先帝之意，用沛特恩，著即晋封为固伦公主，以示优眷。所有服色体制，均著照固伦公主之例。"亦所以结奕䜣之心，是即所谓荣寿公主也。清制，公主体制最隆。荣寿如遇奕䜣于途，必传命由随从内侍遮帷幙于舆而过。否则，奕䜣亦须降舆致敬，其地位之崇高如是。庚子后声势犹极烜赫，每当入宫问安，或由宫回府之时，街衢所经，舆前有执鞭、骑马者二人，大呼"坐车的下车"，将行人车马皆驱之路旁，巷内，临时遮断交通。自地安门至大佛寺一带，行人视为畏途，（荣寿公主府在大佛寺，俗呼大公主府。）因奔避不及，动遭鞭笞也。民国后，荣寿常至东安市场观剧，则望若一普通老年旗妇，不辨其为当年赫然一时之大公主矣。惟某岁载涛生日，荣寿至涛府致贺，其一切仪注仍甚尊严。马车入大门时，全府执事诸人，排班跪接，载涛则跪于门内。入至内堂，正中为设独座。府眷悉至前请安。参谒既毕，荣寿下座，始略分言情，行家人礼，与寻常旗人无异。是时载涛已授民国巩威将军，（徐世昌为大总统，念清末军谘府同官之雅，以此头衔畀之，载涛欣然承命。为人书联，每署此新衔焉。）贺客中政军界要人颇夥。载涛便衣招待来宾，而预将胜清郡王冠服置回事处旁一暗室中，俟荣寿马车将至，始就暗室穿戴出迓。旋仍易衣入内，盖不欲为贺客所见耳。清公主多下嫁蒙古王公，其体制特隆，或寓有抚驭外藩之意。洪承畴《奏对笔记》谓"上问安天下之策，对曰：南不封王，北不罢亲"。南不封王者，惩往代宗室分土封建之弊；北不罢亲，则主与蒙疆世联婚媾，以弭边衅，资屏卫也。

五　李鸿章积毁销骨

明代与日本幕府丰臣秀吉之交涉，秀吉所提七条件，其首条为"盟约既定，中、东两国可保太平，与天地同无穷尽。俟至息兵之日，大明皇帝愿以公主嫁大日本皇帝。"盖用匈奴对汉，吐蕃、回纥对唐之故智，而以其"祭则寡人"之皇帝，得为上国驸马为荣也。此议未成事实。而至清光绪甲午中日之战，中国之诋李鸿章通敌卖国者，却盛传鸿章子经方为日本驸马之说。则以天朝望族，倭主当乐于攀亲耳。翌年，马关和约成，朝命以经方充割台专使，亦政府中深恶鸿章父子者有意辱之也。鸿章奉使各国，奏请令经方随行，谓"马关之役，势处万难，所有办理各事，皆臣相机酌夺，请旨遵行，实非李经方所能为力。局外不察，横腾谤议，应邀圣明洞鉴"，犹特为辩雪，经方积毁销骨之状可见。（鸿章至日议和时，经方以参议从，比鸿章遇刺受伤，复添派为全权大臣，以佐鸿章同签中日和约。）

六　台人抗日

台人之抗日本，盖知其不可而为之，其愚诚不可及，而藉拒守以示不甘为敌国之顺民，究胜于无此一番抵抗，此固不可以成败论也。其布告有云：“此非台民无理倔强，实因未战而割全省，为中外千古未有之奇变。台民欲尽弃田里，则内渡后无家可归；欲隐忍偷生，实无颜以对天下。因此椎胸泣血，万众一心，誓同死守。”其志大可哀已。而当时教会中华人，乃有就其“虎”之国旗，而以“画虎不成”相嘲者，独何心哉！（驻欧使臣有为台湾蕲列强援手之活动，吴宗濂尝记述其事。）

（原第9卷第2期）

七　李鸿章历聘欧美

（一）《傅相游历各国日记》

清光绪二十二年，李鸿章以头等钦差大臣使俄贺加冕，因历聘欧美各国，所至均优礼款接，一言一动，为其朝野所重视。比归，有晋安桃溪渔隐、章武悝新庵主辑

《傅相游历各国日记》，述其梗概，闻皆鸿章幕僚司笔札者，隐名而署别号，殆所以避标榜府主之讥耳。鸿章家人印为一册，以赠亲知。书中冠以鸿章兄瀚章序文，系就其亲笔上石。文云：

> 仆犬马余生，衰病无状，仰蒙放还故山。主恩岁月，臣疾烟波，于愿已足。早岁中日之役，每闻客自关外来者，言边事，未尝不作祖士雅闻鸡之舞，心旌奋飞，几欲投袂而起，不自知其病在床也。良以世受国恩，图报之情不能自已，且不知其不自量力。今年夏，仲弟少荃衔命使俄，并游历泰西诸国，道出沪上，适仆亦就医于是，相见甚欢。偶忆坡仙赠子由"误喜对床联旧约，不知飘泊在彭城"之句，则又惨然者久之。嗣得来书，亦既平善还朝述职，私心愉慰。顷儿辈以其游记一册呈览，翻阅一终，恍若身历其境。乃呼儿辈使来前而诏之曰："若等当知尔叔父之辛勤以报于国、忠于君者，皆克绍先大夫未竟之志，即孝于亲也。其勉之哉！"安所得我中国富强，四夷宾服，仲弟功成身退，任吾兄弟如六十年前，相与钓游于逍遥津畔，不识果有若是之一日否也。阁笔怃然。丙申十二月。筱泉。

瀚章官粤督，前一年开缺，老矣。观此文，犹有用世之雄心焉，亦所谓大夫不可一日无权耶。其壮岁服官，以勤敏为曾、胡所重。每与鸿章并言二李，累膺荐举，遂陟封疆。显达而后，声望乃日聩，晚节颇不足称也。二李手足之谊颇笃，此文亦见白头兄弟之情致。鸿章归国，命在总理衙门行走，差胜空头大学士。而甫息征骖，即以私游颐和园之细故，奉谕诃责，不为元老留体面，知忌者犹不能相忘，益用韬晦。迨闻家人以《游历日记》赠人，虑以自炫遗人口实，亟命停止，故外间流传甚少。

（二）游德访俾士麦

鸿章游德时，与故相俾士麦相见，传为一时盛事。以颂扬鸿章者，辄目为东方俾士麦也。《游历日记》于他事多仅纪概略，而于此节为较详，亦诚重之。文云：

> 五月十七日（西六月廿七号），节相预与俾士麦王约，访诸其家，即乘火车造王邸，夹道观者蜂屯蚁聚。车停，俾王闻节相至，盛服俟于门首。相见而揖，皆长身玉立，风采伟然。既近，相与握手立谈，译员旁侍，代传问答语。俾王曰："噫！大国位尊望重之名臣，何幸而辱临敝地。"节相注视而后言曰："向闻西拉内的（译言：高且静如穆然在云霄之上，盖尊之也）之大功德，不解何以造到神妙不测地步。今见西拉内的之目，如见心矣。"俾王曰："劳黼铁纳丝（译言：高贵胜人气象，亦尊之也）已成就奇勋矣。"节相曰："去西拉内的远甚。"俾王曰："大好，

大好。总之我等不过自完本分耳。”语次，尚未登堂，见节相有劳色，肃入叙坐，互述老景。节相问：“王体何如?”俾王曰：“夜恒不能熟寐，甚苦之。”节相曰：“仆且常痛。”俾王曰：“仆幸不痛，惟不能终夕睡。”节相以颧伤示王曰：“痛尤剧，曾染风疾也。”旋入座食点。随员皆在坐。节相曰：“仆之来谒，有一事乞清诲也。”俾王曰：“何事?”曰：“欲中国之复兴，何道之善?”俾王曰：“惜相去太远。贵国政事，平日未尝留意，无从悬断。”节相又问：“何以图治?”俾王曰：“以练兵立国基，舍此无策。夫兵不贵多，一国兵数不必逾五万。特年必少，技必精，斯所向无敌。”节相曰：“中国非无人之为患，无教习亦无兵法之为患。仆蓄意三十年，终无以变弱而为强，赧愧滋甚。今五洲精兵，莫贵国若。异日回国，必仿贵国制练新军。惟教习须贵国是赖。”俾王曰：“练兵更有进者。一国立军，不必分驻，驻中权扼要地，无论何时何地，有需兵力，闻令即行。然行军之路，当先筹焉。”又曰：“敝国王相何恩禄，与仆同事三十年，才长干济，内治外交，皆尽善。”又曰：“中德永睦，仆于一千八百八十四年与曾侯会议，同怀此意。”筵撤，有人持仪器入，或镜或笔，为二公留影。俾王旋出一册，皆天下名贤翰墨，请节相命笔。节相忻然书之。若曰：“仆闻王盛名三十余年，不过如空谷应声。今见之，直如剑气珠光，不敢逼视。”译员译而述之，俾王谦不敢当。临别复揖让久之。是日也，节相着黄马褂。德国素无品级服，俾王佩红鹰大十字宝星，而首冠御赐之王冕，手执先皇之介圭，腰佩登坛之宝剑。之三者，自先皇威良一世谢世后，无第二人一得其赐。俾王非遇大典礼大朝会，亦罕有一日而三事具之者。今以之款节相，其敬节相也至矣。

二叟倾谈，亦当时中德两国间一佳话，鸿章每引为生平快事也。俾士麦谓“我等不过自完本分”，的是英雄语，亦大政治家语。至云“以练兵为国基，舍此无策”，尤想见铁血宰相之口吻矣。观其款接佳宾礼文之庄重，俗传面斥鸿章之说，岂尚足信？

（三）《李傅相历聘欧美记》

记述此次鸿章游历之事者，更有广学会出版美教士林乐知暨沪人蔡尔康译辑之《李傅相历聘欧美记》。叙次加详，辞繁不杀，字数视《游历日记》多数倍。其记鸿章访晤俾士麦一节，大致相同，惟亦较详。如鸿章问何以图治之前，有：“中堂曰：‘请问何以胜政府？’王曰：‘为人臣子，总不能与政府相争。故各国大臣遇政府有与龃龉之处，非俯首以从命，即直言以纳诲耳。’”以下乃为：“中堂曰：‘然则为政府言，请问何以图治？’”又鸿章言回国仿德制练新军时，有“仆虽无官守，亦不如在直隶时得主拨付军饷之权”之语，《游历日记》均无之。或心以恐触时忌也。“何以胜政府”之“胜”字，似不类当时鸿章口气。盖由辗转移译，故未尽吻合。鸿章题诗于英女王维多利亚留名簿，由随员记名海关道罗丰禄译之。《历聘欧美记》云：“观察译毕，附注数语，并引唐贤杜甫诗一联。译其意曰：‘西望安乐园有王母，东瞻紫气来老子。’盖隐指君主及中堂也。两面兼顾，所谓文章本天成，妙手偶得之欤?”丰禄所引，为杜诗“西望瑶池降王母，东来紫气满函关”二句，足见巧思。近人笔记，有误为鸿章自书此二句者。丰禄为鸿章司传译，甚博好评，是年遂简出使英国大臣。

八　特简李鸿章督两广

瀚章之罢粤督，代之者为谭钟麟。后钟麟之罢，代之者即为鸿章。光绪二十五年，协办大学士刚毅奉命南下清查财政，当陛辞时，西后以两江总督刘坤一、两广总督谭钟麟，均为人弹劾，因命就便密查刘、谭政况。比覆命，谓二人政绩尚优，年已老，未尝废事。以精神论，钟麟尤较逊，然亦不至贻误。西后乃于十一月降旨召二人来京，欲自察之。坤一先至，奏对侃侃，后为动容。（先是，坤一电诤废立事。此次被召，尤与此有关。既入对，复力陈不可。）遂命回任。钟麟则老态龙钟，目几不能辨物。既至京，召见于颐和园之仁寿殿，光绪帝中坐，后则于帝后右侧设高座。奏对者应先向右侧后坐处叩首，再向帝叩首，此西后训政时常制也。钟麟以精神衰敝，目复昏昧，入内，遽向正中叩首，西后已甚不悦，而钟麟犹未觉。比西后问话，钟麟始悟忘向西后行礼。悔已无及，勉强应对而退。后乃决令开缺。向军机大臣宣旨，刚毅犹为缓颊，后曰："彼目已盲，乌能理事？纵有心图治，公牍一切均须假手幕友，流弊甚多，不如令其解职养老也。"遂降旨开缺，而以鸿章真除粤督，时为二十六年四月。当召刘、谭来京，两江总督系以江苏巡抚鹿传霖署理，而两广总督则特简鸿章往署。盖荣禄助鸿章得之，已预为真除地矣。

（原第9卷第3期）

九　刘鹗与扑克

民国初年，北京之赌风最甚，议员、政客、官僚，多非此不欢。赌具则麻雀牌之外，舶来品之扑克牌，尤为博徒所尚，乐其时髦也。虽素不识西文字母者，而于King、Queen、Full House等名词，咸能诵之琅琅焉。而在清季，则北京华人罕有为此戏者。其最得风气之先者，盖为著《老残游记》之刘铁云（鹗）。癸卯间，刘寓崇文门外木厂胡同，豪于资，喜交游，有坐上客常满、尊中酒不空之概。知名之士，或延居其家，供饮馔。如为西后杖毙之沈荩及以告密陷沈之吴式钊，时均假寓刘处也。王小航（照）与沈交，亦常过之。见刘与友人为扑克之戏，以所藏各色古泉币为筹码，斑驳陆离之骨董，与摩登之赌具相辉映，亦所谓不调和之美欤？刘与西人多往来，故于扑克得风气之先。

一〇 刘鹗好古成癖

刘氏好古成癖，所蓄古物甚多。当居北京时，厅事中之陈设，随处皆古物也。残碑断碣，收集亦夥。其不甚爱惜者，即罗列庭院中。盖与端方有同嗜焉。王氏于厅事见一古琴，甚精致，镌有乾隆帝题识，旧藏内府者也。因与刘氏谈及，谓此琴似甚佳，君从何处得之，价当不廉。刘曰："仅数百金耳，未为上品也。余尚有更佳者，君试一观。"遂导王入一精室，为其古物最名贵者度置之所。古气盎然，中有一琴，黝黯龟裂，曰"此琴以千数百金得之"。经考证确凿，的是某代之物，远古于彼琴矣。

一一 托云奉旨迎拿肃顺

满洲托云，字雨臣，吉林旗籍。咸丰间挑好汉至京（清制，于关外各旗挑选壮丁来京，授侍卫，教皇子或皇帝骑射，谓之挑好汉），以骑射娴熟受知遇，未久即擢副都统，后又升都统。其人虽武夫，而明大体，有决断。肃顺一案，奉旨迎拏肃顺者，即为托云。其时肃顺由热河护送梓宫，两太后、同治帝及恭王奕䜣等均先抵京，出其不意，遽起政变。怡王载垣、郑王端华，既在京被逮，托云遇肃顺于密云，宣旨后，肃顺态度甚强硬，惟猝不及防，遂束手就缚。清制，大臣行装，例佩带小刀、牙箸、火镰，托因防意外，先解所佩小刀。其警敏处大致类此。此小刀暨牙箸、火镰，遂归托家保存为纪念品焉。醇王奕譞与托投分最深，西府（即太平湖醇王府）事无巨细，托多得预闻。光绪帝入承大统，甫四龄，初入宫时，托受奕譞命任护卫之责，其见重如是。荣寿公主，为奕䜣长女，西后抚以为女，甚钟爱。同治间，为选额驸，奕譞力举托云子阿克占可尚主，后诺之，已有成议矣。会召见，后问话甚多，阿克占以口吃，奏对未能称旨。后怫然曰："是儿岂能婿我女乎！"前议遂罢。后阿娶宝棻之姊，以部郎终，未获显达，亦此一事有以误之也。荣寿下嫁志端，未几即居孀，今尚存。

一二　托云奏罢活兔之贡

清代，吉林年例贡入白鱼、野猪、鹿、兔等物。沿途每逢贡差过境，地方颇受滋扰。尤以活兔之贡为最甚。供应稍不遂意，即百端讹索。或故将活兔放走，或以死兔诈财。不独地方官不敢稍忤其意，即各站旅店，亦畏之如虎。托云在京管理吉林贡事，深知其弊，毅然奏罢活兔之贡，人以为便。

一三　张宗瑛为文渊源

自日本侵据东陲，国人为抗日之运动，标语有书日本为“犸狳”者，亦愤慨之表见也。惟日本书作“犸狳”，不自今始。甲午乙未间，张宗瑛上书言对日本作战事，即如是书之。

宗瑛字献群，南皮人，张之洞之族人也。慕张裕钊、吴汝纶所为文，因受业于其门人贺涛。于张、吴义法，盖笃好之。其自撰摹志铭有云：“宗瑛既壹志为文，太保文襄公尝进宗瑛而询其术业，宗瑛皆以所学对，公无言。宗瑛退，公目送之曰：‘独奈何为吴挚甫所误。’或以告宗瑛，宗瑛如故也。”瓣香有自，故不为之洞所屈。曾国藩为文，以雄伟光昌擅胜场，而喜谈诙诡之趣。裕钊、汝纶辈皆于此致力焉。宗瑛有《送山东提学使罗公（正钧）序》云：“光绪三十三年，天子已定宪法之令，破拘挛之俗，启锢蔽之习，用人不拘成法。诏中外大臣，举可以任大事者，简拔超授，予以美官。趋时之士闻风响应，云兴猋附，争奋励功名。而天津知府湘潭罗公以此时加道员衔，署山东提学使。”又云：“夫学政之职权，不如提学使之重也，禄又非如提学使之富也。而昔时绩学之士，苟非用翰林起家者，终身求学政不能得。公乃谈笑攫提学使为之，岂异术使然，时会故也。士虽才智，不能倍时而要成功，时苟可乘，则庸人亦足自奋。”又云：“公在直隶为州县十载，所更上官以十数。鸿狭侈敛，情异性殊，公周旋其间，先意得之，未尝失其指。士大夫家居有气力者无不交，外国人士之来中国者无不从之游，致敬竭诚，餍其欲乃止。名声日起，誉位益隆，及管保定师范高等学校，则又时其生徒之桀驯，以剂其张弛。事上治下，备具皆宜，以有荣施，如其初志，此俊杰之士识时务者之为，夫岂孤贱鄙儒所得窥测其万一哉。公之将行，山东学务待公为甚亟，而直隶按察使陆公以疾乞退，公居直隶久，徘徊不忍去，比有伤心者。"嘲谑甚至，亦源于诙诡之意也，有略涉浅露处，而颇见才思。所为他文亦有可观，盖时见骏迈之气，非林纾辈所及。其衍裕钊、汝纶之绪，虽未能遽张其军，要不失为个中健者。罗正钧庚子间署定兴知县，以严禁义和拳，为祖拳大吏所黜，由是著声。袁世凯督直，极赏之。其以知府擢署山东提学使，亦世凯之力。时编检郎中知府任提学，例以道员用署理，正钧亦如是，非加道员衔也。至谓非翰林起家者不得为学政，亦不尽然。惟正钧仅举人出身，自无学政之望。学政为京官之外差，提学使则为实官，禄较厚，然体制逊之矣。提学使班在按察使上，而擢任布政使，则视按察使为难，以由臬升藩，相沿已久。提学使新设，若另一系统耳。宗瑛此文，隐谓正钧既简署山东提学使，复思为直隶按察使，其意志是否果如所示，虽不可知，而在宦途中，有具轩臬轻学之心理者，则不诬也。当时号为破格用人，而幸门于以大开，宗瑛盖深嫉之，故借正钧由知府署提学使事，发挥其旨。韩愈

《孔君墓志铭》，起句为“昭义节度卢从史，有贤佐曰孔君。”曾国藩谓：“此等起法，惟韩公笔力惊耸矫变，无所不可。若他手为之，恐偾张而长客气，故不如朴拙按部之为近古也。”盖不愿人学之，而学之者甚多。如其门人吴汝纶代李鸿章为撰神道碑，起句为：“圣清受命二百载，有相曰曾公。”甚轩昂，而句法正与此相类。（愈《故相权公墓碑》起句为：“上之元和六年，其相曰权公。”汝纶语亦近之。）汝纶门人赵衡撰汝纶墓碑铭，起句为：“清兴二百数十年间，有一名世者绍斯文之传曰吴先生。”又墓志铭，起句为：“光绪二十八年，京师始立大学堂，首以文学被诏为总教习者曰吴先生。”汝纶子闿生撰张宗瑛墓志铭，起句为：“晚清之世，有奇士曰张宗瑛献群。”何其陈陈相因乎？（原第9卷第4期）

一四　满族特俗祭板子竿子

满洲世家，其正室之西墙例设所谓祖宗板子。其制甚简，仅庋一木板，板上置一黄布包袱，并黏有白纸挂钱。纸上雕有满文二字，如是而已。然一家之中，对之不敢稍有冒亵。以时举行祭祀于其前，即所谓祭板子也。麟庆《鸿雪因缘》于其家记板子之礼节，曾详记之。此为满洲之特俗，近年北平满族已渐废此祭，惟板子尚存耳。此外更有所谓竿子者，亦满洲之特俗。竿设门内，高出房脊，多以杉木为之。祭竿子之时，以精肉和饭共切为细末，置之竿上。其神话式之传说，谓清太祖与明兵战而败，避一树下，有群鸦翼覆其上，追兵由树下而过，竟未之见，得免于难。其后崇德报功，于宫中设竿以祭之，八旗世家亦相因为例，每家设竿致祭。近年已废，惟今故宫坤宁宫阶下，此竿巍然尚存。盖自民国十三年溥仪出宫之后，祭典始阙云。又清宫旧例，每日丑刻由东华门进猪，守门护军按时启门。据闻所进之猪，为祭万历妈妈之用。而宫中何以每日必祭万历妈妈，又何以必于丑时进猪？当时以事属宫禁，外间不易知之。即询之内廷当差者，亦多茫然不知所对。盖宫廷例行之事，不止此一端。奉行既久，罔敢或违。问其何以必须如此，亦曰照例而已矣。所谓万历妈妈者，相传即明神宗之母，万历间廷臣主大举征辽，因太后一言而止。清人德之，因有此祀。此近于齐东野人之语，而既著万历妈妈之称，要必有本事可稽。惜祀典奉行，迹涉诡秘，遂难骤详其确凿根据耳。

一五　泥金葫芦　白纸春联

明时宫中十二月春帖，例有泥金葫芦，内书吉利福寿字样，旁书“送瘟使者将归去，俺家也有一葫芦”之句，以袚除不祥。见清人所著《烬宫遗录》。清宫春联，由南书房翰林分写，用白纸糊于木框之上，按门悬挂，至正月二十日撤去。此白纸春联，惟宫廷暨各王府用之。其余满汉官员宅第及商店民家，则均以红纸书春联也。宫中各住室，新年例贴春条，亦南书房翰林所书，用红色笺纸，皆吉祥之语，如“宜人新春”“万事如意”之类。至溥仪出宫后，养心殿西暖阁门外，尚存“天佑圣清，民安岁稔”之横条，为闭门天子聊自慰藉之纪念品。又每逢岁除，内廷例赐各王大臣御书福字，其在内廷当差者，得于是日亲诣御前跪领。较之普通颁赏，尤为优异。凡领赏之人，跪于御案前，其叩头次数须与御书笔画相应。每写毕一字，即由二太监舁此字方从跪领者头上而过。盖取赐福临头之意。非娴于内廷礼节者，往往失仪。翁同龢供职内廷最久，屡叨此赐，其《日记》中曾及之，亦清宫琐闻之一也。

一六　裁缺除授不能一概而论

光绪丁未冬，两广总督张人骏生日，其子允言官大清银行监督，在京假湖广会馆设宴酬宾。时李经迈新以裁缺光禄寺卿，授江苏按察使，与署都御史张英麟、度支部侍郎陈邦瑞等同席。英麟谓季皋（经迈字）将有远行，宜居首座，经迈作肃然之状曰：“司里如何敢僭大人的座？”盖循其臬司之体制，而以半庄半谐出之也。英麟笑曰：“季皋甫为外官，便欲见外耶？”经迈卒推英麟首座，邦瑞次之，而己就第三座。谈次，经迈曰：“近来里头专与行四的过不去，沈四、左四、李四都是以三品京堂左迁臬司。”谓己与前以顺天府尹外简江苏按察使之沈瑜庆，以宗人府府丞外简河南按察使之左孝同也。（瑜庆为葆桢子，孝同为宗棠子，经迈为鸿章子，皆勋臣之后。）其词若有憾焉，而对于苏臬新除，实不觖望。邦瑞曰：“江苏本文忠公首建大功之地，朝廷以季皋陈臬是邦，或有深意。季皋此去，绍述前修，将来勋业，正未可量，吾辈当为预贺。”经迈意益忻然。此闻诸张君二陵者，时官刑部郎中，是日适与经迈等同席也。以裁缺光禄寺卿简授臬司，在当时盖未为屈抑，即瑜庆、孝同之以现任正三品卿对品外转，体制上诚为左迁，而事任则较重矣。庚子义和拳之变，为外兵所戕之直隶布政使廷雍，先是为奉天府尹，运动降格调补直隶按察使。据闻志在直藩，而直臬以近水楼台之故，升任直藩较易，故锐意以图之。后果由臬而藩，获遂所愿，而竟与祸会，则非意料所及耳。戊戌，岑春煊以裁缺太仆寺少卿简授广东布政使，宣统己酉，孙宝琦以候补三品卿简署山东巡抚，旋真除。一则以光绪帝励行新政时之特拔，一则以奕劻之力援，事颇异于寻常，不能与经迈等一概而论已。

一七　邹鸣鹤梦叩终身事

陈其元《庸闲斋笔记》力辟星命推步之说，而仍喜言前定，盖未能免俗也。如纪邹鸣鹤事云：“常州邹中丞鸣鹤，未遇时，梦至冥府。有友人自内出，云在府中掌册籍者，因叩以终身事，友书八字付之曰：‘官居四品，洪水为灾。’正欲审询，遂寤。道光丁丑，官河南开封府，适河决中牟，黄水灌城，危在顷刻，因举前梦告人，自恐不免，乃竟无恙。后擢任广西巡抚，以剿办贼匪未能得手，革职归里，为两江总督陆公建瀛檄赴金陵，帮办筹防事宜，城陷死之，奉旨照道员例赐恤，始知四品之应，洪水盖指洪逆也。”此亦一则曲折旁通之定命故事。然鸣鹤照道员例赐恤之后，尚有下文，何掌冥府册籍者竟未之知乎？鸣鹤为无锡人，其乡人薛福成为撰行状有云：“公既殉节之明年，大吏奏闻，诏赠道衔，赐恤如例。同治七年，大学士总督两江曾文正公疏请以巡抚例优恤，并予谥，报可。御史朱镇摭浮言诋公，诏收前旨。翰林院编修朱福基等赴都察院白其诬。诏下两江总督，廉得实，左迁镇主事，仍赐恤如例，予谥壮节，赏骑都尉，兼云骑尉世职。”官至巡抚，最后之恤典，复照巡抚例，四品之说，失其附会之根据矣。毛祥麟《对山书屋墨余录》，亦纪鸣鹤事，谓：“闻邹中丞鸣鹤未遇时，梦至一署，如部院，内出一人，乃同案生某，云在此间掌禄籍。邹即浼查禄寿，某入良久，出与片纸，上书八字云：‘官居四品，洪水为灾。’道光辛丑，邹守开封，中牟决口，黄水灌城，危在顷刻，因举前梦告人，自恐不免，竟获无恙。后任粤抚，被劾罢官。时粤逆犯江南，邹公籍隶江苏，在江宁督办团练，城陷殉难。奉旨照道员例赠恤，始知四品为道员，洪水者，逆酋洪秀全也。事皆前定，岂不益信。”与其元所纪，大同小异。此种传说，盖盛行于鸣鹤以道员例赐恤时。陈、毛均采入笔记，以为前定之征，而不知其饰终之典，更有下文也。鸣鹤官广西巡抚，毛谓粤抚，似指广东巡抚，稍误。其以开封知府御水患，保危城，为道光二十一年辛丑事。陈谓丁丑，当属笔误。道光无丁丑，辛丑河决祥符之张湾，大溜环城四啮，所谓“黄水灌城，危在顷刻”也。至河决中牟，为道光二十三年癸卯事。鸣鹤亦与大工。陈、毛均混而为一。（原第9卷第5期）

一八　湘军名将江忠源

（一）湘军将帅中最有奇气者

曾国藩撰江忠源神道碑，其铭词起句云：“儒文侠武，道不并张。命世英哲，乃兼厥长。”语意极雄健，忠源故湘军将帅中最有奇气者也。其于道光丁酉捷乡试后，公车入都，过国藩，款语，移时去。国藩目送之曰：“平生未见如此人。”既而曰：“此人必立名天下，然当以节烈死。”斯节屡见诸家记载。薛福成代李鸿章所拟奏陈国藩忠勋事实疏稿，亦援此以为国藩知人之明之一证。而据欧阳兆熊笔记，则预言其死难者，更有其人。兆熊云：“忠烈少时游于博徒，间亦为狭斜游，一时礼法之士皆远之。予独决其必有所建竖，故《吴南屏集》中与予书颇以为怪。忠烈用兵以略胜，在中兴诸公之右，至今名满天下。初至京师，人未之奇也，惟黎樾乔侍御，一见即言此人必死于疆场。人亦不之信，亦不知其以何术知之也。其下第回南时，三次为友人负柩归葬，为人所难为。曾文正公以此赏之。令阅先儒语录，约束其身心，忠烈谨受教，然其冶游自若也。”兆熊与忠源为乡试同年，又国藩之友，其言亦似非羌无故实者。而独以此属诸黎氏，或黎语犹在曾前耶？意者忠源英锐之气，呈于眉宇，人遂料其必有奇节耳。复按曾撰神道碑有云：“尝从从容语国藩新宁有青莲教匪，乱端兆矣。既归二年而复至京，余戏诘公青莲会匪竟如何，何久无验也，公具道家居时阴戒所亲无得染彼教，团结丁壮，密缮兵仗，事发有以御之。逮再归，而果有雷再浩之变。公部署夙定，一战破焚其巢，诱贼党缚再浩磔之……公入都谒选，又语国藩前事虽定，而大吏姑息，不肯痛诛余党，难犹未已。逾年而复有李沅发之变，又逾年而广西群盗蜂起，洪秀全、杨秀清之徒出，大乱作矣。”是忠源于厝火积薪号为承平之时，即先众而忧乱作。其始，国藩犹疑其诞而戏诘之。国藩故最好谐谑者。死于节烈之说，或亦以诙谐出之，未可知也。

（二）以诸生拔萃中榜

兆熊自谓早知忠源必有建竖，盖亦可谓知人者。又据所记，忠源之得拔贡，即缘其力。谓：“道光丁酉，予为新宁教谕。江忠烈以诸生应拔萃科，四试皆名列第二。批首陈某，富人子也，文赋俱佳，四试皆第一。时学使蔡春帆庶子，将前列悉给各属校官评阅。予谓‘若论试卷，优劣悬殊；若求真材，恐尚须斟酌。’学使怫然曰：‘然则有枪替乎?’予谓:‘枪替之有无不可知,今亦不必深究。惟是风檐寸晷中,虽邵阳、新化,无此佳卷,何况新宁僻陋之区?’因诵其赋中名句。且云:‘江本寒士,陈系富人,卑职此中空洞无物耳。’遂以此定甲乙。是科与予同中乡榜,同上公车。新宁自国初以来无中式者,人谓之破天荒。而陈某至省,以八月初八日纳妾,竟不入场。学使闻之,犹以予言为不谬云。”此为关于忠源之一段轶闻,其事亦颇可传。

一九　湘军名将刘长佑

与忠源同里相善,尝佐其戎幕,继起而为名将之刘长佑,其童试入学,亦在丁酉。兆熊云:“是岁刘荫渠中丞年方十六,亦为童子试(按:朱孔彰所为《长佑别传》,谓年十四补弟子员,与此稍异)。坐堂号,予与其尊人宝泉翁来往颇密,因索阅其卷。诗中出韵,为易数字,令涂改。学使适出见,问胡为者?予不敢隐,即捧卷呈览,中丞则觳觫立于堂下。学使见其文理通顺,年又最轻,一笑置之,竟入学。后于己酉得拔贡,随忠烈带勇至长沙守城,为司文案。予与忠烈论向、和优劣,其覆书即中丞代笔也。然与予无一字来往。迨后事历封疆,厚缘故人,予更不欲以书干之矣。”盖颇不慊其对故旧之冷落焉。如所云,当时之一生一童,异日为开府建牙勋业烂然之一抚一督,均经其拂拭扶持于未遇,宜其娓娓道之也。所记盖成于国藩已卒，长佑罢直隶总督后起用广东巡抚，调任广西巡抚，而未迁云贵总督之时。故称国藩以谥，而以中丞称长佑。

二〇　曾国藩布席早餐之深意

国藩率幕僚起早，黎明即会食，李鸿章大为所窘。其事已见薛福成《庸盦笔记》矣。兆熊记曾幕会食事云："文正守其王父星冈先生之教，未明求衣，明炮一响，即布席早餐矣。在东流幕中，与予及李肃毅、程尚斋都转、李申夫方伯共饭，群以为苦。文正亦知之，尝笑曰：'此似进场饭。'攻克安庆后，予以九月朔归家，置酒为饯。席间从容言：'此间人非不能早起，但食不能下咽耳。吾今归矣，欲为诸人求免进场饭。'文正笑颔之。故予以书调肃毅云：'从此诸君眠食大佳，何以报我？古人食时必祭先为饮食之人，君等得不每食一祝我乎？'肃毅覆书：'进场饭承已豁免，感荷感荷。惟尚斋、申夫皆须自起炉灶，恐不免向先生索饭钱耳。'此虽一时戏谑之语，当时情事，亦可想见。"不惯起早之人，骤令进餐，确是苦事。兆熊以豁免居功，亦固其所，与福成所记，可以参观，曾幕之小史料也。又吴永述鸿章谈在曾幕时事有云："我老师实在利害。从前我在他大营中，从他办事，他每天一早起来，六点钟就吃早饭，我贪睡总赶不上。他偏要等我一同上桌。我没法，只得勉强赶起，胡乱盥洗，朦胧前去过卯，真受不了。迨日久勉强惯了，习以为常，也渐觉不甚吃苦。所以我后来办事，亦能起早，才知道受益不尽。这都是我老师造就出来的。”又云：“在营中时，我老师总要等我辈大家同时吃饭。饭罢后即围坐谈论，证经论史，娓娓不倦，都是于学问经济有益实用的话。吃一顿饭，胜过上一回课。他老人家又最爱讲笑话，讲得大家肚子都笑疼了，个个东歪西倒的。他自家偏一些不笑，以五个指头作把，只管捋须，穆然端坐，若无其事。教人笑又不敢笑，止又不能止，这真被他摆布苦了。”见甓园居士（刘焜）笔述《庚子西狩丛谈》，亦曾幕小史料之选，大可汇阅。国藩之为滑稽之雄，鸿章所谈，尤足见其一斑。

二一 刘长佑与席宝田

朱孔彰所为《席宝田别传》，谓：“弱冠补县学生，食廪饩。与刘公长佑行学岳麓书院。时承平久，乱机萌芽，官吏晏然不治事。公尝拊髀叹曰：‘安得及时取县令为吐腹中恚懑乎？’刘公笑曰：‘君志愿不易，长佑碌碌，幸窃教官畜妻子足矣。’”异日，以湘军名将为封疆方面之大员者，未遇时志不过县令教官而已。当长佑童试时，见欧阳兆熊以县令教谕执事于学使之前，殆不胜云泥之感而歆羡不置欤？仲子（费行简）《徐世昌》谓：“壬午中式顺天乡试归，朋从宴于相国寺。酒酣，各言志，至氏，擎杯笑曰：‘他日或大挑，或议叙，或幸成进士，为即用令。若分省得河南，除杞县、太康，必师孟尝，广纳食客。’味其言，彼时志特在温饱，初不望有后来若是之事业也。”与刘、席事有相类处。长佑官至总督；宝田官至藩司；世昌则官至大学士。入民国，复为大总统，弥贵显矣。（豫省有“金杞县，银太康”之称，州县中最为美缺。）辛亥革命军起事后，清江浦新军哗变，变兵窜徐州一带。时官徐州道者为林开謩，惧其扰民，因从权招抚，编成三营，申明约束，与所统驻徐防营一体待遇。未几，忽有新军六人以抢劫被执，解送道署。开謩一见，即曰：“此非吾收编之新军也。吾新军皆守法者，乌有是。”乃下令斩之，而以他处溃兵徇于众。时官绅莫喻其旨，谓道台何以不察。旋知新军三营以六人被执，人人自危，已汹汹欲动。及闻以溃兵正法，乃帖然。地方得以无事，始服其应变之智。　　　　（原第9卷第6期）

二二　嘉庆名将罗思举

（一）送假书诱敌出山

清末出版陈大灯、陈家麟所译之英小说家科南达利《遮那德自伐八事》及《后八事》，写拿破仑军中壮士遮那德，任侠骁勇，颇绚烂生动，可作尚武之气，其奇谲处尤饶趣致。当时国人慨于国势之陵夷，多主力矫文弱之弊。言论家、文学家鼓吹尚武之文字，大为读者欢迎。如梁启超之《论尚武》、杨度之《湖南少年歌》、黄遵宪之《出军》《军中》《旋军》三歌，最以发皇振厉令人神王（往）著称。小说译品中如《遮那达自伐八事》之类，嗜读者亦甚夥。与启超等鼓吹尚武之文字，在思潮上有息息相通之关系也。《自伐八事》第七章，写拿破仑遣遮那德及坨贲特寄书其弟西班牙王事，因诙诡，拿破仑各示以途程，皆穿敌阵而过者，而戒以勿自作聪明，择径而行。实欲书落敌手，以行其诱敌之计。坨贲特默喻其意，而遮那德不喻，历奇险，赖智勇自脱以达其书。比欣然归，受预约十字架宝星之赏，乃为拿破仑痛斥，而深嘉俯首被俘之坨贲特，写来兴会淋漓。顷偶翻阅及此，以为虽小说家虚构之词，而与嘉庆间名将罗思举自撰《年谱》所述，有适相类似处。罗《谱》云："德侯爷甚为焦燥，将各营将领，传至帐内曰：'贼逆窜龙安一路，势必向陕。计一月以外，定从陕西阳平关一路而出。我兵如跟踪追剿，该处尽系崇山老林，路径崎岖，粮草实难运解。尔等有何妙策，能诱贼仍从此路出来，方好攻打。'各将领皆无人答应。余上前曰：'某有一策，能将贼诱出山来。'侯爷点头，让各位回营歇宿，令余近坐细谈。余曰：'请侯爷缮函给额二侯爷暨带兵提镇大人请安。嘱二侯爷带兵在阳平关防守。'侯爷曰：'未知二侯爷兵在何处？又差何人投进？"余曰：'二侯爷之兵，亦不知行至何处。请侯爷将书缮就，余单身一人递送，其中自有诱敌之法。若差别人往递，不但定计不成，仰且泄漏军机。'德侯允准，将各书缮就交余。余随自改装，头戴毡帽，身穿小袄，足穿草鞋，将书包好，藏于怀内，携带包袱，亲身向贼营而去。一见贼匪，随诵白莲教灵文，混入贼营，偷过五卡，约有二十余里。天色已晚，又走数里，见贼几人睡熟，当杀毙三人，俱将首级割下，复砍一贼，砍去头首半边，贼尚未死，大声叫喊，贼众惊慌，群起躁乱。混扰之际，余乘时将包裹书信尽行抛弃，即脱逃折回大营。侯爷曰：‘尔禀请亲身下书，何致中途折转？’余曰：‘此系假书，诱贼不使窜往阳平关之计。现割获首级三颗献上。’侯爷曰：‘如何混入贼营？’余答曰：‘素知白莲教灵文，始得混入。乘贼匪惊乱之时，已将书信抛弃。如贼获者，知阳平关有兵阻拦，必由别路逃窜，请分兵跟踪追剿。’当时侯爷半信半疑，复差探知贼匪将书拾获，送大头目冉天元阅看，知二侯爷带领官兵在阳平关防守，难以逃窜。天明时，即率贼众由龙安之西折回，向江油马蹄冈而窜。德侯爷一见大笑，即令官兵分路追剿，痛加扑杀。”思举之穿敌营，良肖遮那德。惟遮那德不喻其秘，思举则即定谋之人，而主帅反不甚了了耳。遮那德既为拿破仑所怒詈，懊恨欲死。而拿复仍以十字架宝星赏之，以奖其勇敢。亦与罗谱另节所述德楞泰对彼者相似。罗《谱》云：“侯爷怒喝曰：‘尔今冒险冲锋，得获胜仗，虽然勇干，究系轻生，何致一人生擒贼匪六十八名之多？如贼将你戕害，岂不冤枉。自后务须自重，以全大事，勿再如此轻生。’余见怒，即行叩头，半刻时始令出帐，遇见各位将领，齐来贺喜。余曰‘侯爷刚才申饬’，自思谒见侯爷，大发雷霆，何致有喜？”众人笑曰：‘取头上帽子看看。’当将帽子取看，始知侯爷已给换戴花翎。”均于发怒之后行赏，使受者喜出望外。而德楞泰所为为尤谲矣。罗《谱》文字质俚，而叙事酣恣，亦可作小说读。其中近于神话处，盖视《遮那德自伐八事》，更富于小说之意味。谓之罗思举自伐若干事可也。

（二）剿“教匪”屡立奇功

思举起家群盗，以剿教匪屡立奇功，洊膺事阃，当时目为异人。而同时立功之刘清，则著青天之誉。流俗于二人竞传其轶事，遂多附会不经之谈。奭良《野棠轩摭言》云：“刘、罗之说，流传甚夥。一说罗为刘之舆卒，壮勇入觐请训，上问曰：‘尔即行乎？’奏曰：‘闻刘清将至，拟一见之，而后出京。’上颔之，乃迓于通州。罗冠服磬折，送之升舆。刘笑言：‘尔尚能抬轿乎？’公即挥其打头者，扛舆疾行。将至齐化门矣，刘舆中大呼，罗乃止，犹冠服也。说甚新奇可喜。而实奮言（穆文竹村说）。一说，公为四川提督时，总督勒公会公校兵，勒曰：‘吾帐下一健儿，能为公超乘之技，公观之乎？’罗曰：‘甚善。’即呼一弁，冠服上。勒曰：‘提台观尔技，好为之。’弁欣然领命下，免冠解衣脱靴，一跃而登，瓦声铿然。勒曰：‘何如？’座上顾无人，问之，曰：‘提台上房矣。’再问之，‘提台由厅后入，就座矣。’勒惊曰：‘公何为者？’

罗曰：‘为语健儿，军中无解衣脱靴时也。’此亦謷言（冯丈子哲说）。罗初擢贵州提督，移四川，未任。调云南，又移湖北。勒公去川督时，罗犹为副将也。罗本奇人，人喜以异事归之。汉之桓侯、唐之尉迟，明之常开平皆然。犹之文词敏捷之事，在宋则苏，在明则解缙，本朝则纪文达，藉为谈噱，不足信也。”所论甚允。凡有所谓箭垛式人物之资格者，皆杜撰家所不肯轻轻放过者也。（刘、罗关系，奭良亦辨明之，以徵舆卒之说之妄。）

二三　三臣联疏救护军

光绪初年。京官中张之洞、陈宝琛、张佩纶等，伉直敢言，主持清议。会慈禧遣奄往其妹醇王福晋所，违例舍旁门而直出午门，护军阻之，相争，奄遽返告慈禧，谓为护军殴辱。慈禧方病，不视朝，即请慈安临其宫，泣诉其事。谓不杀此护军，不愿复活。慈安怜而诺之，命将护军交刑部，而面谕兼南书房翰林之刑部尚书潘祖荫，必诛护军。祖荫素守正不阿，而见慈安词色甚厉，弗敢诤也。归与主管司员商之，司员廉得其情，谓案既交部，即应依法，不能迎合太后，枉杀无辜。祖荫以为然。而东朝坚持必诛，苦难两全。事为宝琛所闻，即草疏欲上。佩纶与宝琛过从最密，知而告诸之洞。之洞曰：“吾亦欲上一疏，作同声之应，惟均只可称引祖制，泛论裁抑近侍，使太后自悟。万勿点明本题，恐反激怒，则无益有害矣。”既而闻宝琛疏稿，果同己旨，惟正疏外附一片，则仍以本题为言，亟致一笺阻之，谓："附片万不可服。"盖以药名作隐语也。翌日相晤，询知疏已上。复问曰：'附片入药否？'宝琛曰：'然。'之洞顿足曰：'误矣，误矣！'两疏既入，值慈禧病痊，怵于清议，乃杖奄四十，而护军亦得末减。之洞喜而谓宝琛曰：'吾辈此次建言，居然获效矣。请问附片中究系如何说法？'宝琛为诵数语，之洞乃大赞其词令之妙。此为光绪五六年间事。时之洞官左庶子，宝琛官右庶子（均兼日讲起居注官）。忆翁同龢《日记》，称许陈、张，而谓"吾辈九列愧死"，盖隐讥祖荫也。高树《金銮〈金〉琐记》谓尝见己卯（光绪五年）、庚辰（光绪六年）间旧档册有一目录，谓左庶子张之洞折一件下摘事由曰："抑近幸以防后患"，寻原折不见，而断为之洞上疏论醇王与李莲英同往天津阅兵事。按莲英偕醇王奕譞巡阅海防，是光绪十二年事。之洞正在两广总督任，焉能仍以庶子在京论此，疑即为护军案与宝琛同时所上之疏耳。

（第9卷第7期）

二四　光绪丙戌会试内帘杂咏

清光绪丙戌会试，内监试李鸿逵（字小川，江西德化人。同治乙丑翰林，时官刑科掌印给事中）撰《春闱内帘杂咏》。于个中情事，言之历历如绘，为谈科举故实者之好资料，不徒以诙谐见长也。凡二十首，附《自嘲》

一首。

其一　入闱

龙门乍进意洋洋，包裹皮箱各自忙。
四总裁先前院占，诸同考至后边藏。
正房一带皆轩敞，倒座双间费丈量[①]。
惟有内帘监试阔，向章专住会经堂。

自注：①十八房向有两间封闭，院内添盖南屋两间，颇形逼仄，俱不愿住，后来者居之。

其二　分房

翌日掣签分左右，诸人鹄立到堂前。
双拳并举排名次[①]，众目齐观占后先。
策问都烦能手稿，题筒早请法家椽[②]。
首房自古称难做，事事偏劳费折旋。

自注：①正副主考各据一签筒，一掣某名，一掣某房，与吏部掣签相同。

②进呈题纸向归善书者恭写。

其三　刊题

刊来题字墨翻鸦，刷印开时日已斜。
雕刻刀锥真草率，模糊板片似麻沙[①]。
鲁鱼帝虎辛勤校，屋角墙头子细查[②]。
待到四更颁发后，至公堂下寂无哗。

自注：①宋有麻沙板书，最劣。

②刊题之日，关防尤宜严密。

其四　写字

一进场来写字忙，管家分送各家房。
裁开零册犹容易，合拢横披费较量。
取巧小方先我占，为难大块后人当。
正愁络绎无收拾，忽报明朝要上堂。

其五　上堂

三月海棠花正放[①]，春官取士在奎垣。
总裁上座诸天佛，分校旁罗十八尊。
定有朱衣身后立，许多黄卷手中翻。
内帘监试真堪笑，恍惚金刚殿角蹲[②]。

自注：①聚奎堂前后院有海棠四株，未知何人所植。

②故事，聚奎堂阅卷，四主考上座南向，同考官旁列，左右各九人，惟监试在门口，东西各踞一座北向，故戏及之。

其六　分卷

外帘打鼓进文章，配搭均匀散各房。
收掌用心登数目，先生[①]过眼要周详。
本原回避无多位[②]，核对查明后两场。
忽听一声红号错，文书往返又张皇。

自注：①即书吏。

②查例载，考官本籍、原籍均应回避。

其七　阅卷

诸公阅卷正欢娱，十八人中九有须[1]。
眼镜不离眉与目，手巾频拭汗兼污。
几条蓝靛盘间放，一块红毡棹上铺。
苦事撤堂连卜夜，灯光朱字两模糊。

自注：①时有须者梁斗南学士，胡信芳给谏，黄霁亭、张书城两侍御，王辰垣、潘芝堂、朱适庵、徐子静四编修，高寿农仪部，共九人。

其八　荐卷

摊开朱卷语煌煌，点句先将破句防。
正大光明分字号[1]，整齐严肃看文章。
三篇一律难于短，八韵无疵颇见长。
所虑批辞抄括尽，雷同直欲索枯肠。

自注：①各房荐卷，由监试印盖荐条，分送各总裁。用“正大光明”四字暗记，以免混淆。

其九　搜遗

阅文堂上太匆匆，回到房来再用功。
点句自嫌微简略，批词犹虑不公平。
三年大比人非易，十载寒窗我亦同。

自古搜遗多取中，总求心术对苍穹。

其十　落卷

撤堂之后正开颜，落卷偏来乱似山。
点句匆忙难搁笔，批词痛痒不相关。
先防熟友逢人骂，尤虑通儒被我删。
拚却出场稀见客，一年半载再回还。

其十一　经策

后场富丽贵胸罗，堪笑今人夹带多。
许氏《说文》劳考核[①]，汉儒疏注费研磨。
诸生獭祭功名骗，房考粗心处分驼。
若此支离纷聚讼，祖龙一炬快如何。

自注：①近时二三场多尚《说文》。

其十二　磨勘

经文策问正圈完，中卷分交又要看。
精力已如强弩末，眼皮渐似小刀刓。
偏旁磨出双靴跪[①]，讹错勘来一杠拦。
要紧抬头须仔细，疏虞难把考成宽。

自注：①朱卷有犯庙讳偏旁，如强、率等字，须用蓝墨靴各一只旁跪，则考官免议。

其十三　进呈

观花走马不春容，十本难求字顺从。
今日进呈须丑正，明朝发下更寅恭。
最防颠倒名先后，且虑挑搜语腐庸。[①]
房首看来皆得意，点圈连缀墨痕浓。

自注：①进呈卷，最怕上更动名次，挑剔语句。

其十四　刻文

会场闱墨喜新鲜，房首人人刻一篇。
八股最嫌辞费解，五言尤虑韵孤悬。
倘然自己文章坏，必惹旁观笑话传。
且幸眼光无闪烁，诸君同是大罗仙。

其十五　拨房

发齐中卷互相夸，孰意偏枯略有差。
多士决非鱼目混，考官微觉肉皮麻。
文章知遇归原荐，香火因缘结两家。
莫谓拨房难浃洽，将来报称亦无涯。

其十六　收掌

内帘收掌最劳烦，看似闲曹事颇繁。
室处西南真奥突[①]，人如秦汉隐桃源[②]。
五千余卷都登戳[③]，十八房文统记存。

一日箱笼交御后，逍遥自在乐难言。

自注：①收掌处三间小屋，在院西南隅，颇秘静。

②收掌向与十八房不甚联络，故见面时颇稀。

③是科进场者，共五千七百余人。

其十七　供事

闱中差苦语难详，供事出来部吏当[①]。

荐卷看明分字号，行文先记用关防。

八双黑腿连环转，十六黄珠历碌忙。

若值唤传收掌处，辛勤一夜到汀茫[②]。

自注：①向例由吏、户、兵、刑、工、都、通、大各衙门咨送八人，入内帘当差。

②即“天明”二字转音。

其十八　供给

鼓声三响至公堂，各处襄厨两腿忙[①]。

豆腐数方馊且黑，菠稜半束老而黄。

二斤猪肉天天要，一握鸡雏日日攘。

最怕水夫挽苦水，河鱼翻搅辘轳肠。

自注：①闱内执事官员，每人有一火夫伺候，名曰襄厨，未知是此“襄”字否？

其十九　填榜

四更早起屡徘徊，书录临期亦快哉。

前后门封严锁钥，春秋榜出见人才。
姓名高唱连三遍，朱墨纷呈对一回[1]。
日暮五魁填写候，万枝蜡烛满堂来。

自注：①拆弥封后，朱墨卷均归本房核对。

其二十　出场

散场有信闹声喧，填榜完时撤棘垣。
碗盏锅笼余一担，茶油米蛋早都吞。
仓皇检物灯犹焰，急遽升车日未暾。
忽见门生头点地，如今始信老师尊。

其二十一　附自嘲

聚奎堂上列西东，监试由来体制崇。
通籍看人龙虎榜，衡文于我马牛风。
书差日日随奔走，供给朝朝验啬丰。
且幸诸公精藻鉴，明珠网尽慰宸衷。

内帘情况，写来殊委曲尽致，自非过来人不能也。鸿逵于乙亥曾充顺天乡试同考官，房官滋味，亦已尝过。故于阅卷、荐卷等事，尤能详道其甘苦焉。至丙戌内帘衔名，鸿逵述之云："是科大总裁为锡席卿尚书（珍）、祁子禾总宪（世长）、嵩犊山侍郎（申）、孙莱山侍郎（毓汶），同考官则张安圃给谏（人骏）、朱适庵编修（百遂）、曾怡庄员外（树椿）、王辰垣编修（作枢）、张显庭主政（祖谟）、杨莘伯编修（崇伊）、潘之堂编修（颐福）、高寿农员外（蔚光）、张书城侍御（炳琳）、郑黼门编修（思贺）、胡信芳给谏（隆洵）、徐子静编修（致靖）、唐春卿编修（景崇）、黄慎之殿撰（思永）、黄霁亭侍御（煦）、梁斗南学士（耀枢）、吴杉香编修（树棻）、支继卿编修（恒荣），内收掌则孙箫庐主政（橘堂）、汪佐辰主政（景星），内监试则桂月浦给谏（年）与鸿逵也。”所列各同考官，系以房为序。是科中式诸人，显达者不少。大学士徐世昌，直隶总督杨士骧、陈夔龙，均丙戌进士也。（世昌出第十八房支恒荣门。）鸿逵并有《衡文歌》（步韩昌黎《石鼓歌》原韵）、《闱差行》（步白香山《琵琶行》上下韵）、《供给叹》（步退之《山石》上下韵）、《月令补》诸作，均以谐语状棘闱中事，情景宛然。

（原第9卷第8期）

二五　大邦国威之陵替

（一）天朝上国　外邦称臣

中国广土众民，开化最早，故夙以天朝著，不独自负，外邦亦多承认之，奉表称臣之藩属无论矣，即非其所统者，亦间作此称谓，盖文明大邦之声望然也。曾纪泽光绪五年在出使英、法任内日记有云：“是日，土国公使称中国为天朝，言欧洲及俄、美、日本等邦，皆有天朝公使。土国妒而羡之，甚欲与中国结好云云。余答以将来必有通好遣使之日。莼斋归言，在英之土国公使亦曾向郭筠翁谈及，欲与中国通好，欲得天使俯临其邦以为荣也。”（按：时纪泽在巴黎，所与言者驻法之土耳其公使也。）中国是时之声望犹能使外邦企羡，有如此者，至今日大逞暴行于我国之日本，其基本文化，渊源自我。虽倔强自喜，屡肆凭陵，而抱一《相老人八十年之经过谈》，述马良谈光绪初年之日人情态云：“吾初到日本的时候，日本人看中国不晓得怎样尊贵。看中国人的会馆，和神圣一般。妇女有生病的，许下心愿，病好以后，献身于中华会馆。吾常见有日本女子，到会馆里来，用十二分诚敬的态度，跪在地下，以手加额，就是完他病里的心愿。”其心目中固俨然有一天朝在，无怪属邦之视若帝天矣。琉球定例间岁一贡，道光十九年，诏改每四年遣使朝贡。盖以其国小而贫，聊示体恤之意。而琉球国王尚育咨达福建巡抚，谓琉球地滨海，最患多风，惟朝贡以时，则风雨和顺。每遇贡年，岁必大熟。又贡舶出入闽疆，岁颁时宪书，得以因时趋事，庶务合宜。又琉球不产药材，赖贡舶载回应用。至航海针法，全赖随时学习，番休更替。若四年一朝，则丰歉不齐，人时莫授，药品缺乏，针盘荒疏，请奏复旧制。闽抚吴文镕以闻，得旨报可。其臣服之恭顺，仰赖之诚挚，均可想见。而以神灵尊视天朝之意，尤足玩味。梁溪坐观老人《清代野记》记琉球贡使云：“清同治四年，余在常州，喧传有琉球贡使过境，偕众往观，使舟泊西门外接官亭下。久之，见二役舁一方箱至，一骑持名帖随之，立岸上。大呼曰：‘使臣接供应。’即见使舟有二人出，如仆隶状，跪鹢首，向岸叩头。亦大呼曰：‘谢天朝赏。’于是二役即舁箱入舟中，亦不知何物。须臾，舁空箱随骑者匆匆去。久之，武、阳两邑令呵殿来，舆立河干，两令端坐不动。执帖者以名帖两手高举，大呼使臣接帖。于是正副二使臣出，至鹢首，向岸长跪，以两手各捧一邑令之名帖，戴于顶，而口中自述职名焉。两大令但于舆中拱手，令人传免而已，不下舆也。礼毕，使者入舱，两令亦呵殿归署矣。郡守位尊，不往拜也。两令之名帖，以红纸为之，长二尺，宽八寸，双折，居中一行，大书‘天朝文林郎知常州府某某县某某人顿首拜’，字大径二寸许，此余所目睹也。至所闻则更可异矣。琉球贡道，止准收福建海口，至闽后，即须由内地前进。闻到闽后，浙闽总督有验贡之例，是日总督坐大堂，司道旁坐，府县则立侍案侧，两贡使手捧表文贡单，至头门即跪，报名膝行而进。至公案前，以表文贡单呈验。总督略阅一过，传询数语，即命赐食。即有一役以矮桌二置大堂口，酒肴亦续续至。二使者叩头谢，乃就堂口席地坐而食之。各官仍坐堂上也。须臾食毕，复向上九叩首谢恩毕，乃鸣炮作乐掩门，无私觌之礼也。琉球服装，衣宽博之衣，腰系大带，宽尺许，以颜色分贵贱，冠亦如之。冠似僧冠而稍高，惟足则中国之缎靴，盖彼居本国皆赤足，惟入贡始靴也。其仆役则宛然戏剧中所扮苍头状，一身皆黑，最易识别。”所述足广异闻。天朝之尊荣，斯亦足见一斑。日本吞灭琉球，琉人哀吁于中国，中国坐视不能救，已难乎其为天朝。自甲午、庚子两役之后，弱点完全呈露，中国国际之地位，每下愈况，往事何堪回首。近以国内连年大演相斫之剧，兵额继长增高，号二百万。而外论以为是徒勇于自相残杀耳，临大敌将望风而逃，不足当所谓强国之一击也。此次国难，关外既义军屡起，努力抗敌。上海之役，我军被迫而忍无可忍，更勇气咆勃，为卫国而战，屡创敌师，举世动色。伦敦二月二十四日路透电，谓："《每日电报》今日社论称，上海三日来夜战，中国军队已负战胜之光荣。中国军队战斗力之强，皆非世界始料所及，故上海之战事，为中国恢复荣誉不少，并足以表明中国为能自卫之国家。"国魂不死，国格犹存，外人之刮目相看，亦固其所。苟从此以举国一致之精神，振奋迈进，盖不难一洗积年之耻辱，而自致于光明灿烂之途。且不徒以军事上之能自立而自足，使数千年文物广被之大邦，不负曾有天朝上国之荣称。天助自助，岂不在我？

（二）丸泥尺土　奉表进贡

余金《熙朝新语》云："荷兰国自康熙六年入贡，至二十五年台湾平，设郡县，荷兰国王耀汉连氏、甘勃氏，遣陪臣宾先吧芝，复奉表进贡。其略云，外邦之丸泥尺土，乃是中国飞埃；异域之勺水蹄涔，原属天家滴露"云云。荷兰虽与中国交通较早，然未隶藩封。中国久拥天朝之号，遇外国遣使来聘者，清廷类目为朝贡，国书目为表章，礼物目为贡品。以语言文字之不同，彼亦不暇深较耳。丸泥等语，谦下特甚，当亦译者有意妆点其词也。梁绍壬《两般秋雨盦随笔》云："康熙中，安南国进贡，其表文云：'外邦之丸泥尺土，不过中国飞埃；异域之勺水蹄涔，原属天家雨露。'语极恭顺得体，且措词嫣润，中国亦无能过之者，莫谓偏隅无才也。"何亦为此数语，疑一事而相传互歧耳。安南本用中国文字，其能为中国诗文者，颇不乏人。若系安南表文，乃无足异。

（三）乾嘉以属邦目英

薛福成出使《日记》，光绪十七年所记有云："英外部侍郎山特生，函约参赞马格里赴外部晤谈。据云清厘档案，或有华文要件属其代认也。余属马君，如有要件，可暂携至英馆，交张听帆录一清稿见示。既而马君来至巴黎，告余曰：外部有一匣，包裹重叠，庋存室中七十余年矣。但相传由中国寄来，并不知为何物。今启视之，则匣内复以黄绫包裹竹筒，筒内有函轴，展视则嘉庆二十一年仁宗睿皇帝赐英吉利国王敕谕也。系清文、汉字、腊（拉）丁文三样合璧。余恭阅钞稿，乃与王益吾祭酒《东华续录》所载，一字不殊。……恭读敕谕，辞义正大，洵足折服远人。但昔年风气未开，中西语言文字，莫能通晓。观其包裹完好，久庋外部，盖英廷固无人能读者，实亦未尝启视也。"乾嘉时清廷亦以属邦目英，故以敕谕行之。而煌煌天语，竟于英外部长眠七十余年，原封不动，亦一滑稽事。（清礼部主客司掌属国朝贡，荷兰、英吉利均在其内。）《清代野记》云："余随使泰西时，道出新加坡，其时中国总领事为左秉隆，字子兴，广东人，京师同文馆学生也。……时觞余等于署中，见其书室中有画龙竹筒十余枚，皆长三尺许，两端皆以蜡印封固，异而询之。左叹曰：'此皆历年中朝所颁暹罗、缅甸等国恩诏、哀诏也。制成后，循例颁寄，亦不计人之受与不受。代寄者大都皆中国海商，一至新加坡，即交与领事衙门，日积月累，遂有如此之多。使果寄至彼邦，彼亦必不承认，反生枝节，不如留此以为记念而已。'继又曰：'英人已屡次请求一二幅为博物院之陈列品，吾不敢也。'"此又是一桩竹筒公案，足生国威陵替之感。（原第9卷第9期）

二六　刚毅受西后赏识

刚毅为翻译生员出身，官刑部司员。杨乃武、崇厚两案，均与其事，由是知名。以郎中外简广东惠潮嘉道，巡抚裕宽与不相得，调补雷琼道以远之。未之任，骤迁直隶按察使，盖西后赏识有素也。迨由江苏巡抚内调侍郎，授军机大臣，眷遇日隆矣。光绪帝戊戌锐意变法，以四卿参与新政，隐夺军机大臣之权。刚毅以协揆值枢廷，甚不自安。张荫桓方为帝所倚任，且与康有为善，拟蕲其为解于新党。（荫桓粤人，刚毅历官广东巡抚司道，故与有旧。）

谋之于友人某，某谓："彼辈行自毙耳，君乌可折节耶？"乃止。以起家不由科第，故有不学之诮。然文理固尚通顺，世传其种种笑柄。如以"追奔逐北"为"追奔逐比"，"瘐毙"为"瘦毙"，称"孔子"为"孔中堂"，皆恶之者甚其词，不足信也。与翁同龢同在军机时，私交颇不恶，且拜同龢之门，执弟子礼甚恭云。荣禄、刚毅同受西后殊眷，久齐名，而二人实水火。

二七　骆成骧名列"七贤"

骆成骧为诸生时，与射洪谢泰来，同肄业成都尊经书院，均苦贫，每以膏火寄家用，而勉忍穷愁。一日，泰来慨然书一联之上句曰："至穷无非讨口。"讨口，川中方言谓"乞食"也，属成骧对之。成骧乃书"不死总要出头"作对。后成骧掇大魁，官至山西提学使。泰来亦于甲午捷乡试，以知县官陕西。成骧家开肉铺，比状元报至，乃歇业，谑者谓放下屠刀。成骧晚年在成都办一国文专门学校，课以四书五经等，从学者殊不多。川中高级将领，慕状元之名，颇有执贽称弟子者，暇则请其讲经书。时蜀省耆旧有"五老""七贤"之目，廖平、赵熙、宋育仁等为"五老"，望最高。成骧亚之，"七贤"之一也。成都华西大学，为教会所办，尝邀平讲演，忽于讲座溲便，听众大惊诧。中有外国妇女，尤骇避不遑，因谓有神经病焉。近闻卧疾颇久，已成瘫痪，年七十余矣。（数年前尚纳一幼妾。)

二八 《衡文歌》《闱差行》

丙戌会试内监试李鸿逵所作《春闱内帘杂咏》，前已录志，兹更以其《衡文歌》(步韩昌黎《石鼓歌》原韵)、《闱差行》(步白香山《琵琶行》上下韵)实吾《随笔》。《衡文歌》云：

诸公法眼衡文来，我今试作衡文歌。
自从听宣得旨意，搬箱襆被纷如何。
先交职名观气象，天开文运异止戈。
三层龙门踏步进，委员差役肩相磨。
中条甬道直如矢，文场号舍胥旁罗。
至公堂前真肃穆，高深盘郁危嵯峨。
明远楼下古槐卧，材类松柏栖山阿。
五百年来尚葱翠，阴有鬼神为护呵。
进到内帘粗安顿，掣分房第无差讹。
总裁出题关防慎，字迹先辨隶与蝌。
雕刻刷印皆齐备，发下题纸时更鼍。
鸾飘凤泊众仙字，胸罗锦绣纷交柯。
春蚕食叶难比拟，下笔神妙如穿梭。
弥封完时外帘进，诸公阅卷甚委蛇。
堆来案上山乱叠，句读古奥逾轩娥。

嗟余不得与此席，啸歌自适吟江沱。
忆昔秋闱得分校，其年世泰兼时和。
劝人读书勿懈惰，宦途最重是甲科。
网罗英俊须子细，门生老手宿儒多。
中来部县固皆妙，倘得馆选赛骆驼。
卷收礼部比周鼎，榜悬照壁万目过。
闱墨出场竟相购，落第举子争切磋。
读罢数篇声呜咽，早知如此徒奔波。
赵括小儿忽得志，空令老将思廉颇。
幸喜量才悬玉尺，高明洞豁心无佗。
寒窗埋头复面壁，背城再决勿婞婀。
虽是文章憎命达，工夫浅薄欠摩挲。
百家诸子须博涉，慎无墨派空吟哦。
尔文固非大手笔，尔书未必能笼鹅。
日久见猎心复喜，清夜自思多则那。
方今旁求正剀切，诸生幸勿怨坎轲（坷）。
细看考官甚不易，力量暴虎兼冯河。
衡文之歌止于此，吾其将寿补蹉跎。

《闱差行》云：

闱差当来似做客，关锁龙门风瑟瑟。
同居如搭火轮船，虽欲不发箭在弦。
起身记与家人别，别时约略在一月。

进城车似水流声，一鞭速向场门发。
未知查收职名谁，门外徘徊欲进迟。
进门委员争相见，大所连送下马宴。
至公堂上都出来，大半熟人曾会面。

先自砖门叙威声，专管小所无私情。
再向巡墙观意思，摽在墙外甚得志。
官人喝道似乱弹，一夜一回了差事。
四门搜检眼爱挑，搜过一声姑喝幺。
忽然天半来急雨，手忙脚乱纷相语。
外套淋漓再染弹，且坐绳床把腿盘。
小心泥路靴底滑，砖门内外水流滩。
转瞬席蓬雨点绝，急呼套车家里歇。

内场监试气焰生，堂前屡唤听差声。
听差不到眼珠迸，发指须磔如雷鸣。
唤来口讲与指画，怪鸮一声如裂帛。
今宵姑睡且无言，明朝散卷东方白。
八人分坐四棚中，整肃衣冠复敛容。
兵家守令如处女，全在威严压得住。
卷夹纷来了不成，分付书办各归部。
散竣回来换衣服，又把接谈换卷妒。
我辈正在茫无头，尔曹吃烟不知数。

贡举提调事琐碎，印卷惟恐卷面污。

堂前忙杂如过年，直眼盼到鸡鸣度。
呼应不灵真气死，枷号板责疲如故。
书吏无嗜好者稀，怠玩性情逾懒妇。
受卷等所人离离，惟有誊录下不去。
本来混饭驾空船，工食菲薄心又寒。
潦草塞责图了事，讹错与我无相干。

进卷龙门肩可息，又闻内帘语唧唧。
聚奎堂上人挤人，红号分来各房识。
文章藻采逾两京，五言八韵真长城。
进呈十本送音乐，天风吹下和平声。
黄纸包来封犹湿，再看字字珠玑生。
圣朝向不宝远物，惟爱文字铿锵鸣。
速填草榜昼兼夜，前后名次莫敧倾。
就中岂无柯亭笛，要贵识者能赏听。

五魁写罢寂无语，发榜约在四更明。
各人回房叙衷曲，吾适刚成闱差行。
众君闻言皆起立，争欲先睹心转急。
四座吟哦不断声，哄得襄厨笑兼泣。
出场传我笑话多，且看酒翻红袖湿。

与其《春闱内帘杂咏》合看，当时贡院中一切状态神情，盖历历如在目前，写生妙手也。

二九　北京贡院

北京贡院，建自有明，为数百年所谓抡才大典举行之所。就史迹言，实大有保存之价值。乃自科举既停，各省贡院多改建衙署、学校等。民国初年，北京贡院亦更完全拆毁，若非此不足示革新者。使在留意保存史迹之近代文明各国，定不如是耳。

三〇　涿县祭坟

民国十七年春间，涿县某大户，请一前清守备郝某行祭坟礼（是处丧葬之俗，丧家先请文官点主，继请武官祭坟，然后安葬）。列官衔牌四：一为“清华举职”。“清”谓“清朝”，“华”谓“中华”，“举职”谓由武举入仕。一为“隐守都衔”，谓“隐居之都司衔守备”。一为“中华当份”，谓“在中华民国充当国民一份子”。其一忘之。炼字炼句，想入非非。闻郝所自撰也。服色则前清之靴帽行装，所异者，帽虽前清官帽，而无顶珠，以红、黄、蓝、白、黑之五色布分覆于上，谓肖五色国旗，尤极诙诡之趣。清人相传钱谦益之“两朝领袖”，不足道矣。志之聊供噱助。（原第9卷第10期）

三一　江西巡抚冯汝骙

（一）提银不能办贡

清光绪季岁，冯汝骙由浙江巡抚调抚江西。甫莅任，即属布政使沈瑜庆拨银二万两为进贡之用，且倩人转促速解。瑜庆曰："彼一到，即要钱耶？"遂具牍解款。而牍中乃谓："本司世受国恩，凡有贡献，均系自备。今奉宪谕，遵即札库提银解送"云云。汝骙阅牍变色，亟命巡捕送回。瑜庆拒之，谓："吾系遵抚台谕备文解款，库款出入岂容率尔。抚台苟欲退还，须有公文到司方可。"巡捕归报，汝骙以公文殊难措词，不之允。惟严令巡捕退款。院司相持，巡捕彷徨无计，乃往恳提学使林开謩为设法解除干系。开謩告以姑送官银号，传吾语暂代存储，以待后命（藩、学、臬三司均兼官银号总办）。巡捕即照办。而汝骙以瑜庆声明贡献自备，相形之下，卒不便动用此款，于是与瑜庆龃龉矣（汝骙在浙时，即有提库银办贡事，后为言官所论）。

（二）私交不得下榻

汉口日本领事高桥，为汝骙官湖北盐道时旧友，以汝骙抚赣，欣然来游。先以电报通知，汝骙命洋务局提调某，转告瑜庆（三司兼洋务局总办藩司领衔），于局中为高桥备下榻之所。瑜庆以语坐办汪钟霖（候补道）。钟霖谓按之本局章程，外人因公而来者，方可延寓局中。若仅以私交，不得援例，因检章程相示。瑜庆即持以告汝骙，谓例所不许，未便通融也。汝骙无以难，而意滋不怿。馆舍未定，而高桥已至，微闻其事，颇觉扫兴，未作盘桓，匆匆即去。

（三）官电竟易巡抚

袁世凯时在枢廷，权势甚伟，汝骙故所汲引者。既与瑜庆生隙，因致电世凯，谓欲辞职。世凯电询莅任未久，何遽萌退志。汝骙覆电言："藩司遇事掣肘，恐误封疆，故愿退避贤路。"世凯知其以去就争易藩司，力为主持，乃令瑜庆开缺。其讯甫达赣垣，汝骙即拟派开謩仍署藩司（汝骙未到任前，瑜庆以藩司护理巡抚，开謩兼署藩司，凡九阅月），开謩辞谢。乃下札以按察使陈夔麟署，命即履新。时所据者为电报局所送官电，性质不过传报消息，上谕实尚未到也。瑜庆愤而往诘汝骙曰："藩司派署，所据者何？"曰："已有上谕，令君开缺。派署自为巡抚职权。"瑜庆曰："已奉到上谕否？"曰："上谕虽尚未到，官电已言之甚明矣。"瑜庆曰："藩司大员之更动，乃不候上谕，即任意而行耶？"汝骙语塞，亦怒曰："我非初为巡抚者，岂不谙体制乎？"瑜庆厉声曰："尔做过巡抚，何足为奇。我何尝非做过巡抚者，从未似尔之荒谬也。"二人忿谇不已，恶声相向。诸官力劝，乃悻悻而止。瑜庆交卸后至京，鸣不平于奕劻，谋简放巡抚，俾一吐气。奕劻与有旧，为之尽力，未几遂简贵州巡抚。迨革命军起，狼狈离黔。汝骙则被迫服毒，死于九江，以在任时曾杀党人彭继盛也。

（四）抚藩相讧由来

瑜庆前为顺天府尹时，汝骙方以知府官直隶，其升擢甚速，骤跻封疆，世凯之力为多。瑜庆盖不免积薪之感，汝骙亦疑其以是见轻。抚藩相讧，有由来矣。至瑜庆之以京尹左迁臬司，亦与世凯有关。顺天府尹与直隶总督，分为敌体，然直督位较尊，而世凯督直，声势尤异寻常。历任府尹，恒推让之，瑜庆则不肯相下。会顺属某县有匪警，请世凯派兵往剿。未如期至，瑜庆怒甚，即面奏请由府尹自行练兵若干，以靖地方。西后漫诺之。时赵尔巽官户部尚书，闻其事，诘瑜庆曰："君胡言之易耶？养兵须有饷，试问饷从何出？"瑜庆怫然曰："户部如不代筹，吾当自任之，无烦过虑也。"世凯既不快，政府亦颇谓其轻躁，乃不获安于位，而对品外转。

三二　林开謩抗颜正色

学部于宣统元年甄别各省提学使，事主于管部大学士张之洞。审核成绩，排比名次，江西提学使林开謩名列第七，考语颇优。将入奏而之洞病逝，忽生变化。开謩本由编修用道员署理，乃令开去署缺，以道员发两江总督张人骏委用。盖奕劻欲位置汤寿潜，示延揽名流。会有媒孽开謩者，因以是缺畀寿潜（后未就）而罢开謩。闻载沣知其人，时颇以为疑。其开缺而有下文，殆以此。开謩在任时，屡以公事与巡抚冯汝骙抗颜相争。比开缺命下，有谓系汝骙中伤者。而汝骙闻命之后，固力表嗟惜，慰藉甚至，且坚留俟新任至省始交卸也。人骏尝与开謩同官（抚豫时，开謩为学政），素相引重。于其至，欲以盐务督销优差畀之。开謩以不惯为此辞。会江南盐巡道荣恒告病开缺，人骏即拟以开謩请补。以系特旨发往，例可尽先补缺也。此本外补之缺，惟荣恒则由简放者。人骏持重，特先电询政府可否循旧例外补。复电谓可。请补之疏将上矣，忽有上谕简放徐乃昌。闻者咸以为怪。时载泽掌度支，兼领盐务，方假中央集权图自便。谓盐道补缺，应由盐政处主政，不能仍归疆吏奏补，因以乃昌请简，事遂中变。而政府之出尔反尔，不暇顾及也。清末政纪之淆乱，斯亦一例。实则江南盐巡道之盐，名存而已，在苏省各道中，最号清闲云。人骏旋委开謩署徐州道。革命军起事后，开謩方在任，绅民推为民政长，未就。地方诸务，部署略定（时革命军已入南京），遂入京辞职。袁世凯犹强使任事，力辞乃已。

开謩与那桐有世谊（那桐叔铭安与开謩父天龄同治庚午同典江南乡试），夙相稔。当交卸江西提学使后，在京往谒。那桐谓“君中暗箭矣”。开謩从容论及朝政，深致慨于贿赂公行，纪纲颓弛，因谓某在任时，惟知直道而行。京朝势要，不欲浼渎，而居然有人致书索贿，谓可代谋真除。此等事非某所屑闻，故置之不理。未几即有开缺之命，此何说耶？那桐亦为扼腕。而谓朝政如是，实大可忧。且论亲贵擅柄之非，言际伸二指相示，意谓洵、涛二贝勒也。开謩正色曰："他人姑不论，中堂亦可随波逐流乎？"那桐亟曰："老三，不用说啦。我请你喝酒罢。"窘状可掬。（原第9卷第11期）

三三　阎敬铭持正失眷遇

（一）张之洞深知阎敬铭

阎敬铭为户部司员时，即以勤朴知名。胡林翼延管鄂粮台，尤以精综核闻于时。洊至大用，自以山东巡抚乞休，旋奉命会办山西赈务，主稽核撙节，颇与巡抚曾国荃龃龉。后家居不愿再出。山东宁海知州张朝玮，与敬铭有旧，致书问起居，因论出处，敬铭报书有云："笔墨亦可作生涯，何必复向纱帽场中讨生活。弟万分不肖，不能效古圣贤之出处。何难效并世而生之彭雪琴哉。"盖自负决不在彭玉麟下。有劝出山者，每举玉麟以答也。光绪八年，诏起掌度支。山西巡抚张之洞素推服敬铭，恐其坚辞，特与书劝驾，词极殷恳，并就其与玉麟相拟处，加以辨析。谓："闻公平日尝有言，彭雪琴尚能孤行己意，坚不任职，岂我遽出其下，果尔则又过矣。彭公所为，以之厉俗则可，以为蹈道则不可。有识之士，不无遗议焉。彭公是奇男子，明公是古大臣。畸行之与纯忠，恐难一致而语。”敬铭之出，之洞与有力焉。敬铭既允就任，之洞与张佩纶书，谓：“丹老至太原，一切详述。已肯拜职矣。实心为国，实心为民，语语破的。精密老辣，自愧不及远甚。”其推服可知。未几，闻敬铭以部务棘手萌退志，复致书京师慰阻。谓：“计部为六官第一繁巨，处此积疲积弊之余，岂能急求速效。大贤处此，期年之后，必有宏益于国家。即目前砥俗振纲，裨补亦已不少，幸从容为之。道路传闻，谓公已萌去志，妄传则已矣；若信有之，上虚朝恩，下孤众望，甚不可也。灾异迭见，事变日多，宵旰焦劳如此，此岂求去之时乎？万望采纳，幸甚幸甚。”敬铭之为户部尚书，西后委任甚隆。值枢密，晋端揆，志气颇得发舒，而卒以持正不阿，不肯以库帑供后滥费，驯致眷遇大衰。

（二）上疏力争，维持正气

光绪十四年，江西布政使李嘉乐、陕西布政使李用清，均奉旨开缺另候简用，以疆吏年终密考之故。二人故敬铭以廉吏荐拔者，敬铭疏争之，谓为近时藩司之最，赣抚德馨、陕抚叶伯英劾之去，行图自便。后大怒，命将原折掷还，并谕责敬铭甚厉，盖借题发挥耳。之洞时在两广总督任，复与书敬铭代鸣不平而仍勉以维持正气。谓：“台端为二李事抗疏力争，事虽未能挽回，然忠忱谠论，昭垂天壤，良深钦佩。嗟乎，世间不平事，岂独二李哉！此洞所以夙夜愧疚而亟求引去者也。临书三叹，时局如此，甚愿吾师强起维持正气耳。”时敬铭在病假中，且已疏请致仕也。（二李以清操著，然尝闻人言，均有俭啬过当处。嘉乐官山东某府知府时，禁眷属食肉，令打扫夫于署中后园种蔓菁，即以此一味为常蔬。灯油自掌，每晚各室亲舀一小勺畀之，不许添；二鼓不息灯者，必加诃詈。尝责其妻浪费，欲呼役笞之，传为笑谈。用清在陕藩任，阖家蔬食。其母亦不获一尝肉味。偶患病，思食肉，其妻私购熟肉少许以进，为用清所见，怒而掷诸地。母遂携媳至长安县署，语知县以用清不孝，将回原籍，不再返藩署矣。用清亟恳臬、道、首府转圜。各遣妻至县署劝说，始由用清迎回。巡抚叶伯英，素不慊于用清。至是乘其不理人口，遂藉年终密考劾罢之云。）比予告，复与书谓：“闻公悬车得请，固甚怅结，亦深钦佩。荩忱雅操，并皆皎然。洞久典海疆，无补时局，悚皇愧疚，非止一端。屡次乞罢未得，仍复勉强支撑，久妨贤路。以视门下，滋愧多矣。”之洞时方有所怫郁，故亦以乞罢为言。或即因与翁同龢辈不协，其督鄂时托名门人所撰之《抱冰堂弟子记》自述同龢辈龃龉事，谓：“己丑、庚寅间，大枢某、大司农某立意为难，事事诘责，不问事理。大抵粤省政事，无不翻驳者。奏咨字句，无不吹求者。醇贤亲王大为不平，乃于所奏各事，皆奏请特旨准行，并作手书与枢廷诸公曰：公等勿藉枢廷势恐吓张某。又与大司农言曰：如张某在粤省有亏空，可设法为之弥补，不必驳斥。贤王之意，盖可感矣。”按己丑七月诏以之洞调任湖广总督，是年十一月抵鄂就职，庚寅已不在粤，而同龢正严核其任内亏空也。其后在鄂督任亏空甚巨，则内召以大学士值枢廷，继其任之陈夔龙，亦为弥缝，遂不复有吹求者矣。罗惇曧《宾退随笔》所加案语云：“按大司农为翁同龢，时同龢以户部尚书在枢府，与文襄最不协。恭亲王奕䜣被逐出枢廷，醇亲王奕𫍽以皇帝父不便入值，乃诏枢臣遇事与醇亲王妥议，醇王实隐执政权，故能调护文襄也。文襄有送翁同书遣戍诗，自注言‘与翁氏交情极洽，而叔平必欲置我于死地，为不可解’之语。文襄编诗集时，翁已得罪锢于家。文襄方以大学士在枢府，犹不能忘同龢也。”之洞于同龢衔恨甚深，自系事实，惟丁未之洞以大学士内召，同龢死已三年（甲辰），不当尚云锢于家也。

三四　张之洞与翁同龢

之洞之以内阁学士简晋抚，费行简《慈禧传信录》谓由同龢荐其学问经济过人，并云：“后之洞自谓为同龢所厄者，以同龢后所恶，欲希宠也。”此说似近臆度。纵同龢曾称扬于先，而督粤时盖已生隙矣。惟光绪二十一年，之洞有书达同龢，谓：“之洞平日才性迂暗，不合时宜，道路皆知，若非密勿赞画，遇事维持，必更无所措手。比来屡闻芸阁、叔峤诸人道及，备言我公于畴人广坐之中，屡加宏奖。谓其较胜时流，忘其侏儒一节之短，期以驽马十驾之效，并以素叨雅故，引为同心。惶恐汗流，且愧且奋。昔者李成为魏相，而西河奏其功；国朝安溪在讲筵，而诸贤展其用。是外吏之得以效其尺寸者，皆由政本为之。方今时势艰危，忧深恤纬。所幸明良一得，翕然望治。我公蕴道匡时，万流宗仰，慨然以修攘大猷，提倡海内，内运务本之谋，外施改弦之法，凡有指挥所及，敬当实力奉行以期仰副荩悃。”则甚致推崇。且力言同龢器许之厚，而援文廷式、杨锐辈为证。行简之说，又若有因。意者同龢虽不满之洞，然言谈之间，尚非有贬无褒。之洞即因其对与己相善者所为，许与之言，作感深知己之表示，以为修好之计。时方以用款过多，蕲政府核准，大惧。同龢与之为难，故如此说法耳。书中续云：“今日度支艰难，节用为亟。计相苦衷，外间亦能深喻，特以补牢治牖，用费实多，谨当权衡缓急省啬为之。入告得请，乃敢举行。至铁政枪炮诸局，当初创设之时，因灼知为有益时局之事，而适无创议兴办之人，遂不能度德量力，毅然任之。所谓智小谋大，诚无解于易传之讥。然既发其端，势不能不竟其绪。用款繁巨，实非初议意料所及。今幸诸事已具规模，不能不吁请圣恩，完此全局，以后限断既清，规画较易。至其间用款，皆系势所必需。总由中华创举，以致无辙可循。比年来无米为炊，政如陈同甫所谓牵补度日者，尚何敢不力求撙节。必至万不容已之事，始敢采买营造。旁观者但诧手笔之恢闳，或未知私衷之艰苦。

此诸事正为讲求西法之大端，伏望范围曲成，俾开风气，则感荷庆幸，岂独一人。公以敷陈古义之儒宗，兼通达时务之俊杰，变通尽利，鼓舞尽神，不能不于台端是望也。”其用意自大可见。匿怨而友，或非得已耶？之洞在当时督抚中，号为能讲求西法举行新政者，而设施多铺张门面，挥公帑以赡冗官养华士无吝色。手笔恢闳之见诧，固难尽咎旁观者矣。在鄂建设多端，往往以造端过于宏大，后难为继。特律己颇廉，初不假建设以富其家，犹是读书人本色，论者有恕词焉。（原第9卷第12期）

三五　赛金花轶事

（一）“赛二爷”

赛金花，奇人也，世久忘之矣。近以报纸之揭载，其名乃又盛噪。潍县陈恒庆曾官巡城御史，赛金花之因案遣发回南，躬与其事。其《归里清谭》中记赛金花有云：“归国后，随状元寓京都。状元将殁，嘱其夫人畀以三千金，令其母携去择配。夫人吝甚，予以首饰衣服数事，逐之使去。乃入沪上青楼。辗转至京，寓四安门外砖塔胡同（？）。地为乐部群妓之渊薮，于是声名藉甚，车马盈门矣。至吾家相府请安者数四（按：恒庆伯祖官俊官至协揆，此谓其旧第也），予因得识面焉。初见时，目不敢逼视，以其光彩照人，恐乱吾怀也。庚子岁，拳匪起，洋兵入都，德国元戎瓦德西者，为八国统领，原与金花相识。一旦相逢，重续旧好。凡都人大户，被洋兵骚扰者，求金花一言可立解，以此得贿巨万。（按：赛金花要求瓦德西饬军纪，动机盖非求贿。樊增祥《后彩云曲》序谓："尔时惟德军最酷，留守王大臣，皆森目结舌，赖彩言于所欢，稍止淫掠，此一事足述也。"曲谓："彩云一点菩提心，操纵夷獠在纤手。胠箧休探赤侧钱，操刀莫逼红颜妇。始信倾城誓妇言，强于辩士仪秦口。"于此节乃深许之。）洋兵既退，其名益震，人皆称为赛二爷。门前榜曰'候选曾寓'，曾盖金花之本姓也（按：据报载赛谈话，谓母家赵姓），家蓄雏妓四五人，以代其劳。终日安居楼上，非有多金贵客，不下楼一见也。夜与同梦者，多紫缰黄绊而至，群呼楼上为椒房焉。其性残忍，一雏妓被其笞死，瘗之楼后，为人控告。时予正巡视中城，委指挥赵孝愚持票往传至其家，有娘姨数人婉言进贿二千金，放其逃走。赵指挥本为安丘富绅，不允其请。又诡云：夜间被窃，失去中衣，不能行也。指挥将饬城役往购中衣，彼知不能逃，乃登车至城署。五城御史多与相识不敢堂讯。咸曰：此乃命案，例送刑部。乃牒送之。堂官派一满一汉两司员鞫之。上堂时，满员先拍案恫喝，金花仰面上视曰：'三爷，你还恫喝我。独不念一宵之情乎。'满员乃由后堂鼠窜。汉司员正人也，谛视其貌久之，心怦怦动。旁有录供者，笔落于地。司刑隶手，软不能持锁。司员乃叹曰：'此祸水也。吾其置之死地，以杜后患。'此语传出，诸要路通函说项者，纷至沓来，坚请贷其一死。乃定为误伤人命，充发三千里，编管黑龙江，而说项者又至矣，乃改发上海。予闻之笑曰：‘蛤蟆送入湿地矣。’例由五城押解。复委赵指挥押登火车，送至良乡县。县官躬迎于车站，告赵指挥曰：‘下官敬备燕席，为二君洗尘。’乃同入县署，赏名花，饮佳醴。翌日，赵指挥回城复命。予曰：‘东坡有句云：使君莫忘霅溪女，阳关一曲断肠声。当为君咏之。’近闻金花已物故，年不过四十也。”早传已死，今犹健在，赛金花若海上东坡矣。

恒庆以甲科由部曹而台谏，久宦京朝。于春明旧事，见闻不少。所撰《归里清谭》尤以风趣见长，惟舛误处亦时有之，殆缘年老而记忆力衰，吾尝略举数则，订其疏失，犹未尽也。此所记赛金花事，未必概属确凿。惟以出之躬与赛案者之手，要足备参考之资耳。写满司员鼠窜甚趣，而写号为正人之汉司员，谛视而心怦怦动，尤趣。至谓录供者笔落于地，司刑隶手软不能持锁。一堂上下，神不守舍，于赛金花之冶艳，洵为尽力烘托，亦所谓不必有此事，不可无此文耶。此种写法，小说中有之。《封神演义》之写姜子牙斩苏妲己是也。恒庆自谓初见时，恐光艳乱怀不敢逼视，则心怦怦动之自画供招矣。赛金花虐妓致死一案，据报载赛之谈话，谓系冤狱，似亦不尽无因。当瓦德西据京时，达官奔走赛金花之门者，颇不乏人。时局既定，瓦去而赛留，声气犹盛。若辈盖不自安，会有养女不良于死之事，或谓实假此以逐之，免暴其私也。

（二）"东方美人"

赛金花摄行公使夫人时，在外国循西俗交际，盖为创举。前乎此者，犹囿于中国之旧礼教观念，不敢如是也。曾纪泽之奉使英法，由沪出发之前，致书法国所派招待员法兰亭，于女眷不能从西例交际一节，郑重言之。谓："现有极要之事，须与台端一商者。贵国为秉礼之邦，泰西各国礼仪，大半依据贵国所行，以为榜样。中国遵至圣孔子之教，亦以礼仪为重。然道途太远，风俗亦异，是以彼此礼节迥然不同，一切细故末节，尽可通融办理，惟宴会一端，尚须商酌。泰西之例，男女同席宴会。凡贵重女宾，坐近主人，贵重男宾，坐近主妇，此大礼通例也。而中国先圣之教，则男女授受不亲，姑姊妹女子子，既嫁而返，兄弟不与同席而坐，不与同器而食。至亲骨肉，其严如此，则外客更可知矣。中国妇女若与男宾同宴，将终身以为大耻。现在中国与泰西各国通好，将成永久之局。将来国家遣使，亦必常行不断。公使挈眷，事所常有。鄙人此次即携妻子同行，拟请足下将鄙人之意，婉达于贵国议礼大员之前。中国公使眷属，只可间与西国女宾往来，不必与男宾通拜，尤不肯与男宾同宴。即偶有公使至好朋友，可使妻女出见者，亦不过遥立一揖，不肯行握手之礼。中西和好虽殷，吾辈交情虽笃，然此一端，却系中国名教攸关，不必舍中华之礼，从泰西之礼也。各国公使驻于中国北京者，其眷属亦并未与中国官宅往来，可见彼此礼教不同，尽可各行其是。若蒙足下从中委曲商酌，立有一定规矩，则将来中国公使挈眷出洋者，不至视为畏途。实于彼此通好长久之局，更有裨益。”引经据典，断断长言，在今日观之，其迂腐可笑莫甚焉。而在当时，则视为礼教大防所系，不容不严申约束也。纪泽之意，不仅为本任立一定规矩，且欲制法垂后，使出使者相承弗替，共维礼防。不十年，洪钧乃大解放（纪泽以光绪四年奉命出使英法，钧以光绪十三年奉命出使俄、德、奥、和），而赛金花遂如报载所谈：“在柏林任上，每次宴会，余均与洪同往。因此得识德国朝野名流。”著“东方美人”之誉。且承英女王维多利亚之优遇矣。赛金花于脱离洪氏重堕风尘以后之事，每语人不少讳。惟如曾朴《孽海花》、樊增祥《前彩云曲》所记钧在日已不安于室，则否认其说。

（三）自请演说论雪耻

报载赛金花谈话，谓克林德之被杀，我国愿立碑以纪念之。克妻犹不满。赖其劝告瓦德西，使向克妻解释至再，始不复争。此赛金花与克林德碑之关系也。而克林德碑之变为公理战胜坊，赛金花亦有可记者。民国七年，世界大战以德国战败终，北京协约国方面之群众，狂欢之余，毁克林德碑。翌年，中国政府以碑石改建公理战胜坊于中央公园，昭参战之绩，庆战胜之荣也。落成之日，举行盛典，演说者大都作称心满意之谈。盖以强横若德国，陵侮我国已久，今我国竟仗公理之力，居战胜者之列，积年国耻，遂得湔雪，其为荣也至矣。时赛金花为国会议员魏斯炅妻，自请演说，则纵论世界大势，而谓中国苟不能自强，此不过几块石头搬家耳，乌足以言雪耻。语颇警辟，闻者叹异。（原第9卷第13期）

三六　章炳麟谈革命被排遣

章炳麟尝客张之洞所，荐自陈衍，其乖离则由梁鼎芬恶其谈革命而排去之。已据《石遗先生年谱》并敖子鱼君《书章炳麟事》等，先后记其梗概。顷阅《石遗室诗话》述及炳麟有云："二十年前从湘人章伯和处，见章太炎所著《左传经说》，以为杭州人之杰出者。言于林迪臣、高啸桐，使罗致之。戊戌正月，客张广雅督部所，广雅询海内文人，余举孙仲容、皮鹿门，以次及君。广雅以为文字诡谲。余复言终是能读书人。迨余入都，闻广雅已电约君至鄂。旋闻以与朱强甫谈革命，强甫以告星海。星海将悬而搒之，未果，狼狈归。迨余回鄂，案上有君书一函，言以上状，并言至沪访余不遇，闻余入杭，又访余于杭，亦不遇。终斥广雅之非英雄。余以其书呈广雅。"衍此处所述，有为其《年谱》未之及者。如所云，鼎芬且尝欲搒辱炳麟矣。衍对之洞称引及于炳麟，据《年谱》，系谓"散体文有直隶新城王树枏、义宁陈三立，骈文有武进屠寄、泰州朱铭盘，考据之学可信者有瑞安孙诒让、善化皮锡瑞。当皆老帅所已知。此外尚有浙江章炳麟。"是同时所称。孙、皮而外，犹有王、陈、屠、朱四人。

三七　张之洞与彭玉麟

之洞《抱冰堂弟子记》述己丑、庚寅间大枢某、大司农某立意为难，赖醇王调护其间。罗惇曧谓大司农为翁同龢是也。惟云时同龢以户部尚书在枢府，则未谛。甲申恭王奕䜣暨宝鋆、李鸿藻、景廉、翁同龢同时逐出军机。至甲午中日衅起，同龢受命偕鸿藻与军机大臣总理各国事务大臣会同详议，旋复均入军机。己丑、庚寅间，同龢不在枢府也。至大枢某所指为谁，待考。袁昶记之洞事有云："甲申冬、乙酉春间，援谅山大捷，实由公发纵指示，乃自有交涉战事以来第一奇功也。而当轴有阴沮之者，故公取张九龄诗'无心与物竞，鹰隼莫相猜'之句，自署'无竞居士'。又曰'牛翁'谓'呼我以牛马则应之以牛马也。'"又云："公建芦汉铁路之议，醇邸电询机宜，往复十余次，中隔汴省黄河。公主造活铁桥以济之，又建开晋省铁矿备用之策。醇邸心折公任事之勇，复电中有'纵使志大效迂，成功与否，不可预必。然精卫刑天之志，足以痛洗畏葸不任事者之肺肠'云云。"足与《弟子记》所述参阅。奕譞之于之洞，盖相契颇深也。之洞督粤，奏谅山之捷，其最得力处在与彭玉麟和衷共济。当简署粤督，赴任之前，与书玉麟道意，系樊增祥属稿，文云："加官不拜，久骑湖上之驴；奉诏即行，誓翦海中之鳄。艰难时局，矍铄是翁。恭惟某官岭外长城，中朝柱石。独开一府，罗枚马于军前；并用五材，走孙吴于帐下。远耆壮略，实启愚心。某来觐上京，权移南海，欲金汤之孔固，幸黄石之可师。一切机宜，专求裁断。现拟某月日轻骑出都，乘轮渡海。逐公上下，譬龙乘云气而游；授我弢钤，请虎帅国人以听。先布胸臆，敬问起居。”虽应酬笔墨，而分际甚合。之洞以书生当边防正亟，骤领岩疆。玉麟则勋臣宿将，故礼下之，以蕲有济。其前劝阎敬铭出山，于玉麟之“孤行己意，坚不任职”，谓“有识之士，不无遗议。”而玉麟一闻赴粤御敌之命，即奋迅而往，之洞殆亦心折矣。

三八　彭玉麟与张树声

玉麟抵粤后，曾奉旨谓：“琼州备御空虚，著派彭玉麟迅速前往，择地驻扎。即饬所部各营，与郑绍忠一军，会合吴全美师船，扼守琼州。”又谓：“彭玉麟威望素著，务当相机调度。不必亲赴琼州，以期慎重，毋稍疏虞。”盖命其勿专顾省防，而驻于控制琼州较便之处，督饬所部等以扼守，而非责其亲驻琼州，特词不清晰。玉麟与总督张树声等会衔覆奏，谓正拟亲率所部湘军，前赴琼州驻扎，以省城士绅力阻，乃委候补道王之春率四营赴琼，会同防堵。疏中引士绅之言，谓“广东为南洋首冲，尤以省城为根本，未便专守琼州偏隅一郡之地”，亦事理之当然也。文廷式《知过轩随录》于此深责玉麟之谬，谓：“十年之春，海防甫急，朝旨命彭督师驻琼，彭急极，请督抚将军会衔留之。督抚又恐朝廷责其拥兵自卫，未敢辄请。彭次日与张靖达手书云：‘朝命赴琼，玉麟本当遵旨前往，而无如粤中绅士，自卯至酉，纠缠不清，不得已躬亲不去。’余时在靖达幕中，阅毕怒不可忍。此人负海内重名，余亦素重之，然此一节之谬，不可掩也。”责备似嫌太苛。惟驻琼既势所不可，即可直言其故，不必着重于粤绅之纠缠耳。“不要命”为玉麟自誓三“不要”之一。耻以畏葸遗讥，故必以粤绅力阻为根据，不免稍有气矜之嫌，要于大体无伤也。（此光绪九年十二月初四日之旨，由总理衙门电寄。玉麟与树声等于初十日覆奏，廷式谓十年之春，稍误。）之洞时官晋抚，闻朝命遣玉麟防琼之说，与书张佩纶论之云：“闻内中遣雪帅率湘勇四营防琼州，以法人扬言欲割琼广故。窃谓此举似未尽善，振老既不甚健，粤省正赖雪帅维持，置之海外荒岛，全局失势。寥寥四营，亦复何济。无益于琼而有损于广，奈何奈何！总之粤中不难于得劲兵，而难于得大将。雪帅一到，五羊民心顿定，士气顿雄，广州省城，俨若有长城之可恃，奈何驱之海隅也。中国重臣，只此数人，若闻何处有急，即奔命何处，是医家所谓头痛医头，兵家之大忌也。似宜仍坐镇省城，遣粤将以兵前往为是。幸惟熟计，切切。（在省仍能调度琼州，在琼则省门有急不能兼顾矣，付之何人乎?）若为张彭不和，以此解之，大误矣。”论殊明切忠恳。玉麟之不便舍广驻琼，尤昭昭矣。之洞素以“经营八表”自负，于越事极关心。佩纶值总署，参与大计，故屡与书发抒意见，多见到语。督粤建绩，已基于此。至谓“张彭不和”，亦是当时粤局一重要事。湘淮两军之不相下已久，玉麟湖湘重望，树声淮泗杰才，共事一方，势位相埒，畛域之见，盖难尽泯。之洞与佩纶另书，有“振雪不和，最关紧要，务须设法调和之”，及“粤之官绅不和，钦督不和，大是坏证”等语。故代树声督粤后，首以睦彭为务，根本既固，用能调度得宜。（粤绅与树声不和，故益不愿玉麟之离省城。而玉麟亦遂益为树声方面人物所侧目。廷式在树声幕，其深不满于玉麟，或亦受此影响耶。）

三九　张之洞得意之举

前述张之洞、陈宝琛以阉人与护军相争一案上疏事，《抱冰堂弟子记》中，之洞亦略记之。谓：“庚辰辛巳间官庶子时，有中官率小阉两人，奉旨挑食物八盒赐醇邸。出午门东左门，与护军统领及门兵口角，遂毁弃食盒。回宫以殴抢告。上震怒，命褫护军统领职，门兵交刑部，将置重典。枢臣莫能解，刑部不敢讯，乃与陈伯潜学士上疏切论之。护军统领及门兵遂得免罪。时数日内有两御史言事琐屑，不合政体，被责议处。恭邸手张、陈两疏示同列曰：‘彼等折真笑柄，若此真可谓奏疏矣。’”是之洞亦正引为得意之举也。惟个中委曲之洞不言。而以“震怒”归之于“上”（时光绪帝尚幼，未亲政），则为西后讳之耳。忆张、陈上疏时，系同官庶子，称陈伯潜学士者，盖从其后官。　　　　　　　　（原第9卷第14期）

四〇　清廷内阁叙补升迁之难

清廷于辛亥四月设立所谓“责任内阁”。军机处既裁，领班章京华世奎补内阁阁丞，其余领班、帮领班、章京，亦分别位置于新设机关。他章京应改补，承宣厅佥事各缺，则迄清之亡，并未叙补，仍以章京相称。盖缺少人多，不敷分配，而等次亦复难定也。六月间，始拟核办。于资之深浅，才之优绌，籍之满汉，正在推敲。七月而川路风潮兴，八月而武昌义旗举，遂无暇及此矣。又军机章京，原系兼差，各自有其本衙门。光绪三十二年改为实缺专官，即名三四五六品章京，乃与本衙门脱离。然除领班补三品章京，帮领班补四品章京之外，其五六品章京，亦始终未叙补也。旧日考用军机章京者，以任事中枢，本衙门堂官另眼看待，补缺升转较易，号为捷径。迨改为专官，则升转之途滞，三四品章京，内迁外放者甚稀。以下者，亦难递升，故多以为苦。

四一　清末政制之苟且草率

爽良《野棠轩摭言》云："官牍中不乏笑话，然未有如江北提督关防之甚者。提督例用印，此用关防，一也；制官非行军比，关防应请部铸，而兹用木质，以锡缘之，二也；关防应有满篆，而此无之，三也。其文曰'钦加兵部侍郎衔，署理江北提督统辖文武，兼治河漕之关防'，此真笑话矣。首任为刘永庆，加侍郎衔。其后亦有予侍郎衔者，却并无'兵部'字样，竟是谎捏。当日上谕，明云自镇道以下咸归节制。节制非辖也，统文何说？'钦加'字不合，'署理'字尤不通。盖刘之署在改官之初，惟思张大其权，恫吓官吏，致出种种笑话，活画出一不会作官人面目来。后来五六任，亦鲜作过官者。此关防竟用之章奏，吁亦奇矣。或云汉印不有假司马章乎，亦足以解嘲。"此足见清末政制之苟且草率，其例盖犹甚多也。漕督既裁，改设江淮巡抚，旋即又改江北提督，节制淮扬海徐州两兵备道。故受任者加侍郎文衔，以隆其体制。永庆首任是职，以为巡抚例加兵部侍郎衔，江北提督为江淮巡抚所改，而体制又略同巡抚，遂漫循巡抚例而以兵部侍郎衔自居，且竟镌诸关防。江北提督之加兵侍，遂由是而以讹传讹，几成典要，实大可笑。至关防中有统辖文武字样，则亦袭自督抚衔牌也。（巡抚而不兼提督者，宜不能用统辖文武之衔牌。而前闻湘友言，湖南巡抚亦有之，惟于湖南提督至省城时，则暂撤去。）光绪三十一年春，设江北提督，至清亡，凡七年之久。于此阃寄大员，迄未铸颁正式印信，听其沿用杜撰不通之木质关防。政府怠忽，宁不昭然。是官设于江苏，受两江总督节制。而自永庆以次，历任均为北洋将领，亦北洋系伸张势力之一斑。奭良为荣禄门人，二十九岁即官奉天东边道，其后屡踬屡起，庚子在湖北荆宜施道任，为巡抚于荫霖参劾降调。翌年，迎銮于郑州，以荣禄之力，开复降调处分，以道员发往江苏，遇缺即补。辛亥武昌起义后，江北提督段祺瑞赴彰德谒袁世凯，奭良以淮阳海道护理提篆。先是奭良虑清江浦新军（即常备军）不可恃，自行练兵数营以防制之。而新军因之益不自安。护提督甫数日，新军即变。乃督所练兵与战，初战颇利；迨新军以大炮轰击，众骇散，奭良亦踉跄而逃。对于此木质锡缘之江北提督关防，固尝为短时间之管领也。（光绪三十二年，兵部即改为陆军部，而江北提督关防上之兵部，却保存弗替，与是官相终始，亦足噱。）

四二　陆钟琦父子之死

辛亥山西起义，巡抚陆钟琦死之，其子翰林院侍讲陆光熙殉焉。光熙之赴晋，实欲救其父。而钟琦不肯去，遂同及于难。钟琦谥文烈，此谥为有清一代所仅见者。陈宝琛挽以联云："忠孝一门，风世有人增国重；山河在望，殉官无术愧君多。"宝琛简授山西巡抚，以留京授读，改侍郎候补，而以钟琦代之。故下联云尔也。光熙之兄仁熙，距此两年前以厌世蹈海。时钟琦方开藩江苏，光熙以翰林留学日本士官学校，家门鼎盛，忽萌遗世之念，盖生平颇负大志，而郁郁不得展，愤世嫉俗，遂出于此。绝命诗有“传家忠孝有人担”之句，说者以为钟琦死清、光熙死父之谶。蹈海前一年寄弟书有云：“吾近日似有心疾，视天下事无当意者，眼前人无足语者，此等人尚能入世作官耶？”并口占一诗云：“今日不思明日事，眼中都作梦中看。而今解得楞严旨，世界花花大喜欢。”又自题拂琴小影云：“素心谁复识，琴韵托幽兰。古调翻今调，殷勤著手弹。”其寄托可见。

四三　恭王奕䜣与咸丰帝

杜受田饰终之典，迈绝等伦。李岳瑞《春冰室野乘》以为“非惟追怀典学之勤，亦以报其拥戴之勚。”据云：“达县吴季清先生，友一内务府老司官旗人某君，年七十余矣，通籍道光末，历事四朝，内廷故事綦熟，尝为述道咸间遗事，多人间所不得知者。云：宣庙晚年最钟爱恭忠亲王，欲以大业付之。金盒缄名时，几书恭王名者数矣。以文宗贤且居长，故逡巡未决。滨州时在上书房行走，适授文宗读。微窥上意所在，欲拥戴文宗，以建非常之勋。一日，上命诸皇子校猎南苑。故事，皇子方读书者，奉命外出，临行时必诣师傅处请假，所以尊师也。是日，文宗至上书房，左右适无人，惟滨州一人独坐斋中。文宗入行礼毕（皇子见师傅皆长揖），问将何往，以奉命校猎对。滨州乃耳语曰：‘阿哥至围场中，但坐观他人驰射，万勿发一枪一矢。并当约束从人，不得捕一生物。复命时，上若问及，但对以时方春和，鸟兽字育，不忍伤生命，以干天和。且不欲以弓马一日之长，与诸弟竞争也。阿哥第以此对，必能上契圣心。此一生荣枯关头，当切记无忽也。’文宗既至围所，如所嘱行之。是日，恭王所得禽兽最多，方顾盼自喜，见文宗默坐，从者悉垂手侍立，怪之。问其故，文宗曰：‘吾无他，但今日适不快，弗敢驰逐耳。’日暮归复命，文宗独无所献，上询之，具如滨州所教以对。上大喜曰：‘是真有君人之度矣。’立储之议遂决。”受田为咸丰帝画策以取大位，容有其事，特上斋耳语，其事至秘，而内务府司员能言之甚详。泄之者谁乎？曹睿从曹丕猎，见子母鹿，丕射杀鹿母，使睿射鹿子，睿不从曰："陛下已杀其母，臣不忍复杀其子。"因涕泣，丕即放弓箭，以此深奇之，而树立之意定。见《三国志注》。情事虽异，而迹则正同，巧合欤？抑两种传说有相因之关系欤？恭王奕䜣有为咸丰帝劲敌之资格，或谓咸丰帝之立，由奕䜣之让。而其后亦颇传兄弟间有隙。王闿运《记端华肃顺事》有云："恭忠王母，文宗慈母也。全太后以托康慈贵妃，贵妃舍其子而乳文宗，故与王如亲昆弟。即位之日，即命王入军机，恩礼有加，而册贵妃为太贵妃。王心慊焉，频以宜尊号太后为言，上但默不应。会太妃疾，王日省视，帝亦日省视。一日，太妃寝未觉，上问安至。宫监将告，上摇手令勿惊。妃见床前影，以为恭王，即问曰：‘汝何尚在此，我所有尽与汝矣。他性情不易知，勿生嫌疑也。’帝知其误，即呼额娘，太妃觉焉，回面一视，仍向内卧不言。自此始，有猜而王不知也。又一日，上问安入，遇恭王自内出，上问病如何，王跪泣言已笃，意待封号以瞑。上但曰哦哦。王至军机，遂传旨令具册礼。所司以礼请，上不肯却奏，依而上尊号，遂愠王。令出军机，入上书房，而减杀太后丧仪，皆称遗诏减损之。自此远王同诸王矣。庚申之难，令王留守。至热河，帝疾，独军机诸臣在，王及醇王皆不侍。八月初，王具奏请省侍，帝疾笃，已不能坐起，强起倚枕手批王奏曰：‘相见徒增伤感，不必来觐。’其猜防如此。肃顺拟遗诏，亦缘上意，不召王与顾命也。”词有未尽谛处，而事之大体当不诬。古来帝王家庭骨肉间最难处，奕䜣在咸丰朝，犹为未失恩礼终始，已大不易矣。（原第9卷第15期）

四四　咸丰戊午顺天科场大狱

清咸丰戊午（八年）顺天科场大狱，先之以提调参劾监临之事。提调府丞蒋达，以场中供给草率，呼应不灵，愤而称病，擅自出闱，奏参监临府尹梁同新护庇属员，暨各员营私肥己、偷减供给等情。是案查议结果，达革职，同新降三级调用，治中、通判、大宛两知县等均获谴，此为大狱前之一小狱。说者称先集惟霰，虽两狱并无因果之关系，要均为科举规纪废弛之所致。咸丰帝严治大狱，戮及宰辅，实积玩之后，振之以猛之意也。关于闱中供给者，光绪丙戌（十二年）会试内帘监试李鸿逵有《供给叹》（步退之《山石》上下韵）云：

闱差供给甚细微，瘦弱鸡雏饿不飞。
茶烛油监供未足，豆腐块小肉多肥。
都言大所自用好，内帘丰裕古所稀。
早食面条晚餐饭，青菜四色聊充饥。
板床夜卧声响绝，门帘薄窄风入扉。
恶气薰蒸出无路，幸有香焚烟霏霏。
海棠开放红烂漫，时见荆棘悬四围。
日暮闲谈走阶石，春末犹难脱棉衣。
虽然如此自可乐，差胜拉辕马受靰。
若见办差二三子，打断狗腿不使归。

斯为咸丰戊午整顿科场后二十八年供给情形之一斑。鸿逵此作，与其《春闱内帘杂咏》中《供给》一首，均以谐谑出之。或有形容过火处，而京闱内帘供给之不丰，亦可概见。科举时代，视抡才之典最重，供给本不应薄，乃京闱时有菲率之事，自系司其事者因以为利。惟科举关防，自戊午以后，迄科举之废，未敢大弛，舞弊者甚少。则咸丰帝一番辣手之余威未泯也。咸丰帝逝世，西后杀肃顺等而攫政柄。同治间论者循成王败寇之例，率痛诋肃顺，对于戊午大狱，多引为肃顺谮陷柏葰之罪状。西后复柏葰原官，录其后人，且罪同理此狱者，亦以事关肃顺之故。陈康祺《郎潜纪闻》述戊午案，先既徇时论深责肃顺，继又称此狱之宜，良以科举立法素严，大狱固非过酷耳。又毛祥麟《对山书屋墨余录》记此，朱作霖跋云："科场舞弊，例禁綦严，恐碍寒畯进身也。此案法行于贵近，虽阁部大员，蹈此亦不姑恕。乾纲一震，士气皆伸，实足为乡会维持风气。"所论颇允。法行于贵近，尤为要著，不独科场也。

四五　庚子之变，慈禧西逃

有清故事，皇后加谥无过十六字者。惟西后以两朝擅政，倍极尊荣，生前叠晋徽号，故初谥即为二十二字，同于列帝之加谥，非成例也。（称"孝钦慈禧端佑康颐昭豫庄诚寿恭钦献崇熙配天兴圣显皇后"，重一钦字。"显"则咸丰帝谥也。）郝省吾《慈禧地宫视察记》谓附葬册文，有"徽猷普被，直超有宋之宣仁；祜冒无垠，远迈炎刘之明德"一联，自是谀颂文字之本色。后颇以乾隆帝自况，尝语恭王奕䜣'高宗六次南巡，传为盛事。予亦拟作江南之游，汝谓何如？'奕䜣对以兵燹之后，疮痍未复，视乾隆时之民康物阜，不啻天渊之别。后为之不怿者久之。其时南省大吏，来京陛见，奕䜣皆预戒以如太后垂询江南情形，务以民困未苏、景物萧条为对。皆所以杜其南巡之念。其后兴修颐和园，南巡之意始寝。一说，后亦明知南巡不易实行，特以此促园工之兴，如所谓交换条件，或要价还价云。后南巡之事虽未果，而庚子躬罹奇变，却得西巡一次。当其仓皇离京，固狼狈不堪，比回銮，则兴高采烈，大事铺张，供张之盛，似于乾隆南巡。刘焜《庚子西狩丛谈》述吴永谈辛丑由开封启銮情状有云："十一月初四日，巳刻，两宫圣驾自河南开封行宫启銮，扈送仪节，略如西安。而各省大员，多半趋集，或则派员祗候，故人数益多。羽林仪仗，益觉整齐鲜耀。最可喜者，天气忽而开霁，旭日当空，融风四扇，六飞在御，一尘不惊。沿途旌盖飞扬，衣冠肃穆，但闻马蹄车齿，平沙杂沓声，互相应和。出城后，遥望河干，则十里锦城，千军荼火，仿佛如万树桃花，照春齐发。午正，大驾行抵柳园河岸，皇太后、皇上同入黄幄少憩，旋出幄，设香案，炷香奠爵，先祭河神。祭毕撤案，即步行登龙舟。文武官员，绅民父老，一体于河岸俯伏跪送。予与粮台诸员，共为一起，均随升中丞跪伏道左，仰见太后面有喜色。两宫上御舟后，随扈官员、宫监、兵役，以次登舟，旋于舟次传进御膳。时则天宇澄清，波平如镜，俄而千桡并举，万桨齐飞，绝似元夜鳌山，一团簇锦，徐徐移动，离岸北向。夹道军民，欢呼踊跃，举头延伫，望舟傍北岸，方始一同散队，分途遄返。"观此一段吉祥文字，西巡归来之风光，视乾隆南巡何多让焉。国难国耻，早置度外，政柄无恙，尊荣依然，复得领略巡幸之乐趣。回顾由京出亡、颠沛道路时之窘状，（吴永谈接驾怀来县榆林堡情状有云：“太后哭罢，复自诉沿途苦况。谓：‘连日奔走，又不得饮食，既冷且饿。途中口渴，命太监取水，有井矣而无汲器，或井内浮有人头。不得已，采秫秸杆与皇帝共嚼，略得浆汁，即以解渴。昨夜我与皇帝仅得一板凳，相与贴背共坐，仰望达旦，晓间寒气凛冽，森森入毛发，殊不可耐。尔试看我已完全成一乡姥姥，即皇帝亦甚辛苦。今至此已两日不得食，腹馁殊甚，此间曾否备有食物？’予曰：‘本已谨备肴席，但为溃兵所掠，尚煮有小米绿豆粥三锅，预备随从尖点，亦为彼等掠食其二。今只余一锅，恐粗粝不敢上进。’曰：‘有小米粥，甚好甚好，可速进。患难之中，得此已足，宁复较量美恶。’”亦见《庚子西狩丛谈》，以系躬所见闻，故均言之亲切。）更有喜出望外之感。面有喜色，岂不宜哉。

四六　奕劻禁收门包

光绪晚年，庆王奕劻以军机领袖当国，贪婪之声大著，屡为言路所论。因书一谕贴，严禁阍人收受门包。林开謩简署江西提学使，往谒两次未见。以为或值无暇，继又往，阍人乃以门包为说。开謩指壁间所粘谕帖曰：“王爷既有谕，吾何敢送门包。”阍人笑曰：“王爷的话，不能不怎么说。林大人您这个钱，可是不能省。”开謩乃恍然。

方争执间，徐世昌至，谓开謩曰："老世叔尚未动身乎？"（世昌光绪丙戌会试中式，出支恒荣房。开謩父天龄，同治庚午典试江南，恒荣为所得士。世昌于天龄为小门生。）开謩曰："王爷尚未得见。已来三次矣。"世昌曰："请稍待，当可晤也。"世昌既入见奕劻，少顷，遂传呼请林大人矣。光、宣间奕劻当国时，外任大员谒晤而未用门包者，盖开謩一人而已。（依庆府惯例，开謩应送门包银七十二两。分三包，各题一种名目。）

四七　贩运日本宽永铜钱

徐润《自叙年谱》，载咸丰十一年，贩运日本宽永铜钱六十三万五千零八十二千文，销行各地。初以少见多怪，无过问者。后乃畅销，得盈余银数万两，颇自鸣得意。据《郎潜纪闻》云："宽永为日本纪年。其钱文曰'宽永通宝'。乾隆间以沿海地方行使宽永钱甚多，疑为私铸，谕令江苏浙闽各督抚，穷治开炉造卖之人。经两江督臣尹继善、江苏抚臣庄有恭疏奏，此种钱文，乃东洋倭人所铸，由商船带回，漏入中土。因定严禁商舶携带倭钱及零星散布者官为收买之例。当时原疏引《朱竹垞集》，内载有'吾妻镜一书有宽永三年序'。又徐编修葆光《中山传信录》内载'市中皆行宽永通宝'为据。事载《高宗实录》。"盖宽永钱久曾阑入吾土，润所为已非创举矣。此亦中日经济史上之小材料也。宽永为明天启时日本后水

尾天皇年号。　　　　　　　　（原第9卷第16期）

四八　“翁仲通判”“仲翁判通”

“仲翁判通”之谐语，相传已久，多指为清乾隆帝事。易宗夔辑《新世说》亦加著录，谓“乾隆时某词臣奉敕撰墓志铭，误将‘翁仲’二字倒置，坐降通判。濒行，高宗为赋一绝云：‘翁仲如何说仲翁，十年窗下欠夫工。从今不许为林翰，贬尔江南作判通。’盖句末二字均颠倒也。”又近人谢濂《劳谦斋公余随笔》云：“清高宗自矜博雅，相传一日入孔子庙，某翰林从，高宗指碑前之翁仲，问为何屋。某翰林误对‘仲翁’，高宗笑颔之。次日出七言一章诏之曰：‘翁仲如何说仲翁，只因窗下少夫功。而今不许为林翰，谪贬潮州作判通。’词虽雅谑可诵，未免过事苛细，情轻法重。且以天子之尊，好弄柔翰，与臣下矜典故，殊非知大体。吾恐必为唐文宗、丁居晦君臣所笑于地下矣。”所述大同小异，皆归之乾隆帝。良以传说相沿，久见清人记载，故谈故者多因之也。而据明余永麟《北窗琐语》云：“苏州通判某，寡学，不识翁仲，倒呼为仲翁。人有嘲之者曰：翁仲如何作仲翁，读书全未有夫工。想来难入林翰院，只好州苏作判通。”金忠淳跋此书有云：“余公嘉靖七年举人，官苏州通判。其云‘只好州苏作判通’，亦可谓善自戏谑矣。”则无论永麟之为寓言自谑，抑实另有一苏州通判被嘲之事，要与易代之乾隆帝无关。旧说相传，每多张冠李戴，类如是耳。十全老人雅有“箭垛式人物”之资格，故为许多传说所集中。梁章钜辈以宋人笔记所载仁宗时事，误属乾隆，亦犹之。

四九　赦护军、杖奄人

光绪初年，奄人与护军相争一案，已两述之。此阉名李三顺。见林纾《铁笛亭琐记》（又名《畏庐琐记》）。据云：“李三顺，闽人也。年十五六时，孝钦太后命将物事赐醇邸七福晋，行及午门，为护军所止，检视盒中何物。三顺不听检，遂哄阋久之。三顺置盒于地，奔奏太后，言守门护军不听出。孝钦适病，大怒而哭。慈安来省，问状，孝钦曰：‘吾病未死，而护军目中已无我矣。’慈安曰：‘吾必杀此护军。’于是降旨尽取护军下狱。刑曹据祖制上陈，言门禁应尔，不宜杀。慈安曰：‘何名祖制，我死后非尔祖邪？必杀。’于是谏垣争上疏，言皇帝孝，故治护军宜严。太后慈，应格外加恩，以广皇仁，以彰圣孝，云云。疏留中三日始以懿旨赦护军，杖三顺四十。”所述亦可参阅。惟护军之不死，实得力于陈宝琛、张之洞之奏。二人方官庶子，均非谏官。纾以挽回之功，属之谏垣之上疏，未谛。

五〇　人分南北，针锋相对

文墨之事，南人恒轻北人。科举时代为尤甚。蒲松龄《聊斋志异·司文郎》一篇中，有“余杭生适过，共起逊坐，生居然上坐，更不㧑挹。卒然问宋：‘尔亦入闱者耶？’答云：‘非也。驽骀之才，无志腾骧久矣。’又问何省，宋告之。生曰：‘竟不进取，足知高明。山左右并无一字通者。’宋曰：‘北人固少通者，然不通者未必是小生；南人固多通者，然通者亦未必是足下。’言已鼓掌，王和之，因而哄堂”等语。调侃南士，盖所以报平日之见轻也。陈恒庆《归里清谭》云：“地限南北，风气各判，人物亦殊。盖山川钟毓有不同也。尝见公车北上时，南人则轻舟扬帆，导江达汶，舟中明窗净几，笔砚灿陈。其人安静如处女，淡雅如尼姑。北人见之，唯恐浼之。北人则坐大车，下铺山东棉布十余捆，席棚高卷，驴骡齐驾，风尘仆仆，辗转驰驱。其人则身高八尺，南人见之，惕悚生畏。长安道上，运粮河边，心焉数之，熙来攘往者如绘也。至论文字，北人不逊于南人。王梦楼以江南名元，志在会元，则三元可操左券。会试榜发，其时关防严密，必待榜发而后知之。梦楼奔至榜下，急欲先看榜首。前有一人，身体巍然，高与榜齐。梦楼身仅中人，为此人所蔽。急呼曰：‘吾兄定是山东人，请往后看，或有尊名。’此人曰：‘兄弟是第一名。’梦楼嗒然若失。盖会元为诸城王克畴也。梦楼仅得中式而已。又光绪丙子殿试，浙江冯文蔚，素有善书名。大卷白折，字如美人簪花，自命不作第二人想。洎鸿胪高唱，第一人为潍县曹仲铭。南人心颇不服。及殿试策悬出，见其笔力健拔，一气贯注，南人舌挢不下，叹曰：‘是真山东吃馒头者，吾辈瞠乎后矣。’是科冯以第三人及第，能作楷书，不能作大字，视仲铭有大巫小巫之别。予谓仲铭作擘窠大字，笔力之健，精神之充，为有清状元第一人。南服人所书，如少妇出门，尽力妆饰而已。”著南北之异，尤盛夸其乡人之文事，以示较南士有过之无不及，亦文字上南北意见之一斑也。又《铁笛亭琐记》云：“讲武力者，北人多轻南。讲文事者，南人又多轻北。实则灵气所钟，随地皆有贤才。同为中国人，万不能有南北之轩轾。按江南余载，元宗尝语散骑常侍王仲连曰：‘自古江北文士，不及江南众多。’仲连对曰：‘老子出亳州真源，仲尼出兖州曲阜，然则亦不少矣。’上有愧色。大抵所谓江山秀气所聚，必生异人者，亦不尽然。太白所产之地，山石枯劣，初无灵气，何以能钟太白。即以曲阜论，平衍无名山水，去泰岱尚远，何以吾夫子笃生其间？盖地自地，人自人，万万不能分南北矣。”则为破除南北轩轾之论，与恒庆之说有若针锋相对处。（昔日寻常之所谓南人，多以江南苏、杭等处人当之。若闽、广等乃见谓边省，为有间矣。）林纾为福州城外南台人。南台故少文士，纾虽于文艺致力颇勤，而士之生于福州城中者，往往轻之。或诮为“乡下佬”，或讥为“土名士”，纾意甚怫然。故《琐记》中既有《南台》一则，力辨“以一城之隔即分文野”之非，更于“南北相轻”一则，发挥“地自地，人自人”之旨，亦不平之鸣也。至谓“讲武力者，北人多轻南”，亦信有之。恒庆“安静如处女，淡雅如尼姑”之谑，正轻其荏弱耳。而南士亦每自居于荏弱，不敢与北方之强斗力，恒庆所谓“惕悚生畏”也。尝闻淮阴友人言，其地土著，多畏山东人，以其孔武有力也。闻有作山东口音者，则相谓曰：“侉子来矣，慎勿触犯。”且每以此怖小儿。遇江南人，则动以气陵之，以为彼乌敢当我哉！江南人亦弗敢与较。盖地居江苏之江北范围，视山东人为北方之强，而江南人又视江北人为北方之强也。友人所谈，约为二十年前情状，可谓介乎南北之间者之南北观。

五一　南北歧视由来已久

南北相歧视之由来，盖交通不便，往来不多，言语差别，风尚各异，遂以少见多怪之心理，为过于实际之揣测。近自交通渐臻便利，各地往来，日趋频繁，畛域之见，已化除不少。循此益进，会有尽泯成见之一日欤。若夫民国以还，尝屡有所谓南北战争。则袁世凯当国，藉北洋派之名义，为号召团结所部将士之具，实阶之厉。论者借用日本名词，以军阀称北洋派诸将，致其嘲谑。亦竟有居之不疑者，如倪嗣冲通电自谓“我北洋军阀”是也。而视日本之军阀，固非其伦矣。北洋派成历史上名词后，军阀为诟病之语，沿用弗替，且有所谓新军阀之名词焉。

又忆，某说部载南士二人与北士一人相争于道途间。北士遽奋拳击之，南士以力不敌，咸俯首受殴，不敢抗拒。北士既殴其一，复殴另一，怒犹未息。欲再殴先受殴者，此人亟拱手自声曰："兄弟已被打过矣。"北士始一笑而罢。此寓言也，极言南士之荏弱耳。是可谓能充分实行不抵抗主义者，其应变之道，施之于北方之强，或尚自幸得收被打之局早了之效。使所遇为东方之强，徒以"已被打过"拱手自声，正恐打之不已也。

(原第 9 卷第 17 期)

五二　因奸杀人案

林纾《铁笛亭琐记》云："常州范开伯，余门人也。能诗，恒与余游杭州湖上。舟中语余：苏州某缎肆中学徒，少年美风姿。肆楼对面为人家妆楼，少妇日启窗临镜，少年往往自楼上平视，彼此相悦，遂订幽约。肆门本张幕以蔽日，因有横杆，直抵妆楼之半。少年于楼杆缘过妆楼，幽会可经月矣。一夕，夫醉归，妇启关，故㛹之楼下。待少年缘杆过后，始挟夫登楼。少年匆遽间遗其帽，时月光明彻，少年以手自指其顶，示妇以遗帽。妇误会以为斩醉夫之头也，果以厨刀决其夫。然尸不得出，忽忆平日屠户某，恒日过其门三数，而夜中又往往伪寻其夫同饮，时至过门。于是下楼虚掩其扉，冀屠之至。而屠是夜亦醉过其门，款扉入，妇勾之上楼，则大呼屠来杀人。邻人四集，见状大骇。又知屠平日无行，屡屡调妇，则执赴官中。屠百口不能自白，谳遂定。妇本有余赀，约少年迁皖而去。少年既行，唯肆中李某悉其事。李忠笃不泄，乃不知开伯何由知之。”纾记其事，而有疑词焉。此类情节，在说部中实前有之。如俞樾《右台仙馆笔记》所记云：“某甲农家子也，其父母爱之。以其荏弱不任农事，有叔父开药肆于市，使从之学贾。其叔父嗜饮，每日必使就对门屠肆沽酒。甲时年十二三，眉目娟好，屠妇爱之，辄多与之酒。如是数年，甲年十六七矣，屠妇语之曰：‘若知我爱汝乎？’曰：‘知之。’‘然则何以报我？’甲曰：‘不知所报。’妇笑曰：‘易耳。’乃出酒肉共食，食已，招之登楼私焉。嗣后伺屠他出，辄就之，事秘无知者。一岁值中秋，药肆中友皆出步月，甲亦与焉。已而雨作，诸友皆反，而甲后之。及肆，则门阖矣。念叩门而入，必为叔父所责。正徘徊间，屠妇适开楼窗下视，楼固临街者，见甲在下，招之以手。甲曰：‘屠在乎？’曰：‘买猪去矣。’乃开门纳之，登楼而寝焉。会屠亦遇雨而归，呼开门，甲窘曰：‘奈何？’妇曰：‘无妨。’使尾其后以行，匿甲于门侧。屠入而甲出，不知也。甲念夜益深矣，叩门而入，叔父怒更甚，乃立檐下以待天明。俄其妇又启窗，见甲犹在，曰：‘未归乎？’曰：‘然。’‘屠安在？’曰：‘醉而眠矣。’甲因遗帽于楼，乃以手自扪其头，且伸手作索取之状，妇曰：‘诺。’未几开门招甲，甲入曰：‘屠在，招我何为？’妇曰：‘已杀之矣。’甲惊曰：‘奈何杀人？’妇曰：‘汝以手示我，使我杀之，何问焉？’登楼视其状，赫然死人也。问：‘何刀？’曰：‘屠刀’。‘刀安在？’曰：‘在床下。’甲即就床下取刀斫妇死，而取帽以出，径归其家。给其父母曰：‘顷偕诸友步月，行少远，距家近矣，故暂归也。’父母喜而留之。有皮匠者，药肆之邻也，素艳屠妇，而未得间。迟明，荷担出，过屠肆之门，见门虚掩，人之无问者。皮匠固知昨暮屠出，而不知其反，私计妇必独寝于楼。乃登其楼，则屠死于床，妇死于地，流血濡其履，惊而走出，归而闭户卧。久之，天大明，列肆皆启，见屠户已启而无人，呼之不应，入视得状。又穷履迹，而至皮匠之门，遂缚送官，不胜鞭笞，自诬服。越数日，某甲反，诸友告之曰：‘对门屠肆夫妇，为邻人皮匠所杀矣。’甲曰：‘信乎？’曰：‘到官已自承，不久将尸诸市矣。’甲曰：‘此我为之，何诬匠为？’叔父掩其口，甲不可，走县挝鼓以闻，述本末。官曰：‘义士也。’末减其罪，竟不死。此事前在新安闻诸程君心言，曾记载其事。岁久稿佚，遂不能举其姓名乡里矣。唐沈亚之所撰《冯燕传》颇与此类。古今事固有相同者乎？”俞、林两记合看，虽结果不侔，而情节宛同处甚多，未免巧合太奇，令人难信。他小说更时有与此类似者。要皆一种传说相衍而成者也。又小说中言因奸致杀之案，每喜涉及屠夫、皮匠，亦甚可笑。至樾所引亚之《冯燕传》，其原文略云："相国贾公耽在滑，能燕才，留属军中。他日出行里中，见户傍妇人翳袖而望者，色甚冶，使人熟其意，遂通之。其夫滑将张婴者也。婴闻其故，累殴妻，妻党皆怨望。会婴从其类饮，燕伺得间，复偃寝中，拒寝户。婴还，妻开户纳。婴以裾蔽燕，燕卑脊步就蔽，转匿户扇后，而巾堕枕下，与佩刀近，婴醉且瞑，燕指巾，令其妻取。妻取刀授燕，燕熟视断其妻颈，遂持巾去。明旦婴起，见妻杀死，愕然欲出自白。婴邻以为真婴杀，留缚之，趋告妻党，皆来，曰：'常嫉殴吾女，乃诬以过失，今复贼杀之矣。安有他杀事？即其他杀，而安得独全耶？'共持婴，且百余笞，遂不能言。官家收系杀人罪，莫有辨者，强伏其辜。司法官与小吏持扑者数十人，将婴就市。看者围面千有余人，有一人排看者来，呼曰：'且无令不辜者死。吾窃其妻而又杀之，当系我。'吏执有言人，乃燕也。司法官与俱见贾公，尽以状对。贾公以状闻，请归其印以赎燕死。上义之，下诏凡滑城死罪皆免。"双方均为军官，与俞、林所记者，情事稍异，而结果则与俞记正同。惟本夫未被杀，而为罹冤几死者耳。若夫杀机生于索帽，固莫不吻合也。斯殆此种传说流衍千载之滥觞欤？观俞记末句，盖亦疑其渊源有自，不敢确断为事实。

五三　康有为与梁启超

康有为晚岁以顽旧见讥于世，而昔年实为先觉之士，其高谈大睨，放言无所诎，已被目为怪物矣。王伯恭《蜷庐随笔》（又名《兰隐斋笔记》）云：“乙未之秋，余访陈次亮于西珠市口，坐未定，忽有冠服者昂然而入。主人略一欠身，客便就坐。闻其姓字，则新科部曹康有为也。次亮手摩其首曰：‘头痛。’康叹曰：‘时事不可为矣，先生何必自苦乃尔。’陈亦咨嗟不已，因言两江曾帅又出缺，今任何人为宜乎？因泛论当时人物，既而曰：刘岘庄似可，且曾督两江，固当不至蹉跌。康抚掌称善。陈言便可决计，无用游移。两人问答如此，直忘其一为员外而章京，一为新进之主事，乃妄人耳。余亟掩耳而去。已而两江一席果属刘公，亦可谓善于揣摹者矣。”形容有为辈神态，颇为尽致。盖所谓大言不惭也。然事则大误。曾国荃卒官，刘坤一继任，乃庚寅年事。至乙未，坤一已重督两江五年矣。有为乙未通籍，以新进部曹，而意气不可一世。抱负既异寻常，位卑言高之戒，固非所措意耳。民国六年，梁启超通电声讨复辟，有“此次首造逆谋之人，非贪黩无厌之武夫，即大言不惭之书生，于政局甘苦，毫无所知”等语。大言不惭之书生，即指有为。当时论者颇赞其善下考语，而称其对有为之勇决焉。启超中举后师事有为，执弟子礼甚谨，且为之宣传最力。戊戌政变，亡命海外，议论渐有不合。入民国，意见益形参差，惟师生情谊，尚能保持，至是乃大决裂。其后事过境迁，复为师弟如初。民国十六年，有为七十生日，启超集成语为联以祝云："述先圣之玄意，整百家之不齐，入此岁来已七十矣；奉觞豆于国叟，致欢忻于春酒，亲受业者盖三千焉。"为其得意之作。是年有为卒，启超复挽以联云："祝宗祈死，老眼久枯，翻幸生也有涯，免卒睹全国陆沈〔鱼烂〕之惨；西狩获麟，微言遽绝，正恐天之将丧，不仅动吾党山颓木坏之悲。"极感慨悲凉之致。祭文则综叙有为生平，尤极沉痛激楚。时启超亦一肚皮不合时宜也。戊戌启超召见后，仅赐六品顶戴，未予实官。传闻因启超不习京语，奏对时口音差池，不能达意。光绪帝不快而罢，有为代为怏怏，拟令接办上海《时务报》，事又不谐。因托王照密保为懋勤殿顾问，戚然谓曰："卓如至今没有地步，我心甚是难过。"及折入，政变已将作，遂未实现，见王氏《复江翊云兼谢丁文江书》。　　（原第9卷第18期）

五四　清代翰林地位

明代重京官，盖犹唐宋遗风。京官之中翰林尤为杰出，地望之崇，迁擢之优，非他曹司所能及。清因明制而不尽同，翰林地位乃较逊，然浮沉郎署者，犹视玉堂人物，如在天上，俨有仙凡之别也。陈康祺《郎潜纪闻》云："尹文端公继善官翰林院侍讲时，怡贤亲王请为记室，寻奏补刑部郎中，陈文恭公宏谋，由编修升吏部郎中，张船山太守问陶，且由翰林充御史，由御史选补吏部郎中。嘉道以前，似此者不可枚举。今新列词垣者，几视部郎为哙等，盖由事例既开，六部司员，皆可入赀行走，而柏台芸馆，必由科目进身。部郎黯然，职是之故。其实郎中非屡考不能得，编检则冗杂无定员，同一进士出身，内升卿班，外放道府，何遽以词臣为美官耶?”康祺以进士为部曹，淹雅颇负时名，于翰林之每自标异，若羞与部曹伍者，意盖不平，固情见乎词矣。所举之例，虽亦一时掌故，然究非有清一代之恒制，且翰林之见重，地望清华，实其要端，如予谥例得‘文’字即其特点。同一进士出身，而未尝为翰林编检以上官者，则非大拜不能也。自捐例广开，京官可捐至正五品之郎中，而从七品之翰林，断不能入赀得之，亦何尝非以清班之故（科道亦清班也，翰林清华，科道清要)。

五五　清代编检外放之变迁

嘉庆五年，曾一度改编检京察一等记名道府之制，而令遇有同知、直隶州知州缺出，开列简放。上谕谓：“向来翰林院编修、检讨，遇有京察保列一等引见记名者，与开坊各员，一体简放道府，但编、检止系七品，而道府则系四品，职级相去甚远，乃编、检等一经保列记名，即邀简用道府，未免太优。且编、检职系词垣，其由掌院学士保列一等者，大率因其学问较优，年力精壮，登之荐牍，并非考试优等者可比。该员等即长于文艺，究未经历政务，于地方民事，岂能谙习，遽应方面，恐不免致有贻误。嗣后除业经开坊之翰詹等官及修撰京察二等记名外用者，遇有道府缺出，仍开列请旨外，其编修检讨京察一等记名外用者，遇有同知、直隶州知州缺出，开列简放，著为令。”此则七品之编检，视五品之郎员，诚相形见绌矣。以品级强为轩轾颇可笑，至云不谙民事，则直隶州知州，有直辖地方，不更为亲民之官乎？且修撰以上，何又不以不谙民事为嫌乎？盖不过为品级相悬漫作陪衬耳。未久即复旧制，编、检仍得简放道府。至同治四年，乃又有编、检保奖同知、直隶州之规定，且限以克城擒渠之劳绩，缘御史贾铎奏“投效军营之翰林院庶吉士、编修、检讨等官，嗣后不准保奏留馆开坊，止准按品保升外任”等语，谕吏部“严定章程具奏，以杜取巧”。部议：“除庶吉士一项于咸丰七年业经奏准有案，应请无庸再议。至翰林各官，在各省军营，如有克复城池斩擒要逆者，侍读、侍讲、洗马，准保以道员还补，中允、赞善、司业，以知府选补，编修、检讨，以同知、直隶州选补。其余别项劳绩止准请给升衔加级，或交部议叙，概不准保奏遇缺题奏及应升坊职。”奉旨依议。自侍读至检讨，虽有五六七品之差，而京察一等记名，同系简放道府，兹乃分为三种，亦是斤斤较量于品级。且既逐一列举，而独遗一修撰，以资格论，与编、检同为未开坊之翰林；以品级论，则又与赞善同为从六品。或状元公犹可勉附中、赞、司业之后，不至以点头大老爷为酬庸之懋赏耶。当时有此种规定后，编、检之肯以同知、直隶州请奖者，盖无闻焉，大都保奖升衔而已。其咸丰七年吏部于御史李培祜请严定保举限制所奏定者，系“翰詹人员，如系军营劳绩出力，仍准保奏坊职，并准保奏道府。其余各项劳绩，只准保奏遇缺题奏，至庶吉士一项，应请嗣后无论何种劳绩，只准保奏俟散馆后以应升之缺升用，概不准保免其散馆授职编、检。”时军事正亟，故保奖之制较宽，惟庶吉士不许径保授职编、检。则以散馆之试为庶常惟一关键，留馆与否，所系最重也。名臣中如丁宝桢、郭嵩焘，均于咸丰间以军功由庶吉士径授编修，事在奏定之前。

五六　义和团烧正阳门
革命军炸黄河桥

戊戌政变之后，西后因仇光绪帝而仇外，欲仗义和拳以逞志，遂召庚子之乱。王守恂《杭居杂忆》记义和拳事有云：“拳匪入京时，太监在孝钦左右，为之先容，谓烧毁教堂，祝祷则火起，且指烧何处，火若听命，绝不延烧他处，孝钦亦神之。大栅栏老德记药房卖药，与教无涉也，拳匪率人烧之。此火一起，不可复遏，将北京精华之地，一炬成空，直延到正阳门箭楼。拳匪见烧及国门，事已不妙，相率向火祝祷，而火愈猛，自日中烧到日末方熄。次日晨起，拳匪偃旗收械，不见踪迹。余以为此事或有转机欤。未一日，依然势力澎涨，反胜从前，不解何故。嗣闻人言，太监对孝钦云，此次延烧正阳门，神仙降言，系因皇上作事不好，天示之罚，大合孝钦意旨。以此拳匪气焰不稍退步，转加厉也。”探源扼要，祸首惟西后耳。又记辛亥事有云：“有事不当责任，但能推开自己以为得计，至于事之破坏，不过问也。辛亥武昌起义，京师震惊，荫大臣率师南下，整饬军旅，延不出京。当事者知京汉路吃紧，黄河桥尤扼南北冲要，陆军部并不计画守桥之法，即下一檄与河南巡抚云：‘武昌事变，京汉路黄河桥最为紧要。荫大臣率师南下，未到之前，黄河桥如有疏虞，定惟该抚是问。’巡抚接到此檄，夤夜檄河南巡警道云：‘奉陆军部咨开云云，札饬该道，黄河桥如有疏虞，定惟该道是问。’岂不成一笑话耶。时余为巡警道，管辖铁路巡警五百名，分配河南境内路线。每站约两棚人，保卫行旅而已。有军事发生，颁布戒严，则巡警当然不能负责。辛亥革命军原不敢率然北上，若长驱直入，径渡黄河桥，将巡警道立即正法，又何济耶？”的是笑柄，亦清末亡国气象也。时河南巡抚为宝棻。吴樾炸五大臣，事虽未成，自是清末革命史上有声色之一举。守恂以巡警部员，与治此狱，其《从政琐记》所述云：“五大臣奉命出洋考察政治，京师车站发现炸弹案，嗣经史伯龙、王效文二君，访得系吴樾。余在内城巡警厅同王仲芗、治鹤卿公同讯问。据桐城馆馆丁云：吴先生住馆内，有火食账，自炸弹发生日未回馆，调验属实。询其书籍衣物，云炸弹发生后一日，有人持吴先生信取去。询与吴先生来往何人，云馆丁常不在家，应门均小妞，年小不认识字，常有人来，不知是谁等语。时新设巡警部，堂上官拟奏闻，余起草就，谓堂上官曰：'以愚见不奏为是。若谓见功，只访得放炸弹自行炸死之人，党羽是谁，均未访出，何功之有？倘奏上之后，谕本部既访得放炸弹人是吴樾，吴系桐城人，在保定学堂肄业，著在此两处根究余党，彼时欲不株连拖累，不可得矣。'卒如余言，即从寝阁。"当日巡警部办理此案之原委，于此可得。大凡堂上官者，尚书徐世昌、侍郎毓朗、赵秉钧也。吴樾炸弹案发生后，清廷悚惧，特设巡警部，锐意举警政，其动机本在防革命党，而其效乃著于维持治安。北京警察之声誉，久而未泯，今之求警察者，犹每取材于故都，盖经始之功，赵秉钧为多云。

五七　读《南海康先生传》

康有为以卓荦不群之资，高视阔步，倡维新最早。戊戌之事，虽以失败终，而中国风气之开，其力甚伟。晚年故步自封，不能顺应潮流，遂有顽旧之目。民六复辟一役，躬与其间，益为世论所讥。其最亲厚之弟子梁卓如，亦以宗旨不同，趋舍异致，而加遗一矢，斥为"大言不惭之书生"焉。然综其生平，自是一代人物，政见学术，均有其本色，固大有可传者，不当与草木同腐也。民十六卒于青岛，梁氏与同学诸子，设位公祭于北京畿辅先哲祠，祭文出梁手，绝沉痛。（此弟子公祭之文，而文中多专用梁氏个人口气，盖于文体稍乖。）于复辟事有云："复辟之役，世多以此为师诟病，虽我小子，亦不敢曲从而漫应。虽然，丈夫立身，各有本末，师之所以自处者，岂曰不得其正。"又云："栖燕不以人去辞巢，贞松不以岁寒改性，宁冒天下之大不韪，而毅然行吾心之所以自靖，斯正吾师之所以大过人，抑亦人纪之所攸托命，任少年之喜谤，今盖棺而论定。"盖康氏早岁为立于时代之前者，而晚年则为时代之落伍者，前后均为举国所哗怪非笑，吾人尚论及彼，亦曰立身各有本末而已。梁氏《前清一代中国思想界之蜕变》谓"启超与康有为有最相反之一点，有为太有成见，启超太无成见。其应事也有然。其治学也亦有然。有为尝言：'吾学三十岁已成，此后不复有进，亦不必求进。'启超不然，常自觉其学未成，且忧其不成，数十年日在旁皇求索中。故有为之学，在今日可以论定，启超之学则未能。然启超以太无成见之故，往往徇物而夺其所守，其创造力不逮有为，殆可断言矣。"（此文作于民九、十间）梁之善变，与康之不善变，师弟二人，洵适相反。而梁氏晚年，以新思潮推进之速，亦复苦于应接不及，而见讥落伍。师弟感情之恢复，盖亦与此有关。康氏既卒，梁以夙擅文事，且治史学，颇有志为其师撰传谱，而以资料不敷，逡巡未作，良以传康氏诚不易也。（梁出亡日本时，曾著《康南海》一书，惟重在议论，取便宣传，与史传异。）梁氏卒后，其友丁文江以语体文为撰《年谱》，闻已脱稿，行将出版，而康氏尚无传谱之属行世，实一憾事。（《清史稿》以之与张勋合传，限于体制，仅具概略，且《史稿》已禁止发行矣。）东莞张篁溪（伯桢）于戊戌前一年从学于万木草堂，著籍为弟子，久闻绪论，拳拳服膺，于康氏著作，裒弃最多，尝为康氏刻《万木草堂丛书》若干种，其笃于师门可见。近所撰《南海康先生传》出版，凡数万言（在北平烂缦胡同东莞会馆出售，每部定价二元），卷后附有王树枏等跋语，王氏云："弟子述先生事，见闻较为真确，故能始末备举，巨细不遗，此书可作康先生年谱，并可为一朝史镜焉。"吴闿生云："南海康先生，本一代伟人，此文洋洋数万言，综述其学术志行，略无遗蕴，自首至尾，如一笔书，波涛起伏，石破天惊，即以文论，亦古今有数之大文字也。南海身后得此，可以无憾，而作者亦可无愧于师门矣。"宋伯鲁云："先生于是为不朽矣。"杨圻云："记戊戌事者多矣，皆不得统系之记载，此作络脉分明，叙事翔实，可作维新史读。"金梁云："皆事实，至沉痛，读之泣下，此必传之作，南海瞑矣。"均甚推服。全书披读一过，觉其致力之勤，洵非苟作，于康氏身世志行，类能源源本本，道其终始；学术思想，则提要钩玄，煞费剪裁，文亦沉着遒整，与题称，自系研究康有为及近代史实有价值之参考书。

以康氏之人物，为作传非易事，故疏脱之处，盖难尽免。光绪间之变法运动以至戊戌维新，为康氏平生政治活动最有声色之举，亦近代史中关系重大之事。康氏鉴于国耻国难，发愤而以救国自誓，政治活动再接再厉，其意义尤足重视。书中于此，记述颇详，深便读者。惟戊戌康氏之蒙召见，由于先世父仅叟公之上疏论荐，于戊戌维新及康氏与光绪帝之关系上，亦一重要关键，传中漏未叙及，面召对乃若突如其来矣。康氏与先从兄由庵为癸巳乡试同年，以年家子见先世父，谈变法图强，先世父大器异之，目为国士，密疏请特旨宣召，破格委任，以行新政而图自强。是疏所荐凡五人，康氏居首，以下为黄遵宪、谭嗣同、张元济、梁启超。其称康氏云："忠肝热血，硕学通才，明历代因革之得失，知万国强弱之本源，当二十年前，即倡论变法。其所著述有《俄彼得变政记》《日本变政记》等书，善能借镜外邦，取资法戒。其所论变法，皆有下手处，某事宜急，某事宜缓，先后次第，条理粲然。按日程功，确有把握。其才略足以肩艰巨，其忠诚可以托重任，并世人才，实罕其匹。"奉谕："翰林院侍读学士徐致靖奏保举通达时务人才一折，工部主事康有为、刑部主事张元济，着于本月二十八日预备召见。湖南盐法长宝道黄遵宪、江苏候补知府谭嗣同，着该督抚送部引见。广东举人梁启超，着总理各国事务衙门查看具奏。"此康氏四月二十八日奏对之所由也。庚子李鸿章以议和至京，与先世父相见，慰问甚殷，曰："奈何为康党乎？"先世父曰：

“孰为康党者?”曰：“康有为非君所保?”则曰：“然则康有为是徐党耳。”李亦为之哑然也。康氏于先世父知己之感最深，戊申在瑞典误闻先世父逝世，设祭痛哭作诗云：

郁悒痛余怀，乃闻明月碎。
徐公竟长谢，天乎于此醉。
崇陵已龙腾，老臣随波逝。
风云皆惨淡，明良失嘉会。
耆德不再见，昼日遂永晦。
感慨追旧事，崩摧恻肝肺。
倒尽银河水，来洒知己泪。

又云：

好士频荐贤，推毂及鄙人。
圣主翕受之，辟门大咨询。
超擢赞春官，简在属大贤。
百日启大业，千秋导维新。

又云：

党锢作大狱，新参惨冤魂。
丈人坐误荐，经年系囚薪。
秋风吹锒铛，正气惨不伸。
夜月照狱墙，幽梦徒相亲。
夫人方卧疾，惊死泣血频。

长公遂衰毁，亡家罹祸辛。
哀哉为党祸，实我杀伯仁。

又云：

莫拜德公床，已闻董相坟。
知我不能报，东望但酸辛。
万载新中国，维新应书勋。
千古党人碑，摹写应伤神。

情文交至，哀挚动人。后归国重晤，悲喜交集，声泪俱下。民国六年，先世父捐馆杭州，时康氏避迹美使馆，复设祭为文以哭之，挽联云："维新首戊戌，惟公为变法第一人，为国忘家，忠主遗身，求才若渴，嫉恶若仇，苍苍者天，不遗一老；创剡荐贤豪，为我系诏狱者二载，上无补国，下不救民，生未报德，死不奔丧，茕茕在疚，永负是翁。"尤为血泪交迸之作，难以寻常格律绳之也。《南海康先生传》于高燮曾、张百熙之奏荐，均著其事，先世父之奏荐，重要远过之，实未宜略而不书（此外所记与余所知亦间有不尽同者）。至翁同龢之荐康，向为世人所公认，政变后西后追论翁罪，特著"今春力陈变法，密保康有为，谓其才胜伊百倍，意在举国以听"等语。传中述翁氏荐康及相善事，自非无根，而据翁氏《日记》，则于康有贬词，谓尝为光绪帝言其居心叵测，且当睹因康获咎之谕时，谓"臣若在列，必不任此逆猖狂至此，而转以获罪，惟有自艾而已”。斯乃成一疑案，抑翁氏故作疑阵耶？暇当再咨考之。

传中言戊子应顺天乡试，“闱中原拟中第三，以经策瑰伟，场中多能识之，侍郎孙诒经得其卷，谓当是康某，大学士徐桐衔先师上书事，乃曰：‘如此狂生，不可中。’抑置副榜，房官王学士锡蕃力争之，徐桐更怒，再抑置誊录第一。”忆戊子典顺天试者为福锟、翁同龢、许庚身等，徐桐、孙诒经均不在其列，此当有误。或壬午耶？至岑春煊作岑春萱，此误相沿已久，清季所传之巧对，已以川冬菜对岑春萱矣。

康氏诗文书法，苍茫横逸，均足成家。（晚年尝语人云：“昔我诗第一，文次之，字又次之，今则反是。”）传于书法既述其工力境诣矣。其诗文之所造，似亦当加以发挥。读传一过，粗识所见，质之张君，未知以为何如。张君表彰本师，风义甚笃，他日或更扩而充之，撰成《年谱》，以飨遗读者乎。（原文第9卷第20期）

五八　属国入贡纪事

中国昔以天朝上国之声威，俯临藩属，附庸小邦，臣事尽礼。前引《清代野记》，述琉球使臣入贡情状及仪节，兹阅康有为庚戌《读报闻日俄立协约遂亡高丽降封李王痛慨感赋六章》有云：

趋朝曾忆廿年前，五凤楼头日耀天。
纱帽绿袍穿陛仗，呼嵩稽首入班联。
沈沈渤海惊龙战，滚滚边尘压鸭川。
可笑降王娱帝号，牵供傀儡十三年。

自注：己丑年元旦朝会，曾遇高丽使于太和殿门，绿袍乌纱帽象管（?），奉舞从九品班末也。数年后，短衣后衽，从各使后鞠躬，吾不见矣。

又云：

抚桂亲披职贡图，卅年世变色模糊。
越裳香象何踪迹，缅甸金花可有无。
郁郁祖伊奔入告，哀哀天帝醉难呼。
琉球高丽谁为画，瀚海黄河更可虞。

首句下自注："先叔祖中丞公（按：康国器也）抚桂林时，越南入贡，宴之巡抚大堂，司道侧陪，贡品陈庭，使臣侍郎阮某，拜跪陛下，登堂赐坐于地而宴之。从官后列，曾摄影焉。吾年十五见之，同治辛未年也。"此亦属国朝贡事之片影，其"牵供傀儡"句，今日诵之，益可味矣。

乾隆间安南使臣入贡情事，清凉道人《听雨轩笔记》记之颇详，尤考究陪臣入贡掌故之好资料。据云："广西镇南关内山下，向有昭德台，左江道、左江镇总兵至关，先设黄幄于上，标兵布阵列左右，贡使抵关外，则武员先禀请钥匙，其长四尺余，大若人股，然后升旗放炮，鼓乐开关。彼国通事率领贡使人役，鱼贯而入，向昭德台三跪九叩首毕，随即请见各官，道、镇验表文，阅贡物，查其随从人数，量留百余人跟随赴京，余悉犒赏酒筵银帛，遣其回国。凡有货物，不计多寡，许其携带，惟军器则禁之。封关后，贡使人众俱随道、镇起行，至太平府下船，由南宁、梧州以至省城，谒见各宪。巡抚又验阅表文贡物，款以酒筵。择巡检、千总各一人，伴送赴京。出广西境，自长江而下，历湖广、江西、江南，入瓜州口，经山东、直隶而抵通州，始起旱道。进京朝见，赐宴犒赏毕，辞朝归国。仍自原路回至广西，而太平知府、新太协副将，送至镇南关口，贡使复向昭德台叩首谢恩，然后出关，其国已预遣人于关外伺之，至是相从归国去。知府、协、镇封关而还，缴其钥匙于左江道库。予昔在粤，闻其大略如此。乾隆乙亥冬，予客桂林太守宛平商公（思敬）所，适遇安南贡使自京归国，得目击其事焉。时贡使归舟泊于水东门外湛恩亭下，抚标武员皆列营于岸稽察之，昼则任其入城，夜则不得上岸。次日，通事率贡使于各衙门投谒请见。正使武钦麟，其国某科状元，今官礼部侍郎，副为翰林陶春兰、部曹武陈绍，通事二人皆阮姓，而手本则称安南国陪臣某某，不列官衔也。其人皆纱帽红袍，不异明制，惟帽翅阔而且长，靴头长尺许，拖曳而行，靴统不掩脡，短若半靴然。曾至府中禀谒，商公不接见，使经历辞谢之。次日，商公答拜，礼房呈帖请验，双红单帖夹以全柬，顶格大书“天朝中宪大夫知广西桂林府事商思敬拜”（其时知府尚系正四品，故称中宪大夫），予问系旧例乎，礼房以贡使过省原卷送阅，则历来知府名刺具在，盖答拜后贡使仍来谢步缴还也。又次日，抚台请宴，其仪制，于先一日遣从前伴送赴京之巡检、千总往船传谕。至期，大陈仪卫，自城门以至堂下，兵皆全装站班，威仪整肃，抚台坐大堂。司、道、府县进见毕，依序而坐，然后通事领贡使于东角门报名入，堂上下应者声如震雷。行至堂下，向上三叩首，就位。抚台正坐，各官雁翅排列。皆有筵席，贡使及通事共五桌，设于最末，以矮几席地坐，进酒进馔，咸以细乐侑之。三爵后，通事率贡使出位，又向上三叩首谢，仍由东角门而出。众官告辞，兵马亦随后依次退。又贡使归时，中国物件，除军器外，皆许其买带，经过关津，例不查阅，惟过广西省城桥船时，首府先遣经历查其所带书籍，录取书目呈览，每部价值若干，均注于下。首府核其不应带出者，禀之上宪截留之，仍遣经历赍原价往，取其书回。如小说传奇之类，皆在所禁者也。贡使将去，又赴各衙门告辞，各宪皆给与程仪、礼物有差。启行之日，首府设厂，陈执事于桥船上，开关放行，盖漓江江阔水冲，桥成即圮，向造巨艇八十余，两只一联，铁索两条横贯之，而维其末于石柱，铺板于上，以济行人。每日辰申二时，开锁放舟，货物过桥，例应纳税，故过桥犹过关。关系首府所司，是以亲莅送行也。”与前述琉球贡使事参互阅之，所谓天朝上国体制之尊严，与所以待属国者，大略可睹，抚今追昔，何胜感喟！

五九　清代官吏媚洋丑态

庚子之役后，西后变仇外为媚外，以倡率全国，风声所树，遐迩一概。李宝嘉《官场现形记》形容宦途丑态，亦屡及之，第言之过甚，时近儿戏，非写实之道耳。如卷五十五《呈履历参戎甘屈节》，写参将萧长贵跪接外国提督，有“早听得岸滩上一阵锣声，只见萧长贵跪在地下，双手高捧履历，口拉长腔，报着自己官衔名字，一字儿不遗，在那里跪接大人。梅飏仁在船上瞧着，又气又好笑。等他报过之后，忙叫翻译知会洋官，说岸上有位两江总督派来的萧大人？在那里跪接你呢。洋官听说，拿着千里镜朝岸上打了一回，才看见他们一堆人，当头一个，只有人家一半长短。洋官看了诧异，便问谁是你们总督派来的萧大人？翻译指着说道，那个在前头的便是。洋官道，怎么他比别人短半截呢？翻译申明他是跪在那里，所以要比人家见短半截。又说，这是萧大人敬重你，他行的是中国最重的礼信。洋官至此方才明白”等语，谑虐特甚，只可作滑稽文字读。其骂武官尤酷，梅飏仁虽“媚洋人”，以系文官，故犹不以为然。然道光间固实有文官向外国兵船“头顶说帖跪献江干”之事，诚国耻也。梁章钜《浪迹丛谈》云：“道光二十二年六月七日，嘆夷兵船闯入圌山关，将犯扬州，周子瑜观察札委余东场盐大使颜柳桥（崇礼)，驰往招抚（按：此二字读之真令人肉麻)。颜有胆略，素喜任事，遂与办事商人包恪庄计议，禀商但云湖都转，许即相机办理。颜即于初八日随带羊酒鸡豚等物赴瓜洲，渡江至象山，纤道瞭望。值夷船飞帆驶进，势甚凶猛，象山与焦山紧对，颜伺其抵焦山马头，以礼招呼，效郑商人弦高故事，头顶说帖，跪献江干，因得上夷船，见其头目郭士利……往复数四，议定给洋银五十万元，每元作银七钱一分，遂面与嘆（嘆?）酋定约，旋即分次送给，而扬城安保无恙，居民亦旋定安辑矣。余初闻颜柳桥之名，住扬州半载，未见其人，故无由详其通款之事。后遍询同人，得包松溪、程柏华所述，其胆略识力，颇有过人处。柏华复嘱颜来谒，因悉其颠末而叙次之如此。是役固由但云湖都转周子瑜观察之主持，而颜与包之功，亦不可没也。包现为总商，家门鼎盛。颜亦得运同衔，其子某孝廉且以郡守候选矣。”耻辱也而津津乐道，深有余慕，是诚何心哉！又云：“嘆夷之不犯扬州，京师士大夫以云台阁老（按：阮元也）之居邗江，比汉郑康成之居高密，而以嘆夷比黄巾之保郑公乡也。逾年，八十寿辰，恭蒙赐寿，彭春农学士以楹联寄贺云：‘新恩又见临裴野，近事争传保郑乡。’即指此事。”又云：“嘆夷初犯邗江，扬郡人家已纷纷逃窜，赖但云湖都转竭力防堵，加意抚循，不一月即各安其居，扬人甚德之。值都转九月诞辰，各制楹帖，以致其颂祷之忱。然语或过当，甚有以郭汾阳、李西平为比者，则拟不于伦矣。惟云台师撰七字联云：‘菊花潭里人同寿，扬子江头海不波。’落落大方，恰如身分，不能不推为大手笔也。”亦肉麻文字。陈康祺《郎潜纪闻》于此三则，斥其议论之无识，谓：“此举傥出自淮商，为捍卫牢盆保全场灶起见，当时和战未定，或可行权；若都转、观察，则皆守土之大官，奈何买城以求活乎？文达老成持重，殆别有坚定之志，不肯以先去惑人。莅林中丞，当海警萌芽，连章乞病（时为江苏巡抚），已不能自顾其生平。及侨寓维扬，反若幸钱神之有灵，以媚敌为得计，大书特书，归功当道，何其谬也。”盖允。

（原第9卷第22期）

六〇　关外风土趣谈

日军既占沈阳，辽宁省政府暂移锦州。旋锦州又不守，山海关外俨成异域矣。锦州亦形胜文物之地也，清末潍县陈恒庆以给事中简任锦州知府，所著《归里清谭》述关外事有云：“山海关外锦州府城中，有塔高于城，明末清摄政王攻城时，于山上置炮击之，即此塔也。春日燕子巢于塔，其数盈千，与寻常燕子不同，红颔绿尾短腿，终日绕塔而飞，未尝栖于他处。其邑文风为关东冠，仕宦显达亦多。文中丞格、德中丞铭皆锦州人，大凌河、小凌河、医巫闾山，均在境中。小凌河绕城而流，水清而甘，关东茶市萃于此，以水试茶，真味乃出。若辽河之水，则不及远甚。关外风寒，相传牡丹兰花不过大凌河。光绪间，何润夫太史为奉天府丞，携兰花二盆往，土人方见之。土人谓牡丹花大如盘，乃绘事故意为之，岂真有此花哉。及火车南北交通，姚黄魏紫，与千顷罂粟争艳（其时种罂粟花最多）。予犹及见其地罂粟花皆重台，与他处异。问之土人，皆云：夫妻同种，或两手布种，则花开重台。及查《群芳谱》，果有此说。山东人独不知，缘无文人博览群书以教之也。予曾教之，亦不肯听。故有句云：‘钗荆裙布馌南亩，底事夫妻不种花。’”可为谈关外风土故事之一助。至夫妻同种则花开重台之说，盖所谓“妈妈大全”一类见解耳。潘永因《宋稗类钞》云：“冲晦处士李退夫，作事矫怪，携一子在京师，居北郊别墅，带经灌园。一日老圃请撒园荽。俗传撒此物须主人口诵秽语播之乃茂，退夫固矜纯节，执菜子于手撒之，但低声密诵曰：‘夫妇之道，人伦之始。’云云。无何，客至，不能讫事，戒其子使毕之。其子尤矫于父，执余子咒之曰：‘大人已曾上闻。’皇祐中馆阁以为雅戏，凡曰澹话清谈，则曰宜撒园荽一巡。”播种而须口诵性交之语，尤足发噱，斯类神秘之植物学，由来已远矣。又宋人（庞元英）《文昌杂录》云：“礼部王员外言，昔见朝议大夫李冠卿，说扬州所居堂前杏一窠极大，花多而不实。适有一媒妪见如此，笑谓家人曰：‘来春与嫁了此杏。’冬深，忽携酒一尊来，云是婚家撞门酒，索处子裙一腰系杏上，已而奠酒，辞祝再三，家人莫不笑之。至来春，此杏结子无数。江淮亦多嫁橘法，不知是何术也。”亦是以人事强通于物性，媒妪捣鬼，更足占“妈妈大全”之一页，我国自来科学研究之沈冥，此等想当然耳以意为之之理解，实与有关系（医家亦有“医者意也”之学说，俗传名医轶事，多以此附会）。

六一　包拯跪拜瞎婆婆

剧有《天齐庙》，演包拯遇李太后，疑其非真，白：“也罢，不免将瞎婆搀扶正位。倘若他受起老夫一拜，定是真皇后；他若受不起老夫一拜，再将他拿下来。”将瞎婆扶在正位，复警告之曰：“瞎婆你要坐稳了。”迨见李太后端坐受其跪拜，昂然不动，乃唱：“见他稳坐身不倒，唬得包拯似汗交，二次撩袍我就忙跪倒，国太千岁受臣朝。”而瞎婆之为太后，千真万真矣。此种试验法，自可喷饭，盖亦“妈妈大全”一流也。福命之判，庶民之与尊官，悬绝矣，以寻常瞎婆而当相爷之拜宁不折杀（戏中称包相），试验而得圆满之结果以此。此固乡曲可笑之理论，而类是之见于文人记载者，亦未尝无之。如宋朱弁《曲洧旧闻》云：“祥符中，丁晋公自参知政事拜平江军节度使，知昇州。时建节钺者，出入必陈其仪度。既还本镇，乡人为之改观。公在童龆时，尝从老郁先生学，至是首入陋巷，诣先生之居，以两朱衣掖之，拜于其下。先生惶惧，大声呼之曰：‘拜杀老夫矣！’既坐，话旧极款密，且云：‘小年狭劣，荷先生教诲，痛加榎楚，使某得成立者，皆先生之赐也。'先生愈不自安，不数月果卒。公遣吏为办棺敛，葬埋之物甚厚，吴人至今以为美谭。"陋巷小儒，因参政节帅一拜而死，写来因果分明，福命所限，洵难假借哉！幸犹与丁谓为师弟耳，不然，或立时拜杀，难有数月之苟延矣。足与《天齐庙》一剧互相发明，而为编斯剧者解嘲也。前乎弁者，又有南唐史官尉迟渥之所记，其《中朝故事》云："宰相堂饭，常人多不敢食。郑延昌在相位，一日本厅应欲食次，其弟延济来，遂与之同食。延济手秉餺饦，食及数口，碗自手中坠地，遂中风痹，一夕而卒。"是福命相悬者，不独难当一拜，且一饭之僭，遽陨厥生，史笔昭垂，益懔然可畏焉。所据之理论，实为相通，连类而观之，亦颇耐人寻味。

六二　张榕赵秉钧轶事

叏君阅《大公报》《旧都百话》，承以赵秉钧及张榕事函告，谓："张榕系先君小友，鄙人故交，伊系汉军旗籍，本名裕木强，其所犯系在三省革命，实非吴樾同伙。（按：《百话》于其关外事，亦略及之，至吴樾同伙云者，当时官场曾有此说也。）年少英发，颇富诗才。尚记其狱中寄先君《狱中诗》云：'自我与公羁警部，亚东那复有风云。'（其篇什甚多，惜皆散失，仅记此二句，亦略见抱负矣。）至赵氏更为不世出之才，在天津南段总办时，即'之乎者也'等字，尚未能完全留意用法，至警部侍郎，遂折节求学，兼习书画，其行书用六朝佛座方拙之笔，写刘石庵之渊雅。画则人物山水，健笔纷披，得瞎尊者之神髓。犹记其初学隶书，临《张迁碑》四幅，见赠先君，末自跋云：'钧之学隶，正如今之办新政者，知其然而不知其所以然，尚祈我公教之。'云云。则其流风余韵，有足多矣。鄙人行行踏歌，展转燕赵，鬓登二毛，搔首浩叹，偶睹故人名字，抚今追昔，枨触不胜。就其所知，聊为霄老《百话》中略添资料。"厚意可念。今以体裁所宜，刊入《随笔》，当亦叟君所许耳。秉钧诚一时异才，以寒微崛起，历佐杂末秩，致身通显，卓然有所树立，平津警察，为全国模范，至今犹见余烈焉。其究心文艺，亦有成就，可与张曜、张荫桓并传。尝闻人谈其身世，少年以走卒从征西陲，隶张曜部下，积功保至列将。后以武员为世所轻，遂弃之而入赀为佐杂，在元氏县典史任办警察有声。受知于袁世凯，洊至大用。以起自孤寒，不能自详其世系，而又无子，说者称为"空前绝后"。多与闻世凯阴事，其暴卒于直督任，状颇不明，或谓事缘世凯畏忌也。挽词中有丁某一联云："盖世功名工策画，一生论定是权谋。"似寓不满之意，而秉钧智略过人，固为不虚。

六三　曾纪泽评聂缉椝

左宗棠督两江时，委曾国藩女婿聂缉椝佐上海制造局事，制造局总办李兴锐以曾纪泽《日记》中于缉椝有贬词为疑。宗棠以《日记》云云是纪泽一时失检，未可据为定评解之。按：《曾侯日记》光绪四年九月十五日云："午饭后，写一函答妹婿聂仲芳，阻其出洋之请。同为妹婿，挈松生（按：陈远济也，纪泽以为使馆参赞官。）而阻仲芳，将来必招怨恨。然数万里远行，又非余之私事，势不能徇亲戚之情面，苟且迁就也。松生德器学识，朋友中实罕其匹，同行必于使事有益，仲芳年轻而纨袴习气太重，除应酬外乃无一长，又性根无定，喜怒无常，何可携以自累，是以毅然辞之。"兴锐短缉槊于宗棠，所据即此。吴沃尧小说《二十年目睹之怪现状》之写"叶伯棻"者，盖亦颇受此影响也。前于《曾胡谭荟》中，误谓《曾侯日记》及《曾惠敏公使西日记》均未有此节，实仅《曾惠敏公使西日记》中未收耳，今补正之于是。

（原第9卷第23期）

六四　李鸿逵戏言闱中故事

清光绪丙戌（十二年）会试，内监试李鸿逵所作《春闱内帘杂咏》等，已先后著录。其《月令补》亦道闱中情态，可参观。文云：

> 季春之月，日在房，昏闱中，旦家中。其日辛丑，其帝文帝，其神朱衣，其虫雕，其音土。律中点鼓，其数三，其味麻，其臭腐，其祀厕，祭先肠。黄

风至，臭虫始出，鸡争鸣，暖帽化为凉。总裁居奎堂左右，乘早起，铺红垫，戴朱缨，挂朝珠，穿公服，食米与鸭，其器圆以粗。是月也，将上堂。未上堂前日，总裁乃告同考曰，某日上堂，盛德在文。同考乃齐，总裁亲率监试、收掌、供事以铺文于堂中毕，归座，命收掌、供事散朱卷于各房，看清红号，毋得错乱，以均为常。是月也，监试亲坐堂中，看荐卷，登号簿，盖荐条，命供事分荐四字，毋得乱而哗。乃禁杀令，命襄厨、庖人、童仆鸡鸭毋用宰。禁止草率。毋乱点，毋误批词，文章入韵，毋涂毋抹，毋高眼界，毋存意见，平心静气。是月也，择吉日，总裁乃上安折于皇帝，两手高捧折匣。次之以题筒之工整，向门一跪，鼓乐相送。次日，折返，贡举捧下，内外肃穆，毋有不恭。乃命房考翻《说文》，核经策，慎磨勘。是月也，门间常闭，进供给，开有时。命厨司治鱼，考官亲口乃尝鱼，先荐五脏。是月也，不可以吃烟，吃烟必荒功。大家相比，不可不早起，毋旷天之长，毋误地之静，毋同人之混。季春行夏令，则雨水多暴，墙屋坍塌，房官大恐。行秋令，则寒气不时，暑热内蕴，襄厨多痢。行冬令，则冰雪早降，皮袄不至，鸡乃打攒。

戏谑之文，亦可为考究棘闱故事之小资料。

六五　李鸿逵《十八房歌》

鸿逵并有《十八房歌》云：

（其一）

君不见张良一生惟慎谨，四皓招来君侧近。
赤松黄石托辞游，刘氏始安圃农隐。
（第一房张安圃给谏）

（其二）

折槛朱云气不侔，请剑先斩佞臣头。
圣恩宽大旌其直，快适庵蔺得自由。
（第二房朱适庵编修）

（其三）

南丰曾巩文章起，虽不能诗无足訾。
体继欧苏气魄雄，心怡庄老得其髓。
（第三房曾怡庄驾部）

（其四）

王勃天才压神京，冲射辰垣奎宿明。
落霞一赋冠千古，气夺阎公四座惊。
（第四房王辰垣编修）

（其五）

张公家法敦古谊，显显庭除令德嗣。
同居九世人所无，绢匹屡荷天家赐。

（第五房张显庭主政）

（其六）

杨震传家清白留，却金数语逾千秋。
四世三公贻后代，渭莘伯仲堪同俦。

（第六房杨莘伯编修）

（其七）

潘岳闲居曾闭户，掷果车前无足取。
板舆迎养事堪师，兰芝堂下花竞叶。

（第七房潘芝堂编修）

（其八）

高子皋将为成宰，成人感化俗顿改。
柴也愚孝游圣门，耆寿农民亦舞彩。

（第八房高寿农仪部）

（其九）

张载纯儒首戒欺，羽翼圣经堪取资。
东西二铭万古垂，书城文府披无遗。

（第九房张书城侍御）

（其十）

郑氏注疏绝汉代，章黼门庭异侪辈。
风流二婢亦解诗，书带青青座前对。

（第十房郑黼门编修）

（其十一）

胡传由来佐贬褒，公穀齐驱声价高。
何年盲左波浪滔，自信芳情光晦韬。

（第十一房胡信芳给谏）

（其十二）

徐陵丽句满天涯，江左兰成略有差。
《玉台新咏》删不得，百家诸子静无哗。

（第十二房徐子静编修）

（其十三）

唐寅声誉南京起，祝氏允明何足比。
诗画词章盖世无，青春卿相薄朝紫。

（第十三房唐春卿编修）

（其十四）

汉室循良首黄霸，渤海龚遂亦其亚。
召父杜母比勤劳，敬慎之余宏教化。

（第十四房黄慎之殿撰）

（其十五）

黄公望画能通神，雨霁亭台色色新。
元末四家推巨擘，叔明仲圭难拟伦。

（第十五房黄霁亭侍御）

（其十六）

梁鸿孟光相继美，走依伯通辞膴仕。
篝灯庑下为舂佣，起视明星斗南指。

（第十六房梁斗南学士）

（其十七）

托名采药逃南荒，传位季历以及昌。
仲雍偕随辞不遑，棠移香流勾吴长。

（第十七房吴长移香编修）

（其十八）

支遁爱马去其害，相识牝牡骊黄外。
愿继卿云八伯歌，圣代人才隆际会。

（第十八房支继卿编修）

此亦丙戌春闱内帘之一段文字因缘也。

六六　武科京闱情形

科举分文武科，而文重武轻，且武职以行伍出身为正途，故武科之荣远逊于文。谈科场情事者，类皆文科，于武科则罕焉。然在昔究亦号为抡才之典，其陈迹为科举史之一部分，亦颇有记述之价值。光绪乙亥（元年）顺天武乡试，翁同龢为正主考，其《日记》中述入闱情事颇详，可供武科掌故之考镜。十月十三日云：

> 武乡试听宣，派出正考官臣龢，副考官王之翰。（按：武会试大抵以文进士出身之一品官一人为正考官，四品官一人为副考官，顺天武乡试亦犹之。时同龢官内阁学士，署刑部右侍郎。至外省武乡试，则不派考官，即由巡抚主试。）葆成及笔政先后送信，亟起检点笔墨，访夏子松，略问大致。（按：子松为夏同善字，盖过来人也。）午初入闱，携二价一厨，过贡院门，告稽查御史时刻。至公堂小坐，与提调张雪斋〔霁亭〕（沄卿）及两御史话。入内帘，王老前辈先在（次屏，甲辰翰林）。余居聚奎堂东室，内监试德君（禧）、李同年（廷箫）、收掌沈守廉（退庵）、陶守恒（定甫）皆来。监临杨振甫偕提调来，供给官陈象瀛（山东人，通判）送菜入，内委官从九胡景唐来见，供事八名［邱岳（吏）、倪振声（户）、洪泽

源（礼），董立坦（刑）、王兆鹤（工）、张勇成（都）、秦世烇（通）、王玉森（大）］来见，皆各衙门调取，独无兵部，而有大理、都察院，真乌合也。（按：李鸿逵《春闱内帘杂咏》于《供事》一首，注谓："向例由吏、户、兵、刑、工、都、通、大各衙门咨送八人内帘当差。"是此项供事，取自大九卿衙门，而文无礼部，武无兵部。）黄昏封门，写默写武经题纸（一百十五字），交内监试发刻，子初印样看，始就枕，寒不得寐。

十四日云：

黎明起，炽炭犹寒。辰初二开门，进供给（尚未点名），巳初三开门，请题纸。行至公堂文两件（一询汉军加额七名曾否中讫，一询此次恩诏有无广额，上次亲政恩诏有广额，皆余意欲问）。闲坐无事，与次平谈。次平熟苏诗，于顾亭林书皆熟。颇暖。卧后复起，外帘进卷也。时子正一刻，共三百九十三卷（扣违式三本）。余分得辰、张两围共一百九十八本。

十五日云：

晴暖，阅卷。余意以步箭弓力为重，颇费排比。午后粗毕，请次平来，与之细细斟酌。先定双好前后。黄昏又将单好各卷细酌。大抵步箭六枝、硬弓十二力者，无不取。若四箭者，多至数十卷（指三项如常者），不得不遗珠矣。写红号极烦苦，夜分就枕，心忡忡然。（是日有空白一卷，辰字围为二十，叫门问外帘何以送进，恐此卷误入，其扣下三卷，转有一本无疵者在内。据外帘答云，所扣三卷皆系违式，此系漏扣。）至公堂来文，覆本科无恩诏广额，又汉军广额已中竣。

十六日云：

晴暖。黎明起，细检红号簿，再查落卷讫，忽思次平处落卷，始终未寓目，于心不安。入其室，见其案上缤纷无序，余强将一束解视，则第四卷俨然双好也。因穷搜得三卷双好（皆宿围）。次平亦自检得一卷双好，共四本，而外帘传鼓催门矣。重排甲乙（从五十名起），再黏名签，去步箭六枝者三本（皆十力而石二号者）。又步五枝而马箭太少者一本，勉强如数。午正开门，监临、提调、外监试、御史（四人）咸入，列坐聚奎堂，唱名写榜，一如文闱例，余将五魁卷封好，而红号簿亦秘不示人，故无从窥测也。申正毕，饭于堂上（三桌，顺天府备）。日落填五魁，灯火甚稀。（按：此似亦因武科较不重视之故，文科之填五魁，烛光满堂，极绚烂也。）酉正毕，大京兆判榜对题名录（称为御录）讫，亥初出榜，余亦从榜出，策马归至小寓，念杨京兆归而省母，余何为哉，凄然而已。（按：同龢丁母忧，时起复未久，以杨解府尹职归省而生感也。顺天文武乡试，府尹均为监临。）供事八名，共赏四十千。（按：北京钱四十千，亦即四十吊，实每名五百钱耳。）乡厨二名，每名六千。（按：《春闱内帘杂咏》于《供给》一首，注谓："闱内执事官员，每人有一火夫伺候，名曰襄厨，未知是此襄字否。"）看堂一人，四吊。剃头一人，两吊。刻字匠四吊。外供给送菜力四千，入帘时抬水等赏两千。

十七日云：

晴。宴起犹倦。筹儿来，写覆命折及安折、膳牌。（向来顺天府科房办，今年独推诿不办。最可笑者，旧样及紫笔付奏事处，片文转由该科房呈出。余以琐事不值与京兆纷纭，遂认自办，恐从此成例耳。）

阅此可于武科京闱之情形及考官之职务，得其大凡。同龢于此盖颇恪慎将事云。　　（原第9卷第24期）

六七　张謇劝奕劻以挽颓势

张謇辛亥五月至京，曾谒庆王奕劻，论国事。其《自订年谱》记此云：

谒庆王于其邸，极陈东三省之重要危迫，亟宜强力自营，不当听人久久鼾睡。赵督所请二千万，实至少而至不可已之数。王但应课其用之得当核实与否，不可掣其肘。复为言国民疾苦之甚，党人隐忿之深，王处高危满溢之地，丁主少国疑之曾，诚宜公诚虚受，惕厉忧勤，不宜菲薄自待，失人望，负祖业。语多而挚，王为掩面大哭。于此见此公非甚昏愚，特在廷阿谀者众，致成其阘茸之过，贪黩之名，可闵哉。

时奕劻为内阁总理大臣，清已濒亡矣。謇为当时立宪运动之领袖，犹冀当国者有以挽回颓势也。奕劻以寒士袭爵，洊致重用，在亲贵中初颇有明白漂亮之名。既执国柄，惟知黩货，遂以亡清。掩面一哭，知其良心尚有发现之时。而清之大命将倾，亦已料及，或谓其准备作亡国后之富家翁，似非苛论。至东三省形势之危，自甲午以后，论者多能道之。清廷令改行新省制，重总督之事权与体制，亦以怵于外患，为固圉之计。然设施多趋重于张皇门面，未能为实际上之补救。（王小航《方家园杂咏》附记云："徐世昌之总督东三省也，先以数十万金建新公署，其奏章曰：以耸外人观听。而此折且发刊《宫门抄》，外人腾笑。此一小事，足以见中国大臣全班之愚陋矣。"清末号为举行新政，喜作形式上之铺张，于衙署等之建筑，往往为不必要之靡费，盖大抵类是也。其风至今未沫，且每加甚焉。）入民国后，频年内战，政府于东三省之危机，益不暇措意，祸变之来，宁非自致乎？相传辛亥三月赵尔巽将拜东三省总督之命时，端方往访于京寓，贺曰："三哥恭喜，帖子已写好否？"赵愕然不解所谓。端方笑曰："即谨具满洲三省奉申某某笑纳之帖子也。"赵摇首曰："此事恐怕我还做不到。"斯一时戏谑之词耳。而今日雄疆天府，沦为异域，妖梦终践，谓之何哉！尔巽在清季督抚中颇有能名，为立宪党人所重，故謇以经营东陲望之。

六八　吴长庆张謇提拔袁世凯

袁世凯之知名，起于在吴长庆戎幕时。张《谱》记其初入吴幕事云：

> 项城袁慰廷世凯至登州，吴公命在营读书，属余为是正制艺。公语余曰："昔赠公以团练克复庐江，为贼所困，命赴袁端敏公军求救。端敏以询子侄，子文诚公以地当强敌，兵不能分，主不救。侄笃臣以绅士力薄，孤城垂危，主救。迁延时日，而庐江陷。赠公殉。嗣与文诚绝不通问，而与笃臣订兄弟之好。端敏后命随营读书以示恤，义不应命。今留慰廷读书，所以报笃臣也。慰廷为笃臣嗣子，先是以事积忤族里，众欲苦之，故挈其家旧部数十人赴吴公，以为吴公督办海防，用人必多也。而防务实无可展布，故公有是命，旋予帮办营务处差。"

长庆父廷香殉难庐江，长庆以大营不救，不慊于袁甲三及其子保恒，而德其侄保庆之主救，故留保庆嗣子世凯在营读书以报之（时保庆已卒）。此为吴、袁两家之关系。长庆初意实欲世凯从謇治举业以从事科举也，世传世凯尝师事謇固非无因。又据謇子孝若所撰《先父季直先生传记》云：

> 这时吴公的大本营，已经从浦口移到山东的登州。在光绪七年的四月，有一天，袁忽然来到登州，求见吴公，想谋事。吴公因为从前他的先人和袁的嗣父笃臣是换帖的兄弟，有这个交情，就答应留他在营中候事，并且招呼我父替他改改文章。有一天，在吃中饭的时候，他忽然神色张皇地告诉我父说："我有一件不得了的事，要求先生想一个法子帮帮忙。"我父问是什么事，他说："我来的时候，带了几十个家中的旧部，一时不好和大帅说起，而他们住在外边的破庙里，等候得连饭都没有的吃了，先生看怎样好？"我父听了，就帮他和吴公说情，拿了钱替他分给这些人，遣散他们回家乡了。袁虽然是河南秀才，但是文理不大好，我父替他改文章，总是不很客气，涂改得一塌糊涂。同时周公家禄，也替他改文章，就比我父客气点，加些圈儿了。所以袁很畏惮我父，而喜近周公。

于张、袁最初之关系，言之尤详，惟谓世凯为秀才，则非。世凯未尝游庠，特曾以监生应乡试耳。长庆与保庆订兄弟之好，张《谱》文意甚明，《传记》乃谓长庆之先人与保庆换帖，亦误。

世凯之为长庆重用，据张氏父子所记，其始亦由于謇。光绪八年六月下旬，长庆奉督师赴朝鲜定乱之命。张《谱》云："吴公属余理画前敌军事，时同人率归应乡试散去，余丁内艰独留，而措置前敌事，手书口说，昼作夜继。苦不给，乃请留袁慰廷执行前敌营务处事。"《传记》云："那时吴公幕中人才却也济济。但是重要机密和笔墨的事，吴公却是信托我父，完全责成他去主持办理。朝命下来，急于星火，差不多立刻就要出发。但是所有的准备，都要我父一人担当处理，而且限期既非常迫促，应布置的事，又一件不能耽误，所以我父计划出发和前敌的军事，写奏折，办公事，实在忙得不得开交。嘴里说，手里写，白天忙不了，夜间接续办，实在是烦苦得很。在这时适当乡试的时候，吴公叫袁世凯去考举人。袁心里实在不情愿，嘴里又不好意思回。我父当时一个人对付内外各事，实在也忙不了，就对吴公说："大帅不要叫慰廷去考了，就让他帮我办办出发的军事罢。"我父这样一说，吴公自然立刻就答应了。于是我父就派袁赶办行军应用的各种物件。那晓得限他五六天办好的事，他不到三天，就办得很为妥当齐备，我父很称赞他有干才。出发时，就接下来派他执行前敌营务处的差使。（按：此句稍有语病，謇之地位，仅能荐扬，下委必由府主也。）大凡古往今来能成就功名的人，大半要靠着机会，但是也要有人用当其才，方能显得出人的才能。”

《谱》《传》所记，可以参阅。如所云，世凯不特曾从謇学制艺，其功名发轫，亦赖謇力。盖锥处囊中，始获脱颖而出，否则长庆不过念为故人之子，聊以空名留营，使治举业，不肯假以事权也。惟世凯既贵，不愿认此一笔旧帐，故沈祖宪、吴闿生为撰《容庵弟子记》，于吴、袁遇合，乃云："六年冬，庆军统领吴武壮公长庆帮办山东海防，稔知公才，调赴登州，置之幕中。嗣委会办营务，倚如左右手。"则长庆才其人而延揽倚任之，无待他人说项。若从謇学文之事，更不在话下矣。（即朝鲜之役，《弟子记》亦仅详言世凯功状，不及张謇一字。）

及世凯帝制自为，以謇殿所谓"嵩山四友"，其申令有"眷怀故旧，略分言情，布衣昆季之欢，太史客星之奏""在藐躬为道义之交"等语，亦所以正友而非师之名耶？

六九　吴长庆袁世凯执李昰应

吴军抵朝鲜后，执乱首国王生父大院君李昰应送华。《弟子记》云："道员马建忠建议，以昰应赴华，然后捕治余党。张督树声采其策，密檄施行。议俟昰应来营答拜，即舁之行。吴公令公密为布置，昰应至营，护从甚众，公遣兵阻于外，引昰应入，与吴公笔谈。昰应寒暄毕，觉有异，书曰：‘将军将作云梦之游耶？’吴公尚支吾不忍发，公握刀在侧曰：‘事已露，迟则生变。’即促人扶昰应入肩舆，星夜趋马山浦，登兵轮，送天津。”未免说得长庆太庸。昰应之执，政府已定议，长庆等遵令实行，无所用其游移不决也。惟所述昰应云梦之语，吐属甚蕴藉。王伯恭《蜷庐随笔》云：“朝鲜大院君，既至保定，某翰林往慰，以文王羑里况之，大院君走笔答曰：‘不敢当，不敢当。文王古圣王也，何可以况夷虏？且今上圣明，非桀纣比乎？’翰林咋舌而退。”亦见其善于词令。

（原第 9 卷第 25 期）

七〇　张謇与刘坤一李鸿章之相知

张謇甲午大魁，以翁同龢之知契，颇锐意谈政治，后以环境不利，乃弃仕进而营实业，遂为我国实业家之巨擘。刘坤一方督两江，雅重之。事业发轫，坤一之助为多。其子孝若为撰《传记》，以翁、刘同为其真实知己。谓：“韩愈做的《上于襄阳书》里边有几句：‘文士之能享大名显当世者，莫不有先达之士，负天下之望者，为之前焉。’我读到这里，就想到我父一生所以能享大名显当世，何尝不靠著二位‘先达之士，负天下之望者为之前焉’。这二位是谁呢？我父在光绪十一年以后，翁公处处以国士相待，言听计从。等到光绪二十四年以后，我父回到南通，决心开辟他的新路，又碰到两江总督刘公坤一。刘公当时也是一朝重望，齿德俱尊，好像中流的砥柱。对于我父，又是一样以国士相待，言听计从。兴办纱厂，虽然是和张公之洞开其端绪（按：谓之洞在署江督任事），然而竭力的促成，全仗着刘公推心置腹。后来继续兴办垦牧公司，又是他一手帮助成功。我父先前没有翁公，成名没得这样大；后来没有刘公，成事没得这样快，翁、刘二公着实是我父的真实知己了。”刘、张关系，于斯可见。庚子之乱，坤一谋东南自保，謇亦与其议。其《自订年谱》云：“五月，北京拳匪事起，其势炽于黄巾白波。二十二日闻匪（按：外军耳）据大沽口，江南震扰。江苏巡抚李秉衡北上，（按：李秉衡时以开缺川督巡长江，非苏抚。苏抚为鹿传霖，相继率兵勤王），言于新宁（刘坤一）招抚徐怀礼（即徐宝山），免碍东南全局。爱苍（沈瑜庆）至宁，与议保卫东南。陈伯严（三立）与议迎銮南下。

蛰先（汤寿潜）至宁，议追说李秉衡以安危大计，勿为刚、赵所误，不及。至沪与眉孙（何嗣焜）、爱苍议，由江鄂公推李相统兵入卫。与眉孙、爱苍、蛰先、伯严、施理卿炳燮议合刘、张二督保卫东南。余诣刘陈说后，其幕客有沮者。刘犹豫，复引余问两宫将幸西北，西北与东南熟（孰）重？余曰：‘无西北不足以存东南，为其名不足以存也；无东南不足以存西北，为其实不足以存也。’刘蹶然曰：‘吾决矣！’告某客曰：‘头是姓刘物。’即定议电鄂约张，张应。”亦当时之史料。又据王蘧常《嘉兴沈寐叟先生年谱初稿》云："七月，八国联军入都，两宫西狩，公悲愤不知所出，停于上海，主沈涛园（瑜庆）。痛北事不可救，以长江为虑，与盛杏荪（宣怀）、沈涛园、汪穰卿（康年）密商中外互保之策，力疾走金陵，首决大计于两江总督刘岘庄（坤一），来往武昌，就议于两湖总督张香涛（之洞）。而两广总督李少荃相国（鸿章）实主其成，订东南保护约款，凡九条。其后大局转危为安，乘舆重反，繄公之力为多。"张、沈二《谱》可以合看，謇与曾植于此举均有关系也。张《传》云："到六七月间，北方拳匪的声势已风起云涌的鼓荡蔓延起来，杀使臣，围使馆，开场锣鼓正敲得好闹热，东南长江一带情势亦岌岌可危，大有同归于尽的趋势。刘公到没法的时候，每每找到我父和陈三立、汤寿潜、沈曾植、何嗣焜诸公去商量应付内外大局的办法。我父在这几个月里，在南京的时候很多，一回到通、沪，刘公催促之电又同雪片而至。我父帮他策画种种，先定保卫东南的大计，再商公推李相统兵入卫的办法。"亦言坤一对謇之倚信。至关于公推李鸿章统兵入卫之议，"当时曾有一封信致刘公，……比上一笺，乞公与南中疆帅公推合肥总统各路勤王之师入卫两宫。其时德使虽被匪戕，聂提督一军无恙，私心窃计，以张魏公戡定苗、刘之功，望之合肥也。事会蹉跎，聂公死敌，歼我良将，诸军夺气。合肥驻节沪上，闻命徘徊，若以朝局兵机，敌情贼势，合参统计，未遂无辞，然君父悬刀俎之上，生灵陷汤火之中，惟是宜暑避嚣，散服容与，虽充国之持重，亦高克之逍遥。以云忠爱，未敢深信。”对鸿章之中途观望，深致不满。盖于其不肯投身北京旋涡之深心，未能体会，苗、刘、张浚之喻，实太不伦。

七一　刘坤一大事不糊涂

张《谱》涉及坤一者，又有戊戌八月“为新宁拟《太后训政保护圣躬疏》，大意请曲赦康、梁，示宫廷之本无疑贰。此南皮所不能言。刘于疏尾自加二语曰：‘伏愿皇太后、皇上慈孝相孚，以慰天下臣民尊亲共戴之忱。’乃知沈文肃昔论刘为好幕才，掌奏语到恰好，盖信。”当政变甫兴，光绪帝就俘之际，内外诸臣大抵知有太后而已，而坤一不畏后嗔，作如是语，隐然为帝护持，与后之力争废立，实为一贯，古大臣之风也。“忠诚”之谥，可云无忝。张之洞之视坤一，虽不无长处（如辞华较富，头脑较新），然强毅笃实之度，自远逊之矣。又己亥“闻太后立端王子溥儁为上子，兼祧穆庙（按：溥儁立为大阿哥，系继承同治帝为子，非兼祧），明正内禅，改元普庆，人心惶惶。新宁奏《国事乞退疏》，有‘以君臣之礼来，以进退之义止’语，近代仅见。”语气振厉肃括，亦足令之洞咋舌。壬寅，坤一及陶模相继卒，梁启超于《新民丛报》斥为“老朽”，备致揶揄。且谓“吾谓刘、陶之逝，朝廷失两老臣，不足为朝廷惜，而张之洞失两傀儡，最足为张之洞惜。然以张之洞之才略，居今日之地位，又安往而不得傀儡？然则亦可无惜也。”《新民丛报》最鄙夷之洞，而论刘、陶乃如是。其调侃之也至矣，实一时感情用事之兴到语，轻薄语，无当于定评也。坤一之大事不糊涂，固有非之洞所及者。即模在粤督任抗章请裁废宦官，一鸣惊人，其师亦岂有此胆力（模为之洞门人）。

七二　阻止董福祥入京

（陶）模官新疆巡抚时，曾拟阻提督董福祥入京。其子葆廉、保霖所为《行述》道其事云：“二十年正月，诏各省文武大员进京祝嘏，福祥与焉。府君电商督部杨公昌濬，拟会衔奏留，杨公不可。越数月，府君以边防紧要，奏请俟祝嘏礼成，即饬董福祥回任。或疑福祥可大用，何骤沮之。府君谓列国竞争，固宜尊视武员，然非所语于悍鄙之人，今实少将材，此辈当令常受疆吏节制，砺其廉耻，以朝廷德威操纵之，庶几勉就范围。提镇在外，视京师贵人，尊严如在天上，使久居辇毂，将一切易视之，日即偃蹇，时发大言以自炫，耳食者信为可任。且酿意外祸，能速出京，正所以保全之。然时论以福祥为柱石。”料事之神，述者纵或有事后装点处，而大体当不诬，其鉴识良有过人者。闻福祥初至京，自以犷鄙武夫，甚卑逊，遇士大夫若无地自容者。既渐与之习，乃爽然语人曰：“今始知若辈不过如是而已。”戊戌政变后，西后、荣禄挟以自重，奉若骄子，遂日益骄妄矣。

七三　清室逊位书乃张謇手笔

张謇《自订年谱》及其子孝若为撰之《传记》，实近代史料之好参考书，不第一人一家之关系也。（间有疏舛处，如《谱》谓己亥政府任为学部谘议、康有为乃戊戌科进士等，均显而易见者。）《传》中附有胡汉民致谭延闿书，谓清室退位之诏，系謇手笔。其说云："是时退位条件已定，弟适在沪，共谓须为稿予清廷，不使措词失当。弟遂请季直先生执笔。不移时脱稿交来，即示少川先生，亦以为甚善。照电袁，而袁至发表时，乃窜入授彼全权一笔，既为退位之文，等于遗嘱，遂不可改，惟此事于季直先生无所庸其讳避。"珍闻也。　（原第 9 卷第 26 期）

七四　骂孟子

林纾《铁笛亭琐记》云："洪武帝骂孟子云：'邻家那得许多鸡，乞丐如何有两妻。当时尚有周天子，何必纷纷说魏齐。'余按：骂孟子者不始于洪武也。《道山清话》云：'李靓（按：靓当作觏）字太伯，盱江人，素不喜孟子。一日有达官送酒数斗，太伯家酿亦熟，一士人知其富有旨酒，然无计得饮，乃作诗数首骂孟子。其一云：'完廪捐阶未可知，孟轲深信亦怀疑。丈人尚自为天子，女婿如何弟杀之。'李见诗大喜，留饮，所与谈，无非骂孟子也。”按：所谓洪武帝语，实亦向李骗酒吃者之作。潘永因《宋稗类钞》云：“李觏字泰伯，盱江人，贤而有文章，苏子瞻诸公极推重之。素不喜佛，不喜孟子，好饮酒。一日有达官送酒数斗，泰伯家酿亦熟，然性介僻，不与人往还。一士人知其富有酒，无计得饮，乃作诗数首骂孟子。其一云：‘完廪捐阶未可知，孟轲深信亦还痴。丈人尚自为天下，女婿如何弟杀之。’又云：‘乞丐何曾有二妻，邻家焉得许多鸡。当时尚有周天子，何必纷纷说魏齐。’李见诗大喜，留连数日，所与谈，莫非骂孟子也。无何酒尽，乃辞去。既而又有寄酒者，士人再往，作仁义正论三篇，大率皆诋释氏。李览之笑曰：‘公文采甚奇，但前次被公吃了酒后极索寞，今次不敢相留，留此酒以自遣怀。’闻者莫不绝倒。”其事甚趣。后人以明太祖亦不满孟子，遂误分此诗一首属之，惟将首二句倒置耳。《类钞》由宋元人记载撷纂而成，所谓无一字无来历者，断不至误明为宋也。其所据原书，容再考之。元人《拊掌录》（撰者自号韫然子，旧题元人撰，不著名氏。《四库全书提要》据《说郛》所载，定为宋元怀所作。其自序谓就诸家杂说，裒成一集。）中有此则，与《类钞》大同小异（“丈人尚自为天子”作“岳翁方且为天子”）。惟诗亦仅一首，缺邻鸡乞丐云云，盖非《类钞》所本。（诸家一首二首之不同，或亦因板本之脱漏。）

七五　滑稽之雄

《琐记》又云："某君宿儒也，授徒数十，中有一人王姓，昼夜研读，而文字终不了了，众呼曰书痴。每先生客至，王必辍读，出向先生指客问先生以姓氏，如是者数。先生不悦曰：'此无礼之尤，他日苟有问，宜自远而近，不应唐突至此。'王曰：'何谓？'先生曰：'譬如欲询来客，宜先寒暄，然后始能问姓及名，且宜闲闲而起。'王曰：'诺。'明日一客至，王突出问先生曰：'彼黍，彼黍。'先生愕然。客退，先生曰：'汝言彼黍何指？'王曰：'彼黍离离，彼稷之苗，行迈靡靡，中心摇摇。知我者谓我心忧，不知我者谓我何求。悠悠苍天，此何人哉。吾之所问者，客何人也。此问可云自远而造近矣。'先生知其愚，斥令后此不得面客。"此盖相传之一种笑谈，果如所云，王生不独并不痴愚，真滑稽之雄也。非聪明过人者，何能有此弯曲心思乎？俗传愚骇者之言，往往成为滑稽者之言，类如是，以滑稽者可以引人发笑，愚骇者亦可引人发笑耳。然二者固大有别，不能混同也。文康《儿女英雄传》第三十三回，滑稽者舅太太云："有这么一个人，下得一盘稀臭的臭象棋，见棋就下，每下必输。没奈何，请了一位下高棋的跟着他，在旁边支着儿。那下高棋的先嘱咐他说，支着儿容易，只不好当着人说出来，直等你下到要紧地方儿，我只说句哑谜儿，你依了我的话走，再不得输了。这下臭棋的大乐。两个人一同到了棋局，合人下了一盘。他这边才支上左边的士，那家儿就安了个当头炮；他又把左边的象垫上，那家又在他右士角里安了个车。下来下去，人家的马也过了河了，再一步就要打他的挂角将了，他看了看，士是支不起来，老将儿是躲不出去，一时没了主意，只望着那支着儿的。但听那支着儿的说道，一杆长枪。一连说了几遍，他没懂，又输了回来，就埋怨那支着儿的。那人道：'我支了那样一个高着儿，你不听我的话，怎的倒怨我？'他说：'你何曾支着儿来者？'那人道：'难道方才我没叫你走那步马么？'他道：'何曾有这话？'那人急了，说道：'你岂不闻一杆长枪通天彻地，地下无人事不成，城里大〔妞〕去烧香，乡里娘，娘长爷短，短长捷径，敬德打朝，朝天镫，镫里藏身，身家清白，白面潘安，安安送米，米面油盐，阎洞宾，宾鸿捎书雁南飞，飞虎刘庆，庆八十，十个麻子九个俏，俏冤家，家家观世音，因风吹火，火烧战船，船头借箭，箭箭封狼牙，牙床上睡着个小妖精，精灵古怪，怪头怪脑，恼恨仇人太不良，梁山上众弟兄，兄宽弟忍，忍心害理，理应如此，此房出租，出租的那所房子后院儿里种着个枇杷树，枇杷树的叶子像个驴耳朵，是个驴子就能下马。你要早听了我的话，把左手闲着的那个马，蹩住象眼，垫上他那个挂角将，到底对挪子一步棋，怎得会就输呢？你明白了没有。'那下臭棋的低头想了半天，说：'明白可明白了，我宁可输了都使得，实在不能跟着你二鞑子吃螺蛳，绕这么大弯儿。’”由枪绕到马，由彼黍绕到何人，均之绕大弯儿也。此等弯儿，脑筋简单者决不能绕。舅太太自是滑稽，支着儿的与王生亦岂能看作痴愚。

七六　李鸿章与英女皇合影

谢濂《劳谦斋公余随笔》云：“合肥李傅相聘欧时，曾与英国女皇合拍一照，合肥拟题跋，踌躇未下笔。某幕友代书一联曰：‘西望瑶池降王母，东来紫气满函关。’合肥阅知大喜，盖上句切女皇，下句切合肥之姓。典雅庄丽，而皆杜诗成句，此等才人，予意凡属士林，皆当黄金铸之也。”此李鸿章随员记名海关道罗丰禄（后简出使英国大臣）事也。据美国林乐知、上海蔡尔康译辑《李傅相历聘欧美记》云：“《伦敦时报》又云：‘中堂在英，曾以上品名瓷古花瓶一对送入宫中，藉表诚意。又作一诗，亲书于君主空白留名簿。异日君主始见之，因电致罗道（丰禄）嘱译其意。罗观察遵即译告云：‘远行之客，如海上之鸥，浮过大洋，足迹遍于东西南北。但见终岁常青之松柏中，有路两条，车轮瞬息飞去。’其题为《晋谒君主于奥峙澎行宫途次有作》。观察译毕，附注数语，并引唐贤杜甫诗一联，译其意曰：‘西望安乐园有王母，东瞻紫气来老子。’盖隐指君主及中堂也。两面兼顾，所谓文章本天成，妙手偶得之欤？”原注：“西报录罗观察译语而不见其诗，自顾菲材，未敢拟作。至杜老一联，暇当于《浣花集》中求之。”其事实盖如此，罗氏既译李诗，自引杜句以志嘉会，非代李所书也。李氏此行，德人曾以与德皇威廉第二同为塑像。（吴汝纶代护直督周馥所撰胪陈李氏事迹疏有云：“其至德国，德人并其君同为塑像。德君为立像，李鸿章为坐像，其敬爱如此。”李氏贺俄皇加冕后，历聘各国，德人款待最优异，盖以中国以东亚大国而挫于日本，必复兴军备，力谋雪耻，一切所需，冀皆求之于德，故对李加意联络，俾专其利，结果甚失望，盖不悉当时中国国情与李之真实地位也。）在英则并无与女王维多利亚合拍一照之事，惟太子妃尝亲为摄一小影及某女画家尝为绘像耳。至其与女王合照说之由来，殆由洪钧妾傅彩云（赛金花）事联想而误传。　（原第9卷第27期）

七七　张謇自述举业生涯

张謇十二岁学制艺诗赋，十六岁进学，二十四岁补廪，二十七岁得优贡，乡试凡被摈五次，三十三岁中顺天南元，会试又被摈四次，至四十二岁乃中式，掇大魁，四十六岁应散馆试留馆，举业生涯，不为不久。其《文录外编自序》有云：“综吾少壮之日月，宛转消磨于有司之试而应其求，盖三十有五年，至吾绝仕进，伍齐民，发愤殚力以求有用于世而冀一当，曾不及销磨于前此日月之半，而吾以老矣。曾谓是三十五年日月消磨之业不足少爱惜乎？”怀旧之情，可以想见。甲午大魁，听宣时喜极而踣，久困场屋，竟有此日，不克自持，亦人情也。其《自订年谱》云："是年慈禧太后六十万寿，举行恩科会试。叔兄于江西奉委庆典随员，函请于父，命余再应试。父年七十有七，体气特健，因兄请命，曰：'儿试诚苦，但儿年未老，我老而不耄，可更试一回。儿兄弟亦别久，藉此在京可两三月聚，我心亦慰。'余不敢违，然意固怯，迟迟乃行。二月二十三日至都，试具杂借之友人。榜放之前，不听录，中六十名贡士。房考山东滕县高仲瑊编修熙喆，总裁高阳李尚书鸿藻，嘉定徐总宪郙，钱塘汪侍郎鸣銮，茂名杨副宪颐。三月（按：应作四月）十六日覆试，第十名。二十一日殿试，四策问河渠、经籍、选举、盐铁，具本朱子学说对。阅卷大臣八人（按：应作读卷大臣。殿试号为天子临轩策士，衡文者不称阅卷大臣）：张相国之万，协揆麟书，李尚书鸿藻，翁尚书同龢，薛尚书允升，唐侍郎景崇，汪侍郎鸣銮，侍郎志锐。二十四日乾清宫听宣，以一甲第一名引见。二十五日传胪。顺天府尹于午门酌酒揖骑，以仪仗送归第。假南通会馆供张迎使。二十八日朝考，黄先生（按：黄体芳也）过余慰问，余感母与赵、孙二先生之不及见，又感国事，不觉大哭。先生至，亦凄然。"其《日记》（其子孝若为撰传记所引）云："二十四日五更乾清门外听宣，以一甲一名引见。先是钱丈令新甫（按：当是钱应溥及其子骏祥）见告，继又见嘉定（徐郙）于乾清门丹墀上探望。旋铁珊告以嘉定云云，而南皮（张之万）、长白（志锐）、常熟（翁公）、高阳（李公）、钱塘（汪鸣銮）八人立墀上传宣矣。栖门海鸟，本无钟鼓之心；伏枥辕驹，久倦风尘之想。一旦予以非分，事类无端矣。二十五日卯正，皇上御太和殿传胪，百官雍雍，礼乐毕备，授翰林院修撰。伏考国家授官之礼，无逾于一甲三人者，小臣德薄能浅，据非所任，其何以副上心忠孝之求乎。内省悚然，不敢不勉也。翟、王二公，为治归第事。”此时意态，盖不胜其欣喟交萦已。

七八　翁同龢力争张謇为状元

翁同龢与謇相契有素，龙头之属，端赖同龢之力。同龢二十二日《日记》有云：“得一卷，文气甚老，字亦雅，非常手也。”二十三日云：“定前十卷，兰翁、柳门、伯愚皆以余处一卷为最，惟南皮不谓然。已而仍定余处第一。麟（按：张传引误作徐，读卷八人中无徐姓）二（按：尹铭绶也），张三（按：郑沅也），志四（按：吴筠孙也），李五（按：沈卫也），薛六（按：李家驹也），唐七（按：徐仁镜也），汪八（按：朱启勋也），麟九（按：吴庭芝也），唐十（按李翘芬也。）。”二十四日云：“上御乾清宫西暖阁，臣等捧卷入，上谛观第一名，问谁所取，张公以臣对。麟公以次拆封，一一奏名讫，又奏数语。臣以张謇江南名士，且孝子也。上甚喜。”是謇之列第一，同龢主持之，而李鸿藻、汪鸣銮、志锐赞成之，领衔之张之万，虽不谓然，而同龢以帝师膺殊眷，之万弗能与抗也。据闻当同龢得謇卷，即言此卷非元不可，之万谓各卷尚未尽阅，前十本尚未选出，何能遽定大魁。二人言语龃龉，众排解而止。之万科分最老，于进呈前十本，例主综核，以此谢却，推鸿藻自代。謇以同龢争之力，卒获第一云。殿试策字迹可辨，同龢固预决为謇也。王伯恭《蜷庐随笔》云："甲午阅卷者，张子青居首，次为麟芝庵，次为李兰荪，翁叔平居第四，志伯愚则第八也。向来八大臣阅卷，各以其人之次序，定甲第之次序，所谓公同阅定者，虚语耳。是科翁师传得张季直卷，必欲置诸第一。张子青不许，几欲忿争。麟芝庵曰：'吾序次第二，榜眼卷吾决不让，状元吾亦不争。'高阳相国助翁公与南皮相争，谓：'吾所阅之沈卫一卷，通场所无，今亦愿让状元与张，幸公俯从。'南皮无可如何，乃勉如翁意，其所定之状元，改作探花，以麟公不让榜眼也。一甲既定，乃议以沈卫列传胪，高阳曰：'如此佳卷，不得鼎甲，更欲传胪何为？不如位置在后。'时已晏，内廷催进呈十卷，而传胪未定，难以捧入，群公因高阳一言，皆默不作声。志伯愚起曰：'吾所阅一卷何如，能滥竽否？'南皮略观，即曰：'甚好。'于是吴竹楼昂然为二甲第一矣。"所述虽有欠分晓处，亦可供参证。八大臣次序，张谱所列与此同，而同龢《日记》中则作"张之万，麟书，翁同龢，李鸿藻，薛允升，志锐，汪鸣鸾，唐景崇"。志锐非第八，翁在李前。又闻同龢对光绪帝揄扬謇，《日记》所述者外，并谓殿试向重写不重作，此卷则写作均佳，实可冠冕多士。且今年皇太后六十万寿，张謇会试以第六十名中式，适符庆典，可为恩科得人贺。《蜷庐随笔》又云：“殿试之制，新进士对策已毕，交收卷官封送阅卷八大臣阅之，收卷官由掌院学士点派，皆翰院诸公也。光绪甲午所派收卷，有黄修撰思永。比张季直缴卷时，黄以旧识，迎而受之。张交卷出，黄展阅其卷，乃中有空白一字，殆挖补错误后遂忘填者。黄取怀中笔墨，为之补书，此收卷诸公例携笔墨以备成全修改者，由来久矣。张卷又抬头错误，‘恩’字误作单抬，黄复为于‘恩’字上补一‘圣’字，补成后送翁叔平相国阅定，盖知张为翁所极赏之门生也。以此张遂大魁天下，使此卷不遇黄君成全，则置三甲末矣。”亦足广异闻。一说，张卷挖补漏填之字，即同龢代为填补也。收卷官称收掌，是科榜眼尹铭绶、探花郑沅夙与收掌丁立钧相稔。立钧收其卷，一送麟书，一送张之万，以二人列衔在前机会较优之故，使非同龢为謇争元，沅或大魁矣。(甲戌殿试，陆润庠状元，闻亦得收掌陈宝琛之力。盖润庠书卷时，误沾水迹，约当一字地位，因暂留空白，后以天色已迟，忽忙交卷，此字竟漏而未补。卷入宝琛手，一展阅即见空白处，亟将原卷还润庠填补，始行收入，润庠深感之，故二人交谊颇挚。)

七九　读卷大臣相争贻误试子

殿试读卷大臣相争事，闻己丑亦尝有之。潘祖荫极赏费念慈一卷，欲置诸鼎甲，而当各大臣公同复阅时，念慈卷为鸿藻加签，指文中“大司马”为“大司徒”之误，祖荫亦将鸿藻所极赏之张孝谦卷，加签指摘。二人于是口角甚烈，费张均未获鼎甲（念慈二甲第六，孝谦二甲第二十）。

八〇　翁同龢张之万早有阅卷之争

同龢与之万殿试读卷相争之前，已于阅散馆卷相争一次而胜之。其十九日《日记》有云：“与张相争一卷，竟得之。卷在兰孙处，字极坏，作极沈博也。”之万、同龢、鸿藻等同阅散馆卷，亦之万领衔，志锐、汪鸣銮亦与其列。

（原第9卷第28期）

八一　翁同龢误中会元

翁同龢壬辰典会试，欲得张謇为会元，而误中刘可毅，同龢大懊丧。其事久为谈科举掌故者所传述，惟略而不详，謇子孝若所为謇传记，于此言之颇悉，且谓己丑、庚寅两科，已先有误中之事。据云：“光绪十五年，我父三十七岁的会试，总裁是潘公（祖荫），他满意要中我父，那晓得无端的误中了无锡的孙叔和，当时懊丧得了不得。到了第二年光绪十六年的会试，房考是云南高蔚光，曾经将我父的卷子荐上去，场中又误以陶世凤的卷子当作我父的，中了陶的会元。到了光绪十八年四十岁的会试，错得越发曲折离奇了。当时场闱中的总裁房考，几乎没一个不寻觅我父的卷子，翁公在江苏卷子上堂的时候，没有一刻不告诉同考的人，要细心校阅。先得到袁公爽秋所荐的施启宇的卷子，袁公说：'像是有点像，但是不一定拿得稳。'等到看见内中有'声气潜通于宫掖'的句子，更游移起来。后来四川人施某荐刘可毅的卷子，翁公起初也很怀疑，但是既不能确定我父的卷子是那一本，所以施某竭力说：'这确是张季直的卷子。'翁公也有点相信起来，而且看到策问第四篇中间有'历箕子之封'的句子，更证实了这是到过高丽的人的口气，就立刻问袁公，袁公觉得文气跳荡，恐怕有点不对。填榜的前头，沈公子封要求看一看卷子，等到看到内中的制艺及诗秦字韵，就竭力说：'决定不是。'但到了这时候，已经来不及了。一到拆封的时候，在红号内，方才晓得是常州刘可毅的卷子，果然不是我父的。于是翁公、孙公家鼐、沈公大家都四处找我父的卷子，方才晓得在第三房冯金鉴那里，第一房是朱桂卿，第二房是袁爽秋，堂荐送江苏卷子的时候，朱已因病撤任，袁公和冯金鉴住在隔房，常常叮嘱他，遇到江苏的卷子，要格外观摩，不要大意。那晓得冯吃鸦片的时候多，我父的卷子，早早因为词意宽泛，被他斥落了。翁公本来想中我父，等到晓得错误了，急得眼泪望下直滴，孙公和其他的总裁考官，也个个都陪了叹息。其实刘可毅并没有到过高丽，后来袁公、沈公、翁公、弢甫，都将这内中的详情，告诉我父，外间也传说都遍了。潘、翁二公爱重我父的才名，识拔我父的恳挚，可算得以国士相待的知己了。这几位名公巨卿，对我父的情义，直到现在，我们后人还是刻刻感念不忘的。”足见同龢等访求之殷，与謇名誉之著，声气之广。又謇《自订年谱》述壬辰会试事云：“应礼部试，仍不中。爽秋为言，闱中总裁、房考竞觅余卷不得。以武进刘可毅三场策说朝鲜事独多，认为余，中会元。计余乡试六度，会试四度，凡九十日，县州考（按：謇应童子试时，为与试之便利，冒认为如皋人张驹之侄孙，以张育才之名试于如皋，遂入泮。其后始归通州原籍，改名謇。事详谱传。）岁科试、优行、考到，录科等试十余度，几三十日，综凡四月，不可谓不久，年又四十矣。父母必怜之，其不可以已乎，乃尽屏试具。”盖牢骚甚矣。（中华书局2018年版校注：光绪十八年壬辰科会试，孙家鼐未任总裁，张孝若误记。）

八二　荐刘可毅卷者为施鹤生

可毅时亦江南名士擅文事者。同龢出闱后，与书黄体芳，自道愤悔。体芳答书，谓：“可毅得元，亦征衡鉴之精。某前督苏学，最器赏二士，一謇，一即可毅也。”同龢终以失謇为憾。甲午乃为力争得大魁，謇对同龢知己之感，宜其深挚。张传所指认可毅卷为謇之四川人施某，涪州施鹤笙（纪云）也。先从兄缦愔，壬辰亦与分校，其《日记》有云：“鹤师得一卷，极似张孝廉。”即谓此。（施为先从兄戊子顺天乡试房师，时同以编修为同考官，癸巳先从兄典试四川，施子鹤雏愚又出其门。）

科举时代，衡文者于糊名易书之中，暗中摸索，往往有误认之事。如李元度《国朝先正事略》传孙星衍有云：“乾隆五十一年，朱文正珪典试江南，在都与彭文勤元瑞约曰，吾此行必得汪中、孙星衍。及搜遗卷，得其经文策曰，此必汪中也。拆卷得先生，而汪实未就试。”亦其一例。

八三　刘可毅验刑死之谶辩

可毅之得会元，相传题名录讹“可毅”为“可杀”，为死于庚子之乱之谶，如李岳瑞《春冰室野乘》于记庚子拳乱所述云：“江苏刘编修可毅，以甲午恩科（按：壬辰科之误）南宫第一人入翰林，都下传刊题名录，或讹为可杀，一时引为笑谈，而编修心疑其不祥。既留馆，一日与朋辈数人诣一星士，星士谓之曰：‘君将来必死于刑。’编修益大惧，念词曹清简，无抵触刑章之理，或将来以科场事被累，如咸丰戊午之狱乎？由是遂不敢考差。然翰林俸入微薄，无他差可资津贴，奴仆、债主，皆望其三年一差。倘不考差，则米盐无从赊取，而仆辈亦将望望然去之。于是每试辄不终场而出，家中人不知，犹望其得差也。及是乃被拳匪所戕，刑死之言竟验。”此与昔传之宋人事相似。《宋稗类钞》云：“毕渐为状元，赵谂第二，初唱第，而都人急于传报，以蜡刻印，渐字所模点水不著墨，传者厉声呼曰：“状元毕斩第二人赵谂，识者皆云不祥。而后谂以谋逆被诛，则是毕斩赵谂也。”二事均以名录讹字而为不祥之谶。所异者，可毅本人被祸，渐则第二人受诛耳。苟非事后附会之说，亦验则谶，不验即非谶也。大凡历来语谶之类，不验事之常，时过即无人道及。倘偶有一验，则众神其事，以为预兆果可信，笔舌传播，久而弗替矣。星士断可毅必死于刑之传说，或即由毅误为杀一事，连带而附益者，纵有之，而可毅系为义和拳所戕，亦与所谓刑死有间。

八四　张謇应戊戌散馆试

謇胪唱授职，未几即丁父忧，故于戊戌始应散馆试留馆。其《自订年谱》述四月十八日应试情事云：“保和殿试散馆，十事对九，赋《霈泽施蓬蒿》试帖，试时誊至第四韵，四川胡峻越余坐前过，触几，激墨点污卷如豆，既刮重写，乃脱一字。临行知之，复刮三十字重写，疵纇殊甚，列二等三十七名。”盖几不获留馆焉。试后值同龢斥逐，失此凭依，觉仕途难展布，且虑为人指目，遂舍朝官而为乡绅，以肆力于经营实业矣。其《文录外编自序》谓："既成进士而父见背，不及视含敛。茹为大痛，国事亦大堕落，遂一意渐断仕进。然犹应戊戌散馆试，以完父志。"此不过一种说法而已。使同龢依然当国，当不遽作归计也。应散馆试而曰完父志，语殊牵强，苟无宦情，何必多此一举乎？

八五　纪昀所记巧合嘉话

纪昀《滦阳消夏录》云："海阳李漱六名承芳，余丁卯同年也。余厅事挂《渊明采菊图》，是蓝田叔画。董曲江云：'何神似李漱六？'余审视信然。后漱六公车入都，乞此画去，云：'生平所作小照，都不及此。'"事甚奇，而今昔有相同者。长乐林诒书（开謇）得一扇面，改七芗画"一树梅花一放翁"也，画中放翁，与诒书神情宛肖，见者莫不称异，是真无独有偶，亦云嘉话。

（原第9卷第29期）

八六　费行简翁同龢述慈安之死

慈安太后之死，野史相传，多谓为慈禧所鸩，晚清宫闱一大疑案也。惟仲子（费行简）《慈禧传信录》载慈安病状，则力言俗传之诬。据云："孝贞年长于后，而和易少思虑，且健啖，故体较后为强。垂帘时，辄孝贞先起，梳沐竟，后始作也。两宫常同饭，非有他故，弗独食也。孝贞晚膳独饮醇酒三爵，后则不进杯斝。戊寅后，孝贞两髂恒肿，医官谓为湿热。䜣、谖等并请节饮，自是遂戒酒，而体每觉弗适，然仍视朝如故。越二年，少瘥。值端午，复饮绍兴酒数觞。翌日腹微胀。医者进以消导之剂，虽愈而夜分不能寐，有时气辄哮喘。适后亦患腹泻，不能离床褥，孝贞乃独视朝。一日告䜣曰：'吾年来病亦甚，虽能起而心中作恶，恐非诸御医所能瘳。尔等能求国手于草泽乎？'䜣等方承旨字寄各省，越日而孝贞崩矣。崩之日，尚食倭瓜糕一柈。世传后实鸩杀孝贞者，则以孝贞疾未辍朝，何致遽殂，而不知其病已三年也。予尝叩之广科，谓自戊寅后，其眷属日恒入宫问疾，临崩时科妻犹在宫掖。后以疾不能起，闻孝贞崩，乃以四人掖之至，行礼后几不克兴。科随奉召入，时方暑，后犹衣袷，憔悴甚。内务府总管等入见，后第曰'其循历朝太后丧办理'，无多语也。䜣、谖、详等至，后惟趣谖至普祥峪察视，普祥，孝贞万年吉地也。自是逾旬，后始小愈，召见臣工。孝贞濒死时，后亦无馈食事，则传说之误，不辨明矣。"费氏非袒慈禧者，所述当非故为开脱。又辟俗传慈禧以小产致疾为慈安所窥，故投毒灭口一说之无根，以为慈禧以妇人干政，召侮辱国，自当为国人所共击，惟不应以捕捉风影之谈，蔑其阴私不可晓之事，论亦通达。

翁同龢《日记》记关于慈安逝世之见闻，辛巳三月初十日云："慈安太后感寒停饮，偶尔违和，未见军机。戈什爱班（按：御前大臣也。）等皆请安。余等稍迟入，未及也……子初，忽闻呼门，苏拉李明柱、王定祥送信云，闻东圣上宾，急起检点衣服，查阅旧案，仓猝中悲与惊并。司官曾龢来，遂令赴署催看朝帘幡竿幡架夹杠架衣，而别作札传屯田司印稿入内回话。'"（按：同龢时为工部尚书。）十一日云："子正驰入东华门，不拦，月明凄然。入景运门，门者亦无言。徘徊乾清门下，遇一老公一侍卫，皆言微有所闻而不的。诸门下锁，寂无人声。出坐朝房，（孙）燮臣来，景秋翁来，云知会但云病势甚危。须臾，诸公陆续来，入坐内务府板房，枢廷在彼。（潘）伯寅、（广）绍彭皆来，犹冀门不开，或无事也。待至丑正三刻，开乾清门，急入。到奏事处，则昨日五方皆在，晨方天麻胆星。按云：'类风痫，甚重。午刻按，无药，云神识不清，牙紧。未刻两方，虽可灌，究不妥。'云云。则已有遗尿情形，痰壅气闭如旧。酉刻二方云：'六脉将脱，药不能下，戌刻仙逝。'云云。始则庄守和一人，继有周之桢，又某，共三人也。呜呼，奇哉！（初九方未发。）诸臣集南书房，即摘缨。余出告同人，并谕诸司速备一切，诸司亦稍稍来。余出入景运门凡二次，日出起下，军机一起，已而传旨惇、醇、惠三王、谟公、御前大臣、军机大臣、毓庆宫、南书房、内务府大臣同至钟粹宫哭临，请旨入殿否。曰入。遂偕诸公历东廊而东，至宫门，长号，除冠碰头，伏哭尽哀。灵驭西首，内臣去面羃，令瞻仰，痛哉痛哉。即出，已辰末矣。”当时情景，叙述宛然。“呜呼奇哉”一语，足见惊诧之甚。宜慈安不得其死之说，盛传一时也。又云：“恭邸前数日告假葬其福晋，今日五百里寄信，然在昌平，计九十余里，一时未易到。”故是日钟粹宫哭临，奕䜣未与。又十四日云：“是日军机有起（二刻十分），恭闻慈禧皇太后容颜甚瘦，以白绢蒙首，簪以白金，《周礼》所谓首绖者也。缘情制礼，不胜钦服。”慈禧为慈安服丧办法如此。《传信录》所述慈安逝世前后情形，诸未谛处，可以同龢《日记》订正之。

八七　陶然亭畔怪事

甲午北京陶然亭畔作怪声，见于诸家记载，如李岳瑞《春冰室野乘》云：“光绪甲午三月，京师南城外陶然亭畔苇潭中，忽有怪声如牛鸣。余时在都下，尝亲闻之，确如牛鸣盎中，其声呜呜然。有疑为蛟蜃之属者，有谓盗窟此中者。市井人妄绘其形，名之曰大老妖，谓其物专噬洋人。稍有识者皆哂其无稽，而图说刊板流传，遍布大江南北，乃至新疆塞外，官吏示禁，竟不能止。福文慎锟，时为执金吾，调兵穷搜，卒莫得其端倪。内务府至召僧道设坛讽经以禳之，数月后始寂然，真异事也。……暨朝鲜战争起，议者乃曰是兵象也。”

至所谓“大老妖”之绘形，《野乘》引张其淦诗云：

“或图其状如鲛鲸，似虎摇尾龙转睛。巨鳞修鬣腹彭亨，罔两罔象莫识名。”翁同龢则断之为鼍。其二十六日《日记》云：“南城外下洼子，苇蒲丛杂，近数日闻有若牛鸣者，声大而远，寻之不见形。今日五城御史会议伐苇求之，疑其蛟也。余曰，此鼍也。”二十七日《日记》云：“坐车出城，至南下洼，雨中人犹如蚁，登陶然亭高阁，闻如牛鸣盎中者三次，每鸣以三为节。听其声，必脰短而鳞者，非鼍而何？”市井人绘形者固妄，同龢辈亦强作解人也。

民初某岁，陶然亭畔又作怪声，众哗言大老妖复出现矣。京师警察总监吴炳湘派警察多人，就芦苇丛中严迹其异，乃知是一种水鸟，鸣声甚巨，致起惊疑也。当时警厅曾以其事实送各报登载，并将捕得之水鸟（忘其名，待查）送农事试验场（万生园）陈列，以释疑团。盖甲午之大老妖，即此物耳。忆尝于什刹海夏季市场见演“西湖景”者（俗又名“拉大片子”的，亦称西洋镜），有一片，为兵丁持械围一怪物而格斗，怪物之状，略如张诗所咏大老妖之绘形。溯其由来，当始于甲午矣。甲午步军统领号为调兵穷搜，五城御史亦议伐苇以求，竟莫得端倪，徒令智识阶级侈鼍蛟兵象之谈，市井中人作老妖灭洋之梦，可笑也。内务府为无识旗官之集团，讽经禳祷，亦固其宜。

八八　再记午门护军与内监争哄案

庚辰午门护军与内监争哄一案，前已著录，兹阅同龢《日记》，其关于此案者，十月二十日云："刑部奏结太监被午门护军殴打一案，奉旨再行讯问（未见明发）。"十一月初七日云："刑部内务府会审午门之兵与内监互殴一案，内监无伤，而门兵问军流。折上，奉旨情节未符，盖至是已再驳矣。"

二十七日云："昨日内府刑部奏午门案，懿旨将抗旨例查出具奏，今日覆称抗旨无例，照违制律，抗即违也。"

二十八日云："夜访吴江相国（按：沈桂芬也），知昨日午门案上，圣意必欲置重辟，枢臣力争不奉诏，语特繁。今日命传谕内务府刑部堂官，仍须加重罪名也。窃思汉唐以来，貂珰之弊，往往起于刑狱，大臣无风骨，事势渐危，如何如何。"

二十九日云："是日内刑两处封奏，并呈《律例》一册，奉旨将护军两人加重发黑龙江，遇赦不赦。又一人系觉罗，尤重，圈禁五年。护军统领岳林加重严议。"

十二月初七日云："钦奉懿旨午门殴打太监一案，将首犯杖一百，流三千里，折圈。余犯皆减，涣然德音，海内欣感。前日庶子陈宝琛、张之洞各有封事争此，可见圣人虚怀，大臣失职耳，既感且愧。"

此案处分之经过，于此可得其概略，惟个中委曲未记，当与《随笔》前述者参阅。慈安徇慈禧病中之请，力主重办，陈、张抗疏，乃得末减。刑部尚书潘祖荫素负清望，而于此未能犯颜力争，同龢所谓“大臣无风骨”“大臣失职”，实对祖荫而发。（原第9卷第30期）

八九　翁同龢主持定慈安之谥号

慈安之谥贞，据《慈禧传信录》云：“其谥号则阁拟‘贞、钦、安、定’四字，而后点用‘贞’字，盖文宗崩时，两后皆青年，犹之民间之守节抚孤者，故取贞义。”此为一种说法。而据翁同龢《日记》，则慈安谥号之选拟，实由彼力争于阁臣而定议，“贞”字取义于正，其经过颇足述。辛巳三月十八日《日记》云：“巳初，偕（瑞）睦菴、（孙）燮臣访内阁，见所拟奏折及恭加上字样，‘钦’‘肃’‘敬’‘恪’‘仪天佑圣’，中二忘之。‘希天牖圣’，余告全师，所拟未当。而宝相国来，余抗言曰：‘贞字乃始封嘉名，安字亦廿年徽号，此二字不可改。’宝云：‘钦字恭邸所定。’余曰：‘此岂邸所应主议者哉！’余又言：‘端康昭庄四字，两宫所同，似宜避去。此虽小节，亦当思及。’于是四相国聚议，宝相仍欲以‘贞’字拟第二，以‘钦’字居首。余与伯寅申之曰：‘贞者正也，当时即寓正位之意，且先帝所命也。’议遂定。又因下六字加减不能决，请余决之。余曰：‘贞字文宗所锡，慈安二字穆宗所崇，普天率土，久已熟闻，宜敬称曰孝贞慈安裕庆和敬仪天佑圣显皇后。’于是四相国同声称善，万冢宰（按：万青藜也。）亦曰无可易，遂定。书稿而出。”同龢盖以全力争此，助之者潘祖荫也。“岂邸所应主议”，语挟锋铓，于懿亲之与大臣，凛然有公私之辨焉。二十一日云：“是日大学士、九卿议上尊谥，有旨，敬称曰‘孝贞慈安裕庆和敬仪天祚圣显皇后’。”“佑”易为“祚”，殆以“佑”字亦慈禧徽号中所有耳。同龢所称四相国，乃满大学士宝鋆、全庆、协办大学士灵桂、汉大学士左宗棠也。首辅为直督李鸿章，时尚未抵京谒灵，汉协揆沈桂芬于正月病故，尚未补人。（至六月以李鸿藻补。）慈安谥号，依故事由大学士、九卿议拟，故恭王奕䜣以皇叔兼军机领袖而不获与议，仅能授意宝鋆辈，致为同龢所折。其所主“钦”字之谥，慈禧死后用之，论者颇谓非佳。

九〇　排位论满汉不论官序

李鸿章官文华殿大学士，首辅也。而奉派与宝鋆为慈安题主，则宝鋆列衔在前，此论满汉不论殿阁次序也。后荣庆、鹿传霖奉派为慈禧题主，荣庆居首。时传霖为大学士，荣庆则协揆耳。揆之正协，亦在所不论也。

九一　慈安之"仁人之武"

慈安共慈禧听政，端拱受成而已。召对之时，大抵专由慈禧发言，故慈安之言论，罕有所传，以呐呐著。而观陈昌《霆军纪略》记庚辰五月鲍超奏对二次，时慈禧在病中，由慈安独见，（翁同龢是年二月初八日《日记》云："自初二日起，召见办事，皆慈安太后御帘内。十余年来此为创见也，敬记之。"）问话均极得体，慰励宿将，语颇周匝，不似庸庸也。薛福成《庸盦笔记》之记慈安，以"韬晦"称之，于慈禧盖有微词矣。《慈禧传信录》记同治帝后死后事，有云："时穆宗诸妃皆少艾，而咸失后欢，中唯瑜（?）妃差当其意，而尝言于两宫前，谓愿随皇后殉帝。后怒，阳嘉其志。已而届百日，释重服，妃出行礼，后嗤之曰：'何犹弗死，欲待谁耶?'孝贞闻，不怿，让后曰：'儿妇死，我辈悔已不可追，奈何又逼其妃，若岂欲摹汉吕、唐武所为耶?吾平昔虽默默，今则决不听若所为。'更召妃近侍，厉声告之曰：'今以妃付汝曹，苟有短长者，皆杀勿赦，其慎之。'众以是日伺妃侧，赖以不死……有寺人谓侍宫中二十年，未尝睹孝贞震怒状，兹独声色并厉，后亦凛凛不敢抗。予曰：'此仁人之武也。'"所述当系闻诸清宫旧阉者，信如是，慈安亦可谓一鸣惊人矣。

九二　翁同龢记左宗棠入京情事

左宗棠既定西陲，晋侯封，应召入京备顾问，辛巳正月抵京。命值枢、译两署，管理兵部，眷遇甚隆，而未几即出督两江，不获久居政府，盖与枢廷同官不相得之故。翁同龢颇钦重宗棠，其是年《日记》涉及宗棠者，正月二十六日云："闻左相国抵都。"

二十八日云："谒左相未晤，值其出也。"

二十九日云："命左宗棠在军机大臣上行走，并总理各国事务衙门行走，管理兵部事务。"

二月朔云："卯正二刻，随诸公于坤宁宫吃肉。初识左相国，于殿前一揖而已。"

初四日云："访晤左季高相国长谈，初次识面，其豪迈之气，俯视一世（按：此下印本空白数字），思之深耳。论天下大势，山河皆起于西北，故新疆之辟，实纯庙万古之远猷。"

初五日云："寅正到南斋坐候枢廷来，将左相说帖一件与两邸同阅。……左相亦来，议论滔滔，然皆空话也。"

十四日云："访左相长谈，气虽高，语则切直。坐一时久。"

二十三日云："早晨晤左相。左相昨日在总署招威妥玛饮，谈次有风棱，差壮中朝之气。"

三月十九日云："是日左相会神机营王大臣议练兵法

式。晚祭（按：指慈安之丧）左相未来，宝相有‘一团茅草’之喻，窃恐左公不免龃龉矣。正人在位之难也。”

二十日云：“醇亲王于梓宫前行礼，余陪入。王在廷中碰头举哀，退偕坐西配屋长谈。余劝以调和左相，毋令为难，王甚韪之。”

四月二十八日云：“命恭亲王、醇亲王、左宗棠会同李鸿章、童华（按：兼尹也）等兴修畿辅水利。”

五月初九日云：“访左相长谈，得力于养气，其言以死生荣辱为不足较，泛论河道必当修，洋药必当断，洋务必当振作，极言丁日昌为反覆小人。余服其有经术气也。”

二十三日云：“李相疏言水利宜修，而难于巨款，只可次弟办理。有懿旨交恭、醇二邸，左、李二相及童华再议。”

六月十三日云：“文硕劾左相袒护道员，不报。”

七月二十四日云：“访晤左相剧谈。伊言治乱民不可姑息。福建漳州械斗匪徒，曾杀过一千四百七十名，勒兵责令村人缚献也。”

九月初四日云：“左相授两江督（昨日事，今日谢恩矣）。往访未见。”

十月十二日云：“访左相未值。”

十三日云：“醇邸送食物，并以照像一幅（与左相并坐），索诗。左相留别（按：“别”者盖所谓“别敬”也），却之。”

十五日云：“左相招饮。邵汴生、祁子禾在座。此老情长多古趣，极款洽。”又云：“宝廷封奏，其见谕旨者，饬不准辞免恩命而已，恐别有语也（或劾昨宣麻未允，或讼言左相不当出）。”

十六日云：“以汤伯述新文三首呈左相。”

宗棠是年在都情事，及不获久居政府之故，观此约略可得，而同龢对于宗棠之态度，尤可见其大凡。宗棠不为同官宝鋆辈所喜，致受排挤，同龢说醇王奕譞调之护，虽卒不能留，其意自殷也。奕譞夙重宗棠，于其抵京，尝迓以殊礼，临别复合影以作纪念，亦见相知之雅。宗棠虽出，而两江重任，倚畀仍优，勋望所在，固非无援矣。（甲申重入政府，未几复赴闽督师。）宗棠与宝鋆不合，由来甚早。己卯致谭钟麟书有云：“弟北援过获鹿时，曾因宝森道谒，即持乃兄名柬，厉声叱之。嗣与乃兄议论不合，亦由于此。”宝森，宝鋆之弟也。同龢疑宝廷请收回擢任礼部右侍郎新命，疏中或论宗棠改外、文煜入阁事。考之《竹坡侍郎奏议》，此疏以“自维历练未深，恐难胜卿贰之职”为词，并谓：“奴才以多言受朝廷知遇，伏愿皇太后、皇上于奴才平日所言，多加采择，则奴才虽终身不迁一官，亦感激无尽矣。”自表建言非为猎官，未“别有语”也。同龢殆以彼二事当有言之者耳。

（原第9卷第31期）

九三　康有为记朝越使臣入贡事

中国昔以天朝上国之声威，俯临藩属，附庸小邦，臣事尽礼。前引《清代野记》，述琉球使臣入贡情状及仪节，兹阅康有为庚戌《读报闻日俄立协约遂亡高丽降封李王痛慨感赋六章》有云：

> 趋朝曾忆廿年前，五凤楼头日耀天。
> 纱帽绿袍穿陛仗，呼嵩稽首入班联。
> 沉沉渤海惊龙战，滚滚边尘压鸭川。
> 可笑降王娱帝号，牵供傀儡十三年。
>
> 自注："己丑年元旦朝会，曾遇高丽使于太和殿门，绿袍乌纱帽象管（?），奉舞从九品班末也。数年后，短衣后衽，从各使后鞠躬，吾不见矣。"

又云：

> 抚桂亲披职贡图，卅年世变色模糊。
> 越裳香象何踪迹，缅甸金花可有无。
> 郁郁祖伊奔入告，哀哀天帝醉难呼。
> 琉球高丽谁为画，瀚海黄河更可虞。

首句下自注："先叔祖中丞公（按：康国器也）抚桂林时，越南入贡，宴之巡抚大堂，司道侧陪，贡品陈庭，使臣侍郎阮某，拜跪陛下。登堂，赐坐于地而宴之。从官后列，曾摄影焉。吾年十五见之，同治辛未年也。”此亦属国朝贡事之片影，其牵供傀儡句，今日诵之，益可味矣。

九四　乾隆间安南使臣入贡

乾隆间，安南使臣入贡情事，清凉道人《听雨轩笔记》记之颇详，尤考究陪臣入贡掌故之好资料。据云：“广西镇南关内山下，向有昭德台，左江道、左江镇总兵至关，先设黄幄于上，标兵布阵列左右，贡使抵关外，则武员先禀请钥匙，其长四尺余，大若人股，然后升旗放炮，鼓乐开关。彼国通事率领贡使人役，鱼贯而入，向昭德台三跪九叩首毕，随即请见各官。道、镇验表文，阅贡物，查其随从人数，量留百余人跟随赴京，余悉犒赏酒筵银帛，遣其回国。凡有货物，不计多寡，许其携带，惟军器则禁之。封关后，贡使人众俱随道、镇起行，至太平府下船，由南宁梧州以至省城，谒见各宪。巡抚又验阅表文贡物，款以酒筵，择巡检千总各一人伴，送赴京。出广西境，自长江而下，历湖广、江西、江南，入瓜州口，经山东、直隶而抵通州，始起旱道，进京朝见。赐宴犒赏毕，辞朝归国，仍自原路回至广西。而太平知府、新太协副将，送至镇南关口。贡使复向昭德台叩首谢恩，然后出关。其国已预遣人于关外伺之，至是相从归国去。知府、协、镇封关而还，缴其钥匙于左江道库。予昔在粤，闻其大略如此。乾隆乙亥冬，予客桂林太守宛平商公（思敬）所，适遇安南贡使自京归国，得目击其事焉。时贡使归舟泊于水东门外湛恩亭下，抚标武员皆列营于岸稽察之，昼则任其入城，夜则不得上岸。次日，通事率贡使于各衙门投谒请见。正使武钦麟，其国某科状元，今官礼部侍郎，副为翰林陶春兰、部曹武陈绍，通事二人皆阮姓，而手本则称安南国陪臣某某，不列官衔也。其人皆纱帽红袍，不异明制，惟帽翅阔而且长，靴头长尺许，拖曳而行，靴统不掩胫，短若半靴然。曾至府中禀谒，商公不接见，使经历辞谢之。次日，商公答拜，礼房呈帖请验，双红单帖夹以全柬，顶格大书天朝中宪大夫知广西桂林府事商思敬拜，（其时知府尚系正四品，故称中宪大夫。）予问系旧例乎，礼房以贡使过省原卷送阅，则历来知府名刺具在，盖答拜后贡使仍来谢步缴还也。又次日，抚台请宴，其仪制，于先一日遣从前伴送赴京之巡检、千总往船传谕。至期，大陈仪卫，自城门以至堂下，兵皆全装站班，威仪整肃。抚台坐大堂，司、道、府县进见毕，依序而坐，然后通事领贡使于东角门报名入，堂上下应者声如震雷。行至堂下，向上三叩首。就位，抚台正坐，各官雁翅排列。皆有筵席，贡使及通事共五桌，设于最末，以矮几席地坐，进酒进馔，咸以细乐侑之。三爵后，通事率贡使出位，又向上三叩首谢，仍由东角门而出，众官告辞，兵马亦随后依次退。又贡使归时，中国物件，除军器外，皆许其买带，经过关津，例不查阅。惟过广西省城桥船时，首府先遣经历查其所带书籍，录取书目呈览，每部价值若干，均注于下，首府核其不应带出者，禀之上宪截留之，仍遣经历赍原价往，取其书回。如小说传奇之类，皆在所禁者也。贡使将去，又赴各衙门告辞，各宪皆给与程仪、礼物有差。启行之日，首府设厂，陈执事于桥船上，开关放行。盖漓江江阔水冲，桥成即圮，向造巨艇八十余，两只一联，铁索两条横贯之，而维其末于石柱，铺板于上，以济行人。每日辰申二时，开锁放舟，货物过桥，例应纳税，故过桥犹过关。关系首府所司，是以亲莅送行也。”与前述琉球贡使事参互阅之，所谓天朝上国体制之尊严，与所以待属国者，大略可睹。抚今追昔，何胜感喟！

九五　清末文臣武将之媚洋丑态

庚子之役后，西后变仇外为媚外，以倡率全国，风声所树，遐尔一概。李宝嘉《官场现形记》形容宦途丑态，亦屡及之。第言之过甚，时近儿戏，非写实之道耳。如卷五十五《呈履历参戎甘屈节》，写参将萧长贵跪接外国提督有“早听得岸滩上一阵锣声，只见萧长贵跪在地下，双手高捧履历，口拉长腔，报着自己官衔名字，一字儿不遗，在那里跪接大人。梅飏仁在船上瞧着，又气又好笑，等他报过之后，忙叫翻译知会洋官，说岸上有位两江总督派来的萧大人，在那里跪接你呢。洋官听说，拿着千里镜朝岸上打了一回，才看见他们一堆人，当头一个，只有人家一半长短。洋官看了诧异，便问谁是你们总督派来的萧大人。翻译指着说道，那个在前头的便是。洋官道，怎么他比别人短半截呢？翻译申明他是跪在那里，所以要比人家见短半截。又说，这是萧大人敬重你，他行的是中国最重的礼信。洋官至此方才明白”等语，谑虐特甚，只可作滑稽文字读。其骂武官尤酷。梅飏仁虽“媚洋人”，以系文官，故犹不以为然。然道光间固实有文官向外国兵船“头顶说帖，跪献江干”之事，诚国耻也。梁章钜《浪迹丛谈》云：“道光二十二年六月七日，嘆夷兵船闯人圌山关，将犯扬州，周子瑜观察札委余东场盐大使颜柳桥（崇礼），驰往招抚（按：此二字读之真令人肉麻）。颜有胆略，素喜任事，遂与办事商人包恪庄计议，禀商但云湖都转，许即相机办理。颜即于初八日随带羊酒鸡豚等物赴瓜州，渡江至象山，纤道瞭望。值夷船飞帆驶进，势甚凶猛。象山与焦山紧对，颜伺其抵焦山码头，以礼招呼，效郑商人弦高故事，头顶说帖，跪献江干，因得上夷船，见其头目郭士利……往复数四，议定给洋银五十万元，每元作银七钱一分，遂面与嚛（嘆?）酋定约，旋即分次送给，而扬城安保无恙，居民亦旋定安辑矣。余初闻颜柳桥之名，住扬州半载，未见其人，故无由详其通款之事。后遍询同人，得包松溪、程柏华所述，其胆略识力，颇有过人处。柏华复嘱颜来谒，因悉其颠末而叙次之如此。是役固由但云湖都转周子瑜观察之主持，而颜与包之功，亦不可没也。包现为总商，家门鼎盛，颜亦得运同衔，其子某孝廉且以郡守候选矣。”耻辱也而津津乐道，深有余慕，是诚何心哉！又云：“嘆夷之不犯扬州，京师士大夫以云台阁老（按：阮元也）之居邗江，比汉郑康成之居高密，而以嘆夷比黄巾之保郑公乡也。逾年，八十寿辰，恭蒙赐寿，彭春农学士以楹联寄贺云：‘新恩又见临裴野，近事争传保郑乡。’即指此事。”又云：“嘆夷初犯邗江，扬郡人家已纷纷逃窜，赖但云湖都转竭力防堵，加意抚循，不一月即各安其居，扬人甚德之。值都转九月诞辰，各制楹帖，以致其颂祷之忱。然语或过当，甚有以郭汾阳、李西平为比者，则拟不于伦矣。惟云台师撰七字联云：‘菊花潭里人同寿，扬子江头海不波。’落落大方，恰如身分，不能不推为大手笔也。”亦肉麻文字。陈康祺《郎潜纪闻》于此三则，斥其议论之无识，谓：“此举倘出自淮商，为捍卫牢盆保全场灶起见，当时和战未定，或可行权；若都转、观察，则皆守土之大官，奈何买城以求活乎？文达老成持重，殆别有坚定之志，不肯以先去惑人。莨林中丞，当海警萌芽，连章乞病（时为江苏巡抚），已不能自顾其生平。及侨寓维扬，反若幸钱神之有灵，以媚敌为得计，大书特书，归功当道，何其谬也。”盖允。（编者按：九三、九四、九五两则与本卷第21期完全重复，为保持原貌，不予删除。） （原第9卷第32期）

九六　清末警察之创建

旧都警察，久著声闻，其中以旗人为多。旗人语言漂亮，亦其一长，遇有争执斗殴等事，善于排解，有片言解纷之概。自警饷支绌，以生计之窘，巡警最优者多改业，或投充铁路巡警，新募者不免稍宽其格，视昔盖已有减色，特遗风未沬，故犹克保令名。溯北京之办理警察，始于庚子乱后，政府以肃王善耆领工巡局事，接收警权于日人川岛浪速之手。当日人掌警权时，八旗子弟以旗饷中断，骤失生计，多往应募，遂开旗人充巡警之途。镇国将军毓郎受善耆之委任而充工巡局总监，尤力主巡警专用旗人，以救其贫。十丈愁城主人（毓朗之弟毓某）《述德笔记》，为表扬毓朗事迹之作。其记毓朗任工巡局时事有云："初国家设八旗，分二十四固山，即兵籍之制，满蒙汉人皆入之。自庚申后，旗饷日减，生齿日繁，率皆贫窭。庚子之变，饷断者数月，幸川岛招练巡警，多应之，故内城巡警皆旗人，生计赖以少苏。外城仍五城御史之旧，相形日绌，后亦照内城设总局以理之。兄建议推广招募密云小五处驻防，救济无算。有劝肃邸添招客民以消畛域者，又有劝肃邸改用上海租界管理法者。兄笑曰：'旗人满、蒙、汉皆具，且有回人、缅甸、高句丽、俄罗斯人，何谓畛域也？今旗人失饷，无以为生，徒要不分畛域之虚名另募，何如因利乘便之为得计也？警务之学甚深，外人管理章程，与其本国不同，简陋不足法也。’皆拒之。”又云：“又有以上海租界章程献者，肃邸交局议，兄仍否认之，曰：‘洋商之于租界，非其治国法也。因陋就简，居留地之公约耳，何足效之?’后复有以招民人充巡警请者，余兄曰：‘庚子而后，八旗生计奇窘，巡警之额有限，除老病残疾外，尽以充之，犹虞不给。旗人习于弓马，奔走是其专长，又有底饷，虽少足以资其养生，化无用为有用。因势利导，未可更张也。或日后扩充外城再议未晚。’事遂寝。”其主张巡警专用旗人之理由，在为旗人谋生计，至习于弓马之说，不如谓敏于言词也。警察章程，不抄袭上海租界办法，自是有识。

九七　毓朗办警察不畏权贵

又云：“余兄之任警务也，于一切措施，多不循蹊径，一时豪强敛迹，有行行且止之畏。一切陋规皆罢之，又最恶要誉盗名事，当行者即行之，谗谤皆所弗恤。久之，人皆畏而惧之。……强有力者以设赌庇匪为荣，虽有三令五申，信赏必罚，无效也。兄乃自访聚赌处，饬分局总办自往剿之。王公府第之设局者，一时敛迹。有溥十者，某贝子之子也，有设赌庇匪之事，弹劾之，囚于宗人府一年。有一宗室崇子后，广交游，独不畏法，设赌局，与西北分局对门相望。局中司法处委员刑曹司员文某，怙恶不悛，婪赃无度，总办畏之，转恃以鱼肉乡里，所以前日有因抄赌得罪之巡警也。兄怒，饬捕崇某，终无敢捕之者。索之急，崇某乃夤缘肃府，趁演剧时以走票见肃邸，肃邸慷慨无畦町，遂得幸。一日忽跪地不起，王惊问之。傍人曰：‘无他，将军捕之急耳。’王大笑谓之曰：‘将军捕汝，我亦无能为力，但不致由我府中捕去。若尔行街道中，须自小心也。’崇气沮，始闭赌局。文某终以墨败，遂撤局差。’又云：“庚子之役，德国公使克林德死之。既和，要为克林德立石坊于就日坊北，外部任建筑役。承修之商人古玩铺掌柜人高尚仁，善奔竞。一日石工聚赌于通衢，禁之不止，乃大哄。巡警捕之，被殴伤，因并逮高。时已上灯，兄正由局将归，乃饬暂禁押所。忽有奉宸苑文书至。视之，乃索放高尚仁者。首书‘承修慈禧端佑康颐昭豫庄诚寿恭钦献皇太后仪銮殿钦命要工商人高尚仁’云云，复列庆亲王、大学士某某等十余衔。兄阅之大怒曰：‘此宵小藉势庇匪之惯技，不惩无以安阎闾矣。’乃提高至，掷文书与看曰：‘殴警之事，是非曲直，明日讯尔。今杖汝，为此文书也。’乃重杖之，置文书不覆。”所述对于毓朗容有溢美处，而北京办理警察之初，颇具一种勇决之气，固属不诬，用能崭然自树新基，蔚成美誉。

九八　设巡警部

清廷以吴樾炸五大臣案而特设巡警部，毓朗由内阁学士迁左侍郎，其与警政之关系良不浅。《述德笔记》记其在巡警部事有云："余兄之升任巡警部侍郎也，以吴樾炸五大臣于火车站，朝廷建设专部，使徐君世昌整理警政始也。工巡局自肃邸丁内艰卸事，那尚书桐继之。未几，炸弹案出，改设巡警部，收外城归巡警部直辖。徐君世昌补尚书，余兄与赵君秉钧补左右侍郎。（按：秉钧之任侍郎，系由直隶候补道赏三品京堂署理，后乃真除。）初，那相之接充工巡局监督也，多主调和新旧，少所建立，而所任之人，率多不称职，遂为人所乘。徐君雄才大度，刚毅有为，内城事仍托之余兄，外城事则托之于赵君秉钧。以张元奇、钱能训、延鸿、吴廷燮等充丞参，规画天下警务，议设警官。余兄力持必作文官阶级，以议者欲以参、游、都、守位置之，蹈步军统领衙门覆辙。兄曰：'武弁久为社会所轻侮，参、游、都、守，习于卑鄙龌龊，一旦以此名之，则数年之功堕矣。'执不可，乃设文官。议者又欲以六品为极，兄言于徐尚书，乃以四品为长。退而语人曰：'我非争巡警之官阶，为保持其人格也。我之任工巡局总监也，厚巡警之俸给，尊其身份，巡警有所关白，我未尝不正容接之，立而与语。委员有慢之者，斥之；巡警有自薄者，惩之。言出法随，从无反汗。一洗旧日徇情枉法之习，以故有所惩，无敢为之词者。惟遇事一再审慎，未敢掉以轻心。今设部，用人至夥，旧习相沿，尤易堕落，可不为之维持地步乎？'众以为有见地。会有熟于世故者，以巡警部之名，动关地面，时有革命之徒，日谋发难，脱有事，考成甚大，不如以地面责两厅，改巡警部为内务部，增司，收入内务事项，如前工部所管各项以为言者。徐尚书商之于余兄，余兄不以为可。钱右丞争之曰：‘堂堂一部，以巡警名之，殊不称。’余兄曰：‘吏部即司官吏事，何如？’钱曰：‘吏非巡警比也。’余兄笑曰：‘理兵事曰兵部，何如？’钱丞语塞，全堂一笑而罢。后卒改内务部焉。”足为我国警政掌故之参考资料。所云对巡警保其人格，尊其身份，可味也。巡警部之初设，即有改组之议，以毓朗以兵部掌兵为说折钱能训而止，亦可为旗人口才敏给之一例。能训固不能谓巡警下于兵丁也，惟兵部之“兵”字，函义实较广泛，视巡警部之巡警为有间矣。其时如改为内务部，与掌宫内事务之内务府，命名嫌复，似不应有此拟议。而今内务府改用他名，则又非巡警部所得主张也。有此疑义，后改组为民政部，亦未用内务字样。或述者以民国曾改为内务部而记忆偶误耶？

（原第 9 卷第 33 期）

九九　左宗棠晚年处疑忌之地

陈衍《石遗室诗话》云：“前清同治间，恭亲王长军机，沈文定（兆霖）由山西巡抚入为枢臣，眷任甚隆。光绪初，左文襄（宗棠）厕焉，不能久于其位，出督两江。仁和吴子俊（观礼）久客文襄幕，辛未始成进士，得馆选。著有《圭盦诗》，多关系时事。其最传者为《冢妇篇》《小姑叹》《天孙机》《邻家女》诸首。《冢妇篇》：

……即为文襄作也。冢妇指恭王，介妇谓文襄。文襄以一书生跻位将相，处疑忌之地，故有门祚寒素什伯亲疏各云云，疏逖涕流小姑诸妇各云云，恐志不侔，故终被排挤，不能久安其位。引近谘谋，和众推挽，皆冢妇之责，故以有姆善教望之。资沅兰芷，则明文襄为湘人也。《小姑叹》……指沈文定言也。沈虽籍宛平，本吴江人，故曰育南土。为山西巡抚，故曰于归太原。为人厚貌深情，深潭柔蘙，月旦甚确。女巫云云，言外交上引用非人。归宁侍阿母，至处处蒙人怜，言其蒙眷有权力。文襄必阴受文定齮龁者，故圭盦言之若此。闻杜鹃殆谓南人作相乎，非止不如归去意也。”左宗棠不获久居枢廷，以同官排挤之故，固是事实，而衍此段考证则殊疏。沈兆霖谥文忠，不谥文定，早于同治元年卒于陕甘总督任，时宗棠方用兵浙江也。同光间枢臣曾官山西巡抚顺天籍本吴江人之沈文定，明系沈桂芬（桂芬官至协揆，与南人作相说亦符）。然宗棠奉召由西陲入觐，于光绪七年正月抵京，入军机，桂芬则先于六年除夕病卒，未尝同值枢廷。宗棠之不获久任，与桂芬何干。（宗棠抵京后，吊桂芬之丧，挽以一联云：“入告有嘉猷，击楫应司刘越石；经邦怀远志，筹边还忆李文饶。”）且吴观礼而能作诗言宗棠为军机大臣事，即是大误。光绪五年三月，宗棠在肃州有《已故军务人员志节可传，请宣付史馆》一疏，请“将已故奏保内阁中书夏炘、刑部候补主事王柏心、四品衔员外郎衔中书科中书吴士迈、翰林院编修吴观礼四员，宣付史馆以存其人，俾士之矜尚志节者，有所观焉。”得旨：“以上四员，均属有裨军务，志节可嘉，著照所请，将该故员等事迹宣付史馆立传，以资观感。”宗棠拜疏后，并有《答朱茗生》书言及之，谓：“子儁夫人处，已拨三百金由儿辈交何伯源转寄，尚未得回信。此次请将夏、王、两吴四君宣付史馆立传，正值黎简堂、刘岘庄两奉严谕之后，恐不能邀允，惟愚衷如结，实非无病呻吟，亦有不得不然者。所惜四君后嗣凋零，难期表章先德，故妄意干渎，以存其人耳。”政府方嘉宗棠扬威万里，建戡定西陲之功，故所请获允也。观礼既盖棺论定，为历史上人物，两年之后，宗棠乃拜军机大臣之命，其在枢廷受排挤龉龁，岂能见诸观礼之诗乎？（衍谓女巫云云，言外交上引用非人，或指崇厚使俄议约事。惟崇厚奉命使俄，在光绪五年五月，亦非观礼所能预知耳。）

甲申正月，左宗棠以病开两江总督缺，给假四月，回籍调理。五月至京请安，复入政府。七月即奉命以钦差大臣赴闽督师，时宗棠老矣。翁同龢对宗棠颇致殷勤，其是年《日记》关于宗棠到京后情事者，五月十九日云：“出西华门，拜左中堂于旃檀寺，未见。（昨日到，尚迟数日请安，起跪不便。）”

二十一日云：“以陈绍一坛、白米百斤送左相。”

二十六日云：“左侯仍在军机大臣上行走，毋庸入直，遇要事传问，并管理神机营（调旧部两营来京）”。

闰五月初八日云：“左相以内阁典籍厅印行文外省，

廷寄申饬。”

十三日云：“左相封事，同军机上，闻以后自请每日入直。”

二十九日云：“左相国来，长谈，神明尚在，论事不能一贯，大不满意于沅帅。（按：曾国荃也，两江总督。）念汤伯述不置（云已补上海，为沅所撤）。力主战，以为王德榜、李成谋、杨明镫（按：宗堂旧部有提督刘明镫，光绪二年遵旨列保记名提镇，称为“将材中以识略著者。”杨或刘之笔误耶？）皆足了此也。”

六月朔云：“冒雨至内阁大堂会议，实未议，只看折耳。……左相说帖。（艺学当兴，开科不必，或令学政试取算学等。）”

二十一日云：“访左相谈，虽神情不甚清澈，而大致廓然，赠我《盾鼻余沈》，其所撰诗文杂稿也。反复言打仗是学问中事，第一气定，气定则一人可胜千百人，反是则一人驱千百人矣。（按：此句承上，颇有语病，应作千百人为一人所驱，语气方合。或同龢笔述偶未经意耳。）谈及先兄文勤（按：翁同书也），咨嗟不已。”

七月初二日云：“延煦参左宗棠于乾清宫未往行礼，交部议处。”

初六日云：“醇王参延煦劾左宗堂行礼不到，意在倾轧，交部议处。”

十一日云：“是日吏议上，……左相罚俸一年。”

十八日云：“左宗棠授钦差大臣，赴福建督师，杨昌濬、穆图善帮办。”

二十日云：“得电信，无名，殆盛君（按：或指盛宣怀）所为，言左相不可往闽，宜在吉林备俄也（“日志并朝，俄涎吉林，皆已显露”云云。皆此电信中语）。”

二十四日云：“以蒸豚等送左侯。”

二十五日云：“左相来辞行，坐良久，意极惓惓，极言辅导圣德为第一事，默自循省，愧汗沾衣也。其言衷于理，而气特壮，曰：‘凡小事精明，必误大事。’有味哉，有味哉！劝其与沅浦协力，伊深纳之，怅惘而别。”

宗棠晚境，老态龙钟，而豪迈之气依然，于外侮尤不甘屈伏，所谓烈士暮年，壮心未已也。延煦官礼部尚书，其以行礼不到劾宗棠，未为越职。而奕譞参其倾轧者，个中委曲，同龢未记。据费行简《慈禧传信录》记宗棠在军机时事有云：“宗棠虽出身举人，而科目中人多非同辈，朝官以其骄蹇，颇恶之。在军机日，唯自夸功绩，遇疆吏奏报，辄请批准，勿付部议，又尝搀己意入廷寄中，示陕抚谭钟麟。同官王文韶以其不谙体制讥之，实承奕䜣旨也。又称金顺为己部将，而于广众中诋官文不识一丁，竟得以功名终，旗员大都类然，于是满蒙籍诸官衔之尤刺骨。礼部尚书延煦遂以万寿圣节，宗堂到班迟误，行礼失节，特疏纠之。略谓：‘宗棠以乙科入阁，已赏优于功，乃既膺爰立，竟日骄肆，乞惩儆。’疏入，后示枢臣曰：‘此关礼仪事，何非部臣公疏，而只煦单衔耶？’䜣谓：‘宗棠实失礼，但为保全勋臣计，煦疏乞留中。’后韪之。

奕譞闻大愤，是日特专折劾煦，谓宗棠之赞纶扉，特恩沛自先朝，煦何人斯，敢讥其滥。且宗棠年衰，劳苦功高，入觐日两宫且许优容，行礼时偶有失仪，礼臣照事纠之可已，不应煦一人以危词耸上听。言颇激切。后尝以历朝诸后垂帘，无戡乱万里外者，居恒自负武功之盛，然实宗棠力也，故鸿章等屡言其夸张，后不为动。煦纠疏入，后已不怿，得譞奏，遂以谕斥煦，复敕部议处分，由是朝臣无敢论宗棠者。至持清议诸臣，以外交事素不惬鸿章所为，知宗棠持议与鸿章左，益扬左以抑李，故于宗棠有褒词无微言也。"所述间有未谛，大体可参阅。左、翁之相契合，或亦与当时所谓清议有关。（乙酉宗棠卒于闽。同龢七月二十八日《日记》云："闻左相竟于昨日子刻星陨于福州。公于予情意拳拳，濒行尚过我长揖，伤已，不仅为天下惜也。"）至参劾宗棠之延煦，据李岳瑞《春冰室野乘》记其与慈禧争谒慈安陵礼节，大有风骨，则亦旗员中铮铮者。

（原第9卷34期）

一〇〇　晚清王公贵族子弟之仕进

毓朗受知善耆，以镇国将军任崇文门税差，获保五品京堂候补，补鸿胪寺少卿。复以工巡同保案，以三四品京堂候补，乃迁光禄寺卿。旋擢内阁学士，巡警部左侍郎。后因袭封贝勒，辞侍郎，派御前行走。宗职历官京堂卿贰，为同治以来所创见。其弟《述德笔记》云："余兄之任鸿胪寺少卿，殊遇也。咸丰以前，天子当阳，用人无方，各将军多由授职时即以侍卫授之。不久，文补阁学，武任将军、都统、副都统，出任封疆者有之。自恭忠亲王摄（?）政，一守成例，凡简自帝心之举，均无从出。辅之者，汉大臣不问满事，满大臣又不欲干涉宗室事，遂自同治元年迄光绪十三四年，无以授职后任事者。王公子弟定不能就部曹为小吏，又少奥援，俸屡扣减不足以糊口，多有宵小引入地痞之流，包庇匪人，以谋生计。良懦者不堪其苦，人遂谓将军为一种无告之民矣。今肃邸善耆，既授职，无所事事，乃力图之，始得授侍卫，后遂有继之者，然文职无之。文职之授，仍肃邸之力。余兄为之先导焉。”颇致憾于奕䜣之恪守成例，不为王公子弟营仕进。然自光绪末叶，宗室爵职任文阶之风既倡，驯致亲贵争猎膴仕，擅政权，汉官既憾满人之排汉，满官更憾亲贵之排满，而清祚卒亡于亲贵政治，作俑之效可睹矣。《述德笔记》作于清亡后之王公子弟，而仍作尔许沾沾自喜语，是可异也。至所述王公子弟不获任事之苦况及入于下流，诚为事实，盖人数日多，置顿自鲜善法耳。

一〇一　贵族争权辩

清末亲贵竞居政地，论者咸斥其非。而辛亥三月汪康年于《刍言报》为之说云：“各报甚不以贵族握权为然，此说是也；顾谓不居要任，可常保贵族之尊荣，则殊未然。盖吾国有一极奇现象，则无论亲王之尊，苟不当权，则人视之若无睹，几至并其人之生存与否而亦不之知。至平常世爵，更无论矣，绝无人以其为亲王为贵族而有敬仰之意也。汉人得爵者寥寥，然亦不足动观瞻。假使百十人之聚会，中有五等之爵，人亦只平平视之，不觉其特异也。此事各国均不然，惟无尊荣于彼，乃不能不争权势于此，殆亦有所迫而然欤?”此似为当时亲贵辩护之词，却未尝无理。亲贵不居要津，不为人所重视，事实良然。我国封建制度废除最早，平等观念久入人心，非各国之比，故世爵之流，或缘天子之私亲，或藉祖先之余荫，特有头衔，异于齐民，而不必即邀社会之钦重也。不重贵族与极重机会平等之科第，意义正相发明。爵位崇高、体制尊严之亲王，“人视之若无睹”，门阀无闻，贫无力（立）锥之寒士“一举成名天下知”，皆平等精神之表现。此类陈迹，难于号为文明先进之列强求之。

一〇二　奕䜣之罢政

奕䜣以皇叔辅政，为枢垣之长，本非有清恒制。慈禧挟慈安创垂帘听政之局，不得不假以自重，而亲王领袖政府，遂成惯例。迄清之垂亡，其间惟荣禄以独蒙慈禧殊宠，曾为军机领袖耳。奕䜣为政，颇持大体，其守成例以裁抑贵族，亦具深心。自辛酉至甲申，当国二十余年（同治朝虽迭受后帝挫折，而政权旋复，不为中断），西后奢纵，每阴沮之。以负重望，不果罢斥。甲申以中法衅起，乃将枢臣全班撤换，实亦以纾对奕䜣之积愤也。与奕䜣同出军机者，为宝鋆、李鸿藻、景廉、翁同龢，惟同龢处分最轻。其是年三月《日记》，略记其情形。初八日云："今日入对时，论及边方不靖，疆臣因循，国用空虚，海防粉饰，不可以对祖宗。臣等惭惧，何以自容乎！退而思之，沾汗不已……"初十日云："军机起，一刻，醇亲王。（按：召见军机头起，奕譞二起也。）……头起匆匆退，而四封奏皆未下。二起三刻多，窃未谕也。"十一日云："发两封奏，而盛昱一件未下，已四日矣，疑必有故也。"十二日云："前日封事总未下，必有故也。"十三日云："御前大臣、六部等满汉尚书一大起，军机无起。闻昨日内传大学士、尚书递牌，即知必非寻常。恭邸归于直房办事，起下，传散，遂诣书房。诣达未来，余等先入，已而伯王到，余即退，始闻有朱谕一道，'钦奉懿旨：……（按：系节录罢斥枢臣语。）等因。钦此。'是日未正一刻退，退后始由小军机送来谕旨，前后数百字，真洞目怵心矣。焚香敬告祠堂，省愆念咎，无地自容。"十五日云："张子青来，始知前日五封事，皆为法事（盛昱、赵尔巽、陈锦、延茂二件）。惟盛昱则痛斥枢廷之无状耳。今日始发，并劾丰润君（按：张佩纶也）保徐延旭之谬，又牵连及于高阳之偏听。"此为当时政局一大变，盛昱有促成之力。奕䜣去而慈禧益得肆志矣。张謇《自订年谱》于是年有云："闻盛昱严劾枢臣并及两广总督张振轩，朝局一变。时恭亲王秉国，高阳李相国为辅。高阳又当时号为清流者之魁杓，自昱劾罢恭邸、高阳，政权归醇亲王、孙毓汶辈。自恭王去，醇王执政，孙毓汶擅权，贿赂公行，风气日坏，朝政益不可问。由是而有甲午朝局之变，由甲午而有戊戌政局之变，由戊戌而有庚子拳匪之变，由庚子而有辛亥革命之变，因果相乘，昭然明白。以三数人两立之恩怨，眩千万人一时之是非，动几甚微，造祸甚大。经言治国平天下，始于正心诚意，是固儒者事矣。故谈朝局国变者，谓始于甲申也。"是推论此次政变之关系者，盖不为无见。尤要者乃在慈禧之因以无所忌惮，为酿祸之源也。林纾《铁笛亭琐记》云："恭邸之去位，盛昱成之也。时济宁当国，谄事醇邸，严旨黜恭，以礼王世铎、阎敬铭、张之万、孙毓汶代之，醇邸总其成。丰润张佩纶素以直称，在广座中启醇邸，谓恭王勋望系中外，不宜置散地。醇邸亦感动，将入告，忌者谓张有意众辱王，醇邸怒，事遂寝，于是朝事浸不可问，而张亦以事论谪。'张佩纶之说奕谡，可代表当时清议派一部分主张。惟纾所述有欠分晓处。济宁云者，即孙毓汶也。奕䜣罢后，毓汶乃入军机，何先有当国，云云。奕䜣既开去一切差使，慈禧犹衔之甚，是年十月初十日为其五旬庆典，翁同龢九月三十日《日记》云："闻醇邸恳请准恭邸豫祝嘏班联，天语已允，次日乃传旨将醇邸申斥。"十月初十日云："前数日醇邸面求赏恭亲王与祝嘏之列，已俞允矣。次日传旨申饬醇亲王，仍不准恭亲王随班晋祝。"其对奕䜣之意态如此，纵初罢时奕谡敢代乞恩，更当饱受申饬耳。又同龢三月二十四日《日记》谓：“是日总署递折，凡六条，请以枢臣兼总署，意在恭邸而未敢显言。有夹片撤去，醇邸见时，上意切责总署，以为非恭王不能办，传旨申饬。”尤可见矣。奕䜣既开去一切差使，沉冥十年，至甲午中日之战始再起，以时局危岌，言者争请起用也，而初犹靳之。同龢是年八月二十八日《日记》云：“余与李公（按：李鸿藻也）同入，皇太后、皇上同坐……既而与李公合词吁请派恭亲王差使，上执意不回，虽不甚怒，而词气决绝，凡数十言，皆如水沃石。”时光绪帝虽已亲政，而是日后、帝同召见，此“上”字盖仍指后，观上文谕话可辨也。（奕䜣起于久废之后，颇惴惴持盈，权势不逮当年，戊戌卒。未几即有慈禧再出训政之事。）（原第9卷35期）

一〇三　洗马考

洗马一职，秦汉即有之，为东宫官属。太子出则前驱导威仪。晋以后职掌图籍，隋曰司经局洗马，历代因之。明制，司经局洗马掌经、史、子、集、制典、图书刊辑之事，立正本、副本、贮本，以备进览。凡天下图册上东宫者，皆受而藏之。并有校书、正字，掌缮写、装潢经、史、子、集、制典、图书，诠其讹谬，调其音切，以佐洗马。清废建储，仍留詹事府，为翰林升转之地。司经局与春坊同裁，洗马暨庶子等并入詹事府。惟结衔仍署坊局字样而已。其“洗”字本读“先”，上声，而俗读久如“洗涤”之“洗”，于是清华之职，乃若躬司洗涤马匹者矣。明人关于洗马之记载，有可发噱者，如陆釴《病逸漫记》云：“兵部尚书陈公汝言退朝，遇太子洗马刘公定之，戏曰：‘君职在洗马，所洗几何？’刘公应声曰：‘厩马皆洗过矣，独大司马洗不得也。’闻者为之绝倒。”耿定向《先进遗风》云：“杨文懿公（守陈）以洗马乞假覲省，行次一驿，其丞不知为何官，与之坐而抗礼，卒然问曰：‘公职洗马，日洗几马？’公漫应曰：‘勤则多洗，懒则少洗，无定数也。’俄而报一御史且至，丞乃促令让上舍处之。公曰：‘夫固宜然，待其至而让，未晚也。’比御史至，则公门人也，跽而起居。丞乃睆御史不见，蒲伏阶下，百状乞怜，公卒亦不较。”两事均堪捧腹。洗马之贵，驿丞不知，乃就字面解释而轻之。御史虽七品官（明制如是），然奉命巡方，则藩臬均执属官礼，驿丞末吏，更视若帝天矣，宜其于御史跽而起居者蒲伏乞怜也。

一〇四　左宗棠赴闽督师

关于甲申之役左宗棠赴闽督师事，见之闽人记载者，《陈衍年谱》乙酉岁有云：“八（？）月，左恪靖侯（宗棠）薨于福州。初，上年七月朝命左侯督办福建军务，年齿已高，颇耄昏。拜命日，奏陈于西太后曰：‘臣此去必奏凯。臣昔日所放生之牛，已托梦告臣矣。’太后大笑。

盖左侯为总督时，有牛将被宰，突奔督署大堂，跪乞命，左侯放诸鼓山者也。至闽日，团练大臣林寿图往迎，林故以布政使被劾于左侯者也。左侯见之，问旁人曰：‘此人之字，记似与颍考叔有合。’旁人曰：‘渠字颖叔。’曰：‘然则被参于我者，尚来迎我，故是好人。’又曰：‘福建海味，海蜇皮甚佳。’”其所闻之宗棠轶事也。惟以梦牛之说奏对，近于儿戏。宗棠时虽衰耄，不至荒伧如是。此种传说，盖当时嫉宗棠而目为怪物者所流播耳。同治十年，宗棠《请奖劳臣以昭激劝疏》言刘松山死后显灵云：“臣提讯解到金积堡回众，均称刘帅亡后，堡中夜静时闻戈马之声，如怒潮涌至，每月约三四次或六七次，贼中每疑官军夜袭，不敢解衣就卧，而上年十一月十六夜三鼓，平凉城外，忽闻大声呜呜，山谷响应，守城将士疑为狼嗥，开炮轰击，迨比缒城出视，了无所见。臣时徘徊帐中，觉其有异。后得诸军驰报，是日马化漋就擒矣。然则前史所载毅魄忠魂，时露灵异，诚未得谓其尽属虚语也。”说来有声有色。宗棠固非不语鬼神之事者，第旨在表彰名将，在奏牍中不为怪特，与梦牛之对，自难一概而论。林纾《铁笛亭琐记》云：“甲申马江之役，文襄督师由上游取道入闽，将以兵复台湾（按：复字不妥，时法军虽侵扰台湾，未可谓台湾已失也）。父老万众，环跪攀留，公太息挥涕自责。嗣闻敌船复近梅花港，公立率所部出防，迨知谍误始归。沿路安抚百姓，人人呼丞相万福。以中堂与宗棠嫌名，故易古称为丞相，比之诸葛忠武也。时公已老，尚时时骑马出游街市，见人屑糯米为丸，糁以糖屑，用瓦器以火温之，公见而大羡，一归即遣人购取。公子孝同防其不利于老人，力谏不听，公怒，卒取食之。”亦可供谈助。宗棠已笃老，而犹能时时骑马出游街市，恐有未谛。（其十二年前〈壬申〉在甘肃与子孝威书有云：“河回献良马，神骏异常，如见唐人画马，名曰平戎骏、靖戎骏，吾老不能骑，暇时当画题诏（诒）子孙耳。”）

一〇五　左宗棠晚年

曩闻汪建斋君（立元）谈其尊人若卿先生（绥之）官江西余干知县时谒见宗棠情况，甚有致。宗棠以侯相佩钦符赴闽治军，所过诸官执礼甚恭，宗棠则自待颇倨。过余干，汪登舟谒见，宗棠危坐以待，戴大帽而不著公服，长衣加背心而已。汪叩拜如仪，宗棠昂然不动，惟以手示意命坐。卒然问曰：“潘霨在江西如何？”时霨为赣抚，宗棠直呼其名，若皇帝之召对也。汪对以好。又问何以好，汪举其办赈之成绩以对。又呼布政使之名而问曰：“边宝泉如何？”亦对以好。又问何以好，亦举事以对。又问：“江西臬司现为何人？”对曰：“王嵩龄。”宗棠笑曰：“彼已官至臬司耶？”嵩龄起家寒微，曾在黄鹤楼卖卜，故宗棠有彼哉彼哉之意。后询汪以余干事，颇嘉其政绩，谈甚洽，临别赏办差家人以五六品功牌云。盖宗棠自负勋望阶资，度越时流，对下僚不免倚老卖老，故作偃蹇。

建斋又云：宗棠前由闽浙总督调任陕甘，北上过九江。九江道许应鑅暨府县均进士出身，宗棠以乙科起家，弗引为同调也。九江同知王某谒见，宗棠阅履历，知为举人出身，乃问曰："进士好抑举人好？"王知旨，对以举人好。复问何以举人好，对曰："中进士后，如为翰林，须致力于诗赋小楷；即为部曹、知县，亦各有所事，无暇以治实学。举人则用志不纷，于讲求经济最宜。且屡上公车，览名山大川，足以恢宏志气；历郡邑形胜，足以增广见闻，故举人较进士为好。"宗棠含笑称善。王退后，宗棠极口赞誉，谓九江各官惟王丞为最优。众以为王或有异政见赏，旋知其故，为之爽然，事亦甚趣。

一〇六　晚清之予谥

清室退位后，对于旧臣犹尝屡有予谥之举。如瞿鸿禨之谥"文慎"，或谓"慎"字盖对其以"暗通报馆、授意言官、阴结外援、分布党羽"被劾获谴之曩事隐为昭雪也。郭曾炘谥文安。清代谥此者有道光朝之何凌汉。李元度《国朝先正事略》云："国初有得此谥者，后皆追夺。二百年来，至公乃蒙恩特谥，异数殊荣，盈廷惊耸。始悟圣主知公之深，眷公之笃，迥越寻常。"甚叹异焉。所云清初谥此者，盖指顺治朝之王铎、张端也。清制，阁臣及翰林授职者始得谥"文"，非是而得之者，则为特典，非故事。曾炘为光绪庚辰翰林，然以庶吉士散为礼部主事，未获留馆授职，例不应谥“文”。“文安”之谥，亦不循旧格。于式枚与曾炘为同年翰林，系由庶常散为兵部主事，得谥“文和”，事亦犹之。梁鼎芬予谥“文忠”后，有前广西思恩知府富察敦崇者，呈内务府请代奏为吴可读请谥，谓：“窃见三品京堂梁鼎芬出缺后，我皇上优礼节义，特谥‘文忠’，闻者无不钦羡。因念光绪五年吏部主事吴可读尸谏一事，虽蒙赐恤，例无请谥之条，至今阙如。可否查照前内阁侍读梁济成案，加恩予谥之处，伏乞代奏请旨。如蒙天恩俞允，则东陵陪葬者有一吴可读，西陵陪葬者有一梁鼎芬，我朝养士之报，可以彪炳史册矣。敦崇为表扬忠义起见，是否有当，伏祈鉴察。”内务府由世续、绍英、耆龄具名复以函云：“查予谥典礼，曾于上年八月间钦奉谕旨，三品以下文武官员俱著一律毋庸予谥，并著该衙门不必代为恳奏，以示限制等因，钦此。执事所请予谥一节，碍难代奏，兹将原件奉还，即请查收可也。”均清室退位后予谥小掌故也。光绪六年张之洞题可读遗书有云：“此卷检题称准敕忠闵吴君者，去年四月□日懿旨有‘以死建言，孤忠可悯’八字，敬述玉音，以为私谥。”是可读已早有私谥曰“忠闵”矣。

（原第 9 卷第 36 期）

一〇七　曾国荃山西祈雨

中华久以农业立国，农获丰歉，多视天时。旱而祈雨，在昔为长吏之要务。其著名绩得民心者，每有种种传说，以为有感斯应之征，甚者则为誓以身殉而立格天心致甘霖焉。如陈康祺《郎潜纪闻》云："威毅伯曾公之抚晋也，值山右大祲，赤地千里，前抚噤不以闻，公下车即飞章请命，于是公私赈贷，集金粟至无算，晋民始苏。龙山典史朱克敬笔记称：公初次祷雨未即应，下令诫所部官吏毕至坛，绅士自廪生以上皆集，积薪塞庙门，誓次日不雨即自燔，雨果应时至。晋父老感涕讴歌，乃家尸而户祝之。论者谓公此举，视昔年攻拔金陵、平积年僭号之贼，功相等。盖一则夺数百万生灵于豺貘封豕之吻，一则活数百万生灵于沟渎饿殍之余。前古勋臣，未有斡回元化，大任叠肩，建立如斯其伟大者也。"曾国荃以自燔祈雨而雨至，与随笔前述湘人相传之赵中乔事类似，自来号为名臣循吏尽心民事者，易有此类传说也，事难尽信。纵偶有之，亦旱久而雨，会逢其适耳。王闿运《湘绮楼日记》光绪五年四月二十七日云："翰仙又云：曾沅公祈雨不降，藏火药，炷香其上，密誓自焚，与司道期天明始集，沅公四更往，香及半寸，澍雨暴至，应时沾足，斯与桂阳张熹后先比美矣。假令传闻失实，而晋民以此归美，尤见其信孚于民也。"所述国荃誓殉祷雨，炷香于火药，与积薪之说不同，盖传说之歧出者。闿运参以活笔，语颇隽永，是其较康祺聪明处。（国荃抚晋办赈事，费行简《慈禧传信录》所记可参阅。）

一〇八　曾国藩“同进士”

曾国藩好诙谐，“如夫人”“同进士”之巧对，相传为其以谑召侮之事，谈往者每及之。如梁启超于《新民丛报》所记云：“曾文正以三甲检讨出身，生平以为第一恨事，有言及者，辄自怫郁。一日与幕中诸乡人宴饮，座客某以惧妾癖闻，文正戏之曰：‘我有一联，请君属对：代如夫人洗脚。’其客应声曰：‘赐同进士出身。’文正大渐恚。”牛应之所辑《雨窗消意录》述此，并及国藩以三甲入翰林之委曲。据云：“曾文正公国藩成进士时，殿试列三甲。故事，三甲多不入翰林。国藩大恚，即日买车欲归。时劳文毅公崇光已官编修，有名公卿间，因往慰国藩，固留之，且许为尽力。归即约善书者数人馆之家，又假亲友仆马各十，鞍辔以待。国藩已试出，急写其诗，分送贵要。既而国藩果列高等，入翰林。然国藩终以不登二甲为恨。至督师两江时，偶与宾客语及‘如夫人’三字，无对，李元度应声曰‘同进士’曾色变，李亦惭悔，久之乃解。”如所云，国藩以朝考一等入翰林，乃藉诡道得之。惟据黎庶昌所编国藩《年谱》，王定安所编大事记，均谓朝考进呈，拟一等第三名。宣宗拔置第二名，是其朝考卷且邀道光帝特赏矣。至属对者，此谓是李元度惟仅三字对而已。又阅黄钧宰《金壶戏墨》云：“殿试三甲者，赐同进士出身。某太史以三甲庶常散馆授检讨，最恶人称此六字。一日有同年某新纳姬人，太史往贺，某适他往，姬人方洗足。太史出，遇某于途，笑谓之曰：‘今日有一佳语，能属对乎？’某叩其辞，则曰：‘看如夫人洗脚。’某即应声曰：‘赐同进士出身。’太史默然而别。杨稚虹曰：‘人不可有所忌，我忌之，人偏触之。’此对之巧，抑太史自取讪耳。”此亦一六字对者，特“看”而非“代”，未言太史为谁。复据见南山人《茶余谈荟》所记，与《戏墨》同，惟谓系“江右刘太史”事，显与国藩无关。倘真为两人之事，巧对可云巧合，而吾意两种传说，或出一源，因装点而稍异。国藩之名特著，故谈者多以此归之。所谓“江右刘太史”者，道之者遂罕矣。

一〇九　“老身”

王应奎《柳南随笔》云：“今人讼牒中多自称曰身，犹言我也。如张飞自言：‘身是张翼德，可共来决死。’（按：《三国志》飞传，本作“身是张益德也，可来共决死”。飞字益德，后久沿为翼德矣。）又宋彭城王义真，自关中逃归，曰：‘身在此。’谢沦云：‘身家太傅。’史传中若此类甚多，皆以身为我也。”此说是也。而年老者又有“老身”之自称，如宋钱世昭《钱氏私志》（此书旧本或题钱彦远撰，或题钱愐撰，或题钱世昭撰。《四库全书提要》考定为愐尝记所闻见，而其犹子世昭序而集之者）记蔡京事有云：“吕辨者，蔡门人。蔡罢，珠履尽散，独吕送至长沙。吕乘间问蔡云：‘公高明远识，洞鉴古今，知国家之事必至于斯乎？’答云：‘非不知也，将谓老身可以幸免。’”是男子可自称老身，犹言老夫也。后乃专用为老妇自称，戏剧中男称老夫，女称老身，成相对之词焉。而元高则诚《琵琶记》中之牛丞相，犹自称老身，与今异。蔡京“将谓老身可以幸免”之语，某（甚）可味。历来国运垂危，而当轴者犹黩货乱政，不加顾恤者，其心理大抵如是。使在今日，有租界可匿，有外国可走，纵及身而败，其幸免自更较易矣。（又按：前乎京者，如《北史·穆崇传》云：“元顺醉入穆绍寝所，绍让曰：‘老身二十年侍中，与卿先君亟连职事，何宜相排突也？’”亦男子自称老身之例。）

一一〇　相子先娄德达对弈

明李绍闻《云间杂志》云：“相子先，华亭人，善弈。太祖召至京师，与鄞人娄德达偕入见。上命二人较艺，子先自谓天下无敌手，视德达蔑如也。上顾中官取一纸置局下，子先不测上意，竟不经心。德达聊胜，启视，乃给冠带告身也。子先竟不得，怏怏归。刘诚意作文送之。”此为明代之弈家故事，与相传之清代弈家黄月天、徐星友事极似，特月天为星友所欺，子先则自败于不经心耳。疑清代此段故事，即由明人所传缘饰，更参以宋叶绍翁《四朝闻见录》所述而造成者（参看本报第八卷第十期所载《随笔》）。

一一一　吴观礼

左宗棠光绪七年入军机，吴观礼已前卒。陈衍《石遗室诗话》考释观礼诗，谓言宗棠在军机时事，前已辨其误，兹阅李慈铭《姚叔怡墓志铭》有云："光绪四年之春，畿辅旱灾，秦晋豫皆大祲，民之流亡以亿万计，其十之一奔赴京师。……一时士大夫盱目伤心，抚义争先，率钱聚米，号呼相救。澹灾未告，继以疠疫，其最勤事著功效而先后以疫死者，则有翰林编修谢君维藩、吴君观礼、户部主事王君繂，名尤在人口。而中书科中书姚君恩衍，年最少，能与诸君子奔走后先，……遂以瘁死。……京尹入告，独以君与谢编修并称，次及户部主事何君金章等，而吴君、王君不与焉。有旨褒嘉，并如所请，下各省督抚取其事实，列于志乘。"盖观礼以办赈染疫死于光绪四年，而未获旌扬。翌年春宗棠乃以"已故军务人员志节可传"，奏请与夏炘等宣付史馆，失于彼得于此矣。观礼以举人刑部员外郎居宗棠幕，保至陕西道员，后注销道员官阶应试，中辛未进士，入翰林。

（原第9卷第37期）

一一二　张之洞《抱冰堂弟子记》

张之洞督鄂时，有《抱冰堂弟子记》述其政绩志行，罗惇曧谓即之洞自撰也。中有关于东三省者，谓："庚子拳匪乱作，黑龙江首和拳匪，于是俄人乘机占东三省，将军增祺、委员周冕为俄人所胁，强立新约，大意以关东权利尽畀俄人，全权大臣李相已允之。乃与刘忠诚合词力阻，劝朝廷勿许，折奏、电奏，凡二十余上。俄人限以三月初七日画押，过此则决裂，恫吓万端。坚持力谏，遂得不画，东三省以全。"此事虽不尽缘刘、张之力，而刘、张以江、楚总督，奉命参与和议，发言自为政府重视。折、电争持，正不可少，谋国苦心，宜其自鸣。使地下有知，获睹今日东三省之局面，其感想为何如乎！

其关于甲辰日俄之战者，谓："癸卯冬述职在京，日俄将开衅，政府嘱往劝日本勿与俄战，拒之。并述西国公使之言曰：'日俄开战，此乃于中国有益之事，何为阻之？'因请政府据以上闻。以后遂不复有劝阻日俄用兵之说矣。又甲辰春，前南洋大臣魏某倡议合数省督抚致书北洋，欲合词上疏，劝阻日战。适过津，项城以为问，力阻之。是年冬间，日俄战久，俄虽屡败，未肯退出东三省境。新任南洋大臣某（按：似指周馥）欲邀合北洋及鄂省出作调人，劝日俄议和，勿苦战。复书痛驳之而止。"当时政府之欲弭日俄之战，盖承西后旨。方值七旬庆典，惧罹池鱼之殃也。据费行简《慈禧传信录》云："甲辰后七秩寿，癸卯奕劻等即上章请大举庆典，后意颇动。无何，日俄战作，其战实在我奉天，丰镐旧都也。虽宣守中立，令马玉崑率所部驻山海关外防锦宁（?），而京师大震惊。比日师入沈阳，流言益作，宫中近侍日有逃亡，后驻园不敢还京师。尝召见张百熙，谘以时局。百熙对：'蛮触相争，不预我事，乞后释意。'后曰：'当庚申、辛酉间，吾自圆明园侍显皇帝幸滦阳，未尝少有疑惧。嗣回銮屡为端华、肃顺等所阻，屡以危词恫予，而予不为所动，卒排万难还京师。当时以为虽英法兵仍未退出，亦不足虑，盖少年气盛然也。今予已七十，安能复经变乱耶?'言竟，泪数行下。百熙退，语少少外传。嗣有奄为兼尹陆润庠言，宜预封马匹驼轿，勿临时匆蹙。润庠即传大宛两县办之。于是人皆知后必去京国，台谏有上疏止之者。（袁）世凯亦自津电陈蜗角之争，幸勿自扰，致播迁之祸。（瞿）鸿禨因请明诏正其事，以释群疑。乃传旨谓绝无出巡意，诫诸臣毋臆相揣摩，致滋流言云云。然后初实欲西行，已命内务府总管大臣密书告陕抚升允矣。"如所云，西后畏怖之余，且尝复作逃亡之计矣。之洞之欢迎日与俄战，盖以俄国强暴素著，野心最大，幸日本大创之，以纾边患，故主张与魏光焘辈异。战事结果，俄焰虽稍戢，日势则益张。我不能自强，终无幸理。今兹东陲之变局，与甲辰之役固有一线相承之关系也。犹忆日俄开战时，我国智识阶级、学校生徒，闻俄胜则嗒焉若丧，闻日胜则踊跃欢呼。

同文同种兄弟御侮之心理，诚于中，形于外，良有不期然而然者，大都以为弱国赖有强援，助我者舍兹兄弟之邦其谁。假令今日日俄再战，吾知一般人又将闻日败而踊跃欢呼，闻俄败而嗒焉若丧矣。若仍不知自助，惟冀有助我者从井救人，其效可逆睹耳。

一一三　言仲远

常熟言仲远（敦源）参袁世凯戎幕于小站，受知甚早。历官司道膺阃寄，文武回翔，咸有声绩。民国初元，一度任内务次长，兼权总长。未久即辞去，在津经营实业，无复宦情。徐世昌、段祺瑞均夙契，先后当国，数拟以部长及方面相属，皆辞而未就。小站同僚，北洋袍泽，于其行径超然，多敬异焉。今岁八月卒于津。挽词如陈宝琛联云："具文通武达之才，经世有心终不展；以危行逊言自处，待清无命竟长徂。"陈曾寿联云："维君惠亲戚遗孤，能重旧恩轻堵物；属我写乡邦名胜，曾惊知己到山灵。"林开謩联云："平生师友尽名流，暮齿多悲，潜德更能昌勗勉；蚤岁弟兄负声誉，故家可念，旧交弥复忆机云。"徐世昌联云："揽怀袍泽伤今昔；托兴诗歌动泬寥。"王揖唐联云："胸有甲兵工草檄；家传文学喜论诗。"陈夔龙联云："北门往事忍重题，烂额焦头，我尚苟全君遽逝；南学才名犹未沬，文经武纬，仕能致用隐非迟。"周云联云："伯氏最先亡，复怆中途摧季子；衰情因世恶，更堪永夜忆君魂。”（按：周氏与仲远兄弟二人皆稔交，故云。）林彦京诗云：“数从客里侍清游，锐减豪情若有忧。别甫经旬伤永诀，医非三世怪轻投。茫茫津海畴知己。岳岳虞山重首邱。文学传家兼武略，如公才望渺难求。”皆可诵。夔龙官至直隶总督，为生平最得意事。文字中喜用北门锁钥之类字样，用于此联，尚与题称。仲远任直隶巡警道时，与共事也。仲远为謇博姊丈（有章）之弟，同受学于先世父仅叟公（致清），与先从兄缦愔（仁铸）交最笃。其入袁幕由先从兄介绍，遂以才略为袁所引重，洊致通显。先从兄之孙振楣等失怙后，仲远分财周恤，风谊甚著。陈仁先联所称“惠亲戚遗孤”云云，盖谓此。家仲兄明甫联云：“受伯氏一经，出处不同，与子论交共师友；少君年五岁，死生永诀，俾余垂暮感沧桑。”侄孙振楣、振模、振桀联云：“知几全浊世，抱范少伯经纶，砥柱中流识先觉；分产恤遗孤，具张君嗣风义，绸缪恩纪有余哀。”又童玉振联云：“是近代罕觏人才，纬武经文，高洁难能归隐早；以薄植托为戚畹，向风慕义，攀号空切吊丧情。”其侄孙婿也。

一一四　螃蟹

“看尔横行到几时”之螃蟹，为秋令应时之佳味。而蟹之为物，披坚执锐，状若狰狞可怖，古来颇有关于蟹之有趣记载。如《宋稗类钞》云：“关中无螃蟹，元丰中，秦州人家收得一干蟹，土人怖其形状，以为怪物，每人家有病疟者，借去挂门户上，往往遂差（瘥），不但人不识，鬼亦不识也。”干蟹足以吓退疟鬼，可谓奇谈。在清代，又有如王浩所述者，其《拍案惊异记》云：“浙江孝廉，铨授黔西一县，距省极远，地甚荒僻。莅任后，问民疾苦，佥称秋获时有妖至，千万成群，遍野皆是，将稻穗食尽方去。令询其形状，有绘图以献者，视之，乃蟹也。因谕之曰：‘俟妖来时，当即禀报。’一日乡民群赴县堂，称妖已至。令邀集官亲幕友及厮仆等，携带酒醋挑锅镬而往，于旷野中支锅煮水，将蟹投入，少顷取出，变作红色。众遥望大惊，后见诸人引觞大嚼，更惶惑不定，以为必遭毒死。诸人饱啖后，复又择其肥美者数十枚，携入署中。是夜，群相疑虑令必不免，明日探之，均无恙。令遂请绅士入署，设筵宴之，盘中有黄白错杂而味极鲜美，食者咸不知何物。令俟其食毕而告之曰：‘此即妖肉也。’因为之讲解，并取古人诗咏示之，群疑始解。以后民知无害，竞往捕食，惟恐妖之不至，而荒田变成沃壤矣。邑人感之，终其任奉令惟谨，无敢违者。”怪物驱鬼，县令降妖，均堪大噱。其事可信之程度若何，姑不论，要足为把酒持螯者之谈助也。　　　　　　（原第9卷第38期）

一一五 甲午海战李鸿章遭谤

甲午中日之役，李鸿章负通敌重谤，蜚语多可笑。如安维峻之劾疏，有“当倭贼犯顺，自恐寄顿倭国之私财付之东流，其不欲战固系隐情”及“李经方为倭贼之婿，以张邦昌自命”等语，虽革职遣戍，而直声震于朝野。是年并先有张仲炘一疏，语亦相类。翁同龢《日记》八月初九日云：“诣枢曹议事，看张仲炘折劾北洋父子，语绝奇。经方以八百万开银行于倭，认倭王女为义女，并定为儿妇，片办临清铁路，皆未行。”鸿章父子不理于众口如是。前乎此者，如辛巳刘锡鸿劾疏，尤见鸿章在北洋受谤之重。同龢二月二十二日《日记》云：“是日通参刘锡鸿封奏，劾李鸿章各款，内有‘跋扈不臣，俨然帝制’之语，并有荒诞不经之言，形诸奏牍。以保留任道镕为欺慢，以不遵部议为腹诽，以保荐属员为欺罔。并闻另片云，前在埃及国见新闻纸，称李相优待外人，若为中国主，接待之际，可望得意。旨交部严议。”锡鸿尝副郭嵩焘出使英国（后升驻德使臣），嵩焘之不安于位，实缘锡鸿中伤。而鸿章则与嵩焘夙交，相引重也。梁溪坐观老人（张祖翼）《清代野记》有云：“文忠尚能督畿辅二十年而不遭祸者，一由恭亲王倾心相托，二由慈禧尚有旧勋之念，三由文忠每年应酬宫闱，亦属不赀，不然危矣。予出入京师三十年，逮归自泰西，始渐闻京师人有信仰文忠者，然亦不过十之二三耳。可笑者，甲午之年，予于冬初到京，但闻京曹官同声喧詈马建忠，竟有专折奏参，谓马遁至东洋，改名某某一郎，为东洋作间谍。盖以马星联之事，而归之马眉叔者。星联字梅孙，浙江举人，癸未以代考职事革捕，而遁至东洋。建忠号眉叔，江苏人，候选道，其时为招商局总办。言者竟合梅孙、眉叔为一人，可笑孰甚。予逢人为眉叔表白，人尚未信。予曰：'眉叔现在上海，一电即来，何妨试之。'及言于丁叔衡太史立钧，始遍告其同馆同年诸人，即黄仲弢太史绍箕，亦闻予言始知眉叔之为人，然犹不深信也，至谓文忠为大汉奸，眉叔为小汉奸。观御史安维峻劾文忠一疏，无一理由，真同狂吠。此等谏帅，实足为柏台玷，而当时朝野上下且崇拜之，交誉之。及获罪遣戍，贯市李家骡马店为之备车马，具馔粮，并在张家口为之赁居庐，备日用，皆不费安一文，盖若辈皆以忠义目安也。闭塞之世，是非不明，无怪其然。故有与文忠相善者，不曰汉奸，即曰吃教。反对者则人人拇竖指（竖拇指）而赞扬之，若执孟子'皆曰可杀'一语，则文忠死久矣。"良有积毁销骨之势。吴汝纶撰鸿章神道碑，铭词谓"有舌烧城，以国倾公"，有以也。鸿章非无可议，特当时诋谌者多诬罔耳。维峻之疏诚谬，其人则非小人，盖亦行其心之所安，而有不畏死之精神者。所云"皇太后既归政皇上矣，若犹遇事牵制，将何以上对祖宗，下对天下臣民？至李莲英是何人斯，敢干预政事乎？如果属实，律以祖宗法制，李莲英岂复可容"，宁非侃侃正论！心不可谓不忠，行不可谓不直，是宜分别论之。关于维峻事，同龢是年十二月初二日《日记》云："照常入，封奏七件……惟安维峻一件未下。比至小屋，始发看，则请杀李鸿章，劾枢臣无状。而最悖谬者，谓和议皇太后旨意，李莲英左右之，并有'皇太后归政久，若遇事牵制，何以对祖宗天下'之语。入见，上震怒，饬拿交刑部议罪。诸臣亦力言宜加惩办。臣从容论说，以为究系言官，且彼亦称市井之言不足信。良久，乃命革职发军台。四刻退，到书房复论前事，退拟旨。"维峻之得保首领，同龢盖与有力焉。（其初六日《日记》云："侍讲丁仁长上书恭邸，言安维峻不可罢斥。语虽切至，然讦而狡，有'安某受离间之名，而有调护之实。恐宵小名为调护，而实施离间之奸'。又欲多选翰林值经筵。邸见之，余等未见也。"）

一一六　刘坤一贬抑岑春煊

李军既败，刘坤一拜钦差大臣节制关内外各军之命。岑春煊时官大理寺少卿，以上疏言兵事，奉旨发交坤一差委，在体制上实为贬损。然此犹军兴时代尝有之事，不足异也。而坤一之待春煊，则殊轻之，不留京卿体面。同龢十二月二十二日《日记》云："见京卿岑云阶（春煊），刘帅不甚许可，令赴前敌绘图，仅给画手二名，兵十名。"二十三日云："致吴窓斋函，托岑云阶（春煊）大李（理）事。伊交刘差委，而刘委以赴前敌画图，非所愿也。”赫赫京堂，差委之者乃如是，亦所谓开玩笑矣。盖坤一以其纨袴新进，而自负将家子，大言无所诎，特加裁抑也。

一一七　张之洞与翁同龢

张之洞不慊于翁同龢，《抱冰堂弟子记》中深著其以户部尚书于己督粤后，立意为难，吹求翻驳。而阅同龢《日记》，则固不乏称誉之洞语。如辛巳十一月十四日云：“授张之洞为山西巡抚，盖特擢也，可喜可喜。”甲申四月二十四日云：“邸抄内张香涛复奏口外厅民编籍无碍蒙民一折，洒洒千言，典则博辨，余于此真低头而拜矣。”二十四日云：“张之洞到京。”二十五日云：“张香涛来长谈，毕竟磊落君子人也。”（二十八日之洞简署粤督。）不知其后何以相乖之甚也。

一一八　汉寿亭侯

梁章钜《楹联续话》云：“相传河南南阳府城楼旧有楹联云：‘真人白水生文叔，名士青山卧武侯。’对仗浑成，允称杰构。或疑诸葛应称忠武侯，但曰武侯，恐未尽善。然古人二字、三字谥后人称其一字者甚多，如卫之叡圣武公只称武公，贞惠文子只称公叔文子，楚之顷襄王只称襄王，秦之昭襄王只称昭王，诸葛之称武侯，亦其例耳。”按：诸葛亮封武乡侯，乡侯，汉爵名，侯之一种，其可称武侯，犹之唐李德裕、宋王安石封卫国公、荆国公而称卫公、荆公，国公亦爵名也。此例极多，本无可疑，正不必就忠武之谥而援古以辨之。二字谥仅称一字，虽有前例，究未甚安，近代尤不通用也。事又有与章钜所举二字、三字称一字之例适相反者。唐之陆贽，谥仅一字曰“宣”，而后人往往称陆忠宣，一字谥变为二字谥，减字犹可说，增字太怪矣。《续话》又云：“苏鳌石廷尉（廷玉）曰：涿州张桓侯庙联，多状其雄纠语，究属莽夫气象，于尊崇之义未合。惟方葆岩（维甸）作直藩时，有联云：‘使君乃天下英雄，谊同骨肉；寿侯为人中神圣，美并勋名。’以先主、关帝两人夹出，恰称身分。按：帝曾封汉寿亭侯。寿侯二字似未协，尚应酌易也。”汉寿地名，亭侯爵名，亭字虽不妨省略，汉字硬行截去，自属不词。俗传曹操封关羽以寿亭侯，羽不受，加汉字，示降汉非降曹，乃拜命，鄙俚可笑。而蒲松龄于《聊斋志异》中居然有“寿亭侯之归汉”语，盖亦误以为“寿亭侯”可成一名词矣。方维甸联之称“寿侯”，其误或同之耶？又忆昔年北京悟善社所传“伏魔大帝”降坛之乩语，其自署官衔为“汉前将军寿亭侯”，云云，此辈代“神”立言者，不足责矣。（原第9卷第39期）

一一九　捐官者丑态

前清自捐例大开而名器滥，自宫庭收贿而政途混浊愈甚，亡国一大原因也。其笑柄如光绪甲午玉铭一事，见于诸家记载。李岳瑞《春冰室野乘》道之颇详，谓："政界之变相，始于光绪辛卯、壬辰间，此后遂如丸走坂，不及平地不止矣。先是辇金鬻（?）官者，必资望稍近，始敢为之。至是乃弛纲解弢，乳臭之子，泛埽之夫，但有兼金，俨然方面。群小之侧目于先帝，亦至是而愈甚。四川盐茶道玉铭者，都下木商，隶籍内务府，入赀得同知职衔者也。其谢恩召见时，上询尔在何署当差，对曰：'奴才向在□□（二字为木厂字号，记者忘之矣）。'上不解，又问之，则曰：'皇上不知□□乎？□□者，西城第一大木厂也。奴才向充管事。'上哂曰：'然则木厂掌柜耳。木厂生意甚好，何忽弃而作官？'对曰：'因闻四川盐茶道之出息，比木厂更多数倍耳。'上是时已怒甚，然犹隐忍未发，复问：'尔能国语乎？'曰：'不能。''能书汉文乎？'嗫嚅良久，始对曰：'能。'上乃以纸笔掷地，令一太监引之出，于乾清宫阶上，默写履历。待之良久，始复命缴卷，仅有奴才某人某旗人数字，字大如茶杯，而脱落颠倒，不可辨识。甚者即'玉铭'两字，亦复错讹不能成书。上始震怒，立命以同知归部候选，而改授张元普为盐茶道。"虽不无想象之词（如玉铭直言盐茶道出息，殆不至粗率无忌惮如是)，而大体可观，第未及其曾为库丁耳。在小说中，有曾朴《孽海花》所写，第二十一回《背履历库丁受奇辱》写其奏对情态有云：“正在眼对着鼻子，静听上头的问话，预备对付。谁知这回佛爷只略问了几句照例的话，兜头倒问道：‘你读过书没有？’那余大人出其不意，只得勉勉强强答道：‘读过。’佛爷道：‘你既读过书，那总会写字的了？’余大人怔了一怔，低低答应个‘会’字。这当儿里忽然御案上拍的掷下两件东西来，就听佛爷吩咐道：‘你把自己的履历写上来。’余大人睁眼一看，原来是纸笔，不偏不倚掉在他跪的地方头里。余大人应对时候，口齿清楚，气度从容，着实来得（按：此数语与上文稍嫌矛盾)。就从奉了写履历的旨意，好像得了斩绞的处分似的，顿时面白目瞪。拾了笔，铺上纸，俄延了好一会，只看他鼻尖上的汗珠儿一滴一滴的滚下，却不见他纸头上一画一画的现出。足足挨了两三分钟光景，佛爷道：‘你既写不出汉字，我们国书，总该没有忘罢？就写国书也好。’可怜余大人自出娘胎，没有见过字的面儿，拿着枝笔，还仿佛外国人吃中国饭，一把抓的捏着筷儿，横竖不得劲儿，那里晓得什么汉字国书呢。这么着，佛爷就冷笑了两声，很严厉的喝道：‘下去罢，还当你的库丁去罢。’余大人正急得没洞可钻，得这一声，就爬着谢了恩，抱头鼠窜的逃了下来。”描绘得神而不免过火。周鲁迅（树人）《中国小说史略》所以列之于“谴责小说”，示与写实有间也。且未及玉铭之曾充木商，其与《野乘》

所载异同处，有可参阅者。至《孽海花》写“余敏”一段，谓由“龚平”语诸“钱唐卿”者，文云：“尚书……忽然想起一件事似的，凑近唐卿，低低道：‘我倒想起一件可喜的事告诉你呢，足见当今皇上的英明，可以一息外面浮言了。’唐卿道：‘什么事呢？’尚书道：‘你看见今天宫门抄上，载有东边道余敏不胜监司之任，著降三级调用的一条旨意吗？’唐卿道：‘看可看见，正不明白为何有这严旨呢？’尚书道：‘别忙，我且把今早的事情告诉你。’”夫“龚平”为翁同龢，“钱唐卿”为汪鸣銮，曾朴则鸣銮女婿也。其所写渊源所自，或真出于同龢语鸣銮者，亦未可知，特更加以渲染装点耳。同龢甲午四月初八日《日记》云：“新放四川盐道玉铭，曾充库兵，开木厂，又与中官连结。中官遣令赴粤索钱，遂报捐道，中官殴之，乃忽有此除，物论哗然。今日奉旨召见，询闻政事，未能谙悉，开缺以同知候选，放张元普。”仅言未谙政事，未及命书履历。同龢《日记》颇谨畏，此殆有所讳欤？谓玉铭报捐道，可正《野乘》之疏。以贿而谋放道缺，自无不先捐道员之理，岂能吝此区区，只捐一同知职衔。西后虽幸门大开，亦断不能授意骤简同知职衔者为监司大员，使益骇人听闻也。

一二〇　一僧一道

《野乘》又云："玉铭既失官，复归木厂，承办醇贤亲王祠庙大工，以干没巨款，并勾通醇邸内监，盗邸中物，售诸西人使馆。事觉，诣提督衙门逮捕。乃披剃为僧，遁入西山佛寺。先是有鲁伯阳者，亦以夤缘得官苏松太道，既抵江南，刘忠诚方督两江，知其由来，固靳之，终不令到任。数月后竟藉事劾去之。闻鲁于此缺，先后运动费耗去七十余万，竟未得一日履新任，因愤而入山，著道士服，不复出矣。京师人谈此两人事者，戏谓之一僧一道也。"费行简《近代名人小传》传尹琳基、郑溥元云："琳基、溥元，同籍日照。琳基官编修，溥元官给事。共饮，醉后互詈。归而具疏交讦，命宝鋆按之。鋆……并劾罢之。……二人后皆遁劳山，琳基为道士，居山顶，溥元为缁流，居山麓，初不相知也。一日遇于途，复相谩骂，且日驰书诋谌，各以童递寄之，至死乃已。"均罢官后一僧一道，二者盖可并传。惟尹、郑清班，与玉、鲁不同耳。又陈恒庆《归里清谭》记尹、郑事云："日照开坊翰林尹朗若与御史郑菱泉夙有嫌，一日同乡公宴，两人酒后互詈，同乡官劝解各归。第二日彼此递折参奏，上命翰林院掌院学士查覆。……掌院覆奏尹、郑两人使酒骂坐，皆有应得之咎，奉旨革职。尹失官后，削发为僧，居崂山之下，郑不知也，为道士装，居崂山之上。后遇香火会，两人晤面，又互相詈，众为之劝散。此后日通函相詈无休时。……两人皆不守清规，被住持驱逐。”所述与《小传》不尽同，恒庆以鲁人言鲁事，或较谛耶？

一二一 “詹长人”事迹补

前引《庸闲斋笔记》及《四铜鼓斋笔记》述“詹长人”事（见本报八卷第四及第十期）。兹阅王浩《拍案惊异》，亦有一则，谓：“婺源北乡虹水湾詹衡均，身长九尺，头如斗大，腰大十围，娶吾祖母俞太恭人之使女节喜为妻，生子四人，长庭九，身如常人；次进九，三寿九，四五九，身长如其父。同治四年冬，夷人聘五九，二十五岁至夷场，闭置一室，来看者，每夷一洋，每月詹得聘金六十员（圆）。五年正月，夷主要看长人，因以九千元（圆）包聘长人到英吉利国，代长人娶一妻一妾，同到外国，居为奇货，亦可怪也。”于其家世言之历历，可补前述。《四铜鼓斋》兄妹食鳝暴长之说之不足信，益可证也。

（原第9卷第40期）

一二二 晚清闲曹冷署

昔所通称卿寺者，通政司、大理寺厕大九卿之列，与六部都察院并称，太常、光禄、太仆、鸿胪诸寺，列小九卿，亦各有职掌，然均久成闲曹冷署，署中情状，罕为人所注意。故清末讥诃宦途之"谴责小说"，亦不之及。毓朗尝以镇国将军，官光禄寺卿，其弟毓某《述德笔记》有云："兄之任光禄卿也，甫上任，良醖署署正谢某，即以内务府索武英殿修书匠役供给肉斤稿呈画，兄不可。后谢某一再请，乃使驳之。概武英殿久遭回禄，多年无修书事，更何匠役肉斤之有也。久之，文书不出，兄促之。一日早起，忽署正恩荣来见，衣服襤褛，人亦颓唐，见时战栗不能自止，吃吃言曰：'将军嘱行内务府之文，张大人（按：张亨嘉也，时官汉光禄寺卿）云不用办。'余兄见状，笑曰：'尔为人舞弄矣，谢某何不来？'曰'病矣。'兄曰：'张燮君余夙知之，诚笃君子也，何能有此言？此不过满员多不学无术，相袭成风，故易受侮，予非其人，鼎铛有耳，谢不闻耶？使汝来，无他，试余之虚实耳。祸则汝受之，事济，享之者谢某耳。'恩荣索索欲抖。问其谢署正每年分尔余润若干，曰：'二十金而已。'笑遣之，嘱其明早同谢来见。次日荣、谢两司员同来，谢果称昨因患病未能来见，曾见张正卿回行内务府文书事。张堂云：'将军既嘱行内务府文，速行之，无不用行之语，或书手传言误也。'余兄笑曰：'尔伎俩只此乎？我昨日固言之，尔故为尝试我也。若隐忍受之，则尔计得矣；我若不受，则委过恩荣，恩荣委过书手，引一乞丐杖而枷之，其事结矣。我非可欺者也。'正驳诘间，张燮君至，事乃大白，谢某面赤如火。余兄必欲参之，经大官署署正等缓颊，乃咨部记过焉。异日，该署归并礼部，张君任礼部侍郎，独嘱谢某不得入署，即为此也。值祭先农坛，光禄寺走福俎礼，余兄以初执祀事，欲从下祭襄礼，此次仍由少卿行之。少卿德本，宗室且姻娅也，托病不行，要赠五十金始可行。余兄怒曰：‘德健堂固姻娅也，穷可助之，未可作贾人态。必须销假到坛。福俎余自执之，毋庸其过问也。’乃自执福酒，张君执福胙，如礼。事后馈德健堂三十金，曰：‘此为姻娅故也。’德亦赧颜受之。满员固有学识优长者，然贪得畏势志气懦弱之俦，往往为司员所侮，同寅所轻，即此类也。”冷署穷员，龌龊之态可掬，可鄙，亦复可怜。《官场现形记》一类小说中，独缺此种资料也。

一二三　光绪裁并卿寺之失策

此类官署虽甚闲冷，然堂官以京卿之阶，有清班之目。汉人官此者，大都为科第起家者，优游养望，坐候迁转，事务固简，体制则优。偶有异途阑入，每为同列所轻，清班故也。（张荫桓以捐班佐杂入仕，累擢而臻通显，当其补授太常寺少卿，徐致祥上疏严劾，虽以荫桓久与外人习，为当时守旧士大夫所鄙。而进身不由科第，遽陟清班，益足见诧非分耳。）光绪帝戊戌维新，锐意改革，旧臣方挟西后以为重，帝有孤立之势，而裁并卿寺，发之太骤，适更招怨树敌，实非得策。（旨下后，先世父仅叟公有请置散卿之奏。）新政推翻，卿寺旋复。后此西后再加裁并，则环境大异，又当别论矣。

一二四　宗室考封

毓朗之获以镇国将军从政，肃王善耆援之也。其遇合之由，盖与同时考封有关。《述德笔记》云："既考应封，同年有五人，时肃邸尚未袭封，同授镇国将军。肃邸有才识，睥睨傲物，鲜所许可。以兄与世无竞，潜心学问，一见遂相莫逆。"同年本科第中人之称，宗室考封，亦循之而论年谊，科第之被重视，斯亦一例已。其叙毓朗应考时情事云："年二十四，腊尽应考应封宗室，值礼邸丁忧，额相未查成案，即以满洲乡试题入拟。比题纸下，满文逾旧例五倍有半。同试十人，落第者五焉。先是试马步射，十人中射全中的者五，兄与焉。其余或中马射，或中步射，只际君亨一人脱垛而已。比入试于乾清宫，辰正题纸始下，以题目过长，有贿内监以捧盒送翻书房倩人捉刀者，首商之兄，兄执不可。有同试隆某，年逾四十，屡试不售，乃同倡议者为之。后倡议者中式，此君仍落第，竟终身未受封而没。是役惟肃邸实以三优授职，兄与溥尚书良皆以两优一平授职焉。"此为宗室考封之小掌故，得失之际，亦荣辱所系也。（按：《清会典》：亲王以下至将军之子，除父故袭封外，其余应授封者，俟年及二十，由宗人府汇题，试以翻译，马步射，皆优者授应封之爵，两优一平者降一等，一优两平、两优一劣者降二等，三平及一优一平一劣者降三等，一优两劣、两平一劣、一平两劣及全劣者皆停封。俟学习有成，再请考试。)

一二五　吴士迈专杀案

左宗棠同治间西征时，所部有中书吴士迈杀总兵朱德树事。宗棠奏谓："虽不免专杀，实非枉杀可比。"后以德树家属呈诉于都察院，奉谕查覆，宗棠复以"是统领以违令杀营官，非中书杀总兵"解之。《随笔》前已述其梗概(见本报八卷第三十五期)。兹阅李元度《朱儒臣哀辞》深责士迈而大为德树不平。二人均尝为元度部将，德树其从姑之子，夙相亲厚者也。元度谓："同郡吴士迈者，以赀为中书，喜谈兵，然性好奇泥古，多疑忌。……出从左公西征，仍领宗岳营，凡二千余人。夙知君朴忠，请于左公，调君司营务。每战必出力。左公命增马队，翼长周君开锡尤贤之。士迈以君名出己上，颇忌之，君不知也。会川督奏派李提督辉武帅二千五百人援秦陇，号武字营，与宗岳营同出一路。士迈素蔑视同人，于武员尤甚，君则倾心结纳焉。八年三月十七日，贼围武字营于草柏，势张甚，君帅马队驰救之，力战解围，军民大欢噪。先一夕，士迈令君剿别路，会其地已无贼，贼悉萃武字营。君念川军众寡不敌，不救且同尽，遂改道赴援。围既解，众口交美，士迈益忌恶之，君仍不知也。二十二日昧爽，士迈召君，数其违令，出不意斩之，牒总督诬以违令吞饷罪，总督大骇，顾已无可如何，而各军则皆为愤痛，辉武叠讼其冤。王京兆家璧时主关中书院，遗书总督，凡数千言，请按士迈专杀罪。而士迈自是昼夜辄见君，如窦婴、灌夫守田蚡状。五月二日，亦以死。左公微发士迈擅杀大员罪，仍援军营病故例为请恤。得旨：‘吴士迈既有擅杀罪，著无庸议恤。’未几，君兄游击积善叩阍讼冤，兼请恤典。诏下总督议覆。总督颇护前，事仍寝。……衔冤入地，闻者莫不流涕。秦州士民立碑孔道，曰‘朱镇军被害处’。”虽亦一面之词，而揆之事理，盖有可信处。宗棠之奏，宜与此参观。士迈之杀德树，已在病中，神经颇失常度，故不待请而专杀。而昼夜辄见德树之说，纵有其事，亦病危而精神瞀乱之现象，不足异。特可见其因杀朱而心理上所受刺激甚深而已。　　（原第9卷第41期）

一二六　立山之大节

立山庚子被杀，与五忠之列。其任内务府大臣，尝于冬令为光绪帝设一屏风蔽寒。时在戊戌政变后，帝被囚，西后虐视之，他大臣无敢向帝致殷勤也。西后知而大怒，严诘何人所为。立山自承，并请未先白太后之罪。西后喝令阉人殴之，立山亟曰：“奴才自己打罢。”于是自批其颊，至红肿不堪，后怒始解而叱之退。盖立山不欲辱于阉人之手也。王小航先生（照）曩为谈及此事，谓即此一端，无愧异日与许袁辈以忠并称矣。吾弟适盦《竢园谈往》记庚子轶事云：“光绪戊戌，先世父宗伯公上书保举人才，请定国是。八月太后再听政，遂坐是被罪，下刑部狱。庚子秋始得释。两年长系，所闻见于狱中者甚多。丙辰丁巳间，随侍于杭，得有闻焉，仅述其世人所不详知者二事。许文肃公（景澄）、袁忠节公（昶），同付诏狱，分系南北所。临歧，忠节执文肃手，谓之曰：'人生百年，终有死。死本不奇，所不解者，吾辈究何以致死耳。'文肃笑曰：'死后自知爽秋何不达也。'遂别，翌日而正命西市。立忠贞公（山）之入狱，在请室一恸而绝，救之良久不起。群以先世父精于医，因请为诊，以峻剂苏之。询其获罪之由，且勖以舒和以全大臣之体。忠贞曰："昨论大举攻使馆于御前，廷议纷纭莫决。太后谓群臣，此国之大事，应决之于皇上。帝自退政，恒拱默不言，自是力言其不可，以为无同时与各国开衅理。王夔石稽首曰：'圣虑及此，国家之福也。'端邸怒斥之曰：'王文韶此时犹为此误国之言耶？'余继谓宜先派大员宣朝廷德意，不喻，然后图之，则我为有辞。太后遽曰：'即命汝往。'余对：'受国厚恩，不敢辞。惟向不谙洋务，请命徐用仪同往。'允之。未及覆命，乱民已蚁聚我家，设坛门外，谓有地道潜通西什库教堂，大搜索之，无迹，则拥余至坛前焚表，表升，无以罪我。方扰攘间，有类缇绮（骑）者，逮余至此。余虽不肖，然亦朝廷极品官，乃一时昏瞀而屈膝于乱民，亏体辱国，死不蔽辜，以是悔恨，非畏刑也。逾二日，大差下，狱卒掖之去，先世父顿足曰：'向者之药，不适以重其苦耶！'"此适盦闻诸先世父仅叟公者。《庚子西狩丛谈》（吴永谈，刘焜笔述）曾加征引，惟误先世父为李端棻，而云："李公在戊戌政变，以赞成新政入狱。庚子拳乱时，尚未出狱也。"李系遣戍新疆，非下狱监禁也。《丛谈》又云："忠节固亦负气磊落男子，然文肃益旷达矣。立公殊鼎鼎有大臣身分，因立为旗人，知者较少，故虽多受一次痛苦，而留此数语，大节皎然，使天下后世，可以共鉴其心迹，泰山鸿毛，声价顿别，则一刀圭之力，固远胜于千金肘后也。"于立山深致赞叹。避阉人殴辱而自批其颊，憾屈膝拳坛而一恸几死，均以大臣之体为重，二者可谓有一贯之精神。（西后以和战决之光绪帝，盖迫令宣战出之帝口，以为将来诿责计。帝持不可，大拂其意，而迁怒许、袁辈遂不免矣。）

一二七　立山之富奢

立山致死之由，与家赀富厚有关。李岳瑞《春冰室野乘》云："逢福陔观察言，立豫甫尚书之死，人皆知为拳匪涎其财富，而不知尚书与澜公别有交涉。其死也，澜实与有力焉。先是都下有名妓曰绿柔者，艳绝一时，澜与立皆昵之，争欲贮诸金屋。是时澜尚闲散无差事，颇窘于资，故不能与立争，绿柔卒归立，澜以是衔立次骨。及是遂倾之以报。"是争妓亦其死因，仍多财累之也。陈恒庆官京时，与立山为友，其《归里清谭》云："立尚书山，字玉甫，汉军人，其先为杨姓，美仪容，慷慨好施，交游至广，善鉴别古磁、古字画，收藏綦富。由奉宸苑郎中洊升户部尚书，为内务府大臣。邸内园林之胜，甲于京师诸府。予与之邻居，起园时，为之擘画。自园门至后院，可循廊而行，雨不能阻。山石亭榭，池泉楼阁，点缀煞费经营。演剧之厅，原为吾家厅事，后归尚书，予为布置，可坐四五百人。时鸦片盛行，设榻两侧，可卧餐烟霞，静听词曲。男伶如玉，女伶如花，迭相陪侍，戏剧有不雅驯不合故事者，予为改正之，群呼我为顾曲周郎。凡冠盖而来者，冬初则一色鸡心外褂，深冬则一色貂褂。王府女眷，珠翠盈头，小内监二人，扶掖而至，相见以摹鬓为礼。脂粉之香，馥郁盈室。复有时花列案，蓓蕾吐芳，春则牡丹、海棠、碧桃等卉，谓之唐花，夏则兰芷木香，秋则桂花满院，犹有沪上佳卉来自海舶者。雕檐之下，鹦鹉、八哥、葵花等鸟，悬以铜架，喃喃作人语，与歌声互答。酒酣灯炧，时已四鼓，宾散戏止，优伶各驱快车出城而去，此可谓盛矣。无何，拳匪乱起，……尚书园林被毁。故宅已改建专祠，庙食千秋焉。予于乱中携眷避居北城，兵燹后偶过其地，惟望尚书专祠一拜。吾家赐第岿然尚存，尚书邸之歌台舞榭，仅余老屋数椽，荒烟蔓草，不堪回首矣。尝有句云：‘旧日邻家歌舞地，空余老树噪寒鸦。’”立山盛时富溢纷华之状可见，值乱宜为取祸之媒也。（恒庆盖善改正戏曲。《清谭》又云：“清末《聊斋》一书入于大内，慈禧太后喜阅之，命京师名优孙菊仙排演《胭脂》一剧……太后大悦，赏赐极优。外间戏园演之，攒头而观者，几无容足之地。惟留仙所撰判文数百字，孙伶据案宣读，为时颇久，俗人不能解，有沉沉而睡者。予为孙伶改之，唱一段，说一段，孙伶声音彻亮，善唱皮簧，此后听者击节叹赏，不复思睡矣。一日宫内再演，太后曰：‘改得好，是何人所改？’孙伶奏称自改，不敢以御史观戏上闻也。孙伶亦解人哉！”）

一二八　徐用仪

关于徐用仪事，《野乘》云：“戊戌政变后，徐公再入总署，意甚得。所亲有劝以时事方艰，当乞身勇退者，徐曰：‘吾通籍将五十年，竟不得一日为尚书，孤负此生矣！终须一陟正卿，始乞退耳。’后果擢大司马，甫月余而难作。徐公与瑞安黄漱兰侍郎为儿女亲，拳祸未作时，侍郎在里门，以书贻之，封识重重。启视之，仅素纸一幅，擘窠书‘水竹居’三字而已。水竹居者，徐公里中别墅名也。侍郎盖以此惎其归。徐终不悟，竟及于难。徐死时年逾七十矣。”颇病其老而不知止。然庚子一死，用仪传矣，以视考终牖下，未必即为不幸。

一二九　张徐联姻佳话

东莞张次溪君（江裁）以近刊《范伯子文集》相赠，因知其缘是而缔姻海盐徐氏事。次溪尊人篁溪翁（伯桢)，为万木草堂弟子，以绩学闻。次溪能读父书，绍其家学，师友多知名士。岁乙巳，偶得《范伯子(当世)文集》，会徐蔚如君(文蔚，用仪侄孙也)方搜访范氏遗著，乃由溪次之师吴北江君(闿生)介绍，以文集献。既晤，甚相得，遂拟以女字之。中经波折，卒定婚约。徐女名肇瓔，有才媛之目，母氏尝问业于吴君之父至甫(汝纶)。次溪别名演肇，将建双肇楼于篁溪，在旧京所筑之张园，以志姻缘之巧合。吴君跋张徐议婚书有云："因名人文集、联两姓之好，尤嘉话也。"至甫媒合范姚之婚姻，事见其所作《题大桥遗照》及伯子《书诒炜集后》。今其女弟子之女之订婚，适又因乎范文，而其子为之介焉。谓之嘉话，渊源盖足道云。(徐君欲就范氏诗文汇刻成书，告成有待，次溪先以文集印行。)

(原第8卷第42期)

一三〇　光绪丁亥行耕耤礼

清光绪帝丁亥行耕耤礼，为百余年所未行者。翁同龢以户部尚书从耕，其《日记》书其事颇详。我国久为农国，天子亲耕，实为大典，同龢所记，良可观。三月初四日云："礼部奏耕耤礼节及从耕之三王九卿，派出肃王、克王、庆王、徐桐、翁同龢、潘祖荫、奎润、麟书、祁世长、廖寿恒、奕杕，又请派进耜，派出福锟。(此户部尚书差，从耕单内无大学士，至通政司止，大理无人也。)"

此记派定从耕诸臣，九卿者，即所谓大九卿，六部、都、通、大也。大学士以不在卿列不与，大理寺卿无人（盖出差），故九卿仅派八人。

十九日云："巳初，诣先农坛，京兆官未集，待至午初二始齐。余与（潘）伯寅、（廖）仲山坐松林中，届时至耕所，则所谓遣者（太常寺官有此名，盖恭代者）犹未来。纷纭久之，始演耕。戈什爱班（按：此满洲语，御前大臣也。）、御前侍卫、户部、顺天府、礼部、太常寺堂官均执事。御耕牛黄色，犁黄，箱青，鞭青，余农具设而已。彩旗招飐，田歌悠扬，乐声清婉。王及卿牛黑色，犁黄，余红色（余等只演至六推）。散后诣庆成宫瞻仰。"此记从耕诸臣演耕。

二十日云："辰初，策马穿后门栅栏入福华门，循堤南行，过紫光阁，至丰泽园，敬俟上演耕。臣以农官故得与。户部到者福锟（进犁）、嵩申、孙诒经（播种）。臣及熙敬（侍班），府尹薛福辰（进鞭）。乐部、太常寺无人。礼部奎润、敬信（前引）。奉宸苑卿崇光（侍班）。田在丰泽园北，陇宽二丈，长五六丈。巳正，上至，先御黄幄，脱褂，前引十大臣并礼部前引至耕所，福锟、薛福辰进犁、鞭，御前侍卫两人牵牛，四人扶犁，戈什爱班从，耆老二人执筐，顺丞捧青箱，户侍二人播种（一执筐，一播），旁设龙旂二对，黄棍二对，老农六人，蓑笠执帚。余与熙敬站班（西向，黄牛一，顶有红石一块，四面镶金，被黄韂，备牛一）。上四推四返毕，还黄幄，随上马还宫。余等先坐奉宸苑帐房，杂花啼鸟，何啻望杏瞻蒲。此典自乾隆三十三年举行后，距今百余年矣。”此记皇帝演耕。

二十一日云：“巳正，……出至中和殿，陈设农具。（按图，祝版在南居中，耕、犁、鞭、五谷箱案在东西稍后。案用顺天府预备者，有架，东边鞭、犁，西边五谷，五谷次序，稻、谷、麦、黍、豆。）陈设毕，午初出。”此记陈设农具。

二十二日云：“黎明入，至中和殿陈设农具讫。（撤包袱，东西两案在祝版案北。）辰初，上至，（由东阶绕至后进后隔扇，西向立。）维时太常寺官捧祝版由太和殿来，供案上。太常寺堂去包袱，上敬阅，一跪三叩，起，仍西向立。祝版出，上正中立，目遣送祝版后，随阅农具，东西两案皆到（御前大臣引），仍由后隔扇出。余等出右翼门，至箴庭他达（按：他达，满洲语，小室也。福锟兼内务府大臣，故是间有其他达）饭，饭罢坐椅，径出大清门，乘车赴先农坛，直待至午正始演礼，略如前。而乐歌旗帜皆齐整。未初三散。”此记皇帝阅祝版暨农具并诸臣再演耕礼。

二十三日云：“丑初起，登车出前门。到时尚早，于帐房坐候。寅正二刻，上从宫内启行，卯初二到坛。先农坛上祭毕（约三刻），太岁殿拈香，具服殿更衣用膳毕，行诣耕所。［由东边来，诸臣站班，从耕王大臣就耕位，脱褂，蟒袍扱衽（右），挂珠，一半入怀中，向上立。］

四推四返，彩旗纷扬，田歌旋绕。天气阴阴，不寒不暖。耕毕，上观耕台黄幄坐，三王一推后，九卿继推。三王五推毕，九卿尚余五推。次第毕。上乘舆至庆成宫，余等穿补褂随行（家人可入，余不令入，传笔帖式恩光接褂）至殿前排班立。（王、贝子在丹陛。）鸿胪官引，三跪九叩毕，稍退一步，上进茶桌，诸臣跪。一叩首，随各赐奶茶一盂，接饮讫。一叩首，皆起立，趋出宫门外。东西两班，立候上出，乃随出。一路作乐，乘车入前门正中。上诣前门两庙拈香，余到家才巳初耳。……三王，肃亲王、克勤郡王、庆郡王。九卿，（吏）徐桐、（户）翁同龢、（礼）奎润、（兵）廖寿恒、（刑）麟书、（工）潘祖荫、（都）祁世长、（通）黄体芳，（大理无人，户右）熙敬。”此记皇帝率诸臣行耕耤礼，前派九卿中六部尚书、左都御史外，通政使以黄体芳易奕杕，并因大理寺卿无人，增户部右侍郎熙敬以足九人之数。

二十四日云：“巳正，上至书斋……略谈耕耤事，余即进言：一切典礼，当从心上出，否则非虚即伪，而骄惰且生矣。”此记其因事纳规，师傅之体也。

一三一　光绪帝祭先农坛

光绪季年（忘为丁未抑戊申，待考）又行此礼于先农坛。汪建斋君（立元）时以外城巡警总厅佥事随扈，尝为谈其情事。盖亲行耕耤之命下，农工商部、顺天府备仪物，民政部、内外城巡警总厅暨步军统领衙门司警卫，典礼隆重，颇极一时之盛。而此典不举复阅廿年，亲耕仪注知者不多。顺天府一老书吏，能道其梗概，农具等乃克整备如仪。届日，帝乘舆由午门出，先之以静鞭三响（鞭制略如骡车御者所执而较巨，挥之作声，甚清越），诸臣于此跪送。抵坛祭先农毕，帝及从耕诸臣均更衣，脱外褂，朝珠则斜挂于肩臂间，摄花衣（即蟒袍）之右角系诸腰，小衿完全露出，说者谓花衣小衿之亦施文绣，即为此种典礼用耳。更衣后，顺天府尹等恭进农具（时孙宝琦以候补三品京堂署府尹），帝以旗帜（即所谓春旗）之旖旎，音乐之悠扬，礼节之古雅，甚为欣喜，故躬推之际，时作微笑，群臣私谓上之笑容罕觏也。帝推毕，从耕诸臣以次推。礼成，更衣，群臣叩贺，跪送驾返。步军统领例于皇帝出宫回宫，经过各门时，均跪接跪送。那桐时以大学士兼任斯职，体素肥硕，深以为苦云。是日农工商部右侍郎杨士琦及奉派赴坛稽查之御史赵炳麟等，至坛门时，以忘带门照，守门警察格不听入，建斋见之，乃命勿阻，得免误差之咎。农工商部尚书傅颋褂上误缀女补，亦建斋见而告之，始亟更易。帝性颇卞急，在舆中屡催速行，然态度雍穆，步履安详，望之若从容雅步，而群臣速行犹不之及，见者称异云。帝袍褂敝旧，足见俭德。或亦以西后虐遇，不获新衣也。此建斋所谈，可与翁氏所记者合看。

一三二　光绪帝之旧小褂

王小航《方家园杂咏》云："敝袴韩侯待有功，浣衣魏主亦称隆。岂知龙衮庄严里，终岁无襦悴圣躬。"纪事："内务府专司洗衣之马姓（马君家曾设官话拼音分塾，余忘其名字矣），一日入上寝殿领应洗之件，见御榻旁架上挂一极破小褂，不在领洗件内，亦不堪洗。问留此何用，上凄然曰：'此乃自陕至京数月不换之小褂，与我患难相依，故留为记念，不忍弃也。'盖行在各色人等，仰体太后之意，但饰外表，借上作傀儡，而切身之端，无人顾及，上亦不求人，而心蓄之也。"江瀚附记："德宗尝亲祀天坛，闻陪祀人言：是日御前大臣前趋甚疾，上谓之曰：'尔等著好靴可速行，我著破靴安能及，盍少缓之？'此盖光绪三十三年事也。"亲耕而袍褂敝旧，祀天而著破靴，大典也而犹如此，龙衮庄严之外观，亦复不克保矣。西后对帝之冷酷，斯其一斑。俘囚天子，宁不可伤。

一三三　女补服

溥颋褂缀女补，甚可笑。陈恒庆《归里清谭》记徐郙事有云："嘉定徐相国……侍妾极多，一日为相国缝补服，前正后倒，著入朝房。予见之曰：'相国之背，仙鹤倒飞矣。尧舜在位，鸟兽跄跄之兆也。'皆大笑。苏拉乃急为

改缝之（朝房官役曰苏拉，旗人也。一品补服绣仙鹤）。”补服笑柄，可谓无独有偶。（原第8卷第43期）

一三四 孙诒经

孙诒经为光绪帝师傅，官卿贰，著闻望。丁亥二月，罢直毓庆宫，由是宦途淹滞，以户部侍郎终。清室退位后，补谥文悫。其子宝琦《先文悫公书画卷求题咏启》有云：“岁乙酉，入直毓庆宫，偕翁同龢、孙家鼐侍德宗讲幄，眷顾方隆，骎将柄政，旋为同列所忌，蜚语中伤。丁亥年春，遂罢入直，时论惜之。佐农曹十年不得调。”又诒经再传弟子李岳瑞《春冰室野乘》云：“钱塘孙子授少司农薨于位。王瀫卿农部颂蔚挽之曰：‘公以枚乘给札，兼浮邱授诗，直道难行，往事不须惭醴酒；我本词馆门人，备司农掾属，文章无命，逢人犹自惜焦桐。’盖司农初为南书房翰林，后入毓庆宫，授德宗读，眷畀日隆，行陟正卿。忽以失察户部书吏案退出毓庆宫，遂一蹶不振，郁郁以殁。”均言毓庆〔宫〕罢直事，而一谓受人中伤，一谓失察书吏，考其罢直实与户部书吏案相因。翁同龢丁亥正月二十六日《日记》云：“是日刑部奏结银库书吏史恩焘（满徒杖一百），户左孙诒经意在严惩蠹吏，惟未经查出实据，辄诱令缴银，办理属失当，著交部议处。”二月初八日云：“夜见抄报，孙诒经毋庸在毓庆宫行走，孙诒经罚俸一年，不准抵销。孙公惩一蠹吏，何至如是，嘻，异矣！”罚俸无大关系，乃缘是而逐出毓庆宫，则殊难堪。观同龢之惊叹，宝琦所云当属不诬。部吏之势力素巨，声气素广，或亦阴谋报复以倾之也。

一三五　清书吏之富

清代书吏之权最大，利最厚。经承之居要地者，每致巨富，次焉者亦多获素封。北京号为首善之区，人文宜盛，而以土著科第起家者极罕。大、宛两县巍科之士，类系侨寓入籍者。盖书吏一途，为之易而得钱多，远胜仕宦，故土著入塾读书之人，多趋于斯，不肯治举业以博难得之科第。其舍名取利，就物质上言之，固不可谓非得计也。冯桂芬《校邠庐抗议》有云：“后世流品莫贱于吏，至今日而等于奴隶矣；后世权势又莫贵于吏，至今日而驾于公卿矣。……夫所谓可不可者，部费之到不到也。……吏、户、兵、工四部为甚无他，利之所在耳。（按：礼部事简而贫，有以富、贵、威、武、贫、贱六字分评六部者，礼部得一贫字，刑部则司官躬治狱讼，多讲求律例，吏权较轻。）每部不下千人，其渠数十人，车马宫室衣服之奉，埒于王侯。内外交结，隐语邮书，往来旁午，辇金暮夜，踪迹诡秘，莫能得其职私都数。”又郭嵩焘尝谓：“汉唐以来，虽号为君主，然权实不足，不能不有所分寄。故西汉与宰相、外戚共天下，东汉与太监、名士共天下，唐与后妃、藩镇共天下，北宋与奸臣共天下，南宋与外国共天下，元与奸臣、番僧共天下，明与宰相、太监共天下，本朝则与胥吏共天下。”均慨乎言之。陈恒庆《归里清谭》述书吏富厚之状云：“六部书吏之富，莫如户部银库之经承。有史松泉者，家赀数十万。其取利之法，每月外省解饷必有费，兼有解汇票庄银券者，则仍暗存票庄生利。经承一任六年，则富甚。史松泉未满六年，以过被革。禁羁一年，释出后豪富自如。房屋连亘，院落数层，皆四面廊厢，雨雪不须张盖，日日有美伶为之烧烟。其酒食之美尤异寻常。绍酒每坛百斤或五十斤，陈过十年而后开坛，醇如醪，甘如醴，饮至十杯则醉如泥，而不作酒恶，醒解时，喉润如酥。都中沿街酒帘飘扬门牌华丽者，无此佳酿。馔有白官燕，以烧鸭丝加青嫩竹笋和炒之，以饷老饕，予可食一簋。又有自造南豆腐，鸭汤煨之，上加金华火腿细末，作红寿字，鲜明不忍下箸。侑酒者以匙送予口，乃食之。松泉脱书吏籍，日与吾邻往来，予尝见之，故相识。其门外安上马石两大方，巡街御史逼其拆去，丐予为之缓颊，认修正阳门外石桥一丈，事乃解，故以盛馔相饷。且为人慷慨，有倪太史淡园与之交，简放广西知府，贫不能成行，得其资助乃之任。予以此重之。每逢投柬邀饮则欣然而往。又有国子监经承李秋宾者，自捐例开，捐官者必先捐贡监，每年照费计数万金，官得其半，经承得其半，家故大富。予初不识之，一日与郭虞琴表兄在戏园观剧，开戏半日后，忽见有仆数人，携豹皮坐褥，细磁茶壶，白铜光亮水烟袋。尚有二三优伶，拥一肥胖老者登楼。少顷，年少名优，相继上楼陪侍。园主人周旋殷勤，送茶点者络绎不绝。虞琴瞪目视之，问予此何人也，曰不知。数日后邻家演戏邀客，此人在座，始知其详。饭后吸洋烟，优伶代烧，彼则坐而吸之。询之优伶，皆曰：‘此人老而好色。’有姬妾数人，疲于奔命，患喘不能卧吸。予潜告优伶解诗者李灵芝、朱素云曰：‘我有句赠此人：‘庞然压到群花上，恰似吴牛喘月时。’两人笑不能仰。”此辈享用之厚可以略见。史松泉以户部银库经承获罪，其即孙诒经因以得谴之蠹吏史恩焘耶？家资数十万，盖尚非书吏中之最富者。

一三六　书吏豪富被劫

《清谭》又云：“都中部书侵盗国帑，多有富可敌国者。崇文门外有范书吏，与陆书吏联姻。陆姓催妆礼八十抬，珍宝灿陈。范姓妆奁亦八十抬，珠花金钏，皆陈于外。道上观者，啧啧称羡。新婚之后，新人至东城余庆堂饭庄看堂会戏剧。观毕，出夜城，车三四辆，仆从五六人。行至东长安街，夜静无人，突来贼匪十余人，持洋枪利刃，将仆从吓退，匪登车，驱车疾行，至一僻巷小门，令新妇下车。时昏黑不辨何巷，入室无灯烛，贼将金珠衣服等件，全行摸索而去，仅留中衣小袄而已。门外车上尚有衣服重物，驱车载之而飏。新妇闻室内尚有数人，为妇女声音，探首视之，妇各燃火纸吸水烟，一妇面上无鼻，一妇唇豁，一妇面麻，野花别样，尽在此室。旋贼众拥新妇至巷口，委之于地而去。新妇匍匐而行，巡更者乃唤人送之警署。警官衣以斗篷，饷以热粥，新妇方苏。天将明，乃雇车送至其家，再为访案。月余后，有鬻金钏者，物主认明，案遂破。为是者乃一革职武员于次园，陆续供出同伙数人，皆就获正法。金钏一双仍归故主，其余珠宝皆无踪矣。”此为书吏炫富而诲盗者。

一三七　司员与书吏

恒庆久官工曹，《清谭》记工部书吏买名妓为妾事云：“红玉者，京师歌妓，美姿容，名噪一时，善歌又善谑。工部同僚常聚饮其家，临清孙主政蓝田，同僚呼为蓝田哥，红玉则呼为烂甜瓜，因之此名大振。曹县曹郎中晓峦，红玉则呼为曹捣乱，名亦遂振。曹公一日下署，偕友至其家，脱官衣于其榻上。他人所佩荷包等件，皆以玉为坠，曹则用博山料货，红玉指之曰：‘你们看曹捣乱这块料。’众大笑之，盖‘这块料’三字，京师谑语也。工部书吏王维寅，雄于财，以二千金买为妾，同僚大失所望，与予相商曰：‘王书吏维寅，为吾辈属员，夺众人之所好，可恨也。君能令其暂让我辈一见红玉乎？’予曰：‘有一故事，与君言之：胶州高南阜夜梦司马相如来拜，第二日得汉印一方，曰司马相如，秘藏之，不以示人。时南阜为扬州盐大使，德州田山姜为运司，索观此印，意欲夺之。南皋曰：生平不能与人共者，山荆与此印耳。若王书吏以此言相答，可奈何？’诸君只好各抱单思病而已。一年后，闻红玉孪生二子，予曰：‘小杜诗云：狂风落尽深红色，绿叶成荫子满枝。诸君单思病愈否？’咸曰：‘愈矣。’”写书吏藏娇，司员艳羡，情态殊刻画尽致。司员之与书史，尊卑秩然也，而书吏之多金，则远非司员所及矣。工部以掌工程，号利薮，与掌财赋之户部，有金工银户之称，不独书吏易于致富，地位下于书吏者，亦可因工程而大有所获。潘祖荫官工部尚书时，有茶役范五者，以诸大工程恒与其事，俨成富家。一日，掌印郎中某在某饭庄值其宴客，舆从甚盛，声势烜赫，意当为显者，旋知为本司茶役，大怒，即呼其名召之，命至车上取护书（盛名刺信札者）来，以还其为人役之本分，于是茶役赧然，掌印欣然。（原第9卷第44期）

一三八　宋育仁煤中炼油本事

吴沃尧《趼廛笔记》云：“石油，或谓之洋油，亦谓之煤油。某观察出身清贵，以识时务名于时，当道多交章荐之。某年，忽重庆广收煤斤，积如山而不用，煤价为之陡涨，人皆不知其意。某国驻渝领事疑之，就地方官叩何意。官以问观察，观察曰：‘将以制煤油也。’官据以转告领事，领事诧为未闻，问：‘此法出何国，用何机器？’官又以问观察，则曰：‘吾闻诸某耳，未审其详也。’问某何在，曰：'在沪。''盍电询之？'观察诺。已而回电至，曰：'吾亦闻诸人言耳。'"此盖光绪间各省初行新政时相传之一官场笑柄。其小说《二十年目睹之怪现状》更畅衍其事，如：重庆道道：'说了半天，到底是甚么公司？'那位观察道：'这是一个提煤油的公司。大凡人家点洋灯用的煤油，都是外国来的，运到川里来，要卖到七十多文一斤。我到外国去办了机器来，在煤里面提取煤油，每一百斤煤，最少要提到五十斤油。我此刻收煤，最贵的是三百文一担，三百文作二钱五分银子算，可以提出五十斤油，趸卖出去，算他四十文一斤，这四十文算他三分二厘银子，照这么算起来，二钱五分银子的本钱，要卖到一两六钱银子，便是赚了一两三钱五分，每担油要赚到二两七钱。办了上等机器来，每天可以出五千担油，便是每天要赚到一万三千五百两，一年三百六十天，要有到四百八十六万的好处。内中提一百万报效国家，公司里还有三百八十六万。老公祖想想看，这不是富国富家都在此一举么？所以别人的公司招股份，是各处登告白、散传单，惟恐别人不知。兄弟这个公司，却是惟恐别人知道，以便自己相好的亲戚朋友，多附几股。倘使老公祖不是自己人，兄弟也绝不肯说的。""此时重庆道没的好推挡了，只得从实告诉，说是某观察招了股份，集成公司，收买这些煤，是要拿来提取煤油的。领事愕然道：'甚么煤油？'重庆道道：'就是点洋灯的煤油。'领事听了希奇得了不得，问道：'不知某观察的这个提油新法，是那一国人那一个发明的？用的是那一国那一个厂家的机器？倒要请教请教。’重庆道道：‘这个本道也不甚了了，贵领事既然问到这一层，本道再向某观察问明白。或者他的机器没有买定，本道叫他向贵国厂家购买也使得。’领事摇头道：‘敝国没有这种厂家，也没有这种机器，还是费心贵道台去问问某观察是从那一国得来的新法子，好叫本领事也长长见识。’重庆道到了此时，才有点惊讶，问道：‘照贵领事那么说，贵国用的煤油，不是在煤里提出来的么？’领事道：‘岂但敝国，就是欧美各国，都没有提油之说。所有的煤油都是开矿开出来的，煤里面那里提得出油来？’重庆道大惊道：‘照那么说，他简直在那里胡闹了。’领事冷笑道：‘本领事久闻这位某观察是曾经某制军保举过，他留心时务，学贯中西的，只怕是某观察自己研究出来的，也未可知。’”

“这位观察急了，便亲自跑到上海，找着了时春甫，问他原故。春甫道：‘这件我们当日不过谈天谈起来，彼此并未订立合同，谁叫你冒冒失失就去收起煤斤来呢？’某观察道：‘此刻且不问这些话，只问这提煤油的机器，要向那一国定买？’时春甫道：‘这个要去问起来看，我不过听得一个广东朋友说得这么一句话罢了，若要知道详细，除非再去找着那个广东人。’某观察便催他去找，找了几天，那广东人早不知到那里去了。后来找着了那广东人的一个朋友，当日也是常在一起的，时春甫向他谈起这件事，细细的考问，方才悟过来。原来当日那广东人正打算在清江开个榨油公司，说的是榨油机器，春甫是宁波人，一边是广东人，彼此言语不通，所以误会了。大凡谈天的人，每每喜欢加些装点，等春甫与某观察谈起这件事时，不免又说得神奇点，以致弄出这一个误会。春甫问得明白，便去回明了某观察。某观察这才后悔不迭。”文颇诙畅，刻画处不嫌尽量揶揄，亦“谴责小说”之本色也。

至所谓某观察，盖指宋育仁也。《庄谐选录》载四川李明智稿云：“鹿芝帅任川督，创开商务局，以川绅宋芸子、乔茂萱总其事。二君于商务不甚了了，于蜀中情形亦不甚透澈，误解公司之义，以捆商登垄为事，一年无所成。乔以避怨借故辞去，宋独任之，兴无数公司之名……在重庆开煤油公司局，集股数万金，办法、告示、章程散布一省，皆指言以煤取油，用机器化之，各国煤油皆出于煤，故外洋以煤矿为要政等语。公司局则收买煤炭，堆积如山。渝城煤价日涨，民众怨之，几酿巨变。后英驻渝领事照会渝关道，询中国得何法能用煤取油。外洋煤油，系开井数百丈而油自出，然必有煤油矿地始可开。今中国谓煤油出于煤，而招股开办，或亦有所验欤？关道以询公司，方知公司亦不知煤油之另有矿也。外国人传为奇谈。渝民闻之，群指煤山笑骂之。宋愧，始另作章程，然已费万余金。”叙次尤为明显，可与沃尧所述者合看。如所云，育仁亦卤莽可笑甚矣。翁咏霓（文灏）近撰《建设与计画》一文，引地质调查所出版之《中国铁矿志》云：“前清光绪中叶，建筑芦汉铁路之议起时，张文襄督两广，谓造路必先制钢轨，制轨必先炼铁。因议筹建铁厂于广东，委中国驻英公使代询设厂计画，并购买机炉等事。其实矿在何处，煤在何地，尚茫然也。驻英公使据此询英国机器厂名梯赛特者，厂主谓须先将铁矿煤焦寄厂化验，并须将矿量及距离地点详细说明，方可计画用何种方法、何式炼炉以制炼，非可贸然将事也。公使薛福成以是言告文襄，文襄曰：'中国之大，何处无煤铁佳矿，但照英国所有者购办一份可也。'迨机炉既定，文襄调用两湖，遂议建铁厂于湖北。会盛宣怀所雇之英矿师……发现大冶铁矿，……有议设炉于大冶者，文襄曰：'大冶照料不便，若建厂于武汉，吾犹及见铁厂之烟突也。'乃得地于龟山之麓，……而地址狭小，一带水田，不得不以巨资经营之。又于各处征询煤矿，最后得马鞍煤矿，所费已不赀。……又征求煤焦之法，而不知马鞍山之煤灰磺并重，实不宜于炼焦也。英国梯赛特初定机炉时，以不得中国煤铁性质，故照英国所用酸法，配成大炼钢炉（即色麻炉）二座，……运载来华，遂于汉阳设厂……惟炼得生铁，不能合用，而钢轨更无论矣。"翁氏谓："真是冒昧建设的一个好例。"（见《独立评论》第五号）此亦有关于煤之笑柄。师生二人（宋育仁为张之洞门人），于此可云沆瀣一气。

育仁事虽甚足噱，然由煤炭提取液体燃料，在今日已由研究而渐成事实。报载日本新闻联合社十月二十二日东京电，谓："前经满铁委托海军之石炭液化一事，在锐意研究中，现依工业的实验装置，已将石炭化为液体，其二分之一以上，完全为良质之燃料液体，而精制品变为汽油，是石炭之液体化事业，已由日本工业实验而成功，可称为燃料界一大革命，在国防上具有重要意义者也。”又翁氏《中国的燃料问题》有云：“汽油不但能从石油矿内提出，而且也能从煤炭内提炼，近年以来，各国都很注意于低温蒸溜（馏）的试验……例如山西大同煤炭，用这个方法，每一吨能提出九十公斤原油，这原油内含有约百分之二十的汽油，如此计算，则每吨煤只能炼十八公斤即约四加伦的汽油，就是要得一千万加伦的汽油，须用二百五十万吨煤，但同时还可得到许多如煤气、扁陈油、煤油、柏油及半焦炭等其他产物，……虽然各种方法发明未久，一半尚未脱试验时期，但离成功的日子已不甚远，只要努力研究推广，即使不能完全解决中国燃料问题，至少可得到一大半的解决。”（见《独立评论》第二十四号。）由是观之，煤炭内可提出液体燃料（煤油在内），盖信而有征，而“煤里面那里提得出油来”之说打破矣。意者当育仁主四川商务局时，外人已有就煤之化学成分，为可以提出液体燃料之主张，或已加研究者，传者过甚其词，一若已成事实，育仁闻之而有此卤莽可笑之举动，以视谓由煤油机器而致误，似较近理。（原第9卷第45期）

一三九　醇亲王奕譞祭殡典礼

光绪十六年（庚寅）十一月，醇王奕譞逝世。翁同龢《日记》于当时情事，记载颇悉，摘录之。十七日云：

“是日辰初，上诣醇王府问疾。”又云：“是日皇太后因感冒请脉进药，未幸邸第。”十八日云：“诣西邸见脉按，有恐汗脱语，恐不振矣。门如水也。”十九日云：“诣西邸，上已回銮，门庭悄悄。见脉按，有‘以待天命’语。用参麦散大剂，旦晚之间耳，惋叹不已。”又云：“是日枢臣随往邸第，入见，云不甚了然，语不能辨。”二十日云：“午后遣人问邸疾，见脉按云：‘六脉垂绝。’独参汤，遂驰诣，至则上已还宫。闻皇太后头晕，两日皆不能诣视也。今日两次遣中人请慈驾，嗣懿旨命申初三刻回銮，上迟回，四刻乃行，晤福、敬二君，云府中亦隔绝。此时气仅如缕，目定肢凉矣。”二十一日云：“寅正到苑门，先入，与庆邸谈，始知醇邸于丑初三刻逝矣，相与嗟涕。出至六项公所。俄传有起，偕（孙）燮臣趋而入，军机头起，余与庆邸、燮臣二起，入见于勤政西室，甫欲慰问请安，上嗷然长号，臣等亦失声。少顷始问今日当何服色，语皆切实，臣等以易服处所惟适园为宜，上不知适园也。因具对是邸中别业。（凡四条：一今日服色，一明日缟素，一从官今日摘缨，一适园更衣。）请上请懿旨，臣又请至邸时出入不由中门，二刻许退，上命至军机处拟旨，庆邸与余等复赴军机处，时懿旨已拟就，略略一阅，将面对四条写奏片呈递。少坐，又传有起，再诣德昌门。余等头起，军机二起。入时，上云：缟素传十一日，在画舫斋居住，仍命臣等诣邸第伺候。数语退，退后与枢廷约，明日吏部朝房会议。盖今日懿旨，醇亲王饰终礼节，著御前大臣、军机大臣、臣龢、臣鼐会礼部议奏也。”又云：“至邸外帐房。午初，上至，在阿苏门外降舆恸哭入。未初二刻，皇太后至。”二十二日云：“是日辰正上诣邸，未正三刻皇太后至。”二十三日云：“昨议均奉懿旨准行，有明发一道，并特谥曰贤。昨日上至适园，见会议稿，谕庆王曰：‘奠酒一条不明白，须改为拟请诣邸第奠酒’云云。庆邸传礼部即夕改妥始递也。即此一端，仰见圣孝圣断矣。”二十七日云：“是日皇太后诣邸，上体小有不适，气不舒，饮食少，有医方，却仍至邸第也。”十二月初十日行初祭礼，十六日行大祭礼，同龢初十日《日记》云：“是日邸第行初祭礼，诸臣皆集。辰正一刻上至，入自东角门，即诣几筵，读文，三奠，诸臣随于阶上三叩讫。上送祝文，出中门，至燎所，焚祝文讫，仍由角门入，诸臣皆站班。上入东内门，（少坐即回宫）皆退。……是日午刻太后临邸。”十六日云：“辰正二刻，上至邸，是日行大祭礼，读文奠酒如前仪。”二十日举殡，同龢十九日《日记》云：“是日上至邸，行前一日致祭礼。（辰初三刻）读文致祭如前仪。（三奠毕，供桌辞奠，乃回。）”二十日云：“是日送醇贤亲王举殡，……至蔚秀园伫立，未初杠至，步行入园。未正安奉讫，余未行礼即出。时未正二刻也。”又云：“蔚秀园者，醇邸之赐园也。本定王园，其后即澄怀园也。是日安位后，东朝遣内监供果桌三，立奠，上进果桌三。克勤郡王奉旨奠，皇后供桌，内监奠，本府供桌，二子奠，恭邸供桌。时余即行矣。”二十一日云：“是日卯正，上诣醇贤亲王园寓行礼（三奠毕，未正还海）。”此为奕谖逝世及祭殡大致情形，光绪帝对于本生父之孝思，亦可略见。而父子声气之隔阂，事甚可慨。

一四〇　奕谖临终情事

三年之前（丁亥）奕谖病几殆，其间同龢《日记》尤足注意。十月十五日云：“闻邸疾剧，足肿手颤，可虑也。”又云：“余每问醇邸起居，上曰：‘宫内常有人去，但归时到太后前覆命。偶来，不常来也。’今日云：‘枢臣言近来甚好。’”十六日云：“入时遇谟贝子云：前日见醇邸精神短，可虑。比见庆邸，语亦同。欲与御前同奏，请上诣邸看视，然究嫌疑之间也。入时巳正，甫坐，上忽垂泪，谕云：‘醇亲王病重，今日世铎奏闻。’又云：‘醇亲王手足发颤。’语甚急切，泪益多，于是臣龢耸然凄然，不自知涕之何从也。既慰安上意，又默体上心。谈三刻退，退到毓庆宫，检得文颖《续编濮议辨》，用以进上，盖上尝讽诵者也。是日功课几全撤，照常退。”又特记问答云：“是日巳正入，掀帘后，即觉上容色异平时，数语后，忽垂涕，问不应。良久曰：‘今日世铎奏，醇亲王四支不能转动，皇太后著急，余亦著急，奈何？奈何？’臣宽慰曰：‘天祖在上，必佑助。’又曰：‘观圣性如此，必能回天’云云。上稍定。问臣曾往看否？对以曾去数次，不敢请见。上曰：‘不见何也？’又曰：‘今日去否？’对云：‘今日去。’上曰：‘吾心惦念也，可带此语去。’时哽咽不能声。敬对曰：‘今日必奉此语转达。’凡三四刻不能毕。”（按：是日同龢诣醇府询病，仍未请见。）十七日云：“入时巳正二刻，数语出。上云：‘今日醇亲王见好……’归后，高勉之（钊中）、蒋仲仁（艮）来见，为醇邸病，欲请上省视也。言甚切至，遂以昨语告之。灯后，王再桐（国瑾）来见，亦以前事来也。三君有公函告余。”十九日云：“晨晤庆邸云：昨见醇邸，迥非前一月光景。精神虽强支，而语音不振，甚凄惋也。遣人问候，府中人亦甚忙乱。方按则仍如昨，亦有‘语音不振、喉间痰滞’云云，恐益剧矣。”又云：“是日詹事福懋奏言：懿亲有疾，宜临邸省视。有懿旨十六日已传，二十五日前往省视，该詹事自已探知，不免迎合取巧。”二十三日云：“枢臣昨至醇邸处问疾，云仍如前也。”又云：“王莲生函来，闻讹言邸有事而秘不闻，劝我入告，可诧也。”二十四日云：“遣人问邸疾，方按云：‘声哑食少，病仍延缠，竭力调治。’语似紧矣。”二十五日云：“是日皇太后、皇上诣醇王府视疾。”二十六日云：“昨日上于巳正启銮，午正到邸，随太后见邸四次。邸以厚褥铺地，欲起跪而不能，欠伸而已。此上所述也。闻上初到府中，至花园游览，有愁容。最后出至书室，与二位阿哥共处，曾落泪不怿。此内侍所言也。”二十八日云：“枢廷起，四刻多，论醇邸疾也。”又云：“邸疾益剧，殆难为矣。”二十九日云：“访（孙）莱山于新居，长谈，亦论及邸事，以《濮议辩》一篇钞付之。莱云：二十五日邸见上，以太后于邸阅海〔军〕时所赐金如意付上，曰：'无忘海军也。'上见邸，行拉手礼。前日福懋上折时，太后谕：七、八月间本拟至醇亲王府第，于太妃前拈香，恐致劳中止。"十一月初二日云："醇邸略愈，音渐清，食稍多。余对门徐龄臣者，狂诞人也，踏门自荐云：'三服药不见功请治罪。'服之良验。（昨日上告余云："徐延祚不知何许人，服其方手微能动，小建中汤，加洋人所卖鱼油。"）"初三日云："皇太后、皇上诣醇亲王府看视。"十四日云："醇邸服徐延祚方，左腿略动转。昨用鹿茸冲酒，中旨不令服，大约御医辈有先入之言也。奈何？奈何？"十五日云："巳正入，上曰：'徐某方有效，而因用鹿茸冲酒，不令诊脉矣，此何也？'臣未对。上又曰：'余意仍服徐方耳。'又问：'今日往问候耶？'臣对'无事不往。'上曰：'明日可一往。'"十六日云："诣醇邸处，坐候片时，入其卧内。今日甫大解，气弱，不能起坐也。传上意，数语欲出，邸固留，乃少坐即出。噫，惫矣，奈何？"又云："邸目光尚好，语音微，舌屡卷唇，微笑，神气如常，而瘦甚矣。手指略动，不能拳，腿不能动。问近来渐好否，服何人药好？'曰：'吾竟不知谁好。'曰：'能睡否？'曰：'略睡。'问：'能吃羹饭否？''略吃不多。''今日走动否？''顷走动，亦不畅。（按：走动，谓大解也。）不意一病至此，前者几殆，今略转。'因微笑。因传上意：'请斟酌服药，总以得力者常服，不必拘。''徐方实亦未见甚效，至凌绂曾所开代茶饮，亦懒得吃，惟人乳真吃却好。明日回奏，可云当斟酌服药，请勿惦记，好读书。’余欲起，固留吃茶。前此来邸似皆童心，今观此语，实有深心。因握手，却温。问：‘足热否？’‘足亦温，但不能动，即如向外卧，一夕向外耳。’（尚有数语，不记。）令其第六子出见，作揖。貌甚清而丰满。即出登车，甚难为怀也，记之。又曰：‘医劝吸烟，知之乎？’曰：‘知之。’曰：‘所恶有甚于死者。’”综观同龢所记，光绪帝居天子之位，而父子隔绝，抑郁难申。奕譞以皇父之尊，而忧谗畏讥，门庭冷落，甚至医药亦不克自由。同龢，帝师也，而谨畏避嫌，不敢轻于请见。他如言者受斥，蜚语流传，均足见当时西后之鸷悍。其对奕譞猜忌之怀，固已昭然若揭，不待后此伐其园寝之大银杏树矣。前当西后宣谕立光绪帝时，奕譞“痛哭昏迷伏地，掖之不能起。”（见同龢同治十三年十二月初五日《日记》。）有以也。至其宁死不肯吸鸦片，洵可特书。

一四一　奕譞与中国海军

中国之建设海军，主其事者，在外为李鸿章，在内则奕譞也。病危而勖帝以无忘海军，其志意所注，尤可概见。故甲午战败，论者以奕譞早逝，海军经费乃大受限制，多慨惜不置。然奕譞总理海军，而任西后移款以大兴园工，亦乌得为无过乎。出见同龢之第六子，载洵也，宣统间以皇叔掌海军，可谓传其衣钵，则徒贻话柄而已。

（原第9卷第46期）

一四二　庚寅岁所逝政界名人

庚寅之岁，政界名人逝者颇多。醇亲王奕譞而外，工部尚书潘祖荫、两江总督伯曾国荃、户部左侍郎孙诒经、右侍郎侯曾纪泽、前兵部尚书彭玉麟，均卒于庚寅。翁同龢是年《日记》，关于祖荫等逝世之记载，亦足观。

（一）潘祖荫

十月三十日云："李兰孙信来云：伯寅疾笃喘汗，急驰赴，则凌初平在彼开方，已云不治矣，余以参一枝入剂。入视，则伯寅执余手曰：'痰涌，恐难治矣。'尚手执眼镜看凌方，汗汪然也。李若农至，曰：'参附断不可用，舌焦阴烁，须梨汁或可济。'余曰：'梨汁救命耶？'再入视，益汗。余往（南）横街，甫入门，而追者告绝矣。徒步往哭，余所定三事，曰棺木，则呼赵寅臣嘱之（八百金）；曰过继，则呼仲午写一字，以其子树孳为伯寅后；曰夷床，伯寅危坐告终，不平卧则将龛敛矣。余事为写一单，嘱同乡办，兰孙亦来。是夕寓横街，通夜不寐。"十一月朔云："送伯寅敛（午正），为改遗折，同人皆集，申正散归。"初十日云："是日上宿南郊斋宫。辰初登车，出前门策马诣坛。坐帐房与若农谈及郑盦，不觉陨涕。

……若农约于观内便饭，孙兄（按：孙家鼐也）同坐。曩时郑盦必约余，今独与南斋诸友对，可叹也。”十九日云：“挽潘伯寅：《金石录》十卷人家（君有此小印），叹君精博；《松陵集》两宗诗派，剩我孤吟。”二十九日云：“午出城吊伯寅，设祭哭之。”十二月初三日云：“巳初出城至潘宅，为文勤题主，襄题者陆凤石、吴燮臣、叶菊棠、王廠卿也。敬谨奉笔，以参吾友之终事。”初五日云：“巳刻出城诣潘宅，此两日开吊，在彼饭。”初六日云：“辰初二刻退，出长安门，诣潘宅送殡。巳初抵彼，午初起杠，步送半里，回至横街。……诣龙泉寺，独坐一时后，待至申正，杠到。又数刻，乃行礼散。是日送者，九列中余与（荣）仲华、（李）若农耳。饥民数百，在天桥哭之，万民伞甚多，亦一时煊赫者矣。”同龢与祖荫生同岁（前一庚寅），同以巍科硕望，为京朝清流宗主，齐名甚久，交谊素厚，观此良可云情文交至矣。祖荫官兼尹，尽瘁赈事，故没而饥民哭之也。陈恒庆《归里清谭》记其轶事，有云：“直南斋，半夜即起，入内。内侍为之燃烛十余枝，坐而观书，‘勤’之一字无愧也。为工部尚书时，由内出即入部，天方黎明，告司员曰：‘清晨办公，精神清楚。皇上遵祖法，早起视朝，故无废事。若部中俗例，秋冬春为晚衙门，夏日为早衙门，吾不谓然。然亦须体恤人情，不便自行早来，或三日一到部，或四、五日一到部，先一日预告部中，不敢使诸公虚候也。’尚书尚俭，不乘肩舆，一车而已。驾车白骡已老矣。某岁伏雨过多，道途泥泞，行至宣武门外，老骡陷于淖，不能起。尚书告其仆曰：‘前有一车，悬工部灯笼，急呼之，予附其车。’问之，果为工部司员，且门生也，是早为尚书堂期，故早起入署，急下车相让。尚书曰：‘此车为吾兄之车，吾兄入车内，予坐车前足矣。不允，予将徒行。’乃同车而行。其白骡从此病惫，乃赁一轿，命仆人舁之。仆未练习，一日，行至正阳门，雨后路滑，前二人仆，尚书亦仆于地。道旁观者大笑，有识之者，曰：‘此管理顺天府事父母官也，奈何笑之。’尚书起立，曰：‘本来可笑。’乃乘轿而归，京师传为笑柄。”又云：“尚书喜鉴别金石，有潍县裴三者，得一汉洗，花纹古篆皆佳。尚书以三百金购之，极喜。裴三求书楹联，诺之曰：‘汝先归店，我即令人送到。’乃铺纸濡笔直书，书成一幅，命仆人往送。旋又写成一幅，更命仆送去。盖得一古器而兴高也。有诸城县拔贡尹祝年，讲金石之学，入京朝考，自书门生帖谒尚书，尚书曰：‘此非门生也，姑延入。’尹入见，即行师生礼，口称‘老师’。翌日入南斋，告曹殿撰曰：‘君同乡尹祝年硬拜老师，似强奸也。’同直者急询之曰：‘强奸已成否？’相与大笑。内侍急入曰：‘皇上将登殿。’笑乃止。尚书下直出东华门，必至小合兴酒馆小饮，此馆得其墨迹最多。”所记颇有风趣。王伯恭《蜷庐随笔》谓翁不如潘，其说云：“光绪中，吴县潘伯寅、常熟翁叔平两尚书皆以好士名，潘公断断无他，尤为恳到，翁则不免客气。潘公不好诣人，客至无不接见。设非端人正士，则严气正性待之，或甫入座即请出。翁则一味蔼然，虽门下士无不答拜，且多下舆深谭者。此两公之异也。潘公尝向吾言：‘叔平虽为君之座师，其人专以巧妙用事，未可全信之也。’已而笑曰：‘吾与彼皆同时贵公子，总角之交，对我犹用巧妙，他可知矣。然将来必以巧妙败，君姑验之。’后又曰：‘叔平实无知人之才，而欲博公卿好士之名，实亦愚不可及。’”如所云，祖荫尝讥同龢，同龢《日记》中于祖荫亦间有微词，如记午门阉人与护军相争案是也。伯恭名仪郑（后以字行），兼为翁、潘门人，而与祖荫踪迹较亲，曾邀特赏，力为延誉。《蜷庐随笔》详著其事，而于同龢则时有不满之语，盖臭味不甚相投也（惟同龢《日记》亦尝以“名士”称之）。

（二）曾国荃

十月初三日云：“闻曾沅浦制军于前日未时星陨，事关东南全局，可虑也。”十四日云：“曾九帅恤典下，极隆。”同龢于国荃推服颇至，《日记》前所述及者，有如癸未十二月初五日云：“其学有根柢，再见而益信畏友也。吾弗如远甚。”甲申正月九日云：“沅圃之学，老庄也。然依于孔孟。其言曰‘抱一守中’，又曰‘止念息心’。又曰：‘收视反听，是为聪明。’其养生曰：‘神水华池，时时致念。’其为政曰‘顺民心’，其处世曰‘恕’，其临事曰‘简’，其用兵则皆依乎此而已。”二十日云：“曾国荃署两江，并通商大臣。……庶几威望副此席乎。”二月初十日云："其人似偏于柔，其学则贯澈汉、宋，侪辈中无此人也。"其品藻如此。国荃晚年气象，亦略可见。（翁、曾道光己酉优拔同年。）

（三）曾纪泽

闰二月二十三日云："访劼刚，问其疾，则鼓在门矣。惊怛返车，告（徐）颂阁。颂阁已至曾处，访（孙）燮臣，慰其失孙，因偕往曾处，入哭，改其遗折数处。嗟嗟。此人通敏，亦尝宣劳，而止于此，可伤也。"二十四日云："访张子青相国，告以曾侯遗折明日上。"二十五日云："寻枢廷，告以劼侯遗折所叙二子，幼者在前，勿误认也。"又云："诣曾处。"又云："曾侯恤典甚优，加宫衔。次子广銮服阕引见，长子广铨赏员外。"二十九日云："诣曾宅，陪醇邸。"三月初九日云："刘康侯（麟祥）来，劼侯之内弟也。"初十日云："访刘康侯观察，商劼侯丧仪，邀颂阁同议。"三十日云："刘康侯观察来致曾侯夫人意，送貂褂等，峻却之。"四月十一日云："吊曾侯，致赙卅金。"十二日云："赴曾劼侯处陪吊，自午至酉正，饭而归。"十三日云："赴曾宅陪吊，自未正迄申正，客甚寥寥，陪者亦惟孙兄与余耳。"十九日云："晚至劼侯处祖奠，不觉失声。"盖情谊不薄。同龢时为户部尚书，纪泽及孙诒经，均其同官也。同龢之兄同书以在皖抚任偾事，同治壬戌为江督曾国藩严劾，斥为"廉耻丧尽"，致拿问定斩监候罪名，而同龢与国荃、纪泽相得，则以公私有辨，不念旧隙也。

（四）孙诒经

十一月初六日云："闻孙子授于丑刻逝矣，驰往哭之。七日之中，两哭吾友，（按：指孙与潘。）伤已。子授亦直谅之友哉。明日恤典下，照侍郎例。毓庆宫一节竟未叙及，子孙未赏官。"初九日云："吊孙子授。"十二月初八日云："吊孙子授。"十一日云："至孙子授处，送发引。"诒经自斥出毓庆宫，朝眷大衰，抑抑以终。恤典礼数颇薄，曾任帝师，亦遂削而不叙矣。

（五）彭玉麟

四月初三日云："彭雪琴卒，优恤。"所记甚简，盖与之素无往还耳。与玉麟齐名之前陕甘总督杨岳斌，亦卒于是年也。（原第9卷第47期）

一四三　西后归政初之意态

西后于丙戌六月谕：皇帝于明年正月举行亲政典礼。旋醇亲王奕譞、礼亲王世铎等疏请皇帝亲政后，皇太后再行训政数年，许之。故翌年光绪帝虽号为亲政，而政权犹在后手。戊子六月，后复谕："皇帝几余典学，益臻精进，于军国大小事务，均能随时剖决，措置合宜，深宫甚为欣慰。明年正月大婚礼成，应即亲裁大政，以慰天下臣民之望。著钦天监于明年二月内敬谨选择归政吉期具奏。”于是翌年二月实行归政，关于归政时后之态度，有足述者。翁同龢正月二十一日《日记》云：“御史屠仁守请‘归政后，臣工密奏仍书皇太后圣鉴，仍乞裁夺’，奉懿旨，以垂帘乃不得已之举，深鉴前朝弊政，故立志坚定行之。该御史所奏乖谬，撤去御史，交部议处，原折掷还。明日遇屠君持折折旋而出东华门也。”二十二日云：“蒙太后、皇上同召见于养心殿东暖阁，首言昨屠仁守事，对：‘御史未知大体，然其人尚是台中之贤者。’曰：‘吾心事伊等全不知。’对：‘此非该御史一人之言，天下臣民之言也，即臣亦以为如是。’曰：‘吾不敢推诿自逸，吾家事即国事，宫中日夕皆可提撕，何必另降明发？’对：‘此诚然。’曰：‘吾鉴前代弊政，故急急归政，俾外人无议我恋恋。’对：‘前代弊政，乃两宫隔绝致然。今圣慈圣孝，融洽无间，亦何嫌疑之有。’曰：‘热河时肃顺竟似纂位，吾徇王大臣之请，一时糊涂，允其垂帘。’语次涕泣。对：‘若不垂帘，何由至今日。’（此段语极长，不悉记。）”二月初三日云：“吏部回奏屠仁守处分，懿旨谓：若竟依议，则该部将以对品之部属用矣。吏部堂官交都察院议处，司官严议，有‘徇庇欺蒙’之语，屠仁守革职，永不叙用。”后此时所示意态如是，后竟乖戾至极，以母子之不和，促宗社之沦胥。同龢所谓“融洽无间”者，乃徒供后人感喟矣。（后将归政之际，惇亲王奕誴卒。）同龢正月十九日《日记》云：“昨日上奉皇太后幸惇亲王府视疾。今日未刻，本传紫光阁筵宴，并看烟火。晨闻惇亲王于卯刻薨逝，即命停止筵宴。皇太后、皇上即日前诣奠醊，合乎礼，称乎情，可纪也。”二十一日云：“赴惇亲王府吊，不知涕之何从也。王于外事不甚明白，而不侮鳏寡，清节可风，不愧为宣庙之子。”奕誴才望不逮两弟（䜣、譞），事权不属，而为人颇以正直介朴见称于时，故同龢云尔也。费行简《近代名人小传》云：“誴仪节甚简，尝夏日衣粗葛，持巨蒲葵扇，箕踞坐十（什）刹海上纳凉。又好招诸肆商或负贩者语，故京师人莫不知有老五爷者。”

一四四　奕譞园寝之大银杏树

奕譞园寝大银杏树一株，为西后所伐，猜忌之心，乃及于身后，既见迷信之可笑，而其不慊于光绪帝之心理，尤于此可征矣。此事曾见诸家记载，王小航《方家园杂咏纪事》言之特详，咏云：“甘棠余荫犹知爱，柳下遗邱尚禁樵。濮国大王天子父，南山莫保一株槁。”纪事：“甲午前，隆裕因珍、瑾二妃之宠，遂不尽礼于景皇。故朝宁寿宫时，帝后辄望影互避，以太后袒隆裕故也。及黜二妃后，景皇失爱于太后，更甚于前。内务府大臣有英年者，兼步军总兵，素讲堪舆，尝为太后择定普陀峪万年吉地，急谋升官，乘间献媚于太后曰：‘醇贤王园寝，有古白果树一株，高十余丈，荫数亩，形如翠盖罩墓上，按地理非帝陵不能当。况白果白字加于王字之上，明是皇字，于大宗不利，应请旨速伐此树。’太后曰：‘我即此命尔等伐之，不必告他。’他即上也。内务府诸臣虽领懿旨，未敢轻动，同往奏闻于上。上不允，并严敕曰：‘尔等谁敢伐此树者，请先砍我头！’诸臣又求太后，太后坚执益烈，相持月余。一日上退朝，闻内侍言太后于黎明带内务府人往贤王园寝矣。上亟命驾出城，奔至红山口，于舆中号啕大哭。因往时到此，即遥见亭亭如盖之白果树，今已无之也。连哭二十里。至园，太后已去，树身倒卧，数百人方斫其根，周环十余丈，挖成大池，以千余袋石灰沃水灌其根，虑其复生芽蘖也。诸臣奏云：‘太后亲执斧先斫三下，始命诸人伐之，故不敢违也。’上无语，步行绕墓三匝，顿足拭泪而归。伐树诸人，皆先期雇订山下村人，且运送石灰千包，以及伐树应用之支架杉杆等物，皆非先日筹备不能集事。宫府内外伙通一气，使上不得豫闻。此光绪二十二年事也。二十六年，英年因庇拳匪诛于西安。二十八年壬寅春，余潜伏汤山，诡称赵举人，每日出游，各村皆以赵先生为佳客。一日短衣草笠，漫游而西，夜卧黑龙潭山下之破庙阶上，仰见楸树隙星斗荧荧。晨起南行，过醇贤王墓道山下，与村夫野老负曝谈及白果树事，各道见闻，相与欷歔。中有驴夫王姓者，曾代銮仪卫军校，亲肩景皇乘舆者也。白果树即银杏，其树七人合抱不交，盖万年之物。村人并言，挖根时，出大小蛇数百千条，蛇身大者径尺余，长数丈。佥曰义和团即蛇之转世报仇者。赵先生以为当日之狠戾伐树，用心实同巫蛊。长舌之毒，乃最大之蛇也。”盖言之如绘，母子感情之伤，祸乱之张本也。

一四五　费文早夭

费念慈仲子文，甚聪慧，有神童之誉。夭于庚寅，甫七龄也。翁同龢十一月十四日《日记》云：“屺怀失中子，奇慧，可惜。”先从兄缦愔己丑与念慈同入词馆，相友，于文之夭，亦深惜之，有《费氏子哀辞》之作。文云：“岁次摄提，吾友费编修仲子文以疾夭于京师，生七岁矣。江夏神解，追怀初月之言；童乌不苗，莫跂与元之日。费君以东门之爱，婴疾浃旬，既铭其幽，载告所契。礼发于情，亦其宜焉。夫其禀受夙慧，茁秀儒门，早辨之无，弗闻好弄。内则未读，便含婉瘱之姿；礼容讵娴，能为槃辟之拜。方且胜衣受书，吹篪合雅，而昙花色相，竟飘忽于三生。磨蝎命宫，复侵寻于隔世。（文于坡公有偏嗜，见遗像书法辄密弄勿失，盖生性使然，亦不得谓非夙因耳。）呜呼！一抔归骨，魂气何之。七家成尘，长养安托。彭殇难一，拊膺讵止乎阿婆；室市同嗟，泚笔为传乎小友。乃为辞曰：虞山之麓兮眉山之峰，路迢迢兮既阻，灵冉冉其相从。远宦兮何乐，斯言兮何托（语见编修自作圹志）。愁直视兮江乡，委弱骸兮夜壑。嗟高显兮难知，羌英物兮数奇。乍仙风兮吹堕，遽圆石兮镌之。阶兰兮婷婷，一摧兮众涕。歌楚辞兮招魂，葬鲁殇兮如礼。焚竹马兮扃绣襦，二人览兮于邑俱。风袭袭兮夜帷举，感甫冒兮来啼呼。”先从兄遗文，存者甚少，斯亦当时鸿爪也。

（原第9卷第48期）

一四六　李审言评骘诸家

兴化李审言（详），文坛老宿，去岁春间逝世。张君次溪藏其前岁所与报书数通，谈论文事，评骘诸家，均直抒所见，足供研讨李氏学术者之考镜。

第一函有云：“晋卿王先生，以儒者之学，能为经术文字，绝非桐城薪火所系。走久知有晋卿，在叔节之外，重其善读书，兼工于修词。余子翩翩相竞，与走平日所持议论不合，虽重其名，不敢与之通声气也。今贤父子既礼晋老，复师南海，为再传弟子。南海昔与接谈数次，盖传龚、魏之派，而猖狂妄行，变而加厉。龚、魏之学，受之刘礼部逢禄，走观礼部之集，不如是也。因此虚与委蛇，戛然中止。范伯子亦故人也，其文思极深湛，而规模少狭，不免为濂亭、挚父所囿，大都有义、法二字，函于胸中，固结不解，似尚不如叔节出之从容且具兀傲之气。往时坊肆有《近代十家文钞》之选，走常以为不伦，听其自为风气而已。走文从甬东全庶常入手，而衍为杭大宗道古之余绪，实皆出钱受之、黄梨洲，词繁义缛，而汰去其排偶及明季八股俗调；考据词章，又未尝不寓其内。常与石遗言共为子部杂家之学，亦即为子部杂家之文，以故好逞己说，间有谤及桐城处，为众所不喜。”

第二函有云："贵师王晋卿先生，北方老宿，经训小学，史家别裁，曾经研究，故其为文咸有根柢。见姚叔节之文，推重晋卿，又于他处见晋卿文，不觉叹服。足下所刻百篇，尚未见也，既许赠我，尤为钦企。北江先生，向所未习，既为吴冀州子，宜有胜者。亦曾见其文数首，似批点家能手。弟素不好批点之学，归方之评，心常厌之，而所重者在考据一途。既论文章，宜究典实，如《赤壁赋》'徘徊斗牛之间'，业已不确；'诵明月之诗'，为孟德诗之'月明星稀'；'歌窈窕之章'，此出何诗？'客有吹洞箫者'，客为何人？皆不审究，而自谓古文家，谬种流传，一枝一叶点缀排比，起伏勾勒，指为神秘，不肯轻语他人，必待执贽门下，始露微旨，弟实羞之。故平生兀傲自喜，于宗派者不轻许可也。"又云："弟为文蚤从永嘉甬东派入手，桐城派不喜用事，不喜色泽语，不喜用偶字，弟皆犯之。且好考据之学，宁有冗长不检处而不可不通。足下前书，甚重南海之学。今观尊甫所记，又及卓如，康、梁皆定庵派，又习佛家语，弟向未研究佛乘之学。令祖道德中人，自有可传，而援儒入释，尊甫又超过寻常什百中。委撰为文，无从附会，敢谢不敏，窃无柳子厚才识也。且弟卖文为活，每首皆三百元，题诗皆五十元至百元，今年略可得七八百元。海上逐臭夫，具有其人。门生辈集赀欲刻弟之诗文笔记。"又云："江苏学问，由阮文达创学海堂，嬗于广东，本属一家。今之广东梅县古公愚先生，直乃吾江苏的派，所印诗文杂著，无一非通儒语。”

第三函有云：“今承寄晋卿先生文集，附江宁管君所为生传，乃知足下疏宕粤侠奇男子。昔许梅县古先生公愚为海南明月珠，又援杜陵诗语，谓为服领南之梅县精。新得足下，喜有夜光，可配明月（夜光、明月一也。见李善《文选注》）。而梅县精外，复有东莞精矣。刘彦和言：“璩璧产于崇冈。足下有篁溪先生为父，而以儒学与佛学相参。南朝经师，多修白业。足下父子，皆足自豪。不觉叹服，作长安之西笑也。传中诸友，太侔侍其父官苏，渠锢于耳，曾以沙盘画字，对语竟日。通伯为文字交。晋卿先生，素致敬慕，前书已稍言之。传言宿儒师事，兼及下走，惶骇无似，详为子部杂家之学，诗文亦如之。尝笑今之为文者，多不读书，且揭某派为帜，徒侣附和，妄自尊大。观所为文，特一变相之八股耳，叩其中枵然也。晋卿先生，妙涉韩境，意其从挚父、濂亭上溯湘乡，与通伯、叔节不同，信为读书探道之君子。叔节与详同为嘉兴沈子培方伯所聘，从事安庆存古学堂，历一学期，各罢去。伯子读书少，文为义法所限，不及叔节有雅人深致。细读管君之状，足下笃于师友，表章学术，意气感激，言行奇赅，无一不具，仿佛追摹成容若、龚定庵一辈人，不意世间有此，老夫因之倾倒，欲纳足下于不朽，而有所白于后。详年过七十，小小著述，亦自可观。昔时在位通人，处逸大儒，无不知有详之姓氏。而写定鄙集，杀青未竟，唯待刊刻。京师剞劂之工，为董授经所训练，南方绝无此手。亦有佳者，则江宁姜文卿，可附昔之刘、穆二姓，而在近校雠亦便。虽欲慕晋卿先生，托于足下，有所不能。别有歙县先辈，由明以来未经复刻者，一为《宗子相集》，一为陆西星《南华副墨》，二书俱著录四库。《子相集》为当时福建刻本，最劣，传世亦稀。陆书数十年前里人募刻，为省费起见，将标点、凡例一例削去。又取宋人议论，如盗跖、让王、渔父、说剑四篇，缀不附入，驴非驴，马非马。此为'南华副墨选'，不得谓之全书。《副墨》旧为寒家先生万历时刻本，仅有存者，若不重刻，世遂不见原本。今之黠贾，取新本装饰，陋儒复弃而张之，以为在是，皆不知本末者。详之文集，约十二卷（骈文在内）《愧生丛录》八卷，《药裹慵谈》八卷，《世说笺》两卷，《李杜集》《姑溪集校记》各一卷，《选学拾沉》二卷，《庾子山哀江南赋集注》一卷，《汪容甫文笺》一卷，《杜诗证选》《韩诗证选》各一卷，《杂著》四卷，合之宗陆两书，约二千五百元。刷印具备，见有贵省主席陈真如君助赀五百，足下再能假二千元，则诸书可举，而详之愿毕矣。古云：'非常之事，必待非常之人。'昔晋郗嘉宾好闻人栖遁，为造精舍，比之官府，此出人意表行事。眼前蹑革履、驾高车、戴晶镜、吸巴菰、问太史公为何科、诘郷都无王粲之黄吻年少，若道以此事，适资其骂死，公为等道笑邱言而大噱也。揣君必大异于人，微管君言，吾犹将以飞钳捭阖之术撼之。今幸直其时，故以说进。足下观吾之言，其如阿难涕泪悲泣而受萷邪？抑谓暂立无义以救饥，遂负如来邪？”

第四函有云：“前书以足下粤侠明月、东莞精称者，乃欲撼之借刊私著及乡先辈著述。不意足下有所推托，处以世俗游移之说。仆蚤知有此一举，而深悔轻相天下士也。赵尧生先生，定交四、五年，所诒诗札至数十通，渠损一目，诸郎不能承其文学，意常郁郁。今年有诗寄讯，数月来得一复，意有不讳事。人之梦寐，若果有变，则蜀雄（二字出韩诗）丧矣。石遗往来书札最夥，渠《福建通志》粗就，仆以三十元购读，摘其佳处，且多商榷，自谓为王胜之，石遗亦谓舍我无第二人。即以论诗一道，石遗亦云唯有尧生与仆也。文章为天下之公器，师弟居在三之一，足下无效流俗故习，轻相结纳，由燕都、津门流寓诸贤，推及吴会淮南一七十老公，俾受之有愧也。今为足下计，如能为仆刻书，以毕素愿。察其诚信无欺，足为奔奏先后之选，然后再修弟子之分，暖暖姝姝，奉命唯谨，仆始可以诗文真诀授之。如泛泛以声气自通，广援当代知名，挂名骥尾，仆诚不愿与数子并。请语管君，毋遽揭仆姓氏于通伯诸人中，而足下所可传者自在也。”又云：“鹤亭子部杂家之学，与石遗等，信缪艺风、沈乙庵后一人，独与仆昵，形诸赞叹，不以布衣白望见蔑，厕诸先朝文学老辈，掖之使上，此十余年来极可感事。”

李氏学术交游，略见于此。其不满桐城派处，可与所作《论桐城派》一文参看。张君欲师事之，李氏蕲其假银二千圆刻书，张君以力有未及，未能遽应。闻李氏临终尚拟以遗稿属张印行，旋兴化水灾，张君久未得其家来书，未知遗稿如何，而重感其意，方征集其诗文，俾先为付刊云。（原第9卷第49期）

一四七　文廷式考试轶事

文廷式“闾面榜眼”事，前已述之。廷式以名士著称，自己丑以举人考取内阁中书，迄甲午大考翰詹，获一等第一，由编修擢侍读学士。其间情事，翁同龢《日记》所载，于其遇合各节，颇著其略，足与外间相传者相印证，亦廷式考试经过之小史料也。

（一）中书考试

己丑考试汉内阁中书，徐桐、翁同龢、李鸿藻、汪鸣鸾阅卷，廷式膺首选。同龢五月二十九日《日记》云：“晨起，再检得上选者，共二十本。未初，各携上选聚徐公处。请定甲乙，迟徊久之。乃定柳门所取为第一名（取八十本）。余曰：或者江西名士文廷式乎？”六月初一日云：“晨起，徐、李两公来，以第一名起讲引《汤诰》，乃《吕刑》语，意甚游移。余曰：‘此逸书也。’柳门亦持之。良久乃定。”初二日云：“覆试……辰初二刻扁门出题（第一交卷才二刻，敏捷可喜）。’初三日云：“折封填榜，四刻许毕，径归，文廷式来见。”廷式考中书，赖翁、汪之力而得第一。其殿试得榜眼，又赖翁、汪，两事情节亦甚相似。（参看《随笔》前述）鸣銮女婿曾朴《孽海花》第十三回《考中书互争门下士》，谓：只听唐卿（汪鸣銮）道：‘这么说起来，余中堂（徐桐）在贤弟面前倒很居功哩。’……沪桥（端方）就向韵高（文廷式）道：‘我倒要请教，余中堂怎么居功呢？’韵高道：‘他说兄弟的卷子，龚老夫子和钱夫子（翁同龢、汪鸣銮）都很不愿意，全是他力争来的。’唐卿哈哈笑道：‘贤弟的卷子，原在余中堂手里。他因为你头篇里用了句《史记·殷本纪》素王九主之事，他不懂，来问我。我才得见这本卷子。我一见就决定是贤弟的手笔，就去告诉龚老夫子，于是约着到他那里去公保，要取作压卷。谁知他嫌你文体不正，不肯答应。龚老夫子给他力争，几乎吵翻了，还是我再四劝和，又偷偷儿告诉他，决定是贤弟的，自己门生，何苦一定给他辞掉这个第一呢。他才活动了，直到拆出弥封，见了名字，倒又喜欢起来，连忙驾起老花眼镜，仔细看了又看，迷花着眼道：果然是闻鼎儒！果然是闻鼎儒！这回儿倒要居功，你说好笑不好笑呢。’”证以同龢《日记》，朴小说家言，盖未尽谛，惟鸣銮私语桐以决为廷式，以蕲必得，或是事实耳。

（二）会试

庚寅会试揭晓，同龢四月初十日《日记》云：“凡知名士皆无闻。”又云：“名士惟文云阁得中。”盖同龢于名士关心最甚也。

（三）复试

是科会试复试，徐桐领衔阅卷，翁同龢、嵩申、潘祖荫、汪鸣銮均与焉。文廷式取一等第一名，同龢四月十七日《日记》云：“天明入，诸公陆续来，与徐公分卷。最后至者嵩犊山，至时已阅及半矣。余所分无好卷，见犊山处一本，则挺拔有伟气。辰正三毕，徐公归总，余与伯寅、柳门力赞以犊山所取为压卷，遂定……文廷式一等一。”翁、潘、汪均留心名士者，当又预知为廷式矣。

（四）殿试

同龢四月二十日《日记》云：“寅正三刻诣西苑门，宣下派福锟、徐桐、麟书、翁同龢、嵩申、徐郙、廖寿恒、汪鸣銮为殿试读卷官，至万善殿南书房拟策问目八条（向四字，此次改二字，省得牵强），进呈时，令内监口陈，并请封发。须臾下，朱笔圈四道（圣学，东北舆图，茶税，边防），随拟策题。徐、廖、汪三君书之，午初递上（用奏折封筒），遂饭（二桌）。饭罢，发下缄封，余等赍折匣同赴内阁大堂。监试御史先集，屏人，自书题纸（徐、廖、汪及余各书一道）。酉正，刻字匠始齐，护军统领入，封前后门。戌初发刻，子正一刻刻成。排钉三刻，校正一刻。丑初一刻刷起，寅正刷毕。凡三百七十张，竟夜未合眼。”二十一日云：“寅正一刻开门，捧题官先行。余等朝服同行，入中左门。至保和殿以题纸陈殿中东案，待王大臣到。卯初点名，三刻毕。福公入，请题纸，授礼部堂官。礼部堂官跪接，置廷中案上。鸿胪赞，三跪九叩，余等行礼后〔复〕赞，士子行三跪九叩礼。礼部官散题纸，士子跪接，三叩，兴，余等乃退，诣文华殿。余先定西配殿（曰集义殿）之南头一间即就睡，乏极矣。巳初饭，又睡片刻。芝庵、柳门、颂阁先后来谈。晚柳门招饮，集余室，收掌翰林官刘雅宾（传福）、黄吉裳（卓父）、戴少怀（鸿慈）、唐春卿（景崇）来拜，均未晤。天黑闻未交卷者尚有百余人。自昨日起，光禄寺早晚送宴（不堪食）。”二十二日云：“衣冠答收掌，卯初上殿（常服挂珠）。收掌分卷，供事送阅（每人四十一卷，后二人四十卷）。细心检阅，夹批条。申初始阅毕，复转三桌，则眼已花，地坐腰脚酸楚，不可支矣。以卷包好画押交收掌，徐、廖、汪三公招饮，露坐剧谈，夜发病。”二十三日云：“卯初入殿，次弟转四桌毕。诸公亦各转桌毕。时午初矣，倦卧片时，未饭。午正集殿上，议前十本，各持一、二本交徐相国品定。余卷居第一，余等复加评次，颇有所易，遂定。顷刻间升沈顿异，岂非命耶。徐相竟无前十本之卷，可谓公道一破俗例矣。随定二甲三甲，次第粘签（供事动手，侍读等督之，余等亦督之）。以前十卷交福公。晚邀诸公饭，阅覆命折，开发赏钱。灯下写扇七柄。”二十四日云：“寅正一刻，齐赴西苑门。先闻有起，随发十本下。余等入。卯正召见读卷官于勤政东室。福公捧十本（去封加束），入跪案旁。余等鳞次跪，最后一人折而东。上曰‘所取皆好’。拆封至第二，奏文廷式名上云，此人有名，作得好。拆封毕，臣具对吴鲁本好。第四一卷，写不佳而策翔实，即退出。写名单递上，俟发下用朱笔判甲第于卷首。持名单出，至门外桥东，奏事官唱名，良久始齐。入门报齐，即引见（十人为一排，余等分三排跪）讫，随赴内阁大堂。八人分判二、三甲名次。二刻许毕，再诣传心殿，应福嵩两公招。巳正一刻散，归诣祠堂行礼。……一甲吴鲁、文廷式、吴荫培，二甲萧大猷。”此节以有关殿试掌故，故详录之。关于回护廷式间面误字，为力争始得榜眼事。未之及，殆有所讳欤？廷式名动九重，其有先入之言可知也。五月初八日云：“外间以文廷式得鼎甲，颇有物论。”七月初六日云：“御史刘纶襄言殿廷考试弊端，并劾文廷式试卷有‘间面’字，未经签出。奉谕一道，派昆冈查封原卷，据实具奏。”二十五日云：“都察院、吏部会议‘间面’未签处分，罚俸六个月，奉旨准其抵销（毋庸谢恩）。”读卷诸臣，仅获薄谴，使当日签出，廷式鼎甲无望矣。（己丑殿试，费念慈有鼎甲之望，以卷中大司徒误为大司马，李鸿藻签出，潘祖荫争而不获，遂置二甲第六。同龢是年四月二十四日《日记》云：“费念慈以讹一字，在第九，可惜也。”廷式亦几如之。）

（五）恩荣宴

四月二十六日云：“巳初诣礼部恩荣宴，朝衣敬俟。

直至午初二刻，福相始来，可入宴矣。而鼎甲不愿行叩拜礼，文廷式力言古者拜非稽首，引《说文》字义，与礼部司员辩。两协揆（福、徐）皆怒，往复久之。迨余等出而鼎甲三揎，余答一揎，观者愕然。退，易衣归。徐相欲传三人至翰林院申斥之，其实何足道。”鼎甲争礼节，廷式亦特露头角焉。

（六）大考

甲午三月二十八日云：“奉派覆看大考卷，张之万、徐桐及臣龢也。发下卷二百零八本，有顷，礼邸、孙毓汶传旨细看，除第一及另束五本毋动外，余皆可动。有顷，奏事太监文德兴传旨如前，并云在上书房当差者可酌提前。”内定第一名勿动，一再传旨，廷试获第一而邀峻擢，似非偶然矣。《陈衍年谱》有云：“珍妃最得宠，怂恿景帝大考翰詹，预知赋题为《水火金木土谷》，漏泄于其师，使宿构，考取第一。并代妃兄某捉刀列高等。”盖外间于此亦多物论也。（原第9卷第50期）

民国笔记小说粹编

凌霄一士随笔

（三）

徐凌霄 徐一士 著

山西出版传媒集团
三晋出版社

第五卷（原第十卷）

1933年（民国22年）

一　癸酉谈往

六十年之回顾：中日成立条约之始。李鸿章观察中日形势。各国公使觐见。士大夫夷夏观念。第二批官费留美学生放洋。招商局。同治亲政。军务。左李。翁同龢白话联。三学人逝世。

六十年前之癸酉（清同治十二年，公元一八七三年），中日互换通商条约，为两国成立条约之始。其时中国尚不畏日，而日本使臣副岛种臣，态度已颇桀傲。五月，李鸿章《复孙竹堂观察书》，论觐见礼节之争，有云："副岛机警英鸷。初八、初十两次照复，目中无人，阅之殊为发指。所以矫强之由，不过该国近来拾人牙慧，能用后门枪炮，能开铁路煤矿，能学洋语洋书，能借国债，能制洋银，数事耳。我中土非无聪明才力，士大夫皆耽于章句帖括，弗求富强实济，被彼一眼觑破，遂肆意轻侮，口无择言。虽将彼此照会撤回，而使若辈得以尝试，以后交涉事机，关系非浅。鄙意当时彼即出京，诎不在我，何至起衅？衅既由彼，何至动兵？即使兴兵，又何畏此小国？日本在唐宋以前，贡献不绝。至元世祖往征大败后，乃夜郎自大。今彼虽与西洋合好，尚无如朝鲜何，岂遽能强压我国耶！”当日鸿章所观察中日形势者若此。中国诚非无聪明才力，而坐令彼“能”迭施侵陵，以成今日之局面，其为“强压”，一至于此，往事回思，益增喟痛矣。李书又云：“中国以后若不稍变成法，徒恃笔舌以与人争，正恐长受欺侮，焦闷莫名。”则今我与彼争者，仍不外“徒恃笔舌”也，尚何言哉！

是年日使副岛种臣换约后，偕俄使倭良嘎哩、美使镂斐迪、英使威妥玛、法使热福理、和兰使费果荪，觐见于紫光阁，呈递国书。此亦我国外交上一可纪念之事。我国初犹欲令行跪拜礼，以诸使持不可而罢。御史吴可读疏请勿责跪拜，以夷夏之辩为言，著语甚重，颇传诵一时。盖天朝夷狄之观念，为曩者多数士大夫所同然也。翁同龢光绪二年（丙子）十一月二十四日《日记》云：“诣各国事务衙门，诸臣已先至，待恭邸来，乃同行，盖所谓前赴各国公使寓所贺年者也。先法国，次俄国，次美国，次德国，次英国，次日本，凡六处，皆下车入室，饮酒，进果饵。侏离钩辀，不一而足。吾颜之厚，不堪以对仆隶，况朝班乎！”亦深以与外使周旋为耻，可与吴疏合看。庚子以后，士大夫以得外人一颦笑为荣，望东交民巷如天上，视此诚不可同年而语矣。

曾国藩、李鸿章同治十年奏定，选派幼童赴美留学，每年三十名，四年共一百二十名，第一批于十一年出洋。第二批于十二年继之，为蔡廷幹等三十人，委员黄平甫带领。并有自费学生七人同往。五月十八日由上海放洋。

李鸿章创办招商局，为其得意之事。是年已略具规模，渐睹成效。其《复刘仲良方伯书》有云："招商轮船，实为开办洋务四十年来最得手文字。兄创办之始，即藉运漕为词，各国无不惊服，谓中国第一好事。现仅分运苏浙漕米岁二十万石，沾润较少，制轮船仅五只，犹可运米三十万。若运米渐增，添船渐多，国计民生，均大有裨。委员四人：朱道其昂，盛道宣怀，管理招商运米各事；唐丞廷枢，徐郎中润，管理轮船揽载各事，皆熟习生意，殷实明干，兄所次第委派者。"徐润《自叙年谱》是年附记招商局缘起有云："同治十二年七月，奉北洋大臣李札委会办上海轮船招商总局，会同唐道廷枢办理。查该局初由朱云甫观察于同治十一年九月奉直督札，派充总办漕务，彼时仅有轮船伊敦、永清、福星、利运四艘，浦东码头一处。迨同治十二年五月，李中堂面谕，并札林委员月槎，会同唐景翁与余接创商局，其时名办事者为商总、商董。是年六月，唐景翁乃奉札充总办。除运漕事归朱道经办，其余劝股，添船，造栈，揽载，开拓船路，设立各处码头，由唐道一手经理。又盛杏孙观察于是年七月十八日札委会办局务。同治十二年，商局招股，拟招百万，是年只招得银四十七万六千两。迨至光绪八年，始招足额。……"招商局经营之初步，于此可见一斑。当创办之始，颇有朝气，故鸿章引以自豪。其后以办理不善著闻于世，为诟病所丛，近国民政府乃从事收归国营，鸿章之冢孙则缘局事被拘以待对簿矣。李氏之于招商局，可谓以快意始，以失意终。招商局经此改革，如能荡瑕涤污，复兴而益光大。李氏虽失意，而论乃开山之祖，鸿章犹享荣名也。

同治帝是年正月亲政，两太后懿旨云："皇帝寅绍丕基，于今十有二载。春秋鼎盛，典学有成。兹于本月二十六日，躬亲大政。欣慰之余，倍深兢惕。因念我朝列圣相承，无不以敬天法祖之心，为劝政爱民之治，况数年来，东南各省虽经底定，民生尚未乂安，滇陇边境及西北路军务未蒇，国用不足，时事方艰，皇帝日理万机，当敬念惟天惟祖宗付托一人者至重且巨，只承家法，夕惕朝乾，于一切用人行政，孳孳讲求，不可稍涉怠忽。视朝之暇，仍当讨论经史，深求古今治乱之原，克俭克勤，励精图治，此则垂帘听政之初心，所夙夜跂望而不能或释者也。在廷王大臣等，均宜公忠共矢，勿避怨嫌。本日召见时，业经谆谆面谕。其余中外大小臣工，亦当恪恭尽职，痛戒因循，宏济艰难，弼成上理，有厚望焉！"此亦晚清小康时代之一篇吉祥文字，惟帝翌年十二月即以恶疾逝世，亲政仅两年耳。雍正帝之杀年羹尧，以"本内将朝乾夕惕"，写作"夕惕朝乾"，列为罪状之一，谓："直不欲以朝乾夕惕四字归之于朕耳！"其实"夕惕朝乾"与"朝乾夕惕"，向均通用，清代谕旨中之用"夕惕朝乾"字样者，即屡有之。如此次两太后懿旨，亦正用“夕惕朝乾”。雍正帝罗织及此，良可哂。此种避忌，宫廷中亦不复记忆也。

同治一朝，内乱相继削平，帝亲政之前，贵州全省肃清之报新至，故懿旨惟以滇陇及西北军务为言。〔是〕年旋接捷报，云南全省肃清，甘肃则左宗棠收复肃州，关内肃清，所余惟嘉峪关外之军事而已。宗棠以肃清关内之功，拜协办大学士，举人入阁，所谓异数也。李鸿章《复邵汴生中丞书》有云：“肃州之捷，首从悍逆，歼除甚多，边塞肃清，辖疆从此可登衽席。季帅艰苦经营，煞费心力。金瓯竟卜，开我朝二百余未有年之奇，信乎非常之功必待非常之人矣！”于宗棠拜相，甚至赞叹。而《致曾劼刚通侯书》，则云：“左公竟得破天荒相公，虽有志节，亦是命运。湘才如左者岂少哉！”又是相轻之见矣。

翁同龢为帝师，以丁母忧还乡。是年尚未起复，未与亲政大典。里居为人题一白话联，颇有致。其闰六月十九日《日记》云：“梅里张挹泉，以所作诗名《篦剩》，惜鄙俚可笑，题一联还之。诗皆俗语，又杂用三教语，故戏之：‘你看古今大儒，若邵子，若晦翁，皆能以俗语为文。最妙的郑所南诗，句句率真，是渔唱山歌道情，偶然出口；我赠先生一语，曰慎独，曰改过，这都要苦功著力。不如那头陀洹果，空空无碍，从色声香味触法，打个转身。’”同龢尝居文化领袖之地位，有转移风气之力，惟未尝提倡白话文，且此为游戏之作也，然大似助白话文张目者。

王闿运是年七月九日《日记》云："得李雨亭书，闻戴子高已死，子高闻声相思，拳拳见访，仅得一面，报书恐亦未达。闻其夭逝，为之怅然。"学人有名者，戴望及何绍基、吴敏树，均卒于是年。绍基年七十五，敏树六十九，望仅三十七也。（原第10卷第1期）

二　觐见礼节之争

前一癸酉，为清同治十二年。是年六月初五日，日本、俄、美、英、法、荷兰诸国公使觐见，并呈递国书。李慈铭《日记》云："是日巳刻，上御紫光阁，见西洋各国使臣。文武班列，仪卫甚盛。闻夷酋皆震栗失次，不能致辞，踉跛而出，谓：'自次不敢复觐天颜！'盖此辈犬羊，君臣脱略，虽跳梁日久，目未睹汉官威仪，故其初挟制万端，必欲瞻觐，既许之矣，又要求礼节，不肯拜跪。文相国等再三开喻，始肯行三鞠躬，继加为五鞠躬，文公固争不复可得。今一仰天威，便伏地恐后，盖神灵震叠有以致之也！"此种记载，与吴可读请勿责诸使跪拜疏中所谓"彼本不知仁义礼智信为何物，而我必欲其率五常之性；彼本不知君臣父子夫妇昆弟朋友为何事，而我必欲其强行五伦之礼，是犹聚犬马羊豕于一堂，而令其舞蹈扬尘也"等语，均足见当时中国有名士大夫对外之见解犹若是。吴疏虽云"即得其一跪一拜，岂足为朝廷荣？即任其不跪不拜，亦岂为朝廷辱”，然蛮夷小臣，瞻觐上国皇帝竟尔不跪不拜，究觉于“天朝”体面上不无遗憾，于是“一仰天威便伏地恐后”之传说，遂流播于士大夫间，聊用解嘲矣，所谓虚憍之气也。距此八十年之前，乾隆五十八年（癸丑），英国首次遣使（马戛尔尼）来华，早为觐见礼节之争，系以屈一膝定议。（刘半农译）《乾隆英使觐见记》马氏自述定议时情形有云：“余曰：‘英国礼乃系屈一膝，引手伸嘴，握皇帝陛下之手而亲之。’彼等大诧曰：‘怎么这事？在咱们（按：此处语气以作“我们”较合，“咱们”则必连对面之人在内。）皇上面上、面前使得么？’余曰：‘自然使得。敝使以见本国皇帝之礼见贵国皇帝，已属万分恭敬，何言使不得？’言次，屈一膝，作行礼之状示之。三人颔首而去，容色似已满意，不复如前此之极力喧辩矣。下午，周大人复来，言：‘已回过相国的话。他说，此时或由贵使径行英礼，或先派大臣向贵国皇帝皇后像行中国礼，（按：此以马氏曾言，如必令叩拜，须先遣中国大臣向英国帝后像行叩拜礼也。）尚未商议妥当，晚半天可有回音。’余无言。未几鞑靼钦差又来，言：‘目下决议请贵使行英国礼，但照中国风俗说来，拉了皇帝的手亲嘴，总不是个道理，拟请贵使免去拉手亲嘴，改用双足下跪以代之。’余曰：‘敝使早已说过不用中国礼，这双足下跪，还不是中国礼么？此礼诸位行得，敝使行不得。’金大人曰：‘既如是，双足单足，且不去管他，那拉手亲嘴，总得免掉才是。’余曰：‘此则悉听诸君之便；但诸君记着，此系诸君之意见，非敝使之意见。敝使本欲向贵国皇帝行个全礼，今屈从诸君之意，改做个半礼了。’至是辩论已终……”所述颇有致，大致当不差。惟中国士大夫间，亦传其行礼时，仍是双膝下跪。陈康祺《郎潜纪闻初笔》云：“乾隆癸丑，西洋暎咭唎国使，当引对，自陈不习拜跪。强之，止屈一膝。及至殿上，不觉双跪俯伏，故管侍御《韫山堂诗》，有‘一到殿廷齐膝地，天威能使万心降’之句。康祺忆穆宗亲政后，泰西各国使臣咸请觐见，先自言，用西礼折腰者三，不习中国拜跪。通商衙门诸大臣曲意从之，惜无举前事以相诘责者。”管氏所咏与李氏所记，若出一辙。“天朝”皇帝之“天威”正自后先同揆也。特李氏记此未引管诗以助词锋，而陈氏与李同官京曹，李氏所据以津津乐道之传说，陈氏却又毫无所闻耳。在中国纸老虎未戳破（或未尽戳破）之前，外国非无相当之重视，而昔日士大夫间虚憍之传说，则适遗笑柄也。（《郎潜纪闻二笔》云：“康熙间，俄罗斯贡使入京。仁圣令选善扑处有力者在馆伺候。凡俄国一使一役出外，必有一善扑者随之。俄人虽高大强壮，而两股用布束缚，举足不灵。偶出扰民，善扑者从其后踢之，辄仆地不能起。以此凛然守法。”更儿戏之谈矣。惟俗尝传西人两腿天生僵直，不能屈曲，此犹略胜一筹。至贡使云者，则曩者对于外国来使之通称也。）

三　嘉庆一怒斥逐来使

陈氏惜通商衙门未举前事以诘责诸使，而此所谓前事，嘉庆时对于英使司当多，实尝举以诘责。嘉庆二十一年七月《赐英吉利国王敕谕》有云："特命大臣于尔使臣将次抵京之时，告以乾隆五十八年尔使臣行礼，悉跪叩如仪，此次岂容改异？"言之若凿然有据，盖此说不仅传播于士大夫间也。《敕谕》又云："其行礼日期仪节，我大臣俱告知尔使臣矣。初七日瞻觐之期，尔使臣已至宫门。朕将御殿，尔正使忽称急病，不能动履。朕以正使猝病，事或有之，因止令副使入见，乃副使二人亦同称患病，其为无礼，莫此之甚！朕不加深责，即日遣令归国。尔使臣既未瞻觐，则尔国王表文亦不便进呈，仍由尔使臣赍回。"盖一怒而斥逐来使，拒阅"表文"，而煌煌"敕谕"带至英国，却亦无人阅看。直至薛福成出使英法义比，于光绪十七年正月，由其参赞马格里自英外部将此庋置七十余年原封未动之《敕谕》取回。两次未阅，亦复成趣。

四　泰西飞车

航空事业，近年各国锐进，蔚为大观，军事上尤以飞机为利器，将来之进步，当更有惊人之成绩。偶阅吴芗厈（炽昌）《续客窗闲话》有一则云："机巧之法，盛于西夷，缘彼处以能创新法取士，欲官者争造法器，穷工极巧，愈出愈奇，不第供耳目玩，且有切于实用者。如火轮船以薪煮水，以管束烟，炘其机轮，递相催转而行，奇矣。然以小物喻之，不过如我国孩童所作走马灯法耳，悟其理，为之不难，惟‘飞车御风而行，能渡弱水三千’，闻诸古而未见于今，乃竟有目睹者。魏地山明府语予曰：‘丙午，谒选在都。九月上旬，偶出厚载门，鼓楼前，见通衢无数人咸翘首跂足仰望，哄诧异事。予因随众所指处瞩目，见半天一物，如舟无楫，如车无轮，长约三四丈，宽丈余，蓬蓬然四围如有旗帜，距地数十丈，看不甚明。由东北来，盘旋若鸢翔。忽坠下洋银十余，人争拾之。未几，往西南迅逝，小如一叶，又如一星，转瞬不见。’说者曰：‘此飞车也，泰西所制。车中人以千里镜窥觇下方，城郭人民，历历在目矣。’或曰：他国有如是奇器，恐其以数千辆载精卒数千人，飞入都邑，将不能御，亦不及防，城郭守具，皆无用矣，岂不殆哉？’芗厈曰：‘否，否。此物藉风而起，须风而行。如我国之纸鸢，有大至丈余者，非大风不能起，风微即落。夫纸竹至轻之物，向不能收放自如，况笨重如车耶？起即非易，收亦甚难，风力稍偏，即不能如意起落，况我军亦有轰天炮等火器足以仰攻耶？君毋作杞人忧也！’”此书成于光绪乙亥元年（公元一八七五），所指丙午，为道光二十六年（公元一八四六），距“西夷”之有飞行器尚远，而竟预代宣传，甚奇。其为以讹传讹，自不待言。所论亦足代表当时一部分智识阶级之见解。最妙者，西人发明新器之研究，乃同于我国之“举业”，专为做官之途径，若《儒林外史》中马二先生对蘧公孙所谈不做举业“那个给你官做”者，尤足解颐。（原第 10 卷第 2 期）

五　备战之疏，取败之道

周馥起家寒士，官至兼圻，其间从李鸿章最久。遇合之始，则在咸丰十一年。时曾国藩以钦差大臣两江总督驻安庆，置木匦于营门外，许军民人等投书言事。周有友人欲投书，倩周代作文字。书入，为曾所赏，批曰：“今之祖生。”李氏在曾幕，尤叹异，嗣知为周作，因招致为己佐，分薪水资以给之。盖李将出而独当一面，故预储人才也。翌年遂以幕僚随往江苏矣。周氏晚年《感怀平生师友三十五律》，首及曾、李。《曾文正公》：“谁数中兴第一功？诗书礼乐出元戎。人从阴曀瞻山斗，我正漂摇困雨风。何幸鸠安逃小劫，竟叨鹗荐录愚忠！（余曾沐公一荐。余家自公克复安庆后，始免流离之苦。）元成门馆曾游宴，凄怆山阳一梦中。（公哲嗣劼刚通侯，与余交，惜中年而殁。）”《李文忠公》：“吐握余风久不传，穷途何意得公怜！（咸丰十一年冬，公见余文字，谬称许，因延入幕。）偏裨骥尾三千士，（余从公征吴三年。公剿捻时，余留宁办善后。旅调直隶，保擢津海关道，例兼北洋行营翼长，复与诸军联络。）风雨龙门四十年。报国恨无前著效，（余屡陈海防策，公以部不发款，枢不主持，未能施举。甲午之役，枢臣竟请旨宣战，责成北洋防剿。）临终犹忆泪珠悬。（时公奉旨与庆亲王为议和全权大臣，公独任其难。光绪二十七年秋，议和事尚未全毕，两宫未回銮，各国兵未退，公临终时两目炯炯不瞑。余抚之曰："未了事我辈可了，请公放心去。"目乃瞑，犹流涕口动欲语。可伤也！）山阳痛后侯芭老，翘首中兴望后贤。"知己之感，于李尤深也。至建议海防事，其《书戴孝侯死事传后》云："予尝闻诸李文忠曰：'北洋有铁甲二，快船四，鱼雷艇六，其余练船运船称是，皆旧制。炮垒有旅顺、大连湾、威海各台，共十余座，工皆未备：较各强国乃具体而微耳。醇贤亲王薨后，已难议扩充海防矣，而部方议裁减，令三年内不准购买军械一物。倘一旦海上有事，将如之何？应趁此时痛陈利害，使上知之。允则可稍望添费，不允亦披露心迹，使后人知此中艰窘也。'文忠曰：'我思之熟矣。奏上，必奉旨交部议，非驳即泛应而已，奏何益？'予曰：'外侮亟矣，倘上一旦愤然发令宣战，何可及也？'文忠曰：'料无人敢奉此诏。'予曰：'若上请太后主持，必出于战，安敢不奉诏？'文忠曰：'天下者，祖宗之天下，非太后、皇上一人之天下也！国家大器，岂敢轻于一掷乎？'予自是不敢复有所言。迨日韩之衅起，日本击我赴牙山之兵舰，予复力陈于文忠曰：'日本蓄谋久矣，北洋之力，能抗彼一国耶？必筹足兵饷三年而与之持，或稍有济。其要有四：一，勿与日本决裂，彼挑战急，我宁忍受，得和且和；二，除原有劲旅整备外，宜速募兵三万驻直隶精练之，以待东发，仍速招三万，以为续备；三，斯役用淮军居多，两淮宿将今惟刘省三爵抚在，宜急起用；四，水陆宜节节速筹转运，奏请借籍国债应之。待四事备齐，将逾年矣。日人如必不和，则出师扼鸭绿江以待。'文忠曰：'我安忍使国家负重债耶？且刘省三不愿出，我亦不强其出。有人举尔为副帅者，我欲派尔总理前敌营务可乎？'予曰：'是必败。中堂一生勋业，从此堕矣。当思曲终奏雅。'文忠怫然，予遂辞不往。数日，当轴请上宣战，文忠无如之何。予自是时共生死矣，遂奉奏派总理前敌营务处之札，出山海关。……呜呼！大事蹉跌至此，何堪回首！光绪二十五年，予奉旨晋京，谒文忠贤良寺中，偶谈及前事，并述当日请陈海防利害之奏。文忠犹叹息泣下，而代办处时事之艰，同志之少也。"此有关中日战役之史料。李氏当时态度，尤可概见。日人处心积虑，以图一逞，而李意犹坚以为中国决不至与日本战也。迨战事竟不得免，乃仓卒应之。备战之疏，亦取败之道已。

六　杀降伤天理失大信

李鸿章、程学启杀苏州降将事，功虽成而世多遗议，以乖信悖德也。周氏在李幕，见闻颇悉。其《负暄闲语》述此云："同治二年，李文忠抚苏，攻苏州，城外贼垒殆尽。贼惧欲降，提督郑一峰国魁侦知之，单骑入城喻贼。

贼酋曰：‘非不降也，疑惧未敢发耳。’郑邀酋至城外山上，指天誓以不死。酋允诺。时程方忠学启总统前敌各军，闻之，复自率数骑入城喻之。各酋留宴，酒半酣，适有贼卒来言：‘程大人随兵有取我矛者。’方忠闻之，鞭其随兵，谢焉。降期已定，酋先约献半城，自某街以北归官军，某街以南暂归降卒，并求立十营，以降酋为营官。程皆许之。程归，出城马上细思：‘一矛得失，极细事，乃靳不予，此贼降后安可制耶？’密禀李文忠曰：‘贼降后必尽杀之，遣散其众。’文忠曰：‘杀降，大罪也。’方忠曰：‘非如此办，我行矣！’文忠不得已许之。降之日，文忠驻方忠营中，大酋九人来谒，赏顶帽酒食。方忠密遣人持衔版禀曰：‘戈登请帅往议事。’戈登者，英国人，时练华兵助文忠剿贼者也。文忠行，甫出营门，方忠鸣炮一声，兵弁将九酋及从者数十全戮之。时郑一峰在他棚酣饮，闻声出而阻之，已不及矣。一峰欲责备方忠，而方忠已他往。嗣是一峰与方忠不睦。逾年，方忠攻嘉兴战殁，谥忠烈。勇敢善战，多智略，为平吴战将第一。后三十余年，余侍李文忠济南旅馆夜坐，偶谈及前事，文忠尚以为歉。余曰：‘方忠勇决诚不可及，然投降者许以不死而复杀之，似伤天理，失大信。降酋何致复叛？当时似欠处置之方耳。’文忠颇是余言。”所述有为诸家记载所未及者，可与薛福成、吴汝纶等所记参看。济南夜坐，指李氏光绪二十四年奉命赴鲁筹议黄河工程时，周经奏调与其役也。盖李氏晚年，于杀降之事，犹内疚于心焉。《闲语》又云：

“昔提督曹苣臣克忠在甘肃督兵剿回时，回势已蹙，求降，曹许之。曹曰：‘我许彼降，彼防守必懈。’夜出兵大击之。此与韩信破齐同术。曹剿回颇有功，而时人有以此事为非者。”事亦与杀降为近。

七　不失民心——统兵之良箴

张树声与周氏谈话一则，《闲语》述之云：“凡处事识量要远。忆四十余年前，友人张靖达督兵攻常州时，谓余曰：‘此职不可久居也！天地好生，而用兵之道在杀；人道宜和，而用兵之道在争。’余曰：‘公欲灭此贼，不杀而争，将如之何？贼灭，则好生之德可保矣。’靖达曰：‘我见有饥妇依兵乞食者，有难民附贼而偷生者，杀之殊不忍。’余曰：‘此自有处法：不可不杀，不可尽杀，总以平贼而不失民心为主。孔子忠恕之道，一以贯之，宁有兵事隔阂而不能贯耶？’靖达闻之，大笑首肯。”时战祸正炽，人命若草芥，统兵者亦不免恻然动念。周氏“不失民心”一语，自是统兵者（且不仅统兵者）之良箴，无间今昔。

八　“道谊中自有功利”

晚清官场风气之坏，李鸿章不能无责，《随笔》前曾论之，以其偏重功利，所以倡率者，有异师门也。《闲语》

云：“李文忠曰：‘天下熙熙攘攘，皆为利耳。我无利于人，谁肯助我？董子‘正其谊，不谋其利’语，立论太高。’余曰：‘道谊中自有功利。正谊明道之人，谋功利更远。’友人有迂余言者，谓：‘身家可以苟安，国家事当期速效。’余曰：‘去道谊而求功利，终必丧其功利而后已。’”李氏受病处，阅此亦可略见其本源。王芸生君《六十年来中国与日本》第二卷附论“李鸿章之功罪”，甚警策，此节宜与合看。（原第10卷第3期）

九 磨勘剔摘严苛

同光间，鸿胪寺少卿梁僧宝，屡与磨勘，以剔摘严苛著闻，为一时所侧目，视若大厉，号曰“魔王”（以“磨”与“魔”音同），《随笔》曾略述之。近阅李慈铭《日记》，言其事颇悉，因更辑录，亦科举之史料也。

（一）顺天乡试磨勘案

同治癸酉顺天乡试，协揆刑部尚书全庆为正考官，左都御史胡家玉、吏部右侍郎童华、户部左侍郎潘祖荫副之。揭晓后磨勘中卷，磨勘官梁僧宝摘徐景春卷之谬，于是景春革去举人，四考官均降二级，荐卷同考官编修陆懋宗革职。慈铭是年十二月十四日《日记》云：“下午见邸钞，以顺天举人徐景春磨勘事，主司皆被议，伯寅降二级调用。伯寅今春以户部遗失行在印，堂官皆革职留任；向例革留者再获处分，即须革任，则官职尽去矣。（按：潘祖荫革任后，旋赏给编修，仍在南书房行走，未几以捐修圆明园赏三品京堂，补大理寺卿，署刑部右侍郎，光绪丙子四月补礼部右侍郎；复官甚速。）……徐景春者，直隶遵化人，中第十九名，为胡左都所取。其策有‘七十曰老公’之语。盖策题问，《曲礼》曰‘七十曰老’，《公羊疏》引作‘七十曰耋’，歧异之故。景春读作‘七十曰老公’，以‘羊疏’为人名。此固可绝倒，然近来乡、会中式如此类者，不可枚指，北五省尤十之七八。房官主考既例不看策，磨勘者亦不及之。此次房官陆编修懋宗以私属磨勘官鸿胪寺少卿梁僧宝。梁素愎，即举徐卷摘出之曰：‘公羊二字拆开。’礼部侍郎黄倬欲绳以例，则徐当斥革，考官皆当严议。全协揆私请之礼部，于是礼部议上，徐斥革，陆降一级留，主考罚俸。朝廷下吏部核议。尚书宝鋆性忮，又以其子被放，怨主司，欲挤全而夺其位；（按：全庆降后，宝鋆旋擢协揆。）郎中某者，夙与诸侍郎不平，遂据律争；童、潘两主司皆吏部侍郎也（按：祖荫兼署吏左），顾无如之何：因为驳议移礼部，礼部乃更议以上，而诸公皆左降矣。顺天比岁科场多故。庚午解元李璜纶及第二名、第十六名，皆以抄录旧文雷同斥革，主司、房考亦皆议处。（按：庚午第十六名为张佩纶，辛未连捷入翰林。李记稍误。又陈康祺《郎潜纪闻初笔》云：“北场乡试……庚午十八魁中，以录旧自请注销者四人，解元李璜纶与焉；亦所罕见。”）京师首善，累厄文场，亦非佳兆也。”盖深不以僧宝为然，而于给事中郭从矩上疏为景春讼冤，亦痛斥之。其十九日《日记》云：“郭为徐讼冤，引乾隆二十五年上谕‘考官不得因求免吏议，转取平庸肤浅之文’，又道光五年湖北举人张衍豫首场文有‘杞棘之荷龙光’句，仅罚停会试一科。其意以分开‘公羊’二字，较轻于引经误以蓼萧为杞棘也。盖郭山西人，亦不知公羊为何物，对策为何事，谬种自获，笑柄滋多，轻污台章，贻羞翰苑，不学之弊，一至此乎！”则僧宝之举，又似非过当矣。

从矩为景春争而不获，翌年复以为言。谕仍不许翻案，惟云：“嗣后乡、会试考官，当认真校阅，不得以空疏之卷滥竽充数，亦不得因字句小疵，将佳卷屏斥不录，致屈真才。磨勘各官，仍当平心校勘，毋得有意吹求。”盖此事宽严得中，亦正不易，谕若云，不可不认真，亦不必太认真耳。慈铭甲戌十二月二十六日《日记》云：“其疏直参礼部侍郎黄倬之倡议从重，梁僧宝之妄事条陈；惟必为徐景春讼冤，谓‘公羊’二字拆开，是‘疵谬’，非‘荒谬’，则不必也。”又光绪乙亥正月二十二日补录郭从矩疏一节，谓：“本年三月，分校闱中，因梁僧宝条陈磨勘有‘禁用后世语’一条，皆兢兢以避处分为重。试卷有用史事者，概未敢录。乡、会为国家抡才大典，必须取博通经史之人，异日方期有用。若有心规避以为去取，恐天下之士皆可置史书而不读，于造就人才之道大有关系。至梁僧宝所陈各条，如磨勘官于所分各卷，均须签出疵谬数处，持论甚属不通。岂考官所中试卷，必须有瑕可摘，以为磨勘地步乎？抑实无疵谬，而磨勘官必当吹求周内，故入人罪乎？”（僧宝亦上疏声辩，谓其误会。）

（二）江南乡试磨勘案

是科（癸酉）江南乡试，正考官为左副都御史刘有铭，副考官为编修黄自元，亦因中卷磨勘被纠而获咎。有铭、自元均降二级，荐卷同考官朱泰修革职，举人杨楫斥革，与北闱正同。慈铭甲戌正月二十五日《日记》云：“杨楫卷为黄编修所取，其五经文皆集各经传成语。《春秋》题为‘春王正月’，其文杂凑不贯，有曰：‘岁云秋矣，春者何？’磨勘官梁鸿胪僧宝摘出之，云：‘文不副题，多作不可解语，应严议。’磨勘大臣宝鋆遂签批云：‘杂凑成篇，文理纰缪。’侍郎夏同善等力为调解，而不得也。礼部照文体不正例，议以斥革，主司降调。”是发之者亦僧宝也。杨楫无锡人，中式时年甫二十，其经文弄巧成拙失之。其晚年所作《七十自述》有云：“癸酉举于乡，座师为南皮刘缄三先生有铭，安化黄觐虞先生自元，房师为海盐朱镜香先生泰修。北上，道出泰安，遇定远何小山同年维楷，为言磨勘被议事，幸能不以为意，曾作《游泰山诗百韵》以见志。仍兼程进至京邸。同人麇集相慰问。知以经艺袭用成语，为议者所持，訾为不成句读，益用坦然。朱西山编修福基、王莘锄农部綍两先生，咸以大器目之，窃自愧恧。以余方及冠，即未青一衿，亦寻常稚子。纵不能文，意不如议者之所称也。旋以原名应试，是年秋再入郡庠。学使为长乐林锡三先生天龄，有‘静气迎人’之誉。会德宗登极，起用废员，单列千余人，圈出者仅十有一，而黄先生以检讨用，朱先生以知县原官送部引见，皆得与其列，亦可见当时公论之所在矣。”楫二度入泮后，己卯得优贡，未能光复旧物也。有铭降二级调用之前，先升二级，即缘顺天乡试磨勘案。左都御史胡家玉既降调，翌日以刑部左侍郎贺寿慈升补，有铭则递补寿慈之缺。甫月余，而江南乡试磨勘案处分发表矣。（又阅三月，授太常寺卿，遂以是终，视前官犹为左迁也。）

（三）魔王科场笑柄

甲戌二月初八日上谕，可僧宝所奏“磨勘乡试中卷，应议过多，请饬申明定例”，并以所拟十一条交礼部议。慈铭是日《日记》云：“十一条皆极琐屑。如承题必用‘夫’‘盖’‘甚矣’字，起讲必用‘且夫’‘今夫’‘意谓’字，尤为可笑。又文中禁用‘后世语’‘异教语’，虽非无理，而奉行之过，必至抉摘六经，且金银伏猎之流，何由分别古今，甄综内外，势将尽禁古书而后已矣。梁僧宝者，广东人，本名思问。咸丰戊午中顺天乡试第三名。是科文题‘吾未见刚者’，其文中二比以乾坤分股，士林传为笑柄，未几，科场事发。梁卷中疵缪百出，自计必被议，遂逃归；幸而得免。次年入都，乃改今名，竟连捷，为庶吉士，改礼部主事，入军机处，由御史至今官云。”亦足见“魔王”不理于人口之一斑。(慈铭论其条陈处，可与郭从矩疏合看。)

(四) 魔王引疾开缺

光绪乙亥僧宝磨勘顺天乡试中卷，又多所签纠。御史周声澍以“逞臆行私”劾之。谕命复勘大臣察核具奏。慈铭九月三十日《日记》云：“梁僧宝此次磨勘顺天卷，于第一名张彭龄五策签云：‘十不忆一。’向例策问十不对五者罚停一科，是‘应议’也。又，主考同考批语一手所书，是‘违例’也。同考于卷面不亲书‘荐’字，亦‘违例’。其余摘出疵病甚多。然闻礼部司官言：批出一手，‘荐’字不书，近来习为固然。至乡、会试五策十不对一者，不可胜数，顺天尤十人而九。惟彭龄之策，五道皆直誊题目，而加一结语，太觉可笑。梁之所议，不得为苛。且有某卷，于经题‘夹谷’误书‘夹各’，梁签云：‘此非寻常笔误，惟其文尚畅满，应免议。’又有某卷，经文破题用‘胸罗武库’语，梁亦未签出，是尚未为已甚也。声澍疏言：僧宝所分七卷，每卷皆签，签皆‘应议’，率皆深文周内，如某卷首题文有‘以全后进’句，签作‘全字费解’之类，使通榜尽归其磨勘，必使人人被议而后止。又乾隆五十九年顺天前十本进呈时，有姚宋才等三卷，经军机大臣奉旨校阅，签出疵朦，是张彭龄卷果有疵，进呈时亦必难逃圣明洞鉴，乃梁僧宝仍多方摭拾，是以钦定之卷尚为未能允协也。嘉庆五年御史辛从益以批抹试臣策题，仁宗传旨申饬，撤出磨勘班，今梁僧宝意存倾陷，较辛从益殆又过之云云。”又是“魔王”一场是非。复勘大臣宝鋆等复奏后，谕谓僧宝所签“不无是处”“惟科场文字，无关弊窦者，自应从宽免议”，并诫嗣后磨勘者“务当一秉至公，不得含混塞责，亦不得有意吹求，致形苛刻”。慈铭十月二十一日《日记》云：“原奏颇列僧宝之苛刻，且谓，主考房官批出一手，各省久延为成例。僧宝曾充丁卯顺天房官，不容不知，乃援引《同僚代判文案》之律，意欲比照加重；是周声澍所纠不为无因。云云。”僧宝以见恶于时，集矢者众，不自安，因引疾开缺。慈铭二十九日《日记》云：“闻宝鋆等复议磨勘，本欲严劾僧宝，后知圣意不然，始援嘉庆五年御史辛从益、戴璐撤出磨勘班为比，而诏旨又不同，盖两宫以僧宝重慎公事也；故僧宝此疏，有‘粗谙旧典，未达时趋’及‘训其不逮，保其孤危’之语。”于是“魔王”去矣。（辛从益者，嘉庆时所号“魔王”。其疏论闱艺中笑柄，《随笔》前亦略述之矣。更早则乾隆时御史朱丕烈，亦有“魔王”之号，皆磨勘官之以辣手著者。）

（原第10卷第4期）

一〇　读《汉书》者之机钥

宋刘攽撰《汉官仪》，体裁犹后世所谓《升官图》。学人为此，遂于读史有裨。其书《汉官仪后》云：“吾幼年时，集西汉士大夫迁官故事为博戏，仲原父为之序，书遂流行。及后四十五六年，予年六十，为亳州守，得旧书阅之，惜其少年读书未能精熟，未尽善也，因复增损之，然后该备。吾年前后相望如此之久，而嘻戏不异前时。世言老人与小儿同，岂谓是耶。又佛说形有衰坏，而识未尝改，于此效矣。”清鲍崇城序谓：“贡父先生精史汉学，为两宋之绝，托诸游戏，犹彬雅绝特如此，所谓资之深而逢其原也。今之学者，其于读书也，粗窥卷帙，不务精熟，自谓纂言提要，而其实掩卷茫然，岂复得贯串之趣哉！先生以其绪余，流示于游艺。学者诚就其最聚处密循其所用心，固读书之航筏，尤读《汉书》者之机钥也。”阮元《汉官仪三卷提要》云：“攽与兄敞皆熟精《汉书》。此虽适情之作，而西京职官之制度大备，可以资读《汉书》者之参考，以之较司马光七国象戏，似为胜之，宜（晁）公武称其书为雅驯。”盖事虽出以游戏，而贯串史迹，阐辑官制，亦史学家之佳构，良非苟作也。又王士祯《香祖笔记》云：“古彩选始唐李郃，宋尹师鲁踵而为之。元丰官制行，宋保国者又更定之，刘贡父则取西汉官秩升黜次第为之，又取本传所以升黜之语注其下。……明倪文正公鸿宝，亦以明官制为图。予少时偶病卧旬日，无所用心，戏作《三国志图》，以季汉为主，而魏、吴分两路递迁，中颇参用陈寿书，颇为雅驯有义例也。”士祯故力为蜀汉争正统者，《三国志图》之作意，亦不外是。至所指倪元璐之图，名《彩选百官铎》，编制甚佳。刘献廷《广阳杂记》云："予在衡署中度岁，日闻堂中竞掷《升官图》喧笑，不知此中有何意味，而诸公耽之至此。予欲取两汉魏晋南北朝隋唐宋元之选举职官，合为《升官图》一纸，《升官图说》一册，置学舍中，节日，暇时，病余，课毕，以此消遣，久之而历朝选举职官考课铨选之法，皆了了矣，亦读史之一助也，贤于博弈远矣。"盖不满俗刻《升官图》，而于利用《升官图》以有裨史学，则言之颇亲切，其志愿尤宏，然未能遂。全祖望《刘继庄传》所谓："凡继庄所撰者，其运量皆非一人一时所能成，故虽言之甚殷，而难于毕业。"斯亦其一端。

一一　读史者之助

李慈铭雅好掷《升官图》，且尝于清《升官图》有所校改。其同治癸酉正月二十二日《日记》云："近日以手指皴裂，不能校书，且心气忽忽，时若虚耗，惮于读经，因翻阅杂书，且以其暇欲仿刘贡父《汉宫采选格》，为《唐升官图》，以消遣闲寂，为读史者之助，而案头无唐代一书，乃先取《国朝升官图》，校其迁降，别其清浊，正俗刻之误，今日遂至尽晷。此真饱食之博弈，群居之小慧，不特玩物丧志而已。嗣当切戒，勿再为之！"清《升官图》无佳者。慈铭究心掌故，谙习典制，所校改虽以余事为之，当有可观，惜其不传耳。深自咎责，大可不必。二年后，慈铭更有志于《周代升官图》之作。其光绪乙亥二月初二日《日记》云："夜无憀，戏掷采选格三周，得全红。刘贡父以此事为'汉官仪'行之固佳，予欲试以'周官'为之，其黜陟虽无可考，然依卿大夫士命数，亦可得其大略。以教子弟，较胜于王祎之《周官急就》也。(当采庄氏存与《周官表》、胡氏秉虔《仪礼释官》二书，参以《内外传》及顾栋高《春秋大事表》、程廷祚《春秋职官考略》。黜陟既不易考，纵为之，亦难工。)"

一二　忠言公论率属安民

《采选百官铎》，以官制为经，纬以掌故，黜陟升沉，本事盖皆班班可考，(其《例言》有云："一切非常迁举，悉秉祖制，非谩也。") 洵研究有明一代史乘之一助。如兵部尚书以"去奴"(按：谓倭奴也，亦作"去倭"。)、"去插"(按：谓插汉也，即蒙古察哈尔部族，亦作察罕，系元裔，屡为边患。清之初兴，致书于清太祖，自称"统四十万众蒙古国主……问水滨三万人满洲国主"者是也。"去插"亦作"去夷"，盖即指清矣。)、"去贼"(按：指内寇) 为尽职。"去奴"最上，著有明倭患之烈，示本兵职责所最重也，(明兵部握军事大权，非清代之比。) 今日览之，觉尤合于时事矣。其例言中多警隽之语，如云："内阁之职，当以'调燮'为'匡救'，不宜以'迎合'为'担当'。'欺误'有才而非才，'谨畏'无过而成过。(按：图中阁臣优者曰"调燮"，曰"担当"，曰"匡救"；

劣者曰："谨畏"，曰"迎合"，曰"欺误"。）若夫铨宰不能辨奸，中枢不能灭贼，司农以剥民为富国，士师以顺旨为明刑，禁近无忠言，台谏无公论，抚按不率属，守令不安民，欲求治平，何繇可得？且自赀入成均，而师氏之教废；珰参国柄，而清流之祸兴。军政之敝，极于营伍；法令之刓，繇于胥吏。故于数者致详云。"又云："将相得人，则天下自治，故以'瓯卜''坛拜'为之毂，而持众辐。"又云："左都之纠察大奸贪，是应赏；其曰无犯么者，是善化也，愈应赏。且夫大不网漏，细不毛苛，亦治体云。"又云："旧例，官生无得为吏部科道者，今宝丞中书，遂与进士一体，聊取快意，使高位大老，藉其子孙，多得几分烂腥钱耳。图中惟此一条，稍涉假借。"又云："谪发口外为民而遂去为土官夷王者，此事似所稀见，然安知其无。今粤西归顺泗城等州土知州岑大伦等，浙之余姚人也。又万历年间，有贡夷头目率诸酋入市贸物，较价不遂，大出诟厉。初犹侏离，既而忽露华语，则真华人也。图中特开此途，以示谨严之意。"又云："《传》曰：'国家之败，繇官邪也。官之失德，宠赂章也。"神圣秉硎，极励天下，意至力殚，而其辙不易，何矣哉！褐父睆之，蛙腹每胀。无可语者，以语儿童，夫使儿童习之可以嬉，君相察之可以治，其在斯乎。是故《索隐》为之赞曰：'献三十字，上百官图。彼以叫阍，此以呼卢。'"均饶有意致。

（原第 10 卷第 5 期）

一三　科场之弊不可究诘

“魔王”梁僧宝与磨勘案，已辑录李慈铭《日记》而述之矣（见今年本报第四期）。慈铭甲戌会试，以诗多写二韵被摈，《日记》中痛骂主司，大鸣不平，且谓受僧宝条陈影响，亦见“魔王”之威，震烁一时也。（是科正考官为礼部尚书万青藜，副考官为刑部尚书崇实、工部尚书李鸿藻、吏部左侍郎魁龄。）

其四〔月〕十三日《日记》云：“是日榜发，予又落第。……庚午榜中二人，王松溪得隽。全榜又无一知名之士，可太息也！”

十四日云：“礼部取闱卷出。房官评：‘文诗俱佳，而诗多写二韵，恐誊录错误，碍不能荐，惜之！’此真咄咄怪事也！闻今年闱墨，更较辛未不堪。会元秦某，文极恶劣，孟艺有‘牛衅钟，蚕食叶’之语。第二米某，第三路某，尤为不通。万尚书陋而妄，李尚书疏而迂，崇实、魁龄及诸房考，则更混敦（懂）矣。此辈何足责，不能不为国家忧耳！”

十七日云：“江敬所来辞行，言其乡人夏给事献馨（新建人，为同考官）、邹工部舒宇（安仁人，外收掌官）出闱后，言予卷为王编修先谦所荐，李尚书已取中第四名进呈矣，填榜时拆弥封，既唱名，忽传卷有大疵，以诗中十韵始看出也。历一时许，复唱名，则为陈光煦矣。盖仓猝取本房一浙江卷易之耳。此固命实为之，然以经进之卷，始则疏忽而不察，继则匆遽而擅易，牛头马脯，居之不疑，亦可谓无忌惮者矣！”

二十四日云：“王松溪来，赵桐孙来。松溪言：昨谒主司崇尚书，甚叹浙江有佳卷而犯大疵，力欲设法而不得。桐孙言：昨谒房师王编修先谦，言予卷在其房，文工甚，而诗误作十韵，欲荐不能，与各房传观之，无不叹惜，云云。崇尚书之言，固明指予，而不敢质言之，然予卷既未荐，主考何由得知，岂浙江卷专犯大疵者？王编修惟能知荐卷名氏，予既格不能荐，何由知为予作？盖予之临填榜而抽换，事已无疑。房官钟修撰骏声、监试黄给事槐森（广东人）出闱，俱向人言予事极可惜，而亦未肯明言其中否及何名次。黄君监外帘，故又误传予经文中主司有不能解者。总之，不拆弥封，不经唱名，断无一时内外帘官皆知为某人之理。经文既不能解，则已早当摈落，何待临发而易之？盖诸公内协梁鸿胪条陈之议，患失遇甚，而又外震予名，恐得罪于清议，故既扶同欺隐，李代桃僵，反假怜才之名，以自炫其能识予文，不知予卷果中，即被磨勘，亦不过罚停殿试一科，主司不过罚俸九月，房官不过降级抵留，受卷官则不过罚俸三月，而护惜头目，至于如此。若以进呈恭取钦定之卷，而临时擅易，灭迹售欺，责犯大不韪之名，原情科罪，有百倍于误中疵卷者。所谓“舍放饭流啜而问无齿决”也。今上冲年，未能固知情伪，进呈文字，不蒙披览，故诸君无复顾忌，悍然为之，又伪作予卷若经房官察出而未荐者。此事既无质证，予又未尝措意，亦可以已矣，乃复变幻其事，颠倒其语，彼矛此盾，进退无据，适自供其鬼蜮而已。予于应举之文，三十年来，不复置怀，所作虽文从字顺，已无复有人能赏者，今之被落，本以不冤，此等琐琐，尤不足书，所以记科场之弊不可究诘，而一时具位，忍为欺蔽，全无人心，亦世变之极途也！”

慈铭之言，足表其一腔怨愤，然八韵之诗，误写十韵，例难中式，故慈铭亦自谓不冤。至欲主司担处分以取中，适当癸酉顺天江南磨勘“魔王”逞威之后，衡文者咸有戒心，未免强人所难耳。诗多二韵，果于进呈发回后始行发觉，主司当自行检举，乃为不欺。事已“哗传”，仍含糊填榜，独不畏人言乎？

一四　会试公案

是年会试之前，复试各省举人，朝官亦起争议，虽“魔王”不在局中，而与磨勘案事颇相类而相因，亦当时对于试卷咬文嚼字之一桩公案也。慈铭《日记》中，亦有所记。二月二十一日云：“闻十五日各省举人复试，列四等者三十五人，不列等者一人。上命题为‘性相近也习相远也’，阅卷者为尚书宝鋆、崇实、少卿王家璧、通参李祉。有以文用‘盖虽’字为‘不通’，用‘胞与’字为‘后世语’，诗用‘只’作平声为‘失拈’者，皆列四等，分别停科。其不列等者，云南谢焕章，丙午副贡，老儒能文，颇学先辈名程。此次所作，李祉不能句读，以质宝鋆，遂指其中有云'维皇降衷之初，人兴物皆同此性'，以为大怪，评为'文理荒谬'，请斥革。王大理力争而不能得也。"讥其苛，而尤为焕章不平。旋给事中胡毓筠、边宝泉，相继上言焕章斥革未允。慈铭三月初十、十三两日《日记》，摘录原疏。胡疏谓：'谢焕章籍隶云南，年逾六旬，万里来京，复试时精神不给，文字不检，亦在意中。'嗣闻万青藜（按：时为礼部尚书）背诵其文，谓：'谢焕章不列等，未免屈抑。'士论哗然，群谓：'李祉阅谢焕章一卷，签至十余处。内有'由此观之'句，李祉以'由此'二字属上句，以'观之'二字属下句。如果属实，何以服士心乎？且闻有诗中因用'祇'字，本非错误，列之四等者，礼部奏免罚科。夫四等可免罚科，则不列等之年老举人，礼部既谓为屈抑，何以径请斥革乎？"边疏谓："风闻礼部议结谢焕章卷，有'纰缪费解'字样，而人言啧啧，咸谓其'理境甚深，语有根柢'。奴才虽未见原其奏，但就传诵于众口者观之，实非'纰缪'，亦非'费解'。"胡疏谕交礼部议奏；边疏上，乃更派桑春荣、彭久余会同礼部查核。春荣等旋请免其斥革，惟罚停会试一科；礼部则仍持前议。因复命九卿会议。议上，四月初八日谕以"卷内虽有不妥之句，尚非文理不通"，开复焕章举人罚停会试一科，而谓："此次系属破格施恩，不得援以为例。"并将青藜交部议处。此桩公案，京朝聚

讼，近两月，始告结局，洵癸酉中卷磨勘风潮后又一大波已。（原第10卷第6期）

一五 “爰丧其马，于林之下”

同治甲戌三月，弘德殿行走左庶子林天龄，简充江苏学政。先是，林氏奏陈罢土木等十事，言甚切直，颇忤旨。会太后召见师傅，问皇帝课业。帝自亲政后，怠于学。林于奏对时，言及载澂引诱事。师傅起下，召见军机大臣。恭王奕䜣退而语林曰：“吾子不善，曷弗告我，而遽以上闻耶？”言时虽无不怿之状，而心实不慊，盖适已受太后责让也，遂欲以外放挤林出。九江道出缺，奕䜣议以林补授。李鸿藻与林同直弘德殿，兼为军机大臣，以非故事争之（翰林官至庶子，即为京堂，例不外简道府。其曾得京察一等记名道府者，即撤销记名），且谓：“师傅而外任道员，尤非体制所宜也。”奕䜣曰：“九江道兼关务，缺分颇优。林京官清苦，得此可以调剂。”李曰：“纵必外放，学政尚可说，道员实太不宜。”议遂罢。未几，林乃简放江苏学政，时李以会试副考官入闱，不获再争。学政为京官优差，江苏学政尤学差之大者，然帝师得之，则为由亲而疏矣。林简江苏学政后，即迁侍讲学士，转侍读学士。视学五年（前学政马恩溥卒于任，林继之，期满复联任。），竟不复更晋一阶，亦可异也。（学政一差，除奉天系简授府丞提学，任内不能升转外，余均以本官照常升转。林在内庭且有两次“遇缺题奏”之奖叙。）光绪戊寅卒于任，恤典尚优，惟内定追赠内阁学士，降谕时乃无之。

继林之任者，为毓庆宫行走侍郎夏同善，光绪帝师傅也。翁同龢戊寅十一月十八日《日记》云：“闻子松放江苏学政，为之骇诧。诣子松坐谈，百感交集，辞受两难矣。”十九日云：“晨晤子松于朝房。（未叫起。学政放缺即不得入乾清门。）上问夏某何以不来，敬对已放学臣，为之不适良久。百方开譬，始读。盖自夏迄今，皆余带生书，子松看读，至是始复旧式也。午正二退，胸次如有物梗塞。”十二月十八日云：“夜送子松，挥泪而别。世有真挚识大体如此君者乎？”当时情景，夏翁交谊，均可略见。夏之外放学政，盖亦别有隐情耳。江苏学政马恩溥、林天龄、夏同善三人相继卒于任，故时传有“爰丧其马，于林之下”之谶语云。

一六　张英麟畏祸告假

林（天龄）氏外放之前，编修张英麟，检讨王庆祺，于是年正月同被命直弘德殿。王盖以诡道得之。同治帝尝问林曰：“知宝坻状元乎？”林不审所谓。帝又曰：“不知王庆祺耶？”乃对曰：“王庆祺与臣为同年，然非状元也。”（林、王均咸丰庚申进士，林二甲，王三甲。）未几，王遂入弘德殿矣。状元之称，殆阉人为之揄扬而误加头衔耳。迨帝以恶疾逝世，王有逢君之愆，为举朝所指目，然不敢显言其事，以彰帝过。于是御史陈彝摭其以前劣迹劾之，谓其父卒于江西途次，并不迅速扶柩回籍，辄往广东，经该省大吏助以川资，及为河南考官时，出闱后微服冶游。上谕乃以“忘亲嗜利”“素行有亏”之罪名，革职永不叙用。朝端群称陈氏措词得体也。王氏既废斥，且为士论所鄙，罕道其后此情事者。高树（自号“珠岩山人”）《金銮琐记》云：“间壁侨居王庆祺，伯喈丧母鬓如丝。殿开弘德传歌曲，想见何郎傅粉时。”注：“山人寓包头章胡同，邻居王叟送讣牒，阅之，乃前内阁学士王庆祺也。吊之，已颓然老翁。少时美风貌，穆宗命弘德殿行走，骤升阁学。”王仅官至侍讲，未骤升阁学也。《琐记》又云：“殿前歌板拍擅牙，富贵归田众口夸。鲁直昨逢张子野，耄年倚醉尚寻花。”注：“张公英麟，字振之，与王庆祺同在弘德殿行走，畏祸，告假出都。光绪末年，官至总宪。友人黄仲鲁自济南归，言公年已八旬，饮酒看花，尚有豪兴。仲鲁，张公年侄。”张字振卿，继陆宝忠为都御史，以迄清亡。鼎革归里，为济南遗老年辈最高者。丁巳（民国六年），年八十岁。卒时近九旬矣。晚年甚矍铄，“倚醉寻花”，信然。同治甲戌正月十二日，张被命入直弘德殿，二月初三日，即奉诏许其请假两月，回籍省亲，其去也甚速。相传系见同直王庆祺之行动，预料将生事故，惧受牵累，故亟乞假出都以自全；然假期未满，即丁母忧，是母病垂危，并非饰词也。

一七　林开謩以资浅辞直

光绪帝戊戌被囚。翌年，西后以溥儁为大阿哥，承继同治帝为嗣，在弘德殿读书。师傅之任，属之崇绮，更拟以编修林开謩直弘德殿，同治旧傅林天龄之子也。林以此局叵测，不欲置身其间，因谒其师军机大臣廖寿恒，蕲寝其议。甫语以所闻消息，廖遽大呼曰："佳话！佳话！"林遂不得竟其词而出，复往谒军机大臣启秀，亦其师也。既申其意，启秀问以何故。林曰："自入词馆，尚未放差，家计颇难周转。如遽直内廷，实赔垫不起。廷议及此时，惟求师以某'资浅'为说即可。"（林为乙未进士，戊戌甫留馆也。）启秀以所言固实情，诺之，惟谓："代者以何人为宜？"林曰："翰林前辈中，如高熙廷（赓恩）、高勉之（钊中），学望均优，似可胜任。"（二高均丙子进士。）启秀亦以为然。林得摆脱此席，高赓恩则由陕安道内召，以四品京堂直弘德殿矣。闻徐桐（弘德殿总司照料）重其品学，亦力荐之云。高氏夙号端谨，而被命不辞，论者颇以为惜。

一八　光绪帝亲拔骆成骧

乙未殿试，林开謩本有鼎甲之望，其未得者，以骆成骧也。读卷八大臣，徐桐领衔，薛允升次之，余为徐树铭、汪鸣銮等。时以中日之役，创深痛巨，中旨，此次阅卷，留意能言时务者。骆书法不甚工，且不循行行到底之风尚，多用“飞抬”（一行未书竟，即跳行抬头，谓之“飞抬”），而文则发挥时事，甚剀切，卷为薛允升所阅，徐桐等议定置第三本（盖援同治癸亥探花张之洞例，张卷亦“飞抬”也）。林卷亦在薛手，以骆卷既选入鼎甲，林遂无望矣（林二甲第五，其父咸丰庚申二甲第四，相差仅一名）。

读卷大臣所定之第一本，为王龙文，卷系徐树铭所阅。徐桐以树铭为翰林前辈，自愿以元卷让之树铭故也（树铭道光丁未进士，桐则庚戌，晚一科）。进呈后，光绪帝亲拔骆成骧为状元，第十本喻长霖为榜眼，于是原定之状元，降为探花，原定之榜眼（萧荣爵）、探花（吴纬炳），递降而入二甲矣。殿试之文，多分门宿构，亦有倩人捉刀者。如预备三十余条，廷对时即无虞出乎范围。闻骆之大魁，深得其乡人杨锐之力云。

一九　汪鸣銮递推喻长霖

喻长霖卷，为汪鸣銮所阅。已定第二十一矣，汪力争，乃提前而为第十一，犹在十本之外也。前十本临进呈时，汪忽谓某卷有疵。众视之，信，遂抽出，由其后者递推，第十本即以第十一本补入，喻卷因获皇帝亲擢之机会焉。（说者谓，某卷之疵，汪早看出。其临时始行说破者，俾喻卷得入前十本，他大臣不及与争耳。）喻氏殿试策，收入其《惺諟斋存稿》内，附刊陈尚彬注云：“乙未廷对，修撰骆成骧卷原列第三，此卷原列第八。皇上亲擢骆卷第一名，此卷第二名，以奖直言。一时喧传都下，以为词林佳话。”谓以第八本进呈，与吾所闻稍异。翁同龢乙未四月二十四日《日记》云：“发下殿试前十卷。展封，则第三改第一，第十改第二，上所特拔也。阅后仍封。……引见十本毕，始见军机。奏事讫，谕：‘今年有试策不拘旧式者，写作均好，故拔之。’盖自亲政，试卷不发军机；今发军机，意在使诸臣磨勘当否也。”亦言喻卷进呈时为第十，陈注或小误。（原第10卷第7期）

二〇　曾国藩之死

同治壬申，曾国藩卒于两江总督任，其季女纪芬（适浙江巡抚聂缉椝）《崇德老人八十自订年谱》（民国二十年编）述其事，谓：“是年正月二十三日，文正公对客，偶患脚筋上缩，移时而复。入内室时，语仲姊曰：‘吾适以为大限将至，不自意又能复常也。’至二十六日，出门拜客，忽欲语而不能，似将动风抽掣者，稍服药，旋即愈矣。众以请假暂休为劝，公曰：‘请假后宁尚有销假时耶？’（按：俞樾《与壬甫兄书》有云：“二月朔，梅方伯入见，劝暂请假。公笑曰：‘吾不请假矣，恐无销假日也。’”）又询欧阳太夫人以竹亭公逝时病状，盖竹亭公亦以二月初四日逝世也。语竟，公曰：‘吾他日当俄然而逝，不至如此也。’至二月初四日，饭后在内室小坐。余姊妹剖橙以进，公少尝之。旋至署西花园中散步。花园甚大，而满园已走遍，尚欲登楼，以工程未毕而止。散步久之，忽足屡前蹴。惠敏在旁，请曰：‘纳履未安耶？’公曰：‘吾觉足麻也。’惠敏亟与从行之戈什哈扶掖，渐不能行，即已抽搐，因呼椅至，掖至椅中，舁以入花厅，家人环集，不复能语，端坐三刻遂薨。二姊于病亟时祷天割臂，亦无救矣。时二月初四日戌刻也。”所述有为诸记载所未详者。

二一　曾国荃轶事

《谱》中述曾国荃轶事，如光绪庚寅云：“犹忆先年忠襄公大阅来沪，查视制造局。局中供张筵席，遵谕以筵设于我宅，并云：‘余忌口，只吃肉汤煮白菜，别无所须。’诸儿于是初谒叔外祖，老人顾而乐之云：‘吾在湘乡应试时，考生均衣竹布长衫呢马褂。汝等正与此辈考相公相同，俭朴可风。可与吾同餐也。’更衣之顷，中丞公传索宫保之小帽。忠襄公笑曰：‘无须。’言次即从袖中取旧瓜皮帽一枚，冠之于首。今犹忆其帽污敝不堪，即此可见忠襄公平日服御之不讲究也。”亦极有致。

是年又云：“正月杪，适惠敏薨于京邸，中丞公虑余临产伤心，不令余阅报纸，余既索之急，乃属报馆权宜改印报纸以示余。”相传袁世凯营帝制时，日人所办《顺天时报》，屡加诋諆，其左右恐其见而意沮，乃改印以进，聂缉椝所为，与之可谓类而不类。曾纪泽卒于是年闰二月二十三日，此云正月杪，当是记忆偶误。

二二　曾氏置产之事

关于曾氏置产之事，如同治甲子云：“文正在军，未尝自营居室，惟咸丰中于家起书屋，号曰‘思云馆’。湘俗构新屋，必诵上梁文，工匠无知，乃以湘乡土音为之颂曰：‘两江总督太细哩，要到南京做皇帝。’湘谚谓小为细也。其时乡愚无知，可见一斑。忠襄公每克一名城，奏一凯战，必请假还家一次，颇以求田问舍自晦。文正则向不肯置田宅。澄侯公于咸丰五年代买衡阳之田，又同治六年修富厚堂屋费七千缗，皆为文正所责。文正、忠襄所自处不同，而无矜伐功名之意则一也。文正官京师时，俸入无多，每年节啬以奉重堂甘旨，为数甚微。治军之日，亦仅年寄十金二十金至家。及功成位显而竹亭公已薨，故尤不肯付家中以巨资。至直督任时，始积俸银二万金。比及薨逝，惠敏秉承遗志，谢却赙赠，仅取门生故吏所醵集之刻全集费，略有余裕，合以俸余，粗得略置田宅。”又咸丰己未云：“忠襄公于是年构新居，颇壮丽。前有辕门，后仿公署之制，为门数重。乡人颇有浮议，文正闻而驰书令毁之。余犹忆戏场之屋脊为江西所烧之蓝花回文格也。”

二曾性行稍异处，此亦略可见。国藩之卒，纪泽不受赙金，虽门生中受知最深之李鸿章，亦却之。鸿章是年二月二十五日《致曾劼刚栗諴公子书》云："谨备联幛，并赙仪二千两。极知清风亮节，平生一介必严，岂敢漫以相溷，惟受知如鸿章之深且久，窃禄最厚，若不稍助大事，亦太靦颜。乞勿以恒情视之，即赐营存为幸。"又三月二十一日曾劼刚公子致书云："吾弟守不家于丧之训，坚却赗赙，第思师门素无蓄积，即蒙赏银两，计归葬卜地一切，礼文周备，需费尤多，若寻常知交，自概屏绝，如鸿章兄弟等，谊同骨肉，仍不敢遽遗多金，亦虑有累清德，此戋戋者岂尚弗蒙鉴纳耶?"于鸿章且然，他更可知矣。（左宗棠是年四月十四日家书云："曾侯之丧，吾甚悲之，不但时局可虑，且交游情谊亦难恝然也。已致赙四百金。"又六月十四日家书云："曾文正之丧，已归湘中。赙致不受，劼刚以遗命为言，礼也。"）于工匠"做皇帝"之颂，尤见国藩功高而不震主之不易。其善处功名之际，非学养过人者不能也。

二三　曾文正无珍玩奇异之物

关于珍玩者，如同治丙寅云："文正在署中，无敢以苞苴进者，故太夫人无珍玩之饰。余所忆者，为黄提督翼升之夫人坚欲奉太夫人为义母，献翡翠钏一双，明珠一粒。某年太夫人生辰，又献纺绸帐一铺。此帐吾母留作余嫁奁之用。余至今用之未坏也。又邵位西丈之夫人，因避寇率子女至上海。文正公闻之，派轮船威灵密迎邵夫人并二子及已嫁一女至安庆。每月赠二十两，俾得赁居。后因邵夫人及长子相继逝世，其次子及婿送灵回浙，其女独处，文正命拜欧阳太夫人为养母，暂居署中。其女以其逃难时衣中所藏珍珠一粒为贽。此珠旋以赠忠襄夫人。忠襄夫人尝有垒金珠花一副，为部将某回乡后所献，号为珍贵。此外所藏器玩，无非玉瓶如意之属，亦未见珍奇异常之物。"《谱》中述此，盖所以解流俗之惑也，曾军攻下江宁，俗颇传洪廷诸王财货珍异，多归曾氏。如李宝嘉《南亭笔记》云："曾忠襄为文正介弟，攻金陵既破，搜遗敌，入天王府，见殿上悬圆灯四，大于五石瓠，黑柱内撑如儿臂，而以红纱饰其外。某提督在旁诧曰：'此元时宝物也，盖以风磨铜鼓铸而成。'后遂为忠襄所得。……闻忠襄于此中获资数千万，盖无论何处，皆窖藏所在也。除报效若干外，其余悉辇于家。"又云："忠襄既破南京，于天王府获东珠一挂，大如指顶，圆若弹丸，数之得百余颗，诚稀世之宝也。忠襄配以背云之类，改作朝珠，每出熠熠有光，夺人之目。忠襄病笃，忽发喘哮之症，医者谓宜用珠粉，仓卒间乃脱其一，碎而进之。闻者咸称可惜。又获一翡翠西瓜，大于栲栳，裂一缝，黑斑如子，红质如瓤，朗润鲜明，殆无其匹。识者曰：'此圆明园物也。'"梦呓之谈，大可喷饭。　　　　（原第 10 卷第 8 期）

二四　曾纪泽不徇亲情

光绪戊寅，曾纪泽奉命出使英法，以妹婿陈远济为二等参赞官，聂缉槼亦请从，弗许。其是年九月十五日《日记》云："午后，饭，写一函答妹婿聂仲芳，阻其出洋之请。同为妹婿，挈松生而阻仲芳，将来必招怨恨，然数万里远行，又非余之私事，势不能徇亲戚之情面。苟且迁就也。松生德器学识，朋友中实罕其匹，同行必于使事有益。仲芳年轻而纨袴习气太重，除应酬外乃无一长，又性根无定，喜怒无常，何可携以自累？是以毅然辞之。"于缉槼大有贬词。后左宗棠督两江，使佐上海制造局事。李兴锐时为制造局总办，上书宗棠，举纪泽《日记》为言，并谓国藩在日亦不喜之，请仅送干脩，勿令到局。宗棠复书云："聂仲芳非弟素识，其差赴上海局，由王若农及司道佥称其人肯说直话，弟见其在此尚称驯谨，故遂委之。又近来于造船购炮诸事，极意讲求，机器一局，正可藉以磨励人才，仲芳尚有志西学，故令其入局学习，并非以此位置闲人，代谋薪水也。来书所陈曾侯旧论，弟固无所闻，劼刚聪明仁孝，与松生密而与仲芳疏，必自有说，惟弟于此亦有不能释然于怀者，曾文正尝自笑坦运不佳，于诸婿中少所许可，即栗诚亦不甚得其欢心，其所许可者，只劼刚一人，而又颇忧其聪明太露，此必有所见而云然，然吾辈待其后昆，不敢以此稍形轩轾。上年弟在京寓，目睹栗诚苦窘情状，不觉慨然，为谋药饵之资，殡敛衣棺及还丧乡里之费，亦未尝有所歧视也。劼刚在伦敦致书言谢，却极拳拳，是于骨肉间不敢妄生爱憎厚薄之念。亦概可想。兹于仲芳何独不然？《日记》云云，是劼刚一时失检，未可据为定评。《传》曰：思其人犹爱其树。君子用情惟其厚焉。以此言之，阁下之处仲芳，亦自有道。局员非官僚之比，局务非政事之比。仲芳能，则进之；不能，则禀撤之。其幸而无过也，容之；不幸而有过，则攻之，讦之。俾有感奋激厉之心，以生其欢欣鼓舞激厉震惧之念，庶仲芳有所成就，不至弃为废材，而阁下有以处仲芳，亦有以对曾文正矣。弟与文正论交最早，彼此推诚许与，天下所共知，晚岁凶终隙末，亦天下所共见，然文正逝后，待文正之子若弟及其亲友，无异文正之生存也。阁下以为然耶否耶？至于薪水每月五十两，具禀会后衔，均非要义，弟自有以处之，不必以此为说也。”此光绪壬午事。曾、左交恶后，宗棠每好讥诃国藩，意气特盛，而惓惓故人之意，固时可见，观此书，亦觉深情若揭也。

二五　曾左年龄之雅谑

《崇德老人年谱》所述，可相印证。光绪壬午云：“来宁就差，亦既两年，仅恃湖北督销局五十金，用度不继，遂略向左文襄之儿媳言之，非中丞公所愿也。是年始奉委上海制造局会办（按：后云“襄办”）。进见之日，同坐者数辈，皆得委当时所谓阔差而退。文襄送客，而独留中丞公小坐，谓之曰："君今日得无不快意耶？若辈皆为贫而仕，惟君可任大事，勉自为之也！"故中丞公一生感激文襄知遇最深。又云："文襄督两江之日，待中丞公不啻子侄，亦时垂询及余，欲余往谒。余于先年冬曾一度至其行辕，在大堂下舆，越庭院数重，始至内室，文襄适又公出。余自壬申奉文正丧出署，别此地正十年，抚今追昔，百感交集，故其后文襄虽屡次询及，余终不愿往。继而文襄知余意，乃令特开中门，肩舆直至三堂。下舆相见，礼毕，文襄谓余曰：'文正是壬申生耶？'余曰：'辛未也。'文襄曰：'然则长吾一岁，宜以叔父视吾矣。'因令余周视署中，重寻十年前余卧起之室，余敬诺之。嗣后忠襄公至宁，文襄语及之曰：'满小姐已认吾家为其外家矣。'湘俗谓小者曰'满'，故以称余也。"甲申云："初，李君兴锐为制造局总办，曾禀文襄，欲不令中丞公驻沪，愿送干薪。文襄拒之，并催中丞公速到差，不令在宁少留。李后为人禀讦，罗列多款；文襄密饬中丞公查复。中丞公复委员密查，复按所控，多有实据；中丞公将据以禀复文襄，稿已成，旋又毁之，别具稿，多为李弥缝洗刷。继而李以丁忧去，居沪病足，中丞公仍时往视之，未尝以前事介怀也。"缉槼之于兴锐，殆所谓以德报怨欤？缉槼既获佐制造局事，后之擢总办，简上海道，历藩臬而屡绾疆符，皆基于此，宜于宗棠深怀知遇之感也。宗棠以父执款接故人女之亲厚，亦佳话可传。惟国藩长于宗棠一岁，宗棠订交最早，固久知之。同治壬戌，国藩以两江总督拜协办大学士之命，宗棠时官浙江巡抚，例于阁臣自称晚生，而致书国藩，请仍循兄弟之称，以仅幼于国藩一岁也。迨宗棠以陕甘总督协办大学士，光绪乙亥答国荃（时官河东河道总督，自称晚生）书，举前事为噱，谓："来示循例称晚，正有故事可援。文正得协揆时，弟与书言：'依例应晚，惟念我生只后公一年，似未为晚，请仍从弟呼为是。'文正复函云：'曾记戏文一出，恕汝无罪！兄欲循例，盖亦循此。一笑。"此为曾、左雅谑之关于年龄者。宗棠是时忽发国藩生年之问，非耄而偶忘，即故示懵懂以作谈资耳。

二六　曾李一家

缉槼湖北督销局差，为李瀚章所委。《谱》中亦述及之。光绪辛巳云："其时李勤恪公瀚章为鄂督，中丞公嘱余于过武昌时以世谊谒李太夫人于节署。李太夫人在宁时故与欧阳太夫人相过从。相距十年，中更多故，一见即殷殷款接。次日札委督销局差，月薪五十两。由制军之如夫人亲送至舟次。余以舟中狭陋，力辞其报谒，特移舟于汉阳以避之，不意其仍渡江而至也。"则所谓"曾李一家"也。

壬午又云："初，惠敏之出使也，中丞公本有意随行，以陈氏姊婿在奏调之列，未便联翩而往，不果。及本年春间来电调往，则以堂上年高，不听远离，余又方有身，不克同行，复不果。郭筠老曾为往复代酌此事，其手函尚在。”是纪泽虽拒缉椠于前，后又尝招之矣。

二七　曾国藩以勤俭治家

国藩治家以勤俭，同治戊辰在两江督署，为媳女辈定功课单。谱中录之如次：

午饭后，做小菜点心酒酱之类		食事
巳午刻	纺花或绩麻	衣事
中饭后	做针黹刺绣之类	细工
酉刻（过二更后）	做男鞋女鞋可缝衣	粗工

> 吾家男子于看、读、写、作四字缺一不可，妇女于衣、食、粗、细四字缺一不可，吾已教训数年，总未做出一定规矩。自后每日立定功课，吾亲自验功。食事则每日验一次。衣事则三日验一次，纺者验线子，绩者验鹅蛋。细工则五日验一次，粗工则每月验一次。每日须做成男鞋一双；女鞋不验。

右验功课单，谕儿妇侄妇满女知之，甥妇到日亦照此遵行。

同治七年五月二十四日。（家勤则兴，人勤则健。能勤能俭，永不贫贱。）

身兼将相位冠百僚之大学士一等侯两江总督，其家庭中乃有此种功课单，今日“摩登”妇女观之，当为笑倒。

（原第10卷第9期）

二八　避暑山庄鹿游鱼跃

陆宝忠为顺天学政时，按试承德，曾游行宫。其《年谱》卷下（门人陈宗彝编），录其光绪乙巳四月二十四日《日记》云：“午初，诣避暑山庄，松都护联、总管谢道英守公请。进丽正门，至河沿小室略坐，即换去公服。四君同游，历殿阁及小座落约十余处，以金山、万树园、山近楼为最佳。过斗姥阁，本思至南山积雪，乃最高处，以天晚而返。复过文津阁，进楼瞻望《四库全书》，海内只四部，当日以热河所藏为最早，今则仅存此一部矣。山庄为圣祖植其基，高宗扩其制，两朝极盛之时，物力人工，皆擅其胜，结构位置，即小小座落，无一同者。陈设大半入箱，值班兵丁规矩严密，人亦朴野者多，未染京旗油滑巧诈习气，闻尚少偷窃情事。其中如宝座、桌椅、书架等件，皆雕刻精坚，虽尘封苔蚀，然一经修饰，皆系美物，非近今所能制造。雕漆、烧蓝之件甚多，大半埋在尘中，为风雨所侵蚀，殊可惜也。其收箱者，闻宝物甚多。壁间前辈恭书贴落及画，皆精美无匹，近今供奉远不逮之，可见当时人物之盛。归至如意洲，即无暑清凉，当年列圣寝宫，暮霭苍凉，较早景尤胜。山庄蓄鹿最多，闻将及千。

或饮于河，或戏于坡，或跳躅于山巅，或游行于松下，皆有自由之趣。问之园丁，谓：'鹿寿最长，每年只生一麛，惟最畏野兽，如豺狼之类，宫墙有阑入者，鹿见之即畏缩不能跳跃，往往为所食。庄中亦预备火枪打之，然亦不能断绝也。'将至如意洲，见河中大鱼跃起，泼剌不止。问之园丁云：'系黑鱼，雌雄二，长皆数尺。凡鱼将散子，必雌逐雄，嚼其分水戟，雄出白水，雌吞之，即散子。'此乃物理，亦平生所未闻也。"宝忠此游，距今近三十年矣。鹿游鱼跃，情态宛然。当年景物，近当无大异。本月三日，热河省政府主席汤玉麟弃承德不守，翌晨日军乃以百二十八人占领之。路透社承德三日电，述玉麟准备离城时状况有云："顷间城间安静异常，令人殊不信五十英里外有战事。行宫麋鹿，仍恬然啮草，殿角群鸽飞鸣，一切如恒。"阅之怃然增感。（宝忠言《四库全书》海内只四部，仅存热河一部，殊误。以儒臣久直禁近，于此乃不了了，何也？）

二九　翁同龢奖进名士

甲午，宝忠以大考一等由编修擢侍讲学士，其《年谱》卷上（自订）记其事云："三月十八日奉上谕：于二十六日在保和殿大考翰詹。予即至东华门外黄酒馆赁屋三间，与野秋比屋而居。晨入查书，午刻散，在寓习静。（按：时宝忠与张百熙均以南书房翰林奉谕检查天禄琳琅书籍也。）二十六日入试（“水火金木土谷赋”，以“九功之德皆可歌也”为韵。“书《贞观政要》于屏风”论。赋得“杨柳共春旗一色”，得“林”，字，七言八韵）。次日阅卷大臣公阅进呈。上亲阅发下，拆弥封，一等五名：文廷式、秦绶章、陆宝忠、戴鸿慈、陈兆文。二十八日，特派张之万、徐桐、翁同龢复阅。二日，又特拔王懿荣卷进呈，命列一等末，实则廉生卷，以‘侯’字失叶，原置三等，翁叔平以采望特请拔擢，不数日遂被命入直南斋矣。四月初八日奉上谕：‘陆宝忠著以侍讲学士升用，先换顶戴。钦此。’野秋原列二等四十五名，复阅者拔置二等十六名，引见后奉旨：‘以侍讲升用。’列其前者中、赞添至八九名，其后仅得遇缺题奏。盖特恩也。”懿荣之超拔，百熙之优擢，均属特典。同龢之喜奖进名士，固其本色，而得君之专，亦略可睹焉。

三〇　翁同龢回籍省墓

王伯恭《蜷庐随笔》云：“己丑之秋，常熟师相乞假百日，回籍省墓。将返京时，道出上海。马眉叔方为招商局总办，命局友王新之昕夕陪侍。常熟年已六十，白须飘然，周历洋场，往往信意步行，不用舆马。一日忽奉廷寄，封外写“上海招商局转投翁中堂”字样，内书：‘字寄师傅翁同龢：别已日久，计假期将满，朕心甚盼，惟念时交冬令，恐海上多风，又天气严寒，途间辛苦，卿自酌之，如有不便，不妨春暖再来，不必拘定假期也。某月某日御笔。’云云。常熟得此，当夕即行。彼时圣眷之隆，在廷无与为比。虽醇邸太上之亲，往往向常熟上问官家起居。余尝见常熟手复醇邸小楷信函数通，可见当时之鱼水矣。手牍今藏连梦惺家。”其君臣之际，自非恒泛，惟同龢丁酉始拜协揆之命，此时不当有“中堂”字样耳。己丑同龢回籍，系七月十八日行，九月二十四日返抵京师。其七月十六日《日记》云：“上到书斋，即谕臣以准二月假，并令驰驿回京，再三云：‘此是懿旨。’臣即敬对：‘明日具折陈谢。’请先退。上意黯然。臣于此时方寸激昂，如波涛也。”九月二十五日《日记》云：“入至书房，上垂问备至。臣首以祈年殿灾为言。上耸然良久云：‘变不虚生。’”祈年殿灾为八月二十四日事，盖谓天心示警也。

三一　帝后不谐

《蜷庐随笔》又云：“翁文恭师得君之专，一时无两。上闻诸内侍相语曰：‘某人为某人之心腹。’上笑曰：‘我无心腹，只有翁同龢一人可为吾心腹耳。’太后闻之不怿，盖未悟股肱心膂之说，认作植党营私耳。珍贵妃以微过被谴，降作贵人，遂不得与上相见，上亦不得临幸，盖宫廷制定如是，贵人位卑也。上以慈意严切，无法解救，不免怏怏。逾年，太后怒息，赦珍出，仍命为妃，上意释，定省之际，愈为婉顺。太后亦喜，笑谓曰：‘汝常能如此尽孝，吾岂不欢？前此之桀骜，汝必误闻人言也。吾言是否？’上素性讷愿，唯唯而已。太后因问：‘汝当初误闻何人之言乎？’上默不敢对。太后笑曰：‘汝不妨姑言之。’上复嗫嚅。太后怒曰：‘有问无答，孝行何在？’上大惶恐，自念实无人言，何敢妄说？而又实逼处此，不得不略举一二，仓猝无可指名，忆早晨召见之九门提督长萃、户部侍郎汪鸣銮，二人素为太后所称者，言之当无妨，乃举二人以对。太后勃然曰：“鼠辈乃离间我母子乎！”立将二人付刑部，照离间两宫例治罪。于是盈廷惶骇，枢臣及翁相国等，皆入宫泥首以请。旋得旨，长萃、汪鸣銮皆革职永不叙用。慈圣之意，初欲上举翁同龢为对，不意上以长萃、汪鸣銮当其灾也。”所述似颇有致，而情事盖有未谛。此何等事，帝非童昏，乃竟妄以二人对耶？与鸣銮同罢斥者，为长麟，非长萃。仲子（费行简）《慈禧传信录》云：“帝自亲政，至甲午后始自专魁柄，京师鬻官风少息，然两宫益水火，弗可解释。侍郎汪鸣銮、长萃窥旨，尝于帝前言：‘国事为重，不可拘小节。’适为后奄探刺得之，以闻于后，召帝令诛二臣。帝力辩其诬。后怒未已，遂并褫职永不录用焉。”又其《近代名人小传》传汪鸣銮、长萃云：“乙未春，谕旨，以侍郎鸣銮、萃，于召见时肆意妄言，语涉离间，皆褫职永不录用。盖日战方已，帝忧惕将图自强，而阻于孝钦。二人为帝言：帝入继文宗，惟当母嫡后，孝钦犹其庶母，非所当敬。适为后奄闻，归以告后，怒甚，欲予骈诛。帝为复掩，乃从薄谴。”所述较为近理，而亦误以长麟为长萃。此二人均光绪间官侍郎者，记载者遂往往牵混矣。汪鸣銮、长麟之罢斥，是乙未十月事。翁同龢是月十七日《日记》云：“见起，递折毕，上宣谕，吏部侍郎汪某、户部长某，离间两宫，厥咎难逭，著革职永不叙用。臣等固请所言何事，而天怒不可回，但云：‘此系宽典；后有人敢尔，当严谴也！’三刻退，拟旨，未到书房。……访夔臣，数语归，柳门候余久。伊甚坦然，可敬也！”于鸣銮有誉词，特未著其原委耳。

（原第10卷第10期）

三二　恭亲王两受挫抑

同治朝，恭王奕䜣，两受挫抑，一在乙丑，太后方垂帘听政；一在甲戌，则为帝亲政时。翁同龢、李慈铭《日记》，于此均有记述，深裨谈故，为摘录之。

乙丑之事，同龢三月初五日《日记》云：“是日召见倭、周、瑞三相国，齐小云，吴竹如，王小山，殷谱经，桑白斋，朱桐轩，不知缘何事。”慈铭是日《日记》云：“闻是日召芝翁（按：大条士周祖培也，商城人。）及瑞芝生协揆、朱桐轩太宰、吴竹如少农、王小山少寇，桑柏斋、殷谱经两阁学，以讲官编修蔡寿祺疏劾议政王，揽权纳贿，议政王欲逮问之，两宫怒甚，垂泪谕诸公，以王植党擅政，渐不能堪，欲重治王罪。诸公莫敢对。太后屡谕诸臣：‘当念先帝，毋畏王。王罪不可逭，宜速议。’商城顿首言：‘此惟两宫乾断，非臣等所敢知。’太后曰：‘若然，何用汝曹为？异日皇帝长成，汝等独无咎乎？’商城又言：‘此事须有实据，容臣等退后详察以闻。’且言：‘请与倭仁共治之。’太后始命退，诸公流汗沾衣。外间藉藉，皆言有异处分矣。”

同龢初六日云：“是日刻抄，召见军机大臣。又闻有倭中堂起。传编修蔡寿祺到内阁，令其复奏。”初七日云：“是日召见前所派八人（桑白斋入闱，仅七人），有严旨责议政王专擅状，免政府，还各项差使矣。”初八日云：“先是，日讲起居注官编修蔡寿祺劾奏各路统兵大臣督抚冒功摽榜状（共八条），折未下。越数日，复疏劾恭亲王揽权纳贿徇私骄盈等款。上召见大学士等八人，命查办。次日，传蔡寿祺递供。寿祺具疏，无实据，但称风闻。疏中仍保朱孙诒、贾臻、张集馨、王拯诸人。越一日，大学士等疏言：‘蔡某所参无实据，惟恭亲王致招物议，请裁减差使。’疏入，奉朱笔谕：‘内廷王大臣同看。’”慈铭初七日云：“芝翁来谈，顷议恭亲王事，以皇太后朱谕见示，有‘妄自尊大，目无君上’之语，诵之懔然。王年少不学，暗于大体，积嫌蒙衅，遂取严谴，然以亲贤重寄，决裂至斯，宜乎两宫流涕，朝野骇愕。国家多故，殆非福也。蔡寿祺疏斥王骄盈贪墨，货赂公行。昨日倭公等八人会议于内阁，召蔡质正其事。蔡惟指出薛焕、刘蓉二人，余不能指实。今日诸大臣复疏上，太后已先作诏以待，遂召见诸公，谕曰：‘诏旨中多有别字及辞句不通者，汝等为润饰之。’芝翁添入‘议政之初，尚属勤慎’八字。太后又谕曰：‘此旨即下内阁速行之，不必由军机。’遂下诏。……倭公等受诏出，始召见枢臣文公等三人。今年氛翳弥旬，太白昼见，元象示警，殆非偶然，或者谪见于天，固缘逼上，今兹已应，庶无后忧，虽于国体有伤，犹为斯民之幸。若蔡寿祺者，久滞词曹，素无士行，行险侥幸，小人之尤耳。”

同龢初九日云：“昨日惇亲王疏言：‘议政王以言语获咎，尚无别项昭著劣迹，遽予罢斥，恐失中外之望，请饬廷臣集议。’是日王大臣、大学士、六部九卿、翰詹科道议于内阁。军机大臣传旨：‘朝廷用舍，一秉大公，从谏如流，固所不吝，但使诸臣为之力请，亦可俯从。’而本日召见之倭、周、瑞、万、基、朱、吴诸公及豫、肃两王，传旨与昨日又相径庭。文祥述上意，吴廷栋驳之甚力，倭相亦以为不可，于是议者无所适从，纷纭不止，遂罢而去，定十四日再议。”慈铭初八日云：“是日惇亲王上疏言：‘恭亲王事属暧昧，徒以语言小失，骤予严惩，情状未明，无以昭示天下。’皇太后遂谕孚郡王及枢密文、李、曹三公，传谕王公、大学士、九卿、翰詹科道，明日于内阁会议，以惇王疏及蔡寿祺原疏并发阅视，且令文公等述所受旨云云。盖天怒已回，眷顾未替。内中多事言恭王将复辅政，是非小臣所敢知矣。芝翁来请，夜谈甚久，为此事也。”初九日云：“是日两宫皇太后召见倭、周两相国，瑞协揆、朱尚书、万尚书青藜，基侍郎基溥，吴、王两侍郎，殷阁学，及枢密三公。太后谕倭公等九人：‘恭王恣肆已甚，必不可复用。’曰：‘即如载龄人材岂任尚书者？而王必予之。’又曰：‘惇王今为疏争，前年在热河言恭王欲反者非惇王耶？汝曹为我平决之。’而谕枢密则曰：‘若等固谓国家非王不治，但与外廷共议之，合疏请复任王，我听许焉可也。’诸臣至内阁，各述所受旨，则大异。是日押班者为钟郡王，乃各引王为证。王言：‘固皆闻之。”诸公相顾色然，不成议而退。窃揣两宫之意，衔隙相王，已非一日，退不复用，中旨决然，徒以枢臣比留，亲藩疏请，骤易执玫，既恐危中外之心，屡黜宗臣，又虑解天潢之体，攻讦出自庶僚，参治未明罪状，劫于启请，惭于改更，欲藉大臣以镇众议。且王夙主和约，颇得夷情，万一戎狄生心，秉端要劫，朝无可倚，事实难图，故屡集朝臣，审求廷辩，冀得公忠之佐，以绝二三之疑，而詘詘者方且阿旨依违，私心窥测，惟求保位，谁复忧公？至令任姒之贤，丝纶之重，随人改易，无所适从，乃犹归过君亲，以为寡断，是可流涕者矣。”

同龢十四日云：“是日内阁集议，未知何如也。昨日奉旨：‘醇郡王及降调通政使王拯、御史孙翼谋各折，与惇亲王折一并议奏。’”慈铭是日录旨，注云：“闻皆为恭邸陈请也。”

同龢十五日云：“昨日集议，醇王折极言恭邸之材为政府所不可少。王少和则云，宜宥其前愆，责其后效，并举倭仁、曾国藩可胜议政大臣之任。孙翼谋亦谓王有翊赞之功，且虑宦官渐将用事。三折同发。倭相国出疏稿，仍云可置勿议。众皆默然。肃王亦出稿示群公，略言：‘诚如惇亲王等奏，宜加录用。至如何加恩之处，出自圣裁。’多翕然以为是。于是倭相国削前稿，凡四易稿而成，与肃王疏无异矣。军机大臣名列于倭相折，廷臣中从肃王议者七十余人，而都察院、宗人府别有折，殷兆镛、潘祖荫单衔折，其余有无单衔，不能详也。”

疏既上，奉谕：“恭亲王著即加恩仍在内廷行走，并仍管理总理各国事务衙门。此后惟当益矢慎勤，力图报称，用副训诲成全至意。”对于给事中广诚等疏内所称“庙堂之上，先启猜嫌，根本之间，未能和协，骇中外之观听，增宵旰之忧劳”等语，谕谓其“持论固属正大，而于朝廷办理此事苦心，究未领会”，而详为解释焉。一月后复谕：“恭亲王著仍在军机大臣上行走，毋庸复‘议政’名目，以示裁抑。”虽仍获领袖枢廷，权势视为议政王时则杀，西后集权之作用也。

刘蓉于蔡寿祺指为“夤缘”，复奏一疏，词甚伉厉，谓：“凡夤缘者必其平日萦于宠利，不胜歆羡恋慕，思一得之以快其意，然后丧其本心，捐弃廉耻，为乞怜昏夜骄人白昼之行，故凡小廉曲谨之士，粗知自爱，即有所不屑为，不必过人之识量而后能之也。臣虽愚陋，其于希荣慕禄降辱身志之事，往往不待禁戒而自绝于心，盖其自治尚有精于此者，而此特其粗节，乃蔡寿祺以不肖之心，肆情造谤，惟所欲言，直欲厚诬天下，谓无复有粗知廉耻之人之事，则何其情之悖也！”并请放归田里。同龢五月朔《日记》云：“见刘蓉申辩折稿，词气激昂。”曾国藩是月《日记》云：“刘霞仙所作辩蔡寿祺一疏，置身甚高，辞旨深厚，真名作也。”又八月《日记》云：“阅邸抄中见霞仙以本年复奏一疏降调。如此名奏议，而反以获谴，颇不可解。”又家书云：“霞仙得降调处分。其辩诬一疏，不愧名作，不料竟以获咎，可慨耳。”蓉以候选知府起任川藩，旋迁陕抚，实为不次之擢，而疏中语气，若有夷然不屑之概，不免触忌，故上谕以“有乖敬慎”责之也。（降一级调用，既而复使留任，后以军事获咎去。）

（原第 10 卷第 11 期）

三三　甲戌奕䜣获咎主因

甲戌奕䜣之获咎，盖以争重修圆明园事为主因。翁同龢七月十六日《日记》云：“兰荪前辈云，拟具一疏，枢廷御前及余辈同上。”十七日云：“兰荪（按：此下似漏以“云”字）昨事议定，彼两处联衔，余等不列（凡六条），以去年正月廿五召对时，余未与，而王君又新入直者也。”十八日云：“辰入，坐刑部朝房。是日御前大臣、军机大臣同请对，凡十刻始下。引见毕，午正一刻矣。偕荫轩诣绍彭处饭。兰荪来，具述廷争语，上意深纳，惟园工一事，未能遽止，为承太后欢，故不敢自擅，允为转奏也。”二十九日云：“辰入，至昭仁殿庐。闻军机御前合起，已下矣，仍上。午初一刻，忽传旨添臣龢起，随至月华门，见诸公咸在，略坐，问：‘上意如何？缘何事召对及小子？’则云：‘大抵因园工责诸臣何以不早言，并及臣龢此次到京，何以无一语入告。’午初三刻，随诸公入对。上首责臣因何不言。对曰：‘此月中到书房才七日，而六日作诗论，无暇言及。今蒙询及，即将江南民所传，一一详述，并以人心涣散为言。’语甚多。上颔之。其余大略诟责言官，及与恭、醇两王往复辩难，且有‘离间母子，把持政事’之语。两王叩头申辨不已。臣龢进曰：‘今日事须有归宿。请圣意先定，诸臣始得承旨。’上曰：‘待十年或二十年四海平定库项充裕时，园工可许再举乎？’则皆曰：‘如天之福。彼时必当兴修。’遂定停园工修三海而退。凡五刻（连前次共十二刻多）同至军机处。拟旨后同阅，斟酌毕，坐内务府朝房饭（军机处备）。递后，留览。申初，朱谕一道封下，交文祥等四人。余等即退出。微闻数恭邸之失，革去亲王世袭及伊子载澂贝勒也。文祥等请见，不许。递奏片请改，不许。最后递奏片，云，今日促散直，明日再定。申正二刻，停园工一件述旨下，无更改。遂出。访兰荪谈。朱谕有‘诸事跋扈，离间母子’，又有‘欺朕之幼，奸弊百出，目无君上，天良何在’等语，皆传闻，未的也。朱谕：“崇纶、明善、春佑均改为革职留任（按：崇纶等系内务府大臣，以李光昭报效园工木植欺妄案革职）。”八月朔云：“清晨，拜祠堂。出门谒客，送李若农，谈钟鼎古文奇字，不觉久坐。巳正归家，则苏拉送信被召，急驰而入，已散门矣。至内务府朝房，请兰荪出，告以故，并问须请处分否。（本无书房，不请处。）即出。是日本四起，一军机，一钱宝廉、一宝珣（两人请安请训者也）、一六部堂官及阁学。俄顷，撤钱宝及六部起，添召军机御前及臣龢。龢既未至，待良久。比入，则两宫皇太后御宏德殿，宣谕诸臣：'念恭亲王有任事之勤，一切赏还。'上侍立，亦时时跪而启奏。三刻毕。并谕李鸿藻传谕臣龢：'讲书当切实明白，务期有益。'明发一道，复恭亲王亲王世袭罔替及伊子贝勒。"

李慈铭八月初一日《日记》云："闻之道路，二十九日辰刻，已升魁龄为工部尚书，崇绮调吏部左侍郎，志和内调户部右侍郎，绵宜调工部左侍郎，上忽震怒，召军机御前王大臣等，谕以'恭亲王无人臣礼，当重处'，遂朱笔尽革恭王所兼军机大臣及一切差使，降为不入八分辅国公，交宗人府严议。王大臣等顿首固请，上不顾而起，即以所革恭王差使分简诸王大臣，复崇纶等三人官，收回魁龄等升调谕旨。及未刻，闽中急奏至（按：此下有若干字，涂去），乃复恭王军机大臣。三十日朱谕，故有'加恩改为'云云。今日宣皇太后懿旨，尽还恭王父子爵秩矣。又闻，上将以前月二十日复阅园工。十六日军机大臣、恭王、御前大臣、醇王等，合疏上言八事，曰停园工，戒微行，远宦寺，绝小人，警晏朝，开言路，惩夷患，去玩好，辞极危切。俟上出，伏谏痛哭。文相国至昏绝于地。其疏草出于贝勒奕劻，润色之者李尚书也。上大怒。醇王三进见，以死要上下停园工手诏。上益怒。今日先有朱谕，尽革惇王、恭王、醇王、伯王、景寿、奕劻、文祥、宝鋆、沈桂芬、李鸿藻十人职，谓其朋比谋为不轨，故遍召六部尚书、侍郎、左都御史、内阁学士，将宣谕。两宫闻之，亟止上勿下，因出见军机大臣、御前大臣，慰谕恭王，还其爵秩云。"

参看翁、李《日记》，此事原委，可见大凡。转圜虽由太后，而园工实出西后之意，廷臣言路，抗争甚力，得罢园工，而西后意终不快，帝遂激而出此。"离间母子"之语，帝盖有隐痛焉。军机、御前合词切谏怠政嬉游，帝不能从，反触其怒，是年十二月帝即逝世矣。疏中"绝小人"一事，或是暗指弘德殿行走王庆祺。初约师傅联衔，既而不列，殆亦以此欤？

三四　徐桐荣禄与谋废立

汪鸣銮、长麟罢斥事，前述之（见本报本年第十期）。顷阅祁景颐《䌹谷亭随笔》云："清光绪二十一年乙未十月十七日，宣谕：'吏部右侍郎汪鸣銮，户部右侍郎长麟，离间两宫，厥罪难逭，著革职永不叙用。'时高阳、常熟两公在枢府，固请所言何事。天怒不可回，但言：'此系宽典；复有人敢尔，必当严谴。'退即拟旨，初不知所谓何事也。余曾闻之李文正言：'观复、略园，日夕有所策画，欲易朝局，而矢的加于蜩翼，彼尚不知详委。汪、长召对时，曾微露所闻于德宗，为内阉窃听，陈于孝钦后，后诘德宗，故忿怒出此。其实二侍郎所言，尚无违碍也。’公又言：‘与乐道主持镇静，调和心力交瘁。乐道此番再起，不甚负责。余亦耄年多病，有一分心即尽一分力，他非所问。向与诸公皆多年夙好，观复性固，不易进言，略园明敏，与交尤笃，时有所讽，伊颇动听。’文正此言，可知当时两宫已启嫌隙，卒酿大祸，履霜坚冰，实非朝夕之故，而公之纯一不已，能识大体，为足多也。其后观复与略园谋废立，意见不合。略园颇有世界眼光，知各友邦之不易与，不愿盲从，驯至纵拳仇外，亦始终未能赞同，聪颖处诚不可及，在满洲尤为难得，惜其人固宠保位，不能销患于无形中，诚足惜也。”可参阅。乐道奕䜣，观复徐桐，略园荣禄也。

三五　崇绮破天荒得旗籍

崇绮同治乙丑得状头，为清代旗籍破天荒之事。翁同龢是年四月二十四日《日记》云：“是日十本进呈，上迟回久之，交军机会同阅卷大臣（按：应作“读卷大臣”）详议。诸公相顾不发。延树南曰：‘但凭文字，何论满汉’遂复奏定局。”又云：“文山来请，遂携旧帐往。文山学程朱十年，至是气为之浮动，功名之际，难言哉！”科举时代，状元见谓殊荣，得者每惊喜失措，崇绮旗籍得之，尤为旷典，虽以理学养气名，亦复把持不住矣。旗籍不列鼎甲，盖为相沿之惯例，非有明文规定，故延煦决以“何论满汉”之语，而崇绮蒙古人，非满也（追其女册封皇后，始抬入满洲），兹姑以示别于民籍汉人耳。

附：答李英芳君：

曾文正凡六女：长纪静，适湘潭袁秉桢；次纪耀，适茶陵远济；次纪琛，适湘乡罗兆升；次纪纯，适湘阴郭刚基；次幼殇；季即纪芬，所谓满女，适衡山聂缉椝，聂云台（其杰）其子也。备见聂曾夫人《崇德老人自订年谱》。关于曾、聂联姻事，文正同治八年十一月《日记》有云：“按：澄、沅两弟信，澄劝送眷回籍，沅拟以晚女许聂家，皆有肫诚顾恤之意。久宦于外，疾病相寻，如舟行海中，不得停泊，惟兄弟骨肉至亲能亮之也。”《崇德年谱》于文正家事言之颇详，执事留意于此，似可一读。《大公报》代售。）

（原第10卷第12期）

三六　欲求吏治先止捐纳

（一）捐职极滥

宜黄欧阳幼济（溱）以《见闻琐录》相赠，其先德宋卿先生（昱）所著也。先生为同治癸酉拔贡，历居大吏之幕，足迹甚广，著述甚多，尤喜采访当世事，爰有《见闻琐录》之作，皆同、光间耳闻目见，史料珍闻，名人轶事，可供考镜，而有关国政民生、人心风俗者，言之最详焉。其记候补官情形云：军兴以来，捐职之滥极矣，而捐职之苦亦极矣。各省候补州县佐杂，动数千百，安得有如许署缺，如许差委？故督抚亦穷于调剂，于是十数年未得一差委，数十年未得一署事者。捐职中惟道府多巨富。道员到省后，督抚以其官大本大，无论何人，均有一差，每月薪水银百两，或五十两，由厘金项下支取。知府二三年中，亦必有差遣。最苦州县佐杂耳。州县中巨富甚少，赀财盈万者，养尊处优，讵肯捐此职？即有，不过十之一二，故中户最多，罄家赀数千金以捐之，不顾其余。至佐杂中，则中户亦少，多下户读书未成之人，与游幕无业之辈，邀亲友敛银二三四百两，捐此职到省，初皆谓可获数倍利以归，及至需次已久，资用乏绝，罄家产者无从接济，邀亲友者无颜再告贷，典质俱尽，坐以待毙。予最爱丁雨生奏捐职情形数语，谓："在省候补十数载，贫苦已极，一旦得一署事，又仅一年，于是前十数载需次之费，皆在此一年中补偿，后十数载需次之费，皆在此一年中储积。此时如委群羊于饿虎之口，虽有强弓毒矢在其后，亦必吞噬而有所不顾；故今日欲求吏治，非先止捐纳不能也。"斯言真能洞达其情，不可以人而废之矣。（按：著者不满丁日昌之为人，故云。）虽然，犹有所未尽者。

（二）候补州县冻馁而死

予见近日候补州县，贫至饔飧不给，饿死在旦夕，不得已借重债以救目前，苟延性命，他日何如，在所不计，于是有放官债者，谓之“赌子”，言以此为赌也。“赌子”探知其名次在前，三五年可署事，然后放之，非是则不放。其在富翁，则放银三四五六百两，议署事时为帐房师爷。息银二分，或二分零，俸银二百两、百六十两、百二十两不等。帐房出息，或平分，或三七分，或全归师爷。彼时急于得银，惟命是听，预先立一关书，所议一一载明，交“赌子”为凭。其在仆人，则名目甚多：有放银三四百两，议为稿案门上，管一县讼狱者，议为钱漕门上，管一县征税者；其次放银一二百两，议为签押门上，管一县案卷者，议为办差门上，管一县杂役者，亦书议字，别立借票，其息较重，在三分上下。及委署到任后，彼辈皆如议而来。需次久而借债多者，则署中皆“赌子”。邑有讼事，通贿受赂，颠倒是非，挟制主人，不得不从。缺稍优者，或半年数月，计本利归还，可退出之。如其瘠缺，既不能偿清，即恐卸任到省后思贷钱无人肯贷，故不得不忍气吞声，任其所为。在帐房师爷以一本得三四倍利归，或有良心，与门丁通同舞弊者尚少。若门丁辈，如狼如虎，实为鱼肉百姓饱其欲壑而来，并非贪放债之息而来也，故州县为所挟制，往往有支挪公项以还私债者，有声名狼藉嗟怨载道者。捐职岂皆无天良不愿为好官之人，实迫于势之无可如何耳。然尚有本分之人，债亦借不到手，至饥饿而死者。予在沈方伯署中，某日有人禀某候补县死，方伯委员往验因何而死。回禀曰："某员到省二十年，未得委差，衣食俱乏，实冻馁而死。其身上惟留一破衣破裤，床上惟眠一破席，被帐俱无。有一老仆，卧在地上稻秆内，又饥将死矣。"方伯恻然，发钱三十串殡殓，又发钱十串，以救其仆。甚矣其苦也！予又见四川刘制军奏：一候补知县饥寒不堪，吞烟自尽。其人系旗员，素性质实，不善夤缘钻刺，到省十年，未获差遣，故至此。又闻小岩年丈（按：梅启照也）说："苏州有一即用知县，湖北人，生性迂拙，不识应酬，到省二十余年，不惟无署事，并未得差遣，孑然一身，典质俱尽，遂自经而死。"（按：即用知县非捐职也，惟不得差委，由于宦途拥挤。宦途拥挤，由于捐职众多，其影响正自一贯耳。）此三人者，予所见所闻也。外此未经闻见者，尚不知多少。吁，可慨也矣！

（三）佐杂轮署尤不堪言

然州县候补，尚有借债一途可设想，若佐杂谓之"小老爷"，十数年轮署一缺，所出息，多则八九百串，少不过三四百串，谁肯以银放之？兼大半嗜洋烟之人，故其苦尤不堪言。予在署中，见佐杂上衙门时，面多瘦而黄，头多俯而下，帽靴多十年前物，袍褂多三十年前物。严寒无一人服皮服，绵袍绵褂亦或补缀十数处，甚有被夹袍夹褂之人。出署，则帽靴袍褂，以一巾包裹，自提而归，罕用仆者，此亦所谓官者也。值冬月杪，忽有一候补巡检禀辞。时雨雪，我被皮衣，围火炉，犹觉冷甚，而某员身仅一破夹袍，外加一纱褂，两袖与前后开无数缝，内用黑纸粘住，戴破凉帽，顶乌色，无靴，鞋亦破，寒极而颤，两足立不稳。方伯问何往，不觉涕泗长流曰："一身饥寒已极，妻子又冻馁将死，无路可生，止有求死一法，欲禀辞往阴府耳。"说毕，眼涕鼻水滴须上，已成冰。方伯悯怜之甚，先慰之曰："俟有差事出，即当委汝。"旋发银二十两，命仆随至其家观之，见住一破屋中，妻与子女五六人，卧在一床，俱衣破单衣，饿已两日，大者不能言，小者不能啼，其苦可谓极矣！向无捐职一途，彼亦不起此贪心，早习他业，以养此家室矣。

（四）州县委署荐举惊人

予又见州县委署时，委牌将下，即有荐师爷者，多则百人，少亦六七十人。其中有情不能却恐开罪于人者，则送干脩者半，请到馆者半。外又有三大宪幕友明荐干脩者，更不敢拂其意。此风江苏尤盛，故一官履任，到馆师爷有二三十人，送干脩师爷有二三十人。此一项约耗去二三四千金。又有荐家丁者，多则二百余人，少亦一百余人，抵任复派定事件，以所派事不副所望，便辞去，亦必给以盘费，然所留总有七八十人。每人一月给火食六七十枚，一年须耗去千余金。故万金上缺，二项几损一半，加之馈送上司，应酬同僚友朋、往来委员大差，所捐又不止千百金。倘平日负欠三四千金，虽上缺亦不能偿清，又何论中缺、下缺乎？然吾独怪幕友家丁之何多也，亦可见今日贫穷之极矣。幕友有士人，有非士人者，无路谋生，均入于此以糊其口，亦无可奈何之计耳。家丁则皆无业游民，甘心为仆隶贱役者。又有食洋烟之人，已成废物，别无生路，迫而出于此者。呜呼！民穷财尽，夫其天下小故？予不胜杞人之忧矣！仕宦途成饿鬼道，胜读李宝嘉《官场现形记》矣。《官场现形记》第四十三、四十四、四十五回，写“小老爷”诸状，穷形尽相。胡适之《官场现形记序》，以为“真可算得是全书最有精采的部分”，颇允，可与此参观。第四十三回中之“其时正是隆冬天气，有的穿件单外褂，有的竟其还是纱的，一个个都钉着黄线织的补子，有些黄线都已宕了下来。脚下的靴子多半是尖头上长了一对眼睛。有两个穿着‘抓地虎’，还算是好的咧。至于头上戴的帽子，呢的也有，绒的也有，都是破旧不堪；间或有一两顶皮的，也是光板子，没有毛的了。”“大堂底下敞豁豁的，一堆人站在那里，都一个个冻的红眼睛、红鼻子。还有一些一把胡子的人，眼泪鼻涕从胡子上直挂下来，拿着灰色布的手巾在那里擦抹”云云，与《琐记》所述佐杂上衙门情形，尤足对照。《琐记》此篇所述，各省类多如是，特程度有不同耳。“赌子”亦作“肚子”，所谓“带肚子师爷”“带肚子二爷”也。捐官之例广开，最为晚清秕政，故此篇痛切言之。至深以“民穷财尽”为慨，今日尤当懔懔也。

（原第10卷第13期）

三七　“高帽子”更胜“八行书”

关于晚清官场情形者，《见闻琐录》又云：近日捐职太多，每省候补者，州县动二三百人，佐贰佐杂动千余人，仕途拥挤，督抚亦穷于调剂。其初漫无章程，先至省者不得署缺委差，后至者或反得之，人颇不服，于是定轮委之法，委署委差，于先后班次轮去，然而姑苏州县三十三缺，实任已过半，外仅十数缺，轮署候补几三百人，非二十年不能轮一次，于是各省有拔委之法，谓有劳绩可由后拔在人前委署也，而佐贰佐杂亦然，委各差亦然，此法既开，于是有求“帽子”谋拔委者。何谓“帽子”，盖求大官写八行书关说，情不能违，势不能却，从上而来，如帽子戴在头上也。然有大小之分，如我求他省抚藩信至，彼则求尚书侍郎信至，则我帽子小，而彼帽子大矣。如我求尚书侍郎信至，彼则求军机宰相王爷信至，则我帽子仍小，而彼帽子更大矣。藩司委优缺优差，俱据此而定，故候补无人情八行书者，欲得轮委到班，几于河清莫俟矣。而求帽子之外，又有做帽子之法。求恃人，做恃己。大吏无不爱谄媚者，而候补中善于颂祷之人，平日熟探大吏嗜好，所好在此，则所颂在此，所好在彼，则所颂在彼，委婉从容，泯去痕迹，不知不觉，入其心坎中，令人意悦而首肯，如是者谓之“做高帽子”。上司既戴上，则其利更厚，更胜于八行书。何也？八行书加之以势，此则浃之于心也。于是奖拔保举，署事实任，升官发财，皆由于此。某太守，天下第一谄佞者，由进士部曹放某省知府。其座主某尚书，端方严正，最恶趋媚一流。太守往谒之，尚书训之曰：“为官宜上不负君，下不负民，方不愧为读书人。”太守曰：“唯唯。”尚书又问曰：“此去到官，以何者为最要最先？”太守曰：“门生做高帽子一百顶，此最要而先者。”尚书色变。太守曰：“容门生详述。今之大吏，非善于称颂则不悦。如逆其意旨，非独不能为国治民，且立登白简矣；故古人亦有‘善事上官，无失声誉’之言。若朝廷内外，皆能如老师讲究理学名臣，斥黜一切巧邪柔媚，则高帽子非惟不必用，亦且不敢用矣。”尚书色遂和，首颔之。太守出，笑语人曰：“本做高帽子一百顶，为到省用，今送去一顶，止九十九顶矣。”合“大帽子”“高帽子”而言之，隽语可味。某太守云云，为相传之话柄，如《潜庵漫笔》云：“世俗谓媚人为送顶高帽子。尝有门生两人初放外任同谒老师者。老师谓：‘今世直道不行，逢人送顶高帽子斯可矣。’其一人曰：‘老师之言不谬。今之世不喜高帽如老师者有几人哉？’老师大喜。既出，顾同谒者曰：‘高帽已送去一顶矣。’”又忆他家记述，亦有谓高帽子之说出自门生，老师怫然，门生更以言解之，而老师变嗔为喜，与《琐录》正同者，殆寓言耳。

三八　刘坤一轶事

刘坤一轶事，《琐录》云：“南昌府知府许本墉，初在军，刘岘庄制军以秀才从戎，犯令，太守欲杀之，赖将士力救免。未十年，制军讨贼有功，洊升为江西巡抚，太守其属吏也，不自安，告病。制军曰：‘曩者公也，非私也。予闻祁黄羊之风久矣。君实心任事，无异畴昔，行将荐解狐于朝。有阴挟前事中伤者，天日共鉴！’制军犹恐其疑也，相见颜色益和，言语益婉，遇事偶误，益由为原谅，以安其心。将半载，太守终惧获戾，决意辞官归。制军复属同僚极力挽留，终不听，遂无如之何矣。制军为人沉厚而和平，抚吾省九年，不动声色而上下安。太守介介于利害祸福，以小人之腹度君子之心，不能成制军宽宏大德，惜哉！”此言坤一之不念旧恶，公而忘私。又王伯恭《蜷庐随笔》云：“刘忠诚为秀才日，省试仅一次，为江西黄令房荐，批语颇为推挹，而主考弃之，此本平常，刘则以为终身之恨。二十年后，刘以军功官至江西巡抚，昔为主考者，适由知府保升道员，在赣省候补，方充要差。刘莅任，首撤其差，谕令听候察看，不许远离；而访得黄令久经罢归，乃具舟遣使迎之，相见执弟子礼甚恭，且聘为通省大小书院掌教。黄力辞，以事非一手一目所了。刘曰：‘先生自可倩门人子弟代为评阅，不必果劳尊也。’黄因屡为某主考解说。刘言：‘门生向来恩怨分明。今固未褫其官，但令闭门思过耳。’刘官赣抚十年，某主考竟以忧悸卒。黄年近八十始逝。刘升江督后，尚时通竿椟也。”则言其恩怨分明，假公济私。刘之度量，似不至褊狭如伯恭所云，黄某掌教全省大小书院，亦骇听闻，疑非事实。

三九　世间贫苦无过于盐丁

《琐录》记盐丁之苦云：“天下第一等贸易为盐商，故谚曰：‘一品官，二品商。’商者，谓盐商也。谓利可坐获，无不致富，非若他途交易有盈有缩也。淮扬之盐，产于海州近海一带。潮来时汪洋无际，潮退后弥望皆白，遂各依界域，取其潮水入锅熬成盐，而熬之者盐丁也，无月无日，不在火中。最可怜者，三伏之时，前一片大灶接联而去，后一片大灶亦复如是，居其中熬盐，真如入丹灶内炼丹换骨矣。其身为火气所逼，始或白，继而红，继而黑，皮色成铁，肉如干脯。其地罕树木，为火逼极，跳出烈日中暂乘凉。我辈望之如焚畏之如火者，乃彼所谓极清凉世界也。至如客行夏日中，偶值小树阴可略憩息，犹觉其热者，自彼视之，几同广寒宫在天上，不知世间有是境也。其用力之苦如是，一日所得，仅百枚内外。一家妻子衣食均需此，故所食不过芜菁薯芋菜根，上品则为荞麦小麦。我辈常餐之白米，彼则终岁终身终子终孙未啖过者，如入天台山食胡麻饭，乃千数百年一遇，且不知果有其事否也。而所衣皆鹑衣百结，严冬仅衣夹，家最富足，藏有一破绵袄者，十中不过二三。所覆之被，极奢侈者，则集数十片旧絮缝而成之，其余皆积草秆入卧其中矣。我辈所衣皮服，所覆绵衾，彼则视如虞夏冠裳，商周彝鼎，但可闻其名而不可得其物矣。所居屋，高与人齐，以茅盖成，风大则吹倒，雪大则压破，故极世间贫苦之难状者，无过于盐丁也。然尤足悯者，凡人苦尽犹有甘时，己身无望犹可望之子孙，故天下之苦，莫苦于乞人，而或有转运之日，依旧可兴家立业，为官为商，即不然，不能料其子若孙世世为丐，无有奋志立名出人头地者，独至编为盐丁，身不出产盐之区，手不离煮盐之业，耳不闻富贵之言，目不见富贵之事，终一身，终后人，如牛如马，劳苦于此，其志但求不饥死不冻死已足，固无他望，亦不知显乐福泽为何物。予见其鸠形鹄面，真同禽兽一类，吁，可悯矣！均一盐也，盐商乃如彼，盐丁乃如此，其相去悬绝，岂仅霄壤之分，仙凡之判而已哉！”人间地狱，动目惊心，盖非关心民生疾苦者不能作。

（原第 10 卷第 14 期）

四〇　王鑫治军严而刻

咸同间，湘军崛起乡里，震耀一时，〔固〕曾、胡倡率之力，亦其时楚材特盛也。诸将中，王鑫虽以早亡未获大显，而所部最号节制之师，声誉甚著，其轶事流传，为人所乐道焉。《见闻琐录》记其军令之严肃云：“王壮武下令军中，一人积银十两者斩。所有月饷及赏赉资，交粮台，每月遣人分送其家，取书回。将士得书无不感服。左侯号令最肃，独不禁饮酒，无事则听其尽欢极醉。壮武军中，严绝摴蒱，并谓酒足误事，禁之，有提壶挈榼者斩，暇则习超跃拳击之技，立格赏罚，无日不然，故兵少而精。使竟其讨贼之志，勋名当在左、彭诸公上，惜积劳成疾，自林头战后，未几即薨。弟贞介方伯统其军，勇智遂稍杀矣。壮武之行军也，微功必录，微罪必罚，不避嫌，不避亲。剿贼广东时，姊子某犯令，诸将争救，不应，挥泪斩之。其号令之严，予亲见二事。时予避乱石灰啥山中，地界宜乐，山下十里为乐安走宜黄孔道。偶步至此，见所遣侦探九人入店中，呼主人具饭。食毕，每人给钱二十枚。主人不敢受，九人曰：'主将令，沿途强啖人饭不给钱，及取民一物值百文以下者，斩。'主人遂受之。予闻林头贼败，晓登岭远望。日未午，见官军二十余人，自山下追贼二百余上山，至予所居门首，尽毙，但次第割其耳。贼所遗财物，无一拾取者。予归，见二十余人汗湿重衣，觉疲甚，急呼予备饭。山中米粟无多，蒸薯蓣进之。食毕，每人给钱二十枚即行。予曰：'天将晚，人已倦，离城又五十余里，盍止此一宿。'曰：'军令复命逾酉刻者斩。我辈善走，尚可及。'予听而太息曰：'兵遵将令，乃若是乎？非平日恩威足以畏服之，曷克至此？'"治军之严，洵足称述。近时统将，亦有纪律甚严者，可谓有鑫之遗风矣。左宗棠夙重鑫，而颇谓其待部将过刻。如光绪戊寅致刘典书有云："大咨加给莼农薪水，兼司三营帐目，鄙见颇不谓然。营帐由营官自行经理，本是旧章，亦使其稍沾余润。若改归营务经理，则营官未免觖望。当时王壮武虽曾如此办理，所部亦勉从之，却不可为训。弟犹记易普照曾向弟亲说：'大人待我辈恩谊最重，惟总不准我们得钱。'其词亦颇令人心恻。易普照乃璞山所称如手如足者，厥后先璞山阵亡，其家固贫乏如故也。……璞山治军，为吾湘一时巨擘，独于此等处全不理会。"宗棠器局恢宏，有非鑫所及处，而鑫治军之严，益可见也。莼农者王诗正，鑫嗣子。

四一　林头藏伏一战歼敌

关于鑫战略者，《琐录》记林头战事云："王壮武败贼吉安，追至乐安。伪目盖天侯杨国忠最桀黠，号统贼二十万，实六万，盘踞吾邑（宜黄）南境宁都、小田一路谋犯赣州。壮武遣九人至吾邑侦探。贼中素震王名，有'斑虎'之目，闻其兵至，不暇辨多少，皆惊曰：'王斑虎来矣！'邑贼千余，尽奔往小田告急。杨恃众，欲挫王威，即遣前锋五千，至乐安十里屯住，大队继至。乐安有乡团，诸绅闻之，入见壮武，请发兵。拒不见。明日贼愈增，又请，又不见。壮武兵仅三千，自是日减一日，不知何往，诸绅惧，谓畏贼强将遁矣。四日贼尽入乐安界。有一大村曰林头，杨督后队至此，拟宿一夜，明日悉师进战，自谓此地离王军五十里，前后左右皆其兵，万无他虑，遂皆酣寝。至半夜，忽四面炮声震天，火箭数十，射入村中，村屋烧压，如崩崖裂石。贼在睡梦中惊起，不知此军从何而降，而风猛火烈，出门稍迟，即围焚无逃路，时值秋末天热，多不及披衣者。须臾，火箭一枝射烧杨卧榻，杨急走，而村外东西北俱重重围住，惟空南一角，为回宜黄孔道，遂从此奔窜。前有大河，有长桥，桥北水极深，板已毁，贼不知也，前者坠水，后者拥挤而上，为官军枪炮追迫，不敢回顾。贼精锐近万，尽在此地而冻死烧死溺死杀死，无一脱者。天刚曙，官军分一半救火，而是夜四更城中兵亦出，攻贼之前锋。当初更时，壮武急召诸绅至曰：'天明贼必败，东西必窜某小路，可速引乡团据守山口，多张旗帜，贼至但击鼓喊杀，勿出战，勿令窜入谷中，则君等功也。如违，以误军情论。'诸绅愕然，然不敢不遵。及日出，前锋贼果窜至小路，不敢走，遂由大路奔回宜黄，而后路贼又纷纷思窜下乐安，一往一来，自相践踏者不计其数。是时前攻后杀，左右僻径又为乡团所堵截，五万贼斩戮几尽，得脱者才数百人而已。战捷后，诸绅莫解其故，争求壮武指示。壮武曰：'诸君始请时，予知战必胜，然恐在后者闻而奔散，则此六万贼蔓延各县，又不知何日方能剿除，予故示弱不出，使贼知予怯，必埽队前来，然后可一战歼之。此地往宜黄，夹道多大山，予初至，即命数十人遍采各山小径，出入远近，了如指掌。

予兵日减者，盖每夜半遣数百人，带干粮，伪为樵夫山民，往林头左右山中藏伏，料四日内杨贼必宿此地，先歼此贼，余如破竹也。天幸不出所算，又得诸君为声援，成此大功。从今抚、建二郡，可望收复矣。'诸绅闻之乃叹服。"写来生动有致，亦谈鑫战略者之好资料。鑫与曾国藩始合终乖，而殁后国藩每称道之。

四二　破天荒状元

崇绮之为破天荒状元，翁同龢《日记》所记，已征引之（见本年本报第十二期）。兹阅李慈铭《日记》，同治乙丑四月二十四日云："是日见礼部小金榜：状元崇绮，正蓝旗蒙古人；榜眼于建章，广西临桂人；探花杨霁，正红旗汉军人。国朝故事，旗人未有居一甲者。闻胪唱时，两宫欲更之。读卷大臣宝鋆尚书，绵宜侍郎，皆顺旨，吾乡朱太宰独不可，乃止。前科翁曾源，以恩赐进士为大魁，朝野已窃窃私议，此举尤可异矣。崇绮为故相赛尚阿之子，咸丰初官工部郎，以父逮问拟斩，并落其职。（咸丰三年正月二十二日上谕："赛尚阿劳师縻饷，深负朕恩，著照裕诚等所拟，按律定为斩监候，秋后处决。伊子銮仪卫冠军使崇绪、礼部主事崇熙、工部主事崇绮、吏部员外郎崇绚，一并革职。"）今上登极，恩复兵部主事，年已四十余。闻其人颇厉节好学，故郑王端华其妇翁也，枋国时独移疾不出，足迹罕至其门。近年有荐其理学经济于朝者，盖满洲之佳公子也。然以赛相之酿成粤祸，重负国恩，几亡天下，军兴以来，言偾事者以为戎首。予尝观显皇帝实录，尝赛相督师广西时，文宗手诏慰谕重叠，有过家人，而永安州一役，竟令穷寇逸围，遂流毒四海，不可复制，每为切齿痛恨，乃失事之后，既保要领，驯跻都统，复一品官，今复及见其子为天荒状元，天道真有不可知者矣！”追论赛尚阿事，于崇绮虽尚有誉词，而大魁之属，则深表诧异。如所云，得不更易者，由朱凤标也，可与同龢《日记》参阅。

四三　羊痫风进士

慈铭并及前科状元翁曾源。曾源为心存之孙，同龢之侄，以祖荫赏举人，赏进士，一体殿试。未经乡、会之捷，遽得大魁，可谓极便宜。同龢癸亥四月二十一日《日记》云：“源侄出场，身体甚好，亦无讹字，为之欣慰。”二十二日云：“访心农及张午桥，皆言源侄写作甚好，可望前列。……源侄近年为病所困，深虑不能成名，今邀先人余荫，得与廷试，从容挥洒而出，意者其有天佑乎！”二十四日云：“是日小传胪，源侄于黎明入内。辰正三刻，刘升驰报，源侄得一甲第一名，悲喜交集，涕泪满衣矣。敬告先灵。合家叩贺慈亲。须臾，头二三报连至，贺客云集。……源侄得此科名，庶足仰答先人未竟之志，稍伸吾兄不白之冤乎！”五月初五日云：“以曾源大魁，具牲醴敬告祖先，于吾父神主前哭奠。”时距心存逝世未久，曾源之赏进士，即以赐恤加恩也。曾源父同书，时以斩监候罪名在刑部狱。曾源患羊痫风，不时发作，虽幸获状元，然不能任职，侘傺以终。

（原第10卷第15期）

四四　李慈铭中进士

李慈铭文誉早著，而屡困棘闱，同治庚午乡试中式后，至光绪庚辰成进士，年五十二矣。（乡、会之捷，均后于其门人樊增祥。增祥为丁卯举人，丁丑进士。）其庚辰《日记》，于会试及殿廷考试等，记载颇详而有致，亦科举掌故也。摘录之。

（一）会试

三月初六日《日记》云：“早闻敦夫得房考差，午饭后入闱。……邸钞：命户部尚书景廉（满洲，壬子）为会试正考官，工部尚书翁同龢（常熟，丙辰）、吏部左侍郎宗室麟书（癸丑）、兵部左侍郎许应骙（番禺，庚戌）为副考官，内阁侍读学士胡聘之（天门，乙丑）、右春坊右庶子王先谦（长沙，乙丑）、左春坊左中允裕德（满洲，丙子）、翰林院修撰陆润庠（元和，甲戌）、编修钱桂森（太州，庚戌）、陈启太（长沙，戊辰）、王祖光（大兴，辛未）、龚履中（侯官，辛未）、廖寿丰（嘉定，辛未）、袁善（丹徒，辛未）、韩文钧（义州，辛未）、鲍临（山阴，甲戌）、林绍年（闽县，甲戌）、谢祖源（丰宁，丙子）、陈翥（闽县，丙子）、李桂林（临榆，丙子）、陈琇莹（侯官，丙子）、宗人府主事龚镇湘（善化，戊辰）为同考官。”（按：慈铭以避家讳，《日记》中书“泰”为“太”。）初七日云：“下午入城，寓笔管胡同侍卫连某家。”初八日云：“巳刻入闱，蒪庭、云门来送，坐东露字第十八舍。弢夫来视。晚早睡。寒甚，需重裘。”初九日云：“子刻得题：‘子曰吾与回言终日一章’，‘柔远人则四方归之二句’，‘又尚论古之人五句’，‘静对琴书百虑清，得清字’。日加辰起，加巳作文，至晚加亥草、正皆晚，即就卧。寒如昨。”初十日云：“午出闱。”十一日云：“巳刻入闱，坐东暑字第十六舍。……夜早睡。月甚佳。”十二日云：“子刻得题：‘圣人养贤以及万民颐之时大矣哉’，‘月之从星则以风雨’，‘其饷伊黍其笠伊纠’，‘秋九月齐侯宋公江人黄人盟于贯（僖公二年）’，‘黄目郁气之上尊也’。日加辰起，巳后振笔写之，不起草，至晚五艺成。是日见胶州人庄姓，自云年九十二，实年八十四，戊辰入学，庚午赐副榜，去年赐举人，今年例得赐检讨衔。近来风气，老困童子试者，往往冒增年岁至二十余年，夤缘入学，或捐监生，以冀恩泽，故各省乡试后大吏奏年老举人，动至数十，公然诬妄，不为怪也。此人眉发皆黄，当是八十外人，而贫甚，藉官给粥饭以食，号军复揶揄之，不为供炊爨。余因赠以糖炒米粉一合，柑子两枚，庶结鼋鼍之缘，聊志雪泥之印。夜月甚佳。补稿至二更毕，就寝。”十三日云：“黎明结束待发，日加辰始启门缴卷，此际正庚辰年庚辰月庚辰日庚辰时也。出闱后，即雇车出城。检视寓庭花树，海棠、碧桃、紫丁香正盛开，秧梅一树已零，一树正浓，白丁香尚止半放，惟莺枝已过烂漫，杏花、李花俱落耳。裴回花下，风日晴佳，以视矮屋灰堆，奚啻天上……晡后入城。”十四日云：“巳刻入闱，坐西柰字第十二舍；本在第七十六舍，臭秽不可入，立俟扃门，幸空一舍，因得居之，已过午矣。……夜月甚佳。早就卧。”十五日云：“辰刻起，对策，至戌刻真、草皆完，即就卧。”十六日云：“黎明出闱。旧仆岑福，随监试御史朱以增在闱中。三场出入，提挈考具，多此仆为之。今早复来，结束将送，其劳不可没也。”二十九日云：“得绂丈书，借《日记》，且言外间传余五策多及时事，然余实无此事也。即作复。”四月十二日云：“上午岑福自闱中遣人报信云，内中已填榜，余中第一百名。日加午琉璃厂报红录，加未报喜人至，名数皆同。”十三日云：“晨敦夫出闱，知余卷在林编修绍年房，初不知所谓，以问其乡人陈编修琇莹，陈君力赞之，犹不信，更质之钱辛伯，辛伯谓通场无此卷也，始请陈君代拟评语，呈荐于翁尚书。尚书大喜，二十五六日即以次三艺发刻。本中高魁，后以景尚书取本房一卷作元，乃置第十九名。既，翁尚书欲以余卷束榜，始置一百名，而仍刻入闱墨，意别有在也。王益吾在闱中，见余首场及三场，即决为余作，辛伯亦以为然。届填榜时，两君及敦夫、汝翼营企之甚。甫填十余名，益吾即出告外收掌官，先取墨卷视之，知为余书，亟入语敦夫，共以欣然。衰颓暮齿，得此何所加损，而诸君之意甚厚，虽无以报，感不能忘，故备书之。”又云：“下午谒房师，送贽银八两，门茶九千。入城，至东华门外烧酒胡同，谒翁叔平师，送贽银四两，门茶九千。相见殷然，极致谦挹。”闻慈铭谒房师林绍年，语颇不相投，出告人曰：“顷所见非人也！”然说者谓，绍年后在言路有声，慈铭为御史时弗能逮也。于许应骙，《日记》中甚有诋词。二十七日云：“晡诣绳匠胡同，谒坐师兵部许侍郎应骙。此公素以不学名，语言甚鄙，而骤由翰詹躐跻九列，甫以甘肃学政还都，即主会试。国朝两广人无得会总者，（顺天主试，亦止道光甲辰罗侍郎文俊、同治壬戌甲子罗尚书惇衍两人。）外间皆言其有捷径，所未详也。送贽敬四金，门礼九千。”

（二）复试

十五日云：“朱桂卿同年福诜来，晡后同入城，进东华门，至宝录馆，宿文移处。”十六日云：“黎明赴中左门接卷，诣保和殿复试。题为‘伊尹以割烹要汤一句’，‘赋得日久蓬莱深，得深字’。巳初作文，未初缴卷。”十七日云：“复试报至，余列入一等第十七名。”

（三）呈请

十八日云："为呈请归郎中本班事，作书致肯夫转询吏部，又致爽秋转询翰林院，又致李玉舟询之礼部，以或云向章在殿试后，或云去年新例在殿试前，言人人殊也。……夜得王益吾书，言呈请可俟朝考后，盖益吾诸君必欲致余入翰林耳。"十九日云："是日写大卷四开。"二十日云："温棣华编修（绍棠）来言，新章呈请归本班必须殿试前，在翰林院具呈，即写履历一纸，托其料检。"

（四）殿试

二十一日："昧爽赴中右门接卷入殿，辰刻跪受题纸。巳刻对策，直书不起草，首尾俱不同俗例，洒洒二千余言，不落一字，未刻交卷，颇自喜也。"二十四日云："五更呼车入城，听候小传胪。敦夫、云门相偕进长安左门，阙左门下车，由左掖门、昭德门、左翼门入景运门，至乾清门下，久待廊陛间。日加巳始传出前十本姓名，状元黄思永，江宁人；榜眼曹诒孙，茶陵人；探花谭鑫振，衡山人，皆委茶无算者也。……下午知余名在二甲八十六名。同试者三百三十人，余得'赐进士出身'，已为幸矣。"二十五日云："是日闻余卷在侍郎乌勒喜崇阿手，先画一△；继徐荫轩师见之叹赏，亟画一○；以后董尚书恂、王侍郎文韶等六人，皆画○；以有一△在先，遂名第在后。然向来七圈者可列前十本，亦有得鼎甲者。闻今年八圈者至七十五卷，盖亦不爱惜之甚矣。其实余文亦未必真有赏音也。”

（五）朝考

二十八日云：“昧爽赴中左门接朝考卷，卯刻入保和殿。董恂尚书拟题，为‘取财于地取法于天论’‘耕耤田疏’‘芳郊花柳遍，得芳字，五言八韵诗’。巳初振笔直书，午初缴卷。余以既请归本班，必欲入三等，遂仅书三开有半，论、疏皆止十八行，较他人各少六行，以今年浙人无上第，而高等高甲亦甚鲜，倘列一二等，虽陈情犹当改庶常也。”二十九日云：“下午得报，朝考在三等二十二名，是吾心也。……是日初闻朝考通场无三开者，余恐以违式置三等末，颇为营惑，亦甚可笑也（向例，殿试三甲后十名，朝考三等后五名，皆归部铨选）。”

（六）引见

五月初七日云：“四更至东华门，下车，入景运门，待漏九卿朝房。卯刻进乾清门，引见于养心殿。天颜咫尺，香惹御炉，二圣垂帘，黄云夹扆。时方雨盛，水溢玉除，陛卫盛陈，诸贵露立，冠服如濯，同班中有倾跌者。向例东华门止灯，景运门止伞扇；今日引见诸人，有携灯入景运门者，有持伞上乾清门者。至传宣时，大臣或持伞至养心殿门，而乾清宫御前侍卫皆戴雨帽，班立门下，盖朝仪之宽为已极矣。”

（七）叙用

初九日云：“未刻报至，得旨准以户部郎中原资叙用。赀郎回就，桑榆之景已斜；流品既分，蓬瀛之路遂绝。虚望后车之对，长循选格之名。虽出陈情，实非雅志。羞与少年为伍，乃与俗吏随波乎！金榜一题，玉堂永隔，当亦知己所累欷，后人所深喟者也！”又云：“近年凡引见单中注呈明原资者，不论等第，皆从其请，余初未之知也。”慈铭以户部候补郎中获原班即用，化赀郎为进士榜下特旨郎中，未几遂得补缺，其不欲垂老选入词馆，以此也；然金马玉堂，世以为荣，慈铭平日虽好骂翰林，而此时顾念蓬瀛，犹不免怅怅之怀，亦人情所不容已耳。

（原第 10 卷第 16 期）

四五　锡良稍修旧怨

光绪壬寅，河南巡抚锡良既奉旨擢热河都统，向藩库借支半廉，藩司延祉如数予之，而私言于人曰：“官吏廉俸，三品以下自奉到部文之日起算，三品以上自奉旨之日起算。彼已升热河都统，而仍支巡抚养廉，吾见其将遭部驳也。”盖豫抚兼管河务（时河督已裁），养廉银甚丰，若热河都统，为武职，则甚菲也。未几果为户部所驳，锡良为之大窘。锡良素以廉隅自矢，负清名，且与延祉为旧交，以延祉由户部档房司员外放，熟悉例案，不应知而不言，致己讨此无趣，颇不能平。后延祉缘事为豫籍京官杨捷三所劾。时锡良由热河都统调闽浙总督，赴任道经河南，奉命查复。复奏为之洗刷大半，惟折末有云："该司小有才能，不识大体，得人驾驭，奔走趋跄，尚可尽其所长。"云云。奏上，延祉奉旨开缺。说者以有借支养廉前事，因谓锡良盖不免稍修旧怨，然亦疑似之间耳。锡良之为督抚，虽无赫赫之功，尚不失为清末疆吏之贤者。汉滨读易者《张文襄幕府纪闻》云："壬寅年张文襄在鄂奉特旨入都陛见，余偕梁崧生尚书随节北上。时梁尚书得文襄特保，以候补道员奉旨召见，退朝告余曰：'今日在朝房，闻锡清帅对客言曰：如咱们这种人，如何配得作督抚？君试志之，此君子人也！'……如锡清帅其人者，可谓今日督抚中之佼佼者矣。"盖锡良视同时辈流为知耻，亦自难得也。又闻锡良在豫抚任，罢属员叩拜之礼。有候补知县某上谒，以为非此不足示敬，仍循旧仪下跪。锡良恶其卑谄，遽转身以臀向之曰："你磕！你磕！"一时传为笑柄。

四六　端方被参革职

端方宣统己酉在直隶总督任，以恭送梓宫，令人在隆裕太后行宫外摄影，被参革职。或谓其所以罢斥，那桐与有力焉。盖端方前于两江总督任内，有天津商人李某，在上海开五金行，以军械机器为营业大宗，时南洋方练新军，办各厂，李夤缘那桐向端方推荐。那桐时以大学士为外务部会办大臣，为见好于端方计，调其子继先入外务部，并补参事，隐寓交换条件之意。端方仅电谢提拔其子，而将李事置之不理。未几即代云贵总督李经羲购军械机器，值银百余万两，李仍丝毫未得染指。那桐已不慊于端方矣。会杨士骧卒于任，端方调督畿辅，未到任前，那桐受命暂署。其间那桐在淮军公所暨筹款局提用公款银十余万两。端方之任后，知其事，大怒，扬言俟陵差竣事，非揭参不可。那桐时已在军机，谋先发制人，遂乘机媒孽，助成其事云。又，端方与协揆荣庆，总角交也。荣庆自矢清廉，且以能约束仆役不准需索自负。其门丁某，曾在端方处服役。端方以调任直督入觐，访荣庆于家，此门丁向之叩喜，求赏钱，在伊以为是求赏于旧主，非需索门包于北洋大臣也。端诺之，命某日到宅领取。时端方寓东华门弓弦胡同，是日大宴宾客，并约荣庆在座。此门丁至，端方谓荣庆曰："贵管家来索门包矣！当即取与之也。"荣庆窘甚，以为本系至好，乃当众见辱，蕴（愠）怒而去。迨摄影案发生，荣庆随扈，亦极言端方之谬云。此二事为张君二陵所谈，盖闻诸端方之弟端绪者。

四七　京员简放道府

京员简放道府，由京察一等记名。浮沉郎署者，望之甚切，盖无异应举者之望获售也。而各衙门之保送一等，类以其平日之乌布为去取，相沿已久，堂官亦不易假借。

如内阁汉侍读仅二缺，号为正副阁长，例均得保一等，旗侍读十四缺，则须兼诰敕者。翰林各官，自侍读至检讨，则南、上两斋，清秘堂，国史馆提调，暨办院事，协办院事。各部郎中、员外郎，吏部则文选、考功二司掌印，户部则南、北档房管理，暨四川、广东、云南、福建四司掌印，礼部则仪制、祠祭二司掌印，兵部则武选、职方二司掌印，刑部则秋审处提调、坐办，满员之档房管理，工部则虞衡、屯田二司掌印。科道则街道厅，巡视中西北三城，吏、户二科掌印给事中，京畿、江南二道掌道御史。凡此均所谓一等乌布，其保送京察一等，众无异词。清中叶（或更早）以后，大抵如此。礼部仪、祭二司掌印，非在本部当差者不能派充，由选缺到部者无望，限制素严。光绪乙酉丙戌间，有魏乃勷者，由内阁侍读选授礼部铸印局员外郎，时礼部汉尚书为毕道远，派充仪制司掌印；阖部大哗。汉司员凡有乌布者，均至满尚书存诚处辞乌布。存诚出而调停，撤销派乃勷仪制掌印堂谕，题升郎中，其事乃寝云。此亦张君所谈。（仪制司宣统时改称典制司。）

四八　大臣子弟不宜破格保荐

光绪戊寅十二月，翰林院侍讲张佩纶奏“大臣子弟不宜破格保荐”一折，内有“刑部郎中翁曾桂，系都察院左都御史翁同龢之兄子，并非正途出身，不由提调、坐办而京察列入一等，恐为奔竞夤缘口实”。奉上谕：“翁曾桂平日差使若何，此次京察因何列入一等，著该堂官据实复奏。至司员不由正途出身，京察列入一等，是否与例相符，并著吏部查明具奏。”二部奏上，谕：“吏部奏：‘遵查捐纳人员京察保送一等，曾于嘉庆年间钦奉谕旨，载在例文，应准分别年资，统计历俸试俸，并无不准保送之条。’刑部奏：‘郎中翁曾桂在部行走十余年，才具优良，实堪一等，向无不由提调、坐办不列一等之例。’各一折，翁曾桂既据奏称并无不合，张佩纶所奏著毋庸议。”李慈铭是月十八日《日记》，录此谕，加注云：“刑部奏称，同治元年京察一等孙尚绂，为现任吏部侍郎孙葆元之子，为不避大员子弟之例；然孙葆元（按：当作孙尚绂，盖笔误）由荫生充秋审提调，例得京察者也。”有疑词焉。足见“不由提调、坐办不列一等”，虽非有明文规定，却久成惯例矣。

四九　京曹设道沿明制

慈铭乙亥八月二十六日《日记》云：“户部以广东司为首领司，凡分司派差皆由广东司开单呈堂；刑部以贵州司为首领司，皆以所辖之省僻小事简故兼司其事。户部之以山东司管盐，云南司管漕，广西司管铜，贵州司管关，亦以此也。既为利薮所在，遂称盐漕铜关为四大司。军兴以后，漕粮罕至，滇铜久绝，于是云南、广西为小司，而号山、陕、福建为三大司。山者山东也，陕者陕西也，以兼辖甘肃及新疆，且管宗室及京官文武俸禄、各衙门钱粮、各路茶马茶引也。福建以兼管顺天、直隶钱粮也。江浙既平，漕运稍兴，云南司官吏复灼灼然起，于是称山、陕、云、福四大司矣。其头司为江南司，则尚仍明代之旧也。犹之明十三道御史，首河南道，其掌印者称掌道，权最重。国朝增设京畿、江南为十五道，而河南尚居江南之上，称首道，示沿明制也。此亦故事所系，且可以考世变。”亦京曹掌故也。（原第10卷第17期）

五〇　命相有验有不验

世传李文田精命相之学，所言辄验，诸家记载，盖屡见之。其实凡是之属，大氐偶验则哗传其神，或更故神其说，附会而张大之，不验则人罕措意，于是乃若无一不验，而命相之学洵信而有征矣。此流俗之蔽也。文田尝为李慈铭推星命。慈铭同治乙丑四月三十日《日记》云：“得芍农书为予推星命，言其格为‘日月夹命，五星逆生’，耶律文正《乾元秘旨》中所谓‘大格’者，当主奇贵。又谓‘逆格者多有磊坷不平之气，以术料之，恐以气节贾祸。他日到崇高时，深宜戒慎！’云云。前说非所敢当，后说自为近理耳。”其后全不验。慈铭仕途终于五品，固未能当“奇贵”“崇高”之说，虽以御史在言路，亦未“以气节贾祸”也。又，文廷式《闻尘偶记》云：“若农侍郎术数之学，颇多奇验，余别记之。惟其任顺天学政时，甲午七月考八旗科试毕，余与黄仲弢、沈子培子封昆弟宴之于浙江馆。酒半，忽言曰：‘予近相安小峰御史维峻，不出百日必有风波。’余曰：‘大约以言事革职耳。’侍郎曰：‘尚不止此。’乃冬间而安侍御以忤旨谴戍，如侍郎言。盖试八旗时，安为监试，侍郎相之特详审也。又，壬辰春间，志伯愚詹事锐有奉使外洋之信，中外皆谓必得，而侍郎以相法决其不然，卒亦竟如所说。惟相余则屡易其说，而皆不验，此不可解者也。”则言其有验有不验，其非悉验可知耳。

五一　算命欺人

又，慈铭光绪戊寅十月十八日《日记》云：“午后偕仲彝诣禔盦不值，即至琉璃厂吕祖阁，从瞽者张姓按太素脉。其法，按左右手之脉及十指，更询生辰八字，以决休咎，实则一算命之庸劣者，借按脉以欺人耳。余素不信星命卜相之说，以此盲者之名颇著，友人多传其奇中，故聊试之。及坐定而询禄命，始哑然失笑，盖得名都下者大率如此矣。然其谓余科名止于举人，官位止于郎中，一生困顿，今年尤多横逆，则此瞽之名亦不虚矣。仲彝言其卦卜颇验，余因卜席姬妊身事而出。”庚辰，慈铭成进士，距此仅年余耳，后更由郎中而御史矣。

五二　石钟山僧怪语

翁同龢戊戌罢官后，游石钟山，遇一老僧，言甚奇诞，以故作怪语者。是年七月二十五日同龢《日记》云："晨起，呼小舟截流而东，游石钟山，过杨泗庙。庙极小，在山麓。僧八十八矣，坐石共语，有奇趣，自言厌见时事也……记老僧语。一见，呼余'老太爷'。问系湘人，'曾从军乎？'曰：'脚踢湖南省，拳打广西城！'又曰：'此庵彭公（按：谓彭玉麟也）来后无人来，尔来，吾以为彭公即尔，尔即彭公矣。'又曰：'尔年三四岁耳。'余诃之，则曰：'不过六岁余耳。'又曰：'尔欲闲，恐天不放闲。尔名利中人也。'余曰：'我在名利外。'一笑而起。予一银饼，再拜曰：'菩萨钱。'"使同龢后果再起，"天不放闲"之语，不亦将见谓为"奇中"乎？

五三　李文田深论危言志节过人

文田官京朝，志节可传，远过世所侈谈之命相学也。慈铭同治甲戌七月三十日《日记》云："晚诣若农师久谈。（按：文田庚午典试浙江，慈铭为所得士，盖先朋友而后师生者。）夜饭后出示其六月初七日所上请停园工封事，约三千余言。以近日彗星见戌亥之交为天象示警。（按：引天象以警君上，久为臣工建言之常，不必好言星命术数之文田为然。）其前列：‘今有三大害：一民穷已极，二伏莽遍天下，三国家要害尽为西夷盘踞。’中言：‘焚圆明园之巴夏里等，其人尚存。昔既焚之而不惧，安能禁其后之不复为？常人之家，或被盗劫，犹必固其门墙，慎其管钥，未有更出其财物以夸富于盗贼之前者。’后言：‘此皆内务府诸臣及左右宵人荧惑圣听，导皇上以朘削穷民，为其自利之计。《大学》言："聚敛之臣不如盗臣。"又言："小人为国家，菑害并至。"说者谓："菑者天灾，害者人害。"今天象已见，人事将兴。彼内务府诸人岂知顾天下大局？借皇上之威，肆行朘削，以固其宠而益其富，其自为计则得矣。皇上亦思所剥克者固皇上之民，所败坏者固皇上之天下，于皇上何益哉？使自来为人君者日朘削其民而无他患，则唐宋元明将至今存，大清又何以有天下乎？’又言：‘皇上亦知圆明园之所以兴乎？其时高宗西北拓地数万里，俄罗斯、英吉利、日本诸国，皆远震天威，屈服隐匿；又物力丰盛，府军山积，所有园工悉取之内帑而民不知：故天下皆乐园之成。今俄罗斯诸夷出没何地乎？国帑所积何在乎？百姓皆乐赴园工乎？圣明在上，此皆不待思而决者矣！’云云。深论危言，详尽痛切，古今之名奏议也。闻上阅竟不置一语，盖圣心亦颇感动。外间传上震怒裂疏掷地者，妄言也。若农师去年江西任满时，以太夫人年已七十有七，常有小疾，已欲乞养归，因闻朝廷议修园御，江西僻陋，邸报罕至，巡抚刘坤一又秘廷寄不肯告人，师乃入京复命。先以东南事之可危，李光昭之奸猥无行，告尚书宝鋆，责其不能匡救。宝曰：‘君居南斋，亦可言也，何必责军机？’李曰：‘此来正为此耳，无劳相勉！’遂不欢而散。上疏以后，绝不告所知。有往询者，则曰：‘已焚稿矣。’见之者惟逸山与予等一二人耳。迹其所为，可谓今之古人！”《闻尘偶记》云：“李若农侍郎文田，学问赅洽，晚节尤特立不苟。将死，语不及私，惟谆谆以朝局为虑。见汪、长二侍郎被黜，时病已笃矣，犹喘息言曰：‘吾病死不足惜，但某相国与某官者，朝夕聚集，密谋欲翻朝局，吾亲家某侍郎亦与其谋，可若何！’不越日卒；故挽联以‘威公泪尽，苌叔心孤’拟之，皆所谓知其深者也。”（按：汪、长被黜事，可与本年本报十期、十二期《随笔》所述者合看。）均见文田志节之过人。同龢与文田为稔交，其光绪乙未十月二十一《日记》云：“闻李若农于昨夕戌刻长逝，为之哽塞。”二十二日云：“若农恤典尚厚，子赏员外分部行走。”二十三日云：“哭李若农，为之摧绝。若农身后萧条，差囊尽买书矣。其子渊硕，年十五，号踊如成人，可怜，可怜！”文田官终侍郎，无谥。近人有以“文诚”称之者，则清退位后所补谥也。　（原第10卷第20期）

五四　李慈铭捷乡试五则（附一则）

李慈铭光绪庚辰成进士，其会、殿试等情事，已就其《日记》辑录（见第十六期）。前此十年，慈铭捷乡试，

《日记》言其情事，亦颇有致，兹更摘录，可合看。是科浙江正考官为左副都御史刘有铭，副考官为侍讲李文田。

（一）乡试入闱

同治庚午八月初七日云："作片致仲修，借入闱用物。得恒农书，馈肉饺、鱼松。（松、饺皆俗字，此二物古时所无，不妨从俗。）仲修为料检考具，蓝洲为添买帏帐，皆遣人送来。予于科名绝意已久，今年以梅卿、仲修、蓝洲三君极意劝勉，重违其意，再效登场。衒嫁詅痴，必无所当，然如三君之周旋友谊，亦可谓有古人之风矣。忆自道光己酉，初应省试，先本生大父出入顾复，无异孩褎，而护之入闱者，则先师萧山王先生冕藻也。咸丰辛亥以后，大父见背，一切衣食皆先太夫人遥为主持。每试前一日，必遣一仆至。凡闱中所需，纤悉皆具。己未入都，南北道阻。予亦不复应试。同治甲子，以亡友陈德夫力挽入闱，凡移寓办装及食用之物，皆德夫及谭研孙庶常分任经理，不以告予。乙丑南还，旋丁大故。今年已四十二矣，负债未偿，又作此剧，不特鲜民靡恃，褎恨终天，王先生殉义永兴，碧血早化，同试之友，百无一存，即德夫亦归骨西江，墓草久宿，俯仰今昔，曷胜泫然！……付仆人三番金，添买考具。以布一幅制号舍里帷。"绝意科名，盖屡言之，然固望之颇切，《日记》中亦可按也。此亦屡困场屋者之恒语耳。时慈铭丁母忧除服未久。

初八日云："午入闱，坐服字舍。"初十日云："晚还寓。”十一日云：“午入闱，坐黎字舍。”十三日云：“傍午出闱。”十四日云：“午入闱，坐行字舍。感寒，身热不快。”十五日云：“身热，力疾对策五千余言。夜有华月彩云。”十六日云：“晨出闱。”闱中事，所记殊略。

（二）乡试揭晓

九月十五日云：“是日乡试揭晓，傍午报至，予中第二十四名；山阴五人，会稽四人。梅卿中九十名。……下午阅全录，元同、风洲、松谿、均甫、桐孙及黄岩王咏霓、余姚黄炳垕等皆中。浙东西古学之士，此榜尽矣。义乌朱一新、朱怀新兄弟，慎斋言其年少有美才，能为汉学，今亦与选。书局司事朱昌寿，仁和老诸生，潦倒抑塞，竟亦得隽，亦可谓穷经之报。（黄君炳垕子维瀚中十八名，尤为仅事。会稽陶仲彝亦得隽。）元同黄以周，风洲潘鸿，均甫施补华，与黄炳垕皆是年新优贡也。

（三）阅闱墨谒房师

二十日云：“阅闱墨，共刻首场文四十一篇，经文十六篇，策第三道三篇。予仅刻首场第三艺。其文颇多拙劣。解元蒋崇礼，余姚拔贡，文尤庸恶。知好中，风洲刻一经一策，朱西泉刻一经，桐孙刻一策，元同、均甫皆无刻者。刻字人任有容来告，予卷在第五房，房师石门令陈讦堂先生（谟），江西安仁人，丙午举人，庚戌进士。”二十二日云：“谒房师陈先生，送挚银四两，门礼四番金，总犒两番金。陈先生极致推挹，言予之二三场，博综约取，绝无炫奇逞能之意，非世之才人学人所能几及。又言主司得予首场三艺，传示各房，第二房李君士垲即决为予作。至写榜日，学使徐侍郎先阅红号，至予卷，侍郎已暗识之，喜跃曰：李某中矣！通场无不以得余为幸。自问文章亦无以过人，而二十年来潦到场屋，几已绝意于此，今垂老得一乙科，尚复重烦诸君过相引重，深可自笑。”二十三日云：“午诣总督衙门谒两座师，各送贽银四两，门礼三番金。先见副考官李芍农先生，极道故谊，且言闱中物色予卷，文笔殊不相似，以为佹失，既惭负知己，又无以对都中故人。指所改闱卷第十名徐建棠诗末联云：‘兹乡莼菜好，敲月访参寥。’曰：‘此语为兄设也。’谈逾两时而出。复见正考官刘镌山先生。刘字缄三，南皮人，道光丁未翰林，年六十五六矣，粥粥忠厚人也。”又云：“中书舍人嘉兴张仲甫先生（应昌）重赴鹿鸣，与予等称先后同年，今日开筵受贺，遣人持年晚生刺拜之。”二十四日云：“谒杨中丞（按：杨昌濬也）不值。谒学使徐寿蘅侍郎，晤谈甚久。杭士之中式者，例于监临称师生，嘉、湖人亦渐效之。自乙丑后蒋布政（按：蒋益澧也）以多金饵贫士，于是提调、内外监试无不称老师矣。此奔竞之恶习，海内所创闻也。杨中丞颇骄倨，又自以不由科目，以不称门生为轻己。予久在书局，略有素分，今日不得已具三刺谒之，一单书姓名，一书中式举人某，一仍户部郎中某，欲自介于两可之间，瞯其履行海塘，投谒而出。徐侍郎素未识面，此次录遗，予通卷皆作《说文》字，以为违例，而侍郎甚赏之；及以监临入闱，又从受卷官索予文发誊录官，令先钞：不能无知己之感，故通刺如中丞。”（后在京，徐树铭与书，称谓以师自待。慈铭怫然，报书示意，称以“寿蘅先生”，且谓：“庚午以同人牵率，劳复观场，李学士以众人遇之，齿之无足重轻之列。”详其光绪丙子五月《日记》。）又云：“二更时得芍师书，言予第二策须进呈，属录稿以进，又托改定诸君策及试录后序，即作书复之。”二十七日云：“蒋子相来，托其诣布政司吏，录闱中十四艺，付写费五番金，以予无别稿也。”

十一月十一日云：“午祭先人。设席宴客。”二十一日云：“付十一日宴客厨馔费五十番金。予以垂老齿乡书，又褎鲜民之戚，尚复开筵受贺，可谓全无人心，故决意谢客，而以祭先之馂速诸亲友，犹所费如是，吾乡市物之贵，可以概见。”

（四）举孝廉无实学

二十八日云：“是日刻字人任有容寄十六房《同门卷》一部、本房《同门卷》十部、《同年齿录》两部来。予见先世齿录，以年之长幼为序，起敬起让，最有古风；今则以榜之名次为序。其中履历之荒谬可笑，不胜偻指，固由晚世不讲谱学，伪造阀阅，而士人目不知史，以市井之封拜加于汉唐，以舆皂之传闻宠其宗祖，昔人所谓‘举孝廉，浊如泥’者，深可叹也。”

辛未正月二十一日云："寓楼无事，阅去年浙江十六房行卷，惟张行孚之一经两策，王咏霓之三经艺差可与语，余则茅苇弥望，兼多朽腐。文体之衰，盖为已极。虽以顺德（按：谓李文田）之极意搜罗，而近日士无实学，不能应副，即时文小道，亦已无复真际，故是科浙墨自第二名裘瀛振、第四名包绍吉外，鲜有可观者矣。"

（五）殿试卷

刘诗孙君（文兴）藏有慈铭殿试卷，昨惠书言其梗概。书云："……此读大著《随笔》，所葺李越缦先生殿试诸事，搜讨綦详，尤为钦佩。年前傅沅叔先生葺《清代殿试考略》时，兴曾出所藏殿试卷，供之考校，并论及越缦先生应试之年，据《日记》载，在五旬以外，其卷首则仅书四十有六，盖援向例减年应试。当时曾拟入文，兴以琐屑不宜加入泥之。今先生既论及此，用并奉告，亦士林之佳话也。至于越缦《日记》谓文不起草，未免言之太过。今以原卷观之，毫未乖于绳墨。苟不起草，安能无讹？此盖与赵瓯北改体应试同一欺世之语耳。"录之以资印证。

岑春煊就职两广都司令宣言，极似梁启超手笔，故拙稿《谈岑春煊》（见第十八期）云然。昨读温君宗尧函谓："当时肇庆组织都司令部时，梁任公先生虽为都参谋，然岑公当日就职文系出自周孝怀先生手笔，而非梁先生手笔。梁、周皆鄙人好友。周先生为此文时，鄙人在座。"

温君之言，有裨传信，而周、梁文字，机调亦可云酷肖矣。

（原第10卷第21期）

五五　李慈铭在京复试

李慈铭同治庚午浙江乡试中式诸事，已见上期。其记翌年在京复试，亦颇可述。辛未三月朔《日记》云：“昧爽起，坐车至东华门。日出，赴中左门领卷，诣保和殿复试。文题为‘言寡尤，行寡悔，禄在其中矣’，诗题为‘泛水织纹生，得风字’。试者百人，人赐饼五枚。……午缴卷，出东华门。”初六日云：“岘卿来言，昨托人至礼部求得予复试卷观之。其卷为侍郎魁龄所阅定，惟于文中一‘致’字旁帖黄签，盖其意以‘致’右从‘攵’不从‘夂’也，人不识字至此！伏猎金银，萦萦省阁，于侍郎何诛焉？前日试殿上者九十二人，连铺接席，皆伧楚耳。予自以脚间夹笔足以埽之！又以故事必派一二品官十二人阅卷进拟，其差弟皆以律诗，故于八十字中，颇推敲之，以求其易解，乃犹在下等。此辈肺肝真不可测！”亦想见其意态。

五六　庚午浙江优贡考试

庚午浙江优贡考试，得人称盛。慈铭是年九月十一日《日记》云：“得梅卿书，言：优贡正取六人，为黄以周、潘鸿、黄炳垕、施补华、陈豪、许诵禾，备取为孔昭俊、吴承志等十二人。黄炳垕余姚人，梨洲先生之后，精于算学。许诵禾海宁人，故淮徐道梿之子，年少有才气。孔昭俊西安圣裔。吴承志杭人，甫逾冠而能通经为汉学。此举可谓极一时之选，不愧明经科目，百年来所仅见者也。以元同冠首，凤洲次之，尤足为读书者劝。”二十日云：“嘉兴钱君贻元来。钱字新甫，是科优贡。”故事，浙江优贡之试，依额正取六人，备取类亦六人。（各省优拔，备取之数大氐均与正取同。）正取者如本科乡试中式，即以备取未中式者递补。倘补不足额，则听之。此次浙江学政徐树铭以佳士较多，特将备取广为十二人。乡试揭晓，正备取中式者逾六人。以备取者多，仍得补足六优贡，故树铭之爱才，为浙士所颂云。许诵禾后改名湝祥，光绪乙酉举人。钱贻元为曾国藩幕僚应溥（后官至军机大臣工部尚书，谥恭勤）子，乃以备取递补者，后改名骏祥，乙酉举人，己丑翰林。

五七　饱食终日博弈优贤者

慈铭是年五月二十五日《日记》云“戏与诸弟掷《采选图》。此孙念祖编修新刻之越中者，不古不今，盖依旧图而妄加损之，全不知官制迁改原流，故以朱笔改正其序，亦使子弟习知官簿勋品，定制厘然，不可稍紊。此虽小小戏剧事，然世之公卿，有终身居台阁，而问之如坐云雾者。吾夫子所谓‘饱食终日，博弈犹贤’也。”应与《随笔》前所引其《日记》中关于《升官图》者（见第五期）合看。

五八　小站练兵缘起

王伯恭《蜷庐随笔》云：“中日和约既定，恭亲王一日问合肥云：‘吾闻此次兵衅，悉由袁世凯鼓荡而成。此言信否？’合肥对曰：‘事已过去，请王爷不必追究。横竖皆鸿章之过耳。’恭亲王遂嘿然而罢。是时项城在京，虽有温处道之实缺，万无赴任之理，设从此罣误，心实不甘。忆昔在吴武壮朝鲜军中，以帅意不合，借题为朝鲜练兵，因祸为福，此次师故智，正合时机，乃招致幕友，僦居嵩云草堂，日夕译撰兵书十二卷，以效法西洋为主。书成，无术进献，念当时朝贵中，惟相国荣禄深结主知，言听计从。顾素昧生平，无梯为接，侦知八旗老辈有豫师者，最为荣所信仰，又侦知豫公独与阎相国敬铭相得，阎为路闰生入室弟子，又申以婚姻，非路氏之言不足以动之，因念路氏子弟有在淮安服官者，家于淮安，而项城之妹夫张香谷，系汉仙中丞（按：张汝梅也）之子，亦家淮安，必与路氏相稔，遂托香谷以卑礼厚币请路辛甫北来，居其幕中为上客。由辛甫以见阎文介，由文介以见豫师，由豫师以见荣文忠，层递纳交，果为荣文忠所赏。项城遂执贽为荣相之门生，而新建陆军以成，驻于小站周刚敏盛波之旧垒。但项城初不知兵，一旦居督练之名，虽广用教习，终虑军心不服，于是访求赋闲之老将，聘为全军翼长，庶可以镇慑军队。适淮军旧部姜桂题，以失守旅顺革职永不叙用者，正无处投效，闻小站新军成立，径谒军门，项城见而大喜，遽以翼长畀之。桂题亦不知兵，惟资格尚深耳。项城更说荣相，以五大军合编为武卫全军，以宋庆为武卫左军，以袁世凯为武卫右军，以聂士成为武卫前军，以董福祥为武卫后军，其中军则荣相自领之，兼总统武卫全军。荣相乐其推戴，且可弋取统属文武之名也，德项城甚，有相逢恨晚之感。复用项城之策，令诸军各选四将，送总统差遣。比至，令此十六人者，各用一二品冠服，乘马在舆前引导。荣相顾盼自喜，以为人生之荣无过于此。吁，何异儿童儿戏之见哉！”伯恭曾与袁世凯在朝鲜共事，其书言世凯事颇悉。此言小站练兵缘起等，亦可供参考，惟云中日和约后尚有阎敬铭，则误，敬铭卒于壬辰二月，距是已数年矣。

五九　阎敬铭身后恤典之辩

翁同龢壬辰二月二十二日《日记》云：“晏海臣（安澜）来言，丹初相国于二月初九染时气卒于虞乡，为之哽塞。‘人之云亡，邦国殄瘁’，可叹也！昨日荫轩告我未详，今乃得其月日。”二十三日云：“哭阎相于广慧寺，其侄迺珏为主。”三月初二日云：“阎相遗表上，恤典照大学士例，加宫少保衔。”敬铭尝与同龢同官户部，同龢颇敬其人，前此《日记》中多可见。敬铭历官京外，声勋卓然，兹以故相赠太子少保衔，未为优异，然如其乡人李岳瑞所论，则非是。岳瑞《春冰室野乘》云：“及其薨也，乃仅赠太子少保衔。……故事，辅臣身后必晋三公，即不能，亦当赠太子太师。今以一品大臣，而身后饰终之典，乃以二品衔予之，国朝二百年间，盖公一人而已。”又《说元室述闻》云：“遗疏上，仅赠太子少保衔。辅臣恩数，乃仅得正二品，二百六十年间，一人而已。”有清大学士赠太子少保衔者，屡有之，岂仅一人？辅臣身后何尝必赠三公或太子太师？此类荣典，若与本官较品级，则大学士正一品，太子太师从一品，亦属降级，而尚书等从一品官恩加太子少保衔者，均可以贬谪论矣！

六〇　阎敬铭清除积弊而不果

张君二陵云：“清制，八旗为军籍，男子成丁娶妻后身故者，其妻于三日呈报佐领，愿守愿嫁。嫁者无论，守则按月给以口粮。日久弊生，往往其人已故而仍支口粮。此盖管旗衙门与户部司其事者朋分。光绪某年，户部尚书阎敬铭，方以精核著，会兼署礼部尚书，发觉有已身故请旌而仍支此项口粮者，因命户部司员调查，则各旗此等弊病甚多，大怒，欲严办以清积弊。主管司员惧遭严谴，夜分召承办书吏于私室，谋弥缝之术。书吏从容对曰：‘老爷万安，书办一人当之足矣。明日请将书办交司务厅可也。’（惩治书吏过犯，例归司务厅。）翌日，果将此书吏交司务厅。吏至厅后，自认不讳，并云：‘国家钱粮，丝毫为重，请回堂奏交刑部，彻底根究治罪，书办死而无怨。’司务厅员据以回堂，而敬铭旋思此案举发，范围甚广，将成大狱，而惇亲王奕誴、恭亲王奕䜣、醇亲王奕譞均为都统，亦有应得之咎，尤难率尔，竟寝其事。盖敬铭虽风厉，而不能无投鼠忌器之见，此吏早已料及，故坦然无所畏耳。斯时家厚甫（铭坤）方在户部，犹及见之，亲为余言之甚详。”甚矣，铁面之不易也！

（原第10卷第22期）

六一　徐琪翰林院直日被召见

（一）仪鸾殿所见

徐琪光绪间为南书房翰林，有《南斋日记》若干册。顷于黄君病蝶处获见二册，多恩荣感激语。己亥五月三十日，记仪鸾殿召见情事云：

病尚未愈。五点钟策骑入直。家人见病甚，皆阻前往。琪知今日是翰林院直日，必召见，若偷闲，不宜，乃扶疾策骑，居然尚可支持。至斋少坐，果命召见。乘舟至瀛秀园门五间房，又稍坐。晤苏子熙宫保军门（元春），一见如旧相识。是日三起，琪第一，苏元春第二，军机第三。有奏事太监导入瀛秀门。将至殿阶，见殿前陈设皆珠兰、茉莉、蕙花之属，盆皆细磁五采，香气扑人。中官导前，登殿中阶，启中扉，进殿向东行，见殿中陈设诸花与外同，但盆略小。因召对在即，不敢谛视。趋至东暖阁，有黄纱帘，中官向北面启帘。盖宝座近窗向北坐，臣等由北面上，是以由北启帘也。进暖阁，见近窗设御榻一，皇太后宝座在榻之东，中设一炕桌，皇上宝座在榻之西。前设御案一，案上黄缎罩，臣等履历片置案上。案下设一品垫，正一居正中，垫北有花数盆。臣等非一品，不能上垫，乃在垫旁向东南迎皇太后御坐跪。

（二）西太后问话

移时，皇太后问曰："你那里人？"臣对曰："臣浙江人。"又问曰："那一科进士？"臣对曰："臣庚辰科进士。"又问曰："浙江年岁多好？"臣对曰："是，浙江年岁多好。"又问曰："浙江雨水什么多调匀？"臣对曰："是，浙江雨水一切多见调匀。"又问曰："宁波有水勇，有人说可以练得，究竟何如？"臣对曰："宁波水勇亦可练得，然台州民情强悍，似乎台勇比宁波还强，然咸丰年间军务时，宁波练绿头兵，亦颇得力。"又问曰："那是捻匪时否？"臣未及答，又问曰："是粤匪时？"臣对曰："是。"又问曰："浙江有教案否？"臣对曰："浙江教案尚不多。各省教案，全在州县得人。若有洋人来，即时见他，有教案立予讯结，决不致有多事。现在各处教案，总是不肯骤见洋人，平时又不将细情晓喻，于是愚民以无稽之词，或迫于公愤，亦有希图打抢，并非真是义民的。”皇太后曰：“可不是。现在山东、四川各省俱有教案。总要外头办得好，若闹到里面来，事情就不好办。”又问曰：“近来时事多艰，练兵以外，尚有何策应该举办？”臣对曰：“方今以练兵为第一要义。练兵以外，惟有理财，然本朝与前朝不同，从无加赋之名，若理财不得其法，民间即为受累，还是推广蚕桑，其利最溥。”皇太后曰：“可不是。加赋万不可行。理财之事，地方官办理不得其法，则百姓受累。”臣对曰：“是。”又问曰：“浙江多出丝？”臣对曰：“是，浙江出丝。”又问曰：“丝是湖州的好？”臣对曰：“湖州的丝最好。杭州府属海宁州等处出丝亦多好。”又问曰：“洋人亦来买丝？”臣对曰：“洋人亦来买丝。伊等买丝，必须丝货都齐，价钱欲落之时，始肯来买，是以中国商人往往多吃其亏。”皇太后曰：“洋人做生意，他多比中国商人精。”臣对曰：“是，中国商人心思赶不上洋人，是以商务多吃他的亏。”皇太后曰：“正是。即如矿务铁路，亦多不见获利。所延矿师，往往本领不佳，亦寻不出真苗。”臣对曰：“是。外国开矿，往往于此处安机器，即开至见水，仍复下挖，必见真苗而后止。中国商人安机器，挖至见水无苗，即挪他处，是以所费成本较多，而获利转少。况购买机器，资本已重，而机器所获之利，不能过有速效。”皇太后曰：“是。机器成本既大，获利却亦甚缓。”臣对曰：“是。方今时势，若不讲求洋务，未免迂阔，然机器等事实无大利。”又问曰：“铁路亦不获利，何故？”臣对曰：“铁路在外洋招商较易，是以获利比中国厚。”又问曰：“浙江农工商局近来亦办得如何？”臣对曰：“现在浙江经刘树棠竭力整顿，一切当有起色。即如从前养蚕不精，近仿西法，用显微镜先照，将蚕子有毛病者先行挑出，所以近来所养之蚕既好，丝亦较从前漂亮（此二字京中语犹光洁也）。至于兴利之道，如浙江岱山从前出盐，抚臣日派人往收，乃盐出日多，而官款不给，于是私枭充彻，仍复无可如何。”皇太后曰：“可不是？私枭最可恶。他的盐运来比人家好，价钱又贱，是以百姓多贪吃他私盐。”臣对曰：“是。”对至此，皇太后从容温霁谕臣曰：“你是近臣，学问又好，方今时事艰难，内而内政应该修明的，外而外政应该举行的，你随时条奏，无不立见施行，无不即行举办。”臣对曰：“是。臣如有见解，当随时奏闻。”皇太后曰：“你会画？”臣对曰：“臣学则画画。”皇太后曰：“有画得好？”臣对曰：“臣画粗学。平日瞻仰皇太后御笔，实在钦佩。”皇太后曰：“画就是章法不好安。”臣对曰：“皇太后御画，章法实在好极，臣钦佩十分！”皇太后曰：“今年因事情忙，亦不多画。往年节下画得多，你们多有赏，今年画得少，是以多未赏着。”臣对曰：“是，现在事体比从前多忙。”皇太后又曰：“我每画一件，多是自己等用，是以临时教你们题，随时要有。你们题得多好，就是多受累。”臣对曰：“总是皇太后恩典！”皇太后又曰：“嘉庆道光年间，南书房多会画，现在有能画有不能画。”臣对曰：“是。”皇太后又曰：“你大字匾对多写得好？大字有底子否？”臣对曰：“没有底子。”皇太后又曰：“大字搁在桌上瞧得好不算准，总要悬起来看好，才是真好。”臣对曰：“是。”皇太后又曰：“你平时用什么笔？”臣对曰：“写福方等字用棕笔；若写蜡笺还用羊毫。”皇太后曰：“棕笔不大好使，还是羊毫转侧处见得圆润。”臣对曰：“是。”皇太后又问曰：“你多少岁？”臣对曰：“臣年四十二岁。”问至此，稍停，顾皇上曰：“皇帝还有问的问问。”皇上曰：“你天天进里头来？”臣对曰：“是。臣天天进里头当差。”皇上曰：“衙门里还常去？”臣对曰：“衙门事情不多，有知会来就去。”皇太后曰：“翰林院那边事简？”臣对曰：“是。翰林院事简。有内廷差，署中即不常到。”皇太后又问曰：“侍讲几员？侍读几员？”臣对曰：“汉侍讲三员，侍读三员。”臣因奏皇上曰：“近日圣躬服药多见好？”皇上曰：“天天脉按，你多瞧了？”臣对曰：“是。脉按臣瞧了。”

（三）奏对后退出

对至此，臣思问话已多，稍跪凝神，待垂问或命起来。皇太后从容曰：“那没你……”若曰“那没你还是先下去”，下半语未出口。“那没你”者，此优待近臣，不欲令遽出，而时已不早，不能不出，乃含意曰“那没你”。从前皇上垂问，至问毕时亦如此。臣领会，瞻仰天颜，见不向下问，即起立，向西北退出一二步，已近帘，以右手托帘，左足先出，仍以面迎上。若右足先出，一转侧便以背向上，大不敬。左足既出，然后上半身轻轻闪出，以右手将帘放下，然后右足随出，若有神助。中官在阶下候。臣仍出中扉，即向东趋而南，出瀛秀园门，仍乘舟至斋。是日琪以病躯，幸未陨越，且垂询至四刻余之久，天语屡褒，皆托祖先福庇，遗泽绵长，始克臻此！谨详录垂询奏对之词于此，以志欣感。

此戊戌政变后一年庚子乱作前一年事也。虽所记若无关宏旨，仅供谈佐，而其时当局及词臣之识度，亦约略可见。义和拳之仇外，起于民教恶感，所谓"教案"，其先导也。西后殷殷以教案之多与"不好办"为虑，盖事态已渐严重矣。琪时官翰林院侍读。(原第 10 卷第 23 期)

六二　谈王小航

闻宁河王小航先生（照，晚以字行）归道山，耆硕凋零，不胜悲怆。清德宗戊戌行新政，先生以礼部主事上书言事，堂官格不代奏，先生面诘之，乃被严劾。德宗为尽罢礼部堂官六人，而以先生"勇猛可嘉"，超擢四品京堂候补，并赏三品顶戴，盖预为简授出使大臣地。君臣之际，度越寻常。迨政变，遂罹党祸，遭名捕。世之言戊戌新党者，无不知王照其人矣。（先生语余，当超擢京卿，时黄公度已简出使日本大臣。德宗复拟召入政府，赞新政，对彼特先隆其地望，意固有在。）既避地日本，复潜行归国，变易姓氏，称赵举人，以传导所创“官话字母”，谋普及教育。在北京，闻沈荩被逮而死，虑亦不免，乃至步军统领衙门投案，下刑部狱。未几，西后赦党人，被释，并复原衔，而亦未再仕也。入民国，段祺瑞当国时，曾一度受聘居其幕中。旋仍高隐，寓故都德胜门内马家大院所筑水东草堂。患病甚久，今年六月一日逝世，寿七十有五。（关于先生之事，尝有较详之记载，散见本报第八卷所刊《随笔》，可参看。）

在戊戌新党中，先生特有一种见解，以为后、帝母子有意见，而帝之力决不足敌后，故主张调停后、帝，于后则力加推崇，以美名奉之，使悦而不为梗，然后顽固诸臣失其依恃，新政之行，可期下令如流水。其以礼部主事条陈新政请代奏一折，即著重于此，所谓《广慈训以定众志》也。文有云：

> 自中外交通，我皇太后听政三十年，忧劳备至。所有变通之端，皇上继之，实皆由皇太后开之，与维多利亚东西媲美，非荷、西诸女主所能并论。惟因诸臣奉行不力，致劳我皇上今日之奋厉，而皇太后起衰振靡之夙志，久已表著于中外矣。

又云：

> 体皇太后之意以变法，善则称亲，以孝治镇服天下，天下孰敢持异议？

丙寅自跋此稿云：

> 是时德宗亲信之臣以张荫桓为第一……荫桓与太后势不两立，南海偏信荫桓之言。一日余谓南海曰："太后本是好名之人。若皇上极力尊奉，善则归亲，家庭间虽有小小嫌隙，何至不可感化？"南海不悦曰："小航兄，你对于令弟感化之术何如，乃欲责皇上耶？"余不复辩。

又其丁卯所撰《方家园杂咏纪事》有云：

> 戊戌之变，外人或误会为慈禧反对变法，其实慈禧但知权利，绝无政见，纯为家务之争。故以余个人之见，若奉之以主张变法之名，使得公然出头，则皇帝之志可由屈而得伸，久而顽固大臣皆无能为也。(英之维多利亚即贪财，英人让之容之，以全大局。慈禧黜二妃，亦因争买卖之故。此等内容，凡久居京者皆知之。景皇何能制慈禧也？) 此策曾于余之第一奏折显揭之，亦屡向南海劝以此旨。而南海为张荫桓所蔽，坚执扶此抑彼之策，以那拉氏为万不可造就之物。

先生之宗旨可见。虽猜鸷如西后，用先生之策，亦难保其终不乱政。而先生当时对于大局委曲求全之苦心，自为留心史事者不可不知。(余与先生谈及此节，曾谓先生之意，殆欲如胡文忠之用官文。惟西后之为人，似非若官文之易与。先生亦不以为迕也。)

先生为普及教育起见，创官话字母，盖今日通行之注音符号之权舆也。其凡例有云：

> 用此字母专拼白话，语言必归一致。宜取京话，因北至黑龙江，西至陇，西南至滇，南至江，东至海，纵横万里，约二百余兆人，皆与京话略同。其余桂粤闽浙吴楚晋，与京音不同，亦且各不相通。是推广之便莫如京话，故可定名曰官话。官者，公也。（古今皆有此解。）公用之话，自宜择其占幅员人数多者。而苏人每藉口曰："京话亦杂土音，不足当国语之用。"殊不知京中市井小有土语，与京中通用之官话自有不同，不得借彼黜此也。

今日国语规定以北平为标准，旨亦与合，盖历经讨论而决者。

近时学者中，先生倾服胡适之先生。适之亦极敬之，尝为余述订交缘起。翌年（民国二十年）撰《〈小航文存〉序》，复详述其事云：

> 去年九月，我来到北平，借住在大羊宜宾胡同任叔永家中。十月八日，有一位白头老人来访，我不在寓。他留下一大包文字，并写了一张短条子留给我。我看了他的字条，才知道他是三十多年前的革新志士、官话字母的创始人王小航先生照。我久想见见这位老先生，想不到他先来看我了！第二天，我把他留

下的文稿都读完了，才又知道这位七十二岁的老新党，在思想上，还是我的一个新同志。他在杂志上见着梁漱溟先生和我辩论的文字。他对我表示同情，所以特来看我。我得着他的赞许，真是受宠若惊的了！第三天，我到水东草堂去看王先生，畅谈了一次。我记得他很沈痛的说："中国之大，竟寻不出几个明白的人！可叹！可叹！"我回来想想，下面没有普及教育，上面没有高等教育，明白的人难道能从半空里掉下来！然而平心说来，国中明白的人也并非完全没有，只因为他们都太聪明了，都把利害看的太明白了，所以他们都不肯出头来做傻子，说老实话。这个国家吃亏就在缺少一些敢说老实话的大傻子！王小航先生就是一个肯说老实话的傻子。他在《贤者之责》一篇的末段有这八个字："朋友，朋友！说真的吧！"我去年十月读了这八个字，精神受着很大的感动。这八个字可以代表王先生四十年来的精神，也可以代表王先生这四卷文存的精神。

适之先生与余谈及先生时，并致慨于先生晚境之艰，谓国家与社会不应漠视（徐仁录）。今先生逝矣，适之闻之，定亦恨然。

先生为辛卯举人，甲午与先从兄莹甫（徐仁镜）同成进士，入翰林，（其为礼部主事，系由庶常散馆。）于先世父子静公（徐致靖）为年家子。先从兄研甫（徐仁铸）、艺甫（徐仁录）暨家仲兄明甫（徐仁铨）均与稔交，而余则于民国二十年始相晤。民国十九年，先生与适之先生晤谈之后，余访适之谈小说，因及拙著《随笔》。适之谓王小航先生为戊戌新党要人，撰有《方家园杂咏纪事》，言晚清旧闻，现居北平，可与一谈，当与史料有裨，遂以先生寓址相告。余家既与先生有旧，且曾共患难，惟余素未识面，乃先致书道意。旋接先生复书如下：

一士年兄大人：得来示，欣喜无量！回忆三十余年，云卷风驰，子静、研甫、莹甫三公已为古人，而义甫、明甫亦无消息。弟年过七旬，每念故交，尝抱邈若山河之憾。今者朵云下降，臭味依然，亦云幸矣！惟弟风烛残躯，每冬加迫。前两冬皆危而获全，乃今冬耶和华氏特意为难，霜降未过，即交大寒，(耶氏亦学大革命!）令人万不及防。以故弟痰喘咳嗽较往年加甚，且食量大减，两膝以下无自温之力，百药无灵。每日惟有蹲坐于热炕之上，围之以被，以盼延过三冬，始能自认为活人！倘蒙光降，必难招待。俟开杏花时，弟自往教场三条（时一士寓），泥首请罪，并以探听义甫、明甫情况。专此鸣感，虔请迟驾，即请仁安。(倘适之先生移眷已来，弟亦不获温居。）年世弟小航拜上。十一，十三。

此三页分七八次写完，尚喘逆不已。

余复致书，言当俟明春造访，先生高年，所居相距又较远，不敢劳枉顾也。（并告以先艺甫兄逝世已十年。）翌年春，适有冗务，尚未及谒先生，而先生扶病来访，携《方家园杂咏纪事》相赠，并以《小航文存》样本（时全书镂板尚未竣工）留阅。（属阅后转送适之先生一览。适之后为撰序，先生出示，甚欣然也。）盖一见如平生欢，意至殷勤亲厚。（于先艺甫兄之逝，怆惋不置。后家仲兄偕余往访，欢然握手道故。）其后造诣先生数次，动留话良久，而于先生之病，私为忧之，每别辄惘惘也。先生虽介然隐居，世多忘之，而极关心时事，悲悯之怀，不能自已。谈至激昂处，音吐甚洪，犹想见英迈强毅之气焉。“老骥伏枥，志在千里。烈士暮年，壮心未已”。可谓先生咏矣！

余所见先生撰著，上举二种外，有《三体石经时代辨误》《读左随笔》《表章先正正论》（为古文《尚书》辩护），咸有精思，非苟作。

1933年6月19日

（原第10卷第24期）

六三　老新党王小航先生

陈光垚

宁河王小航先生于月前逝世，士林同深悲悼。作者此文系于二十年九月间所写，尚未发表，但其中有王先生应作者特请，自撰戊戌以前之传略一篇，外间从未见过，故为极珍贵之史料，颇值吾人一读。惟为保存当日作者写稿时片段之历史状况起见，所有拙作原文中两年前之语气均不改正，合并声明。

二十二年七月二日。作者附记。

河北宁河王小航（原名照）先生，为官话合声字母的发明者和提倡者。官话合声字母是中国文字由衍形走入衍音的开头，所以王先生是中国人提倡拼音文字的第一名人，也是中国文字衍形和衍音的过渡者。因此，王先生在中国历来文字的改进史中，自然居于极重要的地位，绝对不可忽视。继王先生之志鼓吹拼音简字者，为浙江桐乡劳乃宣（号玉初）先生，不过劳氏之所谓“简字”，大体仍是抄录王氏之法，并非另是一种“简单而非拼音”之文字，近年来流行的注音字母，现又改名为注音符号，便是由王、劳诸先生的拼音文字扩大进化而成者。现在劳氏已故去多年，而王氏则矍然健在，今年已八十三岁。家居北京德胜门内大街马家大院一号，门首榜有“水东草堂”

四字。

劳氏关于拼音简字，著有《简字全谱》《简字丛录》《京音简字述略》《增订合声简字谱》等书。但其为人我不甚清楚，只知道他的后人现在住在上海三马路的蟫隐庐中。至于王氏，则因胡适之先生的介绍，曾通信多次。后来又因我编辑《中国新文字运动史料集》一书，要转载王先生提倡"官话合声字母"的几篇文章，并且要为王先生作一《传略》之故，王先生且曾枉顾舍下一次，赠阅其大著《水东集初编》五种，（计《小航文存》四卷、《三体石经时代辨误》二卷、《读左随笔》一卷、《表章先正正论》一卷、《方家园杂咏纪事》一卷，共九卷一函，约二十余万言。）并示自写之戊戌变法以前之略历一篇。（戊戌后王氏略历已略见《水东集》。）因此，所以我对于王老先生的性情和经历，都还能略知一二，现在择要节述如下：

（上）王先生的略历和事业

王先生戊戌（即光绪二十四年，西历一八九八年）以前的略历，他曾应我的请求给我有一封长信叙述此事，其中所说甚为扼要，现在就将原函转录于下：

> 启明先生：两月前手教对鄙人推崇太过，未免阿其所好了。又嘱我把自己的略历、性情、事业详为开写。先生的意思甚厚，但是，我的事业都靡有成绩。

至于性情一层，凡人都苦于不自知，我则更甚。今所能自觉的，唯自幼而壮而老，始终大毛病在对人不宽恕。（始终自招困厄，范围日小，以至一切无力。）万不得附于贤豪之列，追悔不及！（孔子于终身之行，所以特言恕也。早不能潜心于孔教，哀哉！）至略历一节，鄙人得天却不薄，先曾祖鸦片之战，在定海阵亡，谥“刚节”，先祖、先父都廉直劲正。鄙人十岁前失怙，先叔父就把先父留遗的天文、地理、中外掌故、兵法等类的书、图一一指教。忆十一二岁时，尝因观星彻夜不睡，乐而忘疲。塾师教以诗文，即心知其为无用之物，不屑谨遵程式。十九入庠。时北京同文馆招生，以秀才为合格，我欲赴考，家中尊长都说：“刚节公被鬼子害死，（尔时，北方人呼恭亲王为鬼子六，因其聘洋人立同文馆也。）后人反而学鬼子，败坏家声，不可为人。”我心知其不然，但众口一词，不能违拗，不得不作罢。心常积闷，于是广求时务书，凡尔时所有教会所译印、上海制造局所译印、同文馆所译印，以及林乐知、傅兰雅诸人的著作，搜集殆遍，实终无多，而亲族乡人以为魔气。鄙人对于八股，我行我法，始终未尝填入四六对句。所以年至三十三始中举人，三十六始中进士，点翰林。即是甲午年，朝考那天就是日本炮击高升运船那天，族人死于高升者二人。乙未四月，鄙人交卸宁河乡团长事，回京应散馆试，改用礼部主事。直督王文韶奏准，仍归宁河办乡团。王督折中有："该员所练之乡团，队伍严整，饷项分明，为沿海一带表率"等语。（先是甲午冬，给事中余联沅奏："庶吉士王照在宁河芦台办理乡团，甚有纪律，请饬沿海各州县一律劝办。"奉旨交王文韶查看办理。王督覆奏："即行札饬各州县仿办。"因是时翁同龢所调各省无纪律之军队，梭织于天津、山海关一带者四五十万，蹂躏地方，又兼关外窜入之逃兵种种扰乱？故王督重视余之乡团队也。是年九月，收东乡团回京。丁酉四月，归芦台创设小学堂一处。州县地方立学堂，为前此所未有。）是冬回京，邀合同省京官之有明机者，开会于松筠庵，议创设南横街之小学堂。戊戌三月成立，名曰八旗奉直第一号小学堂。（在总理衙门立案，呈文中有曰："名为第一号者，以后尽力推广二号三号以至十百千号，多多益善也。"该衙门之王爷大臣不懂，竟以为铺张语。又徐世昌亦余邀合之一人，徐旋即丁忧去。李石曾时年仅十七，然助余最力。今之燕冀学校，即南横街小学堂屡次改名继续办理者也。是为北京各学堂之历史最久者。）此戊戌变法以前我之略历也。世人往往妄谓"王照因康有为提倡而作新党"，其去实在情形太远。至戊戌以后的略历，请阁下阅《水东集》，可悉大略矣。不多赘。小航上，二十年夏日，

戊戌以后王先生的略历和事业，据我读《水东集》初

编五种所知，最重要者有三事，应当特别地揭示出来，教国人知道：

一、王先生乃三十年前之一大革新家。当时王先生为力倡新学，怂恿清光绪帝（即德宗）变法救亡之一要人，本与康有为齐名，而交往亦密。其后王先生与康、梁（启超）同为清廷慈禧太后严拿之“钦犯”（其实这是极光荣的政治改革犯），但光绪帝与慈禧太后因新旧思想不和，母子仇如冰炭，故诸人于事前得到消息，乃于戊戌阴历八月初间先后出京，至塘沽登日本大岛军舰，避往日本继续作革新运动。（关于康、梁出亡之事，王氏《水东集》中《小航文存》第三卷十七页，有《复江翊云兼谢丁文江书》一文，言之甚详。）后来王先生被赦回国，直至现在，王先生年已七十三岁，而其革新之志仍不少懈。所以“白发少年”“精神不老”诸语，正堪为王先生咏也。

二、王先生是“官话合声字母”的发明者和提倡者。当王先生戊戌出亡后，除鼓吹新政外，并大倡其所发明之“官话合声字母”，先后从学者甚多，且有日人伊泽修二者，抄袭王氏之法，饰为已作，以炫耀其国人。由此很可知“官话字母”之风行。（抄袭事详见《小航文存》第一卷三十五页以后书首之按语。）今年春天，王先生给我的信中，曾说到他回国后鼓吹“官话合声字母”的经过，其略曰：“愚自庚子（光绪二十六年）创造官话字母，（官者公也，古时但有此一解，而南人妒者诬赖为反平民。）甲辰（三十年）仓卒入狱，而积年书版被无识之房东焚灭。是年出狱后，往保定创设拼音官话书报社，丙午（三十二年）迁社北京，庚戌（宣统二年）又遭载沣之祸，封我社门。愚避地吴中，而无识之门徒又将积年书版弃灭，故今存者寥寥。尚有《官话字母》原书一本，而版已无。现将庚子原序等篇，选入《小航文存》中，大约春分时可以出书，顺即呈政”云。

三、王先生是现在注音符号的助成者。先是民国元年，蔡孑民先生向政府提议，请由教育部招集大会，议行拼音字，政府允之。乃未及筹备，蔡氏因他故辞职南去，事遂搁置。至二年春间，教部复提旧议，开国语读音统一会于北京。因王先生为近代创造拼音文字之大家，故由教部聘为读音统一会之副会长。其时正会长为吴稚晖先生。吴氏因欲加入苏浙一带之十三浊音为拼音字母，与王氏争执不决。后吴氏因主张失败，遂辞职。又数日，王氏亦因积劳成疾，自辞会长职务。乃由王氏之门人王璞先生代理会长，继续进行会务。（详情见《小航文存》第一卷四十四页《书摘录官话字母原书各篇后》一文。）此后中国流行的注音字母，现在又改名为注音符号，即此读音统一会的产物也。

（下）王先生的性情和见解

王先生的见解，有胡适之先生给《小航文存》作的序文，说的最为切当。现在为自己省事，并且避免我说得不妥当起见，就先将胡先生的原序转录于下，以资说明：

去年九月，我来到北京，借住在大羊宜宾胡同任叔永家中，十月八日，有一位白头老人来访，我不在寓，他留下一大包文字，并写了一张短条子留给我。我看了他的字条，才知道他是三十多年前革新志士、官话字母的创始人王小航先生照。我久想见见这位老先生，想不到他先来看我了。第二天，我把他留下的文稿都读完了，才又知道这位七十二岁的老新党，在思想上还是我的一个新同志。他在杂志上见着梁漱溟先生和我辩论的文字，他对我表示同情，所以特地来看我。我得着他的赞许，真是受宠若惊的了。第三天，我到水东草堂去看王先生，畅谈了一次。我记得他很沉痛的说："中国之大，竟寻不出几个明白的人，可叹可叹!"我回来想想，下面没有普及教育，上面没有高等教育，明白的人难道能从半空里掉下来。然而平心说来，国中明白的人也并非完全没有，只因为他们都太聪明了，都把利害看的太明白了，所以他们都不肯出头来做傻子，说老实话。这个国家吃亏就在缺少一些敢说老实话的大傻子。

王小航先生就是一个肯说老实话的傻子。在他《贤者之责》一篇的末段有这八个字："朋友朋友，说真的吧!"

我去年十月读了这八个字，精神上受着很大的感动。这八个字可以代表王先生四十年来的精神，也可以代表王先生这四卷文存的精神，读这四卷文字的人尽可以不赞成王先生的思想，但总应该对他这点敢说真话的精神表示深重的敬礼。

“说真的吧”，这四个字看来很平常，其实最不容易。必须有古人说的“贫贱不能移，富贵不能淫，威武不能屈”的精神，方才敢说真话。在今日的社会，这三个条件之外，必须还要加上一个更重要的条件，就是要“时髦不能动”。多少聪明人，不辞贫贱，不慕富贵，不怕威权，只不能打破这一个关头，只怕人笑他们落伍，只此不甘落伍的一个念头，就可以叫他们努力学时髦而不肯说真话。王先生说的最好：“时髦但图耸听，鼓怒浪于平流。自信日深，认假语为真理。”其初不过是想博得台下几声拍掌，但久而久之，自己麻醉了自己，也就会认时髦为真理了。

王先生在戊戌六月，在拳匪之祸爆发之前两年，即已提倡“国人知能远逊彼族，议论浮伪万难图存”的反省议论。庚子乱后，他还是奉旨严拿的钦犯，他躲在天津，创作官话字母，想替中国造出一种普及教育的利器。他冒生命的危险，到处宣传他的拼音新字。后来他被捕入狱两月余，释放后仍继续宣传新字。到了民国元年，他在上海发表《救亡以教育为主脑论》，主张教育之要旨在于使人人有生活上必须之知识，主张教育是政治的主脑，而一切财政、外交、边防，等等，都只是所以维持国家，而使这教育主义可以实现的工具。到了民国十九年，他作《实心救国不暇张大其词》一文，仍只是主张根本之计在于普及教育。这都像是老生常谈，都是时髦人不屑谈的话。

但王先生问我们：“天下事那有捷径？”

我们试听他老人家讲一段故事：

戊戌年，余与老康（有为）讲论，即言：“我看止有多立学堂渐渐扩充，风气一天一天的改变，再行一切新政。”老康说：“列强瓜分就在眼前，你这条道如何来得及？”迄今三十二年矣，来得及来不及，是不贴题的话。

我盼望全国的爱国君子，想想这几句很平凡的真话，想想这位三十余年拙论不离“普及教育”一语的老新党。再问问我们的政府诸公，究竟我们还得等候几十年才可有普及教育？

民国二十年五月三十一夜　胡适敬序

除胡先生的序文外，尚有王先生为《小航文存》所作自序，及今年夏天王先生给我的一封信，也很可以看出王先生的情性和见解，原文亦转录于下：

小航生平认文字为人生应用之物，不认世间有文章之名，故除在前清考试外，凡所抒写，皆无文之见存。今老矣，更不暇饰为文人。兹编名曰“文存”，非文章之谓也，不过曰在小航余稿中，以此为文话之文一类耳。然此编中，对皇帝奏章尚有“杀鬼子”语，而皇帝不怪之。为廉孝子作传，尚有“爸爸吃饭哪”语，孝子家属印行之。而当时首揆靳云鹏赠廉孝子诗，即采“爸爸吃”入句中，皆若忘其字之鄙俚。何也？诚以文字应用，必须恰合情事之真，既欲揭土匪情状，传孝子口吻，则“杀鬼子”“爸爸吃饭”等句，万不容代以文言致成纸上文章，故直书如此，乃足以激动人心耳。此可为知者道，难为文人言也。此所以为小航之文，不过藉以存其文中之事，非敢自居为文也。庚午仲夏王小航自叙于水东草堂。

余半生奔走流离，何暇存文稿，暮年无事，乃搜罗陈迹，得若干篇，不忍尽弃，简择录存。知不足贡献于世，聊以自为纪念耳。小航又志。

又，王先生来函如下：

启明先生台鉴：两次片示，怀顾之情，惓惓如是！阁下经济所迫，笔无停机，亟宜节之！令心神有余，方于修业有益也。切切！（梁漱溟早起晚睡，手不停披，余告以必令心神得闲，方能静察事理之真，而梁氏不悟。乃其《村治月刊》，二十年五月始送十九年十一月之报，疲累如是，尚何是非之可言，徒铺张门面耳。）我肺病甚剧，一筹莫展，近更危殆，终日依卧床栏。妻子唏嘘输视，无一刻不在戒严之中。音问之疏，万祈原谅！春初接笺示，欲为鄙人作传，笺中语意异常殷恳（有“敬煞羡煞”等语），以故鄙人极为感动。然今则窃望稍抑爱情，姑且搁置也……

小航拜上　二十一年夏日

此外还有一点极为重要，就是王先生的《小航文存》中，处处都显露着不信任旧日一般伪“学士文人”的痕迹。王先生以为此辈之读书学文，完全为世间之利欲及因袭之思想所蔽，故其所知所言，都是虚伪的知识，反不如非“学士文人”者之明白事理。这种高明的见识，现在的人知道者尚且很少，在三十年前更是骇人听闻的议论了。王先生自身为学士文人（前清翰林），对于同行竟能一反向来中国文人“妄自尊大”之恶习来说这话，便是王先生的特性“求真理、说真话”的一个明证。

二十年九月十日作于北平

1933年7月20日

（原第10卷第29期）

六四　扶病谢恩

光绪己亥，南书房翰林徐琪于五月三十日奉召见，扶病奏对。归后病剧，连日未能入直。六月十四日，由翰林院侍读迁右春坊右庶子。其《南斋日记》是日云：“未入直。报子来，知奉朱笔：‘徐琪补授右春坊右庶子。钦此。’自惟谫陋，前日仰蒙召对，未及半月又荷超擢，君恩祖德，不知所酬，明日当扶病陈谢。”十五日云：“五点钟起。病甚，行一步即腿痛，因坐而著衣履，令二人扶至厅事。家人又阻之。琪曰：‘假使出军临阵，岂亦畏此耶？’因奋臂上马。奇极，一上马便不痛！行至宣武门，因数日不进食，眼花气促，乃就一肆中少息，然后骑。再骑至灵清宫，坐一大石上，又息。再骑，始至福华门。二内监扶掖至舟。登岸，至斋，又少坐，再登舟，至瀛秀门前，晤立豫甫侍郎。稍停，传宣，两内侍犹掖琪。至瀛秀门，琪令其勿扶。趋入，至仪鸾殿前，时皇太后已升殿，御坐仍在中扉。琪望见天颜，即免冠口奏：‘臣徐琪叩谢皇太后天恩。’奏毕，碰头，兴，退出，平适如未病时。内监见之，皆曰：‘妙极，真如未病也！’晤军机王公。仍登舟至斋，又小坐，然后出福华，仍策马回寓。今日之谢恩也，实不能出门户，而竟策骑来往，且跪奏如仪，皆由恩光照曜，祖德神佛保佑所致！欣感之深，益加勉励。抵家日已晡，病又剧矣。”

侍读迁庶子，依阶平晋，未为峻擢，而感恩忘病，力疾趋朝，所记情态若揭。至以入朝谢恩方之出军临阵，儒臣之设喻亦颇奇。

六五　儒将扶病鏖战

咸丰间号为儒将之唐训方，于其《从征十六图》记“扶病鏖战”事云：“战危事也，病危机也，孔子慎之。至病与战交危，存亡呼吸，匪系一身，不慎，有济乎？江右义宁州有山曰鸡鸣，盘郁雄奇，负城而壁立。其左曰凤皇，亦倚拔。贼陷州，分据之。五年秋，率师往剿，次乾坑（离城四十里）。贼数迎战，败之。抵鸡鸣山麓，忽病。贼初怯余锐，至是瞰兵少，殊易余。余度其无戒心也，趣战，誓以身先。诸将劝少休。余曰：‘君等犯矢石，余忍息床褥哉？’遂强起怒跃，族子副将子云（敏兴）扶而驰之。时病热，面目若火炙。诸将谓余杀气郁勃，争奋呼蹑壁，若数百猿猱，腾踔而上。贼惊愕披靡，颠崖坠壑者枕相藉。于是乘锐夺鸡鸣、凤皇山，复州城。嗣州人于其始至地，立石书‘唐公胜处’。感托命与？眷舍生与？未敢知。嗟夫！世非无沥血誓师，冀戡大乱，而见危气沮，藉云持重，顾谨慎如武乡，至食少而仍冒危难，何也？”此则真“出军临阵”也。韩超在黔，亦一时名将。其幕客空六居士所撰《独山平匪记》（咸丰四年事）记其事有云：“起身之日，率精勇八十人，至关庙行祃礼。叩拜毕，祝曰：‘韩超此去，不怕死，只怕病，病则难办事矣！愿帝君保佑不病，以救万民。’说到‘难办事’句，双泪俱下。户外众勇闻而感动，齐声高叫曰：‘我等皆愿与公同死！’喊杀而出。”此乃一“出军临阵”而怕病者，然与训方所记均足令人读之神往。

六六　光绪朝奏牍笑柄

李岳瑞《春冰室野乘》云：“光绪年相传有两事，绝可笑。某生者，夙以善书名，为义州李子和制府（鹤年）

司折奏十余年。义州后缘案革职，某生转入合肥李筱泉制府（瀚章）幕中。时合肥方督两湖。一日奏事至京，上发视之，则湖广总督其官，而李鹤年其名也。合肥因此大被申斥，并交部议处，不知当时幕中人何以都漫不省视耶？一为魏午庄制府（光焘）官平庆泾固道时，驻军固原，部下有逃卒数人，大索不可得，乃通札各府及直隶州，饬所属严缉。此本照例文牍，向无人措意。吏胥不通掌故，以奉天府杂入各府中径行札饬，且呼其官曰奉天府知府。是时官留尹者为松侍郎林，得札大恚，即行文往询其故。魏乃大窘，浼某贵人为之缓颊，馈松万金，自称门生，事乃已。次年松复致书魏，托购玄狐猞猁孙等珍裘数十袭，为价又以万金计，时人称此札直二万金云。然自官制改革以来，奉天尹竟改为知府矣。”如所云，瀚章误书鹤年，犹不过一时笔误，甘肃道员札饬奉天府尹，无乃太怪。吏胥纵不通掌故，何至昧于行文通例如此？岂有意恶作剧耶？且即隔省知府，亦非道员所可率行札饬也。李慈铭《日记》光绪丁丑十一月二十八日录邸抄，刑部奏遵议湖北命案，折中于兼署湖北巡抚李瀚章误书李鹤年，上谕谓：“实属疏忽。所有司员堂官一并交部议处。”瀚章竟惯被人书作鹤年，或即此一事而传闻致歧欤？又戊寅六月十七日录邸抄，上谕：“此次贵州按察使吴德溥递万寿贺折，误将恭祝慈安端裕康庆昭和庄敬皇太后万寿折呈递，殊属疏忽，著交部议处。”贺皇帝万寿，而误贺已故之皇太后，尤可笑。翁同龢《日记》，丙子六月二十五日云：“今日礼部奏派恭捧册宝大臣，奏旨派出。此本大学士之差，此次须人多，故原奏称用大学士十六员，可笑也。”又甲午十月二十七日云：“仓场奏片，抬写处皇上‘上’字讹写‘下’字，交议，真可怪也！”均光绪间奏牍笑柄。

六七　章士钊辩词之失

章士钊为律师后，辩护之作，率文采斐斐，为此类文字别开生面。顷阅报载其孙杏生、郭锡侯被诉预谋杀人案辩论词，亦典雅可诵；惟中有云：“宋司马光以儒臣用事，涉及刑罚，辄主重典，有云：‘一家哭何如一路哭？’至今以为名言。”按：“一家哭”云云，是范仲淹事，与司马光无关。史称：范仲淹取班簿，视不才监司，一笔勾之。富弼曰：“一笔勾去，一家哭矣。”仲淹曰：“一家哭何如一路哭耶？”未闻光亦有此语也。记得民国初年，康有为电报，引朱浮与彭宠书中之“凡举事无为亲厚者所痛，而为见仇者所快。”而以为朱云之言。一以同时而误，一以同姓而误，盖皆学人偶不经意之失耳。

（原第 10 卷第 25 期）

六八　破格奖励当差

光宣间大学士世续之父崇礼（此又一崇礼，非光绪时官大学士者），同治间为内务府司员，郁郁不得志。会同治帝逝世（甲戌十二月初五日），奉派在几筵前当差。恭亲王奕䜣、大学士宝鋆为恭理丧仪大臣，一日三次上香，见一戴摘缨帽反穿羊皮褂之司员均在彼，除夕大风，亦入值不少懈，问其名，知为崇礼，遂心识其人。翌年值更换粤海关监督之期，循例由内务府京察一等人员内简放。奕䜣、宝鋆言于太后，请简崇礼，谓大丧当差最勤，宜破格奖励。命下，咸惊为异数。定制，阁部院人员京察一等记名者以道府用，内务府司员则以关差、道府用。关差者，粤海关、淮安关两监督暨杭州、江宁、苏州三织造也。内务府司员望得关差，尤甚于放道府，而关差中粤海为最优。一任粤海，动成巨富。时崇礼不惟未得京察一等，且系候补司员，一旦得此，实非梦想所到。此为张君二陵所谈。张君又闻诸内务府故老云：凡遇大丧，在咸丰以前，几筵前值班者均干练司员，盖伊时嗣皇帝多年长，每日三祭，必亲到一次。咸丰大行在热河，诸多简略。同治时仅可敷衍。至慈禧、光绪大丧，则零落凄凉矣。

六九　破例外放宗室

宗室人员京察一等，以四五品京堂或五品京堂记名，不放道府，贵族之故也。嘉庆四年上谕云：“朕思宗室人员向不简授外任之故，盖以身为宗室，未便复行参谒跪拜之礼，固存体制，又恐其自恃天潢一派，蔑视上司，设有不知检束者营私获罪，转多碍难办理之处。嗣后仍照向例，毋庸补放外任。”其理由如是。而清末宗室外放者甚多，不复循此例矣。

七〇　祷雨金牌价值万两

祷雨祈晴，为昔日君主大事，迷信之举，意则重农也。祷雨工具，有邯郸铁牌焉，亦昭著一时。徐琪《南斋日记》光绪己亥八月二十一日云：“慈圣因秋来少雨，宫中设坛祈祷，命琪为求雨文，命吴士鉴书，用黄绫面黄纸红里折，较平时贺折宽约三分，长约一寸。即日撰书呈进。文录后：‘维光绪二十五年岁次己亥八月　　日，臣　　那拉氏率子臣　敬祭于昊天上帝曰：时届西成，纳稼盼丰年之瑞；情殷东作，深耕期沃土之滋。乃秋旸倍见夫炎蒸，而甘澍未邀夫滂霈。惟天心之可格，实臣念之弥虔。爰竭丹忱，吁求苍昊：伏愿广施膏泽，渥溉祥霖。俾二麦之怀新，良苗可种；锡四郊而普润，嘉谷咸登。赖仁爱之潜孚，庶烝黎之悉慰。仰祈昭格，用荐馨香。不胜祷切待命之至！谨奏。’”二十二日云：“闻昨撰拟求雨文已邀慈览，即日在仪鸾殿西设坛祈祷。慈圣为民请命，至诚所感，当即日大沛甘霖也。”九月初三日云：“慈圣因连日未得雨，诚祈益笃。闻今日邯郸铁牌可到京，奉之西安门内大光明殿。将来得雨后铸金牌报之。金牌不能存寺中，则存直隶藩库，由藩库更铸铁牌存寺也。闻平时金牌用黄金二百四十两，此次慈圣命增七十两，则须重三百十两。

今年金价昂，每金一两易银三十七两，则一牌之金实直银万余两也。国家重念民生，不惜内帑之报，实亘古所罕。晚风云四合，得微雨，农心稍慰。”初四日云：“慈圣又命为祈雨文，即日撰书恭进。文录后：‘维光绪二十五年岁次己亥九月　日，臣　　率子臣　　敬祭昊天上帝曰：秋将深矣，渐凝露之为霜，天必鉴之，何密云而不雨？诚悃已通于霄汉，恩膏亟盼夫滂沱。是用再竭微忱，仰祈福佑。昔成汤以六事请祷，深有儆于藐躬；春秋书三日为霖，实全资夫天眷。所望醴泉涌注，渥泽咸敷。润遍邦畿，百谷荷生成之德；欢腾场圃，万家蒙涵育之仁。庶几晚岁之告丰，咸赖穹慈之普济。谨奏。’”十四日云：“因连日祈雨未得，又奉懿旨命撰求雨文，即日撰书进。文录后：‘维光绪二十有五年岁次己亥九月　　日，臣那拉氏率子臣　　敬祭于昊天上帝曰：呼吁兼旬，早达圆穹之听；耕耘千亩，群思晚岁之登。乃绿畴深盼夫怀新，而赤地未占夫破块。九霄延跂，亟赖恩膏；五夜通诚，再申祈祷。伏愿神功溥惠，昊贶垂慈。消疹气于恒风，霈生机于甘澍。式敷虔悃，冀顿解乎蕴隆；俯鉴愚忱，定仰邀夫仁爱。不胜急切待命之至！’”时慈禧方训政也，皇太后、皇帝至尊贵矣，而言事于天曰奏，自称曰臣，曰子臣，盖天之与天子，君臣而兼父子焉。所记邯郸铁牌事，亦可供此物小掌故之参考。

七一　姚蕴素致力于教育

范肯堂（当世）夫人姚蕴素女士，亦以诗名。（吴挚甫《题范肯堂大桥遗照》有云："范君既别余去赘姚氏，蚤暮与姚夫人为诗，更唱迭和，闺闼间自为诗友。"）肯堂卒后，致力教育，见称范姚先生，今年七十矣。近有《答东莞张次溪书》，略云："蒙足下厚谊，念及鄙况，今大略为足下言之：自肯堂殁后，家无儋石之储。当时官长及亲友均拟筹巨款为鄙人生活之赀，一概谢绝，遂与乡里二三同志筹办高初女子小学，以开风气。勉力劝学，以昌明女德、研究国学为宗旨。其时学子达数百人，颇有可观。张啬公闻之，改为师范，筑校舍，规模宏大矣。为之料理成立后，即行辞职，啬公不许。从此任职十五年。至民国八年，舍亲方孝远为安徽实业厅，因此回乡劝兴女子职业，创办工艺传习所。三年之后，因病回通。啬公仍令女师授经，今又十年矣。因系义务，取脩甚廉。现今女校，自校长以下，均系弟子。服务厥志，不受人惠，虽兄弟友于之爱，不取非分之赀，所谓子孙者，更属名义，惟有竭力尽我之义务而已，非彼不孝，不能违我之志也。砚田所积，克苦之余，饘粥可以自给，衣食住皆自为之计，有余则以弥补家人之不足，尚以节省余赀稍助小学之基金。生平娱乐，惟有群弟子与女友；弟子不亚于贤子孙。此鄙人实在之状况也。"其人其事，均有可传。张君以此书相示，因摘录之。其志事行谊，盖略具于此云。

（原第 10 卷第 26 期）

七二　韩琦张浚遇刺客

宋人所记，韩琦、张浚，均有刺客事，大同小异。如李元纲《厚德录》云："韩魏公以使相出镇相州，因祀宣尼，宿于斋馆。夜有偷儿入其室，褰帷挺刃，顾谓公曰：'不能自济，故来求济于公。'公曰：'几上器具，可直百千，尽以与汝。'偷儿曰：'非此谓也，愿得公首以献西人。'公即引颈。偷儿投刃稽颡曰：'以公德量过人，故来试公，然几上之物已荷公赐，愿公无泄也。'公曰：'诺。'明日于宅库如其数取偿之，终不以语人。其后为盗者以他事坐罪当死，乃于市中备言其事，曰：'虑吾死后惜公之遗德不传于世也。'"所谓琦事如此。罗大经《鹤林玉露》云："苗、刘之乱，张魏公在秀州，议举勤王之师。一夕独坐，从者皆寝。忽一人持刃立烛后，公知为刺客，徐问曰：'岂非苗傅、刘正彦遣汝来杀我乎？'曰：'然。'公曰：'若是则取吾首以去可也。'曰：'我亦知书，宁肯为贼用，况公忠义如此，岂忍害公？恐公防闲不严，有继至者，故来相告尔。'公问：'欲金帛乎？'笑曰：'杀公何患无财？''然则留事我乎？'曰：'我有老母在河北，未可留也。'问其姓名，俛而不答，摄衣跃而登屋，屋瓦无声。时方月明，去如飞。明日，公命取死囚斩之，曰：‘夜来获奸细。’公后尝于河北物色之，不可得。此又贤于鉏麑矣。孰谓世无奇男子乎？殆是唐剑客之流也。”所谓浚事又如此。朱熹为浚表墓，亦言刺客事。近人奭良《王白田集书后》有云：“朱子为张浚表墓，事至四万余言，钦夫犹以为歉。迨钦夫殁，朱子语人曰：‘近看国史，魏公事多不实，昔为南轩所误。’此非长者之言也。凡为人子者，状其亲之行，莫不增美释回，以多为贵，要在秉笔者有以裁之。即如所书刺客一事，此乃袭取韩魏公之事。韩事本在疑信之间，元昊不畏韩也，金人尤不畏张。富平败矣，符离又败。使如公等落落数十辈以莅戎行，金所乐也，何畏而刺之？且此非美谈也。重闭之不戒，干掫之不谨，环卫之不亲，皆于是乎见之。汉文帝谓‘灞上之军儿戏，其将可得而虏也’，岂美谈乎？似此转相附会而犹不审，则不审者多矣。惟既落笔于前，即当分咎于后，奈何喋喋焉诿诸死友哉？”所论甚通。不独浚事不足信，即琦事亦不足信也。惟谓金人刺浚，与大经之说异。考之《宋史》浚传云：“浚次秀州，尝夜坐，警备甚严。忽有客至前，出一纸怀中曰：‘此苗傅、刘正彦贼公赏格也。’浚问欲何如。客曰：‘仆河北人，粗读书，知逆顺，岂以身为贼用？待见为备不严，恐有后来者耳。’浚下，执其手，问姓名，不告而去。浚翌日斩死囚徇于众曰：‘此苗、刘刺客也。’私识其状貌，物色之，终不遇。”亦言苗、刘，非金人，或奭良误记耳，当再于熹文一印证之。《宋史》浚传又云：“金人惮浚，每使至，必问浚安在，惟恐其复用。”金人岂惮浚乎？诚为浚增美者之妄言耳。推之宣仁用司马光为相，史称：“辽人闻之，敕其边吏曰：‘中国相司马矣，毋轻生事，开边隙！’”亦显为光党人附会光相业者虚造，光何足慑辽人耶？又如韩琦、范仲淹任边事，御西夏，史称：“边人为之谣曰：‘军中有一韩，西贼闻之心胆寒！军中有一范，西贼闻之惊破胆！’”又云：“贼曰：‘小范老子胸中有数万甲兵，不比大范老子可期也。’（大范谓范雍，小范谓仲淹。）”殆均附会之词。有宋积弱，聊用解嘲，可哂。观近年之所谓宣传，亦于读史有裨。宋人之述琦、浚遇刺客，若重规叠矩，其渊源所自，似仍不外以钼麑事为蓝本。琦、浚均封魏公，于是斯亦相沿袭矣。至《左传》记钼麑事之可笑，昔人亦已辨之。（元纲记琦事，曰偷儿，而既挺刃而云“愿得公首以献西人”亦近刺客矣。）

七三　“老头儿”称谓考

纪昀以善诙谐著，趣事相传甚多，而出于附会者不少。近阅杨汝泉《滑稽故事类编》所收昀事有云：“河间纪晓岚先生，一日在朝房待漏，坐久倦甚，戏语同僚曰：‘老头儿胡尚迟迟其来？’语未已，履声橐橐起于座后，则高宗微服至矣，厉声问‘老头儿’三字何解。先生从容免冠顿首谢曰：‘万寿无疆之谓老，顶天立地之谓头，父天母地之谓儿。’高宗乃悦。”又一则云：“纪氏与乾隆君臣之间，往往于退朝后私见，所言多诙谐之谈。纪氏体肥胖而畏暑，当盛夏时，汗流浃背，衣服尽湿。时纪入直南书房，每出到便殿，即将衣服除去纳凉，久之而后出。乾隆闻内监言，知其如此，某日故意有以戏之。时纪与阁臣数人皆赤体谈笑于某殿，忽乾隆自内出，各人均仓皇穿衣。纪又短视，乾隆至其前始见之，时已穿衣不及，急伏于御座之下，喘息而不敢动。乾隆越两小时不去，亦不言。纪因酷热，不能忍耐，露其首以外窥，问曰：'老头子去耶？'乾隆笑，诸人亦笑。乾隆曰：'纪昀无礼，何得出此轻薄之语？有说则可，无说则杀。'纪曰：'臣未穿衣。'乾隆乃命内监代穿之，匍匐于地。乾隆曰：'汝何得称朕曰老头子乎？'纪对曰：'此都中人称皇上之普通名辞也。夫称曰万岁，岂非老乎？君曰元首，得非头乎？皇上为天之子而子万民，是以谓之子也。'乾隆竟不能难。纪老可谓辩矣。"此二则均未注出处。第二则盖即由第一则推演而成。以此事属昀，除此二则之外，见于诸家记载，大同小异者，似尚不乏，几于众口一词矣。而据清礼亲王昭梿《啸亭杂录》，则何焯事也。其说云："何义门先生值南书房时，尝夏日裸体坐。仁皇帝骤至，不及避，因匿炉坑中。久之不闻玉音，乃作吴音问人曰：'老头子去否？'上大怒，欲置之法。先生徐曰：'先天不老之谓老，首出庶物之谓头，父天母地之谓子，非有心诽谤也。'上大悦，乃舍之。此钱黼堂侍郎樾亲告余者，以南书房侍臣相传为故事云。"昭梿为乾嘉时人，与昀同时，使果为昀事，不应言之凿凿而反误为康熙时何焯事也。此事是否确有，抑好事者附会之词，尚难置断，而此一传说，要当在昀之前，与昀无涉耳。焯虽亦有名学者，而声誉之家喻户晓，视昀自远不逮，其为昀所掩，亦无怪也。（《滑稽故事类编》荟萃群言，颇为佳构。）若此类考证，则别为一事矣。鄙意书中如能逐条均注明见于某朝某人某书，更于读者为便。其《索隐》中说明“滑稽行为与行状滑稽之区别”，甚有识。尝见记述痴呆之人而反成为聪慧逾常者，昧于此种区别故也（如林纾《畏庐琐记》记“书痴”之类是）。此旨吾前于《随笔》中曾略论之。今杨氏所言，益朗若列眉矣。各种故事之沿袭演化，如有人广搜精考，编次成书，亦一佳事。吾所试为者，散见于《随笔》，觉此种工作，亦似有趣致。（原第10卷第27期）

七四　述烈宦寇连材

（一）梁启超述寇连材

光绪丙申二月，奄人寇连材为西后所诛，梁启超作《烈宦寇连材传》，附列《戊戌政变记》中《殉难六烈士传》后，以表扬之。文云：

> 寇君直隶昌平州人也，敏颖耿直，年十五以奄入宫，事西后为梳头房太监，甚见亲爱。凡西后室内会

计皆使掌之。少长，见西后所行，大不谓然，屡次几谏。西后以其少而贱，不以为意，惟呵斥之而已，亦不加罪。已而，为奏事处太监一年余，复为西后会计房太监。甲午战败后，君日愤懑忧伤，形于词色，时与诸内侍叹息国事，内侍皆笑之以鼻。……丙申二月初十日早起，西后方垂帐卧，君则流涕长跪榻前。西后揭帐叱问何故。君哭曰："国危至此，老佛爷即不为祖宗天下计，独不自为计乎？何忍更纵游乐生内变也？"西后以为狂，叱之去。君乃请假五日，归诀其父母兄弟，出所记宫中事一册授其弱弟。还宫则分所蓄与其小太监。至十五日，乃上一折，凡十条。一请太后勿揽政权，归政皇上。二请勿修圆明园以幽皇上。其余数条，言者不甚能详之，大率人人不敢开口之言。最奇者，末一条言：皇上今尚无子嗣，请择天下之贤者立为皇太子，效尧舜之事。其言虽不经，然皆自其心中忠诚所发，盖不顾死生利害而言之者也。书既上，西后震怒，召而责之曰："汝之折汝所自为乎？抑受人指使乎？"君曰："奴才所自为也。"后命背诵其词一遍。后曰："本朝成例，内监有言事者斩，汝知之乎？"君曰："知之。奴才若惧死，则不上折也！"于是命囚之于内务府慎刑司，十七日移交刑部，命处斩。临刑神色不变，整衣冠，正襟领，望阙九拜，乃就义。观者如堵，有感泣者。越日遂有驱逐文廷式出都之事。君不甚识字，所上折中之字体多错误讹夺云。……又有闻古廷者，皇上之内侍，本为贡生，雅好文学，甚忠于上。西后忌之，发往宁古塔，旋杀之。丙申二月御史杨崇伊劾文廷式疏中谓廷式私通内侍，联为兄弟，即此人也。杨盖误以“闻”为“文”云。

叙事甚有生气，特旨重宣传，宜分别观之。

（二）梁济述寇连材

梁济《感劬山房日记》，丙申记连材事云：

近又有藻饰传扬寇太监事者。太监寇连材，念过几年书，是乡下能识多字之人。已娶妻有子，因畏劳不愿习农，与其父母抵触，负气逃至京中。游荡多日，遇人劝其为阉，认文太监为师，后挑得奏事处差。此差颇优，每年有二三千金进项。旋因东朝恶其资浅，改派充司房太监。司房系杂务，最劳最苦。寇愤嫉不平，私自逃走，欲追访其师文姓。至山海关，被获复回。文姓者，号阔亭，即文廷式交结之太监，为奏事处得意有权之人，素以拉官纤发大财者。甲午年冬，珍妃贿卖官缺之案发，重治诸人，并文亦充军黑龙江。寇既欲逃出关，故思往依之也。押回司房当差后，抑郁不堪，遂决计违例上折，触忤求死。折中亦有数条谏诤得是者。如请回宫勿游园，勿演戏，停止土木等是。其余论国政则荒唐儿戏，大半从小说书中摘来。末条有选贤德者禅让大位语，则又愤激犯上涉想怪诞者。而一般文人士大夫，则纷纷议论，谓上不能纳谏，诛戮忠直，至于惋惜悲愤，喧传其美。一时都下有‘寇太监从容临菜市，文学士驱逐返萍乡’之联。余凡事求实，访诸其嫡堂弟在琉璃厂松竹斋者，及其表兄靳姓而知之，不欲以意为低昂也。

所述似有视启超作为翔实处，应参看。惟私逃被获，何以并不治罪，仍充原差？是当有说。

（三）翁同龢述寇连材

文廷式之褫职驱逐，与连材之诛，仅越一日。翁同龢是年二月十七日《日记》云：“昨杨崇伊参文廷式折呈慈览，今日发下，谕将文廷式革职永不叙用，驱逐回籍。”又云：“闻昨日有内监寇万才者，戮于市，或曰盗库，或曰上封事，未得其详。杨弹文与内监文姓结为兄弟，又主使安维峻言事。安发遣，敛银万余送行。”盗库之说，盖当时传闻未审之词耳。又二十日云：“闻去年发黑龙江之太监王有、闻得兴均就地正法。闻即前日杨折所云文姓者也。”闻得兴盖即启超所云闻古廷，亦即济所云连材师文阔亭也。

（四）文廷式述寇连材

廷式于连材事，亦有所记。其《闻尘偶记》云：

> 丙申二月十六日，上在颐和园。是日午刻诛太监一人于菜市，闻其罪坐私递封奏，语言悖谬云。后乃知太监名寇连才，昌平州人，其奏乃谏游行，请建储，停铁路，练乡兵，又请勿听用李鸿章、张荫桓等，共十条云。又闻寇连材言事折跪进于太后，手阅至半，震怒。是日内务府大臣工部尚书怀塔布以祭龙神路经颐和园。太后召见，命承旨交刑部正法。怀塔布为连材跪求稍宽，不允。故此事不由军机处。恭亲王告翁尚书云："吾等为旷官矣！"

情事亦可供参证。

（五）费行简述寇连材

仲子（费行简）《慈禧传信录》记廷式连材事云：

> 帝屡闻珍、瑾两妃称其师文廷式淹雅。甲午大考翰詹，阅卷大臣拟定廷式名第三，特拔为一等第一，超擢侍读学士，然亦词臣所尝有，而廷式素狂浅，无行检，遽以自负，谓己有内援，将入枢密，无识者竞附之。日集京朝官松筠庵，论朝政得失，予以（亦）尝赴其约，然所论多迁谪官吏事，罕及大计。予笑

曰："此袭东林而加厉者。"后谢不往。侍后阉寇联（连）材者，夙知书，颇不慊其同辈所为，欲有以自立。廷式知之，遂假瑞洵为介，与订交焉，其党以明代王安拟之。廷式自拟为缪昌期，尝代连材拟疏，乞后行新政，屏老臣，用才士，意在自荐也。连材遽上之。后览疏震怒，将遣之黑龙江，李莲英力谮其通外泄官内事，乃立正典刑。廷式亦为台谏杨崇伊所劾，罢职，勒回籍。此朝官植党讲学先声，然帝第赏廷式博学，初未欲试以政事也。

（六）王伯恭述寇连材

又王伯恭《蜷庐随笔》云：

文廷式既得圣眷，一时翰林之无耻者争为羶附。是时上久亲政，所以奉养太后者无微不至，尤不惜财力。外人有传说两宫不相能者，廷式欲媚上见好，且得沽名市直，率同官同好数人，联名奏讦太后之非，且隐肆丑诋。上见之大怒，以为对子议母，目无君上，将予严谴。珍妃为之涕泣求恩，长跪不起，乃降手谕发贴军机处直房云："文廷式、周锡恩、张謇、费念慈等均著永停差使！"于是诸人纷纷出京，而廷式独留，依然肆言无忌，又为内廷所知，得旨革职永不叙用。

则均深不满于廷式，可广异闻，惟事实有尚待详考者。（原第10卷第28期）

七五　太常仙蝶

所谓“太常仙蝶”，久见诸家记咏，颇涉怪异。如吴长元《宸垣识略》云：“太常寺署中有蝴蝶一，色黄，大如茶碗。吏人欲见之，呼曰老道，则飞至掌中。相传自明嘉靖至今，数百年物也。乾隆时有御制《太常仙蝶诗》。”翁同龢同治辛未六月二十五日《日记》云：“退时，见太常仙蝶于午门。桂侍郎呼之为老道，即集，承之以扇，不动良久，翩然而去。”与长元所记略合。徐琪《南斋日记》光绪己亥七月十九日云：“退直，至池边，太常仙蝶又见于石上，与五月间所见同。”二十一日云：“私念前日见仙蝶，今日或再见，因至御园六月菊上访之。四仙并出：一黄质黑章，即相传左翅有缺者；一黄质微红，有金翠茸，即裕寿田前辈所见者；一翅中有二翠茸，即陶然亭所见者；一外面亦有黄红翠三色：均四跗二须，须冠二珠如枣形，真仙人也。徐叔鸿方伯扶乩，谓是四仙，今日所见正合。”二十二日云：“御园又见仙蝶，有一甚大，白质而黑章，其白缕皆如菊花形，飞时则黑章成翠色，白质成澹绿色，二面透光，望之如玻璃镜。琪梦中见遍身珠玑者，与此正合，大可五寸，盖实罗浮仙种，乘云到此，与太常仙翁合而为一也。连日屡有仙觃，不可无诗，当拈韵以记也。”二十九日云：“此数日中，仙蝶皆时来，或一，或二，或三四。其蝶使有白色者，有澹黄者。白者恒见，澹黄者亦罕有也。”八月十二日云：“今日仙翁又来，一黄质黑章；一黄质微绿，具元白二色章采：皆立久不去，神迹也。”二十六日云：“太常仙蝶屡至西苑，今日又叠见之，因成四诗。”其诗有云：

宣南五处见仙踪①，城北元灯结瑞重②。
已助天衢韶景丽，况承太液渥恩浓。

自注：①仙翁之来，先于莲花寺二见，寿蘅师处三四见，江亭一见，云山别墅二见，虎坊桥寓庐又一见。
②裕寿田前辈住城北，前年试灯日，仙集于庭，寿蘅师命琪前往写影，赐诗有“北郭于田大捷回”句，并绘《踏雪传真图》。

又云：

元老昨才编画史，可知应瑞出孚诚①。

自注：①寿蘅师辑遇仙诸瑞，介弟叔鸿方伯题曰《应瑞孚诚集》。

又云：

九陛天章在霄汉①，满身云气点珠玑②。

自注：①高庙有御题《仙蝶诗》。

②前年，余梦见一蝶，大迳五寸，满身皆缀珠玑。及见裕寿田前辈家一仙，皆有玉章，与梦正合。今日所见又同。

又云：

丹青尺寸夸摹写[①]，扶翼须知翅若轮。

自注：①前贤者屡有图绘。

②相传仙翁冲霄而舞，其翅渐大，有若车轮。

言之甚详，意亦极虔，而所谓仙蝶者，其数又非一也。大氐此为蝶类之大者，与习见者有异，且不避人，文人张皇，遂久传为灵迹佳话，以迄晚清矣。《庄谐选录》引《以俟录》云："长沙某尚书平居专敬太常仙蝶，时瞻空想望，辄拜稽延伫。一日有仆言仙蝶降其家，尚书亟衣冠往视，见一蝶栩栩然，果仙蝶也。因即迎回宅，招诸门生，共尸祝之，且觞咏累日。又谓仙蝶能饮，因竞濡以酒。蝶困惫既剧，遂奄然化去。或曰是尸解矣。尚书则制紫檀八匣，藏其遗蜕，拟题其上曰'太常仙蝶'。一门生杭人某独争曰：'如此是仍以蝶视之也！宜书曰"太常蝶仙"。'尚书曰：'不可！吾恭读高宗纯皇帝御制诗集，实称太常仙蝶，祖训不可不遵！'乃如旧书之，而瘗诸隙地焉。"亦晚清相传之一话柄也。此某尚书盖指徐树铭，即琪诗注中所称寿蘅师。琪，仁和人，所云门生杭人某，或即指彼欤？

七六　徐琪迁翰林侍讲记事

琪已亥正月二十五日由司经局洗马迁翰林院侍讲，二月初二日到任有《侍讲记恩诗》云：

典数开元纪集贤①，皇朝厘定记冯铨②。
龙飞创制先三院③，鹓侣趋跄溯一员④。
品秩旧从端揆比⑤，科名还占状元前⑥。
彝章恪守先朝范，簪绂辉从乙巳年⑦。

自注：①《唐书》：元宗尝选耆儒，日一人侍读。置集贤院侍读学士，侍读直学士，讲读之称始此。

②我朝顺治元年十一月，以大学士冯铨等奏，定翰林院为正三品衙门，设读、讲各一员。

③国初天聪十年设国史、秘书、宏文为内三院。顺治元年二月增设三院学士，五月，令京师各衙门照旧录用，翰林院之名始定。

④明初，定翰林院侍讲二人，侍读二人，我朝顺治三年，定侍读、侍讲各一员，十六年，始设侍读、侍讲各三员，至今犹视此例。

⑤明初，设翰林院，为正三品衙门。洪武十四年，改为正五品衙门。洪熙元年，定凡大学士加三师则为一品，加尚书二品，侍郎三

品，若未加升而止系大学士者则仍五品。我朝顺治十五年，定翰林院大学士加殿阁衔，设满汉学士各一员，秩正五品。然则明之大学士与国初掌院学士皆与今讲、读秩相同也。

⑥国朝一甲第一名为状元及第，用六品冠服。按：明洪武十八年，定侍读、侍讲学士各二人，从五品；侍读、侍讲各二人，正六品。我朝顺治十五年定汉侍读学士三员、侍讲学士三员，秩从五品，侍读三员、侍讲三员，秩正六品。盖沿明制，知当时服饰正与明制同也。

⑦雍正三年乙巳十二月，晋翰林院侍读侍讲学士秩从四品，侍读侍讲秩从五品，今学士讲、读品秩皆视此也。

亦见《南斋日记》，以与词曹掌故有关，故摘录之。《日记》记到任情事云："午刻到侍讲任。补褂朝珠，到署门下车，隶人呵道请安。吏人导至清秘堂少坐。更朝服，诣至圣先师前，在阶下行三跪九叩礼（吏人赞拜，鸣钟鼓）。礼毕，至清秘堂，更补褂挂珠，进茶少坐。给吏人等酒资二十八千。随至昌黎祠前行一跪三叩礼，进屋内。今日系春祭，是以陈设牲醴果品甚多。适于是日展谒，尤见与公文字之契深也。礼毕，即登车。回忆庚辰成进士到署，见读、讲至登瀛门皆呵导，心窃艳之。今越二十年，亦蒙君恩超擢是阶，非祖德绵长，曷克臻此！”入翰林二十年，官至侍讲，而感激欣幸如此。《南斋日记》散佚不可悉见，余所见二册中，此等语甚多也。（原第10卷第29期）

七七　西后光绪帝酷嗜戏剧

（一）帝后好听戏剧

清末亲贵酷嗜戏剧，盖西后之倡率与有力也，闻光绪帝亦极好此。据云，壬辰冬至祀天于圜邱，由宫赴天坛，舆中低唱《武家坡》，生旦兼唱，不遗一字，韵调悠扬，大类名伶。对于鼓板，尤喜研究。一日内廷演剧，打鼓者偶误，帝蹴之使去，遂坐其位，接续打鼓，终阕始已。传闻如是。然幼年典学时，实不喜听戏，亦缘师传之教。翁同龢己卯六月二十四日《日记》记太后召见事云：“甫起，苏拉来，知第二起，遂入见于东暖阁。详问功课，因对：‘万寿期近，听戏虽是典礼，究恐开声色之渐。’语极多。仰蒙采纳，并谕：‘明后皆带书往听戏处。如欲看书，即仍开卷。’对：‘此第一件事！能如此，国家之福！’次衙门事。次申前论，语特多，不敢记也。”二十九日《日记》云：“上自二十五日起，两日在宁寿宫，未尝入座听戏。略一瞻瞩，便至后殿读书写字。二十七八日则仍到书斋，一切照常也。上云：‘钟鼓雅音，此等皆郑声。’又云：'随从人皆愿听戏，余不愿也。'圣聪如此，岂独侍臣之喜哉！"时帝方九龄。甲申西后生日，演戏多日，同龢十月十七日《日记》有云："上云：'连日喧聒颇倦，初八日最疲烦头疼也。每日只在后殿抽闲弄笔墨，不欲听钟鼓之音。"（伯王云："后五日或在廊，或出至庭下站立。太后有两次出御台前黄座。上只在东间窗内未出。"）时帝十四龄也。[西后大举庆典。同龢二十日《日记》云："自前月二十五日至今日，宫门皆有戏，所费约六十万。(一切典礼在内。前届拨户部四十万，今年同，惟内府尚欠各项二十万。）戏内灯盏等（俗名且末）用十一万，他可知矣。"时中法军事正亟，帝于后之不恤国难，耗帑纵乐，意不然之，亦略可见。]

（二）费行简辟帝狎优之说

仲子（费行简）《慈禧传信录》于记戊戌政变后，辟帝狎优等说之诬，谓："帝独冒群疑众谤，自图改革，而其亲政数年，恭勤守礼，未少游纵，实清代令辟。世或传其吸烟，或传其狎优，皆伪言也。伶人俞庄以技击为帝所赏，给以金牌，时虽有浮议，而亦影响之谈。又谓帝令优人于装中杂西衣进，将变章服；康有为尝献房中药；后对诸臣即以鸩酒强帝饮者。是诸说，非传闻误，则恶异己者所造作，更不足信矣。"语甚允。

（三）康有为断发易服观点之变易

令优人进西衣将变章服之谣，或由于康有为之请断发易服。有为戊戌七月上书陈其利，而谓："皇上身先断发易服，明诏天下，同时断发，与民更始，令百官易服而朝，其小民一听其便，则举国尚武之风，跃跃欲振，更新之气，光彻大地，虽守旧固蔽之夫，览镜观影，亦不得不俛徇维新之令，而无复敢为公孙成等之阻挠矣。其于推行维新之政，犹顺风而披偃草也。"其后主张有异，刊折稿于所编《不忍杂志》第一册（民国二年二月发行）跋以志悔，有云："吾此折上于光绪戊戌七月二十间。德宗神武，决欲举行，大臣刚毅等力争，太后不悦，未几而政变事起，今十四年矣。吾久游欧美，阅历日深，则甚悔于前议之过勇而未尽当也。夫断发固在必行，而易服则实有未可。"以下详言华服之便，欧服之不便。又云："吾戊戌上书之言，实为巨谬。时未游外国，阅历太浅，徒以守旧阻挠维新者太甚，欲藉断发易服之大举以易其耳目而易其心志，俾阻挠不甚，新政易行耳，乃不得已之术也。亦自知丝为中国天产，万不可弃，冀一转移后，乃补救而复之，然亦幸未遽行耳，否则后虽补救，为害已多矣。……今国人亦多言剪发不易服者，事理渐明，至为幸事。吾在举国为创言剪发易服之人，附识于此，以自艾自责。然欧服岂无善于中国者？中国服岂无逊于欧美者？今兹变法，择善而从，斟酌中外，宜得其至善者。"今人竞尚欧服，而有为所论，亦尚非无一顾之价值也。

（四）帝后观《打龙袍》

《传信录》记戊戌政变后事又云：“一日偶观剧，特传伶人何九演《打龙袍》。俗谓宋仁宗母为刘后所害，逃居民间，后为包孝肃所知，言于帝，始迎归宫掖。后以帝临御久，竟忘所生，令孝肃杖帝，孝肃乃取帝袍鞭之。其词颇鄙俚，而皆太后让帝不孝语也。命下，左右皆知后意在德宗，万目向之矣。至鞭袍时，后顾谓近侍曰：‘子既忘母，臣亦可忘君，虽鞭其人何害，奚必袍也！’又谓帝：‘尔临天下久，素爱贤重才，抑知近臣中谁可继武包拯者？’帝颜赧不能对。既罢演，后更诘帝曰：‘尔观今日《打龙袍》何如？’帝对：‘甚佳。’后笑曰：‘吾恐其不佳耳！’帝益惭悚。时宫中所行多类是，予闻颇富，而有群竖所附会者。此则闻之桂祥言，祥妻适亦入座听戏也。”此足见其时帝处境难堪之一斑。（闻己亥某疆吏于新年团拜，首点《打龙袍》一剧，说者谓意亦在帝。）

（五）回銮后演剧

后、帝由西安回京后事，王小航《方家园杂咏》有云：“儆惕无忘蒙难艰，盈廷献媚壮观瞻。卧薪尝胆空赍志，傀儡重登独汗颜。”纪事：“回銮未数日，大臣即议筹款建正阳门楼。皇上曰：‘何如留此残败之迹，为我上下儆惕之资！’而太后以诸臣之议为是。月余，太后即召外优演剧，外城各班名伶皆与焉。故事，太后观剧，开场之先，必皇帝华衮先入后台，出自上场门，作优伶式环步一周，以表示莱采娱亲之意。其制不知始自何年。至此次入台，上羞之，小语曰：‘这是何等时光，还唱得什么戏！’小阉怒曰：‘你说什么！’上急央求曰：‘我胡说，你千万莫声张了！’是后，太后频邀各国使馆妇女游园观剧，改变其防避外人之态，以掩纵拳之迹。于政务则专饰外观，靦然自大，而皇上益不得发言矣。”有可广异闻者。亦有关于帝与戏剧，故类述之。

七八　汤用彬谈汪荣宝

汪荣宝近卒于北平，溯其生平，亦一人物也。清末以留学生为显官，共曹汝霖等见称“四大金刚”，而荣宝尤以湛于学闻。汤用彬《新谈往》云：“汪荣宝，字衮父，幼敏慧绝人。弱冠居沪上，与章太炎同投稿《时务报》。每论文出，时流惊异，一时有汪、章之目。以拔贡廷试得小京官，再随其叔某先生使节游东瀛，肄业庆应义塾。返国，任译学馆历史学教授。荣宝先辈皆显宦，独能以勤苦自励。初莅译馆，布衣芒鞋，类窭人子。教授生徒有条段，治学有规程，以故馆生多敬畏之。在馆与教长张缉光交最笃。学部初设，长沙张尚书调缉光任宝业司郎中。张每回馆，裘马丽都，声势烜赫。荣宝心艳之，数日忽辞去译馆教授职，就差兵部，旋学部、民部、宪政馆争调取。

出入必车马，厚仪从，与从前任校事时大异。彼既以负气入政界，竭其治学能力移治官事，自恢乎有余，以故一年间擢民部参议，仍兼宪政馆、法律馆、资政院事。一时所谓‘新政条教，出荣宝手者十九’，故前清虽云伪立宪，而章程条教，往往有可采者，荣宝之为也。”可供谈荣宝早岁事者之参考。清末号行新政，才士与亲贵为缘，任要职，佐谋议，率盛饰舆服，亦一时风气也。荣宝既尝与章炳麟齐名，民国十四年复有《与太炎论音之争》，其说颇精云。

（原第10卷第30期）

七九　崇绮以蒙古旗人得状元

同治乙丑，崇绮以蒙古旗人得状元，破有清旗人不列鼎甲之惯例，初犹以违旧为疑，翁同龢《日记》谓决于延煦“但凭文字”之语，李慈铭《日记》谓赖朱凤标之主不更动，《随笔》已引述之（见本报本卷第十二及十五期）。而据董恂于《儿女英雄传》所批，则彼尝面奏也。第三十六回写安骥之点探花，安学海揲蓍草以卜其名次，自思：“那有个旗人会点了探花之理？”董批云：“你老不知道，在下充读卷大臣时，旗人还会点状元哩！”又第一回，安学海谓：“那一甲三名的状元、榜眼、探花，咱们旗人是没分的。也不是旗人必不配点那状元、榜眼、探花，本朝的定例，觉得旗人可以吃钱粮，可以考翻译，可以挑侍卫，宦途比汉人宽些，所以把一甲三名留给天下的读书人巴结去。这是本朝珍重名器培植人材的意思。”董评云：“此在下未充读卷大臣前旧事也。自同治乙丑，经在下面奏：‘例无明文。’遂不拘此。”盖旗人无鼎甲，本相沿之惯例，非有明文规定，故遂不拘耳。此亦可与翁、李所记合看。乙丑探花杨霁为汉军旗人，与崇绮之元均非故事也。有清创业，使旗人重武，惧其流于文弱，故不欲其与汉人争此。《英雄传》安学海语实有未尽（旗籍人少，盖亦一因）。自崇绮、杨霁开其端，其后光绪癸未之榜眼寿耆，己丑之探花刘世安，癸卯之榜眼左霈，甲辰之探花商衍鎏，皆以旗籍获鼎甲，而寿耆且宗室也。（顺治壬辰、乙未二科殿试，满汉分榜，各有满鼎甲，此又当别论。）

八〇　状元美谈

奭良《伯羲先生传》谓：“举庚午乡试第一。覆试诗题‘云无心以出岫。’有句云：‘在山原比石，及物便成霖。’侍郎袁文诚公得曰：‘大器也！’特置一等第一。丁丑成进士。自公出试，自录科至会试覆试，无不第一者，殿试仍第一。越日检出误字，置二甲。”如所云，盛昱累冠文场，且几为有清一代仅有之宗室状元矣。世俗于一代大人物，每喜摭其早岁一二诗句，播为美谈，谓为绩业之前定。盛昱以“大器”见许于袁保恒，而仕历未及于“成霖”，故此句罕见于诸家记载耳（盛昱二甲第十）。

八一　李璜纶闱艺冠绝一时

盛昱中同治庚午乡试宗室榜第一，是科顺天正榜解元则李璜纶也。李慈铭光绪辛巳二月十六日《日记》云："为顺天李叙江书扇面。此君本名璜纶，庚午顺天解元。是科榜发后，第二名查佐清（泾县人。第一艺、第三艺皆成文）、第十八名王振铢（丰润人。其第三艺与查佐清全同），俱以磨勘剿袭成文斥革。李君第三艺'禹稷颜子易地则皆然'文中比有袭吴姓舫侍郎所选《小题拾芥》中文十余句，亟投牒礼部自陈，亦被黜，然其人实能文者也。后更名伊沆，复入学为诸生，今年已四十余，与吴介唐同馆于达子营申氏，极慕余书，前日因介唐转乞书扇，自称后学，其词甚恭，故为之书，即作片致介唐。"顺天庚午举人斥革事，《随笔》前曾略述之（见本报本卷第四期及以前某期），此有较详处，宜合看。慈铭同治癸酉《日记》谓："庚午解元李璜纶及第二名、第十六名皆以抄录旧文雷同斥革。"十六为十八之误，盖其时闻之未审耳（第十六名为辛未连捷之张佩纶，亦丰润人）。璜纶闱艺颇传诵一时，慈铭称以能文，不谬也。慈铭亦庚午举人（浙江乡试），璜纶未斥革时，本与为同年，兹以后学自称，不敢论平交，宜慈铭喜其恭而欣然即为书扇云。

八二　谈盛昱

《伯羲先生传》又云："庚辰散馆授编修，迁侍讲。朝鲜不靖，李文忠遣吴提督往按，以大院君李昰应返，拘之保定。大院君者，国王之本生父也。公上疏言：'朝廷举措当重伦常，勿以权宜而乖大义。'昰应得归国。岁甲申，醇贤亲王入领枢垣，公疏引祖训争之，与锡庶子、赵御史疏同日上，朝端属目焉。彭刚直劾浙贼金满，以抚讫事。公疏言：'不可以朝廷优礼勋旧之盛德，而启戎臣骄抗之见端。'法事起，孝钦召见，问曰：'吾欲使左宗棠赴闽，何如？'公顿首曰：'是皆以其名也，其实则槁矣。'曰：'新人何如？'对曰：'新人未历军事，臣不敢言。'迁祭酒，考课南学诸生，俨然大师之于弟子。文字取其平实说理者，尝手其文曰：'此文如《颜氏家训》，此文似《韩诗外传》'。诸生争自濯磨，南学大为世重。戊子典试山东。直省秋试，巡抚观风所取第一人，类高材生，每得中式。至是，同考官以故事白。公曰：'何由而知其为第一人？'曰：'进卷时自知之。'公瞿然曰：'是关节也！关节吾不敢，闱中得之吾即不易。'是科第一人竟不售，闱中阅卷，务求详审，间有削改，又博搜落卷，神为之敝。归京微病，己丑再疏解官。始公初上疏也，未授讲官，例呈掌院代奏。宝文靖曰：'生不畏得罪人乎？'公曰：'不畏也！'政府因是憎其嗜名。其所上十数疏，除阻醇王一疏外，或用或不用，率以中旨行之，虽以劾彭之疏持义正而虑患深，皆不发钞，人间遂无传者。甚矣其忮也！公亦不自收拾。其后中表杨太史为刊《郁华阁集》，皆甲午以后作，以前之菁华鲜矣，而奏议不传，尤为憾事。公生长华腴，而喜与文人游。所交王可庄、续庄，周蕙生，黄仲弢，皆与厚善，讨论文字，顾余兄弟尤厚。家有园亭，高高下下，俨具邱壑。喜莳花，庭前牡丹四畦，朱栏绕之，助其名贵。宜晴阁后，奇石四五朵，杂以名花，饶有野趣。自去官后，交游日稀。公赋诗云：'顾曲无人王粲死，旧欢渺渺隔山河。'盖伤之也。"言其事颇悉，足资考镜，盛昱固不甘专以文采自见者也。奏议不传，自是可惜。李昰应之拘留与释回，非一时事，其见释亦以政治关系，与盛昱伦常之说不甚相涉。甲申，西后斥罢恭王奕䜣，以次军机大臣全班，藉盛昱之疏而发动，此亦盛昱生平一大事，传中不书，或以士论颇不谓然，故讳之耳。尝闻人言，盛昱既引疾解官，后拟起病再仕，枢臣某不欲其出，使人示意，谓将以塞外某处办事（?）大臣借重，旗员所视为畏途者乃止。

八三　端方以谐语发牢骚

端方以恭送梓宫令人在隆裕行宫外摄影被劾革直隶总督职后，会顺天高等学堂行毕业礼，府尹邀诸绅董参列，端方亦与焉。礼成，将摄影，端方曰："咱们还敢照相吗！”诙谐语，而牢骚之意极显。

八四　林绍年奏请改名

林绍年官云南巡抚时，尝奏事，附片请更名，谓近以族中修谱，知本名犯先世讳，请改为“韶延”。奉旨：“应无庸议。”　　　　（原第10卷第31期）

八五　王小航以普及教育为谋国之要

王小航以谋国之要，首在普及教育，毕生心力，多注于此。其创制“官话字母”，孳孳推行，亦为普及教育之利器故。《小航文存》中有《大谬》一文，其宗旨尤灼然可见。文云：“忆庚子四月，余以僧装由日本潜入山东，南游吴楚。八月北归天津，潜伏一年，创制官话字母。辛丑八月，赴北京贤良寺谒李合肥。合肥托病不见，委其最亲信之幕僚于式枚代见（于氏曾与余同司也）。于氏谓余曰：‘老前辈从海外归来，必有挽救我们中国的策略。请就此畅所欲言，转达老相。’余曰：‘我无策略，况且天下事非一策一略所能转变。我们中国大缺点，在四万万人知识不彀。俾思麦言：布鲁士能胜法国之功，全在小学教员。日本埋头用功二十余年，教育普及，才能打倒中国。我今先莫说秀才、举人、进士没有能为，就说都有能为，全国共计二十万秀才、举人、进士，比日本五千万受过普通教育的民，少二百五十倍。以一敌二百五十，还有什么策略可说？我的下等见识，中国政府非注重在下层的小学教育不可。但是中国的下层教育，有比外国最难的原因，非制出一种沟通文语的文字，使文字语言合而为一不可，一切政略，我是外行（音杭）。’于氏不悦曰：‘这不像老前辈的雅言！老前辈必有雄谋硕画，不屑对我们小角色说出！’余知其不懂人话，乃谢之曰：‘我真是外行，不是不说。’遂辞而出。前清直到末年，管教育的大员，但抱定造就人才的标语。所成立的学堂，与户口比较，不啻沧海一粟，实等于无（吾国人不开眼，一切事皆以沧海一粟等于无之端空谈功效）。入民国后，各县正式小学堂较清末有减无增。前清所谓造就人才者，造官材也。民国标语较多，教育法术总不外教以争权，教以吹法螺，教以骇吓洋人，令人人含有出风头之妄念，亦仍是放浪不羁之新样官材而已，于真正民事何涉？总计三十余年未尝一日真办教育，而论者动以兴学校三十余年毫无效果之言，抹煞世界各国不二法门之大根本。此一谬点，与未尝试行真民选议员而妄谓已行，妄谓不宜于中国，凭空抹煞世界公认立国必需之德谟克拉西制，共为两大谬点。此两大谬点，一为不要血肉，一为不要脑筋，已足送此一堆白骨入墓矣”。断断于普及教育，似平淡无奇，而理实无以易也。晚年病体支离，尝为吾言，丁酉、戊戌间创办小学堂，多历艰辛，积劳呕气，实为病根所由成云。

八六　王小航孤介

王氏个性极强，性刚而气盛，不屑为世故周旋，偶有不喜，辄见词色。其与人落落寡合，亦未始不以此。文字中尤多峻厉之语，如此文之斥于式枚为“不懂人话”，可见一斑。此特一言不合，未必即所深恶耳。于为王之翰林前辈（于庚辰，王甲午），而以“老前辈”称王者，礼部之前后辈关系也。（部曹中吏礼两部论前后辈）王氏乙未以庶吉士散馆，改官礼部主事。于氏由兵部主事迁礼部员外郎，至礼部在其后。二人乃互为前后辈者。

其《表章先正正论》一书，附载王树枏评语，谓：“每发一言，如庖丁解牛，批窍（按：“窍”疑“却”误）导窾，提刀满志；又如霜后枯叶，秋风一起，扫地而空。……惟笔锋尖利，咄咄逼人，此是先生一生本色，仍望稍为和平为要。”跋云：“谨玩晋老之言，爱我实深，遵即删改三十八处，自知夙性褊急，改之仍未尽也。”自谓“夙性褊急”，可与其致陈启明君书所谓“至于性情一层，……今所能自觉的，惟自幼而壮而老，始终大毛病在对人不宽恕（始终自招困厄，范围日小，以致一切无力）。……追悔不及！”（见《一士类稿》之《老新党王小航先生》）〔可〕参看。而其孤介之操，姜桂之性，正大有可敬处。

八七　胡廷幹张之洞勖勉学生语

胡廷幹之由山东巡抚调江西巡抚也，杨士骧继其任。会山东高等学堂行正斋（中学）备斋（高小）毕业礼，新旧巡抚暨学政宗室载昌莅其事，各致词。廷幹先述在藩司任为此校筹款事，继勖诸生继续努力求学，谓："将来可以做到司道哇！"载昌除勉励用功之套语外，谓："人家都说学堂是教堂（按：指耶苏教堂），都是吃的皇上家的饭，哪里会是教堂呢！"杨士骧则谓："你们在家里念书，有这样大的房子吗！还不好好用功！"三人之语，均甚有趣。载昌所云，尤恰是旗官口气。廷幹以司道相歆动，正王氏所谓"造官材"耳。身为巡抚，故言司道。汉滨读易者（即辜鸿铭——编者）《张文襄幕府纪闻》云："犹忆昔年张文襄赀遣鄂省学生出洋留学。濒行，诸生来谒。文襄临别赠言，慰之曰：'生等到西洋，宜努力求学。将来学成归国，代国家效力，戴红顶，作大官，可操券而获！生等其勉之！'云云。"之洞、廷幹，一督一抚，对学生之勖词，同符"造官材"之旨。以官为毕业学生奖励之制，之洞所定也。

八八　辜鸿铭之文多诙谐语

《幕府纪闻》中多诙谐语，如云："昔年陈立秋侍郎，名兰彬，出使美国。有随员徐某，夙不谙西文，一日持西报展览，颇入神。使馆译员见之，讶然曰：'君何时已谙悉西文乎？'徐曰：'我固不谙。'译员曰：'君既不谙西文，阅此奚为？'徐答曰：'余以为阅西文固不解，阅诸君之翻译文亦不解，同一不解，固不如阅西文之为愈也！'至今传为笑柄。"又云："昔有人与客谈及近日中国派王大臣出洋考究宪政。客曰：'当年新嘉坡有一俗所谓土财主者，家资巨万，年老无子，膝下只一及笄女儿，因思求一快婿入赘作半子，聊以自慰。又自恨目不识丁，故必欲得一真读书宋玉其貌之人而后可。适有一闽人，少年美丰姿，因家贫往新嘉坡觅生计，借寓其乡人某行主之行中。土财主时往某行，见美少年终日危坐看书，窃属意焉。问某行主，知是其里人欲谋事者，遂托某行主执柯。事成，美少年即入赘作土财主家娇客。入门后无几何，土财主召美少年曰：'从此若可将我家一切账目管理，我亦无须再用管账先生。'美少年赧然良久，始答曰：'我不识字！'土财主骇问曰：'曩何以见若手不释卷终日看书耶？'少年答曰：'我非看书，我看书中之画耳！'噫，今中国王大臣出洋考察宪政，亦可谓之出洋看洋画耳！"均谐薮之上选。　　　　（原第10卷第32期）

八九　袁世凯小站练兵溯源

袁世凯以小站练兵著声，驯获大用，遂为中国军界历史上极重要之人物，而溯其练兵事业，则发轫于光绪八年之在朝鲜。沈祖宪、吴闿生《容庵弟子记》述其情事云："韩王惩前毖后，意图维新，请于北洋，遣德人穆麟德总税务，华中书马建常赞外交，皆予秩俸，尤注意练兵，遣近臣数辈，请公代治军旅，公勿许。时吴公移营下都监，十月，王亲造吴营，求借公，拜为上将。吴公知公志，亦勿许。王再四言非得请不去。自午至暮，吴公稍犹豫。公在外闻之，即草书遗吴公曰："某幼读父书，粗知大义。委贽事君，只知其一。韩为藩属，分茅立国，某头可断，陪臣必不可为也！"吴公席前启视，据以谢王。王知不可夺，乃商请吴公，委公兼代练新军。夜分始散。公奉檄后，草创章制，编选壮丁，先立新建亲军，继立镇抚军。王请公移居三军府，以为督练之所。公请王派韩员司粮饷，公专司训练。韩人供给，悉不受。未及期年，成效大著。韩诸臣及洋员参观者，均深赞其技艺娴熟，步伐整齐，堪称劲旅。吴公及韩王亲临校阅，皆欣悦叹美……公以韩军练成，不暇兼顾，请韩王命将接统之。"此接近世凯者所书其事始末也。王伯恭《蜷庐随笔》记此，颇有异同。其说云："光绪壬午之冬，余奉合肥相国奏派，偕马相伯舍人往朝鲜，应其国王之聘。时吴军门长庆率六营驻防汉城，书记朱曼君、张季直诸人皆与余相得，曼君尤笃。袁慰亭司马时权营务处。慰亭为笃臣年伯之子，而端敏之侄孙也。端敏治军临淮时，先伯父在其幕中，故有世谊。余时居新南营，在汉城新王宫之左，慰亭居三军府，相去仅数十武，朝夕恒得相见。慰亭少余二岁，弟畜之。其居三军府也，盖与吴帅不甚水乳，藉为朝鲜练兵之名，遂别树一帜。其为朝鲜练兵也，则以战事之后，朝鲜人仍以刀槊对敌，慰亭讽国王以讲求武备，于是王以五百人属其督练，慰亭欣然受命，延一王姓新自德国归者为之教习，终日在大院中排班进退，慰亭凭几观之，余亦时得寓目焉。朝鲜民气谨懦，视上国如帝天，虽见中国商人，亦无不懔懔。慰亭使译者传谕五百人云：‘中国练兵，非汝国儿戏比。苟不听约束者，立刻军法从事！’五百人咸股栗听命。每日操演时，王教习持鞭睨其侧，呼曰：‘左足起！’五百人悉举左足，高下如一。有参差者，即挥鞭痛抶。步伐进退，前后左右如之，举枪放响亦如之。教练甫半月，慰亭请国王及吴帅阅操，居然可观。国王大悦。吴帅赏战衣，人各一袭。于是慰亭有能军名，国王且咨合肥，谓其才可独当一面云。”于世凯大有微词焉。如所云，则世凯之为朝鲜练兵，乃有所为而求而得之者，与《弟子记》良不侔矣。

九〇　记光绪间朝鲜兵事

《蜷庐》记光绪十年朝鲜之事云："甲申九月，余有事返上海。甫登岸，即闻朝鲜大乱。逆臣洪英植与其驸马朴泳孝，钩串倭人，瓜分八道，谬告国王云：'中国兵变。'诱王至别宫，招日本兵护之。又矫王令，传见执政大臣之忠鲠者，至即斩之。一时各国使臣皆杜门自卫。中国防营虽知有变，而无人传告，亦不敢轻出兵队，惟擐甲以待。遣人诇察，则宫门紧闭，消息不通。民人之围绕宫外者，殆近数万人，忽见赵宁夏之首级出，同声惊号，争以头触宫墙。墙圮，见倭兵百余人持枪外向，慰亭所练之五百人亦在其中。吴兆有见事已急，率三营驰往救之。洪英植令五百人放枪相拒。此五百人哗曰：'吾身著吴老帅所赐之军衣，今反击吴老帅之兵乎！'各以枪仰空发响，于是中国军士始鱼贯而入。顾未知国王所在，遍觅不得。慰亭曰："国不可一日无主。王有侄，年七岁矣，吾辈当共立之。"兆有闻而大怒，拟掴其面，遂向军士叩头曰：'我等在朝鲜，专为保护国王也。如王无寻处，我即死于此间，不出宫矣！诸子弟宜努力！"军士齐声应命。旋有人报，顷见国王尚在后苑小屋中。兆有立刻率三营官及茅少笙驰往。国王已改倭装，将逃矣，盖英植等绐其以中国人造反也。王见兆有等大骇，欲起避。兆有伏地大哭，且为之叩首。王知无他意，心始安。兆有请王移至慰亭军中避乱，王诺之。英植在侧力阻。兆有趋扶王出。少笙亦挽英植同行，拟擒其到军正法。甫及阶，倏有韩人自阶侧挥利刃斫之，首堕，少笙跳而免。王既至副营，日本公使竹添光鸿闻信遁还本国。是役也，微兆有在，国即亡。若用慰亭改辅幼主之策，国亦亡。是时余适还上海，后遇少笙，详为余言。”盖深许兆有之勇果而讥斥世凯。《弟子记》则大异乎是。据云：“……公集吴、张商护救策。二将谓无北洋令，不敢轻动。公曰：‘渡海请命，其何能及？’乃会商致书韩王，请往护，党徒矫覆阻止，遂遣泰安兵船送书北洋，并令先经旅顺，请子久公电告。越旬余，始得北洋覆电，令坚壁自守，以待调停。……韩议政府领议政沈舜泽备印文求带兵救王。公集吴、张二将议入宫。二将请遗书竹添诘问，不报。适有宫中人来报，党徒谋劫王赴他岛，另立幼君，附日背华。公奋起曰：‘我辈统兵防韩，若失其君，又失其国，咎将焉归？且韩既附日，韩乱党必断我归路，合兵攻我，何由回国？’吴、张请再告急于北洋。公曰：‘防韩交涉，系我专责。如因肇衅获咎，我一人当之，决不累及诸君！’吴、张不得已，强诺。……议分兵进援。吴、张皆不敢任中坚，愿抄左右。公部有分驻马山浦者，兵只四哨，毅然任中路，由宫之敦化门入。……部署定，公集所部流涕宣誓。公麾兵进蹑，遇公向所教练之韩兵数百人，合力进战。士卒争先，声震屋瓦。至后院山坡下见两兵掖吴兆有仓皇走避。兆有跌足号哭。公问其故。曰：‘兵入宫受击逃溃，莫知所之。’公笑曰：‘汝作此态，敌人其免汝耶？勿乱我军心，速归营收集残卒！’……枪声达旦，迄未见张光前一兵。遣人视之，乃在宫西金虎门内高墙下避弹丸，未敢发一枪进一步。公叹曰：‘淮军暮气，何至此耶！’尚不知王所在，悬赏探查，或传王已遇害，人心益惊惶。公曰：‘国不可一日无主’乃遣韩员李应浚访延王庶子，拟立为监国。此子因妃妒匿养民间，已九岁矣。李应浚甫行，有人报王在北门关帝庙内……”则惟见世凯如虎，兆有及光前如鼠，何其相异之甚耶！

（原第10卷第34期）

九一　李慈铭张之洞论诗

李慈铭同治壬申四月六日《日记》云：“作书致砚樵，极言作诗甘苦，以砚樵题予诗，谓：‘初学温李，继规沈宋。’予平生实未尝读此四家诗也。义山七律有逼似少陵者，七绝尤为晚唐以后第一人，五律亦工，古体则全无骨力。飞卿亦有佳处，七绝尤警秀，惟其大旨在揉弄金粉，取悦闺襜。荡子艳词，胡为相拟？至于沈宋，唐之罪人耳。倾邪侧媚，附体佥壬，心术既殊，语言何择？故其为诗，大率沿靡六朝，依托四杰，浮华襞积，略无真诣，间有一二雕琢巧语而已。云卿尚有《卢家少妇》一律，粗成章法，‘近乡情更怯’十字，微见性情。延清奸险尤甚，诗直一无可取。盖不肖之徒，虽或有才华，皆是小慧，必不能抒扬理奥，托兴风雅，其辞枝而不理，其气促而不举，纵有巧丽之句，必无完善之篇。砚樵溺志三唐，专务工语，故以此相品藻。予二十年前已薄视淫靡丽制，惟谓此事当以魄力气体，补其性情，幽远清微传其哀乐，又必本之以经籍，宓之以律法。不名一家，不专一代。疵其浮缛，二陆三潘亦所弃也；赏其情语，梅村樊榭亦所取也。至于感愤切挚之作，登临闲适之篇，集中所存，自谓虽苏李复生，陶谢可作，不能过也！砚樵之评，实深思之而不可解。以诗而论，世无仲尼，不当在弟子之列，而谓学温岐、规沈宋乎！”

又云：“前日香涛言‘近日称诗家，楚南王壬秋之幽奥与予之明秀，一时殆无伦比。’然‘明秀’二字足尽予诗乎？盖予近与诸君倡和之作，皆仅取达意，不求高深，而香涛又未尝见予集，故有是言也。若王君之诗，予见其数首，则粗有腔拍，古人精魄尚未尽得者。其人予两晤之，喜妄言，盖一江湖唇吻之士，而以与予并论，则予之诗亦可知矣！香涛又尝言：‘壬秋之学六朝，不及徐青藤。’夫六朝既非幽奥，青藤亦不学六朝，则其视予诗亦并不如青藤矣。以二君之相爱，京师之才亦无如二君者，香涛尤一时杰出，而尚为此言，真赏不逢，斯文将坠，予之碌碌，不可以休乎！逸山尝言：‘以王壬秋拟李恖伯，予终不服。’都中知己，惟此君矣。此假议论，当持与晓湖语之。”又云：“学诗之道，必不能专一家，限一代，凡规规摹拟者，必其才力薄弱，中无真诣，循墙摸壁，不可尺寸离也。五古，自枚叔、苏、李、子建、仲宣、嗣宗、太冲、景纯、渊明、康乐、延年、明远、元晖、仲言、休文、文通、子寿、襄阳、摩诘、嘉州、常尉、太祝、太白、子美、苏州、退之、子厚，以及宋之子瞻，元之雁门、道园，明之青田、君采、空同、大复，国朝之樊榭，皆独具精诣，卓绝千秋。作诗者当汰其繁芜，取其深蕴，随物赋形，悉为我有。七古，子美一人，足为正宗。退之、子瞻、山谷、务观、遗山、青邱、空同、大复，可称八俊；梅村别调，具足风流，此外无可学也。五律，自唐迄国朝，佳手林立，更仆难数，清奇浓淡，不名一家，而要以宓实沈著为主。七律，取骨于杜，所以导扬忠爱，结正风骚，而趣悟所昭，体会所及，上自东川、摩诘，下至公安、松园，皆微妙可参，取材不废。其唐之文房、义山，元之遗山，明之大复、沧溟、弇洲、独漉，国朝之渔洋、樊榭，诣各不同，尤为绝出。七绝，则江宁右丞、太白、君虞、义山、飞卿、致尧、东坡、放翁、雁门、沧溟、子相、松园、渔洋、樊榭，十五家皆绝调也。而晚唐北宋，多堪取法，不能悉指。我朝之王、厉，尤风雅眘人，瓣香可奉。五绝，则王、裴其最著已。平生师资学力，约略在兹，自以为驰骤百家，变动万态，而可域之以一二人，赏之以一二字哉！”又云：“道光以后名士，动拟杜韩，槎牙率硬而诗日坏。咸丰以后名士，动拟汉魏，肤浮填砌而诗益坏。道光名士苦于不读书而惊虚名，咸丰名士病在读杂书而喜妄言。”又云：“得砚樵复书，言所评非本意也。再索诗集去。又复一书，备言以人品定诗品之旨。”慈铭评骘诗家，自道所学，略见于斯，而自负之高，意态尤可睹。

九二　王闿运论诗

王闿运与慈铭，并时噪誉文坛，而慈铭之于诗，深不然之，羞与为伍，盖途辙有异，亦未免文人相轻之见也。闿运《诗法一首示黄生》有云：“今欲作诗，但有两派，一五言，一七言。五律则五言之别派，七律亦五律之加增。五绝七绝，乃真兴体。五言法门，皆从此出。既成五言一体，法门乃出，要之只苏、李两派。苏诗宽和，枚乘、曹植、陆机宗之。李诗清劲，刘桢、左思、阮籍宗之。曹操、蔡琰则李之别派，潘岳、颜延之，苏之支流。陶、谢俱出自阮，陶诗真率，谢诗超艳。自是以外，皆小名家矣。山水雕缋，未若宫体，故自宋以后，散为有句无章之作，虽似极靡，而实兴体，是古之式也。李唐既兴，陈、张复起，融合苏、李，以为五言。李杜继之，与王、孟竞爽。有唐名家，乃有储、高、岑、韦、孟郊诸作，皆不失古法，自写性情，才气所溢，多在七言，歌行突过六朝，直接二曹，则宋之问、刘希夷道其法门，王维、王昌龄、高岑开其堂奥，李颀兼乎众妙，李、杜极其变态。阎朝隐、顾况、卢仝、刘义，推宕排阖，韩愈之所羡也。二李、温岐，段成式雕章琢句，樊宗师之所羡也。元微之赋望云骓，纵横往来，神似子美，故非乐天之所及。张、王乐府，效法白傅，亦匹于《新丰》《上阳》诸篇乎？退之专尚诘诎，则近乎戏矣。宋人披昌，其流弊也。诗法既穷，无可生新，物极必反，始兴明派，专事抚拟，但能近体，若作五言，不能自运。不失古格而出新意，其魏源、邓辅纶乎？两君并出邵阳，殆地灵也。零陵作者，三百年来，前有船山，后有魏、邓。鄙人资之，殆兼其长，比之何、李、李、王，譬如楚人学齐语，能为庄岳土谭耳。……诗既分和、劲两派，作者随其所近，自臻极诣。当其下笔，先在选词，斐然成章，然后可裁。乐必依声，诗必法古，自然之理也。欲己有作，必先有蓄。名篇佳制，手披口吟，非沈浸于中，必不能炳著于外，故余遇学诗人，从不劝进，以其功苦也。古人之诗，尽美尽善矣，典刑不远，又何加焉？但有一戒，必不可学元遗山及湘绮楼。遗山初无功力，而欲成大家，取古人之词意而杂揉之，不古不唐，不宋不元，学之必乱。余则尽法古人之美，一一而放之，镕铸而出之，功成未至而谬拟之，必弱必杂，则不成章矣。故诗有家数，犹书有家样，不可不知也。”正可与慈铭所论合看。闿运之所自负，盖亦大有目无余子之概云。

九三　李慈铭轻视范当世诗

范当世在诗家中，亦一时之隽。慈铭与言謇博手札，有云："所携视诗，其姓名是否范当世？当世素不知其人，观其诗，甚有才气，然细按之，多未了语，此质美未学之病也。"亦不甚许可，特视论闿运者差胜耳。

九四　文廷式评李慈铭《日记》

文廷式《闻尘偶记》云："李莼客以就天津书院故，官御史时，于合肥不敢置一词。观其《日记》，是非亦多颠倒，甚矣文人托身不可不慎也！然莼客秉性狷狭，故终身要无大失，视舞文无行之王闿运，要远过之。"论王、李人品，二者交讥，于慈铭尚有恕词，闿运则不留余地矣。完人本难，廷式亦多遗议也。清流集矢李鸿章，为一时风气，慈铭在言路，不劾鸿章，故廷式病之。以"狷狭"评慈铭，盖确。其《日记》以意气之盛，时伤偏激，然论学书事，可供甄采，毕生致力，勤而有恒，闿运《日记》，未能与侔也。廷式尝摘抄慈铭《日记》，间加批识，并有小序云："李莼客《日记》数十册，尚未刊。其中论时事，记掌故，考名物，皆有可采。匆匆阅过，未能甄录，颇觉可惜。兹就其《荀学斋》一种中，略采数条，以著梗概。其《日记》数年辄改一名，有《越缦堂》《孟学斋》《桃花圣解斋》诸目。(按:桃花圣解斋,"斋"应作"盦"。今印本总名曰《越缦堂日记》。)其考据诗词等作,必将付刊,故余特略抄其记时事者。莼客以甲午秋卒。晚年多病,虽居言职,有所欲言,而精力每不逮矣,亦可惜也!"可参阅。(原第10卷第36期)

九五 记清廷神机营之腐败

吴沃尧小说《二十年目睹之怪现状》第二十七回"管神机营王爷撤差"有云:"子明道:'你真是少见多怪!外面的营里都是缺额的,差不多照例只有六成勇额。到了京城的神机营,却一定溢额的,并且溢的不少,总是溢个加倍!'我诧道:'那么这粮饷怎样呢?'子明笑道:'粮饷却没有领溢的。但是神机营每出起队子来,是五百人一营的,他却足足有一千人!比方这五百名是枪队,也是一千杆枪!'我道:'怎么军器也有得多呢?'子明道:'凡是神机营当兵的,都是黄带子、红带子的宗室,他们阔得很呢!每人都用一个家人,出起队来,各人都带着家人走,这不是五百成了一千了么?'我道:'军器怎么也加倍呢?'子明道:'每一个家人都代他老爷带着一杆鸦片烟枪,合了那五百枝火枪,不成了一千了么!并且火枪也是家人代拿着,他自己的手里,不是拿了鹌鹑囊,便是臂了鹰。他们出来,无非是到操场上去操。到了操场时,他们各人先把手里的鹰安置好了。用一根铁条儿,或插在树上，或插在墙上，把鹰站在上头，然后肯归队伍。操起来的时候，他的眼睛还是望着自己的鹰。偶然那铁条儿插不稳，掉了下来，那怕操到要紧的时候，他也先把火枪拿下，先去把他那鹰弄好了，还代他理好了毛，再归到队里去！你道这种操法奇么！'我道：'那带兵的难道就不管？'子明道：'那里肯管他！带兵的还不是同他们一个道儿上的人么？那管理神机营的都是王爷。前年有一位郡王，奉旨管理神机营。他便对人家说："我今天得了这个差使，一定要把神机营整顿起来！当日祖宗入关的时候，神机营兵士临阵能站在马鞍上放箭的。此刻闹得不成样子了！倘再不整顿，将来更不知怎样了！"旁边有人劝他说："不必多事罢，这个是不能整顿的了！"他不信。到差那一天，就点名阅操。拣那十分不像样的，照例办了两个。这一办可不得了！不到三天，那王爷便又奉旨撤去管理神机营的差使了！你道他们的神通大不大！'……"描写神机营之腐败，谑虐备至。虽意存"谴责"，形容不免逾量，而神机营之不理人口，自是可见。所称撤差之王爷，盖影射蒙古亲王伯彦讷谟诂事。李慈铭光绪庚辰十月二十九日《日记》，录"伯彦讷谟诂毋庸管理神机营事务"之谕，注云："此以南苑大操事也。自八月初都统穆胜阿等赴南苑秋操，至是月二十一日回京。闻二十六日伯彦讷谟诂奏请诛一已革骁骑校。或云：伯王主操政过严，士多怨。此人以犯令革，复求见。搜其衣中有小刀，疑欲行刺（文廷式批云："盛伯希祭酒告余云：此人实欲行刺，非疑之也。”）杖而后诛之。或云：此人故刁悍，横于军中，而为朱邸所眷，（廷式批云：“伯希云：其母为邸中浣衣妇，其言得入耳。”）恃此屡忤犯，故被诛。诛之次日，其母及妻子皆服毒，死于伯王邸。（廷式批云：“此言恐不尽确。”）醇邸以闻，始有此谕。”伯彦讷谟诂之撤差，醇王奕譞成之也。

文廷式《闻尘偶记》云：“伯彦讷谟诂，僧忠亲王之子也，管神机营，持法严。有兵丁犯法者，革之。其人怀刃欲行刺，事泄，将戮之，而其人之母乃为醇府乳妪，因是求诉，遂得不死。俄而醇邸复莅神机营。人咸乐醇邸之宽而惮伯彦讷谟诂之严，醇邸亦由是恶之。及西边事亟，言官屡请联络蒙古，以卫边陲。醇邸曰：‘此不过为伯彦讷谟诂开路耳。’卒置不用。”又云：“今神机营之制已三十三年（按：此句疑有脱字），而甲午出兵，疲癃残弱，无异往昔。刚毅以广东巡抚初入枢廷，又请每旗择壮丁加以操练。上曰：‘汝习闻旧论，不知八旗之兵今日已无可练习！’圣明烛照，固深知积弊之未易除也！”又云：“甲午之秋，神机营出兵。有遇于芦沟桥者，见其前二名皆已留髯，第三名则十一二龄之童子也！余多衣裈不周体，蹲踞道傍，不愿前进。遇之者口占一诗，有‘相逢多下海（京师呼髯为下海，海字疑颌字转音），此去莫登山’之句，盖兵出防山海关，故借点‘山海’二字云。”费行简《慈禧传信录》云：“当捻窜近郊，后欲遣京营兵御寇。一日值神机营会操，遣内侍觇之。还报：罢操后，诸兵各手一鸟篓，已徜徉茶肆间矣。不信，更询之内务府总管春佑。佑对：‘京谚有：糙米要掉，见贼要跑；雇替要早，进营要少！’盖指旗营兵士言，谓领粮必刁难监放者，临阵则奔逃若恐不及，值操则预雇替身，平日复鲜有到营任差者也。’后震怒，遂命奕谖检阅在京旗、绿各营操。谖承命大校，则士弱马疲，步伐错乱。有马甲上骑辄坠，致折其股。诘之，对曰：‘我打磨厂货臭豆腐者，安能骑？’谖笑且怒，归以告枢臣，将重劾之。文祥谓：‘吾闻宿卫且然，此曹何足责？’盖谖方为领侍卫内大臣，前锋护军则其属也，谖知讽己，然诸军实亦疲敝，不得已，匿前事不以上闻，而微言操练宜勤，且陈巡捕五营尤疲弱，宜改挑旗兵练习。得旨如所请行，而责步军统领存诚等泄沓溺职，嗣遂并禁卫旗、绿兵操皆任之谖。后亦时遣内奄易装往察之。时崇纶方任左翼总兵，固富于资，惧干上谴，乃斸金易旗帜，备枪械，神机营兵亦排日肄习，六阅月而军容火荼矣。诸奄以状告后，后赐玺书奖谖，然废弛已七十余年，积习卒不可湔。尝校查城兵，有步军校后至，谖叱令鞭之。衣解而雕珮玉玩数十事坠地。问所由来，泣启曰：‘家十口，月糈五金，食莫能供，则领货于骨董肆，自盛小摊于庙市售之。今晨会隆福寺，故赴操独迟，无他也。’谖叹，挥令退。又火器营有弁，锤炮使碎，而以废铁货之市肆。事发自尽，母妻亦缢以殉。谖知饷薄纪弛，整饬匪易，屡以各营习操成效渐著请分别各归统率上闻，冀卸己责，后卒不允，然诸寇亦未尝逼京师，故春佑戏称诸都统为福将。独文祥持议，谓：‘兵非不可用，特京师繁华靡丽之场，不宜讲武耳。’同官皆不之信。后祥衔命治盗辽沈，拣神机营兵千人从。逾年归，疲癃者皆壮悍，且耐劳苦。䜣、谖大称异。祥曰：‘非有他术，特地无戏园酒肆博场，不耗资，不耗时，一月而放心收，三月而操演勤，然后示之以捕盗之赏，予之以奖功之牌。期年有成，幸如前论。王何诧为？’众皆服其论。”均可参观。

（原第10卷第37期）

九六　李廷箫装疯之异

《二十年目睹之怪现状》第四十二回“露关节同考装疯”，谓：

> ……继之道：“你不知道黑房是做不得的！现在新任的江宁府何太尊，他是翰林出身，在京里时，有一回会试分房，他同人家通了关节，就是你那个话，偏偏这本卷子不曾到他房里。他正在那里设法搜寻，可巧来了一位别房的房官，是个老翰林，著名的是个清朝孔夫子，没有人不畏惮他的。这位何太尊不知怎样一时糊涂，就对他说有个关节的话，谁知被他听了便大嚷起来，说某房有关节，要去回总裁。登时闹的各房都知道了，围过来看，见是这位先生吵闹，都不敢劝。这位何太尊急了，要想个阻止他的法子，那里

想得出来？只得对他作揖打拱的求饶。他那里肯依，说甚么‘皇上家抡才大典，怎容得你们为鬼为蜮？照这样做起来，要屈煞了多少寒畯！这个非回明白了，认真办一办，不足以警将来！’何太尊到了此时，人急智生，忽的一下，直跳起来，把双眼瞪直了，口中大呼小叫，说神说鬼的，便装起疯来。那位老先生还冷笑道：‘你便装疯，也须瞒不过去！’何太尊更急了便取起桌上的裁纸刀，飞舞起来，吓的众人倒退。他又是东奔西逐的。忽然又撩起衣服，在自己肚子上划了一刀。众人才劝住了那位老先生，说：‘他果然真疯了。不然，那里肯自己戳伤了身子？’那位老先生才没了说话。当时回明了，开门把他扶了出去，这才了事。……”

此似影射同治癸酉顺天乡试同考官户部郎中李廷箫事，盖其时关于廷箫因病出闱有装疯之传说也。李慈铭癸酉八月二十九日《日记》云：“闻前日顺天同考官李君廷箫以风疾出闱。此君湖北人，癸丑庶常，改户部主事，入直军机，擢员外，记名御史，近日甫升云南司郎中。前月敖金甫、邓献之招饮，有所谓李军机者，即此君也。予与之东西对席坐。金甫谑曰：‘今日坐头两李郎中。’然是夕王福随予往，归数日而即病狂。李君入闱，初无恙也。至十六日忽觉言动稍异，然犹坐堂上阅文。二十一日遂大发狂，先持剪刀自刺其腹，不入，继以小刀自掑其胸及腰，血满重衣。监临遂奏闻，舁之出。至家尚日觅死不已也。此大可异矣！（敖、邓之集，以前月十六日，王福病以二十一日，李君以是月十六日病发，二十一日遂剧，尤可异！）”可合看。慈铭所记颇详，旁及怪异，而未言有关节事，装疯之说或不足信欤。廷箫病旋愈，转御史。外放后官至甘肃布政使，护理陕甘总督。（光绪辛丑在护督任，闻毓贤正法之旨，发病暴卒，或云自杀。）

九七　记吴䌹斋科举情事

《谈吴䌹斋》（编者按：见《民国笔记小说粹编》之《一士类稿　一士剩稿》“谈吴士鉴”）稿中，述其壬辰会试获售之几失而得，顷见其子秉瀓、承湜等所为《行状》，记其乡会及殿试时事云：“戊子乡试，以先王父官词林，入官卷。典试钱樨庵阁学（桂森）甚赏二三场经策，以额满见遗，深致惋惜。时先王父修《杭州府志·艺文志·儒林文苑传》未成而入都，府君并续成之。己丑乡试，中第四十四名。典试为顺德李仲约侍郎（文田）、衡山陈伯商编修鼎。撤棘时，先七叔祖（宝坚）先中三十四名。监临崧镇青中丞（骏）谓：‘官卷只两名，乃中在一家！’命取试卷磨勘，无瑕可指。陈编修以卷出其手，不敢与争。李侍郎乃言：‘浙江官卷，二三场无如此之博雅者，且功令弥封，凭文取士，更无官卷不准中在一家之例。’故府君述及此事，常有平生第一知己之感。冬间奉先王母挈眷入都，谒李仲约侍郎，始告以治舆地之学。次年覆试，取列一等第一名。阅卷大臣为番禺许筠庵督部（应骙）、嘉定廖仲山尚书（寿恒）、瑞安黄漱兰侍郎（体芳）。府君至是声誉益起，日下知名之士，咸愿折节与交。会试报罢后，益专心舆地之学，尽阅张月斋、何愿船、徐星伯诸家之书。又于暇时讲求金石，遍搜厂肆，得拓本益多。考证地理、官制，积有跋尾若干通，是为《九钟精舍金石跋尾》之创始。壬辰会试，中第三十七名，出吴唱初编修房。总裁为常熟翁叔平师相（同龢）、寿阳祁子禾尚书（世长）、宗室霍慎斋阁学（穆欢）、贵筑李苾园尚书（端棻）。吴编修阅第一场制艺，初未呈荐。及见二三场，已三月杪，以示袁忠节。忠节曰：'此人必非自田间来者，吾知其人，以浙卷不敢言。'因举三场条对东三省舆地甚翔实，遍告同考诸君，相率踵吴编修室，询此卷荐否。后经监试谢南川侍御（隽杭）怂恿，始于四月朔呈诸翁相。时浙卷二十四名已定，翁相以府君卷为通才，不忍抑置，最后始撤去一卷，以府君补之。尝语同官曰：'吴某某实吾门之马、郑也！'及殿试，策问四道，第一道为西藏地理，府君卷独条晰无遗。读卷大臣为钱塘汪柳门侍郎（鸣銮）。故事，读卷八人，依阁部官阶先后为位次，各就其所读卷分定甲乙。待标识定毕，乃由首席大臣取前列十卷进呈御览，然诸大臣手中各有第一，初不相谋，仍依宪纲之次序为甲第之高下。及胪唱，府君以第二人及第，则又翁相国力主之也。（按：读卷八人次序为额勒和布、恩承、翁同龢、李鸿藻、启秀、薛允升、汪鸣銮、陈学棻。）”所叙会试情事，可与拙稿印证。至其著作，《行状》云：“生平著述，有《补晋书经籍志》四卷、《晋书斠注》一百三十卷，《九钟精舍金石跋尾》甲乙编各一卷、《敦煌唐写本经典释文校语》二卷、《罪吉轩经眼录》一卷、《含嘉室诗集》八卷、《文集》四卷、《商周彝器释例》一卷、《西洋历史讲义》若干卷。惟《文集》及《经眼录》《彝器释例》《西史讲义》尚未刊行，余者悉已付梓。《晋书斠注》尤为府君极意经营之作。盖此书撰自甲辰，复得吴兴刘丈翰怡（承幹）之助，成于甲子，刻于丁卯，经历二十余年，而从事搜讨，则远在癸巳、甲午间也。”其《西洋历史讲义》为进呈之作。《行状》云：“宣统元年……奉命轮班撰呈各国历史讲义。初次进呈，召见于养心殿东室。翌日明谕褒奖，谓：‘所进讲义，尚属可观。’其时进讲者凡十四人，每日二人轮班，各进一篇，七日一周。府皆所撰西史讲义，皆亲自属稿，于历次交涉之失败及强国凭陵之前事，痛切言之。”关于纂修清史，《行状》云：“甲寅夏，清史馆长赵次珊丈（尔巽）聘府君为纂修。时馆事草创，亟待府君商订体例，搜集材料。粗就绪，奉先王父召归。既而赵次丈以列传事有所商榷，手书敦促，并厚致薪糈及聘金，府皆却不受。终以史事重要，重来京邸，担任总纂，未观厥成，复以先王父母年高多恙，仍回里侍养。”吴氏撰有《纂修清史商例》，见民国五年出版之《中国学报》。　　（原第10期第38期）

九八　张之洞十六岁中举

张之洞十六岁领解，见于诸家记载，殆无异词。袁昶《壶公师寿言节略》亦云："咸丰壬子解元，时年十六岁。"又云："光绪丙戌秋，公年五十，在两广任，以官年履历差一岁，至次年丁亥秋，乃拜荷赐寿异数。"盖依官年，中举时为十五岁也。李慈铭光绪辛巳闰七月初二日《日记》云："近日科名之早者，盛推南皮张香涛十五岁中解元，然香涛生于癸巳，至壬子实年十九。"谓系十九岁中举，其说独异；且如生于癸巳，至壬子已二十岁矣。之洞卒于宣统元年（己酉），陈宝琛为撰墓志铭，谓："春秋七十有三。"与壬子十六岁中举之说合，盖生于道光丁酉。慈铭所云，当是偶误。官年、实年，往往相异。月前逝世之柯劭忞，寿八十四。同治庚午乡试中式，时年二十一岁。《题名录》谓十七岁，亦与其实年不符也。

九九　官场丑态

李宝嘉小说《官场现形记》卷三，写江西黄知府新过道班上院："……仍旧坐了知府官厅，惹得那些候补知府们都站起来请安，一口一声的叫大人。黄大人正在那里推让的时候，只见有人拿了藩、臬两宪的名帖，前来请他到司道官厅去坐。那些知府又站了班，送他出去。到司道官厅，各位大人都对他作揖道喜。他依旧一个个的请安，还他旧属的体制。各位大人说：‘以后我们是同寅，要免去这个礼的了！’各位大人又一齐让位，黄大人便扭扭捏捏的在下手一张椅子上坐下。”情事颇肖，盖惯例须经此一番周折，不能迳至司道官厅也。孙衣言《袁笃臣墓表》有云：“嘉道以来，天下无事久，吏治日趋于文。达官大僚务贵倨为威重，群下望风而靡，外官尤甚。及咸丰军兴，吏道益杂，望弥轻，体亦益卑。自两司至道府，阶级稍殊则仪制异甚。凡趋跄应对，及班行次序，苟毫发有不合，辄颜色立变，或群龁龁之，使不得出气而后已。于是轻儇者投隙竞进，而嵚奇磊落有志之士困矣。予友袁君笃臣，以高科为曹郎，喜读儒书，有志于经世大事，尤慕其乡先辈吕宁陵、汤睢州之为学，束身自好，不肯荷促随俗。已而奉特旨发往山东以知府候补。当是时，关中阎公为巡抚，当世贤者，极欲革靡风，而承平痼习犹在，牢不可解。笃臣在山东数年，以功得道员。道府皆四品，而仪节殊异。凡公事期集，不同次舍。由知府得道员，当缀两司班后，然必逡遁再三，俟藩司再三请，乃敢即次，以为谦让有礼。笃臣在府厅班久已郁郁，及是不俟藩司请，径入班坐。藩司某深嗛之，先为道员者亦愠，遇事与龃龉。而笃臣素气盛，好论议，无所回避，同官益不喜，所以陵折之万方。笃臣久始觉，已无可如何。其后上官数易人，皆知笃臣才，而无一人右笃臣，与笃臣。傫然处群哄中，益寂寥无与语，欲弃官去，未能坚决，而马端敏公由浙抚擢督两江，遂奏调笃臣来两江差遣。是时予亦以端敏公疏起，先至金陵，后数月笃臣亦来。”笃臣名保庆，袁世凯之父也。新过道班，直入司道官厅就坐，遂来同官之嗛愠，以至不获安于山东，与《官场现形记》所写，一循旧俗，一蠲繁文。此类官场故事，可参观而得其大凡矣。请新擢道员者至司道官厅，宝嘉谓由藩、臬两司，衣言仅云藩司，似以两司为近是，督抚之下，藩、臬同尊也。倘在有藩无臬之南京，则应由藩司一人耳。

一〇〇　端茶送客

“端茶送客”四字，屡见于《现形记》中，读者每为失笑，以其为官场陋习之一也。然此种惯例之本意，不过以举茶杯表示己言已毕，非独长官对属吏以“端茶”送客，其行宾主礼者，宾对主亦以“端茶”兴辞，盖属吏恐长官尚有后命，须待其端茶而后出，敌体官相见，宾觉谈话既竣，即自行端茶示意耳。《现形记》仅写长属间之端茶，未写宾主间之端茶，遂若此为在上者之一种骄倨行动矣。端茶之后，对方苟尚有言，仍可言之。属吏间有震于长官之威，以为已送客矣，而不敢尽其词者，初非此种惯例之本意如是也。谭嗣同《延年会章程》，以蠲除尘俗浮文为主，中有一条云：“客以某事来商者，见时只可言某事之本末，言毕即行，不得牵引他事及无聊闲谈，致延时刻。若喇喇不休者，主人可请茶送客。”所谓“请茶送客”，犹“端茶送客”也。端茶亦即谓言已毕请饮茶耳。此非嗣同以维新志士而效官场陋习，正以此种惯例之本意固不恶也。长官对于属吏，亦有厌其烦渎而以端茶送客拒之者，如《现形记》卷二十一所写：“……手本进去，藩台不见。胡镜孙说有公事面回，然后勉勉强强见的。见面之后，藩台心上本不高兴，胡镜孙又嚅嚅嗫嗫的说了些不相干的话。藩台气极了，便说：‘老兄有甚么公事，快些说！兄弟事情忙，没有工夫陪你闲谈！’胡镜孙碰了这个钉子，面孔一红，咳嗽了一声，然后硬着胆子说出话来。才说得‘卑职前头办的那个戒烟善会’一句话，藩台已把茶碗端在手中，说了声：‘我知道了！’端茶送客。胡镜孙不好再说下去，只得退了出来。”盖“端茶逐客”矣。又忆某说部记官场笑柄，谓：一新到省之知县，不谙官场仪注，盛暑谒巡抚，挥扇不已。巡抚恶其伧慢，因请升冠宽衣。知县从之，而巡抚即端茶，侍者高呼送客，乃惶遽失措，一手持冠，一手挟衣，裸上体，狼狈而出。此为恶作剧之端茶。其实此人苟从容衣冠而退，亦不能被呵止也。（属吏见长官，不许持扇及戴眼镜，乃真前清官场陋习。）

一〇一　补述神机营事

前汇述关于神机营事（见本报第三十七期），兹阅《庄谐选录》（署“醒醉生”著述，盖汪康年所辑也。）云：“法越之役，醇贤亲王将命神机营出征以耀武。许恭慎公知其不可，而难于发言，因作书与王云：‘以王之训练有素，必所向克捷，惟虑南北水土异宜，且闻彼地烟瘴，倘兵士遘瘴疠，有所折挫，不特于天威有损，且于王之神武亦恐有所关碍。’于是王大省悟，次日见恭慎曰：‘汝言大是。且兵士以战死，固其分，若以瘴死，使致损挫，岂不笑人？吾已止是命矣。’由是王益敬服恭慎云。”此亦关于神机营之一传说，颇有致，宜入前述。许庚身之言，自是善于词令。（原第10卷第39期）

一〇二　外人观中国戏剧（一）

前阅报载国民新闻社五月九日柏林电云：“今日宣传部部长戈培尔氏向德国戏院经理人演讲德国戏剧界将来之任务。戈氏盛称中国戏剧之艺术，谓德国应以中国为榜样。又谓：‘吾人为何而必研究中国之艺术？盖以其完整而不散漫，能拟成各种形式，将中国文化之各方面俱显示无遗也。”戈氏复称：“中国之艺术，为中国国家之艺术，因在中国艺术与民族实不可分者也。中国因有其固有之文化，故能永久产生中国之艺术。德国实亦应仿效中国之榜样，使德国之艺术为德国民族之艺术，盖德国已往在艺术界之光荣，亦实因德国有其音乐戏剧上之杰作，在根本上完全为德国民族之精神者也。’”与《程砚秋赴欧考察戏曲音乐报告书》所云：“柏林有一个远东协会，秘书长是林德先生。他为欢迎我而开了一个大规模的茶话会。……

林德先生演说，对于中国戏曲艺术极尽夸耀，只是把我捧得太高，使我惭愧！”均见德人尊重中国戏剧者之表示，吾因之联想而及于庚子八国联军统帅德人瓦德西《拳乱笔记》（王光祈译）所言。其是年（1900）十一月二十三日《日记》记在北京观剧事云：“今日余曾到中国戏场之内。中国人极嗜戏剧。北京方面设有不少戏园。最富之人并往往筑有私家剧场。余曾被（中国）年老商人邀请多次。直到最后余将请帖领受之时，于是大演一次。余与随员人等备受优礼迎迓，并导入特设雅座之厢内；其中安置被有桌布之桌子一张，除了此地无时或缺之清茶以外，更有香宾酒、果子、糕点、雪茄烟，等等，以享余等。最初开演两折毫无意义之短剧。所有女角，皆以男子代之，盖因女子素来极少在公众之前露面也。同时并杂有音乐于其间，足使石头化软；或者说得切实一点，以便使人头痛。所有观剧之人，坐在小桌之旁，大抽烟筒，饮茶吃果，亦复同样喧哗不已。中国人常常高呼‘好’字，以代替（我们）Bravo（按：即“妙哉”之意）一字。终场更以王侯、厉鬼、战士，等等跳打一阵。此种跳打技术，实为余生平尚未见过者。当余挨过一点半钟以后，复坐余车之中，于是不胜庆幸（得离苦海）。”此一德人三十余年前所记对于中国戏剧之印象乃如是。瓦德西与戈培尔等，所见洵为大相迳庭。《程砚秋报告书》又云：“里昂中法大学以盛筵来款待我。在许多中国男女青年的热烈督促之下，我免不了是要唱几句的，却好，这次是有胡琴伴奏着。第二天，里昂《进步日报》有这样一段记载：‘……以一种高贵而不可模拟的吸力，应热心青年男女的请求，即由其本国青年用一种乐器名胡琴者奏伴着，以圆润的歌喉，圆润的心情，作尖锐洪亮而又不用其谈话的声音歌唱。……时而作急促之歌，时而作舒缓之调，为吾人向所未闻的声音。此种锐敏的歌声，在欧洲人初次听见是不很了解，但觉其可听；而在中国知音者听着，就不禁心旷神怡了。’这几句话，未免过奖，比前几次干唱，这次有胡琴伴着是自己也觉得顺耳得多。”盖中国戏剧中之歌唱音乐及动作等，不独外国人初次观听，“不很了解”，即本国人初入剧场未能领略者，亦复往往有格格不入之感也。（所引瓦德西《笔记》一节，其中括弧，均系译本原有者。）

吾又联想及于美国议员团之报告。民国九年夏，美国议员团游历中日及朝鲜。归国后，由团员加州议员沃斯本士 H. Z. Osborns 编成视察报告，于众议院大会宣读之。《申报》译载其文。其述在北京观剧事云：“某晚余等得一极盛之中国筵席，凡燕窝鱼翅等珍品，应有尽有。食后观剧。天气甚热，故剧场即设于旷场之上，上遮以棚，旁围以篱。台上幕帏为绣缎所制，极华丽，惟无布景耳。演剧时，常有三五侍者奔走台上，搬移枱椅，递送物件。彼等虽常在观客眼帘之前，实则当作不在论。及台上有剧战时，锣鼓喧闹，枪刀交击时，于是此等侍者奔走益甚。吾曹西方顾曲家对之甚为奇异云。是夜所演者为史剧。重要角色为梅兰芳，男子而饰妇女者也。据谓渠为中国价钱最贵声誉最隆之伶人。彼饰妇女，体态声容无不酷肖。又一人状似强徒，貌极狰狞，声极粗厉，面涂黑色，一望而知为狡猾之人也。反之，善人之面则涂白色。故中国戏剧中，人之善恶可以其面色之黑白而衡断之。”此为美人初观中国剧者之叙述，亦可参阅。所云善人面涂白色恶人面涂黑色之定例，稍解中国戏剧者自觉其谬，盖强不知以为知耳。醒醉生（汪康年）《庄谐选录》云：“同治初，两江总督马公被刺时（按：马新贻被刺，是同治九年事，不当云初），上海戏园撰成《刺马》一戏。藩司梅小岩方伯为丑角，而巡抚张公则装白面。闻后赂以金，乃改为黑面。”倘如美议员所云，则是以赂而获改善人为恶人矣！（马新贻被刺，传为疑案，诸家记载，其说不一，社会所传，多主张文祥为友复仇说，上海演剧，以是为根据。梁溪坐观老人《清代野记》记此案颇详，亦言为友复仇，并云：“时上海戏园编出《刺马传》全本。皖抚英翰闻之，亟函请上海道涂宗瀛出示禁止，并为马请祠请谥，铺张马之功几与曾、胡埒，裕庚手笔也。英与马同官安徽，有休戚相关之谊云。厥后乔勤悫有七律咏其事，末二句云：‘群公章奏分明在，不及歌场独写真！’”）

一〇三　美国议员游颐和园

美议员报告，述颐和园之游有云："屋顶之脊饰有狮虎异兽之像，各作相逐状。最前为一鸡，背骑一人。此类装饰，中国宫庙官署屋脊之上皆有之。美国煤油大王捐建之北京医学校之房屋，系仿华式者，故亦饰有此类怪像。据谓此等兽像乃状一中国古时帝王之故事。该帝喜以虐民为戏，所有刑具务极新奇。常纵其军队，杀平民，毁坏居室，淫人妻子，伤残其子女。然犹觉乐未尽兴，乃屠戮村邑以纵其欲。民愤极而叛，卒被废逐，遁入荒林。废帝困居林中数年，然残酷之性不因此而稍杀。林中与之相邻而处者惟虎狼之属。帝遂诱致其子，虐弄之使其号叫。老兽闻声而至，帝即设计捕而杀之。嗣兽不胜其虐，乃亦群起而攻之，帝仓皇出走，群兽穷追不释。正惶急间，适遇一硕大无比之鸡，帝即跨之逃。屋脊所塑，即象此故事也。余以为此乃警惕暴虐帝王之寓言。若有身为一国元首而不知爱民者，其必见逐于民，卒致跨鸡以逃也。此帝究竟能否脱猛兽之险于鸡背之上，则述者未为余道，故未悉底蕴。虽然，鸡虽硕大善奔，终不能避虎狼。何华人屋脊之上皆有一鸡负帝奔于前群兽追逐于后之像也？"则更是奇谈矣。殆招待者见其每事问，因杜撰故事以告之，乃被娓娓而谈于庄严之议场，是亦颇有一幕喜剧之意味也。

（原第10卷第40期）

一〇四　外人观中国戏剧（二）

德将瓦德西观中国剧之百年以前，欧人记在中国观剧者，有一七九三（乾隆五十八年）英国对华首次所遣使马戛尔尼，时觐见乾隆帝于热河，参与庆祝万寿典礼也。《乾隆英使觐见记》（刘半农译）有云："九月……十七日，礼拜二。今日为乾隆皇帝万寿之期，余等早晨三点中即起，仍由樊、周两大人导往行宫中祝寿。……已而相国和中堂，副相福中堂及其兄福大人、松大人等四人，同向余言：'前日与贵使同游万树园，只游得东边一半，今天不妨再至西园一游……不知贵使亦颇有游兴否？'余亟向彼道谢，谓：'既承宠邀，万无不奉陪之理！'于是吾辈四人（？）仍如前日之例，联辔游园。……未几，又至一处，见广厅之中，建一剧场，场中方演傀儡之剧。其形式与演法，颇类英国之傀儡戏，惟衣服不同。戏中情节，则与希腊神话相似。有一公主，运蹇，被人幽禁于一古堡之中。后有一武士，见而怜之，不惜冒危险与狮龙虎豹相战，乃能救出公主而与之结婚。结婚时，大张筵宴，有马技斗武诸事，以壮观瞻。虽属刻木为人，牵线使动，然演来颇灵活可喜。傀儡戏之外，有西洋喜剧一折。其中主要角色，乃本其夫妇及彭迪米阿，史加拉毛克四人所扮。（译者按："万树园中，何以能有西剧，原书并未明言其故。以意度之，当系乾隆重视英使，特命在华供职各西人会串以娱之；否则各西人自行组织，以为皇帝上寿，亦属近理。”）据云：此项傀儡戏，本系宫眷等特备之游戏品，向来不轻易演与宫外人员观看。此次华官因余到廷叩祝之故，请于皇帝，皇帝特颁恩典，始许送至宫外一演。故各华官观看之时，均兴高采烈。中有一场，各华官同声喝好，声震屋瓦。余就各华官神色间观之，知此项游戏品，皇帝及内庭各宫眷必甚爱之也。……十八日礼拜三。先是，余得华官通告，谓：皇帝万寿之庆祝典礼，虽已于昨日举行，而今日宫中尚有戏剧及各种娱乐之品，为皇帝上寿。皇帝亦备有珍品多种，亲赐群臣，且将以礼物赠诸贵使。贵使可仍于晨间入宫，一观其盛。至今日晨间，余如言与随从各员入宫。至八时许，戏剧开场，演至正午而止。演时，皇帝自就戏场之前设一御座坐之。厢位之后，有较高之坐位，用纱帘障于其前者，乃是女席，宫眷等坐之，取其可以观剧而不至为人所观也。吾坐入座未几，皇帝即命人招余及史但顿（按：参赞也，清廷称之曰副使，待遇略同于马戛尔尼）二人至其前，和颜言曰：‘朕以八十老翁，尚到园子里来听戏，你们见了可不要骇异，便是朕自己平时亦以为国家疆域广大，政事纷繁，除非有什么重大庆典像今天一般，也总觉没有空儿常到此间来玩。’余曰：‘贵国治安日久，方有此种歌舞升平之盛况。敝使东来，适逢其盛，殊以为快。’……戏场中所演各戏，时时更变，有喜剧，有悲剧，虽属接演不停，而情节并不连串。其所演事实，有属于历史的，有属于理想的。技术则有歌有舞，配以音乐。亦有歌舞、音乐均屏诸勿用，而单用表情、科白以取胜者。论其情节，则无非男女之情爱，两国之争战，以及谋财害命等，均普通戏剧中常见之故事。至最后一折，则为大神怪戏，不特情节诙诡，颇堪寓目，即就理想而论，亦可当出人意表之誉，盖所演者为大地与海洋结婚之故事。开场时，乾宅坤宅各夸其富。先由大地氏出所藏宝物示众，其中有龙，有象，有虎，有鹰，有驼鸟，均属动物，有橡树有松树，以及一切奇花异草，均属植物。大地氏夸富未已，海洋氏已尽出其宝藏，除船只、岩石、介蛤、珊瑚等常见之物外，有鲸鱼，有海豚，有海狗，有鳄鱼，以及无数奇形之海怪。均系优伶所扮，举动神情颇能酷肖。两氏所藏宝物既尽暴于戏场之中，乃就左右两面各自绕场三匝。俄而金鼓大作，两方宝物混而为一，同至戏场之前方，盘旋有时。后分为左右二部，而以鲸鱼为其统带官员，立于中央，向皇帝行礼。行礼时口中喷水，有数吨之多。以戏场地板建造合法，水一至地，即由板隙流去，不至涌积。此时观者大加叹赏。中有大老数人，座与吾近，恐吾不知其妙，故高其声曰：'好呀，好呀！'余以不可负其盛意，亦强学华语，连呼“好，好”以答之。演戏时，吾辈所坐厢位，作通长之式，不似欧洲戏场各厢互相分隔者，故坐客尽可自由往来，随意谈话。……下午一时，晨会已毕，余等退。至四时，复往观夜会。夜会地点在一广场之上，地在吾初次觐见皇帝之大幄之前。吾等到场未几，御辇即至。皇帝降辇后，自就一临时所设之宝座坐之。挥手发一起始开演之记号，于是广场之上即有拳术、跳舞、走绳、刀剑以及种种有趣之武艺，陆续献技。此项技师，均穿中国宽大之衣服。蹑寸许高之厚底大靴，而演技时仍纯熟活泼，似不见碍于衣履也者，吾乃不得不加赞誉。惟旗人好马，中国历史上殆无有不记旗人善于骑射者，而此种盛会乃未有马技列乎其间，令吾一观旗人之马技何若，亦憾事也。武技既毕，以花火为夜会之殿，此项花火，大有陆离光怪之奇观。在余来华后所见各项娱乐品中，当推此为第一。余昔在勃打维亚所见花火，虽变化之众多，火力之雄大，较胜于此，而以趣味言，则此胜于彼。花火之末一场，为绝大火景，有火山之爆裂形，有太阳与星辰之冲突，有爆火箭，有开花大炮，有连环炮。一时火光烛天，爆声隆隆，至光消声歇而后，余烟之缭绕于园中树木之间者，犹至一小时方散也。……此一夜会与晨会相较，其到场观看者及场中秩序大致相同，惟晨会则皇帝坐于戏场之前，而群臣咸坐于两厢，夜会则皇帝坐于中央，群臣分作左右二行，列于其旁，有坐者，有立者，有跪者。卫队及执旗持节之人，多至不可胜数，则站于宝座及群臣之后。其尤异之点，则晨会时观者可以自由谈话，喝采鼓掌，在所不禁，夜会则全场寂然，自始至终，未有一人敢发声谈笑者。”此为距今一百四十年前英人在华观戏剧及杂技所述之情形与印象。戏剧末出之大神怪戏，亦颇富于杂技之色采，有异通常之中国剧也。

距英使马戛尔尼观中国剧，更百年之前，有俄皇大彼得使臣所述在北京观剧事，时一六九二（康熙三十一年）也。陈其元《庸闲斋笔记》引《中西见闻录》内俄文馆翻译俄国使臣义兹柏阿朗特义迭思所著《聘盟日记》十月十一日有云：“皇上特遣官二员，带领游历城内景胜，并马五十匹，为从人乘骑，余即备马同行。随至一处，似是戏园。房廊高大，内一高台，上多雕彩各画。台上正中有一方孔，周围有楼，楼上有栏。二官照料坐位，款待茶酒。戏之佳不待言，兼有戏法，亦极敏妙。有从空中变出香桃、金橘、葡萄各鲜果，又变飞鸟、螃蟹各生物，其余亦有在西洋曾见者。又一技人以玻璃圈数枚，大者如人手，叠置木梃梢头，横飞竖舞，无一落地，真妙绝也。已而六人共舁一竹竿，长约数尺，直立地上。一童猱升至顶。匍匐其上，转运如轮，盘旋不已。既而以一手执竹梢，徐蹑足立于梢上，拍手腾空，飞身而下。此外之技，不可枚举。剧佳甚。闻此伶人皆供奉内廷，无怪艺之绝耳。戏彩之衣，悉金珠晃漾。所演戏为一英雄破敌还朝，大似策勋饮至，并有多神下界。神内一人，赤面如朱，云是先皇帝也。（按：或关羽耳，羽称伏魔大帝也。）戏之中间，忽出美妇二人，曲眉秀项，丽服炫妆，各立二人肩上，翩跹而舞，应弦合拍，如履平地。又二童子衣奇异之衣，奏技如果斯提克（此俄国戏，今失传矣，其详不闻）。尽日所观，无不入妙。”此为距今二百四十年前俄人所观，盖戏剧与杂技兼演也。甚赞戏剧之佳，而所言殊略，恐亦如里昂《进步日报》所云“不很了解”耳。

俄使义兹柏阿郎特义迭思之来，在《尼布楚和约》订立之后，英使马戛尔尼之来，为英政府初通中国，均当有清盛世。德将瓦德西之来，则中国几不国，而清廷亦驯致倾覆矣。三人先后初观中剧，俄英二使称誉、德将诋諆，国势之隆替殆亦有关欤？

附启：承于世琦先生寄赠《万柳老人诗集残稿》《流览堂补遗》《三国时代薄葬考》各一册，敬拜嘉贶，并谢雅意。（原第10卷第41期）

一〇五 谈柳敬亭

于上海《时事新报·青光》栏，见胡怀琛君《捧柳敬亭》一文，举《桃花扇》及吴伟业、周容、张岱诸人之为敬亭表彰，更引王士禛之说，而断之曰："平心而论，柳敬亭的说书的艺术，也有相当的可取之处，然当时的左派文人实未免捧之太过。王渔洋是文人习气太重，不能了解民众化的说书的艺术的好处，这也是事实。然他说当时的文人因左良玉讨马士英而看重左良玉，又因左良玉而看重柳敬亭，这话也在情理之中，我们不能否认。"所论颇允，而敬亭之为一时名流所称扬，盖亦藉以寓对故明之思，士禛为有清显宦，其心理有不同耳。

诸家之言敬亭，除孔尚任《桃花扇》传奇体裁有殊，合观伟业等及黄宗羲所记，敬亭要当为艺人之杰出者。伟业《柳敬亭传》云："……或问生何师。生曰：'吾无师也。吾之师乃云间莫君后光。'莫君之言曰：'夫演义虽小技，其以辨性情，考方俗，形容万类，不与儒者异道，故取之欲其肆，中之欲其微，促而赴之欲其迅，舒而绎之欲其安，进而止之欲其留，整而归之欲其洁，非天下至精者，其孰能与于斯矣？'柳生乃退就舍，养气定词，审音辨物，以为揣摩。期月而后诣莫君，莫君曰：'子之说未也，闻子之说者，欢咍嗢噱，是得子之易也。'又期月，曰：'子之说几矣。闻子之说者，危坐变色，毛发尽悚，舌挢然而不能下。'又期月，莫君望见惊起曰：'子得之矣！目之所视，手之所倚，足之所跂，言未发而哀乐具乎其前，此说之全矣。'于是听者傥然若有所见焉。其意也，恤然若有亡焉。莫君曰：'虽以行天下，莫能难也！'……与人谈，初不甚谐谑，徐举一往事相酬答，澹辞雅对，一座倾靡。诸公以此重之，亦不尽以其技强也。……客有谓生者曰：'方海内无事，生所谈皆豪猾大侠，草泽亡命。吾等闻之，笑谓必无是，乃公故善诞耳。孰图今日不幸竟亲见之乎！'生闻其语，慨然。属与吴人张燕筑、沈公宪俱，张、沈以歌，生以谈，三人者，酒酣，悲吟击节，意凄怆伤怀，凡北人流离在南者闻之无不流涕。……左以为此天下辩士，欲以观其能，帐下用长刀遮客，引就席，坐客咸震慑失次。生拜讫，索酒，诙啁谐笑，旁若无人者。左大惊，自以为得生晚也。……左幕府多儒生，所为文檄，不甚中窾会，生故不知书，口画便宜辄合。左起卒伍，少孤贫，与母相失，请貤封不能得其姓，泪承睫不止。生曰：‘君侯不闻天子赐姓事乎？此吾说书中故实也。’大喜，立具奏。左武人，即以为知古今识大体矣。……逮江上之变，生所携及留军中者，亡散累千金，再贫困而意气自如。或问之。曰：‘……且有吾技在，宁渠忧贫乎？’乃复来吴中，每被酒，尝为人说故宁南时事，则欷歔洒泣。既在军中久，其所谈益习，而无聊不平之气无所用，益发之于书，故晚节尤进云。旧史氏曰：予从金陵识柳生。同时有扬生季蘅，故医也，亦客于左，奏摄武昌守，拜为真。左因强柳生以官，笑弗就也……”言之颇详。

宗羲《柳敬亭传》云：“……云间有儒生莫后光，见之曰：‘此子机变，可使以其技鸣。’于是谓之曰：‘说书虽小技，然必辨性情，习方俗，如优孟摇头而歌，而后可以得志。’敬亭退而凝神定气，简练揣摩，期月而诣莫生。生曰：‘子之说能使人欢咍嗢噱矣。’又期月，生曰：‘子之说能使人慷慨涕泣矣。’又期月，生喟然曰：‘子言未发而哀乐具乎其前，使人之性情不能自主，盖进乎技矣。’由是之扬之杭之金陵，其名达于缙绅间。华堂旅会，闲亭独坐，争延致之，使奏其技，无不当于心称善也。……宁南以为相见之晚，使参机密，军中亦不敢以说书目敬亭。宁南不知书，所有文檄，幕下儒生，设意修词，援古证今，极力为之，宁南皆不悦，而敬亭耳剽口熟，从委巷活套中来者，无不与宁南意合。尝奉命至金陵。是时朝中皆畏宁南，闻其使人来，莫不倾动加礼。宰执以下，俱使之南面上坐，称柳将军，敬亭亦无所不安也。其市井小人昔与敬亭尔汝者，从道旁私语：‘此故吾侪同说书者也，今富贵若此！’亡何，国变，宁南死，敬亭丧失其资略尽，贫困如故时，始复上街头，理其故业。敬亭既在军中久，其豪猾大侠，杀人亡命，流离遇合，破家失国之事，无不身亲见之，且五方土音，乡俗好尚，习见习闻，每发一声，使人闻之，或如刀剑铁骑，飒然浮空，或如风号雨泣，鸟悲兽骇，亡国之恨顿生，檀板之声无色，有非莫生之言可尽者矣。马帅镇松时，敬亭亦出入其门下，然不过以倡优遇之。钱牧斋尝谓人曰：‘柳敬亭何所优长？’人曰：‘说书。’牧斋曰：‘非也。其长在尺牍耳！’盖敬亭极喜写书调文，别字满纸，故牧斋以此谐之。嗟乎！宁南身为大将，而以倡优为腹心，其所授摄官，皆市井若己者，不亡何待乎！”自跋云：“偶见梅村集中张南垣、柳敬亭二传，张言其艺而合于道，柳言其参宁南军事比之鲁仲连之排难解纷，此等处皆失轻重，亦如弇州志刻工章文，与伯虎比拟不伦，皆是倒却文章架子。余因改二传。其人本琐琐不足道，使后生知文章体式耳。”宗羲虽极轻其人，而亦未尝不重其技。写技之优，有胜于伟业处。

容《杂忆七传》传敬亭云：……以滑稽说古人事，往来缙绅间五十年，无不爱柳敬亭者。儿童见柳髯至，皆喜。其技传之华亭莫生。生之言曰：‘口技虽小道，在坐忘，忘己事，忘己貌，忘坐有贵要，忘身在今日，并忘己何姓名，于是我即成古，笑啼皆一。所恨楚庄未见叔敖，不能证优孟，然史迁、班固下逮贯中、实甫笔墨为证，如已见之。予每叹近世人材衰飒，私疑往史多诬，未必有如某某其人。癸巳值敬亭于虞山，听其说数日，见汉壮缪，见唐李郭，见宋鄂蕲二王。剑棘刀槊，钲鼓起伏，髑髅模糊，跳踯绕座，四壁阴风旋不已。予发肃然指，几欲下拜，不见敬亭。”推崇盖至。

余怀《板桥杂记》云：“柳敬亭……善说书……盖优孟、东方曼倩之流也。后入左宁南幕府，出入兵间。宁南败亡，又游松江马提督军中，郁郁不得志，年已八十余矣。间遇余侨寓宜睡轩，犹说秦叔宝见姑娘也。”则言其暮年之侘傺。

状其技之工最为有声有色者，当推岱《陶庵梦忆》。其说云：“南京柳麻子，黧黑，满面疤痕，善说书。一日说书一回，定价一两。十日前先送书帕下定，常不得空。余听其说《景阳冈武松打虎》白文，与本传大异。其描写刻画，微入毫发。说至筋节处，叱咤叫喊，汹汹崩屋。武松到店沽酒，店内无人，蓦地一吼，店中空缸空甓，皆瓮瓮作声。闲中着色，细微至此。主人必屏息静坐倾耳听之，彼方掉舌。稍见人咕嗫耳语，听者欠伸有倦色，辄不言，故不得强。”盖敬亭之技，良有过人者。

至士禛《分甘余话》，则云：“左良玉自武昌称兵东下，破九江、安庆诸属邑，杀掠甚于流贼。东林诸公，快其以讨马、阮为名，而并讳其为贼。左幕下有柳敬亭、苏昆生者，一善说评话，一善度曲。良玉死，二人流寓江南。一二名卿遗老左袒良玉者，赋诗张之，且为作传。余曾识柳于金陵，试其技，与市井之辈无异，而所至逢迎恐后，预为设几焚香，瀹岕片，置壶一杯一。比至，径踞右席说评话，才一段而止，人亦不复强之也。爱及屋上之乌，憎及储胥。噫，亦愚矣!”或亦不免因不满良玉而贬及敬亭乎?（原第10卷第43期）

一〇六　王邦玺《客路行》

江西安福王邦玺，同治乙丑翰林，累官侍读，上书房行走，于政事屡上封章，著敢言之声。光绪甲申之役，以荐举道员黄瑞兰办军务获咎，吏议镌二级，事详其《贞石山房奏议》，盖由激于忠愤也。罢官后曾主讲直隶怀安书院。所为诗梓行者曰《贞石山房诗钞》，有《客路行》云：

昔有李公官洗马，皇华馆向驿丞假。
不识东宫清贵官，风尘小吏见闻寡。
偃蹇傲睨不为礼，率尔发言殊失体。
错认御营刍牧人，问公洗马日几洗。
公闻不怒转辴然，善谑不禁笑开颜。
勤则多洗懒少洗，痴问痴答妙语言。
骢马忽传御史来，锦鞯宝辔拂尘埃。
平生耳熟绣衣使，伛偻自饶趋奉才。

岂知岳岳名御史，却为洗马门下士！
再拜抠衣执礼恭，驿丞见之惊欲死。
阶前长跪首低垂，座上高谈晷刻移。
牵御史裾苦哀乞，向公缓颊婉陈词。
公言若辈安作较，无知适堪供一笑。
笑柄翻作佳话传，公之大度人乐道。
我昔书房承宠遇，王公敬礼称师傅。
我今讲席拥边城，敝车羸马愁行路。
三月清明天尚寒，沙飞风急夕阳残。
云中太守春按部，属邑纷纷传溜单。
盛备行台候税驾，行台西畔余广舍。
馆人虚以待县官，未许旅客轻装卸。
门外五马倏喧腾，太守亲屈黄堂身。
翰林衔门礼数重，殷勤只谒马足尘。
伧夫骇诧改颜色，扫榻开窗背吐舌。
呼童烧炕买枯楷（秸），一宿邮亭安栖息。
古今世态将毋同，人海茫茫熙攘中。
皮相果谁负薪识？泰山每讶肉眼空。
贵王贵士何必计？荣辱于我无芥蒂。
抽毫闲写邸壁诗，摇首吟哦方得意。

写炎凉之态，饶有趣致。至所引以相拟之洗马与驿丞故事。按：明耿定向《先进遗风》云：“杨文懿公守陈以洗马乞假觐省，行次一驿。其丞不知其为何官，与之坐而抗礼，卒然问曰：‘公职洗马，日洗几马？’公漫应曰：‘勤则多洗，懒则少洗，无定数也。’俄而报一御史且至，丞乃促令让上舍处之。公曰：‘夫固宜然，待其至而让未晚也。’比御史至，则公门人也，跽而起居。丞乃睨御史不见，蒲伏阶下，百状乞怜。公卒亦不较。”其本事盖如此，惟王氏云李公，未知是否记忆偶稍失，抑别有所本也。

又《宣化道上作》云：

关内清和关外寒，客衣春尽更添绵。
不须远历穷边景，只隔居庸别有天。
水流纡曲石崚嶒，上谷江山得未曾。
一自武宗巡幸后，游观艳说小嘉陵。
儒生黧面半为农，闺阁华妆拟六宫。
只为曾停天子跸，勾栏奢丽有遗风。
可把官司禁令除，红颜酣酒胜当垆。
风流也学金貂解，褪乳杨妃出水初[①]。
厉揭各分深浅河，乘舆真个济人多。
通津何处容舟楫，不识卬须有櫂歌[②]。
汉朝青冢至今存，朔漠黄沙接暮云。
足迹平生半天下，又来出塞吊昭君[③]。
且休弹铗怅无鱼，乞米颜公计亦迂[④]。
笑问“五更鸡”熟否，轻装带得小行厨[⑤]。
桃叶家风愧献之，渡江来此并驱驰。

全抛官样旧装束，村店杏花簪一枝。

小住难求一榻安，长途风急夕阳残。

伧夫不识师儒贵，泛扫邮亭侯（候）县官。

阘愿得归且自由，携筇安步访林邱。

盘陀叱驭车行险，路滑从来是石头⑥。

自注：①偶闻驿壁示，禁妇人入店赤膊饮酒，不觉失笑。

②桑干河阔而浅，不容舟楫，以车渡，大雨水辄断行人，凡小河皆然。

③昭君墓在今大同府属。

④一路并无鱼米。

⑤友人赠小铜器，径不盈尺，饭锅菜碟茶壶酒注悉具，足供一人食饮。以烧酒燃火，熟物甚速，名曰“五更鸡”。

⑥石路陟滑，骡行甚险。

可供谈彼地风土者之考镜。其第九首，亦即《客路行》所咏也。

一〇七 《都门杂咏》

《都门杂咏》云：

一枚掷地落飞蚨，井畔摇鞭水溅珠。

饮马投钱廉吏事，此风今尚见车夫[1]。

不贵铜钱贵钱券，新翻圜法异寻常。

青蚨几贯送红分，争敌人情纸半张[2]？

厂甸游观亦偶然，日中为市上元天。

珍奇满目皆吾爱，一语东坡只少钱[3]。

未见登场先喝采，梨园耳食亦成风。

优伶不是潜通贿，那得声名一旦红[4]。

白云观里石桥边，士女占祥竞掷钱。

却笑道人多幻术，点金不必遇神仙[5]。

争道从教车子诃，输他顶马又跟骡。

车帷漫爱猩红色，弹铗无车客尽多[6]。

自注：①京师衢路井边列槽贮水，往来驾车饮马者，虽不见主人，辄投一钱于水中乃行。

②都中士夫应酬人情，以财为礼，谓之“送分子”。吉事曰“红分”，丧事曰“白分”。光绪八九年后，私铸充斥，圜法大坏。肆商居奇，贵财贱钱，银价低昂悬殊，分子辄送铜钱，间有送票者，其谢帖必注曰“领钱票若干”云。

③琉璃厂甸每于正月杂陈百戏，士女游观如仪，谓之“观厂甸”，至十五日止。贾人罗列珍宝，索价极昂，而购者亦甚寥寥。

④优人登场演剧，甫掀帘欲出，观者即高声喝采，盖都下风气如此，亦由平时暗贿游闲之

辈，使之赞己以成其名也。

⑤相传阜城门外白云观每逢正月十九日有真仙下降，届期士女云集，谓之“会神仙”，观中桥洞趺坐两道士，闭目不语，洞口各系一木刻大钱，置铃孔中，署其旁曰：“响应吉祥”。人争以钱掷之，中者欢然大笑。桥下积钱无算，道士大获其利。

⑥都中车夫喜争道，相持不让，诟詈辄数刻，或至凶殴。帷遇红帷车有顶马跟骡者，势不能敌，乃避畏。故事：九卿以上得用红帷，余贫不能备顶马，故历司业讲读数年，犹乘青帷车也。

故都事物，谈往者有取焉。

一〇八　姓名误会笑谈三则

唐韩琬《御史台记》云：“唐杨茂直任拾遗，有补阙姓王，精九经，不练时事，每自言明三教。时有僧名道儒，妖讹，则天捕逐甚急，所在题云：‘访僧道儒。’茂直与薛兼金戏谓曰：‘敕捕僧道儒，足下何以安闲？’云：‘何关吾事？’茂直曰：‘足下明三教，僧则佛教，道则老教，何‘不关吾事’？”乃惊惧，兴寝不安，遂不敢归，寓于曹局数宿，祈左右慎其事。复共诳之，忧惧不已，遇人但云实不明三教事。茂直等方宽慰云：‘别访人，非三教也。’乃敢去。”

刘肃《大唐新语》云：“唐益州每岁进甘子，皆以纸裹之。他时长吏嫌其不敬，代之以细布，既而恒恐有甘子为布所损，每岁多怀忧惧。俄有御史甘子布至。长吏以为推布裹甘子事，因大惧，曰：‘果为所推！’及子布到驿，长吏但叙以布裹甘子为敬。子布初不知之，久而方悟。闻者莫不大笑。子布好学有文才，知名当代。”

宋陆游《老学庵笔记》云：“姓但者音若檀，近岁有岭南监司曰但中庸是也。一日朝士同观邸报，见岭南郡守以不法被劾，朝旨令但中庸根勘。有一人辄叹曰：‘此郡守必是权贵所主。’问：‘何以知之？’曰：‘若是孤寒，必须痛治。此乃令但中庸根勘，即是有力可知。’同坐者无不掩口。其人悻然作色曰：‘拙直宜为诸公所笑！’竟不悟而去。”

此三则均为误会姓名之笑柄，甚趣，类录之以供噱助。

《老学庵笔记》又云：“绍圣元符之间，有马从一者，监南京排岸司。适漕使至，随众迎谒。漕一见怒甚，即叱之曰：‘闻汝不职，本欲按汝，何以不亟去，尚敢来见我耶？’从一皇恐，自陈湖湘人，迎亲窃禄，哀求不已。漕察其语南音也，乃稍霁威，云：‘湖南亦有司马氏乎？’从一答曰：‘某姓马，监排岸司耳。’漕乃微笑曰：‘然则勉力职事可也。’初盖误认为温公族人，故欲害之。自是从一刺谒，但称‘监南京排岸’而已。传者皆以为笑。”明冯梦桢《快雪堂漫录》云：“临安令有赵鼻涕者，以其罢软，故得此名。民有钱德明者，持状赴告，状称钱德明年若干岁。赵怒，命行笞。民不服。曰：‘汝欺我，不称今年若干岁，而称明年，何也？’赵盖以‘德’为民名，而‘明’字属下文。闻之不觉捧腹。高心田说，今追记之。”一为衔之割裂，一为名之割裂，此二则又恰可合看。

（原第10卷第44期）

一〇九　张之洞与高凌霨

高凌霨以甲午举人官内阁中书，截取同知，分发湖北。鄂抚端方派充抚署文案处缮校，月薪甚微。旋朝旨裁同城巡抚，端方于将交卸时，始擢为文案委员，一并移交督署。时张之洞督鄂，幕府人材称盛。凌霨虽获充督署文案，然与之洞无素，非之洞所措意，同官亦颇轻之，郁郁居此而已。会值新年封印，文案处各员均回寓度岁，而凌霨仍在处值宿。一日，之洞接京中要电，须急复，立召文案旧人办稿，无至者，甚怒。左右谓：“文案处独有高凌霨在，未知其能办此否？”之洞漫不省记，曰：“文案中有一高凌霨耶？姑召之来。”凌霨闻命晋见，之洞询知为天津人，科举出身，因命即于签押房试拟覆电之稿，颇称意，又因其字体宗苏，益赏之。此为凌霨受知之洞之始。是后凌霨在督幕倚任日隆，有干员之目。之洞厉行新政，尤重学务，凌霨恒司其事，故至今鄂籍知名之士，出凌霨之门者颇多。之洞又捐廉创办客籍学堂，委凌霨于畿辅各县中招致俊秀之士，至鄂就学，如民国曾充国会议员之钱崇垲、马英俊等，皆当时之高材生也。各省之设提学使，膺简湖北提学使者为黄绍箕，而凌霨在督幕司全省学务如故。其头衔则迭次过班，历府而道矣。未几绍箕因病出缺，时之洞奉召入京，即推荐凌霨继其任，去过道班甫数月，亦峻擢也。凌霨得电讯，大喜，立电禀之洞叩谢，电尾署名，即依司使体制，称“本司凌霨”。（藩、臬对长官，文牍自称“本司”，口语自称“司里”，提学使介于藩、臬之间，称谓同之。）之洞以其自称“本司”之骤也，大不怿，命幕僚某致电传语申饬，责其器小易盈。盖之洞平日对于此等小节，最为重视，恒谓此足觇人才之器量。凌霨随侍久，宜深知之，特以意兴高骞，一时疏忽，致受严责，惶恐特甚，亟复电谢罪，词极恭逊，仍循道员之例，自称“职道”，之洞始释然。后此凌霨以提学使对之洞行文，既不便不改“职道”之称，又恐再以“本司”而逢之洞之怒，于是斟酌二者之间，而以“职司”自称焉。此一事为久官湖北者所谈。虽无关大计，亦清季官场之一段趣闻也。之洞对于属吏之态度，于此亦可略见一斑。

一一〇　张之洞斤斤于名分

之洞之由鄂督以大学士入管学部，其僚属随之入京者，或改补学部司官，而谒见之洞，必仍行外官之礼（屈膝请安），自称亦依外官之例（如“卑职”），不得遽长揖称“司官”。必俟之洞面谕，始行照改，犹须先申明“遵中堂谕”，示弗敢自专以尊中堂，以之洞于此甚斤斤也。

一一一　李鸿章之子暗逐张佩纶

张二陵君云：“甲申之役，张佩纶以马江之败，革职遣戍。后李鸿章留佐督幕，且以女妻之，信任颇甚，而鸿章诸子弗善也，思有以去之，而难于措手，因谋于天津海关道某。某即为画策，谓：‘此事非借重言路不可，然须有一事实节略，以为弹章之资料。’鸿章子某乃书一节略与之。某关道另缮一分，嗾某御史据以入告。时值中日衅起，鸿章方为众矢之的。疏上，奉旨驱逐佩纶，不准在直督处逗留。鸿章微闻某关道与其事，对之作牢骚不平语。某从容对曰：‘中堂明鉴！此事不是自己人不能知其详也！’遂出鸿章子某所书节略原稿呈阅。鸿章大恚，目瞠口噤者久之。（迨庚子之役，鸿章奉命充议和全权大臣，佩纶获赏编修，交鸿章差委。时佩纶侨寓江宁，曾由江督刘坤一代奏请收回成命。呈文犹云"前在直督署小住，致被言路纠参，岂敢再蹈前愆"等语，见于《涧于集》奏议中。佩纶后以议和保案赏五品京堂，未几即卒。）此系闻之北洋老幕某君之子。某君时在督署也。"

一一二　徐树铭官途升沉

张君又云："道光丁未科甲榜极盛，大学士有李鸿章、张之万，协办大学士有沈桂芬，其余尚侍督抚甚多。徐树铭亦是年翰林，官至尚书。其得二品最早。相传树铭廷试时，咸丰帝尚在潜邸，奉派监场。树铭试卷已缮竟，尚未交，亟欲如厕，见其旁有一少年，即谓之曰：'劳驾代为关照。'少年观阅其卷，甚赏其工，因默记其名。未几，道光帝崩，咸丰帝即位，树铭不次超迁。距通籍不数年，即为内阁学士矣。为是科同年中官二品最早者。盖向之少年即咸丰帝也。咸丰丙辰廷试，树铭充读卷大臣，翁同龢出其门下。己未视学山东，已晋兵部侍郎，以筹饷劝新生输助，被言路纠参，左迁通政使。旋复升侍郎。同治间在浙江学政任，以保举俞樾等一案，降四级调用。废置甚久，始以同龢之援，起用补官。光绪丁亥，树铭以署副都御史随扈谒陵，而鸿章以首辅领直督已十余年矣。途次见树铭曰：'恭喜台长，指日真除！'回忆树铭昔官二品时，鸿章尚不过一七品之编修耳。二人想均不免今昔之感也。"

一一三　因名音近不祥落第

陈锐《褎碧斋杂记》云："科举时代，拘忌颇多。咸丰壬子恩科，武昌范鸣璚，廷试已列十本。传胪时，文宗以其名音近万民穷（后更名鸣龢），用内阁中书。一名字之微，升沉如此。"梁溪坐观老人《清代野记》云："武进王颂平大令国均，戊辰进士。书法甚佳，殿试已列入前十本进呈矣。及胪唱，太后闻之曰：'好难听！'盖王国均之音与亡国君同也。遂抑置三甲，以知县发安徽。被议改教职，为山阳教谕二十年。复以卓异选云南某县令，未之任而卒，潦倒终身。"咸、同两朝殿试因命名音近不祥被抑二事，适相类。

一一四　满人无知一例

李岳瑞《春冰室野乘》云："昔康熙时一老侍卫，直乾清门数十年，清寒甚。圣祖见而怜之，因授为荆州将军。诏下，妻子皆狂喜，而某独不乐。戚友来贺者，辄对之痛哭。骇问其故，则曰：'荆州要地，东吴之所必争，以关玛法之智勇，尚不能守，何况于我？此去必死于东吴之手矣！'众知其不可理喻，咸匿笑而已……"（玛法者，国语贵神之称。）姚元之《竹叶亭杂记》云："乾隆初，某侍卫擢荆州将军。人贺之，辄痛哭。怪问其故。将军曰：'此地以关玛法尚守不住，今遣老夫，是欲杀老夫也！'闻者掩口……玛法，国语呼祖之称。"同一传说，而记载稍歧其时代，意者岳瑞所记，即本元之，而更略加渲染，时代则误忆乾隆为康熙耳。(《春冰室野乘》可供掌故史料之考镜，惟颇喜袭取前人记载。)

(原第10卷第45期)

一一五　程炳采代弟伏法

咸丰帝于戊午顺天科场案，治以峻法，所谓"积玩之后，振之以猛"也。此狱最不幸者，盖为副考官程庭桂之子炳采。如薛福成《庸盦笔记》云："孚恩素与程庭桂相善。方言路未劾之前，孚恩驰往见庭桂曰：'外间喧传此科中者条子甚多，有之乎？'条子者，截纸为条，订明诗文某处所用之字，以为记验。凡与考官、房官熟识者，皆可呈递，或辗转相托而递之。房考官入场，凡意所欲取者，凭条索之，百不失一。盖自条子兴，而糊名易书之法几穷矣！庭桂闻孚恩之言，以为无意及之，乃答曰：'条子之风，不始今日矣，奚足为怪？今科若某某等皆因条子获售者也，某某等皆有条子而落第者也。吾辈衡文取士，文章之力仍居七八，条子不过取助一二耳。'孚恩问：'然则吾子亦接条子乎？'庭桂笑曰：'不下百余条！'乃出而示之。孚恩曰："盍借我一观？'袖之而去。不数日，孚恩奉旨审问此案，按条传讯，株连益多。庭桂之次子秀，尝递数条。孚恩谓但到案问数语即无事。庭桂召其长子炳采谓之曰：‘汝弟气性不驯，若令到案，必且获罪。汝姑代弟一行，陈公与我至厚，必无事也。炳采既到堂，孚恩穷诘不已，且命用刑，遂一一吐实。而孚恩之子亦有条子托庭桂之次子递之。孚恩知不能隐，奏请回避，严议，并请革伊子景彦职。诏即革景彦员外郎，孚恩交部议处，毋庸回避。（按：上谕：“陈孚恩奏，派审案内，牵涉伊子，自请回避，严议，并请将伊子革职一折，据称审讯平龄案内副考官程庭桂之子程炳采供称陈孚恩之子陈景彦有交伊条子之事，经陈孚恩严诘伊子属实。刑部候补员外郎陈景彦，著即革职归案办理。陈孚恩并不知情，著改为交部议处。此案关涉陈景彦之处，陈孚恩著照例回避，余仍秉公会审，毋庸回避全案。”）孚恩乃请载垣等设法开释其子，而拟炳采以重辟。……程炳采既出狱，将赴西市，乃大哭曰：‘吾为陈孚恩所给，代弟到案，以至于此。陈孚恩谄媚权奸，吾在冥间当观其结局也！’闻者皆为挥泪。”他家记载，亦颇谓炳采代弟伏法事，可谓惨矣！大狱之成，京朝官群切齿于肃顺辈。迨肃顺以政争被诛，众益随风诋斥。陈孚恩坐肃党获重咎，受谤亦益甚。诸家记其事，盖有未可尽信者，宜分别观之。炳采之弟秀，此狱幸逃法网，后竟成同治甲戌进士。

李慈铭甲戌五月初十日《日记》云：“……又有江苏人程秀者，故副都御史庭桂之子。咸丰戊午，庭桂主顺天试。秀在外招摇，收受关节。是年科场事发，庭桂初不为意，以秀年尚少，恐质证吐实，令其长子工部主事炳采代之赴质。王大臣载垣、端华、陈孚恩等严鞫之。炳采不胜刑，自诬服。并逮庭桂入狱，考讯。谳上，皆坐辟，而秀宴居征逐倡优自若也。炳采竟伏法。庭桂戍军台，赦还，旋死。秀入赀为户部主事，丁卯中顺天举人，今亦成进士，以原官即补矣！”可与薛记参看。

一一六　戊午科场案轶闻二则

戊午科场案之轶闻，慈铭光绪壬午正月十七日《日记》云：“……是日坐次谈戊午科场之狱，有两事可入《前定录》，为记出之。武陟毛尚书昶熙，由道光乙巳翰林至给事中，未尝得一试差。戊午七月，已捐俸截取道员矣，八月派顺天乡试监试官。初派内监试，以同考官有编修上书房张桐，新结儿女姻，未过帖也，毛以回避事询之主考、监临，皆不知，乃咨吏部。吏部言：例文无之，惟某科亦有似此者，以内监试调外监试，可如故事行，不奏请也。于是初派外监试御史尹耕云调内，而毛调外。未几提调府丞蒋达与监临府尹梁同新哄，于初十日出闱，即以毛为提调。蒋旋革职，即擢毛府丞，至今官。而尹以是年关节事发，坐失察降二级，调用光禄寺署正，遂偃蹇十余年，始以保举得河南道员。又数年，补河陕汝道，旋卒于任矣。编修浦安与刑部学习主事罗鸿译之交通关节，由于兵部主事李鹤龄。其造此谋者，肇庆举人龙某，鸿译同郡也。鸿译骙竖，不知书，亦无心问场屋。其祖某任四川夔州知府，饶于财，龙与同乡京官皆沾匄之。戊午八月之初，龙语罗必入试：'我为若觅关节，可操券中也！'时科场积弊，以此事为酬应。凡主考、同考亲故皆遍给之，亦不必果验也。甚或有内憎其人及避嫌恐出其门者，反以此为识而黜之。广坐官廷，公言不讳。时香山何总督璟方为御史，龙与同乡，最习也，欲以属之。一日凡四诣何不值，乃诣李，告以故。李亦肇庆人也，以癸丑庶常改官，方记名军机章京，素喜事。次日简同考官，浦与李同年也，遂居间为关节，竟得中。及事发，有旨交步军统领衙门传罗质讯。罗谋之龙。龙本昏狂，以此为细故也，语罗：'但直言之，无它虑！'罗如其教，叙供甚悉。及浦、李赴质，已无能置一辞矣。罗、浦、李皆伏法。龙幸免，数年为江西知县，以事自缢死。而何外擢道员，今为闽浙总督。前一事，毛尚书亲为陆渔笙言之。后一事，孺初时居琼州馆，与李为辛亥同年，皆目见之。"此所谓有幸有不幸。毛、何并官至一品，璟以甲申之役获谴，未能以功名终，昶熙则壬午二月卒于兵部尚书任，予恤谥焉。浦安为清末大学士那桐之父。

一一七　条子

关于条子者，《庸盦笔记》又云："当咸丰之初年，条子之风盛行，大庭广众中，不以为讳。敏给者常制胜，朴讷者常失利。往往有考官夙所相识，闱中不知而摈之，及出闱而咎其不递条子者。又有无耻之徒，加识三圈五圈于条上者。倘获中式，则三圈者馈三百金，五圈者馈五百金。考官之尤无行者，或歆羡之。余不知此风始自何时，然以余所见，则世风之下，至斯极矣。识者早虑其激成大狱，而不知柏相之适当其冲也。然自戊午严办考官之后，遂无敢明目张胆显以条子相授受者。迄今三十余年，乡、会两试，规模尚称肃穆，则此举不为无功，然肃顺等之用意，在快私憾而张权势，不过假科场为名，故议者亦不以整顿之功归之也。”盖亦深以此狱之兴为然，惟不敢为肃顺辈讼直，则以西后当国，当时立言之体如是耳。

又欧阳兆熊《笔记》云：“自咸丰戊午科场案未发以前，京师关节之风甚炽。凡翰詹科道部员中有考差可望入房者，亲友相率送条子，以圈识之，每一圈为百金，有多至三十圈者。亦有京官自送与公车者。得隽后，如放外官，望纳年例。相习成风，恬不为怪。装成小折，携带入闱。各房互相寻觅，即粘蓝批鼎荐。俟关节中满，始得认真阅卷，以故虽素负文名之帘官，取中亦鲜佳卷，其精神全注条子故耳。道光庚子，予与邑人李君赴计偕。有某侍御者，李君受业师，亦与予交好。一日同车过访，侍御呼予进内诊疾。诊毕，侍御书砚作‘也欤圣怀’四字，嘱嵌三篇末及诗中抬头两处。予婉辞之曰：‘荒疏日久，实不敢献丑。’回寓后，李君问：‘吾师有何言语？’予以实告，且云：‘已却之矣。’迨揭晓，两人均落第，又同往侍御所。侍御向李君咨嗟叹息，谓：‘此卷幸落谢方斋房中，一览即得。文甚佳，惟诗中两字被潘相挑出。旋嘱方斋再荐经策，仍以此两字被黜。可惜，可惜！’李君以其卷未出房，茫然不知所谓。予以关节并未嵌上，更不知此语何来，因偕至礼部领落卷示之。李君则呜咽曰：“呜呼！此乃余自作自受，岂非天乎！予于初六日早听宣时，悄至侍御宅，将‘也欤圣怀’四字改作三‘盖’字，作承题起处，乞师母拆开家人帽檐藏之。师母并嘱专觅此卷，勿顾他人。此事神不知鬼不觉，不料君无心暗合，致令予卷永沉海底，而君亦复荐而不售，岂非天乎！’”此为关于条子关节之一则小故事。其所叙戊午前之颓风，可以合观。不有咸丰帝之英断，更不知伊于胡底矣！

（原第10卷第46期）

一一八　清代谥法记实

（一）清代谥文达者五人

光绪壬午二月，兵部尚书毛昶熙卒。李慈铭是月十二日《日记》录昶熙赐恤之谕，旋于其得谥后注其旁云：“内阁初拟谥文靖、文达、文勤、文敏。其家欲得文靖，内阁侍读王瓛，毛之乡人，主之。大学士宝鋆改文达第一以进，遂得旨。国朝谥文达者，裘曰修、纪昀、阮元三公，今可谓续貂矣。”昶熙后得谥文达者，为文煜、张之万、张百熙、昆冈四人。之万以下之谥，非慈铭所及知。文煜以致仕大学士卒于甲申十月，慈铭是月二十六日《日记》录其赐恤之谕，亦于其得谥后加注云："旋赐谥文达。国朝得文达者裘公曰修、纪公昀、阮公元，前年以谥毛尚书昶熙，及今而五。盖近日内阁侍读马某、彭某，皆贡生赀郎，不知谥法为何物也。吏部尚书广寿谥敏达，总督张树声谥靖达，皆一时所得，何达人之多乎！"于"达"字颇重视。（按：《会典》臣谥字样："质直好善曰达，疏中通理曰达。"）文煜追赠太子少保衔，阎敬铭同之。宰辅而得此赠，实甚习见。李岳瑞《春冰室野乘》记"阎文介遗事"所论非也。

（二）　宝鋆得谥文靖

《春冰室野乘》云："宝相国退闲后，常语门下士曰：'吾他日身后得谥文靖，于愿足矣！'及其薨也，易名之典，适符素志，盖门下士具以公意启枢臣，而枢臣为之乞恩也。"合观二李所记，是宝鋆不愿昶熙谥文靖，而己欲得之，卒如其意也。宝鋆为有清最后谥文靖者，其前为王熙、史贻直、孙士毅、孙尔准、邵灿五人。（按：《会典》臣谥字样："宽乐令终曰靖，柔德安众曰靖。"）

（三）　谥文定考

陈康祺《郎潜纪闻初笔》卷五云："宝应朱文定公士彦为冢宰日，尝语家人曰：'余生平行事过人者，惟"见得定，守得定”，此六字不敢不勉。异日盖棺，得谥为定足矣！’比公薨，礼臣拟谥进呈，上俱未圈出，特旨予谥文定。一时朝士咸服圣主之知人，亦以见公之自信有素云。其获符素志，与宝鋆同。有清前乎士彦谥文定者，为孙廷铨、李天馥、徐元梦、杨名时、孙嘉淦、高斌、刘纶、梁国治、托津九人，后乎士彦者为孙瑞珍、花沙纳、沈桂芬三人。”（按：《会典》臣谥字样：“纯行不爽曰定，安民大虑曰定。”）拟谥由内阁，不由礼部，康祺“礼臣拟谥进呈”之语稍失。其《初笔》卷三云：“定例，臣下谥典，由礼部奏准后，行知内阁撰拟，旧隶典籍厅。咸丰初，卓文端公入阁，改归汉票签，令两侍读司之。凡奉旨给谥者，侍读遵谕旨褒嘉之语，得谥文者拟八字，由大学士选四字，不得谥文者拟十六字，由大学士选八字，恭请钦定。惟文正则不敢拟，悉出特恩。……见鲍康《皇朝谥法考》。”是康祺非不知之，盖偶不经意耳。又，卓秉恬于道光二十一年以户部尚书调吏部尚书，协办大学士，二十四年授大学士，其入阁不始于咸丰也。《皇朝谥法考》原文系“咸丰初卓海帆相国改归汉票签”云云。康祺漫增“入阁”二字，遂不免语病矣。

（四）　李鸿章谥文忠

闻李鸿章尝以予谥文襄自期，后易名之典，乃得文忠。文忠、文襄，均特优之谥也。清谥文忠者为素尼、傅恒、林则徐、周天爵、胡林翼、沈兆霖、骆秉章、文祥、李鸿章、荣禄十人，谥文襄者为洪承畴、图海、靳辅、李之芳、觉罗华显、黄廷桂、兆惠、舒赫德、于敏中、福康安、勒保、明亮、长龄、左宗棠、张之洞十五人。周天爵之获谥文忠，尤为旷典，以非阁臣及翰林授职之员例不谥文也。（按：《会典》臣谥字样："肫诚翊赞曰忠，危身奉上曰忠。""道德博闻曰文，修治班制曰文，勤学好问曰文，锡民爵位曰文。""辟地有德曰襄，甲胄有劳曰襄，因事有功曰襄。"咸丰三年，祁寯藻面奉上谕："文武大臣，或阵亡，或军营病故，武功未成者，均不得拟用襄字。"）

（五） 谥忠襄者

成、正、忠、襄，最为美谥。曾国荃谥曰忠襄，可谓甚优。陈湜（?）挽词下联之"易名足千古，合胡文忠、左文襄为一人"，最为一时传诵。清代获此谥者，此外为陈泰（"陈"一作"辰"）、逊塔、李率泰、卓罗、都尔德、黄芳世六人（都尔德一云谥忠毅），均康熙朝所予也。

（六） 曾国藩谥文正

李元度挽曾国藩词之下联云："与希文、君实易名同典，立功立言立德，计昭代汤睢州外，较诸城、大兴暨曹杜，一个臣独隆。"又谢维藩挽词之下联云："国朝六文正，睢州臣儒，诸城名相，大兴贤傅，歙县滨州并承平宰辅，公时独较昔人难。"皆以有清前谥文正之汤斌、刘统勋、朱珪、曹振镛、杜受田五人相衡拟。国藩后得谥文正者，又有李鸿藻、孙家鼐二人。满人无谥文正者。（按：《会典》臣谥字样：“守道不移曰正，心无偏曲曰正。”）

（七） 谥成字者鲜少

有清予谥，“正”字、“成”字，大氐与“文”字相连属。“正”字除“文正”外，尚有一“正直”（顺治朝沙机达喇），“成”则惟有达海、额尔德尼、阿桂三“文成”而已。汉人无得之者。迨道光帝谥“成”，臣谥遂无此字矣。（按：《会典》臣谥字样：“遂物之美曰成，通达强立曰成。”）

（八） 谥法以文正为尊

梁章钜《浪迹丛谈》云：“凡臣工谥法，古以文正为最荣，今人亦踵其说而不知所自始。按《梁溪漫志》云：‘谥之美者，极于文正。司马温公尝言之而身得之。国朝以来得此谥者，惟公与王沂公、范希文而已。若李司空昉、王太尉旦，皆谥文贞，后以犯仁宗嫌名，世遂呼为文正，其实非本谥也。如张文节、夏文庄，始皆欲以文正易名，而朝论迄不可。此谥不易得如此。’此宋人之说也。《野获编》云：‘刘瑾欲中伤杨邃庵（一清），李西涯（东阳）力救乃免。及西涯病笃，杨慰之曰：‘国朝以来文臣无有谥文正者，如有不讳，请以谥公。’西涯顿首谢。卒后果谥文正。有人改宋人讥京镗诗曰：‘文正从来谥范王，如今文正却难当。大风吹上梧桐树，自有旁人说短长！’

此明人之说也。及恭考我朝《鸿称册》中所载群臣得用之谥，以忠为第一字，而文为第五字，正为第四十一字，则竟以文正为佳谥之首称，亦似无所据矣。按：晋太康中，范子安（平）东吴时临海太守，后谢病还家，屡召不起，年六十九卒，有诏追谥文正先生。此盖谥文正之最先者。见《钱塘先贤传赞》。我朝之得谥文正者，百余年来亦不过数人。如睢州之汤，诸城之刘，大兴之朱，皆足媲美前修。道光以来，则惟歙县曹太傅而已。相传吾闽安溪李公初拟谥文正，后以在学政任内夺情事改谥文贞，则信乎此谥之难能而可贵也。"盖谥字之高下，非以所列次序为准也。张之洞谥文襄，挽词以左宗棠相提并论者颇多，而有分省知府湖北补用知县张鼎立者一联，乃云："综论生平，可以媲美湘乡，讵意易名同恪靖！将来食报，若不配享太庙，合当从祀继睢州。"以其不得谥文正为憾。之洞文襄之谥，论者已言其过优，使谥文正，则更"自有旁人说短长"耳。（原第10卷第47期）

一一九　赵翼殿试原卷

赵翼中乾隆辛巳探花，其《簷曝杂记》及《年谱》，均记个中情事。刘诗孙君（文兴）藏有其殿试原卷，承以卷端履历及读卷官圈识抄示。兹移录于左，当为研考殿试掌故者所乐睹也：

应殿试举人臣赵翼年叁拾伍岁，系江南常州府阳湖县人。由附学生应乾隆拾伍年乡试中式。由举人现任内阁中书，应乾隆贰拾陆年会试。今应殿试。谨将三代脚色并所习经书开具于后：

一　三代：

曾祖舟　故　祖福臻　故　父惟宽　故

一　习《礼记》：

来〇　　秦

鄂〇　　刘　　□□条鬯，可云完作。

刘〇

梁〇　　观　　措词洁净，用笔亦圆。

尹　〇　　钱　〇　　修词雅饬，结字圆润，后幅征引处颇见发挥，佳卷也。

按：《瓯北先生年谱》云：“二十六年辛巳，先生年三十五。是年恩科会试中式，座师为刘文正公（统勋）、于文襄公（敏中）、总宪观文恭公（保），房师为工部郎中赵公（琼）。出榜后，京师人以先生才望，群以大魁目之。会是科会试前有军机行走之御史眭（朝栋）奏请复回避卷。上意其子弟有会试者，虑已分校当回避，故预为此奏，乃特点（朝栋）为同考官，而命于入闱时各自书应避亲族，列单进呈，则眭别无子弟，而总裁刘、于二公应回避者甚多。是年上南巡启跸时，曾密语二公留京主会试，疑语泄而眭为二公地也，遂下（朝栋）于狱。于是军机大臣及司员为一时所指摘，且隔岁庚辰科状元毕（沅）、榜眼诸（重光）皆军机中书也，故蜚语上闻，辄有历科鼎甲皆为军机所占之说。而先生适以军机中书中会试。傅文忠公传语先生：‘不必更望大魁矣！’先生以平生所志在此，私心终不能已。会刘文正公及刘文定公（纶）又以军机大臣派殿试读卷官。先生虑其以嫌摈也，乃变易书法，作欧阳率更体。两刘公初不知，已列之高等。及将进呈十卷，文定虑先生卷入一甲，又或启形迹之疑，且得祸，乃遍检诸卷，拟以先生置十名外，彼此俱无累矣。及检得一卷独九圈，当以第一进呈。九圈者，卷面另粘纸条，读卷大臣各以圈点别优劣于上，是岁阅卷者九人，九人皆圈者惟此一卷。文定疑是先生，以语文正。文正覆阅，大笑曰：‘赵云崧字迹，虽烧灰亦可认，此必非也！’盖先生昔馆于文正第修宫史时，爱其公子石庵书法，每仿之。及直军机，先生多起草，不楷书，偶楷书即用石庵体，而不知先生另有率更体一种也。文定终以为疑，恐又成军机结交之局。时兆将军（惠）方奏凯归，亦派入阅卷，自陈不习汉文。上谕以诸臣各有圈点，但圈多者即佳。至是兆公果用数圈法，则惟此卷独九圈，余或八或五，遂以九圈者定第一进呈。先是历科进呈卷皆弥封，俟上亲定甲乙，然后拆封。是科因御史奏，改先拆封，传集引见。上是日阅十卷几二十刻，见第一卷系赵（翼），江南人，第二卷胡（高望），浙江人，且皆中书，第三王（杰），则陕西籍也，因特召读卷大臣，先问本朝陕西曾有状元否，皆对未有。

上因以王卷互易。先生遂以一甲第三人及第。传胪之日，三人者例出班跪，而先生独挂数珠。上升座，遥见之，后以问傅文忠。文忠以军机中书例带数珠对，且言：'昔汪（由敦）应奉文字，皆其所拟。'上心识之，明日谕诸大臣，谓：'赵（翼）文自佳，然江浙多状元，无足异，陕西则本朝尚未有。今王（杰）卷已至第三，即与一状元，亦不为过。'次日又屡言之。于是虽不得大魁，而先生之名由是蒙圣主记忆矣。"（《簷曝杂记》所记大致相同，盖《年谱》此节即就《杂记》撰成。）刘君以殿试原卷与《年谱》相印证，谓《年谱》所云不可尽信，其书体实非欧字也。

于此卷，知当时读卷官可加批。至"所习经书"之注明，则科举旧制，应试者各习一经，时尚因之也。迨乡、会试改制，第二场皆试五经各一题，乃无所谓专习何经，殿试卷亦不复书此矣。（陈康祺《郎潜纪闻初笔》云："乾隆戊申，上以相台五经镂板，特筑五经萃室藏之。旧例科场试士，士各习一经，至是始用五经连岁取士，盖感动圣怀，实由倦翁旧例也。）籍贯曰江南不曰江苏，以其时江苏尚与安徽二省合称江南省之故。乾隆晚年始分为二省，而乡试仍合闱，称江南乡试，于南京举行，屡议分闱未果，惟中额分上江（安徽）、下江（江苏）。其曾祖之名，《年谱》曰州，卷作舟。

一二〇　挂数珠之章京

翼与胡高望均中书，而翼以军机章京“独挂数珠”。梁绍壬《两般秋雨盦随笔》云：“有人作《嘲中书》诗云：‘莫笑区区职分卑，小京官里最便宜。也随翰苑称前辈，且喜中堂是老师。四库书成邀议叙，六年俸满放同治。有时溜（平）到军机处，一串朝珠项下垂。’形容入妙。南海孝廉谢尧山（念功）为余言之。”所谓“溜到军机处”，即指获充军机章京而言也。其后不独内阁中书无不挂珠，中书科中书亦如之。周寿昌《思益堂日札》云：“严冬友（长明）于乾隆二十七年召试，特赐举人，授内阁中书。甫任事，即奏充方略馆纂修官。以书局在内廷，许悬数珠。中书在书局得悬数珠，自此始也。”陈康祺《郎潜纪闻初笔》云：“内阁中书挂数珠，自严侍读长明始。严官中书时，充方略馆官，以书局在内廷，例许挂珠也。见《潜研堂文集·严侍读传》中。今中书不兼馆差者，无不挂珠矣。并举贡之议叙中书衔捐职双月中书者，亦靡所区别。即数十金捐纳之科中书，亦且‘一串牟尼项下垂’矣。展转僭用，又不知始于何时。”曰中书在书局得悬数珠自长明始，是也；曰中书挂数珠自长明始，则非。前乎此者，固有因充军机章京而挂数珠之中书矣。

眭朝栋以奏请复回避卷获罪，（《簷曝杂记》云：“下刑部治罪，部引结交近侍例，坐以大辟。”）想见乾隆帝之猜刻，亦所以裁抑贵近，而维系科举制度奖拔寒畯之精神也。（主试者之有回避，大员清秩之有官卷，皆为限制高门之道。）《郎潜纪闻初笔》云：“道光丁未会试，山东孔庆瑚为同考官，孔氏宗族应回避者数十人。（圣裔散在各省者，皆依衍圣公辈行，不紊昭穆，故每遇孔氏子孙有主考同考之役，以同宗例须回避，不论籍贯。）礼部尚书祝庆蕃以为言，请复别试回避之例。上问：‘国家原有此例，因何停止？’庆蕃对：‘乾隆某科有宰相子弟回避者，纯皇帝恐臣僚与有私昵，乃停此例。’上曰：‘今年非亦有宰相子弟在回避中耶？’庆蕃叩头，莫能对。遂罢官。”可合看。

（原第10卷第48期）

一二一　考差掌故

阅《瓯北先生年谱》，乾隆二十六年辛巳，赵翼以探花授职编修。二十七年壬午：“是年京察列一等引见，御笔记名。会考各省主试官，先生取一等第九名。是秋钦点分校顺天乡试，得江烺等十余人。”二十八年癸未：“是年散馆，先生考列一等第二名。”甫入翰林，未经散馆，即得京察一等，可谓神速。此有异后来之例也。考差名次揭示，其时尚然。

陈康祺《郎潜纪闻初笔》云：“乾隆以前，凡御试开列试差诸臣，皆发出等第名次，惟乾隆四十二年丁酉三月考试差单不发出。越二年己亥，又改如前例，此后始密定名次，不复揭晓矣，此亦国朝掌故之一。今日驾轺车而出者，什九茫如矣。”又姚元之《竹叶亭杂记》云：“乾隆间考试差，入选者注榜揭示，然得差者多不问榜上之有无名也。嘉庆间考者交卷讫，不揭浮签。浮签由内揭去，次日发派大臣阅卷。取者总定甲乙呈览，不拆弥封，取否均不知也。有典试者，或召见时上语之名次，或语军机大臣，然后得知。余戊辰科充陕西正考官，名列第八，副考官程家督，第十一。其江南副考，前科皆以考取第一者为之。是科上有‘第一系安徽人，不能充江南考官’之谕，盖太湖李编修振翥也。后李得浙江副考，以是知之。及庚午，上欲使未邀恩者均得衡文之荣，凡曾充考官及同考者俱不复用，然辛未会试同考江西夏生圃给谏修恕、山东张秋圃侍御源长、湖北刘筠圃给谏彬士，均邀复用，盖名单久定，届时有外出者，有已故者，临期更易，偶未细核耳。癸酉以后考差，则派出阅卷诸臣各以去取标记进呈，不复总定甲乙，以御史某之奏也。考差向用文二篇，试帖诗一首。己卯裁去四书文一篇，改易经文一篇，后即以此为例。”均言考差掌故，可参观。元之云江南副考以考取第一者为之，以所述系指所谓小考差而言也。京堂以上，则有所谓大考差（试一论一诗）。江南浙江，人文较盛，正考官必以大员充之，故小考差之优者仅能为其副也。（周寿昌《思益堂日札》云：“乾隆壬子科，江南正考官礼部侍郎铁公保，副考官内阁学士兼礼部侍郎李潢。外省正副考官皆用二品，仅见之事。”）大考差中官最高者为侍郎，不考亦可放差，以其为上所习知，不必专以考差为鉴别耳。

曾国藩咸丰元年五月十四日致诸弟书有云：“……昨五月初七大京堂考差，余即未往赴考。侍郎之得差不得差，原不关乎与考不与考。上年己酉科，侍郎考差而得者三人，瑞常、花沙纳、张芾是也。未考而得者亦三人，灵桂、福济、王广荫是也。今年侍郎考差者五人，不考者三人。”时国藩官礼部侍郎。翼未散馆即与考差，此亦鼎甲便宜处，以已授职也。

一二二　军机章京之选充

《年谱》辛巳云：“既入翰林，授职编修，即辞出军机。”翰林例不充军机章京，其仍值枢廷者为例外。

《竹叶亭杂记》云：“翰林无充军机章京者。若由举人中书充章京，一改庶常，便出军机。戴文端由中书充章京，改修撰，奉高庙特旨，仍留章京。至侍讲学士时，始特赏三品卿，在军机大臣上行走。翰林之充军机章京，惟戴文端一人而已。”盖军机处之有翰林章京，自戴衢亨始。光绪季年，为翰林疏通出路，乃准编、检与军机章京之试。始黄彦鸿，即以编修考入章京者。衢亨以侍读学士赏三品卿衔，随军机大臣学习，亦当时异数。

关于军机章京之选充，〔赵〕翼《簷曝杂记》云：“军机处本内阁之分局……雍正年间，用兵西北两路，以内阁在太和门外，僿直者多，虑漏泄事机，始设军需房于隆宗门内，选内阁中书之谨密者入直缮写。后名军机处。……其司员亦不必皆由内阁入。凡部院之能事者，皆得进焉，而员数且数倍于昔。此军机前后不同之故事也。”

《竹叶亭杂记》云：“军机章京，从前未定额数，和相在朝时，其挑补俱由军机大臣自取，并不带领引见。嘉庆四年正月，定为满汉章京各十六缺，由内阁、六部、理藩院堂官于司员、中书、笔帖式内，选择品方年富字画端楷者，送军机带领引见。二月三十日，军机以保送人员引见，长龄等十五人充章京，富锦等二十人记名按次补用。其奉旨记名按缺挨补，即自是年始。”

又云：“军机挑取章京，旧只内阁保送中书，继而亦有六部司员。工部虽保送，而司员邀用者独少，盖以衙门次序在后故也。丙寅岁始奏请考试，军机大臣挑取若干员，带领引见。奉旨用者挨补。若带领十人，用者不过六七也。此次取二十人，同年童萼君工部槐第一。题为‘勤政殿疏’。童有句云：‘所其无逸，弼丕丕基于亿年万年；彰厥有常，思赞〔赞〕襄于一日二日。’军机章京之有考试，自此次始。至道光辛巳，愿送者日多，各堂官无如何，始有本衙门自试之例，试取者方得送。内阁及刑部试时，更限以三刻交卷，字须三百，迟者不阅，而例愈严矣。”

又云：“军机章京，向令大臣子弟回避。嘉庆二十五年十月二十八日，始有一体保送之例。”

龚自珍《上大学士书》云："军机处为内阁之分支……雍正壬子，始为军机大臣者张文和公、鄂文端公。文和携中书四人，文端携中书两人，诣乾清门帮同存记及缮写事，为军机章京之始，何尝有以六部司员充章京者乎？文和兼领吏部、户部，何尝召吏、户两衙门司官帮存记缮写乎？厥后中书升主事即出军机处何也？六部各有应办公事，占六部之缺，办军机处之事，非名实也。其升部曹而奏留内廷者，未考何人始。至于由部员而保充军机处者，又未考何人始。大都于文襄、傅文忠两公实创之主之。其后遂有部员送充之例：内阁占一半，六部占一半。阁部对送，阁所占已不优矣，但阁与部未尝分而为七。嘉庆二十一年，睿皇帝顾谓董中堂曰：'此次保送，内阁独多。'董中堂衰耄，未遑据大本大原以对，反叩头认过。于是特谕内阁与六部衙门均平人数，而阁与部遂为七。今中书在军机最希，最失本真，职此故也。"

《思益堂日札》云："内阁衙门，大学士总之。侍读以下常见列揆惟长揖，无堂属礼。乾隆朝和相（珅）当国，势张甚，欲令内阁官长跪白事，一如诸曹。诸君执故事不从，和恚恨。先是，内阁官直机务者名军机章京，满汉各十六人，分头直二直，其领班者谓之达赖密，间岁考取内阁侍读、中书舍人等官充之，无他曹阑入。与此选者，河润既丰，兼得速化，朝士中最为要津。至是，和议以部曹分用，内阁得与者不过二三人。至今为例。"均研究军机章京掌故之参考资料，盖其始实专以内阁官充之也。

一二三　长跪白事

“长跪白事”，不独内阁官无此例，部曹见堂官之礼，亦长揖。李慈铭光绪癸未七月初十日《日记》，录“各部院司员见该管堂官，向不准屈膝请安。著该管堂官懔遵乾隆、嘉庆年间历次谕旨，恪守遵行。”之谕，加注云：“近年司官一足跪之礼，起于工部，而兵部效之，户部继效之，皆赀郎、任子以此献媚，一二自好者尚不屑也。去年阎尚书莅户部，即严禁之，兹以御史文海疏言也。”清末在京所闻，大抵汉司员见满汉堂官，均长揖。惟于亲王等长部者，乃屈膝请安，满司员则见满堂官即屈膝请安，于汉堂官亦长揖。　　　　　　（原第 10 卷第 49 期）

一二四　徐赓陛

庚子之变，西后谕各省仇外。时李鸿章以首辅督粤，资望最高。山东等省督抚，电询其意见。鸿章覆电谓：“此乱命也！粤不奉诏！”语至坚定。风声所树，关系时局甚大。其未至全国糜烂，此电实与有力。电文之属草者，为徐赓陛。赓陛籍浙江乌程，死难江苏巡抚徐有壬之族人也。负才气，善为公牍。尝以候补通判宦粤，权南海等县，精干而著酷吏之名（因案褫职，后开复发山东，署黄县），与长赓并称为“南北虎吏”（长赓官山东，由兰山知县至按察使，亦以酷著）。鸿章之粤任时，或以赓陛荐。鸿章方欲以峻法治盗，闻其名，即曰：“此人吾知之，甚可用，俾以毒攻毒也！”遂招之入幕焉。（梁启超《李鸿章》云：“李鸿章之督粤也，承前督李瀚章、谭钟麟之后，百事废弛已极，盗贼纵横，萑苻遍地。鸿章至，风行雷厉，复就地正法之例，以峻烈忍酷行之，杀戮无算，君子病焉，然群盗慑其威名，或死或逃，地方亦赖以小安。”）所拟文稿，鸿章每称善，故令司要牍。迨鸿章北上主和议，挈之入京。赓陛头衔，时为道员，自揣和议成后叙劳当可简补实缺。然其为人，傲兀自喜，好以盛气陵同列，由是见憎。鸿章又尝举其某稿语其侪辈曰：“汝曹亦能为此耶！”众益不平。会鸿章逝世，乃为人所抵排，未偿实缺之愿。后需次南京，任盐务差，抑抑无憀，以“流落江南”自嗟，未几遂卒。

赓陛在鲁抚张曜幕时，代曜草请海疆自效疏，有云：“臣自揣庸愚，本无远略，惟军务久定，宿将渐稀，每念西征旧侣如金顺、善庆辈，以次凋零，而水师统将如彭玉麟、杨岳斌等，亦相继沦谢，将才寥落，后起少阅历之人。臣四顾彷徨，中夜兴叹，感余生之迟暮，惊岁月之如流。欲求国家磐石之安，当作牖户绸缪之计。臣今年五十有九，精神视听，虽逊曩时，然及此涉历风涛，驰驱戎马，膂力尚健，犹可支持。若再荏苒数年，即亦老将垂至，时迫衰迈，虽欲赴汤蹈火，终虞智竭神昏，则虚掷光阴，上负君国。举念及此，寝馈难安。……臣固不敢存畏难之见，自即便安，亦不敢怀窃禄之私，苟且充位。伏愿皇上察臣素志，鉴臣愚衷，简擢贤能，授以山东巡抚重任，俾臣及时自效，周视沿海七千余里，与各督抚臣讲求形势，延揽人才。臣当北戴斗极，察拱卫之藩维，南浮沧溟，辨要荒之戎索。庶竭驽钝，上报恩知。”疏未拜发，适闻台湾巡抚刘铭传开缺，曜遂上请效力严疆疏，亦赓陛代草，谓：“台湾一隅，孤悬海东，与闽浙粤东有辅车之势。我朝经画历数十年，始得平定。既为各省之屏蔽，又为各国所觊觎，况今轮船飙速，防备之难，尤非往昔可比。……臣伏念故大学士松筠，在两江总督任内，自请治河，于陕西查办事件，请赴新疆办贼，时年将八十，犹复忠勇激发，奋不顾身，臣窃慕之。今台湾内抚生番，外固封守，宜用练习军务之员。臣才识虽极庸愚，惟久历戎行，粗习师旅，年虽六十，精力未衰。若蒙圣恩简派，署理台湾巡抚，臣当殚心区画，妥慎经营，仍俟朝廷简定谋勇兼优重臣，畀以实授。……山东幅员虽较台湾为大，而台湾事任实较山东为难，臣是以披沥血诚，冒昧上请。”两疏均能表出“烈士暮年，壮心未已”之精神。曜旋卒官，赓陛又代布政福润草奏报之疏，谓：“抚臣自雒口次次遄归，即居办公外室，故得疾以迄易箦，始终在簿书填委之中，未尝一至内寝。身后萧然，一如寒素。附身附棺，由奴才妥为照料。官民凄感，相向失声，良由俭德清风，实足令人感恸也。其生平战伐政绩，久在宸鉴。惟故抚臣宅心精白，笃志忠贞；自守极严，而不惜巨资以养将士；待人极厚，而不屑居积以营身家；察吏则明而不刻，期养其廉耻之心；治军则恩以济威，务作其忠义之气；课士则讲求实学，为国家储有用之材；临民则周悉舆情，使闾阎无不达之隐；且复频年办赈，全活百万生灵：是以政声所被，妇孺知名；至诚所学，官寮受范。而以时方多故，将帅凋零，每惓惓于东北根本之区，江海形势之要。画图百本，必极其精，搜访群材，必拔其萃。此古大臣忠纯之诣。奴才从事最久，相知最深。兹遽沦亡，殊深感痛。”亦极挚切动听。曾国藩奏报克复金陵疏有云：“宫禁虽极俭啬，而不惜巨饷以募战士；名器虽极慎重，而不惜破格以奖有功；庙算虽极精密，而不惜屈己以从将帅之谋。”赓陛此稿中“自守极严”等语，盖与之同一机杼。咸丰间，曜以战功不数年由佐杂微员超擢至河南布政使，行跻督抚矣。同治初元，忽为御史刘毓楠劾以“目不识丁”，奉旨改总兵。后以从征西陲立功，由记名提督授广东陆路提督。比西事告蒇，左宗棠为奏辨“目不识丁”之诬，称其“文理斐然”，请改用文职。至光绪十一年始补巡抚，（先授桂抚，未之任，改鲁抚。十六年卒。）距咸丰十一年为河南布政使时二十余年矣。由文改武，曜所引为憾事，即取“目不识丁”四字，镌为小印，用以自警。赓陛为曜草遗折，谓：“蒙穆宗毅皇帝深恩，改补总兵。”则立言之体应尔，不能涉于怨望也。（曜改总兵后，又尝以“心怀怨望，养贼贻患”为言路所论，下豫抚吴昌寿确查。

昌寿以“张曜由佐杂蒙恩拔至二品大员，具有天良，何敢如原奏所云以改用总兵之故，心怀怨望”等语覆奏。）梁溪坐观老人《清代野记》云：“刘御史后为知府，彼劾归，贫无聊赖，乃与勤果通殷勤。勤果岁必以巨金贻之，其报书则钤以‘目不识丁’四字小印，亦谑矣。”毓楠屡劾曜，而如《野记》所云，后乃对曜另作一副面目，厚颜一至此乎！

一二五　袁世凯起用之契机

辛亥武昌举事，湖广总督瑞澂逃。谕革其职，而仍令署总督图功。闻当时奕劻（内阁总理大臣）曾力争于隆裕前，请拿问瑞澂。隆裕弗听。奕劻曰：“封疆重臣，弃职逃去，岂可宽贷！”隆裕曰：“庚子那一年，咱们不也是逃走的吗！”奕劻语塞，退而忿然谓人曰：“小舅子保驾！”指载泽也。瑞澂为载泽姊夫，载泽为隆裕妹夫，其渊源如此。奕劻在西后当国时，即以贪黩著。迨载沣监国，诸亲贵各张一帜，政纲益紊，奕劻反若较稳静，而生不平之感焉，于是袁世凯起用矣。

一二六　程秀奉谕休致

程庭桂次子秀，咸丰戊午科场案，幸逃法网，由捐职户部主事，于同治丁卯、甲戌捷乡、会试，以原官即补

（参看第四十六期）。兹阅李慈铭光绪癸未九月二十五日《日记》，录邸钞，户部甄劾司员，秀以“刻薄轻鄙，指摘交加”之考语，奉谕勒令休致，时已官员外郎矣。

（原第10卷第50期）

第六卷（原第十一卷）

1934年（民国25年）

一　甲戌谈往

六十年之回顾：清同治帝逝光绪帝立。奕譞。对日国耻第一幕。会试殿试。留美幼童第三批唐绍仪等放洋。

今岁值甲戌。前六十年之甲戌，为同治十三年（公元一八七四）。同治帝逝，光绪帝立，有清是年大事也。同治帝临终及宣示光绪帝继位时情形，诸家颇有记载。翁同龢以师傅近臣，目击其事，所记当为最可信之史料。其是年十二月初五日《日记》云："卯正二入（军机一起）。昨方按云：上唇肿木，腮红肿，硬处揭破伤皮，不能成脓，仅流血水，势将穿腮，牙龈糜黑，口气作臭，毒热内攻，食少寐减，理必气血受病，议用清毒益气，竭力调理。脉象则称弦数无力。药照昨方稍有加减。酉刻亦然。（黄连却未减，以茯神换茯苓，加远志而已。真梦呓也！）起居单内：饮食稍多（苡米粥五次半碗余，藕粉、老米粥亦略进），大便未行。辰正三散，门遇孙子授云：'闻今日按内有神气渐衰精神恍惚等语。’荣仲〔华〕亦来，语于庭中。据李德立称，势恐内陷云云。荫轩来，访兰生谈，即入城。小憩未醒，忽传急召。驰入，尚无一人也，时日方落。有顷，惇、恭邸、宝、沈、英桂、崇纶、文锡同入，见于西暖阁。御医李德立方奏事急，余叱之曰：‘何不用回阳汤！’彼云：‘不能，只得用麦参散。’余曰：‘即灌可也！’太后哭不能词。仓猝间，御医称：‘牙闭，不能下矣！’诸臣起立，奔东暖阁。上扶坐瞑目。臣上前遽探，既弥留矣！天惊地坼，哭踊良久。时内廷王大臣有续至者，入哭而退，惨读脉按云：‘六脉俱脱：酉刻崩逝。’戌正，太后召诸臣入，谕云：‘此后垂帘如何？’枢臣中有言：‘宗社为重，请择贤而立，然后恳乞垂帘。’谕曰：‘文宗无次子，今遭此变，若承嗣年长者实不愿，须幼者乃可教育。现在一语即定，永无更移！我二人同一心，汝等敬听！’则即宣曰某。维时醇亲王惊遽敬唯，碰头痛哭，昏迷伏地，掖之不能起。诸臣承懿旨后即下，至军机处拟旨。潘伯寅意必宜明书为文宗嗣。余意必应书为嗣皇帝，庶不负大行付托，遂参用两人说定议。亥正请见，面递旨意（黄面红里），太后哭而应之，遂退。方入见时，戈什爱班奏迎嗣皇帝礼节，大略：蟒袍补褂入大清门，从正路入乾清门，至养心殿谒见两宫，方于后殿成服。允之。遣御前大臣及孚郡王等以暖舆往迎。寅正一刻，闻呼门，则笼烛数支入自门矣。”西后利幼君以专政，固情见乎词也。时光绪帝甫四龄。（同治帝六岁即位，十九岁逝。)

同治帝庙号穆，谥毅。其定议之经过，据同龢是月十四日《日记》云：“午奠后，与荫轩诣内阁会议尊谥庙号。军机大臣原拟熙字、毅字。余与宝相言：‘前朝止一金熙宗，不正其终；止一明毅帝，又何如主也？不如孝字、靖字为宜。’既而翻阅折稿，则无阁学衔名（大学士六部九卿），不敢越职，先出，至朝房假寐。……阁拟谥熙，肃，哲，顺，穆（按：此穆字似是毅字笔误），号穆（按：此穆字下似尚有数字，同龢未记）。”十六日云：“奏尊谥庙号，朱笔用穆字、毅字。以徐桐言，始用毅字。”左宗棠光绪己卯答杨昌濬书，论及吴可读尸谏一疏，有云：“疏中自称罪臣，而山陵讫事，犹称‘大行’，似其微意不以庙号为妥，盖先皇御极，削平大难，在本朝为中兴之主，穆之与毅不足尽之，当时定议，固未及详审耳。”可与同龢之议参看。同龢盖欲以“孝”字表垂帘之事，而于母子情感之有乖，隐为弥缝，“靖”字则取绥靖大乱之意云。

醇王奕譞请罢一切差使，疏谓：“臣前日瞻仰遗容，五内崩裂，已觉气体难支，犹思力济艰难，尽事听命。忽蒙懿旨下降，择定嗣皇帝，仓猝间昏迷罔知所措。迨舁回家，身战心摇，如痴如梦，致触犯旧有肝疾等病，委顿成废，惟有哀恳皇太后恩施格外，洞照无遗，曲赐矜全，许乞骸骨，为天地容一虚糜爵位之人，为宣宗成皇帝留一庸钝无才之子，使臣受帡幪于此日，正首邱于他年，则生生世世，感戴高厚鸿施于无既矣。”语极沉痛，盖知其子为帝非福，悸郁特甚也。”至关于奕譞之待遇，同龢初八日《日记》云：“午奠毕，再诣内阁，议醇亲王辞免差使折。恭邸曰：‘宜开去差使（又数条，大略朝会不与之类），请予亲王世袭罔替。’万礼部曰：‘醇亲王之称如何？’恭邸曰：‘但愿千百年永永是此名号！’余参酌数语，唯唯否否，良久始罢（内阁主稿）。再入，晡奠后退。与荣仲华、潘伯寅论此事。余曰：‘礼隆于缵绪，则义绝于所生。’与伯寅合。又曰：‘他缺皆开，惟神机营重镇，不可离。’与仲华合。与陈（六舟）彝论此事。六舟有议数条，稍迂缓，惟谓称谓一节此时缓议，最为允洽。余意，此等勿著痕迹为妙。”初十日云：“朝午奠后，复诣内阁。议醇亲王折已具稿矣。略言：该王公忠体国，宜允所请，一切差使概行开去，以节劳勚。又每年派往东西陵一次。又朝会无庸入班。又大政事则备顾问，有应奏者准其陈奏，皆空语也。余具疏责以大义，并请留神机营差使，以资弹压。同人中知之者，徐荫轩、殷谱经、黄恕皆，皆愿联衔。”十一日云：“黄恕皆告余不列衔。”十二日云：“荫轩告余亦不列名矣，未喻其故。晚崇文山来长谈，因言神机营章程之谬，人材之杂，劝余不必请留醇邸。然耶？否耶？”十三日云：“是日复奏请开除醇亲王一切差使，予亲王世袭罔替公折，余单衔请酌留神机营差使一折，奉懿旨照王大臣等所请，其神机营应行一切事宜，与管营王大臣随时商酌。派伯彦诺（讷）谟祜、景寿管神机营事务。”同龢以神机营为禁军重镇，断断欲为奕谖留此席，而神机营之窳败无用，崇绮知之，同龢未知也。

是年有日本藉口琉球人被害于台湾生番举兵侵台之事，为清代日本侵略中国之发端，卒以给银五十万两了局，对日国耻第一幕也。李鸿章六月六日复沈葆桢书有云："倭奴情同无赖，武勇自矜，深知中国虚实，乃敢下此险著。……我无自强之人与法，后患殆不可思议耳！"此案议结后，总理衙门十月某日奏陈自强事宜，有云："溯自庚申之衅，创深痛巨。……人人有自强之心，亦人人有自强之言，而迄今仍并无自强之实。从前情事，几于日久相忘，……惟有上下一心，内外一心，局外局中一心，自始至终，坚苦贞定。……庶几自强有实，而外侮潜消。"鸿章十一月复奏自强办法有云："所未易猝办者，人才之难得，经费之难筹，畛域之难化，故习之难除。循是不改，虽日事设防，犹画饼也。然则今日所急，惟在力破成见以求实际而已。"揆诸近年之事，往牍何堪复按乎！"自强之言"之多，更非六十年以前可比矣！

是年会试，头场四书文题为"子曰君子坦荡荡""自诚明谓之性""孟子曰君仁莫不仁君义莫不义"，诗题为"无逸图（得勤字）"。四书文第一题即相传剧场故事赶三以之关合十三旦作谑语者也。（谓坦字为十一旦，荡荡各有一旦字。时十三旦以色艺擅盛名）。正考官为礼部尚书万青藜，副考官为刑部尚书崇实、工部尚书李鸿藻、吏部左侍郎魁龄。同考官为右庶子崑冈，侍讲黄毓恩，修撰钟骏声，编修陈振瀛、胡聘之、李汝霖、张鸿远、王先谦、钮玉庚、梁仲衡、叶大焯、陈启泰，户科掌印给事中夏献馨，礼科掌印给事中郭从矩，御史刘瑞祺，吏部员外郎沈源深，户部员外郎吴廷芬，刑部主事陆光祖。

殿试，状元陆润庠（江苏元和），榜眼谭宗浚（广东南海），探花黄贻楫（福建晋江）。李慈铭四月二十四日《日记》云："是日小传胪，状元陆润庠，江苏人，癸酉举人。榜眼谭宗浚，广东人，玉生孝廉莹之子，少年喜为诗文，亦小有才名者。探花黄贻楫，福建人，故侍郎宗汉之子，咸丰初恩赏举人。"（光绪丙子散馆，贻楫以诗中误字由编修改主事。慈铭四月二十八日《日记》云："黄贻楫诗中'拖蓝水满汀'句，误书作'拖蔚'，置三等。陆润庠诗首句'一望芒无际'，茫字误书作芒；又用'殷其雷'殷字为平声，而以一等得留。"是润庠亦幸免耳。翁同龢四月二十日《日记》云："黄贻楫诗中讹'拖蓝'为'拖蔚'，遂置三等。嘻，惜哉！"二十二日云："访黄济川编修。散馆列三等，诗中讹一字也。命矣夫！"诗题为"际天菽粟青成堆，得青字"。）

润庠结苏州状元之局，与有清第一苏州状元（此专指苏州府治言）顺治己亥长洲陆元文遥遥相对。均陆姓，且均状元宰相，亦云巧合。陆元文即徐元文，及第后始复徐姓。

曾国藩、李鸿章所奏定选派幼童赴美留学，第三批唐绍仪（十二岁）、梁如浩（十一岁）等三十名，是年八月

初九日放洋。委员祁兆熙带往。（原第11卷第1期）

二 堂属而作师生之称

王邦玺《杂诗十九首》有云："九卿官署重司成，阶下排班例送迎。独爱儒臣称谓别，满堂僚属尽门生（国子监属员称堂官曰老师）。"记为国子监司业时事也。堂属而作师生之称，不与寻堂（常）官署同，盖以国学为文化机关之故。内阁侍读中书等对大学士及协办大学士，亦作师生称谓，则沿明制大学士（五品）本文学侍从之臣之遗意也。翰林为清华之选，科道为风宪之官，自更不执属吏礼矣。文廷式《闻尘偶记》云："内阁中书见大学士，但点首而已，不揖不跽，相传以为明制如此。盛伯希云：'内阁自中书以上同堂印，翰林院自庶吉士以上，国子监自学录以上，并同堂印。凡同堂印者，不得为属官，故内阁、翰林、国子三衙门，有师生之称，无堂属之称也。'"科道虽自有印信，不同堂印，而亦不为台长之属官。

三 南书房翰林

明初之大学士，犹清之南书房翰林耳，其后乃为宰辅之任（清初南书房翰林，亦甚有权，高士奇其尤著者）。至清，定为极品，秩冠百僚。军机处设立以后，内阁之权渐替，驯成闲曹冷署矣。其与翰林院之关系，则始终息息相通。如非阁臣及翰林授职之员例不谥“文”，及阁臣须至翰林院行到任礼，均可见阁院原属一家。宣统辛亥设立所谓新内阁，原有之内阁裁撤，而大学士、协办大学士，以阶资不便撤销其头衔，则令仍序次于翰林院。曰仍者，明其不为改并也。在职掌上，内阁不与机务后，典制文字，仍多撰拟，为其重要职务。《味莼簃随笔》云：“内阁……领以大学士，而侍读、中书等官实司笔札。汉员轮值之地曰汉票签处，与大学士值庐相毗连。其职掌为撰拟朱批，传宣纶綍。此外典制之文，如骈文诏旨，岁时宫庭贺表，外官文自藩臬、〔武〕自总兵以上及外藩世职之敕书，内外文武百官之诰命，其隶内阁职掌者，以皆由汉员撰拟，故凡汉员之略负文望者，必兼充本衙门撰文一差，以专拟此项文字。值庐悬刘文正公（统勋）一联云：‘天下文章莫大处，龙门声价最高时。’想见当时地望之华贵。……内阁遂成闲曹，然遇有典礼，撰文一役犹颇繁剧。予充撰文，在戊申冬间，时适孝钦显皇后、德宗景皇帝同时升遐，凡遗教遗诏，嗣皇帝登极诏，册尊皇太后及恭上皇太后尊号等一切恩诏，撰拟书写，皆撰文司之。又宰臣吁请节哀之奏，凡三四上。升祔太庙，恭上册宝，恭定尊谥，典礼重大，每稿又必一再易。与同人昕夕不遑者越三月有余。盖实权虽去，躯韡犹存，每削一稿，动关掌故，尚非百司之琐屑簿书所能比拟也。读《内阁撰拟文字》一书，裔裔皇皇，他日必与《皇朝文典》并传无疑。（《文典》所载皆翰林院应奉文字。）……凡明代阁臣，必用翰林，……。《明史》载：内阁用银印，直纽，方一寸七分，文曰‘文渊阁印’，而文牍往还乃不用此，别用翰林院印，足见翰苑之重，而内阁与翰林院当时直同一体矣。清代内阁用典籍厅印。其初所谓典籍者，亦即翰林院典籍。厥后内阁别设典籍二员，另铸印信，凡阁中一切公牍皆用之，而内阁与翰林院虽渐分离，尚相连属。凡辅臣入阁受任之初，到阁后，虽不兼掌院，亦必至翰林院行到官之仪式。又应奉文字，凡制诰由内阁撰拟，祭葬碑文等由翰林院撰拟，而贺表等件，又有院撰而阁缮者，或有阁撰而院缮者，盖数百年后权限尚未划清矣。”于内阁文役暨阁院关系，言之颇悉，足供考镜。有明阁臣，必用翰林，初制如是，后不尽然，特仍以翰林出身者为多耳。清仍之，非进士不得入阁（此指汉员，满员不论此）。左宗棠举人大拜，李鸿章所谓“破天荒相公”也。清内阁行文用典籍厅印，盖内阁无大学士堂印也。以正一品衙门而用七品之印亦奇（新内阁乃铸大印）。内阁既自设典籍二员（例由中书推迁），翰林院之典籍乃改称典簿。

四　文廷式述考差放差

关于考差放差，上卷第四十九期曾述之。文廷式癸巳放江南乡试副考官差，其《南轺日记》七月十一日记考差放差事云：“考差之卷，乾隆间曾明发等第。戴吟梅《藤荫杂记》载朱丕烈考三等放江南试差是也。翁覃溪《翁氏家事略记》亦自记其考差等第名次。至乾隆中年，则不发矣。至道光朝，宣宗必问曰：'尔记所取何人否?'对曰某某，宣宗即不悦，恐其漏泄也。后稍稍知此意，遇问则对曰不复记忆，宣宗乃喜。及穆宗以冲龄践祚，太后临朝，则拆弥封之事，军机大臣任之。癸亥以后，凡放某省差，皆由军机大臣拟正拟陪，候上点定（此高阳相国为余言之，必不误也），光绪初年尚仍其例。近自亲政后则多出自特简，臣下不得与闻矣。"又云："向来阅考试试差卷，仅派八人。近以与试人多，添派十人。今年阅卷，有志伯愚阁学（锐）、汪柳门侍郎（鸣銮）诸人，故所传之信较确。惟余卷则未有见之者，或以为福相国所取第三，亦无的证也。然十人所取之第一，则刘世安（福）（按：福锟也）、刘学谦（崑）（按：崑冈也）、吴士鉴（孙）、（按：孙毓汶也）、高熙喆（陈学棻）、刘福姚（李端棻）、戴鸿慈（阿克丹）、邹福保（洪）（按：洪钧也）、李盛铎（汪）、谢佩贤（志）、熊亦奇（王文锦），皆有实据，而其中得试差者仅刘福姚及邹、谢三人，足知事由宸断，非臣僚所能擅拟矣。"亦宜与前述参看。壬辰新鼎甲刘福姚、吴士鉴、陈伯陶，均未散馆即于癸巳获掌文衡。福姚、伯陶典试黔、滇，士鉴则为顺天同考官。京闱襄校，亦差也，与考差前列亦非无关系者。是年外放试差者：云南正吴家瑞，副陈伯陶；贵州正刘福姚，副陈璧；广东正顾璜，副吴郁生；广西正张亨嘉，副劳肇光；福建正龙湛霖，副杜本崇；湖南正黄绍弟，副秦绶章；四川正朱琛，副徐仁铸；甘肃正程棫林，副谢佩贤；江西正恽彦彬，副邹福保；湖北正吴鸿甲，副彭述；浙江正殷如璋，副周锡恩；江南正徐会沣，副文廷式；陕西正丁惟禔，副徐继孺；山东正长萃，副柯逢时；河南正王懿荣，副李桂林；山西正薛宝辰，副高楠。翌年（甲午）会试，刘学谦、高熙喆、李盛铎均为同考官。

五　丁宝铨挽杨士琦以“先正典刑”

杨士琦之卒于上海，丁宝铨所送祭幛，颜以“先正典刑”四字。吊者见之，莫不惊诧。“典型”古作“典刑”，本可通，特观此四字者，不禁联想及于“明正典刑”一语，而讶其失检也。未几，宝铨为怨家暗杀，谑者曰：“此可谓‘后正典刑’矣！”未免太虐。（或谓士琦之死，亦非考终。事涉隐秘，不知其审也。）

（原第11卷第2期）

六　李慈铭述同治帝暴死前后事

前六十年之甲戌，清同治帝逝于十二月初五日。《甲戌谈往》（见本卷第一期）录翁同龢是日《日记》，以其为师傅近臣，情况为所目击，所记当最可信也。李慈铭时官京曹，素留意国事，其是日《日记》云：“是日酉刻上崩，年十九岁。先是十一月朔，太白贯日，上即以是日痘发，遍体蒸灼。内廷王大臣入问状，请上权停万机，两宫皇太后裁决庶政。上许之。于是御前大臣、军机大臣等列议四事以上。其一改引见为验放，如初垂帘故事，识者已恶其不祥。未几以痘痂将结，遂先加恩医官，左院判李德立、右院判庄守和，六品杂流官也，皆擢京堂。德立至越六级以三品卿候补，尤故事所无者。旋遍加恩内廷诸王大臣，至先朝嫔御，皆晋位号。凡所施行，俱如易代登极之典。又于大清门外结壝，焚烧采帛车马，名曰送圣。都人窃窃私议，以为颇似大丧祖送也。上旋患痈，项、腹各一，皆脓溃。先十日已屡瘖殆不知人，于是议立皇子，而文宗无他子，宣宗诸王孙皆尚少，无有子者。贝勒载治，宣宗隐志郡王之嗣子也，有二子，幼者曰溥侃，生甫八月，召入宫，将立为嗣矣，未及而上宴驾，乃止。宫廷隔绝，其事莫能详也。上幼颖悟，有成人之度，天性浑厚，自去年亲政，每临大祀，容色甚庄，而弘德殿诸师傅，皆帖括学究，惟知剿录讲章性理肤末之谈，以为启沃，故上深厌之，不喜读书，狎近宦竖，遂争导以嬉戏游宴。莅政以后，内务府郎中贵宝、文锡与宦官日侍上，劝上兴土木，修园御。户部侍郎桂清管内务府，好直言，先斥去之。耽溺男宠，日渐羸瘠。未及再稘，遂以不起，哀哉！”慈铭讥诃诸师傅之语，盖其好骂之本色，实则师傅中应尸其咎者惟王庆祺，却非以性理教帝者也。

七　张英麟见机而作

王庆祺始末，及同被命直弘德殿之张英麟乞假省亲事，曾于上卷第七期述之。顷接张君二陵寄稿云："同治甲戌春，张英麟、王庆祺同日被命入值弘德殿，盖庆祺之受知，缘于穆宗微行，遂邀此荣遇，英麟特取作陪客者耳。英麟颇羞与为伍，又不敢辞。时其母年老多病，因欲藉省亲以避之，谋之于其同乡刑部主事吴毓春。毓春曰：'此举须自决。最要者尊堂病势如何，然亦届惧多喜少之时矣。眼须放亮，尤须看远！切要，切要！'英麟乃决计请假归里。迨穆宗宾天，庆祺为言官纠劾，奉旨革职永不叙用，而英麟得保令名。见几而作，英麟有焉。此事余闻之英麟之子元钧，殆实录云。"可与前述合看。英麟给假两月回籍，假期未满即丁母忧，盖其母病实已臻危候也。民国六年，英麟八十生日，元钧所为征诗文启有云："甲戌春，奉特旨在弘德殿行走，人皆以为极词臣之隆遇，而家严每瞻念慈闱，刻无或忘。属接家信，先大母病危，家严刻日请省亲假。旋里后奉侍左右，昼夜不离，四十余日。旋丁先大母忧，闭门读礼，不预外事。"亦可参阅。柯劭忞所撰寿序，道及此节，谓："公通籍后，澹静自守，蒙特达之知，入直毓庆宫（按：实弘德殿也。毓庆宫为光绪帝读书处），即以省亲请假，未几而毅皇上宾，同僚皆（？）获咎，人始服公之有识。"则专言其知几。又章梫所撰序谓："甲戌之春，以编修在馆供职，与某编修同奉特旨在宏德殿行走（按：庆祺以三甲进士官检讨，非编修也），随得家书，太夫人在籍抱病，即日请假省亲，乃得侍疾以慎终事，所谓上不欺君、中不违亲者非欤？"似以"不欺君"隐指不肯与庆祺同直。

八　述范鸣龢事

陈锐《裒碧斋杂记》谓："咸丰壬子恩科，武昌范鸣璠（按：璠即琼），廷试已列十本。传胪时，文宗以名音近万民穷（后更名鸣龢），用内阁中书。"与梁溪坐观老人《清代野记》所记王国均事，皆以音近不祥被抑，已类述于上卷第四十五期矣。顷阅欧阳昱《见闻琐录》，言鸣璠事较详："湖北范鸣龢，尝为吾省（按：江西也）副主考，后又捐吾省候补道。初入翰林时，名鸣琼。散馆列一等第八，在鄂省则第一，向未有不留馆者，而显庙改为主事。人莫测其故。或曰：'范音近万，鸣音近民，琼音近贫。合之为万民贫（按：贫字似应作穷），殆以为不吉祥而改之乎？'时又有崇仁刘颜瑞，以同知引见。唱名后，天颜不悦，除去其官，盖刘音同流，颜音近眼，官音读瑞为泪，乍听之为流眼泪耳。是时寇炽东南，生灵涂炭，上廑圣虑，日夜焦劳，偶然触动，遂有此降黜，非若字恶弱祸，白尔家门，专以忌讳为事也。范公文章富赡，尤精衡鉴，自改名后，常司文柄。某届分会试房，得直隶一卷曰：‘此必张之洞也！’盖以二场经文藻丽，三场对策淹博，直隶无此才人故耳。总裁亦阅而大喜，拟中五魁。及写榜时，卷忽失去，遍寻不见。榜发后，忽从帐顶落下，不解何故。下届范复分会试房，张公卷仍落其房中。阅至二三场，藻丽淹博如前，又惊曰：‘此必张卷无疑！’荐之总裁，即批中。迨填榜拆弥封，果张之洞也。然则科分前后，亦有定数，人可不必妄生希冀之心矣。”谓系散馆时改官，视《杂记》为确，鸣璚实壬子庶常也。散馆所改，盖为中书。同治壬戌，翁同龢为会试同考官，其是年《日记》，记闱中事者曰《春闱随笔》，备列衡文者衔名，同考官中有内阁中书范鸣龢也（鸣龢字鹤生，分第五房。同龢第十八房）。翌年（癸亥）会试，鸣龢又与分校，张之洞于是科中式。《琐记》所云，即指此二科。同龢壬戌《春闱随笔》三月二十五日有云：“见范鹤生处直隶形肆柒一卷，二场沈博绝丽，三场繁称博引，其文真史汉之遗。余决为张香涛。……得士如此，可羡也！”四月初六日云：“前所见鹤生处直隶形肆柒卷，在郑小山（按：副总裁郑敦谨也）处，竟未获售，令人扼腕。鹤生为之竟夕永叹。”初七日云：“郑筱珊以誊录十卷交辛白（按：第一房钱桂森也）写卷面，第一卷即鹤生处最得意之卷也。鹤生欲以本房他卷往易，为监试所阻。”此为是年之洞受奇赏于鸣龢而未得入彀之经过，同龢闱中所亲见者，可与《琐录》所记印证。

九　科名有数

姚元之《竹叶亭杂记》云："嘉庆十三年戊辰六月二十三日奉命典试陕甘，程小鹤同年家督为副。小鹤尊人鹤樵先生国仁，上年丁卯科充陕西正考官。父子连科典试一省，亦佳话也。榜发，有张树德者，上科文已入彀附刻矣，因二场文不合例而黜。鹤樵先生爱其文，因已刻不忍去之，为加评语以志惋惜。及次年乃得第。盖张不当出鹤樵先生门，必待小鹤而后举，信乎科名之有数也。"亦以数之前定为言。其遇合之巧，与《琐录》所记鸣龢、之洞事颇类，而后者益征针芥之契矣。

（原第 11 卷第 3 期）

一〇　西太后杀维新大臣

戊戌政变，西后临朝训政，囚光绪帝于瀛台，逮捕维新诸臣，代帝降谕："著军机大臣会同刑部都察院严行审讯。"旋复变计，以"有人奏若稽时日，恐有中变……"为词，"六君子"乃不谳而诛。所谓有人奏者，盖御史黄桂鋆也。当西后召见诸大臣议此时，御前大臣某王请仍俟审讯后定罪，以示郑重。后曰："若辈之事，予有真凭实据，不必审矣！"因命杀六人。军机大臣廖寿恒患重听，在列未悉闻后语。既退，将拟旨矣，乃知已定罪，愤然曰："此何等事，而可不审即杀耶？余为刑部尚书，职责所在，尤不可不争。"遂欲请"起"独对。裕禄止之曰："算了罢！太后既说有真凭实据，岂能挽回？何必去碰一鼻子灰呢！"寿恒度事已无救，争亦徒劳，乃已。当时枢臣中，寿恒故与康有为等接近，且尝力保康广仁于帝者也。后知其事，甚衔之，几不保首领。李岳瑞《春冰室野乘》记"庚子拳乱轶闻"有云："立、联既死，端、刚诸人犹不慊，将以次尽杀异议诸臣。廖仲山尚书寿恒，时已罢军机及总署大臣，然其初入枢庭，固常熟所汲引者，故端、刚恶之尤甚，已定于七月□十□日斩异议者数人，而尚书为之首。时诸人亦不复秘密，辇下几无人不知。尚书于时已尽遣家属出都，而身寓东华门外一小寺中，闻耗大惧，属其戚某制府乞哀于荣相。荣相允之。翌日谓某制府曰：'仲山事无望矣！吾今日入对时，百计为乞恩，叩首无数，而慈意竟不可回，奈何！君可传语伊，早自裁可也！'某制府以语尚书，尚书竟不能引决。会先期一日联军入城，乃得脱，匆匆南归。寺僧为人言：'方事急时，尚书在室中环走，三日夜未停步，不语亦不食，面殆无人色云。'"所记盖非无因。庚子之乱，后颇误信外国受康、梁游说之说，欲悉戮戊戌与新党有关者。张荫桓之杀于新疆，亦缘不忘前事。

后所谓真凭实据，荣禄以袁世凯之言告密而外，闻尚有一密折，系军机四卿（杨锐、刘光第、林旭、谭嗣同）联衔所上，有劝帝为自立计，注意练兵及抚循袁世凯等语，为后所得，认为谋不利于己，然折中初无危害太后之词也（观宣统己酉杨锐之子缴呈之光绪帝朱谕，其锐意革新而又不愿抗迕太后之苦心，昭然若揭。后党所造诸谣，不辨自明）。此折正折之外，有附片三。正折呈帝阅过后，由林旭带回，所以慎其事。讵旭归寓后，察视则带回者为附片，而正折不见矣，或奄人窃去呈后耳。四卿平日意见盖不尽同，而此折则闻确系四人同具名者。

林旭与其乡人翰林编修林开謩有旧，以父执礼事之，即寓其家（宣武门外皮库营）。当被逮之日（八月初九日），缇骑至门，呼曰："请林军机！"即又曰："请林旭林军机！"盖步军统领崇礼诫以其寓有两林军机，不可误拿也。（开謩之兄开章，时为军机处领班章京。）开謩送别于门，勖旭以壮往自持，勿失丈夫之概，并曰："有祸自当之，勿牵涉上头也！"

闻杨锐简直枢垣时，以政局叵测，意稍迟回。其乡人乔树枏劝以无妨入值，如形势不利，再谋退步未晚，乃决就职云。

御史杨崇伊等之以危词耸后变政也，具折后谒庆王奕劻，蕲代递，奕劻有难色。崇伊曰："此折王爷已见之矣。如日后闹出大乱子来，王爷不能诿为不知也！"奕劻乃诺之。至颐和园见后，面奏崇伊等有折言事。后犹作暇豫之状曰："闲着也是闲着，拿过来看看罢。"既阅而色变，立召见诸大臣。

政变后，交军机大臣会同刑部都察院严行审讯者，凡七人。先世父子静公以阶资居首，以下即“六君子”也。既未谳而定案，“六君子”被诛，先世父则命永远监禁（庚子获赦，甲辰开复原衔），盖犹以旧臣负清望，稍示宽典也。（闻当时后始曰：“叫他一块儿去罢！”继曰：“叫他老死狱底罢！”）先从兄研甫，同时褫职。在湘闻命，即往晤巡抚陈宝箴，恳代奏代父下狱。宝箴曰：“吾亦将获罪，何能为君奏事乎？”相对凄然。盖两院同行新政，学臣既罢斥，抚臣势难独全也（不数日，宝箴父子褫职之命下。）先从兄旋召所保经济特科诸生数人至学署，赠以川资，曰：“诸君报国之日方长，此时宜至他处暂避。”恐其不为守旧绅士所容，或遭罗织耳。梁启超《戊戌政变记》谓先从兄莹甫亦得革职处分，当时实未吹求及之。此盖以兄弟同官翰苑齐名，致传闻有误。

一一　记马玉崑事

二陵书马玉崑事见遗，云：“光绪二十四年，鲁皖豫之交涡阳会匪不靖，势将燎原。皖抚王之春、豫抚裕长、鲁抚张汝梅会奏请派劲旅往剿。大学士荣禄方总统武卫军，朝命于武卫军选派得力军队前往相机剿抚。时宋庆统毅军，为武卫之一军。毅军系同治初年由庆成军于河南，对皖豫情形最为熟悉。荣禄因以属之庆。马玉崑时以山西大同镇总兵在毅军为十营统领，于毅军将领中资望最高。庆遂命玉崑率部前往。未至涡阳，乱事已平。庆亟电其停止前进。玉崑久处庆藩篱下，思有以自见，仍前进至涡阳。由江督刘坤一、皖抚王之春代奏，奉旨回防。行至山东东昌，奉庆令，责其违节度，撤统领差，命带一百名卫队，以观后效，玉崑已为实缺总兵数年，受此严谴，颇觉难堪。而粤抚德寿方以粤抚署两广总督，遣人示意，欲调为两广翼长。玉崑未能自决，谋之于先大父朝议公，时先大父正宰聊城（东昌首邑）也。调未竟，先大父亟止之曰：'公误矣，公误矣！老头子与公，犹家人之于孩童也。听说则给以糖饼，不听说则施以夏楚，初无成心也。且老头子已届风烛之年，如因公去而有如失左右手之叹，公悔之晚矣！'老头子者，毅军所以呼庆也。玉崑爽然自失，即避席向先大父请一安曰：'吾过矣，吾过矣！老头子即令我当伙夫，当马夫，亦唯命！'旋至通州，将十营交出，带百名卫队，无怨色，且勤谨逾恒。未几，宋患病乞休，中旨慰留，遂奏以玉崑为翼长，并举以自代。玉崑驰书先大父，致谢指教，且订金兰。光绪三十三年，下走谒玉崑于通州，犹殷殷道及焉。”（原第11卷第4期）

一二　官场失礼笑柄

拙稿前谈“端茶送客”，略述知县谒巡抚之官场笑柄一则（见上卷第三十九期），而忘其见于何书。兹检得之，录供噱助。醒醉生（闻即汪康年）《庄谐选录》载萍乡文廷楷稿云：

> 江宁藩司长远帆（禄）方伯观察山东时，言夏日有某令分发到东省，初次谒抚军。故事，凡僚属初见长官，例须服蟒袍补服，虽酷暑不得免褂。维时正当炎夏，某令汗流浃背，热不可当，因持所携团扇举臂狂挥。抚军曰："何不宽褂？"令曰"是，是！"遂命仆辈代为除之。既而挥扇如故。抚军笑曰："何不解带宽袍？"令曰："是，是！"因离座次第去之。归座谈笑益豪，举动益肆，不觉将扇以左右手更递互挥，逢逢有声。抚军不能忍，睨而戏之曰："何不并衬衫宽之，较为爽快？"令应声解之。抚军随拱手请茶，左右传呼送客。令仓卒无所为计，急取缨冠戴诸头，而以左腋夹袍服，右肘挂念珠，携短衣，踉跄而出，如杂剧中扮演小丑登场状。官舍寅僚，署中役吏，见者皆吃吃笑不可仰，翌日而饬令回籍学习之示颁矣。令之狂态固可哂，而某抚军亦真可谓恶作剧哉！

此谓是山东官场之事。此外又有相传之一事，与之甚相似而结果大异者，地点则为南京，宜合看。高照煦《闲谈随笔》述米脂高寿祺语曰：

> 某岁贡生家世寒素，年六十余中进士，用知县。抵省禀到谒制台时，值盛暑，甫呈履历，即抽扇自挥。制台曰："热可伸冠。"即去冠，仍挥之。又曰："可脱衣服。"即脱其袍褂。小衣汗已湿透，挥扇益

力。制台色变，即举茶碗，门内外齐呼送客。始知失仪，即自抱衣冠趋出，见者莫不笑之。返寓，愈思愈愧，杜门不出。制台入内宅更衣，语其夫人曰："此等蠢物，尚堪做官耶！当即奏参。"夫人问故，详告之。夫人取履历观之云："尚是进士即用。进士出身多未习官场仪注，君为上司，当挥扇时即宜正告之，乃侮弄之而复责革之乎！况年逾六旬，始得一知县，尤宜曲为矜全，方见盛德。"制台悦，数日后特传见。某方闭门思过，闻传见愈疑惧，具衣冠入见，跪拜谢罪。制台扶起让坐，即令伸冠。某立辞不敢。制台笑曰："今非昔比，可久坐畅谈。"制台亦释帽，详询籍贯，复问曰："老兄若许年纪，意何望乎？"某对曰："卑职若有三千银，即告归，别无他望。"制台笑曰："三千银将何用乎？"对曰："卑职自幼赤贫，蒙一业师怜而教育之。今业师已故，诸世兄尚未成立。卑职幸登两榜，报师之恩非一千银不可。"制台曰："此一千用之相当。余两千何用？"对曰："卑职家居授徒，在宗祠中设帐。今宗祠几敝，族人亦多式微。卑职幸成县令矣，修祠奉祖非一千银不可。"制台曰："此一千用之尤当。尚余一千何用？"对曰："卑职居贱食贫几老矣，今幸以进士作知县，马齿余年藉以养赡，亦非一千银不可。"制台曰："三千银俱用所当用，容为老兄图之。"遂送出。后见藩司语及之。藩司曰："某县今即开缺。"制台曰："岁进若何？"藩司曰："可得乙方。”制台曰：“此缺可即委署焉。”甫半年，某告假到省，见制台叩谢曰：“沐大人恩，愿已足矣！”言讫，于怀中取出二千两银票，双手呈之曰：“卑职只需三千，竟得五千，此二千无用也！”制台骇曰：“此汝所得，将焉置此？”对曰：“卑职素无虚言，决不需此！”正争辩间，藩司适至，询知其故，乃曰：“刻今奏兴某工，请上捐输，亦可得议叙。”制台曰：“善。”某遂告休，翛然归里矣。

与《选录》所载知县以不谙官场仪注受侮于大吏同，而终能握篆而善退，适如所愿，遇合远胜，荣辱迥判矣。此二事省分不同，特前半太似，仍未敢必其非一种传说歧而为二者耳。照煦字晓春，籍陕西米脂，同治癸酉举人，光绪庚辰大挑二等，历任郃阳、宜川等县教谕，调署榆林府教授，卒于官（端方抚陕时，曾以“学优品粹，多士楷模”奏保，赏加国子监学正衔）。寿祺其同邑人，父长绅久官江苏，由知县至常镇通海道，所语似随宦时所闻。制台云者，盖两江总督也。请除冠曰“升冠”，此官场通行语，作“伸冠”者，殆因陕音“伸”“升”不分之故。清外官仪注，科甲出身者往往不如捐班之熟谙，趋跄应对，相形见绌，故来“书呆子”之讥。寿祺所述制台夫人语，亦实情。

一三　方宗诚贪诈

知县以服官所得银票，面呈总督，趣闻也。梁溪坐观老人《清代野记》记直隶枣强令桐城方某事有云："故事，帝谒陵，直隶总督治驰道成，须亲验。是日百官皆鹄立道旁，候文忠（按：李鸿章也）至，方亦列班中。文忠一见即握手道故，同步驰道上。文忠好诙谐，忽谓方曰：'尔官枣强有年矣，攫得金钱几何？'方肃然对曰：'不敢欺！节衣缩食，已积俸金千，将寄归，尚未有托也。'文忠曰：'可将来，我为尔赍去，我日有急足往来乡里也。'方称谢，即摸索靴中，以银券进。文忠曰：'尔勿以赝鼎欺我，致我累也！'言罢大笑。道旁观者数万人，皆指曰：'冠珊瑚者中堂也，冠铜者方大令也！'皆啧啧惊为异焉。"此又一知县以服官所得银票面呈总督之趣闻，与《闲谈随笔》所载，亦可谓无独有偶。此方某盖即方宗诚，甚有道学名，而《野记》极诋其贪诈云。

一四　李端棻张荫桓遣戍过陕甘事

礼部尚书李端棻、尚书衔户部左侍郎张荫桓均于戊戌政变获罪，遣发新疆。《闲谈随笔》记其途中事云：

尚书李端棻，侍郎张荫桓，俱于康有为案后发往新疆，严加管束。张并有“沿途经过地方，著该督抚遴派妥员押解，无稍疏虞”之谕。两人均于去冬道经陕西。李则是犯官模样，经过州县，概不敢任其接送。闻在省城曾遇疾患，对某宪曰：“昔人言生入玉门关，兄弟恐不能生出玉门关矣！”抵醴泉时，郃阳正任张莲塘明府方调署，面致谢曰：“皇太后与皇上恩典，是使兄弟受几年苦罪。如我兄若此供应，即在京供职，亦不能有此，何苦之有？”谦和卑牧，读书人之气象也。张则仍是侍郎势焰，沿途州县，照钦差接送。闻其在省城对人云：“者（这）老太太和我开顽笑，还教我出门外走一回！”骄倨之至，亦粗野之至。称皇太后为老太太，真觉骇人听闻！

此为两人过陕之情事，可见两人性行不同处。至称太后为老太太，未为甚异，当时都人私语，颇有作此种称谓者，好在老太太亦属尊称耳。汤用彬《新谈往》云：

戊戌秋季，余侍平番公居兰州。李苾园师、张樵野尚书俱以遣戍过兰。张尚书性伉爽，虽起末吏，然通达治体，能书善画，诗尤工妙。住兰州三日，即西行。李苾园师以年老行濡滞。甘督陶方之为之请于朝，暂寄兰养病，诏许之。时西林岑春煊正任甘藩司。西林于李本为受业弟子，李到，执弟子礼甚恭，然微觉师暮气，心不善也。一日西林过从，李师从容字春煊语之曰："云阶，作官吏时与作公子时不同，作大官与作小官又不同。此间制府数过我，称君美才，惜英华暴露。古语曰：'满招损，亢有悔。'愿君念之！"西林肃然改容谢曰："师训谨佩不敢忘！然春煊亦有一言箴先生：朝廷以先生犯国法，遣戍边，诏本令出关，不谋在关内。男儿死则死耳，终不能托病乞怜也！且宁独玉门以外能死人哉！春煊素戆，语无虑，幸师恕我！"李默然。数日后即荷戈西行，曰："无令吾友笑人也！"

此为两人过甘时之情事。春煊之言婞直，实不免负气。

（原第11卷第5期）

一五 试官荒疏笑谈

科举时代，试官荒疏，每传为笑柄。欧阳昱《见闻琐录》云："《制义丛话》中载一条云：'场中有用《诗经》'佛时'句者，试官批曰：'佛字乃西域梵语，何得入《四书》文！'斥之。又有用《易经》'贞观'句者，试官批曰：'贞观乃东汉年号，何得入圣贤口中！'亦斥之。好事者集成一排语云：'佛时为西域梵书，孔子低眉弥勒笑！贞观乃东京年号，唐王失色汉皇惊！'予阅至此，颇疑事属子虚，乃梁中丞故撰此以资人笑柄。及今亲逢一事，其谫陋更有甚于此者，乃信以为真。予从兄少徽，以举子应礼部试，题为‘畏大人，畏圣人之言’二句，后幅一股用《易象》，一股用《洪范》，总注上文，诠发题义。而房考官刘某批曰：‘泛而不典。’落之。予伯兄在户部供职，有至交某公，为刘某姻亲，尝在某公家会晤。偶谈及闱中阅卷事，伯兄笑曰：‘予弟卷在公房中，为公摈斥。’刘某问如何作法。曰：‘后股出用《易象》。’刘曰：‘何必说得这么远？对股云何？’曰：‘用《洪范》。’刘忽惊起曰：‘《洪范》二字，出何僻书？生平从未见过，宜予之抹煞也。’伯兄不肯效飞卿之轻薄，因支吾其词曰：‘据余弟云出《五经》，然亦未知其是否？’盖刘某年十九领乡解，二十捷南宫，入翰林，二十三为房考官，生平所诵时文，止近五科墨卷，六科以上，茫乎不知也。伯兄素知其根柢，然谓《五经》或读毕，尚未知俭啬乃如是之甚耳。”可发一噱。梁章钜《制义丛话》述盲试官一节之原文云：“近日盲试官到处皆是，令人愤闷。余所目击者，如‘用一器而工聚焉者，车为多’，为房考全句涂抹，而不知其出《考工记》。用‘郭邻’字为主考所抹，批云：‘如此僻典，何必引用！’而不知其出《蔡仲之命》。近闻有用‘佛时’者，学政批云：‘佛时是西土经文，不宜入孔门口气。’又有用‘贞观’字者，房考批云：‘贞观乃汉朝年号，不宜用于三代之时。’有轻薄者合此二事，撰为对语云：‘佛时是西土经文，宣圣低眉弥勒笑！贞观乃东京年号，唐宗失色汉皇疑！’”盖欧阳氏记其大意耳。较《制义丛话》稍前见于记载者，梁绍壬《两般秋雨盦随笔》云："近有某公分校礼闱，卷中有用《毛诗》'佛时仔肩'者，则批云：'佛字系梵语，不可入文内。'复有用《周易》'贞观'二字者，则又批云：'贞观系汉代年号，不可入文内。'因有为之对者云：'佛时是西域经文，宣圣悲啼弥勒笑！贞观系东京年号，唐宗错愕汉皇惊！'又姚秋农总宪典顺天乡试，有用《尚书》'率循大下'者，则批云：'大下二字疑天下之误。'是科蒋秋吟侍御分校，有用《尚书》'大率大戛'者，则批云：'大戛二字不典。'因对云：'蒋径荒芜，大戛含冤呼大下！姚墟榛莽，秋农一笑对秋吟！'语妙绝伦……"所记"佛时""贞观"之笑柄，又微有异同。

一六　《谐谈十二则》摘录

阅《谭海》，日人依田百川以汉文所著也（明治十七年出版）。记其国人异事畸行，颇可观。中有《谐谈十二则》，录其尤有趣味者：

客赛大佛于南都，过鬻餐家，其饼曰大佛饼，笑其形小。主人曰："客惯见佛之大，凡入眼者皆小，不独此也。"客以为有理，市之去。不数步，路上见弃儿垂发被肩，眠在树下，怜之曰："何物夜叉，弃宁馨儿！"因抱之怀。既而怪其躯沉重，谛视之，则乞丐老尼也！（原第一）

大盗授其徒术，曰："凡窥人家，主人或闻其声响叱之，莫逸去，假为猫鼠声乱之。犹疑为盗，宜啮虾壳为声，主人必以为真，置之，然后当下手耳。”徒谨如其言，或假猫，或假鼠，各其似。有一人试为啮壳声，众皆以为善似，争拟之，无及也。大盗曰：“其声似矣，其所则非也。盍卧而啮之！”（原第四）

京师多盗，每坊一小营，拨卫卒三名，昼夜巡警。又置吏数十名，捡其勤惰。有寒士得选为吏，喜甚，欲藉威骄人。吏职例当养隶二人，难遽办，乃僦役充之，叱咤而行。过一坊，见营中无一人，怒骂曰：“奴辈焉在？”有一老卒，匍匐迎拜。吏询其故，答曰：“一卒病，二卒以事出，老奴代之，敢谢不敏。”吏益怒曰：“二卒焉在，盍来谒见！”老卒恐惶不知所答，吏厉声责之，乃徐答曰：“在君背后，一持杖一执笠者是也！”吏愧甚，含糊曰：“不问既往，他日莫复尔！”执笠杖者顿首其背曰：“谨受命！”（原第五）

行脚僧过山村卖酒家，见柱系一人，悯之，问主人曰：“何故见缚？”主人指曰：“此奴买酒一啜，讥以为带酸。诬良枉善，害我利市，是以缚耳。”僧为谢之，且曰：“请一碗一证善酝。”主人许之，僧饮未半，蹙额掷碗，背手跪主人前曰：“请缚予！”（原第七）

强盗劫医舍，破壁而入，足蹜不进，其徒十余人皆然，相顾愕眙，逃去。家人闻其声，大惊，战栗不已，既而知其去，大喜，然不知何故。见主人执药匙立堂上，讶问之。主人莞尔曰：“鼠辈脱生幸矣！若乃不去，岂有一人生还者乎！”家人怪问：“杀贼宜用剑戟，何用药匙？”

主人有夸色，曰："自用此匙来，不知所杀几千人，何况盗贼！"（原第九）

黠贾卖剑于纨袴子，曰："截铁割石，不啻剖瓜切泥。"纨袴信之，偿以百金。欲试之于人，问左右，左右曰："南村之堤有乞丐在，虽杀可也。"纨袴子大喜，夜提剑而往，见乞人被席而卧，眠正熟，一挥斩之，急走归夸其从，曰："一刀两断，快甚！"皆极口称赞，曰："公子善用之，岂啻剑之利？"纨袴子喜甚，率众往见其尸。尸欠伸而起，骂曰："何物痴汉，复来打余耶！"（原第十一）

此数则均颇足解颐。第七、第九二则，我国相传之谐谈中有相类者。

又《骆驼生》一则，文云："骆驼生，不知其姓名，身躯彪然而大，性鲁钝，唯饮啖兼数人，尝游某先生门六年，读《历史纲鉴补》，至汉文帝一二卷而止，故日以此名云。生既不能力食，赤贫彻骨，乞贷姻戚，姻戚稍厌之。一日出，无所求食，困倦而归，憩破庙，仰天曰：'嗟，我死矣！'乍有人自庙中出曰：'仆为君示活路。'生喜甚，跪请。其人笑曰：'为贼耳！'生愕然。其人因说：'吾侪为盗数十人，会失首领，莫相统属。偶见君仪表，甚有威风，若代为主，华服脆味，唯意所欲。'生辞以乏才伎。盗曰：'是所以望于君也！'每劫舍夺财，生倚胡床，指挥自若。及还寨，饮啖醉饱，以为至乐。最后劫一富豪，家人力拒。遽有官兵援至，群盗哄然而散。生惶惑不能起。官兵望见其躯干丰伟也，以为巨贼殿战，莫敢近者。既知其无为，进缚之。吏诘问其所以为贼，生战栗不能言，怪之，拷讯再四，遂得其情，乃斩于市。呜呼，世之峨冠大带彪然中无所有者，皆骆驼生也！幸不为官兵所捕，饱暖以终身，人不知其中一无所有也。何怪天下之多豪杰哉！”盖亦寓言，亦颇有致。

（原第 11 卷第 6 期）

一七　湖州某君不畏强暴

徐赓陛事，前略志之（见上卷第五十期）。《庄谐选录》记《湖州某君》云：“湖州某君，纳粟为县令，历任诸剧邑，专以锄强悍、折势豪为事，所至有‘强项令’之目，而衔之者亦刺骨。某制军以‘不畏强御’举之，非虚语也。当其任陆丰县时，县有土棍某，横行一乡，乡人虽恨之，然知官必不敢惩治，亦遂无控之者。暨某君至，乡人素闻其威名，乃联名具呈控告。某君收其呈，不置可否，众咸失望。迨次早，则某君已率健役至土豪所居，出其不意，擒之回署矣。众骇其神速，相率往观。至则自大堂以外，直至通衢，万众拥观，几无隙地。某君方坐堂上，讯土棍以所控，土棍不答，惟肆口大骂。某君令笞之，骂愈厉。杖之，骂更厉。某君怒，令人于堂掘坎，示若将活埋之者，而阴令掘坎之人埋至心际即止，不令遽死，冀其乞怜，即取保释放。不意土棍愈骂愈厉，而旁人亦愿其速死，无一人代为乞命。某君知无活之之理，遽令人持枪至，就坎中击毙。不数日而某君活埋恶棍之名噪于一邑。向之横行于乡里者皆闻风远避，邑以大治。然其调任首邑，以事忤某山长，被其嗾某御史摭此事劾之，遂至罢官。”又云：“某君与山长初非有夙怨也。当其调首邑时，方莅任视事，即有以无故被禁年余未得省释来诉者。某君讯之，则言：‘去岁正月，方游行市中，误撞某山长妻之舆，被舆夫辱詈。某不能忍，与相殴击。讵未数刻即被某山长令人捆送至县，县官遽令下之狱。一系年余，暗无天日！今闻青天到任，故敢上诉。’某令提某山长之舆夫至，则言：‘此人实当街殴人，且乘间窃取小人之棉衣，故家主特令送县。请青天勿为所惑！’某君廉得其情，遽援笔书判语，张于署门。其大旨曰：‘查某山长送惩某人一案，据其所言，只是殴人窃衣，例不过科以笞罪，何至囚禁终身？况去年正月某日，天正寒冷，舆夫之衣自当被于身上，何至置于轿后被人窃去？况通衢之中，某人苟窃衣，何他人皆不之觉？其为架词诬告，显而易见。揆其隐情，明系某山长因其不知避道，误撞其妻之舆，而舆夫又被其还殴，遂怒而出此。然考向例，惟官长出门方有清道之例，不许行人冲导，其他虽以归休之宰相亦不能援此例，何况于山长？何况于山长之妻？某山长恃势欺人，凌虐乡里，前县某甘为势豪鹰犬，置小民于不顾，皆本县所不取！合即将某人释放。’云云。某山长闻之，大惭怒，遂以巨金饵某御史劾之，去官。”（某君批词，粤人尝登

《申报》条辩，然语多强饰，阅者审之！）又云："某君又好忤权要。当慈安皇太后大行日，遗诏到粤，各官循例于皇华馆成服哭临。某君时为首县，心窃非之，遽令购盈丈白布，大书'官员军民人等至此下马'，悬于辕门外，已则素服立于侧。次日，制军张振轩宫保至，瞥见之，亟下舆入，惟某都统不之觉，仍乘舆入。某君大呼曰：'此禁地，谁敢乘舆入者！'都统乃亟下轿，步行而入，仍步行而出。事已，都统大恨之。"又云："又一日，某君往谒长将军（善），遽白曰：'今上司檄县禁赌甚严切，而大人所统辖营中乃有设局聚赌者，非特良贱不分，抑且男女无别，不知大人将自禁之耶？抑由卑职拿办也？'将军大惭，亟慰以好言，嘱其不必声张，别令人就某处察之，则果有一巨室聚众赌博，如某君所言，即提为首者惩以严刑，而庇护之佐领以下各官亦斥革有差。"此"湖州某君"，盖即指广东著名酷吏徐赓陛，亦可参阅。《选录》此则，似有意揄扬赓陛者，而又隐其姓名，何也？赓陛宦粤，以候补通判署知县（夺职后再起，仍以通判发往山东）。此云"纳粟为县令"，或因其在粤屡握邑符遂以为本官当是县令欤？（否则即是赓陛乃由知县过班通判者，惟此例不多见。）《选录》又言"某君"审忤逆及失银二案事，按为甚习见之传说，小说中之青天审案每及之，恐出附会。

一八　孙葆田治合肥李氏案

二陵又以稿见遗，兹录如次："荣城孙葆田以名进士由刑部主事改官县令，选安徽宿松县知县。光绪乙酉乡试，充任江南同考官。李鸿章之子经述，出其门下。鸿章甚重其人，通候启中有'通经致用，合政事文学为一科；爱人学道，综循吏儒林而合传'云云，可见一斑。后调署合肥县。李鸿章之子某误伤人致死，葆田执法不阿，以是去官。归田后，主讲济南尚志书院。李秉衡抚东时，专折奏保，谓其'躬行仁义，不求闻达'，奉旨赏五品卿衔。后又充《山东通志》局总纂，为一乡矜式者几二十年。岁丁未，下走谒之于潍县寄寓，谈及在合肥任去官事，云：'此不过当官而行，缘此得名，殊觉有愧。惟予于合肥之能成人之美，至今感念。假令予于去官之际，合肥奏调至直隶，或直隶道府出缺时，附片保予，以天命临之，届时则进退失据矣。'言此时颇为诚恳。盖葆田为先曾祖太仆公咸丰壬子分校山东乡试所得士张解元树甲之及门弟子，对于下走颇肯道其肺腑云。"按：仲子（费行简）《近代名人小传》云："葆田宰合肥，李氏子犯法，自往捕治之，声震远迩，而竟坐是罢归。李秉衡聘主历下书院，以学行荐，晋五品卿衔。锡良抚汴，延主大学堂，旋辞去。葆田持躬介特，当官嫉恶若仇，爱民如子，为光绪中江南良吏第一。学约而纯。为文取明意旨，戒为游衍。于经通《公羊春秋》，有札记皆纪传义例。予于己亥春识之李秉衡座中。客有谓德宗不应纳康有为议，谋禁孝钦，为乖伦理。秉衡笑曰：‘此有为臆造，不可信。’葆田曰：‘《传》曰：不以家事私国事。太后果干政，上禁之亦是也！’满座失色，独余心折其议。自是数过从，始知其通经术，然未尝轻为人言。”可参观。光绪帝谋禁西后之谣，当时后党所造耳。

一九　掌道御史升擢之例

《明史·邱橓传》：“万历十一年起废籍，授右通政。未上，擢左副都御史。入朝论吏治积弊八事，其一条即京官考满，河南道例书称职，以为考绩之弊。”清代每逢京察年分，京畿、江南二道掌道御史，例保一等，几成习惯法，盖亦犹之也。

按：明御史无京畿道，十三道以河南道居首，最为雄剧，浙江道次之。（编者按：以上二则为张二陵先生提供。徐一士先生作按语。）　　（原第11卷第7期）

二〇　清代定刑之制

二陵云：“清制，凡人命盗案，除立决者外，归秋审。犯事在七月十五日以前者归本年，七月十五日以后者归下年，分别情实、缓决二项。入实者勾决，入缓者则监候，遇赦有邀宽典之希望。不知者但看各省张帖之誊黄‘是以勾决’‘是以缓决’等词，无不情真罪当，以为皇帝一日万几，而平情论法、纤悉靡遗若此，诚天亶聪明也。实则刑部进秋审本时，俱分别清楚，在各犯人名下，注明勾决或缓决，皇帝不过依注而行耳。其偶有变动，则例外也。”

又：“刑部秋审，分初勘、覆勘、总勘。初勘用蓝笔，覆勘用黄笔，总勘用墨笔。初勘凡新到部之司员当差勤奋者均有派充之希望，覆勘须择资格较深者，总勘则秋审处提调、坐办之责矣。”

二一　王乃徵与瑞澂、宝棻积不相能

〔二陵〕又云：“王乃徵，字聘三，光绪庚子后在御史台，颇负清望。外简赣州府知府，未及五年，即官至湖北藩司。时瑞澂督鄂，对僚属颇傲慢，乃徵亦不示弱，两人积不相能。会瑞澂将述职入都，时鄂抚既裁，藩司例当护督篆。瑞澂不欲为一时之前后任，一日召藩司至署，曰：‘兄弟近将进京，督署日行公事，烦老兄代拆代行。’乃徵对以：‘藩司政务殷繁，益之以督署公事，一人之精神万难兼顾，请大帅另委人署藩司何如？’无结果而散。瑞澂遂具折请觐，奉旨‘着来见’，同日奉上谕‘湖广总督着王乃徵暂行护理’，盖摄政王载沣颇重乃徵，故有此命，非出瑞澂之请也。朝命既下，瑞澂无如之何。乃徵上院，瑞澂即向之道喜，曰：‘老兄圣眷优隆，开府先声。

兄弟当代择一吉期，以便履新。’意欲启行后始使乃徵接任。乃徵曰：‘司里历官数省，莅任向不择日。’下院时即对巡捕言：‘吾奉旨护院，定于某日接印。’瑞澂大恚，至京后力言乃徵难与共事。政府知二人之相迕也，遂将乃徵调河南。到河南，又与巡抚宝棻不相能。南阳县知县潘某，因案为言官纠参，寄谕河南巡抚查覆，循例行司。乃徵查明后，一面详院，一面挂牌将潘某撤任，随即上院面陈此事。宝棻云：‘适枢府某钜公方有函托，老兄何以不稍回护？’乃徵对曰：‘大帅行司之公牍，但饬查覆，其他非所敢知！’宝棻虽不悦，亦无如之何也。会因争预算案，与财政监理官唐瑞铜龃龉，宝棻乃怂恿瑞铜向度支部以破坏预算讦乃徵。时载泽为度支部尚书，有瑞澂先入之言，即欲具折奏参。右侍郎陈邦瑞极力反对，云：‘王乃徵如果破坏预算，河南巡抚何以不奏参？即财政监理官亦无正式公文到部，仅凭私函，遽以入奏，本部向无此办法。且近时藩司之负时望者，甘肃藩司毛庆蕃及王乃徵等数人耳，本部方将毛庆藩奏参革职，外间已人言啧啧，若再参一王乃徵，恐益滋物议。’事虽止，而乃徵亦不安于豫。未几，调任贵州。旋值国变，侨居上海，易名潜，号病山，与陈夔龙等诗酒自娱。以上二事，胡惜仲君曾为余言之颇详，盖胡君为乃徵癸卯分校礼闱所得士云。”

二二　晚清言官

〔二陵〕又云："有清一代，台谏言事，风闻无罪。甲午年，御史安维峻弹劾李鸿章，并及李莲英，且牵涉慈禧，遣戍军台，一时直声大震。由今观之，其弹章多可笑语。迨庚子后，庆王奕劻当国，黩货弄权，物议沸腾，以银行存款首先弹劾者为御史蒋式瑆，回原衙门行走，由是而为实业家焉。稍后，'三林公司'之名大著，谓江春霖、赵启霖、赵炳麟三御史也。启霖因杨翠喜一案革职（旋开复，后简署四川提学使），将出京时，友朋饯之于松筠庵。曾为下走书折扇一柄，有'侧闻诏旨彰公道，始识朝廷有苦心'之句，盖其时载振奉旨开去一切差使也。春霖庚戌以严劾奕劻等回原衙门行走。其戊申于袁世凯奉旨开缺回籍之日所上劾世凯疏，有'先皇纯孝性成，问安视膳之礼，无间寒暑。汉之孝文，宋之孝宗，讵能仿其万一？胡为来此不根之谈，造成弥天之恨！是该枢臣之罪，虽寸磔之亦不足慰先皇于天上'等语，盖为戊戌冤案讼直（按：此折《梅阳江侍御奏议》未载）。炳麟则虽屡上封章，大率条陈方面为多，搏击之勇，逊于二霖，故未获咎，旋奉四品京堂候补之命，在宪政编查馆行走云。"（按：清末言官中，如胡思敬、赵熙、陈田等均一时铮佼。思敬上书言当时新政之弊，痛快透辟。二十余年来之恶现象，亦多包孕于其预言之中，洵有远见。）载振自请罢免之疏，有云：

“卒因更事之无多，遂至人言之交集。虽水落石出，圣明无不烛之私，而地厚天高，踌躅有难安之隐。所虑因循恋栈，贻衰亲后顾之忧；岂惟庸懦无能，负两圣知人之哲？不可为子，不可为人。再四思维，惟有恳请开去一切差使。愿从此闭门思过，得长享光天化日之优容。倘他时晚盖前愆，或尚有坠露轻尘之报称。”词令颇工，唐文治代撰也。

二三　河南藩司之肥瘠

〔二陵〕又云：“河南藩司，在咸丰前，为江北第一繁缺。道光时，麟庆由河南臬司升江西藩司。甫交卸，河南藩司出缺。时杨国桢（杨遇春之子）为河南巡抚，附片密奏云：‘河南财富甲于江北，政务殷繁。麟庆两署藩司，措置裕如，可否量予恩施，调任河南？’云云。迨军兴后，厘税兴，河南处腹地，司库之收入，视长江各省瞠乎后矣。”

二四　巡抚兼提督例戴花翎

〔二陵〕又云：“清制，兼提督之巡抚五：山东、山西、河南、安徽、江西，此五省巡抚，例戴花翎，犹之花翎侍卫、蓝翎侍卫、云麾使之类，内廷人员谓之鸟布翎，离任即不得再戴，与特赏戴翎者不同。下走于光绪丁未，见林绍年由军机大臣放河南巡抚，即戴花翎拜客谢恩。后又内用侍郎，即将花翎摘去。盖绍年前此未拜花翎之赐也。”

（原第 11 卷第 8 期）

二五　济游杂忆

一月下旬，因事到济南一行，在那里勾留了几天。事情办完了之后，因为假期迫促，未暇盘桓，就连忙回了北平。此行来去匆匆，本不打算有所记载，当时也没得工夫考察。不过，我是从小在济南长大的，济南可以说是我的故乡，二十年来，蛰处北平，不能常到济南，而每一念及，总觉恋恋不忘，所以现在对于此行的见闻，又打算拉杂写一点儿回忆，聊作记念。

济南是以泉水著名的，有七十二泉之称。金线泉，趵突泉，珍珠泉，黑虎泉，号为四大名泉，更是著闻于世的。四大名泉之内，三股水的趵突泉，尤其是济南民众常常说起的。这是我小时候常去的地方，此番抽空一看，才知道现在的三股水，三三如九，变作九股水了！怎么说呢？原来除旧有的三股水之外，在原池子里，新用机械，依着科学方法，又建设了三股水，并在近处又开了个池子，其中也新建设了三股水。旧的三股，加上新的六股，于是乎九股矣。不过新股和旧股是有区别的。旧股较低，新股较高，此其一；旧股喷得是水，色绿，新股喷得是沫，色白，此其二；旧股无论是天然的，或是人工的，看不出机械的痕迹，新股则由铁筒里向外喷沫，看得出来，此其三。据说这六个新股，初建设成功的时候，喷得还高得许多，铁筒也不至于看出，不久便渐形低落，遂成了现下的光景。将来如再低落下去，铁筒必然更要显露，大约还要经过修整的工作吧。旧池的新三股，有一股较为特别，一股又好似分为两股，左边冒一下，右边又冒一下，一边起，一边落。新六股之中，这一股看着较有趣味，好处在不呆板。推想起来，一定是这一股建造时机械上出了点儿毛病，以致如此，无意中却反而成了一种不规则的美。

记得离趵突泉不远，张怀芝盖的一所房子，花园中一个大池子里，也建设了三股水，比趵突泉的两个新三股水更早。现在那个地方，听说做了县党部，受了三民主义的洗礼了。那个三股水，想来至今还存在。通算起来，一共有四个三股水，成为十二股水了。此外还有没有，我未曾打听，将来恐仍有继起的。

从前趵突泉的吕祖庙，香火很盛。一般善男信女，烧香，求签，还愿，挂匾，着实有一种繁荣气象。不但吕进士的塑像高居大殿，受群众的顶礼膜拜，庄严得很，就是庙里的住持老道，托吕进士的福，生活也极其优裕，当得起安富尊荣四字。自从韩复榘做了山东省政府主席，为破除迷信起见，把大殿改作宣讲之所，吕进士的庄严塑像，于是乎请下来了。但是并未加以损坏。因为考得吕进士原籍是安徽，便令埋在安徽义地，也算获正首邱，入土为安。听说现在还有几个倒霉的老道，住在庙的里面，弄了一张吕祖画像挂挂，慰情胜无。

从趵突泉出来，路过尚志堂门口，看见挂着好几块某某机关的牌子。尚志堂先前是书院，清末改做校士馆，也还类似书院的性质，宣统年间又曾在此处设过山东通志局。平常是开放的，可以进去游览。里面泉池甚多，景致最妙，特别的好处是幽雅。泉水既清洌可爱，草木亦富于天然之趣。每到其中，令人万虑皆空，徘徊不忍去。四大名泉中的金线泉，就在尚志堂里。金线泉，约千年以来，久见于名人记载和题咏，名下无虚。此外如漱玉泉，是一个大小和金线泉差不多的方池子，泉水极其清澈。我小时候在这个池子看鱼，想起柳子厚"至小邱西小石潭记"所说："潭中鱼可百许头，皆若空游无所依。日光下澈，影布石上，怡然不动，俶尔远逝。往来翕忽，似与游者相乐。"很感觉到他真是工于状物。（漱玉泉是因宋朝女词家李易安故居得名。）鱼乐国是个长的大池子，养鱼最多，水草林立，大鱼小鱼，自在游行，在水草间穿来穿去，好像许多走兽游行于森林中一般，不过不着地而已，并有虾蟹之类，来来往往，点缀其间，一种活泼泼的气象，实在好看得很。民国以后，把这个尚志堂充作工业学校的校址，于是按着学校的规模，大兴土木，大加改造。许多可爱的泉池，填塞的填塞了，掩盖的掩盖了。金线泉沾了四大名泉之一的光，总算幸而免，得以孤孤另另的在那里。至于漱玉泉、鱼乐国，等等，均不可复见矣！我曾于民国初年，趁星期日，到这个工业学校里去过一次（工业学校星期日开放门禁，准人进去看金线泉），觉得很难受，以后不愿意再去了。此番我到济南，知道这个地方早又不是工业学校了，里面分设着好几个机关。

黑虎泉也是四大名泉之一，从前有个茶馆，可以在那里品茶看泉。民国以后，那里设了个女学校，也成了禁地。除了星期日开放之外，平日人们不能看那石头老虎脑袋从嘴里大喷其水的景致了。此番到济，听说老虎头已经解放出来，平常日子也可以去看。我因为在济时间匆促，没有去。

四大名泉中的珍珠泉，从前就因为在巡抚衙门里，人们不能随便去看。我仅看过一次。水清，鱼大，也是值得赞赏的。至于所谓珍珠，是指水底的气泡累累上升，光莹如珠而言。这种气泡，他泉也多有之。山东巡抚衙门，在各省督抚衙门中，出名得好，民国以来，仍一直做本省最高长官的衙署，大概除遇到开什么赈灾游艺会特别开放之外，寻常人不易瞻仰。我这次在济，没有听说关于珍珠泉的事，想来还是那个样吧。

济南泉水好的甚多，不过四大名泉最负盛名罢了。曲水亭也是因泉水而出名的。水草荡漾于流泉之中，景物可观（济南诸泉性暖，冬不结冰），亭中是个茶馆，我这次曾往小坐片时。旁有围其（棋）一局，两个人下着，三个人看着，都很静穆的。这个地方，毫不见有什么变化，仍然是三四十年前曲水亭的状态。在那里不禁有些“摅怀旧之蓄念，发思古之幽情”了。

韩复榘到任以来，对于所属的公务员们，以军法部勒，最注重的是朝会。除星期日以外，以前是每天举行，近来才改为每星期三次。集合的地方，以前是在城内省政府，现在是在商埠进德会。凡朝会的日子，省城的各公务员都要一早齐集。如有不到，被他查出，非同小可。赴会的公务员们，一个个穿着特定的制服，黑帽，黑衣，黑裤，黑鞋，自顶至踵，都是黑色。到了会场，黑压压的一片，亚赛《封神演义》上的三千乌鸦兵。公务员们有黑老鸹的雅号，就是因每人常穿一套黑制服而起。

在街上，看见一队军警，押解着许多狗，分装在有轮子的木头笼子里，不知道是怎么回事。继而一打听，原来是当局的治狗政策。当局下令，凡养狗的人家，都要替狗购领项圈和徽章。带圈佩章的家犬，均其照常畜养，否则便是野犬，看见就捉，汇齐了送往黄河对岸解散，以免省垣野犬为害。记得从前报纸上登过一条新闻，说山东当局押送叫化子出境。此次强制移狗和前此强制移民，有相同之点，不过移狗未出鲁境而已。

街上贴着“讨逆军第三路总指挥”的煌煌布告，初看见，以为是以前的陈迹，再一看布告上的年月日，原来是簇新的，不知道这个逆字是指的甚等样人，揣想或者是谁逆就讨谁的意思吧。后来向人领教，才晓得是当局为统率军队的便利起见，仍暂沿用旧日的头衔，其中并无何等深文奥义，无须咬文嚼字地来推敲。

旧巡抚衙门前，本有一个牌坊，上面四个大字，是“齐鲁总制”，所以表示山东巡抚部院的威权。民国以后，还一直保存，青天白日旗到了济南，留坊改字，把“天下为公”代替了“齐鲁总制”。此番我到济南，走过院前，不见此坊，原来已经拆而去之了。五三惨劫被日军炮毁的西门城楼的残迹，也〔已〕经连城门拆除，此番也看不见了。城墙上修马路，跑汽车，曾经热闹过一阵，现在据说城墙上的马路，已取缔随便跑跑了。

韩先生的新猷，是可以在报纸上常常看见的。在各省主席中，真可以说“提起此人，大大有名”！我离济已久，此番行色匆匆，见闻很少，不敢胡乱有所批评。有人说：“中国现在普遍的一种农村破产的颓势，极为可怕。他既然热心民事，就应当对此力谋补救。若只注意于拆城门修马路一类事情，未免规模太小。不过旁人处他的地位，这一笔经费就许上了腰〔包〕，而他肯用之于此类事情，无论如何，济南总多了若干条马路，不能不说是成绩。”

西门里大街，有个地方叫“司马府”，大概是从前一位兵部尚书或侍郎的故宅，里面可以分租作寓。先师籍陆侪先生，曾居于此。我走过那里，回想当年，不禁在门首徘徊一番。门首油饰一新，气象颇为壮伟。“司马府”三字竖额，高高在上。大门的门对是“国安家庆”“人寿年丰”。“国恩”改为“国安”，想来是以为“国恩”近于“皇恩”一类字样吧。其实这又何必呢？试看最近报纸上登载的蒙旗宣化使章嘉呼图克图致行政院汪院长报告定期赴蒙宣化的电报，开头就是“章嘉谬荷国恩”云云，“国恩”字样何尝不可用呢？

许翰青来话，他今年七十五岁了。他曾在山东巡抚张勤果（曜）幕府里写奏折，谈起张的旧事，以及人民对张爱戴之殷。当张在任上积劳病故的时候，老百姓们真有如丧考妣的神气。到现在，一般父老，还常传说张的德政（说及他逝世，就说“宫保宾天”），实可算得遗爱在民了。

前清晚年，我在山东客籍高等学堂肄业。虽母校久已成为历史上名词，而当年校中学生生活，还时时忆及，如在目前。老同学朱一民，约我同勉弟、笙弟、昆侄到他家里聚餐。在座的还有陶若愚、陈鹤巢、王渭贤、陈汉擎、周和生诸位，都是当年的学侣。久别重逢，握手话旧。席间的谈料，不离乎二十多年以前的母校故事。诸位同学老友，意态兴会，不减当日。高谈雄辩，或庄或谐，依然少年气概。此会可以说是津津有味，惟何日更得重聚，不能预期，临别不免惘惘。

此外在济的同学，还有见到的，而没见到的居多。因为迫于行期，对于一切朋友，都没能够造访，便怅然离了济南。 （原第 11 卷第 9 期）

二六　谢兴尧谈太平天国起义钱

谢揖唐君（兴尧）治史学，于太平天国史料，博考深研，所得甚多。日前相晤，谈及曾见太平天国举事锡钱事，因叩其详。顷接来书述其原委：

> 所谈太平起义钱，其质为锡，面文为“太平通宝”，背文右及上有“会风云”三字，左及下作龙虎形状，读之则为“龙虎会风云”也。此钱现藏于上海柴连馥家，其事大略如下：
>
> 连馥之父德元，河南信阳望族，太平军兴，招勇保卫乡里，后投僧王帐下。僧赏其武勇，劝其从戈登习洋操。德元乃转投戈登，屡立战功。自李鸿章在苏州杀降，戈登与之反目，乃解散常胜军，并劝德元与俱去。时苏州太平军有少年名李有贵，隶忠王李秀成之兰旗队，魁梧英武。戈登见而爱之，亟思保全，乃劝其勿返天京，盖苟回必遭天朝之杀戮也。有贵从焉。戈登乃以有贵交德元，使易服改名，同返信阳。
>
> 德元在乡统寨勇，以有贵为分队队长，领百人。时有贵已改名为李南奇，示仍不忘蓝旗之旧也。惟德元一生仍以有贵呼之。南奇以德元有救命恩，且相待甚厚，感激不已。后德元积功至参将，南奇亦保举千总，惟南奇终身不着清之官服，年逾古稀始没。

南奇既感德元大德，乃出怀中锡钱一枚赠德元，谓此钱乃天王起义金田与众英雄起誓之钱。聚义者人得一枚，共数十，或二十，或三十，惟多不过四十，以为群雄聚义之纪念品，故上作“龙虎会风云”也。后起义诸人各佩此钱，极珍视之。（尧按：据李滨《中兴别记》所载：“洪秀全起事时，与其首事诸人，结为四十盟兄弟，盖取诸稗官小说，团结之坚，实所罕见，对于洪氏，皆愿效死勿去，遂得成事。”不过当初四十兄弟，今可考者只二十余人。此二十余人在名分虽有尊卑之分，其情谊则如手足之重。当时所封之职，除五王外，有天官丞相秦日昌，兴国侯陈承镕，天德军师洪大全，右史曾钊扬，左掌朝仪卢贤拔，侍卫林凤祥、罗苾芬、曾天养、曾水源，丞相胡以洸、何震川，总制李开芳，监军黄益芸，军师罗大纲，司马黄再兴、古隆贤，军长朱锡琨，典圣库周胜坤，内医赖汉英，合洪秀全共二十五人。其余十五人，无从考矣。南奇谓不过四十人，或二十，或三十，疑即此二十五人也。李滨《中兴别记》一书，今不易得，所知只伦哲如氏藏有一部。）

当李幼年，居东王杨秀清部下，十五岁后封为宣诏使，即东王之传令官也。因得杨信任，乃获赐令佩带此钱，以示特宠。且凡有宣召，即以此为信号，等于兵符。后杨死于内讧，此钱遂为李所有。李旋隶忠王部下之蓝旗队。忠王知其有此物，索取之，惟佩带半年或一年，又还诸李。自后李即秘不肯示人。后从德元，因报答恩遇，始出此钱以为赠，并述其历史焉。

南奇视此钱如性命，每对之而哭，每言及东王、忠王亦哭，盖云两王待之均厚也。连馥幼时，南奇常为说太平故事，言下往往痛哭不已。连馥问其故，曰："吾思老家也!"问家何在，乃以手向南指曰："在远远处也!"南奇终时，连馥二十余岁，嘱曰："我送尊公之宝钱，当善保守之!"德元既逝，其夫人将此钱传之连馥，以为传家之宝。每遇水火，必先谨护此钱。连馥谓此钱已传两代，后拟赠诸一稳妥之博物院。现河南志局已录此事于志书云。此事为连馥所述。彼常居于上海。

事甚有致，足广异闻，留心史料者能同加考证，与谢君相参究，则更善矣。

二七　张百熙士论歙然

张百熙管学务时，局度恢张，喜宏奖，广延纳，极为士论所崇，而以同官荣庆与之意见不合，不克大行其志。后改设学部，荣庆为尚书，百熙遂解学权，盖抑抑不欢也。丙午，六十生日，陈黻宸所撰寿序有云："抑我尤谓公为朝廷柱石，出入鞅掌，昕夕急当世之务，其位可谓至贵，其事可谓至繁，其身可谓至劳，而推贤进士，顺于接物。一介之士，或修刺入门，至者无虚日。虽衣褐衣，穿敝履，公习见不厌恶。门者或阻之，公每立命入见，温温与笑语，如故旧家人，相对每竟夕无倦容。甚有抵掌高谭，拍案大言，评骘古今，纵论时事。扬人之善，则骤然立，忽然舞；疾人之恶，则戟而指，怒而呵，睥睨讥切，无所顾忌。彼亦见公推心置腹，直自忘其在大官贵人之侧者。哂之者则曰此狂生也，诋之者则曰此不羁士，怜之者则曰身居卑贱，更事未深，故语言无检束，而公独优容之，礼遇逾众人。当夫虚怀接下，吐纳包涵，百川走渠，大风吹壑，如奔如驰，有容乃大，非古大臣其孰能与于斯！”颇能道出百熙殷勤接士之态。郭立山序谓：“京师首善之地，大学堂规制粗备，实始今户部尚书长沙张公。公于学之诸生，脱略权势，勤勤接近之。人或有非哂者，公不之顾，以谓此性之所乐，孟子所谓教育天下英才者是也，而学生亦独喜亲公，夫岂有为而然哉？……立山尝闻公言：‘管学之初，甚欲网罗天下名宿，研明教育诸法，造就非常之才，以应世变，而事会之来，有不尽如初愿者。至今数年之间，不独人才难得易失，俯仰生感，即手自拔识之诸生，所望以报国者，亦未及卒业而观其成就如何。世之毁誉原不必计，而事体重大，其敢谓非我莫属，而天下不复有人耶！’呜呼！公之去学务，而流俗深以为惜，孰知公之心固以天下为量，而时歉然不自足者乎！”并能道出其抑郁之怀。翌年，百熙卒。冒广生挽联云：

“爱好似王阮亭，微闻遗疏陈情，动天上九重颜色；怜才若龚芝麓，为数揽衣屑涕，有阶前八百孤寒。”颇为人传诵。赵启霖联云：“宏奖见公之大，泛爱或偶见公之疏，脱去町畦归磊落；热心为世所钦，歉忱当亦为世所谅，艰难时事有欷歔。”则有微词焉。陈澉宸寿序，上所引者之下，为：“或曰：‘公容人多矣，而人之容于公者，或湮没不能见长短。其能出而为公用，相与撑危局任艰巨者，未之见也。公不负天下士，天下士实负公！’”下文虽有“虽然”一转，为解释之语，亦似微有不满处，可与赵联合看。百熙为邮传部尚书，与侍郎唐绍仪因用人事相争，致传旨申饬，以贿不入，为阉人丑詈，遂愤恚发病不起。绍仪挽联云：“好我同车，太息蔺廉成往事；断金攻错，谁知韩范本交亲。”措词颇善于斡旋。郭立山联云：“是大臣中最有热肠之人，转恨追随稀阔；其遗疏内所尤疚心诸语，堪令朝野悲伤。”盖百熙遗疏有云：“所最疚心者，先后充管学大臣、学务大臣，图兴教育，成效未臻，调任邮传部，创始失宜，上烦宸廑，自省愆咎，夙夜旁皇。”实其隐痛所在也。（原第11卷第10期）

二八　僧格林沁杀降致祸

薛福成《科尔沁忠亲王死事略》谓：“……既而追捻寇于光、黄、汝、邓之间……一日，王先其大军，自率亲兵数千，与贼十余万夹水而军。贼久怖追军，无所掠食，步贼足皆肿裂不能行。会薄暮，未测我军虚实，愿就抚。总兵陈国瑞为之关说，已有成言矣。贼先遣二渠来谒王。王见贼渠怒甚，语未半，趣命斫之。贼众大惊，皆散走，进入山东境。王益疾追。当是时，官军与贼皆重趼羸饿，环寒暑不能休息，势且俱踣……”盖祸由杀降也。

史念祖《弢园随笔》中《受降中变纪略》一则，记僧格林沁杀降事尤悉。文云：

> 马永和之来降也，其时粤、捻合股，众逾百万，回援伪都。其首入皖境，其尾犹在汉襄。及中途，闻南京已克，大势瓦解，故其降甚迫也。僧王拟拔队出黄陂、孝感，截其腰，以马降稽留三四日。适马以各股乞降书夜投果敏（按：英翰也）营，且告曰：“我之后为某王倪矮子，倪之后为扶王陈得才，陈之后为某王蓝长春，蓝之后为某王赖文光，众各数万十数万不等。再后则为任住（柱），为张宗禹，皆捻党矣。公开诚受降，徐收徐遣，不六七旬，可散百万豹虎而定两省之地，此岂非天数哉！”果敏大喜，置来书于怀，独以僧王多疑为虑，问：“能缓十日乎？”马笑曰：“彼以人心已涣，各求生路，故降；倘可缓，彼有众如此，独不能他窜乎？”余曰：“王行甚急，愿少秘，犹可为。”天明，王促果敏往议拔队。至则恩鹿团翼长已微闻其事，觊受降可邀功获赂，于王前迫果敏出降书。王曰：“彼众太巨，我宜亲降之。”遂不

行，令果敏复书，令次第来谒，自倪矮子始。倪给都司衔，予五百人。陈得才未至三十里，仰药死，尽散其众。至蓝长春而局变矣！盖蓝广西人，固道光末初起事之党也。王一见，怒曰："粤匪叛恶久，他省胁从，姑挠法以宥之，至籍隶粤西者，势在必诛！"械蓝于营讯供。斯言一出，凡广西贼一夜散走千余人。明日蓝供上，慷慨自言与洪、杨同党，即斩首榜示。果敏力谏不听。于是蓝众半散半回窜，而数百里贼氛一旦复然矣。嗟乎！功败垂成，更酿中原大劫，以致任柱一炽于皖东豫，张宗禹、赖文光再肆于东直，波及于苏，而僧王则首受其毒于曹州，谁实使之哉！夫僧王之愎，犹不失忠，彼怀私者不几于一言丧邦乎！

又《追降黄文诰纪略》一则有云：

同英果敏谒王于村外，跪黄于下。略询数语，顾谓余："彼众屯何处?"余指前山对。王立而视曰："不止万人！"余急曰："妇孺居半。"王含怒曰："反十余年，一朝势败投降，太便宜！"少间又曰："嗣后汝等勿得擅受降！"余唯而退，果敏亦携黄出。余私谓果敏曰："适言公闻之乎?"果敏曰："王虑人骄功冀赏，故作是语耳。"余曰："不然，我有隐忧也！王素吝保举，慎名器，每曰'臣子报国分内事'，故各省客军佥畏而不爱。又尝曰：'反叛罪重，不以一日乞怜赦其滔天大恶。’凡此等论似正大，而实则偾国之兆也，奈何？”果敏曰：“日内王且入鄂矣。彼绕截其腰，我扼其项，贼虽百万，可坐而降之矣。”越二日，忽有驻军不行之议，大局为之一变，噫，数矣哉！

僧格林沁之素态与所以对降人者，可见大凡。

二九　李秀成力阻专杀两广之人

《李秀成供状》有云：“自翼王出京之后，杀东、北王之后，至蒙得恩手上办事，人心改变，政事不一，各有一心。主上信任不专。因东、北、翼三王弄怕，故未肯信外臣，专信同姓之重。那时各有散意，而心各有不敢自散，因闻清朝将兵，凡拿是广西之人，斩之不赦，是以各结为团，未敢散也。若清朝早肯赦宥广西之人，解散久矣。”曾国藩同治三年七月初七日《贼酋分别处置粗筹善后事宜》一折，言：“李秀成……又力劝官兵不宜专杀两广之人，恐粤贼愈孤，逆党愈固，军事仍无了日。其言颇有可采。”亦可与僧格林沁杀降事合看。

三〇　僧王体势之尊

赵国华代阎敬铭撰《丁文诚公墓志铭》有云："公始至东，忠亲王方蹙淄川贼。王向见督抚两司不设坐，公至门，谓：'同役国家事，坐则见，不然勿通！'左右大惊。王闻之，遽加礼焉。闻者称公，并贤王也，其实微公无以成王之贤也。"僧林格沁虽以亲王钦差大臣督师，节制督抚，而竟不为督抚两司设坐，其骄倨亦甚矣。邓辅纶《刘武慎公年谱》同治六年有云："朱登峰者，宋景诗逆党中匪目也，为直军擒获。僧军佐领持亲王令，汹汹来索，日三四至。直军不欲与。公曰：'弗与则两军从此隙矣，与之便。'及解至，僧邸喜甚，问登峰：'孰汝获？'以实对。僧邸亟遣骑校数辈速公，倾身引接，延之上座，自以手指其耳，谓：'公苦军事，老夫几为此物所误。'公逊谢外，惟深自引咎，无他言。僧邸趣传侍郎恩承速具疏草，因坚留公会衔同拜发。有顷送稿至，侍郎平立旁侍读，公亦离坐立。良久，僧邸乃命为侍郎于榻侧设一坐。卒读，侍郎仍持草呈，公敬书奏字。临拜疏，僧邸命平设垫，掖公同行礼。再辞，不获，公乃自移其垫稍后。毕，乃辞出。僧邸因自解所佩火链小刀以赠，并遗所蓄良马四匹，然由是益畏忌公。"此追叙同治二年刘长佑初以直隶总督临军时事。僧格林沁盖待长佑有加礼，然其体势之尊，犹迥非他帅之比也。

三一　李铭皖高风

张君二陵云："李鸿章下苏州时，河南夏邑李铭皖（即《北东园笔录》中所载李奕明之子）为苏州知府，请大帅暂缓入城。伊先入城，饬役遍历各官署，凡太平天国之德政碑匾等，一律毁除。盖李秀成、谭绍洸等在苏日久，各碑匾上士绅列名者不少，铭皖恐其不安，且防胥吏之讹诈，故为之地。苏省人士，大为感激。时盛宣怀之父盛康方以道员在鄂，展转托人与铭皖家结亲，以女妻铭皖之子嘉德（康女故后，嘉德续陆润庠之长女）。李氏与敝族为姻戚，下走闻嘉德所述如此。"

三二　赵启霖轶事

黄耐之君来函云："阅读《国闻周报》第八期《凌霄一士随笔》，有涉及敝邑赵芷荪太史（启霖）之处，兹特举芷荪先生轶事数则以告：（一）芷荪先生幼贫。其外舅周觉生先生精星相之术。适芷荪先生之封翁送先生往县应试，在驿路饭铺中与周遇。周奇其相，算其命，复看其文章，因浼饭铺主人为媒，而以女妻之，招至家，课其读。周有二子，甚轻视赵。入赘之日，例设席陪新郎。周子以赵之身材短小也，乃发起即席联句以嘲之。时同席者，除二周外，有李某，亦周之戚而赵之同窗也。周发言云：

‘今同席有四大人，一小孩（指赵），限每人联五言一句，说四大一小者。’周首言：‘鼋鼍蛟龙鳅。’其弟云：‘江淮河汉沟。’次李云：‘亭台楼阁厕。’周遂谓赵云：‘芷荪，轮到你了。’赵即应声答曰：‘赵钱孙李周。’天衣无缝，举座为之叫绝。（二）江春霖先生逝世后，赵太史挽以联云：‘九疏乾坤作秋气，四山风雨哭冬青。’语句苍老，一如其人。（三）吾邑王壬秋先生逝世后，赵太史挽以联云：‘风度东方朔，文章庾子山。’”

（原第 11 卷第 11 期）

三三　刘仲瑊因张之洞升擢

张之洞由内阁学士擢山西巡抚，出京赴任，过良乡。县丞刘仲瑊随知县迎谒。之洞立传见，与谈旧事。盖仲瑊湖北应城人，以贡生官巡导，升是职。之洞为湖北学政时，仲瑊以诸生与岁考，取一等，有师生之谊也。之洞谓之曰：“汝岁考文不佳，而诗则甚工，故取列一等第十三名。”因背诵其诗数句，并询以：“近来常作诗否？境诣如何？”意致甚亲厚。之洞方负时望，此事为兼尹及府尹所闻，以为仲瑊受之洞奖识，必非俗吏，均刮目相看，不数年擢至东路厅同知。其实仲瑊徒工试帖诗，非真能诗者。自在良乡受之洞褒许，乃致力于此云。

三四　范鸣龢改名

之洞会试房师武昌范鸣龢，原名鸣璚，咸丰壬子庶常，散馆试居前列，宜留馆，以姓名音近“万民穷”而改中书，前已述其事（见第三期）。近闻左潜庵先生言：武昌县（今鄂城县）土音，读“范”如“万”。散馆引见时，背履历，范操乡音，遂若“万民穷”。咸丰帝闻而不悦，故抑之。同治壬戌，范分校春闱，为之洞卷力争中式不获。翌年（癸亥）复分校，仍由其房荐中。范欣然赋诗，有“再来居然为此人”之句。

三五　赵尔巽史念祖之知遇

赵尔巽为御史时，屡上封事，有直声。外出为贵州石阡知府，会史念祖由云南按察迁贵州布政使。尔巽在言路曾论劾念祖，今为其僚属，虑不相容，颇自危。念祖语之曰：“台谏例可风闻言事，昔日君尝参我，我毫无芥蒂。若乘机报复，岂吾所为？君但安心作好官，自有公道也。”尔巽在任克举其职，未几遂调补首府，念祖与有力焉。由是誉望日隆，渐跻通显，故于念祖深有知遇之感。迨官奉天将军，念祖已前由广西巡抚被参落职家居，因疏陈其军功政绩，请起用。念祖乃奉旨入京。西后于召见念祖后，召见翰林二员（后由西安回京后，命翰林每日二员轮值，备召见)，其一为张建勋（己丑状元），广西临桂人也。偶询及广西情形，建勋对曰："广西土匪猖獗，皆前抚史念祖所酿成。"并力攻念祖之短。翌日军机大臣入见时，请示念祖起用事。后曰："此人本拟重用，惟昨日张建勋言其在广西甚不善，恐难胜大任。彼系赵尔巽所保，即交与赵尔巽可也。"于是赏给副都统衔，发往奉天差遣。说者谓苟非适值建勋之奏对，后念其有功中兴，可望重膺疆寄也。

三六 史念祖有识

庚子之乱，念祖已罢桂抚居扬州原籍。时谣言蜂起，扬州诸官往见念祖，商保卫地方，蕲出而主持。念祖曰："吾老矣，无能为，且以今日大势观之，洋兵决不至扬州，诸公宜持以镇静，勿张皇自扰也。"后如其言，人颇称其有识。

三七 宣统间起用废员之举

宣统己酉，起用废员，由吏部带领引见。时革职云贵总督丁振铎，已赏侍郎衔，充资政院协理大臣，并赏紫禁城骑马，亦由吏部带见。或嘲之曰："资政大臣承主恩，平明骑马入宫门。却嫌粉牌污颜色，偏带红顶朝至尊。"安维峻以已革御史于此次起用，奉旨以内阁侍读用。向例，内阁汉侍读只二缺，出缺时用资深二人，劳绩一人。维峻到阁后，见徒有起用之名，并无补缺之期，欲开一特旨班补缺之例，未果。

三八 李慈铭等官场沉滞

李慈铭以户部郎中成光绪庚辰进士，自请仍归原职。此种榜下特旨部曹，补缺例甚速，而慈铭至丁亥始得补授江南司郎中，盖又七年矣。其乙酉正月初九日《日记》有云："向来部曹得第特旨即补者，统压选班，故得缺最速。同治间有湖北人刘国光者，举人赀郎，为进士所压，久不得补，愤甚。及为御史，遂奏请改章，别立资深先一班，遂沉滞矣。"此其未能即得补缺之由也。陈康祺以刑部员外郎成同治辛未进士，亦系自请仍归原职，久不补缺，遂改外为知县。其《郎潜纪闻序》有云："甲科通籍，自请为郎。妄意依流平进，枢垣台谏尚非梦想，……而仕宦迍蹇，适会选部两更旧例，浮湛十年。虽有人鰗，讵曰非命？于是投牒乞外，俯首盐车。"亦缘部例更张，以致沉滞。

三九 河北农村迷信陋习

河北农村所崇奉之神庙，其最普遍者为五道庙。大抵虽三家之村，十室之屯，亦必立五道庙一，犹每家有一灶神也。其规模则视村之大小。乡民以为人死之后，魂必归此庙，故家有死者，举家男妇先往“报庙”。其仪式则男子在前，女眷在后，由家哭行至庙，并以一人持灯笼，一人持纸盘，入庙后先同拜神，然后持纸钱向墙隅屋角贴之，谓纸钱附着之处即死者之魂所在，举家即于其行礼而去。往往贴至许久，不克附著，则不免暗藉口津之助，或故向有蛛网处贴附，以非此不能毕事也。一日之间，凡报庙三次，仪式相同。乡民无所谓小殓大殓，人死之次日晚间奉行“送路”之礼，亦谓之“送盘缠”。是日戚邻咸集，晚饭后由孝男持挂钱一束，绕棺三匝，负之向庙而行，女眷在后扶持，谓死者之魂附于挂钱之上也。纸糊之车马，预置庙左。车外置一矮凳，满洒灶灰，以验死者之魂登车时之足迹。马足设绊，焚车时乃断之，谓否则车不能行，迷信相沿盖久矣。五道庙之门联，皆“秦穆公敕封五道，汉高祖御点将军”十四字；横额四字则“你来了么”。

四〇　涿县石桥之不经传说

涿县（旧为涿州）北门外有两石桥，一为八景中所谓巨马长虹，一则胡良桥。相传胡良桥为张居正迎养其母时所建。其碑为万历初年居正撰文，惟今居正之名已剥泐，一说系居正死后被罪，有司故将其名剜去，而官衔固犹在也。当地父老尚有一传说，谓此碑之方向，正与州署成一直线，有此镇压，故州官多未久即去。经某州官将碑下赑屃之头斫去，其后州官始能久任。民间不经之说，往往类是也。（赑屃身上恒有虱，故又相传，当斫头时，赑屃流血，化而为虱焉。盖乞丐多坐卧于此，虱之所由来耳。）

四一　定兴儒生之狂诞

定兴旧有一孔姓诸生，性极狂诞。老年循例出贡，门悬一额曰“孔门子贡”。有诘之者，彼曰：“我孔氏之子，今已出贡，非孔门子贡而何？”闻者粲然。传为道、咸间事。

（原第11卷第12期）

四二　康有为梁启超科举轶事

尝闻光绪乙未会试，副考官李文田极赏梁启超卷。正考官徐桐览其文，谓：“此必康祖诒（时有为名祖诒）也！”力主屏斥。文田亦恶康有为，惟谓未必是，而以桐坚持，卒屏之。启超落卷，文田批有“还君明珠双泪垂”之语。迨揭晓，有为竟高中。（启超后谒文田，文田知为有为弟子，亦不喜之。）顷阅《缘督庐日记抄》（叶昌炽著，王季烈辑），癸巳十二月二十六日云：“蔚若前辈韬旋来谈云：‘有梁统高者，隽才也。闱中得其卷，误以为对山，抑置副车，而不知对山已高占魁席矣。功名前定，岂不信夫！’”对山指有为，是其中举时，主司暗中摸索，亦有此一番错误之故事，而两次被抑者，均为梁姓，是亦巧合。蔚若，吴郁生字也。张伯桢（有为弟子）《南海康先生传》述有为乡试中式事云：“先师是年乡试中式第八名，主试官顾璜、吴郁生也。初本拟第二名，三艺已付聚奎堂刻矣，嗣以次艺‘书同文’用孔子改制义，违背朱注，恐犯磨勘，乃抽出，改置第八。”（顾璜曾与伯桢谈及此事，谓奉命主粤试时，李侍郎文田即以先师所著《新学伪经考》赠送，谓到粤衡文，万不可中此人。及填榜，先师名列第二，副主考吴郁生欲摈之，经顾力争，乃降置第八云。）又述会试中式事云：“榜发，先师中式进士第五名。本拟会元，总裁徐桐以次篇‘优优大哉，礼仪三百，威仪三千’题，文分天地人鬼四比，诧其奇诡，降第五。”盖根据有为所自述，可参阅。启超己丑捷乡试，年仅十六，早于有为者二科，竟未获成进士。

四三　叶昌炽自述为学政之苦衷

叶昌炽为甘肃学政时，深以地方官之掣肘为苦。如壬寅冬按临庆阳府，十月二十八日《日记》云：“一暮，庆太守来呈供词，枪替人王达，靖远人，请从宽典，枷示三日，本童及廪保释勿问。此间官吏，皆以姑息为爱。士风骫骳，一至于此。虽允之，心滋愧已。”十一月初五日云：“薄暮，庆太守来，为降廪卢脱颖吁从宽典，允待来年。

自到甘省，按试八棚，始知州县有褫革生员之权，学政则不能办一人。何以言之？每一月详革生员之牍，多则四五，少亦二三。阅其词，虽皋陶复生，无从矜宥。批准之后，亦无有为之求复者。即求，国有常宪，使者不能为解网也。按临所到，轻则违犯场规，重则匿丧、枪替，朝革夕求。州县求之，提调求之，甚至镇道亦求之。自愧不能破除情面，十人之中，贷者八九。其实州县为整顿地方起见，学政虽无民社责，同舟共济，不能不体谅之。学政为整顿学校起见，州县乃从而掣肘。良莠不除，嘉禾不生。到此半年，毫末未能整顿，内疚寸心，外惭师友，此后尚望僚友之谅我也！”此种情形，他省当亦难尽免。盖学政地位虽尊，然究属客位，苟非强毅特著者，不易峻拒缓颊耳。

四四　董福祥有异志说

董福祥以庚子案革职家居，时颇疑其有异志。昌炽在甘过晤之。其壬寅十月初二日《日记》云：“……署固原州事宋之章自城来迓。董帅寄语愿见，允明日往。”初三日云：“董星五宫保，罢官后寓戚家堡，距黑城五里。辰刻轻骑往。沿途所见精壮勇丁，络绎不绝。将至半里许，要路左右两小土围，一大土堡在其后，左枕高山。至堡门，但见健儿持白蜡杆子，蜂拥而来，见从骑寥寥，皆趑趄而退。既见，绝无寒暄，即自陈无异志，大帅何以见疑，气涌如山，忿忿不平之气，形于词色。其语操土音，十不得二三，一幕府鄂人为之传译。临别赠言，讽以逃禅。从岔路入大道，隘口有土堡甚坚固。防兵零星四五，倚壁门瞭望。董帅即遣弁赍帖送于此。”福祥家居情状，及侘傺不平之态，可略见一斑。西后诿过诸臣以自保，福祥以遵旨攻使馆而获咎，宜其忿忿，惟视同时以此案置重典诸臣，犹为薄惩耳。相传福祥获咎后，致书荣禄，谓："祥负罪无状，仅获免官，手书慰问，感愧交并，然私怀无诉，不能不愤极仰天而痛哭也。祥辱隶麾旌，忝总戎任，军事听公指挥，固部将之分，亦敬公忠诚谋国，故竭驽力排众谤以驰驱。戊戌八月，公有非常之举，七月二十日电命祥统所部入京师，实卫公也。拳民之变，屡奉钧谕，嘱抚李来中，命攻使馆。祥以兹事重大，犹尚迟疑，以公驱策，敢不承命。叠承面谕，围攻使馆，不妨开炮。祥犹以杀使臣为疑。公谓戮力攘夷，祸福同之。祥一武夫，素无知识，恃公在上，故效犬马之奔走耳。今公巍然执政，而祥被罪，窃大惑焉。夫祥之于公，力不可谓不尽矣。公行非常之事，祥犯义以从之；公抚拳民，祥因而用之。公欲攻使馆，祥弥月血战。今独归罪于祥，麾下士卒解散，咸不甘心，多有议公反覆者。祥惟知报国，已拚一死，而将士愤怒，恐不足以镇之，不敢不告！”罗惇曧辑《拳变余闻》，亦收入此书。尝闻人言，此赝鼎也，福祥实无此。细按其文，亦觉不甚类，殆当时恶荣禄者之拟作耳。此类文字之流布，或即福祥谋变之谣所由起欤？

四五　叶昌炽对戊戌变法之看法

观昌炽《日记》，于戊戌之事，颇不赞成光绪帝之锐意革新，惟对西后之所为，亦不满。政变后，九月初七日《日记》云："子静自津来云：'康、梁变法，意在联英、日以自固。此次皇太后训政，俄国实为之主谋，故仓猝变发而英、日未敢出面干预。'此则京师所未闻也。"重阳日云："闻子丹云：'皇上所幸珍嫔，皇太后禁之高墙，穴一窦以通饮食。皇后系皇太后之侄女，不能有逮下之德，皇太后左右之，以是母子夫妇之间，积不相能。'然则康、梁之案，新旧相争，旗汉相争，英俄相争，实则母子相争。追溯履霜之渐，则又出于嫡庶相争。'乱匪降自天，生自妇人。'岂不信哉！"其所见如此。关于隆裕者，可与《随笔》前引王小航、康有为之说（见本报八卷二十九期）相印证。至谓政潮背景有英、日、俄三国，则当时一种神经过敏之揣测耳。

四六　满汉界限

二陵云："乾隆前，顺天府尹有用满员时，奉天府尹亦有用汉员时。至乾隆以后，则一专用汉员，一专用满员矣。满汉界限之加严，始于乾隆也。步军统领（通称九门提督）一缺，有清一代，汉员充任者，仅大学士刘统勋署一次，余尽满员矣。又闻诸清季提署旧人，提督虽称正堂（左右翼总兵称左右堂），而大堂公案左二右一，虚正中一位，缘乾隆帝为宝亲王时曾署一次，道光帝为智勇亲王时亦署一次，后人均不敢坐正位云。”

（原第11卷第13期）

四七　王文韶不满瞿鸿禨

辛丑和约订立后，议商约于上海。关于裁厘加税事，上谕令各省准备，中有“商约业经议定”之语，时商约谈判，以德国有所争持，尚未定议也。公使团见谕，照会外务部诘问。政府诸人以此实错误，而煌煌谕旨，对外认错，未免颜面难堪，感觉不易应付。王文韶阅照会后，神色不动，徐曰：“此供事缮送政府官报时，误写‘一’字为‘业’字耳。可令官报处更正此‘一’字，一面即可以是答复公使团。”于是轻描淡写，大事化小。众皆服其举重若轻，不愧阅历之深。当时文韶继曰：“这是瞿大人的手笔，瞿大人笔下是敏捷的！”言外之意，讥瞿鸿禨之失于检点也。鸿禨时为外务部尚书，文韶则以大学士为外务部会办大臣，均直军机。（吴沃尧小说《二十年目睹之怪现状》第四十八回：广东奏报命案，谓某日因看戏碰撞，扭殴致毙，而是日适为忌辰，例不得演戏。臬署刑幕代总督草自行检举奏折，言“看戏肇事”句内，看字之下，戏字之上，误脱落一猴字，得以大事化小。文韶事颇与相类。)

四八　李鸿章请赐坐面陈

闻两宫回銮时，庆王奕劻由京迎驾于开封，临行询李鸿章曰：“中堂有何话说？当为代奏。”鸿章曰：“要说的话甚多，两宫抵京后，当逐细面陈，惟老且病，不能久跪，将来召对时，可否破格赐坐，以便从容陈奏，请王爷先以此意代达。”以当时西后对鸿章之感激倚重，赐坐之旷典，或可邀准，惜奕劻见两宫于开封时，鸿章已在京病逝矣。

四九　奄人批长安县令

两宫在西安时，有一小奄寓中失窃，告长安令为缉之。越数日。遇令于宫门，询已破案否，令答尚未，怒而批其颊。令当众受辱，不能堪，申诉于巡抚升允。升允大怒，即往晤总管李莲英，语其事，并问曰：“此事总管奏，还是我奏？”升允性素强果，莲英知不能回护，乃曰：“此辈胡闹，必须严办。即请大人奏闻，一面并由某面奏。”事既上闻，西后批交咸宁县监禁，光绪帝更于“监禁”上加“永远”二字。(时帝稍得发舒，回京后又如前矣。)处置亦尚严厉，惟启銮时，此奄仍得释出，随同回京。

五〇　薛升允不应奄人婪索

回銮时，临潼令夏良材（江夏人，字楚卿，辛卯举人）供张既具，奄人来示意，索银三千两，良材未应。迨前站诸奄至，将行宫所备诸物砸毁，并水缸亦击破之，且寻殴县令。良材骇而逃，避于乡村中。两宫到后，诸奄前诉于后曰："此间办差，一物未备，县令亦未在此伺候，请老佛爷示下。"后知其故，特于奄人婪索，实阴纵之，即曰："应用之物，在我这里拿几吊钱去买罢。"升允随扈，亟自往召良材，带至宫门请罪。后召见升允，谕以无庸深究。帝亦言，回銮之始，不宜以办差罪有司。良材遂得免重咎，惟因是罢职而已。甓园居士（刘焜）《庚子西狩丛谈》述吴永语云："八月……二十五日，由骊山行宫启銮，至临口镇驻跸。自骊山至此四十里，均临潼县境。临潼令夏良才，绝无预备，乃避匿不出。王公大臣多至枵腹，内膳及大他坦均不得饱食，大他坦且无烟火，夜间殿上竟不具灯烛。上赏内监银二百两，令自觅食，此亦绝异之事。上年予在怀来时，拳匪围城，溃兵四窜，正性命呼吸之际，两宫仓猝驾至，予尚能勉力供应，不至匮乏。此次则半年以前已有行知，有人可派，有款可领，何以草率至此？闻夏令实已领款二万七千金，掯不肯发，所以诸事不备……然两宫竟未有嗔责，此亦更历患难，心气和平，所以务从宽大也……二十六日……申刻驾到渭南行宫驻跸……督办前路粮台升允奏参临潼县知县夏良才办事不当，贻误要差，并自请议处。奉旨：‘夏良才加恩改为交部议处。其自请议处之处，从宽免议。’盖两宫以大驾方始发轫，不欲以供应之故重罪有司，致沿途官吏多增疑惧，用意固甚深厚也。”深责良材，盖于此中原委犹未尽悉耳。一说，良材事前曾以应否送宫门费请示于升允，升允言无须，故未应奄人之需索云。

五一　李莲英气焰嚣张

开封行宫，设于抚署。河南巡抚松寿迎驾于潼关，随扈赴汴。两宫将至，松寿先驱抵行宫伺候。旋报李总管到，松寿亟出迎，见面即请安。莲英傲不为礼，亦不与交谈。偕行入内之际，莲英忽注视松寿，呼其名曰：“松寿！”继以冷笑一声。松寿为之悚然。当时莲英之气焰，可以略见。

五二　太监勒索

过洛阳小驻时，值天寒，传命备木炭。县令亟选购进呈。奄人斥曰：“此何等物，可供上用耶！”令曰：“此即为本处最上之炭！无更佳于此者。”奄曰：“宫中用炭，例有一定尺寸形式，须完全一律。其速更易送来，勿误要差！”令无奈，浼人疏通，并致赂，始获原物收进。

五三　吕本元奏对失态

浙江提督吕本元在直隶统防军，迎驾于正定。本元虽历官至提督，向未召对。此次迎驾，计必召见，恐失仪，预请军机章京杨寿枢指授仪注，演习再四。召见时，甫奏对数语，后见其态度踌躇，言词吞吐，即问曰："你是初次召见罢？"亟应曰："是。"奏对毕，如仪起身，由内室退至外室，方幸尚未失仪，启门欲出，门忽不能启，屡试不得当。后、帝望见之，视之微笑。本元益窘，门益不获启。旋见帝已下座而前，将代启之，更惶遽无措。适于此时，居然应手而开，遂亟退出。归而对幕僚详述召见情事，谓："未俟皇上行至身旁，即获出门，实为万幸，倘真劳皇上代为启门，彼时将何以自处乎？"武臣初觐至尊，所谓天颜咫尺，震栗逾恒，故有此趣事。

沿途行宫诸物，奄人等席卷而去，盖所过一空焉。两宫将到之前，彻夜车声隆隆，均运载掳获品之辎重车也。

五四　回銮之五色旗

回銮仪仗中，有五色大旗多面。直隶总督袁世凯，于办差最致力，电保定大差局，尤注意五色旗及洋鼓洋号，盖皆后所喜也。旗以湖绉为之，即此一项，所费不赀矣。辛丑之五色旗，与辛亥之五色旗，可谓遥遥相对，特前者为每旗一色耳。

五五　李莲英宫室与太后相埒

行宫诸室之陈设，李莲英室之奢丽，率与后室相埒，仅不用黄缎，为其差异。若帝室，乃较之远逊。此大怪事，世凯等视为当然也。　　　（原第11卷第14期）

五六　曾国藩深器史念祖

史念祖佐英翰军，保记名，获简山西按察使，随调直隶。直督曾国藩奉谕察看，以念祖未经历地方事务，虑难胜臬司之任也。时张树声由直臬调晋臬，国藩奏令暂留本任，清理积讼，并谓山西刑名案件不及直隶之半，念祖若官晋臬，较易称职。旋又覆奏称："……其刑名之难遽通晓，已可概见。臣久欲据此覆奏，惟屡与史念祖接见，见其心地明白，器局开展，谕事亦尚有识，似又足胜臬司之任。凡聪明过人者，每患视事太易，必须加以磨炼，使心渐细而气渐敛，乃足以玉成其材。直隶刑名较繁，与四川、广东相等，史念祖资望尚浅，若调刑名稍简之省，磨历数年，敛才勤学，当可陶成令器。而直隶积案由张树声一手办毕，尤为妥善。如他省猝无相当可调之缺，或仍令史念祖陈臬直隶，则任事之后，臣当随时察核，一有不称，即行密陈，不敢以此次覆奏在前，稍涉回护。"未几，政府以人言，解念祖职。国藩奏谓："臣查史念祖器局开展，论事有识，加以磨厉，本可炼成有用之才，徒以资望尚浅，骤畀重任，未餍众心。谕旨饬令开缺，裁抑甚微，玉成实大。数月以来，察看该员返躬循省，立志奋兴，尚能仰体朝廷裁成之至意。至钟佩贤奏称，众谓该员识字太少，文理未通，则传闻之辞，殊属失实。史念祖衣冠旧族，其祖史致俨前为刑部尚书，甚负时望；其伯父丙荣以进士服官安徽，历著循绩；其胞兄大立亦以进士分部；该员幼承家训，文理清通。臣尝览其所为诗稿，才思颇为开拓；其公牍亦简明周备，笔足以达其所见，不至如钟佩贤所奏云云也。"为辨识字太少、文理未通之诬。盖念祖实富于才气，文词公牍咸有可观也。国藩虽未能保全其臬司之职，而遇之亦不薄矣。

五七　王文韶感余某宦途迟钝

闻有余某者，字石生，与王文韶为咸丰壬子同年进士，同入户部。比文韶官户部侍郎，充军机大臣，余仍在曹中。文韶告终养后，再起官督抚，由直隶总督入为户部尚书，仍充军机大臣（时为光绪戊戌），余某依然为户部司官，在部近五十年，耄矣。曾得京察一等，未获外放也。文韶到部见之，曰："石生，尚在此耶！宦途可谓迟钝矣！"不数日，得简授松江知府（后署扬州府，凡官知府二年）。　　　　（原第11卷第15期）

五八　陈宗妫之清介绝俗

清末停“捐官”之制，各种未完手续，限期结束，于是缴款者蜂拥而来，度支部骤获大宗收入，而堂司循旧例应分之此项“饭银”遂亦极多（“饭银”为所谓“办公饭食银两”之简称，随正项为多寡）。宣统某年（约在庚戌），将俵分，核计数目，堂官人可得银数万两，丞、参人一二万两，司员分等给与，最少者亦数百两。一时部中喜气充溢矣。分配大致定局，右丞傅兰泰以数目过巨，恐骇听闻，谓：“现在似可先分一半，余留明年再分，以免招摇太甚，致滋物议。”旋丞、参上堂（司员上堂回公事，例不设坐，堂官亦起立与语。迨设丞、参，体制盖介于堂司之间，不便如司员之立谈，乃特置腰圆形桌一，堂官离位与丞、参围坐谈话。至京察过堂时，亦为丞、参设公案于堂，惟不与堂官公案并列，而位于左旁依序面右而坐而已），议及此事，傅兰泰即主本年暂分一半。尚书载泽顾左丞陈宗妫曰：“君意以为何如？”宗妫曰：“此本陋规，在昔京官清苦，取此犹有可说，今堂司已有津帖，若再依旧习，分此巨款，如物论何？”傅兰泰曰：“某所以主张将半数留至明年，亦正以为数太大，恐致人言。”宗妫曰：“如知其非义，斯速已矣，何待来年！”并谓：“现当厉行清理财政之时，本部处处以祛除积弊绳人，若仍俵分此款，殊足贻人口实。某意本部宜自占地步，以保威信，此款实不可动！”载泽默然，左右侍郎绍英、陈邦瑞亦无语，遂姑置不议，改谈他事。既退，宗妫即呼曰：“叫金科！”（部中书吏分金科、仓科，金科司银，仓科司米，户部旧制也。）金科书吏至，宗妫命速办堂谕一件，将此项饭银归入大库。移时呈稿，宗妫为修改数语，曰：“此稿明日画堂。”（“画堂”为部中习用之简语，谓请堂官画稿也。）翌日，丞、参上堂，谈他事毕，宗妫即持堂谕稿请于载泽曰：“昨日所议之事，已办具堂谕，请即阅画！”载泽颇不怡，而宗妫所持理由甚正，无以难之，遂即书“交”。（堂官画稿之例，奏稿书“奏”，诸牍书“行”，堂谕则书“交”。）正堂既画，左右堂亦照画，于是此项陋规，化私为公，堂司均不得沾润矣。阖部以到口之食，忽成乌有，多怨宗妫，然以其性行方正，律已素严，无如之何也。

谏书稀庵主人（潍县陈恒庆）《归里清谭》云：“东阿陈麓宾宗妫，庚辰进士，官户部，为人端严，不苟言，不苟笑。为部丞堂，司度支，一丝不妄费，为尚、侍所倚重。俗例外官入京，馈送炭敬、别敬，麓宾概拒弗受，诚所谓庸中佼佼者，故同乡称为至圣。一岁管同乡印结，得结费六七千金，分所应得者，存于仙源局银号。号中主人任观亭，亦山东人，议为之加息。麓宾曰：“吾一生不言利，毋庸也。”嗣仙源局将倒闭，任观亭问之曰：“君之存款，明日将送还。”麓宾不知其情，央其暂存。观亭曰：“君既不用银，有一房，为君买之，不胜于租屋而居乎？”麓宾曰：“唯唯。”爰以六七千金购一大宅。数日后仙源居倒闭，亏欠他人生息银数十万，麓宾以不牟利而得保其赀，可见利之为害大矣！清朝让位，民国政府再三征之不出。西望泰岱，芳范尚存，可令人起敬焉！”《清谭》成书于民国六年，时宗妫尚在人间也。仲子（费行简）《当代名人小传》，列宗妫于“独行”，谓：“清亮勤直，同官无其匹，而洁身远名，不营时誉。……载泽总度支，户曹权渐重。……宗妫以部丞为尚侍所信任，而一尘不染，人称为圣人。国变归，世凯四聘其出，不应。薄田百亩，仅供家食，而怡然自得，城市繁华，足迹不莅，然其人和易平直，未尝自矜风节。同官傅兰泰谓：‘生平阅人多，表里如一，富贵不淫，无如宗妫者，愿事以师礼！’”《小传》于民国八年出书，亦其生前所得之品评，均可参阅。

宗妫己卯举人，庚辰进士，以主事分户部，历员外郎、郎中。迨户部改为度支部，设丞参，由候补四五品〔京〕堂擢任左丞，以在部资望得之也。久官计曹，清勤最著。“圣人”之号，闻起于部中旗员所戏称，而众论翕然。同时被号为“大贤”者，为沈潜，亦山东人也（潜后改官御史，放汉中道，官至湖北按察使）。辛亥武昌事起，袁世凯入京为内阁总理大臣，宗妫引疾奏请辞职，奉旨慰留。再疏固辞，始获允。入民国后，却征不出，以民国十一年卒于家。傅兰泰致挽联，缀以跋语，特举其将在户部银行总办任内应分花红，及大清银行监理官任内应得车马费共银一万六千两悉捐充财政学堂建筑等费事为言，赞叹不置，曾习经挽联云：“师事近三十年，犹见乾隆旧朝士；□□□□□□□，巍然天竺古先生。”宗妫官左丞时，习经为左参议，与傅兰泰均在部有声者，其推服如此。

载泽以宗妫时与立异，心弗善也，颇赖奕劻、那桐在政府调护，得不更动。奕劻、那桐均以贪黩著，然皆重宗妫之清操。当简派各省财政监理官时，载泽欲假是外简以远之。奕劻先声言：“度支部中得力之老人，不可尽行派出。如陈宗妫者，尤以留部供职为宜。”事乃寝。（那桐敬服宗妫，以曩为户部同官，夙稔其性行也。闻某次监修某项工程，那桐与宗妫共事。宗妫于陋规丝毫不受。那桐作谐语曰：“你是个大姑娘，贞节要紧；我则早非完璧，不在乎此矣！”）宗妫尝论载泽曰：“不知事理之轻重，不识人情之善恶。”

上述宗妫事，多闻诸户部旧人。此种清介绝俗之人物，今日尤大有表彰之价值也。（原第11卷第16期）

五九　梁启超《从军日记》摘录

袁世凯久为日本所忌，“二十一条”之交涉，以世凯之设法应付，不获大偿所欲，尤甚嫉视。世凯营帝制，动国人公愤，自取灭亡，而倒袁之役，日人阴赞其成，亦为一种事实。梁启超之赴桂，关系讨袁成败颇巨。其《从军日记》叙由上海出发及途中情事，有云：“三月初一日，日本驻沪武官青木中将来谒，亦既有所闻，持以相质。吾告以实，遂乘势托以代筹途旅，盖逆料此行之艰阻不能免也。青木慨然自任，而使其属官松井者负其责。翌日松井报命，言既与东京、香港往复商定，属乘初四日由上海展轮之横滨丸至香港，更乘妙义山丸入越南之海防。议既定，而伯珊亦至自金陵，遂偕行。……三月四日午前十时，乘日本邮船会社之横滨丸发上海，从者汤觉顿、黄溯初、黄孟曦、蓝志先、吴柳隅，并吾与唐伯珊都七人。自兹以往，昼伏夜动，作客子畏人之态者垂两旬，大类剧场中之过昭关且演之再四，滋可笑也！生平酷嗜海行，今蛰伏舱之最下层，在锅炉旁拓一室，饮食寝处其间，溽闷至不可耐。”

又云：“七日，舟抵香港，同行诸人皆登陆，惟吾独留，盖所转乘之妙义山丸尚未至，须待数日也。七八两日中，日本驻粤武官，驻港领事，邮船会社、三井洋行两支店长，皆来谒，备极殷勤。”

又云：“偷度（渡）之举，今全托诸日本人矣！”而日人所规画，信复纤悉周备，数口岸十数人通力合作，全神贯注，所以将护者惟力是视，盖受之于彼政府也。所乘之妙义山丸，以十二日正午发香港，盖三井洋行之运煤船也。三井支店长林氏以小轮由横滨丸伴渡彼舟。登舟即展轮，一刻不淹。船以运煤为职，俭陋狼藉可想，然彼临时为我别治一室，一切器用悉新置，饮馔亦腆。舱面特加粪除洗涤，黝光可鉴。三日夜恣我徜徉，呼吸海气。横滨丸为缛丽之地狱，此其朴塞之天堂矣！”

又云：“海防有日商曰横山者，驻港日领事以政府之命命彼，于十四日赴洪崖，候妙义山丸入港，受指挥。横山如期至。十五晨，船长告以故。彼一谒我，即折归海防部署。当船将入港时，船长即豫幽我二人于舱底之一室。煤为四壁，以烟养肺。吾蛰其间凡十四小时，畏人见也。其夜三时，横山以游船来，且挟其夫人及夫人之女伴与俱。时风雨凄厉，天黑如磐，游船舣吾舟一里外。吾侪出煤室，随船长颠顿趋陆，别以小筏渡赴游船，盖竟夜不就枕，顾事后闻船长宗像氏乃亘三夜不敢交睫也。吾与溯初和衣假寐。至翌晨，横山来，余起，张目推篷，喜欲起舞，境之幽奇，盖我生所未见也！……横山岂导我清游？导我偷度（渡）耳！盖力避关吏识察，纡其途，延其晷。入夜八时，悄然达海防矣！”

又云：“自离沪迄今未半月，所历殊变幻复赜，可演小小一部冒险小说也。就中所最感叹者，则日本人之恳切而致密。各种各色人感叹于其政府默示指挥之下，如身使臂，臂使指，条理井然，而乐于趋功，无倦容，无强态。虽一事也，可以喻大。如此之国民，安往而不优胜者？今固无所为而为之，至竟有所为耶？无所为耶？念此抑滋慄也！”启超于日人受其政府之命而特为援助，言之历历，初不稍讳。其时对于倒袁一事，日本目标固与相同也。帝制中沮，世凯愤死，国人倒袁之志遂，日本之志亦遂矣。启超“念此滋慄”，盖已略见其隐，惟谓其“今固无所为而为之”则犹视之太浅也。

六〇　梁启超之历史研究法

梁启超努力史学，晚年所著《中国历史研究法补编》，为其《中国历史研究法》作补充，在史学上均有相当之地位，娓娓之度，极便览观。其门人姚名达跋云："右《中国历史研究法补编》一部，新会梁任公先生讲述，其门人周传儒、姚名达笔记为文，都十一万余言，所以补旧作《中国历史研究法》之不逮，阐其新解，以启发后学专精史学者也。忆民国十四年九月二十三日，名达初受业于先生，问先生近自患学问欲太多，而欲集中精力于一点，此一点为何？先生曰：'史也，史也！'是年秋冬，即讲《中国文化史·社会组织篇》，口敷笔著，昼夜弗辍。入春而病，遂未完成。十五年十月六日，讲座复开，每周二小时，绵延以至于十六年五月底。扶病登坛，无力撰稿，乃令周君速记，编为讲义，载于《清华周刊》，即斯编也。周君旋以事忙不能卒业，编至《合传及其做法》而止，名达遂继其后。自三月十八日至五月底，编成《年谱及其做法》《专传的做法》二章。自八月十三日至二十八日，编成《孔子传的做法》以后诸篇，全讲始告成文。经先生校阅，卒为定本。是秋以后，先生弱不能耐劳，后学不复得闻高论，而斯讲遂成绝响！"述此书编撰之经过，而启超热心斯学之精神，亦足见其梗概。惟记录之稿，盖尚有启超校改未尽者。如本书第五章《年谱及其做法》中《年谱的体例》节有云："曾国藩是事业家，但他的文章也很好。即使他没有事业，单有文章，他可以入《文苑传》。我们很希望他的《年谱》记载他的文章诗句或诗文的篇目。现行的《曾文正公年谱》，我嫌他载官样的文章太多，载信札和别的文章太少。好文章尽多著，如《李恕谷墓志铭》《昭忠祠记》等，应该多录，却未注意。"论颇有识，而曾国藩何尝为李塨作墓志铭？启超讲演时，或指国藩所撰李续宾或李续宜神道碑铭而言，"续""恕"音近，记者偶失之，而启超校阅，未及改正耳。［坊间尝有启超《中国近三百年学术史》，亦其晚年讲稿而印行于身后者，与其《清代学术概论》（本名《前清一代中国思想界之蜕变》）范围略同，而资料及组织有异。发行未久，即被禁止，以未得启超家人同意，而私行印售也。］

六一　吴郁生笑谈一则

宣统辛亥，设弼德院，以陆润痒为院长。润庠拜命后，曾与乡人宴于长元吴东馆（正阳门外长巷三条）。席间吴郁生忽发一问曰："古来官名亦有第一字为'弼'字者乎？"众言未有。郁生徐曰："有之，见于《西游记》，弼马温也！"众为哄堂，润庠亦笑不可忍也。

（原第11卷第16期）

六二　荣禄统军意态

张君二陵云："光绪戊戌政变后，慈禧三次临朝，荣禄以大学士充军机大臣，节制北洋各军，立武卫军，自统中军，而以袁世凯、董福祥、聂士成、宋庆所部为前、后、左、右军焉。四将中，庆最为军界老辈。己亥秋，庆乞病假，荐马玉崑代主其事，盖玉崑在部将中资望夙著，甲午之役颇以骠勇称也。一日，荣禄召玉崑而问之曰：'方今朝廷对外，边衅固不敢轻开，万一忍无可忍，让无可让，以现在之兵力，君以为何如？'所谓边衅，盖隐指对俄而言。玉崑从容对曰：'玉崑带兵官也，只知作战，不知其他，不过万一开战，前敌战阵之兵，试问得二万人乎？接应之兵得二万人乎？山海关门户之地得一万人乎？京师根本重地得一万人乎？天津海口得一万人乎？以现在所成之五大军，不过五万人，请问中堂如何分布？'荣禄默然者久之。此语玉崑在通州时为下走亲述之。荣禄总统五军，意得甚，颇有耀武之志。玉崑出身行伍，知军事非易言，故阴折之。"仲子（费行简）《慈禧传信录》记武卫军事有云："后亦知再出训政，不足服天下望，颇思示威中外，而荣禄以告密陷帝于囚，又睹后春秋高，益虑他日祸作，则欲握兵柄，为后来地。裕禄固其党也，新被简督直，入对时言于后，以'北洋方置重军，非臣才望所能控驭，乞令禄遥制。'后大称善，遂明诏以禄为军机大臣，兼统北洋诸军。以辅臣司兵事，仍值纶扉者，古近所罕有也，唯汉外戚之官大将军者近似之。（按：荣禄在军机大臣上行走，仍节制北洋诸军。裕禄授直隶总督，系同时降谕。此言后因裕禄被简后入对之言，始令荣禄为军机大臣兼统北洋诸军，稍误。）时北洋四大军，……既归禄节制，统名之曰武卫军，以宋、聂、董、袁四军为前后左右，而选京旗兵精干者编为中军，自领之，复辟京曹铁良、陈夔龙，外吏樊增祥、聂时俊等为幕僚。后既以北门锁钥任禄，禄亦盛称己强足控制中外，故所指拨帑项协款，有请立应。李鸿章任北洋，其权力视此有逊色焉。……提督夏辛酉召见，后谘以：'北洋诸军现力能与日本一战否？'辛酉对：'战西洋各国优为之，何有于日本！'后大喜曰：'果若此，亦尔曹封公侯，绘紫光机会，其好为之！'退以告予，予诧以何言战之易。辛酉谓：'此荣相预属，不敢不如其命，实则西洋军状若何，实生平目所未经，日军锐利，甲午已当其锋，我兵力安足敌之？'予因叹息，李鸿章虚拥练兵之名，已为世诟病，然尚有自知明，不敢主战，禄治军远不及鸿章，而辄以大言慰后，庚子之变基于是矣！"亦记荣禄统军时意态，可与二陵所述合看。

六三　岑春煊逐孙家鼐

二陵又云："戊戌翁同龢被逐后，孙家鼐以吏部尚书协办大学士，并管理大学堂事务。政变后，颇不自安，翌年遂引疾开缺。庚子乱作，两宫西幸，奉召赴行在，授礼部尚书，转吏部，继徐桐之任而充翰林院掌院学士。到西安时，苦无寓所，暂假关中书院息征尘。岑春煊方为陕西巡抚，值书院开课之期，不便下逐客之令，乃语家鼐曰：'中堂既为天下师，如不以关中人士为不可教，何妨暂兼关中书院山长，以为此邦学子矜式？'春煊之意，盖风其另觅住所，特巧为说辞耳。不料家鼐竟慨然应允，曰：'吾虽老荒，同馆中能代吾阅文者颇多，况行朝草创，百官寥落，以院课代馆课，亦甚善也！'翌日，春煊即送关书，家鼐亦按期课士矣。会秦中大饥，朝命薛允升为赈务大臣，办理赈济。关中书院肄业诸生，有上书春煊言赈务之举。春煊怒其干与外事，批示申斥，甚至有'穷斯滥'之语，悬之书院讲堂。家鼐以其太不与诸生留余地，殊觉难堪，即日将关书送还，遣人另觅馆舍。春煊大窘，亟往见家鼐谢罪，长跪以请，家鼐始将关书收回。一场风波，乃告平息。癸卯，家鼐典会试，闱后见秦中新中式者，犹道及此事，以春煊生长华膴，不知寒士之艰难，颇有微词云。前察哈尔民政厅长仵墉（陕西蒲城人）当家鼐长关中〔书〕院时，在院肄业，又癸卯进士也。以上所述，即闻诸仵君者。"可为谈家鼐、春煊轶事者之一助。家鼐戊戌开缺，王文韶继任协揆。庚子大学士徐桐出缺，文韶晋正揆，徐郙为协揆。迨辛丑大学士李鸿章出缺，郙例可折升正揆，而家鼐以尚书超拜大学士之命，则以旧辅之故耳。

六四　两宫独宠随扈诸臣

庚子两宫出走，随扈诸官多获优遇，留京者不免觖望。叶昌炽辛丑三月二十四日《日记》云："新奉谕旨：'此次变出非常，去年五月以后告假出京者，一概从宽不究，照旧章办理。'余告佩鹤云：'此辈次随扈一等，若留京困守者，既不殉难，即属汉奸，否则亦与洋人声气相通者也！'此非刻论，实洞见诸公症结耳。"愤慨之态可掬。"诸公"指行在政府诸人也。（十月二十七日《日记》云："康民来谈极久，从庆邸至汴垣新归，云：此间困苦艰难之状，行在诸公似未能深悉。"）回銮后，留京及随扈者均有保案，独命随扈获奖者在乾清门谢恩，亦示引而亲之之意（例在午门）。

六五　回銮后召见翰林情事

其（叶昌炽）是年《日记》，记回銮后召见翰林情事，十一月二十九日云："午后……九点钟，忽署中急足至，传呼明日翰、詹、读、讲以下俸深编、检二十人预备召见。"三十日云："辰刻始传宣，进乾清门，遇南斋诸臣散直出。嘉定相国属列跪宜稍后，无前席。至乾清宫丹陛下，见枢臣，雁行进揖。巳初始入对，讲读诸臣在前，编、检以次列跪。皇太后涕泣抚慰云：'不意今日尚能再见尔等！’先言出奔时流离琐尾之况，及山陕荒瘠之象，继言：‘都中洋兵骚扰，十室九空。尔诸臣艰苦备尝，至死不变，皆余不德所致！’因而泣下沾襟。诸臣皆伏地叩头，有失声者。皇上惟训以国事艰难，翰院为储才之地，宜多读有用之书，讲求实学。奏对至四刻之久，始命退出。小臣班次稍后，謇謇之忱怀，欲陈之而未能。”

六六　翰林院不尽清暇

十二月初一日云：“阅邸钞，奉上谕：‘翰林院为储才之地，平日并无公事，从容清暇，正宜博通经济，期为有用之才，以备国家任使，著掌院学士将该衙门人员督饬用功，于古今政治、中西艺学均应切实讲求，务令体用兼赅，通知时事而无习气，限五个月后甄别一次，由掌院学士严行考核，分别优劣，据实奏闻，毋稍徇饰！钦此。’昨召对时，环顾同列，除满洲宝、连两君及刘仲鲁外，大半皆腐头巾，支季卿前辈在前席侃侃而谈，声色俱厉，一派迂腐之论；朱益斋所言，尤不得体，今日严旨所由来也。不佞在史馆四五年，簿书鞅掌，何异司员？而曰‘并无公事’，闻命饮冰！代言者皆非个中人，即枢臣亦不以词曹进。惟子玖官翰林三十年，轺车遍于四方，偶一入都，席不暇暖，未尝一日当馆差，宜其全不知甘苦也！”翰林不尽清闲，亦事实。

六七　叶昌炽撰《阳九实录》

庚子之乱，昌炽在京，虽谨畏自守，未敢建言，而《日记》中记时事颇多，时致忧愤，可供参考。其时并撰有《阳九实录》一文，盖叙事兼议论之作也。其是年六月十三日《日记》云："作文一首，构思已数日矣，今日始脱稿，命曰《阳九实录》，比杜牧之《罪言》，等韩非之《孤愤》，可作诛孔光疏，可作讨曹操檄！"十一月十一日云："柬佩鹤借《直报》及《北京新闻汇报》，见爽秋三疏……皆与许竹筼侍郎会衔。……其所言则《阳九实录》亦尽言之。使当时改为条陈，同时并出，不将从亡友于九原乎？臣无大小，致身则一，愧两公矣！"

六八　大挑情事

清制，举人应会试三科不中后得赴大挑，亦入仕之一途也。诸家记载中，自述大挑情事者罕见。米脂高照煦以同治癸酉举人应光绪庚辰大挑，用教职。其《闲谈笔记》述其事云：

> 国朝定制，会试三次后，特设大挑一科，不试文艺，专看像貌。二十人为一排，挑一等三人，以知县用；二等九人，以教职用。像貌魁伟者挑一等，其次

挑二等。余八人，俗呼曰八仙。余于庚辰会试后，适逢大挑。先期前一日，高子佩遣车接余至城内寓所。时伊寓东交民巷，赴挑场较近故也。挑场在东华门内文渊阁，向为禁地。子佩四弟寿卿时方留京，约定次日为余送场，并借此仰瞻宫殿。余颇以一等自负，戚友中亦多以一等相许。是晚偶得一梦，梦见有人如衙门差役状，手持红帖来请余。余问何人相请，答曰："子夏。"次早与寿卿两人同车，行近东华门，余呼寿卿告曰："此次赴挑，余只能得二等！"寿卿曰："子何以知之？"余谓："昨有梦兆，以是知之。"及入场，余列最末一班，仅余十三人，照例只能挑一等一人。余名次在十一，王大臣等将第九名与余两人再三衡量，卒将第九名挑为一等，而余竟得二等。挑毕归寓，寿卿问余得何梦，竟尔神验。余举梦告之，并谓："早晨醒后，思此梦必与挑场有关系，而苦不得其解。行至东华门，忽悟子夏为圣门文学科，其为学官无疑！"然犹非奇也。乙酉余铨得宜川县，在任十年，丁先母忧。起复后，改铨郃阳县。两县皆战国时西河故地，为子夏当时设教之所，郃阳且有子夏设教石室，为该县古迹之一。可谓神验矣！无司梦者，何以数十年之事竟以一梦兆之？有司梦者，何不竟实言相告，而故为隐谜，使人事后方晓？是真不可思议也！

可为谈大挑故事之资料。照煦以一等之貌而得二等，以排入十三人之末班而吃亏也（后历官宜川训导、郃阳教谕、榆林教授以终）。科举时代，多言梦兆，照煦述梦境巧合，亦其一耳。

照煦陕人，其乡前辈一代名臣之阎敬铭，失意于挑场，则以貌陋也。李岳瑞《春冰室野乘》云："朝邑阎文介公敬铭，状貌短小，二目一高一低，恂恂如乡老。未等时，尝就大挑。甫就班跪，某亲王遽抗声曰：'阎敬铭先起去！'公深以为恨，常慨然叹曰：'一岁三落第，而会试不与焉！'盖公于是岁试中书、教习皆被摈也。其后入翰林，改官户部。胡文忠奏调总办东征粮台，疏中有'阎敬铭气貌不扬，而心雄万夫'之语。"以体貌委琐被摈于挑场，且受辱焉。（大挑之例，王大臣于每班先挑出不取者，令其起去，所谓八仙也。）至体貌魁伟而落选者，则或委之于命矣。陈恒庆《归里清谭》云："清代举人赴大挑场，王公大臣司之。举人身躯伟大者挑一等，作知县；中人者挑二等，作教职；其身体卑琐者则落挑：此显而易见者也。某年大挑时，有山东某举人，人如曹交，竟落大挑。其人愤甚，俟大臣事毕登舆时，拦舆诘之曰：'大挑以何者为凭？'大臣知其为落挑负屈者，高声应之曰：'我挑命也！'举人无言而退。"此段挑场话柄，盖可与相传之试场谐联（嘲某主司）"尔小生论命莫论文，碰！咱老子用手不用眼，抽！"合看。挑场中身躯高大者占便宜，惟亦视相貌如何。又某笔记云："昔青县有金孝廉者，貌极丑，五官布置皆失其所，见者咸笑而不敢正视也。及入大挑场，某王首拔其一等。一时诸公卿相顾错愕。王曰：‘勿讶，是人胆量可嘉也！’众问故，王曰：‘是人如此面目，而敢入挑场，非有姜维之胆，胡克臻此！’”尤足发噱。

六九　补述饭银归公事

近由《国闻周报》社转到二函，均对拙稿有所见教。一为苓泉居士所致，谓：“近读尊著《随笔》，述度支部饭银归公一事，发议为麓宾左丞，尚书、侍郎均赞成，谓清理财政之时，不应授人口实，此则尚书所言也。当日泽、绍、陈三公均廉洁，倚重麓老，并无屏外之意。下走与麓老同官，佩其品学，严事若师，惟饭银归公，堂厅同意，非麓老独为君子，下走亦在圆桌会议之列，故知之较真也。”（按：拙稿书陈宗妫事，见本报本卷第十六期。）苓泉居士盖杨味云君（寿枏）别号，时杨君在度支部参议上行走，充清理财政处总办也。杨君来示，与向所闻者虽稍有异同，而饭银归公事，议发于宗妫，正自相合。宗妫在部，为同官所推服，杨君亦谓“佩其品学，严事若师”，实公论也。

七〇　补述赵启霖事

一为赵君声阅所致，谓："前屡于大著中见记载家族叔祖芷荪太史（启霖）事迹甚夥，扬直臣之光徽，增后进之跂仰……惟家叔祖之岳丈为周月池先生（讳诒泮），觉仙君（讳翼之）及其妻兄，为月池先生之长子。大著谓接邑人黄君耐之函，称觉仙君为其岳丈，实系传闻之误，特此奉正。家叔祖今年七十六矣，所著《澥园集》已于去年刊出。"（按：拙稿引黄君来函，见本报本卷第十一期。）

（原第11卷第18期）

七一　记物质文明进步

物质文明进步，自洋灯（煤油灯）输入，豆油灯遂见屏，电灯既兴，洋灯又形落伍，而溯洋灯之初用，固群有大放光明之感也。高照煦《闲谈笔记》云："篙渔尝语予曰：我在南汇时，以实缺知县调帘。时苏州初卖有洋灯，都城尚未见也。我遂饬买数对，并大玻璃数块，用箱盛之，携入闱。入闱之日，即令随丁扯去窗纸，满窗俱易玻璃。到晚，案头点洋灯乙对，表里明澈，迥不犹人。两主考遥望指问曰：'此房孰居？'侍者答曰：'南汇县高大老爷。'且共讶其灯为得未曾有。我闻之，即送两主考各乙对。两主考致谢曰：'分外光明，又不伤目力，此物实可珍也！’比至阅卷，某夜忽闻某主考申饬下人，声甚厉，察之，乃知因取他物，误致一洋灯坠地破矣。我即令补送乙对，主考深谢之。又言凡与东西文衡，上下应酬，我所费总比他房暗地加倍。予问何故，老人笑曰：‘只求房中多中一人，即多收一门生耳！’”其时洋灯之见诧珍奇如此。在电灯盛行之今日，读之亦颇有趣致也。（高篙渔名长绅，陕西米脂人，以进士为江苏知县，官至常镇通海道，被议罢官。）又李宝嘉小说《文明小史》第十四回《读新闻纸渐悟文明》有云：“江南吴江县地方，离城二十里，有个人家。这家人家姓贾……一直是关着大门过日子的。……他家虽有银钱，无奈一直住在乡间，穿的吃的，再要比他朴素没有。……大厅上点的还是油灯。却不料自从看报之后，晓得了外面事故，又浏览些上海新出的书籍，见识从此开通，思想格外发达，私自拿出钱来，托人上省，在洋货店里买回来洋灯一盏。洋灯是点火油的，那光头比油灯要亮得数倍。兄弟三个，点了看书，觉得与白昼无异，直把他三个喜的了不得。贾子猷更拍手拍脚的说道：‘我一向看见书上总说外国人如何文明，总想不出所以然的道理。如今看来，就这洋灯而论，晶光烁亮，已是外国人文明的证据！然而我还看见报上说上海地方还有甚么自来火，电气灯，他的光头要抵得几十支洋烛，又不知比这洋灯，还要如何光亮！可叹我们生在这偏僻地方，好比坐井观天，百事不晓，几时才能彀到上海去逛一荡，见见什面，才不负此一生呢！’”写初用洋灯者欢喜赞叹之状，亦颇有致，可与《闲谈笔记》所述者合看。（所谓自来火，指煤气灯也。）

七二　掉文解嘲

李宝嘉小说《官场现形记》卷四十七《喜掉文频频说白字》，谓：“江苏……藩台姓施号步彤，是汉军旗人士……文理虽不甚清通，然而极爱掉文。……施藩台答应了两声是，又说道：‘回大帅的话，我们江苏声名好听，其实是有名无实。即如司里做了这个官，急急的量人为出，还是不够用，一样有亏空。’徐抚台听了‘量人为出’四个字，不懂，便问：‘步翁说得什么？’施藩台道：‘司里说的是量人为出，是不敢浪费的意思。’毕竟徐抚台是一榜出身，想了一想，忽然明白，笑着对臬台说道：‘是了！施大哥眼睛近视，把个量入为出的入字看错个头，认做个人字了！’萧臬台道：‘虽然看错了一个字，然而量人为出这个人字，还讲得过！’徐抚台听了，付之一笑。……童钦差……同萧臬台论江南的枭匪。施藩台又抢着说道：‘前天无锡县王令来省，司里还同他说起：无锡的九龙山强盗很多，你们总得会同营里时常派几条兵船去游戈游戈才好；不然，强盗胆子越弄越大，那里离太湖又近，倘或将来同太湖里的鸟匪合起帮来，可不是顽的！施藩台说得高兴，童钦差一直等他说完，方同萧臬台说道：‘他说的什么，我有好几句不懂。什么游戈游戈，难道是下油锅的油锅不成！'……童钦差又说道：'他说太湖里还有什么鸟匪。那鸟儿自然会飞的，于地方上的公事有什么相干呢？哦，我明白了！大约是枭匪的枭字。施大哥的一根木头被人扛了去了，自然那鸟儿没处歇，就飞走了！施大哥好才情，直要算得想入非非的了！'施藩台晓得童钦差是挖苦他，把脸红了一阵，又挣扎着说道：'司里实在是为大局起见，生怕他们串通一气。设或将来造起反来，总不免茶毒生灵的。'童钦差听了，只是皱眉头。施藩台又说道：'现在缉捕营统领周副将，这人很有本事，赛如戏台上的黄天霸一样。还是前年司里护院的时候，委他这个差使。这人不怕死，常同司里说：我们做皇上的官，吃皇上家的钱粮，将来总要马革裹尸，才算对得起朝廷！'童钦差又摇了摇头，说道：'做武官能彀不怕死，原是好的，但是你说的什么马革裹尸，这句话我又不懂。'施藩台只是涨红了脸，回答不出。萧臬台于是替他分辩道：'回大人的话，施藩司眼睛有点近视，所说的马革裹尸，大约是马革裹尸，因为近视眼看错了半个字了。就是刚才说的什么茶毒生灵的茶字，想来亦是这个缘故。'童钦差点头笑了一笑，马上端茶送客。一面吃茶，又笑着说道：'我们现在用得着这茶度生灵了！'……藩台……见首府如此行为，心上老大不以为然，背后常说：'像某人这样做官，真正是草管人命了！'……有天，施藩台又同萧臬台说道：'听说卜某人是一天到晚坐在堂上问案子，连吃饭的工夫都没有。这人精明得很，赛如古时皋陶一般。有了他，可用不着你这臬台了！’施藩台说这话，萧臬台心上本以为然，无奈施藩台又读差了字音，把个皋陶的陶字念做本音，像煞是什么糕桃。萧臬台楞了，忙问：‘什么叫做糕桃？’施藩台也把脸红了半天，回答不出。后来方是一位候补道忽然明白了，他把这句话解出来与众人听了，臬台方才无言而罢。”调侃说白字人，谑而虐。或谓此施藩台，系影射效曾（内务府司员外放，官江苏粮道藩司等职，后被劾罢），固以文理不通见讥于时者也。盖又杂采相传刚毅等之事附益而渲染之。此类话柄流传，要有不免言之过甚处耳。至钦差童子良，或云隐指刚毅，或云铁良，然书中所写均多不类。

李慈铭光绪乙酉正月二十五日《日记》有云：“张廷燎，河南人，甲戌翰林，尝分校乡试，出闱语人曰：‘我此次同考，绝不草官人命！’盖不识‘菅’字，读为‘官’也。时又有一翰林，论及时事，慨然曰：‘何苦荼毒生灵！’以‘荼’为‘茶’也。都下以为绝对。”如所云，翰林尚如此，大可为说白字者解嘲矣！

（原第11卷第19期）

七三　京朝旧闻

友人某君，熟于京朝旧闻，顷书数事见遗，雅有趣致，移录如次：

（一）孙莱山不责子弟

光绪甲申后，孙莱山当国，世称为孙济宁者也。时徐桐官尚书，以理学名。一日公宴中，与济宁言及近时子弟冶游堕落，父兄防禁之难，济宁笑曰："此辈少年何足道？吾曹同游时，漏夜缒正阳门出，酣嬉淋漓，光景何如？今二十年，锦带飘公子已官至尚书，学并程朱矣！奈何深责子弟！"徐顾左右而言他。（锦带飘乃缒城而出作冶游之外号也。）

（二）某太史求职

徐为会典馆总裁。门人某太史欲得馆差，徐峻拒之。某求之不已，徐谓所亲曰："某用人必当其才，最恶请托。其告以勿再请，否则白简莫怪！"所亲以告某太史。翌日，徐遇孙于朝。济宁曰："翰林某可与馆差。"徐方欲言，济宁作色曰："此何大事？朝廷美官多，不必此也！"徐唯唯。翌日会典馆知会送至某太史家，已奉徐总裁谕派协修矣！

（三）某太史豪饮

京师丧家，凡筵前有铜爵三，备吊者奠酒。有湖北某太史，初释褐游京师。一日赴吊，既就位跪，家人奉爵上太史。太史愕不知所为，素豪于饮，乃举而尽之，行一叩礼，再三亦如之。众客皆笑。太史亦稍觉其异，出询诸人，乃知误。明日九城皆知太史饮量豪也。

（四）送戏祝寿之误

京曹科第，最重师门。每年老师、师母生辰，门生辄醵资为寿。某年某尚书七十寿，先期值年门生某太史往请送戏剧。尚书谦谢，太史以为师不欲也，退而告诸人，罢议。乃是日往祝寿，则师门已布置剧场盛设酒筵以待。某太史心知有误，投刺后逃去。诸门生既集，尚书盛筵款之。日晡戏班不至，主宾怅然而散。明日，太史往负荆也。

七四　误会失态

王伯恭《蜷庐随笔》云：“钱唐戴文节公醇士，风神美秀，在翰林日，群以戴小姐呼之。道光中叶，江右万明经应京兆试，寓其乡人黄莘农宅中，以老名士自命。一日，戴过访黄君，与万相见。万忽问戴曰：‘足下亦来就试乎？’戴曰：‘非也，吾不下场。’万作色曰：‘足下姣好如此，何无志向上？吾年过五十，尚求进取也。’戴未及答，黄君笑曰：‘君休矣，此戴醇士供奉也！君欲为其门生尚不可得，乃妄语乎！’万面赪，不复作声，逡巡遁去。盖江西、浙江皆在南皿七省中，房考同皿者例不批阅，至会试则仅避本省，是时万尚乡试，黄故云尔。然戴虽年将四十，肌肤莹白，望之如二十上下人，万固疑为塾中子弟也。此何子贞先生言。”误会可笑。

醒醉生（闻即汪康年）《庄谐选录》云：“有欧阳某者，以道员入都引见。一日，某贵人招饮。欧阳至，主人迎客，甫一揖，仆白内有事，主人送茶即去。时盛暑免褂，旁一客金顶纱袍，欧阳因与揖坐。良久，欧阳忽问曰：‘观汝相法，读书应可得志。’客谨对曰：‘向亦曾读书。’又问曰：‘已入泮否？’客曰：‘会蒙某大宗师取入学矣。’曰：‘然则乡试如何？’客曰：‘已于戊子科侥幸。’又亟问：‘会试几次？’曰：‘庚寅幸成进士。’欧阳至是甚觳觫，犹问曰：‘朝考后点用何职？’曰：‘翰林院庶吉士。’欧阳复问：‘留馆否？曾得差否？’客曰：‘前年蒙派充湖南乡试副主考。’欧阳大愧失辞，不复有语。俄而客转询曰：‘公以道员在外，当是由翰林截取。’欧阳惶悚言非是。曰：‘然则应是部曹改捐。’亦言未尝得进士。客又请问乡试何科，彼此当有年谊。欧阳复悚言未曾中举。曰：‘如此应是由廪贡报捐。’欧阳惭言少时未尝应童试，即报捐今职。客正色曰：‘吾闻捐一道员，不过万金，而外省当佳差，往往岁得数万。牟利之道，洵为最工！’欧阳大惭（以俟录）。”此则话柄，可类观。又忆某笔记言：赵尔巽为安徽按察使时，有新到省之即用知县某旅见，年甚少，误以为纨袴儿入赀得官者，遽诃之曰：“何不在家读书？来此胡为？”对曰：“非卑职自己愿来，皇上命卑职来，卑职不得不来！”尔巽愕然。既知为即用知县，亟改容谢之。后语人曰：“幸亏我是个翰林，还对

得过他这个进士知县，不然更要大难为情了！”此一传说，亦有类似处。（原第11卷第20期）

七五　丁宝桢憾未掌文衡

丁宝桢由在籍庶吉士办团，以军功授编修，旋简湖南岳州知府。其纪恩诗有云：“破格承恩邀异数，改官无分赋长杨！”自注：“因劳绩而留馆，而外放，馆课试差大考等试，均未得与。”言之若有遗憾，盖文人结习未忘，亦犹李鸿章以不获一掌文衡为憾事云。

七六　张百熙谐语

光绪甲午，西后六旬万寿，加恩诸臣。南书房翰林陆润庠、张百熙、吴树梅等均赏戴花翎，而提督宋庆、冯子材等均赏加尚书衔。百熙与其乡人吴观敬书，谓：“词臣赏花翎，为投笔从戎；提臣加尚书衔，是脱剑说经。”语颇有致。

七七　李鸿章徐桐特受三眼花翎之赐

清制，三眼花翎为王公章服，非诸臣所得与。光绪间，李鸿章、徐桐二人，先后以汉大臣拜三眼花翎之赐，为二百余年来破格优奖。鸿章得此，由西后六旬庆典加恩；桐则以再入弘德殿，照料大阿哥溥儁读书，西后特隆其待遇也。

七八　记鸦片战役时事

先大父《记事》云："莲舫兄云：'余作令贵溪时，洋务起，办兵差无虚日。忽报某参赞过境，急前迎之，而令人治供张以俟。及接见舟中，则议论风生，言军事若冲冠裂眦，怒不可遏。余方心敬之，以为是殆有心人。谈次，傍舟喧争，声逼坐隅，某不问也。争益急，余不复可忍，问侍者：'若辈何争乎？'答曰：'为差费故耳。'余肘之去。俄传呼'大人易舟'，余目注之。俄而囊箧累累，举之不竭。中有一箱，钥甚固。某睨而指之，急呼从人：'此玻璃箱也，制上上，余在广东购得之，宜好庋之，勿使坏！'於虖，天子命将，凿凶门以出，万姓生灵系焉，奈何系情于区区玩物乎？真全无心肝者也！"又云："林少穆先生过境，余谨往迎之。接见时，语余曰：'我奉旨赴浙，沿途有司，例给夫马，然不欲重累地方者，盖军务重，昼夜趱行，犹恐不及，故自粤买舟来，未尝费地方官一草一木。明府其勿治供张；即治，我亦不受也！'余窥先生语甚温而容甚悴，壹似重有忧者，乃心王室，殆无地而不然欤。'"道光鸦片战役时事也。

七九　纪昀谐敏故事

林纾《畏庐琐记》（原名《铁笛亭琐记》，最先排日披露于民国初元徐树铮之机关报《平报》，旋出单行本。迨归商务印书馆出版，始改今名。）云："前此都下工部衙门灾，尚书金公合匠民大治之。有人出对句，以五行分按之。句云：'水部火灾，金司空大兴土木。'一时无能对者。从此有某舍人自南方来，人极丰肥，自矜为南人北相，终身贵不可言。于是轻薄子即取为对句曰：'南人北相，中书公甚么东西？'见者大噱，舍人无如何也。"按：此对相传已久，纾所云之轻薄子，据其乡前辈梁章钜所记，则纪昀也。章钜《巧对录》云："先叔父太常公语余曰：'乾隆间工部署被火，金尚书简督修。有朝士出一对句曰：'水部火灾，金司空大兴土木。'久无能对者。适纪文达师入朝，朝房中新选中书科中书者，状貌魁梧，自负为南人北相。公闻之，辴然曰：'南人北相，中书科甚么东西？'可借伊属对矣！"

又钱泳《履园丛话》述此，亦言是昀事，惟稍有不同。据云："乾隆戊申年，京师工部衙门失火，上命大司空金简鸠工新之。时京师有一联云：'水部火灾，金司空大兴土木。'久之无有对者。中书君某，河间人也，语于人曰：'此非吾乡晓岚先生不能。'因诣纪求之。纪曰：'是亦不甚难对。'踌躇有顷，先生忽笑曰：'但有，妨足下奈何？’中书曰：‘有对，固无伤也。’先生曰：‘北人南相，中书君什么东西？’其人惭而退。都中人哄传。”（“北人南相”或“南人北相”，忆他笔记亦有作“南腔北调”者。）惟昀以谐敏著，为相传诙嘲故事附会集中之人物，《随笔》前曾论及之。即如《履园丛话》所记：“太仓东门，有王某者，以皮工起家，至巨富。构一楼，求吴祭酒梅村榜额。梅村题曰‘阑玻楼’。人咸不喻其意，以为必有出典。或以询梅村，梅村曰：‘此无他意，不过道其实东门王皮匠也！’闻者皆大笑。乾隆中，蒋心余题一医者之堂曰‘明远堂’。人问其典，心余曰：‘子不闻“不行焉可谓明也已矣，不行焉可谓远也已矣”’？尤妙。”又：“平宽夫侍郎官翰林日，新置一妾，同僚贺之。李松云先生以《诗韵含英》一部为贺。平纳之，而不解其意，且怪其仪之轻也。明日李来，平诘其故，笑曰：‘此非四声韵乎？以尊姓第一字略作一读（豆音），下三字一气连读，则得之矣！’平大惭，先生大笑。”《巧对录》所记：“宋荔裳（琬）雅善谑。京师有市猾某者，本骡马行牙人，以附势焰至巨富。一日，堂成宴客。壁间有孔窦，客疑问之，答曰：‘手脚眼也。’盖工匠登降攀附置手脚处。荔裳在坐，应声曰：‘吾有对句矣，乃头口牙也！’”诸如此类，各有所属，与昀无干，而世亦多以属之昀矣。

八〇　翰林英名

上期《随笔》引《蜷庐随笔》，戴熙在翰林日有“戴小姐”之称。《履园丛话》云：“乾隆庚辰一科进士，大半英年。京师好事者，以其年貌，各派《牡丹亭》全本脚色，真堪发笑。如状元毕秋帆为花神，榜眼诸重光为陈最良，探花王梦楼为冥判，侍郎童梧冈为柳梦梅，编修宋小岩为杜丽娘，尚书曹竹墟为春香。同年中每呼宋为小姐，曹为春香，两公竟应声以为常也。更有奇者，派南康谢中丞启昆为石道姑，汉阳萧侍御芝为农夫。见二公者无不失笑。”宋小姐与戴小姐，遥遥相对，均有清翰苑人物之趣闻也。又光绪丙子翰林黄县王锡蕃，少年科第，在词馆时，丰致翩翩，同馆多以“王三姐”呼之。周寿昌《思益堂日札》，记名异姓异有云：“其名类闺秀者，广东有余艳雪（康熙己未翰林）。”以名论，是又一余小姐也。艳雪为广东澄海人，后更名志贞。(原第11卷第21期)

八一　李鸿章购海晏轮船

光绪甲午，李鸿章校阅海军时，尝乘招商局海晏轮船。后海晏买办潘二江（湖州人）语人曰：“中堂岂将有不祥事耶？中堂身长，入舱门时，偶未留意，将大帽上顶珠砸落。又，船甫开行，帅旗忽被风吹落海中。此二事为兆殆非佳也。”时犹海疆晏然也，未几而中日战事起矣。会逢其适，可助好谈休咎者张目。惟知之者少，其事未著耳。吾闻之友人某君，盖当时亲闻潘二江之语者。

关于海晏轮船之命名，据欧阳昱《见闻琐录》云：“合肥李文安，傅相之父。江都李宗羲造一轮船，曰海安，解往天津。上海道冯某，欲避安字讳，请易之。李制军不肯，斥之曰：‘俟李中堂做皇帝，再避其三代不迟！’后冯卒私改曰海晏。”可供谈佐。所谓冯某，盖指冯焌光也。

焌光在上海道任，尝请开缺赴伊犁迎父柩，获赏假前往。王伯恭《蜷庐随笔》云：“光绪丁丑正月，两江总督沈保桢、江苏巡抚吴元炳会奏：苏松太道冯焌光，因伊父冯玉衡病故伊犁戍所，禀请开缺迎柩。奉旨：‘冯焌光著加恩免其开缺，赏假一年。江苏苏松太道篆务，著沈葆桢、吴元炳拣员署理。’定例丁忧人员均须开缺守制，惟满人穿孝百日后，不开缺，照旧当差，惟三年中不得升转耳。冯公何以不报丁忧，但请开缺？而朝旨又何以赏假一年？虽曰加恩，究不可解。”按：焌光之迎父柩，其父死于伊犁戍所已十余年矣。伯恭以不报丁忧与赏假为疑，偶未深考耳。

八二　考场难于淹博

《蜷庐随笔》云：“光绪以来，极重朴学。乡会试第三场策问，自顺天直隶两省（?）外，咸以实对为能；然皆携带书籍入场，从无白战者。吴县潘伯寅尚书，尤以实策为取士之准。余尝问公：‘此皆抄胥也，何为独重此选？’公曰：‘吾正欲看其抄书耳。凡作家所抄，必与庸俗不同。’因又问公：‘带书当以何等为善？’公曰：‘此正难定，惟以平时用功者带入为妙。若素昧生平，虽多无益。’公又言：‘策有五道，未必能悉对无漏，亦断无五策皆空者。同治癸酉，吾为主司，适有人以新刻《水经注》见赠者，因带入闱，以为闲中消遣。比三场出题，偶取书中疑义问之，而通场无一答者，岂僻书耶？君如不信，试问今之名翰林王莲生，彼时渠在场屋，曾答我一字否乎？’相与抚掌一笑。”

《见闻琐录》云：“士以淹雅称最难。本朝尚考据，莫不自谓驾前代而上之，而康熙以来称博学者数十百家，莫不自谓诸子百家无所不窥，而自余以观之，真能如孔子所谓多学而识者实鲜。盖在匡居著书，可遍搜秘典僻籍，以逞其奥博；若使在场中，绝其怀挟，则能免错舛者少。虽题目出处在人所常读《史记》《汉书》中，亦有不知者。如康熙己未考鸿博，其中出韵失粘与误用典故之弊甚多。至乾隆三年（按：当是元年丙辰）考鸿博，题为‘五六天地之中合赋’，出《汉书·律历志》，非僻句也，而场中惟刘文定一人知之，余二百余人皆不知，亦可愧矣。近时潘伯寅祖荫、杨宾石泗孙，皆以博览群书自命，卓卓于一时者，然咸丰年间考南书房五人，潘、杨在内，其三人则予忘之，题为拟鲍明远数诗，五人均不知出处，相约各作七律四首，是直以明远为唐宋时人，而不知为六朝人矣。不然，六朝无七律，尚不知之乎？是真可笑之极矣。文宗阅之不悦，谓五人者徒盗虚名，命再考一次，出人人所知题，然后无笑柄。又某年考御史，题为‘田横齐国之壮士耳尚守义不辱论’，是孔明语，无一点出处者，惟梅河帅（按：梅启照也）用诸葛亮三字取第一。又某年朝考，为‘喜雨志乎民’题，乃《公羊》语，无知者，惟新建万良知之。本拟取第一，以字太拙，列第三，入词林，时年六十七。向尝自撰一联语云：‘十九届诸生，壮心未已；一千年不死，老脚还来！’矍铄哉是翁也！”二书所述，有可参观处。王懿荣见嘲于潘祖荫，而祖荫亦尝见笑，颇趣。（同治癸酉顺天乡试，懿荣中副榜第一名，祖荫以磨勘案由户部侍郎罢官。）同治辛未，朝考以“刑赏皆忠厚之至”命题。时王闿运在京，以此语出处询祖荫及徐树铭、周寿昌，皆不能知，祖荫且谓拟题之庞钟璐，即摘自《古文渊鉴》亦不知本出何书，盖仅知苏轼曾作此题（未点出处）耳（拙稿曾述其事，见本报第八卷第二期），信乎淹博之不易也。光绪己卯考差题，众不知出处，惟兵部应试者知之，以署中匾额正用此语也。见李慈铭是年《日记》。又忆清某帝出“也作乎赋”题，诸翰林皆茫然不解，独一素无文誉之老翰林，记出《论语》注中，欣然振笔焉。

八三　十二生肖趣话

林纾《畏庐琐记》云："天下固有眼前之事，为童子所问，至于瞠目不能答者，余往往遇之。余授徒龙潭精舍时，有温陵学生，年十五岁，文字已通畅，一日忽谓余曰：'十二地支何以杂收鼠牛龙蛇之类，有龙无凤，有鸡无鸭也？且何取义而位此十二神？'余大窘曰：'童子哓舌，难及长者，非礼！'逾数年，读《说郛》，见宋洪巽《旸谷漫录》，谓：'子寅辰午申戌俱阳，故取相属之奇数以为名；鼠五指，虎五指，龙五指，马单蹄，猴五指，狗五指也。丑卯巳未酉亥俱阴，故取相属之偶数；牛四爪，兔两爪，蛇两舌，羊四爪，鸡四爪，猪四爪也。'事近附会，然得是足以塞责。时学生已归，乃寓书予之，并谢吾过。"附会之谈，尚非甚奇。最奇者，如刘献廷《广阳杂记》引李长卿《松霞馆赘言》云："天开于子，不耗则其气不开：鼠耗虫也，于是夜尚未央，正鼠得令之候，故子属鼠；地辟于丑，而牛则辟地之物也，故丑属牛；人生于寅，有生则有杀，杀人者虎也，又寅者畏也，可畏者莫若虎，故寅属虎；卯者日出之候，日本离体，而中含太阴玉兔之精，故卯属兔；辰者三月之卦，正群龙行雨之时，故辰属龙；巳者四月之卦，于时草茂而蛇得其所，又巳时蛇不上道，故巳属蛇；午者阳极，而一阴甫生，马者至健而不离地，阴类也，故午属马；羊啮未时之草而茁，故未属羊；申时日落而猿啼，且申臂也，譬之气数将乱，则狂作横行，故申属猴；酉者月出之时，月本坎体，而中含太阳金鸡之精，故酉属鸡；戌时方夜，而犬则司夜之物也，故戌属犬；亥者天地混沌之时，如百果含生意于核中，猪则饮食之外一无所知，故亥属猪。”献廷称以“可谓发人所未发”，而穿凿附会，实奇诞可笑之甚也。黄贞白《聆风拾闻》云：“十二生肖，相传已古。按：《法苑珠林》引《大集经》云：‘东方海中有玻璃山，山有一毒蛇一马一羊，修声闻慈。南方海中有玻璃山，山有一猕猴一鸡一犬，修声闻慈。西方海中有银山，山有一猪一鼠一牛，修声闻慈。北方海中有金山，山有一狮子一兔一龙，修声闻慈。一日一夜，常令一兽游行教化。七月一日，鼠初游行，以声闻乘教化一切鼠身，令离恶业，劝修善事。如是次第至十二日，鼠复还行。’是殆与中国生肖说相合，惟俗传生肖中有虎，而佛经则云狮子，则吾人于寅牛诞生者当不属虎而〔属〕狮子矣，然《大集经》注云：‘狮子此方名虎。’则固以狮子当虎也。”十二生肖之说，衍自佛经，于理为近。（原第11卷第24期）

八四　全庆翁同龢以磕头健身

本报本卷第十九期载《无挂碍室随笔》，引常熟秉衡居士《荷香馆琐言》云：“吾乡翁松禅相国，每夜必在房行三跪九叩头五次乃卧；其法传自全小汀相国庆。翁相晚年气体极健，自谓得力于此。”按：全庆之以磕头健身术告翁同龢，同龢《日记》中亦略记之。光绪八年壬午正月初四日云：“谒全师。师言：‘每日磕头一百廿，起跪四十次，此法最妙！’”盖同龢所行，次数视师傅已大减矣。

八五　光绪帝罢董福祥之手诏

又第二十三期载方遒君《关于董福祥之免职》，引所记忆之德宗对福祥朱谕大略，与拙著《随笔》所述福祥事相印证。此项手诏，曩曾据所闻录存，其全文云：“尔忠勇性成，英资天挺，削平大难，功在西陲。近以国步艰难，事多掣肘，朝廷不得已之苦衷，谅尔自能曲体。现在朕方曲已以应变，尔亦当降志以待时，决不可以暂时屈抑，隳厥初心。他日国运中兴，听鼓鼙而思旧，不朽之功，非尔又将谁属也？尚其勉旃！”闻此诏已收入《甘肃通志》《固原州志》。前述福祥事，颇怀疑于此诏与当时光绪帝对福祥态度未甚吻合，故未引入。今方遒君谓亲闻诸福祥幕僚，并言福祥受诏时情状，此诏当属实有，意者仍是西后主动，帝此时固无言动自由也。

八六　纪昀嘲京中女子大脚联

梁章钜《巧对录》云：“谢椒石曰：‘京中女人多大脚者，纪文达师戏为集句对语云：朝云暮雨连天暗，野草闲花满地愁。虽恶谑，亦极巧矣。’按：此前明沈景倩旧集句，见《静志居诗话》。”此亦他人谐语误传为纪昀事之一例也。拙稿于第二十三期中论此，引《巧对录》，漏将此则列入，而此则昀门人传误，即由另一门人纠正，尤有致，故补缀于此。《静志居诗话》著者为朱彝尊。

八七　晚清亲王与人相谑话柄

肃王善耆为民政部尚书时，张鹤龄调部任事。一日，善耆戏语鹤龄曰：“吾于君名，偶有一巧对，请莫怪！”鹤龄曰：“愿闻。”善耆曰：“‘放狗屁’也！”鹤龄曰：“王爷大名，某亦有一对，望王爷勿罪！”善耆促即言之。曰：“‘恶少’耳。”对语殊工，且意义有关合，远胜善耆所言也。李岳瑞《春冰室野乘》云：“恭忠亲王在政府，与宝文靖相得。王恒呼文靖为龟。一日退值偕行，过一丰碑下，王指负碑之赑屃戏文靖曰：‘此为何物？’文靖正色对曰：‘王爷乃不识此物乎？此龙生九种之一耳！’王亦鼓掌大笑。”又某氏所辑《胜国史谈》有云：“宝鋆聪明机警，与奕䜣极相得。一日由军机下值，宝起旋，奕䜣猝至，宝敛裤，奕䜣曰：‘汝闭宝邪？’宝应声曰：‘出恭！’盖奕䜣为恭亲王也。大祭天坛，二人同时先至。奕䜣拊龟趺之首曰：‘宝贝！’宝即曰：‘王爷，龙生九子，此其一也！’盖成帝所生子正九人，奕䜣次六。”其第二事与《野乘》所记大同小异。凡是均相传晚清亲王与人相谑之话柄，可与所闻善耆、张鹤龄事类观。

八八　以人名戏对趣话

清末以人名戏对之风颇盛，又如某氏《轩渠录》云：“俳对以极有趣令人发笑者为上乘。去年上海有出联征对者曰：‘岑春萱拜陆凤石。’对云：‘川冬菜炒山鸡丝。’极工而趣。此太仓许弼丞作也。从前有以‘汤蛰仙’三字求对者，某对以‘油炸鬼’，可称绝工。其外传诵之作，如‘荷兰水’，对以‘李柳溪’，亦至工。”惟岑名春煊，从火不从草。自来多误春煊为春萱，颇奇。近之名人，亦有类是者。

又云：“杨士骧素以滑稽著名。为山东巡抚时，一日，首县某晋谒，向杨提及某令现丁外艰，闻其老太太病亦垂危，怕要接丁。杨曰：‘接丁可对连甲！’时连为山东臬司也。又一日，仆人以点心进。杨曰：‘刚吃过点心，何以再用点心？’仆对曰：‘这是午点心。’杨曰：‘这是午点心，快传丁达意！’时丁为山东济南道。仆闻杨言，茫然不解所谓，急趋出令人往请丁道。杨大笑曰：‘不必请丁道。我盖谓午点心可对丁达意也！’”此则相传长官以属吏姓名作谐对之话柄。丁达意为山东之老候补道，久任河工差，官至山东盐运使。此所谓济南道，当指济东泰武临道，达意似未尝官此。其为运使，忆系由兖沂曹济道升任。杨士骧抚鲁时，盖尚是候补道。

陈锐《褒碧斋联话》云："长沙翁笠渔，初以从九需次江南，后历任铜山、阳湖诸剧县，以吏材见称。有人撰上联云：'铜山县，山阳县，阳湖县，湖南从九做过四五任知县。'数字蝉联，又以四五合九，颇具匠心。一客属对云：'铁宝臣，宝瑞臣，瑞鼎臣，鼎足而三，都是一二品大臣。'按：铁名良，宝名熙，瑞名良，皆满洲同时之为侍郎巡抚者。较之《余墨偶谈》所载'孔门传道诸贤，曾子子思孟子；周室开基列圣，太王王季文王。'尤为难得矣。"又蒋芷侪《都门识小录》云："闻端湹阳为人言：'余昔督两江时，恨未使翁延年（号笠渔，湖南人）令山阳县数日。'叩其故，则言：'余顷闻一联云：铜山县，山阳县，阳湖县，湖南从九，做过四五年知县；铁宝臣，宝瑞臣，瑞鼎臣，鼎足而三，都是一二品大臣。上联即指翁令也。下联字字的对，以铁对铜，尤为巧合，惟翁实未令山阳，故余引以为恨耳。'"如《识小录》所云，此联对仗虽甚工，而事实不免假借，价值以牵强而损矣。

《识小录》又云："礼尚荣庆前长学部时，左丞为乔树枏（绰号乔壳子），右丞为孟庆荣（号黻臣）。有人撰一联云：'壳子并吞双御史，黻翁倒挂老中堂！'双御史为高枏、高树，皆川人（按：高树、高枏系兄弟），乔名树枏，故曰并吞；荣为协办大学士，孟名庆荣，故曰倒挂中堂也。因忆昔年内阁中书有名吴鋆者，见堂官宝中堂亦名鋆（即文靖），因改己名为均金以媚之。后其婿某得内阁中书，有人撰联云：'女婿头衔新内阁，丈人腰斩老中堂！’两以‘老中堂’为谑，而壳子一联，尤为穿插入妙。”此二谐对，良可合看。一说“倒挂老中堂”本作“倒挂一中堂”，“一”“双”字面更对。

又云：“或于某酒馆壁间题一联云：‘世仆不为家所齿，续貂真与狗谋皮。’乍阅之不解所谓。后再观，上两字已了然，中两字指某侍郎也。昔年萍乡文芸阁学士喜诙谐，尝呼某侍郎为家狗，以其名之第三字形似狗也。或之意殆本此。”宣统辛亥，世续为资政院总裁，李家驹副之，时人以其同官作此相嘲耳。吾因此联而联想及于梁章钜所述一联。章钜《归田琐记》云：“忆得湖南抚部某到任，初入本境，有某来迎。谈次，问：‘湖南有新闻乎？’某猝不及对，久之乃曰：‘无新闻，近时有一对甚工。有某县令姓续名立人者，一人戏以其姓名演成一对云：尊姓原来貂不足，大名倒转豕而啼。此语颇脍炙人口。’抚部笑而罢。及到任，竟摭以他事劾去。抚部不知何所见，实则令乃一好官也。此道光近年事。”对洵工巧，谑虐胜于嘲世续联，而此令既遭恶谑，更因而被劾，冤哉！

（原第11卷第25期）

八九　敬信雅量

敬信与翁同龢同为户部尚书时，同龢实操部权，敬信伴食而已。同龢主眷正隆，敬信则久不召见，黑尚书也。张荫桓官侍郎，以敏干为同龢所重，引参要务，声势非他堂所及。部稿率由同龢画定，敬信等始循例画之。敬信偶先画某稿，荫桓见之，即援笔抹去，怒其不候同龢而遽先画也。并谓此稿关系重大，令部中发通知，请各堂明日齐集会议。敬信旋至，司官白其事。敬信微笑曰："你把这个交给我罢！"因取原稿置靴筒中，略无愠色。人颇服其有涵养，盖自知势力不逮翁、张，不得不出以容忍耳。荫桓意气自豪，所为每类是，朝列侧目，非一日矣，其遇祸亦颇因此。

九〇　肃顺恃宠凌轹同行

薛福成《庸盦笔记》有云："肃顺恃宠而骄，陵轹同列。是时周文勤公（祖培）以户部尚书协办大学士，而肃顺亦为户部尚书，同坐堂皇判牍。一日，周相已画诺矣，肃顺佯问曰：'是谁之诺也？'司员答曰：'周中堂之诺也。'肃顺骂曰：'唉！若辈愦愦者流，但能多食长安米耳，焉知公事！'因将司员拟稿尽加红勒帛焉，并加红勒帛于周相画诺之上。累次如此。周相默然忍受，弗敢校也。"与所闻荫桓与敬信事略相类，惟一为满堂对汉堂，一则汉堂对满堂耳。又据仲子（费行简）《慈禧传信录》云："大学士周祖培，旧与肃顺同掌刑部。以变通秋审实缓办法，顺属祖培具疏上言，而先以疏稿示幕客王闿运。闿运谓：'此十八科滥墨卷，疏上必贻九列笑！'顺遂呼祖培为老八股。凡公牍祖培已签行者，顺则以红抹之，如勒帛然。祖培不能堪，然自顾宠衰，无如何也。”费氏为闿运门人，此或即闻诸闿运者，可与福成所记参看。

九一　满堂尸位素餐

满堂虽班列汉堂上，然尸位者较多。枝巢子（夏蔚如）《旧京琐记》云：“刑曹于六部中最为清苦，然例案山积，动关人命，朝廷亦重视之，故六堂官中例必有一熟手主稿，余各堂但画黑稿耳。薛尚书允升既卒（按：允升因案降调），苏抚赵舒翘内用继之，赵诛，沈家本内调为侍郎，皆秋审旧人，凡稿须经沈画方定。余在刑曹时，见满左右堂既不常到，到则各司捧稿送画，辄须立一二小时，故视为畏途而愈不敢至，其庸沓可笑，然尚虚心，盖每画必视主稿一堂画毕否，既画则放笔书行，若间见有未画者，则曰先送某堂看后再送云。”情事宛然。各部之稿，每由主事者一堂画后即行，谓之画先行稿，余堂可补画。关于满堂者，又如平斋《春明梦录》云：“部务虽分满汉堂司，而事权究属之汉员，且尤以汉司员为重。麟芝庵相国（书）好动笔墨，每喜改余稿。一日，在朝房欲动笔改奏稿二字，余不觉大声呵之曰：‘不能！’渠遂搁笔而止。溥倬云出而语余曰：‘虽是汉掌印，那能如此专横！’余曰：‘奏稿不能将就，顷间亦急不能择耳。相国与我厚，当不我怪也。’相国人本圆通，遇事颇好通融，每低声与余斟酌。余曰不可，渠亦不敢强。余屡拂其意，然与余终相得，盖其相度之谦冲固不可及也。平心而论，满员得好处固占便宜，而主持公事未有不让满（汉）员者，汉人固不弱也。”事权究属汉员，良然。麟书虽好动笔，而汉司员面折，顺受不愠，亦可谓虚心矣。此吏部事。

九二 薛允升精律学

薛允升久官刑部，精律学，李岳瑞极称扬之。其《春冰室野乘》云：“刑部事统于总办秋审处，额设提调、坐办各四人，主平亭天下秋审监候之狱。必在署资深且深通律学者，始获充是选。长安薛云阶尚书允升，官提调十余年始获外简，甫六岁复内擢少司寇，洊长秋官，掌邦刑者又二十年，终身此官。其律学之精，殆集古今之大成，秦汉至今一人而已。尝著一书，以《大清律例》为主，而备述古今沿革，上溯经义，下逮胜朝，比其世轻世重之迹，求其所以然之故，而详著其得失，以为后来因革之准。书凡数十册，册各厚寸许。卷帙繁重，竟无人能为任剞劂者，日久恐不免佚阙矣。”其书今未知尚存否。允升归里后，两宫在西安时起用，随扈回京，行至开封而卒。吉同钧挽联云：“一千里长途随侍，劝膳调药，方冀延年，讵料梁苑星沉，竟尔骑箕归上界；十二年读律质疑，辑汉疏唐，时闻绪论，从此云司秋冷，更无秘钥启法门。”下联亦称其律学。赵舒翘之死，同钧挽联云：“四知励清操，强项同钦杨太尉；一死纾国难，刎头不数樊将军。”同钧治律有声，曾为秋审处坐办，刑部老司官也。在部受知于允升、舒翘，其自述联有“知己终身思薛赵”语。允升、舒翘、同钧、岳瑞均陕人。

九三　张荫桓轶事

吴永谈张荫桓事，见甓园居士（刘焜）笔述《庚子西狩丛谈》，有云：“张公……在总署多年，尤练达外势。翁常熟当国时，倚之直如左右手，凡事必谘而后行。每日手函往复，动至三五次。翁名辈远在张上，而函中乃署称‘吾兄’‘我兄’，有时竟称‘吾师’，其推崇倾倒，殆已臻于极地。今张氏裒辑此项手札多至数十巨册，现尚有八册存予处。其当时之亲密可想。每至晚间，则以专足送一巨封来，凡是日经办奏疏文牍，均在其内，必一一经其寓目审定而后发布。张公好为押宝之戏，每晚间饭罢，则招集亲知僚幕，围坐合局，而自为囊主。置匣于案，听人下注。人占一门，视其内之向背以为胜负。翁宅包封往往以此时送达。有时宝匣已出，则以手作势令勿开，即就案角启封检阅。封中文件杂沓，多或至数十通。一家人秉烛侍其左，一人自右进濡笔，随阅随改，涂抹勾勒，有原稿数千字而仅存百余字者，亦有添改至数十百字者。如疾风扫叶，顷刻都尽，亟推付左右曰：‘开宝，开宝！’检视各注，输赢出入，仍一一亲自核计，锱铢不爽，于适才处分如许大事，似毫不置之胸中。然次日常熟每有手函致谢，谓某事‘一言破的’，某字‘点铁成金’，感佩之词，淋漓满纸，足见其仓猝涂窜，固大有精思伟识足以决谋定计，绝非草草搪塞者。而当时众目环视，但见其手挥目送，意到笔随，毫不觉其有惨淡经营之迹。此真所谓举重若轻才大心细者，宜常熟之服膺不置也。”盖历历如绘，而同龢之推重荫桓，洵可见。祁景颐《䜣谷亭随笔》记荫桓事有云：“李文忠留京入总署翁文恭亦得兼职，凡遇交涉，必使侍郎同为处理。文恭尤为推重，是其笼络手段。每日函牍交驰，侍郎亦勤勤纳交，款接益密。”又云：“李文正亦旧辅再出，眷注甚隆，在总署亦惟侍郎之言是从。常熟有时利用侍郎以排同官，表面无间，心亦不洽。如总署考满章京，侍郎出题阅卷，翁言：‘樵野阅卷，余收卷点数而已。四十年老于典校，当此一叹！’次日考汉章京。翁言：‘樵野欲一人专主，余不自量，看六十本，而樵仍覆阅。伊加圈颇滥，余笑颔之而已。恭邸托一人，余曰：‘某已摈之矣！〔樵云甚好〕，因〔余〕不觉力斥其妄，不欢而罢。比通校一过，樵既加圈，不能不尽前，大为所苦。’不满之意，溢于言表。”则谓翁、张非真能融洽无间者，亦自有征。所引翁语，盖录自其《日记》也。

《䜣谷亭随笔》又云：“侍郎躬操权柄，锐意任事，又恃枢援，意气不免骄矜，为人侧目。当时风尚，京朝九列清班，除满、蒙外，汉则居恒甲科出身，少次亦由门荫，家阀隆重，罕有杂流羼入。侍郎以外职崛起，至于卿贰，即不露锋芒，亦难久安于位，况机锋四露，遇事任性耶?”此言其甲申出总署之故，而其晚遘奇祸，此亦有关也。

（原第11卷第26期）

九四　满员之敏捷者

福锟以大学士管户部时，不常到部。一日莅署，时值盛暑，各司捧稿请画，蜂拥而至。湖广司主稿朱某（字秉卿）首以稿进，福锟见第一稿系关于已改知县之太常寺官某俸银事，即问曰:“彼既在太常寺，何因改外为知县?”朱谓惟知其改官，不知其由。福锟曰:“总有个缘故。”仍以为问。朱莫能对。福锟持稿在手，摇曳作势，微笑而视之，口中犹屡言“总有个缘故”。朱大窘，诸曹旁观，亦代为闷闷。相持者良久，湖广司掌印某满员乃至。福锟又以此问之，某从容而对曰:“其改官由于拣发。”福锟笑曰:“我所以说总有个缘故也!”僵局遂解。既退，朱问之曰:“君何以知其为拣发?”某笑曰:“那个王八蛋才知道呢!”“不知何以能对?”曰:“我若不说一个缘故，你们僵到什么时候才能了局呢!”盖福锟冒暑到署，未及休息，诸曹即环请画稿，深以为苦，特藉此略憩，非真欲知此人何由改官也。此等处见满员之敏有非汉员所及者。

九五　清末机构改革

光绪三十二年，载泽等考查各国政治回国后，命厘订官制。时满汉分缺，刑部尚书满溥兴，汉葛宝华，侍郎满绍昌、钟灵，汉唐景崇、沈家本。迨新官制发表，各部尚书左右侍郎各一人，不分满汉，改刑部为法部，调礼部尚书戴鸿慈为法部尚书，绍昌仍留左侍郎，右侍郎则为张仁黼。原有十六司，改为八司。鸿慈既到任，举行司员考试，以为甄别。除秋审处提调、坐办免考外，虽各司之掌印主稿，亦须一律与考。三堂轮流监试。与考者每人给一纸条，择大清律一条二字，默写其全文。山西司主稿李步沆（山东人，乙未进士），以未兼秋审处，偕众应考。值绍昌监试。题纸一下，步沆即正色言曰："本部无论奏咨各稿，均系'查例载'。如按大人考法，嗣后均应改为'默例载'矣！如一字不讹，恐本衙门所谓圣人者，亦难办到！"圣人者，刑部秋审处提调、坐办之称也。绍昌迨其言竟，和颜答曰："此系正堂之意，兄弟本不谓然，况兄弟亦系外行，嗣后仰仗诸位指教之处尚多，不必固执成见，老兄降格完卷可也。"一笑而罢。

刑部改法部，同时裁大理寺，设大理院，以刑部右侍郎沈家本为大理院正卿。刑部之干练司员，家本多所调用。一日同班值日（刑部都察院大理寺旧同班值日，所谓三法司也。官制既改，法部、都察院、大理院仍同班值日），戴、绍、张在朝房谓沈曰："成立新衙门，不能拆旧衙门之台！"

法部与大理院争权限，相持不下。政府为调停计，将沈家本与张仁黼互相调任。时斩绞以上罪名，由大理院送法部覆核后，会衔具奏。某案犯人，原奏为斩立决，奉旨依议。大理院办述旨片，误"斩"为"绞"。迨送片至法部由狱提犯执行，法部司员察其误，拒之，并请堂官定夺，家本出而主持，执行后奏明，仁黼罚俸三月。

大理寺卿为正三品，迨裁寺设院，定正卿为正二品。闻草案本拟比照都察院，定为从一品，以葛宝华之主张，乃改定正二。厘订官制，每部以一尚书参与其事，宝华以刑部尚书在列也。宝华久官刑部，既与此役，以为必可为法部尚书，乃改任与本衙门素无关系之戴鸿慈，宝华竟被遗，大出意外。

光绪三十三年，英瑞由湖南布政使升大理院正卿。抵京，命充修订法律大臣，大理院正卿则以法部左丞定成署理。定成谢恩时，仍戴左丞三品顶，循通例也。西后云："汝可先换顶戴。"次日即具折谢恩。英瑞旋病故出缺，定成遂真除焉。

九六　补述赵尔巽与某知县事（外一则）

前述赵尔巽与某知县事（见本报本卷第二十二期），顷承张二陵君相告，此知县乃于普源也。普源山东潍县人，甲午庶吉士，乙未散馆改外，选授安徽来安知县，与尔巽实有此一段趣事。尔巽翰林授职，视普源之未获留馆，固犹胜一筹耳。

张英麟系咸丰戊午山东乡试中举。当填榜时，以墨卷涂改过多，拟抽换。内监试张文林（曹州知府）谓将来磨勘，亦不过停科，请全其已成之功名，乃获中式。榜后谒主司，得闻其事，于张执弟子礼焉。磨勘罚停一科。

九七　试题出错（外一则）

是科山东试题“太宰知我乎一节”，“太”字应照原书作“大”，误作“太”。张文林看出，以告考官。时题纸已印就，亟设法除去一点。正考官郑敦谨（太常寺卿）甚感文林，因此缔交。

关于试题错误者，又如阮葵生《茶余客话》云：“闻各省典试，多于命下之日倩人代构策题及试录序。出己手者，十无四五焉。广东某科，三场问岭南形胜，有‘选帅重于地镇’之语。监试疑焉，以质正考官曰：‘地镇’二字当作何解？’正考官贸然不知所对，乃强颜曰：‘出题自使者事，纵有错误，使者自当之，与足下无与，何必穷究为！’监试遂问副考官，答曰：‘题非我出，我何知焉？且出题之人尚在京师，安得走使万里而问之！’盖二考官素不相能，故以口语侵之也。监试乃谓诸同考曰：‘有能解地镇二字者，愿直言无隐。’有韩令者，素强项，与正考官有违言，遂奋然进曰：‘以愚意观之，乃‘他镇’之讹耳。‘选帅重于他镇’，乃昌黎送郑尚书序中语，吾乡三尺童子亦能诵之，阁下岂未之见耶？’因命取书阅之，信然。副考官胡庐大笑，监试及诸同考亦鼻哂有声，正考官踧踖不自比于人数。”此亦试题与考官监试之故事。事虽不侔，亦可合看。

御史曰台，翰林曰馆，而台丈为言官后辈对前辈之称，馆丈为词曹前辈对后辈之称，适相反。

（原第11卷第27期）

九八　好云氏述人名对

连得三函，均因本报本卷第二十五期所载拙稿而有所教益，嘉贶可念。好云氏君由上海来函云：“顷读《凌霄一士随笔》所录联对，不禁技痒。鄙人夙嗜此，而于人名对尤喜为之。兹将旧闻及拙作写呈：‘张香涛’‘开臭沟’，‘黄体芳’‘乌须药’，‘朱逌然’‘赤奋若’，‘李慈铭’‘华严经’，‘额勒和布’‘腰围战裙’，‘乌拉喜崇阿’‘鸿飞遵远渚’（鲍明远诗）。以上皆旧闻。又闻张文襄退朝，曾以‘烟惹御炉许久香’征对。一日晨起，得一札，启视则：‘图陈秘戏张之洞’也。文襄方围炉，急投诸火。

“拙作如‘李宗仁’‘荔支核’，仁作桃仁、杏仁之仁解。又‘宋汉章’‘清明节’，妙在‘宋汉’‘清明’国号皆先后倒置。'杨杏佛''樟柳神'，'杨杏'与'樟柳'皆本不连称，与《随笔》所录'李柳溪''荷兰水'异曲同工。又拟以'伍梯云'对'一捧雪'，惜'梯'字与'捧'字微嫌轻重。曾闻有人误读'捧'字为'棒打薄情郎'之'棒'字，则工矣。又'谢米诺夫''怀橘遗母'，或作'断机教子'或作'借花献佛'均可。人名之外，'金鸡纳霜'可对'吴牛喘月'。昔人诗中以'天子'对'地丁'，鄙见不如以'天癸'对'地丁'更佳。

"又读《随笔》记恭王与宝鋆之谑，忆及一事。有三人以'出恭'为题，各作诗一联。其一素讲唐韵，其诗曰：'大风吹屁股，冷气入膀胱。'格响俱高。其一曰：'板侧尿流急，坑深粪落迟。'（迟本作多，几经推敲，始改迟字。）虽切而体格较卑，颇近宋派。又一人曰：'七条严妇戒，四品受夫封。'（上句用七出之条，下句清制秩四品妻封恭人。）则专切题面，抛荒题旨，盖试帖专门也。按第三联颇似分咏格之诗钟。"

观所示，好云氏君洵深于此道者。林纾《畏庐琐记》云："林希村晸，……闽人，好雅谑，尝谓余曰：'乌拉喜崇阿。'余再四思之，不得对，只有'于缉熙敬止'为天然之偶。余笑以为谬。希村曰：'"乌拉喜崇阿"五字作五顿读，而"于缉熙敬止"五字亦可作五顿读，宁非天然之偶？'座人皆笑。一日，余在友人座间举此为言，适有欧君干甫者在座，人恒呼曰欧干翁。有李姓言：'"欧干翁"三字颇不易对。'余不期失声曰：'对"亚支奶"。'举座为之捧腹。”“乌拉喜崇阿”有“鸿飞遵远渚”为天然佳对，“于缉熙敬止”聊供一时戏谑耳。旗人之名，每字可作一顿读者甚多也。欧、亚之对，则工。又如《轩渠录》云：“前清邮传部有‘金向辰’者，某对以《金瓶梅》之‘银托子’，可谓极工而极谑矣。”斯为虐已甚，太伤雅道也。李岳瑞《春冰室野乘》云：“同治中四川副都统有名‘铁尔克达春’者，或戏以‘金吾不禁夜’对之。”亦旗人名之巧对。至无关于人名者，如相传之“树已半枯休纵斧”“果然一点不相干”，甚工。《轩渠录》又云：“今所传以俗语对唐诗，如‘好马不食回头草’对‘宫莺衔出上阳花’，‘又要马儿不吃草’对‘始知秦女善吹箫’，此类甚多，殊极工趣，盖川人宋育仁作也。”陈锐《褎碧斋联话》录此类无情对颇夥，中多可观。其用人名作对者，有文廷式之“七十鸟”“伍兆鳌”，“鸦片烟”“熊方燧”，注谓：“伍、熊皆其乡人同馆，文故以嘲之。”此亦一时风气也。

《出恭》诗“七条”云云，刻画字面，盖以嘲试帖诗者。陈锐《褎碧斋杂记》云：“殿廷考试，以五言八韵为最重。工致曲雅，别有心裁。挽近刻划太甚，几成魔道。相传《出恭》诗，其警句云：‘执杖乡人礼，垂竿钓者容。七条严妇律，四品受夫封。’此盖当时馆阁体裁最足贻人口实者。犹记己酉之暇，与彊村、觚斋游惠山，晚归寓中，余戏拟此作，有句云：‘宋庙嘻嘻火，王家濯濯风。陈推新始见，前倨后相从。’相与大笑。”两诗正合看，惟陈作视旧句微逊。

“大风”一联，好云氏君称以格响俱高，良然。相传之打油诗，又如：“金腿蒙君赐，举家大笑欢。柴烧三担尽，水至一缸干。肉似枯荷叶，皮同破马鞍。牙关三十六，个个不平安。”钱泳《履园丛话》录之，而谓：“此种诗虽谐谑，而炼字炼句，音节铿锵，非老手不能。”亦所谓格响俱高也。“板侧”一联，忆“侧”亦本作“阔”，后改“侧”字。

九九　丁达意曾官济东道

沈炯斋君由济南来函云：“顷读大著《随笔》，述杨士骧以属吏姓名作谐对事，谓丁达意未曾官济东泰武临道云云。按：光绪三十年先廉访公以济东道陈臬事，其时署道篆者即丁达意也。为此函达，用备考正。”沈君之先德名廷杞，官济东道，屡权臬篆。

一〇〇　续立人轶事（外一则）

继祖君由大同来函云：“读尊著《随笔》（十一卷廿五期）末段录有续立人故事一则。鄙人与先生遗住邻接，关于先生轶事，闻听较详，录以奉告。续立人字退庵，吾晋崞县人，清末名举人，历宰浙江金华、缙云等县，剔弊兴利，民颇德之。后益阳胡林翼奇其才，币聘入幕。乃先生以负性孤僻，不谐于众。一日，备舆出门，僚某与先生有隙，事先撰一联，贴诸舆旁，藉以辱之。联云：‘尊姓原来貂不足，大名颠倒豕而啼。’一切其姓，一切其名，运思极巧。先生见之，怏怏不乐，禀左（?）查究，左慰解之。先生旋亦归籍。先生晚境颇萧索。远近有讼事者，率央先生捉刀，先生即藉此所入以自给，然先生笔锋铦利，意绪缤纷，讼固无不胜者也。”续氏历略，足广轶闻，惟与梁章钜所记者，颇有异同，且时期稍后。嘲联之事，倘在胡林翼抚鄂时，则非章钜所及知矣。更望继祖君详考惠教，幸甚。

章钜所记续氏因为人作联相嘲致无辜被劾去官，大与宋周师厚事相类。宋魏泰《东轩笔录》谓：“周师厚提举荆湖北路，常平人呼为梦见公，以其姓也。察访周宗孟奏，师厚不晓事，吏民呼为梦见公，竟以此罢去。”可谓无独有偶。

一〇一　考官任命非常例者

光绪癸卯江南乡试，正考官内阁学士杨佩璋，副考官外务部左丞绍昌，与乾隆壬子江南正副考官礼部侍郎铁保、内阁学士李潢，均非常例，以外省副考官类不简用二三品大员也。绍昌出闱后，题一联于刘坤一祠。《褒碧斋杂记》云：“光绪癸卯正科，江南副主考续昌试毕，谒刘忠诚祠，题一联云：‘因保半壁地，用妥九庙灵，君子与，君子也！可托六尺孤，并寄百里命，如其仁，如其仁！’下署‘头品顶戴外务部郎中江南副主考某敬献’。有改之者云：‘本是外务部，来作副考官，头品欤，头品也！因题一副联，擅改四子句，笑杀人，笑杀人！’”绍昌原联及改联，旧亦闻之，惟《杂记》误“绍昌”为“续昌”，又误“左丞”为“郎中”。五品郎官，顶戴亦难头品也（“绍”之误“续”，或由手民）。

（原第11卷第28期）

一〇二　赵佑宸得罪奕䜣

光绪初年，上书房行走翰林赵佑宸外放江苏镇江府知府，后调苏州，署江安粮道，押运赴京，途次升直隶大顺广道。抵京后见醇王奕譞，旋奉旨仍在上书房行走。循例回宁交卸。两江总督行文，但书“此咨上书房行走赵”，以其尚未开大顺广道底缺，而不便称其本官也。迨交卸到京，始奉开去道缺以四品京堂候补之命。说者谓，佑宸前此外放，以与醇王奕譞文字往来颇密，时恭王奕䜣当国，颇不悦，故藉外放以疏之。其召还，则以奕䜣罢黜，奕譞握柄也。

一〇三　王文韶预托身后传志

王文韶于光绪三十四年以予告大学士卒于家，时新君嗣统，以加恩在籍老臣，甫有旨赏给匾额一方也。其晚年曾致书乡人朱福诜（侍讲学士）云："老夫千秋，仰足下矣！"盖预托以身后之传志。后墓志铭出福诜手。铭词中有"黄扉故事，阶于词苑。简自庶僚，历历可算"等语，以文韶虽出身进士，而未入翰林，以榜下主事至大拜，在有清一代汉大臣中，亦属不多也。

一〇四　赵尔巽失欢于同僚

赵尔巽由湖南巡抚内召，署户部尚书，锐意任事，于司员上堂送稿候画之制不谓然，拟改为仅将各稿送堂阅看，司员不必亲到，遇有疑问，再传承办司员上堂面询。时王文韶以大学士军机大臣管部，尔巽草具堂谕就商，文韶曰："君只管本部事，尚可从容阅看各稿；若某，则年既耄老，又兼军机，一一阅看，实无此精力。倘事在必行，则宜先裁某之管部！"事遂中止。又，黎大钧时为北档房管理，一日以关于某项典礼请款事，持稿请尔巽阅。尔巽曰："此老大帝国事也！"大钧曰："大人明见，本来司官作的老大帝国的官！"尔巽亟曰："兄弟失言，兄弟失言。"大钧曰："大人知道就好！"亦不欢而散。此光绪三十年事。

一〇五　徐广缙操京语渥承知遇

徐广缙系由部曹外放知府，洊至兼圻。其以工部郎中、京察一等记名后，外放甚速，闻由同班召见者，皆南人，均操乡语，道光帝意颇不怡，广缙独操流利之京语，奏对称旨，盖为渥承知遇之始云。

一〇六　京察记名者首选

定章，各部院京察一等人员，记名者每日四人预备召见，至召见毕为止。此项记名人员，用至只余三人时，即命将本届京察一等未记名人员覆带引见，再分别记名与否，以俟新京察之至。故事，新单压旧单，亦积薪之势耳。京察保列一等人员，下届京察时如尚在署，堂官大抵仍保列一等，否则即须劾其不职矣（此甚少见。如被劾，原保堂官尚有处分也）。京官截取，其获照例用者，六十日内与京察一等记名人员一体进单备简，六十日后即不进单。遇道府出缺时，共进三单，京察记名者居首，截取者次之，因保举而获军机处记名者又次之。

一〇七　联元罹祸之因

联元官翰林时，久不放差，贫甚。其放安徽遗缺府，闻由李鸿藻之力。官太平府知府十年，会充江南乡试内监试，谒两江总督曾国荃。谈次，国荃颇以太平缺苦为言。联元曰："视卑府为京官时，此缺不为苦矣。"国荃旋为调首府。后以刘坤一论荐，由安庆府知府擢广东南韶连道（一说惠潮嘉道），继升臬司，内用为三品卿，在总理衙门行走。庚子岁，已官阁学，见朝政日非，颇有退志，因乡试在即，冀可一充顺天考官，迟回未果，遂及于难。闻袁昶曾以谏疏约列名，联元曰："无益也。吾辈固不怕死，然此时找死亦不必。"或以告端王载漪等而变其词，言其自居于不怕死，而斥仇外诸王大臣为找死，缘是深见嫉于载漪等而罹祸焉。

一〇八　袁昶抗疏疑案

曹孟其《说林》云："组庵谈及数事：……一，袁太常等庚子之死，其疏稿流传外间，极为人所称颂。瞿止庵当宁时，遍求当（档）案，竟不可得，故太常门人章梫为太常立传，不肯载抗疏事。盖太常既殉国难，皆欲成其美名，故代撰是奏，揭之报纸。或曰即其家人为之尔。"如谭延闿所云，袁昶等抗疏之事，乃成疑案矣。或谓疏固有之，特具稿后未上，容再考。（又按：恽毓鼎《崇陵传信录》亦谓："外传太常有谏止信拳开衅三疏，或云疏虽草，为侪辈所阻，实未上。"他人"代撰"及"家人为之"之说，恐未必然也。《传信录》又云："袁太常诋拳匪最力，致书庆亲王奕劻，请其劝载漪勿为祸首，中有云：'端郡王所居势位，与醇贤亲王相同，尤当善处嫌疑之地。'书为载漪所得，遽上闻。谕旨所谓离间，指此也。"）

一〇九　李兴锐以廉俸拒不赴任

闻李兴锐补直隶广平府知府，不肯到任。总督李鸿章促之，对曰："廉俸不敷用，卑府赔垫不起。知府有表率州县之责，倘恃其陋规以办公，表率之谓何？如必欲卑府到任，惟有请中堂奏明另定廉俸新章耳！"时阅八年，终不赴，始开缺过道班焉。其后简授登莱青道，洊至通显。盖由道员陟兼圻，为时仅六年耳（光绪三十年卒于两江总督任）。

一一〇　李鸿章左宗棠知人善任

左宗棠西征，当肃州既下，关内肃清，政府念提督宋庆之功，拟任为河南巡抚。李鸿章密疏言其不可，谓庆诚忠勇，然不宜用违其长，如畀以封疆之任，非朝廷保全功臣之道也。事乃已。庆闻之曰："李中堂知我！"因执贽称门生焉。其年犹长于鸿章也。此与宗棠于戡定西陲后奏保提督张曜改用文职，获膺疆寄，可合看。曜、庆治军时，尝齐名（曜之嵩武军，庆之毅军，以同一奏案在河南募集，时二人均总兵也），而曜则优于吏事，为晚清名督抚之一，不仅以战绩著称。

一一一　张文林保全鹿传霖

僧格林沁以钦差大臣督师山东时，鹿传霖在其军营任事，获署夏津县。县城为匪攻破，知县例得革职处分。张文林以道员管僧军粮台，畀传霖一札，俾藉出境催饷得保全，盖倒填日期也。后文林卒，传霖挽以一联云："鉴拔矢公忠，念当羊舌蒙恩，何尝谋面？老成叹凋谢，痛今日鲍牙作古，孰是知心？"

一一二　光绪间豫晋鲁浙之人在朝任职特点

光绪中叶后，刑部司员，任重要乌布者，以河南人为最多，山西人次之。户部则以山东人为最多，浙江人次之。

（原第 11 卷第 29 期）

一一三　薛允升精于刑律

李岳瑞《春冰室野乘》极称薛允升律学之精，并言所著书（参看本报第二十六期）。近阅吉同钧《薛赵二大司寇合传》，云："……至咸同之时，长安薛允升出焉。允升字云阶，咸丰丙辰科进士，以主事分刑部，念刑法关系人命，精研法律。自清律而上，凡汉唐宋元明律书，无不博览贯通，故断狱平允。各上宪倚如左右手，谓刑部不可一日无此人。不数年，升郎中，外放江西饶州知府。七年五迁，由知府升至漕运总督。以刑部需才，内调刑部侍郎。当时历任刑尚者，如张之万、潘祖荫、刚毅、孙毓汶等，名位声望加于一时，然皆推重薛侍郎。（按：允升之为尚书，早于刚毅。）凡各司呈画稿件或请派差，先让薛堂主持先画，俗谓之开堂，如薛堂未画稿，诸公不肯先署，固由诸公虚心让贤，而云阶之法律精通，动人佩服，亦可见矣。后升尚书，凡外省巨案疑狱不能决者，或派云阶往鞫，或提京审讯。先后平反冤狱，不可枚举，而惟江宁三牌楼河南王树汶并太监李苌材三案为重……前后任刑部四十余年，明刑弼教，不畏强御。常恶满御史受贿卖法，一折纠参两御史落职，因此为小人所忌，借端中伤，降为宗人府府丞。旋乞罢，闭门著书，不闻国事。阅一载，拳匪乱作，两宫幸西安，复起云阶为刑部侍郎，寻转尚书。后两宫回銮，云阶年已八十有二，带病随扈，至汴梁疾发而卒。至于著书，共分四种。尝谓，刑法虽起于李悝，至汉始完全，大儒郑康成为之注释，乾嘉以来俗儒多讲汉学，不知汉律为汉学中一大部分，读律而不通汉律，是数典而忘祖也，因著《汉律辑存》。又谓，汉律经六朝北魏改革失真，至唐两次修正始复其旧，明律虽本于唐，其中多参用金辽酷刑，又经明太祖修改，已非唐律真面，因纠其谬戾，著《唐明律合参》。又刑律所以补助礼教之穷，礼为刑之本，而服制尤为礼之纲目，未有服制不明而用刑能允当者，当时欧风东扇，逆料后来新学变法，必将舍礼教而定刑法，故预著《服制备考》一书，以备后世修复礼教之根据，庶国粹不终于湮没矣。”可与岳瑞所记合观。允升所著书之体要，于此可见，惟云著书四种，仅举其三，盖有脱漏。（同钧此作，在其《乐素堂文集》中。《文集》刻本，卷端加注云：“书中错字太多，改不胜改，且其中长篇（如《薛赵二大司寇合传》）多被割截不全，并非原稿真面，阅者谅之。”）

传中叙允升力持太监李苌材处斩一案云：“太监一流，清朝鉴前明之祸，立法最严，凡私出京城滋事者，即行斩决，故历朝无权阉之患。至同光以来，渐渐鸱张，始于小安子、李莲英，其后李苌材、张受山等愈无忌惮，竟敢于辇毂之下，明目张胆，纠众打闹娼寮，殴杀捕人，拿交部问。云阶时为尚书，以此案关系重大，若非严加惩办，涓涓不灭，将成江河，前朝刘、魏之祸将复起矣，前后分三折大放厥词，痛哭上陈，谓：‘皇上开一面之网，不妨量从末减；臣等为执法之吏，不敢稍为宽纵。且从犯或可稍轻，而首犯断不容免死。’其意以为宁可违皇上之命，致一己获咎戾，不能变祖宗之法，令国家受后患也。折上，皇上大为感动，宁可违慈命而不敢违祖法，降旨依议，李苌材著即处斩，张受山斩监候，秋后处决。当日行刑，民间同声称快。此后若辈大加敛迹，如李如张，虽不免暗中招摇骗财，而终未敢彰明显著犯法者，皆此折之力也。”亦见允升之守法不阿及刑部之能举其职。

允升晚岁于律己之严，殆不能无愧，同钧亦略言之。传尾云：“若观其行事，老成练达，涵养深沉，赵固不及薛；公正无私，操守清廉，薛亦不如赵，此又合而不合者也。孔子云：‘及其老也，血气既衰，戒之在得。’云阶或有不免。又曰：‘见利思义，见危授命。’展如其庶几乎。假令展如尚在，余虽为之执鞭，亦所愿也！”盖推服赵舒翘尤甚焉。

一一四　赵舒翘生荣死哀

舒翘亦久官刑部，精于律。传中言其清操及政绩颇详，于其在刑部事云：“继云阶而起者为赵舒翘，字展如，与云阶同里。同治联捷成进士，亦以主事用，分刑部。潜心法律，博通古今，《大清律例》全部口能背诵，凡遇大小案，无不迎刃而解。十年升郎中，任提牢秋审坐办、律例馆提调。盖律例馆为刑部至高机关，虽堂官亦待如幕友，不以属员相视。展如任提牢时，适遇河南王树汶呼冤一案。时云阶为尚书，主持平反，以总其成。其累次承审及讯囚取供定罪，皆展如一手办理。案结后，所存爰书奏稿不下数十件，各处传播，奉为司法圭臬。外放知府。十年之中，由府道洊升巡抚。又内调为刑部侍郎，升尚书，入军机，总理各国事务大臣，总办铁路矿务，督修坛庙皇城工程。一生功名事业，皆由平反冤狱为之兆也。……其内任刑部长官也，部中自云阶后，风气渐趋卑污，司员多徇情受贿。展如到任，查明江苏司印、稿有受贿之事，即奏革二人之职示警。又以案牍积累，由司员不谙公事，分日面试各司员律例，择优超拔。又革奔走夤缘恶习。凡来宅拜谒及送礼物者，概不准门丁上达。”自是一时铮佼。晚节委蛇，坐拳案而死，谤议掩其休名，良可惜也。传中叙其死事谓：“展如为刚毅所沮，不能力争。后扈跸幸西安，外人以袒护拳匪罪在不赦要挟。当时迫不已，遂以‘查办草率’定罪，赐自尽。命赴狱中传赐死，展如神色不变，即书绝命词。其词曰：‘主忧臣辱，主辱臣死。死何足惜？于国奚裨？所难恝者老母幼子。悠悠苍天，曷其有极！’书毕回顾，其夫人入狱来视，告曰：‘吾死后，受人一钱，非吾妻也！’遂吞金，历四五时始绝气，年五十四岁。其从容就义如此。阅数日，江苏士民悯其冤苦，汇银六千两助葬。其夫人屡却，终未收受。盖非恩德深入人心，安能于离任没世之后犹绻绻不忘耶？亦非廉节型于寡妻，何能得此贤配哉？”可与诸家所记参阅。舒翘抚苏，有善政。其旧属出使德国大臣吕海寰腾电营救，亦以为言（海寰尝官常镇通海道）。以拳案罹罪者多清官，舒翘其尤可悯惋者。

一一五　赵舒翘薛允升与王树汶案

传称刑部平反王树汶案，允升时为刑部尚书，稍误。《春冰室野乘》记此案云："……吴县潘文勤，时长秋官，廉得其实，乃奏请提部覆讯……于时赵舒翘方以郎中总办秋审，文勤专以是狱属之。研鞫数月，始得实。行具奏矣，而鹤年（按：河南巡抚李鹤年也）使其属某道员入都为游说。某故文勤门下士，文勤入其说，遽中变，几毁旧稿，仍依原谳上矣。赵争之甚力，曰：'舒翘一日不去秋审，此案一日不可动也！'方争之烈，文勤忽丁外艰去官，南皮张文达继为大司寇。文勤亦旋悟，贻书文达，自咎为门下士所误，所以慰留赵者甚力……狱之起，当光绪已卯，迄癸未春始议结。"其时允升尚未为尚书，盖以侍郎主部事，而斯狱之平反，实与有力耳。《野乘》言舒翘时在秋审处，亦似较确。秋审处主平亭重案，提牢则掌管监狱也。

一一六　薛允升仪状可嘉

《野乘》记允升又云："尚书清癯瘦削，若不胜衣，而终日端坐读书无倦容。语言极小而清朗。每在稠人大会中，忽发一言，虽坐离数丈者，亦闻之历历，不啻促膝对语，而大声雄辩者其音反为所掩，盖寿相，亦异禀也。尝言：'士大夫一生，学问为一事，科名为一事，官职名誉又各自别为一事。兼是四者，古今殆罕其人。以王荆公之道德气节，而宋儒至侪诸卢杞。包孝肃使生于两汉时，在酷吏传亦不过仅居下驷之列，而至今妇孺皆知，奉为神明。名实何必相符？史册安有定论耶？'尝为嘉兴沈乙庵述之，乙庵叹息以为至言。"斯亦其仪状言论之可记者。

（原第11卷第30期）

一一七　京察吏部过堂情形

李慈铭光绪戊子正月二十五《日记》云："作书致方勉夫，约后明日同赴吏部京察过堂。"二十六日云："得勉夫书，言明日以译署直班，不赴吏部。余本可注假不往，今日已无及矣。六十之年，才得真除，陪诸少年赴铨曹观光察典，亦不得以牵率辞也。"二十七日云："早起小食后，子莼来，偕诣吏部。车马填塞。门前结彩为额，甬道树席为防，直至大堂，亦悬采额。到者已千余人，而堂官犹未尽至。偕同官姜涤泉（球）等五人，围坐棚下，啜茶闲话。至三时许，始点名过堂。是日吏部会同都察院堂官二人，吏科给事中二人，河南道御史二人，犹沿明制也。今日过堂者惟一等人员，其二、三等点至兵部止，刑部以下俟明日。合计盖二千人，而笔帖式至千余人。国朝京官之众，盖旷绝古今者矣。翰林自侍读至检讨，詹事自洗马至赞善，科道给事御史，皆不亲至，惟吏传呼某衙门若干员听点而已。闻每一次京察，凡造册及酒食棚采之费至三千金，皆出吏胥。造册十三分，皆厚二三尺，每一员履历半页，须一月前募集百余人写之，所费千余金，其实一无所用也。国家虚文浮费，大率如是。”此京察吏部过堂之情形也。明制，御史以河南道居首，掌察；清设京畿道，班最前，权亦最重，而京察过堂，犹令河南道御史参与，实仍明旧。即诸官齐集吏部过堂，虽已成具文，亦见明代吏部掌黜陟大权之遗意焉。慈铭所讥“虚文浮费，大率如是”，京察造册等事，诚其一端。慈铭丁亥五月补授户部江南司郎中，户部奏请补缺所加之考语为“学优品正，勤干有为”。（见其是月初十日《日记》。）慈铭平日到署极罕，而考语乃以“勤”谥之，亦“虚文”耳。

一一八　孙葆田治合肥李氏案

关于合肥知县孙葆田治李氏之狱事，慈铭戊子七月朔《日记》云：“得娄秉衡书，以陈六舟皖抚致合肥书及合肥答书见示，为去年合肥从子［名天钺（?），故甘凉道鹤章子，拔贡，捐纳郎中］里中杀人事也。同年孙葆田为合肥令，力持之，而庐州守黄云，本无赖小人，必欲消弭其事，以为挟命讹诈，六舟亦游移，臬使张君岳年不肯同，故谳久不决。孙君山东人，由户部主事改官，素有学守。既持此狱，合肥人以包孝肃目之，而合肥相国书，谓其专务搏击强家，比之《汉书》酷吏矣！”李鸿章颇重葆田，而于此亦不免悻悻之态（参看本报本卷第七期所载拙稿）。李氏子弟，挟鸿章之势，所为多纵恣，为乡里所怨。葆田不畏强御，守法不挠，宜为颂声所归，清议所崇。鸿章以酷吏讥之，固难见谅于士论也。

一一九　典京兆试人数之沿革

姚元之《竹叶亭杂记》云：“典京兆试，向来三人四人不等，嘉庆戊辰只二人。英煦斋先生是年以七月二十八日奉命赴盛京查案，及旋京，睿庙谕曰：‘凡事皆有一定。乡科本拟命尔主试，其时忽忘，令赴沈阳，他无可胜任者，因少一人。’始知是科本亦三人，届时以一人出差遂缺耳。”周寿昌《思益堂日札》云：“顺天乡试考官，历科正副皆止一人。自乾隆庚子顺天乡试，特命协办大学士尚书蔡新为正考官，而以侍郎杜玉林、学士嵩贵副之。其后遂用一正两副，或正副用至四人者。”陈康祺《郎潜纪闻初笔》云：“嘉庆以前，会试总裁多一正两副。咸丰以前，顺天主考或两正两副，或一正两副。自嘉庆己未科后春闱，同治甲子科后京兆闱，无不一正三副。此亦科场故实所当知者。”参阅三家所记，顺天乡试暨会试，考官人数之沿革，可得大凡。惟光绪戊子科，命协办大学士户部尚书福锟、户部尚书翁同龢为顺天乡式正考官，兵部尚书许庚身、刑部左侍郎薛允升为副考官，是又成两正两副，在其时为特例。翁同龢是年九月十六日《日记》记出闱后奏对云：“问：‘中卷批字，何以有中、取之别?’对以：‘正考官批中，副考官批取。’上曰：‘此次朱笔，派汝与福锟并为正考官也。’敬对：‘入闱匆匆，未及致详。’”正副考官，权限相若，而中卷副批取，正批中，稍示差别。同龢以名列第二，遂误以副考官自居矣。查慎行《人海记》云：“顺天乡试，初用考试官四员，内满洲二人，主八旗蒙古应试者。后止二员，并用汉人。”此则清初之制，有异后来考官之不分满汉也。

一二〇　赛金花因罪发遣

赛金花之在北京因罪发遣也，巡城御史陈恒庆躬与其事，其《归里清谭》中记其情状，并言其以妓业到京时，“得识面焉。初见时，目不敢逼视，以其光艳照人，恐乱吾怀也”。且谓刑部审问之际，承审司员“谛视其貌久之，心怦怦动”云云。拙稿前已引述矣（见本报第九卷第十三期）。近阅吉同钧《乐素堂诗存》，中有癸卯作《狱中观妓赛金花感赋》一首，时以刑部主事署提牢职，见之于狱中也。序谓："……侍郎殁后，不甘寂寞，复落勾栏理旧业矣。初居沪，旋携姊妹花入京，遂隶乐籍，为诸录事长。五陵豪贵，咸以先睹为快。庚子之变，联军入都，德督瓦某僭居西苑。金花以能操德语，前往迎迓，瓦见而狎焉。瓦好杀，居民苦之，金花为缓颊，多获宥者，由是名倾一时，知与不知皆仰慕之。洋人至影其像以相夸异，其动人欣羡类如此。今夏以毙小鬟逮入狱，人皆指为淫报，而怜香惜玉者流又复群相惋惜，替花请命。嗟嗟！人各有心，憎花者固为方领矩步之俦，而怜花者亦不尽倚翠偎红之辈，其用情皆未可厚非也。余久耳其名，观其像，未获目睹其容，今闻定谳，拟递籍，行有日矣。窃谓薛涛、苏小，好事者想象其美，至于累牍连篇，相与歌咏于数百年后。今绝世名媛，近在咫尺而不一睹芳容，讵非憾事？适代署提牢，入狱察诸囚。次及花，果然丽出肌表。虽秋娘已老，犹娇娆如处子，洵天生尤物哉！见余遥屈一膝，似有乞怜意。夫猛〔虎〕在深山，百兽震恐，一入陷阱之中，摇尾而求食。赛金花当得意时，非达官贵人不得一接芳泽，及幽身圜扉，虽以余之卑老，犹若贴耳俯首，望其救援，岂不重可惜哉！"诗谓："京都多名妓，艳说赛金花。车马门如市，宾客列座嘉。争求识一面，声价高云霞。腰乏十万贯，徒抱虚愿赊。一朝入囹圄，阴院黑云遮。妖星临贯索，泪雨湿荷枷。乞怜犬摇尾，束缚兔罹罝。我署提牢职，放饭趁晚衙。鸡鹜群争食，一鹤静不哗。见我曲一膝，请安礼有加。涂泽去脂粉，艳如碧桃葩。小蛮腰支细，杨柳新吐芽。花甲年逾半，犹如初破瓜。含情羞掩面，犹似抱琵琶。谛视未了了，忽被禁卒拿。须臾双扉阖，深锁不可挝。归来思不寐，深夜趺坐跏。”其倾动一时，良非寻常。（原第11卷第31期）

一二一　李慈铭评骘曾国藩文章学问

（一）　论文章

曾国藩为有清最伟大人物之一。其文章学问，亦自卓然不易及。李慈铭喜评骘，其《日记》中有论国藩文章者。同治壬申十月三十日云：“阅《曾文正公文钞》。文正初慕汉学，继慕宋儒，其古文则服膺惜抱，然笔力自可喜，性情亦真。其江忠烈、罗忠节、李忠武、李勇毅诸公神道碑，事既可传，而又同艰共苦，周旋百战，故叙述尤觉真挚。其大界墓表、台洲墓表，为葬其祖、父两世而作，字字真实，不作一景饰语。季公（芝昌）墓志铭，尤多言外之旨，虽义法未纯，固不仅藉以人传矣。末附《求阙斋经史百家杂钞叙目》，仿姚氏《古文辞类纂》之例，而并抄诸经散入之，自我作古，真蛇足也。”癸酉四月二十七日云：“阅《曾文正公集》。其江宁《官绅昭忠祠记》《湘军陆师昭忠祠记》，近代之杰作也。《官绅昭忠祠记》为向、和、张三帅军营殉难者作，叙次癸丑至庚申胜负成败之事，如指诸掌。此非有笔力不能。其议论亦极平允。”光绪戊寅五月八日云：“阅湖北重刻《曾文正公集》，较旧刻增多二三十首，编年为次，仍分四卷，然大率少年酬应之作，牵率无聊，且多肤廓。寿序、赠序居其大半，至有年伯、姻伯等之称，榛楛杂陈，菁华并掩。视其初刻，减色反多。盖由门下依草附木之徒，以编纂为功，不知别择，良可叹也！中有《书归震川文集后》一首，言震川文格颇卑，故集中序最多，不特不足上媲曾子固，亦不能下媲方望溪。其言颇为有识。又《祭汤海秋文》，笔力颇劲。《严君伯宜墓志铭》亦可观，其事亦有关系。严萱，湘潭人，由生员军功至同知直隶州加知府衔，同治八年正月殉难于贵州黄平小瓮口，照按察使阵亡例赠太常寺卿者。又《刘忠壮公墓志铭》，为提督寿卿（松山）作，是文正绝笔，文半未成。”称美处洵道得着，其不满处则多以与国藩所以治文事者途轨有异耳。《经史百家杂钞》之体例，慈铭以自我作古病之，而实是国藩识力过人之处。《刘松山墓志铭》，由李元度足成，见《天岳山馆文钞》。

（二）　论读书

其论《求阙斋读书录》光绪壬午五月十四日云：“卧阅曾文正《求阙斋读书录》，分读经、读史、读子、读集，共十卷。文正通声字转借之法，故于此颇有得。其读《周礼》《仪礼》数条，亦见细心。其论《史记》专在文法，盖囿于桐城议论，虽未知史公深处，亦自有见地。论《三国志》有数篇学《史记》处，亦确。此老固可爱也！前有合肥相国序，不知何人所为。其首云：‘札记者，小说家之枝余。自王伯厚、顾亭林辈以通儒为之，于是其业始尊。’谓札记出于小说家，又曾见王伯厚以前人札记，皆奇谈也。”十月十二日云：“阅《求阙斋读书录》。文正于《仪礼》用力甚深。其言《史记》历书畴人子弟，畴与俦通，俦者类也。《文选》束晳《补亡诗》序云：‘晳与同业畴人肄修乡饮之礼。’则凡同术同聚者皆得称为畴人，非专指明历者言。此条亦从来未正之隐。”此在国藩，为其余事。

（三） 论奏议

论其奏议，丙子正月二十一日云：“阅《曾文正公奏议》。凡十卷一百四十二首，无锡薛福成、常熟张瑛所编，以年月为次。文正一代伟人，奏议剀切详明，规画周至，皆足千古，然最佳者，咸丰初官礼部侍郎时，《遵义大礼疏》《应诏陈言疏》《敬陈圣德疏》三首，危言至计，深有古大臣风。其后募勇出师，锐意讨贼，所上筹办诸疏，类皆聚精会神，言无虚发。咸丰七年六月，沥陈办事艰难一疏，字字血诚，尤想见转侧孤危坚忍不挠之概。至克复金陵以后，其奏捷一疏，已觉迹涉铺张。此后条陈，皆不免敷衍时局，无关硕画。故剿贼山东，移督直隶，皆绝无以异人。臬天津民教之变，而素论顿尽矣。数年中惟覆陈楚省引地一疏，差为切挚，但亦止为淮盐淮商计，而于楚税之盈虚，川盐之出内，亦未及通筹利害，故楚督、川督皆力沮之，终不得行也。予尝见咸丰九年春初所上其从弟国华死事情形一疏，慷壮可传，决是文正自为之文，而此编无之，盖所遗者尚多耳。”天津教案，国藩身当其冲，处境至苦，委曲求全，大为舆论所诟，故有‘外惭清议，内疚神明’之自道也。《曾国华殉难三河镇折》为咸丰九年正月一日所上，李瀚章所编《曾文正公奏稿》中有之。国华为国藩胞弟，出嗣于叔父骥云。

（四） 兼论胡林翼左宗棠奏议

慈铭《日记》中论及胡林翼、左宗棠奏议等者，同治丁卯十一月十一日云：“借得《胡文忠公遗集》阅之。集凡十卷，皆奏疏、禀牍、批札之文，嘉兴钱卿铢等新刻之吴中者，冠以国史本传及年谱。文忠老谋深识，烛照不遗，固中兴第一流人。其行文亦辞意严正，绝无枝叶。往往援证古事，深挚剀切。国朝言经济者，莫之或先。其集在天壤间，自不可磨灭。”光绪辛巳十月初十日云：“校恪靖疏稿，自同治十年七月至十一年二月，共八册。其中惟陈金积堡战功一疏，言……马化隆创立新教，三世盘结，所据为唐灵武、宋西夏及明河套全境，极言诸军攻取之捷。又陈军饷奇绌一疏，极言河南等省欠解协饷之膜视，及其转运挹注之难。抚绥诸番僧俗一疏，言循化、洮岷、河州、西宁皆诸番连界，即古之枹罕羌人，生山谷，地产良马，朴野善骑。土司杨元，为宋将杨业后裔，厉志杀贼，战绩甚伟。今加意抚谕，益为我用，分命诸番守槐树诸关，断……出路。此三疏为可取也。”又是年九月二十九日云：“夜一更后，益吾祭酒来，属撰左湘阴七十寿文，浙抚陈俊卿所托也。”十月朔云：“上午撰序成，文极瑰伟，有西汉风，非湘阴所能识也。”盖于文学之事，自喜而颇轻宗棠。宗棠夙亦以文事自负，其文宏朗有气势，不乏可诵之作，非慈铭所能抹杀。

一二二　品题张沧海之著述

张沧海（伯桢）为万木草堂弟子，潜心著述。其《南海康先生传》一书，昔尝评之（见本报第九卷第二十期）。近以《沧海丛书》第三辑成，将出版，书来相告，有云：“此书经五年苦心始撰成。连月因抄稿付印，费了三个月始竣事，常终夕不寐，累得目下大病。现尚卧病在床，半步不能行，深以为苦。甚矣，成一书之不易也！”其致力之勤辛可见。此辑凡《达赖喇嘛传》《班禅额尔德尼传》《西藏大呼毕勒罕考》《西藏圣迹考》四种（内附《诸佛出世事迹考》《荣武佛说法录》《荣武佛传》《白喇嘛普仁传》《白喇嘛舍利塔铭》《甲戌杂感》），当为研究西藏政教之重要参考书（北平烂缦胡同四十九号沧海丛书社出售，每部价三元五角）。陈三立题词云：“沧海居士才力多宏肆，博学笃古，兼究佛乘，所辑生平撰述为丛书若干种，异闻瑰制，焜耀森列，洵足恢张国故，助益雅化。

渐摩岁月，蔚成盛业，当为中外所快睹也。”吴闿生题词云：“沧海第三辑诸篇，大抵皆佛家言，尤详于藏事。资料丰富，文字精严，非他人所能为也。”其品题如此。

（原第11卷第32期）

一二三　倭仁反对用夷变夏

同文馆之设，士大夫多守旧，以“用夷变夏”非议者甚众。倭仁以大学士为帝师，负重望，反对尤力。虽迕旨，而一时清议极推服之。翁同龢（时与倭仁同值弘德殿）《日记》中，于当时情事，颇有所记。同治丁卯正月二十二日云：“见恭王等连衔奏请设同文馆，咨取翰林院并各衙门正途人员，从西人学习天文算法原折。命太仆寺卿徐继畬开缺管理同文馆事务，有‘老成重望，为士林所矜式’之褒。”二十三日云：“又见同文馆章程。”二十九日云：“是日御史张盛藻递封奏，言同文馆不宜咨取正途出身人员。奉旨：‘毋庸议。’”二月十三日云：“同文馆之设，谣言甚多。有对联云：‘鬼计本多端，使小朝廷设同文之馆；军机无远略，诱佳子弟拜异类为师。’”十五日云：“今日倭相有封事，力言同文馆不宜设。巳初与倭、徐两公同召见于东暖阁。询同文馆事，倭相对未能悉畅。”二十四日云：“前日总理衙门尚递封奏，大约辨同文馆一事，未见明文也。京师口语藉藉。或黏纸于前门，以俚语笑骂（“胡闹，胡闹！教人都从了天主教！”云云）。或作对句：‘未同而言，斯文将丧。’又曰：‘孔门弟子，鬼谷先生。’”三月初三日云：“军机文、汪两公至懋勤殿传旨，将总理衙门覆奏同文馆事折交倭相阅看，并各督抚折奏信函均交阅。”二十日云：“与艮峰相国至报房，并至其家，商略文字。昨日有旨：倭某既称中国之人必有讲求天文算法者，著即酌保数员，别行择地设馆，由倭某督饬办理，与同文馆互相砥砺等因。总理衙门所请也。朝堂水火，专以口舌相争，非细故也！访兰生，点定数语。”二十一日云：“倭相邀余同至荫轩处，知今日递折，有旨一道，令随时采访精于算法之人。又有旨：‘倭仁著在总理各国事务衙门行走。’与商辞折。”（按：倭仁阻设同文馆原奏有“天下之大，不患无才。如以天文算学必须讲习，博采旁求，必有精其术者”等语。上谕即以“该大学士自必确有所知，著即酌保数员”云云应之，实恭王奕䜣等有意与之开玩笑也。迨其以“意中并无其人，不敢妄保”覆奏，上谕“仍著随时留心。一俟谘访有人，即行保奏”，且命直总署，均枋臣故意相阨。）二十二日云：“还坐兵部朝房，与倭相议论，辞折未允也。”二十三日云：“出偕倭、徐坐报房，商前事。”二十四日云：“遇艮翁于途，因邀至家，谈许久。知今日仍不准，与邸语几至拂衣而起。有顷，兰荪来邀，艮翁在座，商酌无善策。噫！去则去矣，何疑焉！”二十五日云：“是日倭相请面对，即日召见。恭邸带起，以语挤之。倭相无辞，遂受命而出。倭相授书时，有感于中，潸焉出涕，而上不知也，骇愕不怡良久。”二十六日云：“艮老云：‘占之，得讼之初六，履之初九，去志决矣！’相对黯然。”二十九日云：“闻艮峰先生是日站班后，上马眩晕，遂归，未识何如也。”四月朔云：“问艮峰先生疾。昨日上马几坠，类痰厥不语，借它人椅轿舁至家，疾势甚重也。”初二日云：“遣人问艮峰先生疾，稍愈矣。”初十日云：“谒倭艮翁未见，疾稍愈矣。”十八日云：“问倭相疾，晤之。颜色憔悴，饮食甚少。相与唏嘘。”五月初八日云：“晚谒艮峰相国，相国拟十二日请开缺。”十二日云：“倭相请开缺，旨：‘赏假一月，安心调理。’”十七日云：“钟佩贤奏天时亢旱，宜令廷臣直言极谏一折，内有‘夏同善谏止临幸亲王府，则援旧章以折之；倭仁谏止同文馆，则令别设一馆以难之’等语。谕旨特驳之。”二十一日云：“昨日同文馆考投学者（七十余人。抱仁戴义论，射御书数明理策）。”三十日云：“闻候选直隶州杨廷熙上封事，有十不可解。”六月朔云：“始见前日谕旨，有‘若系倭仁授意，殊失大臣之体，其心固不可问；即未与闻，而党援门户之风从此而开，于世道人心大有关系。该大学士与国家休戚相关，不应坚执己见，著于假满后即到总理各国事务衙门之任’等语。”十二日云：“倭艮翁是日请开缺，闻准开一切差使，仍以大学士在弘德殿行走，为之额手。”同龢所记，与当时关于此事之谕旨奏牍等合看，益可得其大凡。

李慈铭时居忧在籍，其《日记》中尤畅发反对‘用夷变夏’之论，而深为倭仁不平。七月初三日录驳斥杨廷熙而责令倭仁假满后即到总理衙门任之上谕，加注云："草土臣慈铭曰：'当咸丰末之设总理各国事务衙门也，慈私谓其非体，宜以理藩院并辖，而添设侍郎一人，以恭邸总理之，不宜别立司署。尝为一二当事者言之而不听也。及考选六部内阁属官为司员，又窃谓士稍自好者当不屑之，而一时郎吏奔走营求，惟恐弗得，则已大骇。知好中有为之者未尝不力止，止而不可，则未尝齿及之矣。然大僚之与此事者，固一二唯阿寡廉鲜耻之人也。至今年开同文馆，以前太仆卿徐继畬为提调官（按：继畬之膺命，其头衔为总管同文馆事务大臣），而选翰林及部员之科甲出身年三十以下者学习行走，则以中华之儒臣而为丑夷之学子，稍有人心，宜不肯就，而又群焉趋之。盖学术不明，礼义尽丧，士习卑污，遂至于此。驯将夷夏不别，人道沦胥，家国之忧，非可言究。朝廷老成凋谢，仅存倭公，然谋钝势孤，无能匡正，而尚见嫉于执政，龃龉于宫廷，以宰相帝师之尊，兼蕃署奔走之役。徒以小有谏争，稍持国体，遂困之以必不能为之事，辱之以必不可居之名。呜呼！谁秉国成，而损威坏制，一不以为念乎！五月中，内阁侍读学士钟佩贤上疏，以天时久旱，请求直言，有曰：'近者夏同善谏幸惇亲王府第，而谕旨称循旧章以折之；倭仁谏设同文馆，而谕旨令酌保数人另立一馆以难之。当朝廷开言路之时，而迹似杜言者之口；在大臣尽匡弼之义，而转使有自危之心：诚恐敢言之气由此阻，唯阿之习由此开。请饬在廷诸臣于时政得失悉意指陈，毋避忌讳。'诏从其言（按：上谕驳辩佩贤所举二事，并诏求直言）。于是杨廷熙（四川泸州人）之疏应诏上；乃重违时旨，深被谯诃，牵及辅臣，疑为指使。夫杨疏外间未见，其所云"天文算学，疆臣可行"之语，盖为湘乡督辅地，瞻顾枝梧，辞不达意。（按：上谕驳廷熙疏有云："且谓'天文算学，疆臣行之则可，皇上行之则不可'，普天之下，孰非朝廷号令所及？岂有疆臣可行而朝廷不可行之理？"）可知其全疏亦不能实陈西法之足用，夷心之不可启，国制之不可不存，邪教之不可不绝，深切著明，令朝廷耸听。其致诘责，亦非无由。特是指使者恶名也，朋党者大害也，皆君上所深疑而至患者也。国家二百余年绝无门户之祸，一旦以选入小吏不经之单章，遽加旧位大臣以非常之重咎。逆亿为事，其祸将滋，杞人忧天，是为戚矣。识者谓湘乡之讲习泰西技算，实为祸端；至于继畬，盖不足责尔。'又曰：'行走者，驱使之称，简贱之辞也。文言之曰直，质言之曰办事。国朝之待大臣也，直军机处，直南书房、上书房皆曰行走，然军机则曰大臣上行走，上书房官至尚书者则曰总师傅，不更名行走矣。惟南书房则大小臣皆曰行走，然其结衔皆称南书房翰林，近世亦鲜有以宰相直南斋者。今何地也，而以宰相为行走乎！'"其论亦足代表其时多数士夫之意见。恭王奕䜣之见称"鬼子六"，不亦宜乎？被命在总理衙门行走者，通称大臣（其由本衙门章京升擢者，更明著"大臣上"字样）。宰相而为大臣，未为不可。慈铭之论"行走"，着重仍在鄙视总理衙门耳。

李岳瑞《春冰室野乘》云："同文馆之开始也，朝议拟选阁部翰林官年少聪颖者肄业馆中。时倭文端方为首揆（按：时倭仁在阁臣中非首席），以正学自任，力言其不可。御史张盛藻遂奏称：'天文算法宜令钦天监天文生习之，制造工作宜责成工部督匠役习之。文儒近臣不当崇尚技能，师法夷裔。'疏上，都下一时传诵，以为至论。虽未邀俞允，而词馆曹郎皆自以下乔迁谷为耻，竟无一人肯入馆者。朝廷岁糜巨款，止养成三数通译才耳（按：此语似嫌太过）。方争之烈，恭忠亲王奏命文端为同文馆大臣（按：实系命直总署），盖欲以闲执其口也。文端受命，欣然策骑莅任，中途故坠马，遂以足疾请假。朝廷知其意不可回，亦不强之。（按：此节情事应看同龢所记。）文端之薨也，巴陵谢麟伯太史以联挽之曰：'肩正学于道统绝续之交，诚意正心，讲席敢参他说进；夺我公于国是纷纭之日，攘夷主战，明朝无复谏书来。'当时士大夫见解如是，宜乎郭筠仙、丁雨生皆以汉奸见摈于清议也。"亦可参阅。（岳瑞谓词馆曹郎不肯入馆，与慈铭所云"又群焉趋之"有异，盖较确。当时翰林及科甲京曹固多不乐就学于此耳。同文馆学生之视总理衙门章京，地位又有间矣。）

附答张恩书君

承录示谐诗，极佳，当于下期移载，以志雅贶。

1934年8月20日

（原第11卷第33期）

一二四　《多尔衮摄政日记》

宝应刘氏食旧德斋所藏《多尔衮摄政日记》，近由故宫博物院印行，清内阁大库旧物也。起顺治二年五月二十九日，迄七月初九日，体例犹之起居注。虽小册，可供考镜，盖史料之颇足珍者。如五月二十九日："王上曰：'近览章奏，屡以剃头一事，引礼乐制度为言，甚属不伦。本朝何尝无礼乐制度？今不遵本朝制度，必欲从明朝制度，是诚何心！若云'身体发肤，受之父母，不敢毁伤'，犹自有理；若谆谆言礼乐制度，此不通之说。予一向怜爱群臣，听其自便，不愿剃头者不强。今既纷纷如此说，便该传旨叫官民尽皆剃头。'大学士等启言：'王上一向怜爱臣民，尽皆感仰。况指日江南混一，还望王上宽容。'"剃头令之推行，为清初大事，此见是时多尔衮之意态。

六月初三日："王顾问：'代王有遗腹子，不知他有住处否？有养赡否？著抚按查明，与他养赡。'大学士冯等叩头谢。王问云：'给代王养赡，为甚叩头谢？你们到底是念旧主！'大学士等对：'王尚且笃念，何况臣等？且前人有成语："一心可以事二君，二心不可以事一君。"凡不忘前朝的，推此心即能尽忠本朝。'王又问：'比如封赏如今亲王，你们未必谢！'大学士等对：'王戏言耳。诸王懋功膺赏，臣等敢不赞服。'……少顷，王又言：'凡人臣事君，全在精白一心，不在面貌上。'王又问：'江南既下，有甚好人物？’大学士等对：‘地方广大，定有人才。’王又言：‘不是泛论地方贤才，只是先生们胸中有知道的否？’大学士等对：‘钱谦益是江南人望。’王又问：‘如今在否？’大学士等对：‘昨归顺文册上有名字，现在。’王颔之。”闰六月十二日：“……又谕大学士洪曰：‘我在东边，只闻洪军门是至清的好官，其用兵上阵，亦有可观。如松山之役，我颇劳心焦思，亲自披坚执锐。卿后虽无成，亦足见卿之能。我之体弱精疲，亦由于此。’大学士冯奏云：‘洪军门前虽得罪，今承使南方，功成亦可赎罪。’王曰：‘我亦见他做得来，诸王也荐他好，故令他南去。’”十四日：“王谕内院臣洪承畴曰：‘凡我所爱之人，虽万金不惜。昨赐卿衣帽，所直无几。卿此行须用心做事。’承畴对曰：‘感王上厚恩，敢不竭尽心力！’”此可见其驾驭“贰臣”谈吐之一斑。诘问冯铨等之语，词锋有咄咄逼人之概。抚慰洪承畴处，亦颇有致。钱谦益以江南人望被称举，可与后此之失意怨望对照。

闰六月初四日：“……又奏英王大捷，当祭告郊庙社稷，拟票内有‘神人共愤’语。王曰：‘明朝人博学固多，只是这等说话，似乎不宜。人心之愤，固自可见；若天之愤，从何而至？今王师翦寇，便如此说，倘两军相持，不分胜负，岂天在愤不愤之间乎？’大学士等奏曰：‘天视自我民视，天听自我民听。王上奉天讨罪，天下无敌，天意确有可凭，理之必然也。’”初七日：“……又宣读山东巡抚丁文盛本，内有‘中军不避火炮’等语。王上曰：‘火炮迅疾，难见难避。非人不欲避，欲避之而不得也。若见炮不避，是痴人矣！’王因言及：‘昔年大兵攻锦州时，洪军门于南山向北放炮，祖大寿从城头向南放炮，我兵存身无地。神器实为凶险。后破锦州，以此言语大寿。大寿张惶失惊云：“果有此事，如彼时炮中王马，为之奈何！”’王笑谓大学士等云：‘彼时两仇相敌，惟恐不中。大寿言不由中，诚为可笑。’”多尔衮之趣语，颇足解颐。拟票之人，已为清臣而仍以“明朝人”称之，道其所从来耳。当时火炮，已足令人震为神器；今日杀人利器之进步，更远出昔人意外矣。

一二五　张树声受嘲

张树声以诸生从戎，随李鸿章定江苏，为淮军名将之一，官至两广总督。同治季年官江苏巡抚时，值正月苏州紫阳书院首次官课，例由巡抚主之，以场规久弛，欲加整顿。先是，历任巡抚多不躬莅，大抵派首府代为点名，浸成虚应故事。考生一拥而进，且出入自由也。树声特严申场规，亲到点名，威仪肃然。乃忽于案头发见一巨函，拆视则幅纸大书曰：“大炮三声贡院开，规模全仿学台来；若非当日长毛到，依旧庐州老秀才！”旁侍者均匿笑。树声大恚，匆匆而去，不俟竟事矣。属僚奉命查究，莫得主名，仅由教官某执一迹涉疑似之考生，略施扑责，含糊禀复而已。试场系假学政考棚为之，俗亦呼作贡院，故嘲诗云尔也。

一二六　信手拈来之巧对

李慈铭同治癸酉三月初八日《日记》云：（初八日云：）“肯夫来，因坐其车，偕至松筠庵，以今日与肯夫、六舟、清卿同饯孙琴西，并邀孝达、麟伯、漱兰共饮也……庭中颇有树石，偕诸子列坐谈谐甚乐。都中向有‘熊伯龙’‘狮子狗’，‘林凤羽’‘草鸡毛’之对，皆取达官名人以对俗语或成句。近日以‘朱凤标’对‘青龙棍’，‘桑春荣’对‘麦秋至’，遂以孝达（按：张之洞字也）名对‘陶然亭’，肯夫（按：朱逌然字也）名对‘赤奋若’，漱兰（按：黄体芳字也）名对‘乌须药’，又对‘赤心木’，琴西（按：孙衣言字也）名对‘公冠礼’，又对‘子常曰’，皆坐中宾主也。”可与本报本卷第二十五、二十八两期拙稿所录合看。

第二十五期拙稿，言清末以人名戏对之风颇盛，引及《轩渠录》载“岑春萱拜陆凤石，川冬菜炒山鸡丝”一联（此《轩渠录》见于民国元年出版之《文艺俱乐部》，谓“去年”云云，自仍是清季事，故亦归入。近阅《青鹤杂志》，言及此，辨其非近人作，而拙稿此节本即冠以“清末”云云也）。此联陈锐《袌碧斋联话》亦载之，称以“妙手拈来”，盖亦不辨“煊”之非“萱”耳。

一二七　打油诗

张恩书君来函云："顷阅《国闻周报》第二十八期尊著《凌霄一士随笔》内，有前人咏'火腿'打油诗一首。此诗确富打油风趣。书以是忆及幼时在辽宁原籍读书，塾中传诵《吃瓜诗》一首，句句用当地方言及小字音穿插，意味隽永，尤过前诗。兹录之于后，以供参考：'一片沙流地（流读下平。沙流，辽语瘠薄之地也），喂呀好大瓜（喂呀，惊叹也。喂读如威）！青皮羊角蜜（皮读皮儿，拼音），红子马蹄沙（子读子儿，拼音。——羊角蜜、马蹄沙皆瓜名。此二瓜确系一青皮一红子，而羊角、马蹄同见于瓜名中，尤为天然巧对）。父老分三片（片读片儿，拼音），儿童闹一丫（四分之一曰丫。闹字辽人俏皮语，取予之意，如某人在某处吃一顿饭，即曰闹顿饭吃，尤以长者对儿童用时最多）。喷香真可口（喷去声。喷香，香之极也），酥脆不硼牙。'按：前诗首句之'一片沙'三字均两见。有冬烘先生改为'闲步南园地'或'笑指南园地'者，读之气势柔靡，殊失打油意味，且首句用'笑指'，与二句'喂呀'二字尤为抵触，盖既'笑指'，是已见瓜，固不必再惊异也。"此诗妙甚，盖与咏火腿诗异曲同工，且表见方言文学之特色。张君论不可妄改，亦极允。录公同好，所谓奇文共饮赏也。

（原第 11 卷第 34 期）

一二八　清季官场规矩实录

关于拙稿前述户部赵尔巽、黎大钧事，近接黎氏之公子劭平君（澍）由汉口来函，有所见示，并及其他。函云：

读大著《随笔》，博闻允治，甚佩。第二十九期《周报》所载先京卿公与赵次珊尚书一则，诚属事实。惟名称系北档房领办，非管理。按户部北档房为全部重要文书总汇之所。凡重要交议奏案及事关数省者均属之。原设领班，满汉各三员，后因与军机处领班名称相同，改为领办，即清语户部大拉密也。向由汉领办主政，满员大抵随同画诺而已（另有南档房一处，只核内务府请款，皆为满员）。先公癸未通籍，至乙巳外简山东兖沂曹济道，持正不阿。前此尚有两事可纪：其一在丙申（光绪二十二年），福文慎公锟管部。福相国一身兼军机大臣、内务府大臣、步军统领及内大臣都统等十余职，到部日鲜。先公虽主广两司稿九年，以不请谒私第，福公不知其姓名也。适私铸之风甚炽，钱价大跌，物价日昂，某御史封奏，谓宜减轻官铸钱，以免奸民私毁后改铸。慈禧太后览奏，韪其言，虽照例批交部议，而面谕福公遵办。福公承旨后到部，召先公传上意。先公对以圜法制度及因革损益之源流，并指明私铸之多，实由于缉捕之不力，词甚伉直。福公震怒，询先公姓名。先公敬对。福公不省，授笔属先公自书。同僚咸震恐。掌印孚琦（字璞荪，后任广州副都统被炸者）力掣先公之衣，属勿抗争，以福公当时有“你敢抗旨吗”之语也。常熟翁尚书长部多年，胸中雪亮，虽以先公之主张为然，而以甲午之役，甫出枢垣，力守缄默，僵持良久。崇受之侍郎礼倾听既熟，因为转圜曰：“今日中堂事多，黎君之言未能细听。黎君请先回司，某当代述之。”先公因暂退。崇委婉其词，福亦悟，仍召先公属稿，惟以恐忤上章为虑。常熟建议先将奏稿送军机处公阅。比复奏，慈禧以言之成理，仍依议。逾月汉捐纳房差缺员，福公商诸翁尚书，派先公兼充。盖先公虽在部十余年，而翁公之庚辰门生皆比肩为主稿，一切优差先公皆未与也。其二，辛丑回銮，定兴鹿文端公传霖由江督调尚书，兼军机大臣。鹿公官外久，不习京曹体制，且年老患痔。到部之一日，先公为档房领办，以稿进，鹿公立受而坐读之。先公恶其谩，且虑及体制之寖衰也，因持稿端而言曰：“请大人站起来，司官有话说!”鹿公起立，先公告以仪注。鹿公亟谢过，并声明因痔发甚剧，出于无心。次日且属同署李君经野代为致歉。

以上二则，可见清季大臣之风度，京官之持正。自国体改变后，不复见此謇謇矣。再，赵尚书与先公并无芥蒂，当时赵公长揖谢过，自承失言，亦无所谓不欢也。再者，黄陂总统官二十一混成协统时，军纪严明。所领饷糈及服装费，悉无沾染。第八镇张虎臣统制彪同驻武昌，相形见绌，时媒孽于鄂督瑞莘儒澂。瑞督亦以黄陂朴直不善逢迎，辛亥之春，已具白简矣。事闻于先公，往询之。瑞督谓其不服命令。先公曰："大公祖之命令，伊焉敢不遵？"瑞曰："非也，实不服张统制命令耳。"先公曰："依陆军官制，混成协为独立协，原不应受其节制也。"瑞督因询其亲属关系，盖满人颇重私人交情，且此事本非其发动，亦无成见。先公因以从子答之（实仅族子），其事竟寝。黄陂既安于位，得以凭藉而树大勋，岂非天乎！

以上均系当时实事……溽暑蒸人，挥汗如雨，信笔写寄，未加修饰，幸谅察而删润之。

所示深足裨益旧闻，为讨究清季故事之佳资料。惟福锟（未为军机大臣）已于乙未闰五月致仕，不应次年（丙申）仍在户部。黎君所指，或乙未春夏间事欤？翁同龢壬午入军机，甲申退出，甲午再入，以迄戊戌之罢斥，乙未丙申间实在枢垣也。又，鹿传霖庚子以江苏巡抚勤王，遂内用尚书，非由两江总督，惟前曾署理江督耳。凡此盖黎君"信笔写寄"时未及致详者，要与本文大旨无甚出入也。（丙申前后，至戊戌，光绪帝犹亲政，西后虽干与政权，而对于此项钱法之案，直接主裁，亦似当有说。)

户部广西司掌全国之钱法，福锟盖以此案召本司掌印主稿，仅知主稿应召而来，而素不识为谁何，故更问其姓名耳。

尝闻人言：曾国荃甲申署理礼部尚书时，司员某上堂请画稿，国荃未起立。司员呼直堂书吏至前，厉声叱之曰："曾大人久做外官，不懂得京城里的规矩，你为什么不预先禀明？"国荃悚然起立，谢过不遑焉。与黎君所述鹿传霖一节盖略相若。又忆某笔记言：将军某舟行至某处，漕督某登舟相访。既兴辞，将军送客至船头而止，非待敌体官之礼。漕督旋晤河督某，言将军之倨。河督曰："是当有以教训之。"比河督诣将军，送客仍仅至船头。河督甫登岸，立遣人上船，谓有关系将军之极重要事，顷忘语将军，请将军速至岸上面谈。将军信之，亟登岸，询何事，河督曰："君相送，应至此处，不敢不告也。"此与传霖一节，事虽不甚类，亦复相映成趣。(更忆及一笔记言：主考某试竣启行，知县某偕他官候送于郊。主考至，未降舆而过。知县亟趋至舆旁，曰："请大人下轿，卑职有话回。"主考降舆，知县曰："卑职等在此恭送，大人宜下轿答礼，此旧例也。大人似不知此，故特禀知。"与河督将军事颇似。)

一二九　赵尔巽为于普源所折

又关于拙稿前述赵尔巽官安徽按察使时与新选来安知县于普源事，接于氏之公子庆莱、庆芑昆仲由青岛来函云：

……顷见《周报》第十一卷二十二、二十七两期尊著中载有先君晋谒赵次珊先生谈话二则。先君当年宦游皖江，深承赵公知遇。官来安时，以事呈请辞职，蒙赵公来函恳切慰留。原函尚存舍下，兹抄呈台阅。……合之前记二则，更可颠末尽悉，而先君与赵公当年一段契合，亦可于此函见之矣……

前安徽按察使赵公次珊致先君函：苇航仁兄大人赐览：披读来牍，并展另函，具悉种切。阁下，政声卓卓，不待弟言，而弟所最心仪者，尤在事事踏实。他人所张皇，独能出以镇定；他人所畏葸，独能行以坦荡，事举而民不扰，令行而言弗矜，实为同寅中首屈一指，正宜宏此远猷，福我蒸庶，岂宜遽思引避？况横流满地之时，不但位无可避，即地亦无可避，将安之乎？安石新法，时贤引去，宋儒犹以为非，诚以贤者为之，虽极弊亦必有所裨补，尊处所处，固属违心，然贤者不为，顾使不显者为之乎？巽不敢为阁下一人计，敢为来民计，并敢为全皖留一良吏计。窃谓阁下万无去理，千祈俯纳，无任幸祷。若卓见难易，亦祈徐俟筹商，再图报命。明知繁简难易，不系旷怀，而弟等不能为皖民留一贤父母，亦殊为负职也。统望从容，勿申续请，是所企切。专肃布臆，敬请升安，惟希谅鉴。愚弟赵尔巽再拜。

尔巽为黎氏所折，谢过而无芥蒂；为于氏所折，且深器焉。两事可类观也。（尔巽为御史时，曾劾史念祖。后外任贵州石阡知府，适念祖为黔藩，不念旧恶，且引重之，俾调首府。见本报本卷第十二期拙稿，亦可合看。）

（原第 11 卷第 35 期）

一三〇　曾国藩论兵

李慈铭同治己巳五月初十日《日记》云："阅宋人何博士《备论》。何名去非，字正通，浦城人，由特奏名除右班，官武学博士，换文资，出为徐州教授。所论自六国至五代，共二十六篇；元祐中苏文忠所奏进者。其文大率言兵，文忠亟称之。……其《霍去病论》言：'用兵非古法所能尽。归师勿追，曹公所以败张绣也，皇甫嵩犯之而破王国。穷寇勿迫，赵充国所以缓先零也，唐太宗犯之而降薛仁杲。百里而争利者蹶上将，孙膑所以杀庞涓也，赵奢犯之而破秦军，贾诩犯之而破叛羌。强而避之，周亚夫所以不击吴军之锐也，光武犯之而破寻邑，石勒犯之而败箕澹。兵少而势分者败，黥布所以覆楚军也，曹公用之拒袁绍而斩颜良。临敌而折将者危，骑劫所以丧燕师也，秦君用之，将白起而破赵括。’可谓扼要之论。”曾国藩之论“越寨攻敌”，可与去非所论合看。国藩云：“行军之道，有依次而进者，有越敌人所守之寨而先攻他处者。姑以《通鉴》所记兵事言之……以上九事：张兴世之据钱溪，宋子仙之取郢州，许德勋之下黄州，皆水路越攻而胜。王琳之下金陵，以水路越攻而败。尉元之取下邳四城，李愬之入蔡州，郭崇韬之策汴梁，以陆路越攻而得之。李道宗之策平壤，李泌之策范阳，以陆路不越攻而失之。成败得失，固无一定之轨辙也。咸丰四年十月十一日，贼目陈玉成据蕲州，秦日纲据田〔家〕镇，我舟师越蕲州而直下，十三日攻破田家镇，十四日蕲州之贼亦溃，此越寨进攻而胜者也。十一月水陆各军会于九江，时贼目林启荣据九江，黄文金据湖口，石达开、罗大纲等同在湖口，我舟师彭玉麟等十六日越九江而下攻湖口，陆军罗泽南等十二月初五日下攻湖口，十二日水师败挫，二十四日陆军亦无利而归，此越寨进攻而败者也。咸丰六年五月初二日，武汉、黄州未破，杨载福以舟师驶下，直至九江，七年九月二十八日，九江、安庆未破，杨载福以舟师驶下，直至旧县，往来如飞，此越寨进攻而胜者也。故知胜败无常，视将才为转移耳。当时越九江而下攻湖口之策，发于国藩，定于罗君罗山、刘君孟容二人。事败之后，或深咎此策之失，且专归罪于刘君者，非事实也。”又其《金陵楚军水师昭忠祠记》有云："君子之存心也，不敢造次忘艰苦之境，尤不敢狃于所习，自谓无虞。礼俗政教，邦有常典，前贤犹因时适变，不相沿袭，况乎用兵之道，随地形贼势而变焉者也，岂有可泥之法不敝之制？今之水师，盖因粤贼之势，立一时之法，幸底于成耳。异日时易势殊，寇乱或兴，若必狃于前事，谓可平粤贼者即可概平天下无穷之变，此非智者所敢任也。惟夫忠臣谋国，百折不回，勇士赴敌，视死如归，斯则常胜之理，万古不变耳。其他器械财用，选卒校技，凡可得而变革者，正赖后贤相时制宜，因应无方，弥缝前世之失，俾日新而月盛，又乌取夫颛己守常，姝姝焉自悦其故迹，终古而不化哉？……又因推论兵家之变化无常，用破吾党自是之见，庶久而知所警畏云。"亦可参阅。国藩阅历深而学识卓，故言之尤警策也。

又，国藩之论"成败无定"，谓："汉晁错建议削藩，厥后吴楚七国反，景帝诛错而事以成。明齐泰、黄子澄建议削藩，厥后燕王南犯，建文诛齐、黄而事以败。我朝米思翰等建议削藩，厥后吴、耿三叛并起，圣祖不诛米思翰而事以成。此三案者最相类，或诛或宥，或成或败，参差不一。士大夫处大事，决大疑，但当熟思是非，不必泥于往事之成败，以迁就一时之利害也。"其义亦可相发明。

一三一　旧闻二则

牛剑秋君自兰州来函，以两事相告（关于本报本卷第二十七期拙稿所述者），足益旧闻。函略云：

（一）大理院笔误

大著大理院设立后，某案述旨片误斩为绞，提犯时法部司员察知其误，拒之，并请堂官定夺。此司员者，以不佞所知，则敝乡人王友曾也。友曾甘肃秦安人，以丁酉拔贡刑部小京官升主事，改陕西知县，昨岁卒于家。天水任承允君为撰墓铭中叙此事："……癸卯晋京销假，派四川司管股，秋审处核对，并帮审案。……甲辰起复到部。某案已定斩决，大理院述旨误斩为绞。君查出呈堂，曰：'此明系大理院笔误，似可无须奏请，宜咨该院自行检举更正。'堂官嘉其心细而得体。"任君尔时官户部禄米仓监督，与友曾同乡世好，所言宜若可信，且友曾生前亦曾为不佞言之。

（二）试题错误

关于试题错误者，宣统己酉各直省举行拔萃科。吾甘主试者为提学使蕲水陈曾佑。头场第一题《张咏拔茶种桑论》，误张咏为诸葛亮。题下，诸生茫然。

> 嗣经诘问，曾佑始悟而更正焉。此事检举与否，后不可知，盖科举弩末，亦无人注意及之也。曾佑鄂中世族，学问渊博，书法尤古雅绝伦，亦清季翰林中之卓有声誉者。试题致误，殊不可解。是科家叔芮青公膺选，揭晓后曾为不佞言之。

甘肃此次拔贡考试，试题有误，盖一时不经意之失，此在通人亦偶或不免也。

光绪壬午顺天乡试，考官四人以第三场策题错误自行检举，交部议处。（正考官为礼部尚书徐桐，副考官为左都御史乌拉喜崇阿、毕道远，工部左侍郎孙家鼐。）李慈铭是年八月二十三日《日记》云："今年顺天策题，经问一道，有曰淮南王安所集荀爽《九家易解》。盖误读坊间策本，以'九师易'为'九家易'也。史问一道，有曰唐代杂史见于开元著录几家。开元时乃有唐代杂史，开元著录亦不知何书，尤怪谈矣。"是亦晚清试题错误之一旧事。

一三二　章太炎作张楚林墓表

今日为古文者，章炳麟岿然大师，实可俯视流辈。顷见其近作《清故宁阳县知县张君墓表》如下：

> 君讳楚林，字翘轩，陕西榆林人。榆林于汉为五

原，关中诸郡独此为高寒，及明犹列九边，故其人材武，诗书非其尚也。君先世皆处军职。祖锡绂，考廷扬，以力行称。君少独好学，有虑宪，家贫无书，尝假得《论语》半册，甚宝重之。弱冠以骑射应童子试，三发中二，马惊堕伤臂。自是始壹意儒学。同治初，总兵刘厚基，知府蔡兆槐，劝学爱士，得君甚重焉。自乾隆讫同治，百余年中，榆林成进士者才一人。及君起，学风始振。□□乱作，以诸生从刘、蔡二公守城。支拄三岁，城赖以全。君平生耻受人惠，而于两公知遇深，又同御贼，为设位于家，令子孙世祀之。俄举庚午陕西乡试，光绪三年丁丑会试成进士，以知县分山东。到数岁，未尝事干谒。性善折狱，以主发审为上官所知。寻代理汶上县平度州事各数月，署曲阜县事一年。巡抚张曜奇其材，特奏授邹平县知县。在官四岁，声闻宣著，坐公事去。逾五年，再授宁阳县知县，未半岁又解职去。君处山东二十四年，在官无过六七岁。既以循廉眀决闻，率被委治疑狱，终不得大用。或以降志事上官劝者，必力拒之。二十六年十二月终于济南。君终身儒素，不苟取与，与人厚，自治严。工文辞书法，未尝自诩。教子孙专志经史，勿徇举业。其风操如此。元配同县王夫人，先君卒。继配王夫人。丈夫子四，焕章、炳章、灿章皆前卒，炽章。女子子四，长适方，次殇，次殇，次适李。君殁后，去家远，箧中才余数百金。后夫人力将子扶柩返榆林，既至，贫甚，几不能举火，后四岁亦卒，合葬榆林南山。今去君殁三十余年矣，炽章述其事以属余。余以为无所待而兴者，文武不足限也，故为之表。

望若平平写去，而格老势劲，骨重神清，此境不易到。学有本源，文有真气，固是翁本色也。

（原第 11 卷第 36 期）

一三三　王文韶与阎敬铭不相得

王文韶以户部司官外放，光绪四年由湖南巡抚内用侍郎，入军机，翌年由礼部左侍郎转户部左侍郎，为户部有权之堂官。迨八年阎敬铭为户部尚书（未到任前，文韶兼署），锐意任事，与文韶颇不相得。是年冬，文韶因屡被弹劾以回籍养亲开缺（劾文韶最力者为张佩纶，其疏中并请以敬铭直枢垣）。后再起为湖南巡抚，历云贵总督、直隶总督，于二十四年为户部尚书。到任后，当司员上堂画到时，微哂曰："这是阎文介的遗爱呀，一个月的衙门，只要到两次就好了！"对敬铭不满之意，情见乎词矣。

司员上堂画到，定自敬铭，十四司轮日，以闲散司员多不到部，且有不在京者，故以是令其每月至少须有两日到部也。初本为点名接见，以郎中李慈铭上书争之，乃改为上堂画到。平步青所作慈铭传，叙此事云："尚书朝邑阎公方严核名实，下教诸曹郎分日入谒。尚书坐堂皇，旁一司官执簿唱名，堂下声诺，如点隶呼囚者然。吏持牒至，君手书累千言，责其非政体，不当辱朝官，而轻量天下士，伉直激切，若昌黎与张仆射书，走笔付吏去。阎公得书颇善之，事遂已。”慈铭《日记》中所自述者，光绪九年（癸未）十月初二日云：“署中知会，明日早衙，以今月朔起，每日接见一司，凡十四司，皆一月两衙矣。”十一月二十日云：“作致阎丹初尚书书，言署中接见唱名之非礼，约数千言。尚书性长厚，亦廉介善吏事，而暗于大体，颇喜操切。其于余亦知爱慕，而不能重其礼。此举也，署中诸司亦颇有怨怒之者，故作书规之，自尽其忠告之道，以酬一日之知。彼之德我仇我，所不计也。”十二月初三日云：“午饭后入署，晡诣堂画到，以改接见为此举也。”是慈铭非立时作书，步青所叙，于情事犹未尽合也。至慈铭上敬铭书，有云：“执事近以御史谢谦亨之言，谕令合署十四司轮日接见，以一司官唱名，如呼囚点隶者然，此甚非礼也！夫司员亦朝廷之官也，其名惟君父所得呼也。堂司为僚属，其实同官为僚，亦朋友之类。向例三年京察，以朝廷大典，过堂点名，然其事本非体，徒以习久相沿，无人言之。此何事也，而大呼姓名，同之卯册！慈铭观阖署中亦实无通知掌故砥厉名节矫然自好之人，故俛首听命，或亦敢怒而不敢言。执事方严核名实，欲大有所设施，奈何轻量天下士夫哉！”为司员争体制，词意自是伉直激昂也。慈铭平日故罕到部，如传中所云“君独键户读书吟咏，莳药种花，非其人不与通，经年不一诣署”，亦司员之自成一格者。性狷傲，对同官多存鄙夷不屑之念，《日记》中往往可见。此书谓阖署无自好之人，实其素态耳。

文韶解户部侍郎职，甫十余日，敬铭以“声名贪劣，群议沸腾”严劾前任户部司官之广东布政使姚觐元、湖北荆宜施道董儁翰、湖北候补道杨鸿典三人，请即罢斥，并禁其来京居住。奉旨：“均著革职，即行回籍。”三人均昔日户部有权之司员，觐元尤与文韶相契。后文韶在云贵总督任，奏请起用觐元，有“虽原参者亦不能言其所以然”之语，时敬铭已致仕矣。（或在其已卒时，容再考。文韶光绪十五年由湖南巡抚迁云贵总督，迄二十年在任。敬铭十四年以大学士致仕，十八年卒。）旨命吏部带领引见。未及再起，遽卒。

一三四　罢官自嘲

觐元当罢官后，镌一小印，文曰：“二十举考廉，三十为郎官，四十为监司，五十为方伯，六十为民。”慈铭光绪十二年（丙戌）十一月初六日《日记》云：“作书致书玉，并印章字样。……一曰：‘道光庚戌秀才，咸丰庚申明经，同治庚午举人，光绪庚辰进士。’……”二者颇可类观。

一三五　衡文无定

文廷式光绪癸巳为江南副考官，其《南轺日记》有云："有发字十九号一卷（下江），屡弃而屡取之。及三场对策，颇详博，而每道必总笼数语，则多不甚合。午间覆阅，总校其第一二场，均繁富，又策已对十之八，姑仍取之矣。及置案头，则十八房所荐三场卷适到。取阅之，第一卷为发字五十一号，则五策与发十九卷字字雷同，遂即撤去。发五十一卷第一二场本不取，其策誊字极劣，亦必不能细阅，而恰于此时相值，致此卷不能取中，亦不可谓非怪事也。"此卷之被摈，其事诚巧。又高照煦《闲谈笔记》述高长绅（字篙渔）谈其分校江南乡试时事云："安徽、江苏合曰江南乡试，虽同一闱，仍分上下江，各中定额。某科闱中停荐已久，主考私人忽语予曰：'两大人昨夜密语，下江尚缺一人中式。大老爷房备有卷，请速荐下江数卷，或可多收一门生。'予即取备卷数本，换批语，亲身纳入袖中，将诣内监试荐之。路遇某房官，系同年。问何往，予绐以他事。问袖中何物，予未及应，强索观之，惊问：'此时停荐多日，携此奚为？'予告以故。同年曰：'篙渔果有神通！我亦当补荐之。'遂揖而去。是晚闻解元文刻板劈矣。急使询之，据云，取定解元，文已发刻，因与日间某房补荐一卷雷同，故劈之。予惜其已成之科名，颇悔日间多此一举。又窃叹只此一文，彼房已荐而中元，此房尚备而未荐，衡文之无定也乃如斯！”已中元而因补荐一卷斥去，与廷式所记者略同，而其事为尤巧。至论衡文之无定，亦历来所同慨。

一三六　科举梦验

拙稿前引《闲谈笔记》，照煦自述其以举人应大挑情事，以梦见子夏相招，为被挑学官之兆（见本报本卷第十九期）。近阅宋人记载，知先有类是者。费衮《梁溪漫志》云：“京师二相公庙，世传子游、子夏也。灵异甚多，不胜载。于举子问得失，尤应答如响，盖至今人人能言之。大观间先大父在太学，有同舍生将赴廷试，乞梦于庙。夜梦一童子传言云：‘二相公致意先辈，将来成名在二相公上。’觉而思之，子游、子夏，夫子高弟也，吾成名在其上，必居巍科无疑，窃自喜。暨唱名，乃以杂犯得州文学，大愤闷失意。私念二相之灵，不宜有此。沉吟终夜，忽骇笑曰：‘《论语》云：文学，子游、子夏。今果居其上乎。’诘旦以语同舍，皆大笑曰：‘神亦善谑如此哉！’”视照煦所述，其“文学”字面，尤见巧合。科举时代之言梦兆，不免附会，而如斯者实甚趣。

一三七　张次溪与《清代燕都梨园资料》

张次溪（江裁）好研究故都名胜古迹、人物遗事，于梨园掌故，亦颇致力，留意其影响社会之情形。近刻《清代燕都梨园史料》，为《双肇楼丛书》第一辑。其目为《燕兰小谱》《日下看花记》《片羽集》《听春新咏》《莺花小谱》《金台残泪记》《燕台鸿爪集》《辛壬癸甲录》《长安看花记》《丁年玉笋志》《梦华琐簿》《昙波》《法婴私笈》《明僮合录》《群芳小集》《群芳小集续集》《评花新谱》《菊部群英》《宣南杂俎》《撷华小录》《燕台花事录》《凤城品花记》《怀芳记》《侧帽余谭》《鞠台集秀录》《新刊鞠台集秀录》《瑶台小咏》《情天外史》《北京梨园金石文字录》《北京梨园掌故长编》，都三十种，均清人著作，惟后二种为张君自编，亦蔚观已。其中有罕见流传者，尤可珍。特狎优伶，嬖男色，最为昔人恶习。品题歌咏，以颓俗为风雅，斯类文字，萃列辑中，阅者宜别具只眼，惟著重于社会史料之意味，辑者搜刊之本旨，或不悖欤。（原第11卷第37期）

一三八　荒诞事三则

王士禛《香祖笔记》云："太仓孝廉吴枢，字大年，言其叔廪膳生某，授徒学宫之侧，诸童子苦之。时有乞儿曰张鬼子者，形貌怪丑，每夜宿城隍庙下。乃群往商于鬼子，欲其夜假鬼物以骇之。鬼子曰：‘诺，然必得朱书符票如官司勾摄状乃可。’众如其言。一日日未晡，吴方危坐，鬼子忽从窗入，持符示吴曰：‘奉命勾汝。’吴素识之，曰：‘汝乞儿张某，何事相嬲？’鬼子曰：‘冥司符在，岂诳耶？’挟吴自窗径出。众惊视，吴已卒，鬼子亦不复见。”此清人所记其近事也。姓氏里贯悉具，自非泛谈往迹，而古人记载，竟有与之若合符节者。宋人（阙名）《异闻总录》云：“洪州州学正张某，天性刻薄，老而益甚。虽生徒告假，亦靳固不与。学官给五日，则改为三日，给三日，则改为二日，他皆称是，众憾之。有张鬼子者，以形容似鬼得名。众使伪作阴府追鬼，以怖张老。鬼子慨然曰：‘愿奉命，然弄假须似真，要得一冥司牒乃可。’众曰：‘牒式当如何？’曰：‘曾见人为之。’乃索纸以白矾细书，而自押字于后。是夜诣州学，学门已扃，鬼入于隙间。众骇愕。张老见之，怒曰：‘畜生何敢然？必诸人使尔夜怖我。”笑曰：‘奉阎王牒追君。’张老索牒，读未竟，鬼子露其巾，有两角横其首。张老惊号，即死。鬼子出立于庭，言曰：‘吾真牛头狱卒，昨奉命追此老，偶渡水失符，至二十年，惧不敢归，赖诸秀才力，得以反命。今弄假似真矣！’拜谢而逝。陈正敏《遁斋闲览》记李安世在太学为同舍生戏以鬼符致死，与此颇同，然各一事也。”重相叠矩，惟更详耳。事属诡诞，无足深论，而记载家之以曩事为近事，或一种传说，衍而为数，屡见不鲜，往往类是，拙稿尝累举之矣。征信之难，良为可慨。

一三九　巧对释源

“一字之褒，荣于华衮”，“彼妇之走，可以出口”之巧对，多传系因李鸿章事而撰成，林纾《畏庐琐记》亦述之，而王闿运《湘绮楼日记》，则指为左宗棠事，谓闻诸郭嵩焘，疑一种传说歧而为二也。拙稿前曾引述（见本报第七卷第四十一期）。近阅陈锐《袌碧斋杂记》，云：“同治初元，岳州某以军功官甘肃，气势甚张。其仆某偶有小咎，某遽叱之曰：‘滚！’（骂人之词，斥其走也。）某日，其仆遂诱其一妾，出走口外。某懊丧而已。乡人戏为之联曰：‘彼妇之走，可以出口。’‘一字之褒，荣于华衮。’”乃非李非左，又为一不知谁何之岳州某矣，可谓歧之又歧。（言为左、李者，谓系就其事与另一无关之事作对。如锐所云，则上下联均此岳州某之事矣。下联之“华衮”，与锐述本事不切。）

一四〇　官场十字歌二首

梁章钜《归田琐记》云：“各县典史为流外官，古但称吏攒而已，然往往亦擅作威福。有为作《十字令》者云：‘一命之荣称得，两片竹板拖得，三十俸银领得，四乡地保传得，五十嘴巴打得，六角文书发得，七品堂官靠得，八字衙门开得，九品补服借得，十分高兴不得。’曲终奏雅，则非但雅谑，而官箴矣。”甚趣。高照煦（米脂人）《闲谈笔记》卷二云：‘去年戊戌赴同州府送考，遇署潼关厅训导张晨岚，盩厔人……张晨岚历署多处，曾述有教官十得字、十不得字两歌，可资笑柄，亦可作炯戒。予与之同寓，因请其诵念多番，始能谨记。其《得字歌》曰：‘一品官前坐得，两回丁祭办得，三年考试盼得，四等秀才打得，五品升衔加得，六旬太太苦得，七品县印代得（按：教官为本省人，例难代理知县，是当有说），八条卧碑记得，九两斋夫扣得，十分将就算得。’《不得字歌》曰：‘一条腿儿跪不得，两个伙计妒不得，三尺刑罚用不得，四季衣服论不得，五路通详发不得，六十秀才打不得，七品县印抗不得，八股文章荒不得，九叩礼儿免不得，十分讲究算不得。’原是两个伙计‘合’不得，改作‘妒’，意似较长。”与典史《十字令》可以并传；惟“合”改为“妒”，未免呆相。此类文字，以讽谲见隽永，若作正面规戒语，神韵不逮矣。

一四一　教官调缺

《闲谈笔记》卷三云：“凡教职新选者，凭到省后，奉檄调进省考验。在抚院作一文一诗曰考，见面呈履历曰验。考验后即给凭，再赴藩台，以凭换委，即赴任。到任后，连闰扣至六年，为验看期。由县而府而道而藩而抚，各处俱有花费。此与佐杂同，但佐杂尚有调署，而教官则从未闻有调署者也。予到郃阳教谕任仅二年余，然旧章合前任计之，虽数日亦不恕也。故合前任宜川训导时计之，今年冬为二次俸满验看之期。因晓峰（按：其弟也，亦以教官终）柩尚未归，于二月中旬赴省。闻有先期预请验看之例，因向藩司房吏商之，只为节劳省路费计。时艾芝亭与五儿增逊俱馆署藩司升吉甫署。夜坐闲谈，予曰：‘晓峰以此微官，竟株守以死，予思之辄寒心，而舍此又无以为生，惟能就近调署，当可以老教官终身焉。’此言特戏之耳，陕西从来无此章程也。乃芝亭等次晚来寓，欢言曰：‘今日见升方伯，谈及调缺事，方伯曰：“前日有榆林府教授史某，曾面求调缺，予无以应之。此可对调，则两人俱就近。”予遂走商史雅先，大悦。遂调署榆林。较郃阳教谕虽更苦，而路途则近多多矣。于此益信凡事有定，不假人谋也。雅先名采风，兴平县人。”亦可为谈教官故事之一助。教官例官本省，视他官之回避本省为较便矣，而儒学冷宦，本作骞腾之想，择地犹以不远闾里为冀，盖人情也。

一四二　洋火洋炮初入中国

又卷二云：“予胞伯曾祖叶元公，予入塾之时，年近八旬，时来塾与（朱）殿桢外祖闲谈。闻其言曰：‘近日盗风甚炽。外省大盗，夜入人家，携带细木枝于木石间或衣服间一擦便灼，不知用何药物制造。’今忆之，即洋火柴也。当日我省尚未见此物。相距方五十年，风俗浮奢，即此一物亦可见。”此与前引所记洋灯之见诧为“得未曾有”（见本报本卷第二十期），可合看，均见昔人于洋货初输入时之观念。又卷一云：“（高）幼渔，篙渔公子也。……予咸丰年间馆其家。时长毛势甚猖獗，踞南京。篙渔任江苏常镇通海道，办理后路粮台。曾见其一信云：有友人自前敌来言：‘近日来一洋女，为我军助战。距南京数十里，筑一高台，运一大铜炮，状若踞兽，安置台上。女登台审视，炮发，出一大铁弹，直飞入南京城始坠地，化作无数小子，伤贼极多。’虽事涉怪诞，而言者凿凿，姑妄言之姑妄听之而已云云。”此即今日之开花炮也。当时军营尚多未见。亦昔日少见多怪之一事。因怪而加附会，于是洋女登台矣。（洪杨之役，清军曾假助洋兵，惟洋女则附会之谈耳。）

一四三　赵尔巽失礼

前述赵尔巽官皖臬时，与新选来安知县于普源事（见本报本卷第二十二期暨二十七期）。兹见杨汝泉君所辑《滑稽故事类编》中有一则，亦即此。《类编》云：“赵次珊自言，为某省臬司时，一新到省县令，年少美丰姿，以为纨绔也。赵曰：‘君年少丰采，何以不骛学问，求功名，而来听鼓？’正拟端茶送客，县令忽欠身起曰：‘卑职已念过书。’异之，曰：‘秀才乎？’曰：‘然，已幸中矣。’赵颜微赧曰：‘举人乎？’曰：‘然，已会过矣。’赵益惊曰：‘然则老兄进士乎？’曰：‘然，已幸点为庶吉士，今以截取知县，来求大人栽培耳。’赵大窘，颈颜俱赤，亟起身拱手谢之。’县令即于普源，以庶常散馆，选授来安知县，非截取听鼓。”此所述问答情状，与拙稿述所忆及者，略有异同，而事之大体不殊（赵于事可更参看第三十五期）。

（原第 11 卷 36 期）

一四四　瞿兑之《北平史表长编》

瞿宣颖《北平史表长编》，起辽太宗会同元年，以是年十一月升幽州为南京，为北平建都之始也。迄清德宗光绪二十五年，谓此后变故频仍，远过往代，又官书难可依据，须别事搜讨，姑置后图也。是表所采事实类别为：（甲）天灾之足以影响史事者，如地震、水旱之类；（乙）兵事之直接关系北平者；（丙）城垣、宫苑、衢路、沟渠、廨署、庙宇、仓库、营舍之兴废或与之有直接间接之事实；（丁）有关北平一切制度变更，如咸丰中铸大钱之类；（戊）有关北平史事之人物踪迹，如马克孛罗至大都之类；（己）有关北平历史著作之刊布，如光绪十一年《顺天府志》成之类。序例所揭者如是。并谓：

《顺天府志》不作通纪，《日下旧闻考》虽有通纪，而不及明以后，且仅著废兴存亡之大，而于天时人事之一切变故，未遑一一举也。揆当时作者之意，必以为宅京之地，不似寻常州邑，得以事系年。夫政治因革，系乎一国之大者，固非方志所得而概，至若一地之中，灾变之见，战伐之兴，与夫建置工事之举若废，宜以编年之法挈其纲领，则宅京之地与寻常州邑何以异乎？

编年非史体之极则，然年表固治史之键钥也。以事系年，然后其倚伏钩带之情状，得以粲若列眉，循是以求，差无隐遁。郑君所谓欲知源流清浊之所处，则循其上下而省之，欲知风化芳臭气泽之所及，则旁行而观之，治史之术，诚莫要于此矣。

余既预《北平志》授简之役，以为北平之所以成近代文化中心，实自辽太宗定为南京始，盖有唐之声明文物，犹有存者，至是乃悉入于燕。嗣是迭经金海陵、元世祖、明成祖、清圣祖、高宗诸主之经营恢拓，以有今日，其间何者以渐而兴，何者忽焉而变，苟非先具一编年之史表，未易明也。

于是先取辽、金、元、明诸史及《东华录》诸书之涉于北平史迹者，分年系之。不足，更取诸《日下旧闻考》《顺天府志》《皇朝文献通考》《大清一统志》《会典事例》《宫史》《图书集成》诸书，而诸私家记载之可信者亦多采焉。凡事之年月可详者，不问巨细，咸录其要，而仍附列原文于次，以便参稽。

其宗旨体裁及所由取材者，于此可睹大凡。近见其稿本，有裨史乘，良非苟作，而美犹有憾者，则甄采未尽周备，且清光绪二十五年以后，年近事繁，尚属阙如也。其序例又云：

> 是表于记述北平史迹之书，虽已大体甄录，而零闻佚说散在群籍者尚多，如《明实录》及清内务府档案中资料尤未及采入。凡年经事纬之书，恒有二憾：事之不详年月者，无所附丽，一也；首尾隔绝，不竟原委，二也。顾是表之作，非遂以为北平史也，特以为治北平史之工具而已。其未能详洽者，固赖稍假岁时，得同志之匡助，积累埤益，日知所亡，筚路蓝缕，有开必先，率尔之诮，所不敢辞也。

又自跋云：

> 《北平史表长编》，乃余两年前旧稿，本已弃置，乃北平研究院必欲据以付印。明知纰漏甚多，而一时补缀不及，止可视为稿本，徐待续增而已。是役也，东莞张君江裁斠正之力为多，不得无记。

盖著者亦正有欿然不自足之意，其益臻完善精审，可期诸将来耳。至光绪二十五年以后之续编，顷闻著者亦拟与张君从事，将编至民国十七年化京为市止，已着手资料之搜集。如成书，建都以来之首尾悉具矣。

一四五　余石生事补述

前述户部司员余石生事（见本报本卷第十五期），顷阅李慈铭《日记》，光绪九年（癸未）十一月二十九日云："余石生（九穀）来。石生江西人，己未进士，户部陕西同司也。自去年以前尚书景廉公、侍郎王文韶、奎润皆其辛亥乡榜同年，颇信任之，遂为派办处总办，骤擢员外郎，热炙用事。及阎尚书莅任，有挤之者，适派办处以云南报销事连及，又书吏脱逃，遂撤所兼差，降二级留任，六年无过方得开复。近日阎尚书以其覆奏新疆屯田事拟疏迟钝，词亦支绌，遂撤去陕西司主稿，调河南小司。其人碌碌，无足称也。"可参阅。据此，余氏系王文韶举人同年，文韶官户部侍郎时，曾援之，后因案获咎，复为阎敬铭所抑。宦途淹滞之由，可略见也。

一四六　巧对无成

张恩书君前来书，录示《吃瓜诗》（见本报本卷第三十四期）。兹又承来书，示以巧对。书云：

> 前读尊著《凌霄一士随笔》中有以人名作无情对者，如"善者"对"恶少"，"乌拉喜崇阿"对"鸿飞遵远渚"之类。书因思及外国人名与中国成语天然

巧合者甚多，兹录数则，敬呈斧正：“雷马克”可对“电驴子”（俗称三轮机器脚踏车曰电驴子。雷电驴马四字本不相及，兹竟同见于人物名中，亦可谓天然巧合也），“马丁路德”可对“狼子野心”，“约翰”可对“聘书”或“请柬”，“路加”可对“道长”（长上声），“毕士麦”可对“葛仙米”（毕、葛皆姓），“兴登堡”可对“破落户”（俗语大家之中落者），“拿破仑”可对“取成都”，“史丹林”可对“集灵囿”；“马克斯”可对“牛何之”，“杜鲁斯基”可对“犹豫不果”（杜、犹皆姓，鲁、豫皆地名。基，根基；果，结果），“歌德”可对“辞灵”（发引之前夕，戚友于柩前祭奠，曰辞灵），“胡佛”可对“汉奸”，“牛顿”可对“猪筋”（顿、筋皆衡名）。

诸对颇饶趣致，中有平仄未谐者，而字面大都对仗甚工，可见巧思，亦所谓“文章本天成，妙手偶得之”也。

一四七　续立人遗事补述

关于续立人事，前引梁章钜《归田琐记》所载，旋接继祖君由大同来书，示以轶事，亦经录入拙稿（见本报本卷第二十五、二十八两期）。兹复承彭明绪君由贵阳致书国闻周报社云：

读贵报十一卷二十五期《凌霄一士随笔》四页，关于《归田琐记》引续立人巧对一则，兹复抄《暝庵杂识》（皋兰朱克敬香孙著《挹秀山房丛书》之一）卷二二十六页一则，以供参考：

林文忠公巡抚江苏时，苏州府同知续立人颇用事。或投联语于其舆云："尊姓本来貂不足，大名倒转豕而啼。"续愤怒，持白文忠，请究其人。文忠笑曰："自苏州设同知官以来，官此者不知几百十人，今能举其名者几人？得此雅谑，君不朽矣，又何愠焉？"续惭而退。迄今三十年，续君事迹已无可考，独此联尚传人口，偶于张力臣席上闻之，不禁邹湛之感。

按：梁章钜抚苏五次，末次正值鸦片战争，并护理江督，当在林之后，续立人早已升转江苏，章钜或未及知（著《归田琐记》时，已在苏抚致仕之后）。故只引及湘抚时事。

请转达著者为盼。

所示可与继祖君之说参看。惟朱、梁所记盖仍难吻合，以梁氏明言湖南，朱氏则谓江苏也。彭君之意，似以为续氏曾于湘、于苏两次被兹恶谑，否则梁、朱必有一误矣。倘承彭君更为考证见教，尤善。（梁氏官苏颇久，而为江苏巡抚盖仅后于林则徐之一次，道光二十一年就职，翌年解任，似未护江督。） （原第11卷第39期）

一四八　儒生迂行笑谈

（一）祛伪迂之师训

明耿定向《权子》云："昔文恭罗先生游楚，楚士有就而受学者。先生曰：'灄敝也久矣，世不省学为何事。曾有人士，歆道学之声而慕学之者，日行道上，宾宾张拱，跬步不逾绳矩。久之觉惫，呼从者顾后有行人否。从者曰无，乃弛恭率意以趋。其一人，足恭缓步如之。偶骤雨至，疾趋里许，忽自悔曰：'吾失足容矣，过不惮改可也！'乃冒雨还始趋处，纡徐更步过焉。夫由前言之，作辍以人，伪也；由后言之，则迂甚矣！志学者须祛此二障而后可。"

（二）先生跳沟

清阮葵生《茶余客话》云："江阴是镜，诡诈诞妄人也，胸无点墨，好自矜饰，居之不疑。……镜居村去市数里，有小路，逾沟而行，稍近数十步。镜平生必由正路过桥，不趋捷也。一日自市归，途遇雨，行至沟旁，四顾无人，一跃而过。有童子匿桥下避雨，惊曰：'是先生亦跳沟耶！'镜饵以一钱，嘱勿言。童子归，其父诘钱所从来。争传是先生跳沟，声名大损。"正可合看（金和跋吴敬梓《儒林外史》，谓书中之权勿用即指是镜。）

（三）米芾、何煟恭谨而滑稽

潘永因《宋稗类钞》云："米元章一日回人书，亲旧有密于窗隙窥其写至'芾再拜'，即放笔于案，整衿端下两拜。"钱泳《履园丛话》云："余有老友徐翁，长出门，曾见山阴何恭惠公煟。为河南巡抚时，性恭谨，每得各省同寅亲友公文书启，命仆开函时，必起而拱立，两手捧诵，诵毕然后坐。及答书，亦必拜而后发。其诚如此。公子裕成，亦任河南巡抚，然不及乃翁矣。"

一宋一清，颇为同调，惟煟以恭谨见称，芾则素以放诞著耳。

一四九　"道""導"趣话

明焦竑《焦氏笔乘》引《五代史补》云："冯瀛王在中书日，有学子李导，投所业为贽。冯见之，戏谓曰：'老夫名道，秀才不可不知，然亦名道，于礼可乎？'李抗声应曰：'相公是无寸底道字，小子有寸底道字，何为不可？'公笑曰：'老夫不惟名无寸，诸事亦无寸，吾子可谓知人！'了无怒色。"清陈其元《庸闲斋笔记》云："铁岭杨果楼先生，官知县，乞休，欲于郡觅屋，先大夫遂留馆之。先生忠厚慈祥，年虽七旬，而意兴如少年。余兄弟侍之剧谈，每丙〔寅〕夜不休。未几，先生第三子简侯宫赞来典浙试，迎养京师。次年宫赞迁甘肃巩昌道，余亦选金华训导，乃上书先生为俳语，谓：‘世弟年卅为巡道，某年卅一为训导，岂非寸有所长耶！’先生复书数百言，亦皆谐谑语，先大夫亦为绝倒。”二者均言道导，就寸字发挥，合看尤有趣致。

一五〇　知县暑日谒上官

知县暑日谒上官脱衣受窘之笑柄，《庄谐选录》《闲谈随笔》所述，一云山东，一云南京，其情事亦颇有异同，拙稿已并录以备参阅（见本报本卷第五期）。顷于《笑笑录》又见一则云：“相传有暑中谒上官者，挥扇不辍。上官恶之，因曰：‘天气热，可宽衣。’既去外褂，仍复挥扇。上官曰：‘何妨再脱？’固辞不获，遂去袍子，而犹挥扇也。上官复曰：‘何更脱衫子？’坚辞不敢，上官令侍者代为缓钮。又谈有顷而出。人见之，咸骇笑，则纬帽固犹在头上也。始悟上官盖有意苦之耳。此尤可笑。”（按：此则系附记于所录他条之后者。）亦大同小异，惟言之较为简略而已，要皆可见斯项传说之不一也。

一五一　天寒落裤笑柄

又林纾《畏庐琐记》云：“德寿抚广东时，接见道员及同知，送客有界限。有同知龙某与道员李某同谒德寿，天微寒，而龙某老病，已著棉裤。袍服单而棉裤厚，臃肿不灵。至德寿送客时，而龙某之裤已落，幸德寿送李道稍远，不之见。而李虽年老，尚灵警，怜龙某老悖，一为德寿所见即得咎，乃故寻公事，喋喋与德语不休，龙得从容著其裤。左右皆匿笑不止。”又云：“吾乡训导某，建宁人，好去袜脱靴，以五指抓足垢。一日文宗莅任，训导合同官迎之驿亭。文宗迟迟未至，众环坐倾谈。某窃去其靴袜，与人谈不倦，无心中将靴袜缚之案柱，且谈且缚，一脚带至数十结。忽哗言文宗至，某着靴已不及，则赤足前揖。文宗见之大怒，竟落职。”落裤，去袜，亦均官场笑柄，可与脱衣并传。

《笑笑录》署“独逸窝退士手编”，最初系由申报馆印行。其自序云：“余弱冠时善病，每课举业，未逾月辄病，病辄逾月。壬子、乙卯间两次大病几殆，各卧床者半年。居诸虚掷，学业荒落，职是故也。每病初愈，未能伏案，辄觅自遣之方……而鄙性尤喜流览说部，上自虞初稗官所志，下逮里巷老所传，莫不搜讨寓目，寝馈弗忘。又平生善愁，居恒郁郁不快，亦赖陶写胸襟。故壮岁以来，独于此未之或废。间取其可资嘔噱而雅驯不俗者，笔之于册，以自怡悦，忽忽卅年，戢戢遂多。……手录为六卷，名之曰《笑笑录》。……光绪五年三月吴下独逸窝退士书于宣南寓斋。”所谓壬子、乙卯，指咸丰二年、五年也。近坊间有署上海竞智图书馆出版之本，二册，不分卷，冠以“秘本札记”，殿以“版权所有”，序录旧，而改“手录为六卷”为“手录成册”，尤妙者改“光绪五年三月”

云云为“中华民国十九年六月”云云，亦出版界之珍闻也。自咸丰二年至民国十九年，几八十年，应由“弱冠”而为百岁翁，灵光岿然之老宿，不数马湘伯（良）矣！不知“忽忽卅年”当作何解！若壬子改指民国元年，则“卅年”又太长，且科举终于光绪三十年（甲辰），亦不知所课为何等“举业”也！（序文及出版期均署民国十九年六月，是以为新作品矣，而颜之曰“秘本”，亦大奇。）此亦可入《笑笑录》。

一五二　吴佩孚为宋大霈作传

吴佩孚释兵之后，不废文墨。其近作有《润生乡兄总司令传略》，传其故部曲将宋大霈也。文云：

> 余与润生将军少同乡里，长习武事，同隶陆军第三镇，同为营长，公谊私交，久而且敬也。润生沉毅果敢，遇战辄身先士卒。当民国六年，润生已隶鄂军。余帅陆军第三师由保定南下，先军襄樊，进取长岳，因驻军衡阳者二载。九年，湘鄂之战起，余再奉命南下，克岳州，而川军继下，入宜昌，余急击克之，事遂定。是二役也，以少胜众，全局底定，则诸将用命之功，余何力也？而当阳之战，宜昌之战，则润生之功为多。嗣后纳杨森于川，镇慑荆宜间，下游赖以安枕，则又润生捍卫之功矣。十五年，南军假湘

攻武汉，余方有南口之役，大军在北，润生所部万余人会鄂军援湘，陈师汨罗江。鄂诸军轻敌慢军，及余旋汉，皆败，润生亦先一夕溃。虽曰人谋不臧，岂非天哉！润生今以疾卒于旧京，因念昔年袍泽，若张子衡，若阎焕章、刘铁珊诸将军，于国家俱有功绩，先后溘逝，今润生又殁，缅怀旧雨，黄垆斯痛，然润生之战功，自有其不可没者，因其子乞文，爰书及以告当世焉。

以文论，固非甚工，然字句多挺健，气势亦旺，其倔强之性，到老不衰，尤足表见，虽悖潮流，自有本末，此亦成其为吴佩孚之文，不必以寻常格律绳之耳。

（原第 11 卷第 40 期）

一五三　穿凿附会趣话

梁章钜《浪迹丛谈》云：“往见收藏家于旧书画之首尾，或题‘特健药’字，亦有取为篆印者。考《法书要录》载武平一《徐氏法书记》曰：‘驸马武延秀阅二王之迹，强学宝重，乃呼薛稷、郑愔及平一评其善恶，诸人随事答称，为上者题云“特健药”，云是突厥语。’其解甚明，乃《辍耕录》不喻其义，而《香祖笔记》又以字义穿凿解之，益误矣。”按：王士禛《香祖笔记》云：“《辍耕录》言：‘或题画曰特健药，不喻其义。’予因思昔人如秦少游观《辋川图》而愈疾，而黄大痴、曹云西、沈石田、文衡山辈皆工画，皆享大年，人谓是烟云供养，则特健药之名，不亦宜乎？”强作解人，颇为可笑。士禛之穿凿，不如陶宗仪之迳言不喻，为得阙疑之道也。又见《鸥夷室杂碎》（著者署“烟桥”。编者注：即范烟桥，室名鸥夷室。“碎”似应为“缀”。）一则云：“冯敬亭宫允有遗章一方，文曰：‘阳雒僧鳞，莫稚角存。’凡八字，分四行，藏其孙欣侯许，不知何义，问于吹万丈。丈以之刊《国学丛选》，求海内鸿博之释文。吴县沈休穆，经学家也，每得奇书异文，不易索解，辄引申假借，旁搜博讨，以通其义。见此章文，即为诠解，以为章文错综，应读为：‘僧鳞雒阳，莫角稚存。’意谓：‘僧，曾也；鳞，比也；雒阳，贾生也；角，争也；稚存，北江也。’并云：‘敬亭畜经世之志，其成《校邠庐抗议》，是远与贾生长治久安策相鳞比也，而其骈俪文深肖北江，既而悔之。’附会煞费苦心。越数月，忽得华亭顾遁庵书，并《释印》一篇，则谓：‘出诸《后汉书·西南夷传》，白狼王唐菆《慕等化归义诗》第一章《远夷乐德歌》，其结语有曰：‘阳雒僧鳞，莫穉角存。’华言愿主长寿，子孙昌炽，盖夷人颂祷之本语也。敬亭特以之为吉羊文字耳。”足见考据如理乱丝，不得其绪，牵强可笑也。沈氏所诠，极穿凿附会之能事，视王氏之解“特健药”，尤足发噱矣。一物不知，何遽为儒者之耻？乃强不知以为知，支离割裂，漫为武断，从而为之辞，致力甚勤，其如妄何！考据家之喜穿凿附会者，每易类此，皆不免“无补费工夫”之诮耳。李岳瑞《春冰室野乘》录谜语，中有“‘分明摩诘印章，为何颠倒残缺至此?’射《毛诗》一句，‘维王之邛’”一则，沈氏之诠冯桂芬印章，殊与相肖，而一则成其为巧，一乃成其为拙，合看尤趣。

一五四　“中外合璧”之诗

林纾《畏庐琐记》云：“余在杭州时，有伊藤贤道者，为本愿寺僧，一日饮余，座有歌者，能歌唐诗。听之一字不解，则以汉字读为和音也。诗为张继枫桥之作。歌者作势跳舞，无一类汉音者。余因忆刘贡父《诗话》：‘余靖两使契丹，能以胡语为汉诗，曰：夜筵设逻（厚盛也）臣拜洗（受赐也），两朝厥荷（通好也）情干勤（厚重也）。微臣雅鲁（拜舞也）祝若统（福祐也），圣寿铁摆（嵩高也）俱可忒（无极也）。’诗不过以汉人之语，易以辽字。想彼东国歌者，亦殆以汉字译为和文，实则天下文字无不同者，特音吐异耳。”余靖所作为中外合璧之诗，近人有以西语译音之汉字与汉文相间为诗者，每句中西缀集，盖此风旧矣。至林氏所论，未甚了了。

一五五　清代状元入阁者

顷接陈沄君由济南来函，云："……顷读《国朝先正事略·梁文定公国治传》有云：'……在昔有宋，由大魁入政府者九人，有明一代十有七人，我高宗朝六十年实遘其三。'云云。究竟有清一代由大魁入政府者共有若干人？皆为谁何？先生熟于前代掌故，敢祈明示。……"按：《先正事略》所谓高宗朝大魁入政府者三人，指大学士言，国治与于敏中、王杰也。有清诸朝之状元入阁者（大学士暨协办大学士），列志如次：

顺治　吕宫（顺治丁亥科状元，江苏武进人，顺治十年授宏文院大学士）、傅以渐（顺治丙戌科状元，山东聊城人，顺治十一年授秘书院大学士，十二年改国史院大学士，十五年改武英殿大学士），凡二人。

康熙　徐元文（顺治己亥状元，江苏昆山人，榜姓陆，籍长洲。奉旨复姓徐。康熙二十八年授文华殿大学士）一人。

雍正　无。

乾隆　庄有恭（乾隆己未状元，广东番禺人，乾隆三十年协办大学士）、于敏中（乾隆丁巳状元，江苏金坛人，乾隆三十六年协办大学士，三十八年授武英殿大学士。卒谥文襄）、梁国治（乾隆戊辰状元，浙江会稽人，乾隆四十八年协办大学士，五十年授东阁大学士。卒谥文定）、王杰（乾隆辛巳状元，陕西韩城人，乾隆五十二年授东阁大学士。卒谥文端），凡四人。

嘉庆　**戴衢亨**（乾隆戊戌状元，江西大庾人，嘉庆十二年协办大学士，十五年授体仁阁大学士。卒谥文端）一人。

道光　**潘世恩**（乾隆癸丑状元，江苏吴县人，道光十三年授体仁阁大学士，十五年改东阁大学士，十八年改武英殿大学士。卒谥文恭）一人。

咸丰　无。

同治　无。

光绪　**张之万**（道光丁未状元，直隶南皮人，光绪十一年协办大学士，十五年授体仁阁大学士，十八年改东阁大学士。卒谥文达）、**翁同龢**（咸丰丙辰状元，江苏常熟人，光绪二十三年协办大学士。卒谥文恭）、**孙家鼐**（咸丰己未状元，安徽寿州人，光绪二十四年协办大学士，二十五年病免，二十七年授体仁阁大学士，二十九年改东阁大学士，三十三年改武英殿大学士。卒谥文正）、**徐郙**（同治壬戌状元，江苏嘉定人，光绪二十六年协办大学士），凡四人。

宣统　**陆润庠**（同治甲戌状元，江苏元和人，宣统元年协办大学士，旋授体仁阁大学士，二年改东阁大学士。卒谥文端，清室退位后所予）一人。

有清一代之状元宰相，都十四人；其中仅至协揆者，为庄有恭、翁同龢、徐郙三人。（原第11卷第41期）

一五六 吴汝纶诋斥中医

吴汝纶以古文老师而信仰西医最深，于中医则诋斥不遗力。其见于尺牍等者，有如下列：

> 手示尊体自去冬十月起病，今五月中尚未平，殊为系念。吾兄体素强健，何以如此？此殆为服药所误。今西医盛行，理凿而法简捷，自非劳瘵痼疾，决无延久不瘥之事，而朋好间至今仍多坚信中国含混医术，安其所习，毁所不见，宁为中医所误，不肯一试西医，殊可悼叹。执事久客上海，宜其耳目开拓，不迷所行，奈何愿久留病魔，不一往问西医耶？岂至今不能化其故见耶？千金之躯，委之庸医之手，通人岂宜如此？试俯纳鄙说，后有微恙，一问西医，方知吾言不谬。（辛卯六月晦日答萧敬甫）

> 令侄还京后，想益调摄强固。是否尚服西药？每恨执事文学精进而医学近庸，但守越人安越之见，不知近日五洲医药之盛，视吾中国含混谬误之旧说，早已一钱不值。近今西医书之译刻者不少，执事曾不一寓目，龂龂焉惟《素问》《灵枢》《伤寒》《金匮》

《千金》《外台》等编，横亘于胸而不能去，何不求精进若是？平心察之，凡所谓阴阳五行之说果有把握乎？用寸口脉候视五脏果明确乎？《本草》药性果已考验不妄乎？五行分配五脏果不错谬乎？人死生亦大矣，果可以游移不自信之术尝试否乎？以上所言，吾将斫树以收穷庞，未可以客气游词争胜，愿闻所以应敌之说！（癸巳三月二十五日与吴季白）

绂臣灾病应退，某岂敢贪天之功？但平日灼知中医之不足恃，自《灵枢》《素问》而已然，至《铜人图》则尤不足据，《本草》论药又皆不知而强言，不如西医考核脏腑血脉，的的有据，推论病形，绝无影响之谈，其药品又多化学家所定，百用百效，而惜中国读书仕宦之家安其所习，毁所不见，其用医术为生计者，又惟恐西医一行则已顿失大利，以此朋党推摈，而不知其误人至死者不可胜数也。今绂臣用西医收效，自此京城及畿南士大夫庶渐知西术之不谬，不至抱疾忌医，或者中土庸医杀人之毒，其稍弛乎？

（丁酉正月二十一日答王合之）

中医之不如西医，若贲育之与童子。来书谓仲景所论三阳三阴强分名目，最为卓识。六经之说仲景前已有，仲景从旧而名之耳。其书见何病状与何方药，全不以六经为重，不问可也。西人之讥仲景，则五淋中所谓气淋者实无此病，又所谓气行脉外者实无此理，而走于支饮、留饮等病，亦疑其未是。此殆亦仲景以前已有之常谈，未必仲景创为之也。盖自《史记·仓公扁鹊传》已未尽得其实，况《千金》《外台》乎？又况宋以后道听途说之书乎？故河间、丹溪、东垣、景岳诸书，尽可付之一炬。执事谓其各有独到，窃以为过矣。（二月十日答王合之）

前书言柯病新愈而咳嗽未已，近来如何？又言中西医皆不用，此似是而非。中药不足恃，不用宜也；若不用西医，则坐不知西医之操术何如，仍中学在胸不能拨弃耳。实则医学一道，中学万不可用，郑康成之学尤不可用。中医之谬说五脏，康成误之也。咳嗽一小疾，然可以误大事。中医无治咳嗽之药，亦不知咳嗽之所关为至重，此皆非明于西医者不能自养。

（三月二十三日与廉惠卿）

医学西人精绝。读过西书，乃知吾国医家殆自古妄说。（十一月十七日答何豹臣）

闻目疾今年稍加，深为悬系。又闻近服中药，医者侈言服百剂当复旧观，前属张楚航等传语，倘已服百剂，其言不效，则幸勿再服，缘中医所称阴阳五行等说绝与病家无关，此尚是公理，至以目疾为肝、肾二经，则相去千里。吾料公今所服药大率皆治肝补肾之品，即令肝、肾皆治，要于目光不相涉也。况中药所谓治肝补肾者，实亦不能损益于肝、肾也乎？然且劝公勿久服者，中药性质言人人殊，彼其所云补者不补，其所云泄者不泄，乃别有偏弊，而本草家又不能知，特相率承用之，而几幸其获效，往往病未除而药患又深，此不可不慎防者。尊甫先生不甚通西医之说，其于中医似颇涉猎，尝抄撮经验良方，令我传抄。今若语以中药之无用，必不见信，然目疾所谓一方痛耳，若因药而致他病，则全体之患矣。此不可以尝试者也！　　　　（戊戌十二月四日与贺松坡）

汝堂上属买燕菜、鹿茸等物，一时无人携带。自西医研精物理，知燕菜全无益处，鹿茸则树生之阿磨利亚及骆驼粪中所提之阿磨利亚，皆与茸功力相等，而价贱百倍，何必仍用此等贵物乎？西医不但不用鹿茸，亦并不用阿磨利亚者，为其补力小也。汝平日不考西书，仍以鹿茸为补养之品，何其谬耶！

（己亥五月二十四日与千里）

令四弟如系肺疾，应就西医，并宜移居海滨，借海风所涵碘质以补益肺家，服麦精、鱼油以调养肺体，仍戒勿用心，勿受外感。此病甚不易治，中医不解，亦无征效之药。其云可治，乃隔膜之谈。若西医用症筒细心审听，决为可治，乃足信耳。

（九月二十日与廉惠卿）

前初见文部大臣菊池君，即劝兴医学。昨外务大臣小村君亦谆谆言医学为开化至要，且云他政均宜独立，惟医学则必取资西人，且与西人往来论医，彼此联络，新学因之进步，取效实大等语。是晚医学家开同仁会款待毓将军及弟等，长冈子爵、近卫公爵、石黑男爵皆有演说，皆望中国明习西医，意至恳至。东京医家集会者近百人，可谓盛会。而弟所心服者，尤在法医。法医者，检视生死伤病以出入囚罪，近年问刑衙门获益尤多。吾国所凭《洗冤录》、仵作等，直儿戏耳。恐议者以医为无甚关系，故具书此间所闻，以备张尚书采择。（壬寅六月十日与李亦元）

敝国医学之坏，仍是坏于儒家，缘敝国古来医书列在《汉书·艺文志》者皆已亡佚，今所传《难经》《素问》大抵皆是伪书，其五脏部位皆是错乱。其所以错乱之故，缘敝国汉朝有古文、今文两家之学，古文家皆是名儒，今文则是利禄之士，古文家言五脏合于今日西医，今文家言五脏则创为左肝右肺等邪说。及汉末，郑康成本是古文家学，独其论五脏乃反取今文，自此以后近二千年，尽用今文五脏之说，则郑康成一言不慎，贻祸遂至无穷，其咎不小。敝国名医以张仲景、孙思邈为最善。仲景《伤寒》所称十二经，今西医解剖考验实无此十二经路。苏东坡论医专重孙思邈，今观《千金方》所论五脏亦皆今文之说。此敝国医道所以不振之〔由〕也。

（同仁会欢迎会答辞）

犬孙目疾，若中医虽可见效，吾不主用，缘中药难恃，恐贪其效而忽其敝。中医不能深明药力之长短。孙儿障翳苟不碍瞳人，即可置之不问，久亦自退，较胜于用不甚知之药。观西医不见病不肯给药，则知中国欲以一药医百人，其术甚妄也。

（辛丑二月二十七日谕儿书）

汝纶于西医之极口推崇，于中医之一笔抹杀，其态度可以概见。光绪二十九年（癸卯）卒于里（桐城），其所聘学堂教习日本人早川新次以报丧书寄其本国，中述延美医治疗事，谓："正月九日下午，突有先生之侄某，遣使送书，报先生病状，且言先生不信汉医，专望西医之诊视，乞伴米国医偕来。小生不敢暇，即与米医交涉。十日晨发安庆，夜半到吴氏宅。直抵病床询问，见其容态已非现世之人，惊其病势之急激，知非等闲之病。亲戚辈具述疝气之亢进，腹部膨胀如石，热度高，米医不能确定病名，小生疑为肠膜炎也。是夜及次日，米医种种治疗，病势益恶。先生自觉难起……小生酬知己之恩，正在此时与米医议良策，奈传教兼通医术之人内科非所长。先生病势益恶，至十二日早朝呼吸全绝。……先生于卫生医术，生平注意……今兹之病斥一切汉医不用，辩汉医之不足信，特由安庆奉迎西医，闻生等一行到宅，甚为欣喜，岂料米医毫无效验？米医云：‘若在上海或日本，得与他医协议良法。’小生亦觉此地有日本医士一人，或可奏功。遗憾何极！”盖笃行其志，到死不肯一试中医也。壬寅在日本考察学制时，西历七月七日《日本新闻》云：“先生昨日午前往观医科大学，于本学附属医院见割胃癌病者，由近藤教授执刀破腹部，切割胃管，通胶皮管于下，以进饮食。先生观此大手术，颜色不变，晏然省察焉。”又六月二十二日云：“君……聘医亦好西医。李鸿章尝戏谓曰：‘吾与执事笃信西医，可谓上智不移者；余人皆下愚不移者也！’”汝纶师事鸿章，其笃信西医之由来，殆即受教于鸿章欤？至观破割大手术而神色夷然，亦缘信之既深，故无疑诧之感耳。（原第11卷第42期）

一五七　文字因缘四则

（一）袁枚受知尹继善

袁枚《随园诗话》云：“己未朝考题是‘赋得因风想玉珂’。余欲刻画‘想’字，有句云：‘声疑来禁苑，人似隔天河。’诸总裁以为语涉不庄，将置之孙山。大司寇尹公与诸公力争曰：‘此人肯用心思，必年少有才者，尚未解应制体裁耳。此庶吉士之所以需教习也。倘进呈时上有驳问，我当独奏。’群议始息。余之得与馆选，受尹公知，从此始。未几，上命公教习庶吉士。余献诗云：‘琴爨已成焦尾断，风高重转落花红。’”此尹继善与袁枚之文字因缘也。

（二）曾国藩激赏俞樾

俞樾《春在堂随笔》云：“余自幼不习小楷书，而故事殿廷考试尤以字体为重。道光三十年，余中进士，保和殿覆试获在第一，人皆疑焉。后知其由湘乡相公。湘乡得余卷，极赏其文，言于杜文正，必欲置第一。群公聚观，皆曰：‘文则佳矣，然仓卒中安能办此？殆录旧文耳。’湘乡曰：‘不然。其诗亦相称，岂诗亦旧诗乎？’议遂定。由是得入翰林。追念微名所自，每饭不敢忘也。时诗题为‘淡烟疏雨落花天’，余首句云：‘花落春仍在。’湘乡深赏之，曰此与‘将飞更作回风舞，已落犹成半面妆’相似。他日所至，未可量也。然余竟沦弃终身，负吾师期望，良可愧矣。湘乡出入将相，手定东南，勋业之盛，一时无两，尤善相士。其所识拔者，名臣名将，指不胜屈。独余无状，累吾师知人之明。同治四年，余在金陵，寓书于公，述及前句，且曰：‘由今思之，蓬山乍到，风引仍回，洵符花落之谶矣；然比来杜门撰述，已及八十卷，虽名山坛坫，万不敢望，而穷愁笔墨，倘有一字流传，或亦可言春在乎！’此则无聊之语，聊以解嘲。因颜所居曰‘春在堂’。他日见吾师，当请为书此三字也。”又云：“肃毅伯李少荃制府，于乡榜为同年，于翰林为前辈，然未尝一面也。同治元年，公奉命抚江苏，驻上海。有商华伯太守者，亦甲辰同年也。公见之，问曰：‘浙江同年有孙琴西、俞荫甫二人，颇识之否？’以相识对。问所在，无以应也。适章采南修撰视学闽中，取道上海，亦甲辰同年也。华伯问知余在天津，以告公。公喜曰：‘若致书，先为吾道意。’余闻而感之，然不知公何以知余也。同治四年，余始识公于金陵，请其故。公曰：‘湘乡告余也。庚戌会试后，余问湘乡今科得人否，举君名以告，因识不敢忘。去年余充江南乡试监临官，见湘乡公于金陵，犹能诵君乡试时诗也。’樾叹曰：‘以樾之不肖，犹未见弃于师友如此，可感亦可愧矣。’”师生沆瀣，均缘诗句作合，事甚相似。俞氏《上曾涤生爵相书》有云：“金陵晋谒，小住节堂，一豫一游，叨陪末座，穷园林之胜事，叙觞咏之幽情，致足乐也。忆袁随园《上尹文端启事》云：‘日落而军门未掩，知灯前尚有诗人。山游而僚属争看，怪车后常携隐者。’樾以山野之服，追随冠盖之间，颇有昔贤风趣，而吾师勋业高出文端之上，奚啻倍蓰，则樾之遭际亦远越随园矣。”亦正引尹、袁相况也。

又《与肃毅伯李少荃同年前辈书》有云：“顷阅邸抄，知承恩命，摄篆两江，……因思金陵为名胜之区，又得阁下主持其间，未识有一席之地可以位置散材否？近世以浙人而作白下寓公者，惟随园老人，至今艳称之。其人品，其学术，均非樾所心折，然其数十年山林之福，实为文人所罕有，而非尹文端为制府，则亦安能有此耶？樾之薄福，固不敢希冀随园，而阁下勋名则高出文端万万矣。”取譬尹、袁，意亦犹之，所谓“曾、李一家”耳。

（三）曾国藩拔擢周荇农

殿廷考试，以诗句邀曾国藩特赏者，俞樾而外，尚有其人，亦在庚戌。吴汝纶戊戌闰三月十九日《与福建李勉林廉访书》有云：“南中近刻成《五周先生集》，今呈上一册。五周先生者，敝师昀叔先生昆仲合集也。先生为文正公高第弟子。庚戌朝考，以‘山虚水深’命题。文正公击赏先生试帖二句，云：‘鹤舞空崖月，龙吟大海潮。’以为此真诗人之作，拔置第一，归告庞省三。庞时在公邸教授，与先生为同年，闻而走告先师。及揭晓，都下轰传此事，以为艺林佳话。先师在翰林、台谏数十年，声名大振。周荇农先生以才自诩，独心折昀师。今遗稿零落，存者泰山毫芒耳。”周氏之受知于曾，与俞事尤极相类，惟后来知其事者较少矣。

（四）纪昀与朱子颖师生之谊

纪昀《滦阳续录》云：“科场拨卷，受拨者意多不惬，此亦人情，然亦视其卷何如耳。壬午顺天乡试，余充同考官（时阅卷尚不回避本省），得一合字卷，文甚工而诗不佳，因甫改试诗之制，可以恕论，遂呈荐主考梁文庄公，已取中矣。临填草榜，梁公病其‘何不改乎此度’句侵下文‘改’字（题为“始吾于人也四句”），驳落，别拨一合字备卷与余。先视其诗，第六联曰：‘素娥寒对影，顾兔夜眠香。’（题为“月中桂”）已喜其秀逸，及观其第七联曰：‘倚树思吴质，吟诗忆许棠。’遂跃然曰：‘吴刚字质，故李贺《李凭箜篌引》曰：‘吴质不眠倚桂树，露脚斜飞湿寒兔。’此诗选本皆不录，非曾见《昌谷集》者不知也。华州试‘月中桂’诗，学许棠为第一人。棠诗今不传，非曾见王定保《摭言》、计敏夫《唐诗纪事》者不知也。中彼卷之‘开花临上界，持斧有仙郎’何如中此诗乎？’微公拨入，亦自愿易之。”即朱子颖也。放榜后，时已九月，贫无絮衣。蒋心余素与唱和，借衣与之，乃来见，以所作诗为贽。余丙子扈从时，古北口车马壅塞，就旅舍小憩，见壁上一诗，剥残过半，惟三四句可辨。最爱其‘一水涨喧人语外，万山青到马蹄前’二语，以为‘云中路绕巴山色，树里河流汉水声’不是过也，惜不得姓名。及展其卷，此诗在焉，乃知针芥契合，已在六七年前，相与叹息者久之。子颖待余最尽礼，殁后，其二子承父之志，见余尚依依有情。翰墨因缘，良非偶尔，何尝以拨房为亲疏哉？（余《严江舟中诗》曰：“山色空濛淡似烟，参差绿到大江边。斜阳流水推蓬坐，处处随人欲上船。”实从“万山”句夺胎。尝以语子颖曰：“人言青出于蓝，今日乃蓝出于青。”子颖虽逊谢，意似默可。此亦诗坛之佳话，并附录于此。）”此亦师生以诗句作缘之一事，虽不甚同，亦可类观。　　（原第 11 卷第 43 期）

一五八　八股文之优劣

“八股”之为世诟病久矣，然其体非无长处。忆先君在日，语及八股文，谓能使心思入细，理路清晰，其至于滥恶，末流之敝耳。先从兄由庵尝言，作过八股之人文理杂乱者少。先兄龢甫尝言，八股可作论理学教材。虽皆随意闲谈，要均有取其格律整肃，界画分明也。近阅钱基博《现代中国文学史》述《逻辑文》有云：

> 自衡政操论者，习为梁启超排比堆砌之新民体，读者既稍稍厌之矣！于斯时也，有异军突起，而痛刮磨湔洗，不与启超为同者，长沙章士钊也！大抵启超之文，辞气滂沛，而丰于情感；而士钊之作，则文理密察，而衷以逻辑。逻辑者，侯官严复译曰名学者也。惟士钊为人，达于西洋之逻辑，抒以中国之古文，绩溪胡适字之曰欧化的古文，而于是民国初元之论坛顿为改观焉！然中国言逻辑者始于严复，而士钊逻辑古文之导前路于严复，犹之梁启超新民文体之开先河自康有为也。故叙章士钊者宜先严复，犹之叙梁启超者必溯康有为。然而康有为、梁启超之视严复、章士钊，其文章有不同而同者。籀其体气，要皆出于八股。八股之文，昉于宋、元之经义，盛于明、清之科举，朝廷以之取士者逾六百年。而其为之工者，无

> 不严于立界（犯上连下例所不许），巧于比类（截搭钓渡），化散为整，即同见异，通其层累曲折之致，其心境之显呈，心力之所待，与其间不可乱不可缺之秩序，常于吾人不识不知之际，策德术心知以入慎思明辨之境涯而不堕于卤莽灭裂。每见近人于语言精当，部分辨晰，与凡物之秩然有序者，皆曰合于逻辑矣。盖假欧学以为论衡之绳墨也。然就耳目所睹记，语言文章之工，合于逻辑者，无有逾于八股文者也！此论思之所以有裨，而数百年来，吾祖若宗德术心智之所资以砥砺而不终萎枯也欤？迄于清末，而八股之文，随科举制以俱废，（按：科举终于光绪三十年甲辰会试，而自二十八年壬寅乡试改试策论矣。）而流风余韵，犹时时不绝流露于作者字里行间。有袭八股排比之调，而肆之为纵横跌宕者，康有为、梁启超之新民文学也。有用八股偶比之格，而出之以文理密察者，严复、章士钊之逻辑文学也。论文之家，知本者鲜！独章炳麟与人论文，以为严复气体比于制举；而胡适论梁启超之文，亦称蜕自八股！斯不愧知言之士已！

推论八股之长处与所渐染，固似奇而非无理致，不得谓之漫为八股扬已死之灰也。昔之文人，道及八股处，如王士禛《池北偶谈》云：

> 予尝见一布衣，有诗名者，其诗多有格格不达。以问汪钝翁编修，云：“此君坐未尝解为时文故耳。时文虽无与诗古文，然不解八股，即理路终不分明。”近见王恽《玉堂嘉话》一条，鹿庵先生曰：“作文字当从科举中来。不然，而汗漫披猖，是出入不由户也。”亦与此意同。

又如袁枚《随园诗话》云：

> 时文之学，有害于诗，而暗中消息，又有一贯之理。余案头置某公诗一册，其人负重名。郭运青侍讲来，读之，引手横截于五七字之间曰：“诗虽工，气脉不贯，其人殆不能时文者耶?”余曰：“是也。”郭甚喜，自夸眼力之高。后与程鱼门论及之，程亦韪其言。余曰：“古韩、柳、欧、苏俱非为时文者，何以诗皆流贯?”程曰：“韩、柳、欧、苏所为策论应试之文，即今之时文也。不曾从事于此，则心不细而脉不清。”余曰：“然则今之工于时文而不能诗者何故?”程曰：“《庄子》有言：‘仁义者先王之篷庐也，可以一宿而不可以久处也。’今之时文之谓也。”

亦可参阅。谓非作过八股者诗文必不能工，自属不然，而当时之为八股与诗文，“暗中消息，有一贯之理”，则言非无当也。程氏侪唐宋应试之文于八股，盖均之“举业”耳。此今日吴敬恒有“洋八股”之说欤？吴敬梓

《儒林外史》中，鲁编修训女之言云：

> 八股文章若做的好，随你做甚么东西，要诗就诗，要赋就赋，都是“一鞭一条痕，一掴一掌血”；若是八股文章欠讲究，任你做出甚么来，都是野狐禅，邪魔外道。

亦即“作文字当从科举中来”也。《外史》为鄙笑八股之作，此节亦代表八股家之极端论者。

顷又见黎锦熙《中国三千年大众语文学小史》中涉及八股者一节有云：

> 明初“八股文”渐盛，这却在“小众”的文坛上放一异彩：本来是说理的“古体散文”乃能与“骈体”“辞赋”合流，能融入“诗”“词”的“丽语”，能袭来“戏曲”的神情（清焦循《易余符录》中的话），集众美，兼众长，实为最高稀有的文体；可惜两朝功令都拿他来取士，便滥到一个不通了。应用的“古文”，明代的才子有秦汉和唐宋之争；到清代的“桐城派”而拘束更紧，同时出一派“骈散合一”的作家，却有精品，皆反“八股”，实皆受了“八股”的影响，但词句尽有来源，绝对不复再受“大众语文学”的影响了。

于八股优点及影响，所论颇精。八股体格之严密，包孕之闳衍，盖缘功令所在，为读书人进身之阶，简练揣摩，殚心力以从事，使之进化，而其退化以至“滥墨卷”，亦正因功令关系。避忌多，模仿盛，于是陈陈相因，每下愈况（每况愈下），“滥到一个不通”，犹果实之由成熟而腐坏矣。焦氏谓八股袭来戏曲之神情，袁枚《答戴敬咸进士论时文书》亦言八股与戏曲相类。其说云：

> 从古文章，皆自言所得，未有为优孟衣冠代人作语者，惟时文与戏曲，则皆以描摩口吻为工，如作王孙贾，便极言媚灶之妙，作淳于髡、微生亩，便极诋孔孟之非，犹之优人，忽而胡妲，忽而苍鹘，忽而忠臣孝子，忽而淫妇奸臣，此其体之所以卑也。若云足以明道，极有关系，则戏曲中尽有无数传奇，足以动里巷之讴吟，招妇竖之歌泣者，其功且百倍于时文矣，何以诗集中宁存温李冬郎淫靡之诗，而断不存王孝子寻亲杨椒山写本之曲？其故何耶？盖此处不暇论纲常名教，而先论文章体裁故也。

援戏曲以贬八股，谓其体裁之似。今日言文学者，于传奇戏曲，已有相当之位置。袁氏有知，或将自笑所见之不广欤？八股之描摩口吻，所谓“代圣贤立言”也。梁章钜《制义丛话》，录明八股家项煜《何必读书》之作，甚趣。文云：

> ……由之言曰：“夫子而谓由贼羔也，必欲羔读

书也。夫子而欲羔读书也，必谓民社中无书也。不知读书而无与于民社也者，何必读书？读书而不外于民社也者，何必读书？吾而不以民社当读书也者，何必读书？吾而既以民社当读书也者，何必读书？如以为必读书也，意者读书而遂足为益也欤哉，则经生岂不满前，而名世无一二见。如以为必读书也，意者不读书而遂足为损也欤哉，则皋夔亦仅读三皇之书，而上古又且读谁氏之书？且自俗之淳而浇也，而民人盖屡变矣，以书之所以治民者治民，惑其民者也。且自礼之质而文也，而社稷亦非昔矣，以书之所以事神者事神，慢其神者也。由特不能尽书而焚之耳！朴者读之而诈，驯者读之而横，并使豪者读之而腐，其为苍生祸也大矣！由特不能尽读书之辈而除之耳！猥人则以干禄，假人则以盗名，而险人则复以乱政，其为宇宙害也甚矣！即今之靡书不读者，孰有如夫子哉？乃竟一筹莫展，毫无益于成败之数。而吾党之束书不读者，莫如由矣，窃敢三年报绩，聊自试于盘错之交。然则书之无效亦可知矣！书乎，书乎！其可以消岁月而不可以资经纶者乎！其可以诱不才之子弟而不可以束用世之英雄者乎！何必读书？

梁氏谓："此等狡狯，不当以文论，故聊附之杂缀中。"以其为游戏文而非功令文耳。然其体制固犹是当时功令文之体制，且以文论亦不可谓之不工也。（梁氏并引徐存庵〈越〉语："……乃项水心作《何必读书》句文，逞其毒笔，横肆发挥，几使仲夫子承受不起。得罪先贤，莫此为甚矣！"）（原第11卷第45期）

一五九　辛丑回銮后大赏恩典纪事

光绪二十七年辛丑，后、帝回銮途中，以时局粗安，加恩诸臣，于十月二十八日降谕：故大学士李鸿章再赐祭一坛，伊子李经迈以三四品京堂候补，庆亲王奕劻赏食亲王双俸，议和全权大臣也；枢臣则大学士荣禄赏戴双眼花翎，并加太子太保衔，王文韶赏戴双眼花翎；疆吏则两江总督刘坤一加太子少（太）保衔，湖广总督张之洞、直隶总督袁世凯均加太子少保衔（沈祖宪、吴闿生《容庵弟子记》谓刘坤一、张之洞、袁世凯同晋太子少保衔，稍误）。十一月初一日，宗人府府丞盛宣怀、总税务司赫德复同邀赏加太子少保之谕。两谕先后颁于开封，均述懿旨行之，一时赏功之典懋焉。宣怀以三品卿加宫衔，已称优异，赫德以洋员膺此，尤创格也。户部尚书鹿传霖、外务部尚书瞿鸿禨与荣禄、文韶同直枢廷，而此次恩旨未与者，盖本拟加太子少保衔，以鸿禨与传霖力辞乃止也。鸿禨《恩遇纪略》中述及此事云："每日召见之外，如有事面奏，亦可请起，然非急要事则不请。驻跸开封时，两宫以危局粗定，降旨奖叙出力诸臣，谕枢廷四人与刘坤一、张之洞、袁世凯均加宫衔。鸿禨闻命惶恐，碰头固辞再四。慈圣温谕：‘尔不必辞，第谢恩罢。’予即下垫跪谢天恩，仍碰头请收回成命。两宫仍不许。荣文忠顾予曰：‘已谢恩即不当辞。’予遂不复请。既退，宣旨，已缮述矣，予终不自安，语荣文忠曰：‘公顷言已谢恩即不当辞，定例乎？抑权词乎？’文忠笑曰：‘不如此焉得退？’予曰：‘明日入对，必仍坚辞，且具折。’文忠曰：‘如必欲辞，即宜今日。敢请起乎？’予曰：‘敢！上如见责，愿当其咎！’时定兴偶有耳疾，予详告之，且曰：‘老前辈意如何？’定兴欣然曰：‘我亦决定同辞。’即语内监代奏请起，四人仍同入。慈圣问何事。荣文忠对曰：‘瞿鸿禨有下情面陈。’予即碰头奏曰：‘臣顷蒙恩典，实万分不安。现当时局艰难，诸事都宜核实。恩旨一出，中外瞩目，若有幸滥，何以示天下？不独訾议臣等也。臣以为此次加恩，如奕劻、李鸿章转危为安，有功社稷，固宜膺特赏；刘坤一、张之洞等保护东南，枢廷则荣禄、王文韶同支危局，扈驾辛苦，赏亦宜之；鹿传霖则已在圣驾出京之后；臣到行在尚在今年，更无劳可言，务请收回成命，以示大公，所以不敢述旨。’定兴亦恳辞。至是，两宫俯允。慈圣天颜温霁，笑曰：‘我方用膳，闻请起一惊，不意尔等为此事也！’”宫保荣衔，群僚所歆，而鸿禨深以幸滥为惧，倡议力辞，传霖和之，得请乃已，可云无愧端慎，颇有古大臣之风，宜其深结主知也。

一六〇　易实甫撰联对仗工整

江庸《趋庭随笔》有裨旧闻，持论亦多明通。中有一则云："《凌霄一士随笔》记清代谥法，'成、正、忠、襄最为美谥，曾国荃谥曰忠襄，可谓甚优。陈湜（?）挽词下联之"易名足千古，合胡文忠左文襄为一人"，最为一时传诵。'按：陈湜字舫仙，已前卒。此联乃易实甫丈所撰，曾闻家父诵之。上联为'干国失三贤，去大司马少司农才数月'。大司马谓彭刚直玉麟，少司农谓曾惠敏纪泽。对仗之工，天造地设，尤妙在四公皆湖南人也。"按：曾纪泽、彭玉麟、曾国荃先后卒，均光绪十六年庚寅事，陈湜（湘乡人，字舫仙）实犹在人世也。姑就案头书籍，略事印证。瞿鸿禨《使闽日记》辛卯（光绪十七年）六月二十九日过苏州所记有云："巡抚刚子良（毅）、臬司陈舫仙、织造毓清岩（秀）遣人来，独藩司不与。"是庚寅次年之事。王芸生《六十年来中国与日本》第二卷记光绪二十年甲午之战有云："初，我军败于平壤，清廷以淮军挫衄，欲倚用湘中故将，如藩司魏光焘，臬司陈湜，道员李光久等，皆令募军北援，并召两江总督刘坤一赴京师。……陈湜一军防守大高岭……"则又数年以后之事矣。惟谓联系易顺鼎手笔，颇似。"对仗之工"，固顺鼎特长也。湜素无能文之名，此联或是湜出名而由顺鼎代撰，亦未可知（拙稿原文见本报十卷四十七期）。

一六一　李虚中推命不用时

《趋庭随笔》又云："韩退之为李虚中墓志，言其最深五行书，以人之始生年月日，所值日辰支干相生，胜衰死王相斟酌，推人寿夭贵贱不利，辄先处其年月时，百不失一二。是唐时推命止用年月日，不用时，无所谓四柱。宋徐子平《珞琭子赋注》始专以人生年月日时八字推衍。《四库书目》载有宋岳珂《补注三命指迷赋》一卷。倦翁《桯史》尝记韩侂胄八字为壬申辛亥己巳丙寅，日者谓至丁卯年壬子月必得奇祸。余知交中不乏通达之人而迷信是术者。民国三、四年北平命相家极一时之盛，盖项城亦迷信之。说者谓项城之亟亟称帝，实由日者推其寿止五十八岁，思所以禳之也。"旨在祛日者八字说之迷信，其论自正，惟谓唐时推命止用年月日不用时，则恐未谛。纪昀《槐西杂志》云："世传推命始于李虚中，其法用年月日而不用时，盖据昌黎所作虚中墓志也。其书《宋史·艺文志》著录，今已久佚，惟《永乐大典》载虚中《命书》三卷，尚为完帙，所说实兼论八字，非不用时，或疑为宋人所伪托，莫能明也。然考虚中墓志，称其最深于五行书，以人始生之年月日所直日辰，支干相生，胜衰死生王相斟酌，推人寿夭贵贱利不利云云。按：天有十二辰，故一日分为十二时，日至某辰，即某时也，故时亦谓之日辰。《国语》'星与日辰之位皆在北维'是也。《诗》：'跂彼织女，终日七襄。’孔颖达疏：‘从旦至暮七辰一移，因谓之七襄。’是日辰即时之明证。《楚辞》：‘吉日兮辰良。’王逸注：‘日谓甲乙，辰谓寅卯。’以辰与日分言，尤为明白。据此以推，似‘所直日辰’四字当连上‘年月日’为句，后人误属下文为句，故有不用时之说耳。余撰《四库全书总目》，亦谓虚中推命不用时，尚沿旧说。今附著于此，以志余过。”其考证当可信也。

一六二　补述十二生肖考据

前述十二生肖之说（见本报本卷第二十四期），近阅梁章钜《浪迹续谈》云：“十二辰各有所属，其说始于《论衡·物势篇》，言其十一，所缺惟龙，而《言毒篇》有‘辰为龙，巳为蛇’二语，合之今说，已无参差，而统谓之曰禽。《北史》宇文护母贻护书曰：‘昔在武川镇，生汝兄弟，大者属鼠，次者属兔，汝身属蛇。’梁沈炯有十二属之称，当在此时。《法苑珠林》引《大集经》言其所由来曰：‘阎浮提外四方海中有十二兽，并是菩萨化导，人道初生，当菩萨住窟，即属此兽护持得益，故汉地十二辰依此行也。’所说十二兽，无虎而有狮子，盖彼方名虎曰狮子耳。其所以分配之义，则《旸谷漫录》言之颇详，据云：‘子寅辰午申戌俱阳，故取相属之奇数以为名，鼠虎龙猴狗五指而马单蹄也；丑卯巳未酉亥俱阴，故取相属之偶数以为名，牛羊鸡猪皆四爪、兔两爪、蛇两舌也。’

朱子尝论易乾马坤牛震龙巽鸡坎豕离雉艮狗兑羊，此取象自有来历，非假譬之，十二属颇与八卦取象相类，得云无来历乎？翟晴江曰：‘观苍颉造字，亥与豕共一笔小殊，而巳字直象蛇形，则其来历复矣。’”亦为关于十二生肖之考据，并录之以供参稽。（原第11卷第46期）

一六三　曾国藩《求阙斋日记》

《曾文正公日记》影印行世之前，有湘潭王启原所编《求阙斋日记钞》印行，系就《日记》原文分问学、省克、治道、军谋、伦理、文艺、鉴赏、品藻、颐养、游览十类钞辑，摘撷编次，具有条理，亦颇便阅者。且有印影本中作空白而见于《类钞》之处。戊辰（同治七年）正月十七日《日记》有云：“阅张清恪之子张懿敬公师载所辑《课子随笔》，皆节钞古人家训名言。大约兴家之道，不外内外勤俭，兄弟和睦，子弟谦谨等事，败家则反是。夜接周中堂之子文翕谢余致赙仪之信，则别字甚多，字迹恶劣不堪，大抵门客为之，主人全未寓目。闻周少君平日眼孔甚高，口好雌黄，而丧事潦草如此，殊为可叹。盖达官之子弟，听惯高议论，见惯大排场，往往轻慢师长，讥弹人短，所谓骄也。由骄而奢而淫而佚，以至于无恶不作，皆从骄字生出之弊，而子弟之骄，又多由于父兄为达官者，得运乘时，幸致显宦，遂自忘其本领之低，学识之陋，自骄自满，以致子弟效其骄而不觉。吾家子侄辈，亦多轻慢师长，讥弹人短之恶习。欲求稍有成立，必先力除此习，力戒其骄。欲禁子侄之骄，先戒吾心之自骄自满，愿终身自勉之。因周少君之荒谬不堪，既以面谕纪泽，又详记之于此。”此节中之“周中堂之子文翕”“周少君”，影印本均作空白，不观《类钞》，不知所言为谁何矣。“周中堂”盖指大学士周祖培，祖培卒于丁卯（同治六年）也。曾国藩《日记》中，罕对人诃责之词，此特借以训诫子侄，遂不觉词气之峻激，本旨固不在周氏耳。《类钞》列诸伦理类，亦以此，可与其《家书》《家训》中训诫诸语合看。“欲禁子侄之骄”句之“侄”字，“类钞”误作“弟”（手头之《类钞》，系署“上海朝记书庄印行”“上海中华书局承印”之本）。

一六四　李慈铭于周祖培有知己之感

李慈铭尝授读周祖培家，祖培相待颇厚，有爱士之雅。祖培之卒，慈铭丁卯五月二十五日《日记》云：‘秦镜珊来，言新见邸钞，商城相国于四月间薨逝，官其子文令主事，荫一孙举人。相国容容保位，无它可称，而清慎自持，终不失为君子。其于鄙人，亦不足称知己，然三年设醴，久而益敬，且时时称道其文章，颇以国器相期。常谓其门下士曰：‘汝辈甲科高第，然学问不能及李君十一。’予甲子京兆落解，为之叹惜累日，是亦可感者矣。追念平生，为之黯惨。”时居母忧在籍也。慈铭性狷傲，不肯轻许达官以知己，而如所云，盖亦未尝无知己之感焉。

一六五　李慈铭易读书不善作官

癸亥（同治二年）五月，慈铭以捐班郎中签分户部。到部未几，奉派稽核堂印差，深以为苦，辞而未果。其是年《日记》中道及此事者，如六月初三日云："得署中司务厅知会，予派稽核堂印。向例满汉各八员，须日日进署。生最畏暑，近日炎歊尤酷，支离病甚，又无一钱可名，乃正用此时持事来，殆非人力所能致者也。"初四日云："晨入署，诣司务厅，托其以病代告堂官，改免此差，不可得……作片致方子望，托其转致首领司，代辞此事……晡后偶从芝翁谈及署中事，大被嗤笑，盖深以予求免差为不然也。御前仗马，被锦勒，系黄缰，方蹀蹀得志，闻山麋野猿羁绁呼叫声，固无不色然骇者。然芝翁之于予，自非恶意，且谓我能读书而不能作官，尤为切中予病。"祖培"能读书不能作官"之语，对慈铭自是定评。又慈铭是年十一月初二日《日记》有云："东坡云：'乐事可慕，苦事可畏，此是未至时心尔。及苦乐既至，以身履之，求畏慕者初不可得，况既过之后，复有何物？'此论诚为名言，然慕与畏犹有不同。慕于功名势位，诚为妄耳。若宫室妻妾饮食之慕，则临时固尚可乐也；畏则虽极至碪斧鼎镬，尔时若实已无法可免，当亦心死，不复觉可畏矣。以予自论，平生所慕者书，所畏者事。书自性命所系，一日不得此书，一日不能不慕。若言所畏，家居时或明日有小事必须出门，先日方寸即觉兀臬。今年到官后，更畏派差使。比虽四月不入署，然日惴惴恐书吏送知会来。以此类推，此心安得有一刻自在处！东坡谓比之寻声、捕影、系风、趁梦，四者犹有仿佛。诚可笑也。呜呼！人生有几许寒暑，乃尽为此幻境消磨；吾心有几许精神，乃禁得此细事胶扰。以后当痛定此心。如近日所最畏者，户部请当月天坛派陪祀耳。彼进牢户、戍绝域者，岁不知几千人，何况入衙署、宿郊坛乎？遇虎豹、陷盗贼者，岁不知几万人，何况接同僚、对吏役乎？"慕书，畏事，自道良然，盖始终如是，故久官郎曹，而平日几绝于署门，斯亦所谓能读书不能作官耳。统观慈铭《日记》，固多穷愁之语，而读书之乐，时时可见。此种清福，正自难得。

一六六　李慈铭述作文字之法

关于文字者，慈铭是年十二月二十五日《日记》，述代祖培撰挽袁甲三联事云："前日商城属撰漕帅袁端敏挽联。予始撰云：'尽瘁在江淮，身去功成，千载犹思羊太傅；哀荣备彝册，子先母老，九原遗恨李临淮。'上联谓端敏移疾后，以苗练复叛，奉诏办团，旋卒于防所，今苗逆已平也；下联谓端敏太夫人犹在堂也。芝翁谓：'佳则佳矣，然太华，请更易之。’因改撰云：‘名扬台府，功在江淮，更喜能军传令嗣；史炳丹青，庙崇俎豆，只怜临奠有高堂。’芝翁大喜曰：‘此真字字亲切，不特端敏一生包括，并其家世及身后优崇之典，事事都到，情致缠绵，固非君不办此也。’因激赏不已。予所撰先后之优劣，识者自能辨之。特记于此，以示为贵人作文字之法。”亦颇有致。

（原第11卷第47期）

一六七 曾国藩赏拔薛福成

薛福成之入曾幕，由于乙丑（同治四年）上书之邀特赏。其《上曾侯相书》辛卯（光绪十七年）九月自跋云：“同治乙丑之夏，科尔沁忠亲王战没曹南，曾文正公奉命督师北剿捻寇，并张榜郡县，招致贤才。余上此书于宝应舟次，文正一见大加赏誉，邀余径入幕府办事。是时幕府诸贤，为剑州李榕申甫、嘉兴钱应溥子密、黟程鸿诏伯旉、宣城屠楷晋卿、溆浦向师棣伯常、遵义黎庶昌莼斋。文正语申甫曰：‘吾此行得一学人，他日当有造就。’又谓余曰：‘子文长于论事，年少加功，可冀成一家言，即与伯常、莼斋同舟互相切劘可也。’厥后余从公八年，前后出入幕府共事者三十余人，多一时贤俊，余颇得晨夕晤谈，以广见闻，充器识，皆文正提奖之力也。按：《求阙斋》乙丑五月日记云：‘故友薛晓帆之子福成递条陈，约万余言。阅毕嘉赏无已。’余在幕府，尝见文正手稿。近阅湖南刊本，归入‘品藻’一类，而讹为伯兄抚屏之名，想由校者之误。恐后世考据家或生疑义，故并及之。”其自道遇合之由与获益于入幕者如是，盖后来建树实基于斯也。至所谓《求阙斋日记》湖南刊本，即指王启原所编《求阙斋日记类钞》，时曾国藩《日记》印行者仅此。福成以《类钞》此节作“薛福辰”疑其误由于校者。顷翻阅福成未及见之《曾文正公日记》印影本，则国藩此节手迹，实是“阅薛晓帆之子薛福辰所递条陈，约万余言。阅毕嘉赏无已”。校者可不任咎，盖仍国藩一时笔误耳（此为乙丑闰五月初六日《日记》中语，《类钞》误注正月。据“上海朝记书庄印行，上海中华书局承印”之本）。福辰、福成兄弟均官至左副都御史。

一六八　张之洞善诗钟

江庸《趋庭随笔》云：“诗钟之作，始于吾闽，光绪初盛行南北，张文襄尤好之，迨入政府，仍不辍。今人《新谈往》（书名）谓：南皮一日集项城及幕僚为诗钟，庆亲王奕劻在焉。南皮特拈‘蛟断’二字，候补道员蔡乃煌应声云：‘射虎斩蛟三害去，房谋杜断两贤同。’时瞿鸿禨方罢职，岑春煊亦谢病，诗上句影射瞿、岑，下句指张、袁交欢，故庆、袁、张皆大悦，即日擢放苏松太道。此殆传闻之伪。射虎一联，实文襄自撰，并非蔡作，且庆、袁从未与诗钟会。蔡以邮传部左参议简放苏松太道，亦非候补道员也。”又云：“李宗侗玄伯曰，文襄作上诗钟时，其父符曾先生适侍侧。是日陪文襄游西便门外天宁寺，憩塔射山房。文襄思作诗钟，遂指横额上‘射房’二字为题云。”此联向多传为蔡乃煌作，江氏谓出张之洞自撰，征实言之，当属不诬。乃煌以参议对品外补道缺，按：体制实为左迁，惟上海道最号膴腴，当时遂视为美除，亦仕途重利之颓风也。“房谋杜断两贤同”，一说“贤”本作“心”。

一六九　梁鼎芬挽张之洞联

汤用彬《新谈往》述清末旧事，可供浏览，而舛误不免。江氏除上节外，更纠其记载失实数处，亦多中肯。此外如《新谈往》云：“南皮……没后，南北士林多悼惜，挽章极多，惟湘潭王湘绮先生一联云：‘老臣白发，痛矣骑箕，整顿乾坤事粗了；满眼苍生，凄然流涕，徘徊门馆我如何？’言之凄然，有余恸焉。”按：此梁鼎芬联也，与王闿运无干。向来刊印荣哀录者，挽联或将挽者之名置联前，或如原式而置联后。《张文襄公荣哀录》中各挽联，即名在联后者。闿运、鼎芬之联，适相次。王联列前，（文为：“文襄定胜左文襄，汉宋兼通，更有鳌头廷试策；年伯今成太年伯，斗山在望，来看马鬣圣人封。”）下款署“王闿运遣第三子代舆赍叩”，其后即为梁联，读者不审，遂多传此联误梁为王，不仅汤氏矣。

一七〇　樊增祥与锡良

《新谈往》又云："樊增祥本陕藩，其去官以忤甘督升允。升允固与增祥为香火兄弟，素相狎。升任粮道时，出赃十万报效清廷，故不一年升陕抚，旋调甘督。增祥以升容容，恒狎视之。升积不平，藉粮务事派员查办陕藩。增祥怒，尽拘留其委员，又疏劾升允不法，升亦腾章相诋。廷议下锡良查办。锡以满汉意见，又受贿托，竟不直樊，于是樊遂落职。"而另一则云："晚清季年名督抚，袁、岑外，若锡良亦一时之俊也。锡良本粗才，独持躬廉整，又差能知人。"若受贿，尚得谓之持躬廉整耶？锡良以廉吏名，此案当无受贿之事。陕西粮道夙称甚优之缺，升允以羡余之向由粮道入己者归公，故亦以清操受知。其人在清末督抚中，见谓不合时宜，而颇不容容，特辞采不若增祥耳。锡良为蒙古人，惟满汉分缺之官，蒙古例补满缺，满汉意见之说，就广义言之，可不为病，惟谓锡良查案以是而不直樊，殆亦未允。

一七一　戴熙获咎真因

《趋庭随笔》又云："陈仲恕云：穆彰阿当国时，索画于戴醇士。戴临吴墨井山水一幅畀之，意极矜重。穆彰阿大怒，以其为水墨不设色也。谓人曰：'戴为某优画扇尚设色，视我宁不如优人耶？’竟短戴于文宗，斥其行止不检，戴遂以侍郎降三品京堂候补。后虽殉难，得予谥文节，然请建专祠，卒不准。盖穆彰阿指摘其临终诗‘撒手白云堆里去，从今不复到人间’二句为怨望也。”按：此有未谛。穆彰阿为宣宗所倚眷，文宗则深恶之，嗣统未几，即加斥逐，而戴熙以兵部右侍郎引疾辞职，命以三品顶带休致，实宣宗道光二十九年七月事也。熙咸丰十年在籍殉难，五月文宗谕予尚书衔祭葬世职加等，建立专祠，谥文节，其眷属等一并旌恤附祀。事有明文，非不准建祠（穆彰阿卒于咸丰六年）。关于熙之获咎，欧阳昱《见闻琐录》云：“浙江戴公熙，性高傲，不谐俗，工诗，尤精书法，名重一时。宣宗时，以翰林在南书房行走，同供职者，有数人，性情言论皆格格不相入，争嫉之，尝訾毁其短，宣宗颇不悦。值端节，发团扇一柄，命南书房写。当时未分别何人，戴得而恭敬书上。宣宗谓：‘某某何为不书？戴某何以书之？’及细阅内有一‘束’字，写成‘棘’字一边，怒曰：‘胡为中不写一横？不恭敬如是，岂足称南书房之任？’命退归旧职。戴翌日遂告病。宣宗愈怒，谓其负气，即命开缺归。”所述情事，虽稍有未尽吻合处，而大体可资参镜。（原第11卷第48期）

一七二　王小航述李鸿春

张次溪（江裁）藏有王小航（照）遗札及他手迹，盖关于滦县李彰久（鸿春）者。遗札如：

> 次溪先生台鉴：敬复者：去岁彰久来书，郑重告我以都中夙号神童之张次溪者，近与函问甚密云云，意颇重而矜之。愚以衰病坎坷，闭门守约无意复广交游，故未及探询。今接阁下赐函，惊悉彰久奄化，遗命谬以行状属愚，乃知去岁之函，不啻为此伏线也。伤哉！彰久本不怕穷，而今竟不能不谓之穷死矣！遗命固无辞理，然愚素无文名，不足为彰久重，且彰久以野鹤之姿，具犹龙之气，九天九地，气象万千，拙劣如愚，亦决不足以绘其真。忆自光绪甲辰，于保定高等师范学堂得晤彰久，见其为人端庄朴厚，异于时流，久而识其精理内含，寄怀冲淡。神虽莫逆，而形迹常在若远若近之间。是后暌隔十二年。至民国丙辰，愚居净业湖，彰久来都就馆于屯绢胡同田楷亭中将家，休息日数相过从，文史谈讌。或二人共棹一小舟，循柳岸，绕荷塘，息棹于芦蒲深处，以消永昼。所话皆清微淡远，或略杂以诙谐，不及俗务也。逾年忽别我还乡掌教，旋又移砚赵州。暑假中来都，会晤仅二次即行。是为丁巳六月，去今十年，不料其即为

最后之别也。又逾年自赵州移唐山，又移卢龙，又移天津，自天津又返唐山，皆时时以书往来。愚曾有和韵，末句云："邮诗总带寒酸气，两地一班穷骨头。"诗句虽如此，而愚视彰久实如云中之龙，夭矫出没，东鳞西爪，不容以形迹求，故彼此所经历，从未详叙也，惟知其鳏而无子，愚每以书劝其惜气力，养精神，无自苦而已。彰久身世，愚所知者仅得诸其文稿中之《答董少溪书》《冒广生传》等篇，与阁下所知略同，欲悉其全，则必征诸其故乡戚旧门人，庶可多得，愚决不能作行述也。今以愚之所见略论之曰：李彰久磊落奇才，不屑投机，终其身以劳力换衣食，廉而不刿，介而能和，无意立名，而自负异于众。家有三侄，皆服其训而不染时习，足以觇彰久之道行矣。愚惟以此数语，请阁下哀集之余，求他人作文时采入，是则愚之所以报老友矣。挥涕奉复，即颂次溪先生仁祺。王小航顿首。

"惟师知弟弟知师，鳞爪云中那易窥？漫说九方识千里，骊黄牝牡尚差池。"前者承委为彰久先生作行述，本云不当妄任其事，乃蒙格外赏识，即以复书印于征启之首，而鳏字虚妄，罪不可掩，愧歉奚如？此复次溪仁兄大人。王小航拜上。

可与《小航文存》中《李彰久先生事略》《选定本彰久文稿序》合看。

桐城吴北江（闿生）序李氏文，稿中于王作部曹之称，王氏手批抄稿之上云：“小臣照乃景皇超擢之四品京堂，岂可如八旗愚人，视景皇百日新政之上谕皆为疯癫，擅黜愚为礼主哉？北江或系不明清代官制，疑候补京堂本官仍为主事。夫四品京堂，外可署理总督（藩台仅能护理督抚，不能称署理，非平等之官故也），可作钦差大臣。在京则专折奏事，与阁师平行。凡用候补四品京堂，奉旨谢恩后，往拜大学士，则大学士送至大门外，看客登车而后入，与清末新官制之各部丞参迥乎不同。余尝专折劾张荫桓，专折保梁启超为懋勤殿顾问，岂有以主事为本官而能为此者乎？且前此之主事，亦系候补主事，岂有候补道而仍为候补县者乎？今王小航之价值，固不在旧官之尊卑，而擅黜景皇百日维新之圣谕，狃于旗奴专一承认西太后伪旨之见，窃为吴先生不取也！次溪改北江‘礼部’误字为‘京卿’，亦犹改次溪字为江裁耳，何疑焉？”又云：“时南海先生为外务章京，尚在司官之列，其奏折必由外务部王大臣加封代递，虽不准搁压，却难免泄漏，故其欲保梁氏，托愚奏保，因愚可单衔宫门径递也。当日局面，今人多不知矣。”所谓外务部，指当时之总理各国事务衙门，外务部之前身也。《小航文存》中《复江翊云兼谢丁文江书》有云：“《时务报》……案未得结果，南海始有意放弃其派梁氏南下之计划，托余密保梁氏为懋勤殿顾问（是时南海上折，须依司官体制，由总理各国事务大臣加封代递，不如余以京堂资格宫门径递之简洁也）。当日南海戚然告余曰：‘卓如至今没有地步，我心甚是难过。’及余之折入，已在杨崇伊邀合京中大员密折吁请那拉氏训政之后。虽那拉未即应允，而景帝已惴惴不自保，将前此开懋勤殿选顾问之谋已暗消矣。”亦可参阅。而梁氏《戊戌政变记》有云：“命康有为预备召见。……召见后，皇上命其在总理衙门章京上行走，并许其专折奏事。于是五月初一日康复上一疏曰：‘……复令有所条陈，准其专折递奏。殊恩异数，皆非小臣所当被蒙。……’”张篁溪（伯桢）《南海康先生传》有云：“初三日，总理大臣代先师递谢恩折。皇上曰：‘不必代递。后此康有为有奏，可令其直递来。’”与王氏所云，颇有出入，或虽可专折奏事，而保荐人才，仍为司官体制所限，而不便专折耶？（《康传》又有云：“……时七月十二日也。……先师自上此折后，遂不复言事。”亦可备考。）藩司之权督篆，曰护不曰署，于巡抚，虽多曰护，间亦有用“署理”字样者。（此亦指暂署，若升署，又当别论。）清末之各部丞参，虽亦可称京堂，而地位介乎堂司之间，不敢与尚侍抗礼，其体制视昔之京堂实较杀。

一七三　王小航评李鸿春之文才

吴江金松岑（天羽）之序李文，吴氏评云：“瑰伟奇恣，得《庄子》之神，非当世所有。”王氏则痛加纠斥，几于体无完肤，并云：“处处如八股匠之先立股柱法，而强攀题义以填塞之。此金先生之文，与庄、屈、东、阮、陶、白、苏无涉（按：此为金序中所征引），与李彰久更无涉。吴北江亦但评其文调耳，老夫则不如文调，自居门外汉！吾今乃知北京各大学之新文学亦来自江左也！国文已破产矣！”又云：“今人心以为作文若平正写去，则无见长之把握，故逼而入于奇诡。彼不知工拙之分等级千万，皆不外平正中也。譬如次溪邀同人三十人同游陶然亭，约每人作一记，皆不许于本日在陶然亭见闻之外阑入旁语。彼外行必以为三十篇大致如一矣，殊不知三十篇各本于其人之平日造诣，工拙之分，判然不同，相去或天渊也。能知此，则择僻路以见好之心自然消灭，乃不至误入歧趋，以自阻其自然进化矣，乃不至为中国文学之蟊贼矣！”此亦足见王氏对于文事之意见，可与《小航文存》自序暨《跋彰九遗稿》（按：李彰久亦字彰九）《提示某青年》合看。（所谓某青年，即指次溪。次溪所藏此篇原稿，题为《国文势将破产，不忍默息，复与次溪论之》，并注云：“对江左某先生言。次溪从此与吾绝交，吾不恤也！后略加删订，改题《提示某青年》，入《文存》。）其对金氏之盛气相凌，不留余地，而金氏见之，初未恚忿，且曾属次溪以生平文稿转求王氏评定，可谓虚衷。金在江南久有文名，《孽海花》小说，虽曾朴所撰，而创始者实金也。

王氏于李文诸序中，甚赏常熟杨云史（圻）之作，评以“丝丝入扣”四字，并云：“不示以文稿，遽责令作序，此次溪先生之习惯。若遭他人，则必以标榜声华之俗态应之，架空议论，于彰久绝不相干，但备助虚声之用。而云史不肯如是自贬也，惟实实在在依彰久事略，以想象其文，而实已丝丝入扣，胜彼亲见彰久全稿，而仍以虚锋搪塞者远矣。愚不识云史，今由此信其为吾辈，故特赠以评语。”杨亦江左文士也。（原第 11 卷第 49 期）

一七四　陶模行状

陶模自以知县仕甘肃，即以廉干受知于左宗棠，后官督抚，尤著声绩，晚清名臣也。光绪二十八年，在两广总督任，以病奏请开缺，甫受代，遽卒。上谕称以“秉性忠诚，清勤练达”“抚绥培养，吏畏民怀”“办事实心，不辞劳瘁”等语，追赠太子少保衔，予谥勤肃。近阅吴敬恒《题陶勤肃手札》云：“勤肃一介不苟取与，且生平不为激言激行，是其清与和实兼夷惠，但其大处，从政则百废举，言治则合世界潮流。伊尹能任，仲尼能时，亦足具体，特在先生同视为庸德，故为清若和所掩。先生曾馆选，例得谥文，或成或正或襄，俱无愧色，而廷议以其无赫赫功，亦未充任师保，皆靳之，而又知一字不可赅，盖言肃则清和矣。其和其任其时，当时议者隐心折而不可赅以文，故思其次，聊以勤状之。谥例，欲以一二字赅人诸德，本不可能，而且狃于俗例，尤极可笑。先生不以谥重，敬恒亦不容心于谥不谥，今因读先生初吏之手札，感于人之读之者，或止知注意于艰苦与持正，而不识先生实具旋转之才，特不遇其时，故游想其谥，因以涉论。”其称道陶氏如此，而论谥例则有未是。有清故事，大学士、协办大学士及翰林授职者乃得谥文，其翰林院庶吉士散馆未获授职者不与（偶有例外，极罕）。陶以庶吉士散知县，未在翰林院授职，亦未入阁，例固不得谥文耳。（庶吉士俗称半个翰林，以未经授职编检，翰林资格犹未完备也。新进士之为庶吉士，曰“改”，不曰“授”。）虽陶可不以谥重，吴亦不容心于谥不谥，惟既论及谥例，爰略就谥例言之。吴谓陶生平不为激言激行，因极称以和，而其光绪二十七年在粤督任奏请永革宦官之制，言人所不敢言，震耸一时，盖和而诤者已。

吴文又云：“生晚，然幸得承先生颜色于病床，且数月居馆，就教于其嗣君拙存先生者甚多，因能窥其大，即拙存先生亦得先生之似，又伟大之，名世才也。其议论全与今之党人契合。今读先生汴梁书曰：‘阿二多言好动’。在慈父憾若之词气中，即见其可喜不凡，但更不遇其时，至高隐于穷饿，决不屑自标逸老，斯真逸老矣。近闻胡展堂先生闻于其友，言拙存先生入民国，曾一度以饥不举火。隐姓名为官中佣书，得小胥值，真吊诡自若，夷然不为忤。即先生为诸生日，遇洪杨之乱，被掠为伕，若言能书，例待稍优，而先生矜名节，知书不可为，遂任苦役，日担粪秽不言疲，故赴县尹道中诸危苦，在先生固无少措意，因先生父子皆中和而非奇人，特如舜之饭糗茹草，若将终身，被袗鼓琴，亦固有之，惟知天下能为则必为，不能则已。区区欲以苦行自多，特知人必有所不为，而后可以有为，苦行亦可藉以动心忍性而已。”合论陶模及其子葆廉，于葆廉尤致赞叹。汤用彬《新谈往》云：“戊戌维新人才，首推四公子。四公子者，谭嗣同复生，陈三立伯严，吴保初彦复，陶葆廉拙存。八月难作，谭死，陈斥，吴放逐，惟陶独无恙。先是，廷臣交章论荐陶某才略，廷旨叠征召。陶时随父方之模居陕甘督署。方之老儒，更事多，知必有变，每诏书至，辄以病辞，请缓就道。事变猝起，故葆廉不与焉。当时人士率以葆廉高尚，非时流所及。然其后父死，家贫窘，数入督幕，内任陆军部郎。余前年与之同官戎署，见其趋奉铁良，怡色柔声，委琐卑陋，英气尽矣。甚矣，生计之困人也！”则言其谄事铁良。江庸《趋庭随笔》论此，谓：“殊讥之太过。拙存为人，卑以自牧则有之，何至若此？”

一七五　李鸿章遗折

《新谈往》云：“和议将告成，合肥屡电请回銮，并陈述外人善意。两宫信其忠诚，遂启銮。至郑州，合肥薨耗至。孝钦携德宗登行宫后楼，北向而泣。越日启銮至开封，止不进。合肥遗折至，力保袁世凯才略堪任艰巨，请以继任直督，并请速回銮，以慰中外之望。诏并从之。”按：光绪二十七年袁世凯之由鲁抚擢直督，说者多谓出于李鸿章遗折推荐，且有谓原稿系保周馥，幕僚杨士骧辈善袁，为私易袁名者，而证之所递遗折，其全文云：

> 奏为臣病垂危，自知不起，口占遗疏，仰求圣鉴事。窃臣体气素健，向能耐劳，服官四十余年，未尝因病请假。前在马关受伤，流血过久，遂成眩晕。去夏冒暑北上，复患泄泻，元气大伤。入都后，又以事机不顺，朝夕焦思，往往彻夜不眠，胃纳日减，触发旧疾，时作时止。迭蒙圣慈垂询，特赏假期，慰谕周详，感激零涕。和约幸得竣事，俄约仍无定期，上贻宵旰之忧。臣未终心事，每一念及，忧灼五中。本月十九夜忽咯血碗余，数日之间，遂至沈笃，群医束手，知难久延。谨口占遗疏授臣子经述恭校写成，固封以俟。伏念臣受知最早，蒙恩最深，每念时局艰危，不敢自称衰病，惟冀稍延余息，重睹中兴。赍志以终，殁身难瞑。现值京师初复，銮辂未归，和议新成，东事尚棘，根本至计，处处可虑。窃念多难兴邦，殷忧启圣，伏读迭次谕旨，举行新政，力图自强，庆亲王等皆臣久经共事之人，此次复同更患难，定能一心协力，翼赞讦谟，臣在九原，庶无遗憾。至臣子孙，皆受国厚恩，惟有勖其守身读书，勉图报效。属纩在即，瞻望无时，长辞圣明，无任依恋之至。谨叩谢天恩，伏乞皇太后、皇上圣鉴。谨奏。

内容若是，并无保荐何人继任等语，外传种种，实不足信。世凯虽资格尚浅，而以戊戌告变，帝眷甚隆，拳乱保障地方，声誉亦著，兼有荣禄为奥援，其以西后亲信之人擢督畿辅，固不必有鸿章遗折之保荐也。馥虽久为鸿章所重，其时官仅直隶布政使，只能循例护理，若云遗折保其越次超擢，尤于事理为远矣。九月二十六日后、帝由巩城抵汜水，接鸿章电奏，谓："臣病十分危笃，……现已电令藩司周馥来京交代一切矣。"亦就其藩司职分而言耳。（二十七日后、帝抵荥阳，枢廷接馥电禀鸿章出缺，即奉旨以世凯署直督，未到任前馥暂护，张人骏补鲁抚。十月初二日后、帝由中牟抵开封驻跸，翌日接到馥代递鸿章遗折。）又《新谈往》述议和事，谓杨士骧以面首被赛金花宠爱，赖为鸿章向瓦德西疏通意志，"庚子约款，多成就于床笫之间……而宋朝之美之足贵也。"亦传闻未谛之说。士骧而有宋朝之美，语亦不确。

一七六　宜重视王小航

王小航（照）在政史及学术，均有相当之地位，而赋性刚狷，落落寡合，晚年贫病，憔悴以终，甚可惋惜。所遗书籍，闻多经手加批识，亦此老精神所寄，学术机关似宜访诸其家，谋所以保存之道。所居"水东草堂"，景地幽胜，倘由公家购置，为纪念用，尤佳事。又闻其遗著之刊印者，原板尚在某刻字铺，亦宜访求，俾广其传。

（原第11卷第50期）

民国笔记小说粹编编委会

民国笔记小说粹编

凌霄一士随笔

（四）

徐凌霄 徐一士 著

山西出版传媒集团
三晋出版社

第七卷（原第十二卷）

1935年（民国24年）

一　六十年之回顾——乙亥谈往

（一）光绪继位，励行新政

清光绪元年乙亥（公元一八七五年），今岁之前一乙亥也。同治帝十三年甲戌十二月初五日逝世，无子，光绪帝以醇亲王奕𫍽长子入承大统，甫四龄。乙亥正月二十日举行登极之典，御保和殿受礼，太和殿受贺。翁同龢是日《日记》云："清朗暄和。是日今上御极，天象昭融，四海之福也。"固寻常之颂语，而是时慈安尚在，慈禧亦不无忧勤图理之心，海内望治，政象盖颇可乐观也。如李鸿章正月《复沈葆桢书》有云："太后垂帘，厉精图政，目前觊幸太平。"《复钱鼎铭书》有云："仰见两宫于悲痛迫切之中，有厉精图治之意，亲贤夹辅，翊赞同心，新政数大端，整纲肃纪，犁然各当，实足固根本而定民志，似不至再有意外之变。"《复王凯泰书》有云："腊月二十二、三、六日迭蒙两宫太后召对，哀怆迫切之中，有惕厉维新之象，纪纲整肃，匕鬯不惊，诚属不幸中之幸。”左宗棠四月家书（与子孝宽、孝勋等）有云：“新政诸凡详慎，悉当人心，薄海臣民之福。”亦可见当时重臣对时局观察之一斑。同治一朝，内乱相次削平，至光绪四年戊寅，新疆亦定，在有清可谓中兴时期。而慈禧逸豫之心，渐不可复遏，政治日趋窳弛。光绪帝亲政后，怵于世变，奋然欲大有所为，乃见制东朝，躬罹囚锢，帝王末路，所遇至酷，清运亦旋终矣。此则御极伊始众难逆料者耳。

（二）左宗棠督办新疆事务

是年三月二十八日，命左宗棠以钦差大臣督办新疆军务，决定收复斯土。宗棠六月《遵旨督办新疆军务敬陈筹画情形》疏有云：

> 窃维新疆之事，从前因兵力饷事未能兼顾，遂至叛回构变，强敌窥边，土宇人民，不可覆按。于此而欲力图恢复，挈二万里戎索之旧，还之职方；戢万千族殊俗之民，渐以声教。正值寰区甫靖，财力久殚，内患虽平，民劳未艾，其难诚有倍于拓疆之始者。微臣庸朽菲才，又值衰疾侵寻，志虑钝竭，何敢不自忖量，谬以自承？顾念臣子之义，厥重匪躬，疆场攸司，责无他诿。自从戎伊始，即矢志捽驰驱，岂头白临边，忽易初志？

同时奏请以刘典帮办陕甘军务，代驻兰州，以固根本。《与典书》有云：

> 弟之所以奉督办新命，不敢不一力承当者，以此时事机实有可乘，意外之幸，而朝廷委寄方殷，异国从违攸系，若一歇手，便难覆按耳。此事如有可办，并须筹画久远……驺从西来，弟免内顾，或不负生出玉关一行。

远猷状概，盖可略睹。李鸿章于新疆之役，极不赞成，欲移其费以事海防，亦其本谋也。如是年正月《与刘秉璋书》有云："尊意岂料新疆必可复耶？复之必可守耶？此何异盲人坐屋内说瞎话？"口吻如见。新疆之定，在宗棠为非常之边功，经营西北，伟绩不磨，而近岁新疆又值多事之秋矣，慎无使鸿章之言终不幸而中于今兹也！

（三）翁同龢再为帝师

翁同龢与其父心存，先后为同治帝师傅，是年十二月复以旧傅偕侍郎夏同善受"授皇帝读"之命。其是月《日记》云：

> 十二日：巳初军机送信，本日奉懿旨派臣及夏同善于毓庆宫授皇帝读。闻命感涕，不觉失声。夏子松来，午后始勉强属词，恳请收回恩命。筹儿来，令书之。访（李）兰孙，以辞职告之。访子松，不值，过

（广）绍彭谈，竟日奔忙，中心如剡，难乎为情矣。

十三日：寅正二刻入，俄顷起下，未叫。辞折留中。黎明出，点稿十余件。兰孙来，知辞折未蒙允许……恭读懿旨，有“凛遵前旨，毋许固辞”语，遂具谢折，兼略陈病状，令箕儿书之。松侄来，客来皆未见。……昨夜未眠，诸事坌集，中心摇摇。

十四日：酣睡，起五下钟矣，亟入。是日叫起独迟，与醇邸、勖贝勒、景额驸、夏侍郎同召对东暖阁，垂帘，仍将前意一一陈说。皇太后挥泪不止，臣亦不禁感恸，语极多，不悉记。三刻许出，大略责成臣龢尽心竭力，济此艰难，并谕臣一人授书，夏同善承值写仿等事。亦问刑部事。（按：同龢时以内阁学士署刑部侍郎）……回横街，敬告祠堂。

光绪帝诸师傅中，惟同龢始终其事，眷遇亦最隆。其后总计政，直枢机，参揆席，盖基于此日。帝对同龢之亲信倚任，诸臣莫与伦比，渊源实在毓庆宫也。迨戊戌骤罢，叩别时“上回顾无言，臣亦黯然如梦”（同龢戊戌四月二十八日《日记》中语）。对照而观，良可喟然矣。

（四）大考翰詹记事

是年四月，大考翰詹，亦新君践阼后朝士所注意之一事。一等凡四人，为编修吴宝恕、瞿鸿禨、钮玉庚、侍讲学士孙诒经；吴、瞿均擢侍讲学士，钮擢庶子，孙擢詹事。二等擢官者，侍讲学士徐郙擢少詹事，编修张登瀛、张佩纶均擢侍讲，廖寿恒擢洗马，编修王先谦、修撰锺骏声均擢中允，编修陈翼、叶大焯、张楷均擢赞善。（三等中，宝廷、联元以侍读、侍讲均降中允。唐景崇、陈宝琛均以编修在二等，记名遇缺题奏。）翁同龢与阅卷之列，其殿廷考试阅卷之第一次也。《日记》云：

四月二十七日：是日大考翰詹于保和殿……寅正一刻多宣下，派恭亲王拟题……薄暮始知今日题目……进善旌赋，以“光启帝道辉映天衢”为韵，“所宝惟贤”论，赋得“十风五雨岁丰穰”，得“丰”字，七言八韵。——陆游《村居初度》诗。

二十八日：寅正入内。二刻许宣下，派殷兆镛、黄倬、徐桐、夏同善、黄钰、何廷谦、景其濬及臣龢阅大考卷。（按：翁、景阁学，余均侍郎。）即入至南书房，分得试卷一十九本。共一百五十九本，诸公每人廿本。初次阅卷，寸衷自惕。午初阅讫，得一等卷一本，二等卷八本，三等卷十本，诸公犹未毕也。殷定一等，而黄恕皆、何地山定二等，错杂无序，孝侯定三等亦然，几于随手低昂，余不以为是，然无及矣。申初始黏签讫，先具某阅签，次等第签。进呈，始得饭。饭罢已发下，随即拆弥封，对诗片，忙乱之极，乃嘱子松写名单，余事惟余与荫轩任之。诸公或谈或查对所定之卷，未尝问也。挥汗不止。酉正二毕，交案上将卷进呈。二等第三十七名赵汝臣一卷，诗片如此，而弥封作李汝霖，与三等内之李汝霖重出，夹片请饬翰林院查明。良久发下奏片，依议，名单及卷子留中。诸臣皆散直，倦不可支矣。

二十九日：客来问者均不敢答，以名单及卷均未发下也。传闻军机覆看。

五月初四日：始见大考名单，一等第五钟骏声改入二等第七，余未动。

同龢未言所阅一等卷一本为谁何，盖瞿鸿禨也。鸿禨自撰《年谱》（见其子宣颖所编《长沙瞿氏家乘》），述是年大考事有云：

> 予卷系常熟翁叔平先生拟取居首，高阳师李文正公亟赏之。自惟谫学，滥蒙恩遇，留馆未一年，遽忝超迁，自非先祖暨二亲积善贻谷，何由致此？

李鸿藻时为军机大臣，于覆阅时赏瞿卷也。[鸿禨在庶常馆时，鸿藻为大教习，即重之，后并密疏荐为天下才（见《长沙瞿氏家乘》中余肇康所撰鸿禨行状）。迨辛丑正月鸿禨以工部尚书到西安行在，召见时慈禧有“从前李鸿藻说尔好”之语。（见鸿禨《恩遇纪略》。）] 鸿禨以庚午举人，辛未连捷，甲戌甫以庶吉士留馆授编修，乙亥遽擢讲学，年仅二十六，可谓早达；而自翌年三月真除，至光绪二十一年乙亥十二月始转补读学，历时二十年，则殊淹滞。盖以资俸关系，且其间相继丁内外艰断资过久之故。惟轺车屡出，叠秉文衡，亦见朝眷之优。自转补读学后，迁擢又甚速矣。李慈铭乙亥四月二十八日《日记》，记大考等第消息，注云："瞿，庚午举人，其年甚少，闻好学而文。"瞿、李庚午同年也。

大考擢官后，鸿禨有召对笔记。其子宜颖所撰《先世遗闻》（见《长沙瞿氏家乘》）中录志之，文如下：

> 光绪元年五月十九日，臣鸿禨蒙两宫皇太后、皇上召见。太后垂问年岁及衙门差事，母亲年岁多少。太后言："你考得名次高，甚好。翰林以敦品力学为先，此次大考原想拔取人才，你岁数最小，正要多看经史，留心时事，讲求治国平天下的道理。方今国运艰难，需才甚急，望你为国家有用之才。"又言："皇帝甚聪明，不久也当入学。"又言："每思想大行皇帝，实为伤心。"于是太后泣，带领之御前大臣勖贝勒亦泣。默然良久。问："在家如何用功？要写大字。"臣鸿禨敬诺。乃命退。

时鸿禨虽邀峻擢，犹是少年新进之臣，而垂谕乃及思想同治帝等语，甚亲切，且对之泣下，世传鸿禨貌类同治帝，慈禧见之而悲，殆有因欤？

新君登极之日，下诏循例举行乡会恩科，本年乡试，翌年会试。是年所简乡试各省正副考官：云南张楷、王荣琯，贵州毕保釐、张清华，福建许应骙、慕荣榦，广东吴宝恕、朱琛，广西廖寿恒、陆芝祥（按：李慈铭《日记》，芝祥行至湖北而卒），四川潘斯濂、温忠翰，湖南梁耀枢、尹琳基，甘肃徐郙、刘瑞祺，浙江奎润、逄润古，江西王先谦、潘衍桐，湖北朱福基、恽彦彬，江南周瑞清、王炳，陕西顾奎、陈启泰，河南瞿鸿禨、陈翼，山东锡珍、黄毓恩，山西钮玉庚、许有麟。各省考官，由远而近，相继发表。最后发表顺天，毛昶熙（吏尚）为正考官，崇绮（吏右）、殷兆镛（吏右）、徐桐（礼右）副之。甘肃乡试，旧与陕西合闱，不另简考官，自此科始分闱考试，从陕甘总督左宗棠之请也。

曾国藩、李鸿章所奏定选派幼童赴美留学，分四批，年三十人，是年第四批放洋，委员邝其照等带往，于是全额一百二十人在美矣。至光绪七年辛巳，悉召回，未竟其业也（原定各在外肄习十五年）。

同治后自杀殉夫，事在是年二月，当另述之。

（原第12卷第1期）

二　同治皇后自杀探秘

光绪帝既立，同治后阿鲁特氏封嘉顺皇后，光绪元年乙亥二月逝世，谥曰孝哲。其死由自杀，慈禧有以致之，而远因伏于册立时。翌年丙子五月，御史潘敦俨疏请表扬潜德，更易谥号，懿旨斥以“逞其臆见，率行奏请，已属糊涂，并敢以传闻无据之辞，登诸奏牍，尤为谬妄”，交部严加议处，而亦未能明举事实以折之也。关于同治后之私家记载，传播较广者，如薛福成《庸盦笔记》云：

> 后为今承恩公崇文山尚书之女，幼时即淑静端慧。崇公每自课之，读书十行俱下。容德甚茂，一时满洲蒙古右族皆知选婚时必正位中宫。同治十一年穆宗皇帝将行大婚礼，后与凤秀之女俱选入宫。当是时，后年十九，慈安皇太后爱其端庄谨默，动必以礼，欲立之。凤秀之女年十四，慈禧皇太后爱其姿性敏慧、容仪婉丽，欲立之。两宫意虽各有所属，而相让未决，乃召穆宗俾自定之。穆宗对如慈安旨，于是乃立后为中宫，而封凤秀女为慧妃。大婚之夕，后应对颇称旨。穆宗使后背诵唐诗，无一舛字，穆宗甚悦。慈禧皇太后怜慧妃之未得尊位也，召穆宗谕以慧妃贤慧，虽屈在妃位，宜加眷遇，皇后年少，未娴宫中礼节，宜使时时学习，帝毋得辄至中宫，致妨政务。穆宗性至孝，重违太后意，而又怜皇后之不得宠于太后也，乃不敢入中宫，亦竟不幸慧妃，常在乾清宫独居无聊。既而有疾，慈安皇太后侦知诸太监越礼状，于是两宫太后轮流省视。帝疾稍瘳，太后回宫，亦召皇后留视之。皇后权素轻，不能以威詟诸太监，又性羞涩守礼法。帝亦命皇后回宫，每苦口极谏然后去。无何疾复大作，龙驭上宾。慈禧皇太后召皇后训

责备至，盖本朝家法最严，又值太后哀痛之余，故不觉有疑于皇后而责之过深也。今上即位，皇太后懿旨封为嘉顺皇后，而后自穆宗之崩，恸极，誓以身殉，遂不复食，以光绪元年二月二十日崩，年二十二（按：李慈铭《日记》谓年止十九，容再考），距穆宗大行未百日也。嗟乎！自古烈妇殉夫者多矣，若以椒房之贵，猝遭变故，攀龙偕逝，则前古所未闻也。岂不懿欤！

虽犹未敢昌言，而不直慈禧之意自见。当时官京师者所著记，如李慈铭《日记》云：

乙亥二月二十日：闻昨夜漏三下，穆宗皇后阿鲁特氏崩，年止十九。后幼读书，知大义，端静婉肃，内外称贤。洎正位六宫，每闻谏助。自奉俭约，时手一编。然道路之言，谓入选时圣母意在慧妃，而母后以后庄重，力赞成之，圣母终不慊也。故宫中服食供御，妃、后略等。去冬十一月，穆宗以天花将愈，加恩宫廷，即晋妃为皇贵妃。及穆宗病甚，圣母颇责让后。上崩，后即服金屑，欲自杀以殉，救之而解。禁中事秘，莫能质也。然自大丧，后即寝疾，屡闻危殆，竟以弗疗。从先皇于地下，后何恨哉？谨记其略，以待信史。

三月二十七日：自前月恭赋嘉顺皇后挽诗，仅得数联而未成。今日检得其稿，因足成二律。后以状元之女，作合天家，为千古所仅见，其贤又足副之。彼苍不祐，降丧迭至，得非故相之余殃耶。悕夫！（按：故相指后祖赛尚阿，时新卒。）

恭赋嘉顺皇后挽诗二章

其一

才唱廉歌送素车，永安宫里咽悲笳。
碧桃爱种千年果，白柰愁簪二月花。
阿母层城谁遣使，玉皇天上自携家。
灵衣飒飒因风举，知是长门望翠华。

其二

凶门柏历罢繁仪，犹象深宫大练衣。
扶荔风香图史富，濯龙花发宴游稀。
伤心宝玦辞瑶幐，几见圆珰妒玉妃。
凤御裴回知有恨，平恩衔命向金微。

丙子五月二十六日：潘敦俨，江宁人，故云贵总督谥忠毅铎之子，由荫生刑部郎中为御史。闻……其片奏有闻毅皇后绝粒吞金之事，请特旨表扬，改定谥号，则诚谬矣。幸而朝廷宽政，不穷其事也。使诘以闻自何人，责其明白回奏，将何辞以对乎？孝哲皇后去年之事，异论甚多，臣子之心不无伤痛。要之此疏设上于甲戌十二月乙亥正月之时，据当日之传闻，求两宫之调护，摅所隐痛，婉其措词，东朝圣明，必为动色。即或触怒而得罪，天下当谅其心也。今长信之逝，已越稘年，谥号尊崇，典礼无阙，而忽为此论，徒骇听闻。且匹妇捐驱（躯），有待旌异，中宫坤极，何所表扬？岂绰楔之荣可加之陵寝，节烈之谥将增其徽称乎？不学之言，可为不思之甚矣。然敦俨入台，今甫数月，必其昔日备听人言，有所感激，故乘亢旱之灾，抒其积疑之隐。观过知人，君子无深责之可耳。

记后之死，亦溯述册立时事。诗则意颇隐约。论潘敦俨事，寓褒于贬，假责备为慨喟，饶有太史公风神。近臣如翁同龢，其乙亥二月《日记》云：

十九日：嘉顺皇后卧疾已久，今益剧矣。

二十日：晨起，闻嘉顺皇后于本日寅初一刻崩逝。国家不造，至于此极，惊涕不已。……是日申刻奉移寿康宫敛奠。故事在乾清宫，设旐于宫门外之右，此时不便如此，中旨遂定于寿康宫举办一切。

二十一日：与恭邸同入见于西暖阁。皇太后流涕不止。……余皆论嘉顺皇后病情，不能悉记。

所记殊简，盖未敢明言耳。他如文廷式《知过轩随录》《闻尘偶记》所述后事如下：

《知过轩随录》：

孝哲毅皇后一目重瞳子，福相端严，不好音乐，作书端丽。比以身殉，天下痛之。潘敦俨之奏，虽愚忠，亦公论也。

《闻尘偶记》：

孝哲毅皇后，性好书，尝节省宫中用费，以万六千金购《古今图书集成》一部。余时应试在京，此书乃宝名斋所售，故知之。前年奉慈禧太后懿旨，石印《图书集成》，其端盖基于此。

毅皇后绝粒殉节，危笃之际，慈禧太后赐以藕粉一盂，又延二日，服金屑而殒。舍生取义，庶民犹难，出自天家，可以震耀千古。御史潘敦俨请加旌表，虽因以获咎，而毅后之节由此益彰，不可谓无补也。（盛伯義云：天生一人，必有一用。潘御史人极朴拙，然此疏"首阳之节"四字，使毅后行实著于将来，虽以此触怒谪官，然不可云无益世教。此真无所为而为之，不愧忠烈之子也。）

又胡思敬《国闻备乘》卷一及卷三所记二则云：

皇后闻德宗入继文宗，不为穆宗立后，泣涕坚卧不起，出怨言。太后召至宫，切齿大骂，批其颊者三。后父崇绮遣人以死讽之，遂不食七日崩。

毅皇后之立，慈安主之，非孝钦意也。慈安既薨，孝钦益怜爱慧妃，谕帝宜加礼遇，无事不得辄至中宫。（按：慈安系于光绪七年辛巳始逝世。）穆宗重违两母后意，恒独宿宫中，郁郁不乐，奸人遂诱之游幸民间。后尝书“戒嬉”二字，榜于座隅，以规穆宗，海内皆知其贤。穆宗垂危，后入宫问疾，孝钦恶其不先白己，诘责甚厉。后愤然曰：“妾乘凤辇从大清门入，天下皆知，今入宫问皇帝疾，有何罪名，而劳太后诘问？”孝钦疑后有意讥己，遂大诟曰：“婢子，汝以我为未尝入大清门乎？汝由我而入，安知不由我而出？”穆宗崩，遂不为立嗣，逼之自裁。

亦可参阅。此外私家记载述后事者尚不乏，宫闱邃密，不免传闻异词，其死由自杀，则众说所同也。至《清史稿》之记后事暨潘敦俨事，于《后传》云：

二年五月，御史潘敦俨因岁旱上言，请更定谥号，谓后崩在穆宗升遐百日内，道路传闻，或称悲伤致疾，或云绝粒霣生，奇节不彰，何以慰在天之灵，何以副兆民之望。太后以其言无据，斥为谬妄，夺官。

于《崇绮传》，谓后“以身殉”。于《吴可读传》附传敦俨，谓：

以任子官工部郎中，迁御史，默念穆宗嗣统未有

> 定议，孝哲毅皇后又仰药殉，遂疏请表扬穆后潜德，更谥号，并解醇王奕譞职任。诏严斥，弃职。归隐于酒，阅二十余年卒。

敦俨疏言二事，折请开除醇王差使，片请表扬穆后潜德也。

（原第12卷第2期）

仲子（费行简）《慈禧传信录》记同治后自杀情事特详，谓是自缢，与诸家之言绝粒吞金者有异，其说云：

> 孝哲既素失后欢，帝崩，遇之尤刻。尝于丧次问之曰："吾闻皇帝前患乃恶疾，非天花也。汝知之乎？"对："不知。"后曰："然则安用汝为皇后耶？"孝哲谓："帝承懿训，罕至内寝，直至病重始知之。若天花，则医官云然，实亦不审其确否。"后怒曰："正以尔曹鲜耻，至帝不克节欲，方冠遂陨。（按：帝以十九岁逝世。）使能承吾训，勿近尔曹，讵致短命？"孝哲无端对众人蒙奇羞，乃纵声哭。后前批其颊，且斥之曰："吾未死，汝何对吾号？汝欲哭者可归尔家恣尔哭，宫中不容有此亡赖妇也。"叱奄逐之出。孝哲出，适与丽皇太妃遇，惊其狼狈，问之，告以状。丽妃凄然曰："我十年来藉酕醄自遣，此身幸存，然宫中即地狱，能自脱者死愈于生也。"后谢之，归坤宁，殉穆宗意遂决。是日以帝小像悬壁间，自设醴祭之，伏地喃喃有祷词，然语细莫能辨。已而奄入

报已立醇王子为帝。孝哲曰："然则大行犹殇矣。"语不及他。是夜竟投缳死。翌晨女侍入见之，惊呼，群奄始进。孝哲素服，青绒履，襟系白巾，以后宝陈穆宗小像前，而缢其旁，颜色如生，目瞑，舌亦不吐，既报两宫，孝贞先至，尚未晨妆也。始命解下，尚欲召医官救治，众称体已冰，死似久矣，乃罢。又时许，后始至，有怒容，入唯长叹，无泪，亦无语也。孝贞欲召枢臣与崇绮，后止之，命先宣内务府总管备含殓，再令奕䜣入见。比䜣进，后伪为掩泣状，曰："家运诚至蹇，今帝丧方殓，后又自经，奈何？"䜣曰："皇后随大行去，志节足耀万祀，第事已若此，乞两宫念国事难巨，少节哀思。"孝贞曰："民间殉夫，例且旌表，况属皇后，应如何宣示表彰暨丧仪加等隆重之处，即令䜣与诸臣集议以闻。"后又止之曰："从来宫掖自经之事，绝无宣示外廷者，诚恐传闻失实，转滋异议也。今皇后事自应仍托辞病殁为是。"䜣知旨，称慈论是。孝贞虽弗怡，而自问不习故事，恐宣示或果贻中外笑，转无以塞后口，遂无异议。世传孝哲之死乃崇绮教之者，不知清制虽后父，苟非内廷行走，不能随常进见，若太后在，则尤须请命。后宿恶孝哲，戒诸奄勿纳绮贡品，是贡且不入，况能以密语面属之乎？故知其讹也。……孝哲自经事，则戌奄马进喜闻诸穆宗近侍陈添福而以告予者也。添福于光绪初亦戍卜奎，至戍所五年始殁。其人值坤宁久，所述视传闻为确也。

盖言之历历，可备参镜，惟不无舛误之处。后之逝世，去同治帝逝光绪帝立，已两月余，去光绪帝登极典礼，亦已一月，所叙太近，于时日为失考矣。费行简为王闿运门人，闿运丙子二月十二日《日记》有云："……皮筱舲已至，……户部始补缺。言崇文山云，毅后遗折历评大臣，言甚恳切，缅缅数千言，不见采听，甚可痛也。"遗折之说，亦未见记载者，其事难征，虽谓是崇绮所云，终恐依托之词耳。且有谓同治帝殁时后已有身者，英人濮兰德、白克好司《慈禧外纪》（陈冷汰、陈诒先译述）有云：

同治帝之早薨无嗣，推原其故，皆由慈禧贪权之所致。苟不然，则皇后既已怀孕，或能产生一皇子也。（译者按：同治皇后有孕之说恐未必确。）然帝如有嗣，则皇后将尊为太后，而慈禧必退处于无权之地。盖慈禧前此之所以能执政权者，以居太后地位之故，若皇后产有皇子，则慈禧不能仍执政权矣。……两宫太后对面而坐，凡预议者皆跪于下。慈禧首发言曰："皇后虽已有孕，不知何日诞生。皇位不能久悬，宜即议立嗣君。"恭王抗言曰："皇后诞生之期已不久，应暂秘不发丧。如生皇子，自当嗣立；如所生为女，再议立新帝不迟也。"

后已怀孕，齐东野人之语也，亦缘时人为后不平而深咎慈禧，驯传此说耳。（《外纪》记此，多可笑处，其谓光绪帝之立系由王大臣二十余人投名法定之，亦奇谈之尤也。）光绪帝为慈禧之妹所出，且年幼，便于太后专政，故得立，自是当时情实；至论者谓苟新帝为同治帝后，慈禧即不能再揽政权，则似是而非。宋宣仁即以太皇太后当国者，其时之皇太后固未与政也。况慈禧积威之下，后纵为皇太后，能与太皇太后争此乎？

三　左宗棠力主陕甘分闱考试

甘肃文闱乡试，旧合于陕西，自乙亥恩科始，以陕甘总督左宗棠之请，分闱举行，另简考官，（乙亥甘肃正考官为徐郙，刘瑞祺副之。）自翌年丙子，甘肃学政亦简专员矣。宗棠原奏有云：

> 甘肃地处西北边荒，旧隶陕西行省统辖，康熙年间拓地日广，始设甘肃巡抚，驻扎临洮。乾隆年间又改临洮为兰州府，后设总督驻之，兼管巡抚事。……置省以来，诸凡建设，或创或因，于武备尚详，而文治独略。……甘省距陕道阻且长，而乡试必须赴陕，陕甘学政远驻陕西三原，三年一度按临甘肃，举行岁科两试，均与各省不同。故自改建省治以来，甘肃士人，经明行修能自淑其乡里者，尚不乏人，至巍科上第以文章经济取重当世者，概不多见。非各省皆知稽

古之力，争自濯磨，甘肃士人独安固陋，不求闻达也，……其赴乡试，盖与东南各省举人赴会试劳费相等，故诸生附府厅州县学籍后竟有毕生不能赴乡试者。穷经皓首，一试无缘，良可慨矣！合无仰恳……遇简放主考、学政之年，另简甘肃正副考官各一员，甘肃学政一员，俾合省士子得以就近乡试，而岁科按届举行，学臣得免跋涉之劳，生童得以时亲承训迪，习旧学而启新知，不独边方士习文风可期丕振已也，……则经正民兴，边氓长治久安之效基于此矣。臣亦知圣贤之学不在科名，士之志于学者不因科名而始劝，然非科名无以劝学，非劝学则无读书明理之人，望其转移风化，同我太平，无以致之，固非谓科第文章足以歆动庸耳俗目，兼可博取民誉也。

其乙亥书牍及家书有云：

答李筱轩

学使返西安录科，例应代办此间录科事。旬余披校，广为收送。约歌鹿鸣者四千余人，较赴陕乡试人数多至三倍，而冒籍者寥寥，差用自慰。举场闳壮，甲诸行省。应试士子半类乞儿，尚多由地方官资遣而来，睹之心恻。所幸纪元之始，恩榜闳开，又蒙特简典试，科名声望，风动一时，边方寒畯，感颂兴起，地方气象，焕然一新，不仅人文可观，足为异时券也。

答刘克庵

监临秋试事毕，二十日出闱。日昨榜发，知名之士获隽甚多。榜首安维峻，拔贡京官，人文均不易及。年甫逾冠，气度雍容，冀为将来伟人也。

与孝宽、孝勋等

现奏甘肃分闱，届时举办，应作监临。此邦人文当可望起色。

又：

甘肃分闱已定，数千百年旷举，足慰士心，兰山书院肄业者多至四五百人，各郡县亦多闻风兴起，或者自此人文日盛，亦未可知。手此告尔等。

主张分闱之理由与如愿实行之快慰，于此可见。宗棠经营西北，武略之外，更大有事在，斯亦其注意之一举也。甘肃专试之首科解元安维峻为宗棠所赏誉，即后官御史负直声者。吴大澂时官陕甘学政，其《自订年谱》，于丙子云：

陕甘于是年分闱乡试。许筠庵前辈奉命简放甘肃学政，于四月到陕。余以署中紧要案卷早饬书吏抄录一分，并分拨书吏承差随同新任前往甘肃。具折奏请，陕甘学政改为陕西学政，关防则无庸换刻，本系

“提督陕西学政”之关防，并无“陕甘”字样也。

分闱实始于乙亥，谓于丙子，有误。丙子八月一日简放各省学政，甘肃学政以系新设，提前于三月一日简许应骙，故四月到陕，甘肃学政之第一人也。（李慈铭三月一日《日记》，录邸钞，注云：“此甘肃设学政之始。应骙番禺人，闻其乡人言绝不知文字，亦陇凉之大不幸矣。”示不满焉。）（原第12卷第3期）

四 梁启超会试被黜

康有为（时名祖诒，癸巳举人）、梁启超（己丑举人）同应乙未（光绪二十一年）会试，有为得隽，启超则被黜。副考官李文田极赏梁卷，务争于正考官不获，遂以“还君明珠双泪垂”之句批于卷尾，志慨惜焉，亦文字因缘之一陈迹也。拙稿曾略述之（见本报十一卷十三期）。近阅胡思敬《国闻备乘》，于启超此科被黜经过记之颇详，云：

> 科场会试四总裁，按中额多寡平均其数，各定取舍，畸零则定为公额。数百年相沿，遂成故事。乙未会试，徐桐为正总裁，启秀、李文田、唐景崇副之。文田讲西北舆地学，刺取自注《西游记》中语发策，举场莫知所自出，唯梁启超条对甚详。文田得启超

卷，不知谁何，欲拔之而额已满，乃邀景崇共诣桐，求以公额处之。桐阅经艺，谨守御纂，凡牵引古义者皆摈黜不录。启超二场书经艺发明孔注，多异说，桐恶之，遂靳公额不予。文田不敢争，景崇因自请撤去一卷以启超补之。议已成矣，五鼓漏尽，桐致书景崇，言顷所见粤东卷，文字甚背绳尺，必非佳士，不可取，且文田袒庇同乡，不避嫌，词甚厉。景崇以书示文田，文田默然，遂取启超卷批其尾云："还君明珠双泪垂，恨不相逢未嫁时！"启超后创设《时务报》，乃痛诋科举。是科康有为卷亦文田所拔，廷试后不得馆选，渐萌异志。

可资参证。文田批启超卷以志惜，据所闻，仅"还君明珠双泪垂"七字耳。谓有为"萌异志"者，思敬于戊戌之事，深斥有为，所撰《戊戌履霜录》谓为谋逆也。

五　旧闻四则

近承好云氏君由上海来函，示以旧闻数则，云：

（一）陆润庠受宠若惊

读最近尊著《随笔》，述光绪辛丑回銮瞿鸿禨、鹿传霖力辞恩赏事（《周报》十一卷四十六期），因忆曩闻老友陆君言：两宫在西安时，以巡抚署为行官。署背山，从山上可望见署中庭院。一日陆润庠登眺，见庭中小猴成群，尽着黄马褂，跳掷食果。旋入对，奏事毕，述顷间所见，并称猴状殊可喜。后笑曰："汝亦想黄马褂么?"润庠叩头谢恩。翌日，赏穿黄马褂之旨下，一时有"猴儿黄马褂"之目。时陆君以知府供职行在。陆君又言：陕抚以两宫驻跸久，宜有进御，以表芹曝，而陕省朴陋，土宜不足当意；无已，乃精制小革箧（俗名官箱，其时尚无今之手提式者）如干事，饰以黄缎，派陆君等赍呈。至宫门，立时由内侍导入。后御一字襟半臂，立阶上，稍偏，口衔雪茄，帝御青袍中立。陆君叩头述抚臣微意，后命起立，谕曰："要你们费心。"帝则颔之而已。后旋谕内侍曰："送老爷出去。"盖行宫本非宏壮，当时一切体制，概从宽免，臣工得随时入见，见必和颜相慰劳，闲谈如家人。陆君谓以微臣而邀"不名"之异数，非患难中安得有此。润庠没后，易哭庵挽联云："继（?）秀夫伴寡妇孤儿，读史至今佘（?）涕泪；后信国作状元宰相，令人不敢薄科名。"

（二）杨士骧举止倜傥

《随笔》以杨士骧面首之说为不确（《周报》十一卷五十期），尊见极是，有一事可证。士骧在北洋时，颇为言路所不满，至以"召妓肩舆入署"等语登诸白简，不特绝无其事；且杨氏家教严，士骧一生实未尝冶游，惟举止倜傥，嗜饮善歌，有名士气，无道学气，则其昆弟群从皆然。未几，因病出缺。方治丧，其弟士琦以士骧自挽一联示幕客，云："平生喜入游侠传，到死不闻罗绮香。"下句盖隐指被劾之诬。某君谓联固绝佳，惟上联似与直督身分不称，士琦不答。翌日入吊，则此联赫然悬于影堂之侧，而易"入"字为"读"字，幕中赞叹不已。此事为杭州金君所告。金君自李文忠任北洋时，即充支应局文案，旋入督幕，又为其子娶士骧侄女为妇，固当时所目击也。士骧谥文敬，有某君作联云："何为文，戏文曲文，声出如金石；乌乎敬，冰敬炭敬，用之若泥沙。"某君淮人，与士骧有金兰之谊，而身后之调侃如此。又闻士骧有时衣冠自外归，未脱帽，先飞足去双靴，如羽琌山民故事。所谓名士气者，盖此类耳。

（三）挽张之洞联趣话

"老臣白发"一联，向亦误认湘绮挽南皮之作，而讶其口吻不肖。《随笔》详示致误之由(《周报》十一卷四十八期)，真有昭然发蒙之喜。湘绮年齿似稍长于南皮，至少亦必相若，平日论学宗旨亦不尽同，素非门馆之人才，安有徘徊之事实！按《樊川文集·谢周相公启》云："四海贤俊，皆因提挈，尽在门馆。"梁髯久事南皮，用此二字，洵为惬当。而南皮当入相后，曾作春联云："朝廷有道青春好，门馆无私白日闲。”梁髯撰联时，或忆及之，亦未可知。又南皮殁后，有人作谐诗云：“星海云门俱寂寞，远山秋水各凄凉。”惟其寂寞，故曰“我如何”。“远山、秋水”，闻为其晚年所蓄两姬。

（四）梁髯山水画

数年前见梁髯所画山水绢本小轴，极荒寒之致。左上方自题三绝，第一首云：“用笔萧疏自远人，残山剩水认前尘。为君略作云林意，月暗风欹好自亲。”第二首云：“屡负空山廿载期，枉持忠孝与人嗤。多哀徒抱西台痛，依旧冬青不满枝。”第三首云：“浅渚荒亭地自幽，空枝冷石倚残秋。回天蹈海都难遂，纵有罗浮未忍休。”款题“忍冬诗家同年属画，丙辰鼎芬酒后”，下钤“病翁呻吟”及“梁格庄”二方印。右端又题一绝云：“一角荒寒照冷流，萧然木叶已深秋。此间正是非尘境，合有高人来系舟。”下署“老节再作”，钤“鲜民”长方印。忍冬为劳玉初国变后别字，此画现归吾友卢君。四诗凄感欲绝，如读《心史》《晞发集》，而集中不载，写呈如右。

谈往之佳资料也。王闿运年长于张之洞，之洞卒于宣统元年，年七十三，闿运卒于民国五年，年八十五矣。之洞卒后之谐诗，一说谐联，字句间相传亦小有异同，二姬之名，或云聊取以对星海、云门，非实有也。杨士骧自挽一联，亦久传人口，其当时之改“入”为“读”，则知之者少。士骧官督抚时，为清议所不理，如好云氏君所云，盖言者亦有失实之处。清末官场风气之坏，固不始于士骧，而在鲁在直，居倡率之地，推波助澜，咎亦难辞，特其人颇开爽，无城府，不事封殖，久膺膴仕，而卒后遗赀无多。殁前有津浦路参案，惧获严谴，其发病暴卒，殆与焦虑此案有关。恤典颇优，赠太子少保。那桐查覆参案奏上，乃撤销宫衔。至“猴儿黄马褂”一节，为回銮后壬寅（光绪二十八年）三月后、帝谒东陵时事。慈禧命以黄马褂衣猴，视其跳踯为乐，随扈诸臣张百熙、陆润庠等遂因以拜赐焉。详见本报七卷三十九期所载拙稿。吴郁生所撰润庠行状亦言“二十八年充东陵随扈大臣，赏穿黄马褂”也。（惟前稿误列瞿鸿禨于内。鸿禨虽亦随扈谒陵，而于前一年辛丑八月随扈回銮时已与军机同列拜黄马褂之赐矣。）陆君所云，盖记忆偶失者耳。

（原第 12 卷第 4 期）

六　李鸿章翁同龢交恶

翁同龢甲午九月初二日《日记》，记奉太后命，以对日败挫，至津诘责李鸿章，谓：“入督署见李鸿章，传皇太后皇上谕慰勉，即严责之，鸿章惶恐引咎曰：‘缓不济急，寡不敌众，此八字无可辞。’复责以水陆各军败衄情状，则唯唯而已。余复曰：‘陪都重地，陵寝所在，设有震惊奈何？'则对曰：'奉天兵实不足恃，又鞭长莫及，此事真无把握。'论议反覆数百言，对如前。”如同龢所云，似鸿章于此唯有理屈辞穷之态！而据胡思敬《国闻备乘》则云：“同龢见鸿章，即询北洋兵舰。鸿章怒目相视，半晌无一语，徐掉头曰：'师傅总理度支，平时请款辄驳诘，临事而问兵舰，兵舰果可恃乎？'同龢曰：'计臣以撙节为尽职，事诚急，何不覆请？'鸿章曰：'政府疑我跋扈，台谏参我贪婪，我再哓哓不已，今日尚有李鸿章乎！'同龢语塞。”是鸿章方振振有辞也。思敬述鸿章口吻颇肖，惟其时正在战败负咎忧谗畏讥之际，对同龢之辞色，或未必抗厉至此耳。谈中日战役者，多及翁李之交恶，斯二则可参观也。鸿章赴日议和时，曾邀同龢同往，为同龢所拒。同龢乙未正月二十八日《日记》所述云：“李相、庆邸及枢臣集传心殿议事。李欲要余同往议和，予曰：'若余曾办过洋务，此行必不辞；今以生手办重事，胡可哉？'”鸿章自知议和之后必益丛诟，故欲挟同龢以行，为将来分谤地，且所以间执其口，至同龢之不肯，自意中事，或亦明知必视为畏途，特故作此笔，蕲其少立异同耳。

同龢不独不允偕鸿章赴日议和，即后此之派入总署，亦非所愿。其乙未六月初十日《日记》有云：“饭后到督办处。恭邸屡在上前奏请，欲余至总署，余力辞，今日乃责余畏难。余与辩论，不觉其词之激。（荣）仲华亦与邸相首尾，余并斥之。”十四日云：“见起三刻。恭邸以译署事有所举荐，恐吾侪不免矣。”十六日云：“见起三刻。恭闻恩命，臣与李鸿藻均在总理各国事务衙门行走，即碰头谢讫。前此固尝一辞再辞，语已罄竭，无可说也。”对外大计，虽已赞画于密勿，而不乐置身总署，躬当交涉之冲，且儒臣弗屑与夷人周旋之故习也。

七　岑春煊入京获宠

胡思敬为清季京官之留意国闻者，所著《国闻备乘》，记述虽间有未谛，而多有裨史料掌故，颇可观。卷二纪岑春煊丁未（光绪三十三年）入京事云：

> 岑春煊既调四川，有诏促令西行。春煊自陈有面奏机宜，拜疏后即由汉阳乘快车一日夜抵京。朝士突闻其至，皆盼然，或云且入军机，或云将夺袁世凯之位。太后念扈从旧劳，褒宠倍至，连召见三日，悯其宿疾未痊，不欲劳以疆寄，内用为邮传部尚书。春煊甫入见，即面参奕劻父子及杨士骧、陈璧。太后曰：“任天下事诚大难。卿在粤中，誉之者半，毁之者亦半，安能尽如人意？”春煊曰：“臣自知为众论所不容，幸赖圣明保全，然攻臣者亦有指臣黩货行私者乎？”太后默无语。及邮传部尚书命下，未莅任，即又劾罢右侍郎朱宝奎，人皆快之。然春煊虽好直言，褊急不能容物，政见舛谬，与世凯同，而素不和睦，唯李莲英颇左右之。既与奕劻不协，为尚书不一月，

复出为广东总督。临行乞借洋债千万，大举办新政，并请立上下议院，大更官制，各省设谘议局，各府州县设议事会，谆谆以实行立宪为嘱。疏稿近三千言，出自幕客姚绍书、高凤歧手。其刚可用，其智则黯矣。

八　岑春煊在粤督时事

又卷一纪其前在粤督任时事云：

戊戌政变，袁世凯首发逆谋，庚子避兵西巡，岑春煊沿途拥卫入关，由是皆有宠于太后。余观二人举动，亦各具恣睢叱咤之才，非尽恃宠也。……世凯……锋芒亦可畏矣，春煊气力更出其上。粤绅有周荣曜者，初由关吏起家，积赀数百万。春煊瞰其富，折简招至署中，责报效。荣曜不应，私辇金入都，求通奕劻之门，遂简四品京卿，出使比利时。春煊怒曰："奴子乃狡狯如是！"即日参其私蚀关税，请削职监追。荣曜奔香港，尽籍其产入官。奕劻熟视莫敢出一辞救也。既而铁路议起，春煊主派捐，粤人不允，请招股。春煊曰："是把持也。"捕倡议道员黎国廉下之狱。全粤绅民皆愤，推前闽浙总督许应骙为首，联名上诉。诏周馥按问，亦莫能直也。春煊每至一省，必大肆纠弹，上下皆股栗失色。

可与拙著《谈岑春煊》（见本报十卷十八、十九两期）相印证。春煊治尚严峻，勇于弹劾，所至股栗失色，良然。清末号为预备立宪，推行新政，而设施多坏官常，滋民怨，实速其亡，思敬在言路曾痛论诸弊，《备乘》中亦时申此意焉。其书慈禧之事，不乏直笔，惟于戊戌政变，误信后党所造谋逆之说，其智盖亦有所蔽矣。

九　慈禧七旬万寿

卷一纪慈禧七旬万寿事云：

甲辰日俄构难，辽河以东画为战场。深宫轸念时难，先有旨不受徽号，并禁绝诸臣贡献。礼亲王世铎固请不允。庆亲王奕劻因倡率京外官报效二成俸廉，电音络绎，遍告各行省。张之洞、袁世凯以下无不附和。陕西巡抚升允独奏劾之，折留中未发。（疏云：“夫臣下之于尊亲，祈报原无纪极，皇太后忧勤宵旰，恩德滂洋，虽天产地华，悉备悉供，未足以言封祝。似此周旬一举之例典，何足答数十年天地之施？十五二五之俸廉，何足为亿万人涓埃之报？若奕劻之倡率，袁世凯、张之洞之附从，在世铎未经奏请以前，则际此昌期而思为坠露轻尘之效，犹可言也；乃既奉明诏，仍复为此报效之说，以图尝试，是直以从前之谕旨为具文，而并使天下臣民疑朝廷以文不以实，则奕劻等之罪大矣。”）

此亦升允非容容者之一证（参看本报十一卷四十八期所载拙稿。编者按：未收入《随笔》之中）。在清季督抚中固足深愧以进奉固宠之张之洞袁世凯辈矣。奕劻之发起殆即承慈禧之旨耳。升允“以文不以实”之语颇中要害。

（原第12卷第5期）

一〇　淮军健将程学启

（一）处事慎密

李鸿章之定江苏，部将程学启之功最多。其由湘军改入淮军，曾国荃遂失一健将。徐宗亮《归庐谭往录》有云：“程忠烈公初归曾部，从克庐江三河，声绩已著。一日合肥相国将援上海，议招忠烈同行，属吾乡孙太守云锦探之。忠烈慨然曰：‘某受曾公厚恩，义当终始，然下游亦国事，且熟习下游情形无如某者，曾若允行，愿从之。’随密谓太守：‘吾辈皖人，入湘军终难自立。丈夫当别成一队，岂可俯仰因人？’太守颔之。合肥相国遂商于曾文正公，举为前锋。相国问入吴方略，答曰：‘下游水乡多桥，有一河即是一营，有一桥即是一将。得营得将，何功不成？’及功绩大著，或问其学何兵法，答曰：‘先有事，后有法，何今何古，在相地势得士心而已。’其军法极严。

入苏城时，禁当街驰马，犯者立斩，即合肥相国亲军亦不恕之。”又云：“忠烈不识字，然文义轻重得失，一闻便了。在浦东时，乞合肥相国以克城余米赈恤难民，某友于函牍中用‘哀鸿遍野’字，忠烈诧曰：‘李公名岂可犯？且太夫人在，说岂可用哀？’此小事，亦见过人处也。”此学启之轶事也。（学启籍桐城，宗亮为其乡人。）舍湘就淮，学启当时隐衷，可于告孙云锦语见之。盖湘军中于非湘籍者，难免畛域之见，学启虑不易出人头地，故愿为沅帅效驰驱焉。吴汝纶《程忠烈公神道碑》谓：“李公新军号淮军，公本以隶曾公为湘军，军濒行，文正令公军改湘为淮，公曰：‘无九帅命不敢。’文正叹异，以为不倍本。九帅者，忠襄也。”则其对故帅之尽礼也。（曾国藩同治元年三月初八日致国荃书有云：“余令开字营号补皖勇改淮勇，程云：‘必待沅帅缄谕，乃敢改换。’亦足见其不背本矣。”）

（二）投降清军

学启之投清军，记载者多言由曾贞幹纳之。如王闿运《湘军志·曾军后篇》纪其情事云：“学启先陷寇中，安庆围合归诚，曾贞幹约以内应为效。未及期，夜率千余众叩贞幹壁门，呼曰：‘今事发，与寇战，突围至此，追者即至矣。吾所将皆精兵，当入营助守，不能释兵。公相信者开门纳我，不信即发炮击我，无两败也。’军中大惊疑，报贞幹。贞幹屣履出视，下令开门，纳其众。追寇俄而至，亦遂还去。学启由此愿效死。”朱孔彰《中兴将帅别传》于贞幹传云：“程公学启陷于贼，为贼将。公设计招降，程果以三百人夜款营。贼觉，追急，程大呼开壁。众疑其诈，公独信之，令开壁门纳入。”于学启传云：“曾公国荃围安庆，知公在贼中有名，求得公族中老媪，使入城劝降。约降有日矣，贼觉，公夜率壮士三百逾城出，叩曾贞幹壁门，大呼曰：‘某来投诚，有追贼在后，信，公纳我，不信，急击我，无两败也。’贞幹大惊，遽纳之。追贼返，杀其妻子，悬首城上。”要皆以纳降之事属之贞幹，罕闻有异说也，而朱福诜跋朱洪章《从戎纪略》则云：“往闻程忠烈之自拔来归也。军门实受之。其后忠烈转战江浙，累拔名城，手除大憝，东南恢复之机实由于此。军门之功，斯为称首，而《湘军大事记》乃属之曾忠襄介弟；然闻忠襄总制两江时，尝与军门言及之，以为传闻异词，不妨两存其说，则忠襄之不肯攘功，与军门之实有其事，亦可见矣。”谓纳程者非贞幹而为洪章，可广异闻，《从戎纪略》本文却未道其事也。

（三）苏州杀降

《归庐谭往录》谓：“忠烈临危，若有鬼物乘之。忠烈告以‘杀降负盟，为国无私，此心可质鬼神’等语。”与薛福成《书桐城程忠烈公遗事》所云“卒之数日，口中念叩皆苏城降曾事，时奋拳作格斗状，忽瞑目叱曰：‘汝等敢从我乎？’或曰：‘公平日意之所注，疾革神瞀以至此也。'”可合看。苏州杀降事，盖学启心实不安，故病笃时若所见耳。曾国荃攻安庆时，朱洪章亦有大杀降人之事，其《从戎纪略》云：“章收队事，听莲湖边有枪炮声，问其故，乃知逆首带四五百人出来窥探。章曰：‘贼从不来，今来必有意。’令小心防守。次日该贼忽在营外喊自愿投降。章往禀九帅。九帅曰：‘贼情狡谲，勿可轻许。如果投诚，看有无器械。’章曰：‘要贼缴出军械何如？’九帅曰：‘速往相机行之。’章回谕贼。次日缴来龙旂三千余杆，洋枪六千余，长矛八千余，抬枪千余，明火枪八百余，骡马二千余。章专弁往请九帅来营面商，言曰：‘悍贼甚多，如何筹之？’章曰：‘惟有杀最妙。’九帅曰：‘杀亦要设法。’章曰：‘营门缓开，将逆匪十〔人〕一次唤进，只半日可以杀完。’九帅曰：‘我〔心〕不忍，交子办之。’章当时回营预备。自辰至酉，万余贼尽行歼戮，乃往销差。九帅曰：‘此次杀贼过多。’”屠戮之惨，洵可惊已。（洪章所叙，或有夸大。）

一一　记咸同间军界畛域之见

关于咸同间军界畛域之见，《归庐谭往录》云：“类聚群分，盖有莫之为而为之者，在军尤甚。江忠烈公原募之勇名曰楚军，曾文正公继募之勇名曰湘军，同一省也，而不免畛域之分。湘军人材众矣，楚军后起如刘公长佑、刘公坤一、江公忠义亦彪炳一时，然自大帅视之，已不免亲疏有别矣，而莫甚于川之与楚，湘之与淮。川楚之隙，自广西军兴已成莫解之势。其后鲍军门超以川人统三四十营，归于湘部，卒皆湘人为多。初为分统时，胡文忠公即以川楚不和不宜用川告戒之。湘淮则本系一家，淮由湘出，尤有水源木本之谊，而自捻逆猖獗时，曾文正公督师北剿，湘军已大半遣散，全倚淮军为用。淮军既富而骄，夙乐合肥相国宽大，视文正公儒将约束，颇以为苦，遇有调度，阳奉阴违者颇多。文正时与所亲书，有'撤湘军一事，合九州铁不能铸错'之语。部下气类，由此愈分矣。厥后湘军渐远渐散，南北驻防悉皆淮军。此之声威弥著，彼之嫌隙益深，履霜坚冰，盖非一朝夕之故已。”亦可供研究当时军事之参考。迨中日之战，淮军败衄，当局复欲倚湘军御侮，仓卒召募，势等乌合，湘淮威声，弩末同叹，所谓新军乃代之而兴，遂以促成国体之变更焉。

（原第 12 卷第 6 期）

一二　魁联促成官胡交欢

胡林翼之交欢官文，关系当时军事大局至巨。薛福成《书益阳胡文忠公与辽阳官文恭公交欢事》，谓先后劝林翼以此者二人，后一人明指为阎敬铭，于前一人之进言，所记云：

> 二公值湖北全境糜烂之余，皆竭蹶经营，各顾分

地。文忠尤崎岖险阻，与勍寇相持，独为其难。督抚相隔远，往往以征兵调饷互有违言。僚吏意向，显分彼此，牴牾益甚。文恭于巨细事不甚究心，多假手幕友家丁，诸所措注，文忠尤不谓然。既克武昌，威望日益隆，文恭亦欲倚以为重。比由荆州移驻武昌，三往拜而文忠谢不见也。或为文恭说文忠曰："公不欲削平巨寇邪？天下未有督抚不和而能办大事者。且总督为人易良坦中，从善如流，公若善与之交，必能左右之，是公不翅兼为总督也。合督抚之权以办贼，谁能御我？"文忠亟往见文恭，推诚相结纳，谢不敏焉。文恭有宠妾，拜胡太夫人为义母，两家往来益密，馈问无虚日，二公之交亦益固。文忠于是察吏筹饷，选将练兵，孳孳不少倦，文恭画诺仰成而已，未尝有异议。

是官胡之缔交，多赖此人，而福成未举其名。近阅徐宗亮《归庐谭往录》，盖魁联也。据云：

当武汉初复，文忠由湖湘，文恭由襄汉，分为两岸，麾下文武各有所主，议论颇不相下，两公遂成水火之势。文忠一日具疏参文恭十二事，先遣人示意请改，文恭闭不纳。时前宝庆守魁联荫庭被议随营，周旋两府间甚洽，因诣文恭言曰："今天下大事，专倚湘人，公若能委心以任，功必成，名必显。公为大帅，湘人之功皆公之功。何不交欢胡公，而为一二左右所蔽乎？某请往说胡公使下公。”旋又过文忠言曰：“官公忠实无他肠，友谊极重，公若与结好，凡事听公，决无后虑。若必劾去易能者，恐未必悉惟公所为。公其思之。”两公甚然其言，前隙遂释。魁又促文恭先过文忠布心腹，于是结为兄弟，家人往来如骨肉焉。文忠知文恭用财欲泰，而丁漕税厘盐课皆兵饷所指，不能给私，乃以荆州道竹木税一项专归督院派员，于新堤设局征收，由督院报部支销，所谓新关者也。文恭得此，亦感文忠之厚云。魁守宝庆，颇得士民心，贼围二次，坚守获全，有《前后守宝录》行世。文忠后奏请以三品卿衔总理湘楚水陆各军营务简练事宜，未奉旨而病卒。

所叙与福成略有异同，而大致即为一事。至魁联其人，知者较少，不若阎敬铭之耳熟能详也。咸丰七年闰五月魁联以开缺湖北粮道卒于新关差次，官胡奏准照按察使军营立功后病故例议恤。原奏谓：

魁联系内务府正白旗人，历任湖南辰州、衡州、宝庆、岳州等知府，洊升臬司，因在岳州防所患病回省，经抚臣骆秉章参奏，蒙恩以知府降补。嗣随同克复汉郡出力，渥荷圣慈，以道员记名，赏加按察使衔。今春复蒙简放湖北粮道，因先经委管新关，未即赴任，又值病体加增，虑旷职守，此魁联不得已呈请开缺，而臣等以得人办事之难，魁联守洁才长，实资倚助，不得已而有留办新关之请也。惟念魁联历任地方，洁己爱民，政声卓著，在军营多载，实有微劳。如前在宝庆任内，始以叛逆李沅发等之变，迅速剿平，继值粤寇鸱张，而宝郡为湘省屏藩，魁联练勇齐团，力筹捍御，全郡赖以安全。嗣带勇驻守岳州，几将两载，以升任臬司仍兼府篆，屡值邻氛逼近，魁联防剿严密，力遏凶锋，以固楚南门户。……前岁冬间由德安剿贼东下，稔知魁联熟谙军旅，奏调来北，委令总理营务，凡筹兵节饷，悉协机宜。又随同臣亲督行阵，躬冒矢石，屡扼贼援，每操胜算。此又在湖北军营效力年余，备尝辛苦，为臣等所目睹者。迨今春奏委管理新关，魁联创始经营，渐收济饷便商之效。又于总粮台饷需支应及牙帖抽厘诸务，有裨时艰，无不随时随事，妥筹办理。

此官书中魁联之略历也（奏中未言曾请加三品卿衔，云云）。其以擅离岳州防次为湘抚骆秉章所劾，王闿运《湘军志·湖南防守篇》所记云：

署宝庆知府魁联以习兵事特补岳州知府，……诸军专备广东边，广西防以委永州知府黄文琛，岳州防以委魁联，辰沅防以委永顺知府翟诰，惟以不请兵饷

> 者为能事。魁联戆直好争议，秉章弗善也，会诏补魁联按察使，不令还省受印。魁联自以奉特简，迳还省城。秉章因劾以委军，仍降知府。

颇不满秉章，闿运固好讥刺也。官胡交欢事，《湘军志·湖北篇》云：

> 方南北岸之分军也，督抚未相见，将吏各有所统，颇构同异。官文以将军受任，拘于满汉，论者复为林翼陈杨霈、崇纶故事。林翼叹曰："师克在和，此何时哉！"既渡江见总督，下令僚属曰："督抚相见，前事冰释，敢再言北岸将吏长短者，以造言论罪。"官文闻之大欢。林翼又以盐厘月三千金充督府公费，两人约为兄弟，故军政吏治皆林翼主稿，官文画行，有言巡抚权重者一无所听，而巡抚亦谨事总督，推美受过，湖北富强基于此。

亦可参阅。所云杨霈，疑应作吴文镕。湖广总督吴文镕受湖北巡抚崇纶龁龁，覆军捐生，为鄂省督抚满汉倾轧之故事。杨霈督鄂时，崇纶已罢矣。《谭往录》又云：

> 文忠在鄂抚时，于州县等官最为慎重，督府官文恭亦未能主之。一日文恭予所亲署鹤峰知州，文忠以山州僻壤，未甚注意，而荆州知府刘章侯者，审署州人材不足胜任，于过谒时留迟其期，密揭于两府，请

易员代。适两院望日祠祀相见，文恭谓曰："昨一大怪事，君知之乎？督抚委缺，本府不许履任，有是理乎？"文忠答曰："此吾辈过也。知府举正，吾辈当谢之耳。"文恭复曰："虽然，当为吾留面目。"文忠颔之，令署州视事三月引退。及文忠薨后，刘竟坐事降荆州同知，刘亦安焉。后合肥相国督楚时，为刘年家子，欲力为之地。刘辞曰："公意极厚，然职年七十余矣，精力万不足任事，闲曹薄俸，稍可自给，他不敢求。"相国太息而止。刘奇人，惜失其里居名字。

知其不胜州任，仍令视事三月，亦颇见林翼周旋同官之苦。（州县补署，例由藩司下委，惟督抚权重，每承意旨耳。）鹤峰州隶宜昌府，《谭往录》所记，于地名盖有误。尝闻人言，汪荣宝为驻日公使时，有新任横滨总领事陆某，衔命东渡诣谒，荣宝察其难胜，坚持不许履任，事与刘章侯颇类。（原第12卷第7期）

一三　胡林翼轶事

徐宗亮《归庐谭往录》记胡林翼轶事有云："文忠公律己甚严，于宗族戚党不少假借。在黄州时，族人某来谒，饮食之者数月。一日辞赴前敌，问其故，以营官某奉调银钱所，荐与偕行。文忠勃然，呼银钱所委员及奉调营官面谕曰：'吾有族戚，力岂不能庇之？尔辈藉以结纳，风气一开，伊于胡底？姑记过一次以儆。’因饬银钱所给族人归资，并通饬各台局营员：‘用人一事，胥秉至公，不得徇上司同僚情面，滥为汲引。若经访出，立即参处。’时颇有议文忠刻者，然琐琐姻娅，则无膴仕，诗人致慨甚深，文忠所虑非过也。”又云：“文忠公少年有公子才子之目，颇豪宕不羁，改官黔中，始励志政事。军兴而后，益以名节厉世，颇似信国少保，然口体之奉，未能如曾、左诸公啬苦也。予从营英山，无三日不小宴者，末座叨陪，厌饫极精。外间遂有粮台供应日五十金之谣，其实非也。曾公蔬食自甘，幕府诸人咸以为苦。左公则尤甚，遇士卒方食，即取匕箸同餐，尽饱而止。仁和范郎中尝言：赴衢州请兵时，大风雪，左公布衣羊裘，坐夹帐中，留一饭，白肉数片、鸡子汤一盆而已。后经略西边犹如此。”又云：“文忠公一代伟人，其游戏笔墨，无关轻重，然亦可仿佛其英姿磊落。当驻军黄州时，一日念及饷事，取白纸草书数行，刊印，加关防驰递。文曰：‘开口便要钱，未免讨人厌。官军急收城，处处只说战。性命换口粮，岂能一日骗？眼前又中秋，给赏更难欠。惟祈各路厘局大财神，各办厘金三万串。’此纸递去，不十日，钱船络绎而至。”皆有致。曾、左、胡律己均严，而林翼口体之奉，优于曾、左，少年时环境不同之故也。（曾、左之自奉啬苦及林翼少年之不羁，他书亦颇言之。）至好为谐谑，三人亦略似。林翼以财神称厘局委员，而曾国藩亦尝以老板称林翼，其咸丰六年四月初八日致弟国华书云：

温六老板左右：三月二十八日，有小伙计自鄂来江，乃初九日起程者，接润之老板信三条，知雄九老板噩耗，吾邑伟人，吾店首功，何堪闻此？迪安老板新开上湘宝行，不知各伙计肯听话否。若其东来，一则恐无盘缠，二则恐润老板太单薄。小店生意萧条，次青伙计在抚州买卖较旺，梧冈伙计亦在彼帮助，邓老八、林秀三亦在彼合伙也。雪琴河里上（生）意尚好。浙闽均有些伙计要来，尚未入境。黄虎臣老板昨往瑞州去做生意，欲与印渠老行通气，不知可得手否。余身体平安，癣疾全愈，在省城与秋山宝店相得，特本钱太少，伙计又不得力，恐将来火食为难耳。余不一一。澄四老板三月十九发一信来，已收到矣。开益号手具。润公老板、迪安老板、义渠宝号、吴竹宝店均此。来伙计二人，照给白货。初七日到小店，初九日行。

可合看。曾书以商店生意喻军事，以老板等称加之诸将帅，或是恐书落敌手，故作隐语，亦未可知，惟明出诸人之字，则隐而未甚隐耳。

一四　淮军创立

《谭往录》纪淮军之创立及饷事，谓：

淮军之兴，由前山东布政使六安李公元华。当咸丰四年发逆踞庐州，李以抚部门生带团勇助剿。张制府树声、潘抚部鼎新、刘抚部铭传、周提军盛波、盛传昆仲，皆奔走其间。如是数年，虽未有成效，而战阵之事，练习日精。时合肥相国在籍办团，或居帅幕，或领军事，尚无专主，迨庐州事亟，由间道投曾文正公江右，李亦随赴吴清惠公淮安矣。张、潘诸公乃保境自守，徘徊俟时。及咸丰同治之交，楚军日盛，由西路径克安庆。刘抚部族子东堂与韩提督殿飏侦知其事，诸公乃使谒合肥相国请计，于是有创立淮军之举。时江苏官绅乞师者踵至，合肥相国慨然请行，先立鼎、铭、庆、树四营，益以湘军亲兵一营，林字一营，开字二营，共为九营，陆续赴援上海。铭营始以东堂主之，东堂方推其叔抚部，庆营则吴提军长庆主之，向从军庐州，与潘、张诸公又别，亦未尝归李部下，林营则湘人滕镇军嗣林主之，亲兵营则湘人韩太守正国主之，开营则程提军忠烈主之。通名淮勇，实则湘军三营淮军六营也。其后林营未甚著迹，亲兵营年余败，惟开营功业先著，而忠烈殉后，遂以不振，于是树、鼎、铭、盛各成一军，自一营开至数十营不等。盛军者，即周氏兄弟抵上海后所主者也。庆营正副二营，历十数年，至海防议起，始增六营，而铭、盛两军垒为畿辅拱卫之师，遂称两大，较诸军为久长云。说者以淮军创于李，成于刘、韩，大于刘、周，皆所以佐合肥相国成中兴伟烈，盖有天焉。军饷定制，向无额数内扣者，有之自淮军始。岁支九关，遇闰酌加，余则目为欠饷，粮台分别记注，裁撤时酌发三五关不等，或历年过久，通计成数报效，为本籍增文武学额，勇卒亦竟安之。闲询老辈则初赴上海时，饷项匮乏，食米而外，仅酌给盐菜资，及接仗克城，人人有获，每向夕无事，各哨聚会，出金钏银宝，堆案高数尺许，遇发饷时多寡不较也。合肥相国知之，明订九关，杜营哨虚冒，遂为成例，入于奏案。其时米价极昂，石值银五两。各军克城，辄封存城所囤米，据为私有。合肥相国出示收买，定价石银三两，出入一律，亦为成例定案。淮军统将往往以此致富云。

均足为淮军历史之参考资料。（言淮军初成时之各营，数未相合，当有讹字。）克城纵掠，为旧日军营恶习，由来盖久，大氐纵掠三日，逾期始申军法。民国二年，张勋军入南京，报纸载其大掠十日。未几，友人某君在津浦火车偶与勋部曲闲谈，颇洽，因以报载叩之，答曰："安有十日？仅三日即出告示禁止矣！"盖以三日若为惯例所许，不必讳言耳。蔡寿祺《蓉城偶笔》，记咸丰庚申（十年）、辛酉（十一年）间川中军事，盛推游击陈祥兴之忠勇，而谓："陈军令甚肃，收复荣昌时，弛禁三日，三日后有犯令者立正军法。"三日之弛与军令之肃，并行不悖焉，亦足征军界旧习已。

宗亮于《谭往录》光绪十二年自识，谓：“冠后客游东南，兵事终始，见闻盖亦多矣。闲归里庐，故人后进从而问讯，辄据几拉杂书之，遂以成册。”尝居胡林翼、李续宜、李鸿章幕府，故于湘淮军事，颇多见闻，所纪每有史料价值。（原第12卷第8期）

一五　谈陈弢庵

张之洞之逝，陈弢庵（宝琛）送归榇诗云：

风吹尘沙如黑烟，城郭惨澹飞纸钱。
弥天心事一棺了，丹旐此去无时还。
为臣独难古所慨，谢安裴度宁非贤？
移山逐日老不给，矧更百虑镵其天？
漫漫倏夜大星失，觇者于国犹哀怜。
寸丹灰尽料未死，傥觾宗祖通灵乾。
太行蜿蜒送公处，卅载岂意重随肩？
对谈往往但微叹，此景追味滋涕涟。
九原何者算无负，踯躅四顾伤残年。

语甚沉楚。陈于同治间入翰林，光绪初年，与之洞及张佩纶、宝廷等同为清班中最以敢言著者，主持谠议，风采赫然，锋棱所向，九列辟易，时称清流党焉。订交最早，情文相生，与祭文“吾之交公也以天下，哭公也亦以天下，而无所为私，独以三十年之离索，犹及生存数面，濒危一诀，盖亦非人之所能为”，挽联“有注海倾河之泪，近忧远虑，窥微早识病难为”，墓志铭“初宝琛与公接膝京师，谬引同志，里居一访公广州，前后契阔几三十年。前岁入都，见公道孤志励，气郁虑煎，私用忾叹，熟图会逭而决遽哉”等语，均见投分之深。之洞于光绪七年辛巳以内阁学士授山西巡抚，宣统三年辛亥陈又以阁学授晋抚，遥遥相对，相去适三十年。陈未及之任，即开缺以侍郎候补，偕大学士陆润庠授读毓庆宫。（民国四年乙卯，袁世凯营帝制，润庠以忧恚卒，陈挽以联，有“来日大难，及此全归天所笃”之语。）当时或为其失开府惜，未几革命军起，晋抚陆钟琦死之，乃群叹其福命之优。鼎革以还，久寓故都，同光老辈，鲁殿岿然，年近九旬，神明弗衰，书法清腴，犹能于灯下作小楷，所为诗视壮年益精密，说者谓期颐之寿，殆不难致，日前遽以病卒，耆旧凋零，闻者当有同感也。

宝廷、佩纶之逝，陈均有诗哭之。《哭竹坡》云：

> 大梦先醒弃我归，乍闻除夕泪频挥。
> 隆寒并少青蝇吊，渴葬悬知大鸟飞。
> 千里诀言遗稿在，一秋失悔报书稀。
> 梨涡未算平生误，早羡阳狂是镜机。

《入江哭篑斋》云：

雨声盖海更连江，迸作辛酸泪满腔。
一爵至言从此绝，九幽孤愤熟（孰）能降？
少须地下龙终合，孑立人间鸟不双。
徙倚虚楼最肠断，年时期与倒春缸。

真挚可诵。佩纶当马江失事后，陈丁母忧，挽以联云："狄梁公奉使念吾亲，白云孤飞，将母有怀嗟陟屺。周公瑾同年小一月，东风未便，吊丧无面愧登堂。"皆清流党之哀音也。陈与佩纶之交尤笃，佩纶墓志，亦陈所撰，于马江之役，颇为申雪云。

陈以甲子（同治三年）举人成戊辰（七年）进士，改庶吉士，年甫二十一也。辛未十年留馆授编修，乙亥（光绪元年）大考二等，记名遇缺题奏，回翔翰詹，迭司文柄，壬午（八年）以侍讲学士简江西正考官，转读学，就简江西学政，翌年擢内阁学士。甲申（十年）中法衅起，与佩纶（侍讲学士）、吴大澂（通政使）同受命参军务，吴会办北洋，陈会办南洋，张会办福建海疆。佩纶最用事，以马江之败遣戍。陈与江督曾国荃颇不相得，（时前山西按察使陈湜总统江南各军，为国荃所信用，以陈劾，撤差交部严议。或谓湜恃国荃宠，与钦差抗礼，陈恶其骄，复廉得治军诸状，遂严劾之。）未能有所展布，旋以尝保唐炯、徐延旭可大用（唐徐以滇抚桂抚督师获重咎），交部严加议处，遂降五级调用。三会办惟大澂幸无恙，十年后亦以中日之役褫职。当陈与佩纶获谴时，谑者为一谐联云："八表经营，也不过山西禁烟，广东开赌；三洋会办，请先看侯官降级，丰润充军。"嘲陈与二张也。之洞山西巡抚谢恩折有"职限方隅，不敢忘经营八表之略"之语，在晋禁烟颇力，督粤请弛禁闱姓，故云。惟陈实籍闽县，非侯官。［沈太侔《东华琐录》谓"嘲张幼樵、林少穆、张香涛"，盖因侯官而误，此时安得有林少穆（则徐）乎？］甲申军事，之洞方为两广总督，以广西冯子材等谅山大捷，论拨军筹饷功，赏戴花翎，朝眷日厚，视陈与佩纶等荣枯判然矣。宝廷先罢（壬午以礼部右侍郎典试福建，覆命途中纳妾，褫职），佩纶与陈继之，清流党遂瓦解。

陈得镌级处分，时已丁母忧，归里不出，迨己酉（宣统元年）以荐起，奉召入都，优游林下者二十余年矣。再补原官，总理礼学馆，充资政院钦选议员（以硕学通儒资格）。既开山西巡抚缺以侍郎候补直毓庆宫，旋补某旗副都统。清室退位后，洊加太傅。比闻有晋赠太师、予谥文忠之说，莫知其审也。

庚辰（光绪六年）李三顺一案，陈于太后盛怒之下，抗疏力诤，尤为清流党出色之举。李三顺者，慈禧侍奄也，奉命赉物往醇王福晋所，违例直出午门。直班护军阻之，相争，三顺遽以被殴返告慈禧。慈禧方病卧，不视朝，即请慈安临其宫，泣诉，谓不杀护军不愿复活。慈安怜而诺之，命交刑部会同内务府审办，而面谕兼南书房行走之刑部尚书潘祖荫，必诛护军。祖荫素持正，见慈安辞色甚厉，亦弗敢犯颜。既廉得其情，主管司员谓："案既交部，不能迎合枉杀。"祖荫以为然，而东朝持之急，谳上，屡饬更审加重，仍执前议，乃降谕，谓非格外严办不足以示惩儆，玉林（原拟发吉林充当苦差）、祥福（原拟发驻防当差）均革去护军，销除本身旗档，发黑龙江充当苦差，遇赦不赦，觉罗忠和（原拟折圈三年）革去护军，圈禁五年，均著照拟枷号加责，护军统领岳林（原拟交部议处）著再交部严加议处，此是年十一月二十九日上谕也。陈氏以此案若竟如此结局，长奄竖之焰，关系甚大，即草疏欲上。佩纶与过从最密，知而告诸之洞。之洞曰："吾亦欲上一疏，作同声之应，惟均只可称引祖制，泛论裁仰宦寺，俾太后自悟，万勿直就本题发挥，恐反激怒，则无益有害矣。"旋闻陈氏疏稿果如己旨，惟正疏外附一片，则仍点明本题，亟致一笺，谓："附片万不可服！"以药名作隐语也。翌日在直所相晤，询知疏已上，复问曰："附片入药未？"曰："然。"之洞顿足曰："误矣，语矣！"两疏既入，慈禧怵于清议，心亦稍悔，因以十二月初七日懿旨，改定玉林杖一百，流三千里，照例折枷，枷满鞭责发落，祥福杖一百，鞭责发落，忠和杖一百，实行责打，不准折罚钱粮，□仍圈禁二年，圈满后加责三十板，岳林免其再行交部严议，并将李三顺交慎刑司责打三十板，罚首领太监月银六个月。此案既结，之洞喜而谓陈曰："吾辈此次建言，居然获效矣！请问附片中究系如何说法？”陈为诵数语，之洞乃大赞其辞令之妙。此事陈之敢言，过于之洞也。（之洞时官左庶子，陈右庶子，均兼日讲起居注官。）翁同龢是年八月十三日《日记》云：“是日中官出午门，为禁兵拦阻，争扭，将禁兵交刑部，而中官云受伤。”十月二十日云：“刑部奏结太监被午门护军殴打一案，奉旨再行讯问（未见明发）。”十一月初七日云：“刑部内务府会审午门之兵与内监互殴一案，内监无伤，而门兵问军流。折上，奉旨情节未符，盖至是已再驳矣。”二十七日云：“昨日内府刑部奏午门案，懿旨将抗旨例查出具奏。今日覆称，抗旨无例，照违制律，抗即违也。”二十八日云：“夜访吴江相国（按：协揆枢臣沈桂芬也），知昨日午门案上，圣意必欲置重辟，枢臣力争不奉诏，语特繁。今日传谕内务府刑部堂官，仍须加重罪名也。窃思汉唐以来，貂珰之弊，往往起于刑狱。大臣无风骨，事势渐危，如何如何！”二十九日云：“是日内刑两处封奏，并呈律例一册。奉旨将护军两人加重发黑龙江，遇赦不赦。又一人系觉罗，尤重，圈禁五年。护军统领岳林加重严议。”十二月初七日云：“钦奉懿旨，午门殴打太监一案，将首犯杖一百，流三千里，折圈（按：当作枷），余犯皆减。涣然德音，海内欣感。前日庶子陈宝琛、张之洞各有封事争此，可见圣人虚怀，大臣失职耳。既感且愧。”可参阅。此案之为当时重视，及陈等疏争之难能，均足见矣。

陈于陈三立八十生日赠诗有“相期无负后彫松”之句。三立为其壬午典试所得士，“岁寒然后知松柏之后凋也”为当时试题。师生均工诗。宝廷壬午典闽试，所得士如郑孝胥（解元）、陈衍、林纾（时名群玉），后亦为陈诗友。（陈和纾诗有句云：“读书博簺等伤性，多文为富君勿贪。”时纾以译小说所入颇丰，又喜作麻雀之戏也。婉而多讽，诚隽语。）

陈寿八十八。其翰林前辈（早一科）曾为同治师傅之张英麟，卒于乙丑（民国十四年），寿亦八十八，晚年亦甚健。（原第12卷第10期）

一六　笑话数则

钱泳《履园丛话》云：“太仓东门，有王某者，以皮工起家，至巨富，构一楼，求吴祭酒梅村榜额。梅村题曰‘阑玻楼’。人咸不喻其意，以为必有出典。或以询梅村，梅村曰：‘此无他意，不过道其实东门王皮匠耳。’闻者皆大笑。”此则笑柄，颇脍炙人口，且有属之纪昀者，以纪晓岚善谑著声流俗也。近阅黄宗羲《丰南禺别传》，则时代更早之丰坊事大与之类。据云：“东门皮工王姓者，事坊甚谨，岁时馈遗不绝。坊感其意，问其所欲于尝所往来者。或曰：‘似欲向公乞一号耳。’坊手书‘阑坡’二字以号之，而‘坡’字之土肥头。皮工得此，珍甚。有见之者，曰：‘析之为东门王皮，公盖碁汝也。’皮工闻之更喜曰：'吾于东门犹虮虱耳，公乃以东门界我；皮固吾业，道其实耳。'踵门以谢，言状。坊曰：'此人安得有此言，可以师我矣。'延之上坐。皮工惶恐而出。"尤有趣致。《丛话》所记，疑即此笑柄传闻异词者，盖坊名之晦久矣。《别传》谓：

> 余读《嘉靖实录》，十七年六月，致仕扬州府通州同知丰坊奏请上兴献皇帝庙号，称宗以配上帝，心鄙其为人。盖坊之父熙尝以议大礼廷杖，其忍于背父，他又何论？坊有书名，甬上故家多藏其底草相夸示，每黜而不视也。已见坊所著《五经世学》，其穷经诚有过人者。徐时进书其逸事，惜文不雅驯，暇时另为一通，以发嗢噱。坊更名道生，字人翁，别号南禺外史。五岁时，董侍御问以所读书，曰《大学序》。诵至淳熙五年，故漏熙字。侍御问之，曰："此大人名也。"由是长老多奇之。当其读书，注目而视，眸子尝度眶外半寸，人有出其左右，不知也。自考功迁谪，失职而归，书淫墨癖，无所不知，亦遂目空今古，滑稽玩世，淌洋自恣而已。

丰坊其人，于此约略可睹。"阑坡"一则而外，宗羲复述其逸事，如：

> 有方仕者，从坊游，学其书法，假坊名以行世。坊知之，恨甚，曰："须抉其眼始不能作伪耳。"以是

语舍中儿，皆曰诺。久之，舍中儿捧一物至，曰："此方仕之眼睛也，吾等俟之荒郊，抉之以来耳。"坊大喜，厚劳之。再日而方仕至，舍中儿告之故，令勿入，"入则吾等欺败矣。"仕曰："无伤也。"坊见仕，大骇曰："闻君遇盗伤眼，今如故何也？"仕曰："曩者夜行，盗抉吾眼以去。力（方）闷绝间，从祠中有鬼哀吾，取新死人眼纳吾眶中。今虽如故，犹痛楚耳。"坊亦信之，置酒贺其再生。

每年必召黄冠设醮，以驱蚤虱。客至，则问之："自吾醮后，觉蚤虱减于昔否？"客曰："尤甚，吾力（方）怪之，岂知公家蚤虱驱而之吾舍乎？"坊乃大喜。当其醮时，黄冠赂侍者阴捕蚤虱，不使近坊，坊确然以为醮之左验。庞侍御求书，馈金三十。坊曰："吾正需此。"即设醮三坛，一灭倭寇，二灭伪禅伪学，三灭蛇虎蚤虱。闻者无不大笑，而坊匍匐祈请，出于至诚。

尝于谭观察坐间征异事，坊曰："宏（弘）治五年凤凰止正阳门楼上，移时而去。脱一羽，长二丈许。"观察不信，坊指其童子曰："彼亦见之。"童子曰："然。"又尝纳凉僧舍，谓僧曰："我在通州，穴巨瓜，置小机其下，侧身入坐，仰面承浆饮之，肤生粟乃出。"僧不信，亦以征之童子。童子年十三四，坊之倅通相去且三十年矣。

均趣味丰富，为笑料上品。坊之匍匐诚祈，未知视后之国难中作斋醮者如何。尝闻元军之攻日本，日本举国僧徒，一致诵经祈祷，会元军被风覆舟，日难以纾，录却敌功，僧徒胥蒙大赉，斯或足为坊事解嘲耶。坊说经之迂怪，宗羲谓：

> ……其于书经，则谓其祖庆正统六年官京师，朝鲜使臣妫文卿、日本使臣徐睿入贡，以《尚书》质之。文卿曰："吾先王箕子所传，起《神农·政典》，至《洪范》而止。"睿曰："吾先王徐市所传，起《虞书·帝典》，至《秦誓》而止。"笑中国官本错误甚多。其中国所无者，令严，不敢传，而正其错误者一二。故坊之"世学"一依外国本。文卿言其国《商书》有四十一篇，睿言其国《周书》有八十二篇，而《周书》第七十八为"孔子之命"，敬王命仲尼为大司寇相鲁而作，其八十二方为《秦誓》。书依年而次，《秦誓》之作，在鲁僖公三十三年，孔子生于襄公二十二年，相去七十六年，焉得以"孔子之命"先之乎？其伪不待辨，庆果信之，亦取笑于外国矣。坊一官不得志，无所不寄其牢骚，人绐己还以绐人，至于经传亦复为拊掌之资，其罪大矣。

朝日二使之言，盖即坊杜撰，所谓玩世自恣也。宗羲谓庆果信之云云，则不免犹为坊所绐耳。

一七　黄宗羲之文章架子观

宗羲《论文管见》有云："作文不可倒却架子。为二氏之文，须如堂上之人分别堂下臧否。韩、欧、曾、王莫不皆然，东坡稍放宽。至于宋景濂，其为大浮屠塔铭，和身倒入，便非儒者气象。王元美为《章篔志》，以刻工例之徵明、伯虎大函，传查八十，许以节侠，抑又下矣。"与自跋《张南垣传》《柳敬亭传》所云："偶见梅村集中《张南垣》《柳敬亭》二传，张言其艺而合于道，柳言其参宁南军事比之鲁仲连之排难解纷，此等处皆失轻重，亦如弇州志刻工章文，与伯虎比拟不伦，皆是倒却文章架子。余因改二传。其人本琐琐不足道，使后生知文章体式耳。"均足见其文章架子观。

一八　子遗柏

政学各界植树，岁一举行，而所植率枯死，盖不顾土性之是否相宜，栽种之是否如法，仪式既终，委而去之，树秧何辜乎！三月十二日《大公报》短评云："这几天各处又在忙著植树了。我们以为在种植新树之先，应该大家检查一下，去年种的树究竟活了几棵。"斯诚循例植树者所宜留意也。偶阅英敛之《蹇斋剩墨》，中有《题孑遗柏》云：

己未春植树节，仆率京中慈幼局儿童来山，熊公希龄、汪公大燮与仆各手植一柏，以为纪念，其次则令诸儿工役等续植之。迨数月后，所植三千株皆枯槁以死，独仆手植一株则欣欣向荣，至今更日见茂盛。夫种柏三千，不为不多矣，独活一株，不为不少矣，虽欲不矜其异不可得矣，今特名之曰孑遗。……

反常为异，物稀则珍，“孑遗”自可矜耳！

（原第12卷第12期）

一九　张之洞冷遇袁世凯

张之洞久任兼圻，自负资望，每以倨态对客，壬寅（光绪二十八年）在署江督任，直督袁世凯往访，相传之洞有于座间熟睡之事，盖故作偃蹇也。癸卯《新民丛报》时评（盖梁启超手笔）云：

……袁至南京，与张商议一切。袁行之日，张饯之。酒及半，张遽睡熟，久未醒，袁不及待而行。张醒后，急命排队请袁回。袁欲不返，幕僚劝之行。比至，重张宴谢罪，欢饮而别。……夫张之待袁，为敬乎？为慢乎？以南洋大臣款北洋大臣之重客，而居然睡熟，则其慢之意可知也。张何为而慢袁？张任粤督时，袁仅一同知，袁以后辈突居上游，张自负老辈，或隐然示之以老督抚之派子，旋继之以优礼，其玩弄袁之状，袁其能终忍之乎？……

揆诸之洞素态，事或有之。又李宝嘉《南亭笔记》纪此云：

袁官直督，以母丧请假回籍，道出南京。张之洞方署江督，相见既毕，纵谈甚欢。袁作魏武帝语曰："天下英雄，惟使君与操耳。"张颇不以为然。袁方欲有言，张已隐几卧矣。袁出，张亦不送。袁大怒，径登兵轮，速令开船。南洋兵轮管驾以未奉张制军命，不敢开船。袁愈怒曰："汝谓我北洋大臣不能杀南洋兵轮管驾乎！"不得已，遂启碇。迨张闻炮声惊醒，已失袁之所在，因令材官飞马持令箭，谕管驾不许开船，制军即来答拜。张至江干，船已离岸。袁在柁楼与张拱手曰："他日再通函可也。"张嗒然而返。后张赴京觐见，虚悬半年，皆袁所为，盖修前日之怨也。

与《丛报》所述颇有异同，而尤若言之历历，惟似不免小说家装点语，未尽可信耳。"天下英雄"云云，不类其时世凯口吻，世凯岂若是之浅乎？张、袁此次会见，为壬寅冬间事。时世凯回籍葬母，遂过汉口、南京、上海而返任。

近阅徐树铮《视昔轩遗稿》，中有《致马通伯书》论之洞，云：

通伯先生道席：南皮公传稿，谛诵数四，裁翦严洁，惬心贵富，重事轻举，萧然若无觉矣。篇中多用侧笔，运以曲致，讽誉相孕，抗队在心，殆合取龙门六一之神髓，别造新妍，而不袭貌似者也。惟鄙见以为有清中兴以来，自合肥李公逝后，柱国世臣，资望无逾公，干略无逾项城。公于项城，爵齿德俱尊，而辈行又先。项城功名中人，仰公如神。其时公果涵以道气，驭以情真，两美䜣合，共忧国是，项城不愤亲贵之龉龁，尽其材画，戮力中朝，公虽前卒，而武昌之变至今不作可也。讵公与相遇，殊形落寞；项城执礼愈恭，则愈自偃蹇以作老态。壬寅之春，公过保定，项城时权直隶总督，请阅兵。既罢，张宴节府，树铮躬侍陪席，亲见项城率将吏以百数，饬仪肃对，万态竦约，满坐屏息，无敢稍解，而公欹案垂首，若寐若寤，呼吸之际，似䵝䵝然隐齁动矣。盖公去后数月，项城每与僚佐忆之犹为耿耿也。一色息之细，不能稍自节束，以笼络雄奇权重之方面吏，徒使其心目中更无可畏可爱可敬之人生与并世，渐滋其骄谲之萌，致力于拒纳之术，以遗后世忧。当日衮衮诸公，何人曾足语此？此亦清室兴废一大关键，而春秋责备之义所不容不独严于公也。鄙见以为宜于传中微书数言，俾后之读史者有所考而知所以自处之道也。先生其谓可乎？惟幸教及之。不宣。

语重心长，文境良佳。所叙张、袁在保定会见情事，得之目击，较《丛报》等之纪南京会见得诸传闻者，自为信而有征；或之洞之慢世凯凡两次耶。《丛报》评语，与树铮所叙，亦颇可合看。虽之洞纵对世凯致力结契，世凯亦未必真能为所笼络，而其老辈自居，示以偃蹇恶态，适为世凯所轻，实不诬也。时世凯已贵，之洞犹不屑引为平交，其后北洋声势，日益烜赫，之洞瞠乎后矣。迨同入枢廷，之洞以相国之尊，班次在前，而世凯与庆王奕劻（军机领袖）比而用事，之洞莫能与竞，拱手听之而已。载沣以摄政王监国，世凯被逐，之洞方冀可得发舒，乃亲贵群起，分踞要津，幸门广开，政纪益棼，争之不获，愤抑以终，盖亦大可哀已。至树铮所叙，谓是壬寅春间事，颇忆之洞是时似未北上，未知是否翌年（癸卯）春之洞入觐时事，容再考。（树铮文以干支识岁，间有不经意之失，如《哀更生辞》序有云："殇武之生也，岁在癸卯，是时清帝及太后归自西安未及一载……"癸卯为光绪二十九年，后帝于二十七年辛丑冬归抵京师，倘在癸卯，逾一载矣。又云："及武之殇，厥岁丁未，帝及太后相继崩御。……"后帝逝于光绪三十四年戊申，丁未则三十三年也。）

又闻之洞、世凯在保定相会时，世凯尝偕司道各官与晤，之洞以藩司杨士骧为翰林后辈，座间独与作长谈，所谈多词曹故事，于世凯若无睹。世凯枯坐，莫能置一词也。士骧敏于应对，为之洞所赏，语人云："不意袁慰廷作总督，藩司乃有杨莲府！"袁世凯闻之，谓士骧曰："君既受香帅知遇，何不请其奏请调任湖北，俾日常相处？”士骧笑曰：“纵香帅有此意，司里亦不愿伺候此种上司也。”此盖癸卯年事。

之洞督鄂最久，以起居无节，幕僚属吏甚以为苦，尤以幕中缮写奏折为最苦之役。往往夜深发交折稿，天明即须阅过拜发，且于字体吹求甚至。赶缮既竣而送阅，偶看出一字稍不如式，即以笔就墨海中，饱濡墨渖，就此字滴下，透过数层，全折俱废，乃发回更缮，仍立候送阅。任此役者有时窘急至于涕泣云。其必毁全折，盖恐缮者用挖补之术，将此一字修改，弥缝无迹，而万一御览时忽“开天窗”，已将受过耳。（挖补处脱落，谓之开天窗。）

（原第12期第13期）

二〇 《张之洞传》微词致讽

徐树铮与马其昶书，论张之洞事，所云《南皮公传稿》，盖即《清史稿》之洞传也。（金梁《清史稿校刻记》云：“列传则……诸臣原稿，凡在馆诸君多有分纂。……光宣为马君其昶、金君兆丰复辑。……”之洞传当是其昶手笔。）传颇整洁可观，著之洞之善，而亦时以微词致讽。如“之洞以文儒致清要，遇事敢为大言”；“往者词臣率雍容养望，自之洞喜言事，同时宝廷、陈宝琛、张佩纶辈锋（蜂）起纠弹时政，号为清流”；“法越事起……因荐唐炯、徐延旭、张曜材任将帅。……炯、延旭亦皆已至巡抚当前敌，被劾得罪去，并坐举者，之洞独以筹饷械劳免议”；“由是湖北财赋称饶，土木工作亦日兴矣”；“二十四年政变作，之洞先著《劝学篇》以见意，得免议”；“莅官所至必有兴作，务宏大，不问费多寡。爱才好客，名流文士争趋之”，皆有微词焉。统观全传，树铮所谓“讽誉相孕，抗队在心”也。惟树铮与书欲其“微书数言”者，竟未更以一字及之。

二一　徐延旭宦途腾达之因

炯为之洞妻兄，延旭亦之洞所器许，除自行论荐，并属陈宝琛、张佩纶言之。迨炯以云南巡抚、延旭以广西巡抚督师获重咎，追论原保之人，佩纶于马江偾事参案未结之前，先行革职，宝琛降五级调用，之洞则上谕称其“简任两广后，征兵筹饷，颇著勤劳”，仅获降一级留任处分，盖政府中有阴为之地者也。佩纶无论矣，宝琛遭此挫跌，实误于之洞，后颇自谓受之洞之累云。其昶谓“之洞独以筹饷械劳免议”，稍误，实是“从宽交部察议”，部议降一级留任，从之。（宝琛系“交部严加议处”，如议降级调用。）延旭之获大用，徐宗亮《归庐谭往录》云：

> 徐中丞延旭之抚西省也，由湖北襄郧荆道，不逾二年，迁擢之速，震耀一时。盖徐尝辑《越南纪略》一书，张制府之洞于奏保人才时并以进呈，朝廷重之。其书体例揉杂，姑不深论，而于越南地势民风政教禁

> 令，率偕（皆）摭拾大略，如官房须知册子之类，至今昔沿革损益利害，均未之考，惟中越边界各隘，历粤抵滇，计有千八百里，详载无遗，尚足备览，然《广西通志》固有之矣。徐自言，任太平府时，款接贡使，出关，抵一人家，雨留数日，得抄册记载越事，携归，并采案牍，汇为是书，不意缘此致福也。徐以庚申进士即用知县至梧州知府，最为知名。梧州号称富区，税榷盈余，足供挥霍。徐极慷慨轻财，一时上下同僚有求必获。鹿中丞传霖时亦以翰林改官，同在西省，公私积累，几不可收拾。徐先后资以万金，结为姻好。制军荐举，鹿盖与有力焉。

可资考镜。(传霖为之洞姊婿，延旭之子坊为传霖女婿。传霖之没，坊挽联有“与先君为莫逆至交，存亡靡间，患难不渝”等语。延旭逮问，定谳斩监候，改戍新疆，未出都病卒。)

二二　刘坤一张之洞订东南自保条约

庚子所谓东南自保之约，为江鄂二督（刘坤一、张之洞）与各国驻沪领事所订，未参以他督抚。其昶谓：“二十六年京师拳乱，时坤一督两江，鸿章督两广，袁世凯抚山东，要请之洞同与外国领事定保护东南之约。及联军内犯，两宫西幸，而东南幸无事。”曰要请，盖言之洞为被动；曰幸无事，盖于此举不甚称许。事由坤一主持，邀之洞与之，坤一为南洋大臣，地位本较重要，其人亦较有魄力也。虽一时形同后来之所谓独立，而权宜应急，其心无他。至如其昶所记，江鄂二督之外，更有粤督鲁抚，同订此约，与事实未符。

二三　张之洞入军机

之洞于光绪三十二年五月以湖广总督协办大学士，六月晋大学士，仍留湖广总督任。旋内召，授军机大臣，兼管学部。其昶谓："三十二年晋协办大学士，未几内召，擢体仁阁大学士……"若内召后始正揆席者，叙次盖亦稍失。

二四　唐炯父名树义

《清史稿》炯传云："唐炯，字鄂生，贵州遵义人，道光二十九年举人，训方子。训方督师金口，炯驰数千里省视。越夕难作，仓皇奉遗疏谒曾国藩，得代奏。"按：炯之父名树义，咸丰四年以湖北按察使死难（谥威恪），何以误作训方？训方为湖南常宁人，在湘军有名，后亦曾官鄂臬，光绪三年卒于家，距树义死难二十余年矣。《清史稿》间有取材仲子（费行简）《近代名人小传》者，此误或缘《小传》，《小传》固谓炯是训方子也。（以上所引之洞及炯传语，均据《光宣列传》本，金梁自《清史稿》辑出者。）

二五　王士祯泥古举隅

陈衍《石遗室诗话》云：

> 昌黎诗云："荆山已去华山来，日照潼关四扇开。"渔洋本之，以对"高秋华岳三峰出，晓日潼关四扇开"。益都孙宝侗议之曰："毕竟是两扇。"或曰："此本昌黎，非杜撰。"孙愤然曰："昌黎便如何！"渔洋不服，谓孙持论好与之左。余谓渔洋"潼关"句于韩诗止易一字，而"函关月落听鸡度，华岳云开立马看"，又高青邱之句。华岳自是三峰，亏渔洋苦凑"高秋出"三字，无甚高妙，亦何必哉？分明是两扇，必说四扇，似不得藉口于古人。昌黎时关门不敢知其如何，总以不说谎为妥。

箴王士祯泥古之失，论颇明通。又士祯《池北偶谈》云：

> 予赠徐隐君东痴（夜）诗云："先生高卧处，柴门翳苦竹。雪深门未开，村鸡鸣乔木。日午炊烟绝，吟声出茅屋。"云云。故友叶文敏公（方蔼）最爱之，而不解"鸡鸣乔木"之句，以为江南若见鸡上木鸣，则以为妖孽矣。然古时已云："鸡鸣高树颠。"陶诗云："鸡鸣桑树颠。"而谚亦云："鸡寒上树，鸭寒下水。"此皆目前习见语，讱庵岂忘之耶！

此亦士祯泥古忽今之处。只谓所引为目前习见语，而不顾目前习见事，欲以折方蔼，其蔽亦甚矣。实写目前景物，苟显有舛误，虽假古人张目，援以自伸其说，宁为知言？宋诗人陆游《老学庵笔记》云：“淮南谚曰：‘鸡寒上树，鸭寒下水。’验之，皆不然。有一媪曰：‘鸡寒上距鸭寒下嘴耳。上距谓缩一足，下嘴谓藏其喙于翼间。’”士祯之必以上树为不刊之说，当为是媪所笑也！盖方蔼之忘，胜于士祯之不忘，士祯之解，不如方蔼之不解。

（原第12卷第15期）

二六　张之洞《阉宦宜加裁抑疏》

光绪庚辰李三顺案，已于《谈陈弢庵》（见第十期）记其概略。陈宝琛与张之洞疏争，实一出色之举。之洞主以裁抑宦寺立论，戒宝琛勿就护军定罪过重之本题发挥，宝琛仍附片论此，之洞言其误，迨懿旨下，询知宝琛附片之措词，乃叹服。之洞《阉宦宜加裁抑疏》（十二月初四日上），系援同时刘振生混入禁地一案合陈，力言阉宦横恣之害，名作也。文云：

窃近日护军玉林等殴太监一案，刘振生混入禁地一案，均禀中旨处断讫。查玉林固系殴太监之人，而刘振生实因与大（太）监素识以致冒干禁御，是两案皆由太监而起也。伏维阉宦恣横为祸最烈，我朝列圣驭之者亦最严，我皇太后皇上恪守家法，不稍宽假，历有成案，纪纲肃然。即以此两案言之，玉林因藐抗懿旨而加重，并非止以太监被殴也。（按：十一月二十九日上谕谓：“此次李三顺赍送赏件，于该护军等盘查拦阻，业经告知奉有懿旨，仍敢抗违不遵，藐玩已极，若非格外严办，不足以示惩儆”故之洞云尔。）刘振生一案，道路传闻，谓内监因此事被罪发遣者数人，是圣意灼见弊根，并非严于门军而宽于暬御也。仰见大中至正，宫府一体，曷尝有偏纵近侍之心哉？惟是两次谕旨俱无戒责太监之文，窃恐皇太后皇上裁抑太监之心，臣能喻之，而太监等未必喻之，各门护军等未必喻之，天下臣民未必尽喻之。太监不喻圣心，恐将有藉口此案恫喝朝列妄作威福之患，护军等不喻圣心，恐将有因噎废食见奸不诘之忧，天下臣民不能尽喻圣心，恐将有揣摩近习谄事貂珰之事。夫嘉庆年间林清之变，则太监为内应矣；本年秋间有天棚搜出火药之案，则太监失于觉察矣；刘振生擅入宫禁，不止一次，则太监从无一人举发矣；然则太监等当差之是否勤慎小心，所言之是否忠实可信，圣明在上，岂待臣言？万一此后太监等竟有私自出入，动托上命，甚至关系政务，亦复信口媒蘖，充其流弊所至，岂不可为寒心哉？相应请旨严饬总管内务府大臣将太监等认真约束稽察，申明铁牌禁令，如有藉端滋事者，奏明重加惩处。至内监出入，旧例应有门文，即使谓禁中使令繁

> 多，向来或有便宜办理，非外廷所能尽悉者，亦望敕下总管内务府大臣前锋统领护军统领妥议章程，以后应如何勘验以谨传宣而杜影射之处，奏明遵守，其刘振生一案，如有惩办太监，亦恳明旨宣示，则圣心之公，国法之平，天威之赫，晓然昭著于天下，庶几宿卫班知感知悚，可以各举其职矣。臣记注之官，职在拾遗补阙。闻之经曰，履霜坚冰，防其渐也，传曰，城狐社鼠，恶其托也，迂愚之见，不敢不竭知上陈，伏祈圣鉴。

大处落墨，而于本案奄人所言之不可信及护军定罪之过重，则运笔甚为空灵，蕲太后之自悟。宝琛正折盖亦言宦寺之宜加裁抑，而附片更直犯请减护军罪名之本题，却能善于词令，既未激怒，益收动听之效。

二七　张之洞林纾述李三顺案

之洞于《抱冰堂弟子记》述此事云："庚辰辛巳间官庶子时，有中官率小奄两人，奉旨挑食物八盒赐醇邸，出午门东左门，与护军统领及门兵口角，遂毁弃食盒，回宫以殴抢告。上震怒，命褫护军统领职，门兵交刑部，将置重典。枢臣莫能解，刑部不敢讯，乃与陈伯潜学士上疏切论之，护军统领及门兵遂得免罪。时数日内有两御史言事琐屑，不合政体，被责议处。恭邸手张、陈两疏示同列曰：

‘彼等折真笑柄，若此真可谓奏疏矣。’”亦正引为得意之笔。所述为后来追忆，颇有未谛，且方力事自结于慈禧，有所不欲质言也。宝琛疏稿，惜未得见，度当不让张疏，或附片更有精采。林纾《畏庐琐记》云：“李三顺，阉人也，年十五六，时孝钦太后命将物事赐醇邸七福晋。行及午门，为护军所止，检视盒中何物，三顺不听检，遂哄閧久之。三顺置盒于地，奔奏太后，言守门护军不听出。孝钦适病，大怒而哭。慈安来省，问状。孝钦曰：‘吾病未死，而护军目中已无我矣。’慈安曰：‘吾必杀此护军。’于是降旨尽取护军下狱。刑曹据祖制上陈，言门禁应尔，不宜杀。慈安曰：‘何名祖制？我死后非尔祖邪？必杀！’于是谏垣上疏，言‘皇帝孝，故治护军宜严，太后慈，应格外加恩，以广皇仁，以彰圣孝’云云。疏留中三日，始以懿旨赦护军，杖三顺四十。”可参阅，惟亦多失考。此案定罪之经过，陈、张（均庶子讲官，非谏垣）疏争之结果，大致实如《谈陈宝琛》中所纪也。至“皇帝孝”云云，或即宝琛附片中语意，亦未可知，纾殆闻之未审耳。

二八　张之洞抑近幸吏折辩

高树《金銮琐记》云：“楚粤兼圻誉望佳，门徒冤狱久沉埋。当年触怒中常侍，凛凛弹章蔡伯喈。”［予在方略馆，见旧档册有一目录曰：“左春坊庶子（忘左、右二字）张之洞折一件。下摘事由曰：‘抑近幸以防后患。’寻原折不见。

是时在己卯、庚辰间（忘其年），醇王与李莲英同作钦差，往天津阅兵，张公上书论之，莲英衔恨甚深。叔峤遇祸，莲英欲因此倾陷张公，太后不允。此闻荣仲华相国之言。后来张公入相，杨思尹缴呈密诏，冤狱竟未昭雪，或莲英之掣肘欤。”]

按：慈禧遣李莲英偕奕譞阅军，事在丙戌（光绪十二年），时之洞正在两广总督任，何能以庶子论此乎？此折盖即之洞论李三顺案之疏。至云忘庶子之左右，则左春坊自是左庶子，以左则均左，右则均右（中允赞善亦然），无左春坊右庶子之名目也。其以戊戌冤狱不获昭雪，疑系李莲英掣肘，按杨锐之子缴呈密诏，为宣统元年事，时莲英失势，且颇自危，岂尚能干预及此？锐虽之洞门人，而之洞之对戊戌案，盖亦非欲其平反者。

二九　王小航述李三顺案

王小航《方家园杂咏纪事》附记云：“……慈禧遣阉人赴太平湖之旧醇王府，出午门。凡阉人出入例由旁门，不得由午门，值日护军依例阻之。阉恃势用武，护军不让。阉归告慈禧，谓护军殴骂。时慈禧在病中，遣人请慈安太后临其宫，哭诉被人欺侮，谓：‘不杀此护军，则妹不愿复活。’慈安怜而允之。立交刑部，并面谕兼南书房行走之刑部尚书潘祖荫，必拟以斩立决。祖荫到署传旨，讯得实情，护军无罪。秋审处坐办四员提调四员，皆选自各司最精于法律者也（时刑署中有八大圣人之称），同谓：‘交部即应依法，倘太后必欲杀之，则自杀之耳，本部不敢与闻。’祖荫本刚正，即以司官之言覆奏。慈安转告慈禧。慈禧大怒，力疾召见祖荫，斥其无良心，泼辣哭叫，捶床村骂。祖荫回署，对司官痛哭，于是曲法拟流。自是阉人携带他人随意出入，概无门禁。”所述潘祖荫受窘之状，亦足参阅。翁同龢《日记》“大臣无风骨”“大臣失职”等语，似讥祖荫之未能坚劲力争也。两庶子之抗疏，为此案之重要节目，王氏盖未知其事。十二月初七日懿旨，虽以“惟念门禁至为紧要，嗣后官兵等傥误会此意，稍行瞻顾，关系匪轻”，减轻护军罪名及薄惩阉人，并结之以“仍著总管内务府大臣恪遵定制，将各该太监严行约束。禁门重地，如值班人等稍有疏懈，定当从严惩办，决不宽贷”等语，而护军已情等惊弓之鸟，宜门禁之弛矣。又同龢十一月九日《日记》云：“昨日长春宫缚出一人……盖自中正殿角门入宫也。此门自小安开后，至今为若辈出入捷径。”亦见慈禧纵容阉人以坏门禁，由来已久。（此入宫被缚之人，即之洞疏中之刘振生。） （原第12卷第16期）

三〇 张之洞获隽轶事（附三则）

同治元年壬戌会试，张之洞卷在范鸣龢房，鸣龢奇赏之，荐诸副总裁郑敦谨，未中，挑誊录，翌年癸亥鸣龢仍分校春闱，又得之洞卷，乃获隽，时称佳话。前曾述其事（见本报十一卷三期）。兹承张二陵君寄稿云：科举时代，乡会试获隽者刊刻闱艺，分送亲友，名曰朱卷，相沿成风。其会试与顺天乡试出房未中者，尚有挑誊录一层，分送各馆。此项人员，书成时议叙外用。如成进士，翰林即可作为本馆协修，部曹则作为校对收掌。张之洞同治壬戌会试，出武昌范霍生先生（鸣龢）房，荐至副总裁郑敦谨处，原荐批，头场云："笔力警拔，议论崇闳，次畅满中兼饶俊逸之致，三兴高采烈，有笔有书，诗雅饬。"二场云："于群经注疏训诂及说文古韵诸子书，无一不烂熟于胸中，借题抒写，沈博绝丽，动魄惊心，场中当无与抗手。"三场云："元元本本，殚见洽闻，尤妙在条对中曲证旁通，皆能自抒己见，不同钞胥伎俩。合观二三场十艺，淹博渊雅，推倒一切，风檐中具此手笔，洵属异才。"堂批云："首艺气象发皇，风神朗畅，次三条达，诗稳秀，经策宏通淹贯，元元本本，不仅以摭拾见长，益征绩学。"终以额满见遗，挑取方略馆誊录，霍生先生请而无效，至为叹惋。次年癸亥恩科，之洞入彀，仍出先生门下。先生喜出望外，赋诗征和。其原诗暨序如下：

去年会试分校，得佳卷荐上，以溢额误落，深用怅悒。榜后来谒，知为张子香涛，益惋惜不置。今年春复与校事，填榜得香涛名，仍出予房下，众称异。比出，奉常王少霍先生贻书，有"此乐何止得仙"之语，并属为诗以传。长日无事，率成七律四章，谂诸同志，乞赐和章，藉答奉常，兼示张子。时同治二年首夏望日。

其一

十年旧举久荒芜，两度春官愧滥竽。
正恐当场迷赝鼎，谁知合浦有还珠。
奇文共说袁才子，完璧终归蔺大夫。
记得题名初唱处，满堂人语杂欢呼。

其二

苦向闲阶泣落英，东风回首不胜情。
亦知剑气终难闷，未必巢痕定旧营。
佳话竟拼成一错，前因遮莫订三生。
大罗天上春如海，意外云龙喜合并。

其三

一别蓬莱迹忽陈，龙门何处认迷津？
适来已自惊非分，再到居然为此人。
歧路剧愁前度误，好花翻放隔年春。
群公浪说怜才甚，针石相投故有神。

其四

此乐何因只得仙，太常笺语致缠绵。
早看桃李成佳植，翻为门墙庆夙缘。

名士爱才如共命，清时济治正需贤。
知君别有拳拳意，不独文章艳少年。

一时名流和者甚夥。之洞《奉和雀生夫子榜后见示之作》云：

忆昨青门别，戎装袴褶轻。
横刀洄曲路，饮马宋州城。
已觅封侯去，重偕上计行。
天怜真宰诉，更遣作门生。

沧海横流世，何人惜散材？
迁延劳一顾，湔祓有余哀。
神鉴能摸索，穷途仗挽回。
独怜李方叔，掉首不重来。

十载栖蓬累，输囷气不磨。
朝端今负扆，江介尚称戈。
一命虽微末，平生耻媕婀。
心知甄拔意，不唱感恩多。

当时之洞并刻壬戌之落卷，同获隽之朱卷送人，亦罕有之举也。其和诗如“天怜真宰诉，更遣作门生”“沧海横流世，何人惜散材”等联，知遇之感，溢于言表，盖之洞自咸丰壬子领乡解，至癸亥始登第，蹭蹬公车十年有余矣。至“心知甄拔意，不唱感恩多”，则针对原诗之“清时济治正需贤”“不独文章艳少年”，作自负语也。岁甲戌，予在鸣龢先生之孙心禅君处，见其装璜成帙，想见当年学士文人之聚会及师生遇合之盛事耳。可与拙稿前述合看。梁章钜《制义丛话》云：

> 有浙江顾孝廉者，因自刻其会试落卷，后跋涉及考官，大有谤讪之语，为言官所劾，革去举人。后改名乡试，复中式。丙申科会试，与逢儿同号舍。是科首题为“小人闲居为不善”六句。逢儿因素耳其文名，欲就阅其卷，而同号中已喧传其一小讲甚奇。文云：“今夫君子之面目一而已矣，而小人有二，有尔室之面目焉，有大廷之面目焉。以大廷之面目为尔室之面目，小人不能；以尔室之面目为大廷之面目，小人不敢。”惜未详以下如何作法，大抵仍不能掩其桀骜之气耳。

此为一前乎之洞刻会试落卷而亦负文名于时者，惟情事有异。

二陵来稿，又三则如左，亦涉之洞者：

> 年少入翰林而未娶者，乞假归娶，谓之玉堂归娶，有宫花尺头之赐。有清一代，不过数人。潘世恩后，同治癸亥恩科，一科有三人，光炘（安徽桐城人）、陈翼（福建闽县人）、刘曾（广西临桂人）是也。刘曾字榕楼。张之洞《广雅堂文集》有《为榕

楼乞假归娶图征诗启》，警句为“此日花开及第，缓缓归来。明年春满皇州，双双并至”云云。

《平定粤匪方略》《平定捻匪方略》两表，均出自张之洞手笔。平捻表有“韩石杨马皆先帝简拔之遗，微庐彭仆悉公侯腹心之选，以李靖有武略而兼文谟，用曹彬以大将而为使相”等句。李鸿章与之洞通候函中，有“读大疏，高文典册，典雅矞皇，非斯文不足称斯题。下走借高文以生辉，尤觉颜汗”云云。平捻之役，诸帅中鸿章论功居最，以使相为酬庸之典也。

仓场侍郎刘恩溥，京察以“声名平常”休致。张之洞与为同乡姻亲，入军机，谋援之再起。时正拟修筑津浦铁路，之洞与幕僚谈及，铁路大臣一席欲保恩溥。恩溥方患病，闻之，医药杂投，且用猛烈之注射，不数日竟与世长辞矣。甚矣功名之误人也！

（原第 12 卷第 17 期）

三一　徐树铮有儒将之风

徐树铮为民国史上有名人物，与政治军事均有重要关系，誉者钦其壮猷远略，毁者病其辣手野心，而其人起家诸生，雅好文事，与柯劭忞、王树枏、马其昶、林纾、姚永朴、永概诸人游，盖有儒将之风。阅《视昔轩遗稿》，其文及诗词，颇有功候，不乏斐然之作，不仅以人传也。

《致柯凤孙王晋卿马通伯书》云：

……读《易》后，发愿总集群经，遍为点读。年来奔走四方，形劳而神豫，无时无地，盖未尝不以丹铅典籍自随。近十三经中，惟余《公》《榖》未毕，非不知贪多之为害，特以不能详博，何繇返约，故亦不惮其繁也。尝考十三经之称，传记训诂，杂羼并列，未为的当，拟提出《尔雅》，仍以《大学》《中庸》还“小戴”之旧，而以“大戴”并立，附《国语》《国策》于《左氏传》后，合为十五经传，再于《尔雅》后增取《方言》《释名》《说文》《广雅》，共成经训二十种，中国经世大文，殆可包举无遗。读者各尽资力所能，专治其一二，或普读其大凡。国家兴学育材，此为之基；立贤行政，此为之准，然后益以艺事之学，分门隶事，群智得其范围，古今两无偏泥，神州泱漭，庶免陆沉之惨，特不知何日能观厥成耳。诸子、诸史、骚赋、诗歌、填词、南北曲、八比文，皆中国文学粹腋，不可不各有最（撮）辑，拟定为目录，广求名宿耆贤审慎抉择后，刊布于世，俾勤读之士有所依归，近日文人之恶孽，著述之芜秽，或不至永为人心大患，亦治世之要也。此事重大，尚未敢轻有所表著，然权富可剥，功名可弃，此则毕生以之，穷通决无二致，非外物所得而夺矣。……闻叔节病颇殆，每念及辄为之累日不怡；傥竟不起，宁不又少一人？天果欲仍以文化起吾中国，甚愿天之先有以起吾叔节。一粒之谷，食之不足饱，种之则可推衍陇亩，蕃育万方，非细故也。

又《上段执政书》云：

……反政以来，文教废坠，道德沦亡，读书种子，日少一日，如柯先生劭忞、王先生树枏、马先生其昶，经术词章，为世所师，皆已年逾七十。若姚永朴、胡玉缙、贾恩绂、陈汉章诸先生，年辈差后，亦皆六十内外。其他政论家流，虽有富赡文学者，然操行杂驳，于公私邪正多不能自持。而海内宿儒为树铮所不及知者，尤不知凡几。此数叟者，蛰居都门，著书讲学，矻矻罔倦，拟恳厚赠禄养，矜式国人，并饬梁秘书长鸿志、张帮办伯英、正志学校张校长庆琦，时为钧座存问，俾各身心安泰，保此斯文一脉。林畏庐与姚叔节两先生先后病殁，至为痛惜。树铮辟地频年，奔走南北，兄姊亲爱，死丧迭仍，皆为私痛，未至过戚，惟两翁之殁，不能去怀，每一念及，辄复涕零。两翁皆于钧座有旧，从学满天下，身后清苦，请饬存恤其家，使遐迩共歌钧座崇儒重道之雅，争奋求学，文化庶几复兴。钧座不欲重整吾华厚施当世则已，如欲之，舍昌明经训无他术也。为长治久安计，练百万雄兵不如尊圣兴学信仰斯文义节之士。袁、黎、冯、徐诸氏，能取之而不能终之，可为殷鉴。物质器械，取人成法即足给用，礼乐政刑，非求之己国不足统摄民情，且各邦政学皆在我经训下，二十年之后，全球大小诸国不尊我经训为政治最精义轨者，树铮不敢复言读书妄论天下事矣。惟钧座及时图之。

二篇均其晚年文字，治学之志尚，经国之意见，与夫慕重师儒之情怀，大氐可睹。此种议论，自不免以思想迂旧见诮，而致力甚勤，信持极笃，要为自抒所是。至如《谢龚郅初赠倭刀》诗云：“横海归来壮，风云变态多。宝刀堪赠我，世事竟如何？击楫会宵舞，逢人莫浩歌。为君勤拂拭，明日斫蛟鼍。”则表露其武健之本色。而《平报周年纪念日感言》云：

……余军人也，军人之天职在保民，在卫国，而保民之良法在去暴，卫国之能事在却敌，然则军人者杀人之人耳。夫彼人祖宗数十世延传之祀绩，而我以利刃斩之，彼人数十寒暑坚苦化生以有其身，而我以顷刻死之，然则天下至不平之事孰有过于杀人者哉？而余顾悍然为之，然则余殆不平之人耳。虽然，一家哭何如一路哭？惩一劝百，杀以止杀，非圣人之所谓仁术者乎？毋亦平天下之道固有赖于是者乎？……故愿为记者进一言曰：我国破坏之余，建设未集，法纪荡然，道德扫地，元凶巨憝，闲出扰害，贤路未尽登庸，宵小或仍窃政，朝野隐痛，常郁郁多不平之气。暴之不除，良何由安？故欲平国民不平之气，非余辈保国卫民之军人杀人不可。欲杀人而仍不失人心之平，非扶持正论之记者倾注余辈军人杀人之目，参仿余辈军人杀人之腕，以著笔著述鼓吹杀人之事业不可。《平报》素详军事，语皆翔实，执笔者之性理似于余辈军人为近，或者不以余言为河汉也。余请拭目以观后效。

其个性尤充分呈见，觉杀气满纸矣。其师段祺瑞清末官江北提督时，曾自制长联，悬诸廨园，有“好一派肃杀情形”之句，殆可移作此文评语。俞仲华（万春）《荡寇志》结子云：“话说那嵇仲张公统领三十六员雷将，扫平梁山泊斩尽宋江等一百单八人之后，民间起了四句歌谣，叫做：‘天遣魔君杀不平，不平人杀不平人，不平又杀不平者，杀尽不平方太平。’这四句歌乃是一个有才之士编造出来的，一时京都互相传诵，本来不是童谣，后来却应了一起奇事……”此文此歌合看颇有相得益彰之趣。又此文之开端云：

偶忆昨为民国二年十月三十日之夜，畏庐老人招饮，座客多《平报》记者，偶谈及越朝十一月一日为《平报》周年纪念日，于是群谋所以为《平报》祝者。畏庐老人谓余曰：“子雅与《平报》诸记者善，

> 殆不能无言矣。”比以昕夕卒卒，未敢诺于口也。顷自外归，足甫及书斋之槛，则十月三十一日《平报》又已裒然置案头。念余素性不喜读报，又时殊剧忙，虽余常御之案，中西京外报纸数十种，堆置靡弗备，而其得阑入余目，分其秒刻之暇，翛然以愒余者，《平报》外无一也。然则《平报》周年纪念日，实余读《平报》周年纪念日也。《平报》周年纪念日，余固不必有言，余读《平报》周年纪念日，余又乌可以无言……

自道与《平报》之关系如此。按：《平报》在并时诸报中，有特别之色采，群称为陆军部机关报。时祺瑞为陆军总长，树铮以次长实主部务，故又见称树铮之机关报。主编辑者为臧荫松，林纾则排日为撰笔记，曰《铁笛亭琐记》。是时树铮与诸文人交游日浅，渐染未深，文事造诣，不逮后此。此文以“以观后效”作结，既登报端，阅者或传以为笑，谓此徐次长对《平报》之训令也。迨祺瑞、树铮见猜于袁世凯，《平报》遂停刊。（《铁笛亭琐记》曾由平报社出单行本，后归商务印书馆出版，改名《畏庐琐记》。）其后又有小报曰《平报》，名适同而已。迁都以还，《平报》复为北平各报之通称，犹之称津报、沪报等矣。

（原第12卷第17期）

三二　崇实轶事

阅崇实自撰《惕庵年谱》，其纪咸丰三年令富绅捐款助帑事云：

……粤逆窜陷安徽、金陵等处，军情紧急。户部因库储告竭，春季不能放俸。副都御史文小云瑞奏令富绅捐助，即可凑成巨款。上命其指出何人。伊称穆鹤舫、潘芝轩、卓海帆、耆介春、陈伟堂五相国与孙大司农符卿及实等十八家以应。有旨令所指各家均于初十日赴户部衙门候旨，有老病不能亲往者著子弟一人代之。届期实先往，见海帆夫子与鹤舫太老师均亲到。更有崇雨舲中丞，时革职在家，亦先至。商曰："今日之集，必系劝捐，但吾等有富名者，不过房产地土，就使全行报效，亦无济于事，大约须各自量力，尽一月之内能呈缴若干现银，方不负此举。"诸老颇以为然。稍间，惠亲王、恭亲王并僧王皆奉命来署，手捧朱谕，令大司农文孔修先生宣读曰："文瑞所奏之人，皆系受国厚恩，当此时势艰难，谅各情殷报效等因。钦此。"穆相早经罢斥，当即伏地痛哭。诸人随跪于后，亦皆涕洟满面。三位王爷即邀诸老在大堂茶话，户部堂官让实等诸少年到三库大堂借坐。久之，穆卓耆三位共捐四万，潘相捐三千，孙大司农

> 捐五千。陈太史介祺始书一万，而僧王不允，缘其家甫收一银号，知有现银，故勒至四万而后止。实手书一呈曰："崇实初官侍讲，三代皆蒙国恩，官外任，历年既久，房产颇多，是以豫工例曾报效三万两，上年普通捐输，弟兄二人又呈捐银壹万两，屡次均蒙恩奖。文副宪指为富绅，原不为虚，无如情愿毁家而一时不及变产，兹谨就力之所能，三日内先呈出银三千两，请限一月更措缴九千两，共一万二千两，稍效微忱。"云云。王爷皆以为自系实情，尚爽快，因而别家或多或少，都仿此稿为之。共凑成二十余万。嗟乎！时势至此，真臣子所不忍言。越月，户部将银两收齐，奏闻。奉旨：崇实著赏加詹事衔。

此一幕悲剧，亦喜剧也。盖颇有所谓"追比乐输"气象焉。民国十三年吴佩孚于四照堂召集银行界要人筹饷，其事亦颇仿佛。崇实所云初十日，就上文观之，当是二月初十日。是日金陵始陷，文中著于文瑞上疏之前，特泛言大势耳。认捐时，崇实官侍讲，户部奏报银两收齐时，已前擢侍讲学士，因加詹事衔也。其纪咸丰九年以内阁学士简驻藏正办大臣事云：

> ……十月十六日，又逢匀期，正在朝房伺候，忽得信，知有朱谕："崇实著作为驻藏正办大臣，满庆著来京。"一时亲友多为予怅怅，缘时方多事，前闻

帮办恩公行至里塘，即困于土司年余，现又滇匪入川，官军失利，道途梗塞；予则以为受恩既深，岂可畏难？次日谢恩，即蒙召见，谕曰：“此差不同西路换班，乃边疆重任。明年前后藏活佛同时坐床，外夷朝贡者不少，必须一体面人前去照料，是以派汝，且汝之才大可在外办事，正好借此历练；惟闻该处水土过劣，务要自己保重，不可轻视有用之身。”实闻命之下，感激涕零，对曰：“奴才何修，蒙圣主垂爱若此，惟有勉竭愚诚；但程途太远，敢求宽赏假期，俾奴才将家事稍为料理，以便安心前往。”谕令十二月初十日再递牌。归家后，多有劝勿往者，或令半途告假，或嘱且缓请陛辞。许仁山世兄直以为地非人境，“他人或以官为家，不能不去；足下仰托先人之荫，家园聚处，何等之乐?”云云。大都皆姑息之爱，并未论君臣大义。予以为圣主相待之情，即蹈汤赴火，亦不敢辞，何况此差体制尊严，恩出特简，傥一存趋避之见，不特无以对君上，且无以对先人，决计只身前往。腊月初十递牌，连日召见五次，至十六日方命跪安，而圣意已不专在藏中矣。临退出时，谕云：“不过三四年仍当召汝还京，大约癸甲间又可见面。”呜呼！孰知此次即永隔天颜耶！

翌年元旦，在都奉命补镶黄旗汉军副都统。

> 次日即赴阙具折谢恩。传谕云："崇实已陛辞，毋庸再见，可令迅速赴川。"本拟过上元后起行，因奉此谕，遂改初十日出都。两儿送至良乡，情颇恋恋。予以佛氏一切放下为诀，反觉胸次洒然。是行约管子才叔名乐同行，聊破长途寂寞……

有清对于蒙藏诸地，镇抚之官，必简旗员充之，立法本意，实为重视藩属，故驭以"世仆"，而旗员之耽于安豫者，多以其荒远而视为畏途。满人文康《儿女英雄传》第四十回"虚吃惊远奏阳关曲"，写安骥以汉军旗籍，由国子监祭酒，赏头等辖（即头等侍卫），简充乌里雅苏台参赞（旋加副都统衔），骤闻之下，"但觉顶门上轰的一声，那个心不住的往上乱迸，要不是气嗓挡住，险些儿不曾迸出口来，登时脸上气色大变。那神情儿，不止像在悦来店见了十三妹的样子，竟有些像在能仁寺撞着那个和尚的样子"。亟求乌明阿为之挽回，"说着便泪如雨下"。至书中称为"有经济有学问"而平日自诩"教子成名，出力报国"之其父安学海，则"听了这句话，只呵呀一声，登时满脸煞白，两手冰冷，浑身一个整颤儿，手里那封信，早颤的忒楞楞掉在地下，紧接着就双手把腿一拍，说道完了"。其心理："他不是容易教养成那等个好儿子，不是容易物色得那等两个好媳妇，才成果起这分好人家来。如今眼看着书香门第是接下去了，衣食生涯是靠得住了。他那儿子，只按部就班的也就作到公卿，正用不着到那等地方去名外图利；他那分家计，只安分守己的也便不愁温饱，正用不着叫儿子到那等地方去死里求生。按安老爷此时的光景，正应了‘无官一身轻，有子万事足’的那两句俗话，再不想凭空里无端的岔出这等个大岔儿来。这个岔儿一岔，在旁人说句不关痛痒的话，正道是宦途无定，食禄有方；他自己想到不违性情上头，就未免觉得儿女伤心，英雄气短。”当其“愁眉苦眼的坐在那里发楞（愣）”，郑振彪以“大丈夫要烈烈轰轰作一场”等语相慰藉，乃“炼字炼句的炼成一句，合他说道：‘看的破，忍不过！九兄，你只细细的体会我这六个字去，便晓得我心里的苦楚了。’”迨改授阁学，督学山左，于是举家腾欢，俨同再生焉。畏怖边荒远役之态，写得入木三分。（文康曾简驻藏大臣，引疾不赴。）崇实累世膴仕，家巨富，“按部就班的也就作到公卿”，其奉命驻藏，宜多人劝其勿往也。崇实为有为者，自非文康理想人物安学海父子一流耳。抵川以后，以道阻奉命毋庸赴藏，遂久官川省。同治十年始由成都将军归京，旋署热河都统，（中日战役阵亡之名将左宝贵，时以游击受崇实知遇，建剿平马贼之功，后挈赴奉天，益重用之，练兵剿匪，多倚以办。）授刑部尚书。光绪元年署盛京将军，改制图治，著绩效。翌年以劳瘁病卒，谥曰文勤。赐祭之文，有“畀乃弟以重权，冀收功于未竟”之语，以其弟侍郎崇厚接署盛京将军也。方崇实既贵，崇厚亦跻通显，一时二崇并称。其后崇厚出使俄国，偾事获咎，几不保首领，晚节大异矣。

（原第12卷第19期）

三三　崇实与骆秉章

咸丰十一年骆秉章之统湘军入川，崇实方署四川总督，开诚延接，其自撰《惕庵年谱》纪是年事有云："六月骆籲门制军统万八千人入境，予设粮台于夔州府，以济其军，并奏请事权归一，意在推让。奉朱批：'朕自有定见。'"王闿运《湘军志·川陕篇》以"公忠推贤"许崇实，谓："崇实见蜀事日棘，度己材不足济，虚心待秉章，频上奏，欲假朝命促之，且自言旦夕蝎蹶，恐误国事。当是时，封疆大臣虽见危败知死，莫肯言己短，曾国藩所至见龃龉，秉章亲遘之，至欲资饷地主，则挠诎百方，唯独崇实恳恳推贤能，常若不及。秉章在道，频奏诉饷匮，初不意四川能供其军。比至，未入境，总督公文手书殷勤通诚，遣官候问，冠盖相望。悉发夔关税银资军，湘军喜过所望。"称美甚至。《年谱》盖犹言之未详也。迨秉章受任川督，崇实为成都将军，相助为理，亦能和衷，无满汉畛域之见。秉章在川建绩享大名，颇亦有赖共事者之得其人云。同治六年秉章以久病卒官，《年谱》所纪云：

> 四年……秋，骆老求退，奉旨：赏假四月，安心调理。所有四川总督，著崇实兼署。九月初八日接篆视事。……冬夜予亲自巡城。近年骆老年高，不能受此辛苦，外间不免懈弛。至是文武悉努力从事，附省

一带竟无一劫案，省中几至夜不闭户，大有升平景象矣。

五年……春正月，骆老请开缺之折批回，再三慰留，宽予假期，令其安心调理，所有总督篆务，仍著崇实兼署。二月，派人赴粤省为骆老延医。……九月，由广东延请针治目疾之阎姓到川，骆老仍无大效。予屡劝其销假。

六年……开篆后，予劝骆老出面视事，择三月初三将督篆交还。凡紧要公事与大典礼，皆许相代。骆老奏明遇事商办，并将本年文武科场皆归予料理。……冬月……初七日，骆老犹过我而议南北防务，并请十二日代主鹰扬宴，孰知其归去即不能起床。迨十二日，予往视，已言语不清。随侍并无眷属。予虽与之事事和衷，然究为其精神不振，不忍令其烦心，自本年三月后，名为销假，而一切之事皆予代办。至是老翁自料不起，即命仍将总督关防送归予处。予力持大局，不能不先为接管。正拟出奏，而老翁即于是日溘逝，只族侄孙一人在侧，真令旁观不忍。因将其历年政绩详为奏明，并请格外加恩，于蜀湘两省建立专祠。督同司道亲视棺敛。川民感其戡定之功，合街缟素。予挽以一联曰："报国矢丹忱，古称社稷之臣，身有千秋公不愧；骑箕归碧落，气引星辰而上，目营四海我何依？"总之，骆老为人，第一不可及曰清操，而才略尚在其次。最能推诚用人。前在湖南，幕中有左季高诸贤，则东荡西除。初到川省，有刘霞仙，亦能筹巨款，灭大寇。后来幕中多不如前，加之神明已衰，几至声威稍减。

秉章清操最著，其勋业之建，则缘推诚用人。虽福命特优，亦正有不可及处也。晚年老病，崇实盖时为分劳焉。薛福成《庸盦笔记》云：

……骆公毁薨，成都为之罢市，居民皆野哭巷祭，每家各悬白布于门前，或书挽联，以志哀思。适文勤公崇实以将军署总督，谓为不祥，遣使禁之。蜀民答曰："将军脱有不讳，我辈决不敢若此！"闻者为之粲然。迄今蜀民敬慕骆公与诸葛武侯相等。骆公专祠，蜀民亦呼之为丞相祠堂。虽三尺童子，入其祠，无不以头抢地者。或谓骆公生平不以经济自命，其接人神气浑穆，人视之固粥粥无能，而所至功成，所居民爱，在楚在蜀，自有诸贤拥护而效其长，岂其大智若愚耶？抑骆公之旗常俎豆早有定数，大功之成不在才猷而在福命耶？余谓骆公之当享勋名，固由前定，然其德器浑厚，神明廉静，推诚以待贤俊，亮直以事朝廷，斯其载福之大端也。

可与崇实所云合看。《湘军志·川陕篇》谓："秉章薨，省城士民如丧私亲，为巷哭罢市，其丧归，号泣瞻慕者所在千万数，自胡林翼、曾国藩莫能及也。"亦极言川人之爱悼。左宗棠咸丰十一年答毛鸿宾书，谓："籥门先生之抚吾湘，前后十载，德政既不胜书，武节亦非所短。事均有迹，可按而知。而其遗爱之尤溥者，无如剔漕弊罢大钱两事。其靖未形之乱，不动声色而措湖湘如磐石之安，可谓明治体而识政要，非近世才臣所能及也。……宗棠以桑梓故勉佐帷筹，九载于兹，形影相共，惟我知公，亦惟公知我。……外间论者每以籥公之才不胜其德为疑，岂知同时所叹为有德者固不如籥公，即称为有才者所成亦远不之逮乎？……"尤深致赞叹，为辩才短之世论。至相传崇实以禁民缟素遭反唇相谑，而崇实同治十年离蜀时情事，如《年谱》所纪云：

> ……接奉批回，准实来见，成都将军一缺，交（吴）仲宣制府兼署。实即于三月二日起程。通省绅民悉具呈恳留，仲宣制府欲据情入奏。实闻之，竭力阻止。窃思在川十余年，有何功德足洽民心，而绅民日来泣留，实更加惶愧。就道日，香灯结彩，沿途跪送，竟有放声痛哭者，实亦凄然不能自已，留诗赠别，以志民情。

亦颇见川人对彼之好感。虽出自叙，揆之似非全无事实漫自诩饰耳。又姚永朴《旧闻随笔》述秉章事有云：

> 公薨时室中止一布帐，箧存百金。询之司会计者，乃知公廉俸所入，多以周穷困之人。尝有廉吏罢官不

能自存，为张罗千金，群不知所自来，至是乃知皆出诸囊橐云。公薨于蜀，民罢市缟素，丧车所过，哀音相属，至有以“如丧考妣”四字榜于门者。同官因语嫌国恤禁之。民大呼曰：“使公等他日为川督而死，民必不尔！”其功德入人之深，即此可见矣。左文襄公平回疆后，勋望益崇，一日谓人曰：“君视我何如骆文忠？”其人对曰：“不如也。”文襄曰：“何以知之？”曰：“骆公幕府人才有公，公幕府人才乃不复有公，以此观之，殆不如也。”文襄大笑曰：“诚如子言，诚如子言！”

诸家记载，类多褒誉，仲子（费行简）《近代名人小传》传之，则加以讥斥。据云：

……名震海内，莫不拟以诸葛，其实则骄蹇庸碌人也。左宗棠处其幕中，虽操军权，而每计事，秉章坐听之，送迎未尝起立。接属僚，益傲倨。虽起甲科，而俗鄙不能文。临殁自为挽联，出语则“由翰詹科道而转京卿”。丁宝桢见而笑之曰：“此履历也！”当官不饬吏治，军谋更非所长，而任将甚专，且果杀戮，遂薙蜀寇。生平廉素，及殁，布帐一，银百两，破笥二而已。家无田屋以处子孙。然好男色，有剃发匠其嬖人也，濒死，执其手以属臬司杨重雅焉……

如所云，秉章除廉素一节外几一无可取矣，而当时能厚邀人望深得民心如此，（《小传》亦谓：“其卒也，蜀人白衣家祭，如遏密八音然。”）疑费氏之言不免过刻也。至自挽之直叙履历，诚似过陋，然其履历实有与众不同处。盖由翰而詹，寻常事也，由科而道，亦寻常事也，若遍历翰、詹、科、道四项，则大非常例，以编检开坊即不能为御史，入台即不能官坊局，二者不可得兼耳。秉章以编修历御史迁给事中鸿胪寺少卿奉天府丞坐事落职，旋特起为左庶子，于是翰、詹、科、道备矣，非故事也。自挽举翰、詹、科、道为言，当以此。（其詹实在京卿后。）

（原第 12 卷第 20 期）

三四　《方家园杂咏纪事》与《德宗遗事》

王小航（照，晚以字行）著有《方家园杂咏纪事》，戊辰（民国十七年）夏锓板，仅以赠诸知交，未尝出售，故流传不广。此书谈晚清诸事，极娓娓有致，虽间有未谛处，而大端闳锐可观。其自序云：

> 丁卯岁之仲夏，偶与清史馆总纂王晋卿先生谈及景皇、慈禧、隆裕事。先生因服官边省，多所未闻，谓余曰：“盍纪之以文？”余曰：“从来史官皆以官书为据，今清史当亦然耳，余即纪之何裨？”先生曰：“否，我固乐为采录也。”再三丁宁。余归而分纪数篇，中以拳匪篇为最长，又为《方家园杂咏》二十绝，先生皆

> 誊入笔记。有改正字句处，余甚心服。既而余将原稿联缀为一，以《方家园二十咏》为纲，而分纪各事于其后。先生为定其名曰“方家园杂咏纪事”。因纯为述过去之事，与现在未来毫无关系，故不亟于付梓也。丁卯孟秋水东自叙。”（王氏晚年所居，在净业湖之东，名之曰水东草堂，自号水东老人。）

盖锓板前一年所作也。如所云，实小航本人手笔。小航既作古人，此书外间益不多见。近坊间有《德宗遗事》一书，署“新城王树枏”字样，其小引云：“德宗在位三十余载，遭际不辰，徒拥虚位，无日不在危惧之中。余老友王小航照，每道其事，辄流涕不止。一日园亭小坐，薄酒微醺，余属小航口述其事，余为一一笔记。此皆实录所不敢言者，录之以补史之阙焉。”而按其内容，则即《方家园杂咏纪事》中之纪事也。彼王所云之“余归而分纪数篇……先生皆誊入笔记”一变而为此王所云之“余属小航口述其事，余为一一笔记”，显有抵牾。树枏耆学宿望，在理似不应有妄语，而小航自言书成之经过，因甚明白，盖可异已。

《方家园杂咏纪事》之二十咏，其一云：“甘棠余荫犹知爱，柳下遗邱尚禁樵。濮国大王天子父，南山莫保一株槁。”咏慈禧伐醇王奕譞园寝白果树事也。

其二云：“伯禽受挞血模糊，高坐监刑外戚奴。多少宗人齐战栗，惊心霍显示威初。”咏慈禧杖贝勒载澍事也。

其三云：“内政何须召外兵，从来打草致蛇惊。诐词已辟臧三耳，岂料乘机起项城？”咏戊戌政变事也。

其四云：“扬言不豫盖弥彰，和缓邻医竞荐良。更有谠言寒逆胆，恶声中外口难防。”咏慈禧拟行废立，宣言帝病将不起，各国公使侦知其意，议荐西医入诊，会刘坤一以“君臣之义已定，中外之口难防”力诤，帝位得暂不动也。

其五云：“恨他夷狄笑无君，故煽狂徒起恶氛。眉赤巾黄朝玉座，盈廷鼓舞色欣欣。”咏义和拳之乱所由起，而成庚子之祸也。

其六云：“壁衣牵出难相活，井底胭脂海底冤。南内他年弹泪处，姗姗望断帐虚悬。”（按：珍妃信用王有，贻累主德，固应贬黜，但罪不至大辟也。）咏慈禧命奄人掷珍妃于井中，回銮后，德宗悬妃之旧帐于密室，不时徘徊饮泣也。

其七云：“胡骑原来识代宗，共钦中国有英雄。早教拨雾青天见，单骑何劳郭令公？”咏德宗愿留京躬与各国公使谈判，而慈禧不许也。

其八云：“狂澜拍岸没龙津，从径壶飧一个臣。乞得村农将伯助，帝王那及太平民！”咏肃王善耆随扈事也。

其九云：“召乱人知是牝鸡，来苏我后正同徯。将军手把黄金印，不许回銮愿向西。”咏驻跸太原时，德宗仍求独归议和，慈禧及诸臣坚持不放，岑春煊力主幸陕，得升陕抚也。

其十云：“辛苦挥戈盼日中，谈言微中狄梁公。那知阴蓄滔天势，祸水横流汉火终。”（梁文忠以疏逖小臣言人所不敢言，较狄仁杰更难也。）咏梁鼎芬请废大阿哥事也。

其十一云："当年炀灶坏长城，曾赖东朝恤老成。岂有臣心蓄恩怨，到头因果自分明。"咏甲午之役李鸿章为翁同龢辈所倾，幸慈禧护持之，庚子议和卒赖其力为解于外人也。

其十二云："矫诏连篇尽滑稽，翻云覆雨太支离。金瓯撞坏由谁手，却托兴元罪己词。"咏西巡后诏书，慈禧强颜回护也。

其十三云："炎凉世态不堪论，蔑主惟知太后尊。丙夜垂裳恭待旦，膝前呜咽老黄门。"咏回銮过保定，德宗寝殿极冷落，独李莲英甚致殷勤也。

其十四云："儆惕无忘蒙难艰，盈廷献媚壮观瞻。卧薪尝胆空赍志，傀儡重登独汗颜。"咏德宗欲留正阳门楼残破之迹为儆惕之资，慈禧徇诸臣议而重建，及太后召优演剧，开场前德宗含耻循例环步台上，示莱彩娱亲之意也。

其十五云："手订八音无夺伦，读书善悟自通神。一夔足矣原余事，倾倒堂前老斫轮。"咏德宗留心西学，能以己意命修理八音盒，改为中国曲调也。

其十六云："敝袴韩侯待有功，浣衣魏主亦称隆。岂知龙衮庄严里，终岁无襦悴圣躬。"咏德宗留由陕至京数月不换之一极破小褂作记念也。

其十七云："锦衣卫尉气桓桓，小弱桐圭敢问安。禁籞严防如大敌，杀人灭口事多端。"（数年中，帝宫太监被那拉氏杖毙数十名。）咏德宗幼弟载涛所遣小奄以受命顺路往德宗宫问安，为慈禧令缚交慎刑司拷问杖毙也。

其十八云：“不容并立势昭昭，阎乐凶谋奉赵高。幸有老奴营救急，暂时收却笑中刀。”咏奄人崔玉贵之徒孙敬福承崔意谋暗杀德宗，赖李莲英营救得暂解也。

其十九云：“袁崔晨夕通消息，线索新加小德张。莫赤匪狐同利害，可怜忐忑肃亲王。”咏德宗势危甚，善耆谋保护，而不敢冒险也。袁崔谓袁世凯与崔玉贵。

其二十云：“疽成附骨最难医，竖据膏肓孰达之？方信武乡非过虑，曾忧肘腋伏枭姬。”咏隆裕之于德宗也。

（各首句旁之密圈及第六、第十、第十七三首之小注，均照原书。）咏前有小引云：“方家园者，京师朝阳门内巷名，慈禧、隆裕两后母家所在也。恭忠亲王（奕䜣）曾言：‘我大清宗社乃亡于方家园。’”纪事则分缀于二十咏之后，其于所咏非直接关涉而可以类观者，则标“附记”字样，更缀其后。总结之以“王小航曰……”，申明作意。其下列江瀚、伦明二人之题词及“附杂记数则”。《杂记》之末云：“《方家园杂咏纪事》成稿后，搁置经年，未付剞劂（居今而追论昔事，亦觉无谓）。因近日见吴某印行其所著之《慈禧三大功德记》，识见卑陋，满纸皆市井之谰语，颠倒是非，甚至谓恭王奕䜣谋篡、李鸿章卖国于日本、光绪帝让位于康有为，种种怪谬，而人或信之，不得已刊印此编以破其妄。考历史者，盍一阅之（戊辰初夏小航记）。”言付梓之由。

《德宗遗事》即为此书中之纪事部分，亦以“其一，其二，……”分别，惟《附记》不加标识，同于正文，其下即列“附杂记数则”（惟无末两段），而以“王小航曰……”殿之，题曰《附论》。小航所纪，用本人口气，《德宗遗事》亦以小航口气，其字句间偶有删改处，而大体无殊。《德宗遗事》既全书未改小航口气，而如“其一”云：

> 二十八年壬寅春，余潜伏汤山，诡称赵举人，每日出游，各村皆以赵先生为佳客。……村人并言，挖根时出大小蛇数百千条，蛇身大者径尺余，长数丈。佥曰义和团即蛇之转世报仇者。小航谓：当日之很戾伐树，用心实同巫蛊，长舌之毒，乃最大之蛇也。树枏按：醇亲王之后相继为皇帝者已传两代，皆太后所亲立，不知如此之忌害果何意也。

除树枏案语为小航之书所无外（其案语全书仅此一则。又“其八”有小注云：“当时何不迳奉归京，不能不咎肃王之失策矣。”亦小航书所无，或亦树枏之语），小航之语，均称“余”，此处之“小航谓”，原作“赵先生以为”，以当时村人与谈，固谓是赵先生，故涉笔成趣耳。今作“小航谓”，则未免自乱其例。小航之书，其《附记》自纪者外，有两则是江瀚所纪。“其十五”之《附记》，纪周景涛为德宗诊脉时所见；“景涛语余曰”之“余”，瀚自谓也。“其十六”之《附记》，纪德宗亲祀天坛事；“闻陪祀人言”之“闻”，瀚闻之也。此两则均特注明“江瀚补记”，以别于小航自纪。《德宗遗事》既不著“附记”字样，此二则且不书“江瀚补记”，若亦是小航之语者，惟“景涛语余曰”则作“景涛尝言”，不知何故也。

《德宗遗事》书面标题，为金梁所书，闻即由彼印行者。

（原第 12 卷第 21 期）

三五　罗正钧《劬庵联语》

阅《劬庵联语》，湘潭罗正钧（字顺循）所著也。正钧光绪末年以天津知府擢署山东提学使。在任缘事为学部管部大学士张之洞所怒，欲奏劾之，尚书荣庆等为解，乃记过示薄惩，不自安，遂引疾去，鼎革后以遗老自处。此卷刻于辛酉（民国十年），其弁言云：“昔曾文正公常言，异日有一卷挽联行世，其自喜如此。盖蕴酿闳深，虽一鳞一爪，亦自见精光也。予生世数十年，待予之哀挽者多矣，偶见吴先生嘉遯刻有《联语》一卷，因忆生平所作，大半遗忘，然至亲挚友之先我而逝者则略具，于是病中录之，匪以抗迹曾、吴，用纪亲交展怀旧之念云耳。丙辰八月既望劬庵自识。”各联颇饶气势，时能言之有物，间缀注语，以申其旨，亦足参览。摘录若干则，略以类次之。

挽方厚卿同年荣秉：“孤愤郁轮囷，忧时早有辨奸论。遗书在怀袖，此心期保岁寒盟。”注：“光绪丙午，予简放天津知府，厚卿同年自浙贻书云：‘本初、公路非有枭杰之材，徒以四世三公，遭遇际会，遂以希冀非望。明者见危于未形，君其速走东南，无为丰授！”予读之悚然，而颇诧其言之过甚，不数年而言乃大验。予已先时乞病归里，幸无负我良友。国亡世乱，会面末由，闻君长逝，怆痛其有已耶！”所指为袁世凯。正钧曾受世凯知遇，膺荐扬也。

挽左文襄公：“兼赞皇江陵所长，武功过之，是真亚东人杰；继益阳湘乡徂逝，宗臣代谢，莫窥此后天心。”注：“公没十年而有甲午之役，人亡邦瘁，信哉！此联作于丙戌，已深忧国之无人也。”

挽曾忠襄公：“破贼用黄老家言，麟阁铭勋曹武惠；修谒从畅继祖后，马前亲拜北平王。”

挽曾惠敏公纪泽：“博望侯槎泛斗牛，帐伦敦远岛，巴勒严城，仗节尚能持国体；富郑公声惊甲马，正北狄寒盟，西陲伏莽，临轩应复叹才难。”又代俞恪士：“综中西为一家言，横览九流无此学；建功名在万里外，不缘世业足封侯。”

挽郭筠仙侍郎师：“修六艺之文，通万方之略，并世谁相知，怅望千秋为陨涕；质鬼神无疑，俟圣人不惑，殷忧与终古，苍凉寰海一孤臣。”又代王君豫：“识议为流俗所惊，瀛寰七万里间终全国体；勋业仍著书以老，中兴名将相外留此儒臣。”又代俞恪士：“与文正首定讦谟，晚岁亦同膺世谤；继船山独明绝学，心源难遽觅知音。”又代曾履初：“继姚惜抱以为古文，博大宏深，死后谁编一品集？与先太傅同扶世难，左提右挈，生天应话中兴年。”

挽刘襄勤公锦棠：“论勋远过姜王，鸟尽弓藏，独有神威留绝域；属纩犹呼张董，人亡邦瘁，不教飞将到辽西。”注：“左文襄与人书，隐以姜伯约、王愆期喻公，盖自负也。甲午公已病，诏敦促公出，犹日扶病阅舆图，属纩时犹呼张翼、董福祥出战也。”张翼或应作张俊，俊与福祥同以降将称骁勇，立功西陲，声名相亚也。“鸟尽弓藏”语，就出典言，似嫌不伦。

挽刘忠诚公坤一：“望重大江南北，佐武慎治兵，继文正治民，声绩无惭往哲；晚屯时局艰危，戊戌能守经，庚子能应变，风节不愧名臣。”注：“公戊戌力护德宗，庚子与各国领事订约保全东南，不奉伪诏，皆大节所关。公薨而南北督抚皆鄙夫矣！”

挽陈右铭中丞丈：“富贵毁誉不一动其心，而慨然有志于天下，廿载追随常仰止；成败利钝本非所逆睹，而难以见谅于当时，千秋寂寞更谁知？”

挽鹿文端公传霖：“当官独具典型，正色能令朝士惮；饰终备承恩礼，殷忧谁识老臣心？”注：“公历封圻有声，庚子勤王赴行在，遂入军机。遇事持正，同列多惮之，往往不使闻知。公亦笃老重听，而不能去，郁郁以终。公死而朝无正人矣！”

挽廖仲山尚书师：“以清勤上结主知，邂逅蹈危机，孤衷默自邀天鉴；采葑菲滥尘荐牍，仓皇逢世变，弃官唯觉负公多。”注：“师以戊戌嫌疑，至己亥冬出军机，几蹈不测，犹以前事也。庚子被难出京，旋没；时钧亦弃官归也。”此弃官指官直隶定兴知县事。

挽张文达公百熙："学务尤著勤劳，是中土吉田松阴，天语褒嘉，允为定论；儒臣参与政事，其德望欧阳永叔，士林悲悼，盖有同情。"

挽周渭臣提督达武："挈苗疆二千里，还之职方，犵草蛮花皆战绩；镇边关十七载，威棱中外，悲笳鼙鼓入新诗。"注："平贵州有大功。官至固原提督，著有《剑水诗钞》。"

挽杨瑞生军门："边塞风寒，寂寞未邀中立赏；捻回事往，辛劳谁念战功多？"注："君为淮军宿将，平回捻有功。甲辰俄日之役，北洋守中立，事后皆蒙奖，君守朝阳，独不与。"

挽夏庚堂军门辛酉："湘军出塞著勋劳，燕市逢君，每从问兵行方略；晚岁据鞍犹矍铄，江防底事，边惊闻夜陨台星。"注："君湘军老将，丁未项城入军机，主张将二十营驻浦口，为游击之师，盖欲分两势力也。未至而没。"

挽桐城吴挚甫京卿："兴学期救国亡，垂老涉重洋，东海书来犹念我；为文确宗师说，遗编搂（镂）四象，南丰门下已无人。"注："君自日本归，逾年病没。曾文正选有《四象古文》，欲为搂（镂）刻不果。"

挽邓弥之先生辅纶："复古讫于萧齐，同辈几人存，孤诣独传敦厚旨；晚岁力追陶令，都梁万山曲，怆怀顿失老成人。"注："先生与弟绎暨湘潭王闿运攸县龙芝生倡言复古，遂开风气，独先生不落齐梁，为得诗人惇厚之旨，不待异日而论定也。"

挽王湘绮先生："中原礼乐沦亡，天丧斯文，不为湖湘留此老；一代才华有几，神游方外，应无封禅见遗书。"

挽胶州法征君伟堂："采风来齐鲁之邦，此行期访孙明复；著书通欧亚之界，绝学谁传刘继庄？"注："君字筱山，著书甚富，为山左笃学之士，与郑东甫、孙佩南齐名。三君亡而齐鲁无一儒矣！"

挽荣成孙佩南先生："为县令不畏豪宗，壮岁弃官而归，是真鲁国一男子；距邪说期存斯道，衰龄衔恤，那料神洲竟陆沉！"注："先生以进士官合肥知县，与李氏不合，弃官教授，以朱子为宗，新学说起，尤忧之。以辛亥终。先生与法筱山相继没，而山东无一儒矣！"

挽皮鹿门孝廉："以治经见重当时，教授还编普通学；为穷儒老死牖下，姓名偏结党人碑。"注："君治经学，戊戌主讲江西经训书院，颇采新学说，遭党锢。君著有《普通学歌》。"

挽周笠西先生乐："起家随益阳后先，艰难武汉战争，时局沧桑真一瞬；卜宅与玉池相近，对此湖山清绝，乾嘉耆宿更无人。"注："先生早岁官湖北，为胡文忠公所倚任。文忠没，遂不复出。没年九十余。"又代艺甫兄："公耽石隐卅年，湘上归来，独有贤声播三楚；帝问天南二老，曲园健在，独抱光荣闷九原。"注："是年先生与俞曲园重宴鹿鸣，赏京卿。"

挽宝庆蔡松坡锷："正经界访及岩阿，怅书问频劳，狷介孤衷应谅我；建义声倡动海内，虽澄清未睹，振兴国耻实奇功。”

题山东图书馆：“湖山如画，齐鲁好文。”又：“大道著于六经，在见之行事；宝书征及百国，宜观其会通。”注：“馆临明湖，望见历山，颇饶水石之胜，藏书八万余卷，余所创建也。”正钧官山东提学使，颇见谓碌碌，惟山东图书馆为所建，辟旧贡院之一部成之，布置甚佳，乃其得意之事。此馆颇著名，过而览者不能不念正钧之旧绩也。

闻之言简斋，周孝怀（善培）挽陈弢庵（宝琛）联云：“天予以曾李莫得之上寿，更投以伊周未任之奇艰，变乃至于再至于三，绝望而终，对九庙其无忝；世见公帷幄似专乎小心，岂知公风雪犹劳乎大海？已矣不可追不可说，有怀如结，虽百岁亦何欢？”沉痛雅健，杰构也。（又闻原用“只不忍欺不忍逼”句，皆有事实，盖分指罗郑二人。嗣以语太峻厉，改为“已矣不可追不可说”，而于“乃至”上加“变”字作对。）舅氏朱樾亭先生（祖荫），政事行谊多可述。近卒于里（宜兴），寿八十有二。简斋于先生为弥甥行，挽以联云：“才猷卓越，肝胆可风，一身表见儒而侠；死生了然，志事无憾，高世耆英谁与俦？”颇能状其生平。

（原第12卷第22期）

三六　谈大小九卿

古官制有九卿之称，至明而有所谓大小九卿焉。清人之论明清大小九卿者，如阮葵生《茶余客话》云：

大小九卿，说者不一。六部、都、通、大为大九卿，至今皆然。至小九卿，先以太常、京尹、光禄、太仆、詹事、国子、翰林，而益以左右春坊为小九卿；或云詹事、春坊为东宫官属，不宜班之大廷，当以尚宝、鸿胪、钦天监足之；或云鸿胪仅司传宣，非同汉晋大鸿胪，钦天仅掌占候，亦非秦汉太史令，只可与太医院、上林苑等；自万历后，则以太常、詹事、京尹、光禄、太仆、鸿胪、国子、翰林、尚宝为小九卿，究不知始于何时。质之博学诸公，亦不能悉。

李慈铭同治三年甲子十月二十五日《日记》云：

大小九卿之说，朝野相沿称之，然终未能分别。王渔洋《香祖笔记》、阮吾山《茶余客话》，皆言之不得其详。余按此称实始于前明，国朝仍之。然《会典》《通礼》诸书中，实止有大学士、九卿之言，无所谓大小九卿也。寒夜无事，为之参详官制，验以故事钞报，旁考说部诸书，分疏于此：

明七卿（《明史》有七卿表）六部尚书、都察院左都御史。（按《明史》七卿年表，所列为六部尚书及左右都御史。清右都专为总督兼衔，乃可不于九卿内。）

明大九卿　六部尚书、左都御史、通政使、大理寺卿。

明小九卿　太常寺卿、太仆寺卿、光禄寺卿、詹事、翰林学士、鸿胪寺卿、国子监祭酒、苑马寺卿、尚宝司卿。

国朝大九卿　六部尚书、左都御史、通政使、大理寺卿。

国朝小九卿　宗人府府丞、詹事、太常寺卿、太仆寺卿、光禄寺卿、鸿胪寺卿、国子监祭酒、顺天府府尹、春坊庶子。

至若理藩院、内务府两衙门，皆以满人为之，銮仪卫则系右职，钦天监、太医院，则系杂流，故皆不与卿列。内务府更有奉宸苑、上驷院、武备院三卿，亦皆为满缺，故亦不数也。（其于清小九卿，原列翰林院侍读、侍讲学士及内阁侍读学士于国子监祭酒之次，当九数之二，谓："或谓翰林讲读学士当列之翰詹、科道，内阁侍读学士当属大学士，不得别为衙门，且尚有内阁学士，亦不得舍彼数此，不知翰詹、科道者，仅指编、检言之，不得以统学士。今搢绅录，学士及侍读、侍讲别为起居注衙门，可知其故矣。至内阁、侍读学士，今制并不属大学士，而内阁学士则俱兼礼部侍郎衔，不得列之小九卿也。"又谓："京尹为地方官，亦非卿曹也。"旋改为顺天府府尹及春坊庶子，勾却前说，更谓："又思小九卿当数顺天府府尹及左春坊左庶子，而不数内阁、翰林讲读学士。按《汉书·百官公卿表》列有京兆尹，则不得以府尹为非卿曹矣。左右春坊本与詹事府各为衙目，故今制授庶子者得谢恩，以其为春坊长官也。若内阁、翰林讲读学士，内阁已属大学士，终不得别为衙门，翰林总归之翰詹、科道而已。此说似较前说为通。”）

均于大九卿无所疑，于小九卿则游移其词。葵生未能论定，慈铭勉为叙列，亦不免牵强也。按明以六部拟周六官之制，六部尚书曰六卿，（吏部尚书号为六卿之长，视冢宰也。）皆为正卿，（大理、太常等寺之卿，俗亦称正卿，对少卿而言，非此之比。）侍郎为卿贰，言为正卿之贰官也。六部尚书之外，益之以都察院都御史，曰七卿，更益之以通政司使、大理寺卿，曰九卿。六部、都、通、大称九卿衙门。九卿会议，贰官率亦与焉，以同为九卿衙门之堂官也。清九卿因之。至所谓小九卿，则为九卿外京卿之泛称。曰小者，示别于九卿，因更称九卿为大九卿焉。所谓大小九卿者盖如此。大九卿（即九卿）之九为实指之数，小九卿之九则为泛称之词，汪中《释三九》所谓“实数可稽，虚数不可执”是也。小九卿云者，犹众官之言百官耳。若斤斤按九数列举，其于或数或不数，则煞费推敲，而每难自圆其说云。《香祖笔记》中，未见有特论大小九卿处，唯叙述时事所及，如“壬午六月九日召集内阁九卿及翰詹、卿寺、科道、各部郎中四品以上官于保和殿”云云，九卿以外之卿寺，即指所谓小九卿者。

近人夏敬观《窈窕释迦室随笔》云：

有清九卿之制，道光以前未定。按蒋超伯《南漘楛话》云：“咸丰戊午夏，会讯故相耆英一案，大学士、六部、九卿会议。主稿者枢堂。时焦太仆佑瀛领班，遍检档册，并无指定何项衙门为九卿。阮葵生《茶余客话》所云六部、都、通、大为九卿，亦得自传闻，非确证也。焦君与家幼竹太守锡绶议，请于枢堂，除六部及四品以下衙门外，以都察院、通政司、大理寺、太常寺、太仆寺、光禄寺、顺天府府尹、宗人府府丞、理藩院九项衙门当之，议遂定。”蒋谓六部、都、通、大为九卿之说非确，夏谓有清九卿之制道光以前未定，均误。按之故事，言九卿即包括六部在内。若六部之外，更列卿九，则须于原在九卿之都、通、大外，更以卿六凑足九数，只可勉强排比以定之矣。佑瀛遍检档册，无所适从者，当以六部以外之所谓九卿，无案可稽，非九卿本未有定解也。六部九卿一词，常语亦往往及之，其涵义犹言六部及诸卿；此九卿之九，亦成不可执之虚数。

慈铭光绪十年五月二十九日《日记》，于鸿胪寺少卿方学伊应诏保举人才事，云：

前旨令大学士、六部、九卿保举人材，所云九卿者，指都察院堂官言之，故外省惟及将军、督抚。二十六日复有旨云中外大臣，未尝及小九卿也。凡谕旨

> 云六部、九卿、翰詹、科道者，始包小九卿言之。鸿少特小卿之末，岂大臣乎？而公然荐人，枢府亦不置问，上下相蒙而已。

其诠与六部连举之九卿，复与咸丰间军机处所定不同。至云仅指都察院堂官，盖以意为之，非有故事可征。倘依咸丰间军机处所定，学伊自亦不在其列。学伊应诏保举，上谕于所保之前署顺天香河县知县严暄，命直隶总督、顺天府府尹查明事迹，出具切实考语，送部带领引见，承认其有所云九卿之资格，是盖以六部九卿作六部及诸卿解矣。而原旨于大学士、六部、九卿外，外官惟令将军、督抚保举，复申之曰中外大臣，此慈铭所以欲仅以都察院堂官当九卿，取其秩位相近，并本列大九卿之通政、大理亦不数也。关于此事之谕旨，本有欠分晓处耳。

1935 年 6 月 17 日

（原第 12 卷第 23 期）

三七　清代衡文佳话

顷承杨苓泉君以稿见惠，述陈弢庵（宝琛）佚事，云："陈弢老于壬午科放江西主试，学政洪文卿（钧）为监临，戊辰同年也。闱中论取士之法，洪曰：'吾所取皆才华英发之士，所谓春风桃李也。'陈曰：'吾所取者必为岁寒松柏。'遂以'岁寒然后知松柏'一章命题。及填榜，洪举所识知名之士，另列一单。填至二十名，尚无一人，洪意不乐。陈曰：‘少须，此前列者犹岁寒松柏也。’至三十名后，单上之名累累如贯珠。陈笑曰：‘春风桃李来矣！’洪大笑，亦服其精识。此节弢老为余面述，录呈助笔记之材料。弢老由晋抚改毓庆宫，则详述于拙著《觉花寮杂记》中。”事极有致，科举时代之衡文佳话也。（至《觉花寮杂记》，尚未一读。）清代此类佳话，前乎陈、洪者，犹颇有之。如陈康祺《郎潜纪闻初笔》云：

> 康熙二十年，方洗马象瑛、王吏部材任蜀典试，时川中兵革方定，轺车所届，满目荆榛。方、王二君，殚心蒐拔，惟恐偶屈一士。得士四十二人，每拆卷，当事辄额手称庆。当未彻棘时，学使者冯云骧籍三川隽名三十人，验其得失。榜发，售者二十有五，副车三，所未见者二人耳。蜀人相传以为佳话。乾隆壬午，吴修撰鸿督学湖南，是科主试者为嘉定钱詹事大昕、韩城王文端公杰。场后诸生各以闱艺呈吴，吴最赏者五人，丁甡、丁正心、张德安、石鸿翥、陈圣清也。曰：“此五卷不售，吾此后不复论文矣！”揭晓日，招客具饮，使人走探。俄抄榜来，自六名至末，只陈圣清一人。吴旁皇莫释，未几五魁报至，则四生已各冠其经，如联珠然，大喜过望，首唱一诗，以志其盛，和者三十余人。二事极相类，合记之，为今督学典试者劝。

二事均与陈、洪之事相近，乾隆湖南事尤似，且均为壬午也。文分松柏桃李而中式，洪以学政任监临，躬亦在闱，其事自更饶兴味。

乾隆壬午湖南乡试佳话，袁枚《随园诗话》亦载之，盖《郎潜》此节所由移录也。《随园诗话》于“吴大喜过望”句下，为：

> 一时省下传为佳话。先是陈太常兆仑在都中以书贺吴云：“今科楚南得人必盛。”盖预知吴、钱、王公之能知文能拔士也。吴首唱一诗云：“天鼓喧传作夜声，大宫小徵尽合鸣。当头玉笋排班出，入眼珠光照乘明。喜极转添知己泪，望深还慰树人情。文昌此日欣连曜，谁向西风诉不平？”一时和者三十余人。后甲辰三月，余游匡庐，遇丁君宰星子，为雇夫役，作主人。相与叙述前事，彼此慨然；且曰：“正心管领庐山七年，来游者先生一人耳。”

当时情事，袁氏殆即闻其详于是科中式之丁正心。至庐山胜地，今昔喧寂大异矣。

关于学政之充监临，《郎潜初笔》云：

> 嘉庆戊辰恩科，浙江学政刘凤诰代办乡试监临，闱后人言藉藉，有“监临打监军，小题大作；文宗代文字，矮屋长枪”之对语。密旨查询，经巡抚阮元以对语达天听。上复遣侍郎托津等三人抵浙按问，刘获

重谴，阮亦以徇庇夺官。谕旨中有云："乡试士子系由学政录送入闱，刘凤诰本当避嫌，可（何）以辄将监临之事交伊代办，〔此一节阮元〕已属非是。何以近科秋闱，竟违祖训，仍有以学政监临者？"

以职掌论，学政代办监临，诚未免界限不清。嘉庆间谕旨虽经斥其非是，而末叶淡忘，又时有之也。

张二陵君复有来稿如下：

王文韶继李鸿章而为直督，到任后检阅卷宗，见淮军银钱所同粮饷局有淮军余款一千余万两，存之公家。文韶对人言："余服官中外数十年，非分之钱向不妄取，惟似此节余之款，恐不能如李中堂之一丝不染也。李中堂真不可及。伊在京寓用度颇繁，可由二局每年送伊五千两。"时袁大化方为淮军粮饷局司道，近对余言之，当不诬也。

咸同间入阁者，如官文以湖广总督，曾国藩以两江总督，骆秉章以四川总督，李鸿章以湖广总督，左宗棠以陕甘总督，论者谓为军功中堂。其中宗棠以汉举人得之，尤称旷典，鸿章所谓破天荒相公也。光绪间曾国荃督两江，鸿章通候函中有云："举贡一也，吾丈将继湘阴而邀旷典矣。"

清沿明制，以刑部、都察院、大理寺为三法司，遇有重大案件，交三法司会审。除特派王大臣外，仍刑部主稿，都察院、大理寺不过会衔而已。下走宣统间官法曹时，法部（刑部改设）右侍郎为莱阳王觉生垿，都御史为历城张振卿英麟，大理院（大理寺改设，犹今之最高法院）正卿为长白镇平定成。定为座师，张与王一业师一举主。王于民国二十二年去世，下走挽以联云："善书与刘石庵、桂味谷齐称，仰先正典型，并有大名垂东鲁；谢世在定廷尉、张总宪以后，痛师门寥落，忍将往事溯西曹。"盖记实也。

（原第12卷第24期）

三八　记王夫之黄宗羲顾炎武从祀孔庙

王夫之、黄宗羲、顾炎武三儒之从祀孔子庙，至光绪末年始定，张之洞主持甚力也。胡思敬《国闻备乘》记其事云：

文庙崇祀之典，自特旨驳斥李容后，礼臣持议甚严。顾、黄、王三先生，屡请屡驳。最后御史赵启霖疏上，张之洞适入军机，遂同时邀准。死后馨香之报，犹必藉枢要贵人之援，以此知当时朝局，凡乘时窃取禄位者皆非无因而至也。王氏学初不甚显，曾国藩刊其遗书三十余种，湘人始知尊重，然国藩序文有"纯疵互见"之语，亦未甚倾心推服也。从祀之议倡自郭嵩焘，是时今上即位甫二年，政府虽专，部臣颇能自立。嵩焘归自海外，称服西洋。礼部侍郎徐桐恶之，疑其一乡阿好，遂引国藩序文，本表章夫之之人以驳夫之，嵩焘无以难也。光绪二十年湖北学政孔祥霖上其书于朝，复申前请。礼臣再引《四库总目》议驳，且言遗书有《老子衍》《庄子通》《三藏法师八识规知》等目，儒佛老庄混为一途，又有《潇湘怨》《黑鼓词》《龙舟会戏》各体，事涉游戏，不得谓为无疵。《总目》为高宗钦定，藉圣谟以箝群议，廷臣更无敢置喙者。顾、黄崇祀之议，则自陈宝琛发之。是时朝臣分南北两党。北党主驳，以李鸿藻为首，孙毓汶、张之万、张佩纶等附之。南党主准，以潘祖荫、翁同龢为首，孙家鼐、孙诒经、汪鸣銮、李文田、朱一新等附之。主驳者谓二儒生平著述，仅托空言，不足当阐明圣学传授道统之目，推礼部主稿，汉大学士李鸿章领衔，合词以驳。议上，祖荫等联名疏争，诏下廷臣再议。北党复推满大学士领衔，请仍照礼臣前议，其事遂寝。此三先生崇祀先后被驳之始末也。当夫之初次被驳时，嵩焘恐阻遏后路，不复能再请，别具一疏，请附礼部驳案并存，待异时公论。又于船山祠私制楹联，末云："请从祀于庙，是有待于后贤。"启霖湘潭人，夙宗仰船山，欲续成郭氏未竟之志，而难于措辞，乃并援顾、黄二先生以请。诏下部议。部臣以议驳在先，不敢主稿，乃用戴鸿慈奏定新章，交廷臣会议。自科场废八股改试策论，又废科举改学堂，《日知录》

> 《明夷待访录》《读通鉴论》三书，盛行于世，主准者十居八九。唯礼部郎中吴国镛不好新说，以黄氏书驳杂，摘其可议者数条，上说帖于堂官。尚书溥良以为是，侍郎郭曾炘以为非，然部务当由尚书主政，遂拟稿准顾、王驳黄，通行六部九卿大臣诣内阁会衔。邮传部尚书陈璧先画诺，吏部尚书陆润庠、都察院左副都御史陈名侃继之。画未竟而之洞遣使持说帖至，大意言黄学与孟子相合，议驳非是。举座愕然，各逡巡遁去。次日邮传部咨行礼部，取销陈璧花押，润庠、名侃亦各行文取销，其畏惧政府如此。之洞私语同僚，谓："梨洲若驳，当并顾、王黜之。"盖以启霖、国镛皆湖南人，疑其有私于王氏也。礼臣不敢坚持初议，遂准炎武，而胪陈王、黄事实，请宸断。严修、宝熙、吴郁生、定成、刘若曾、徐定超各具封奏，如之洞指。遂于光绪三十四年九月初三日奉上谕："礼部会奏一折，王夫之、黄宗羲、顾炎武均著准其从祀文庙。钦此。"以如此巨典，只以二语了之。天下读诏书者，不明其所以从祀之故，颇疑三先生之配食颇似近世人才保荐得官也。

其经过盖大略如是，思敬有微词焉。郭嵩焘于光绪二年出使，其由英归国，时为光绪五年，思敬所叙有未谛处。曾国荃重刻夫之遗书，国藩序有云："虽其著述太繁，醇驳互见，然固可谓博文约礼命世独立之君子已。"思敬谓国藩刊其遗书，亦稍误。

当三儒之准从祀，陈衍时以主事在学部，其《年谱》光绪三十三年丁未及翌年戊申所纪如下：

> （丁未）：荣协揆……适与家君谈顾、黄、王三儒从祀文庙交各部议奏事，家君见顾、黄二儒早由陈弢庵阁学奏请从祀被驳，孔学政祥霖奏请王船山先生从祀亦被驳，因言此事恐难邀准，不知荣公意正主议驳，闻之大悦，请家君代撰说帖……及家君退而思之，并查历届礼官所以议驳之说殊不足凭，乃建议力言可以从祀上之，遂大拂荣公意。荣公盖以为此三人皆主张革命者。（按：此谱署“男声暨编”“门人王真续编”“门人叶长青补订”，是年以上皆声暨口气也。）
>
> （戊申）：是时顾、黄、王三儒久已从祀，张广雅相国所主张也。初，从祀一节，各部长官多议驳者，惟吾乡张燮钧侍郎主之甚力，而适丁内艰，不得与闻其事矣。广雅往吊，张侍郎稽颡谢吊后重稽颡曰：“从祀事惟赖世叔主持。”后广雅至军机处，见各部说帖皆以三儒颇言民权议驳。广雅因疏孟子言民权者数条曰：“诸君将并孟子亦摈出文庙乎！”袁尚书世凯时亦为军机大臣，至曰：“我议准，谁敢议驳！”于是各部长官纷纷取说帖回，改作议准矣。……学部尚书荣华卿协揆就部中宴广雅，……谈次，协揆逢迎广雅意曰：“三儒业已从祀，闻外间亦将以曾文正公请矣。”广雅嘎喈

> 曰："曾某亦将入文庙耶，吾以为将从祀武庙！"举座愕然。广雅曰："天津教案，曾某至戮十六人以悦法人。是时德兵已入巴黎。曾某尚如此。"广雅盖不忘协揆往事，故作此訾言；不然，其时中西电报未通，德兵入法都，曾文正实未之知也。

亦可参阅。所云各部议奏，即指廷臣会议事。之洞之力持从祀，张亨嘉盖与有力，而袁世凯其强援也。时世凯之气力势焰，犹出之洞上耳。三儒以有明遗老为清初大儒，学问节概，度越恒流。晚清学人讲时务经济者多宗之，大臣中之号为维新者亦推重其学，而革命党人以其不忘故国，弗为清屈，则尤揭橥号召，为种族革命之一助。荣庆之不以从祀为然，惧助革命党张目，亦足代表当时廷臣之一种意见也。

陈宝琛前请以顾、黄从祀，诸臣会议时，徐致祥上疏，于从祀事未置可否，而以黜邪崇正尊崇道统为说，谓：

> ……异端不黜则正学不昌，况今圣学日新，缉熙念典，尤须别择精微，防闲非僻，凡有以奇巧诡异之说进者，一切报罢，并罪其人，庶士大夫竞相观感，恪守师承，蒸蒸焉砥砺于实学，以上副圣朝黜邪崇正之意，而列祖列宗慎重庙祀尊崇道统之深衷，益昭然若揭矣……

言外亦不主从祀。致祥素守旧，故其论如是。

李慈铭光绪十年甲申十一月初五日《日记》云："马蔚林来，以春间陈宝琛奏请以黄梨洲、顾亭林两先生从祀文庙，礼部堂司各官，莫知谁何，纷纭至今。（其疏初发钞时，一日翰林掌院学士接见编检各员，朱蓉生往谒，闻掌院与诸学士及办事诸翰林言："陈伯潜此疏甚奇。顾某尚有小板《日知录》一书，可备后场策料，黄某何人耶？"皆曰然。）近日尚书毕道远发愤谓诸司曰：'二人学问，我所不顾，但以品行言，二人在康熙时皆不宜出仕，尚得从祀邪？'因掷还蔚林所呈国史《儒林传》曰：'我必驳！'蔚林商于余，余曰：'两先生本不为今日从祀计，况出于福建子之请，辱已甚矣，而尚欲求山东不识一字之尚书屈意议准，何以为两先生地耶？'蔚林一笑而去。"慈铭不慊于宝琛，《日记》中屡加轻诋。至谓道远"不识一字"，其骂人常用之语也。所云掌院学士，盖指徐桐，以于桐素执门生礼，故未显举其名。

《清史稿·孙家鼐传》云："江西学政陈宝琛疏请以先儒黄宗羲、顾炎武从祀庙，议者多以为未可。家鼐与潘祖荫、翁同龢、孙诒经等再请，始议准。"其时何尝议准耶？

（原第12卷第25卷）

三九　谈故七则

二陵近又以谈故之稿见遗，移录如次：

（一）陆润庠之《比翼南飞图》

宣统三年正月，陆润庠请假三月，偕夫人南旋修墓。吴中朝士为之绘《比翼南飞图》，征人题咏。未几而国变，征题乃中止。

（二）陆润庠增饷

是年六月，润庠奉旨同陈宝琛、伊克坦在毓庆宫授读。时润庠以大学士充弼德院院长、兼管顺天府府尹、禁烟大臣。既充师傅，遂奉旨裁兼尹，弼德院长改派荣庆（荣庆原系副院长，递遗之副院长则派邹嘉来），禁烟大臣则代以奎俊，而另加给润庠每月津贴银一千两。未几公宴于江苏会馆，门生中有向之道喜者，润庠云："吾开去一切差使，何喜之有?"时王大桢新简广西劝业道在座，进而言曰："此乃天子不得而臣之义。"阖座大欢，咸服其词令之妙。

（三）"忠清粹德"之陆润庠

润庠殁后，某遗老赠以"忠清粹德"四字，闻者称为典雅确切。四字见于《宋史》。司马光卒，赐碑曰"忠清粹德"。此用"忠清"字样，义取双关云。

（四）陆润庠授太子少保

清制，一帝升遐，开实录馆一次。奉派王大臣虽多，然有一人总司稿本。光绪实录稿本总于陆润庠。保案之例，不待书成，稿本告成即先加恩一次。润庠逊国后之授太保，即以此。

（五）陆润庠兼三职之异

军机大臣、翰林院掌院学士、总管内务府大臣，此三职例不相兼。又吏部尚书不充兼尹，刑部尚书不兼步军统领。润庠光绪三十一年官工部尚书，翌年工部裁缺，命以尚书兼管顺天府尹事。三十三年授吏部尚书，未开兼尹，说者谓非常例云。

（六）藩祖荫隐讥左宗棠

左宗棠在骆秉章幕府时，被官文严劾，几不免，赖胡林翼、潘祖荫中外保荐，得免于难，旋致大用。后由陕甘总督内召，与祖荫时相过从。祖荫以嗜古闻于时，喜收藏，宗棠谓曰：“人不可有所偏好，有偏皆足以误公。”盖讽之。祖荫应之曰：“某尚有一偏好，遇人之有才能者，不避嫌怨，必汲引之而后快。”则隐提旧事也。

（七）周祖培自食其果

周祖培屡掌文衡，而每充朝殿暨考试差阅卷官时，必故抑河南人卷，以示远嫌，由是为同乡所不满。咸丰某年，《宣宗实录》告成，赏伊子某举人，一体会试。翌年会试，祖培先期请假，为伊子入闱地。闱后伊子获中式。定例，新贡士覆试，尚须同乡京官出结。河南同乡京官相约不与出结，曰：“彼平日既远嫌，我辈今日亦须认真。”缘伊子有不学之名，事有可疑也。祖培不得已，乃自行检举，谓伊子系遇窗课成文，请注销进士，一场风波始归平静云。

四〇　陆润庠轶事详释

关于陆润庠南旋修墓事，据闻润庠此行，曾语人云：“国事已不可为，不久将有祸变，此时犹得衣锦还乡一次，过此恐无此风光矣。”因倩人为作《比翼南旋图》，征题咏焉。当其请假，曾为言路所纠。蒋芷侪《都门识小录》云：“江西道监察御史赵熙，前月奏参吉林巡抚陈昭常，而误为黑龙江巡抚，且误昭为照，至被申斥，传为笑柄。乃近日广东道监察御史胡思敬，奏参陆润庠请假修墓，为‘目击国事艰难，有心规避，否则何不令其子陆大坊回籍’云云。老庆阅而笑曰：‘陆大坊系前都御史陆宝忠之子，该御史于此等事尚闹不清楚，所言尚足信乎？’竟置不理。嘻！赵、胡等非素喜建言者耶，而所言乃如是，其与赵高指鹿为马之伎俩何异？适足以见笑而自点耳。”胡思敬及赵熙均清末名御史，此类不经意之失，可笑则无关宏旨，何足深责？遽以指鹿为马相拟，不伦甚矣。关于润庠之与《光绪实录》，吴郁生所撰润庠行状云：

宣统元年充实录馆正总裁，又充实录馆稿本总裁。……壬子十月《德宗景皇帝实录》稿本告成，具奏略言："臣于宣统元年二月奉命充实录馆总裁，旋以恭纂德宗景皇帝实录稿本，于是年六月奉命专司勘办。勤慎将事，时越三年，兹于本年十月十六日谨将勘办全书稿本告成。伏念臣自同治十三年通籍后，光绪元年始以翰林筮仕于朝，渥蒙孝钦显皇后德宗景皇帝特达之知，不次超迁，迨乎末年，洊升极品。入直内廷者三十年，叨居文学侍从之臣，常依禁近，圣恩高厚，刻不能忘。此三十四年中，圣主起居，朝廷政治，事无巨细，耳熟能详，其间扈跸西安，厕身卿贰，兼以参预政务，庙谟宸训，亲历尤多，是以勘办之举，义不敢辞。承命之下，昕夕簪毫，乐于从事。综阅纂协修总纂原稿，已极详尽，加以博采兼搜，更为之抉摘讹误，补证阙佚，再三审订，期于无舛无异。上年遭逢世变，与监修总纂纂协修诸臣提调等员，守此简编，幸未散失。臣以衰年，逢秋常患喘逆，往往中宵起坐，仍力疾勘核，冀蒇全功。仰赖先帝在天之灵，得以始终其事。计纂成实录稿本七百九十一卷，分次发交提调等，敬谨誊清。惟是逐年随纂随交，其中前后书法容或有未尽画一之处，循例尚须覆校，不得谓绝无罅漏，而臣于是书心力已殚，只以感激恩遇，藉以稍报涓埃，虽著有微劳，不敢仰邀议叙。"奉旨："陆润庠奏恭修德宗景皇帝实录勘办稿本告成一折，该总裁办理稿本，始终其事，已越三年之久，昕夕勘核，倍著辛勤，允宜特加优奖。陆润庠著授为太保，以示嘉奖劳勚之至意。钦此。”

润庠久官京朝，事迹不多，斯举当为其一大事也。

四一　曾纪泽戒励严复

《大公报·史地周刊》第四十一期，载王栻、张荫麟二君所撰《严几道》，甚可观。文中述及郭嵩焘对严氏之引重，而继郭使英与郭齐名之曾纪泽，在海外与严氏亦有一段文字因缘。《曾侯日记》云：“核改答肄业学士严宗光一函，甚长。宗光才质甚美，颖悟好学，论事有识，然颇有狂傲矜张之气。近呈其所作文三篇，曰《饶顿传》，曰《论法》，曰《与人书》，于中华文学未甚通顺，而自负颇甚，余故抉其疵弊而戒励之。爱其禀赋之美，欲玉之于成也。”其时曾在中国大官中，亦以思想较新为笃旧者所不满，严则少年气盛，新又过之，故奖誉之余，不免“狂傲矜张”之评耳。严氏之精研旧籍，文辞斐然，未知有关曾氏戒励之功否。

四二　清代文三元

陆陈沄君由济南来函，以清代三元见询。按有清一代，文三元惟钱棨、陈继昌二人。钱字湘聆，江南长洲人，乾隆己亥解元，辛丑会元状元。高宗作诗纪之，有“国朝经百载，春榜得三元”之句。官至内阁学士。陈字莲史，广西临桂人，嘉庆癸酉解元，庚辰会元状元。仁宗诗有“大清百八载，景运两三元。旧相留遗泽，新英进正论”之句，继昌故大学士陈宏谋之后也，官至江西布政使。此后无继起者。　　（原第12卷第26期）

四三　汪辉祖分校湖南乡试

仪征厉秀芳道光间充山东乡试同考官，其《梦谈随录》述及入闱情事及感想，宜宾陈代卿同治间两充山东乡试同考官，有《秋闱纪事》之作，前曾类录（见本报八卷二十七期拙稿）。萧山汪辉祖乾隆间以宁远知县两次分校湖南乡试，其《病榻梦痕录》有所记载。乾隆五十三年戊申云：

> 是岁预行己酉正科乡试，七月初一日行宾兴礼，亦创举也。县入国朝，惟雍正壬子乾隆甲子中式二人，诸生绝意科名，又距省远，每科应试者三四人、四五人不等，士气日颓，甚乃以刀笔糊口。余录其可造者，

收之书院，月四五课，亲董劝之，应宾兴而贫者，酌给卷资，并禀督学宽取遗才，以示鼓励，故赴省之士由科举者二十三人，应录遗者十四人，为数十年未有之盛。奉聘入闱……八月初一日院考帘官，取第一名。(《四书》题“可以为师矣”，诗题“披沙拣金”得“文”字。)初二日藩司柬送科场条例。是科始令举子三场试艺皆开写添注涂改字数，每场不得过百字，朱墨卷皆点句钩（勾）股，二场默写头场试艺，经题专用《诗》，次年会试用《书》，下科乡试用《易》，以后乡会试轮用《春秋》《礼记》，分用讫合用《五经》。初六日入内帘。主考翰林院检讨仁和蔡毅堂先生（共武），刑部山西司主事吴县潘畏堂先生（奕藻）。畏堂先生余都门旧交，然每呈荐颇不相得，盖先生所取尚才气风华，而余荐卷则取沈实。先生笑语余何以必欲得老门生，余曰：“某中式时已近四十，设尔时本房师专取少年，则某且不得为房官矣。”先生曰：“君言良是，第抡才大典，所取之士他日当为朝廷出力，若是迟暮，何所用之?”事后深思，有味乎其言之也。撰《蓝毫杂记》一卷，《试院述怀诗》六首：

其一

暂解铜章意洒然，谁云吏俗不如仙？
来参玉尺抡才地，坐对金风洗露天。
文价早输鸾掖贵，名场尚结鹿鸣缘。

连宵湘岸殷雷动，几许潜蛟待跃渊。

其二

秋闱九上四春官，席帽麻衣力就殚。
从此出头真不易，即今经手忍相谩？
虚叨宪府殷殷聘，怕素公庖日日餐。
文字久抛尘牍外，微才欲竭梦难安。

其三

楚客辞华自昔闻，三闾余韵尚留芬。
程材细准新材格，迷眼愁辜旧论文。
曾是揣摩行我法，了无恩怨与人分。
心声第一惩钩棘，会有濂溪独冠群。

其四

濡毫染靛几俄延，过眼安能信了然？
不是承恩先一第，多应逐队试三篇。
寻常鲁卫难兄弟，铢两王卢别后前。
为问无双谁国士？好从万选觅青钱。

其五

又听喧喧报鼓吹，文场鏖战已竣期。
欣逢片玉初商价，爱看飞鸿欲渐逵。
甲乙我愁持鉴误，推敲人讶拔尤迟。

轮肠不尽怜才意，除是朱衣或未知。

其六

参斗芒寒夜气深，短檠摇影更披寻。

也知遇合关渠命，未敢仓皇负我心。

青鬓能消秋几度，骊珠肯使海终沉？

区区报国文章分，桃李他年何处阴？

九月初一日揭晓，本房中卷五名，石门梅（峄）、侯（登元），湘潭江（起凤）、龙（先法），宁乡刘（宜翥），副榜一名，华容程（廷举），前副榜也。宁远中式一人，乐（之祈）；生与王（定元）、李（承膺），余所称书院三俊者也。”

翌年己酉云：“是年恭逢恩科，七月行宾兴礼后，奉调至省。……八月初一日院考帘官，取第二名。（《四书》题“何用不臧，子路终身诵之”，诗题“披沙拣金”，得“求”字。）初二日藩司柬送科场续例。是科同考官阅卷应加切实评语。初六日入内帘。主考翰林院检讨汉军徐镜秋先生（鉴），检讨普安邓兰溪先生（再馨）。至二十七日填草榜，本房遗卷皆补加小批。镜秋先生受业孙迟舟编修，曾见余诗文，定榜后缕陈旧款，相得甚欢，撰《蓝毫再记》一卷，《书怀诗》六律：

其一

簪花又傍玉堂仙，稽拜承恩列座偏。
白发今年添几许，蓝毫有约待重研。
芷兰得气秋风远，雕鹗盘云劲翮联。
是处楚材供采掇，知谁飞步冠群贤。

其二

棘院沉沉月影寒，商量文律坐更阑。
人多旧侣缠绵语，箧检生书反复看。
大府例容宽礼数，科条新与戒欺谩。
名衔莫讶如蝇细，永叔曾呼小试官。

其三

寿考培材典礼殊，连番科第辟皇途。
文章有价王言大，评骘无私士论孚。
敢以微瑕轻白璧，却愁依样画葫芦。
此中趣味尝曾遍，十五年前策蹇儒。

其四

场屋虚声昔滥叨，廿年落拓涩霜毫。
何图垂老铜章吏，屡厕衡文玉尺曹。
翰墨前缘荣齿录，风尘俗状愧形劳。
机边旧样模糊甚，乞取新花式俊髦。

其五

几回把卷独微吟，秋露新凉入夜衾。
陡觉精神输往昔，勉支筋力到而今。
衡量怕负抡才分，灯火私怜下第心。
领略官题珍重意，长期妙拣出沙金。

其六

匝岁秋光弹指中，九人幸得六人同。
重来谁预三年约，此去多凭尺素通。
衰未敢慵犹恋职，病如催老欲成翁。
赏奇更与烧残烛，万一能酬稽古功。

《内帘十咏》十首。《入帘》云：

委佩峨冠鹄雁齐，至公堂下即云梯。
县名唱到容长揖，试卷携归见品题。
瓜李周防门下钥，虫鱼互订壁分藜。
从容独有金陀客，冷眼看入五色迷。

《分房》云：

久次新除各就铨，签题曾不系官联。
笼灯忽换东西舍，坐席遥分上下筵。
针芥若投应得地，燕鸿相避总随天。
怜余短视茫茫甚，恰傍前荣独炯然。

《掣卷》云：

暗中结契是文章，岂有丕休待忖量？
多士唱名才给卷，九人同考已分房。
鹏抟一任摩空汉，蝶浪谁容过短墙？
此际投胎关福命，恩无可感怨应忘。

《命题》云：

冰壶清映两心同，造化全归数字中。
百步悬侯藏彀力，万花镂样待春工。
案头条例长笺录，纸额关防小印红。
捧出层门争引领，桂枝香里散秋风。

《阅卷》云：

赤厕丹文射两眸，澄心先自涤轻浮。
还珠可许仍留椟，索剑何当仅刻舟？
惬意诗怜排雁齿，聱牙字欲辨蝇头。
瓣香卅载南丰祝，三楚风骚自古优。

《荐卷》云：

为拣精金披尽沙，斒斓入手望尤赊。
堂前许试量才尺，暗里还分障眼纱。
便有瑕瑜能不掩，终难铢两信无差。
从教近墨增声价，都是春阶桃李花。

《落卷》云：

千古文心如面然，春花秋实那能全？
风檐驹影驰弥迅，蜀道蚕丛径易偏。
无可奈何终一抹，谁能堪此又三年？
饮名多少荆南客，枉费君平卜肆钱。

《搜遗》云：

缄题入箧已经宵，棐几重摊念寂寥。
万一看朱曾误碧，寻常画雪可兼蕉。
摘髭科弟恩方渥，撒手因缘气忍骄？
添得几行评语在，鸳针欲度转无聊。

《草榜》云：

甄别连朝水镜如，欣从碧海掣鲸鱼。
里居未识青衿籍，次第先凭红号书。
得入彀中差不负，悬知名下定无虚。
翻愁前度成均士，狙击重惊中副车。

《揭晓》云：

奎光四照恰飞腾，士气三湘正蔚兴。
甲乙姓名文字券，风云际会鬼神凭。
初昏预促谯楼鼓，报捷先笼驿路灯。
淡墨晴霞相映射，欢声到处颂升恒。

> 九月初一日揭晓，本房中卷六名，武陵姚（定益），长沙曹（有健），常德唐（虞乐），攸县邓（德麒），湘乡王（步云），安乡樊（恭清），曹生拨归醴陵樊伯林（寅捷），副榜一名，零陵刘（方璿），（方璿）己酉拔贡生。先是，填草榜时，余以戊申取中副榜由副榜生再中，禀商两主考，如拆副榜弥封本系副贡生，请以备卷易之。是日主考言之监临浦公，浦公以为然。比拆副榜，第二名果副贡生，遂易以备卷。至（方璿）拔贡生，主考欲援副贡例，浦公曰："永州无正榜，当令副榜有名。"因不易。科名有数，不其然乎？

可汇阅，均有关科举掌故。辉祖久困场屋，乾隆三十三年戊子乡试中式，年三十九，四十年乙未成进士，年已四十六（在湘官州县，长于听断，以循吏称），其戊申分房时，年五十九，己酉又分房，年六十矣，诗旨可味也。[戊申与主考潘奕藻论取士风华与才气之分，可与陈宝琛、洪钧事（见本报本卷二十四期。）合看。] 光绪十二年丙戌会试内监试李鸿逵所撰《春闱内帘杂咏》《衡文歌》《闱差行》诸作（见本报九卷八期、十期）与辉祖诗虽有庄谐之异，亦正可类观。先研甫兄壬辰（光绪十八年）《分校礼闱雨夜有作》：

春寒料峭酒筹添，夜雨声声夜柝严。
桦烛不知多少泪，迸将繁响扑重帘。

帘前安得万朱衣，愁对纷纷落叶飞。
我亦当年苏季子，可怜同病竟难医。

及癸巳（光绪十九年）典试四川时《中秋望月闱中校艺三首》：

由来人士表华阳，欲采风谣贡庙堂。
齐鲁之间方朴学，卿云而后挺名章。
但期衡雀平如燕，只恐山鸡舞似凰。
横舍卮言今渐涌，塞涓还待大为坊。

江源高居富钟英，歕薄词澜肖象呈。
海上蜻原非我好，丛间黑或使人惊。
漫操歌舞周师曲，并作中和汉代声。
独愧虚车持藻鉴，夜阑举烛意怦怦。

桂月流华斗柄移，几人高唱步虚词？
锦波异彩腾笺纸，琼府初桄引履綦。
献艺当年同立鹄，寄书有客讯蹲鸱。
秋来踪迹如旋磨，却忆携家渡海时。

并录于此。

四四　朱珪晚年逸事

梁章钜《归田琐记》记朱珪晚年事有云："翰林衙门土地神，旧传为昌黎韩公。公以为代韩公者为吴殿撰（鸿）。一日丁祭毕，坐轿过土地祠，公自轿中回首作拱，大声曰：'老前辈有请矣！'"姚元之《竹叶亭杂记》所记亦然。梁、姚均朱门生也。其事不足论，惟朱为乾隆十三年戊辰翰林，吴则次科辛未大魁，于朱为翰林后辈，而两人宦历，此外更无相谓前后辈之处，"老前辈"或"老同年"之误记耶。（朱吴丁卯同年举人。）

（原第 12 卷第 27 期）

四五　记咸丰间秋试

咸丰九年己未顺天乡试（有名之戊午科场大狱甫于是年春间办结），董恂以顺天府尹偕宝鋆充监临，（董时名醇，迨穆宗立，奏言："臣名与御名字音相同，字义亦复相近，虽功令在所不禁，于臣心实有未安，拟请改避，以申诚敬。"乃更名恂。）其自订《还读我书室年谱》是年云：

> 七月八日礼部奏派文乡试满汉监临，奉旨派宝鋆、董醇（佩珩同年时官户部侍郎）。八月六日入闱。中秋佳节，士子完卷既夥，第是夕例不开门，渐乃拇战擨

笛，升屋高歌，驯不可制。本年剀切示禁，复逐号亲往面谕，犹或目笑存之。比月初上，故态复作，歌声杂遝，旋止旋起，呵之不顾，扶出余字号二人，并枷号军以徇，众乃定。当二人之乘栅栏而歌也，其一见监试陈心泉来，声益高，欲拘之，窜入众中而逸。提调责号军索之，不可得。恂闻声趋往，令号官入号谕于众，同号能举之，则坐一人；同号不举，则查明坐号底册，扣除阖号试卷，均不誊录。俄而号底指前十号，第二号以下群指首号，首号复指第三十四号，遂饬扶二人出，交督门官。监试陆眉生虑众不尽晓，因令押号军周历详述，于是终夜肃然，无敢哗者，为数十年来所未有。盖扣卷为攻心之药，枷号军以徇，又药中之引也。引药既得，痼疾以瘳。十九日宗室场毕，汉监临赴园覆命，召见勤政殿，问闱中前事，臣醇据实直陈，并叩首言："臣等公商，是科本恩科，该生等对众扶出，以示薄惩，因仰体皇仁，念其三场辛苦，卷已早完，仍予誊录。"上颔焉，复叩首而退……

又米脂高照煦《闲谈笔记》卷二有云：

胞弟晓峰，同治癸酉由岁贡生应顺天乡试，尝言辇毂之下，而场闱中较我陕狂悖反甚。第三场亦于十六日早始开门，然中秋一夕，文场比战场尤杂乱，丝竹金革，即大锣大鼓亦有携带入场者。月明之下，登

> 屋高呼，各招其旧相识。无论东西场号舍远近，闻声响应，栅门尽行踏坏，各携所带来乐器，群分类聚，西班南班，纷然开场，多于号舍顶上作会，所唱有远胜于优伶者，到恰好处，直有多人叫好，齐声呼喝，屋瓦皆震。策艺虽未完卷，只得将笔砚收拾，俟明日再作。甫黎明，场门即大开，交卷者异常拥挤，甚至有去至公堂尚远，忙不及待，以卷裹砖石遥掷之者。盖缘每乡试，人辄逾万，大小公馆恶少多以监生下场，平日并不读书，徒趁热闹而已。其真正应试者，亦混其中，好丑莫辨也。

均纪京闱秋试第三场情事，可合看。抡才大典，庄严之地，而佳节狂欢，乃至于斯，盖贵介子弟，或视应试为一消遣法，恃势自豪，真成逢场作戏矣（旗籍为甚）。小说中详叙乡试形态者，如文康《儿女英雄传》第三十四回《屏纨绔稳步试云程》所写：

> ……公子进了贡院门，见对面就是领卷子的所在。……挤到放卷子的那个杉槁圈子跟前，只见一班旗子弟，这个要先领，那个又要替领，吵成一片。上面坐的那位须发苍白的都老爷，却只带著个眼镜儿，拿着枝红笔，按着那册子，点一名，叫一人，放一本，任你吵得暗地昏天，他只我行我法。正在吵不清，内中有个十八九岁的小爷，穿一件土黄布主腰儿，套一件

青哦噔绸马褂子，褡包系在马褂子上头，挽著大壮的辫子，骑在那杉槁上，拿手里那根照入签把那御史的帽子敲的山响，嘴里还叫他："老都喂！你把我那本儿先给我找出来呢！"那御史便是十年读书，十年养气，也耐不住了，只见他放下笔，摘下眼镜来问道："你是那旗的秀才？名字叫甚么？"他道："我不是秀才，我们太爷今年才给我捐的监，我叫绷僧额，我们太爷是世袭呵达哈哈番，九王爷新保的梅楞章章京，我是官卷，你瞧罢，管保那卷面子上都有。"那御史果然觑着双近视眼，给他查出来，看了看，便拿在手里，合他道："你的卷子却有了。国家明经取士，是何等的大典，况且士先器识，怎的这等不循礼法，难道你家里竟没有一些子家教的不成！你这本卷子，你现不必领了，我要扣下指名参办的！"这场吵直吵到都老爷把个看家本事拿出来了，大家才得安静。那御史依然是按名散卷。叫到那个绷僧额，大家又替他作好作歹的说着，都老爷才把卷子给他，还说道："我这却是看诸位年兄分上，只是你这等恶少年，领这本卷子去，也未必作得出好文字。"那位少爷话也收了，接过卷子来，倒给人家斯文扫地的请了个安。……安公子正在走过无数的号舍，只见一所号舍，门外山墙白石灰土大书"成字号"三个大字……公子也只得低头弯腰的钻进号筒子去……这个当儿，这号进来的人就多了，也有抢号板的，也有乱坐次的，还有诸事不作，找人去的，人来找的，甚至有聚在一处乱吃的，酣饮的，便是那极安静的也脱不了旗人的习气，喊两句高腔，不就对面墙上贴几个灯虎儿，等人来打。公子看了这般人，心中纳闷，只说我倒不解他们，是干功名来了，是顽儿来了。他只个人静坐在那小窝儿里凝神养气。看看午后，堂上的监临大人见近堂这几路旗号的爷们，出来进去，登明远楼，跑小西天，闹的实在不像了，早同查号的御史查号，封了号口栅栏。这一封号，虽是几根柳木片儿门户，一张本红纸的封条，法令所在，也同画地为牢，再没人敢任意行动……

为顺天乡试头场领卷归号嘈杂凌乱之状，虽小说家言，著者似尝躬与应试，不同向壁虚造，亦足与董、高所记末场者参看。文康为满人，而于旗籍子弟弗为回护也。《闲谈笔记》卷一云：

篙渔（按：照煦乡人高长绅字）屡充江南乡试同考官，尝谓南京贡院接连秦淮，每科停解（按：似应作荐）后，诸同考官即由院内便门到秦淮妓女家游衍。监临及主考皆知之，亦不禁。某科某监临尝对主考曰："秦淮甚热闹，我们可让众帘官老爷高兴也。"及兵燹后，几成焦土，今不知其何如也。

则言江南乡闱房官之放荡。兵燹指"太平天国"之战。又卷二云：

陈端人师，榜名子楷，进士即用，授定边县知县，调补蒲城县，予癸酉房师也。尝言陕西士风最良，乡试第三场必俟八月十六日始出场。湖北则十五晚必须开场门。缘每遇乡试，中秋日向暮，凡省城妓女俱妆饰齐洁，于某巷中直列成市，各手执桂花一枝。士子出场，多不归寓，直入某巷游观，某妓如意，即接其手中所执桂花，其妓即前导归家栉沐，饮馔皆佳，遂留宿焉，名曰折桂，相习成风，以故功令不能禁止也。端人师湖北应城人。

谓湖北乡试尝有中秋出场“折桂”之习。潍县陈恒庆《归里清谭》（又名《谏书稀庵笔记》）**有云：**

当科举时代，以登贤书比蟾宫折桂，此事盖尽起于晋郄诜“对策为天下第一，犹桂林一枝”及张蠙诗“乡俗稀攀桂，争来问月宫”。予见济上士子家，大比之秋，月轮将圆，桂花正开，秀才提篮出场，行至家门，剥啄一声，内有娇声问曰：“出场乎?”外应曰：“出矣。”少妇开门，先将桂花一枝亲递郎君手，嫣然同笑，而后入室。妇为手斟状元红酒，满饮一杯。外府举子寓其院者，第艳羡而已。每届榜发，历城中式者独占多数，予故戏谓友人曰：“应试者须带家眷。”友人笑不能仰。

如所云，山东乡试时亦有一种桂花典故，特桂花递自细君，

与湖北之所谓“折桂”，情事不侔耳。

又闻诸曾应京闱后数科秋试者，某科（约是丁酉，北京举行乡试之最后一次也）士子领卷时，将所持签信手乱掷，错杂累积，高至数尺，众即踏签而入，若不慎而仆于其上，可受重伤，亦奇观也。又闻山东乡试第三场，中秋日午后即起更，傍晚即作为翌日而放场，俾士子出场过节，未知始于何年。

附：答陈冷僧君：示悉。承询轶事，容俟考访有得，再行奉复。（原第12卷第28期）

四六　光绪帝慈禧后逝世秘闻

关于光绪三十四年两宫之逝世，嗣君之定策，袁世凯之罢官，拙稿前尝屡有述载，事涉隐秘，内幕传者非一。胡思敬《国闻备乘》所记，亦可供参镜。据云：

> 孝钦病危，张之洞请定大计，孝钦颔之。翼日出奕劻勘易州陵工，密召世续及之洞入内，谕以立今上为穆宗嗣，今上醇亲王载沣子也，生四年（按：当作三年）矣，视德宗嗣位时龄尤弱。国难方殷，连三世临以幼主，世续、之洞恐皇后再出垂帘，因合词奏曰：“国有长君，社稷之福，不如径立载沣。”孝钦戚然曰：“卿言诚是，然不为穆宗立后，终无以对死者。今立溥仪，仍令载沣主持国政，是公义私情两无所憾也。”之

洞曰："然则宜正其名。"孝钦曰："古有之乎?"之洞曰："前明有监国之号，国初有摄政王之名，皆可援以为例。"孝钦曰："善，可两用之。"之洞又曰："皇帝临御三十余载，不可使无后，古有兼祧之制，似可仿行。"是时德宗固无恙也。太后默不言，良久目之洞曰："凡事不必泥古，此事姑从汝请，可即拟旨以进。"策既定，电召奕劻回京，告以谋，奕劻叩头称善，遂于十一月（按：当作十月）某日颁诏明告天下。袁世凯不预定策之功，自知失势，伪称足疾，两人扶掖入朝。

瑜贵妃者，穆宗之妃也。自幼入宫，侍孝钦四十余年，警敏知书史，凡宫闱文墨，孝钦悉以委之。今上初入宫，孝钦抱以授隆裕曰："以此儿付汝，以养以教，唯汝之责。"时瑜妃在旁，哭诉曰："嗣皇既入继穆宗，先朝经事穆宗者今唯妾在，岂宜以闲人置之?（按：穆宗嫔御，其时非仅瑜妃一人，特瑜妃名位最高耳。）论光绪初年明诏，即今皇帝有子尚当先让穆宗，太后岂忘之乎?"孝钦默然，良久曰："汝言亦大有理，即以嗣皇付汝两人互相保护，不必执意见也。"瑜妃即长跪叩头，谢恩，遍呼宫人而告之曰："顷太后所言，汝等皆闻之乎?"则皆对曰："闻之矣。"已而今上登极，封皇后为皇太后，不及妃。妃大恚，召奕劻至宫，指其名而骂之，曰："奕劻，今日召汝非他，予死守至今，未即从毅皇帝于地下者，正为今日，太后临崩以嗣君付（咐）我及皇后两人，宫中莫不闻之，今若此，将置我于何地！”奕劻谋于监国，乃封为皇贵妃以慰之，妃终怏怏。后孝钦安奉山陵，宫人皆送葬，事毕，妃与珣妃守陵，坚不还宫。摄政王遣使劝慰百端，乃归。

德宗诸侄，最亲者以溥伟为长，恭忠亲王之孙也。庚子废溥儁，即有继统之望。其姑封固伦公主，孝钦抚为己女，早寡，居宫中为之内援，又结载振以为外援，曰：“事成富贵与共。”孝钦之定策也，载沣叩头力辞。太后叱之曰：“此何时而讲谦让，真奴才也！”徐训之曰：“汝恐一人之力不能胜任，溥伟最亲，可引以为助。”溥伟闻之大喜，私冀当得政权。及遗诏下，只言国事皆听摄政王主持，不及己，大失望，趋入枢廷，大骂张之洞，曰：“大行皇太后临崩，命我助摄政王，此顾命也。今诏中略不一及，是安可用？当别撰之。”之洞曰：“凡在廷臣子皆当为摄政王之助，岂得以此入诏？且太后弥留之际，之洞在侧，实不闻此言。”溥伟顿足大哭，遍骂诸军机。之洞谨避之，不与校。越数日，溥伟忽传旨诣内务府，有所指挥，自言太后令己总理内外丧事。内务府大臣奎俊疑之，密启监国。监国闻有口传懿旨，太（大）惧，急邀奕劻入见隆裕，言溥伟悖状，遂降旨言自皇帝以下皆当服从摄政王命令，溥伟始不敢逞。后载沣摄政不一年，两福晋、两弟及溥伦、善耆之徒，同起浊乱朝政，国人悔失溥伟，然溥伟当争位时，亲向载振屈膝，又因私昵与福晋不合，愤极持刀自刎几死，亦属倾覆之才。国统再绝而家无令子，识者早知其必有乱矣。

德宗先孝钦一日崩，天下事未有如是之巧。外间纷传李莲英与孝钦有密谋。予遍询内廷人员，皆畏罪不敢言。然孝钦病痢逾年，秘不肯宣，德宗稍不适，则张皇求医，诏告天下，惟恐人之不知。陆润庠尝入内请脉，出语人曰："皇上本无病，即有病亦肝郁耳。意稍顺当自愈，药何力焉？"迨奕劻荐商部郎中力钧入宫，进利剂，遂泄泻不止。次日钧再入视，上怒视之，不敢言。钧遂托疾不往，谓恐他日加以大逆之名，卖己以谢天下也。当孝钦临危定策时，德宗尚在，而大臣不以为非。既立今上称双祧，次日又诏各省疆臣保荐名医，其矛盾可笑如此。（按：以上四节均见卷三。双祧之命，在宣布德宗遗诏以溥仪为嗣皇帝后，以孝钦之名义行之，并非称自德宗生前。）

……三十三（按：当作三十四）年陈田、赵炳麟劾罢袁世凯，不知者以为言官之力，实则非也。……隆裕奉德宗遗诏，命诛世凯，监国与之洞力解之，迟迟未决。炳麟侦得其情，乃邀田各具一疏参之，而世凯款段出都门矣。（按：此节见卷一。）

袁世凯忌张之洞誉望出己上，尝语人曰："张中堂是读书有学问人，仆是为国家办事人。"意盖讥其书生迂阔不达事情也。之洞闻而恶之。太后之病亟也，已

> 属意今上，恐为奕劻所挠，命勘陵工，密召之洞、世续，夜半定策，不及世凯。世凯既不与定策功，意颇怏怏。载沣监国之初，推心以任之洞。之洞与监国密商处置世凯事，累日不决。其孙君立（按：君立为张权字，之洞子也）泄之御史赵炳麟。炳麟曰："是可撼也。"犹恐势孤不胜，后邀陈田，两人同日各具一疏参之。疏上，世凯果罢。初田未具疏时，往谒之洞，极言世凯之奸。之洞曰："袁公知兵，习夷情，亦朝廷不可少之人。"田又极言其挟外交自重误国欺君各款。之洞掀髯笑字田曰："松山，持论不必过激。君读史人，岂有枢辅重臣朝廷肯轻听一言官之辞遽行易置乎？"田出，大骂之洞袒奸庇恶，与世凯结为一党，而不知其内谋如是之秘也。（按：此节见卷四。又江庸《趋庭随笔》云："隆裕以戊戌之事，深恶项城，张南皮命其孙厚授意御史赵炳麟弹劾。炳麟逡巡不敢发，于是给事中陈田露章参之，袁遂去位。"）

所纪本（未）必尽确，而出自当时留心国闻之朝士，故录以备览。定策宣示之前，或以叩诸外务部侍郎邹嘉来，首及恭王溥伟，嘉来曰："庚子之役，外人于彼颇有责言，倘入承大统，恐外议未叶，殆非也。"又问："然则贝子溥伦欤？"曰："与臣僚太熟，亦恐非是。"宣示后，有人与张之洞谈及，有疑词，之洞曰："他们家里还有什么人！"意谓非如此不可也。

德宗之崩，最是疑案（传闻吉林巡抚陈昭常有电质问病状，为东三省总督徐世昌所格，未知其审）。恽毓鼎《崇陵传信录》云：

上天表静穆，广额丰下，于法当寿。……戊申秋，突传圣躬不豫，征京外名医杂治之。请脉时，上以双手仰置御案，默不出一言。别纸书病状，陈案间。或有所问，辄大怒；或指为虚损，则尤怒。入诊者佥云六脉平和无病也。……十月初十日上率百僚晨贺太后万寿，起居注官应侍班，先集于来薰风门外。上步行自南海来，入德昌门。门罅未阖，侍班官窥见上正扶奄肩，以两足起落作势，舒筋骨，为拜跪计。须臾忽奉懿旨：皇帝卧病在床，免率百官行礼，辍侍班。上闻之大恸。时太后病泄泻数日矣。有谮上者，谓帝闻太后病有喜色。太后怒曰："我不能先尔死！"十六日尚书溥良自东陵覆命，直隶提学使傅增湇（按：当作湘）陛辞，太后就上于瀛台，犹召二臣入见，数语而退。太后神殊惫，上天颜黯澹。十八日庆亲王奕劻奉太后命往普陀峪视寿宫，二十一日始返命，或曰有意出之。十九日禁门增兵卫，讥出入，伺察非常。诸奄出东华门净发，昌言驾崩矣。次日寂无闻，午后传宫中教养醇王监国之谕。（按：是日惟授载沣为摄政王，命其子溥仪在宫中教养，若监国，则翌日宣布帝崩及嗣君，乃有此命也。）二十一日皇后始省上于寝宫，不知何时气绝矣。哭而出，奔告太后，长叹而已。以吉祥轿舁帝尸，出西苑门，入西华门。吉祥轿者，以御辇而长，专备载大行，若古之辒辌车也。皇后被发，群奄执香，哭随之。甫至乾清宫，有侍奄驰告太后病危，皇后率诸奄踉跄回西苑。李莲英睹帝尸委殿中，意良不忍，语小奄曰："盍先殓乎?"乃草草举而纳诸梓宫。时礼臣持殓祭仪注入东华门，门者拒不纳。迨同部具文书来，乃入乾清门，则殓事久毕矣。……帝崩之明日，太后乃崩。

谓德宗实先孝钦而崩，于当时情事言之，似颇历历，而亦深疑其非善终焉。（原第12卷第29期）

四七　徐龢甫编《四六法海》

先兄龢甫，耽心文史，劬学通识，于骈俪之文，曾重编《四六法海》（附校注），精思孤诣，为晚年心力所萃，病危时犹耿耿在念也。[前岁在济南逝世，其壬寅乡举同年友孙念希（松龄）挽以联云："再不闻议论风生，可堪卧病连年，老去书签沈药里；巳（已）共分科名泥辱，岂意通家童稚，便从华屋见山邱。"]以卷帙较繁校印有待，兹录手书缘起，藉质识者：

明昆山王氏所编《四六法海》，为初学偶文善本，惜乎碔玉并收，艾兰兼采，清铅山蒋氏曾拟更为编撰，而未竟全功，仅存略例，今通行八卷本是也。余不揣鄙陋，取王氏原编，重加甄录，得文三百二十篇。又依蒋例，录原编外佳作三十篇，曰《补录》。明人不工兹体，可勿论；清代名家如林，美不胜收，取其足以启发性灵者，得六十篇，曰《续录》。刘舍人云："博见为馈贫之粮，贵一乃拯乱之药。"重编旨趣，如是而已。

《书经》传写，亥豕鲁鱼，大足为害，故校勘遂成耑门，研诵须求精刊。四六文以隶事为主，设有讹字，学者不知，甚且认为本文如斯，今佚无考，为累滋大矣。兹编遇有讹字，均据善本校正，各本皆误者，如按之文理，灼知不误，则直以己意改之，但每有校改处，必详缀校语，以明非逞臆妄改也。

四六语有来历，往往微注不明。夫孝标之注《世说》，崇贤之注"萧选"，皆去作者时代匪遥，且又职典词林，书窥中秘，然而未详之事，无卷弗有，况在今日，载籍既苦极博，文献每患无征，选四六者，如为津逮学子计，而不校复不注，直钞胥耳。以李申耆、彭甘亭、陈受笙、彭芸楣诸先生，皆笃学稽苦（古），著作等身，而于此昧之焉，吁，其怪矣！兹编所录，为平日所熟诵覃思者，故凡生事必求其原，凡奥文必求甚解，萤窗雪案，绠汲累年。至于熟事恒言，能读兹编者，不合不晓，惟运用之妙，随人而异，智者千虑，或亦偶忘，即不然，而原文亦未必尽记，故此类亦不能过略。其一篇之中，熟事太多，且系屡见他篇，或生事都不能详，或句奇语险，前无古人，或竟体清畅，有似散文。凡此则择要约注数事，或全篇不著一字焉。自知缺误尚多，所望通人是正。释回增美，岂无毛郑功臣，而大辂椎轮，不妨先自隗始耳。

凡未详各条，必于注中表明，更依次摘出，列诸卷首。所谓未详者，不知所出，且不得其解，或虽得其解，而不知所出，且明系征引语气者也。其明白易解之词句，或人名、地名、官职、事物，随文附见，虽不加细考亦无碍文义者，凡此虽不知所本，亦不注未详。其造句奇兀险怪，独出心裁，如鲍明远一派，则间为引据字书以训诂之。

旧注善者，悉为采入，并标注者氏名，示不敢攘善也，然删烦汰复，纠缪补遗，则必详必审，不敢以因人成事，稍涉疏忽。虽以崇贤选注之精博，兹编所录三十六篇中，鄙见商榷者且百余事焉。惟吴注孝穆文集，过于简略，止供参考。倪注子山集，则堆砌闲文，缺漏要事，臆造典故，擅改古书，又每引绝不相涉之事，武断强解，可云诸恶毕备，兹故屏斥不用。此书向为艺林所重，以其字多行密，受其欺罔二百余年，足见不求甚解者之多也。此类妄作，始于唐五臣选注，近代复有程师恭、仇兆鳌，岂谓人尽可欺乎？

注四六文，时代愈远则书佚愈多，虽孝标、崇贤无如何也。又有未亡佚而所见不同，亦足为笺注之障。

如昭明太子《七召》“百味开印”一句，颜注《汉书》，“味”作“末”，注曰：“百华之末也。”若非崇贤选注及陈、张正见诗互证，必疑其无考或传写之讹矣。又如庾信《谢乾鱼启》“雷池长”事，各书所引，皆作“盐池”，微孝标《世说注》可证，将不知为孟宗事而曰未详矣。又有误在出处者，如庾肩吾《谢宅启》“里号乘轩”句，微黄氏《战国策札记》及参考《史记正义》，孰敢决策文之“里”误为“车”耶？此类甚多，难以遍举。注近人四六，凡作者所见之书，吾辈皆得见之，似较易矣，然时代愈后则典册愈多，余藏书太贫，而《四库总目》所载，即有力购置，亦岂能遍读，况《总目》未收者尚不可以数计乎？兹编所录清代各家，多尽有旧注者采之。鄙意间有补正，不能多也。其无旧注而不忍割爱者，就所知之事举最要者，熟事（如经书正史中童而习之者）及已见他篇者略。（并已见某篇字样省之。）所不知者，必注未详，必摘列卷首，与他篇同，复各于本篇之末摘出，所以引起读者之注意，以益绵力所不逮也。

凡事实掌故无法检查者，曰僻典，曰生事；词句难解难检者，曰僻语，曰奥词：检查之法不一，能于无法中觅得径路，斯为上乘，舍此则涉猎时细加注意，其文中暗用合用者，更须悟性敏捷。不然者，纵令目力所及，亦恐对卷茫然，失之眉睫者多矣。此鄙人甘苦自得之言，因附记于此。

补录各篇，依蒋例当从《文粹》以及《英华百三家集》诸书中选录，惟兹编篇数视蒋本已逾半倍有余，亦只四百十篇，奚须陟昆采玉入汉求珠乎？今取清代各家选本，如《骈体文抄》《唐骈体文抄》《南北朝文抄》《纪评文心雕龙》《史通削繁》是也。之数编者，皆前人所已选，兹又从而选之，与选诸《法海》者合而为一。因思前人如《文苑英华》《南宋文录》《唐人万首绝句》，皆有节本，意在由博求约，兹编则于约中求约，亦精益求精也。《文心雕龙》虽非选本，然纪氏加以评点，则固是读本，与《削繁》事异而用意同也。惟蒋例谓《雕龙》宜入全书，则选家实无此例。且同一四六也，有以理为贵者，如陆宣公一派，陈受笙所谓内相奏书不与词华并录是也，故此类概可勿登（长沙王氏选《清代古文辞类纂》，无“奏议”一门，谓今之奏议，要在明切事理，不尚古义美词，即此意）；有以词为贵者，即《雕龙》所云“负声有力、振采欲鲜”，选本之准的也。《雕龙》《史通》二书，则词理并美，第以入兹编，则与耑研本书不同，词为主而理为从矣，故《文心》所取，王氏止录《外篇》，《补录》亦然，《史通》则取其驳辩最多者五篇补之。

清代开创，稽古右文，超登鸿博，以故名儒辈出，即四六一道，亦足方隋唐之驾，而摩魏晋齐梁之垒。兹编所取，限于卷帙，不能多也。袁、吴二家，最便初学，所录比他家为多。《善卷堂集》稍弱，然不俗不卑，未可轻视之也。仁和谭复堂以《伍庙碑》为甲等，兹录之。章思绮则卑矣，而与曾宾谷几如出一手，论者崇曾抑章，不平甚矣。又章氏全集皆出自注，独具卓见。使古人皆如斯，则读者不复以僻典为苦，而五云大甲不至永远费解矣。今于章氏亦取一篇，藉存一家面目。

以上所录，系另纸所书，未知是否先兄最后定稿，俟检理全稿就绪，或更有写定之缘起发见也。

（原第12卷第30期）

四八　旧闻五则

（一）吴国镛力抵礼部改院之议

二陵复书旧闻数则见遗，为录如次：

光绪三十一年，派五大臣载泽、载鸿慈等赴各国考察宪政。鸿慈旋以户部侍郎升礼部尚书。考察事竣，先厘定官制，为立宪张本，各部以尚书一人为厘定大臣，并派载泽、瞿鸿禨总其事。鸿慈以礼部尚书与厘定官制。当时已有裁礼部改设典礼院之议，命部中司官具说帖。各司官之说帖，咸主保留礼部，措词最厉者为郎中刘果、员外郎吴国镛，有“《周礼》六官，统名曰‘礼’，盖天经地义，莫能出此范围。若变政之始，灭天之经，废地之义，流弊不堪设想”等语。礼部改院之议遂罢（至宣统三年改设新内阁时，仍实行），依新官制设丞参。果升右丞，国镛亦保记名参议，时鸿慈已调任法部尚书矣。其后鸿慈保国镛御史。(时新章尚、侍、督抚得各保三人考御史，鸿慈所保者，国镛而外，为编修麦秩严、徐谦二人，惟秩严记名，旋传补。）鸿慈殁后，国镛挽以联云：“雅量迈时贤，能受直言容戆吏；不才负知己，曾无长刺到高门。”

（二）端方与岑春煊龃龉之始

光绪庚子，端方以陕西藩司护陕抚。时岑春煊以甘肃藩司勤王随扈，西（两）宫西幸，途中授陕抚。未至陕，与端方一札文，其官衔为“总统威远全军扈跸大臣新授陕西巡抚”。札文中有“该藩司受国厚恩，身膺藩寄，车驾临幸，所有供张，责无旁贷”等语。端方接到札文后，大恚，谓：“备办两宫供应，义不容辞，若未到任之巡抚，札饬护院之藩司，无此体制，恕不接受。”因拒而不收。春煊到任后，端方调任河南藩司（未之任，旋擢湖北巡抚）。盖政府知二人之不能相处也。

（三）张曜充乡试监临

光绪戊子科山东乡试，正考官为盛昱，副考官为陈与冏，张曜时官山东巡抚，充监临。首题为“节用而爱人”，诗题为“海右此亭亭古（得‘亭’字）”。曜起家不由科第，用武功显，以提督改巡抚，获监文闱，意兴高骞，并拟作一诗，刻之闱墨，有“湖山天共老，丹臒劫曾经”之句，颇有气概。曜又有《谒僧王祠》诗云：“即今遍听舆人诵，都说王贤将不才。”曜旧为僧格林沁部将也。

（四）张之万拟作闱墨

光绪癸未会试，张之万以刑部尚书充总裁。首题为“或问谛之说，子曰：不知也，知其说者之于天下也，其如示诸斯乎”。之万文兴大发，拟作一篇。外省乡试，主考、房考及监临、提调、监试等，如积习未忘，可以拟作刻之闱墨，而顺天乡试及会试则向无此例。之万脱稿后甚得意，以为淹没可惜，乃作为新贡士之文，交聚奎堂发刻。时严修中第四名贡士，闱墨所刻此题之文，即之万拟作，非修原文也。

（五）杨遇春诗

幼时闻之先祖朝议公云：道光中杨遇春督陕甘，巡阅至陕西，公宴于雁塔寺，席间赋诗为乐。有好事者问遇春曰：“公亦有佳句否？”遇春曰：“某有《咏塔》一首，特恐贻笑大雅。”众强之，遇春遂出以示人，曰：“一节一节又一节，好似唐朝敬德鞭。拔地黄风吹不倒，满天红日晒不蔫。”

四九　端方获简湖北巡抚

端方之获简湖北巡抚，政府承外人之意也。按之王彦威所辑《西巡大事记》，光绪二十七年三月十五日，西安行在接湖广总督张之洞电奏云：“顷驻鄂英领事来见云，彼国闻鄂抚用锡良，最不妥当，各国必来商阻，不如中国先行措置，方于国体无损。云云。查锡良在晋藩任，上承毓贤意旨，不无与教士龃龉之处，进退疆吏，外官不敢质言也。……又西人拟保堪任督抚数员，端方居首，可否于其未送照会以前，先行位置，以免外人干预痕迹。谨奏。”于是立降“锡良着开缺，另候简用，湖北巡抚着端方补授”之谕。因外人之言而罢免督抚，庚子之前已不乏其例，若端方之抚鄂，则封疆大吏之简畀，亦复恪遵外旨矣，可叹也。

五〇　戴南山巧对

简斋函述巧对，云：“友人话及，戴南山少时才名藉甚，学使某公以‘孔门传道诸贤，曾子子思孟子’使属对，戴即应声对曰‘周室开基列圣，太王王季文王’，可云妙对。”

（原第12卷第31期）

五一　袁世凯遗事

（一）假忠臣

袁世凯辛亥应召入都组阁之初，于往见者必痛言世受国恩，当兹危难，誓鞠躬尽瘁，捐生以报，盖义形于色也。驻外使臣陆徵祥等电奏，请清室逊政，岑春煊等之电亦至，会李家驹诣世凯，世凯以电示之，并手批岑电曰："此又一陆徵祥也！"指谓家驹曰："老柳（家驹字柳溪），你来看，这是忠臣说的话吗！"

（二）善于做戏

庚子两宫出走，世凯时在山东巡抚任，派候补知县曹某解饷银暨贡物赴行在。曹上院禀辞时，世凯送客将止步矣，忽向曹屈膝请安，曹与同见者均为之愕眙，世凯肃然曰："君父之难，昼夜兼程！老哥偏劳，兄弟先行道谢。"闻者多叹世凯之忠，而亦有笑为"善于做戏"者。

（三）忘恩负义

沈祖宪（绍兴人）久居世凯幕，即与吴闿生合编《容庵弟子记》者。其进身之始，由吴大澂家推荐。世凯营帝制时，祖宪忽以谋乱嫌疑被执，人多讶之。闻其事起于家庭，世凯虑长子克定难制，故假事执祖宪下之狱，藉以戒慑克定云。(克定与祖宪相善，其妻大瀓女也。)

（四）几犯僭越罪

又闻世凯督直时，统率新军，尝拟发银奖牌，牌之一面作龙形，一面则一大“袁”字。祖宪力言其非制，如事闻于上，将以启疑招咎也。及改制，世凯戊申罢官后，息影洹上，尝建一亭，拟颜曰“涵虚”，以问祖宪。对曰：“不可。‘涵虚混太清’，孟浩然诗句也。‘清’可言‘混’乎？若题此，恐为忌者以蜚语中伤之资矣。”世凯悚然舍之。

（五）偶露不臣之心

于式枚在李鸿章幕中时，每戏称世凯为“太祖高皇帝”，或以世凯乍露头角，顾盼非常，有不可一世之概，故以此致谑。若谓是时已识其有不臣之心，似尚未必。

（六）暗杀赵秉钧

江庸《趋庭随笔》云：“梁格庄有赵公祠，赵公为赵秉钧智庵。赵曾监崇陵工程，殁葬梁格庄。祠当系赵氏家庙。祠内悬挽联甚夥，内有项城手书挽联‘弼时盛烈追皋益，匡夏殊勋懋管萧’，字殊豪放。项城书公牍外罕见，楹帖则仅睹抱存处一联。袁、赵交深，挽联故亲笔书之。智庵之死，传闻为项城所酖，殆一疑案。”世凯不工书，故罕为人书联，吾所见者，为挽郑汝成联。其文云：“沪海竟失岑彭，衔悲千古；苍天再生吉甫，佐治四方。”殆即世凯最后所书之联矣。辞甚粗豪，而饶有雄健挺拔之概。书法犷率，似败笔蘸淡墨所书，亦深具悍霸之气，肖其为人。并有一额，亦世凯自书，为“河山壮气”四字。若由“气”字逆读，则即常用之“气壮山河”一语也。化熟为生，亦见倔强（此额亦可称为回文体）。当汝成之柩抵京，治丧仪节极隆，承世凯命也。在先农坛追悼，吊者云集，盛极一时。未几世凯卒，亦追悼于先农坛，则所亲昵者多星散，余人亦多避嫌弗往，景象殊凄凉萧瑟矣。炎凉异态，益足令人兴“一世之雄”之感。秉钧之死，即日由总统府医官处发表诊断书，送各报登载，以人言可畏，藉杜物议耳。汝成之遭狙击，当时亦颇疑即世凯所使，严复挽诗，盖有微辞。迨世凯取消帝制，复与人书有云：“项城之败著夥矣，而莫厉于暗杀。……生性好用诡谋以锄异己。往者勿论，乃革命军动，再行出山，至今，若吴禄贞，若宋教仁，若赵秉钧，若应桂馨，最后若郑汝成，若张思仁，若黄远庸，海宇哗然，皆以为项城主之。夫杀吴、宋，虽公孙子阳而外之所不为，然犹可为说，至于赵秉钧、郑汝成，皆平日所谓心腹股肱，徒以泄秘密之口，忍于出此，又况段祺瑞以不同意称帝，杜门不动，数见危机，人间口语，怪怪奇奇，则群下几何其不解体乎！”赵、郑并举，以著世凯之喜暗杀焉。世凯自辛亥再出以来，死于暗杀而被指目为世凯主使者甚夥，复所列犹未尽也。

（七）挽联露雄心

官文、胡林翼奏报李续宾三河镇阵亡情形，文宗朱批云："详览奏牍，不觉陨涕。惜我良将，不克令终，尚冀其忠灵不昧，他年生申甫以佐予也！"故曾国藩挽续宾联云："八月妖星，半壁东南摧上将；九重温诏，再生申甫佐中兴。"（妖星谓彗星。）世凯挽汝成下联，似由此及汉高帝《大风歌》"安得猛士兮守四方"语脱化。

（八）挽李鸿章联

天津李鸿章祠有世凯一联云："受知早岁，代将中年，一生低首拜汾阳，敢诩临淮壁垒；世变方殷，斯人不作，千古大名配诸葛，长留丞相祠堂。"闻是阮忠枢手笔。纪昀挽福康安联云："汾阳王名位相同，功业常新，万里有将军壁垒；忠武侯经纶未尽，英灵如在，百蛮拜丞相祠堂。"亦上联汾阳，下联诸葛，"壁垒"及"丞相祠堂"亦正同，未知袁联是否暗合，抑即以斯为蓝本耳。世凯之奏请为鸿章在天津建专祠，文中云："蜀中伏腊，拜丞相之祠堂；岘首涕洟，摩太傅之碑石。以古方今，讵有多让？"亦颇为人传诵。

（九）忘恩于吴长庆

世凯之露头角，始于受知吴长庆。为大总统时，以匾额送朝鲜长庆祠，文为"怆怀袍泽"四字，大似长庆尝为世凯部将者，说者讥其忘本。

（一〇）追封郑汝成赵秉钧

世凯追封汝成为一等彰威侯（原官彰威将军），秉钧为一等忠襄公。忠襄公似谥，彰威侯则似城隍神之封号。（已死者之追予爵封，此一公一侯之外，尚有徐宝山封伯。宝山之被暗杀，世亦指目世凯也。）汝成柩到京，由车站移停先农坛时，世凯命用侯爵之礼，仪仗甚繁，中有鹰及犬，颇引人注目，盖从旧制也。

（一一）赠段祺瑞寿联

其时生者之封公，为龙济光、张勋、冯国璋、姜桂题、倪嗣冲、段芝贵、刘冠雄七人，济光等一等，冠雄二等（济光旋加郡王衔）。未及段祺瑞也。而在此以前，民国三年祺瑞五十生日，冯国璋赠联，署款即曰“芝泉仁弟上公”，他祝辞之称“勋爵”者尤多，盖当时颇以勋位拟爵封，祺瑞授勋一位，遂见称“公”“爵”耳。（世凯赠联额各一。额曰“节钺延釐”，上为“大总统题赠段陆军总长五十寿”，下为“中华民国三年四月穀旦”。联曰“汾阳福寿光唐史，淝水威名壮晋国”，上款“芝泉总长五十寿”，下款“袁世凯”。）　　（原第12卷第32期）

五二　陈宝箴典试江西

常熟孙师郑（雄）月前卒于北平，年七十，闻晚境颇不佳也。其友好及门人经纪其丧，且拟筹设郑斋图书馆，为之长留遗念。馆如有成，亦足慰其憔悴著书之志矣。孙氏近著《诗史阁笔记》，分日刊登《北平晨报》，其绝笔也。顷见其数则，中有录张志潜函，述陈宝琛典试江西以“岁寒松柏”命题事云：

> ……先是，同治癸酉，弢老分校顺天乡闱，年才廿六，房首乃一耆宿，年已六十有二。光绪乙亥，又与洪文卿同任顺天乡试分校，文卿戏语弢老，谓：“衡文应取少年文字，气象峥嵘，他日桃李成阴，罗列鸾台凤阁间，师门得以食报，无再取老师宿儒迂疏寡效之松柏为也。”弢老颇不谓然。洎壬午典试江右，洪适督学，弢老询以士风如何，洪戏对云：“来此三年，尽栽桃李，无一松柏。”弢老入闱后，遂以岁寒松柏命题，所取多章江硕彦，陈散原即于是科获隽……

与拙著《随笔》所录杨苓泉君来稿述陈、洪论取士一节（见本报本卷第二十四期），大旨不殊，而情事颇有异同。杨君云：“此节弢老为余面述。”张君亦谓“立雪所闻”，则均亲闻诸陈氏者，二说孰为最确，殆难质矣。以语气论，杨君所述，洪以春风桃李为言，陈以岁寒松柏尚之，较之张君所述，洪于称扬桃李时即先将松柏骂倒，似更于事实为近。

五三　张百熙瞿鸿禨入军机事真相

《诗史阁笔记》又一则，录陈夔龙《梦蕉亭杂记》云：

> 长沙张文达公百熙、善化瞿文慎公鸿禨，……同岁举于乡，先后入翰苑，均为高阳李文正公高第。文正每与长白荣文忠公禄谈宴，极称许两君不置。……庚辛之际，两公（宫）驻跸西安，枢臣端邸载漪、刚相毅、赵尚书舒翘、启尚书秀，因庇拳获严谴，枢府乏人，文忠密荐于朝，特旨令迅速来陕，预备召见。时文达任广东学政，文慎任江苏学政，相约交卸后会于汉口，联辔入秦。文达先到，谂知文慎莅鄂需时，爰纡道回湘省墓。讵文慎到汉，接秦中友人密函，星驰而去。文达由湘返汉，乃知文慎已著先鞭，竟不稍待，有孤前约，意颇不怿。迨赴行在，定兴鹿文端公传霖已先入政府（亦文忠所保），只须再简一人充数，两宫无所可否，转询文忠，择一委任。文忠密奏：圣驾计日回銮，举行新政，可否令张百熙、瞿鸿禨各抒所见，缮具节略，恭呈御览，再求特旨派出一员，较为得力。上颇然之。奉谕后，文达力论旧政如何腐败，

新政如何切用，并举欧西各国治乱强弱之故，言之历历，何止万言。文慎不遑辞华，但求简要，略陈兴利除弊四端。两宫阅竟，谓文忠曰："张百熙所言，剑拔弩张，连篇累牍，我看去不大明晰，还是瞿鸿禨所说切中利弊，平易近情，不如用他较妥。"文慎遂入直军机……

按：瞿鸿禨之成进士，入词林，早于张百熙一科（瞿辛未，张甲戌），庚子之岁，瞿方以礼部右侍郎督苏学，张则以内阁学士督粤学（戊戌政变，张以曾保康有为获革职留任处分），迨瞿升左都御史，张乃递补礼侍，瞿升工部尚书，张又递补总宪，两人资序，雁行相次如此，虽枢臣简畀，不必尽循阶资，而瞿既班在张上，当时选用枢臣，以地位论，机会自属较优，其得入直军机，亦自无足异耳。庚子各省学政报满，未及简放新任。瞿在苏闻两宫西行之讯，即专折驰问。嗣因头风自额顶至脑后苦作掣痛，病体难支，再奏请先行交卸，给假两月回籍就医。奉旨准假后，于十月间移交关防，十一月初二日抵长沙，十二月初八日启程赴西安。见《长沙瞿氏家乘》卷五《止庵年谱》附录。是瞿实迂道回湘也。瞿自苏西行，张自粤北行而后西，自以瞿之行程为尤便，所谓莅鄂需时云云，盖有未谛。至应诏陈言一事，乃缘辛丑三月初三日之通谕，中外大臣皆有条奏。瞿以是月二十三日递折，所陈确系四条，主张择要以图，行之以渐，大略谓：

……今日情势，譬如大病之后，元气尽伤，不独攻伐之剂不可妄施，亦岂能骤投峻补？若欲百废俱兴，一时并举，不惟无此财力，正恐纷更罔济……

一曰整饬吏治。……请饬下各省督抚，慎委州县，必以尽心民事兴利安良为考成。至命盗案处分，则应从宽。

一曰造就人才。……学堂创办之始，除京师原有大学堂外，但于各省会立一时务学堂……期以十年，各省府厅州县次第自兴学堂矣。

一曰变通军制。……请各省建一练兵学堂……学成之后，使分充队长，转相教习，推广多营，就中择尤委为管带，即以督抚统之。

一曰开浚财源。……一切搜括病民之政，断不可行。除加抽进口洋税及改定镑价二端，为出入大宗要款，应由全权大臣与各国公使商议，期于必行外，其余别无开源之法，计惟有求之于地，犹可资以裕民。……又见在铸造银元，已有数省，惟湖北、广东两省为精，拟请饬下户部，将机器提至京师，依照湖北、广东办法，由部铸造精式大小龙圆，颁发各省，一律通行。

又，鹿传霖于庚子闰八月初二日即奉旨入军机，时尚未召瞿、张，荣禄亦尚在保定，未至行在也（是月十三日始谕令荣禄前来行在，入直办事）。瞿于辛丑正月十五日抵西安（四月初九日奉旨在军机大臣上学习行走），鹿已为军机大臣数月矣。

尝闻人言，陈氏笔记叙戊戌事有甚失实处。

（原第12卷第33期）

五四　陆徵祥与许景澄交谊

陆徵祥早任坛坫，中陟中枢，晚作畸人，洵近世名人之自成一格者。以受知于许景澄，获其裁成，而景澄又舍生效忠，节概凛然，故徵祥服膺甚至，钦慕无已，其事足传也。昨承沈君怡君由上海以徵祥在欧印行之纪念品见寄，书谓："去岁游英，曾获有印刷品一种，系陆子兴先生在欧印行以纪念许文肃公者，吉光片羽，亦颇可珍，爰置之行箧，携归故国。兹因素喜读尊著《随笔》，知搜集史料，不厌其多，用敢奉上，聊作芹献。"雅谊甚可念。此印刷品印有景澄遗像，暨陆润庠联云："事君以忠，能临大节；与人为善，赖有真传。"上款："许文肃公遗像，为子兴陆君题。"下款："年侍生陆润庠撰句并书。"并有景澄致徵祥手书墨迹数行。正文为《追念许文肃公》，词云：

> 呜呼吾师！自庚子七月初四日吾师捐躯就义，至今已足足三十年矣。回溯在俄时，勉祥学习外交礼仪，联络外交团员，讲求公法，研究条约，冀成一正途之外交官。祥虽不才，抱持此志，始终不渝。吾师在天

之灵，想鉴之也。已亥春，祥与培德结婚。吾师笑谓祥曰：“汝醉心欧化，致娶西室主中馈，异日不幸而无子女，盍寄身修院，完成一到家之欧化乎?”尔时年少未有远识，未曾措意。丙寅春室人去世，祥以孑然一身，托上主庇佑，居然得入本笃会，讲学论道，以副吾师之期望，益感吾师培植之深厚，而为祥布置之周且远也。呜呼！生我者父母，助我者吾妻，教育以裁成我者吾师也。今先后俱登天国，而祥独存，岂不悲哉？虽然，祥以衰朽多病之体，自入院后，除朝夕诵经外，于拉丁文、道德学、哲学、神学以及新旧圣书等，无不竭吾智能，以略探其精微。历时非为不多，用力非为不勤，数年以来，不唯无病，且日益强健，此上主之赐。九泉之下，吾师闻之，当亦为之慰快。祥惟有永遵主命，日颐（颂）主名，以终吾年耳。本笃会修士门人陆徵祥谨述。夏历己巳七月初四日。

其词并印有英法文者，兹录英文者如左：

PAX.

TO MY DEAR AND REVERED MASTER SHU

It is to this eminent and deeply regretted Master that I owe my first training in diplomacy and my whole career therein, of which he had foretold the different stages.

In his fatherly solicitude for me, he also foresaw my future retirement into the seclusion of the monastery and the peace of the cloister.

To his sacred memory, I dedicate my profound and eternal gratitude, in remembrance of the 30th anniversary of his death.

He was condemned and decapitaed on July 29th 1900 a victim of false accusations, but his complete innocence was vindicated and all honours restored to him post humously by an Imperial Decree of February 13th 1901.

Oh God. Thou hast taken from me my Parents, my Master, my Wife.

Thy will be done.

Blessed be Thy. Name forever.

U. I. O. G. D.

His old devoted pupil.

D. Pierre Celestin Lou Tseng Tsiang O. S. B.

Benedictine monk of St Andrew's Abbey.

July 29th 1900–July 29th 1930.

又有一纸云：

民国二十年十一月二日追思已亡瞻礼。祥伏读北平公教青年会季刊《读书运动》专号，内有补白一则，题曰《回首三十年前事》，兹特恭录于后："庚子之乱，迄今已三十年矣，回顾往事，有足述者。有致命荣冠之父，然后有主教品位之子，近故第一位罗玛祝圣国籍主教赵公是也。有殉难牺牲之师，然后有弃俗精修之徒，此事之明证，可举陆子兴先生为例。前者世所周知，后者人所罕闻，故舍前者而述关于后者之故事云。许文肃公，陆子兴先生所师事者也，为清末著名之大外交家。庚子乱作，因诤谏而赐死，实即殉难之牺牲者。许公曾使诸国，亦明晓公教事。查《许文肃公日记》：'甲申十一月初九日即一八八四年申刻抵罗玛住店，是日为西历十二月二十五日，相传为耶稣诞日，店中悬灯召客。初十日游花园两处及大礼拜堂，规制宏丽，极天下巨观。十一日游礼拜堂三处，其一旁楹下有穴，石椁在焉。其一堂小，相传为耶稣受刑讯院，石梯尚存，教徒皆以膝行上。十四日游教王宫。'再丙戌一八八六年二月二十一日《日记》，提及教王通制之议云。可证。在许公牺牲二十五年后，其弟子中乃有陆子兴先生入本笃修会，殆先烈之血亦自有其代价乎。"云云。祥读至"有殉难牺牲之师，然后有弃俗精修之徒""殆先烈之血亦自有其代价乎"句，不禁神往祖国，追慕先师，盖祥始知入院苦修之愿，不独得先师预言之指导，实则为文肃捐命鲜血之代价焉。谨据文肃中表兄弟朱君文柄叙述庚子七月初三日未刻经过情形，略云："比逮至提署，即交刑部，并未经审讯，便与袁忠节公同时就义。权奸构陷，营救无方，惨酷情形，不堪寓目。事平，仅得开复原官。后隔数年，始经郭春榆侍郎奏请，加恩予谥，略慰忠魂。"云云。谨按先师被逮之顷，尚与朱君谈论学务，从容就义，视死如归，宛然有基多信徒殉难之慷慨态度。呜呼，我师殆有勖祥追步芳踪之处耶！祥惟有早夕虔祷上主赐祥以不负先师期望之特遇耳。门人本笃会修士陆徵祥追念谨述，以告来兹。

于此可见徵祥追念师门之笃，尤见其皈依耶教之肫诚；自行所信，物外萧然，于同时辈流中，洵为特异。

五五　《欧阳生笔记》

湘潭欧阳兆熊笔记，最初于民国十一年见之，系刊载于上海有正书局发行之《小说时报》壬戌第一、二两期（李涵秋编辑），标题为《欧阳生笔记》，附跋云："右湘潭《欧阳生笔记》一卷。欧阳生者，不知名，其姓氏里居亦于其记中得之。此记亦不知其本何名，因其体类笔记，遂谓之《欧阳生笔记》。悲天识。"按其内容，则兆熊所撰也。其后又见一木刻本，署曰《榾柮谈屑》，内容相同，撰者忆即明著为兆熊。此书足广轶闻，兼饶趣致，拙稿曾屡加征引。（其见于本报者，如第六卷第三十五、四十一、四十五等期所载《曾胡谈荟》及第七卷第三十八，第九卷第六，第十卷第四十六等期所载《随笔》均尝引及。）近读本报本卷第十期载张荫麟君所撰《跋〈水窗春呓〉》一文，乃知其又名《水窗春呓》也。　（原第12卷第34期）

五六　梁鼎芬梁启超汪精卫之辞谢表

梁鼎芬以湖北按察使辞职得请，谢恩折谓："伏念臣才非贾谊，学愧刘蕡，本孤苦之余生，值艰难之时会，揆之古人致身之义，岂有中年乞病之章？乃者疾来无时，医多束手，群邪杂进，正气潜凋，外患既滋，内维又溃，既忧伤之已过，欲补救而无功。仰荷生成，曲加怜惜，戴山觉重，临海知深。臣病虽入膏肓，圣恩实如天地。虎须曾捋，何知韩偓之危，鸾翮能全，不似稽康之铩。归依亲墓，松楸之荫方长，眷恋君门，葵藿之心未死。"措语颇工。"虎须"云云，谓曾劾奕劻、袁世凯也。其以病情喻国事，尤有语重心长之致。（又闻鼎芬去官之前，张之洞尝荐其堪任封疆，为奕劻、世凯所持，不获简畀，恒郁郁不自得，自撰一联云："读书学剑两无成，此心耿耿；钟鼎山林俱不遂，双鬓萧萧。"乞罢得请后，亟命取公服焚之，以示不再作官，众劝止不听。夏口厅同知冯赞，其乡人也，徐曰："公虽不作官，家祭可以便服从事耶！"鼎芬瞿然曰："吾过矣，吾过矣！"乃止。）

梁启超由津南下从事讨袁时，濒行，以辞呈致世凯（时启超官参政院参政），自叙病情处云："比觉百脉偾张，头目为眩，外强中干而方剂屡易，冬行春令则疠疫将兴，偶缘用药之偏，遂失养生之主。默审阴邪内闭，灾沴环攻，风寒中而自知，长夜忧而不寐，计非澄心收摄，屏绝诸缘，未易复元，恐将束手。查美洲各属，气候温和，宜于营卫，兹拟即日放洋，择地休养。”表规刺之意，语亦工妙。

近者行政院长汪兆铭于八月八日由青岛发出因病请辞院长兼外交部长职务之庚电，有“标病虽去，本病未治”之语，论者颇谓亦足象征时事，特事态与二梁迥殊，自不能相提并论耳。

五七　梁鼎芬新婚馆选

鼎芬于光绪六年庚辰入翰林，娶妇龚，时称佳话。李慈铭与为同年进士，是年八月二十一日《日记》云：“同年广东梁庶常鼎芬娶妇，送贺分四千。庶常年少有文而少孤。丙子举顺天乡试，出湖南龚中书镇湘之房。龚有兄女，亦少孤，育于其舅王益吾祭酒，遂以字梁。今年会试，梁出祭酒房，而龚升宗人府主事，亦与分校，复以梁拨入龚房。今日成嘉礼，闻新人美而能诗，亦一时佳话也。”二十六日云：“诣梁星海、于晦若两庶常，看星海新夫人。”九月三十日云：“为梁星海书楹联，赠之句云：‘珠襦甲帐妆楼记，钿轴牙签翰苑书。’以星海濒行，索之甚力，故书此为赠，且举其新婚馆选二事，以助伸眉。”此鼎芬玉堂花烛，为一时胜流所艳称者。（时鼎芬年二十三岁。）后来之事，盖不堪回首云。

五八　吕海寰轶事

客谈吕海寰轶事：海寰原籍山东掖县，游京师，遂入大兴籍，补博士弟子，领同治六年丁卯乡荐。会试屡不第，以舌耕为业，设帐于户部经承樊某家。时咸丰间政府所发钞票，已等废纸，惟捐官上兑尚可用。樊家所存甚多，一日樊与海寰谈及，曰："先生何不捐一部曹？此间所存之钞票可作上兑也。"海寰唯唯。樊遂代为上兑，捐一员外郎，签分兵部，赀郎行走，仕途亦甚滞也。会总理各国事务衙门考章京，经本部保送与考。题为"为（惟）断乃成论"，出自韩愈《平淮西碑》，与考各员多不知出处，海寰则源源本本，文特精采，取列第一。传到后，为堂官所重，洊历总办暨同文馆提调等差，迭膺优保。迨甲午（光绪二十年），遂由兵部〔郎〕中外简常镇通海道。丁酉，开缺以四品京堂候补，充出使德国大臣。值庚子之变，以周旋坛坫，累得升擢。壬寅回国，已简任左都御史，留沪办理商约，旋又升兵部尚书。回忆蹭蹬公车，浮沉郎署，当有遇不遇之感欤。

五九　特知试题出处之公案

李慈铭光绪五年己卯四月十五日《日记》云："是日部院诸员考试差者二百八十人，潘尚书拟题，《四书》文

‘信而好古’，经文‘望于山川’，诗题‘进贤兴功，得官字’。”二十二日云：“族弟慧叔来。此人新补兵部主事，与考试差。此次试于廷者二百七十六人，惟六人知诗题出《周礼》，押《夏官》字。慧叔与其一，以兵部堂上有扁题此四字也。其四人皆部曹，一人为内阁中书，盖转相告语得之，而翰林闻其语者皆不信。张香涛谓：‘《周礼》必无此成句，或数语中有此四字，而唐宋人诏疏中合而用之。’遂于押官字韵云：‘古意合《周官》’”。一时以为口实矣。（大司马掌建邦国之九法，其三曰进贤兴功，以作邦国。郑注：“起其劝善乐业之心，使不惰废。是进贤兴功者，以诏诸侯，各进其贤臣兴其功臣也。”九法皆所以为诸侯之法，疏中申释甚明。而入试诸人，剽闻《夏官》之语，以为必指武功，虽不敢明点《夏官》，皆主武事为说。其径用《夏官》者，又误仞九法为九伐，遂明点九伐字。夫记诵之举本难，虽博览多闻，而于经典正文或亦不能悉记，其留心名物训诂者，往往攻其所难，略其所易，是固不足为诟病，然如此之扣槃扪烛，亦太觉朝无人矣。）此亦一兵部司官特知试题出处之公案。关于试题不知出处之谈柄，拙稿述之屡矣，可均合看。

六〇　张曜食言

客又谈张曜轶事：曜原籍浙江钱塘，入顺天大兴籍。光绪十一年乙酉，授广西巡抚，奉命督治京城外河。大兴、宛平两县京官宴之宣外北半截胡同江苏会馆。席间，曜曰：“外省大县尚有县馆，大、宛为首善之区，县馆阙如，此朝士之耻也。请诸君偏劳，择地建一大宛试馆，用款若干，均由张某担任。”时大兴朱梁济方以兵部主事充定东陵监修，遂商诸木厂，在西河沿建大宛试馆（今元成店址），用银一万余两。当宴罢之翌日，曜遍拜大、宛两县京官，并谢昨日之宴。其时京官惯例，凡客来含有答谢意味者，以挡驾为恭敬，故所至之处，均挡驾。曜以为京官轻己，大不怿。迨大宛试馆落成，梁济向曜道及，曜仅捐银一千两。盖事缘误会，曜非以吝此万余金而食言也。

（原第12卷第35期）

六一　首县琐谈

昔日知县与知府同城者，号为首县，府属他州县尊称之曰首台，以其居诸州县领袖之地位也，而附郭知县，每疲于肆应，实不易为。若首县而在省会者，其地位俨为全省州县之领袖，则长官层累，趋跄倥偬，供亿纷纭，尤有疲于奔命之苦，而于民事往往不暇尽心致力矣。梁章钜《归田琐记》云：

> 小住衢州府城，西安令某极言冲途附郭县之不可为，因举俗谚“前生不善，今生知县。前生作恶，知县附郭。恶贯满盈，附郭省城”云云。按：此语熟在

人口。宋漫堂《筠廊随笔》已载之，云其先文康公起家阳曲令，常述此语，则其来亦远矣。近时有作首县十字令者：“一曰红，二曰圆融，三曰路路通，四曰认识古董，五曰不怕大亏空，六曰围棋马钓中中，七曰梨园子弟殷勤奉，八曰衣服齐整言语从容，九曰主恩宪德满口常称颂，十曰坐上客常满樽中酒不空。”语语传神酷肖。或疑认识古董四字为空泛，不知南中各大省州县交代，凭首县核算，有不能不以重物交抵者。余在江南，尝于万廉山郡丞承纪处见英德石山一座，备皱瘦透之美，中有赵瓯北先生镌题款字，云系在丹徒任内交代抵四百金者。又于袁小野郡丞培处见一范宽大幅山水，来（云）系交代抵五百金者。使非认识古董，设遇此等物，何从判断乎？若第十字所云，则亦惟南中冲途各缺有之，偏远苦瘠之区尚攀跻不上也。

首县状态之谈柄也。袁枚《答陶观察问乞病书》，痛论冲繁省会首县之不可为，语尤警动。其说云：

凡人有能有不能，而官有可久与不可久。即以汉循吏论，桐乡渤海专城而居，此官之可久者也，龚遂、朱邑能之，至于久道化行，生荣而死哀。京兆三辅多豪强，兼供张储偫，此官之不可久者也，赵广汉、韩延寿能之，久果不善其终。江宁类古京兆，民事少，供张储偫多，民事仆所能也，供张储偫仆所不能也。

今强以为能，抑而行之已四年矣，譬如渥洼之马，滇南之象，虽舞于床，蹲于朝，而约束勉强，常有跅弛泛驾之虞。性好晏起，于百事无误，自来会城，俾夜作昼，每起得闻鸡鸣，以为大祥。每自念曰：苦吾身以为吾民，吾心甘焉尔，今之昧宵昏而犯霜露者，不过台参耳，迎送耳，为大官作奴耳，彼数百万待治之民犹齁齁熟睡而不知也。于是身往而心不随，且行且愠，而孰知西迎者又东误矣，全具者又缺供矣，怵人之先者已落人之后矣，不踠膝奔窜，便瞪目受嗔。及至日昳始归，而环辕而号者老弱万计，争来牵衣，忍不秉烛坐判使宁家耶！判毕入内，簿领山积，又敢不加朱墨圈略一过吾目耶！甫脱衣息，而驿券报某官至某所，则又蘧然觉，凿然行，一月中失膳饮节违高堂定省者旦旦然矣，而还暇课农巡乡如古循吏之云乎哉！且一邑之所入有限，而一官之所供无穷，供而善则报最在是，供而不善则下考在是。仆平生以智自全，得不小小俯仰同异，然而久之情见势屈，非逼取其不肖之心而丧所守，必大招夫违俗之累而祸厥身，及今故宜早为计也。若得十室之邑，肆心广意，弦歌先王之道以治民，则虽为游徼啬夫必泰而安之终身焉。

又《复两江制府策公问兴革事宜书》有云：

左氏有之曰："非德莫如勤。"《尚书》曰："六府三事惟勤。”勤之益于政也如是。今公亦知州县中有求勤而不得者乎！赤紧之地，四冲之衢，严上官之威以及其妻孥子姓，以及其傔人别奏，若行辕，若水驿，若厨传酒浆，若阍钱杂赐，琐屑繁重，其能得上意者称贤，其不能得上意者称不贤。其得不得又非上下之情相通也。为大吏者率皆盱衡厉色，矜矜自持，馈刍禾不受，馈牲牢不受，然而不受之费往往更甚于受者，何哉？在大府以为吾既不饮若一勺水矣，其应备之馆舍夫马当无误也，而不知扈从之人所需不遂，则毁精舍而污之，鞭人夫而逸之，诡程途而误之，入山县则索鱼，入水县则取雉，临行或并其供应之屋幕、几帘、银杯、象箸而满载之。诉之长官而听，未敢必也；诉之长官而不听，是徒结怨于宵小而拂上意也。虽忠直之士亦多畜缩隐忍为不与较之说以自宽，而不知为政之精神已消磨于无益之地矣。其在会城者，地大民杂，事务尤多。不知每日参谒之例，是何条教天明而往，日昳而归，坐军门外听鼓吹者几何时，投手版者几何时，待音旨之下者几何时，忍渴饥，冒寒暑，而卒不知其何所为。以为尊督抚耶？至尊莫如天子，而未闻在京百官终日往宫门请安者。以为待训诲耶？一面不侔，何训诲之有！而父之教子，亦无终朝嚯嚯者。及至命下许归，而传呼者又至，不曰堂庑瓦漏则曰射堂须圬，不曰大府宴客则曰行香何所，略一停候一筹画，则漏鼕鼕下矣。虽兼人之勇，

> 其尚能课农桑而理狱讼哉！不知当其杂坐戏谑欠申（伸）假寐之时，即乡城老幼毁肢折体而待诉之时也；当其修垣辕治供具之时，即胥吏舞文匿案而逞权之时也。朝廷设州县，果为督抚作奴耶！抑为民作父母耶！清夜自思，既自愧又自笑也。

则分论冲衢州县办差之弊习及省会首县之难为，亦甚条畅，可参阅。明人之论此者，如唐顺之《赠宜兴令冯少虚序》有云：

> 丽省之邑，上承监司部使，而监司部使一省率数十人。此数十人者，满其意，皆若欲得一令而为之役，而令以一身而役于数十人，拜跪唯诺之所承应，米盐琐屑之所责办，率常以星出，以星入，然炬而后视邑事，中夜而治文书，鸡鸣而寝，睫未及交，耳闻钟声，而心已纷驰于数十人之庭矣。驿道之令，蚤夜饬厨传，戒廪饩，走而候于水陆之冲，宾旅之往来者如织，迎于东而惧其或失于西，丰于南而惧其或俭于北，以为得罪。幸其无呵望，欢然而出境，则骤马而归，未及脱鞅，而疆候又以宾至告矣。此两者，烦文缛礼之疲其形，惕逸畏譴之闷其心，虽有强干之资，剸割之才，且耗然而眊矣，何暇清莞库，察狱讼，注意于刀笔筐箧之间，而为俗吏之所必为者乎！而又何暇蓄其力，精其思，㲉㲉然为百姓根本计虑，而出于俗吏之所不

能为者乎！非其人之所不能，势使之然也。

与袁氏所论，殆若出一辙。省会首县及冲衢州县虽甚足厌苦，而巧宦任此之藉供张趋奉见好于上，因得速化者，亦不乏。（原第12卷第36期）

六二　裁衣者说

梁章钜《归田琐记》云：

> 缝人通称裁缝，以能裁又能缝也，而吾乡之学操官音者，因“缝”与“房”音近，讹而为“房”，众口同音。余家妇女多随宦者，自负为善说官话，亦复呼“裁房”不绝声，牢不可破。余尝笑之，则群辨曰：“司茶者为茶房，司厨者为厨房，则裁房亦同此例耳。”然则剃头者亦当称剃房，裱褙者亦当称裱房，木匠亦当称木房，泥水匠亦当称泥房乎？缝人之拙者，莫过浦城；其倨傲无礼，亦莫过于浦城。浦人风尚节俭，士大夫率不屑丰食美衣，即素封家亦然，惟长年制衣不倦。余常往来一二知好家，厅事无不有裁衣棚架者。缝人见客过，皆坚坐不起。余偶以语门徒詹捧之，捧之曰某尝呼此间缝匠为大王，盖亦嫉其倨傲，且言家中妇女辈每奉之如上宾，惟所指挥，此风殆不可化也。余归为儿女辈述之，无不匿笑，因合家

亦呼缝人为大王，而裁房之称终不肯改。其偷窃衣料及皮絮之属，又极巧而实拙，迥不在意计之中。余宅中偶制新衣，使仆辈督之，辄至喧呶不止。适余换制一皮马褂，用月色绸为里，甫制成，即掷出令换钮扣，且斥之曰："一钮扣尚且钉错，似此本领，何喧呶为！"渠狠目熟视再四，大作京腔曰："并无钉错，何以冤我！"余指身上一翻穿马褂斥之曰："若尔所钉不错，则我之旧衣俱错矣！此系以月色绸为里，非以为面也，自应照常左扣右绊，何得右扣左绊！"因使仆辈尽出翻穿之长褂及马褂示之，并厉声色痛斥一番，渠乃嗒然不敢辩。自是之后，凡缝人之气少衰，至全家者始稍谨默。夫一技虽细，而既专司其事，即未可掉以粗心。忆蒋伊《臣鉴录》中有一条云："嘉靖中京师缝人某姓者，擅名一时，所制长短宽窄，无不合度。尝有御史令裁公服，跪请入台年资。御史曰：'尔裁衣何用知此？'曰：'公辈初任雄职，意高气盛，其体微仰，衣当后短前长；任事将半，意气微平，衣当前后如一；及任久欲迁，内存冲挹，其容微俯，衣当前短后长，不知年资不能相称也。'"此虽谰言，却有至理，又岂此间大王所与知乎！

谈裁缝，甚觇缕，亦颇有趣。所引蒋氏之纪缝人，则嘲御史之寓言，虽实际上不必真为缝人应具之知识，而谈言微中，自是隽永可喜。独逸窝退士《笑笑录》引《敝帚斋余谈》云：

> 嘉靖季年，政以贿成，入赀即补美官，又告讦每得上赏，而大臣幸进者一失意立见诛夷，时人嘲之云：近日星士出京，逢旧知，问以何故南归，曰："术不验，无计觅食耳。向者官印相生者方贵，今则财旺生官矣；向者正官正印方贵，今则偏官偏印俱处要地矣；向者身居禄命方贵，今则杀重身轻，即为大官，至死不顾矣。此所以弃业耳。"虽寓言，亦善谑矣。近年科道各为上腾计，建白殊鲜，又有作裁缝问答者：一言官呼制袍服，辄问仆曰："汝主为新进衙门耶？抑居位有年耶？抑将候升者耶?"呼者曰："汝但往役，何用如此絮聒。"缝匠曰："不然，若初进者，志高气扬，凌轹前辈，其胸必挺而高，袍宜前长后短；既据要途稍久，世态熟谙，骄气渐平，则前后宜如恒式；倘及三考，则京堂在望，惟恐后生搜抉疵秽，遏其大用，惟俯首鞠躬，连揖深拱，又得前短后长方称体。"此虽尖刻，而实酷肖。

借星士、缝人以讥宦途，缝人一节，犹之梁氏所引蒋说。又钱泳《履园丛话》云：

> 成衣匠各省俱有，而宁波尤多，今京城内外成衣者皆宁波人也。昔有人持匹帛命成衣者裁剪，遂询主人之性情，年纪状貌，并何年得科举，而独不言尺

寸。其人怪之，成衣者曰：“少年科第者，其性傲，胸必挺，需前长而后短；老年科第者，其心慵，背必伛，需前短而后长；肥者其腰宽，瘦者其身仄；性之急者宜衣短，性之缓者宜衣长。至于尺寸，成法也，何必问耶？”余谓斯匠可与言成衣矣。今之成衣者，辄依旧衣定尺寸，以新样为时尚，不知短长之理，先蓄觑觎之心；不论男女衣裳，要如杜少陵诗所谓“稳称身”者，实难其人焉。

亦纪缝人，所指不专在言官，语亦颇有异同，大旨要为一类。至谓京城内外成衣者皆宁波人云云，盖清中叶情事。而明末清初之宁波人周容（籍鄞县）《春酒堂文集》中，有《裁衣者说》，尤有致。其文如下：

崇祯初，帝京尚恬熙也，共矜体貌。有厉成者，以裁衣名著，非赫然右职不能得其一日暇，然指未尝拈针纫云。每旦，携剪以出，群工随之，至一家，必请见主人而后下剪，剪如风生，剪已，指一工曰：“若完之。”出又至一家亦如是，以次毕，晚乃收群工之值，群工安焉，曰：“非若剪不适主人体。”若此十余年，资以裕，乃借例参选，得司库，冠带将就道，群工醵钱是饯。酒酣，合座起曰：“衣非翁剪莫当意，是必有道，向固不敢请也，今翁已就仕版矣，敢以请。”于是成乃曰：“予固未尝为冗员外僚治衣也，治必右职。右职各有体，体不止修短肥瘠间也，须审其资。”众曰：“何资？”曰：“官资。”众愕然。成曰：“凡人初登右职，其气盛，盛则体仰，衣须前赢于后。久之渐平矣，又久之，心营迁擢，思下人，前乃反杀于后。故衣之适体，在审官资之浅深，即观其人之俯仰，予能一见而知之也。”众皆悦服，独一少年者起曰：“近日人情多意外者。吾乡有初登右职，未习也，意自下，已而得势，遂生骄，是与翁言反矣，且人不自为体矣，以所接之人之体为体，今日而接当途，衣宜前杀后赢；明日而接冷曹，衣宜前赢后杀；或一日而当途与冷曹参伍接焉，衣又将奈何？翁虽神于剪，亦将穷矣。”厉成大笑曰：“若言是也，予犹是行古之道也，予行矣，不可以宜于时矣。”周子闻之曰：厉成善用剪，而年少善用尺，不特以度衣也，能以度人，厉成司库，彼可司铨。思二人言，则知当日京师右职，求端其躬，正其体，使裁衣者守其剪尺而无所短长其间者，不一二见也，世事安得不有今日哉！于是述之为《裁衣者说》。

亦当作寓言观。其言厉成为少年所折，自谓不宜于时，与《余谈》星士弃业一节，机杼略同。

（原第12卷第37期）

六三　洪钧生平

洪钧为中国外交官之前辈，治《元史》之学，尤见称于世，其人亦颇非碌碌一流。近自赛金花复时传于人口，有以洪状元生平事实见询者。友人某君藏其墓志铭拓本，为其乡人台湾道顾肇熙所撰，（吴郁生书丹，汪鸣銮篆盖。）外间现颇罕见，因属录以见示，即披露于次，亦考究洪氏本末之资料也：

> 国家自道光二十二年始允泰西通商之请。阅二十年，乃置总理各国事务衙门，以王大臣领之。又十年而后遣使聘问诸国，慎简贤能，颁给钦差出使大臣关防，三年一任，盖递重其事矣。同县洪公，以阁学奉命出使俄德奥和（比）四国，就迁兵部侍郎，任满归，奏对称旨，充总理各国事务衙门大臣，光绪十九年八月二十三日，疾终京邸。遗疏上，天子轸悼，有“才猷练远，学问优长，尽心职守，办理妥协”之褒，谕赐祭葬，赏延后嗣，饰终之典视常例有加。孤子洛既奉公之柩归里，乃邮状抵余台湾，言将以明年九月某日葬公于县之西乡十一都十二图墩字圩赠光禄公茔次，请为之铭。忆同治纪元同应京兆试，订交乡馆，虽在贫约，顾尝慨然有当世之志。洎同乡举，忽忽三十余年，而公已千古。余虽不文，又奚以辞？按状：

公讳钧，字陶士，号文卿，先世自徽州歙县迁吴。曾祖讳士树，候选运同，妣王、李；祖讳启立，国学生，妣巴；考讳垣，候选从九品，妣潘。三世皆以公贵，诰赠光禄大夫，妣皆一品夫人。公年十八入吴县学，同治三年举于乡，七年成一甲一名进士，授修撰。恭修毅庙《实录》告成，赏戴花翎，加四品衔。擢侍讲、侍读、左右春坊庶子、侍讲学士、侍读学士、詹事府詹事，凡八迁至内阁学士兼礼部侍郎衔，时光绪九年也。以母病疏请开缺归，明年丁太夫人忧。服除，以原官充出使大臣，迁兵部左侍郎。一为顺天乡试同考官，视湖北、江西学各一，典陕西、山东试各一，历充日讲起居注官、文渊阁校理、国史馆协修、功臣馆纂修、实录馆纂修、总纂、提调、本衙门撰文。及为卿贰，殿廷试阅卷，武试较射，覆核朝审，承修坛庙陵寝工程，以十数。公性孝友，幼颖异。家道中落，父兄欲令习贾，涕泣跪请卒业。及通籍，赠公已即世，未逮禄养，哀慕终身。太夫人素刚严，意不惬，辄厉声色谯呵不少贷，公则竦息惕伏，怒解乃已。严事兄嫂如父母。歙县修宗祠，需万缗，议按丁出钱盈其数，公立输半资，以恤贫族。自廷试第一，未散馆即视学湖北，感激知遇，锐志报国。屡司文柄，简阅精审，惟恐失人。光绪五年主山东试，人文为各省冠。六年视学江西，廉知枪替重名诸弊，严行覆试，终日堂皇，侥幸遂绝。定经训书院规制，与诸生讲经济之学，多所成就。俗有溺女风，檄各学官与诸生收恤之，手书联额奖其勤，活婴无算。去任日，诸生于书院尸祝焉。九年，河决山东，朝廷命侍郎游百川驰往筹度，议开徒骇、马颊二河。公奏其未谙河务，且陈治河当因时制宜，黄河宜合不宜分，止可宽展重堤，不可别谋分泄，若开引河通二渠，此数百里土性松浮，一旦溃堤北趋，将为畿辅患，并条上治河事宜，臬司潘骏文熟悉河务，新获谴，无敢举者，力言其可用。疏入，旋命游百川回京，起用潘骏文，河患渐纾，实自公发之。会法越有事，条陈海防事宜，复蒙采纳。于是上结主知，骎向用矣。出使外洋，廉正自持，守约不挠，洋人感服。凡有裨军国者，密疏以陈。中外交涉繁要，多以电通信，外国用三马电，中国用四马电，费倍蓰，公创以干支代一十百千字，亦成三马电，岁省经费巨万。其精敏类如此。既入总理衙门，力持大体，勇于任事。沿江教案起，西人获谤书，牵涉湖南道员某，欲得甘心，当路亦思重惩，以儆效尤。公持不可，谓徇人意如国体何，其人卒得保全。边界瓯脱，间有违言，公以华离错互，非口舌所能争，不欲为国家生事。天子知公深，时赐独对，造膝敷陈，而外不能喻于人。人徒见公之踔厉名扬，不可一世，而不知其旁魄郁积，耿耿于中，非旦夕矣。向者使还，道经红海，感受暑湿，病伏甚深，一旦触发，遂以不起。公治事聪强，无所瞻避，与疆吏论公事，下笔辄千余言，兵部复推公主持，不于私宅判牍，每入署，吏抱牍进，恒迤尺，或竟日不得休，在告疾少间，犹一日书二十余函，不遑自恤。故闻公之薨，同官自王以次临吊，无不哭失声。悲夫！公生于道光十九年十二月初八日，年五十有五。配何夫人。子一，洛，县学廪生，复由荫生通判改工部郎中，公薨，奉恩旨服阕后以本部郎中遇缺即补。女一，庶出。公之使海外也，于俄罗斯见元代旧史本回纥文，凡更数译，审为元代藩属旧史，详于西北用兵。公得之甚喜，谓足补《元史》疏陋，于是遍考元人官私书及关系《元史》诸纪载，手自纂辑，成《元史拾遗》若干卷。搜异域之佚闻，订中国之惇史，古未尝有也。铭曰：

昔班固氏传西域，慨叹汉使益得职，惟公三年历四国，平迁一官依品秩。明修《元史》病荒率，史臣自实惮考核，鄂罗斯文本回纥，纪朔漠事颇翔实，公既觏止等球璧，私幸谋于野则获，爰召舌人通累译，手自濡染奋大笔，俾阙者完疏者密，千秋裘非一狐腋，彼褚先生何足述，武库乃有左传癖，旁行斜上成都帙，宜进史宬藏石室，千秋不朽视方策，吾铭匪私秘真宅。（按：“千秋裘非一狐腋”句，“秋”字是“金”字笔误，上石后乃知之云。）

兹更将《清史稿·洪钧传》录左，俾参阅：

洪钧，字文卿，江苏吴县人，同治七年一甲一名进士，授修撰，出督湖北学政，历典陕西、山东乡试，迁侍读，视学江西，光绪七年历迁内阁学士。母老乞终养，嗣丁忧。服阕，起故官，出使俄、德、奥、比四国大臣，晋兵部左侍郎。初，喀什噶尔续勘西边界约，中国图学未精，乏善本，钧莅俄，以俄人所订《中俄界图》红线均与界约符，私虑英先发，乃译成汉字，备不虞。十六年使成，携之归，命直总理各国事务衙门。值帕米尔争界事起，大理寺少卿延茂谓钧所译地图画苏满诸卡置界外，致边事日棘，乃痛劾其贻误状。事下总署察覆。总署同列诸臣，以钧所译图本以备考核，非以为左证，且非专为中俄交涉而设，安得归咎于此图。事白，而言者犹未息。右庶子准良建议，帕地图说纷纭，宜求精确。于是钧等具疏论列，谓：《内府舆图》《一统志图》纪载漏略，总署历办此案，证以李鸿章译寄英图与许景澄集成英俄德法全图，无大纰缪，而核诸准良所奏，则歧异甚多。《钦定西域图志》，叙霍尔干诸地则总结之曰属喀什噶尔，叙喇楚勒、叶什勒库勒诸地则总结之曰属喀什噶尔西境外，文义明显。原奏乃谓："其曰境外者，大小和卓木旧境外也，曰属者，属今喀什噶尔，为国家自辟之壤地也。"语近穿凿。喀地正北、东北毗俄七河，正西倚俄费尔干，其西南错居者帕也。后藏极西曰阿里，西北循雪山径挪格尔、坎巨提，讫印度克什米尔，无待北涉帕地。设俄欲蹑喀，英欲逼阿里，不患无路。原奏乃谓："二国侵夺拔达克山、安集延而终莫得通。"斯于边情不亦暗乎！中俄分界，起科布多、塔尔巴哈台、伊犁，讫喀西南乌仔别里山口止，并自东北以达西南。原奏乃谓："当日勘界，自俄属萨马干而东，实以乌仔别里西口为界，今断以东口，大乖情势。"案：各城约无萨马干地名，惟浩罕、安集延极西有萨马尔干，《明史》作撒马儿罕，久隶俄，与我疆无涉。当日勘界并非自西而东，亦无东西二口之说，不知原奏何以传讹若此。谨绘许景澄所寄地图以进，并陈扼守葱岭及争苏满有碍约章状。

先是，坎巨提之役，彼此争慕其间，我是以有退兵御卡之举，英乘隙而使阿富汗据苏满。至是俄西队出与阿战，东队且骎骎逼边境，总署复具筹办西南边外本末以上。钧附言："自译《中俄界图》，知乌仔别里以南，东西横亘，皆是帕地，喀约所谓中国界线应介乎其间。今日俄人争帕，早种因喀城定约之年。刘锦棠添设苏卡，意在拓边，无如喀约具在，成事难说，唯依界图南北经度斜线自乌仔别里径南，尚可得帕地少半，寻按故址，已稍廓张。俄、阿交哄，揣阿必溃，俟俄退兵，可与议界，当更与疆臣合力经营，争得一分即获一分之益。"上皆嘉纳。十九年卒，予优恤。钧嗜学，通经史，尝撰《元史译文证补》，取材域外，时论称之。

其因地图被劾事，即曾朴《孽海花》所藉以发挥者。

（原第12卷第38期）

六四　军机处掌故

嘉庆二年闰六月，通政司参议吴熊光与侍讲学士戴衢亨，同加三品卿衔，由军机章京擢跻大臣之班，时称异数。梁章钜《浪迹丛谈》记熊光事有云："公由中书入枢直，洊历台谏，擢通政司参议。时和珅为枢长，即欲令公出直，曰：'通参班厕大九卿，应退出军机。'阿文成故善公，争之曰：'故事，副宪及通正、通副、理正、理少不得直军机，通参阶止五品，不在此例，且前此给事亦官五品，并未出直也。'和珅益衔之。嘉庆初元，纯庙以训政忧勤，丙夜即起视事，召军机大臣，皆未到，旋召章京，惟公与戴衢亨二人已上直，入对称旨。少顷和珅入，上曰：'军机事繁，吴熊光甚明干，可在军机大臣上行走。'和珅谓吴某官才五品，与体制未符。上即命加吴三品衔。和又奏曰：'吴某家贫，大臣例应乘轿，恐力不办。'上命赏户部饭银一千两。和珅与公共事，每多龃龉，欲私拔一人以抗之，以日前吴与戴同被召，奏曰：'戴衢亨由状元出身，已官学士，在军机日久，用吴不如用戴。'上哂曰：'此岂殿试耶！'和珅语塞。未几戴卒与公同加三品衔入直，而班次仍居公下。"所记有关军机处掌故。通政司列大九卿衙门，通参为大五品卿，和珅遂欲藉口罢熊光章京也。

又英和《恩福堂笔记》云："谕旨初皆由内阁，康熙中有南书房翰林撰拟者。雍正七年，青海用兵，始设军机房，乾隆初改名总理处，三年复名军机处。其章京例用内阁中书舍人，改庶吉士则不复入，改六曹御史给事中，递迁卿寺，至都察院副都御史内阁学士，入直如故，擢侍郎乃不复入，惟满洲章京如保公成以少宰，勒公保以少司马，鄂公容安以侍讲，汉章京如张公若霭以庶子，戴文端以修撰，仍入直，皆特旨，非故事也。嘉庆间始定官至通副理少者出军机，科道亦不兼，行复改各衙门咨送，不似向时之专用中书及指名取知名之士矣。"可参阅，并与拙稿前述军机处者（见本报十卷四十九等期）合看。惟章钜、英和两说有未吻合处。英和谓嘉庆间始定通副理少及科道不充军机章京，而章钜所言阿桂以故事争云云，则谓通副理少之罢直，早成故事。李元度《吴槐江宫保事略》有云："乾隆甲辰授御史，擢给事中，父忧去，服阙补原官，嘉庆丙辰迁鸿胪寺少卿，通政司参议。故事，科道司纠劾，通参班厕大九卿，皆退出军机处，公以明达勤慎，当轴特保得留直。"且谓熊光官科道及迁通参时，依故事均应罢直。（乾隆甲辰为乾隆四十九年，嘉庆丙辰为嘉庆元年。）此故事究始于何时，诸说相歧，容再考。至章钜引阿桂谓给事亦官五品云云，则给事御史之宜否留直，不关品级，熊光为科道前，尝以刑部郎中在直，已是五品矣。

六五　军机章京之取用

光绪二十五年告成之续修《大清会典》，于军机处（称办理军机处）章京之取用，谓："满洲章京以内阁中书六部理藩院郎中员外郎主事笔帖式兼充，汉章京及汉军章京以内阁中书六部郎中员外郎主事七品小京官由进士举人拔贡出身者兼充，豫行传知各衙门保送，军机大臣考取或数名或十余名引见，奉旨记名者，遇出有军机章京缺，以次传补。三品京堂以上及外官臬司以上之亲子弟皆回避。其补放御史者即不充章京。或升任京堂，至通政使司通政使大理寺少卿者，奉特旨仍充章京。"此为军机章京入出制度是时明著于《会典》者。手头之《会典》为光绪戊申（三十四年）商务印书馆印本，"通政使司通政使大理寺少卿"句，疑有误。通政使与大理卿为大三品卿，通政副使与大理少卿为大四品卿，不应以通使理少对举。光绪间章京已至通使理卿者，率得留直，大理"少卿"之"少"字盖衍。（光绪季年，军机章京改兼充为专任，并许编检与试，与《会典》所载又有异矣。）

六六　非常格之擢用

熊光、衢亨而后，如嘉庆十六年卢荫溥以光禄寺少卿加四品衔，咸丰元年穆荫以候补五品京堂内阁侍读，咸丰十年焦祐瀛以太常寺少卿，十一年曹毓瑛以鸿胪寺少卿，奉命在军机大臣上学习行走，或为小四品卿，或为小五品卿，或为未补缺之五品卿，与吴、戴之由通参讲学擢用，均非常格。

六七　瞿鸿禨《儤直纪略》

瞿鸿禨《儤直纪略》有云：

> 新入枢廷谢恩，初次即命同枢臣入对，谓之随起。入殿，先于两宫前磕头谢恩，同列诸臣立俟。既毕，同上垫。
>
> 凡初入枢垣，例不遽赴直庐，必待于他所，俟领班大臣到后，与同列遣供事邀请，然后入，示谦也。
>
> 军机处办事直庐，定例森严，虽王大臣，非本处行走，不能擅入。
>
> 大内军机处在隆宗门内，当乾清门内右门之西。枢臣入对，例许进内右门。此门惟军机大臣与内廷诸王大臣出入得由之。自内右门进月华门，诣乾清宫西丹墀下板屋候起。板屋二间，其一间则召见外起之所也。
>
> 西苑军机处直庐，在西苑门北南海之东岸，临水五楹，明窗净几。液池水满，则赐乘舟，芙蕖盛开，画舫穿过。冰坚以后，则赐拖床，铁齿承床，安坐如

轿，以人推挽，其行若飞。既达西岸，诣南朝房候起。如不乘舟床之时，则坐二人肩舆，循东岸行，至版桥而止，步行至南朝房。朝房四间，其二间则御前大臣值日之所也。

颐和园军机处直庐，在东宫门外之南。初止五间，中为过道，与章京相对分坐，外临衢道，人声喧嚣。回銮后拓建后五间，既敞且静，以前楹专为章京办事之所，亦较整齐。召见则入东宫，诣仁寿门外之北配房候起。

两宫办事，召见，皆有定所，共一御案。大内在乾清宫西暖阁，太后坐西，皇上坐东，皆北面。西苑则在勤政殿东暖阁，太后坐东，皇上坐西，皆南面。颐和园则在仁寿殿之北楹，亦太后坐东，皇上坐西，皆南面。

召见之处，仁寿殿最宏大，居高临下，有时天语音微，同列跪远者或谛听不能详悉，奏对太远，上亦或不尽闻，则由跪近者传述。乾清宫暖阁规制，召对极为合宜。勤政殿暖阁浅狭，枢臣至六人时，跪垫几不能容，进退亦未能鱼贯。每三人先入，负墙立，余则在后者先入而南，以次继入，就垫位，班齐同跪；退则后三人近门者先出。踧踖之间，难以秩如。

雍正以前未设军机处时，常由南斋翰林拟旨。今犹承旧制，以南书房太监拨充军机处当差，枢臣即呼之曰南书房。每日起单下后，同列理齐折件入匣，出直庐先入候起，皆南书房太监持匣前行，退下亦如之。

每日召见，承旨退至直庐，照例写旨之件，有成样可循者，即由章京拟稿送堂阅定缮写，有特别明发或廷寄，则堂上自拟为多，抑或章京起草，堂上改定。缮旨成，汇入一匣，由南书房太监交内奏事太监呈览发下，太监捧至军机处，传谕述旨是命散，事毕然后散。

枢廷一切折单，皆由章京缮写，惟二事必堂上自书：一考差单，由枢臣亲拆弥封，手缮名单，按阅卷大臣所取，各列姓名，书某人拟取，汇一总单，即日带上面呈；一督抚所奏年终密考单，每到一省，上披览后发下，枢臣即另纸照录，固封存堂，将原单黏一黄签，写某年某省某人密考单，即日带上面呈。俟各省到齐，再将考语不佳者汇开一单，中有应调应开缺及应察看之员，分别请旨办理。

瞿氏以军机大臣罢归后，纪述躬历，因有此作，甚翔悉。（其门人吴士鉴跋云："枢要之地，谈掌故者纪载阙如。吾师于宫廷之规制，奏对之礼节，办事之程序，扈从之情状，委曲详备，密记无遗，非茝林梁氏之书所得窥见也。"）兹摘录若干则，以见大凡。新为军机大臣者，不遽赴直庐，俟邀请乃入，与外官新过道班者，上院仍坐旧官厅，候藩臬邀请，始进至司道官厅，其情事略同，皆所

以示谦也。　　　　　　　（原第12卷第39期）

六八　读《曾孟朴先生年谱》

早岁最喜读东亚病夫《孽海花》，旋知东亚病夫即常熟曾孟朴〈朴〉，颇以未详其身世为憾。顷于《宇宙风》第二期得读《曾孟朴先生年谱》（其子虚白所撰），极感兴味。《宇宙风》此期开始登载，由“一八七一——一八八九”至“一八九五——一八九七”为止。其“一八九〇——一八九一”一节有云：

> 抵家后，稍事摒挡，就跟着君表公，坐着一只帆船，沿江直驶南京去应考。不料走至中途，忽然吐泻交作，热度骤增，船到南京，几至病不能兴。君表公本擅医术，立投止泻药剂，勉强登岸入闱，然其颓疲可知矣。不料题目纸发下时，先生见策对题皆投所好，精神为之大振，顿时忘记了百度以上的寒热，振笔疾书，篇篇都是满卷。

此纪光绪十七年辛卯江南乡试中式事。按：其时乡会试制度，凡入场三次，首场试《四书》文三篇及诗一首，次场试《五经》文五篇，至第三场乃是对策五道。所谓“见策对题皆投所好”云云，明系第三场中事，首场、次场（每场三日）均已经过矣。文中写扶病勉强登岸入闱，下即迳接第三场题纸发下，叙次之间，有欠明晰。“篇篇都是满卷”，亦有语病。五策共为一卷，非一篇一卷也。“一八九一——一八九二”一节有云：

> 这次闱试，汪柳门（鸣銮）侍郎本有大总裁之希望，因为他跟孟朴先生有岳婿的关系，特意请假让避。结果大总裁放的是翁叔平（同龢）尚书，在场中暗中摸索，致误认黄谦斋先生二艺，用了六朝文体，当做先生。在拆弥封的时候，翁尚书还自诩眼力，高喊：“这定是曾朴卷，这定是曾朴卷！”那里料到，先生早因试卷墨污被剔，登了蓝榜了。

此纪光绪十八年壬辰会试事。是科翁同龢为正考官，（祁世长、霍穆欢、李端棻三人副之。）刘可毅卷被误认为张謇卷，中会元，其事知者较多，读此乃知同时更有认黄为曾之事也。所异者，张为同考官所抑，曾则以污卷被贴耳。文中叙汪鸣銮请假及翁同龢为总裁，二事若有因果关系，其实总裁四人，翁氏居首，固无待汪氏请假乃得为总裁。若云“大总裁”系专指正总裁一席而言，则汪官侍郎，纵不请假，只能派充副总裁也。（会试、典试者正式之名称为正考官、副考官，通称正总裁、副总裁，尊称则一律谓之大总裁，如中式者刻朱卷于正副考官均列衔曰大总裁是。有称正考官为大总裁以别于副总裁者，盖为不词。）“一八九二——一八九五”一节有云：

《马关条约》的订立，辽东割让的争夺，英法条约的援例，一桩桩痛心的消息，究竟不能尽作痴聋不闻不问，先生受不住刺激，到底又偕同香生夫人，买棹返常，跟君表公筹商北上的计划。……一八九四年冬，先生就怀抱着一腔奋斗的热诚，乘轮北上。这时候清庭受着战败的刺激，也知道注意到办“洋务”了，因此特设同文馆，选聘曾赴外国的官员教授外国语言。并设总理衙门，专办对外交涉。先生到京的时候，同文馆刚开始创办，因由俞又莱先生的介绍，报名入学。该馆即设在总理衙门内……可是同文馆数月停办之后，同学诸公，都一无所得，而先生独能打定他法文的底根，也是这一番苦功换来的。

按：咸丰十年庚申九月与英法和议成立后，即于是年十二月设立总理各国通商事务衙门（沿称总理各国事务衙门，简称总理衙门，更简则曰总署，又曰译署），命恭亲王奕䜣暨文华殿大学士桂良、户部左侍郎文祥领之，为办理对外交涉之机关。迨同治二年癸亥二月，更设立同文馆，隶于总理衙门，以培养“洋务”人才。一八九四年为光绪二十年甲午，去总理衙门之创设，已三十四年，去同文馆之创设，亦已三十二年，不当云“这时候特设同文馆并设总理衙门”也。所谓“清廷受着战败的刺激”云云，指咸丰庚申之役则可，指光绪甲午之役则不可。盖误以谱主入学同文馆之时为“刚开始创办”之时耳。所述同文馆停办期，亦非是，其时实仍续办（光绪二十五年己亥八月进呈之续修《大清会典》，总理各国事务衙门内犹列有同文馆），盖又误以谱主出同文馆之时为“停办”之时也。马关订约云云，是一八九五年（光绪二十一年乙未）事，未宜叙在一八九四年冬之前。（上节称翁同龢为“翁尚书”，本节叙谱主劝说翁氏主战，又称“翁相”，在此两时期中，不宜有异，翁至光绪二十三年丁酉始拜协办大学士之命也。特此类犹无大关系者耳。）同节又云：

> 一八九五年……可是要应考总理衙门的心未死，在家坐候了四五个月，直到夏末秋初的时候，考试有了定期，又复束装入都。主考的是庄幼樵（佩纶），本来是注意想罗致先生的人，可是先生平日出入于翁同龢之门，而这次应考也由翁同龢为之各处打招呼，翁、庄本不洽，因此庄也移恨到先生身上而先生竟落了第。落第之后庄佩纶却招先生而告之曰：“你要进总理衙门，何必应试，我可以保举你的。”这明明是牢笼的手腕，先生鄙之，愤然拂袖而去。连夜套车襆被出都，悻悻之情，不能自已也。

庄幼樵（佩纶）何人？其张幼樵（佩纶）耶？然张佩纶虽曾为总理衙门大臣，而光绪十年甲申以会办福建海疆事务赴闽，旋即以偾事获重咎，久废不用，至光绪二十六年庚子之役，李鸿章以全权大臣议和，始获赏编修，交李差遣，何能于光绪二十一年主总理衙门考试章京之事？意者或是张樵野（荫桓）耳。张荫桓久直总署，为用事之大臣，翁同龢颇与结纳，而亦时有芥蒂也。其误“张”为“庄”，或缘《孽海花》（张之洞、张佩纶、张荫桓在《孽海花》中均姓庄）。“一八九五——一八九七”一节有云：

> 这时候，康、梁入都，力倡新政，谭复生、林登阁、唐才常、杨深秀等一班力主改政的青年也都聚集在沪上。

林登阁当即林暾谷（旭），与谭复生（嗣同）、唐佛尘（才常），为二三十岁人，称以青年，可也；若杨漪村（深秀），光绪二十四年戊戌被杀时年五十，此处所纪为稍前之事，已非青年矣。惟慷慨捐生，谓为有青年英锐之气则可耳。

读《曾孟朴先生年谱》前期一部分一过，略举所见如右。虚白君于此谱称“未定稿”。其引言有云：

> 我决心要继续他的遗志，替他做一篇传。可是说也惭愧，他的一生我实在有许多地方是隔膜的。小时候，我虽在他膝下盘桓，可是现在这影象也模糊了；我进了学校，我就很少跟他有见面的机会；出了学校，我又是湖南、平津、汉口各处瞎跑，更是几年才得见他一面；最近的八九年中，总算在一块的机会多

> 些，可是只能在他自己的口述中，拾到一些他生活的片断。现在我努力从自己的记忆，从遗著中，从亲友的告诉中，编成了这篇《年谱》。……我希望跟先父共过生活和确切闻见过生活史中的逸事的诸位前辈，把这东西仔细检讨一下，把这里面应该修改的，应该补充的，应该删除的各部份（分），逐条指点出来，告诉我，让我得到给先父做传的准确张本，那我真要感激不尽了。

其欲然之意可睹也。不佞与孟朴先生非雅故，兹以读者资格书此，或亦足为壤流之助欤。

（原第 12 卷第 40 期）

前稿于《宇宙风》第二期所载《曾孟朴先生年谱》前部，略书所见，供撰者曾虚白君之参镜。兹更考之。曾君所叙总理衙门考试情事，不特误张樵野（荫桓）为“庄幼樵（佩纶）”，而此次考试，为一八九六年（光绪二十二年）事，亦非一八九五年，不应列于“一八九二——一八九五”一节之内，且谱主其时实未获应总理衙门之考试也。翁同龢光绪二十二年丙申之《日记》，言及谱主暨总署考试者，如三月二十八日云：“曾孟朴以所著《补汉书艺文志考》十卷见赠。此子年才二十五，而著书博赡，异才也。”七月二十六日云：“待樵野不来，令其拟策题，明日考译署章京也。”（内阁满汉各取三十名，曾孟朴未与，张映南取在后。）二十七日云：“作策题，访樵野，与商定，在彼处写之，即在彼饭。饭罢，偕至署，巳正矣。麟公尚未来，敬溥两君先集。待麟公来，点名，散卷，宣题，巳午初二刻矣。直至未初三刻始毕。速者六刻，迟者十三刻（本限八刻）。随缴随阅。余所取不过十本，同人意在多，遂定十六本。申初二刻归，倦极……”八月朔云：“曾孟朴来辞行，不得送总署章京，拂衣而归矣（送食物）。”丙申岁总署考章京及谱主失意而去，其情事盖如是。翁氏对谱主甚赏识，试事由翁以总署大臣与同列张荫桓等主之，而翁、张二人最负责任，谱主却以内阁未经保送，不获与考，非考而“落第”也。如云“落第”，只可谓“落第”于内阁耳。按：其时总署章京考用之制，系以内阁侍读中书各部郎中员外郎主事，各由本衙门保送，再由总署堂官汇同考取，引见记名，以次传补。（汉员限进士举人出身及非捐班之拔贡出身者，满员不限。）谱主（举人内阁中书）未得内阁录取保送，自难应总署之试。翁氏《日记》谓“内阁……曾孟朴未与”及“不得送总署章京”，文意甚明。

一八九六年总署考章京，谱中所叙，既误提前，以后之事，遂亦有连带而年分有误者。出京途中遇退隐之绿林豪客雷翁一段，自亦为一八九六年事。又如“一八九五——一八九七”一节有云：

> ……不久康、梁在京运动渐趋成熟，电约海上诸同志，入都共成大业。谭、林得电，立刻就要动身，

并约先生即日同行。时先生以父亲丧葬尚未料理，而沪上事业更难立时摆脱，因约期数月后，必北上参加。当晚在花丽娟寓处为谭、林饯行，那一晚慷慨激昂的紧张论调，先生日后道之，每津津若有余味。不料谭、林入都，事机不密，为宵小所乘，政变未成，竟演成了身首异处的惨剧，可是先生的未罹此难，也是间不容发的了。林登阁在沪给先生介绍了一位深通法国文学的朋友，名叫陈季同。他那时做着福建造船厂的厂长，在法侨居多年，与法国第一流的文学家如伏尔泰等，常相往还，故深得个中真谛，并且还用法文编过许多中国的戏曲，曾经哄动过巴黎。先生跟陈季同晤面时的一席谈，真像发见了宝藏似的，窥见了真正的光辉，从此才像着了迷似的研究法文起来了。

光绪二十四年戊戌（一八九八年）政变事，何以写入“一八九五——一八九七”一节内，初谓或因顺笔带叙，未暇致详，兹乃知承上节递推而误耳。（通常指慈禧囚帝临朝推翻新政为政变，此云“政变未成”，亦宜酌。）《胡适文存》三集中附录之谱主民国十七年三月十六日答胡氏书有云：“直到戊戌变法的那年，我和江灵鹣先生在上海浪游。有一天，他替谭复生先生饯行北上，请我作陪，座客中有个陈季同将军，是福建船厂学堂的老学生，精熟法国文学，他替我们介绍了。我们第一次的谈话，彼此就十分契合，从此便成了朋友，成了我法国文学的导师。陈季同将军在法国最久，他的夫人便是法国人。他的中国旧文学也是很好，但尤其精通法国文学；他的法文著作，如《支那童话》（Contes Chinois）、《黄衫客悲剧》（L'homme de la Robe Jaune）等，都很受巴黎人士的欢迎；他晚年的生活费，还靠他作品的版税和剧场的酬金；他和佛朗士仿佛很有交谊的。我自从认识了他，天天不断的去请教，他也娓娓不倦的指示我……我文学狂的主因，固然是我的一种嗜好，大半还是被陈季同先生的几句话挑激起来。”自叙与陈氏订交及受其影响，其相识实亦在戊戌（一八九八年），介绍则由江标。

谱中叙同文馆创办暨停办时期之误，前稿已辨之。兹又按谱主答胡氏书，述及在同文馆学法文事，云：“我的开始学法语，是在光绪乙未年——中日战局刚了的时候——的秋天。那时张樵野在总理衙门，主张在同文馆里设一特班，专选各部院的员司（按：谱主时官内阁中书，非部非院，各部院云者，盖泛指之词耳），有国学根柢的，学习外国语，分了英法德日四班，我恰分在法文班里。这个办法，原是很好的，虽然目的只在养成几个高等翻译官，那里唬得这些中选的特班生，不是红司官，就是名下士，事情又忙，意气又盛，那里肯低头伏案做小学生呢。每天到馆，和上衙门一样，来坐一会儿，喝一杯茶，谈谈闲天，就算敷衍了上官作育人才的盛意。弄得外国教授，没有办法，独自个在讲座上每天来演一折独语剧，自管自走了。后来实在演得厌烦，索性不大来了，学生也来得参差错落了。这个特班，也就无形的消灭，前后统共支撑了八个月。这八个月的光阴，在别人呢，我敢说一句话，完全是虚掷的，却单做成了我一个人法文的基础。我的资质是很钝的，不过自始至终，学一点是一点，没有抛弃，拼音是熟了，文法是略懂些了。”与《年谱》“一八九二——一八九五”一节中所写：

> ……先生到京的时候，同文馆刚开始创办，因由俞又莱先生的介绍报名入学。该馆即设在总理衙门内，各国语言，分班教授。英文由总翻译官张在初（德彝）教授，法文则先由旗人世益三（增）教授，后世奉使出洋，改由德友轩教授。这时候学英文的有彭子嘉（谷孙）、潘经士（盛年）、翁又申（炯孙），三人，而学法文的就只有先生和张隐南（鸣）二人。先生当时以为，英文只足为通商贸易之用，而法文却是外交折冲必要的文字，故决意舍英取法。馆课规定，每日读三十三字，第二日背诵后再上新字。教授既无方法，学习倍觉困难；担任教授的教官，大都官而不教，只想弄一个差使，得一种资格；而一般就学的人，也只以入同文馆是进总理衙门的敲门砖，谁也没有研究学问的诚意。所以不到几个月，先生学生都弄得意兴阑珊，大家敷延（衍）塞责而已。惟独先生，既具决心，安甘放弃，虽教授的讲解不明，却仍是仔仔兀兀昼夜勤读，正类盲人摸索，其苦难述，可

是同文馆数月后停办之后，同学诸公，都一无所得，而先生独能打定他法文的根底，也是这一番苦功换来的。

可对看。谱主在同文馆，所入者为一种临时设立之特班。未有此特班，早有同文馆；此特班消灭，同文馆尚存。谱主与此特班相终始，不与同文馆相终始。《年谱》迳以此特班概同文馆，于是具有数十年寿命之同文馆，遂若仅有数月之寿命矣。又“一八九五——一八九七”一节中有云：“在同文馆所学的那一点点，事实上连启蒙的程度还没有完成的，所以他的学法文可以说是压根儿在那里瞎摸。”与上节所云“独能打定他法文的根底”对照，词句上似不无稍欠融贯吻合之处。（原第12卷第42期）

六九　陈夔龙重宴鹿鸣

陈夔龙以光绪丙戌进士为兵部司员。荣禄长兵部，承知遇，辟充武卫军幕僚，历京卿而外任封圻，仕途号速化焉。丙戌三总督，徐世昌最早（后且大拜），夔龙及杨士骧次之，均光绪三十三年膺简（三月，世昌授东三省总督，七月夔龙授四川总督，旋调湖广，士骧署直隶总督，旋真除）。世昌、士骧皆翰林，惟夔龙以部曹起也。辛亥革命，夔龙方官直隶总督，于退位诏将下时辞免。既久膺膴仕，遂于上海租界为安乐窝，楼名花近，友联逸社（社友余肇康和夔龙感旧诗所谓“桃源尚是人间世，花近楼高且纵观”也)，诗酒遣意，声色怡情，盖遗老中之晚境最优者，今年七十有九矣。其入学在同治壬申，时年十六，至民国二十一年壬申，甲子一周，于旧例有重游泮水之典，因用赵翼《重游泮宫》诗韵，赋诗如下：

其一

五夜书灯映柳塘，弱龄初采泮芹香。
道人再作游仙梦，老衲重登选佛场。
发箧莫寻陈蠹简[①]，压箱犹剩旧萤囊[②]。
圜桥此日如观礼，谁识当年瘦沈郎[③]！

自注：①童时书院课卷，曾请弢庵太傅题句，旋复失去。

②往日上学书包，由先妣亲制，迄今尚存。

③赵诗末韵，他本押“长”字，当是初刊本。

其二

龙门百尺溯前游，温峤甘居第二流[①]。
齿亚洪乔宜把臂[②]，才输颖士愿低头[③]。
漫劳门左争题凤[④]，差免墙东学僧牛[⑤]。
幸拾一衿聊慰母，焚膏犹记夜窗幽。

自注：①榜发，名列第二。

②余年十六入庠，齿最少，同岁同榜有殷君诰。

③榜首萧君射斗，后中甲戌进士。

④与伯兄少石、仲兄幼石先后得科第。

⑤先光禄公弃养，余始八龄。家贫，有劝学贾者，先妣姜太夫人未允，力延师课读。

其三

风景河山举目殊，江关萧瑟负终羽。
凡才敢诩空群马，晚景翻怜过隙驹。
白发慵搔非故我，蓝袍重着感今吾[①]。
举幡又见新人贵，老谢盐车悔识途。

自注：①黔俗，新秀才释菜日，例着蓝衫拜客。

其四

数仞墙高许再循，检场灯火最相亲。
桐宫献艺狂书草[①]，藜阁观光利用宾[②]。
旧揭浮签留示客[③]，同题团榜慨无人[④]。
假年还向天公乞，桂籍秋风杏苑春[⑤]。

自注：①试题“于桐”二字，极枯窘，同试有阁笔者。

②学使刘藜阁检讨青照，极荷青睐。

③蒋励堂相国有《赋童试浮签》诗，广征题咏。

④考录先发团榜。

⑤明年重赋鹿鸣。重宴恩荣之期则在十年后矣。

原唱及和作刊为《璧水春长集》，以获赏匾额曰“璧水春长”也。其乡举在光绪乙亥，时年十九，至今年乃甲子一周，因是恩科，亦循旧例，准上届正科（同治癸酉），以民国二十二年癸酉为重宴鹿鸣之期。是年又有诗：

其一

白发依然举子忙，耄荒惭对五经房[1]。
甫看蓂荚新年绿，回忆槐花旧日黄。
棘院又来前度客，苹筵重上至公堂。
孔怀顿触令原恸，不共吹笙并鼓簧[2]。

自注：①定制，房考入闱，各分一经。
②先兄少石先生癸酉孝廉，惜已仙逝。

其二

当年恩榜庆龙飞，奉使双星曜锁闱。
毕卓通才便腹笥[1]，张华博物副腰围[2]。
浓圈墨笔兼蓝笔[3]，暗点朱衣赋翠衣[4]。
岂有文章惊海内[5]，科名草绿报春晖[6]。

自注：①正考毕东屏师保釐，蕲水人，庚申翰林。
②副考张兰轩师清华，番禺人，乙丑翰林。
③房考谢小蘧师绍曾，南康籍，贵州拣发知县，壬子举人。
④试场诗题：山色朝晴翠染衣。
⑤用成句。试场首题：焕乎其有文章。

⑥赴宴归来，先母姜太夫人率子祀先，喜极而涕。

其三

圜桥碧水爱春长[①]，又逐秋风战士场。

年比看羊苏典属[②]，才输倚马左文襄[③]。

月宫在昔香飘桂，云海而今劫换桑。

高会傥延三益友，他题请试互评量[④]。

自注：①昨岁重游泮宫，荷颁到“璧水春长”御书横额。

②十九岁获中。

③湘阴左恪靖侯相国壬辰乡举三场试卷朱墨本十四艺，至今完好，近日文孙乞余题词。

④今年重宴鹿鸣者，近日所知，尚有湘潭秦子质军门炳直，泸州高蔚然太守树，无锡杨小荔太守志濂。

其四

宦迹东西印雪鸿[①]，龙门跋浪鲤鱼风。

梁园造榜人犹在[②]，罗甸观场我尚童。

明镜双看衰鬓白，公车五踏较尘红[③]。

头衔乍换惭非分，雅什重赓句未工。

自注：①余宦游五行省。

②癸卯河南乡试，余充监临。是科撤棘后，乡

举遂废。

③五上春官，始成进士。

一时和者尤夥。以夔龙两诗可为科举旧闻之谈助，故录之。夔龙与秦炳直（清末以臬司迁提督）同以重宴鹿鸣获太子少保衔之赐，和者因多以宫保称之云。是年陈、秦及高树、杨志濂而外，缪润绂（正白旗汉军人，字东麟）亦光绪乙亥举人，旧例同有重宴鹿鸣之资格者。秦、高、杨、缪四人于陈诗均有和作，并录如次，俾汇览焉：

秦诗：

科名早达多成毁，甲第迁移变屈伸。
惟有圣皇宏造士，必推元命乐嘉宾。
三章观始赓宵雅，一德能终信老臣。
黔楚风云联属久，宫袍双着拜恩纶。

高诗：

奔驰皇路半生忙，老耄归田昼闭房[①]。
君或理须饶茜碧[②]，时当举足踏槐黄。
丁年赴省观莘宴[③]，亥岁登科别草堂[④]。
两姓弟昆全盛日，一门唱和沸笙簧。

丹诰荧煌御翰飞，天恩宠渥到秋闱。
庄书悬壁金泥饰，大笔如椽玉带围。
白下今留黄阁老，蓝衫昔换紫罗衣。

长春行在褒耆旧，万里晴光望彩晖[5]。

秋闱四赴首途长，席帽芒鞋屡入场。
嗜古尊经开学校，怜才爱士遇文襄[6]。
生资固陋嗤高叟，赋命清寒类子桑。
一路荣华到开府，何堪郡守并衡量！

何时北雁语南鸿，捷报传来耳畔风。
例举先朝谈贡举，门旌罗甸励儿童[7]。
老臣谢表孤衷白，贺客盈庭醉面红[8]。
自笑江淹才早尽，口占俚句未能工。

自注：①住卧室闭门不出。

②树须发皆白，公必不然。

③树十六岁入学，十八岁丁卯赴乡试。

④乙亥登科，游浣花草堂归里，未北上。两弟中举后乃偕赴京。

⑤泸县数月阴雨，近日晴。此首诗望我公重赴鹿鸣，有恩旨。

⑥乙亥张文襄调树入尊经院。

⑦公之罗甸及沪上大门，应悬匾以鼓励后辈儿童。

⑧公届时当置酒酌客。

杨诗：

千门看榜万人忙，瑞气珠联星聚房。
已入网珊量尺玉，不嫌伏早骋飞黄。
黔灵秀出牂柯郡，绿野花添丛桂堂。
今日鹿鸣诗再赋，九州几辈协笙簧。

鱼跃登龙鹢退飞，升沉途判系春闱。
樗材我分青毡守，花兆公宜金带围。
贡举兼知持节钺，疆圻遍历挂冠衣。
科名草已无根久，犹托苔岑映碧晖。

黄发丹忱恩眷长，宫花簪自少年场。
臣称耋老命重巽，天焕文章耀七襄。
待得春归还染柳，宁因河改悔栽桑？
齿居三益蒙何敢，山海壤流窃忖量。

望公遵渚逐飞鸿，迎侍鼋头趋下风。
韩尹敲诗宠岛佛，宋人献颂愧辕童。
居夷觚梦萦甜黑，入洛车尘忆软红。
恨昔未为梁苑客，巴词不获附邹工。

缪诗：

乡闱回首捷三场，花信番风过眼忙[①]。
碑字未堙先圣庙[②]，艺文曾刻聚奎堂[③]。
名标北榜邀魁选[④]，遇感南丰爇瓣香[⑤]。
惆怅种桃人去远[⑥]，重来仙观有刘郎。

凌云发轫路先探，洄溯名场述美谈。
家庆幸登恩榜再⑦，公才杰出鼎元三⑧。
音传鹊报邀亲喜⑨，会际龙飞沐泽覃。
荣被宠光臣草莽，记陪秋宴酒尊酣。

贤登天府数同俦，问有晨星几个留。
炊熟黄粱寻昨梦，香分丹桂快前游。
歌诗恍听群鸣鹿，策杖偕来健倚鸠。
自信黔中声望卓⑩，湘潭无锡更泸州⑪。

易名偶比宋司空⑫，敢道扬云异曲工⑬。
五上春官叨馆职⑭，九膺民牧剩清风⑮。
济南流寓惭高隐⑯，海内同年有巨公⑰。
懋典优隆天万里，白头双对夕阳红。

自注：①时年二十四。
②乡试恩榜例于文庙前树题名碑，与进士同。
③首艺并诗幸与闱刻。
④名次第八。
⑤房师鲁芝友，南丰人。
⑥毛旭初、崇文山、殷谱经、徐荫轩四座主化去已久。
⑦先堂叔祖际唐公举咸丰纪元辛亥京兆榜。
⑧丙子曹竹铭、庚辰黄慎之、癸未陈冠生三殿撰并同是科京兆榜。

⑨先母爱新觉罗太恭人盼子成名心切，闻报喜极。

⑩公籍隶贵阳。

⑪秦子质军门炳直。杨小荔太守志濂。高蔚然太守树。三人均乙亥同年，寿八十以上。

⑫绂榜名裕绂，散馆后改。宋庠本名郊。

⑬公乡举名亦与今异。

⑭癸未、丙戌、丁丑三科未赴试，及壬辰始登第，与馆选。

⑮改官山左，洊擢临清直牧，膺民社者凡九。

⑯国变解冠，客历下。

⑰公前开府北直。

遗老辈旧梦重温，其情态如此。

七〇　陈夔龙讥徐世昌

夔龙辛酉十二月下旬（民国十一年一二月间）有句云："龙头休浪执，腹尾会平分。"自注云："同年生有曾厕清班，膺膴仕，迄今仍靦踞高位者。余与尧衢则当日之两曹郎也。"盖讥其丙戌同年徐世昌，时世昌为民国大总统也。然如己未（民国八年）诗题有"寄谢齐照岩中丞杭州，并怀沈冕士中丞山东"等语，齐耀珊、沈铭昌前清官阶均不能有中丞之称，盖以浙江省长、山东省长准浙江

巡抚、山东巡抚而称之，是对民国总统下之高位，亦未尝不重视耳。尧衢为余肇康字。（原第12卷第41期）

七一　督府同城

督抚同城，势分略等，体制平行，权限之区分复相沿不甚清晰，其能和衷共济者不多见，胡林翼善处官文，俾委诚输心，资以集事，所以传为美谈也。总督官秩较尊，敕书中又有节制巡抚之文，往往气凌巡抚，把持政务。巡抚之强鲠或有奥援者，间能相抗，其余率受钤制，隐忍自安，而意气未平，龃龉仍时有之。同治五年郭嵩焘《督抚同城急宜酌量变通疏》有云："大致以兵事归总督，以民事归巡抚，此国家定制也，而巡抚例归总督节制，督抚同城，巡抚无敢自专者，于是一切大政悉听主持，又各开幕府，行文书，不能如六部尚书、侍郎同治一事也，而参差杌陧之意常多。"盖自道抚粤二三年之经历。薛福成《叙督抚救同城之损》一文（光绪十六年作），征引事实以言其弊，云：

国朝设总督八阙，巡抚十五阙，近又添设新疆巡抚一阙，而移福建巡抚于台湾。当未移以前，凡督抚同城者四，闽浙总督与福建巡抚同驻福州，湖广总督与湖北巡抚同驻武昌，两广总督与广东巡抚同驻广州，云贵总督与云南巡抚同驻云南。厥初总督不常设，值其时其地用兵者设之，军事既平遂不复罢，亦俾与巡抚互相稽察，所以示维制防恣横也。然一城之中，主大政者二人，志不齐，权不壹，其势不得不出于争。若督抚二人皆不肖，则互相容隐以便私图，仍难收牵制之益，如乾隆间伍拉、纳浦霖之事可睹矣。若一贤一不肖，则以小人惎君子力常有余，以君子抗小人势常不足。即久而是非自明，赏罚不爽，而国计民生之受病已深，如康熙间噶礼、张伯行之事可睹矣。又有君子与小人共事不免稍事瞻徇者，如乾隆间孙嘉淦、许容之事可睹矣。若督抚皆贤，则本无所用其制，然或意见不同，性情不同，因而不相安者，虽贤者不免。曾文正公与沈文肃公葆桢，本不同城，且有推荐之谊，尚虽始终浃洽，其他可知矣。郭侍郎嵩焘于去广东巡抚任时，疏陈督抚同城之弊，谓宜酌量变通，言甚切至。兹余姑就见闻所逮者述之。

吴文节公文镕总督湖广时，粤贼势方张，为巡抚崇纶所龄龁，迫令出省而隐掣其肘，军械粮饷皆缺，文节由此死绥，武昌旋陷。厥后惟胡文忠公与总督文恭公官文相处最善，为天下所称诵。文忠既没，文恭劾巡抚严树森去之；威毅伯曾公国荃为巡抚，又劾去文恭，曾公亦不安其位以去。迨伯相合肥李公总督湖广，为巡抚者本其属吏，诸事拱手受成。李尚书瀚章继之，一循旧辙，又在位日久，自此巡抚几以闲散自居，而督抚无龃龉，政权无纷挠矣。郭侍郎之巡抚广东也，适故相瑞麟以将军迁总督，颇黩货卖官，治军尤畏葸。侍郎心弗善也，上疏微纠其失，以无奥援罢去。蒋果敏公益澧为巡抚，英锐喜任事，瑞麟心惮之，严劾蒋公去职，因愈专横无顾忌。其后英翰为总督，以允闱姓缴捐事为巡抚张兆栋所劾罢。近今张尚书之洞总督两广，与历任巡抚皆不相能，朝廷至令兼摄巡抚以专其任。则督抚同城之无益，亦可概见矣。咸丰、同治间徐之铭巡抚云南，为叛回所胁制，复倚回寇以自固，杀升任陕西巡抚邓尔恒于境上。张尚书亮基为总督，至引疾求退，以速出滇境为幸。潘忠毅公铎为总督，方图以回攻回，之铭泄其谋，忠毅遂遇害。光绪初年，总督刘岳昭与巡抚岑襄勤公毓英不相能，舆论皆不直总督，寖至罢黜。潘鼎新巡抚云南，盛气陵总督刘武慎公长佑，颇蔑视之。刘公郁郁上疏求去，朝廷罢鼎新，慰留刘公。此皆督抚不能相容之明证也。福建督抚之外又有将军及船政大臣，政令歧出，尤不能画一。自巡抚移台湾，复裁船政大臣，而总督兼理船政及巡抚事，未始无裨于政体。余谓湖北、广东、云南三行省，皆可废巡抚而以总督兼理，如福建之例……

述督抚同城事颇详。后湖北、广东、云南三巡抚均裁撤，如所主张。文中引噶礼、张伯行事，列诸同城，则噶礼为两江总督，驻江宁，伯行为江苏巡抚，驻苏州，虽同省而与同城之官有间也。胡思敬《国闻备乘》（作于光绪季年及宣统间）卷一及卷二有云：

督抚同城，权位不相下，各以意见缘隙成龃龉，虽君子不免。两广总督那彦成与巡抚百龄相攻讦，百龄寻以失察家丁议遣戍。继百龄者为孙玉庭，劾彦成滥赏盗魁，彦成亦被逮。及百龄再至两广，以玉庭葸懦，覆劾罢之。此君子攻君子也。吴文镕初至湖广，与巡抚崇纶不协，崇纶百计倾陷，以孤军无援死黄州，则小人攻君子矣。郭嵩焘权粤抚，不一年，见事权尽被总督侵夺，戚然不安，疏请罢抚院，不报。云贵总督魏光焘与法人议路矿约已定矣，巡抚李经羲监临入闱未知也，出则尽反前议，总督大恚。经羲力求去，朝廷恶其奏辞不逊，遂削职。张之洞在粤与倪文蔚争，在楚与谭继洵又争，但未露章相诋耳。戊戌诏罢云南、湖北、广东三巡抚，旋复设如故。谕旨言总督主兵事，巡抚主吏事，然总督位望较崇，之洞任两广时自言有节制巡抚之权，不能限其专治兵不问吏事也。至光绪三十年，复用前诏罢三巡抚，留总督，事权始一，然总督名实不称，载之国史，徒滋后世之疑。云贵总督驻云南，未尝问贵州事，两湖总督驻武昌，未尝问湖南事，推之两广闽浙陕甘，莫不皆然。江苏幅员不及四川四分之一，总督驻江宁，巡抚驻苏州，提督驻清江浦，兼兵部侍郎，专典制淮南，同于督抚，江督名节制三省，其实号令不出一城，遑问皖赣。宜将六总督各正其名，如直隶、四川，斯得之矣。

张之洞督两广时，潮州府出缺，私拟一人授藩司游百川，而百川已许巡抚，遂压置勿用。之洞大怒，即日传见百川，厉声责曰："尔邈视我而媚抚院，亦有所恃乎！"百川谕（?）曰："职司何恃之有！旧制兵事归总督，吏事归巡抚，职司居两姑之间，难乎为妇，不得不按制办理。"之洞益怒曰："巡抚归总督节制，天下莫不知之，汝安从得此言，其速示我，我当据汝言入告，以便脱却吏事不问也！"百川惧，归检会典，仓卒无所得，忧之至呕血。之洞持之急，遂谢病归。自是广东政权尽归督署而巡抚成虚设矣。后戊戌政变，凡巡抚与总督同城者悉裁罢之。不数月，孝钦再出垂帘，下诏复设如故。诏言督抚分管兵政吏治，虽同居一城，各有所司，毋庸裁汰，如百川前所云云。乃知总督兼辖两省以资策应，盖国初专为用兵而设，遇兵事则有节制巡抚之权，吏治非所问也。之洞非懵于掌故也，平时恃才傲物，狭小汉家制度，故事事把持如此。

所述可与薛文合看。张之洞之为总督，自负才望，最喜揽权，良为事实，惟言广东藩司是游百川，则甚误。百川于光绪八年正月由顺天府尹擢仓场侍郎（时之洞以阁学简山西巡抚未久），以侍郎终，并无外任藩司之事。游姓而当张之洞任两广总督时为广东藩司寻乞休者，盖游智开也。智开湖南新化人，以举人州县起，历官著循声，终身未为京官；百川山东滨州人，由翰林官台谏，世称直臣（抗争重修圆明园事最有名），其由给事中至侍郎，为时仅二年余，终身未为外官。二游籍贯不同，宦历不同，未可误为一人耳。总督对兼辖之省分，虽非完全不能过问其事，而视所驻省分得以就近统辖者自属迥殊，故通常对云贵总督简称曰滇督，两湖（即湖广）总督曰鄂督，两广曰粤督（广东、广西虽有两粤之称，而通常以粤指广东，桂指广西），闽浙曰闽督，陕甘曰甘督，均就所驻省分称之，偏重可见也。两江总督，情形又为特异，驻地为江苏境内，却与江苏巡抚不同城，且自有江宁布政使受其直接指挥（清初安徽布政使驻宁，后移安庆，另设江宁布政使，与驻苏州之江苏布政使分理各属），一省地方隐分督治抚治，故谑者谓两江总督乃半省总督，特江督兼南洋大臣，其地位及权力犹足重视耳。光绪三十年十二月改驻清江浦之漕运总督为江淮巡抚，督治地方悉归管理。两江总督仅亦兼辖，翌年三月即复裁撤而设江北提督，加侍郎衔，节制淮扬海及徐州两道，体制略侔开府，与旧有驻松江之江南提督不同。思敬所谓提督驻清江浦云云，指江北提督也。惟江北提督虽加侍郎衔，却并无"兵部"字样。刘永庆首任是职，刊关防，文有"钦加兵部侍郎衔"字样，成为笑柄。曾任淮扬海道护理江北提督之奭良，所撰《野棠轩摭言》中，言之颇详（拙稿前曾征引）。至总督主兵事，巡抚主吏事，虽向有此说，而界限实不易画分，既均膺兵部、都察院头衔，似整军、察吏，二者咸有责任。（康熙时曾谕巡抚之不管军务者改加工部侍郎衔，后仍悉加兵部。）又如乾隆间所修《会典》有云："直省设总督，统辖文武，诘治军民；巡抚综理教养、刑政；承宣布政使司掌财赋；提刑按察使司主刑名；粮储、驿传、盐法、兵备、河库、茶马、屯田及守、巡各道，核官吏，课农桑，兴贤能，砺风俗，简军实，固封守。督抚挈其纲领，司道布其教令，以倡各府。"光绪间续修《会典》有云："总督、巡抚分其治于布政司，于按察司，于分守、分巡道。"总督何尝不主吏事乎？有明设置总督之初制，盖非所论于后世矣。光绪三十年裁滇、鄂、粤三抚，督抚遂无同城者，而三十三年设东三省总督及奉、吉、黑三省巡抚，奉天巡抚又与总督同城。新制东督权大，奉抚若其佐贰，然其后时由东督兼署，有专员之时甚少，聊为督抚同城更作一尾声而已。（原第12卷第43期）

七二　巴夏礼在狱情状

咸丰十年庚申之役，怡亲王载垣等执英参赞巴夏礼，奏交刑部收禁，其事颇成痛史中之一幕喜剧。赵光（时为刑部尚书）《自订年谱》，是年记巴夏礼在狱情况及偕部中同列瑞常（尚书）、灵桂（侍郎）赴狱查看各节云：

八月……自初五日怡〔亲〕王将英酋巴夏礼诓拿，奏交刑部锁鐐收禁，并该酋手下十余人亦皆锁禁南北两监。初六日，予偕瑞芝生、灵香生同至南北所查看，盖以外国人收禁，为本朝从来未有之事也。巴酋向予与芝生、香生言："各位大人，容我一言否？"予曰："尔何言？"巴酋云："我本奉我国将令来议和，大局未定，何以遽将我诓拿锁鐐收禁？我有何罪？是何道理？"芝生云："尔罪恶贯盈，天道不容。"香生云："尔害我中国，其罪甚大，尚复何说？"巴酋怒言："若论天道，我之生死自有天命；若天命不该死，恐中国亦不能令我死也。"伊哓哓舌辩。予因向巴酋云："尔昨日系钦命王大臣怡〔亲〕王等将尔拿至，奉旨收禁。我三人乃刑部堂官，前来阅视，并非承审研讯。尔无须多言，但静以俟之，亦决不令官人凌虐汝，惟刑具乃奉旨锁禁，未敢开释。"因约芝生、香生至他所阅视，饬提牢司狱各官，令官役禁卒小心防守，不可凌虐为要。予谓香生云："英、法非比朝鲜等属国，该酋即有罪犯，不得谓之叛逆。我辈非承审之员，自不必向其多言也。"南北所查毕，各散。是时颇有人向予言："巴酋为英国谋臣，不如乘此时奏请诛之，以绝后患。"予谓："巴酋来议和，本不应诓拿锁禁。伊既为彼国谋臣，焉肯弃而不问？倘将该酋正法，彼国来索，何以应之？如直攻城索取，彼之枪炮火器精利，此时我之兵勇业已溃散，又将何以守御？万一都城被彼攻陷，则宗社宫殿尚可保乎？百万生灵，亦不可问矣。予观大局，非和不可，而议和仍舍此人不可，姑静以听之，未可置目前大祸不顾而计及将来之后患也。”其人唯唯而去，心或以为不然，不知予言竟验也。初六日，提牢满汉司官来禀：巴酋不食，意欲求死。予谓：“此人关系綦重，尔等须再三劝慰，待以好饮食，不可以常犯视之。伊若肯食，不妨以鱼肉鸡羊等物待之。若无费，则传予言，令饭银处先提银五十两交尔开销可也。”至次日，提牢来言，如予所嘱，向其开导，伊已饮食如常。是日忽传言上已启行北狩，京都人心涣散。英国兵已抵通州八里桥之西，胜帅败退进城，各门戒严。两监人犯六百余名，终日喧闹。十二日，武备院卿恒子久祺奉恭王谕札到刑部，进监看视。时英国来文索取巴酋甚急，恐其进兵攻城，欲令巴酋作字，止其带兵统目，谓将议和，不可进攻。该酋不应，且云：“我现在何所，身披刑具，辱莫大焉，尚能作书止兵耶？”子久以此回复恭邸，于是复奉来札，子久再进监，将伊提出大牢，另住一屋，释其刑具，婉言开谕再三。该酋乃亲笔作彼国书，付子久，携呈恭邸，令人送僧王大营，遣弁赍投。十八日，奉恭邸札，仍令子久进监，将巴酋及其手下人十余名，将提禁备车送至德胜门内高庙安置，日以酒果鱼羊各物款待之。该酋临出监，向提牢摘帽申谢不已。

此巴夏礼在刑部狱之一段经过也。满堂官义愤填膺，与巴夏礼在狱中斗口，赵光则认题较清，调护其间，以免生事，写来盖颇如画。至巴夏礼之绝食示威，如谱所云，或因囚粮实难下咽，激而出此，故迨以鱼肉鸡羊等物相飨，便即饮食如常耳。其时彼盖亦深恐中国方面有不顾利害而杀以泄忿者，是以在狱犹不甚作难也。

七三　咸丰戊午科场案

咸丰八年戊午顺天科场大案，赵以刑部尚书充监斩官。《谱》中于此案亦略叙及。戊午云：

> 因科场案发，十月二十四日奉派覆勘顺天乡试卷，在圆明园九卿朝房公阅，并令派审此案之怡、郑二王、全小汀大司马庆、陈子鹤大司马孚恩监试（按：试字疑是视字笔误），覆勘三日乃毕。此次科场之案，未令刑部会审，予深以为幸焉。

翌年（己未）云：

> 二月……十三日……是日适值钦派王大臣奏科场案，已革协办大学士户部尚书柏葰拟斩决，编修浦安、主事李鹤龄、罗鸿释皆斩决。上御勤政殿，召见惠亲王以下诸王大臣，跪聆圣谕讫……奉派户部尚书肃顺与光监视行刑，命肃顺先往，光候谕旨下，午正

三刻捧旨赴西市，宣读后行刑。各献首级，目不忍睹。时申初二刻。偕肃顺回园覆命。日已暮，宫门尚未闭，以待覆奏折呈递进内，奉旨："知道了。钦此。"乃由园进城，已亥刻矣。……三月初六日，奉旨，会试正考官派大学士贾筠堂桢，副考官派光与户部左侍郎沈朗亭兆霖、工部右侍郎成伟卿琦。得旨即刻入闱。……本年会试，因去岁顺天秋闱科场案发，严惩积弊，此次……实属弊绝风清，为从来所未有。

柏葰戊午八月入闱时，系协办大学士户部尚书，旋于九月晋大学士，管户部，狱兴，革职对簿。《谱》云已革协办大学士户部尚书，盖仍其派充考官时而言，实误。忆某笔记言：柏葰既至刑场，犹嘱家人预备上路用具，盖冀文宗念旧，临刑加恩改处遣戍也。及见赵光涕泣而至，乃顿足曰："完了！"大狱骤兴，文宗赫怒，大加诛谴，承审者咸为朝士侧目。后载垣、端华及肃顺（被指目为阴主此狱者）被杀，甚为人所称快，亦多因此。全庆碌碌，犹少注意之者；陈孚恩历官有声，曾负清望，缘此亦成矢的。赵氏深以刑部未与会审为幸，恐受谤结怨耳。至此案获整肃科举风纪之效，允为事实。浦安为光宣间大学士那桐之父，其妻藏其血衣，衔痛抚孤。闻那桐事母颇不驯顺，惟遇其母陈血衣以诫之，辄痛哭自责云。

（原第12卷第44期）

七四　旧闻五则

（一）李鸿扶《香奁诗》十二律

剑花楼主由郑州惠函，承以旧闻数则见寄，特移录如次：

陈夔龙以湖广总督调署直隶总督，有诗四律留别，题为《由鄂移寓津门赋此留别》。到津后，又有《遣兴四首叠前韵》，《花近楼夜坐再赋四律仍叠前韵示幕中诸君子》。夫人为庆王义女，生日，陈制诗为夫人寿，词甚都丽，亦用原韵。各诗传诵，赓和风起。时李兴锐之孙鸿扶，以候补道分发直隶，年少风流，喜弄文墨，改夔龙诗题，并用其韵，为《香奁诗》十二律，传钞之广，至于洛阳纸贵。未几，陈亦见之，心殊愤恨，尤于"好语王昌绷绣褓，宁馨宁不称官貂"二语，最所切齿，立召鸿扶入见曰："世兄诗词很好。"（陈与兴锐相识。）鸿扶鞠躬惟谨，连称"职向来不会诗词"；见陈睁目竖眉，瑟缩而退。知祸之将及，宵夜遁鄂投端方。越日，陈果奏参。鸿扶字春煦，现任军事参议院少将参议，僦居海上，萧然老矣。陈诗余不复记忆；李诗清丽，犹录存之：

由鄂移寓白门赋此留别：

其一

武昌官柳夹江干，醉眼颦眉感万端。
竟日瞢腾如中酒，霎时缱绻此凭阑。
拗莲作寸丝难绝，烧烛成灰泪自看。
欲剪黄绝终未就，与奴方便问仙官。

其二

泪痕心事竟谁知，昔昔倾身敢自私。
隔座逢迎花气暖，留欢颠倒漏声迟。
锦衾翻浪迷昏晓，绣帕余香惹梦思。
绮陌宵寒秋露重，花袍白马莫频驰。

其三

披香姊妹尽英瑶，鸾唱遥闻驾绿轺。
解佩只愁人漠漠，弄珠谁信自骄骄。
胎含豆蔻腰移带，露浥芙蓉颊晕潮。
好语王昌绷绣褓，宁馨宁不称官貂！

其四

凤泊鸾飘又一年，每将归思对啼鹃。
莫愁烟水长凝梦，淡粉笙歌欲散眠。
顾影羞经桃叶渡，扫眉应和柳花篇。
若为怜藉休相谑，又抱琵琶过别船。

遣兴四首叠前韵：

其一

儿家生小住长干，一曲清歌锦百端。
花底吹笙忘月落，楼前斗草惜春阑。
佯嗔贪索檀奴问，失喜还妨小妹看。
记否眉楼宵宴罢，戏拈红豆打魁官？

其二

画堂南畔没人知，一晌相偎腻语私。
瓜子含瓤初未破，青梅如豆那嫌迟。
却无气力何曾惯，越样风情忍不思。
往事只堪成后悔，刹那光景已云驰。

其三

两鬓动翠复鸣瑶，云路钿车侣凤轺。
灯火楼台人影乱，春风杨柳马蹄骄。
麝脐一霎腾新暖，猩靥双红上晚潮。
背面思量争忍俊，归来应笑肉污貂。

其四

春花秋月自年年，长只春心托杜鹃。
罗袜双翘刚半折，仙腰一把已三眠。
仙郎久误收妆镜，狎客虚传赋侧篇。
谁谓芳晨强梳掠，采莲羞上鄂君船。

烟媚楼夜坐再赋四律仍叠前韵示曲中诸姊妹：

其一

悄倚红楼十二干，飞花乱点髻云端。
一春消息愁仍阻，五夜凄惶梦易阑。
刻骨寒从罗被觉，断肠诗在画屏看。
珍丛休怨繁英谢，输与娇怜有蜜官。

其二

窥帘明月始应知，极宠深怜恃眷私。
对镜故慵撩鬓久，搴帏教恨解衣迟。
薄妆粉褪融珠汗，细炷香侵荡绮思。
已镤雕鞍交小婢，斑骓系着漫狂驰。

其三

楼头青漆覆青瑶，门巷枇杷驻桂轺。
索酒来时鹦鹉唤，踏花归去紫骝骄。
梦回历历犹行雨，信断沉沉忆弄潮。
几欲咒伊呼薄倖，抛人何处唤金貂。

其四

懒把心情托少年，啼红朝暮恼愁鹃。
枉转鸾镜收双影，料被花枝笑独眠。
谁遗珍珠怜寂寞，自拈银管写诗篇。
湖边春色休辜负，说与邻娃好放船。

（二）曾国藩器重李兴锐

（上略）李兴锐、李瀚章同居曾幕，同管粮台，又同谥勤恪。（中略）《清史·李兴锐传》："曾国藩率湘军东征，闻兴锐名，招入戎幕，令管粮台于祁门。时徽宁贼氛炽甚，祁门当孔道，贼所必争，兴锐运输皆赴期会。逆酋古隆贤雪夜来袭，兴锐侦知，先匿其辎重，贼无所获而去"云云。兴锐墓在浏阳县古港镇，神道碑与御赐祭文及王闿运所撰墓志铭，均载此事，谓"保全银饷逾百万"。其保全之法，系就粮台以泥土加筑夹墙，实银饷其中。墙有新迹，以烟火熏之使黝，宛如旧墙。敌至不辨，毫无所获。既去，掘验，悉如前数。文正拊勤恪肩曰："老弟怎么想得这条妙计，仓卒之中又怎么做得这样严密！"临危不苟，从此益重之。

（三）王闿运为李兴锐撰墓志铭

乞闿运为文，例须赂周妈，然后得之速。闿运性放恣，中兴将帅，多所訾诮，乞文者有戒心焉。兴锐薨后，犹子昌洵闻闿运到鄂，载酒四坛，访之舟中，请撰墓志铭。闿运谓曰："大侄，这是我的事，三日交卷，连周妈都不许受一只火腿。"周妈旁坐，微笑睇之。果如期交卷，略无微词，明日解缆东下矣。好酒四坛，是为闿运文值之最低者。

（四）胡林翼交欢官文

官文为湖广总督，初与胡林翼龃龉。胡以大局所关，勉谦事之。官妻早死，有妾专宠，外间不知其身分。值生日，官为铺张称寿，僚属多趋承之。臬司某（忘其名）亦往贺，甫登门，审知为妾，索回手本，咆哮而退。妾闻大恚，且至哭闹，咎官未予扶正。时胡林翼继至，臬司适遇之，具以告。胡微笑，竖拇指相赞，已则徐行而入，官延入别厢，行常礼焉。妾闻巡抚至，以为殊荣，足以遮臬司轻视之羞，心窃感之。明日，遣人来告，将躬拜胡太夫人。林翼先入禀两院不洽事，乞太夫人便为成全。又明日官妾果来，认太夫人为义母，执礼颇恭。越数日，妾得扶正，名正则言顺，僚吏咸与贺，臬司亦至，前嫌尽释。从此林翼乃得畅所欲为，官文画诺而已。

（五）陶澍以女嫁胡林翼

林翼为陶文毅公（澍）女婿。议婚之初，陶夫人力沮之，文毅不听。合卺之夕，遍索新郎不得，后自北里中曳归，烂醉如泥，草草扶入洞房。陶夫人闻之，痛怨文毅失着。公劝慰之，徐曰："此子瑚琏之器，未可小视，他日担当大事，必不糊涂。年少纵情，不足责也。"

七五　再记胡林翼官文交谊

关于胡林翼交欢官文，亲拜其妾之寿，梁启超于壬寅《新民丛报》中所记云：

> 官文恭有爱妾，常欲宠异之。到任甫一月，值妾生日，伪以夫人寿辰告百僚，拟待贺者至门，然后告以实为如夫人也。届期客群集。藩司某已递手本矣，阍者以实告，藩司则大怒，索回手本去。胡文忠亦至，询其故，藩司曰："夫人寿辰，吾侪庆祝，礼也，今乃若此，某朝廷大僚，岂能屈膝于贱妾！"卒索手本去。胡文忠从旁赞叹曰："好藩台！好藩台！"乃语甫毕，竟自昂昂然传"年家眷晚生胡林翼顿首拜"之帖入视矣。当藩司之索回手本也，道府以下亦纷纷随索者不少。及胡文忠以巡抚先入视，则又相随而入。官氏妾几于求荣反辱，得文忠乃完其体面。妾大德之。文忠诇知文恭之爱而畏其妾也，归署乃以夫人之意请官妾游宴，而先告太夫人善待之。官妾至，胡太夫人认为义女，自是官妾见文忠矣。文忠欲有所施设，虑官为难者，则先通殷勤于其妾。妾乃日夜聒于文恭之前曰："你懂得甚么！你的才具识见安能比我胡大哥，不如依着胡大哥怎么做便怎么做罢！"官辄唯唯奉命惟谨。自此官、胡交欢，而大功之成实基

于是。

盖与剑花楼主所记小有异同，可合看。梁记此事较详，且写得兴会淋漓，然按之颇有欠分晓处。

（原第12卷第45期）

七六　赵炳麟参劾袁世凯内幕

光绪三十四年两宫之殂逝，袁世凯之罢斥，以及其时张之洞之态度，胡思敬《国闻备乘》所纪情事，经录入前稿（见本报本卷二十九期）。赵炳麟与思敬同官御史有声，其名尤著，而世凯之去，炳麟且与有力。其《宣统大事鉴》中所纪，亦有关史料。据云：

> 德宗夙负大志，自戊戌新政之蹶，幽闭瀛台，抑郁无所发舒，病瘵数年。当是时，庆亲王奕劻长军机，专政，贪袁世凯之贿，引入军机以为己助。张之洞、那桐亦同在政府。世凯机警富权术，而以戊戌政变，与德宗若仇敌。会陕甘总督升允，疏劾奕劻、袁世凯"假立宪为名，劫制政权，凌逼主上，是以皇上目睹心伤，忧郁愈甚，敢怒不敢言。若不去奕劻、袁世凯，皇上之病必不起。固大清之忧，抑中国之忧"等语。德宗欲下其奏，孝钦曰："狂言也。"寝之。德宗病更甚，痿痺不能行坐。言官中有请择宣宗之后长

者贤者入侍左右，以固根本，孝钦乃召醇亲王载沣子入宫，立为皇子，年方三岁。孝钦忽病痢剧，世凯及太监李莲英等恻恻惧孝钦先德宗逝，祸且不测。（按：如王小航《方家园杂咏纪事》所云，李莲英曾暗中保护德宗。）未几德宗遽崩，孝钦懿旨以皇子继位，太皇太后训政，醇亲王载沣摄政，未几太皇太后亦崩。（或谓孝钦病急时，太监称孝钦旨，告德宗曰："皇上病甚，心当明白，皇上衣上之扣钮皆金制也。"及德宗崩，衣上少一扣。斧声烛影，天下疑之。）

德宗之崩也，内外啧啧。度支部尚书载泽素亲德宗，密谓摄政王载沣曰："昔晋赵盾不能讨弑君之贼，史书赵盾弑其君。今大行皇帝之事，天下称冤，皇上年幼，尔摄政，其毋自贻伊戚。"载沣大感动。会给事中陈田、御史赵炳麟上书劾世凯，遂以足疾罢归。

（江）春霖在台，弹劾不避权贵，时有朝阳鸣凤之目，尝于是年九月九日劾庆亲王奕劻、袁世凯朋比为奸，殃民祸国。（按：《梅阳江侍御奏议》，此日所上之折系专劾世凯权势太重，略及奕劻送世凯寿联去爵署名，以证其交通亲贵，熏灼一时。）德宗见疏，痛哭流涕，而以孝钦故留中不敢发。至是春霖复言：世凯虽去，奕劻尚留，打草惊蛇，纵虎还山，为祸更急。摄政王召见嘉纳之。

炳麟以世凯虽罢，而朝廷布置太疏，必有后患，上书陈孤危情形。摄政王召见，谓曰："尔言关系极重，究应如何布置?”炳麟对曰：“世凯罢官而罪名不著，天下疑摄政王排汉，奸人构之，使民解体，为患滋大。当宣布德宗手诏，明正世凯之罪；黜逐奕劻，以靖内奸；任张之洞独相，以重汉人之权；起岑春煊典禁卫军，巩固根本；召康有为、安维峻、郑孝胥、张謇、汤寿潜、赵启霖授皇帝读，并为摄政王顾问，以收海内物望；实行立宪，大赦党人，示天下以为公。”摄政王首肯者再，旋召见张之洞商榷。之洞与岑春煊、康有为皆不合，力保奕劻持重宜加信用，非彼不能镇安皇室，炳麟所奏多纷更，不可用，议遂寝。当是时，之洞督办川粤汉铁路，广西人覃兆鹍为川粤汉路文案，居之洞家。之洞遣兆鹍警告炳麟曰：“张中堂以我与君同乡，特嘱传语。今日君所面奏，中堂极不谓然，已于召对时逐条面驳。人生难得清名，毋为人误。”云云。自是以后，摄政王不召见小臣矣。

均可与第二十九期参阅。

七七　赵炳麟自记罢言官之职

炳麟于宣统三年三月解言职，以四品卿候补，盖假升迁以摈之。其在《大事鉴》中纪其事云：

炳麟知责任内阁将设立，总理已定奕劻，乃援顺治时魏象枢请留台效忠例，疏云：“内阁将立，王大臣权太重，非有不避权贵之谏臣不能监察。臣自问吏事实未谙，惟弹劾亲贵，不畏强权，臣尚能之。请援魏象枢之例，将臣京察一等记名道府及记名提学使，一律取销，俾臣得安心谏垣，纠察行政，较一官一事裨益必多。”当是时，广西巡抚张鸣岐奏修桂全铁路，摄政王遂下诏开去炳麟御史本缺，以四品京堂候补，回籍办理桂全铁路。（按：炳麟为全州人。）故事，候补京堂例能奏事，又下诏以后凡候补京堂不专折奏事。炳麟赋别台诗，即归桂林。[诗云：“年来豪气已销磨，六战台垣一梦过。检点皂囊焚谏草，涓埃未报负恩多。”“范孔同盟忆昔年，扣镮痛哭冀回天。贞元旧侣纷纷散，翘首解（觚）棱倍惘然。”]

盖乌台负敢言之誉者，至是先后几已尽去矣。

七八　樊增祥秦幼衡轶事

孙思昉君（至诚）由安庆来书，谓：“费润生《当代名人小传》语多违实，窃思有所弹正，如谓李审言以樊诗得名，秦幼衡以万言书干袁，均属子虚。李有《书樊云门方伯事》，至有《书秦幼衡轶事》，足资辨诬。以有关掌故，傥亦先生所乐闻欤。”两文均有致，因移录于次：

书樊云门方伯事

李详

樊云门方伯官宁藩，甫视事，缪艺风先生劝余谒之，曰："子老且病，须赖人吹嘘，盍以骈文稿示我，当为先容。"后月余，余往谒之。问乡试几次，对九次。曰："沉屈矣。"又问受知系何学使，余曰："入学为瑞安黄侍郎，补廪为长沙王祭酒。"曰："俱是名师。"又云："前见大作，骈文甚古；谭世兄尚在我署内。"盖见余骈文前有谭复堂先生序也。又曰："江北有顾清谷先生善骈文，见过否?"余曰："《方宦酬世丈（文）》见过。"又曰："顾耳由先生是兄弟荐于鹿芝轩中丞者。"余起谢云："顾为姻亲。渠奉母讳留陕，不得归，当时只知陕西主考泰州同乡黄君葆年所荐，不知为方伯也。"又曰："此时不尚风雅，但知阿比西地字母耳。"余因进曰："江宁藩司自许仙屏先生升任去，尚未有讲求文字者，方伯可以提倡提倡。"樊唯唯。余出告友人王君宗炎。曰："子称谓太抗，当称大人。"余笑曰："渠大人，我小人耶?"后友告："樊方伯好收门生，不见某君齿逊樊二年，新经拜门，委办南洋官报局，岁可得数千元。"余曰："缪艺风先生可谓知己，余尚未执贽门下，何况樊山?"某君既办官报，果获数千元，存储宝善源，折阅泰半。余告友人："若如君言，得钱亦不可保，门生名湔洗不去矣。"余见樊后，樊有诗寄艺风，末句"可有康成腻帢无”，盖用《世说·轻诋篇》“著腻颜帢，逐康成车后”，戏艺风即以戏余；遂薄之不往，而索回文稿甚亟。樊弃之，不可得。艺风一再函问，不复。艺风复余书云：“前日方伯谈次，寻大作未获，杂入文书中矣。昨又函催，亦未复也。”余复作书求之，亦未答。因知樊忌前害胜，善效王恭帖笺故事，且复仿吾家昌谷中表投溷之举，益太息，谓有夙憾。改革后，樊遁上海，余复馆沪。徐积余观察谒樊出，问何往，云将候李审言，樊似有眷眷意。徐劝余往见，余不可。艺风又告：“云门知君在此，曰李是行家，称之者再，君可趋樊一谈。”余又不可。后沈乙庵语余：“云门约我及散原打诗钟，君可同往。”余以事辞。樊名满天下，后生小子唯樊为趋向，友人官京师，钞示樊山近诗，有“新知喜得潘兰史，旧学当推李审言”语，以是为重。数年后，上海有《当代名人小传》出。其文人一门，有李审言、潘飞声同传，云往樊某有诗，潘兰史、李审言上各空方□四字，即京师友人钞示二语也。下云“二人因得名”。余之得名非由樊始，海内先达，可以共证，然亦见世上拥樊者多，若以余一穷秀才，樊由庶常吉士官至藩司，一言之誉，足为定评，岂知余素不嗛于樊耶？樊今年八十有五，余今年七十有二，各有以自立，亦各不相妨。恐读《当代名人小传》者不知余与樊山本末，故备书之，亦以见江宁藩司，自许仙屏先生去后，驯至亡国，无一人可继也。庚午四月。

书秦幼衡先生轶事

孙至诚

固始秦幼衡先生，文笔奇丽，傲倪一世，少所许可。自谓骈文突过六朝，散文廑不俗不乱，尤以书自喜，然不措意于词。夏孙桐闰枝、缪荃孙艺风皆词家，与先生集都门酒楼，将以穷先生。问能以词赌酒乎，曰能。乃以用古人原韵聑合词律为度，夏、缪皆立成，先生竟曳白，大受谯讥，苦无词以对。次晨未晓，先生往叩闰枝门，形神惨澹。问何事，曰词成矣。示所作，闰枝叹服，曰："有一不能何害，竟如此，得无呕心死！"先生盖通宵构思，未交睫也。于小品辄数易稿。尝曰："凡选词未工毋休，必有一天造地设之工者以俟焉。"其湛思如此。先生虽诙诡玩世乎！然于出处之节无稍苟。项城袁氏慕其名，将致之居仁堂。先生抵以书，故尽为僻典难字，累数千言，不可句读。袁偏（遍）示僚属，罔测其意，竟无以复致之。沃邱仲子谓其以万言书干袁者非也。东海徐氏初当国，偏（遍）觞都中名下士，先生与焉。徐致谦词，求教督所不及，皆逡巡。先生独曰："此时尚可有言乎？"曰："幸甚。"应声曰："公不作总统亦佳。"一座皆惊。徐又以东坡真迹夸示座客。先生殊不视，曰："东坡知书乎？"更以诗稿就正，曰：

“公无能，毋语此。”徐笑曰：“他非所知，惟官未敢让公。”先生出语人曰：“东海徒以官傲我耳。”呜呼，其魁垒而骨鲠也，可以厉末世婀娜之风矣。

至诚与李、秦两公雅故，李晚年与至诚笔札论文甚密，秦先生曾为点定小文数首，均有知己之感。以润生所述实诬，违实远甚，故亟以此为辨正之。孙至诚附记。

沃丘仲子（费行简）所撰《当代名人小传》等书，不乏中肯之记载，文笔尤犀利可观，而亦颇有失实之处。至李氏所叙文稿入不复出一节，盖樊增祥惯技，读之益令人念及增祥持去其师李慈铭《日记》最后数年者，使永不得见，为可憾也。（樊死后，知交为理后事时，遍觅卒不可得，殆毁之矣。）　　　　（原第12卷第47期）

七九　骆秉章查户部银库

骆秉章以掌江南道监察御史任稽查户部银库差，清正自持，大著声誉。虽缘银库积弊获谴，而实以斯上结主知。其《自订年谱》道光二十年庚子叙任差情事颇详，云：

十月，奉旨稽查户部银库，当于二十日到库，接晤四库官荣庆、崃禄、公占、苏隆额，察其才具似非认真办事。到库数次，库官请至库内谈库事，言："收捐项每百多收四两，昔年成亲王稽查三库，奏请归入公款，以后每百再加四两，是以捐项每百加四两是正款，今再加四两，内二两归库丁，二两归库官及查库御史均沾。此事捐生乐输，向来如此。我等年中在此辛苦，以作酬劳。"我询以每年各得若干。伊云约二万余金。我询以此款曾经奏明否，"若奏明，我则收；未经奏明，分厘不敢受。"四库官语塞，皆云："阁下不收，则弟等五人亦〔不〕收。"我直言："此项如于公事有碍，诸公亦宜酌量。如于公事无碍，我亦不管。我平生向不受人挟制。若我亦收此规，公事我不能办。"越数日，库官又请说话，云："四两平足下既不收，何不带银号捐，每年约得万余金。"我对以："公事公办，银号自能上捐，何必我带？库内同事六人，若各带各捐，亦属不成事体。明辞而暗受，我亦不为。"库官又无词。不数日，有同乡李某至寓，问："足下收到任礼否？若收，各银号即送来。"我询其数若干，伊云："约七千，三节每次亦七千。"我询以银号何故要送礼，伊云："不过求都老爷勿挑斥。"我云："伊做买卖，有钱财则接捐，无钱财则不接，何必如此行求？尔可说知各银号，照例足平色上兑，则不挑；若以少作多，银色低潮，岂不挑耶？"李某无言而退。后有最相好言带捐及托情者，皆却之。盖库官库丁总欲御史受规，伊等作弊不敢言。此若辈之长技，其实库中弊端亦易查出。当与诸君言：“此项是规，我说直是弊。”自己不受陋规，收放皆照例办理，即相好亦不徇情，如此而已，然必认真稽查，方能杜弊，故人皆以为难。我在库每月止收饭食银三十八两，并将年中所得饭食银分一百两与车夫跟班，不准在库需索分文。如此一收一放，严密稽查。外间传言，皆谓：“此次骆都老爷查库，如此认真，难于舞弊。”其实察库之要，总在一收一放，须用矮椅坐对天秤，查真砝码，不准库丁弄手法。放项最大总是八旗钱粮，秤银时即要查验清楚，以防多出之弊。此弊虽有，尚不甚大。收项最多弊，如收各省鞘饷，尚无弊端，惟收捐项与崇文门税课，其弊不可胜言。必先打扫银堂，止准银号一人，库丁二人（一上砝码，一上银）。御史当面秤兑，不准库丁压秤。如银不足，尚须添补，止准将银逐锭轻放，库官用椎敲秤，须在当中，不准旁敲。盖从前收捐多有六七百或四五百作一千者。库项之亏短，多在捐款。每逢收捐至一二十万者，收毕出库，在炕稍坐，则两目皆眩，回寓须睡息半时，始能吃晚饭。劳则劳矣，非如此不能杜弊。至相好上兑，亦不宜徇情。忆潘四世兄之亲戚上兑，亦曾面托。是日伊门上同乾泰号之掌事携银八百余两到库上兑，库官秤毕，言短秤二十五两。我云：“既欠必须补足。”库官云：“此是潘相家人上兑，可以作收。”我云：“即潘相在库，亦必要补。此是公事，非私事也。”其家人云：“现未有银带来。”我云：“尔说知四少爷，如有银补，明日送上库；如不补，我代补便是。”翌日四世兄即着人送银到库补足。外间传言：“潘相是伊老师，犹不徇情，何况他人？”此后并无到寓而说之友。且我对库官说：“朋友相托，是恐库丁多收，并非欲求短交。我持公道，不使库丁作弊多收，即朋友所托者亦不过如此。”有一次拍查收项，多十余两。库丁云搭错砝码。我云：“公事岂能错？即不办罪，亦须杖责。”库官云：“此等人亦是锦被牙床。”我云：“既如此，不应当库丁；既当库丁，自应执官法。”即将库丁重责四十板了事。数月以来，银号见库丁不能作弊，不交陋规。库官库丁，毫无出息，至洒库镳镳亦不能赊，亦困甚矣。四月时，有一京畿道缺出，银号等约五六人到帅副宪承瀚宅，求见少爷。门上对以“少爷向不见客，求见何事？”银号等云：“现有京畿道缺出，二爷能求大人将查库之骆都老爷保京畿道，送一千银与二爷，送六千银与大人。”门上云：“糊说！”将银号诸人大骂逐出。帅副宪回寓，门上以此事告知。帅副宪云：“诸人曾留住否？”门上云：“已经撵去。”又问是何姓名，门上云：“未有问其姓名。”帅副宪申饬门上，言其“不懂事，说甚么”。翌日到院，署内都事果以送京畿道稿呈堂。恩小山总宪桂问：“某位都老爷俸深？”都事答云：“骆都老爷俸最深。”恩总宪云：“如此，以骆拟正。”帅云：“别位可送，此位骆都老爷断不能送。若送他，是中小人之计。”将昨日银号到宅之事说一遍。恩云：“如此真不能送。”因有此事，都中乃喧传银号库丁出银七千为骆某捐京畿道耳。嗣后每见潘、穆师相，皆云：“尔今年查库办得甚好。”穆相并云：“尔查库真是超前绝后，我必奏留尔再查三年，于库项大有益。”我对云：“此地一年已经难办，再留三年，恐无活人矣。”穆相云：“我稽查三库三年差使，时时提肝吊胆，独不难为我乎？”迨辛丑二月，库官嵘禄放山西大同府。伊是穆相晚亲，临行时到穆寓禀辞。穆相云：“今尔出库，以后库上事一无所闻，实不放心。”嵘禄云：“中堂且放心，库上断无事。现有骆御史稽查，事事认真，又不受陋规，库丁甚畏他。伊在此断不至有事。”穆相云：“四两平亦不受乎？”禄云：“亦不受。”穆相云：“真体面。此是我门生，想不到他能如此。”自后谒见穆相，益见加器重矣。从前库上作弊，止是在外截留，其权在书办，知库有盈余，截留解款，在外瓜分，此是羡余之项，于公项无短。自穆麻子做库官，改过章程，书办止得解费，收放盈余皆归官丁，无数可查，虚入盗取，毫无节制，故短公项亦无可考数。

此其生平一得意事，故津津言之，而银库积弊亦可略见焉。（掌京畿道御史，为各道御史之首，职务繁重，未便兼查库之差，银号等欲其离库，故为贿求迁此也。）二十三年癸卯，在奉天府丞任内，值银库案起而革职。既缴清勒令分赔之款，奉旨以庶子用。（秉章曾官编修、御史、给事中，因是而得遍历翰、詹、科、道四种清秩，罕事也。）召见时乃大蒙嘉许与慰藉。《年谱》叙此云：

> 五月十七日奉部文，因库案革职罚赔……承禧将军伍亲家及庚子会试门生壬辰同年同乡亲友各寄到银两，于十一月三十日共缴赔项一万二千八百两，全数上兑。十二月经户部汇奏，二十六日奉旨以庶子用。二十七日具折谢恩，蒙召见。谕曰："汝是年查库办得好，不独我知之，人人皆知之。操守是读书人本分事，汝是读书人，清廉二字为本自是知的，况汝在库上办事甚想为国家出力，事事整顿，人所为者汝不肯为，无如积重难返，岂汝一人所能挽回，况库款如此之多，非汝一人所能清盘，可见为君难为臣不易。库上亏短，汝亦不过得之传闻，必不得准数，是以不敢奏。若汝知短至九百万之多，断无不奏之理。即如仓米为数既多，既不知准数，就是奏请盘查，而挪东挪西，即清盘亦无不足之理，岂不是白奏？我就是将所有库官、御史实杀、实发、实革、实调，四样办法，亦无不可，但于公事无济。即将此等人正办，有已故的，岂尽好人？岂不偏枯？是以一律革职，一律罚赔，亦是《易经》变卦。就是王大臣管三库大臣亦有

知亏短者，但未得准数，亦不敢奏。今日有此案，汝之名更显。若无此案，我亦不知汝。人藏其心，不可测度。今有此案，便知汝好处。今日赏汝庶子，此是翰林出身升途。汝不要看五品，汝看将来怎么样。汝前是府丞，虽是四品，不过四品便了。汝好好读书，好好做官，将来为国家办事。”问年几何，对以五十一岁。谕云：“汝如此年力，何事不可办？会试主考何人？”对以正考官潘世恩、穆彰阿。谕云：“此二人是汝老师。”又奏副考官朱士彦、戴敦元。谕云：“此二人不在了。房师何人？”对以许球。谕云：“亦不在了。”

宣宗之言，情辞款款，亲切之至，且为解释己之御下手段、理财政策焉。后于秉章屡有褒辞，不数年遂擢至藩司矣。秉章为穆彰阿（以首辅为宣宗所倚信）所重，其受知宣宗，穆彰阿盖与有力焉。穆以赞宣宗主和，为清议所诛，众恶皆归，甚著奸贪之名，盖物论有未可尽信者，其人亦非一无可取耳。曾国藩官翰林时，屡邀峻擢，闻亦颇得穆力云。（国藩戊戌会试中式，穆为正考官，亦是师生。）

（原第12卷第48期）

八〇　宦皖亲闻二则

张二陵君谈：

（一）阿克达春目不识丁

光绪十五六年间，阿克达春（字达斋）为安徽藩司，以系出身旗员，汉文程度甚浅，遇属吏之递手折请示者，均以“查卷后再议”答之，成为口头习语，一时有“查卷方伯”之称。旋为言路纠参，谓其目不识丁。旨交皖抚沈秉成查，秉成覆奏，谓其文理虽不甚优，办事尚属认真云云，位置得以保全。十八年升山西巡抚，复被参劾，交两江总督刘坤一查。时阿克达春已交卸皖藩，至江宁谒坤一。坤一适奉交查之廷寄，会晤时，出廷寄暨附钞之参折示之，曰：“兄弟顷奉到政府此项公文，请达翁阅看。”阿克达春对曰：“查卷后再复。”坤一曰：“此系达翁被参之事，何从查卷？”乃瞠目结舌，不能一语。既勉为翻视，仍茫茫然莫对。坤一始知人言其识字无多确是事实，未便回护，遂以“文理欠通，若任疆寄，难保不受人愚弄，请改用旗员”覆奏，奉旨开缺。闻坤一示以原作，盖初未尝无官官相护之意，俾其自为之计，而谋所以覆奏者，不料其竟作如此状态，致成僵局，欲保全而不能，然犹请改用旗员，待旧属颇不薄云。又阿克达春官皖藩时，联元（字仙蘅）方为安庆府知府。每相谒，阿克达春辄呼为迁翁，盖以形似而误，亦笑柄也。

（二）丁峻善折倨傲者

斯时官安徽安庐和滁道者为丁峻。（字滇生，江西人，任是职至十八年之久，署藩、臬共十三次，后升浙江臬司以终。）会长江水师提督李成谋巡视江防至安庆，峻方署藩司，用手本谒之于行馆。（故事：司道见提督用官衔帖，长江水师提督势分较崇，司道率用手本。一面虽用，一面仍谦而不受。）其材官谓曰："大人如有要事，则请军门起，否则，请明早再来，现在军门正睡午觉也。"峻曰："无事，但给军门请安，问腿疼愈否。"材官不解所以，据以告成谋。成谋大惭，亲至峻处谢过。盖峻之问腿疼者，成谋昔在杨岳斌部下，曾有过犯被棍责，时峻居岳斌幕府，为之乞情，兹病其太倨，特隐提前事以折之也。见面后，峻为之谈岳斌在江西督师时，由福建水师提督迁陕甘总督。次日岳斌欣然对幕僚言："文官太讲体制，今日见我，较往日恭顺多矣。"峻即以"不可太高兴"相规，岳斌敛容谢之云。

二陵云："以上二事，均闻之先叔父景琦公，盖官安徽时亲所见闻也。"

八一　李审言绝笔之作

昨复承孙思昉君钞示所存李审言（详）最后遗文一通，原意可念。此文亦有关掌故，足资省览，录左以广其传：

蒯礼卿观察《金粟斋遗集》书后

兴化李详（辛未年稿）

礼卿观察既没之后，余友合肥殷君孟樵搜其遗著，奇零琐屑，不足成集。其学博而识精，议论奇伟。在同治、光绪初元，名都会胜流所集，君多预其列，成一谈士之魁，而名特闻。诗文为其绪余。余馆君家五年，自言有笔记数十册，可名《三十年野获编》，余请观之，则言语多时忌，不敢遽出。君没已二十年，又值易世，无所为讳。君之夫人李氏，颇知重君手泽。今君从子寿枢字若木者，刊其诗文，大都不外殷君集录之本，而未向其叔母求君笔记刻之，是失其所重轻也。集中《文王受命改元考》为与梁星海辨难之作，亦本经生旧说而立一为干，余皆政治家言。君好谈诗，自为诗乃不越昌谷、义山家数，且不多作。但有一事可纪。昔在光绪甲辰，张文襄奉朝命与江督魏午庄会勘湾沚工程，留江宁月余，遍游名胜园林，得诗数十首，门生故吏争写其稿。张子虞太守录副，遣一干送君处属和。君请馆师山阳段笏林及余和之。段谦不敢任，余为和其《金陵杂诗》十六首。君自仪栈回扬州，揖余曰：“承和张宫保诗，音调遒亮，部居秩然，足为鄙人生色。”会补淮扬海兵备道，与江北提督刘永庆不合，欲投劾归。缪艺风先生闻之，遗余书云：“可怜跋扈桓宣武，强迫兴公赋遂初。礼卿诗也，恐竟成谶。”此余代和文襄绝句中语。余意指袁世凯癸卯岁设计锢文襄不令回鄂督任事。此诗余集载之，《国粹学报》《文艺杂志》并载之。余诗与君诗体绝不相似，盘拏劲折，挈与轻倩婉丽者比，一望而知为异。今乃定为君作，误甚；且系十六首，而删去五首，不知何意。余之末一首云：“诗吟佳丽谢玄晖，临水登山更送归。收拾六朝金粉气，庾公清兴在南畿。”此结束语，所以尊文襄，今乃无此，有识者固知其未竟也。余为礼翁代作，亦可附渠集中，唯读若木君跋语有云：“叔父所撰文字诗词，随手散遗，此编所录，寥寥无几，而搜辑则极慎，然非亲笔不敢录，亲笔而非确知其为自作仍不敢录，有得诸戚友者，非确知其非代作亦不敢录。”今当质于若木，余此和诗果得之礼翁亲笔邪？抑亲笔确知为礼翁自作邪？抑得诸亲友确知其非代作邪？又余所撰礼翁别传及礼翁行状，致于缪艺风，乞送之史馆者，乃不足登邪？抑或为审定编次之程先甲挟爱憎之见有所去取邪？夫审定当审定其误，如集中《答朝鲜贡使》诗：

“篱刹狡谋犹未已，绳冲遗恨极难忘。”篱刹抑即罗刹，冲绳应作绳冲邪？余不敢遽信也。抑闻之，古人编定师友文集，不欲录其誉己之作，恐涉标榜。今程君编次之本，载有礼翁致渠书，称其骈文，有：“虽令屈原、宋玉、司马相如、杨子云、邹、枚、伯喈诸子执笔为之，亦不过如此，真可上抗周秦，奚止汉魏？更何有于六朝诸作本朝八家邪？”又云：“自合肥与鄙人书一首，昔尝叹为建安神境。”又云：“自来骈文家罕臻极则，贤竟登峰造极，连夺前人之席。”云云。余友礼翁五年，与论并世诗文，未尝有此屹然裁断不顾嘲弄之语。若果有此，恐为礼翁一时风动（唐人谓郑畋语），或值病呓，失其常度，而余终不信者，往与礼翁评论同辈诗文，皆适如其分而止，或有过量之处，余必规之，如论俞理初、吴挚甫皆是。今乃徇一门生如俗所谓灌米汤者，使据为许子将月旦之定评，又或谢太傅作狡狯语，为人遽传，而礼翁因之不免有失听妄叹之玷，此余为故府主争此得失，不禁愤懑而长叹也。此等和诗，因若木君确字一说，乃谋收回，而礼翁于程溢美之言，又当执简而争。礼翁有知，宜陵云一笑，以余言为老宾客所当干涉。读此集竟，为悲诧者久之。

附：李氏致孙君书

昨承复书，知随使节反扬，在前菊坪寄示尊著

《逍遥游释》虚实并践，此支道林钻味所未及者。通敏之材，以余事治他书，无不造入深际，真可叹服。第一闻含光之言，重以菊坪所荐，亟思入郡趋晤台教，奈疾痛萦绕，先后踵起，扶杖槃散，艰于登陟，绿杨城郭，付公赏之。近文一首，略同白话，眼前岂有屈、宋、邹、枚、扬、马其人耶？伧人假《师说》自鸣，枕滕之伪，不可不为亡友辩也。作答附此，亦欲公诸海内硕流，助我张目耳。

李氏卒于民国二十年（辛未）五月，斯盖其绝笔也。所述蒯光典自言拟名《三十年野获编》之笔记数十册，李氏亦未得睹，果有之，自较其诗文为重要，其从子寿枢未刊，或仍以有所顾忌耳。此书倘得与世人相见，当为讨究晚清史实掌故之大好参考资料耳。

（原第 12 卷第 49 期）

八二　曾国藩与王鑫相失

王鑫（古珍字）为湘军骁将，以善于治军著，其初起以勇毅为曾国藩所器赏，后乃相失，盖以矜张见疑也。骆秉章《自订年谱》咸丰三年有云：

调任总督吴甄甫八月到长沙，住数日，即起程赴鄂。八九月田家镇兵船失利，张署督已交卸矣，吴制台接印，带兵赴堵截御贼，兵败阵亡，(按：“堵截”当是“堵城”刻误，吴文镕殉难堵城也。)贼复上窜，长沙又办防堵耳。先是王璞山珍带勇一营，是时营规三百六十名为一营，往兴宁县剿办土匪，全股殄灭，奏以同知补用。时曾涤生住衡州，伊言于曾曰：“若令我募勇三千，必将粤匪扫荡。”曾遂致信省城，言：“王璞山有此大志，何不作成之?”我覆信请其到省面商。后王璞山偕从九吴坤修来见，备言先发口粮二万两，硝磺各一万，回湘乡招勇三千，必能不负所委。王璞山操湘乡土音，多不甚晓，吴坤修代达。我谓：“暂且招二千，因经费支绌。若不敷调度，再招。”即发札，并饬局发口粮及硝磺等项。王璞山遂偕吴坤修回湘乡去矣。闻曾涤生致书伊座师吴甄甫先生，极言王璞山之能。不数日，即得吴甄甫咨函，请调王璞山招勇三千赴鄂，遂发札与王璞山，招足三千之数。不数日，吴坤修到省求见，言：“王璞山回乡招勇，出入鸣锣摆执事，乡人皆为侧目。其人如此，实不可用。”我言：“伊得保举同知，初回家乡，不过荣耀之意。我粤新科举人回乡，亦是如此，似不足怪。”吴坤修无词而对。翌日，伊又来求见我，言：“王璞山所招之勇，多是匪类，又不发口食，连夜在县城偷窃，赖令不胜其苦，又不敢言。将来带勇到省，难免骚扰。”我言：“汝同王璞山回湘乡招勇，又是至好，何以不为规谏?”吴坤修云：“伊凡事不由我

> 管理，是以难进言。”我云：“伊一切皆不交汝管理，是以尔说他。”吴坤修见我不信其言，辞去，即往衡州见曾涤生。两旬间，吴甄甫即有咨函，言王璞山之勇恐靠不住，止其不必来鄂。不数日，王璞山带勇到省。我以吴制军之咨示之，着其留勇二千四百人，其余六百名作长夫，嘱其日日训练，以备调遣。吴制军若调王璞山带勇赴鄂，有此得力之将，恐不致有田镇(?)之败。“利口覆邦家”，信然！

不满国藩之信谗，而深咎吴坤修之中伤焉。（坤修江西新建人，字竹庄，后以军功起。官至安徽布政使，署巡抚。）**又按：国藩是年与鑫各书有云：**

> 仆素敬足下驭士有方，三次立功，近日忠勇奋发，尤见慷慨击楫之风，心中爱重，恨不即游扬其善，宣暴于众，冀为国家收澄清之用。见足下所行未善，不得不详明规劝，又察足下志气满溢，语言夸大，恐持之不固，发之不慎，将来或至偾事，天下反以激烈男子为戒，尤不敢不忠告痛陈。伏冀足下细察详玩，以改适于慎重深稳之途，斯则爱足下者所祷祀求之者也。（又与骆秉章书有云：“王璞山自兴宁归来，晤侍于衡，见其意气满溢，精神上浮，言事太易，心窃虑其难与谋大事。”又云：“璞山血性可用，而近颇矜夸，恐其气不固，或致偾事，特作一书严切

规之。”又与吴文镕书有云：“璞山驭士有方，血性耿耿，曾邀吾师赏鉴。惟近日气邻盈溢，语涉夸大，恐其持心不固，视事太易，曾为书规之，兹录呈一览。吾师用其长而并察其不逮，俾得归于深稳之途，幸甚。”）

接到手书，改过光于日星，真气塞于户牖，忻慰无极。前者足下过衡，意气盈溢，视天下事若无足为，仆窃忧其乏惕厉战兢之象，以握别匆匆，将待再来衡城时乃相与密语规箴，以求砥于古人敬慎自克之道。自足下去后而毁言日至，或责贤而求全，或积疑而成谤，仆亦未甚深虑。逮吴竹庄书来，而投梭之起，乃大不怿，于是有初入（八）奉规一函。仆函既发以后，又接家严手谕，道及足下忠勇勃发，宜大蕴蓄，不宜襮露，然后知足下又不理于梓里之口，向非大智慧转圜神速，痛自惩艾，几何不流于矜善伐能之途？古人谓齐桓葵邱之会，微有振矜，而叛者九国，亢盈悔吝之际，不可以不慎也。比闻足下率勇三千，赴援鄂渚，仆既幸吾党男子有击楫闻鸡之风，又惧旁无夹辅之人，譬如孤竹干霄，不畏严霜之摧，而畏烈风之摇，终虞足下无以荷此重任。

近日在敝处攻足下之短者甚多，其来尊处言仆之轻信谗谤弃君如遗者亦必不少。要之，两心炯炯，各有深信之处，为非毁所不能入，金石所不能穿者，别自有在。今欲多言，则反以晦真至之情，古人所谓窗棂愈多则愈蔽明者也。

当时鑫之见讥物论及为国藩所规切有如此者。盖坤修而外，嫉之者颇多也。国藩取人，以多条理少大言为主，鑫则意气特盛，大言无所诎，故终难水乳耳（鑫之盛气凌人，左宗棠亦尝与书诫之）。又国藩与秉章书有云：

> 侍日内心绪极为烦恼……王璞山本是侍所器倚之人，今年于各处表襮其贤，盖亦口疲于赞扬，手倦于书写。其寄我一函，曾抄示师友至十余处。（按：其与江忠源书有云："弊友王璞山忠勇男子，盖刘琨、祖逖之徒。昨二十日仆以一书抵璞山，璞山亦恰以十九日为书抵我，誓率湘中子弟，慷慨兴师，即入江西，一以愤二十四之役，为诸人报仇雪耻，一以为国家扫此逆氛，克复三城，尽歼群丑，以纾宵盱（旰）之忧。其书热血激风云，忠肝贯金石，今录一通往，阁下试观之，洵足为君添手足之助矣。"可见一斑。）近时人有向余（?）讥弹璞山者，亦与之剖雪争辩，而璞山不谅我心，颇生猜嫌，侍所与之札饬言撤勇事者，概不回答，既无公牍，又无私书，曾未同涉风波之险，已有不受节制之意，同舟而树敌国，肝胆而变楚越。

相乖之情毕见矣，鑫不乐受国藩羁钤也。王闿运《桂阳直隶州泗州砦陈侍郎年六十有九行状》有云：

咸丰……三年，从文正军下湘援湖北，而湖南巡抚先遣王壮武出岳州。至蒲圻遇寇败退，曾军新集，营岳州城外，寇乘胜追奔，将士力战不能支，遂水陆退走。壮武自以为违文正诫致败，耻与俱退，独入空城死守。文正愤懑，将士莫敢为言。侍郎独进曰："岳州薪米俱绝，明日必溃，宜遣救璞山。"璞山者，壮武字也。文正愠不应。侍郎自以建议为公，不宜逢颜色，退卧顷之，自计曰："为千人请命，奈何计小礼数？"复入请曰："璞山军宜往救。"意色愈和。文正方环走，遽停步，曰："救之如何？吾倾（顷）遣侦之，城中无人，但外有燎火。"即召侦者两人质之。侍郎诘之曰："若等畏贼不敢往，若城中人出，寸斩汝矣。"两人俱伏虚诳。文正因问计，侍郎具言贼无战船，宜遣水师三（舢）版（板）傍岸举炮为声援。壮武因得缒城走出，免者九百余人，其后平浙克新疆大将皆在其中。壮武后为名将，号无敌，数同壁垒，意以为桂勇倚己乃能战，有自功之色，未尝与言前事也。

国藩以不快于鑫，微陈士杰一再进言，几坐视其殆而弗援，斯盖闿运闻诸士杰者。如所云，国藩不亦已甚乎？

八三　袁大化林绍年之相知

光绪三十三年，林绍年为河南巡抚。舞阳县知县某，经本府揭参，将登白简，任内欠解正杂各款甚巨，浼开封府知府某，向布政使袁大化关说，但能保全功名，公款必设法解清。大化请于绍年，绍年允之，公款果如数报解。当时虽无恙，而年终甄别案仍被劾。大化上院问何以食言，绍年漫应之曰：“前姑许之者，俾其解清欠款耳，本非真恕之也。”大化厉声曰：“是何言乎？大帅为骗人之巡抚，司里尚不屑为骗人之藩司也！”绍年自谢失言，而年终密考于大化有“赋性耿直，守正不阿”等语。（未几，大化升署山东巡抚，值丁忧，未到任，服满后简新疆巡抚。）迨入民国，绍年卒于天津，大化挽联有“天许公以直，公奖我以直”等语，盖清室谥绍年以文直，故及之云。

（原第 12 卷第 50 期）

第八卷（原第十三卷）

1936年（民国25年）

一　六十年之回顾——丙子谈往

中国之有常驻外国之公使，自前一丙子（光绪二年，公元一八七六）郭嵩焘衔命使英始。嵩焘通才远识，为外人所重，与继其任之曾纪泽，并称郭、曾，同为名使臣，而当时士大夫锢于旧习，以与闻“洋务”为羞，若远驻外国，更为讥笑所丛，嵩焘处境良不易也。董恂时为总理各国事务衙门大臣，其自订之《还读我书室年谱》是年九月有云：

尝与文忠言：外国使臣驻京者纷纷矣，彼知我情，我未能知彼情，我听若言，我无以测若虚实，彼国听若言，我又无从剖我是非，则以我无人焉在彼故，是宜早为之所，惜使才难得，经理洋务之使才尤不易得也。相与咨嗟而罢。已而复论此事，愚以为洋务谤薮也，总署之事，惟署中谅之，即署中犹或未尽谅之，至治洋务于外国，其势当更难于总署，将来使果得人，总署不可不有以谅之，庶继起有人，肯力任其难。文忠以为然。至是郭侍郎（嵩焘）奉使英国，于是月二十五日出都。星使不远万里，往驻外国治所，自此始。乃文忠已于是年端阳前一日作古，竟不及见，能勿泫然。

文祥以大学士直枢廷及总署，用事之大臣也。嵩焘之以奉使受谤，如王闿运是年三月初三日《日记》有云：

……（裴）樾岑继至，言时事，多拂人意，余不欲闻；唯传骂筠仙一联云："出乎其类，拔乎其萃，不容于尧舜之世；未能事人，焉能事鬼，何必去父母之邦！"筠仙晚出，负此谤名，湖南人至耻与为伍。余曰："众好众恶，圣人不能违。"

又李慈铭是年九月十八日《日记》有云：

闻郭嵩焘、刘锡鸿以二十五日赴西洋，故十五日召见二人，以请训也。此后分使各国者尚多。去年文相国等保举之二十余人，皆将出使。许竹筼虽归，亦不能免。凡官二品者月支薪水银千四百两，五品以上者八百两，七品以上者六百两（如何如璋等虽以侍读用，仍以七品论）。计朝廷岁糜帑金至六七百万，于洋税中提支，所使皆鄙夫下材，不知国体。许钤身者，尤险诈无耻，洋人颇以其不由甲科，益侮辱之。

此议发于粤人陈兰彬，谓各国皆有夷官驻我都城，而中朝官无驻外国者，欲以知情伪，通信命，非此不可。谋国无人，曲意从之；不知夷人挟其虎狼之威，犬豕之欲，近据辇下，外扼各口，唾喋一言，上下惕息，要求劫胁，无计不从，彼之监我宜也；我之使彼，形同寄生，情类质子，供其驱策，随其嚬笑，徒重辱国而已。虽有智者无所施力，况皆驵侩奴隶之辈乎？兰彬嗜利小人，敢为大言，自以翰林改官，潦倒不振，涂（途）穷日暮，倒行逆施，只以自便私图，不惜卖国，言之可为切齿。郭、刘衔命至英，实以马嘉理之死，往彼谢毕（罪），尤志士所不忍言也。

又是年五月朔复徐树铭书有云：

郭侍郎文章学问，世之凤麟，此次出山，真为可惜。行百里者半九十，不能不为之叹息也。

设使之举与奉使之人，为当时物议所诟病如是。嵩焘起家翰苑，曾任疆圻，以李鸿章推其通达外情，召直总署，旋持使节，清望为之顿衰焉，嵩焘著论颇推重西洋政法，见者哗怪，出使而詈者声大作矣。关于英翻译官马嘉理上年在滇境被戕一案，嵩焘疏劾署云贵总督岑毓英，毓英时正以此案为士论所崇，故嵩焘益遭抨击。此案是年由李鸿章与英使威妥玛议结，订所谓《烟台条约》，亦外交上一大事也。翁同龢七月三十日《日记》有云：“滇事已冰释，举朝熙然如无事矣。”又是年政府准左宗棠之请，借洋款以充西征经费，中国之借外债始此。嵩焘使英，副以刘锡鸿，本嵩焘所汲引，竟大施媒蘖，致愤郁乞退（光绪五年受代回国）。遂不复出。其解任后与黎庶昌书有云：

……故于开端奉使西洋，颇谓朝廷用人为不虚，区区才力亦尚能堪之，而于其时力举一刘锡鸿充当随员，枢府遽以副使任之。一意傅会京师议论，以嵩焘为的，自负能攘斥夷狄，深文周内，以相龉龁。不独区区一生愿力无所施用，乃使仰天欷歔，发愤呕血，志气为之销靡，才智聪明亦为之遏塞。自古平陂倚伏之几，相乘迭见，诚有然者，而未若刘锡鸿发之暴而施之悖谬至于此也。

又复曾国荃书有云：

……亦使刘锡鸿之凶悖，译署稍能裁之以正，不过相假借，嵩焘老病余生捐弃海外，亦不至乞归。

既斥锡鸿，兼不满总署之态度。迄嵩焘之罢，董恂固犹直总署也。曾纪泽于光绪四年奉命派充驻英、法两国使臣，所记八月二十八日召对诸语（《使西日记》）有云：

……（对）郭嵩焘总是正直之人，此次亦是拼却声名替国家办事，将来仍求太后皇上恩典，始终保全。（旨）上头也深知道郭嵩焘是个好人，其出使之后所办之事不少，但他挨这些人的骂也挨够了。（对）郭嵩焘恨不得中国即刻自强起来，常常与人争论，所以挨骂，总之系一个忠臣。好在太后皇上知道他，他就拼了声名也还值得。（旨）我们都知道他，王大臣等也知道他。

嵩焘之谤议沸腾，亦可见也。（对外设使，初命郭嵩焘许钤身使英，继改派钤身使日本，而以刘锡鸿为驻英副使，旋以何汝璋代钤身使日。后裁副使，命锡鸿使德。）

光绪元年十二月，翁同龢以同治旧傅偕夏同善受毓庆宫授读之命，（参看本报第十二卷第一期拙稿《乙亥谈往》。）翌年（丙子）德宗入学，时六龄也。同龢丙子《日记》有云：

二月二十一日：寅正入，与子松敬俟于朝房。是日上于养心殿东暖阁见侍学诸臣，恭亲王偕伯彦诺（讷）谟祜、景寿、臣龢、夏同善为一起。上南向坐，设矮案，铺纸，索笔作书，臣龢以墨染笔，即写“天下太平”四字，又书“正大光明”四字，极端正。臣等以朱书仿格进，上运腕稍涩，臣龢引袖，书四字讫。伯王等以清字条子授（一字）。上略观，即应声曰“阿”（满洲字头第一字）。臣等以“帝德”二字进，上亦应口诵数四。又以《帝鉴图》进，指点开说，上甚会意，引手指帝尧大舜，若甚喜者；并命臣书“帝德”二字，恭亲王又接书“如天”二字，玩视良久，乃退。俯仰身世，不觉汗之沾衣也。凡三刻许退，时辰初二。

四月十一日：是日入见于东暖阁，与勔贝勒、夏侍郎同起。懿旨谓：“入学期近，尔等辛苦。”又言：“皇帝向学，即尔等退后，犹寻检书籍，温熟字号，无他戏弄。”（所讲《帝鉴》，上能为两宫言之。今日上体稍不适，本辍讲，犹屡催宣入讲。）又言：“可谓近君子远小人。”语次因流涕久之。臣勔（龢）奏对，谓：“皇上正在冲龄，辅导之责，臣等无所辞。首宜读书涵养性情。功夫当有次第，不可骤进生厌。又，骑射固为根本，此时少缓，正所以保卫圣躬，专心讲习。”语甚多，不悉记。退复待于庐中，惇亲王起下，复偕诸臣入，劝讲良久乃出。

闰五月二十四日：上读书极好，指书内“财”字曰：“吾不爱此。”又曰：“吾喜‘俭’字。”此真天下之福矣。

七月二十三日：以第二起入对于养心殿西暖阁（不垂帘，无带起），先论书房功课，极奖，以为得宜。

二十八日：日来正讲人心道心之分，上曰：“吾作事皆依道心也。”

十月初八日：读生书十遍，不佳，自十遍以后则极好。上于是有日新之功，且于是非之界判之极严，如某号书几遍未善，某字某笔不到，历历言之，不肯回护也。

十二日：中官备言：每日黎明，上到书斋，朗诵书史，作字一叶，未尝间断。可胜喜抃耶！

二十六日：……盖上性高明，不喜人敦迫，然好谀之病，亦当深凛；他时记取臣言！

同龢于德宗典学，始终其事，自授读后，《日记》中排日所记颇悉，阅之可见德宗之聪颖好学，太后之重视课业，及同龢之勤勉任职。兹摘录是年数则，略著梗概。

文祥、崇实先后卒于是年（崇实十月十九日卒），皆旗籍名臣。文祥谥文忠，崇实谥文勤，盖无愧忠与勤焉。同龢五月初五日《日记》有云：

荣仲华来，知文相国竟于昨日申时星陨，不觉惊呼，盖为国家惜也。此人忠悫，而于中外事维持不少；至于知人之明，则其所短也。

美犹有憾，当有所指（或指保荐使才事欤？同龢是年《日记》中于使才之擢用亦有微辞也）。汉滨读易者（闻即辜鸿铭也）《张文襄幕府纪闻》卷上有云：

余同乡故友蔡毅若观察，名锡勇，言：幼年入广东同文馆，肄习英文，嗣经选送京师同文馆肄业，偕同学入都。至馆门首，刚下车卸装，见一长髯老翁，

> 欢喜迎入，慰劳备至，遂带同至馆舍，遍导引观。每至一处，则告之曰：此斋舍也，此讲堂也，此饭厅也，指示殆遍。其貌温然，其言霭（蔼）然。诸生俱知为长者，而不知为如何人。后询诸生曰："午餐未？"诸生答曰："未餐。"老翁即传呼提调官。旋见一红顶花翎者旁立，貌甚恭。诸生始知适才所见之老翁乃今日当朝之宰相文中堂也。于此想见我朝前辈温恭恺悌之风度也。余谓文文忠风度固不可及，而其远略亦实有过人者。中国自弛海禁后，欲防外患，每苦无善策。粤匪既平，曾文正诸贤，筹画方略，皇皇以倡办制造厂、船政局为急务，而文忠独创设同文馆，欲培洋务人材，以通西洋语言文字学术制度为销外患之要策。由此观之，文文忠之远略有非曾文正诸贤所可及也。

以同文馆之设，极赞文祥，然曾国藩、李鸿章不亦尝奏定遣幼年学生赴美留学乎？至所述文祥对学生之情致款款，盖张百熙、蔡元培辈之先声已。崇实以刑部尚书署盛京将军，饬政剿匪，大有成绩，经营东陲者两年，尽瘁而死。今日而念及斯人，盖有不胜感慨者。

是年有恩科会试及正科乡试。会试以户部尚书董恂为正考官，刑部尚书桑春荣、吏部右侍郎崇绮、礼部左侍郎黄倬副之。乡试以工部尚书魁龄为顺天正考官，户部左侍郎殷兆镛、兵部右侍郎夏同善、理藩院右侍郎麟书副之。

其各省正副考官如下（以简派之先后为序）：

云南龙湛霖、胡乔年，贵州顾奎、李岷琛，福建孙诒经、王綍，广东王之翰、郁昆，广西朱文镜、李嘉乐，四川周家楣、吴观礼，湖南潘衍鋆、陆润庠，甘肃黄毓恩、胡聘之，江西文澂、刘恩溥，浙江潘斯濂、王先谦，湖北叶大焯、梅启照，江南龚自闳、边宝泉，陕西洪钧、陈钦，河南汪鸣銮、杨霁，山东锺骏声、曹炜，山西萧晋藩、冯光勋。

丙子状元为曹鸿勋（山东潍县人），榜眼为王赓荣（山西朔州人），探花为冯文蔚（浙江归安人），传胪为吴树梅（山东历城人）。四人均本京官，鼎甲皆刑部司员（曹七品小京官，王、冯主事），传胪则内阁中书也。是科同膺馆选后独入阁者，为戴鸿慈。

（原第 13 卷第 1 期）

二　黄侃性行乖僻

黄侃治学有声，其卒也，论者以失一通人为惜。孙思昉君（至诚）以所撰《黄季刚别传》由安庆寄示，盖于其性行怪特处写状尤尽致，雅有风趣。兹录实《随笔》，为研考黄氏人物者之一助焉。

季刚讳侃，湖北蕲春人，父云鹄，清永宁道，儿时授以《说文解字》，为书笞使诵之，以更《千字文》。稍长，读书多神悟，尤善音韵。文词澹雅，上法晋宋。先后以父执谒南皮张广雅督部之洞、湘潭王壬秋闿运，携文为贽，皆激赏之。王曰："君英年文已斐然，吾儿年若许，尚未通，真豚犬耳。"曰："尊翁犹未通，遑言哲嗣？"王不以为忤，因与论文曰："君知余为文之窍要耶？近每下笔，犹取古名篇筑架子，不敢自放也。"（湘绮论诗文主摹拟，曰："欲己有作，必先蓄有名篇佳制，手披口吟，非沉浸于中，必不能炳著于外。"又曰："于全篇摸（摹）拟中，能自运一二句，久之可一两行，则自成家数矣。"与此言符合。）及游日本，倾心光复，因师事余杭章先生，章先生奖藉之甚至，由是名日高，狂日甚。善骂，任北京大学教授时，几遍骂同列。与陈伯弢汉章言小学不相中，至欲以刀杖相凌。胡适倡白话文，辄众辱之，唯于刘申叔师培无间言。或问故，曰："以与本师章先生有雅也。"后刘尝叹生平无佳弟子足传其学者，即曰："以余执贽门下何如？"刘曰："君自有名师，岂能相屈？"曰："不以玷门墙，即执贽。"明日果往修弟子礼。刘夷然受之曰："今日不复谦退矣。"其恢怪自喜，有不可测者。后移教武昌师范大学，尝与友小集联句，某后至，不知谁何，嫚骂曰："狗屁不通。"即反以恶声曰："吾不通尔之狗屁也。"太虚法师尝与晤，谓来日且与欧阳竟无先生一言法相。曰："座无当家，或为君说欺罔，归休乎君，不足与欧阳先生语也。"及教于南京中央大学，介汤某见欧阳先生。欧阳先生亦喜其能文，乃以作圣贤开来学相勖。曰："先生自期则可，非某所敢闻命。先生所教者人，某所教者沐猴耳。"曰："人皆可以为尧舜，何云沐猴？"又自述朝夕以整齐经子自课，忽谓所学与先生异撰，先生所诵者为无"也"字书，某所诵者"也"字书尔。询以所云"也"字者云何，其《说文》"也"字本义耶？（《说文》："也，女阴也。"）曰然，先生不亦有子女欤？欧阳先生大怒曰："学者贵笃敬，今轻儇如此，不可与言。"遂拂袖去。欧阳先生为所心仪，及相见，又嫚侮之如此。性好色，在北平嬖一房姬。至武昌，每来复，必过汉口，招妓十数，如石崇以十余婢环侍云。今夏在都门有所眷，辄杜门谢客，大署其门曰"奉师命赴苏讲学"，实未出跬步，而恐披帷之有人也。言行大率任己意，时人目以汪容甫，盖文行俱肖焉。民国二十四年十月八日以中酒死，年五十。

论曰：余杭章先生称之曰：侃颇好大乘，而性少绳检，故尤乐道庄周。昔阮籍不循礼教，而居丧有至性，一恸失血数升。侃之念母，若与阮公同符焉。士行不齐，取其近真者是。若其清通练要之学，幼眇安雅之词，并世固难得其比方。恐世人忘其闳美，而以绳墨格之，则斯人或无以自解也。老子云："常善救人，故无弃人。”余每以讽侃。观此则其瑕适并见矣。今春季刚年五十，章先生寿以联云：“韦编三绝今知命，黄绢初裁好著书。”或以为谶云。

（原第 13 卷第 2 期）

陈崈涛君由济南来书，谓：“适阅第二期《国闻周报》，见《随笔》栏载有孙思昉君所撰《黄季刚别传》，仆于拙著《不羡神仙馆诗文存》中亦尝为文纪之，于其恢怪乖僻处，尤多实录，愿为足下陈之。”文移录如次，以谂读者，并谢雅意：

侃从余杭章氏学文字，三年未下楼，日手段氏《说文》，浏览批校，未尝辍，书眉批写，至无余隙。篇幅有损毁，先缀其纸，次补其文，全书已无完璧，缝补略尽；眉际朱墨交错，而侃独珍惜如护头目，行居皆携与俱。余读书武昌时犹及见之，以此见一代大师用功之苦。五四既作，侃方在北大，目击白话文学勃兴，极恶之！盖与林畏庐同其意向，诋为“耳朵文学”，以语体既须标点，而疑问号固与耳朵似也。侃以陈独秀、胡适之为新文化运动领袖，抨击不遗余力，遇必丑诋，频出恶声，然独秀仍敬之。民九陈氏演说武高，犹言：“侃学术渊邃，惜不为吾党用！”可以知其服膺之情矣。大学每届毕业，例刊学谱，全校师生，写真（填）履历，裒为一集。大率印刷精妙，费颇不赀，而率皆出自教授之捐廉。侃独不然：既不照像，又不捐钱，迨脱版，学校一视同仁，仍为侃赍一册，留为纪念，侃立起如郊，举而投之河中！忿然骂曰："何物群丑，请饮秽水！"侃在北大，既与新派龃龉，竟返鄂中，主讲武高，犹时时吐其不平之气。时桃源张某，教兵式操，一日会宴，张偶于门前便溺，与侃两贤相扼，侃大骂之曰："若何人！亦敢余在此便溺？"张虽赳赳，亦蚤知侃名士，无如何也。鄂督自王占元、萧耀南以下，靡不敬礼侃，侃视之藐如也，每相见，谩不为礼。然极畏丘八，某夕与门下士数辈，谈颇洽，深宵又欲往酒家，以尽其欢。时正戒严，甫出门不数十伍，逻卒即大呼口令，侃闻而颤栗，急以手牵诸生曰："秀才遇着兵，有理讲不清，速回速回！"入门又大骂萧督不已。事为萧闻，遂撤侃门前哨。侃一生傲慢，而孝母尊师，有足多者，与人论学，必时呼："本师章先生，本师刘先生"不止。刘先生者，仪征刘申叔师培也。师培之丧，侃奠文曰：

庚申年壬申朔越六日戊寅，弟子楚人黄侃，自武昌为文，奠我先师刘君：呜呼！岁序一周，师恩没世，泪洒山阿，魂销江澨！学丰年啬，名高患至，夫子既亡，斯文谁系？丁未之岁，始事章君，投文请谒，日往其门，因观之子，言笑欣欣，齿虽相若，道则既尊。我归奉亲，深山晦遁，犹蒙素书，时相存问，榆枋鸠抢，大池鹏运，小大虽殊，各安涯分。欃枪东出，大野麟来，局促风尘，望远兴哀，据图吻喉，智士所悝，变态百端，天谅人猜。我滞幽都，数得相见，敬佩之深，改从北面：夙好文字，经术诚疏，自值夫子，始辨津涂；沛疾缠绵，知君不永，欲慰无辞，心焉耿耿！我归武昌，未及辞别，曾不经时，竟成永诀！始闻凶信，以诗表哀，恩德莫称，临文徘徊，羸躯幸存，方寸已灰，虽传不习，亦负甄培。君之绝业，春秋周礼，纂述未竟，以属顽鄙，世则方乱，师则既亡，尧典入棺，文献俱丧，伤哉小子！得不面墙，手翻断简，泣涕浪浪！呜呼哀哉！贤士夭年，可数而悉：颜回、韩非、贾谊、王弼，如我夫子，岂非其一，尚藉鸿名，慰斯幽室！周孔虽圣，岂必长生？聊将此语，慰我悲情。呜呼哀哉！

观此可知侃最重师道。群生有欲从学绝业者，必令行九叩首礼，或问故，则答以“我尝以此施之本师章、刘两先生也”。

侃以早岁攻读，心力交殚，不暇及女色，中年以后，转沉溺焉。（中略）时女师校长为王式玉，侃颇欲攫讲席，王靳而未与，盖防微杜渐之意也。或者侃之意，本似醉翁，因极恨之。一日值于途，侃猝曰：“式玉！式玉！若有一挂号信在我处，晚可过我取之！”及昏，玉果至，备受揶揄而去。盖侃特诱至其家，以面责之，聊报宿隙，所谓挂号信者，固子虚也。其风趣怪诞多如此。侃学术深湛，于国学无所不窥，而特长于文字与音韵。《说文》《文选》《文心雕龙》三书，几能全部成诵，每登坛讲授，博引旁征，确能抉其精义，发前人所未发。其弟子范文澜，拾侃余绪，注《文心雕龙》，已成三巨册，可以见其精深。因此侃为教授，极能叫座。然迟到早退，亦以为常，或漫骂时人，不开书本。至其逸兴飞，神志爽，运其如粲之舌，议论证据古今，卓厉风发，听者忘倦。侃于词，宗《花间》，两宋词人，亦间有许可，与吾宗伯弢，论文字不合而颇赏其词！余在武昌屡以为询，许为两湖能手也。侃晚年教授南京中大、金大，本职之外，杜门述造。闻其卒前二日，尚与友好在鸡鸣寺为茱萸之会，不图归后病作，呕黑血以死，惜哉！（原第13卷第7期）

三　《曾孟朴学术年谱》补正

前草《读曾孟朴先生年谱》（见本报第十二卷第四十、第四十二两期），系就《宇宙风》第二期所载本谱前部，略事考订，以鄙见供撰者曾虚白君（谱主之子）之参镜，盖感于其欲然之意也。昨承李哲生君（思纯）由成都来函云：

> 一士先生大鉴：读《国闻周报》第十二卷四十二期，中有尊著《读曾孟朴先生年谱》（二），于撰者

曾虚白君之误点，指正甚多，极为钦佩；惟其中尚有一较大之错误，尚未指出，兹敬为陈明如下：曾虚白君谱中有一节云："林登阁给先生介绍了一位深通法国文学的朋友，名叫陈季同，在法侨居多年，与法国第一流的文学家如伏尔泰等，常相往还。"而谱主《答胡适之书》又云："陈季同将军，在法国最久，尤其精通法国文学。他和佛朗士仿佛很有交谊的。"纯按：陈季同实有其人，当民国七年余在巴黎读书时，曾由法国友人沙博君出示其所译之李白、杜甫、白居易等诗，并经录入《旅欧笔记》中。惟虚白君谱云与伏尔泰往还，而谱主则云与佛朗士仿佛有交谊，伏尔泰与佛朗士，既为两人，年代亦相去悬绝。查中译伏尔泰，即法文原名之 Voltaire，旧译一作福禄特尔。其人生于西历一六九四，死于一七七八，约当中国康熙三十三年至乾隆四十三年。其人为法国大革命前文豪，今北平中法大学之文学院即名伏尔泰学院，所以纪念之也。陈季同为同治光绪间人，断不能与康乾间之伏尔泰往还无疑，然则伏尔泰其佛朗士之误乎？佛朗士原名作 Anatole France，其人生于一八四四，即道光二十四年，寿八十余，至民国二十年乃逝世（逝年记忆不确，惟实在近三四年中）。陈季同所往还，为此君无疑。尊著指出诸误点，独未及此，因为补陈之，以备虚白君之改正焉。肃上，并候著安。李思纯上。十二、八。成都。

按：谱谓与伏尔泰往还，本有可疑，故拙稿引谱主与胡氏书，并及“和佛朗士仿佛很有交谊”一节，以资对照。兹得李君推阐，盖大明矣。（佛朗士卒年，为一九二四，即民国十三年，寿八十。所指北平中法大学之学院名，系作服尔德学院，则又译名之小有出入者也。）至虚白君之勇于撰谱，不失为孝子之用心，自称“未定稿”，虚心求益，态度亦无可议。李君殷勤商订，与不佞本怀正同，当亦虚白君所乐闻欤？　　（原第13卷第2期）

四　光绪间科举轶闻

（一）河南乡试

光绪十一年乙酉河南乡试，二场经文《诗经》题为“皇皇者华，于彼原隰，駪駪征夫，每怀靡及。”祥符裴维信，已拟中第七名举人，因《诗经》文用骚体，改副榜第一。主司批曰：“骚体创自三闾大夫，一片哀怨之音，以之应试，断不相宜，移置副车，惜哉！”迨十九年癸巳恩科，维信于二场《诗经》题“昔我往矣，杨柳依依，今我来思，雨雪霏霏”，文仍以骚体出之。已拟中副榜第一，以此篇为主司特赏，批曰：“葩艺用骚体，古色古香，望而知为积学之士。”改为正榜第七。前之由正改副，后之由副改正，竟以同一原因，而名次复遥相吻合，可云巧矣。乙酉河南正副考官为周龄、曾培祺，癸巳河南正副考官为王懿荣、李桂林。闻维信系邀懿荣特赏云。

(二) 解元文字之得失

陈其元《庸闲斋笔记》卷九、高照煦《闲谈笔记》卷一所记科举二事，解元文字与其他卷雷同，一得一失，可合看，兹并录如次：

《庸闲斋笔记》：

嘉庆戊寅福建乡试，先外舅闻蓝樵先生充同考官。题为《既庶矣二节》。主司阅文，合意者少，至十八日犹未定元。外舅适得一卷荐之，主司大喜，以为独得骊珠矣，传集诸房考示之。合座传观，咸啧啧赞赏。内中一人独曰："文甚好，记从何处见之。"主司骇曰："是必抄刻，不可中矣；然此文君究从何处见来?"某凝思良久，无以应。外舅乃前谓之曰："每科必有解元，解元原无足奇，各人房中必有一房元，我房中即不得解元，亦无足损，然君无确据而以莫须有一言误人功名，未免不可耳。"某大惭，因向主司力白，谓："其文剧佳，读之有上句即有下句，故似曾经见过，实则并未见过也。"主司又令各房官于刻文中再加搜索，竟无所得，遂定解元。比放榜后，某公于落卷内随手翻得一卷，即已前所见者，与解元文一字不讹，持以示外舅，共相惊叹，谓此君必有阴德。继乃知其母抚孤守节三十余年，子又甚孝，其解元固天之所以报节孝也。

《闲谈笔记》：

高观察篙渔，名长绅，字子佩，由进士任江苏知县……升常镇通海道……长毛变起，军事旁午，被议失官……屡充江南乡试同考官……尝又曰："安徽、江苏合曰江南乡试，虽同一闱，仍分上下江，各定中额。某科闱中停荐已久，主考私人忽语予曰：'两大人昨夜密语，下江尚缺一人中式。大老爷房备有卷，请速荐下江数卷，或可多收一门生。'予即取备卷数本，换批语，亲身纳入袖中，将诣内监试荐之。路遇某房官，系同年，问何往，予给以他，问袖中何物，予未及应，强索观之，惊问：'此时停荐多日，携此奚为？'予告以故。同年曰：'篙渔果有神通；我亦当补荐之。'遂揖而去。是晚闻解元文刻板劈矣。急使询之，据云取定解元文已发刻，因与日间某房补荐一卷雷同，故劈之。予惜其已成之科名，颇悔日间多此一举；又叹只此一文，彼房已荐而中元，此房尚备而未荐，衡文之无定也乃如斯。"

两解元盖皆钞袭成文，一幸得保全，一则以补荐之卷巧值败露而被黜，所谓有幸有不幸也。至衡文无定之叹，亦见闱中精鉴之不易。其元阴德之说，盖历来谈科举故实而好言因果报应者之常。解元一中，而母子之节孝愈彰矣。

光绪壬辰会试，翁同龢为正考官，祁世长、霍穆欢、李端棻副之。同龢是年四月初七日《日记》云："祁公查落卷，忽见一卷与九房房首雷同，因以余九房中卷易之，即昨夕发刻之卷也。异哉！"事亦颇类。又三月二十九日《日记》云："定各省中卷，有补荐之卷，一扬一抑，忽升忽降，莫之为而为矣，然最耗神费力。"同龢屡掌文衡，阅卷尽心，以精于鉴识著，而有不敢自信之意，《日记》中时有此等语，其他更无论矣。此谈科举者所以好言命运与因果报应欤？

（三）制艺文字之精

于科举文字，以鉴识之精而传为美谈者，亦不乏。前引杨苓泉君来稿暨《随园诗话》《郎潜纪闻》所载（见本报第十二卷第二十四期），盖其例也。又如《庸闲斋笔记》卷十二云：

> 制艺文字，有特识者决之如响。余生平见二人焉：一为任邱边仲思太守宝诚，一为余姚朱九香阁学兰。同治乙丑，太守在宁波考试书院，取前列三人，决为本科必售。洎榜发，中者二人，而所取第一者竟无名。太守讶之。未几北闱榜来，则其人已中南元，乃复大喜。阁学督湖北学政时，乡试前决科于省中书院，所取十名前皆得中式，而解元即阁学之第一人

也。尤为科名中盛事。

亦宜类观。

五　李慈铭辨正《庸闲斋笔记》

其元关心国闻，留意轶事，所撰《庸闲斋笔记》，可为谈故之参证，说者或以与薛福成《庸盦笔记》并称焉。李慈铭光绪丙子九月朔《日记》，对此书加以订正，有云：

> 其载乾隆（原书误作嘉庆）癸丑科一甲一名潘文恭公，二名陈远双（云），二甲一名张春山，三甲一名马秋水。时人为之语曰："必正妙常双及第，春山秋水两传胪。"盖世谓二甲第一为金殿传胪，三甲第一为玉殿传胪也。案：是年探花为陈锺溪侍郎（希曾），二甲第一为吾乡陈冶锋（秋水），故当时有"必正妙常三鼎甲，春山秋水两传胪"之语。春山不知何人，当是三甲第一者之号或字。（尝以问星丈、绂丈，亦不知。）冶锋先生登第时，年已四十余，榜后以不肯谒和珅，遂用中书（乾隆以来，二甲一名不入翰林者，惟任氏大椿及先生耳），旋告归不出。并无所谓张春山、马秋水者。至传胪日，殿上传鼎甲三人后，止唱二甲第一、三甲第一之名，盖举此以概其余（洪氏亮吉《北江诗话》中言之甚详）。《实录》

亦书赐一甲某某等进士及第，赐二甲某等若干人进士出身，三甲某等若干人同进士出身，皆例举其首，而自来世俗相沿，称二甲一名为传胪，以亚之于鼎甲，其家或悬扁（匾）树坊，则称之曰金殿传胪，若三甲一名，则无人以此称之。（家居时，惟见康熙间三甲一名山阴人诸来晟之门悬传胪扁（匾）额，余无闻者。）盖榜眼、探花，已属不典之辞，然尚肇于唐宋，传胪则国初以前未有此称，若金殿、玉殿之分，更可怪笑矣。其间及考据，无不舛谬。如论官制，谓唐之尚书以处藩镇，侍郎则居宰相之位。（唐惟门下中书侍郎为宰相之职，非侍郎皆居相位也。此语亦微误。）案：唐于尚书省设六部尚书，领吏、兵、户、刑、礼、工之事，而侍郎为之贰，始终未尝改易，惟唐制长官多虚位，中叶以后尤甚。尚书省之尚书令，以太宗尝为之，后遂不置，而升左右仆射为长官，此无论矣。门下省之侍中，中书省之中书令，惟以待元勋重臣，余不轻授。御史台之御史大夫，肃宗以后不常置，多以中丞摄之。六部尚书官亦不必备，或亦除拜而不必莅职，往往以侍郎掌部事，而节镇留守及分司致仕者多以尚书系衔，皆犹今之虚衔耳。节镇所带，自御史中丞、左右丞、散骑常侍以至太保、太尉、司徒、司空、侍中、中书令，凡自五品（御史中丞武宗时始升四品）以至正一品，或为检校官，或为兼官，皆视其勋格以示加崇，并无一定，未尝以尚书处藩镇也。至谓官名官制，历代不同，惟宰相及大将军始终贵重；古之官名今有以呼执艺者，剃发曰待诏，工匠曰司务。岂知自古及今无宰相之官名，待诏、司务亦非古官乎？

此阅《庸闲斋笔记》者所当兼及也。（癸丑殿试一节见原书卷三，官制一节见卷四。）慈铭并谓："此书本不足驳正，因其中屡自夸博奥，而书甫刻于去年，今年已有翻板，盖短书小说，最易惑人，故略辨之。"夷然不屑，是慈铭素态，而此书之风行一时，亦可概见。慈铭又谓："所载多见在显人，谄誉归美，尤为可厌。"斯则几成通病。（原第13卷第3期）

六　黎吉云诗

于湘潭黎劭西君（锦熙）处，获见其伯祖樾乔先生（吉云，原名光曙）《黛方山庄诗集》。先生为道光癸巳进士，由翰林院编修转言官，侃侃谔谔，道咸间名御史也。所为诗深博清超，亦负盛名。集凡六卷（诗余附），同治间雕板，甫印一部，原板即失去，此成孤本矣。劭西将付影印，以永其传，实大佳事。因先假读摘录数首，以饷阅《随笔》者，俾快睹焉。《都门留别八首》云：

其一

残蝉已无声，楚客今当归。
寸禀养顽钝，悠悠经岁时。
仰视苍天高，正色无由窥。
周道自挺挺，我行殊纷歧。
省识转惶惑，汗漫无端倪。
炉熏就詹尹，繇偁滋然疑。
人生要自审，进退命所司。
吾其为瓠樽，襆被从此辞。

其二

束发受诗书，志与温饱别。
时事有悲愤，森然五情结。
柱后叨在簪，刍荛屡陈说。
献芹诚乃痴，孤怀不能抑。
朝廷宏翕受，折冲慰陈力。
深宵焚谏草，废纸如山积。
事往空慷慨，悲来但呜噎。
百期不一酬，志愿何时毕？

其三

物情久乃敝，积渐匪一日。
谋国妙张弛，岂不资人力？
君子养其源，塞流虑横决。

制用诚急务，选材讵宜忽？
植橘尚成枳，何况植槭棘？
从来名世臣，必有活国术。
方今承华勋，峨冠皋夔列。
协心隆翊赞，树立定宏达。
愿治均朝野，况曾忝簪笏？
炙背称尧舜，百年容蹇劣。

其四

谏官非冗员，为国肃纪纲。
骢马好威仪，绣豸美文章。
一介田间来，居然谬所当。
岂犹不足欤，而有他志萌？
顾惟策万里，驽劣岂宜襄？
六载了无补，得不还耕桑？
敬告同僚友，去就皆官常。
昨者陈与朱，翩若凫雁翔。

其五

我皇十三载，通籍二百余。
经今陟显要，屈指晨星如。
瞻惟鲁灵光，岿然东南隅[①]。
古今师儒重，端不系金朱。
通德景郑公，实践期苏湖。

经训辟榛莽，古义相灌输。
持以报国家，或且贤公孤。
人情护所私，只为膴仕图。
不朽当有属，烜赫裁须臾。
小子不自废，还以质吾徒。

自注：①阮仪真师。

其六

屈宋擅风骚，根柢在忠蹇。
藻艳性之华，末流派弥远。
至今吾乡士，文采抱忱悃。
感激拜荃孙，彪蔚集楛箘。
以我厕其间，声实溷端窾。
左右相挈提，旰宵得祓湔。
论交属心骨，几与天属近。
人生有离别，精气无域畛。
敬恭复敬恭，来者得观善。
临行眷槐荫[1]，双眦泪痕泫。

自注：①湘潭邑馆槐为陈恪勤公手植。

其七

离菊瘦已华，庭树寒犹叶。
离觞更迭进，累日愁增集。
故乡岂不好，苦乏友朋接。

平生金兰契，见已化车笠。
及门二三子，相赏素心惬。
许与关气谊，谅不责报答。
自顾了无取，厚意感维絷。
长安若传舍，车马日杂沓。
巢痕故未扫，都门傥重入。

其八

幻想学那吒，骨肉还吾亲。
终知非了义，为有心肝存。
昔抱终天憾，便拟余佩捐。
丙舍今当成，寝食依松阡。
礼让式闾里，诗书逮儿孙。
仕隐有殊轨，萝衮皆君恩。
百年会有尽，一息念所天。
去去君门远，魂梦长周旋。

《出都留别送行诸友》云：

其一

匹马冲风出国门，夕阳浩荡满郊原。
回头廿载只如昨，注目西山无一言。
黄叶何心辞故树，白云依旧宿寒村。
征车历碌长安道，梦绕觚棱晓月痕。

其二

从来吾道各行藏，感谢群公意惨伤。
十驾终难千里致，九牛岂惜一毛亡？
西风别泪酬朋旧，白雪新诗厌客装。[①]
拂拭袍痕余雨露，江湖满地有恩光。

自注：①送行诗装成二巨轴。

此道光季年以力陈时事不见用，移疾而归之作，最为一时胜流推许者。磊落恻楚，低回无限，盖颇有孟子三宿而后出昼之意味焉。（曾国藩诗集中有《送黎樾乔侍御南归》五古五首、七古一首，亦颇雄骏，可合看。）**《寄胡咏芝》云：**

识君弱冠时，长身面如玉。
名驹汗血成，凡马敢齐足？
彫缨上玉堂，清班喜联属。
春官与分衡，搏沙阅晦朔。
君持大江节，声名甚烜赫。
作贡列玑贝，收材就珑斫。
谓当抟扶摇，排翼上寥廓。
讵知风力微，欲进为少却。
丈夫志开济，焉能久屈蠖？
柔兆月之皋，都门手重握。
我门有雀罗，勤君日剥啄。

说剑星斗翻，对酒檐花落。
欢会那可常，一麾去我速。
牂牁渺何许，望远愁心曲。
殷勤递尺书，好语慰离索。
恍兮若可接，沉思转无著。
安得列屋居，相对两无逆。
不愿长相对，愿君念畴昔。
努力崇令名，无令山泉浊。
举世随波流，亮节守金石。
我将捐佩去，谷口事耕获。
政成何时归，近局招要数。
更寻左氏庄①，宵分翦桦烛。

自注：①谓季高亲家。

《送曾涤生典试江西》云：

其一

星轺四出后先望，忽听除君喜欲狂。
臣节独伸时所倚，天心向用道将昌。
当秋自可盘雕鹗，到处争来看凤凰。
动为苍生锡之福，谁云报称只文章？

其二

愁闻风鹤近吾乡，大帅深居气不扬。
此去衔恩瞻岵屺，可能画策扫欃枪？

事同救火关心切，语待还朝造膝详[①]。
割舍私情催上道，未须携手赋河梁。

自注：① 君谢恩时有归来面奏之语。

《题彭雪琴茂才从军诗后》云：

雪琴文甚武[①]，逸气浩纵横。
目下无曹谢，胸中有甲兵。
何时膺节钺，为国作干城。
榕峤方骚扰，幺麽岂足平？

自注：① 雪琴名诸生，亦奇男子，胸有韬略。集《坐位帖》十四字奉赠云：“将相致身非异数，朝廷侧席正须才。”盖望其为时一出也。

与曾、胡同官京朝，为文章道义之交，斯亦足见相期许勖勉之意。彭氏尚为秀才，乡先达推重如是，可谓鉴识非虚。（寄胡诗盖作于移疾出都之前，时胡于典试江南缘事镌级后援例以知府分发贵州也。题彭诗之作，在返乡后。送曾诗则文宗即位后再起重官御史时作，未几曾即以丁忧侍郎奉旨治军矣。）曾、胡、左、彭等后来建树赫然，湘军威声震动一时，先生未及见其成也（卒于咸丰四年三月）。又《闱中杂咏》云：

其一

礼闱襄役八人同[①]，名在丹豪点注中。

监试头衔差不恶，煎茶故事续坡翁。

自注：① 外帘监试，满汉各四。

其二

昨岁毡帷两被恩，春秋分校到龙门。

何如此度夸荣遇，朱盖高张鼓吹喧。[①]

自注：① 监试出入甬道，例有红伞导行，并鼓乐。

其三

南宫风月妙宜诗，清景偏从局外知。

回首八年堪腹痛[①]，沉思未就烛阑时。

自注：① 余成进士今八年矣。

其四

主持坛坫属宗工，咫尺风云有路通。

举子五千齐鹄立，定谁入彀是英雄？

此道光辛丑以江南道监察御史充会试外监试所作也。外监试有张盖鼓吹之荣，可与光绪丙戌会试内监李鸿逵《春闱内帘杂咏》所谓“惟有内帘监试阔”云云合看（见本报第九卷第八期），均都老爷之尊贵处。

（原第 13 卷第 4 期）

他如：

花朝二首

其一

火中退寒暑，日中斩倾昃。
花事甚今朝，老丑变顷刻。
大力暗中移，谁能挽之息？
桃李门前华，向人作光泽。
忍使尊罍空，今朝足可惜。

其二

园秋始有菊，岭冬始有梅。
造物何先后，乃循资格为？
彼此若互观，迟早两无猜。
生机自不息，时至当得之。
不信万卉繁，青阳专其司。
群儿艳唐花，火力相攻催。

题画

树古云阴积，岩深石气寒。
知音若可遇，试取鸣琴弹。

初度言怀（三首录一）

为学岂多言，忠信洵德基。
吾观万弊丛，悉由浮伪滋。
真意苟不存，两间盈杀机。

靡丽习慆淫，揣摩蹈险巇。
积渐非一日，岂曰非人为？
摇摇风中纛，未足喻我思。
南山有松柏，终古枝条垂。
愿言结邻居，高咏羲农诗。

过邯郸县题壁（二首录一）

富贵安能了此身，难凭一梦谢尘因。
如何燕赵今犹昔，不见悲歌感慨人。

约曾涤生至陶然亭小酌代柬

明日日之吉，及午游江亭。
枯苇带残绿，高柳垂余青。
我友具笔砚，儿子携楸枰。
行厨稍供顿，芡菱杂荤腥。
庶以极谐笑，谁能知悴荣？
今我不欢乐，卒卒秋霜零。
愿言高伫驾，在耳萧萧鸣。
无为效颠当，双户牢昼扃。

送朱伯韩侍御归里

索索雨叶天欲霜，朱子随雁于南翔。
置酒为饯各叹息，我殊无语情则伤。
桂林山奇水清驶，大好家居画图里。
出舁肩舆入图史，子为子计诚得矣。

年来丹山群凤喑，卑飞敛翼巢深林。
衔阙忍饥俟一饱，见者不复名珍禽。
闽海一人奋长袂，撞钟伐鼓闻海内。
粤海一人继其声，琼琚大放何觥觥。
二子离立子往参，奄有两美峰成三。
二子翩其竟不顾，每一思之怅烟树。
今子又作黄鹄举，侧身天地奈何许。
我亦百鸟之鸣鹅，所值与子同坎坷。
塞马得失岂须较，隍鹿迷离安足多？
已矣从子岩之阿，闭门高咏康哉歌。

校陈庆覃云石初稿为题后还之

君诗卷舒岩上云，朝暾射映光璘彬。
君诗皎皎湘江月，绝底沦猗鉴毛发。
平生襟期杜牧之，罪言一箧情万丝。
挥毫如不用意为，湜籍汗走难庶几。
贱子论交在早岁，同官近复推前辈。
形影真看蟨蚷连，唱酬况复丝桐契。
琵琶拉杂春风手，烧烛同倾蓟门酒。
万种愁牢有此樽，三尺喙狂肆谈口。
此后合离安可知，我去将抉湘上犁。
他日相思欲愁绝，松风万壑对君诗。

四柏行

司徒庙前四古柏，森然布列各殊状。
一株郢偈干云霄，众条纷敷酌宜当。
气象尊严若王者，雍容冠服朝堂上。
一株标异在肤理，蹇产诧若缠丝纩。
骨节锴□中藏棱，劲枝折铁谁敢抗？
其东一株伸两爪，驶犇如猕不相让。
又如奇鬼欲攫人，伏地侦伺翘首望。
迤西一株尤绝奇，皮之仅存无腑脏。
首尾至地枝仰撑，其中豁开外健壮。
世间万木总雷同，此四株者傥新创。
吁嗟造物有意无，伫立斯须为惆怅。

放鹤亭

鹤飞去兮何时还，山川悠邈日月闲。
湖水不波云不出，千秋岑寂一孤山。

正月十四夜上饶舟中对月

水浅滩声沸，沙明月色新。
孤舟初泊夜，三载未归人。
碕岸柴门静，低枝宿鸟亲。
他时倚虚幌，回首话酸辛。

过歧岭韩祠榕树绝大，枝干扶疏恰蔽祠宇

岭海东行半是山，百围榕树壮边关。
孤根盘结三唐后，直干高陵百越间。

谁假诗篇滋异说，似闻阴洞富神奸。
苍茫独立悬崖影，万里秋空见鹤还。

途间负担者多女子作歧岭曲

鬓侧垂青丝，与欢两肩并。
妍媸待欢定，将欢作明镜。
十里上蓝关，对面相逢笑。
双声歌入云，知是龙川调。

六十初度言怀

浮生过眼渺云烟，秋至俄开六秩筵。
白笔十年惭报国，丹忱一片许笺天。
入闲老骥思千里，作茧春蚕已再眠。
蜀肆蓍龟休就问，从头甲子且重编。

曾经作赋侍螭坳，几辈青云客定交。
官职迍邅鱼上竹，身家辛苦燕营巢。
行藏差可逃訾议，富贵从来等幻泡。
但勉儿孙守清白，百年农具肯轻抛？

忽漫江湖聚乱民，土崩鼎沸太无因。
幺麽梗化原非敌，帷幄成谋要有人。
沧海即今归禹贡，诸公努力答尧仁。
属櫜缚袴平生志，试拟人间老大身。

世故乘除幻万重，静观物变转从容。

风花过去双蓬鬓，云梦谁曾一芥胸？
壮岁心期刘越石，暮年志趣郭林宗。
太平但许余生见，湘上渔人早晚逢。

追悼钟小亭舍人

欢会如云散，无端作鬼雄。
名喧三极北，气慑大江东。
骄帅心难问，苍生恨未穷。
史祠应配食，蘋藻四时同。

悲张玉田同年

未觉英雄老，焉知祸变寻？
萧骚巫树暗，惨淡皖云深。
隔岁虚传札，长途感赐金。
苍茫悲世事，洒涕望江浔。

盖均斐然卓然，不愧名作（佳构尚多，不备录）。**郭嵩焘序**（咸丰十年撰）云：

> 往在京师，樾乔侍御语予曰："顷曾侍郎表章山谷内外集，有羽翼诗教之功。凡为诗，意深语博，屏绝尘俗，惟山谷为宜。"其后侍御乞假归，有出都感事诸作，传诵一时，尽变平日和夷清丽之音而为抑塞磊落，因悟向者之言为自道所得也。侍御既归，沿淮涉江而南，东尽岭表，而诗日多。居久之，复还京

师，逾年卒。盖侍御自通籍二十余年，落拓不适意。为言官，数陈事，中忌讳，益以困穷。始终一节，而所为诗顾数数变，变而益工。中年以后，潦倒人事，乃益发摅，沉潜于山谷以写其幽窈。信哉，诗之穷人也。然自予少时，见侍御谈艺京师，曾涤生侍郎、汤海秋农部、何子贞太史、陈庆覃侍御及凌荻舟、孙芝房、周荇农诸君，先后以诗文雄视一世，从容谈宴，日夕间作。其时国家岁忧水旱，海夷渐起，追思百余年乡人宦京师，文章遭际，博大光显，慨然太息，憾生年之晚。七八年来，复有今日，顾念往昔文宴之盛，流连慨慕，又渺不复得。然则侍御之官与年不甚丰，而幸生无事，自少逮老，优游文字，而其诗既久益为当世所贵重，斯其幸不幸又岂以穷达修短为哉？嗣君寿民大令属校侍御之诗，因为之序其略，而以侍御生平与世运升降相发明，附著之，寄余慨焉。

又罗汝怀序（同治五年撰）云：

……或以绿萼梅画扇属题，周翁者为七言律诗四章。先生怫然谓余曰：某君自负时艺老宿，则谈时艺可耳，何用作诗？如此题者，数绝句足以了之，而若是繁重乎？盖自乾嘉之际，一二学使者提倡风雅，邦人靡然从风，流连景物，矜尚藻采，题多赋物，作必连篇，时之风尚使然，莫以为诗之道不如是也。……

一夕见远水清澄，斜影荡漾，先生曰：吾昨独游于此，得句云：夕阳空翠无人到，自棹孤舟一叶来。殆以喻独得也。……先生天机清旷，风趣流溢，略无宿物著其胸臆，故出语疏俊，雅近眉山，而性术挚厚，萦系家国，恋眷友朋，时具往复缠绵之致。就其深至处绎之，可生人流连慨慕之思。……

各于作者境诣风旨有所申说，录资并览。

（原第 13 卷第 5 期）

七　黎吉云轶事

湘潭黎樾乔先生（吉云）诗，经摘录实吾《随笔》（见本报本卷第四、五两期）。先生在台有声，咸丰三年忽以细故获咎，其事亦颇足述。左宗棠与为友，且姻家也，所撰《前江南道监察御史黎君墓志铭》记此云：

时都城方戒严，君奉命驻京城。一日语守者曰："城上宜多积砖石。"守者慢诺之。君督责急，谓："明日不具，将治尔！"守者惧获罪，走愬诸大僚，言御史恐我明日寇将至也。大僚闻于朝，以恇扰降官。

略举其概，而委曲未尽。罗汝怀《清故监察御史前翰林院编修黎君传》，所叙有云：

癸丑春，派巡视东城。时有请添派守城人员者。上谕：毋庸添派，即分派巡城御史。是时粤贼踞江宁，分股北窜，及于静海独流，君忧甚。十月朔，有湖北人直南斋者来告曰：“天津已有贼踪。”君故警动，即驱车至广渠门，周视城堞，守具不备，遂谕门领达兴阿严密防范，预储石块，以为堵御。翌日，巡防处王大臣传问，谓其张皇。当君语门领时，有“明日”二字。楚人谓“明日”者，犹言他日，而门领执为次日。或谓君但诣某王目（自）陈，事当解。君曰：“褫职耳，何降志为?”及事下部议，朝士皆谓君思患预防，非私罪，宜从轻拟，独协揆某公坚持从重，遂镌五级。

差详，盖先生曾书告罗氏也。（罗氏序先生诗集，有云：“当先生被议左迁，曾详书其由以贻余。”）先生手书《日记》，并承劭西假读，是年所记关于此事者，摘录如下，以资印证：

五月十九日：本日见钞，五城添派御史共十二员，吉云派巡东城。

九月二十六日：饭后出城，至广渠门查门弁兵丁。缘皇上批何赓卿请添派御史查门之折，旨：无庸添派，即着五城御史稽查。中城陈琴山拈定，广渠派袁幼泉与我专查，故往彼也。

十月初一日：未刻金可亭来此，言天津有了贼。闻此心甚着急，即套车至广渠门谕该门领达兴阿严密防范，并谕："警信若加紧，城门不免有要关闭之时，甚至要将大石块堵塞。此处隔巡防处甚远，汝当预至该处回明，并先筹起石工费。"又见城上带兵章京，问及守垛之具，诸多未备，心更着急，因将纸条书写"赶紧诣巡防处具领守垛一切应需之件"云云。又到城上周阅一晌，天色将晚，即便回寓。至半晚，忽有李参将偕一守备来，言定王爷叫他来问如何向门领说的。我即述前言。参将即去。因想谕该门领之时，或口称"明日怕要关城"，此"明日"二字，系南边口腔，作"将来"二字看，并非即指次日也。该门领或是误会此二字，不可不遣人说明，因属杨八于天未明时即持名片往告以不可误会。

初二日：东城遣差送到联台长一札，亦是问明昨事，即据实呈复。

初三日：午刻忽有东城差役送一札来，巡防处王大臣传往说话，即坐车至其处，见惠王、定王、恭王、花、联、罗三台长，孙符翁、璧心泉数人，旁问我供词。缘门领达兴阿具呈控我，并谓我遣人持名片去是求他上去含混说下。当具亲供据实写明，即回寓。

初四日：巡防王大臣联衔奏请将我交部严加议处，未知折内所说云何。

十二日：本日吏部奏我处分，降五级调。闻各堂都说此事因公，不可拟私罪，惟贾筠堂协揆定要从重。功司司员呈三个样子：一降二级留，一革留，一即降五级调用。贾执意用此，奏入，依议。我生官运至此遂决绝矣。此次复来，本为蛇足，今年两次遣人持印结告病，皆不果，必待镌级以去，合是数定。况此时官爵，毫无足恋，岂复有顾惜之心？惟耿耿孤忠，既不见谅于同朝，复不邀鉴于主上，天实为之，谓之何哉！

读之益详此事之原委焉。事缘急公，以方言之偶被误解，遽获降五级调用之处分，贾桢（时以吏部尚书协办大学士）之力主从重，可谓刻矣。以“天津有了赋（贼）”相告之金可亭，名国均，湖北黄陂人，道光戊戌榜眼。先生自道光癸巳通籍，至是凡二十年，入台以后，未迁一阶。咸丰二年《日记》有云：

七月十六日：九点钟引见，奉旨补江南道监察御史。吉云于道光庚子年冬即补是道缺，越十三年仍由故步，可笑也。然此十三年中，飞黄腾达者固不乏人，而降黜死亡者亦自不少，今得仍居原官，而儿子福畴亦挂名朝籍，且系吏部，亦随带领引见各员之后仰觐天颜，讵非厚幸？

十二月初十日：五点钟进内引见，梁子恭得。数年为人抬轿，曾不能分一勺之波，可悲亦可笑也。

盖不免自嗟淹滞。（咸丰三年《六十初度言怀》诗所谓“官职迍邅鱼上竹”也。）其官御史事，罗氏所为传，除前引一节外，所叙云：

庚子……擢江南道监察御史。明年充会试监试。派稽查颜料库事务。吏盛饰供张，醵金为寿，君一切却之。库物例由内务府官庭领，其后仅持名刺领状取物，相沿久矣，君一遵旧例给发，领状积百余纸，而内务府官来领者不过一二，冒领之弊顿革。湖南解蜡，库匠斥蜡坏，延不出结，君取向所收蜡较之，无少异，遂收蜡革匠，自是库役无敢需索。解官至私宅求见，君使人谓之曰："收蜡，公也，非私厚尔，何谢为?"卒不见。壬寅署兵科刑科掌印给事中。当是时，海氛大肆，要挟无已，而当事惮发难，多主款，君陈封事十余，语多直切，遂失执政意，而君亦以外艰归矣。丙午起补山东道监察御史，复力陈时务，论难侃侃。时有五御史之目，君居其一，而皆不见用，相继引退，君抑塞不自得，亦移疾归，赋诗见志，世所传都门留别八首是也。文宗显皇帝登极，政治日新，大开言路，中外朋旧咸趣君，君亦思勉图报称，起补江南道监察御史，转四川道。派充武乡试监试，中式百六十四名，所监张字围取中五十五名，一、二、三、五名皆在围内。先是君假归时，粤西寇事孔棘，朝廷命湖广总督某驻衡州相机防御。君于会垣遇新化邹汉章谈楚粤厄塞。汉章故精舆地之学，为一夕作图数纸。君大喜，挟图往见总督曰："公婴防务，岂弟'身居城卒支更'已乎?"总督曰："然，不过如此；抑更有何术?"君乃出图授之，并商控制之法而别。其后贼卒由全州入楚，豪无防御，故君首劾之。复奏陈兵事八条，其筹饷条：分户口为三等，上户每日输钱十文，中户五文，下户免输。合直省州县凡千四百四十九缺，省会市镇多至十数万户，简僻州县亦万余户，截长补短，每县以上中二万户为率，约计月得五百余万金，岁得六千余万金。如以为扰，则周官口率出泉，汉制人出一算，古以口计而不虞其扰，今以户计独虞其扰乎？又请革步军统领衙门积弊：步军二万一千一百五十八人，分布周列，此八旗禁旅之制，至今日几同虚设，且添办事名目，二十四旗，旗五人，皆出召募，饷银悉归其手，其正身旗人注籍在营者，并不当差，但食甲米，虚伍缺额，不足十之一二，预雇无赖应卯，以备稽查，应请革办事之名，除召募之弊，月粮由各旗都统躬同印房章京放给，庶饷不虚糜，兵归实用。又言：步甲每名月支饷银两半，不足应事，莫若并三为二，兵贵精不贵多，人减饷增，以期鼓励；操练武艺，当责成健锐火器两营，简派多名，勤为教习。盖君之奋发忠直，期于有为，出自天性，不可遏抑如此。

其为御史盖若斯。所劾湖广总督某，程矞采也。《日记》所云“儿子福畴”：系其长子，以咸丰壬子进士为吏部主事，旋改知县，官直隶藁城县，用军功保直隶州知州，署安徽宁国府知府，兼摄泾县事，以劳卒于任，恤典准知府例，加赠太仆寺卿，荫子知县。（附见传末。）曾国藩有联挽之云：“四十年忧患饱经，叹白发早生，襟韵真如古井水；二千石谋猷初试，只丹心不死，精魂长绕敬亭山。”又代弟国荃挽之云：“湘妃白眼随愁长，有德配远道相从，一曲鸾飞，不得见夫婿声音笑貌；谢朓青山带病看，叹使君到官遽逝，千里鹤返，应眷恋宣州城郭人民。” （原第13卷第6期）

八　汪文端代主上发隐痛

英和《恩福堂笔记》卷下云：“乾隆年间，以徽州汪文端公有著作才，官至内阁学士，仍兼翰林撰文。岁戊辰，孝贤纯皇后大事，纯庙召文端谕曰：‘当日慧贤皇贵妃薨，定谥时，孝贤纯皇后泣曰：我朝后谥，上一字皆用孝字，倘许他日谥为贤，敬当终身自励，以副此二字。今不幸竟予孝贤之谥。其将此意，作祭文。’文端所撰文云：‘尚忆宫廷相对之日，适当慧贤定谥之初，后忽哽咽以陈词，朕为欷吁而悚听，谓两言之征信，传奕祀以流芳，念百行以孝为先，而四德惟贤兼备，倘易名于他日，期纪实于平生。岂知畴昔所云，果作后来之谶！在皇后贻芬图史，洵乎克践前言；乃朕今稽古典章，竟亦如酬夙诺。兴怀及此，悲恸如何！’此文前后记忆不清，而叙事精详，情文委婉，岂专以词藻为工耶?”此作稳惬而饶情韵，自无愧馆阁佳文。（赵翼《簷曝杂记》卷二有云：“汪文端公诗、古文之学最深，当时馆阁后进，群奉为韩欧；上亦深识其老于文学。殁后，上以诗哭公，有云：‘赞治尝资理，论文每契神。’公之所以结主知者可想已。”）宋邵伯温《河南邵氏闻见录》卷二云：“孙文懿公为翰林学士，撰升祔李太后赦文曰：‘章懿太后，丕拥庆羡，实生眇冲，顾复之恩深，保绥之念重。神驭既往，仙游斯邈。嗟乎！为天下之母，育天下之君，不逮乎九重之承颜，不及乎四海之致养。念言一至，追慕增结。’仁宗皇帝，览之感泣弥月。公自此遂参大政。”仁宗隐痛，能为发摅，亦代言之工者，盖可并传。

（原第 13 卷第 7 期）

九　李鸿章评曾纪泽

光绪十六年曾纪泽卒后，李鸿章复曾国荃书有云：

劼侯易名蒙赐惠敏二字，勤施无私，才猷不滞，体用兼备，足称平生。国朝臣工，自潘补堂外，联用此二者尚无第二人也。子产之善邻有词，伯业之长大好学，千秋论定，一节已传，况于弭兵息民之大功，临机制变之深略哉？前在都门，颇得深语，于世俗谬悠之口，忌者排挤之情，藉悉阻巇，极为抑郁，故疏语联语，俱本此意发舒，使知才难，一申公论，并荷激赏，感喟何穷。湘中卜葬，尚未有期，沪上暂作停顿，以待秋凉，最为妥当。侯夫人重以爱女之悲，不无摧损，近知调理已就顺平，日前道出津门，谊同一家，分应照料，重劳奖饰，弥增悚仄。令侄孙女深可悯惜，至此无可复言，业经电谕舍侄辈速往料理后事，将护还里，望释廑怀。

又《复倪文蔚书》有云：

> 劼侯忽逝，失一洋务人才。年来亦颇不得意，既为同官所排，又不得当路之助，郁郁蹙蹙，赍志以终；文正后人，骤难有继起者矣。昨具疏略为表扬，既抒故府之哀思，亦折时人之空论耳。

称惜之外，兼言其遭排挤而抑郁以终。所谓同官所排，当有所指。尝见张荫桓（直总理各国事务衙门）与人手札有云：“署中各事，徐筱翁主之，念可藏拙。劼侯每日与之水火，至愤郁以终。念此中空洞，随遇安之而已。”（荫桓别号“念初”。）深不满于徐用仪（字筱云），或即鸿章所指耶？至所谓“世俗谬悠之口”“时人之空论”，亦见纪泽以通“洋务”讲西学见嫉当时之概。鸿章侄妇为纪泽长女，复国荃书中，“谊同一家”句，于式枚拟稿本作“至亲谊同一家”，鸿章删“至亲”二字，盖谓曾、李关系之深，非藉联姻始然耳。纪泽谥惠敏之前，惟乾隆朝福建巡抚潘思榘谥敏惠。是年国荃继逝，鸿章复王文韶书有云：

> 曾忠襄猝以微疾告终，抚事感时，可胜哀惋。饰终之典与文正同符，朝廷眷念旧勋，可谓至优极渥。初意此席较量资望，无以易尧，九牧论才，同深属望。旋闻特起岘帅，自为湘部防维。南北两洋，提衡相倚，比来忽逾廿载，南中顿易数人。文肃、文襄，并是故知，公义交情，亦云不负；至论同时之久，相得之深，七载如

新，纤毫无间，则忠襄盛德，尤过群公。举目遂无此人，拊膺可为太息。循绎来示，弥叹击磬之同心也。

于国荃尤特示推服，和衷可见。谓刘坤一之再起督两江，“自为湘部防维”，良然。坤一此次重任江督，至光绪二十八年卒官，与同时之直督李鸿章、鄂督张之洞并称久于其任之三总督焉。

一〇　彭玉麟与曾国藩相得

坤一前于光绪七年解江督任，为被劾而由彭玉麟查覆之结果。玉麟于原参各款，颇为辨解，惟云：

刘坤一禀质素弱，前在广东时奏恳终养，未蒙俞允；时会艰难，受恩深重，遂不敢复上乞退之章。上年与臣察看圌山关形势及各炮台操演水陆兵勇，并出洋一次，终日登山陟险，步履尚健于臣，惟难耐劳，劳则疲倦，精神稍不如前。两江地大政殷，慎海疆之重防，全该督之晚节，出自逾格鸿施，微臣不敢妄请。

于是坤一解任，而玉麟奉署理斯职之命。玉麟上疏力辞，左宗棠乃由军机大臣出督；国荃则于光绪十年继宗棠之任也。而玉麟疏辞时，即曾附片密保国荃，谓：

现在两江总督以办理洋务为最要，亦以办理洋务为最难。就臣所知，惟现授陕甘督臣曾国荃，坚忍耐劳苦，沉毅有智略。昔岁围攻金陵，英、法两国人皆谓非用洋兵不能成功，曾国荃独率湘军攻克坚城，不假西洋一卒之力，洋人至今慴服。臣往来长江十余年，习闻两江士民称曾国荃之勋而戴其慈惠，感激犹在人心。曾国荃系心君国，感奋图报之念，亦实始终不渝，徒以体气虚弱，最畏风寒，又因两子相继病殁，忧郁成疾，若令处东南温暖之地，水土相合必当尽心效职，不至畏难自沮。臣与曾国荃共事日久，察其议论见识，高出一时，上年筹办山海关海防，与直隶督臣李鸿章，遇事推求，和衷商榷，于洋务亦甚熟习。臣为任事需才起见，既知之有素，不敢不据实附片密陈，伏候圣慈采择。

足见与国荃之相得。（追闻朝命畀宗棠，与郭崑焘书有云："以左湘阴相国肩此一席，实两江三吴亿万生灵之幸。"则又见对宗棠之推许；特宗棠以大学士直枢廷，自非玉麟所能奏请外简耳。）然曩者玉麟固尝恶国荃也。曾国藩复玉麟书有云：

叠接手书六件，敬悉种种；国藩亦有无数事件，急欲熟商。柳寿田曾充敝处戈什哈，亲兵营之立，柳寿田及各哨官，皆系鄙人自放。鄙人现尚有兼辖水师之责，乃昨撤柳寿田之委，阁下竟不令其卸事一日，离营一日，亦不许其来金陵一行，仅借成发翔兼管之名，俾柳寿田

> 任事如常。此等举动，若他人以施之阁下，阁下能受之乎？阁下于十一年冬间及此次，皆劝鄙人大义灭亲。舍弟并无管、蔡叛逆之迹，不知何以应诛，不知舍弟何处开罪，阁下憾之若是？来示谓国藩将兵则紊乱，鄙人在军十年，自问聋聩不至于此。舍弟之贤否，吉中营之好歹，鄙心亦自泾渭分明，亦自能访察。外间之议论，痛诋吉中营者，阁下为最；此外官绅商民，水陆各军，有贬吉中者，亦有褒吉中者。若如阁下之所诋，则安庆、金陵之绅民必痛憾吉中营入骨髓矣。柳寿田明知阁下与舍弟积不相能，而故重责割耳，谓非有意挑衅，其谁信之？吉中之勇，既有所挟以凌人，而反不说出营名，露出号补，直待打毕割毕，始行满出吉中二字，又谁信之？

此书盖作于同治三年十月间，时国荃已解兵回湘矣。玉麟因与国荃不睦，对国藩亦几有凶终隙末之势，一时龃龉形于事实焉。至是知国荃不愿赴陕甘总督之任，特为密请量移，甚加赞扬，盖意气早平，重归于好矣。（国荃对于甘督之命终以病辞。）至其自辞江督疏，系谓：

> 兹又钦奉恩命，署理两江总督并通商大臣，以臣愚戆，再四忖度，有不能不披沥上陈仰渎圣聪者。伏查天下各直省者，惟两江地大政殷，素称烦剧，加以盐务、洋务，较曩时尤为难治，以曾国藩、沈葆桢之力，励精图治，尚形支绌。臣久病之躯，特以受恩深重，不敢稍

偷安逸，勉力从公。年来巡阅长江，心血久亏，思虑不及，挂一漏万，内疚方深，岂能复当两江并通商大臣巨任？此不敢受命者一也。臣秉性淡泊，不善理财。查两江总督以筹划饷糈充储国课为第一要务，若臣任之，必致饷绌课虚，上误朝廷，下误苍生。此不敢受命者二也。臣迂拙戆直，但愿用夏变夷，不敢用夷变夏。查通商大臣时与外洋交涉，臣不谙夷务，不习夷情，遇事每与该夷人忤，彼族又视臣为怪物，不合时宜，彼此成见在胸，任之必多决裂。万一或生衅隙，深虑贻患将来。此不敢受命者三也。臣昔年力辞兵部侍郎，今以侍郎较总督，其责任轻重以及治事难易，相别天渊，臣才力不足任兵部侍郎，岂转足任两江总督？既变易乎初心，恐贻讥于物议。此不敢受命者四也。臣昔年督率水师剿贼，身膺前敌，右手足三次受重伤，五十岁后遂频时咯血，又以水师素来清苦，臣幕无朋友，公私事件，系臣一手经理，心血愈加耗散，神智不时昏眊，遇事每不知所裁。去秋奉谕筹办海防，不时出海奔波，其咯血心忡气逆及筋骨疼痛等症，较昔更甚，精力因之更甚，精力因之愈衰。两江督臣刘坤一年小于臣一纪，其步履精神尚健于臣，言者且责以精力难胜，臣年近七十，古宜致仕，心血精神，更逊于刘坤一，虽署任为日无多，而在任一日，即有一日之事，实非病躯所能尝试。此不敢受命者五也。

玉麟性刚下，不愿服官，屡辞疆寄，或疑其矫，然实善藏其短，得自处之道，徒以高尚称之者，亦未为深知也。

（原第13卷第8期）

一一 旧闻三则

张二陵君近书示旧闻数则，移录如次：

（一）袁大化傲视俄使

光绪二十九年，袁大化在奉天东边道任。俄国于庚子之役后，在东三省势张甚，其驻兵武官，每盛气以陵华官。大化不肯示弱，时有争执。政府恐启疆衅，遂拟将大化他调。会大化以明保入都引见，谒军机大臣。时庆亲王奕劻以外务部总理大臣兼军机大臣领袖，问以日俄情形，大化即言日俄战事不久必将发生。奕劻问何以知其必然，大化曰："日俄在东三省已成相持不下之局，目下俄人布置尚未周密，日本不乘其准备未齐之时，先发制人，而待其布置已周坐失机宜乎？以职道之愚尚见及此，岂明治、伊藤之见解，反出职道下哉？"奕劻曰："两宫召见时请勿如此奏对，缘外务部方奏日俄在东三省尚可相安无事也。"大化词气之间，颇不谓然。翌日奉旨调任福建兴泉永道。既具折谢恩（道府此类谢折，例由军机处人代办，酬以数十金，到任则不能如藩、臬之专折谢恩也），即传旨迅速赴任，而未予召见。时道府州县凡明保送部引见者，均召见一次，大化以边缺道员他调而不蒙召见，都中咸以为奇，不知内幕中有此一段曲折也。岁杪日俄之战果作。

（二）言官风闻言事获咎

清制，言官得风闻言事，苟无纳贿徇私情事，虽不采纳，亦无过，间有获咎者，重者降革，轻者回原衙门行走。光绪丁酉，侍郎徐致祥以浙江学政任满，续简安徽学政。御史王廷相条奏时务，对此有“貌似优遇实则屏绝”等语。旋奉旨谓：“朝廷用人行政一秉大公，该御史辄以偏见窥测，殊属不胜言官之任，着回原衙门行走。”廷相原系由编修迁御史，遂仍官翰林。戊戌，文悌以参劾康有为由御史回户部，未几政变，以知府用，旋简河南开封遗缺知府。廷相以诗三十韵送行，有云：“我心方鼠戚，世变竟蝉联。伐鼓争扶日，封章直诉天。分宜金锁伏，犹许玉堂旋。”自言前事也。又云：“身为朝望系，家有祖功绵。此行殊恋阙，预计到归田。”文悌为费扬古后裔，留别诗有“此行臣拟五年归”之句。

言官职司纠劾，保举则悬为厉禁。犹忆光绪甲辰，广西会匪猖獗，广西提督苏元春，以纵匪酿乱被劾获重咎，革职拿问，时下走方供职秋曹，见御史徐堉条奏，以苏元春未便置身事外，请饬该革员回广西，戴罪图功，疏成尚未入告，下走即以台纲为言，堉曰：“我此奏不过令其戴罪图功耳，并非保举也。”竟缮折递上，旋奉旨回原衙门（礼部）行走。

（三）与马新贻论政

同治三年攻下金陵后，马新贻未几由安徽布政使升浙江巡抚，以书通候先曾祖太仆公，并赠以表忠观碑拓本。先太仆公复书，与之论政，大意有云：“历朝皆以暴君污吏激乱，本朝则圣君贤相，深仁厚泽，何以洪杨之乱，蹂躏十余省，竭天下之力，仅乃克之？历朝失于严酷，本朝失于宽纵。即如秋审一项，已分情实、缓决，情实之中又有‘法无可原、情有可贷’加签声请之条。彼良民既不犯法，又不为盗，即使网开三面，亦无从沐此旷典。”又论曾国藩不应再令督师（时僧格林沁方阵亡，国藩受督师剿捻之命），谓宜令入值枢廷兼充翰林院掌院学士，一则平章军国，一则培植人才云云。旋得马复书，谓“所论高瞻远瞩，钦佩无既，当据以入告，以副我兄救时之宏愿。至关于湘乡一层固属至当，然弟曾为湘乡僚属，只能存诸心而不敢宣诸口”云云。

马氏以表忠观碑拓本赠先曾祖，并书有跋语如左：“按钱武肃之丰功伟烈，《新唐书》及《五代史》言之綦详。综其生平，才大志小，以不希非分为家法。五季之世，中原鼎沸，吴越之民不被兵祸者百余年。因果家言，谓宋高为武肃后身，未免附会，然其休养两浙之功，良足多也。同治三年，新贻承乏两浙，循例致祭地方先贤暨有功德于民者，览钱王之祠宇，读坡公之文章，觉非斯文不足称斯题，又非斯书不足书斯文，觅工精拓，装成四册，寄赠石渠二哥大公祖大人，并希鉴赏。抑更有进者，咸丰之季，石公典守吾曹郡，时发捻北窜，承平日久，民不知兵，人心汹汹，莫知所底。石公到任后，缮城郭，搜军实，民以安堵。事平，叙前功，简济东泰武临道，并赏孔雀翎。由是而陈臬开藩，洊历封圻，以福吾曹者福苍生，是尤新贻所馨香以祝者尔。同治四年春日，如弟马新贻志。”

二陵之曾祖，讳文林，字石渠，道光辛卯举人，以大挑知县官山东，洊至道员，署济东泰武临道，有名绩。卒后，大吏上其事，予恤赠。封邱何家琪为撰《渑池张先生墓碑》（见《天根文钞》卷三），铭词云：“庸世以杂学而独严于身，翦乱以重法而独宽于民，乌乎古之人！”碑文中叙其在曹州府知府任内事云：

咸丰……十一年天子诏户部侍郎杜翾练民兵于其乡，至则拔各郡县士耆之悍者领保甲长。民尽输钱于长，备军需，田废，催科无出，长恃势因民以抗。官忿，上变，置诸法。当是时，先生以同知摄曹州府事，属县亦以变请兵。先生曰：“嗟乎！此粤寇所以起，数年破数行省千百城，杀亿万无辜之人，至今未已也。吾廉之，即变，诛其魁足矣，何兵为？有罪知府坐之！”立驰谕变者：“曹州府知府张文林按汝境！”乘一马车，役十余人手鞭从。道遇变者刀而出，望见先生车，刀坠地。先生曰：“进！”皆膝而进。下车一一指之曰：“汝等罪也，当死。”变者齐应，声震数里。半顷曰：“悔否？”皆悔。又高言曰：“天不罪悔过之人，今天子仁同天，知府请汝命；再，知府不汝活也。起！”皆起。

颇为有声有色。

马新贻被张文祥所刺而死于两江总督任，案情迄未大白，身后甚滋遗议，而其人由知县累擢至封疆，竟继曾国藩而为两江总督，当时极为朝端所重可知。闻新贻雅有吏才，抚浙督江，颇有政绩。震钧《天咫偶闻》卷六有云：“曾文正公……之所不可及，尤在深识大体。江南甫平，即撤兵，讲求吏治，兴复典礼，大乱十二年，一旦平定，即能使民不知兵，一归承平之旧，洵非他人所能及……继公督两江者，为马端敏公新贻，承文正之后，威望不及文正，而吏治过之。时丁雨生（日昌）为苏抚，与公协力整顿，陋规悉裁，改为办公经费，以地之肥瘠为等差，于是州县不甚累，而道府之用亦足。又如保甲、恤嫠、育婴，次弟（第）修举。江南吏治以此际为称首，惜乎敷政未终而有被刺一事也。”盖于其吏治极示推崇焉。（新贻之死，当时有疑及丁日昌者，为一种误会。）

（原第13卷第9期）

一二　何家琪诗文集所记逸事

封邱何家琪，字吟秋，别号天根，光绪乙亥举人，官至汝宁府教授，文誉颇著，有《天根文钞》正续集暨《天根诗钞》，以留心时事，集中不乏可供参镜之作。如：

（一）书曾文正公逸事

同治三年湘乡曾文正公之克江宁也，首下令覆秦淮河灯船，江宁织工三年不税，他郡县税倍之，木商自江汉至江宁者亦三年不税，是故四方之工商皆集江宁，江宁城皆屋。当是时，凡江宁贫士下吏、孤寡老疾，无一失所者。呜呼，乱定以来，封圻之臣，类专务榷算、汰节、综核、苛刻为功，公勋盖天下，而其政宽大如此。

（二）书浙江布政使蒋公逸事

同治三年，浙江复，湘乡蒋公益澧以功最为布政使。适吴公存义来视学，公往谒，兵卫仪从甚盛，吴公逆之入。坐顷，吴公进曰："今乱定，公左右宜少裁抑。"蒋公起，旋伏地谢曰："益澧少年不学，随大军鞍马，窃余功，忝上命待罪于此。公幸教益澧，益澧敢不奉教！"遂叱左右去，徒步出。明日肃衣冠具弟子贽吴公门，曰："益澧愿受学。"吴公不敢当，固请曰："吾一言望留意，遇读书士厚之耳。"公再拜谢。初，公屡得窖金给军食，及值乡试，士予金一铤，会试者三倍之，无毫毛私焉。当是时，绍兴知府诛一士尝为贼诖误者。公闻，解其职，曰：“诛甚当。虽然，浙江久陷贼中，一方之人，其不为威劫胁从者几人？而可尽诛哉！且不能卫于始而罪于终。皇上下诏赦，原许不死，复追论之，是违诏旨也。上追论一人，下之讦告仇诬必多，甚或利其产以要功于上，则民无噍类矣。矧反侧弗自安，昔之乱不将复起于今日哉?”于是大张示谕：凡士民有敢以旧罪相告者，以所告之罪罪之。(下略)

（三）书杭州知府薛君逸事

浙江既复，陷贼逸出者童子数千人无所归。杭州知府薛君时雨，遍给衣被，亲送之市中诸贾肆，揖贾而进之曰：“此无家儿也，愿肆置一人为其徒。”佥曰诺。时同治三年也。童子长皆号薛儿。何家琪曰：承平之时，所在有育婴、养老、守贞、栖流诸义所，然立法不善，或司非其人，有生之转杀之者矣。以予所见，类中蚀其利，甚且米杂以石灰，食者辄病，有宁饿死不入者。若夫广施衣谷，中上之户冒领以被奴婢饲犬豕，而贫者不得与。至于水旱盗贼之余，公私互假，速迟失宜，名为赈济，实益其祸，事尤不忍道。然则必如薛君所为而后谓之义哉！

（四）记黄崖狱

（上略）余特悲山东肥城黄崖狱。黄崖张积中者，江都老贡生，山东临清直隶州知州阖门殉节积功弟也。以兄弟次七，学者称为张七先生。为学本儒兼道家，旁及陶白治生之术，论《易》“财成天地之道”，“财”读如字，广《大学》末章“生财”之义。咸丰三年粤寇陷江都，依兄。兄殇，见山东寇乱方炽，思卫乡人与山东官吏宾客旅居无归者，道黄崖，相其壁斗绝可结寨为避寇计，乃筑室讲学其中。乡人与山东官吏宾客妻孥环居之，远迩巨室亦闻而往焉，于是黄崖有富名，守寨卒伍多无赖。同治六年春，寇犯山东，寨卒有诱寇者，益都临朐知县捕得，以变闻，状甚亟。巡抚阎文介公遣总兵某率兵围之，谕：三日降，赦其罪。是时积中已受制于下，不得出，报书愿自刎明非叛而已。总兵某亟攻，破之。公令止杀男子，男子死，女妇类衣不蔽体，争投崖。长清，毗县也，知县陈恩寿亟取家人衣衣之，不给，分裂布絮，各护归，其道远者亲扃一室，访族戚属焉。事平，获黄幔黄棹裙，背有“关帝庙”三字，乃羼入粤寇太平天国旧旗实其狱。公悔，乞病去。后十有六年，光绪癸未科会试，恩寿子冕以第一人及第。（按：以上四篇均见《文钞》卷二。）

之类，咸足备览。同治间山东黄崖一案，私家记载，率谓冤狱。拙稿亦尝就在鲁所闻，有所记述（见本报第六卷第四十九期）。可参阅醒醉生（闻即汪康年）《庄谐选录》卷五有云：

> 黄崖在山东肥城长清之间，素无居人。咸丰间，江浙避洪逆之难，流寓山左者甚众。有张积中字子中者，扬州人。其兄尝为临清州，殉难死。积中读书，稍有文学，好诵佛，常以行善劝人，又略能堪舆诸术，聚徒讲学，一时从游者甚众。张告人，言黄崖地可避寇，即独先移家往，从之而去者，渐积至八千余家，筑寨购守具，为久居计。张尝以每月某日为众人讲书，其语不尽纯正，外间人已纷纷疑为邪教。会青州府首县汉军某大令获异言异服数人，讯之，供言奉张七先生令，招军买马；而宜都县知县扬州某大令，获数人，供亦如之。乃各飞禀至省。时某相国为巡抚，得禀大惊，急欲剿办。丁公葆桢时为按察，白相国云：“张之子实在省为候补知县，观其人循谨，其父亦必非谋逆者，请令其速赴寨，招其父至省，而一面令长清县往查确实，毋遽发兵为也。”相国良久始许之，允予张子限五日。丁即传张子，告以将灭门状。张子伏地叩头大哭。丁曰：“无惧，可速于五日内招汝父来，则可无事。”张子即飞驰而往。时长清县知县陈伯平大令奉命入寨察视，而宜都县某大令之父与张有连，往力劝张，亦适在寨中，出陪陈，力言并无反状。坐顷，忽外间传一信至，言访得长清县来寨，

穷探虚实，请速杀以灭口。信为某大令之父所得，大惊，即示陈曰："本谓其诬，今乃若此，奈何!"陈愕眙出门，则马夫已被杀矣。二人乃急以被缒墙而出。是时抚藩在省待张子七日不至，已大疑。盖张子至寨，哭劝张，张曰："吾反无据，若往，是实其言也。汝辈若惧，可自往。"妻子环跪请之，不许，而长清飞禀已至省。相国复问丁，丁不能复为地，乃令两司率总兵湖北人王某，记名提督湖南人王某，道员湖南人王某，率大兵往剿。至则寨中亦闭门严守。俄顷间已破城而入，张举家自焚死，官兵大肆淫掠，死者万余。丁命植旗西门外，使人以令箭约城中曰："出西门乃免。"从之而生者千余人。陈伯平欲救之，无策。适登州府知府豫山至，陈语之故，且教之策，豫乃于众中大呼曰："大人命勿妄淫杀，奈何违令！长清县知县何在?"陈即出，半跪请示。豫以令箭予之，使禁兵毋妄动。被难者由是稍得出，陈救得妇孺五六百人。时杀人已万余，而未得谋反实据。相国乃责三王曰："汝等皆言谋反是实，今奈何无据！若三日不得，则杀汝!"三王急命搜得戏衣一箱，使营中七缝工稍补治之，即以此为据。由是诸在事者皆开保如剿匪例。七缝工后亦被杀以灭口。是役冤死无数，道员王某被鬼捉去死，提督王某亦惨死，家中淫乱无状。陈子冕，后登癸未状元。

按：此事传者不一，是说较详，亦尚平允，姑记之以质知者。或曰：某相国后屡被召不出，盖亦疚于兹事也。又闻难未作时，有候补道某君之子在省中娶妇，其妇翁亦道员也。成婚甫三日，欲远出，妇怪问何事，子言赴黄崖听张七先生讲书。女恚曰："新婚未几，乃即远离，何无人理耶！"子曰："张先生约束严，不可不往。"妇哭诉诸父母，疑婿为邪教人。父曰："张读书人，何至是？"母诟曰："汝已误将女适匪人，今不速发，将灭门矣！"父不得已，乃禀闻中丞，而大祸遂作云。

亦私家记载之言此案情事者。（山东无宜都县，若是益都，则即青州府首县，不应歧而二之。）大抵此案诚属冤滥，而张积中辈当彼时而形迹启疑，亦非无取祸之道也。

（原第 13 卷第 10 期）

一三　曾国荃之治绩

曾国荃晚岁督两江，清静无为，号为卧治，恒以衰老为言，托病不见客，即见亦每着便衣，大典始以公服从事，闻终岁着公服不过数次，而好于夜间出署微行，步履固甚健。时论颇讥其不事事，政府以其为中兴名将，奏大勋，资其宿望，雍容坐镇，弗予苛求也。光绪十五年，李瀚章由漕运总督迁两广总督，过宁谒国荃。投刺后，阍人启曰："宫保有病，挡驾。"瀚章为曾国藩门下，夙以长者之礼事国荃，即降舆曰："久未谒见，极为渴慕，必须入内请安。"遂步行入署。国荃便衣接见之于内室，瀚章一见即跪拜。国荃曰：“吾老且病，不能还礼，奈何！”竟不答拜，实则瀚章年犹稍长于国荃也。略谈之后，国荃曰：“礼宜设筵奉邀，惟病体不耐酬应，请即在此便饭。”遂立设数簋，与之小酌。迨瀚章兴辞而退，国荃亦不送。以总督款待总督，如此脱略形迹，传为罕事，盖国荃不免故作偃蹇云。

关于国荃微行，《章华笔记》云：

> 曾忠襄督两江时，年六十余，朝廷倚若长城，其治术颇主清静，与民无扰；然喜变服微行，恒数日不归署。先戒门者，不得惊疑及偶语，久乃习然若无所见。一日公自外归，门者卒呼宫保，乃逐去。其严密如此。予少客江南，颇闻其事。后询重伯太史，云：“忠襄在宁时，尝令其与公孙凌生，俱着布衫，已则戴毡帽，衣大袖短服，状如老兵。候月将中，相率步行，出仪凤门，登狮子山至下关老湘营。渴甚，入其厨，食瓜果以去，营中方鼾睡，弗觉也。江光月色，浩淼千里，阒无人声，各倚石以待旦。而上水轮舟适来，遂登之。赴鄂，住汉口小旅店数日。过江，闻总督方阅兵，偕至校场。时南皮张文襄督鄂，介胄登大将坛，布阵演武。忠襄故长髯，至是纳于大袖中，若恐人见者。事竣，复返汉口，谓重伯曰：“今日之事，夥颐沉沉。”毋何，更买小舟，沿江而下，所至辄小住。忠襄一人发岸，而重伯等守舟，故不识其所往。后返江宁，计时将一月矣。重伯尝谲谏，

> 恐非大臣所宜。忠襄笑曰:“天下承平日久,兵废不用,凡此皆习练机谋,非尔等知也。”重伯素以謷辟自喜,以为天下人莫能及,独于忠襄,则谓弗如远甚。

述闻诸其侄孙广钧者,应非无稽,特微行离任几一月,未免过于奇诡耳。

我佛山人(吴沃尧)《二十年目睹之怪现状》有云:

> 第五回:继之道:“向午时候,你走了,就有人送了一封信来,拆开一看,却是一位制台衙门里的幕府朋友送来的,信上问我几时在家,要来拜访。我因为他是制台的幕友,不便怠慢他……我出去会他时,他却没头没脑的说是请我点戏……因问他道:‘莫非是那一位同寅的喜事寿日,大家要送戏?若是如此,我总认一个份子,戏是不必点的。’他听了我的话也好笑起来,说不是点这个戏。我问他到底是甚戏,他在怀里掏出一个折子来递给我。我打开一看,上面开着江苏全省的县名,每一个县名底下,分注了些数目字,有注一万的,有注二三万的,也有注七八千的。我看了虽然有些明白,然而我不便就说是晓得了,因问他是甚意思。他此时炕也不坐了,拉我下来,走到旁边贴摆着的两把交椅上,两人分坐了。他附着了我耳边,说道:‘这是得缺的一条捷径。若是想要那一个缺,只要照开着的数目送到里面去,包你不到十天就可以挂牌。这是补实的价钱,若是

署事，还可以便宜些。’……”

第七回：继之道：“……这位大帅是军功出身，从前办军务的时候，都是仗着几十个亲兵的功劳，跟着他出生入死。如今天下太平了，那些亲兵，叫他保的总兵的总兵，副将的副将，却一般的放着官不去做，还跟着他做戈什哈。你道为甚么呢？只因这位大帅，念着他们是共过患难的人，待他们极厚，真是算得言听计从的了，所以他们死命的跟着，好仗着这个势子，在外头弄钱；他们的出息，比做官还好呢。还有一层，这位大帅因为办些军务，与士卒同甘苦，所以除了这班戈什哈之外，无论何等兵丁的说话，都信是真的。他的意思，以为那些兵丁都是乡下人，不会撒谎的。他又是个喜动不喜静的人，到了晚上，他往往悄地里出来巡查，去偷听些兵丁的说话。无论那兵丁说的甚么话，他总信是真的。久而久之，他这个脾气叫人家摸着了，就借了这班兵丁做个谋差使的门路。譬如我要谋差使，只要认识了几个兵丁，嘱托他到晚上觑着他老人家出来偷听时，故意两三个人谈论，说吴某人怎样好，怎样好，办事情怎么能干，此刻却是怎么穷，假作叹息一番，不出三天，他就给我差使的了……”

第五十九回：原来今年是大阅年期，这位制军代天巡狩到了扬州，江、甘两县自然照例办差。……述农查了老例，去开销一切！谁知那戈什哈嫌钱少，退了回来。述农也不和继之商量，在例外再加丰了点送去，谁知他依然不受。述农只得和继之商量。还没有商量定，那戈什哈竟然亲自到县里来，说非五百两银子不受。继之恼了，便一文不送，由他去。那戈什哈见诈不着，并且连照例的都没了，那位大帅向来是听他们话的，他倘去说继之坏话，撤他的任，倒也罢了，谁知后来打听得那戈什哈并未说坏话。

第六十回：他简直的对那大帅说："江都这个缺很不坏，沐恩等向吴令借五百银子，他居然回绝了，求大帅作主……"那大帅听了，又是奇怪，他不责罚那戈什哈倒也罢了，却又登时大怒起来，说："我身边这几个人，是跟着我出生入死过来的，好容易有了今天，他们一个一个都有缺的，都不去到任，都情愿仍旧跟着我，他们不想两个钱想甚么？区区五百两都不肯应酬，这种糊涂东西还能做官么？"也等不及回省，就写了一封信，专差送给藩台，叫撤了吴令的任，还说回省之后要参办呢。

所指两江总督，就书中所述时代印证，盖即影射国荃。此书写晚清社会诸状，非无相当价值，而每多逾量渲染，不可尽信。鲁迅（周树人）《中国小说史略》名此类小说曰"清末之谴责小说"。其说有云：

戊戌变政既不成，越二年即庚子，而有义和团之变，群乃知政府不足与图治，顿有掊击之意矣。其在小

> 说，则揭发伏藏，显其弊恶，而于时政，严加纠弹。或更扩充，并及风俗。虽命意在于匡世，似与讽刺小说同伦，而辞气浮露，笔无藏锋，甚且过甚其辞，以合时人嗜好，则其度量技术之相去亦远矣，故别谓之谴责小说。其作者，则南亭亭长与我佛山人名最著。

又云：

> 《二十年目睹之怪现状》……杂集“话柄”，与《官场现形记》同……相传吴沃尧性强毅，不欲下于人，遂坎坷（坷）没世，故其言殊慨然。惜描写失之张皇，时或伤于溢恶，言违真实，则感人之力顿微，终不过连篇“话柄”，仅足供闲散者谈笑之资而已。

持论颇允。而此类小说，固尝风靡一时，影响颇巨。辛亥革命之成，此类小说非无关系也。

文廷式极诋国荃，其《知过轩随录》有云：“曾沅浦晚年为江督，贿赂公行，女眷用事，一营之兵，不过百五十人，分栈一差，应酬督署干脩，每年万二千两。昏德如此，而日事鬼神。吾以高骈比之，闻者皆深以为允。”又批李慈铭《日记》有云：“余尝谓国荃晚节似高骈，幸江淮无事耳。时以为知言。”疑亦不免伤于溢恶。国荃晚年不能勤理庶政，自有未满人意者，而实大事不糊涂之重臣。（不喜延接新进好谈大略之辈，盖亦致讥士论之一因。）

（原第13卷第11期）

一四　官场升降内幕

知府为四品官，以品级论，奖加二品衔，未为僭越，而惯例知府罕戴红顶，则以体制较卑，不敢与司道抗衡也。即疆吏以此请者，每遭部驳。京员之有外任道府资格者，其保二品衔，类皆用“俟得道员后”字样，而外放知府为多，须俟迁擢道员后，始得改用二品章服。翰林院编修京察一等记名道府江澍畇（江西弋阳人，原籍安徽旌德，字韵涛，光绪丁丑进士），当光绪十五年德宗大婚典礼，获与本院保案，自请保奖“俟得道府后赏加二品衔”，不曰道员而曰道府，俾一麾出守，即可珊瑚其顶珠耳。掌院学士徐桐，颇为疑，语人曰：“韵涛能自信必放道员乎？伊宜再加斟酌。”意谓知府而戴红顶，颇非所宜也。于是有劝以自请更正者，澍畇意亦动，而尚踌躇未能即决。迁延数日，始行陈请，而保案已出奏，不及待矣。此类关于皇室之保案，例均特旨照准，不交部议。发表未久，澍畇即简放山东济南府遗缺知府。外省首府出缺，应由疆吏就通省知府中选员调补，京员简放者，则补其递遗之缺，故曰遗缺府。惟疆吏如认为本省知府无堪以调补首府者，而新简遗缺府之员，能胜首府之任，亦可奏准，迳以之补授首府。直督李鸿章夙与澍畇相厚，而鲁抚张曜又鸿章门人，关系素密，因致曜一书以说项，即以澍畇请补济南为请。首府地位重要（颇有民国初年政务厅长性质），升擢道缺较易，且济南辖州县十六，本缺亦以膴饶著称也。书云：

> 新放济南遗缺府江守澍畇，才具开展，器识明练，在清秘堂办事多年，卓著声望。与兄同乡世谊，知之颇深，此行得隶幈幪，喜其有所依归，藉资展布。近闻以武定守移署济南，若迳调补，则所遗武定一缺，似应补江守。武定濒黄，灾区工赈繁重，必须情形熟悉，似非新任外官者所宜。江守久困京曹，虽不敢择地，实虑于公事无裨。向来简放遗缺人员即以请补首府者，各省多有成案；江守之才，置之首要，洵可胜任。如尊意已有应调之员，亦祈推爱别与一郡，俾得从容展布，不至公私交困，出自甄植群材衡量器使之盛心，曷胜感荷！

盖其时澍畇视武定府为畏途，不得已而思其次，亦愿得他郡。迨到省谒院，曜以其本翰苑清班，加以傅相之谆托，谈次颇露可以首府一席借重之意。既而语及其红顶，因谓："究竟你们京官便宜，可以得此保举，所谓近水楼台先得月也。余为知府某某保二品衔，曾两次碰吏部的钉子矣。"言下喟然，即端茶送客。曜盖以疆吏之地位，苦于部中之钤制，缘此引起牢骚，不禁作不平之鸣。而对澍畇则未必即有所不慊也。澍畇初为外吏，见巡抚神色不怡，甚为惶悚，深恐因此一枚红顶致干帅怒，下次上院，即换戴蓝顶。曜一见大诧，诘以何故忽换顶戴。澍畇不及择词，率尔对曰："恐宫保不准卑府戴红顶，故即改换。"曜怫然曰："是何言乎？尔之红顶，恩出自上，岂有皇上准戴而我乃不准之理？此为朝廷名器，岂可视同儿戏，任意更换耶？"遂以登州府知府鲁琪光（江西南丰人，同治戊辰进士）调补济南、澍畇递补登州入奏。琪光之视澍畇，以翰林则前辈，以知府则资深（由翰林院编修迁御史，光绪九年简登州守），曜藉以自示无私，而不俾澍畇补武定，亦可云已遵鸿章之嘱也（澍畇卒于登州任）。

继琪光知济南府者，为刘景宸（河南安阳人，同治壬戌进士），系由青州府调补。已保在任候补道加二品衔，而以尚官知府，未易红顶。一日上院，巡抚李秉衡谓之曰："君已晋衔二品，何不更换顶戴乎？"景宸唯唯。下次上院，当偕历城县知县汪望庚到司道官厅周旋时，布政使张国正曰："大帅既嘱易顶。不可违，盍易诸？"望庚曰："卑职已代顶备矣。"即以珊瑚顶珠献，遂于司道官厅中更换。说者谓秉衡之意，盖风其自请开缺过道班，俾腾出济南府缺，另畀所属意之员（闻即泰安知府卢昌诒）；而景宸竟未请开缺。会秉衡擢四川总督（未及到任以山东教案开缺），张汝梅继任鲁抚，委署盐运使，旋卒于署任。（卢昌诒乃调济南。其后相继为济南守者，徐世光由青州、胡建枢由沂州、吴筠孙由登州、张学华由登州、黄曾源由泰安；曾源值辛亥革命而去。）

曩闻陕友谈：光绪中叶后，李绍芬（湖北安陆人，光绪丙子进士）以吏部文选司掌印郎中放陕西潼商道，以时司道多戴红顶，己未经加衔，暗蓝顶不足壮观瞻，乃于履历中羼入赏加二品衔一项，到省即戴红顶，无人辨其赝也。迨官册送京，吏部发见其二品衔来历不明；幸绍芬本吏部老资格，承办之司员书吏，特加关顾，未予举发，而阴嘱速自为计。绍芬拟补行报捐，而又惜费，乃托京中办理捐务之某金店，为之代觅一空头户部实收，填写报捐二品衔字样，惟此种办法，在吏部仍难视为有效，遂更商通陕西布政司书吏，以后办理奏销时，所送吏部官册中，将其履历中赏加二品衔一项，故意漏书，俾免部诘，而在本省则仍以二品衔之资格戴用红顶自若也。其后历官至云南布政使，此一枚珊瑚顶珠始有实在着落云。

按之实官品级，外官须至布政使始戴红顶，后以加衔冗滥（或保或捐），道员几无不珊瑚其顶珠者。清末花翎二品衔之候补道甚多，诙谐者号曰位极人臣，谓其头衔章服已难再进也。（保举赏戴花翎，常例须军功，而报捐则廉。）严辰《感旧怀人集》（光绪十五年作）感旧诗于《勒少仲中丞同年（方琦）》有句云："不换头衔惹众猜，居然真个践三台。"注："公为江西新建人，以道光丁酉拔贡官刑部，中癸卯副榜，甲辰举人，官至贵州巡抚，乞假归。……军兴以来，名器稍滥，道员无不保二品衔者。公亦得是保，而独不戴用，直至真除藩司，始丹其顶，其力矫浮俗类如此。"可与李绍芬事合看。

京官四品得加二品衔，其不及四品者不能骤戴红顶也；惟清末内务府郎员（五品）多有加二品衔者，堂郎中及七司六库掌印，率戴红顶矣。又太医院院使（五品）、院判（六品）亦每邀此荣。一涉佞幸，一缘方技，所当别论。

薛福辰、福成兄弟均官至左副都御史，福成以使才著，福辰则以医术称。福辰用前山东济东泰武临道与山西阳曲县知县汪守正膺荐奉召诊治慈禧之病，以告痊偕太医院诸官获奖叙，福辰旋授广东督粮道，守正擢江苏扬州府知府，仍留京继续治疗。其后复以全愈诏“特沛恩施”，福辰赏加头品顶带，调补直隶通永道，守正赏加二品顶带，调补直隶天津府知府（处之近地，便于宣召），太医院左院判庄守和、右院判李德昌均赏加二品顶带，余加赏有差，盖优奖不循常格也（此为光绪八年事）。福辰光绪十二年在顺天府尹任，以玉粒纳仓临时未到，为御史魏迺胆（勷）严词指劾，请改任太医院官，实恶作剧。乃勷虽奉谕斥以“胆大妄言”，获咎而去，福辰亦深引以为憾，本以科甲（咸丰乙卯顺天乡试南元）入仕，而缘方技受皇室知遇，自惭贻人口实也。福成为撰家传，言其治愈慈禧之病，“功在天下”，更历叙其政绩，示非专以医术见长，谓“顾以医事荷殊眷，而吏治转为医名所掩，颇用此郁郁不乐”。（原第 13 卷第 12 期）

一五　孙思昉谈近人轶事

孙思昉君书近人轶事二则见遗，甚有致，录饷读者：

（一）辜鸿铭

辜汤生，字鸿铭，性傲兀，喜历诋时贤。某公设宴，辜与严复、林纾皆在座，马其昶亦预焉。辜大言曰：“恨不能杀二人以谢天下！”或问二人为谁，曰：“严复、林纾也！”严置若罔闻也者，林怫然问故。曰：“自严复译《天演论》出，国人知有物竞而不知有公理，于是兵连祸结矣。自林纾译《茶花女》出，学子知有男女而不知有礼义，于是人欲横流矣。以学说杀天下者非严、林而何？”闻者咋舌。马私叩某公曰：“此为谁？”曰：“君不识辜鸿铭先生耶？”乃为之介曰：此为某，彼为某。辜曰：“去！何物马其昶，莽大夫尔，亦集于此耶！此间无尔坐处！”以马固袁世凯参政也。然其言议往往有谈言微中者。虽通数国文字，极重国学，其论中西文化曰：“吾儒在陋巷箪食瓢饮不改其乐，西儒则高楼广厦乘坚策肥，而无以自乐，其长幼断可识已。”尝教于北京大学，有所询，强某生起立以对。某生固不立，遂逐之。某生去，余尽随之去。怒曰：“礼教果坠地无余矣！”遂去。始终辫发不去，或劝去之，曰：“辫去而国富强则去之，否则固不去也！”其奇特自喜如此。

（二）熊十力

熊十力，字子真，为人介特，与张难先有雅。时张官湖北财政厅长。多求熊为之游扬者，颇不胜其諈诿，乃为启事曰：“无聊之友朋，以仆与难先有交谊，纷祈介绍。其实折节求官，何如立志读书；须知难先未作官时，固以卖菜为生活者，其乐较作官为多也。仆本散人，雅不欲与厅长通音讯。厅长何物，以余视之，不过狗卵𣎴上之半根毫毛而已！”此启世多见之。窃见其与张仲如先生一函，尤奇。以张求为其子论婚，要以二事：一文理通顺，一中学以上学校毕业。覆书曰：“欲求文理通顺于今之大学教授中，几渺不可得，奈何欲于弱小女子中求之！如五百年生圣人，谈何容易！至于女生，往往濡染洋气淫气骄气奢气惰气。不敢当，不敢当！”末为内学院比款库券事，以财政总长陈锦涛不签字，款久之不发，陈始见尚枝梧，后竟不见，书有曰：“陈锦涛岂特亡八旦，乃亡九九八十一旦也！”其善骂盖亦黄季刚之亚欤。

辜氏以马其昶曾为袁世凯参政院参政少之，在马氏诚为多此一举，惟袁氏营帝制，马弗善焉，因辞职而去，尚是有所不为者。王揖唐《今传是楼诗话》云：“海藏集中，有答严几道句云：‘湘水才人老失身，桐城学者拜车尘。侯官严叟颓唐甚，可是遗山一辈人？’第一句似指湘绮楼，第二句有谓即指通伯者，余窃疑之。通伯抗论帝制，曾有长书，心迹皦然，知者共谅。”马氏非不可谅，而自辜氏及郑孝胥观之，则一任袁氏参政，便为大节有亏耳。

（三）评王闿运

思昉著作斐然，学有根柢，覃思通识，淹雅之士。日前相晤，纵谈甚欢，盖议论多合也。旋得来书云：

前承尘教，谓杨子云不重仕新，范文正不薄再嫁，未可以宋后人之见，概量前人，确为的论。窃以宋儒之学孔子，愈求精而愈粗，愈求高而愈下，以违乎中庸也。今日之违反故常，谓宋学之反动可也。如尊君父夫为高不可攀，及其党之在鄂主政时，主仆讼则仆皆直，父子讼则子皆直，夫妇讼则妇皆直。其反应也如响。甚矣，圣人之不可一日易其言也！此说湘绮楼知之。其《日记》云："寝缇以严怒待儿女，节候当嬉戏，皆凛凛然。然亦背之盗弄淘气，无所不至。父子之道苦矣。余欲助之，则下无以为生，欲禁之，则下益玩法。汉宣帝言：乱吾家者太子也。慕为贤明母，而未得其术，其患甚大。故谈宋儒主敬整严之学者，其子弟率荡佚败其家声。若用以治国，则天下大乱。此岂竖儒所能知耶。儿女既屏息远去，余不可与妾相对，遂卧一日云。"然以此说昌言之，流弊滋大。袁简刍云："学佛则迂，辟佛则妄。窃于宋学亦云。未采吾兄以为何如。（王翁本不满宋学，其识

> 议能轶出宋人上，而行亦多可议。蜀人士谓蜀学由王翁开通，然从学者或得其遗风而好色好货。廖季平曾谓，目见其师湘绮老人盗婢，故季平年七十余尚纳婢，而宋芸子亦好色云。）弟生平极喜湘绮文，故署所居有二，曰化鹏室，曰拜炎揖秋之邁，即崇拜壬秋与太炎两先生也。闻兄尝录存王自批《湘军志》语，渴思一钞，以（弟）尤喜王之《湘军志》也。王有自批《诗经》，刻于四川，（弟）未及购。湘绮楼说诗，其弟子某跋云："先生雅不欲与金圣叹、姚姬传辈争名，故《唐诗选》评点均未入刻，仅《诗经》评点流传。此盖大匠不示人以朴之意，实则此等处最长识力，务祈检示。王之学在自抒所见，有时言中足资启发，想兄既什袭藏之，当有同好也。弟宰桐时，曾借临姚姬传批改《归震川集》，因悟桐城文派，虽导源于归，实则法至姚而密，有后来居上之处。拉杂书此，诸维亮察。

所论颇精，因亦录实《随笔》。宋儒之说，可供自律者不少；若执其反乎人情者，严以绳人，使人动辄得咎，蹐跼无所措手足，长矫伪以此，召横决亦以此。其得失固宜辨析，第未可泛加痛詈耳。思昉深知其失，而不以辟之为然，盖为今日言之，则忧世之心也。王氏不受宋儒钤束，非不高明，特所以自律者不甚讲求，小德出入，浸或逾闲，一代经师，而人师之道，乃不免有阙焉。至其文章之美，实足不朽。《湘军志》为其得意之作，虽事迹有未尽谛者，以文论，自是岿然大手笔，迥异凡响。思昉于文崇王与章，均高格，亦足觇所造矣。姚文视归，有后来居上之处，诚然。文足自成一家者，率有独得也。漫缀数语，以附同调。（原第13卷第13期）

一六　杨岳斌彭玉麟之轩轾

曾国藩湘军之成功，甚得水师之力，杨岳斌（原名载福）、彭玉麟同为水师大将，累著战绩，以骁勇齐名。金陵之下，曾国荃先会二人前衔，飞章报捷。比国藩奏入，清廷颁赏功之典，录水师之劳，二人同膺太子少保衔一等轻车都尉之锡，盖杨、彭并称久矣。其后岳斌在陕甘总督任，当艰难之会，兵饷两绌，黯黮而去，声誉为之骤损；而玉麟则于国藩既卒，应诏起巡长江，眷畀甚隆，风猷遐布。疆帅参案之屡命查办，不法将弁之立予诛惩，朝野想望丰采，妇孺钦慑威棱，天下惟知彭宫保，无人更道杨宫保也。法越事起，玉麟以本兵治军岭表，敌师未犯粤东，粤西则奏谅山之捷，世亦以威望多之；岳斌帮办闽防，渡台助战守，迄和议之成，罢归，未获大有展布，晚节复无以自见焉。玉麟余事，更与一时文人学者唱酬，赋诗作画，兴致不浅，其声气之广，亦异岳斌之没没闾里。惟论者亦有扬杨而抑彭者。文廷式抑彭之论，见于所著《知过轩随录》，拙稿前曾引及（见本报第九卷第十四期）。《随录》更有云：

> 瑞麟为两广总督，贪劣无比。其死后十年，为邓承修所纠，命彭玉麟查办，乃尽为洗刷，遂逃法网。此公颇负重望，其实好谀恶直，不学无术处甚多，取其大端可矣，必谓韩、岳之流，则去之何啻天壤。彭刚直不及杨厚庵远甚。厚庵朴直忠笃，有大臣之风。余在湘时，与之晤谭四五日，盖李西平一流人，未易求之晚近也。厚庵六十丧母，举动必依于礼，庐墓三年，非祭祀之日，不归城市。访余于旅店，多徒步而来。谈及渡台一役，惟引咎自言无功而已。

杨、彭轩轾，所论若是，廷式固不满于玉麟也。光绪九年十一月，给事中邓承修奏请罚令在粤赃私最著之故总督瑞麟等十四人捐输巨款，以资要需。玉麟奉旨查覆瑞麟等居官声名若何，于十年正月覆奏谓："故大学士两广督臣瑞麟，公事明白，当红匪肆乱，能次第剿平，洋务大端，亦能坚持定议。在粤十一年，俸入本自优厚，虽未能峻绝馈遗，此外实无贪迹。……瑞麟曾邀谥法，并祀贤良。圣朝宽大，保全臣子令名，似应无庸置议。"对于其余各员，亦率为开脱，谓："其余已故及去位各员，无丁书可讯，无专案可推，亦难确指其赃私之实据，然经奉旨饬查，则大小臣工益知簠簋当饬，否则已故已休之后，指摘仍不能辞，自当秉公洁己，大法小廉，于吏治不为无益。臣不敢徇隐，亦不敢过事吹求。”玉麟易名之典，得“刚直”二字，称其生平，众无间言，而有时盖亦不免有近于瞻顾之处，要难以一二事掩其大端而已。《庄谐选录》卷七云：

> 杨勇悋（按：当作悫）公起自行间。其居乡里，循谨孝义，里中人至今称之。……闻其持行有他将所不及者。法越事起，公奉特旨募勇援台。时庞省三为巡抚，重公名，先为公募勇数营。公至省，见多市井不可用，改募之。庞又荐某为将，某乃旧隶公偾事者，公告以不可用，庞衔之。适是月届太后万寿期，文武官绅应庆祝。初所司置拜垫，公与绅士伍。公先时至，拜位列大府后，藩司某至，见公拜垫居第三，曰：“公昔为总督，今为钦差，朝廷班次宜有序。”公谦不肯，藩司固请之，乃亲移公拜垫于巡抚之左。庞至即行礼，不知公前之谦也，更恨之，乃日催其拔队，阴持饷不给。藩司请示，不置可否。长沙民习于兵，见乡兵至，辄欺侮之。兵怒，数斗詈，或延烧民间草房一间。庞遂命闭城门，且榜示民得诛乱兵，格杀勿论，阴欲激变，即日以纵兵焚掠入告，且谓彭公受命即行，而杨乃留逗长沙，久不去。于是公部将多愤懑不平，幕府亦怂公疏辨。公慨然曰：“朝廷方忧边，何忍更以琐屑烦圣虑耶？降罪我自当之！”然朝廷知公，卒未下庞奏。公至闽，与守官等议办防守机

宜。幕府欲公入告，公曰：“此守臣事，吾特助为之耳。若我入告，是占守臣颜面也。”卒不奏。时须渡台，而我海军悉已为法人所歼，督臣等意欲留公省中，因问公渡台事。公曰：“我奉朝命渡台，是须即行。”问行期，公未语。翌日，公巡阅炮台，提军方留宴，公起如厕，久不出，众候不敢散。逾日始知已改装附舟渡海矣。后和议成，公遂归。公在家与诸乡绅齐列，出门但坐平常肩舆，至乡即乘竹轿，与田夫野老问答如平交。中兴以来，诸将帅纯笃无过公者，人多以是称之云。

亦极道岳斌之善（所叙以法越之役再起治军诸情事，有尚待再考处），盖其性行良有足多。关于渡台一节，吴光耀《纪左恪靖侯轶事》有云：

他日欲渡海至台湾，杨载福请行。或爱好杨，谓台湾危险。杨曰：“中堂硕德重望，请行，吾安得不行。”左曰：“去善甚，要机密。”左假他事造杨以送。俄而杨使人以病告，左拍膝曰：“厚庵病矣，若何好！”使人省视，返命曰：“病甚，不许外人，裁留一子供药饵在侧。”左又拍膝曰：“厚庵去矣。”杨著洋布旧衫，携一子，趁渔船渡海，帮办钦差关防钉船底，奸细搜之无所得。佯令其子按摩，相私语：“台湾乱如此，我们生意太野，不知本钱收得多少。”支首而呻吟不辍。

所叙颇有异同，则缘行时甚秘，外间因之传说不一耳。

鲍超尝以哨官隶岳斌水营，受知赏，后改将陆军，遂为一时虎将（与多隆阿齐名，有多龙鲍虎之目），以提督膺爵封焉。于岳斌师事颇谨，不忘本也。光耀《纪鲍子爵轶事》有云：

> 杨载福封侯，历总督，罢归乾州厅，贫不能生，念旧部唯可乞超。走千里，棹小舟，造夔门访超。门者见其布衫，老农也，弗为通。曰："第通，爵爷当知之。"超问状惊其为杨侯，倒屣出迎曰："老师何孤身远游？"情话达旦，就小舟归，家人曰："超遣人馈万金到家矣。"

岳斌仅得世职，何尝封侯？其以提督迁陕甘总督，改武为文，时称异数。前乎彼者，杨遇春之督陕甘，亦自提督迁，而有封侯之荣。光耀殆以同姓而误记耶。岳斌之至蜀访超，是同治八年事，超有所馈遗，亦在意中，惟为数是否果为万金，盖弗可详矣。（光耀纪事诸作，甚有兴会，而浮夸臆断之病不免。）

沃丘仲子（费行简）《近代名人小传》传岳斌有云："岳斌仁厚敦笃，寡言语，治水师十余年，指挥应敌，优于玉麟。既归，家仅中产，怡然奉亲。初起末弁，晚渐通文学，能诗。江宁捷后还乡，口号曰：‘藉问归来何所有，半帆明月半帆风。’时诸将多拥厚资归，盖以此自明也。”岳斌虽未若玉麟之以“不要钱”形诸奏牍，而军中自律之严，亦足齐名。李寿蓉挽岳斌联有云：“听野外轻雷送雨之吟，叹荩臣安不忘危，廊庙江湖，总关忧乐。”自注：“公时退归林下，曾题《雨后耕野图》一绝，末二句云：‘劝君且慢收蓑笠，犹恐轻雷送雨来。’”均见岳斌之亦能为诗。（原第13卷第14期）

一七　章太炎论文之雅俗

章炳麟精研文学，所作类复瑰可喜，议论则独抒所见，不袭常谈。《太炎文录》卷二有《与人论文书》（盖清末所作），于文之雅俗，谓：

> ……徒论辞气，大上则雅，其次犹贵俗耳。俗者，谓土地所生习（《地官·大司徒》注），婚姻丧纪旧所行也（《天官·大宰》注），非猥鄙之谓。孙卿云：有雅儒者，有俗儒者。李斯云：随俗雅化。夫以俗为缦白，雅乃继起以施章采，故文质不相畔。世有辞言袭常，而不善故训，不綦文理，不致隆高者，然亦自有友纪，窕僈侧媚之辞，薄之则必在绳之外矣。是能俗者也。……并世所见，王闿运能尽雅；其次，吴汝纶以下，有桐城马其昶，为能尽俗。（萧穆

> 犹未能尽俗。）下流所仰，乃在严复、林纾之徒，复辞气虽饬，气体比于制举，若将所谓曳行作姿者也。纾视复又弥下，辞无涓选，精采杂污，而更浸润唐人小说之风。夫欲物其体势，视若蔽尘，笑若龋齿，行若曲肩，自以为妍，而只益其丑也。与蒲松龄相次，自饰其辞，而只敬之曰此真司马迁、班固之言。若然者，既不能雅，又不能俗，则复不得比于吴蜀六士矣。

俗亚于雅，能俗亦足称，盖推重王闿运之文，而于吴汝纶、马其昶，亦在许可之列，惟不满严复，更深病林纾耳。［所谓吴蜀六士，指欧阳、曾、王、三苏，章氏讥其“志不师古，乃自以当时决科献书之文为体”，并谓：“仆重汪中，未尝薄姚鼐、张惠言。姚、张所法，上不过唐宋，然视吴蜀六士为谨。（夸言稍少，比近代文所长。若恽敬之恣，龚自珍之儇，则不可同论。）”］马氏得章此评，盖见视不薄。沃丘仲子（费行简）《当代名人小传》传马氏，称其文“雅而不雄”，所谓雅者，殆即言其不鄙猥，与章氏用语不同，而意有可通。孙思昉君，受业章门，藏有章氏复马氏书稿一篇（约在民国十年后），甚足览观，借钞如下：

> 通伯先生左右：阔别十余岁，人事大变，以文章经术相过者少。忽得手书并大著数种，真所谓足音跫

然者也。平日观先生文字，亦谓世人所能为，比观文士手笔，求惬心者千百不得一，返观尊作，真如孤桐绝弦，其声在尘境之表矣。尊意欲以三经导俗，谓《孝经》为圣人弭乱之原，鄙见正复同此，独世情媕婀，非高节琦行之士，出为表仪，惧不足以振起。宋世儒学，倡之者实在高平；高平所持，只在以气节厉俗耳。此如人病痿痹，非针引阳气，必不能起，其余犹后也。《戴记·儒行》一篇，昔与《大学》并重，所称不尽中行，大率狂狷之才，斐然成章者也。后代儒者，视为豪气不除，或有所訾议矣。不知豪气之与善柔，相为屈伸，豪气除则善柔自至，欲其振起，岂可得耶？自鲁连以逮汉之王烈、田畴，于十五儒者财得一端，今视之即邈乎不可及。宋明诸贤，行谊比于东汉，犹未也。二程尝称子路亦是百世师，后儒视此返漠如焉。故鄙意，《儒行》一篇，特宜甄表，然后可以起痿痹，振罢软，未识尊旨何如也。哲嗣所寄一联，就纸裁字，结体过长，反少意趣。更为书立轴一纸，虽少草率，意趣似过之。今并寄两件，望即察存。桐城山水清奇，弦诵未艾，耆宿之士，视吾辈湫居市井，终日与贩夫为伍者，哀乐之情，当大殊矣。瞻念清芬，搴裳濡足，书复，不尽所怀。章炳麟白。

当章氏在北京为袁世凯所拘留时，侘傺甚，马氏时往存慰，意极拳拳，曾以章氏文章学问，自足千古，劝其专致力于斯，不必再谈政治，以取时咎。章氏犹以经纶自许，于其言未甚以为然，而颇感其肫诚云。

章氏谓“王闿运能尽雅”，固甚重之，而《与邓实书》（亦清末所作，并收入《文录》卷二）有云：“近世文士，王壬秋可谓游于其藩，犹多掩袭声华，未能独往。康长素时有善言，而稍谲奇自恣。仆亦不欲与二贤参俪。”是于王文亦尚有未尽满意处。又闻章氏后与人书，有“王闿运文学湛深，近世鲜有其俦，即仆亦以为第二人也”之语。言非一时，亦可参阅。至王之说经，章氏谓为“华词破道”，盖仅许为文士，而不推为经生云。康有为之文，颇以豪杰阔疏为累，而才肆神王，特饶霸气，亦属自成一家。章氏于其政论，力非之，而文章则曾与王氏相提并论焉。

陈三立评马氏《抱润轩文集》云：“曾张而后，吴先生之文至矣，然过求壮观，稍涉矜气。作者之不逮吴先生，而淡简天素，或反掩吴先生者，以此也。环堵私言，敢质诸天下后世。”论甚中肯。汝纶之文，得力于曾国藩之启迪者为多，而其“稍涉矜气”，盖亦由学曾所致，张裕钊亦不免焉。曾文之雄伟处，以气力大，张、吴气力逊之，有意恢张，遂形矜气矣。马不逮吴，而此病却罕。

康氏癸亥（民国十二年）祭清德宗文，甚沉痛。以“皇天后土，实鉴忠耿之诚。名山大川，助资凄怆之气”作结，悲壮称题，而套自李廌悼苏轼文“皇天后土，知一生忠义之心。名山大川，还千古英灵之气”之语，颇嫌生吞活剥。

章氏为思昉大父撰《浚县孙处士墓表》，亦异庸手，并录于次：

> 浚县孙处士，讳晓山，字振清，少果敢，稍长，长六尺，盼睐有威。年十六就学，缊袍蔬食不厌。渐习骑射辄工，补县学武生。旋去为商。为人精明慷慨，善识发敛。兄弟分产，取其薄。所居濒卫河，北贾天津，水行二千里，以贱易贵，辄操其盈虚。尝曰：货殖无他道，如儿童举纸鸢，持之牢，纵之远耳。然每一事，处士为之辄获利，他人百计效放，终不逮也。从事二十年，有田二千亩，屋宇相连半街巷，旋罢去。振人之厄，虽千金无所惜。族党藉其力，得长养子孙者，以十数。处事儆敏，无巨细皆就班，乡里倚以为重。自有大度，横逆不校也。尝有醉人詈于门，阖户不与辨，子弟耻之，处士曰：曲在我，詈当受之；曲在彼，何伤？其达如此。晚岁莳花纵酒，当牵狗行里陌间，乍见不知为千金翁也。清宣统元年，年五十六卒。其孙至诚，为次行事，曰：乡里所称，未足尽吾祖。虽然，如范蠡不遭句践，亦以贾人老耳。既而请表其隧。余曰：人贵有补于世，何必仕宦。浚于七国，魏地也。白圭在魏未尝仕，自谓治生若伊尹吕尚之谋，孙吴用兵，商鞅行法，至今莫能易其道。若处士者，其有白圭之风者欤。至诚所

述，文质略具，故为删略，立于墓，使浚人观焉。

（原第13卷第15期）

一八 再记杨岳斌彭玉麟

曾国藩卒，彭玉麟被命巡阅长江，继复起杨岳斌同任此役，以国藩创水师以建绩，杨、彭并为大将，功最，长江既设经制水师，提镇而下，均杨、彭旧部，故政府欲二人共领江防也。光绪元年四月二十日李鸿章致玉麟书云："厚帅踉跄入觐，行李萧条，然幸而两宫眷念旧勋，委以巡阅长江，令吴楚岁筹公费，稍资禄养。厚公亦喜与麾下廿载同袍，一朝共楫，相助为理，尤相得益彰。此疮痍赤子，患难友生，所同声钦慰者。我兄闻之，当更拊掌轩渠。以后互替往来，公私可兼尽矣。弟留厚公在此盘桓数日，渠即由运河南下，先诣金陵一商，望公于江干回棹相待。"亦见岳斌由陕甘总督归里后之清贫。统师多年，身经百战，作督兼圻，位跻正卿，而一寒至此，殊为难得。巡江新命，就杨、彭与长江水师之关系论，诚应如鸿章所云"相助为理，相得益彰"，且前此岳斌离水营而改统陆师，说者颇谓用违其长。（国藩同治七年十二月十六日召见，于太后"杨岳斌他是水师的将，陆路何如"之问，亦以"杨岳斌长于水师，陆路调度差些"为对。）兹仍令督治水师，可云光复旧物，故是年到防后七月二十八日与玉麟会衔陈奏会商江防情形一折，亦有"臣等受恩愈深，报称愈难，惟有力戒因循，亟图振作，期无负皇上慎重江防之至意”等语，而其后常请假，旋复乞罢回籍，事仍专于玉麟。盖两帅齐名已久，地位等夷，相处之际，有难焉者。玉麟正勇于负责，推让亦所以免相挠之嫌耳，昔二人同领水师作战时，固尝发生龃龉矣，方宗诚《柏堂师友言行记》有云：

> 溧阳陈作梅观察鼒为予言胡文忠之公忠体国，其调和诸将，刻刻为国求才，出于至诚。时彭雪琴侍郎、杨厚庵提督分带长江内湖水师，偶因事不和，文忠知之，乃致书杨公、彭公，请其会商要事。杨公先至，欢谈，而彭公至，杨公即欲出，文忠强止之；彭公见杨公在坐，亦欲出，文忠又强止之；两人相对无语。文忠乃命设席，酌酒三斗，自捧一斗，跪而请曰：“天下糜烂至此，实赖公等协力支持；公等今自生隙，又何能佐治中兴之业邪！”因泣下沾襟。于是彭、杨二公皆相呼谓曰：“吾辈负宫保矣！如再有参差，上无以对皇上，下无以对宫保！”遂和好如初……其苦心维持大局，盖如此。

此等处为胡林翼特长，故国藩于其卒，兴“赤心以忧国家，小心以事友生，苦心以调护诸将，天下宁复有似斯人者哉”（见国藩咸丰十一年九月《日记》）之叹也。而当时杨、彭龃龉，盖几影响军事焉。王闿运《湘军志·水师篇》有云：

> ……杨载福自外江来会师，同出江，屯沙口。沙口者，武昌下游三十里，至屯（沌）口六十里。还沌口，当从武昌汉阳城下过。载福之出也，寇无备，而玉麟从汉口渡江，距两城远，故寇炮不甚相及。既空屯沙口，不能助攻战，乃议还。众议由汉入沌，虽迂远，其避炮宜易。载福愥之，曰："丈夫行何所避，浮江下，溯江上，乃为快耳！"玉麟耻后之，张帆先行。寇先已密备，觇我还路，舣舟傍中流，及城上悬炮并发，诸军但冒进，不知谁生死，炮丸飞鸣，船仓群子以斗计，击沉四船，中炮死者三百人。炮击玉麟桅折，不能进，望见载福，自呼之，载福船瞬息已去。成发翔三（舢）版（板）过，玉麟跃入，得免。知其事者皆不直载福，而玉麟曰："风急水溜，呼固宜不闻。"载福先已不乐玉麟，林翼亲拜两人，和解之。

此叙咸丰五年胡林翼攻武昌时事也。二将之勇及负气争胜不相下之状，写得极生动有致；其时岳斌曾以见危不救见疑，殆亦缘二将素不相下之故。所云"林翼亲拜两人，和解之"，当即宗诚所记。闿运后为玉麟撰行状，叙此役云：

> 咸丰五年，湖北巡抚胡文忠促进兵攻武昌，要公同攻汉口，而杨公出江屯沙口。寇不出战，陆师不能

战，水师空屯三日，议引还。沙口在武昌下游三十里，还屯沌口，在武昌上游三十里。舟从武昌汉阳城下过，经寇垒下，无生全理。胡文忠由陆循汉入沌，令水师从之。杨公以为懦，微笑曰：“丈夫行何所避，浮江下则溯江上耳！”公闻，愤然，即登舟张帆先行。寇先舣舟中流，且悬炮城上，以为我师必不敢掠而过。公既行，部下莫敢后之，杨公亦愕出不意，匆匆皆发，小船如凫雁散，炮丸飞鸣，万声同发，我军但冒进，不暇计生死。公所乘船，桅折船覆，公落水，起揽船底，横漂江中流。杨公舟掠而过，未及下帆，瞬息已去。成发翔棹三（舢）版（板）来，拯公还营。失四船，死者三百人。胡公亲拜公，请百叩以谢，且曰：“水军徒猛无益，宜大治陆军，乃可为也。”

略有异同，可参看。又《湘军志·水师篇》云：

咸丰……七年二月，国藩遭父丧，奏言：臣军以水师为大，杨载福所统十营、彭玉麟所统八营……请以署湖北提督杨载福为总统，惠潮嘉道玉麟为协理。诏从所请。十一年……诏玉麟为安徽巡抚……再辞，改水师提督。明日又诏曰：彭玉麟有节制之任，武职不足资统率，着候补兵部侍郎。载福避御名，改名岳斌；以母病再请假，诏促令到防。……同治……三年……四月……浙江巡抚左宗棠以岳斌为未尽其用，且密陈其才堪督抚，癸巳诏岳斌督师江西，兼防皖南，未几授陕甘总督。岳斌之贵先玉麟，及玉麟改提督，诏有统率之文。岳斌自恨非文官，常见于词色。还江一奏事，被诏令由国藩转上。当时论者皆以岳斌功高，胜玉麟远甚，叹息于文武积习。诸文人又自耻持常谈，亦交讼（诵）岳斌，称其才德。至是被显命，督师专征，众皆欣欣焉。

玉麟《行状》云：

……改公水师提督，未几又诏：带领水师节制镇将之任，改膺武职，不足统率，着以兵部侍郎候补。旋补右侍郎。时虽与杨公分将，而名位相压，动多嫌忌。军中重文轻武，勇将复猜侮文官。公自奉统率之命，调和倍难于协理时矣。然彭、杨齐名，垂四十年，终始无间。论者多为杨公屈，而不知公之苦心和协，为尤不可及也。

闿运语气抑扬处，姑不论，要见二人共事之不易。战争时有然，承平时恐益甚。　　（原第13卷第16期）

一九　李鸿章在京建专祠

李鸿章得在京师建立专祠，为特优之荣典，在汉大臣尤称异数。京绅上庆王奕劻原呈，为吴汝纶所草，其文云：

呈为故相功德在民，吁恳奏建京师专祠，以顺舆情而崇报享事：窃查去年外国联军入京，士民仓卒遇变，天荆地棘，九死一生。王爷衔命入京，首先犯难；故相李文忠公鸿章，航海继至，道途水陆所经，皆敌军占领之地，动遭检制，措手无方。既至，如陷重围，卒仗王爷提挈纲维，故相不辞劳瘁，掉三寸笔舌，以与七八强国数万胜兵相持。绵历岁时，千辛万苦，卒能使联军撤退，地面交还，宫庙再安，市廛复旧。此皆故相熟悉外交，能谋善断，用能上暨王爷和衷共济，相与有成。某等与士民商旅，仰托帡幪，实有起死回生之庆。故相又饬开市肆以通有无，运银米以资流转，饬中外兵丁诘奸除暴，联络中外官商施粥散米。片言禁诫，戎夏帖然；一令颁行，奔先恐后。故处破巢之下，竟忘毁室之忧。今故相告终。在王爷失此臂助，谅难为怀。某等从危急存亡之秋，受劳来旋定之恩，各怀诗人终不可谖之感。谕旨饬令原籍及立功省分建立专祠，伏查京城内外无汉大臣祠宇，良由汉大臣原籍既不在京，京师又非立功之地，是以故事无有。惟去年之乱，为我朝二百余年未有之变，王爷与故相持危定难，恢复京辇，亦我朝二百余年未见之功，故相以劳定国，以死勤事，又始终不离京城，自非寻常勋绩可与比例。不揣冒昧，吁恳王爷俯准奏请破格恩施，准于京师地面建立该故相专祠，列入祀典，春秋官为致祭，都人士女亦得岁时馨〔香〕俎豆，稍答再造之恩，实于盛朝酬庸报功激励忠勤之恺泽，不无裨补。所有吁恳京师奏建故相专祠缘由，谨联名具呈，伏求王爷训示祇遵。

颇委曲尽致。奕劻等入奏后，所奉准予在京师建立专祠之懿旨，谓："京师建立专祠，汉大臣向无此旷典；惟该大学士功绩迈常，自宜逾格，以示优异。李鸿章着准于京师建立专祠，列入祀典，由地方官春秋致祭，以顺舆情而隆报享。"亦特申破格之旨。鸿章京师专祠，命名表忠，御制碑文云：

朕惟酬庸之典，以庙食为至荣，列祀之文，惟京师为最重。史称诸葛亮功德盖世，讴思在民，当时犹以沔阳之祠，易成都之祠。议者盖谓宗庙所在，非人臣所宜。是以沛国萧曹，云台耿邓，虽有带砺表河山之誓，不闻烝尝在镐洛之都。惟燕京建邦启土，上溯元明，我国家治定功成，远隆周汉，特于都邑，许作祠堂，然后先不过数家，于今古俱为异数；或以闲平之尊属，或为丰镐之世臣。尔原任大学士全权大臣便宜行事直隶总督一等肃毅伯晋一等侯赠太傅李鸿章，功冠收京，任崇封陕，实为社稷，天教李晟之生，不以兵车，民受齐桓之赐。念三辅黔黎之再登衽席，殚一年丹赤之竭尽经营，允宜食报于没身，为大有功于兹土。在昔大学士张廷玉殁于告归之后，仰蒙我高宗纯皇帝还其配享之隆，谓汉臣受此殊恩，于开国尚无成例。远稽策府流传之事，近在安庐接比之区，然一则践履亨衢；一则扶持危局；盖论遭际则并称极盛，而论勋名则所处尤难。朕仰秉慈谟，俯从群议，特举非常之礼，用酬不世之功，敕京兆以庀材，置祠官而典守，锡之题额，命曰表忠，事异婆留，特取嘉名于宋观，功高相度，宜书伟绩于韩碑。于戏！两都之父老能言，重瞻司隶威仪之旧，百世之子孙敬念，勿坠洛阳忠孝之声。以昭示于方来，益无忘于既往。凡兹在位，视此刻文。

为有关掌故之作，以题目较好，文亦有所发摅，不同寻常御制碑祭诸文，不知代言者为谁氏也。以桐城之张之配享太庙，为合肥之李之在京建祠作衬托，异中有同，同中见异，亦天然陪客，不形牵强。配享太庙，典尤隆于在京建祠。李元度《哭太傅曾文正师》诗有句云："宗臣应祔祫。"自注："公再造江山，似应援傅文忠、阿文成、张文和例，侑享大烝”。言曾国藩宜配享太庙；而此事固非臣下所敢擅请耳。

张廷玉受世宗殊眷，遗命配享。耄年致仕时，大遭高宗斥辱，褫爵放归。比卒，高宗以“皇考之命，朕何忍违”为言，仍予配享太庙，盖亦甚勉强矣。桐城徐宗亮《归庐谭往录》卷二纪廷玉轶事有云：“予闻外大父张浣青府君言：……文和一姊，归姚氏，早寡，著《蠹窗诗集》，有智略。文和告归在家，有两江总督查看家产之旨，先期得闻，亟归视文和，检书牍手录册子，携回夫家。文和家无长物，兄弟戚友恐启寄藏之疑，助成十万金，以待查看。迨两江总督复命，仍饬给还。文和亦未具领，存江宁藩库中。”如所云，更见高宗于其去位后犹未释然也。宗亮又云：“文和笃爱长子阁学若霭。阁学少年科第，书画皆精妙，尤善鉴赏。一日，文和至庶僚家，见名人山水，归语阁学，称善者再。既逾日，则悬阁学斋壁中。文和审视毕，语阁学曰：“我无介溪之才，汝乃有东楼之好矣！”阁学跪谢良久，旋归画其主乃已。”亦闻诸其外大父者，事颇有致。

陈康祺《郎潜纪闻初笔》卷七云：“张文和公性宽厚，而驭吏特严。长吏部时……一日坐堂上理事，曹司持一牒来曰：‘此文元氏县误为先民县，当驳问原省。’公笑曰：‘若先民写元氏，外省之误；今元氏作先民，乃书吏略添笔画为需索计耳。’责逐黠吏而正其谬。同官服其公敏。”明朱国祯《涌幢小品》云：“王受，洛川人，以监生为东阿丞。邑民王虎，当受重役，赂吏改其名曰田虎。两人争不决。公曰：‘此必王虎也，笔画可增。’请府籍质之，果王虎也，遂伏罪。”两事相类。

清代汉人在京建专祠者，前乎李鸿章，实尚有一人，孔有德也。惟有德归附于有清入关之前，以旗籍封王，在丰镐旧臣之列，不能与鸿章一概而论耳。昭梿《啸亭杂录》卷九云：“定南武壮王祠在阜城门外，春秋遣太常卿祠享，盖顺治辛卯（按：当作壬辰，顺治九年也）王殉节桂林时所建立也。近日祠宇颓坏，榱桷倾折，丹青垩艧，无人奏请修葺者，盖有岁修祭田，为祠官所侵蚀，故不敢揭报，恐破其奸也。”其遗迹未知今尚能指认否。

第十二期所载拙稿，述及吴筠孙由登州知府调济南。兹又考之，筠孙系先以姻家回避登莱青胶道何彦昇，由登州调补泰安，复由泰安调首。继其泰安之任者为玉构，宗室也。旧制宗室不得外放道府，所以尊天潢，此时以为宗室谋出路，已破斯例矣。筠孙之简授登州守，实先选某府（河南河南府?），当其以光绪甲午传胪官翰林之前，曾以部曹充总理各国事务衙门章京。留馆授编修后，捐“大花样”知府在任候选，遂选某府。召见时，孝钦询及履历，略问在总署事，奏对颇称旨，见许谙习外情，因特简登州，以登州为海疆要缺也。（黄曾源之调任济南，系由青州。）

（原第13卷第17期）

二〇　彭玉麟之文功武治

彭玉麟以诸生官至兵部尚书，其间回翔文武，不同寻常仕宦。薛福成《庸盦笔记》卷二所记云：

> 衡阳彭雪琴，始以诸生佣书营中。道光季年新宁雷再浩之变，湖南提督率师往剿，事平，彭公获保以把总拔补。曾文正之起兵讨粤贼也，彭公带水师一营为营官。文正询知其实系诸生，始保候选训导，厥后累立战功。咸丰十一年由惠潮嘉道擢广东按察使，遂授安徽巡抚……具疏沥请开缺，专意剿贼，继复陈难离水营，力辞巡抚；曾文正公奏称，彭某素统水师，一旦舍舟登陆，未免用违其长：于是奉旨允其开缺，以水师提督候补，旋改以侍郎候补，补兵部侍郎。继改漕运总督，则辞，授两江总督，则辞，复以巡阅长江水师擢授兵部尚书。光绪十四年因病开缺回籍。夫彭公始以把总改训导，继以提督改侍郎，遂为兵部尚书以归，回翔文武两途之中，亦自古名臣未有之局也。

轮廓略具，而有未谛处。玉麟未尝以把总改训导。其以诸生授外委，由李沅发之役。朱孔彰《中兴将帅别传》传玉麟谓："道光末，新宁民李沅发反，发协标兵捕讨。公从大军战金峰岭，擒李沅发。上功，总督误以为武生，拔补临武营外委，赏蓝翎，公辞归衡。”王闿运撰玉麟《行状》，所叙尤详，盖即孔彰所本。《行状》并谓：“镇将欲为声叙，更请保奖训导。公辞以‘年幼学浅，不堪人师，且效力有日，凯旋侍母，为幸多矣。’遂还衡阳。”盖改保训导，虽有此一说，未成事实，尤与曾国藩无关。（又按：俞樾为玉麟撰神道碑，叙此节与孔彰文悉同，孔彰实录自碑文也。郭嵩焘所撰墓志铭，亦云：“从平李沅发之乱有功，总督庄毅裕泰公见功状，以为武生也，拔补临武营外委。公不赴，亦不自白请改奖。”且指明总督为何人焉。郭、俞、王三人均与玉麟稔交，使玉麟果如福成所述，以雷再浩之役保把总，郭、俞不能漫采王说，一致云然也。）国藩咸丰四年四月十二日《曾奏湘潭靖港水陆胜负情形折》云：“附生彭玉麟，书生从戎，胆气过于宿将，激昂慷慨，有烈士风。臣曾国藩前在岳州，派往西湖搜查贼船。该生带水勇三十余名，分坐两小舟，周历重湖，沿途搜剿，杀毙长发贼匪三十余名，夺获贼船数只，拟以县丞府经保奏。此次力疾带勇，犹会同杨载福，亲坐小船，焚剿贼船六七百只，免致他窜，厥功甚伟，应请旨以知县归部遇缺即选。”其未尝以把总改训导明矣。玉麟以诸生从国藩军，亦非为水师营官，始知其实系诸生。辞皖抚得请，命以水师提督记名，旋改兵部侍郎候补，补右侍郎。其后命署漕督、署江督，均辞不就，并侍郎亦经奏准开缺。比擢兵部尚书，辞未获允，而亦迄未莅官也。溯其一生宦历，尚侍督抚司道知府（广东惠潮嘉道之前，简授浙江金华府知府），均未尝一日居其职，而临军任事则勇，自是可传。光绪十四年以衰病获准开缺回籍调理，仍命无庸开去巡江差使，俟病体稍愈，照旧任事。十六年卒于里。闿运为撰《行状》，于其生平事迹叙述甚详备，文亦爽劲，生气勃勃，惟所叙受知高人鉴一节，俞樾甚不谓然。

玉麟未为生员之前，受知衡州知府高人鉴，亦一佳话。樾为玉麟撰神道碑，叙此云：

> ……公因入城居石鼓书院，然无以自给，投协标充书识，支月饷视马兵。时衡州知府高公人鉴，善相士，见公奇之，使入署读书。衡阳一邑，应童试者千人，入学不易。是岁县试，群拟公必第一；案发，乃第三。越数日，召入见曰："以文论，汝宜第一，今乃太守意也。太守曰：'彭某异日名位未可量，然在吾署中读书，若县试第一人，必谓明府推屋乌之爱耳，是其终身之玷矣。'"公闻而深感之。是岁竟不入学，又二年，始隶诸生之籍云。

前于《春在堂随笔》，述之尤有详焉者，谓：

> 杭州高螺舟先生人鉴，翰林前辈也，余未及见。彭雪琴侍郎，乃其门下士，为言其轶事云：……授先生衡州府知府，侍郎其部人也，方应童子试。先生见

而才之，招至署中，教以读书作文之法。衡阳一县，应童试者千余人，入学颇不易。侍郎是岁县试，正场及初二覆，不出前三名，咸拟正案第一，侍郎亦自谓然。及终覆之日，黎明麇集县前，忽府吏持柬来请县令，令乘轿去，未久即反，点名给卷如常。至正案发，乃第三。越数日，召而语之曰："以文论，汝宜第一矣；亦知不得之故乎?"谢不知。曰："府尊意也。终复之日来召我，即为此。府尊曰：'彭某他日名位未可量，一衿之得失，迟早皆可不计，今岁在吾署读书，若县试第一人，必谓明府推屋乌之爱耳，是其终身之玷矣。'"是岁侍郎竟不入学，后数年始隶诸生之籍。侍郎以此感先生知遇益甚。余谓先生与侍郎，皆有古人风也，因并记之。

闿运所撰《行状》则云：

……遂入城居石鼓书院，……乃投协标充书识，例补马兵，得支月饷，兼试书院，……衡州知府高人鉴，以鉴裁自许。一日，诣协镇，适公送文书稿未及收，协镇入内具衣冠；知府视几下有文字，取视之，问何人所草，对曰："营书彭某也。"知府曰："此字体奇秀，当大贵，且有功名。"即召至客坐见之，益大喜，语之曰："可时入吾署中。"遂执贽为弟子，知府亲课之如严师，绳摘疵谬，不稍假借，然评语辄奖借，每有“他日柱石名臣”之誉。及当府试，众以为必第一，乃置第十。越日县令告之曰：“太守以子名位未可量，不欲其速化也。”学院试竟黜。明年学使陈坛取附学生员，赏其文，目为国士，而公名字大闻于郡县。

两家之言，异同如此。樾《与孙妇彭（按：玉麟孙女）书》云：“昨得令弟佩芝书，托作墓铭，阅所寄行状，王壬秋先生所作，自是名笔，但其中事实，有可商者。如所载少年受知高螺舟入学一节，与令祖所自言者迥异。其事吾载入《春在堂随笔》第六卷。倘令弟处有此书，可检出观之，便知与行状所载大相反矣。此事虽细，而一生名节有关。今行状中有此一节，吾意万不可刻，刻之则冥漠中必有余恫也。”樾于此盖甚重视。玉麟之于人鉴，以裁抑而益感知遇，闿运谓抑之于府试，樾谓抑之于县试，虽互异，似亦与要旨无大关系。（童试惯例，得府县案首者均有入泮之把握，此督学使者对守令之情面关系也；第二名以下则难预卜矣。）而樾谓“大相反”“一生名节有关”“冥漠中必有余恫”，或闿运此文，本更有他说，而入集时有所删订耶？（嵩焘所撰墓志铭，谓：“衡州知府高人鉴，名知人，诣协镇，见文书几上，取视所具草，惊问谁为是？曰：‘书识彭某也。’人鉴曰：‘此字体奇秀，法当贵。’即召见，长身立玉，英迈娴雅，益奇之，使就学，即所为文指授程法。明年补县学生。”）

（原第13卷第18期）

二一　章太炎论文手札

孙思昉君游章（炳麟）门，藏有章氏手札，兹借录其论学、论文等答书，以飨读者，颇足发人思致也：

思昉足下：连得两书，并摄影一帧，《老子政治思想概论》一部。概论大旨不误，俟再细阅，更为平论。所问佛法尚不足转移人心，其任谁属。仆以为孔子之书，昭如日月，《论语》廿篇，高者如无我无知、克己复礼诸义，本已正趣佛家大乘，若其普通教告之语，德行政事，何所不备，此乃较佛家为近人。昔人偶举"行己有耻"一言，以为楷则，推而极之，则《儒行》一篇，所举十五儒者，皆慷慨行义之人。方今人格日堕，几夷牛马，得此救正，庶几免于亏辱。盖释迦生于印度热地，衣食易给，社会不繁，政事更不足论，故劝戒或有未密。小之如景教亦然，平居不出闾里，守之亦可为善人，一行作吏，或涉机诈之世，无不身败名堕者。若素守孔氏之道，岂有是耶？仆之言此，非以佛法为未至也。正趣真如，自是穷高极深之处，但以其处地不同，故于人事，未尽观其繁变，因之关防有未周耳。儒之与老，张弛稍殊，此如儒家尚有孟、荀之异，其间会通固多矣。老氏多守柔保身之见，及汲黯学之，则伉厉守高，此亦其一例也。所问文章义法，以鄙著文例杂论，上方宁人，则吾岂敢！（按：章氏与思昉另书有云：“文章之道，似宜更取宁人救文格论及近代专言义法者观之，自尔简净有则，不堕俗趣。”）文季顷已前赴扬州，时时聚首，当更益新知也。为学之要，若言精求经训，非自《说文》《尔雅》入手不可。足下疲于吏事，恐不能专意为此，但明练经文，略记注义，亦自有用。诸子自老庄而外，管、荀、吕、韩皆要。史自四史而外，《通鉴》最要。诸家文集关涉政治者，陆宣公、范文正、司马温公、叶水心最要。文章之道，亦本与学术相系，欲求其利，先去其病，凡与语录、小说、报纸相似之语，宜一切汰之，稍进则场屋论文如东莱，台阁体如宋景濂，皆宜引为深戒者也。因足下赠《蠛蠓集》，更论弇州、震川事。弇州叙事实为健者，所苦摹拟未化，张设太盛，然用兵如王越，直言如杨继盛，文人落魄如卢柟，此自应极意叙述者。震川平生所遇，多乡里凡庸，故叙述率多平淡，要视所对之人贤愚才鄙，以施用王归之法，则可矣。篇篇学王则近诬，事事学归则近庸。清代桐城、阳湖诸子，虽导原归氏，实亦左右采获，不滞一家。及湘乡出，而文章非归所能范围矣。然不遇其境，则亦不容为此也。略述所知，容有未尽。即问兴居清胜。章炳麟白。

附录思昉原书：

余杭大师有道：廿年私淑，一旦亲炙，其乐固不可量。前依传闻，妄意大师有弥正平之傲物，汪容甫之善骂，及既见止，则叹为开朗潇楸，在魏晋之间，而和易平实，竟与宋儒为近，晚年悟道，岂是之谓，然后知所闻不逮所见远矣。追维绪论，疑佛法尚不足转移人心，然转移人心之任，果焉属乎？又论文重义法，蕲以入史，而颇右宁人救文格论，窃以尊著文例杂论，足与颉颃。此外堪跻斯选者，谅亦匪鲜。至治学为文之途轨维何，敢祈明以教之。

思昉足下：……所问场屋文字与台阁体，辨别甚不易，力欲避之，又恐入棘涩诡怪一流。今谓南宋文全是场屋气味，与北宋文相校，薰莸易辨，不必如刘辉辈也。台阁体由来已远，凡作大手笔，稍一平弛，即易堕入。如韩之《平淮西碑》，柳之《馆驿使壁记》，若用其语意，更使他手为之，则无不堕入台阁体者。柳子亦时患此，宁作俪体以避之，如《岭南节度使飨军堂记》，直作燕许手笔，可知其意。权载之才又不逮，故所作碑版记序，大半为台阁体之先河。前者如元次山，后者如李元宾，力欲避此，即不免为棘涩诡怪。若欧阳詹，则是闽人初观化于中原者，更不足论。以此衡之，淄渑不难别矣。所释《墨子》数事，甚有新意。此书文字奥衍，解者不同甚众，小有差池，正是各尊所闻也……

附录思昉原书：

余杭大师函丈：奉示以救正人心唯儒为亟，圣人复起，不易斯言。窃谓内圣外王之道，久为天下裂，而释、儒实分割其半，皆有所明，时通为一，非儒无以持也，非佛无以缮性，未可偏废也。而老庄似介乎其间。我师以为何如？承教以治学轨途，敢不勉自淬厉，以期无玷门墙。至论两用王归之法，足平亭二者之争矣。惟为文务去语录、小说、报纸相似之语尚易，欲尽汰场屋、台阁之气，诚戛戛乎其难之。微特泾渭难辨，而矫之过当，且恐邻于棘涩诡怪也。未审然不？（原第13卷第19期）

思昉足下：来书尚疑林甫当身苦系，未足惩戒，而引庄生"钱财不积则贪者忧，权势不尤则夸者悲"，以为彼之苦乐，有异恒人。说虽成义，抑思左手握天下之图，右手自刎其喉，虽至愚不为。林甫初念，固欲得权利以为至乐耳，非欲求重关复壁一日十徙之苦也。及其为之，而所乐与所苦杂至，且苦远甚于乐焉。彼不欲舍之而去耶？直以骑虎之势，欲下不得耳。观近时贪财务得者，无时不以绑票为虑，其心亦岂有一日安也？然不能散其所得者，直由妻子、部曲制之，虽欲散不能自由。凡事至此，非大勇不能决去，然事证甚明，明者则易于早悟矣。若此尚不足惩戒，转视福善祸淫之说，则事多不应，转视身后酬业之说，则耳目所不能见，尚安能使其惩戒哉？然固有见事甚明，而终果于一试者。若谓前说足以普戒世人，亦未必然，要较福善祸淫与身后酬业之说，则事属有据，信之者当多于彼矣。今以后说语田夫村妇，彼或信之，语太史公、刘孝标则不信也，语今之学者，更不信也。以前一说语之，信者岂徒田夫村妇，虽史公、孝标，彼之信之犹是也。今之学者，冒于权利，虽信之或不能戒之，然亦尚有能戒者。两说相较，则前者得票为多，固不敢谓提出此案即全场一致也。水火为人所不敢犯，世亦自有犯水火者，要之其数甚少矣。犯猛兽者，必多于犯水火者也；犯盗贼与王法者，又多于犯猛兽者也；犯鬼神者，又多于犯盗贼与王法者也。何者？此犯之验即至，彼犯之而验不必至也。《老子政治思想概论序》，已交文季带致，近想已到矣。书覆，敬问起居。章炳麟顿首。

附录思昉原书：

余杭大师函丈：比属马君，袖陬芜笺，仓卒殊不悉意。前闻师说，以末俗苟偷，不复知有明日事，虽佛言因果，尚不足示戒惧以正人心，颇主刘苍为善最乐之诣，将以当前苦乐为善恶之果报，更举李林甫重关复壁，一夕十徙；出入金吾清道，此其至苦，为恶报，世人不知善恶，宜知苦乐，以此骇世，庶知所去取，远愈于强聒者矣。说诚华妙，然至诚犹不能无疑者。庄周有云：“钱财不积则贪者忧，权势不尤则夸者悲。”此其业力所系结，正如卿且甘带，鸱鸦嗜鼠，未可以正味争也。此方恶而逃之，不可终日，彼乃乐之不疲，盖人之汩于荣利久矣，矧其声色之娱，威福之恣，又足与苦相庚偿乎？叔世人心，违反故常，犹鲁人之疾，以白为黑，以南为北，微特是非倒植，而苦乐亦复颠倾，傥亦庄周所谓“大惑易性，小惑易方”者耶。且如江都王建之于覆舟，齐南阳王绰之于狙蝎，唐成王千里之于蛇绕龟啮，皆纵观喜噱，固自以为人生之乐，古今不乏此事例，将如之何？疑此仍未足以骇世也。敢不避畔喭，质诸吾师可乎？

吴宗慈著《庐山志》，章氏有题辞一篇，警峭可诵，亦足征其倔强之性。《章氏丛书》续编，无“文录”一种，此类文字，见者不多，因亦录之于次：

余友吴宗慈蔼林，为《庐山志》十二卷，义宁陈翁序之，举目录详矣，复求序于余。余曰：内则栖逸民，外则容桑门者，古之庐山也；以岩穴处驵侩，以灌莽起华屋者，今之庐山也。中国名山数十，自五岳及终南、青城、点苍、峨眉，近道有黄山、括苍，其地或僻左，或当孔道，而船航不得至，独庐山枕大

> 江，蕃客俗士所易窥，其变迁乃如是，固地势然也。虽然，自今而往，山日槎，市日廓，欲隐于其地者，非高赀则不能已。今之情，求仕不获，无足悲；求隐而不得其地以自窜者，毋乃天下之至哀欤！蔼林，负俗之才也，曩以议员走南北几十年，不得意而去，其后未尝为不义屈，常居是山，期与昏狂相远，其自重若斯之笃也。所为志管核去华，于昔之胜迹，今之变故，详矣。山志一卷，尤质实，足以备故事。且情之趧非不可知，要之今之庐山，必与蔼林所期者稍远矣，吾乃知天之鼓物，果不与圣人同忧乐也，题其耑云尔。民国二十二年九月，章炳麟。

盖有一肚皮不合时宜之概焉。

二二　王氏《字贯》案

周作人《王锡侯的书法精言》（见《逸经》第五期）言及《字贯》案，谓："王锡侯的《字贯》案，在民国六年出版的《心史丛刊》三集中孟先生有一篇叙述，故宫博物院出版的《清代文字狱档》已出至第九集，却还没有讲到这案。……王锡侯实在是清朝的顺民，却正以忠顺而被问成大逆，孟先生谓其以临文不讳之故排列康熙、雍正、乾隆三帝之名，未免看得太高，其实恐怕还是列举出来叫人家避用，不过老实地排列了，没有后人那样聪明，说上一字是天地某黄之某，所以竟犯了弥天大罪耳。”按：民国十七年出版之故宫博物院图书馆掌故部所编《掌故丛编》第一辑至第三辑，载有《王锡侯〈字贯〉案》，系由军机处档案辑出，本案之原委略具于斯。王锡侯供词（见第二辑）有云：

问：你身为举人，该知尊亲大义，乃于圣祖仁皇帝钦定《康熙字典》擅行辨驳，妄作《字贯》一书，甚至敢于凡例内将庙讳御名排写，这是你大逆不道的实迹。究竟你是何主意，据实供来。王锡侯供：我从前因《康熙字典》卷帙浩繁，约为《字贯》，原图便于后学。这书内将庙讳御名排写，也是要后学知道避讳，实是草野无知。后来我自知不是，就将书内应行避讳之处改换另刻了。现有改刻书板可据，求查验。

诘问：你将《字贯》重行改刻，这就是你自知前书内有大逆不道之处，故又希图掩盖，愈见你从前原是有心悖逆，更有何辩？又供：我将《字贯》重刻，原是自知前书不好，是以改正。如今王泷南将我前刻未改之书呈出。我从前不知忌讳，妄编妄写，就是我的狂悖实迹，还有什么辩处？

又问：你于《字贯》凡例内，将先师孔子讳先写于庙讳御名之前。庙讳御名，凡为臣子，何人不知，至孔子名讳，尤属众所共晓。何用你于书内开写？这明是你有心犯讳，故意如此开列，以遮掩你悖逆之迹，还有何说？又供：少年时未知庙讳御名，是后来科举时才知道的；恐怕少年人不知避忌，故此于书内开写，使人人知晓。至将孔子名讳开列于前，是我从前进场时，见场内开出应避讳的条规，是将孔子开列于前，故此我照着写的。但我将庙讳御名，排写直书，这就是我该死处。

王锡侯之本意，不过如是，且已改换另刻矣，而身遭斩决，子三人孙四人均定斩监候秋后处决之罪，冤哉！周氏所云“其实恐怕还是列举出来叫人家避用”，自属不诬也。（原第13卷第20期）

二三　补记彭玉麟行状

俞樾于王闿运所撰《彭玉麟行状》，除不满所叙受知高人鉴一节外，《与孙妇彭书》中并谓其“所叙战功，如沙口、沌口一事，与令祖所述亦有不同”。樾撰玉麟神道碑叙此云：

咸丰……五年，湖北巡抚胡公林翼攻武昌，贼闭城不出，水军无所事，自沙口还沌口，道经武昌汉阳，冠（寇）炮雷鸣，万声同发。公所乘船桅折，船覆，公坠于水。或以三（舢）版（板）船拯之，力挽不起，则水中有抱持公足者。舟人呼曰：“速释手，

> 此统领也！”公在水中闯然曰：“此时岂顾统领邪！”已而并出水，则抱足者即本船司舵者也。公笑骂曰：“若知是尔，我提掷数丈外矣！”公当生死之际，犹从容谈笑如此。

颇趣，可与闿运《彭状》暨《湘军志》中此节参看。

樾《与孙妇彭书》谓：“昨得令弟佩芝书，托作墓铭，……吾衰且病，此等大题目，恐不胜任。窃意王益吾祭酒，本令祖旧友，又是同乡，何不托渠作之？如必欲吾作，当更博考参稽，非可率尔操觚也。”盖尝推王先谦为玉麟作墓志铭，后乃自撰玉麟神道碑，墓志铭则郭嵩焘、王闿运各有一篇。

玉麟谥刚直，颇异常格。樾撰神道碑谓：“易名之典，略其功业而独表其性情，上之于公有特鉴矣。敬本斯意而为之铭。”铭词云：

> 人之生直，其为气刚，刚则近仁，直大以方。明明天子，知公特详，锡此二字，纪于太常。公之故旧，私让其旁，情性似矣，功业未彰。岂知功业，非公独长，即在当时，并称彭杨，至于情性，日月争光，睥睨宇宙，笑傲侯王，直如矢笴，刚若剑铓。同时元老，令名孔臧，曾曰文正，左曰文襄，历观史策，后先相望，公曰刚直，自古未尝。皇朝谥法，稽之旧章，曰刚曰直，莫克兼当，惟帝知公，特笔褒

> 扬，传千百世，久而弥芳。朝野共识，妇竖不忘，辟除魑魅，激发忠良，刚直之泽，永永无疆。

就刚直之谥发挥，详人所略，而亦题中应有之义也。

闿运《彭状》，洋洋万言，详记生平事迹；而所为墓志铭，则三四百字之短文耳。略叙世系后，以“公承先德，功位烜隆，行状登于国史，勋绩纪于赐碑，薄海周知，固无述矣”一笔带过，其下即以感慨缠绵之辞，写其郁抑孤愤之态云：

> 爰起孤幼，有志功名，及履崇高，超然富贵。然其遭际，世所难堪。始则升斗无资，终则帷房悼影。但耻于侘傺，一从豪宕，吴音楚服，炯然冰映。其用兵也，众所疑议，飘然赴之；其辞官也，人所咨趄，倏然去之。常患咯血，乃维纵酒，孤行畸意，寓之诗书。客或过其扁舟，窥其虚榻，萧寥独旦，终身羁旅而已。不知者羡其厚福，其知者伤其薄命。由君子观之，可谓独立不惧者也。晚遘海氛，起防南越，自谓得其死所，乃复动见扳缠，因积悲劳，加之瘴毒，重感末疾，遂以沉弥。……埋忧地下，郁郁千年，宜泐幽词，以毕深恨。

虽若偏锋，而情文相生，低回靡已，诚文家之逸调，亦史笔之隽辞，不仅与所撰行状避复而已也。（铭词亦颇遒美。）

醒醉生（闻即汪康年）《庄谐选录》卷六云："近见某武员到任后谢恩折，内有云：'伏念奴才一介武夫，毫无知识，从军襄鄂，转战函秦，枕戈驰宛洛东四，负弩遍皖江南北，决眦伏三军之气，由行伍而擢材官，裹创留百战之身，历将领而膺专阃。前此总戎畿辅，愧无保障之功；即今移镇中州，更被温纶之宠。查河南居天下要冲之地，归德实豫东门户之区，与江苏、安徽、山东诸行省，面面皆依辅车，凡练兵、缉盗、筹边诸大端，事事均关紧要'云云。读之似自谦，又似自负，良由武员多不识字，此等奏折，大约系营中贴写及庸劣文案所为，故措辞不免失体耳。"按此折固未为佳构，然亦不必诋之太甚。"似自谦又似自负"，在谢恩折中不为特异。盖有功者必自谦无功，而折中却每有铺叙功绩之语也。如彭玉麟同治三年八月十七日《谢赏世职并加太子少〔保〕衔恩折》有云："伏念臣早陪黉序，谬列戎旃，溯夫癸丑之年，始造舟于衡郡，甲寅之岁，初试战于湘潭，嗣是攻克鄂城，长驱田镇，回援楚北，驰救江西，破湖口之名区，划浔阳之剧寇，以洎鏖兵安庆，决策芜湖，断铁锁于西梁，耀金戈于东坝，三山镇下，九洑州头，虽无役之不从，实靡功之可录。荷两朝之恩遇，跻九列之崇班，曾未报于涓埃，久抱惭于夙夜。"历叙成劳，可谓有声有色矣。而忽申之以"靡功可录""未报涓埃"，由自负落至自谦，不亦近于兀突乎？玉麟在并时将帅中，尚为能文者，奏折多出自撰，（其光绪十三年七月二十四日《巡阅事竣请开缺开除差使折》有云："臣前后在军数十年，百事躬亲，未用帮办。……臣以寒士始，愿以寒士终，曾经奏明在案，故力薄不能延幕友帮助。"俞樾序其奏稿，谓："公虽以战功显，而翰墨固其所长，扬历中外，幕无僚友，上而朝廷章奏，下而与友朋书札，皆手自属稿，不假手于人。"似其奏折均自撰也。惟又按玉麟与郭崑焘书有云："两奉密谕，均应速复，因卧病稍滞，而不学无术，兼之心绪恶劣，神智昏昧，言莫达意，姑毋论其文也，拟就起程并复奏附片二稿节略，先专弁祈我兄鸿才斧削润色，或以复奏为正折，起程为附，应如何始妥当之处，敬求代为斟酌。"又书有云："倏奉两江并通商大臣之命，恭读之下，惶悚不知所为。与其才疏任大，贻害将来，莫若陈情恳辞，获罪今日之为甘耳。兹匆匆书节略一纸，专呈我兄台览，恳求代作一稿。"又书有云："此次奉准开两江署缺，仍温谕责成巡阅江海，不知要谢恩否？如须要此，俟奉到明谕，即当具折前进，惟不才不文，不知谢折体裁何似，兹抄来邸报上谕，乞检阅，求代拟一稿。"则亦非完全不假手于人，特自撰者为多耳。其与崑焘各书，见崑焘子庆藩所辑《名贤手札》。）且号为质实，而词令如此，某武员之谢折云云，更无足怪。

又玉麟光绪九年三月初二日《辞兵部尚书折》，既云"前年仰沐皇太后、皇上殊恩，厚予京察，至今愧悚，寝馈未安，乃忽被非常宠命，无已有加，愧悚弥深，震惊莫措"，是言恩宠逾量，非所敢当也；而接下即云"伏思我皇上用舍黜陟，自有权衡。或以臣补授兵部侍郎，在金陵未复以前，至今已念有余年，资格似应与考绩之列；或以臣辞兵部侍郎，奉巡阅长江之命，至今又十有余载，叙劳似可在升擢之中。此自是朝廷论官授职之宜，至公无私”，则又代上设想，颇认为当然之举，且若有淹滞之感者。其下乃复以“……臣虽巡阅江海之防，究皆仅治其末，而未能治其本，日夜疚心，深虞罪戾。即此侍郎虚声，已觉忝窃，清夜惭惶，若复加官进秩，岂不致朝廷有滥赏之愆？左右思维，功既不足以掩罪，何敢复饰罪以为功？才既不足以当官，何敢复受官以溺职？病既不足以履任，何敢复虚职任以忝荣名？”等语，归入恳辞之意。盖先似自谦，继似自负，后又似自谦云。　　（原第13卷第21期）

二四　于敏中与乾隆

于敏中为清代状元宰相之一，号为得君。（乾隆二十五年以户部侍郎入军机，官至太子太保，文华殿大学士兼户部尚书，为军机大臣者二十年，后数年为枢臣领袖。）生授世职，没予上谥，而有谓其死系高宗示意自杀者。李岳瑞《春冰室野乘》有《于文襄出缺之异闻》一则云：

金坛于文襄，在高宗朝为汉首揆，执政最久，恩礼优渥。辅臣不由军功而锡世爵者，桐城张文和廷玉而外，文襄一人而已。（新疆底定时，文襄以帷幄赞襄之劳，锡一等轻车都尉世职。）然世颇传其非考终者。云：文襄晚年，偶有小疾，请假数日，上遽赐以陀罗经被，文襄悟旨，即饮鸩死。往者闻萍乡文道希学士谈此，方以为传闻之辞，绝无依据。顷者读武进管缄若侍御《韫山堂集》，有代九卿祭文襄文，中四语云："欲其速愈，载锡之葠；欲其目睹，载赗之衾。"乃知陀罗经被之赏，固当时实录也。经被之为物，凡一二品大员卒于京邸者，例皆有之，并非殊恩异数，以文襄膺眷之隆，身后奚虑不能得此，而必及其未死以前，冒豫凶事之戒，使其目睹以为快耶？此中殆必别有不可宣布之隐，故特藉两汉灾异策免三公故事，以曲全恩礼，如孝成之于翟方进耳。国朝雍正以前，汉大臣居政地者，虽无赫赫之功，然大抵硁硁自守，不肯以权势自肆。洎张文和当国，风气始一变，而文襄实承其衣钵，士大夫之浮薄者，纷纷趋其门下，权势赫奕，炙手可热，国初诸老刚正谨厚之风，至是乃如阙文乘马矣。裕陵之聪察，岂有不烛其隐者？文襄之祸，实由自取。昔文和晚年，以致仕归里，陛辞日要请宣布配享世宗庙廷之旨，致触圣怒，下诏谴责，撤其配享。及其薨也，以配享为先朝所许，复下诏还之。其用意殆与此举同。英主之驾驭臣工，真有非常情所能测度者矣。

此说可信之程度如何，颇可研究。

高宗之于敏中，倚畀夙隆，惟乾隆三十九年七月（时敏中已以大学士领袖枢廷），内监高云从泄漏记名人员朱批记载案起，词连敏中，上谕谓："自川省用兵以来，于敏中书旨查办，始终是其经手，大功告竣在即，朕正欲加恩优叙，如大学士张廷玉之例，给以世职，乃事属垂成，而于敏中适有此事，实伊福泽有限，不能承受朕恩，于敏中宁不知痛自愧悔耶？因有此事相抵，于敏中着从宽免其治罪，仍交部严加议处。……于敏中务宜痛自湔洗，以盖前愆。傥此后再有过犯，朕不能复为曲贷也！"（寻部议革职，奉旨从宽留任。）迨四十一年正月，以征剿金川蒇功，谕颁酬庸之典，谓："……大学士于敏中，自办理军务以来，承旨书谕，夙夜殚心，且能巨细无遗，较众尤为劳勚，其前此过失，尚可原恕，着赏给一等轻车都尉，以示格外恩眷。所有此次恩赏世爵世职，均着世袭罔替。"特膺懋赏，非枢垣同列所能望，前事若消释无迹矣。四十四年十二月卒，谕谓："大学士于敏中品端才练，学职（识）优长，久直内廷，小心谨慎，历数十年如一日。自简畀纶扉，办理金川军务，承旨书谕，懋著勤劳，因加恩列入功臣，特予世职，并赐双眼孔雀翎黄褂，以彰优眷。恪恭匪懈，倚任方殷。前因其喘疾较甚，谕令乞假加意调摄，即派太医院堂官前往诊视，并赐人参，俾资培益，用冀速痊；复屡遣大臣存问。昨闻病势沉剧，倍增廑念。兹闻溘逝，深为悼惜。着加恩入祀贤良祠，并派皇八子带领侍卫十员，往奠茶酒。所有应得恤典，仍着该部察例具奏。”（寻赐祭葬，予谥文襄。）饰终之典，亦不为不优。

其后乃甚恶之。乾隆四十五年七月，以敏中原籍财产发生争执一案，谕谓：“大学士于敏中所遗财产，若伊生前营私不法之事已显露，即将伊正法，查抄入官，皆所应得。今既完名而没，朕亦惟始终保全，以存大体，本无庸治其生前之罪。”并令除酌分银二三万两给予其孙德裕外，余均拨充本籍地方公益之用。八月，以苏松粮道章攀桂曾为敏中雇匠盖屋，谕谓：“于敏中受朕深恩，乃听本省地方官逢迎，为之雇匠盖屋，若在生前，必重治其罪，今既完名而殁，姑不深究，以示朕始终保全之意。”五十一年三月，乃撤出贤良祠，降谕详言之云：

> 朕因几余咏物，有嘉靖年间器皿，念及彼时严嵩专权炀蔽，以致国是日非，朝多秕政，复取阅严嵩原传，见其势焰薰灼，贿赂公行，甚至生杀予夺，皆可潜窃威柄，颠倒是非，实为前明奸佞之尤。本朝纪纲整肃，太阿从不下移，本无大臣擅权之事，即原任大学士于敏中，因任用日久，恩眷稍优，外间无识之徒，未免心存依附，而于敏中亦遂暗为招引，潜受苞苴，然其时不过因军机大臣中无老成更事之人，而福隆安又年轻未能历练，以致于敏中声势略张。朕非不知，而究之于敏中亦止于侍直枢廷，承旨书谕，不特非前朝严嵩可比，并不能如康熙年间明珠、徐乾学、高士奇等，即宠眷声势，亦尚不及鄂尔泰、张廷玉，

安能于朕前窃弄威福，淆乱是非耶？朕因于敏中在内廷供职尚属勤慎，且宣力年久，是以于其身故仍加恩饰终，并准入贤良祠，以全终始。迨四十六年甘肃捐监折收之事败露。王亶望等侵欺贪黩，罪不容诛，因忆及此事前经舒赫德奏请停止，而于敏中为朕前力言甘省捐监应开，部中既省拨解之烦，而闾阎又得粜贩之利，实为一举两得。朕以其言尚属有理，是以准行；讵知勒尔谨如木偶，为王亶望所愚，遂通同一气，肥橐殃民，竟至酿成大案。设非于敏中为之主持，勒尔谨岂敢递行奏请，即王亶望亦岂敢肆行无忌若此？是于敏中拥有厚赀，亦必系王亶望等贿求赂谢；种种弊混，难逃朕之洞鉴。若此案发觉时，设于敏中尚在，朕必严加惩治；虽不至如王亶望等之立置重典，亦不仅予以褫革而已也。因其时于敏中先已身故，不加深究，曲示矜全。但于敏中如此营私舞弊，朕不为已甚，不肯将其子孙治罪，已属格外恩施。若贤良祠，为国家风励有位，昭示来兹，盛典攸关，岂可以不慎廉隅之人，滥行列入？朕久有此心，兹因览《严嵩传》，触动鉴戒，恐无知之人，将以嘉靖为比，朕不受也！于敏中着撤出贤良祠，以昭儆戒。朕用人行政，一秉至正大公，从不稍涉偏私，亦岂肯意存回护？前明严嵩之营私植党，嘉靖非无闻见，第已用之于前，不免回护，遂以酿成其恶。朕宁受乏知人之鉴，断不使天下后世谓朕有为于敏中始终蒙蔽之名！

刑赏黜陟，彰瘅所系，赏一人而天下知劝，罚一人而天下知惩，是以不得不明白训谕，俾天下后世，咸知朕意。将此通谕知之。

借严嵩作陪客，骂得颇恶，特处处自留地步而已。至六十年五月，更降谕夺其“世袭罔替”之轻车都尉世职云：

> 昨阅国史馆进呈《于敏中列传》，朕详加披阅。于敏中以大学士在军机处南书房行走有年，乃私向内监高云从探问记载；又于甘肃监粮一事，伊为之从中主持，怂恿开捐，以致酿成捏灾冒赈巨案，因此案发觉时于敏中先已身故，不加追究；但于敏中简任纶扉，不自检束，既向宦寺交接，复与外省官吏夤缘舞弊，即此二节，实属孤恩，非大臣所应有。使其身尚存，必当从重治罪；今虽已身故，若仍令其滥邀世职，又将何以示惩？于敏中之孙于德裕，见官直隶知府，已属格外加恩，所有承袭轻车都尉，着即撤革，以为大臣营私玷职者戒。

在其生前已认为“尚可原恕”之“过失”，亦复旧事重提，而在“孤恩……必当从重治罪”之列矣。（于德裕系四十七年奉旨承袭一等轻车都尉，并加恩以主事用。）

（原第13卷第22期）

就以上经过观之，敏中之为高宗所恶，在其身后，且逐步加厉，若其生前，以迄卒时，实可云恩礼终始。虽曾缘高云从案获咎，而旋即释然，至敏中卒后十余年，始又旧事重提，痛加斥责耳。乾隆一朝，大臣之因事获咎而罪名甚于敏中在高云从案者多矣，苟非诛戮，往往事过仍得重用，况敏中未解政柄，倚任依然者乎？大凡古来号为权臣者，往往难保其身后，盖身死势去，弗能更以术自卫，而为人所乘也。例证不乏，史册可按。敏中虽尚非真权臣，然于政府同列中，最为有权，荣于生前，辱于死后，其理固未尝不可推耳。非考终之说，似即因其身后屡为高宗斥责，而揣臆其必早为高宗所大不满，适又有未死而已赐陀罗经被之事，遂相传仅患小疾，悟高宗旨而饮鸩自杀。窃以为傥非别有强证，未可遽信其为事实也。

岳瑞以陀罗经被之赏于未死之前为当时实录，因以饮鸩之传说为不诬，而谓“此中殆必别有不可宣布之隐”。此种特赏，使受者仅敏中一人，认为示意自裁，犹可说也；而一考其事，则实不仅敏中为然。嘉庆二年八月，大学士军机大臣公阿桂卒，以高勋夙望，饰终之典，更隆于敏中，高宗以太上皇帝所颁敕谕，谓：“……顷闻患病颇剧，即特命三皇孙贝勒绵亿、御前侍卫丰伸济伦，由热河驰往看视，并赏赐陀罗经被，仍冀调理或可就痊。兹闻溘逝，深为悼惜。……”是闻其病重，即由行在有陀罗经被之赏，见之煌煌敕谕，其为实录，尤属信而有征，岂高宗对于阿桂亦“必别有不可宣布之隐”，而欲其“悟旨”自裁耶？二者相距十余年，同为高宗之事，何独于敏中而以是断为非考终乎？

陀罗经被之赐，本为敛时入棺之用，使赐到已在大敛盖棺之后，则不能入棺矣。如值庆典佳节或朔望之时，遗折不克遽递，故有时经被赐而不能用之也。陈恒庆《归里清谭》（又名《谏书稀庵笔记》）云："清代大臣在京告逝，第二日凌晨，遗折呈递，先赏给陀罗经被。被系黑绫，书满洲字，盖棺时加于身上。接被时，孝子向北三跪九叩。若第二日，或遇初一、十五，为补褂期，或遇大典，则遗折不能呈递，先行盖棺。至陀罗经被赐下，焚之而已。"所述赐被制度，可供参考。（惟云被系满洲字，盖非。昭梿《啸亭续录》卷一云："本朝王大臣有薨没者，上特赐陀罗经被，被以白绫为之，刊金字番经于其上，时得赐者，以为宠幸，盖即古人赐东园秘器类也。"所述被制较确。据吾所闻，系白绫上印金字藏文佛经。）高宗在热河先赐阿桂经被，当因恐见遗折再赐不及入棺之故。敏中之先赐，或亦为便于入棺起见。所谓"冒豫凶事之戒"，非所顾也。若对敏中是含有赐死之意味，必不再施之阿桂矣。

岳瑞于此节中，尚有未谛处。除误金川之役为新疆外，其叙高宗与张廷玉事，亦不免失考。廷玉受世宗殊宠，有将来配享太庙之命。乾隆十三年，廷玉以老乞休，高宗温旨慰留，谓："岂有从祀元臣归田终老之理？"翌年冬乃允其致仕，俟来春旋里，而廷玉以高宗前言，虑因致仕而不获配享太庙，面请一言以为券。高宗十二月谕云：

> 朕因大学士勤宣伯张廷玉年跻大耋，步履维艰，特降温旨，许其致仕，以全晚福。今日大学士特请面见，奏称："前蒙世宗宪皇帝逾格隆恩，遗命配享太庙，而上年谕旨中有从祀元臣不应归田终老之语，恐至身后不获蒙配享大典。"免冠呜咽，请一辞以为券。朕为恻然。大学士奏称外间亦有如此议论者，不知朕前降旨，原因大学士受恩至深，故举其最重者，以明无可去之义，俾其安心奉职，且以示受殊恩者不可存为己误老之义耳。今朕酌其年力实衰，优加体恤，令其引年，恩礼备至，岂有千秋俎豆庙廷至大之典，转不令大学士受此殊荣耶？且配享乃恭奉皇考遗命，纶綍所宣，久已布告中外，大学士非有大罪，朕何忍违？设谓致仕大臣于礼不可配享，则朕何难留之京邸，不令南还耶？况汉大臣中有此特邀异数之一人，亦可风示百寮，成熙朝盛事；而外间倡此浮言，鳃鳃窃议，是不知朕眷旧之深仁，且不知国家待老臣之厚谊矣。为此特颁谕旨，令共知之；并成诗一章，以示朕意，以安大学士之心也。

是廷玉所请，意在高宗更正前言，并非"陛辞日要请宣布配享世宗庙廷之旨"。世宗遗命配享太庙，固早已宣布，不待此时也。高宗既有此谕，廷玉具折谢恩，称"泥首阙廷"，而未亲至，方将降旨令其明白回奏，而翌日黎明廷玉即至内廷。高宗以军机处泄漏消息，乃大发怒，因而深斥大臣门户党援之弊，并对廷玉肆口痛詈，不留余地。廷议处分上，谕云：

> ……夫张廷玉之罪固在于不亲至谢恩，而尤在于面请配享。其面请之故，则由于信朕不及。此其所由得罪于天地鬼神也。然朕念张廷玉为耆旧大臣，蒙皇考隆恩异数，优渥逾涯，自朕临御以来，加意矜全，曲为体恤，即今此许令原官致仕，许令配享庙廷，前后所降谕旨及御制诗篇，其眷待之优崇，中外大臣具所备悉，本欲保其晚节，以成全美，今乃甘自暴弃，实非思虑所及料。设令朕意稍有勉强，则进退予夺，惟朕所命，何难不许其予告？其面请配享，亦何难却之不从？且又何能逆料其不亲来谢恩，而故加此种种格外之恩，以为陷于有罪之地耶？乃谢恩不来，次日又来，俱令人不解。是岂非其得罪于天地鬼神，有莫之为而为者，使之自为败露，以为在朝大小臣工之戒耶？夫配享乃皇考遗诏，朕何忍违？观其汲汲而请惟恐不得之意，直由信朕不及故耳。张廷玉事朕十有四年，朕待群臣事事推心置腹，而伊转不能信，忍为要挟之求。观其如此居心，其有不得罪于天地鬼神者耶？且配享大典，千秋万世自有公论。得所当得，则为没世之荣；苟其过分叨恩，徒足供人指摘，何荣之有？试思太庙配享，皆佐命元勋，张廷玉有何功绩勋猷，而与之比肩乎？鄂尔泰尚有经度苗疆成绩，而张

廷玉所长，不过勤慎自将，传写谕旨，朕诗所谓“两朝纶阁谨无过”耳；而腼然滥膺俎豆，设令冥冥有知，当踧踖惶悚而不能一日安矣。此在朕平心论之，张廷玉实不当配享，其配享实为过分，而竟不自度量，以此冒昧自请，有是理乎？“及其老也，戒之在得。”岂有展转思维，惟知自私自利，不惟得之生前，而且欲得之身后，不亦昧于大义矣乎？但如大学士九卿所议，不准配享，革去大学士勤宣伯，令其在京待罪，不知者将谓朕初不许其归里侑庙，而谬加之恩，终抵之罪矣。朕不云乎：张廷玉忍于负朕，朕不忍负张廷玉。朕之许张廷玉予告，原系优老特恩，明纶甫降，朕不食言。其大学士由皇考时简用，至今二十余载，朕亦不忍加之削夺。配享恭奉皇考遗诏，朕不忍罢斥。至于伯爵，则朕所特加，今彼既不知朕，而朕仍令带归田里，且将来或又贪得无厌，以致求予其子者，皆所必有，朕亦何能曲从至是？着削去伯爵，以大学士原衔休致，身后仍准配享太庙。夫以年老予休之大臣，志满意得，自恃其必不加罪，遂至求所不当求，而忽其所不可忽，必致入于罪戾而后已。神明之昭鉴，可畏如此，大小臣工，其可不以此为戒乎？……

语气之峻厉严刻，殊足令廷玉难堪，然所予处分，仅削爵休致，对于配享太庙一层，虽责其面请之非，并以“觍然滥膺俎豆”等语骂之，而为尊重“皇考遗诏”，依然申明“身后仍准配享太庙”，何尝“撤其配享”乎？

廷玉卒于乾隆二十年，四月高宗谕云：

> 致仕大学士张廷玉，历事三朝，宣力年久，勤劳夙著，受恩最深。前以其年届八旬，精神衰惫，特加体恤，准令退休，实朕优念老臣本怀。至于配享太庙一事，系奉皇考世宗宪皇帝遗诏遵行，而恩礼攸隆，则非为臣子者所可要请。及朕赐诗为券，又不亲赴宫门谢恩，自不得不示以薄谴，用申大义。今张廷玉患病溘逝，要请之愆，虽由自取，皇考之命，朕何忍违？且张廷玉在皇考时勤慎赞襄，小心书谕，原属旧臣，宜加优恤。应仍谨遵遗诏，配享太庙，以彰我国家酬奖勤劳之盛典……

略将前予处分之谕，复加申说，其准配享，不殊前谕之意，本未撤销，无所谓“下诏还之”也。又，岳瑞言高宗之于于敏中，“特藉两汉灾异策免三公故事，以曲全恩礼，如孝成之于翟方进耳”，亦有语病。方进自杀，不能仅目为“策免”。（原第13卷第23期）

二五　孙思昉欧阳渐论章太炎

章太炎（炳麟）论学、论文等书，前由思昉处借钞，实吾《随笔》。关于所钞第一书（见本报本卷第十九期），兹更经思昉书其缘起见示，并及欧阳竟无（渐），因复录左，俾参看：

> 民二十年夏，谒余杭章先生沪寓（时先生寓法租界同孚路同福里十号），先生论文曰："文求其工，则代不数人，人不数篇，大非易事，但求能入史斯可矣。若梁启超辈，有一字能入史耶？"或问及吴稚晖之作，曰："吴稚晖何足道？"次论佛法云："佛法能否转移人心，尚待商兑，盖语其高眇，实非众生所能与，（并谓：尝持此语印光，印光谓："因果之说，固愚夫愚妇所与知，不难普渡众生，然非所语于晚近科学渐明之时也。"）语其浅近，如因果之说，往往不验，又非智士所能信，即当时治法相宗既精且博如欧阳竟无者，犹负气特甚，亦未能出家，习气终难尽绝，疑此尚未足易世也。"至诚曾以书达欧阳大师，意在激成两大师之雄辩，极论佛、儒修短，当不减会稽斋头，一义一难，莫不厌心抃舞，快何如之？欧阳大师竟以"四不答"置之。迭函相渎，答书有"孙至诚太笨"之斥。

前钞章氏论果报书（见第二十期），亦可相印证。欧阳氏答思昉书，其文云：

思昉弟鉴：屡书不复，惧增戏论，亦学“四不答”之用耳。世尊度人，先有指归之的，然后发运用之妙。机无一定，法无一定，说亦无一定，岂必执死一因果报应法哉？斤斤致辩，宁非戏论？昌黎虽非见道人，然能担荷，抗颜为师，有必为圣人之志。王阳明不怕挂牌。居今世，接今人，到究竟为学上，容得人情耶？某乌足语此？孙至诚太笨，一不得复，再不思索，屡屡乱谈，必欲逼人flaming言刻论，亦止好flaming言刻论而已。老子见事之机，立足在象帝之先，天将明而反暗，故正言若反。孔子物来顺应，立足在素位而行，本何思何虑，而精义入神。韩非遍得老用，而不得老体，终为帝国主义舆台走卒，吾终不取。著书有精到处，然孔老大处，犹嫌透未得也。洪水夷秋，民命何存，而忍言寿？二十元为购《藏要》寄读，应洗心涤虑研求也。小照寄上察收。此颂近祉。渐。

附录思昉原书：

竟无大师慈鉴：闻湘亭述驾返都门，《藏要》诸序已脱稿，欣慰莫名。比太炎先生论及佛法，有云：“语其高眇，非众生所能与；语其浅近，如因果之说，往往不验，又非智士所能信，即当时治法相学（宗）

既精且博如欧阳先生，犹负气特甚，未能出家，习气终难断伏，疑此尚未足易世也。”窃以为斯论所关者大，我师辩才无碍，何以应此？兹抄奉太炎先生书暨复书三通，祈赐览观。庄生曰：“谋稽乎泓，知出乎争。”愿将予此觇之。

思昉于此，尝有自记一则，述欧阳氏所谈，一并移录于次：

先生游扬时，语及此书，谓：“余杭‘负气’之说，特覆露门墙耳。前其弟子黄君季刚求见。……尝谓学者贵笃敬，以其轻儇无礼，遂拂袖去。某行事岂不然乎？近世人皆以奄然自媚于时为贤，将尽化国人为妇女，独一太炎傲骨自喜，未尝不许其厉世矫俗。某硁硁自守，不无衣冠涂炭之思，正以明耻远虑，独不足余杭所乎？”综观两先生之言，各有所明，夷惠殊轨，皆有圣人一体，庸何伤焉？

《黛方山庄诗集》暨著者《日记》，前曾摘录（见第四、第五、第六各期）。近《诗集》影印将蒇事，劭西属跋卷后，因草一短文如下：

《黛方山庄诗集》六卷、《诗余》一卷，湘潭黎樾乔先生著，版毁久矣。近其从孙劭西以家藏孤本付诸景印，传薪火于将尽，发潜德之幽光，甚盛事也。

当清道光间，外患洊臻，内乱将作，而缨緌之徒，犹恬然宴安，罔恤国事。先生玉堂雅望，柏府清班，使容容谐俗，不难循阶以跻公卿，乃与三数同官，侃侃抗章诤议，迕时遭忌，弗顾也；卒言不见用，落落无所合，遂浩然引疾归。读《都门留别》诸作，身归江湖，心系魏阙，而忧时爱国之怀，一篇之中往往三致意焉。咸丰初元，朝宁之上，□危思治，先生再起补官，冀材志获一发舒，复以急公而见谓张皇，罹谴以去。其刚正之气，伉直之节，虽历迍邅困踬而始终不衰，所谓“富贵不能淫，贫贱不能移”者非耶？至其诗高格远韵，约文微辞，深得诗人忠厚之旨，自足俯视群流，独有千古。湘阴郭氏、湘潭罗氏论之详矣，不具论。曾文正《仁和邵君墓志铭》有云：“文之精者不复存，存者又未必果传，独其耿耿不磨之志，与日星而长悬。”先生文之精者，仅存斯集，今得劭西重印行世，足永其传，所愿读斯集者，其与先生精神往来，以求其耿耿之志，斯为得之。传曰：“诗言志。”若舍志而论辞，乌足以知先生，又乌足与读此诗也哉！

愧不能工也。按：道光二十七年二月十一日《日记》云：

三点钟，下园引截取之见。奏履历毕，即闻皇上说“回衙门”三字。此生仕进之途，从此休矣！不知何以见弃于圣明，命也何如！前于壬寅年保巡西城，拟正不得，保京畿道拟正又不得，京察一等不记名，服满来京，保送巡西城又不得，圣意可知矣。原不欲引截取之见，因今年正月初六日所奏之折，皇上尚为许可，冀可释前愆而观后效，而圣意乃决绝如此，亦我生命运合该如此，敢有一毫怨怼乎哉！归与，归与！惟愿我后人干我蛊而勉报国恩耳！晚间微雨，陈庆覃、何子贞、李晓邨、刘佩泉诸人，咸来慰藉。

其落落无所合，尤可概见。报国之愿难偿，此其决然引退也。自伤遇穷，更属望后人之继起，其志洵可悲已。

(原第13卷第24期)

二六　谈章太炎

本报第十二卷第三十七期，载王芸生《到北方来!》，论远统不如近防，有云：

……最要紧的是首都的位置要近于边防，甚至就把首都置于边防线上。宋以不防河北而亡，明成祖迁都北平，修建长城，西起嘉峪，东极山海，皆置重防，以首都当要塞，以天子守边疆，因有朱明二百多年的天下。终明朝之世，蒙古未成大害，直至思宗殉国，真正敌人尚限于山海关之外。满清继都北平，北收蒙古，西掌天山，疆域之阔，超越往古。这都是首都置在边防线上的成绩。……及十七年北伐成功，首都南迁，十八年有中俄冲突，十九年九一八张学良通电入关，二十年九一八便发生了中日奇变。这个大教训，更证明了远统不如近防的铁则。根据这个教训，我们可以大胆的说：没有十七年的迁都，便不会有二十年九一八事变，更不会有这四年来国不成国的劫运。中国的边疆，半部临海，大陆上就是东北与西北，首都在北平，适当边疆的要领。从外交上看，日、俄是主要的邻国，头脑摆在北平，耳目自然聪明些。党国之迁京，在这个理由上，真是极大的憾事。

闳识名论，慨乎言之。民国元年，章太炎（炳麟）论此，可与互相发明。共和初建，民党群主迁都金陵，章氏毅然抗诤，力斥其非。与张謇书谓：

建置首都，鄙意宜在中原平陆，纵欲荡涤旧污，宛平不可，犹宜在邺洛之间，庶几控制北维不忧疏逖。明祖所以建宅金陵者，以其地不及朔漠也；今疆域之广，西自天山，东讫难水，已倍本部而有余，则中原辐凑之地，不在东南明矣。况自两宋以来，中原文化，日益凋残，忧赖建宅北平，民所趋向，得令万物昭苏耳。向无成祖，恐中原已为不毛。

致南京参议会书谓：

颇闻坚守金陵者，谓燕京……亡清污俗之余，徙处南方……亦以涤瑕荡垢，不悟政纪修明，则旧污自化……中国幅员既广，以本部计，燕京虽偏在北方，以全邦计，燕京则适居中点，东控辽沈，北制蒙回，其力足以相及。若徙处金陵，威力不能及长城以外……北方文化已衰，幸有首都为衣冠所辐凑，足令蒸民丕变，若徙处金陵，安于燠地，苦寒之域，必无南士足音，是将使北民化为蒙古。……金陵服偏倚之区……其可以为首善之居哉？谋国是者，当规度利病，顾瞻全势，慎以言之，而不可以意气争也。若日南土为倡义根本，必不屈就北方，是乃鄙人倔强之谈，岂足数于大君子之前乎？

当时迁都之谋得寝，固缘袁世凯作梗，而章氏以远大之眼光，摅公忠之谠论，实足以明得失而靖浮议，所谓功在国家也。晚年卒目击变局，其隐痛为何如耶！章氏近病逝苏州，海内以失国学大师，同声嗟惜。其学问、文章、性行、鉴识，均卓然可传。当今日国难严重之际，身居旧京，尤觉其力争迁都之举，最可纪念，特表而出之，以谂读者。（以个性之强，其平生持论有时不免于偏执，而精粹者颇多，阐微发蒙，箴时砭俗，无愧先觉之士也。）

孙思昉君受业章门，亲炙有年，倾以章氏晚年言论等扣之，为书《谒余杭先生纪语》相示，录之如下：

民国二十四年秋，谒余杭大师苏寓，纵谈殊畅，纪述如次：论某公好奇，曰："学说之奇衺，至今日而极，坊表后进者，惟有视以正轨，岂容教猱升木，如涂涂附？今则以今文疑群经，以赝器校正史，以甲骨黜许书，以臆说诬诸子，甚至以大禹为非人类，以尧舜为无其人，怪诞如此，莫可究诘。彼固曰有左证在，要所谓以不征征其征也，不征者已绝学丧文，将使人忘其种姓，其祸烈于秦皇焚书矣。好奇之弊，可胜慨哉！"论秦桧，曰："秦桧亦何可诟厉？桧尚先使岳鹏举为郾城之捷，然后矫诏班师，以与金讲，是和之权在宋，而不在金。不然者，不战不守，虽欲讲得乎？"答问章氏丛书续编未收文录之故，曰："近所论列，往往以时忌不便布之。此《荆母夏太夫人墓志铭》所谓'毂下何为，陈驺卒以大谁，曰东藩摧，士女靡不悲，虽悲弗悲，是固知遗锥，又尕其口使人不敢违'者也。而近年多为碑版文字，又迹近谀墓，故未付刊。"

又书轶事数则云：

袁世凯禁之都门时，先生愤甚，于几案旁遍书"袁世凯"三字，日必击之数四。又尝书"死耳"二字为横帔赠人。民四年书"明年祖龙死"，袁氏果以次年卒，始得释，可云巧合。初山东某氏，曾隶民党籍，自请监视先生，实阴相护持，事之颇谨，暇辄求为作字撰文，更以其先人传志请。先生曰：“尔非袁世凯门下小走狗耶?”曰：“唯。”曰：“自知者明，甚善，当为尔翁作佳传以传之。”然先生后论及袁氏曰：“袁世凯亦自可人，当余戟手痛骂时，乃熟视若无睹。近人闻有后言，辄恶之欲其死，孰敢面短之，况痛骂耶?”

孙岳初隶民党，后附曹锟，以事南下，因谒先生沪寓小楼。刺入，先生持杖迟之楼门。孙上，乃迎击之，曰：“何物孙岳，亦北洋派鹰犬尔，何面目来此相见!”孙狼狈下；追击之，骂不止云。（孙后来竟倒曹。）先生严气正性，嫉恶尤甚，人有不善，辄面加诃斥。晚年于所不善则不见，或见亦不数语，不复谩骂。此盖涵养日深之征。而汤夫人从旁婉劝，亦与有力焉。

先生与人书有云：“少年气盛，立说好异前人，由今观之，多穿凿失本意，大抵十可得五耳。假我数年，或可以无大过。”盖晚年趋重平实，与前稍异，庶几从心不逾者已。

曹亚伯尝以所作民国开创史就正，并求书联。先生曰：“稍缓当好为撰句以应。”曹索甚亟，曰：“无已，惟有以杜句移赠。”乃书“英雄割据虽已矣，文采风流今尚存”二语。见者叹其工切。其敏捷如此。

当其被袁世凯拘留，有上世凯一书，颇极笑骂之能事，文尤诙诡可喜，并及“考文苑”事，则其志也。兹附录之：

前上一书，未见答复。迩者宪兵虽解，据副司令陆建章言，公以人才缺乏，必欲强留，炳麟不能受此甘言也。若有他故，能议公者，岂惟一人？舆论纵不振于中土，若外人之烦言何！炳麟本以共和党独立来相辅助，亦侻至而相行耳，而大总统羁之不舍，既使赵秉钧以国史相饵，又欲别为置顿，炳麟以深山大泽之夫，天性不能为人门客，游于孙公者旧交也，游于公者初定也，既而食客千人，珠履相耀，炳麟之愚，宁能与鸡鸣狗盗从事耶！史馆之职，盖以直笔绳人，既为群伦所不便，方今上无奸雄，下无大佞，都邑之内，攘攘者穿窬摸金皆是也，纵作史官，亦倡优之数耳！窃闻史迁、陈寿之能谤议，而后嗣乐于览观者，以述汉魏二武之事也；不幸遇朱全忠、石敬瑭，虽以欧阳公之叹息，欲何观焉！今大总统圣神文武，咸五登三，簪笔而颂功德者，盖以千亿，亦安赖于一人乎？属有武汉人士，招往讲学，北方亦有一二人耸之，愚意北方文化已衰，朝气光融，当在江汉合流之地，不欲羁滞幽燕也。必欲蔑弃约法，制人迁居，知大总统恪共宪典，必不为也。饱食终日，无所用心，以与朋辈优游谑浪，炳麟亦不能为也。苟图其大，得屈此身以就晦冥之地，而私心所祈向者，独考文苑一事，经纬国常，著书传世，其职在民而不在官，犹古九两师儒之业。迩者方言国音、字典文例、文学史、哲学史等，皆未编成，而教育部群吏又盲瞽未有知识，国华日消，民不知本，实愿有以拯济之。同苑须四十人（仿法国成法），书籍碑版印刷之费，数复不少，非岁得二十四万元不就。若大总统不忘宗国，不欲国性与政治俱衰，炳麟虽狂简，敢不从命？若絷一人以为功，委弃文化以为武，凤翱翔于千仞，览德辉而下之，炳麟其何愧之有！设有不幸，投诸浊流，所甘心也！书此达意，请于三日内答覆。

1936 年 6 月 29 日

（原第 13 卷第 25 期）

二七　曾国藩靖港之败

曾国藩咸丰四年四月靖港之败，几以身殉，而部曲将塔齐布等适有湘潭之捷，国藩虽获革职处分，塔齐布则超署提督，曾军威名日隆焉。王闿运《湘军志·曾军篇》所纪云：

三月，寇先由蒲圻犯岳州，……王珍（鑫）縋城走，……甲子寇陷湘潭。是日国藩下檄塔齐布改援湘潭。……四月己巳朔，……遂大破之，追至城乃还，立营。其日长沙惴惴居贼中，人自以为必败。国藩集谋攻守，皆曰：“入城坐困，宜亲督战。”或议先靖港，夺寇屯；或曰：“靖港败，还城下，死地矣。宜悉兵攻湘潭，不利，保衡州，即省城陷，可再振也。”水师十营官皆至，推彭玉麟决所乡（向），定乡（向）湘潭。五营先发，约明日国藩帅五营继之。夜半，长沙乡团来请师，曰：“靖港寇屯中数百人，不虞我，可驱而走也。团丁特欲藉旗鼓以威贼，已作浮桥济师，机不可失。”闻者皆踊跃，国藩亦忧湘潭久踞，思牵之，改令攻靖港。庚午平旦至，水急风利，炮船径逼寇屯。寇炮发，船退不得上，缆而行，寇出小队斫缆者，水师遂大乱。陆军至者，合团丁攻寇，寇出，团遽反奔，官军亦退，争浮桥。桥以门扉床版，人多桥坏，死者百余人。国藩亲仗剑督退者，立令旗岸上，曰：“过旗者斩！”士皆绕从旗旁过，遂大奔。国藩愤，自投水中，章寿麟负之还船。日午还至城下，而湘潭大捷报至。先所遣水师，距湘潭十里，闻陆军战胜，鸣角发炮直上。塔齐布军三日三胜。壬申寇散走，水师尽烧所掠船，寇大败，走靖港，遂俱走还岳州。湘潭既复，国藩以军不精练，悉汰所部，留五千余人，因留长沙造船，增调罗泽南、李孟群、陈辉龙将水陆军，图再举。上奏自劾，而骆秉章及提督鲍起豹自上其功。文宗诘责提督，即日夺官，诏塔齐布以副将署湖南提督。方事之急也，布政使徐有壬绕室走达旦，明日与按察使会详巡抚，请罢遣曾军，语倨妄甚。巡抚语有壬且待之。及克湘潭，国藩犹待罪，俄而得温诏，且超用塔齐布，文武官大惭沮，有壬诣国藩顿首谢。城中防兵，闻代大将，皆惊服，以为天子明见万里。……平寇功由此起。

又《湖南防守篇》云：

三月丁未，寇大上，围岳州。国藩军亦至，屯南津。戊申岳州军溃退，寇从而上，军还省城。寇踞靖港，再陷宁乡，败湘军三营。甲子陷湘潭。省城上下皆寇屯。巡抚、提督委战守于曾军。四月庚午，国藩自攻靖港寇不利，布政使徐有壬、按察使陶恩培会详巡抚，请奏劾侍郎曾国藩，且先罢遣其军。巡抚不可，城中亦不复设备。（按：郭嵩焘云："徐有壬、陶恩培会详上，骆文忠公言：'曾公已自请议处，何烦再劾？君等咎其败，不顾寇势之盛。非曾公一军，谁与任城守者？'是时城守事宜，一委之曾文正公，未宜以〈不〉'不复设备'为巡抚咎也。"见嵩焘侄孙振墉所辑《湘军志平议》。）辛未塔齐布大破寇于湘潭。丙子湘潭、靖港寇俱退走，踞岳州。巡抚、提督上功，而曾国藩请罪。有诏诘责提督鲍起豹，以专阃大员，不闻出战，惟会衔奏报，即日免官，以塔齐布署提督。塔齐布以都司署守备，仅二年超擢大帅。新从湘潭立功归，受印之日，文武民士聚观相叹诧，虽起豹傔从亦惊喜，以为皇上知人能任使，军气始振焉。……徐有壬等皆诣国藩贺，且谢罪。诏令国藩择司道大员随营〔主〕饷，有壬等惴惴恐在选中。国藩笑谢之，谓所亲曰：“此辈怯愞，徒败吾事，虽请同行，吾固当止之，况不欲乎？”

叙次颇有致，可与当时奏报等参看。靖港之败，国藩危甚，使无湘潭之捷，纵不身殉，必获重咎而不能立足矣。（时虽革职，未解兵符，仍许单衔专折奏事。塔齐布已贵，而承指挥如故，故国藩自靖港败后，而其势反振。）

至章寿麟事，自是关系匪轻，闿运于此仅着“章寿麟负之还船”一语，略而不详。（王定安《湘军记·湖南防御篇》纪此，只云“左右负之出”，并寿麟之名未著。）其所撰《清故资政大夫江苏补用知府章君墓志铭》云：

君讳寿麟，字价人，长沙人也。……少孤贫，从舅氏彭嘉玉学。……彭舅奇壮其志，荐于侍郎曾公，俾从幕府。众论讶之，君恂恂而已。时长沙孤危，寇屯上下，曾军初集，自岳州败退，还城自保，巡抚骆公不听入城。曾公亦耻于依人，独率水军十营，散屯湘岸，与寇共水，皆半日可接。于是议率全军并力湘潭。彭君独议寇酋踞靖港，宜先攻坚。长沙乡人亦来请军，五营已上，其五营师留自将，定翌午亦发，即夜改计下攻。君知仓卒无陆军相辅，宾寮不从，未敢沮师，则潜身从往。师船乘流直逼寇屯，寇指笑坐待。众不敢进，或从东岸浮桥济师，则瓮竿高低，桥坏版（板）浮，于是退舟逆风恃缆而上。寇从岸斫缆者，舟众溃奔。曾公立旗以收溃卒，众皆绕旗旁走，五营败绩。曾公愤投水，众无知者。君独从舟出，赴水负公登岸。公怒问：“汝何为至？”徐曰：“方从城外来报湘潭捷音耳！”乃收众还城南。其夜捷书至，遂不暇言死〔事〕。闻者以此推君功，曾太公尤念之，手书慰劳焉。君遂从军出征叙劳，累官至直隶州知州，留安徽补用知府。初试署江西新建令。安庆既复，曾公以江督开府镇焉，奏牧滁州。既克江宁，调绾营务。君起军中，娴于戎事，竭其髦髦，期有设施。会曾公卒，亦即引去。……以光绪丁亥八月己巳卒于泰州官署，年五十有五……是用勒石铭幽。……我（其）词曰：……莫府初开，终童典谒。蠢彼凶徒，敢涉重湖。巴陵左次，沩水尸舆。我为鱼肉，坐陷狼貔。在困思飞，询谋并协。岂曰必胜，要以无怯。十营减灶，中宵由（击）揖。知死非勇，胡再不谋？掀公出淖，义激如虓。诚同赴火，信过逾沟。昔鲍拯胡，功超五等。孰谓斯人，浮沉簿领！功不上闻，嘉斯雅静。……

亦有关史料，足供考镜也。

闿运诗集中有《铜官行寄章寿麟题感旧图》云：

桂平盗起东南卷，唯有长沙能累卵。
三年坐井仰恃天，城堞微风动矛穳。
凶徒无赖往复来，潘张迁去骆受灾。
闭门待死谥忠节，未死从容居宪台。
曾家岭枷偏在颈，三家村儒怒生瘿。
劝捐截饷百计生，欲倚江吴效驰骋。
庐黄军败如覆铛，盗舟一夜满洞庭。
抚标大将缒城走，徐公绕室趾不停。
省兵无人无守御，却付曾家一瓦注。
空船坐守木关防，直置当锋寻死处。
军谋兵机不暇讲，盗屯湘潭下靖港。
两头张手探釜鱼，十日淘河得枯蚌。
刘郭苍黄各顾家，左生狂笑骂猪耶。
彭陈李生岂愿死，四围密密张罗罝。
此时缻筒求上计，陈谋李断相符契。
彭公建策攻下游，捣坚擒王在肯綮。
弱冠齐年我与君，君如李广默无言。
日中定计夜中变，我归君去难相闻。
平明丁叟蹋门入，报败方知一军泣。
督师只欲泛湘累，主簿匆匆救杜袭。
十营并发计全虚，从此舍舟山上居。
七门昼闭春欲尽，独教陈李删遗疏。
版桥漂破帅旗折，铜官渚畔烽明灭。
岂料湘潭大捷来，千里盗屯汤沃雪。

一胜申威百胜从，塔罗如虎彭杨龙。
时人攀附三十载，争道当年赞画功。
骆相成名徐陶死，曾弟重歌脊令起。
惟余湘岸柳千条，犹恨前时呜咽水。
信陵客散十年多，旧逻频迎节镇过。
时平始觉军功贱，官冗闲从资格磨。
冯君莫话艰难事，侥得侥失皆天意。
渔浦萧萧废垒秋，游人且觅从军记。

此诗见于《铜官感旧图题咏》者，字句颇有异同，并录于次：

桂平盗起东南卷，唯有长沙能累卵。
三年坐井仰恃天，仡仡孤城见矛穳。
群凶无赖往复来，潘张迁去骆受灾。
闭门待死谥忠节，未死从容居宪台。
曾家岭枷偏在颈[①]，三家村儒怒生瘿。
劝捐截饷百计生，欲与吴江效驰骋[②]。
江湖军败如覆铛，盗舟一夜满洞庭。
抚标大将缒城走[③]，徐公绕室趾不停。
省城无兵无守御，却付曾家作孤注。
空船坐拥木关防，直犯头刀报知遇。
兵谋军势盗不讲，上屯湘潭下靖港。
两头探手擒釜鱼，十日淘河得枯蚌。

刘郭苍黄各顾家，左生狂笑骂猪耶。
彭陈李生岂愿死，四围密密张罗罝。
此时觽筒求上计[④]，陈谋李断相符契。
彭兄建策攻下游，捣坚擒王在肯綮。
弱冠齐年君与余，我狂君谨偶同居。
日中定计夜中变，我方高枕城东庐。
平明丁叟蹋门入，报败遥闻一军泣。
督师只欲泛湘累，主簿匆匆救杜袭。
十营并发计全虚，从此舍舟山上居。
七门不启春欲尽，强教陈李删遗疏。
版桥漂破帅旗折，铜官渚畔烽明灭。
谁料湘潭大捷来，盗屯奔迸如崩雪。
一胜申威百胜从，陆军如虎舟如龙。
时人攀附三十载，争道当时赞画功。
骆相成名徐陶死，曾弟重歌脊令起。
只余湘岸柳千条，曾对当时呜咽水。
信陵客散十年多，旧逻频迎节镇过。
时平始觉军功贱，官冗闲从资格磨。
冯君莫话艰难事，佹得佹失皆天意。
何况当时幕府谋，至今枉屈何无忌[⑤]。

自注：① 曾涤公起义师，时论以为好事，且曰：“一枷在岭，肩来在颈。”以嗤其不干己也。

② 文镕、忠源。

③ 王壮武。

④ 涤公设匭求谋策，或投纸书三十六“走”字。

⑤ 君舅彭笛翁犹以攻靖港为上策。

斯盖其原稿，集中所载则后经修改者耳。胡适《五十年来中国之文学》引闿运此诗，录自集中，谓：“此诗无注，多不可通。”观此可知原稿注虽不多，却实有自注，入集时乃删去之（闻其《圆明园词》原亦有注，后始删却）。至诗中本事，多可由《湘军志》等印证。又，闿运《和易藩台感事诗因成长歌示谋国诸公》有句云：“忧勤不救靖港败，唯向空滩摇帅旗。” （原第13卷第26期）

《铜官感旧图》，寿麟于国藩已卒追忆旧事所绘而征题者。殁后其家刊诸作为《铜官感旧图题咏》。其所撰《铜官感旧图自记》云：

> 湘乡曾文正公以乡兵平贼，抵触凶锋，危然后济，其所履大厄凡三，盖湖口也，祁门也，与初事之靖港也。而予于文正，惟靖港之役实从。……咸丰四年，贼由武昌上犯岳州，官军御之羊楼峒（洞）失利，遂乘胜进逼长沙。四月，贼踞靖港，而别贼陷宁乡、湘潭。湘潭荆南都会，军实所资，时公方被命治军于湘，乃命水陆诸将复湘潭，而自率留守军击靖港贼，战于铜官渚；师败，公投水。先是予与今方伯陈公、廉访李公策公败必死，因潜随公出，居公舟尾，而公不知。至是掖公登小舟，逸而免。公怒予曰：“子何来？”予曰：“师无然，湘潭

捷矣，来所以报也！”已而湘潭果大捷，靖港贼亦遁去。公收余众，师复振。盖尝思之，兵者阴事，惟忍乃能济，非利所在，敌诟于前，民疑于后，勿动也。公既尽锐以剿湘潭，若需之以俟其捷，而会师击靖港之堕归，贼虽众可以立尽，惟不忍于靖港之逼，故知其不利而不能不出。又予辈三五书生，亦知其不利而出，而无术以止公，盖非公之疏于计画，实忍之心非久于军者不能，尤非仁义之徒之所素有也。犹忆败归时，公惟籍甲兵储偫之属以遗湘抚，尚壹意以死谢国，及闻捷乃不死。然当即日不捷，公固可以死乎！公死是役，固不与丧师失地穷蹙而死者同，且足使丧师失地穷蹙而不死者恧焉而有以自励，然由今以观，其多寡得失之数为何如也！光绪丙子秋，予归长沙，道靖港，舟中望铜官山，山川无恙，而公已功成事赍，返马帝乡，惟时秋风乍鸣，水波林壑尚隐隐作战斗声，仿佛髡公之灵爽呼叱其际，因不禁俯仰畴昔，怆然动泰山梁木之感，故为兹图而记之，以见公非偶然而生，即不能忽然而死，且以见兵事之艰，即仁智义勇如公者，始事亦不能无挫，而挫而不挠，困焉而益励，垂翅奋翼，则固非公之定力不及此。至于大臣临敌，援桴忘身，其为临淮之䘸刀，与蕲王之泗水，均各有其义之至当焉。并以谂复之君子。长沙章寿麟自记。

记述当时情事，并抒其感想，足资浏览。而李元度、左宗棠两序，于此役更各有叙纪论列，均为有关系之文，录俾参阅：

李序：

……咸丰四年，曾文正公治水陆军讨贼，余与今浙抚陈公士杰暨价人入其幕，时价人年甫冠也。二月，贼自郢上犯，陷岳州、湘阴及宁乡。文正檄储君玫躬败贼于宁乡，贼遁。三月，水陆军抵岳州，会王壮武进剿羊楼峒（洞）失利，贼追蹑至岳州，围其城，文正所部陆军迎击亦失利，文正乃退守长沙。贼仍道湘阴、宁乡踞靖港，分党陷湘潭。时会城昼闭，饷道断，人情匈匈。文正檄忠武公塔齐布帅陆军千二百人攻湘潭，檄储公汝航、夏公銮、杨公岳斌、彭公玉麟帅水师夹击之，所向并获胜，而文正独以湘贼势盛，官军必不支，惧旦莫不得死所，盖久置死生于度外矣。靖港者，资水入湘之口，距会城六十里，为一都会，地有铜官山，六朝置铜官于此，因称铜官渚者也。时贼帆遍布，游弋逼会城。文正愤甚，亲帅留守之水陆营进剿。余亟止之曰："兵之精者已调剿湘潭，早晚捷音必至，此间但宜坚守，勿轻动。"文正不许。余与陈公及价人并请从行，亦不许。濒行，以遗疏稿暨遗嘱二千余言密授余曰："我死，子以遗疏上巡抚，乞代陈；遗嘱以授弟辈；营中军械辎重，船百余艘，子善护之。"四月朔，舟发，陈公固请从，峻拒之。余与陈公谋，令价人潜往匿后舱，备缓急，文正不知也。明日战，湘团勇先溃，营军随之，所结浮梁断，溺毙二百有奇。水师中贼伏亦溃，贼艘直犯帅舟，矢可及也。文正愤极投水，将没顶矣，材官傔仆力挽，文正大骂，须髯翕张，众不敢违，将释手矣，价人自后舱突出，力援以上。文正瞠视曰："尔胡在此!"价人曰："湘潭大捷，某来走告!"盖权辞以慰公也。乃挟登鱼艇。南风作，逆流不得上，赖刘君国斌力挽以免。明午抵长沙。文正衣湿衣，蓬首跣足，劝之食不食。乃移居城南妙高峰，再草遗嘱，处分后事，将以翼日自裁。迟明捷报至，官军拔湘潭，燔贼艅数千，殄灭无遗种。靖港贼亦遁。文正笑曰："死生盖有命哉!"乃重整水陆军，未十年卒蒇大勋，固系国家威福所致，然当是时文正生死在呼吸间，间不容发，脱竟从巫咸之遗，则天下事将谁属哉！江宁既拔，湘军自将领以至厮养卒，并置身通显，独价人浮沉牧令间垂二十年，傥所谓"不言禄，禄亦弗及"邪？抑曲突徙薪固不得为上客邪？先是曾太封翁曾书示文正曰："章某国士，宜善视之。"且令冯公卓怀传其语。戊午、己未间，余数从容言及价人。文正怃然曰："此吾患难友，岂忘之哉!"窃窥文正意，使遽显擢君，是深德君以援己，而死国之为伪也；然亦决不慭置以负君，盖将有待耳。光绪丙子，余客金陵，文正薨四年矣，晤价人，握手话旧。价人出《铜官感旧图》属题，余诺之而未及焉。越五年，价人宅忧归，乃得补书其简首。呜呼！援一人以援天下，功在大局不浅，价人虽不自以为功，天下后世必有知价人者，遇不遇乌足为价人加损哉！……光绪辛巳长至后三日，平江李元度撰。

左序：

……湘乡曾文正公时以礼部侍郎忧居在籍，诏起讨贼，集乡兵水陆东下。公在朝以清直闻，及率师讨贼，规画具有条理，卒克复江东枝郡，会师金陵，歼除巨憝。顾初起之军，水陆将才未集，阅历又少，往往为猾寇所乘，时形困踬。公不变平生所守，用能集厥大勋；中兴事功，彪炳世宙，天下之士皆能言之。推事功之所由成，必有立乎其先者，而后以志帅气，历艰危险阻之境而不渝。是故明夫生死之故者，祸福之说不足以动之。明夫祸福之理者，毁誉之见忘，吉凶荣辱举非所计，斯志壹动气，为其事必有其功矣。志士仁人成其仁，儒者正其谊，功且在天下万世，奚一时一事之足云乎！而即一时一事言之，则固有堪以共喻者。咸丰四年三月，金陵贼分党复犯长沙，先踞长沙城北七十里之靖港，凭水结寨，步贼循岸而南，潜袭上游湘潭县城。县城繁富，市廛鳞比，贾舶环集，贼速至据之。文正闻贼趋湘潭，令署长沙协副将忠武塔齐布公等率陆军，杨千总岳斌、彭令玉麟等率水军往援，侦贼悉锐攻湘潭，靖港守虚寨之贼非多，遂亲率存营水陆各营击之。战事失利，公麾从者他往，投湘自溺。随行标兵三人，公叱其去。章君瞰公在舟时书遗嘱寄其家，已知公决以身殉也，匿舟后，跃出援公起。公曾戒章君勿随行，至是诘其何自来，答以适闻湘潭大捷，故轻舸走报耳。公徐诘战状，章君权词以告。公意稍释，同舟南湖港。其夜得军报，水陆均大捷，歼悍贼甚多，毁余之败船断桨，蔽流而下。湘人始信贼不足畏而气一振。其晨，余缒城出，省公舟中，则气息仅属，所着单襦沾染泥沙，痕迹犹在，责公事尚可为，速死非义。公瞋目不语，但索纸书所存炮械火药丸弹军械之数，嘱余代为点检而已。时太公在家，寓书长沙饬公，有云："儿此出以杀贼报国，非直为桑梓也。兵事时有利钝，出湖南境而战死是皆死所；若死于湖南，吾不尔哭也!"闻者肃然起敬，而亦见公平素自处之诚。后此沿江而下，破贼所据坚城巨垒，克复金陵，大捷不喜，偶挫不忧，皆此志也。夫神明内也，形躯外也。公不死于铜官，幸也；即死于铜官，而谓荡平东南、诛巢馘让，遂无望于继起者乎，殆不然矣！事有成败，命有修短，气运所由废兴也，岂由人力哉！惟能尊神明而外形躯，则能一死生，而齐得丧，求夫理之至是，行其心之所安，如是焉已矣。且即事理言之，人无不以生为乐，死为哀者，然当夫百感交集，怫郁忧烦之余，亦有以生忧为苦而速死为乐者。观公于克复金陵后，每遇人事乖忤，郁抑无聊，不禁感慨系之，辄谓生不如死，闻者颇怪其不情。余比由陕甘、新疆移节两江，亦觉案牍之劳形，酬接之纷扰，人心之不同，时局之变易，辄有愿得一当以毕余生之说，匪惟喻诸同志，且预以白诸朝廷，盖凛乎晚节末路之难，谣诼之足损吾素节，实则神明重于形躯，诚不欲以外而移其内，理固如是也。而论者不察，辄以公于章君不录其功，疑公之矫，不知公之一生死齐得丧，盖有明乎其先者，而事功非所计也。论者乃以章君手援之功为最大，不言禄而禄弗及，亦奚当焉？余与公交有年，晚以议论时事，两不相合。及莅两江，距公之亡十有余年，于公所为多所更定，天下之相谅与否，非所敢知，而求夫理之是，即夫心之安，则可告之己，亦可告之公也。章君寿麟出此卷索题，识之如此。光绪九年癸未秋七月左宗棠书。时年七十有二。

李序写寿麟赴援暨国藩其时情态特详，就事论事，为寿麟鸣不平，而隐咎国藩之寡恩，盖兼寓自伤之意焉。左序则述往之外，更藉以发抒胸臆，意态轩昂，所谓高踞题颠也。[彭玉麟以湘潭之捷，始以附生奏保知县，杨岳斌（时名载福）则以千总保守备。率师赴援时，玉麟尚非“令”，左序中称“杨千总”“彭令”，稍未谛。李序中称国藩之父曰“曾太封翁”，“太”字或“封”字可省。又谓湘潭之役，“燔贼艅数千”，按国藩奏报，此役所烧敌船，计千余只，无数千之多。]　　（原第13卷第27期）

吴汝纶《铜官感旧图序》，作于章寿麟既没之后，所论别有见地。文云：

曾文正公靖港之败，发愤自投湘水。幕下士长沙章君，既出公于湘之渊，已而浮沉牧令间二十余年，乃追写靖港之事为图，名流争纪述之。或曰："章君一举手，功在天下，而身不食其报，兹所为不能嘿已于是图也。"或曰："不然，凡所云报功者，跻之通显而已。自军兴以来，起徒步，解草衣，从文正公取功名通显者，不可选纪也。其处功名之地，退然若无与于己者，一二人而已耳；人奈何不贵一二不可多得之人，而贵其不可选记者哉！"夫有功于人而望人报我，不得则郁郁焉，悄悄焉，寓于物以舒吾忧，非知道君子所宜出也。且章君固不自以为功也。夫见人之趋死地，岂预计其人之能成功名于天下而后救之哉？虽一恒人无不救矣。见人之趋死地而救之，岂必有赡智大勇而后能哉？虽一恒人能之矣。事机之适相值而不能自已焉云尔，夫何功之足云？闻有功而不求报者矣，未闻不自以为功而犹望人之报者也。然则是图何为而作也？曰：文正公之为人，非一世之人，千载不常遇之人也。吾生乎千载之后，而远望千载之前，有若人焉，吾不能与之周旋也，吾心戚焉。吾生乎百载数十载之后，而近在百载数十载之前，有若人焉，吾亦不能与之周旋也，犹之戚焉。并吾世而生，而有若人焉，而或限乎形势，或间阻乎千里百里之远，吾仍不能与之周旋也，吾心滋戚焉。若乃并吾世而生，无千载百载数十载之相望，而又不限于形势，不间阻乎千里百里之远，而获亲其人，朝夕其左右而与之周旋，则其为幸也至矣。

虽其平居燕闲游娱登览之迹，壶觞谈笑偶涉之乐，一与其间，而皆将邈然有千载之思也，而况相从忧虞患难之场，而亲振之于阽危之地者乎？此章君所以作是图以示后之旨也。妄者至谓使文正公显擢章君，是深德君援己，而死国为伪，此则韩公所谓儿童之见者矣。章君既没，其孤同以汝纶与其先人皆文正公客也，走书属记是图，为发其意如此。图曰铜官感旧者，靖港故铜官渚也。光绪辛卯八月桐城吴汝沦拜序。

竭力推尊国藩，主旨在为之释不录寿麟功之疑。论自阔大，然亦稍近肤廓，未尽切于事情也。所斥“妄者”，即指李元度。(此文亦曰《铜官感旧图序》，从《铜官感旧图题咏》所载也。汝纶集中则称《铜官感旧图记》，并改定数字：“且章君固不自以为功也”句作“且章君安得自以为功也”，末句作“光绪辛卯八月汝纶记”。)**汝纶并有《答章观瀛书》论此，于左、李之序，均加评骘，其文云：**

前接惠书，奖饰过当，而意思肫恳，使读者不知所以为报。某老荒寡学，辱命以文事见推，非所敢任也。至述及贤尊靖港之役，又有不可以不文辞谢者。承示左文襄公、李方伯元度二文，以二公皆亲见其事，所言必翔实，某读之，亦尚有未尽当者。文襄时时欲与文正争名；李方伯之于文正，盖不能无稍宿憾。文襄之言曰：“靖港守虚寨之贼非多。”此妄也，意殆谓文正短于将兵耳。当是时，贼大举犯湖南，以靖港为巢穴，支党分窜湘乡、湘潭，谋夹攻长沙，使靖港为虚寨，无多人，则贼为无谋；主帅亲帅师出全力以争贼虚寨，则文正为无谋，此皆必不然之势也。且是役也，水军败于风，固不论贼众寡也。文襄又曰："公即死，谓荡平东南无望于继起乎?"是则然矣。凡功名之成否存乎时，规模之广狭存乎量，流风渐被之远近则存乎学。天祚盛清，贼虽剧必灭，遇当其会，功固必成，乃若兼包群才，遐迩慕赖，简拔贻饷，逮及后世，量足容之，学足师之，寥乎邈乎，微文正吾谁适归乎！此殆难概望之继起矣。凡此皆文襄之言之未当者也。

李方伯之言曰："文正既免，犹不食，移居妙高峰，再草遗令，将自裁，会湘潭告捷，乃笑曰：'生死盖有命哉！'"此决非事实。文正公生平趣舍，一不以利钝顺逆撄心，其治军一不以胜负为忧喜。靖港之役，至忿焉取决于一瞑，固烈丈夫所为不欺其意者。业以遇救不死，又闻湘潭捷书，则固将审己度世，不欲为匹夫之小谅矣，然亦安有方决志自裁，骤闻一捷，遽粲然发笑，自庆更生者哉？吾决知是言妄也。文正草遗疏遗令，文襄谓是既败后在舟时事，李方伯则谓出师濒行以遗疏遗令相授，是未败时作，二公皆言一事而枘枘不合如此，以理测之，似文襄是而方伯小失也。此皆于文正事未合者。其于尊公，则李方伯似为之发愤，亦传所谓浅之乎为丈夫矣。某之事文正也后，不及亲靖港之战，不能深知当时军中曲折。承命撰一文，题跋是图，且告之以不能久待，谨依尊旨草草报命，未识有当万一否，伏望财幸。

谓宗棠时时欲与国藩争名，良然，盖自负高出国藩一头，而世咸极推国藩，意不能平，故论及国藩，每有意著贬抑之语，以示纵无国藩，有己在，自可奏平乱之绩耳。谓元度之于国藩，不能无稍宿憾，亦颇在情理之中。元度早从国藩于患难，关系最深，自徽州之役，屡被国藩严劾，遂至乖离，后虽重归于好，为师弟如初，而终不免自伤蹭蹬，因之介介之怀，未能悉泯，其为寿麟鸣不平，固不无隐咎国藩寡恩之意焉。(元度《哭太傅曾文正师》诗有云："记入元戎幕，吴西又皖东。追随忧患日，生死笑谈中。末路时多故，前期我负公。雷霆与雨露，一例是春风。"又曾祠落成，作诗有云："嗟我昔从公，中蹶良自怍。未逐鲲溟化，甘同鲋辙涸。何幸拜崇祠，屠门过而嚼。樗材愧参苓，怕说笼中药。"均自摅斯人憔悴之感。）汝纶以为宗棠、元度叙遗疏遗令一事"杈枒不合"，细按之，似两人所叙本非一事也。元度叙国藩闻捷音而笑谓死生有命，汝纶斥为"决非事实"，未免太执。国藩虽善镇定自持，然不能大远乎人情，湘潭大捷，关系特巨，喜极而笑，作快心语，或流露于不自觉，盖未宜遽断为必无。若必过执"文正公生平趣舍，一不以利钝顺逆撄心，其治军一不以胜负为忧喜"，则充类至尽，并其因靖港之败发愤投水，亦可云"决非事实"矣！忆尝阅施愚所撰笔记，述鲍超轶事，有云：当曾国藩困于祁门也，敌盛势孤，危甚，一时幕中僚佐、帐下健儿，咸惴惴不宁，而国藩不改常度，神色自若。会报至，大队敌军由某处来攻，将至此矣。众益惶骇万状，而顾视大帅，则神色仍自若，毫无惊戚之容。既而续据谍报，来者非敌军，乃鲍超统师来援也。超著威名，号虎将，为敌所惮，众狂喜相庆，欢声若雷，而国藩无喜色，依然常度。超自率前驱数十骑来大营谒帅，众迓之于营门，国藩亦从容而出。超下马，将行礼，国藩遽趋前抱持之，曰："不想仍能与老弟见面！"言已泪下，盖喜慰之极，不复能自持矣（原文不能尽忆，大致如是）。斯时国藩在军阅历较久，镇定自持之工夫益进，而人情所不能已者，固仍有流露于不觉之时也。汝纶对此"千载不常遇之人"，过向不同常人处求之，致失之迂执。（原第13卷第28期）

《铜官感旧图题咏》印成后，续为诗文者尚不少（未知曾印续编否）。章士钊为寿麟族弟，民国十五年三月所撰《铜官感旧图记》，亦颇可观。文云：

> 吾宗曩有贤士，名寿麟，字价人，于愚为兄弟行，而年较愚父且长，又两人者相处甚得也。……愚年十六七，习为八股文于家，愚父喜夜谈，每津津为示价人君家事，尽漏不息，以此知君尝从曾文正出征。文正兵败靖港，愤投于江，君潜曳之起。文正殊自执，不肯归，君固多力，则强负之以奔于营，知者众，文正因无法自

轻其生矣。其后师出克捷，文正以一身系天下安危，人以此多君功，君绝无自伐意，文正亦弟畜君，意气逾笃，名位则别为一事，终文正之世，君沈浮牧令而已。可见老辈相与之际，别有真处，非世俗耰锄间报施之道所得妄度，两贤相忘无形，其神交尤不可及云云。铜官者，文正自沉地也，《感旧图》为君返乡重经时所造，冀留余迹以励方来。乡贤自左文襄以下，均有题记。……因索所题时文数十篇读之，反复尽卷；惟江西胡瘦唐所言，用思与愚父前训差合。文襄意直悻悻，颇若以当时救死为多事。呜乎！君一援手间，六十年兴亡大局，于是乎定，而其中文章隆替，思想通局，亦几于是图尽得验之，诚不禁衋然心伤，而叹瘦唐所称妇姬箪豆之见，深植于人心，兴哀垂德，扶危救难，无所为而为之者。事例太少，不足以开发恒人之思理，一旦有之，因相与震其迹而全昧其义，号为大人，言亦尔尔，然则世德之不进，人道市道之不辨，宜哉！……

以悻悻斥宗棠，略同吴汝纶所讥欲与国藩争名。而于名位一层，持论处较汝纶为圆适。

汝纶为曾国藩门人，兼师事李鸿章，忠且谨，鸿章亦雅重之，而自以内阁中书经国藩奏改直隶州知州，需次直隶，鸿章继国藩督直，俾历知深、冀二州（其间曾一署天津知府），久于一牧，未得迁擢。其《郑筠似八十寿序》有云："畿辅自曾文正公，今相国合肥李公，相继为政，劝厉吏治，州县贤有名者，大抵简拔荐擢以去，有起而秉节开府，得重名于京朝者。……往余在官时，尝戏语人曰：事贵能持久，吾入官二十许年，不迁一阶，不加一秩，出视同列，如立衢街观行路，来者辄过，无肩随者，不可谓能久矣乎！”似不无牢骚之意，然对鸿章倾服推崇，始终无间，风义之笃，世所共知，殆亦如章记中所云“相与之际，别有真处”，“意气逾笃，名位别为一事”欤？（汝纶《祭李文忠公文》有云：“不佞在门，或仕或止，迹疏意亲，谓公知己。”）

宗棠虽不免“悻悻”“争名”，而所论亦有中肯处。如谓国藩初起之军，阅历少，往往为敌所乘，时形困踬，以国藩不变平生所守，用能成功，固道实也。后幅生死之论，感慨激楚，想见此老晚年孤愤之态。国藩晚境怫抑（办理天津教案，见摒清议，精神上所受苦痛最深），致损天年，衷怀盖实有不能喻诸人人者。若宗棠，似差胜矣，而既扬威万里以归朝，在军机为同列所挤，督两江亦不尽如志，对外侮则尤忿恚难忘。癸未二月（作序之前五月）初十日家书（与子孝宽等），述以江督赴沪视察海防情形，有云：“值此时水师将领弁丁之气可用，悬以重赏，示以严罚，一其心志，齐其气力，我与彭宫保乘舢板，督阵誓死，正古所谓并力一向千里杀将之时也。……彭亦欢惬，并称：‘如此布置，但虑外人不来耳！’诸将校亦云：‘我辈忝居一二品武职，各有应尽之分。两老不临前敌，我辈亦可拼命报国！’答云：‘此在各人自尽其心，义在则然，何分彼此！但能破彼船坚炮利诡谋，老命固无惜！或者四十余年之恶气，藉此一吐，自此凶威顿挫，不敢动辄挟制要求，乃所愿也！’宫保亦云：‘如此断送老命，亦可值得。’”写其与彭玉麟敌忾之情，凛然可睹，序中“愿得一当以毕余生”，谓此也。未几以越南之役，宗棠督师福建，玉麟督师广东，迄中法和议之成，均未获躬临前敌。王闿运为玉麟撰墓志铭，所谓“晚遘海氛，起防南越，自谓得其死所，乃复动见扳缠”也。吴光耀（湖北人）《纪左恪靖侯轶事》云：

清泉左全孝言：左文襄晚年，法兰西入寇，诏督师闽海。出天津，与直隶总督李鸿章争协饷，弗谐，中道谓所亲曰：“老矣，不能复如往年抬杠！到天津与李二抬杠不中用，到江南不得与曾九抬杠。”通俗称强梁争事曰抬杠。是时曾国荃总督两江，既见，执手欷歔，相顾须鬓，曰：“老九认得我邪？我乃认不得老九！老九哥哥死矣，我便是老九哥哥！”曾喻意曰：“此行闽海，协兵协饷是小弟事。”退而燕谈，问：“老九一生得力何处？”曰：“挥金如土，杀人如麻！”左大笑曰：“我固谓老九才气胜乃兄！”到防，忧愤时事，有如心疾，日在营中呼：“娃子们快造饭，料理裹脚草鞋，今日要打洋人！”谆谆不绝口。左右谋看戏，演忠义战事，如岳飞大胜金兀术等出，乃欣然不言。会元日，问是何日，曰过年。曰：“娃子们都在福建省城过年邪？”曰然。曰：“今日不准过年，要出队！洋人乘过年好打厦门，娃子们出队，我当前敌！”总督杨昌濬贺年，谓：“洋人怕中堂，自然不来，中堂可不去。”左曰：“此言那可靠？我以四品京堂打浙江长毛，非他们怕我！打陕甘回子，打新疆回子，都非他们怕我！还是要打，怕是打出来的！”杨沮之不已，左哭曰：“杨石泉竟不是罗罗山门人！”将军穆图善亦贺年来。左右报将军来，曰：“穆将军他来何事！他在陕甘害死我刘松山，我还有好多人与他害！”且詈且泪流沾襟。将军曰：“中堂在此一军为元戎，宜坐镇；便去，当将军、总督去。”左曰：“你两人已是大官矣！你两人去得，我去得，还是我去！”将军言：“我们固大官，要不如中堂关系大局。”左无声，徐言：“如此，便你两人亦不必去，令诸统领去；诸统领不得一人不去！”先是，洋人诇厦门距福建省城极西无重兵，乘元日以大队兵船扰厦门。未至厦门五十里，用远镜见厦门沿海诸山皆红旗恪靖军，知有备而遁，曰：“中国左宗棠利害，不可犯也！”……和约定，左右不敢言和约。忽咄咄自语：“今日大喜事，娃子们何不灯彩？”既灯彩，则又曰：“何无人贺？”将军、总督以为真有喜事，相率入贺。问曰：“今日贺中堂，中堂是何喜事？”曰：“许大喜事都不知，未免时局太不在心！我昨日灭洋人，露布入告矣！许大喜事都不知，未免时局太不在心！”将军、总督退，使人出视和约，气急而战，不能成读，太息曰：“阎中堂天下清议所归，奈何亦傅会和约！”然犹不时连声呼：“诃诃，出队！我还要打！这个天下，他们久不要，我从南边打到北边。我要打，皇帝没奈何！"颠而呕血，遂至于薨。呜呼！如左文襄之办夷务，则信乎古之人所谓忠也。初奉命，从亲兵二十人出都，曾无告示，而各国商船不敢入海口。英人嗥总理衙门除海禁，左置信箱中军帐侧，令总理衙门公私文书尽投其中，不得启锁。邵阳姚炳奎言：左初入关见李，言关外办事之艰苦，李曰："君在西方，尚得道好；我在畿辅，言官骂得不成人。"左曰："关外办事，同是不免言官掊击，此是朝廷纪纲要如此。"其意谓督抚当如胡文忠言，包揽把持，不得因人言避事，盖谚语"打拢说话"，思以用李，而不知其道不同也。

写得栩栩欲活。虽有过度之渲染，类小说家言，未可概据为典要，而宗棠烈士暮年"愿得一当以毕余生"之情绪，似亦颇能表见其略，故录供谈助。

若就一时名位论，宗棠自属甚为得意。长沙陈锐《袌碧斋杂记》有云："文襄治军二十年，自陕还朝，授军机大臣，出督两江，乞假一月回湘省墓。出将入相，衣锦荣归，观者塞途。一日，就婿家宴饮，婿为安化陶文毅公子，谓之曰：'两江名总督，湖南得三人，一为汝家文毅公，一为曾文正公，其一则我也；然渠二人皆不及我，文毅时未大拜，文正虽大拜而未尝生还。但我亦有一事不及二人，则无其长须耳。'合座辗然。"良趣。盖在国固孤愤之难伸，在家亦昼锦之足夸耀乡闾也。　　　　（原第13卷第29期）

章士钊《铜官感旧图记》，于题图诗文数十篇中，独称“西江胡瘦唐所言”。胡思敬（字漱唐，清末名御史）之作，亦《铜官感旧图题咏》印本未及载入者。顷于其《退庐文集》检得所撰《铜官感旧图记》，移录如下：

> 资、湘交汇之区，有山曰铜官，故相湘乡曾文正驻师地也。靖港之败，章价人太守脱文正于厄。越十余年，文正薨，疆事大定，太守刺舟过此，追忆曩时患难，作为此图，遍征名流题咏。当时李次青、吴挚甫二先生皆未达其意，疑太守浮沉牧令间二十余年，戚戚不安于怀，聊假寓于物以写其蹉跎失意之悲。左文襄稍知言矣，又牵及老氏一死生齐得丧之旨，几中而复失之。予与太守子曼仙枢部交，获见此图，感念事物艰难之会，贤人君子崎岖补救之心，盖有不能已于言者。当发逆初起，楚南先被其患，众推文正练乡兵，保境杀贼，苟以自救，非有经营天下之志也。其后率师东下，困于彭蠡，厄于祁门，岌岌如落陷阱。即金陵合围之初，犹日夜忧惧，恐诸将幸进徼功，致蹈和、张故辙，亦非有奇谋胜算，自信必能挈东南数千里已失之地还之朝廷也。夫兵者阴事，不济则以死继之，君子所自尽者只此而已。同时与文正并起相颉颃者，无若胡文忠。奓山之衄，文忠索马欲赴敌死，圉人救之，马反驰，临江遇鲍忠武，乃同归。其幸而不死，亦犹铜官山之志也。余尝私叹，军兴以来，陆建瀛畏死而江宁陷，何桂清畏死而苏、常又陷。文正、

文忠欲死而不获死，奔走支柱其间，坚俟灭贼之机，未尝一日忘殉国之志。迨左文襄出，上游根本渐固，兵事稍稍顺矣。文襄谓文正即死，诛剿或缓，不患无继起之人，亦安知始事之艰，非积诚不能挽天下之极弊，虽才智无所措手乎？文正尝自言之矣：躬履诸艰而不责人以同患，浩然捐生，如远游之还乡，而无所顾悸。由是众人效其所为，亦皆以苟活为羞，以避事为耻。呜呼！湘军之所以兴，洪杨之所以灭，此数语尽之矣。浅见者不知，顾谓中兴人才，萃于湘楚，衡嶷镇峙之灵，郁数百年，闳极而一泄。此不特堕四方志士奋发有为之气，又使一二老成扶持世教之苦心，不见白于后世，何其言之诞也！发逆既平，湘中士习渐骄。文正再出剿捻，尝太息咨嗟，谓楚军暮气不可用。太守从文正久，习知兵间利害，观其自记之词，颇惜文正畏逼轻发，不能如异日之坚忍，聊追述仓卒遇难之状，以励乡人敢死赴敌之气，俾知士大夫出任军国大事，唯一死足恃，余皆付诸天命气数，而不敢自堕其修，此作图之本旨也。夫文正以道德郁为文章，播为功业，即不幸下从咸彭，其可诵可传者自在。大块劳我以生，逸我以死，文正骤获死所，方幸息肩以趋于逸，而太守必欲力任其劳。太守于天下信有功矣，论者并欲以此责报于文正，是妇姬箪豆之见，非太守所以自待，亦非文正相待以国士之意也。

文有内心，饶意致，宜为士钊引重也。所述胡林翼欲赴敌死一节，为咸丰五年事。《湘军志·湖北篇》记此云：

> 咸丰五年三月乙丑，诏胡林翼署湖北巡抚。……林翼念相持无已时，八月壬辰自将四千人渡江，思合水师取汉阳，不能进，屯奓山。戊戌寇至，林翼督军出，士卒要饷，出怨言，强之战，未交绥，噪而大奔。林翼愤甚，索马欲赴敌死。圉人见巡抚意色恶，反旋马四五转向空野，乃鞭之。马驰不能止，临江乃遇鲍超船。诸营官闻巡抚在，集溃卒，调王国才，合屯大军山。辛丑荆州运饷银三万至，乃严汰疲羸，奏调罗泽南军，令更增二千人，还攻武汉。

取与曾国藩靖港之事并论，是绝好陪衬，似即本之王闿运。闿运为章寿麟撰墓志铭，有"昔鲍拯胡，功超五等"之句，以鲍超后来膺子爵之封也。超谥忠壮，思敬曰鲍忠武，误。（薛福成《书霆军铭军尹隆河之役》，称超曰鲍武襄公，亦误。）

郑孝胥有《题章价人太守铜官感旧图》，见《海藏楼诗》，为丙申（光绪二十二年）所作，诗云：

> 曾公靖港败，章侯救以免。
> 功名震一世，云泥隔岁晚。
> 归舟近长沙，父老话兵燹。
> 山邱易零落，铜官长在眼。
> 作图名感旧，自记极微婉。

文襄耄年序，奋笔亦殊健。
未知王翁歌①，放浪情无隐。
曾章今往矣，意气固同尽。
时髦论纷腾，何事挟余愠？
道高亦可卑，子贤身不泯。
报恩贱者事，岂以律贵显？
彼哉李子言②，徒示丈夫浅。

自注：① 壬秋。

② 李元度序，有“不言禄，禄亦弗及”之语。

推阊运之诗，而于国藩似亦有微词。

左宗棠序中，引国藩父麟书之语，甚壮迈。麟书以老诸生为封翁，当国藩督师时，自撰一联，命国藩书之，文云：“有诗书，有田园，家风半读半耕，但以箕裘承祖泽；无官守，无言责，时事不闻不问，只将艰巨付儿曹。”（麟书应童试十七次，始于道光十二年以府考案首入湘乡县学，年四十三矣。国藩是年随父应试，获以佾生注册，年二十二，明年相继入学，又明年乡试中式，遂于道光十八年成进士，入词林，而麟书则入学之后，未克再进一步也。）

国藩《会奏湘潭靖港水陆胜负情形折》（咸丰四年四月十二日）叙靖港之败云：

臣曾国藩以潭城逆贼被官军水陆痛剿，专盼靖港之贼救援，亟应乘机攻剿，俾逆贼首尾不能相顾。明知水师可恃者均已调赴湘潭，陆路各营，除塔齐布、周凤山两营正在潭城剿贼，升用同知林源恩一营驻防平江，此外岳州、宁乡两次失利，阵亡乡勇约七八百名，又淘汰遣散湘勇已千余名，现存营者仅及千名，难期得力，而事机所在，又不敢不急切图之。是日卯刻，亲率大小战船四十只，陆勇八百，驰赴靖港上二十里之白沙洲，相机进剿。午刻西南风陡发，水流迅急，战船顺风驶至靖港，不能停留，更番迭击，逆贼在炮台开炮，适中哨船头桅，各水勇急落帆收泊靖港对岸之铜官渚。贼众用小划船二百余只，顺西风驶逼水营，水勇开炮轰击，炮高船低，不能命中，战船被焚十余只，随风漂散。各水勇见势不支，纷纷弃船上岸，或自将战船焚毁，恐以资贼，或竟被逆贼掠取。臣曾国藩在白沙洲闻倍（信），急饬陆勇分三路连扑靖港贼营，冀分贼势。陆勇见水路失利，心怀疑怯，虽小有斩获，旋即却退。臣曾国藩见水陆气馁，万难得手，传令撤队回营。此又初二日靖港剿贼失利之实在情形也。

又《靖港败溃自请治罪折》（同日），自陈调度乖方之失谬，继谓：

臣整军东下，本思疾趋出境，乃该逆大举南犯，臣师屡挫。鄂省危急不能速援，江面贼氛不能迅扫，大负圣主盼望殷切之意。清夜以思，负罪甚大。愧愤之余，但思以一死塞责，然使臣效匹夫之小谅，置大局于不顾，又恐此军立归乌有，我皇上所倚以为肃清江面之具者，一旦绝望，则臣虽死，臣罪更大。是以忍耻偷生，一面俯首待罪，一面急图补救。……一两月间，水师尚有起色。但微臣自憾虚有讨贼之志，毫无用兵之才，孤愤有余，智略不足，仰累圣主知人之明，请旨将臣交部从重治罪，以示大公，并吁恳皇上天恩，特派大臣总统此军。臣非敢因时事万难，遂推诿而不复自任，未经赴部之先，仍当竭尽血诚，一力经理。如船只已修，水勇可恃，臣亦必迅速驰赴下游，不敢株守片刻。

前折为与湘抚骆秉章会衔所上，后折为单衔所上，摘录用资并览。 （原第13卷第30期）

二八　名家论八股文

拙稿前谈八股文（见本报第十一卷第四十五期）引黎劭西（锦熙）《中国三千年大众语文学小史》涉及八股者一节，其论颇精。文中举焦循《易余籥论》之说，亦有致。兹更将《易余籥录》卷十五之一则暨卷十七之二则，录其文如次：

商之诗仅存颂，周则备风、雅、颂，载诸三百篇者尚矣，而楚骚之体，则三百篇所无也。此屈宋为周末大家，共韦元成父子以后之四言，则三百篇之余气游魂也。

汉之赋为周秦所无，故司马相如、扬雄、班固、张衡为四百年作者，而东方朔、刘向、王逸之骚，仍未脱周楚之科臼矣。其魏晋以后之赋，则汉赋之余气游魂也。楚骚发源于三百篇，汉赋发源于周末，五言诗发源于汉之十九首及苏李，而建安而后，历晋、宋、齐、梁、周、隋，于此为盛，一变于晋之潘、陆，宋之颜、谢，易朴为雕，化奇作偶，然晋、宋以前未知有声韵也。沈约卓然创始，指出四声，自时厥后，变蹈厉为和柔，宣城水部，冠冕齐梁，又开潘、陆、颜、谢所未有矣。齐、梁者，枢纽于古律之间者也。至唐遂专以律传。杜甫、刘长卿、孟浩然、王维、李白、崔颢、白居易、李商隐等之五律七律，六朝以前所未有也。若陈子昂、张九龄、韦应物之五言古诗，不出汉魏人之所范围，故论唐人诗以七律五律为先，七古七绝次之。诗之境至是尽矣。晚唐渐有词，兴于五代，而盛于宋，为唐以前所无，故论宋宜取其词，前则秦、柳、苏、晁，后则周、吴、姜、蒋，足与魏之曹、刘，唐之李、杜相辉映焉。其诗人之有西昆、西江诸派，不过唐人之绪余，不足评其乖合矣。词之体尽于南宋，而金元乃变为曲，关汉卿、乔梦符、马东篱、张小山等为一代巨手，乃谈者不取其曲，仍论其诗，失之矣。有明二百七十年，镂心刻骨于八股，如胡思泉、归熙文、金正希、章大力数十家，洵可继楚骚、汉赋、唐诗、宋词、元曲，以立一门户，而李、何、王、李之流，乃沾沾于诗，自命复古，殊可不必者矣。夫一代有一代之所胜，舍其所胜以就其所不胜，皆寄人篱下者耳。余尝欲自楚骚以下至明八股，撰为一集，汉则专取其赋，魏晋六朝至隋则专录其五言诗，唐则专录其律诗，宋专录其词，元专录其曲，明专录其八股，一代还其一代之所胜，然而未暇也。偶与人论诗而记于此。

《云麓漫抄》云："唐之举人，先借当世显人以姓名达之主司，然后以所业投献，逾数日又投，谓之温卷，如《幽怪录》《传奇》等皆是也。盖此等文备众体，可以见史才、诗笔、议论。至进士，则多以诗为贽，今有唐诗数百种行于世者是也。"按此，则唐人传奇小说，乃用以为科举之媒，此金元曲剧之滥觞也。诗既变为词曲，遂以传奇小说谱而演之，是为乐府杂剧，又一变而为八股，舍小说而用经书，屏幽怪而谈理道，变曲牌而为排比，此文亦可备众体，史才，诗笔，议论。其破题开讲，即引子也；提比、中比、后比，即曲之套数也；夹入、领题、出题段落，即宾白也。习之既久，忘其由来，莫不自诩为圣贤立言，不知敷衍描摹，亦仍优孟之衣冠。至摹写阳货王驩太宰司败之口吻，叙述庾斯抽矢，东郭乞余，曾何异传奇之局段邪？而庄老释氏之旨，文人藻缋之习，无不可入之，第借圣贤之口以出之耳。八股出于金元之曲剧，曲剧本于唐人之小说传奇，而唐人之小说传奇为士人求科第之温卷，缘迹而求，可知其本。

元人曲止正旦、正末唱，余不唱，其为正旦、正末者，必取义夫、贞妇、忠臣、孝子、厚德有道之人，他

> 宵小、市井不得而干之。余谓八股入口气，代其人论说，实原本于曲剧，而如阳货臧仓等口气之题，宜断作，不宜代其口气。吾见工八股者作此种题文，竟不啻身为孤装邦老，甚至助为讪谤口角，以逼肖为能，是当以元曲之格为法。

溯其演变，辨其体类，诚研究八股文之佳资料也。

前稿并引钱基博《现代中国文学史》论及八股文者，近复阅其《明代文学》。自序有云："至八股文，则利禄之途，俗称时文者也。然唐顺之、归有光纵横轶荡，则以古文为时文，力求返虚入浑，积健为雄：虽与诗古文体气不同，而反本修古一也。"书分四章，第一章文，第二章诗（附词）。第三章曲，第四章八股文。第四章第一节总论，谓：

> 八股文，亦名四书文。四书文者，以命题言之也。八股文者，以体制言之也。或称帖括，即唐帖经。亦名经义，即唐墨义。顾唐人帖经，犹今默写经书，无文词之发，非八股文比。而明之八股文，排比声调，裁对整齐，即唐人所试之律诗律赋，貌虽殊而其体则一也。亦称时文，则对古文而言。……自科举废而八股成绝响，然亦文章得失之林也！明贤扶发理奥，洞明世故，往往以古文为时文，借题发挥，三百年之人文系焉！吾友吴瞿安先生尝言："明代文章，止有八比之时文，与四十出之传奇，为别创之格。"（语见《顾曲麈谈》）吾友既

> 备论曲学矣，独八股文阙焉放废，遂为明其流变，著其名家，以俟成学治国闻者有考焉！

盖均有见地，固非漫扬已死之灰耳。循钱氏之例，论述清代文学，八股文亦应特加之意。又徐树铮《致柯凤孙王晋卿马通伯书》有云："诸子诸史骚赋诗歌填词南北八比文，皆中国文学粹腋，不可不各有最辑，拟定为目录，广求名宿耆贤，审慎抉择后，刊布于世，俾劝读之士，有所依归。"厕八股文于"文学粹腋"之列，拟最辑刊布，所见亦略同于焦、钱。

（原第13卷第31期）

王闿运《论文》（光绪三十四年应其子代功之请，作以示湖北存古学堂诸生者，代功时为斯校教习）云：

> 诗有家数，有时代；文无家数，有时代：此论自余发之。袁枚言唐如周八百年则无唐宋，此谬说也。周八百年，文体三变，而无阑入秦汉者。秦二世，隋亦二世，无阑入汉唐者。故尝譬之，文分代，犹语分乡，钱塘话不似富阳，湘潭话必非善化，相去半里，土俗殊音，但成朝代，即有风尚，九州随之转移，亿兆同于格律，岂以年数而同异乎？诗为心声，故一人一声，然其随朝代为转移，究不能大异。唐宋悬绝，不以年也。明人复古，徒矜夸耳，其实剽唐人之皮毛，律绝略似之，五七言则不能似。至于文，更无一语似古者，故明代无文，以其风尚在制艺，相去辽绝也。茅鹿门始以时文为古文，因

取唐宋文之似时文者为八家，方苞等从而张之，于是有古文之说。古文、制艺混而为一，乃与昔文大异，然其为八股腔一也。八股可辨时代，古文则八家茅方颇难区别，此犹学京腔者有时甚似。由退之起八代之衰，而创八股之腔；退之不似唐人，故宋明清人得似退之。论文唯古文有家数可摹仿，而诗则不能也。明何、李律诗，钱、王绝句，亦间可混入唐人，以短篇易学耳。作五言，开口便现本相矣。余与诸同志倡学晋宋诗，颇比七子多说几句，即骎骎入古矣。至于文，力追班、马，极其工力，仅得似明史，心甚耻之。及作《湘军志》，乃脱离时代矣。以数十年苦心孤诣，仅仅得免为明文，若学八家，数日可似，学话易，自运难，故不甚劝人学文，恐误人抛心力也。不如学诗，离去时代，专讲家数，成家即上跻其代矣。

所论有甚警颖处。其言明代风尚在制艺云云，与焦循之论（见第三十一期所引）颇相符合。至以时文为古文之说，亦言之有物，可资研索。

所谓以时文为古文，其要端盖为以密巧易疏拙，文格较卑，而亦有未可厚非者，故古文名家，不讳言之。如吴汝纶《答范肯堂》（当在光绪十七年），谓："大作濂亭寿文，实为奇作。所请陪客，与主人全不相涉，有如时文家所谓无情搭者，文乃错综变化，变成妙谛，诡谲多端。此由才气纵横，体格雄富，用能因方为珪，遇圆成璧，令我俯首至地，纵欲以文寿濂，读此不得不焚弃笔砚，佩服，佩服！承下问恳至，谨贡鄙见，以为合肥、瑞安等字，即所居县为称，似非古法，大率起于明代。古人就所官之地为称则有之，似未尝以籍贯为号。然此固小节，不足为文字轻重也。拙作不能成体，大类时文，来示所批文尾，乃谬加饰誉。……”自谦其文曰“大类时文”，而对范当世寿张裕钊文，除于合肥、瑞安等称以非古法为疑外，推服甚至处，乃亦在如时文所谓无情搭者，曰错综变化，曰妙谛，曰诡谲，曰纵横，极尽赞叹，古文、时文息息相通，尤足征已。明清以古文名者，类为八股高手，以古文为时文，即兼以时文为古文也。兹录当世《武昌张先生七十寿言》如左（文中“合肥”字样仅一见，未以“瑞安”称黄体芳，盖从汝纶之说改正），俾与汝纶所云相印证：

当世比以病体稍差而来为合肥相国教其子，盖不与吾师通问者既二年有余。相国闻其去江汉书院而还武昌，又或传其在襄阳。八月，弟锺书来，乃得所以居鹿门之状，且曰：“先生今年七十矣，久不见兄文；兄病已者，则趣为一文以为寿，其可乎？”同时朱曼君自旅顺来书，则言：“通政黄先生寿登六十，子不可无言。”吾亦以锺语告之。而曼君曰：“相国七十在明年正月，是亦必有吾子文者，三者孰先作矣？”夫为寿于知我爱我教诲我之人，则常辞举无所用，而独宜深道其所愿乐者，时乎其豫一眄以为欢。吾观功业福泽如相国，乃犹不免顾恤莫齿，私忧独叹，时时若为当世通其所拂郁，即又不能举其辞然者，然则穷老羁旅如吾师所为，其愈有何乐之足道？而通政之在京邸也，不得已而去其官，或传其典质为食，而归无一椽之依，此亦不为可愿。且以当世之一身，乃至不能稍自强力，与诸生角艺，求一第以为荣，而退又不能殚精竭思，日月著述，独纷然腾驾其虚美之说，一旦而求亲媚者三人焉，此何为者哉？天地之道，老者退而壮者代，吾年非不壮也，吾所代者何与？人各以所愿为者期我，而不知我乃神销气馁，至欲一世不关于人事，而独与所知己者长言，以谓一关于人事则无日而不忧，而人情一不相知，则同官共学而邈不相收，此亦天下之至惨也。以余所识天下之长者，乃独有相国、通政及先生三人，而相国与通政之为人，斯邈不相知矣。往时通政建言，乃拳拳焉惟相国之务去，此岂能知相国者？六七年以来，朝廷所易置封疆大吏不为不多，求多一相国而不可得，则吾不知其忧悲叹愤又当何如。相国不以人论之为嫌，顾若通政之愚不可及，则亦未必尽知之，惟以今天下言路之塞，惜此诸公，而叹滔滔者之靡届而已。夫不可奈何而义不能去，此其所处又难于通政。由是言之，去就之间，哀乐之情，以吾私独校此三人者，其为先生不犹愈乎？何者？彼其所求者易给，而其所为乃为天下之所贱简，独可偷为一身之娱，而无所庸其得失者也。当世之为弟子，百不逮其师，独于此乎斤斤，斯亦可谓不肖。要其言于今之献寿为宜，且以视曼君与吾弟，毋戚戚于先生之遭也。

汝纶谓如时文家所谓无情搭，按之信不诬，而所谓古文有类乎是者，岂甚少也哉？八股截搭题“推挽钓渡”之狡狯伎俩，成谓古文之妙谛，八股之能事，良亦足豪已。

明人之论八股者，如袁宏道《与友人论时文》书，以为虽功令之文，而自有长处，不宜摈斥。其文云：

> 当代以文取士，谓之举业，士虽借以取世资，弗贵也，厌其时也。走独谬谓不然。夫以后视今，今犹古也；以文取士，文犹诗也。后千百年，安之不瞿唐而卢骆之，顾奚必古文词而后不朽哉？且公所谓古文者，至今日而敝极矣。何也？优于汉，谓之文，不文矣；奴于唐，谓之诗，不诗矣；取宋元诸家之余沫而润色之，谓之词曲诸家，而不词曲诸家矣。大约愈古愈近，愈似愈赝，天地间真文澌灭殆尽，独博士家言，犹有可取。其体无沿袭，其词必极才之所至，其调年变而月不同，手眼各出，机轴亦异。二百年来，上之所以取士，与士子之伸其独往者，仅有此文；而卑今之士，反以为文不类古，至摈斥之，不见齿于词林。嗟夫，彼不知有时也，安知有文！夫沈之画，祝之字，今也，然有伪为吴兴之笔、永和之书者，不敢与之论高下矣。宣之陶，方之金，今也，然有伪为古钟鼎及哥柴等窑者，不得与之论轻重矣。何则？贵其真也。今之所谓可传者，大抵皆假骨董赝法帖类也。彼圣人贤者，理虽近腐，而意则常新，词虽近卑，而调则无前，以彼较此，孰传而熟不可传也哉？

为八股张目，亦可与焦循、钱基博等所云（见第三十一期）参阅。（又李贽《童心说》有云："夫童心者，真心也。……苟童心常存，则道理不行，闻见不立，无时不文，无人不文，无一样创制体格文字而非文者。诗何必古选？文何必先秦？降而为六朝，变而为近体，又亦而为传奇，变而为院本，为杂剧，为西厢曲，为《水浒传》，为今之举子业，大贤言圣人之道，皆古今至文，不可得而时势先后论也。"）

（原第 13 卷第 33 期）

周作人《论八股文》，亦言之有物，为研究八股文之体性者所宜一读，其说云：

> 我查考中国许多大学的国文系的课程，看出一个同样的极大的缺陷，便是没有正式的八股文的讲义。……我的第二个提议即是应该大讲其八股，因为八股是中国文学史上承先启后的一个大关键，假如想要研究或了解本国文学而不先明白八股文这东西，结果将一无所得，既不能通旧传统之极致，亦遂不能知新的反动之起源。……这在我是十二分诚实的提议，但是，呜呼哀哉，朋友们似乎也以为我是以讽刺为业，都认作一种玩笑的话，没有一个肯接受这个条陈。……
>
> 八股文……永久是中国文学！不，简直可以大胆一点说中国文化的结晶，无论现在有没有人承认这个事实，这总是不可遮掩的明白的事实。八股算是已经死了，不

过，它正如童话里的妖怪，被英雄剁做几块，它老人家整个是不活了，那一块一块的却都活着，从那妖形妖势上面看来，可以证明老妖的不死。……自韩退之文起八代之衰，化骈为散之后，骈文似乎已交末运，然而不然；八股文生于宋，至明而少长，至清而大成，实行散文的骈文化，结果造成一种比六朝的骈文还要圆熟的散文诗，真令人有观止之叹。而且破题的作法差不多就是灯谜，至于有些“无情搭”显然须应用诗钟的手法才能奏效，所以八股不但是集合古今骈散的菁华，凡是从汉字的特别性质演出的一切微妙的游艺也都包括在内，所以我们说它是中国文学的结晶，实在是没有一丝一毫的虚价。……

……中国国民酷好音乐，八股文里含有重量的音乐分子，……再从反面说来，做八股文的方法也纯粹是音乐的。它的第一步自然是认题，用做灯谜诗钟以及喜庆对联等法，检点应用的材料，随后是选谱，即选定合宜的套数，按谱填词，这是极重要的一点。……做文的秘诀是熟记些名家旧谱，临时照填，且填且歌，跟了上句的气势，下句的调子自然出来，把适宜的平仄字填上去，便可成为上好时文了。中国人无论写什么都要一面吟哦着，也是这个缘故，虽然所做不是八股。……

……我们不能轻易地笑前清的老腐败的文物制度，它的精神在科举废止后在不曾见过八股的人们的心里还是活着。吴稚晖公说过，中国有土八股，有洋八股，有党八股，我们在这里觉得未可以人废言。在这些八股做着的时候，大家还只是旧日的士大夫，虽然身上穿着洋服，嘴里咬着雪茄。要想打破一点这样的空气，反省是最有用的方法，赶紧去查考祖先的窗稿，拿来与自己的大作比较一下，看看土八股究竟死绝了没有，是不是死了之后还是夺舍投胎地复活在我们自己的心里。……

总之我是想来提倡八股文之研究，纲领只此一句，其余的说明可以算是多余的废话，其次，我的提议也并不完全是反话或讽刺，虽然说得那么地不规矩相。

其所讲《中国新文学的源流》第三讲《清代文学的反动（上）——八股文》，于此更有剖析及发挥处，可并参阅。（以上接第三十一期。）

二九　补记于敏中与张廷玉轶事

前述于敏中暨张廷玉事（见第二十二及第二十三期），昨承许霁英君由沪书告，知关于廷玉配享太庙一节，所引谕旨未备，特为补述，并谢许君雅意。高宗于乾隆十四年十二月降谕严责廷玉，而对配享一节，仍谓："恭奉皇考遗诏，朕不忍罢斥。"翌年（十五年）三月复谕："……张廷玉纶阁旧臣，宣力年久，今日陛辞之际，顾其衰耄，朕心尚为悯恻，所谓善善欲长，恶恶欲短，兹仍特加异数，以宠其行，赐给御制诗篇手书二卷并御用冠服、数珠、如意诸物，起程之日，仍令散秩大臣领侍卫十员往送，用示朕优老眷旧至意。”霁威念旧，不独配享可保，且有恩礼之加。会有皇长子永璜之丧，廷玉甫过初祭，即奏请南还，致触高宗之怒，又起轩然大波，四月借端降谕云：

今日侍郎管太常寺〔事〕伍龄安因额驸起勇亲王策凌配享太庙位次，开单条列具奏，朕已另降谕旨办理。因详阅配享诸臣名单，其中如费英东、额亦都诸臣，皆佐命元勋，汗马百战，功在旂常，是以侑享大烝，俎豆勿替，即大学士鄂尔泰，已觉过优，于此益见张廷玉之不当配享，而其配享实为逾分。在鄂尔泰尚有开辟苗疆、平定乌蒙及经略边陲诸劳绩；若张廷玉，在皇考时仅以缮写谕旨为职，此娴于文墨者所优为。自朕御极十五年来，伊则不过旅进旅退，毫无建白，毫无赞襄。朕之姑容，不过因其历任有年，如鼎彝古器陈设座右而已。夫在升平日久，固无栉风沐雨、躬冒矢石之事，可以自见，然亦必德业猷为，有功社稷，方足当之无愧，张廷玉曾有是乎？上年朕许伊休致回籍，伊即请面见，奏称恐身后不获配享之典，要朕一言为券。朕以皇考遗诏已定，伊又无大过，何忍反汗，故从其请，并赐诗为券。夫其所以汲汲如此者，直由于信朕不及，即此居心，已不可以对天地鬼神，尚可冒膺侑食之大典乎？及其谢恩不至，经廷臣议处，朕仍复加恩宽留原职，并仍准其配享，是在伊又当何等感愧？乃仍腼然以老臣自居，并不知感，

> 且于陛辞之日，赐赉优渥，并令于起身时仍派大臣侍卫往送，伊遂心满意足，急思旋里。适皇长子定安亲王之丧，甫过初祭，即奏请南还。试思伊曾侍朕讲读，又曾为定安亲王师傅，……不独任以股肱，亦且寄以心膂，尤非诸臣可比。……前于养心殿召对，奏称："太庙配享一节，臣即赴汤蹈火，亦所甘心。"夫以一己之事，则甘于赴蹈，而君父之深恩厚谊，则一切置之不顾，有是情理乎？使皇考仍在御，见张廷玉今日之行为，亦将收回成命，则朕今日不得不明颁谕旨，以励臣节。张廷玉非但得罪于朕，抑且得罪于皇考在天之灵矣。……配享一节，天下自有公论，张廷玉亦当有自知之明。……着将此旨并配享诸臣名单，令其阅看，自加忖量，能否与本朝配享诸臣比肩并列，应配享不应配享，自行具折回奏。……

顿然又反面无情，决罢其配享矣。廷玉以"蒙皇上训示，如梦方觉，既无开疆汗马之功，复无经国赞襄之益，年衰识瞀，愆咎日滋，伏乞罢臣配享，并治臣罪"等语覆奏。此固势所当然也。大学士、九卿奉旨议奏，请罢其配享，仍革去大学士职衔，以为大臣负恩者戒。此亦照例文章也。得旨："……张廷玉居心行事若此，若仍令滥膺侑食，诚不足以服公论，不足为天下后世臣工之劝，即朕亦何以仰对皇考在天之灵？着照大学士九卿所议，罢其配享。至朕于张廷玉已格外加恩，所议革去大学士职衔之处，仍着宽免。……"是配享之荣，已被斥罢。迨乾隆二十年，廷玉卒，乃复以“皇考之命，朕何忍违”为词，仍遵世宗遗诏，准其配享。高宗之对此事，其经过如是。《春冰室野乘》于此节虽未道其委曲，而“撤其配享”及“下诏还之”，自不为误。至谓：“英主之驾驭臣工，真有非常情所能测度者矣。”似未免将高宗看得太高，此事适见其性行褊躁，加膝坠渊之率意而已。（各谕全文，比而观之，矛盾违理之语不乏，盖愈辩愈彰也。）

《春冰室野乘》以于敏中未死而邀陀罗经被之赏，为授意自杀之证，经以其后阿桂亦未死而赏经被，论此证之未可凭。兹更见乾隆二十年正月一谕云：“皇十四叔恂郡王，自复封王爵以来，甚属恭谨，竭诚供职。昨闻患病，适御斋宫，是以先遣阿哥等往视，赏给经被。今闻溘逝，深为恻然，着派三阿哥前往穿孝，赏银一万两，料理丧务。俟逾祭祀之期，朕当往奠。”则又未死赏被，前乎敏中之例也。益征数见不鲜，无足深诧耳。（原第13卷第34期）

三〇　李鸿章与洪钧书

李鸿章以首相督畿辅，兼北洋大臣，于外交暨所谓洋务，恒参持其事，故与出使大臣时有书札往来。洪钧之为出使俄、德、和、奥四国大臣（光绪十三年任，十七年回国），与鸿章常通函牍，鸿章致书，每加称许，盖钧自官翰苑，即以淹雅闻；比膺使任，究心外情，在当时使臣中，言论丰采，亦颇为鸿章所嘉器也。鸿章书有云：“若论欧洲现在情形，似不能十年无事，俄背宋盟，法怀越耻，惟英与德，颇守盈满，而其君并已暮年，德君尤在旦暮，其嗣孙诚如尊论，则是吴之夫差。若兵端一开，岂易遽弭？俄谋南牧不得逞，将思另辟海口于东方，辽韩之间，岌岌可虑。但使欧西兵结不解，边患或可少纾。中国正宜趁此时保境息民，力图富强，岂尚复有返河湟收燕云之议？东悉毕尔总督所云，无乃未测深浅欤。元人得宋檄称蒙古当出某路，笑曰：'我初无此意。'今日亦真可谓无此意者矣。"此五十年前中国当局论世谋国之言，今日覆按，亦足增喟。其言不敢作收复失地之想，岂料后来失地之更层出弗已，今益不堪乎？当时所最虑者为俄，若日本，则犹未甚注意及之也。欧洲之必有大战，时已料及，惟酝酿期久，爆发未若所料之速耳。欧战诚中国力图富强之良机，而事实竟何如耶！英、德君谓维多利亚与威廉第一。威廉第二尚在储位，鸿章即据钧论而以吴王夫差拟之，并虑兵端之难弭，盖威廉第二时已为属目，鸿章与钧亦良有远见也。（夫差以黩武争霸而败，威廉第二亦然，固可相提并论。又："毕相竟已告退，事与心违始乞身，殆非得已。执事亟称其缄镝之密，实由于柄用之专；若中国之政，则正王昙首所谓一时宰相顿有数人，何由慎密？""毕相退位情事，屡见各国报章。长君方将以威福自专，犹欲视为冲主，此在西国亦不可行。闻其子亦令闲居，竟若待霍禹桓元故事；然论者谓毕相当国之日，本有传政其子之心，诚不免会之太岳之私，则疑谤或由自召。至于部院大臣并以去留为请，亦足见根柢之槃深矣。尊论欧西和局恐自此有变，然观德主手谕，义使谒词，并以力守成规不改旧约为说，人心如此，似尚不遽至决裂。德新相喀泼里斐，闻其人尚好，当能顾全大局也。”则均威廉第二即位，毕斯马克罢政后，鸿章与钧书中所言也。）

鸿章于与钧诸书中，论及张之洞，有云：

> 香帅移鄂，自为铁路。黄通政不借洋债之议行，更无急切筹款之法。香帅主意，括以四语，曰：储铁宜急，勘路宜缓，开工宜迟，竣工宜速。曰迟曰缓，盖亦知难。执事称原疏虑周论正而意巧，可谓知言。煌煌大文，作子虚一赋观可耳。
>
> 利国监铁，自昔艳称。香帅于海署疏驳晋铁之后，辄罗列粤、闽、黔、楚、陕五铁以应，远及八表，而近遗一徐，可谓失之目睫，而粤人言固不产铁也。都中毁香帅者，亦粤士为多；然在任时久不习其政教，不至去粤后矣。
>
> 香帅志大才疏，得失不相掩，尊论曲尽，可云妙肖。英厂所订炼铁织布机器移鄂之故，粤人佥谓不出铁亦不产棉，若用执事勘验乃购之言，何至多此曲折？至台炮闻代欲速者，盖于去粤之时，将以积年志业所在，一见于章奏，铺张门面，故必求速到，以实其言。观叠催芝田订雇所谓五学洋师，固以任内出奏为说，则情见乎词矣。今览其奏牍，规画有若已成，按图而索，则皆无有。

盖鸿章之轻之洞久矣，钧亦颇有同感焉。十年之后，庚子鸿章在京议约，十一月十四日与庆王奕劻会衔致西安行在军机处请代奏之电，驳之洞意见，有“谬论偏见”之语，并谓：“不料张督在外多年，稍有阅历，仍是二十年前在京书生之习，盖局外论事易也。”之洞闻之，深恨其“书生”云云之讥。

钧以学者出使，奉职之余，不废著述，其订注《元史》，尤致力最精，成绩斐然。鸿章与书有云：“近闻博征西事，以注《元史》。元太祖用兵西域，最为奇伟，开国既无方略可征，明初史臣，识限方隅，又不能详具本末，遂令后之读史者，如堕云雾，如谈鬼神。近代龚、魏诸贤，奋然有志于考索，而未能广致域外之书。前数年有黄楙材者，著《西徼纪闻》，亦颇能言当时兵事大略，惜足迹仅至印度而止，且亦出于潜行窥测，正有类于前人所论张骞、常惠情形，自难详审。今执事以辎轩大使，征海国异书，遂使六百年阙略茫昧之遗编，粲然可睹，且因此上溯汉唐旧史，亦各按籍可稽，若使前贤有知，当复如何惊羡！此非绝代通博之才，而值今日开通之会，是岂易言？执事成此盛业，何止突过晓征，卑视仲约而已？”甚致赞誉。又有云：“执事拟就西国大政，照中国六曹分门，荟萃成书，此真有用巨编，不朽盛业。近述日本政治者，如黄遵宪、顾厚焜等，各有成书，然蕞尔之国，网罗易详，且系同文，则抄集尚多原本。若欧西大邦，取材浩博，又无一处不借资翻译，固非通晓今古而又有大力者不能也。”“近闻槃敦余闲，殚精著述。曩者采风之使，每多排日之编，然皆叙次行程，略同游记，未有网罗大政，汇集成书，如尊著所拟义例之宏大者。蔚宗六夷之精思，端明海外之奇作，摩挲老眼，以待异书，犹能效王胜之遍读一过也。”此盖钧撰而未成之书。

顾肇熙为钧所撰墓志铭，前既收入《随笔》（见本报第十二卷第三十八期）；兹更录改葬时墓志铭（其乡后辈费念兹撰）如左，可合看：

> 兵部左侍郎洪公既葬西津桥之逾月，公子洛以毁卒。其后二年，孙杲始克改卜于大滚山之麓，奉公之柩而迁焉。先期谒念慈为铭，书之石。念慈闻诸班孟坚之言曰：形法者，大举九州地域，以立城郭宫室，审其吉凶，譬律有短长而征其声，非有鬼神，其数然也。其在诗曰：相其阴阳，观其流泉，为后世言形法之祖。夫葬者藏也，藏也者，安亲之体魄也。安与否不可知，以祸福为之征。故《孝经》曰：“卜其宅兆而安厝之。”而《周礼·春官》至设为墓大夫之职，掌其禁令而为之图。盖相墓之法，由来远矣。仁人孝子之用心，不可诬也。公讳钧，字陶士，号文卿。先世自歙迁吴，遂为吴县人，曾祖士澍，祖启立，父坦，并以公贵，赠如其官。幼颖异，家贫，令习贾，涕泣请读书。年十八，补县学生。同治三年举人。七年廷对第一，成进士。视学湖北。与修毅庙《实录》，赐花翔（翎）四品衔。自修撰八迁内阁学士，中间一为顺天乡试同考官，出典陕西、山东乡

试，甄拔多知名士，而山东得人尤盛。光绪九年，侍郎游百川，衔命驰视决河，请开马颊、徒骇泄水势。公疏言故道不可复，必疏二渠，且北趋为畿辅患。按察使潘骏文善治河，新获谴，无敢言者，荐起之。旋督江西学。十一年，以母病乞终养。服除，充出使俄、德、奥、和四国大臣，迁兵部侍郎。受代归，兼总理各国事务衙门大臣。十九年八月二十三日以疾卒于位，年五十有五。公之奉使也，中外交涉繁要，多用四码电，公创干支代字法为三码，所省巨万。教案起，西人获谤书，词连道员周汉，将置之法，独公以为伤国体，持不可，卒获全。俄罗斯为国，古乌孙地也，公求得古元时旧史所载记，皆畏吾文，译归以校史，多所勘正，成《元史译文证补》若干卷。既殁，陆祭酒师为校写付梓。公之始葬也，顾君肇熙为文志其墓，书家世及所历官甚详，今不复缕述。配何夫人，善承公志，斥家财为义庄，规画井井，盖古所谓女有士行者。子洛，县学生，以荫考授通判，改工部郎中，不胜丧而卒。妇陆，事祖姑疾，夜起积寒痺，闻公凶问，惊哭遽绝。今并袝于公墓。洛无子，何夫人命以公从子涛之子杲为之后。念慈与涛同举于乡，又以词馆后进谒公京邸，尝从容为言海国形势之异宜，与其所以强弱之故，俯仰太息而不能已。殁未一年，其言皆验，于是叹公忧思之深。天实夺之，谓之何哉！铭曰：

气来形止孰不竭，晓峰蜿蜒湖水碧。神游十州惊八极，归休于斯永安宅。子孙其逢福曼硕。

（原第13卷第35期）

三一　两江总督刘坤一

刘坤一久督两江，坐镇雅俗，不动声色，于庶政若无过人处，而临机应变，众论交推，尤以謇谔有大臣之节，为孝钦所敬惮。饰终之典甚优，世颇谓宜也。曩见陈三立为撰神道碑，不愧名笔。顷又见章钰代陆润庠所撰，为坤一神道碑之又一稿，文足称题，亦甚可观，兹录如次。高德馨跋暨章氏附记，并移录之：

圣清中兴，以楚材宣力为最多，其勋伐尤盛者，胡文忠、曾文正、左文襄之外，实维新宁刘公。公于诸公最为老寿，故十数年来，万难措置之国事，悉集于公之一身。同时封疆大臣，亦或各有建树，而始终一节，无丝毫遗议，则惟公一人。校德论功，与有宋韩、范为近。古之社稷臣，旷世不一见，公独允蹈之而无愧者也。公以诸生从事军旅，于咸丰年间转战湖南、湖北、江西各省，军锋所指，拔名城、歼巨憝无算，尤以破石达开悍队、平黄鼎凤老巢为奇绩。积功授广西按察使，同治五年擢抚江西，嗣督两广，光绪朝四督两江，历时最久，所至以吏治为先务，勤明廉正，以躬率之，民被其泽，讴叹至今。凡公治军保民之大，载在国史及时贤传记为已详，独其事关宗社大计及系天下安危之举，苦心硕画，世蔑有闻，宜述之一二，以昭来者。我德宗景皇帝入承大统以来，孝事孝钦显皇后，为天下所其闻。外患日棘，德宗锐意变法，日不暇给，群宵遂借以生心。戊戌八月以后，圣躬既时有不豫，逾年复有立大阿哥之命。其时国基震动，中外汹汹，卒之母子一心之语，屡见于懿旨，大阿哥亦旋立旋废，知者谓由公入觐独对，挽回无形，及与亲臣荣禄力争以为不可之故。非常之举，公固不言，证以公敬念圣躬一疏，朱笔批答，亲密如家人，有非他勋旧所敢望者，则知回护两宫，功在国本，诚可格天，理固然也。当公入觐之初，拳匪已萌蘖于畿甸，公面告直督裕禄究治，不省；抵京复请明降谕旨禁止。枢臣刚毅阳奉上意，阴实纵之。陛辞之日，孝钦显皇后谕曰："刘某行矣，东南半壁尽以付汝矣。"回任未久，即奉各督抚一体召募义和团之谕。时李秉衡以巡阅长江水师驻江阴，迎合朝旨，公与之明定职守，并严饬炮台兵轮无得开衅，复拨给饷械，速秉衡北上。秉衡既去江南，公乃与长江上下游诸帅，定保护东南之策。公当时电奏，有"从古无以邪教立国者，信用此辈，必肇大祸，各国军队攻入都城，有非臣下所忍言者"。措词痛切，与中旨大相抵触。幕僚属稿既竟，谓："此奏朝廷之安危，公之祸福系之，应发与否，事须慎重。"公思索少顷，以手加颈曰："好头颅准备赴菜市口耳！"即命译发。时李文忠奉命自粤抵沪，拳焰方张，大臣被祸者接踵，事机莫测，未遽北行。公谓大局败坏，将来与各国构和，非傅相莫属。适奉电致英、美、日本三国请代排解之国书，遂奏请授李全权，先与上海各总领事相机协议，得旨允行。文忠之得以不蹈危机，卒成款议者，其始则公为之也。各项洋债，以海关充抵，时枢府以业与各国开战，电饬停付。公以吴淞海面兵舰络绎，此议若行，势将据关收税，分扰沿海各省，则保护之局破矣，乃抗疏力争，照约付还，他省解不及期者，并罚款代任之。大信既昭，事益得济。其时经画应付之事，千头万绪，而荦荦大者则如此。保护之局既定，东南晏然，各国无所借口，主和平者乃得相机行事，有斡旋之余地。河山再造，微公策殆无幸也。公荷封疆重寄数十年，平时不以贤智先人，一当艰屯盘错之会，则言人所不敢言，为人所不敢为，成败利钝非所计，而惟知尊主庇民，自完其以身许国之素愿。薨逝之日，九重震悼，不由据请，特谥忠诚，信乎德动天鉴，夐出于一时功名之流矣。公起家儒素，所至风消壁立，峻却馈遗，督粤时曾领海关事，羡余二十余万，洗手归公。部议移奖子弟，辞而不受。好读司马温公《通鉴》，通宾判牍之外，辄手一卷。自撰章奏书札，则仿陆宣公《翰苑集》体，旨达而词雅。长身玉立，目光如电，白须清朗，手掌如朱砂。接人则和蔼之中时露刚正之气。平时衣履朴素，有类冬烘，及朝会大典，整肃威容，则休扬山立，俨若神人。相传为某寺高行僧再世，弥留吟诗如有所会，所谓生有自来者与。公讳坤一，字岘庄，新宁人。曾祖武敏，祖荚。父孔濬，字云樵，识江忠烈于未遇时，曾文正有《刘孝子诗》寿之。曾祖妣氏邓，祖妣氏陈，妣氏傅，氏蒋。三世皆封赠如公阶。公娶雷氏，赠一品夫人，继妾曾氏，封一品夫人。无子，以弟培一子能纪嗣。孙七，曾孙二。所著有奏议公牍若干卷，《补过斋文集》一卷，杂著一卷。生道光十年某月日，光绪二十八年某月日薨于位，年七十有三，追赠太傅，兼一等男。以二十九年二月二十九日葬县新寨村斗笠冲新山之原。公子能纪，宿卫京师，来修世讲之谊，谓余久官禁近，粗习国闻，奏公行状，乞铭神道之碑。时距两宫宾天，尚在密遏期内。圣慈圣孝，既光昭于万世，追怀往事，益叹公所处为至难。冲人嗣服，典学方新，时变未可知，则有待肩国家大任者，举皆事公之事，心公之心，庶几仁贤迭代，用以弼丕基而寝群谋，抑亦公报国未竟之志，不能不责望于后贤者也。诠次罣然有怀，铭曰：

人臣事君惟一心，一心所在天日临。气数可同虞渊沉，安有古昔安有今？罴罴刘公起百战，儒效独为楚贤殿。内而官府外邦甸，拼掷一身塞百变。山颓木坏有讴思，日光玉洁无瑕疵。惟忠惟诚天所知，易名特典畴同之？神州前路莽无极，欲尽臣道公可则。我撮其大列幽刻，百世圣人俟不惑。

此茗理代吾乡陆文端所撰刘忠诚碑文也。忠诚薨后，公子能纪奉状乞文端铭公墓道，文端属茗理。逾年文端薨。茗理此文实成于丙辰之岁。篇中所纪忠诚战功治绩，皆举其荦荦大者，而调护两宫，及维持东南二大事，尤为世所不及知，即文端知之，而生平谨慎温树，亦未必能言，微茗理此文，荩臣谋国之苦衷，殆无由见。天若鉴公之诚赤，殁后乃使茗理操笔为之，俾传公者有所依据。此事关系至巨，非寻常铭墓之文也。茗理所以知公轶事綦详者，盖尽得之王君绍廷。王君名燮，江苏道员，久为忠诚幕客，庚子文电奏牍悉出其手。茗理与王君至戚，故能确知当日情事，然则王君亦有功于史乘矣。庚子之变，全国震惊，忠诚保障东南，卒能撑拄危局。使后之肩疆寄者，尽如忠诚，何至土崩瓦解。则知乔木世家，国之所重。人之云亡，邦国殄瘁，古之作诗者殆有隐痛乎。茗理此文，作于国变之后，追维往事，备深感慨。脱稿后谬承商榷，因手一通，并志数语。丙辰九月转（鲟）溪退士跋，时同客天津。

转（鲟）溪居士，为钰光绪七年同补博士弟子员友吴县高君远香，讳德馨，同为先师童子久方伯识拔，肄业学古堂有年，尝以试用知县分发浙江，一投部牒，即弃去，累充省垣高中各学校历史地舆教习，以课士有方，传旨嘉奖。辛亥国变，宗旨不同，谢世伏居，借饮酒种花自遣。时钰辟地津门，知其不能自给，为作曹邱生于诸家塾，强之北来，讲授经史，寓津逾十年，为布置席砚，时来栖上极穷鱼呴沫寒鸟求声之乐。辛未三月老病归里，甲戌秋殁，年政七十。所著诗词及经小学丛稿均未刊。君之为人，外和内介，无一言一动之或苟。生际玄黄，更以一秀才不降不辱，此真称不负“读书人”三字者。兰薰雪白，庶几有之。此稿其手录焉。附记生平大概以代传志。乙亥十二月初十日长洲章钰记，时年七十一岁。

章氏此文，盖作于民国五年，不独在清亡之后，且在润庠已卒之后，文中“冲人嗣服，典学方新，时变未可知，则有待肩国家大任者，举皆事公之事，心公之心，庶几仁贤迭代，用以弼丕基而寝群谋，抑亦公报国未竟之志，不能不责望于后贤者也”等语，则处清亡数年之时，而托为尚未鼎革之际，作预防后患之想，所谓“时变”“群谋”，皆隐约其词也。若不读转（鲟）溪退士（高德馨）之跋，当误以为真清末文字矣。（原第13卷第37期）

陈氏之文，作于庚申（民国九年），后章文四载，兹并录志于左，用资互览：

光绪二十八年九月五日，两江总督南洋大臣新宁刘公薨于位，两宫震悼，赠太傅，追封一等男，予谥忠诚，宣付国史馆立传，赐祭葬，入祀贤良祠，并京师他立功行省建专祠，进子孙官秩各有差。饰终之典，迈绝等伦，天下以为宜，盖功在江南，斡旋大计，与国为体，功泽所被，有不能忘。往者畿辅乱民既发难，皇太后胁二三亲贵，骤与八海国构衅，因诏各行省悉备战，势岌岌，公忧境土糜烂国遂覆，乃定东南互保之策，守盟约如故，江海晏然。德宗景帝之初变法也，大忤皇太后，图废立，已阴有代之者，中外噤不敢出声。公独传电王不可，得稍稍顾忌。明岁入对，益反复讽谏，语绝痛，终以公耆德重臣可信，寝不行。呜呼！二者即有其一焉，动系安危存亡重且巨，微公几不可收拾，以是海内外想望丰采，推其孤忠大节，而叹为无愧古之社稷臣者也。公讳坤一，字岘庄，起诸生，提乡兵从刘武慎公转战湖南、江西、广西，设谋奋武，克城破敌，居然跻名将，累功至广西按察使，擢广东布政使，仍留治军浔州，未几命继沈文肃公为江西巡抚。江西久被兵，一切废罢，文肃治尚综核，纲纪粗立。公至，一御以宽大，独惩贪墨不少贷。久之，煦濡休养，元气益复，吏民便安之，讴思至今。同治十三年，调署两江总督。光绪初元，改授两广，施治如江西，而稍厉威严，立劾文武吏七十余人，戒禁赌盗亦有效，兼粤海关监督数月，所余银二十万两有奇，悉输公家，毫发无所私。五年，移督两江。其秋，日本并琉球，廷议三道出师援之。公疏陈利害，谓不宜轻举，报可。明年用言官掎摭罢归。偃仰林泉，翛然自逸，尝笑谓今幸与为秀才时同，但恨失岷樵，不及复授徒其家耳，公盖江忠烈之宾友也。后曾忠襄公薨于江南，难代者，朝野皆延颈属公，于是果诏起公于家，海内相庆。当此时，外侮内患，今昔颇异势，而江南屯防率湘军旧部，公首重兵事，参西法训练，筑吴淞、江阴、江宁诸炮垒，于制造局增设炼钢厂，易其械器旧式之不合者。中东之役兴，我师屡北，及授公钦差大臣，出驻山海关，督师会战。和议成，不许固辞，命还任。国势愈弱，祸衅愈歧出。公以垂老控其间，屡平土寇，复历戊戌、庚子之变，处危疑，拄艰巨，密图长算，奋斗寤寐，精力由是寖衰耗，往往积忧劳卧疾，然华夷卒倚以为重。公性孝友，幼侍大父疾，辄自掐其肤，冀以移痛苦；接昆弟家人，恩谊周浃；持躬俭素比寒儒。久领封圻，凡抚江西十年，督两广五年，督两江则前后十有六年，故江南人士，虽并前总督沈、左、二曾歌颂弗衰，尤若引公为已私。为治根廉静，豁达持大体，外和易而中坚定，所负荷万撼莫能夺。朝廷大政，每倚谘决。海酋至者，仰若天人。耻表襮，不务赫赫之名，而通识老谋，涵纳万类，平其嚣竞，弭患于无形，策功于久远。自公薨，其乡列中兴勋旧名臣智深勇沉忠笃朴勤之风少替矣。人亡国殄，岂不信哉！曾祖讳武敏，祖讳荄，父讳孔濬，皆诸生，皆赠光禄大夫。曾祖妣氏邓，祖妣氏陈，妣氏傅，氏蒋，皆赠一品夫人。配雷夫人，当公援江西，讹传殁于阵，自刎以殉，公终其身最哀之，得如旌例。继配曾夫人。无子，以弟培一之子嗣，曰能纪，四品京堂，委散秩大臣，兼袭一等男。孙七人，曾孙二人。公享年七十有三，光绪二十九年二月葬县之南新寨村斗笠冲新山之界。后十余岁，庚申某月，公子能纪督文刊碑，凡战绩治行暨历阶序荷宠锡，为国史志状所已具，颇不著，著其荦荦数大事，俾百世之下，诵述殊烈，有余慕焉。其辞曰：

里挺二杰，忠烈武慎。公踵与侔，风猷弥振。始挈一旅，邻疆推刃。功拥驱除，英威霆震。手定赣墟，节麾来镇。葺其破残，重睦婚亲。义正仁育，讴归道胜。徙治岭海，文武弛张。洁佩明条，奸贪败藏。迤逦江南，建牙四至。孰壮巨防，拊我憔悴。祸挑瀛岛，公则障之。衅迫宫闱，公则弭之。耿耿荩画，提殉孤危。卒所宏济，遗万世规。事去运移，公暝已久。国立天地，允系黄耇。旧烈显诗，光接维斗。

文中“德宗景皇帝之初变法也，大忤皇太后，图废立”等语，包孕无限情事，笔致肃括。章文于此，体润庠之口气，着重在“母子一心”，“圣慈圣孝”，因须为孝钦回护，遂有“群宵借以生心”云云矣。孝钦废立之谋中寝，得力于坤一之侃侃以诤，而荣禄帘眷最隆，动于坤一“君臣之义已定，中外之口难防”之忠告，与有从中竭力谏止之劳。其情形，王小航纪之颇详（见本报第八卷第二十四期拙稿所引）。他如胡思敬《国闻备乘》等亦颇言之，事当不虚。章文谓坤一“与亲臣荣禄力争以为不可”，亦兼及荣禄焉。

近阅陈夔龙《梦蕉亭杂记》卷一有云：

《传》曰：一人定国。此言岂不谅哉！当戊戌政变后，宫闱之内，母子之间，盖有难言之隐矣，而一班薰

> 心富贵之徒，致有非常举动之议。东朝惑之，嘱荣文忠从速办理。此己亥冬间事也。公谏阻无效，忧惧成疾。适合肥李文忠外任粤督，行有日矣，来辞公，见公容貌清癯，曰："何忧之深也？"公谓文忠曰："南海虽边远，实一大都会，得君往，朝廷无南顾之忧，君行将高举远引，跳出是非圈外，福诚无量；而我受恩至渥，责备亦最严，近数日来，求生不能，求死不得，将何以教我？"因密语非常之变恐在目前。文忠听未终，即大声起曰："此何等事，讵可行之今日！试问君有几许头颅，敢于尝试！此事若果举行，危险万状。各国驻京使臣首先抗议，各省疆臣更有仗义声讨者，无端动天下之兵，为害曷可胜言！东朝圣明，更事最久，母子天性，岂无转圜之望？是在君造膝之际，委曲密陈。成败利钝，言尽于此。"公闻之悚然若失，翼日以文忠之语密奏，幸回天聪。闻某相国、某上公颇拟藉端建不世之勋，某上公并手拟一稿，开编公然有废立字样，公急诃止之。上公意颇怏怏，是诚不知是何肺肠已。余事后亲闻之公者，爰书于简端。

是荣禄之谏止其事，更仗李鸿章之危词以促其成也。（某相国指徐桐，某上公指崇绮。） （原第13卷第38期）

三二　张之洞与大阿哥之废立

大阿哥溥儁之废，张之洞与有力焉。据刘焜笔录《庚子西狩丛谈》吴永自述，事缘永受之洞属在西安行在向孝钦面奏；又据王小航《方家园杂咏纪事》，谓由于梁鼎芬以之洞荐举应召至西安奏对时进言；而据之洞自撰（托名弟子）之《抱冰堂弟子记》，则之洞径密电枢廷，劝其面奏，趁两宫未到京之先发表，此议乃定（时两宫在汴）。前稿述溥儁事，均曾移录（见本报第八卷第二十三期）。兹更考其事。《西巡大事记》（王彦威辑，其子亮编）卷十一载光绪二十七年（辛丑）十月驻跸开封之际，军机大臣鹿传霖（之洞姊夫）接之洞电云：

> 九月内德穆使自京来鄂晤谈，择密室屏人密语，问曰："大阿哥之本生父端王，经各国加以重罪，不知大阿哥将来究竟如何？"言语甚多，大率深不悦而已。此事甚难对，当即答曰："此大事，臣下不敢知，但闻皇太后近来因大阿哥不好学，深不喜大阿哥而已。"本拟即行密陈，因近日道路传闻，朝廷于此事将有举动，则为外臣者，于此等事自不宜妄言，且上意已定，更不必再言；但恐朝廷或询问枢廷诸公，疆臣中有所闻否，若不将德穆使此语奉达，朝廷万一责疆臣以有闻不告，则更不能当此咎，故谨以密陈。如朝廷问及，则以此语转

奏；如不问，则不必矣。敢请密告荣相，恳其妥酌，至祷。洞盐。

不数日，“溥儁着撤去大阿哥名号”之懿旨下。之洞此电，盖有促成之力，惟其欲前又却之态，亦深可见。“如不问，则不必矣”云云，固与《抱冰堂弟子记》所谓“密电枢廷，劝其面奏”，辞气有间也。

三三　李鸿章与李瀚章

李鸿章挽曾国藩联云：“师事近三十年，薪尽火传，筑室忝为门生长；威名震九万里，内安外攘，旷代难逢天下才。”口气极其阔大，甚为一时传诵，惟下联之“外攘”，国藩得无歁然乎？上联毅然以“门生长”自居，盖以名位与国藩相亚，曾门弟子，无与比伦，故居之不疑，然亦稍嫌托大弗让。他人姑不论，其兄瀚章同为曾门弟子，何亦欲长之耶？《汪穰卿（康年）笔记》卷三《杂记》云：“乙未，李文忠奉命至日本之马关议和，过上海，官场例设燕。时文忠兄筱荃制军亦在上海，势不得不请；顾有难者，坐席次序，本应先兄后弟，然文忠气概，似无屈居第二之势。诸人相商，甚难其事；乃拟姑勿先定，俟临时再设法。届时则文忠自据首座，曰：‘今日诸君特为我盛设，不敢不坐此。’视筱荃制军，已逡巡坐次席矣。如所云，是鸿章更有当筵不让于兄之事。惟考之当时情事，鸿章乙未二月十八日由津乘轮出发，二十三日到马关，并未过上海勾留，而瀚章时犹官两广总督，亦未闻有离任在沪之说（至三月始奉旨开缺），则康年所云，固与事实不符也。［鸿章三月二十四日由日归国，亦未至上海。翌年丙申鸿章赴俄贺加冕，过沪作十余〔日〕之勾留，自二月初一日登岸，迄十五日放洋，其间迭赴宴会，《李傅相历聘欧美记》（美国林乐知汇译，上海蔡尔康纂辑）卷上历述之，于美总领事之宴，特书云："初十之夕，美总领事佑尼干君宴之于礼查客馆，兼请金昆前两广总督李筱荃制府（瀚章），伯行、仲彭两公子暨各随员；美国水师提督，同在座中，亦上客也；而中西各官暨西国命妇、闺秀、商人等，追陪篷座，尤为一时之盛会。"所述较详，林乐知为美国人故也。此次大宴会中，瀚章、鸿章盖同莅焉。至中国官场宴会，是否二李亦尝同席，未之及。］又李伯元（宝嘉）《南亭笔记》卷十纪李瀚章事有云："与其弟鸿章，同在曾文正幕。其弟偶然出外，文正有折稿，拟诘晨拜发，觅之不得，乃嘱李为之。弟返，见房门已启，而李方伏案而书。弟阅之，大笑曰：'你也会弄这个吗！'挥之使出，就坐吮毫伸纸，顷刻而成。李惟愕视。李在文正幕，终日一无所事，人称吃饭师爷。"此项话柄，盖不满于瀚章者，有意结撰，以致其调侃，《南亭笔记》收入，未加别择耳。瀚章在下僚时，即以才为曾、胡所器，每与鸿章以二李并称，为曾营主饷，有能名，迭膺荐拔，洊陟开府（其官督抚仅稍后于鸿章），岂如《南亭笔记》所云乎？（至晚岁督两广时之政绩如何，为另一问题。）

薛福成在国藩两江督幕，国藩卒，为襄理丧事，选录挽联之“周密无疵，为当时所推诵者”，载于《庸盦笔记》卷三《轶闻》，为一时最注目之鸿章此联，竟未与焉，或亦以其未为“周密无疵”欤？

醒醉生（闻即汪康年）《庄谐选录》卷四云：“李申夫方伯随文正最久。文正在祁门，兵事方急，惟李相随不去。文正薨，李挽之曰：‘极赞亦何辞，文为正学，武告成功，百世旂常，更无史笔纷纭日；茹悲还自慰，前佐东征，后随北伐，八年戎幕，犹及师门患难时。”某相见之，颇恨其言（以俟录）。”此联《曾文正公荣哀录》及《庸盦笔记》均未载。所谓某相，指鸿章也。国藩困于祁门时，鸿章引去，欧阳兆熊谓国藩曾有“此君叹与共患难耳”之叹（见本报第七卷第三十八期拙稿所引兆熊笔记）。李榕此联之末句，自非鸿章所乐闻。国藩拟荐苏抚时，闻初颇属意榕，鸿章遽挺身自任，国藩壮之，遂倚以平吴（亦可参看本报七卷三十八期拙稿）。国藩之卒，榕先已由湘藩罢官，失志侘傺，故挽联不无牢骚之意。（榕在湖南布政使任，缘事被劾，鸿章时为湖广总督，奉旨按其事，为之辨雪，而微言其失，榕落职，此同治八年事也。国藩与书有云：“市虎成于三人，知已无可挽救矣。宦途升沉得失之故，皆冥冥中别有主持，古来贤者，不得自由。阁下胸怀洒落，饱闻运气口袋之说，想能泰然自适，不复以一时之毁誉撄其伟抱。惟径情直行，不恤人言，虽贤者独立不惧之高致，而古人亦往往以此取败。阁下还山以后，恐岫云仍当复出，尚祈采乡校之舆评，借人言以自惕，以独立者蕴诸中，而以委蛇者形诸外，于立身涉世之道，更为完密。”慰藉其罢官，而以内方外圆之义劝诫之，词婉而意亲，榕故国藩门人之夙相厚者也。其后榕未获再起，与鸿章本曾幕旧侣，宦途之升沉异矣。）（原第13卷第39期）

三四　日使林权助救张荫桓

本报本卷第二十九期载王古鲁《林权助与中国》，介绍前驻华日使林权助自传《谈谈吾的七十年》所述有关中国之史实，读之甚感兴味。其救梁启超及张荫桓，当时情形，言之历历，亦戊戌政变中之珍闻也。（时林权助以日使馆首席书记官任代理公使。）关于救荫桓一节云：

> 在援救梁氏之先，业已传闻张荫桓氏亦被逮捕。及至伊藤公朝见皇帝之时，张氏又随侍在侧。庆亲王欢宴伊藤公席间，张氏又在座。但林等一回使馆，张氏被捕消息又至，颇觉诧异。庆亲王欢宴翌日，伊藤公在使馆中设席答礼。所招者都系中国大臣，外人只有英人赫德一人。座席未久，英国公使忽令其书记官持函求见林氏。乃出阅其函云：“仆虽知今晚贵处举行宴会，但以事关重大，故令书记官持函求见。务乞稍抽片刻之暇，而复书记官。据确实消息，张氏明日将处死刑。伊藤公现居贵处，如能假其智慧，筹一援救方法，幸甚。敬乞尽力。”当晚李鸿章亦在座，林氏以席间谈及此事，不甚

妥善，所以决定散席后赴李邸面谈。当即以此意复英使馆书记官，入席后，绝未稍露声色。客散后，乃以此事告伊藤公，并云与李氏谈话时，如遇必要，拟利用伊藤公名义。伊藤公报可。林氏即乘马车赴李邸。李氏以林氏午夜（大约在十一二时左右）来访，出询何事。林氏告以来意，并谓此系英公使饬人通知，所以特来面询有无援救方法。李氏首述张氏受彼提拔的经过，并云张氏最近对彼反抱敌意，表示不愿援手。林氏即恐吓李氏云，如杀张氏，必引起大祸。李追问所指，则云列国将出面干涉，伊藤公极为中国担忧。李氏色动，沈吟云，时间甚促，将如之何？林氏云，军机大臣荣禄氏每晨四五时入宫，公可函知荣氏，使彼在日出之前，将此种消息传入太后耳中。李氏允即照办，而张氏此役果得免于死了。

荫桓几死于戊戌政变，赖外力得保首领，其情形盖大致如是。庚子，孝钦当倚畀义和拳“扶清灭洋”之际，杀荫桓于新疆，其故亦即以此也。翌年，李鸿章以议和全权大臣为荫桓奏请开复，则因英、美二使之照会。原奏称：“英、美两国使臣照会，以已革侍郎张荫桓，于去年七月间惨罹正法，该侍郎从前出使两国，和平办事，敝邦人皆道其贤，伏乞代请圣恩，追念前劳，准予开复等语。查张荫桓当日原案，尚非必不可宥之罪，既据该使臣等呈请，可否准与开复以笃邦交之处，伏乞圣裁。”奉谕照准，其事仍缘外力。（上谕中明言外使所请，且有“以昭睦谊”字样，国体不遑顾矣。当戊戍荫桓遣发新疆，安徽学政徐致祥奏言：“其平日于外洋各国，多结私交，往还最密，将来必耸动洋人，代为请释起用，后患尤不可言。应请密降谕旨，饬令新疆巡抚，俟其到戍时，即时就地正法，以申国典而快人心。”孝钦当时虽未允行，至庚子卒如其言，而辛丑之降谕开复，则果又如致祥所谓洋人代请也。）至鸿章与荫桓之相失，其事亦有可征。陈夔龙《梦蕉亭杂记》卷一云：

……总署大臣张侍郎荫桓，由佐杂起家，向在山东，为丁文诚公所卵翼，后附北洋李文忠公，洊升今职。侍郎颇自负才望，……会英公使函请会晤，余随文忠接见，并录记两方问答。文忠年纪高，不耐久坐，而英使又哓哓不已，日将夕始辞去。未去一钟以前，侍郎亦入坐。文忠送英使返，即索观问答簿，余即呈上，约二千余字，叙要案甚多。文忠笑曰：“何其速也！然稍迟，我亦不能候矣。”略看一过，书“阅定”二字，交供事缮正，赶于夜半交进内章京呈请邸枢各堂阅看，以免隔阂。文忠去后，余亦疲惫，匆匆下班，偶忘于问答簿内添注“某钟某刻张侍郎续入坐”字样，本一时之疏忽，未始不可谅也。讵侍郎调簿重阅，见无声叙入坐字样，登时怫然，谓此等问答，连我衔名已忘，其余英使所说之事，更不可靠，甚谓文忠年老，所答之话，我亦不放心等语，恣睢情概，旁人亦觉过当。实则原叙问答，均系根据条约驳复，一字亦不能改也。……方侍郎之获谴也，时在戊戌八月十五日，由刑部解赴兵部，遣戍新疆。刑部司员押解侍郎者，为其同乡区君。此君夙与侍郎不相能，匿怨已久，特在部求派押解差使。计由提牢而司而堂，经历五六处，区君均坐堂点解，不肯稍留面子，侍郎亦无如之何。当解到兵部时，余适在职方司。此案应由武库司办理。因系秋节，司中阒无一人，余急往库司，与区君周旋。区君守取回文，悻悻而去。怨毒之于人甚矣，可不惧哉！余送区君出，即往司堂东偏屋内，慰问侍郎。侍郎满面流泪，并云："我非康梁一党，不知何以得此重谴！"余惟以"圣恩宽大，早晚必可赐环"安慰之。侍郎谓日已过午，腹中饥甚。讵是日秋节，饭庄未经开市，仅买得月饼少许，为侍郎充饥。侍郎甘之如饴，谓一饭之谊，将来必报。余送侍郎署外，看其上车，饬五营承解弁兵沿途小心伺候，不准稍有大意。后谒李文忠公。公曰："不料张樵野（侍郎号）也有今日！我月前出总署，几遭不测，闻系彼从中作祟。此人若不遭严谴，是无天理！"相与嗟叹者久之。

所叙张、李间情事，可与鸿章语林权助者参阅。夔龙时以兵部司员（职方司总办）充总理各国事务衙门章京，在兵部并于荫桓之发遣，躬与其事。所叙荫桓当时狼狈之状，亦可与本报第十一卷第五期拙稿所引高照煦《闲谈随笔》言其过陕时仍是侍郎势焰，州县照钦差接迎云云合看，盖发遣时与沿途之形态有异也。（在总署之盛气凌人，亦可与本报十一卷二十六期拙稿所记其在户部事合看。)

三五　记李端棻遣戍

前稿引《闲谈随笔》，并及李端棻过陕西情状，又引汤用彬《新谈往》所纪两人过甘肃时事。《梦蕉亭杂记》卷一亦并叙端棻之发遣。据云，端棻由仓场侍郎擢任礼部尚书，纳夔龙及贻穀之劝，于赴部履新，至土地祠行礼时，故为失足不起，佯病请假二十日，预为避祸之计：

> 迨十五日张侍郎荫桓奉旨遣戍，南城外士大夫群相议论，全集矢于公，公不得已，具折自行检举。奈是日适有内监他案发生，东朝震怒，阅公奏疏，谓为有心取巧，仍从重论，发往新疆效力赎罪。余以公咎虽应得，而情有可原，从前原系托病，经旬日之激刺震撼，公真病矣，而发遣不能缓期，窃不自揣，欲急友生之难。翼日独诣军机处，面谒刚相，述尚书患病实情，求代展期起解。刚相意不谓然。余复谓尚书原请病假，在未获罪之先，并非获罪后方始请假，希图逗留。刚相谓："此系旨意，我不能代请旨。"声色微厉。余亦忘却此乃密勿重地，小臣不能在此任意喋喋，几成僵局。幸荣文忠公出而言曰："君等所谈何事，何尚未解决也?"刚相色稍霁，谓文忠曰："君瞧筱石为人太好，现为同乡李苾园遣戍事，求我展假。此何等事，你我何能擅便!"文

> 忠略一沉思，笑谓余曰："发遣系奉严谕即日启行，岂能展缓，刚相之言甚是。惟有一通融之法：尔速到部，传谕即日起解。官员遣戍，首站多宿天宁寺，已算遵旨出京；如实病，再具呈城厢司坊官吏，请假一二日，未尝不可。公义私情，岂不面面俱到?"语未竟，刚相拍手赞成曰："此计甚好，尔即照此办去。"余到部不移时，尚书已到，敬候发遣。余送尚书至天宁寺，情话一夕，又为通融请假二日，部署行装。自惭京员清苦，无力厚赆。越日车声辚辚，尚书竟赋西征。此戊戌八月事也。迨庚子七月，某邸参中外大员情通外洋十五人，余竟附骥尾。折虽阁下，上忽询及余。刚相先言曰："陈某曾在臣部当差，人极正派，且有血性，能办事。"天颜亦为之霁。文忠出语余曰："此数日内，我与庆邸亦犯嫌疑，说话不灵。刚相说你好，尤足以动天听。"后知刚相谓余有血性，盖指当日尚书遣戍，余与彼在军机处门外争持之事云。

录资汇览。某邸谓端王载漪。至所谓"上"及"天颜""天听"，自均指孝钦而言，非名义上"皇上""天子"之德宗也。 （原第 13 卷第 40 期）

三六　张荫桓获咎内情

吴永尝以直隶试用知县随张荫桓出使。事竣，荫桓保举人才，以“堪膺方面”论荐，特旨以知县仍留原省补用，遂补怀来县，有知遇之感。其论荫桓获咎情事（见刘焜《庚子西狩丛谈》卷一）云：

张公得罪之由，曾亲为予言之，谓实受李莲英所中伤。其自英使回国时，曾选购宝石两枚，预备进奉两宫，一为红披霞，一为祖母绿，足充帽准之用。归国后，乃以红宝石进之德宗，祖母绿进之太后。论其价格，绿固远胜于红也。但通例，京外大员进奉，必经李手，即贡呈皇上物品，亦须先由李呈明太后过目，方始进御，因此率备一分，为李经进之代价，大抵稍逊于贡品，而相去亦不能过远。彼时侍郎眷遇方隆，平日高才傲气，于李殊不甚注意，本已不免介介，此次又一无馈赠，若有意为破成例者，故衔怨至深，而侍郎固未之知也。进呈时，太后方拈视玩弄，意颇欢悦，李特从旁冷语曰：“难为他如此分别得明白，难道咱们这边就不配用红的么！”盖通俗嫡庶衣饰，以红绿为区别，正室可被红裙，而妾媵只能用绿，太后以出身西宫，视此事极为耿耿，一言刺激，适中所忌，不觉老羞成怒，遂赫然变色，立命将两份贡物一律发还。此消息既已传播，当然必有投井下石之人，未几即以借款事被参。太后阅奏，立遣缇骑传问。侍郎方在家居，忽有番校四人，飞骑登门，口称奉旨传赴内廷问话，当即敦促起身。及匆匆冠服上车，两人骑马前后，余两人露刃跨辕外，一如行刑刽子手，即将押赴市曹者。侍郎谓此时实已魂魄飞失，究竟不知前抵何处，乃番校沿路指示，竟一径趋向禁城，直至东华门下，始知尚有一度讯问，当不至立赴刑场，然心中忐忑，转以益甚。下车后仍由审校押导入内。至宫门外，已有两内监守待，番校前与致词，一如交割罪犯者，当在阶下立候。未几，传呼入见，太后盛气以待，词色俱厉，至不敢尽情剖白，只有碰头认罪，自陈奉职无状，仰恳皇太后、皇上从重治罪，仍摘要勉剖一二语。幸刚中堂在旁乘间指引开脱，曰："这也无须深辩，现奉皇太后、皇上恩典，你只须有则改之，无则加勉。下去。"予见太后无语，始碰头逡巡退出。至宫门外，已不见有人监视，遂步行出东华门，觅原车还寓。途中神志恍惚，乃如噩梦惊回，天地改色。一天雷雨，幸而无事，居然重见妻孥，此诚意料所不及者；然寸心固怦怦然，针毡芒刺，不知何时可释也。

侍郎作此语时，固疑朝廷必尚有处分，至少亦当革职，然竟无后命，只得如常入署供职。当时颇有劝之引退者。侍郎曰："此当然之事，安俟更计？且吾心已碎，即在职亦何能更有所报称。但现在尚是待罪之身，万不敢遽行陈乞，只有徐之时日，或者霆怒稍霁，再当设法缓图。求进固难，求退亦岂易事耶？”

如是数日，尚无动静，以为可以渐次消解。乃一日忽下严旨，户部侍郎张荫桓着发往新疆效力赎罪。照例大员得罪发遣，即日须出投城外夕照庵，再候兵部派员押解，向之请数日期限，摒挡行李。侍郎虽扬历中外，而挥霍亦巨，故殊无甚积蓄，治装颇拮据。予时已奉补怀来缺，尚未到任，百计张罗，勉集五百金，赶至天津途次，为之赆别，相见惨恻，谓：“君此时亦正须用钱，安有余力，乃尚顾念及我！”语咽已不复成声。予欲勉出一言以相慰藉而不可得，惟有相对垂泪而已。此情此景，犹在目中。方意侍郎年力未衰，必有赐环之望，乃以拳匪作恶，无端殃及万里外，命耶数耶，诚不得而知之矣！

最可异者，侍郎虽身受重戮，而始终未尝革职，故临刑时犹被二品官服。闻廷旨到后，相知中致意家属，有劝其自尽者。侍郎慨然曰：“既奉有明旨，即自尽以后，照章仍须执行斩决，与其二死，孰与一死？大臣为国受法，宁复有所逃避？安心顺受，亦正命之一道也。”于此足见其胸襟磊落，临难守正，不图苟免，真不愧大臣骨梗。……

辛丑十一月，回銮途中，降谕将荫桓开复原官。《庚子西狩丛谈》卷四下云：

> ……谕："奕劻等奏美国使臣请将张荫桓开复等语，已故户部左侍郎张荫桓着加恩开复原官，以昭睦谊。"……按：张荫桓并未革职，"开复"二字实无根据；但此犹不过前此上谕中文字之疏漏。中国之官，何以由美使奏请？即徇美使之请，上谕中亦何必叙明？结尾"以敦睦谊"四字，尤为多赘。开复本国处分人员，于睦谊上有何关系耶？……
>
> 渔川（按：吴永字也）述公遗事，尚有一事未及，谓：公在戍所时，忽于门前构造一亭，以此处地势稍高，足资登览。亭成请名，一时思索不得，因适在墙角，遂以角亭名之。后来即于此亭行刑。说者谓角字为刀下用，谶兆无端适合。据此言之，则吉生凶死，某时某地，早有前定，冤在夙业，亦无事为公抱屈也。
>
> 渔川又言：公临刑之前数时，已自知之，忽告其从子，谓："尔常索我作画，终以他冗不果，今日当了此夙愿。"即出扇面二页画之，从容染翰，模山范水，异常缜密，盎然有静穆之气。画毕就刑，即此便为绝笔。此真可谓镇定，盖公之得于道者深矣。

详言其获罪遣戍及就刑戍所等事，足资浏览，故移录之。荫桓之遣戍，按其情，断无不予革职之理，且其时已以吴树梅补其户部左侍郎缺，亦见职已被褫，（《清史稿》荫桓传，亦言“褫荫桓职，谪戍新疆”。至其言“拳乱作，用事者矫诏僇异己，荫桓论斩戍所”，乃徇为孝钦粉饰者之词，非实录也。）惟革职一层，其时或漏却明文，如刘氏所谓“上谕中文字之疏漏”者，亦未可知，容再考。观李鸿章（盖与奕劻会衔）转达外旨为荫桓请开复之原奏，称“已革”云云，而开复之谕，只用“已故”字样，固颇觉可疑耳。（《庚子西狩丛谈》所录此谕“美国使臣”四字，王彦威《西巡大事记》卷十一所录，作“英美二国使臣”，似以《大事记》为是。）荫桓临刑时如着在官时章服，应为一品，非二品，以曾加尚书衔也。至以角名亭，若魏延之梦，偶然巧合，使荫桓而善终者，则无人更作“刀下用”之推究，而为谶兆与前定之论矣。

荫桓以借款事被参而几获重谴，为戊戌五月事；其于政变遣戍，则八月事。吴永所谈，似将两事混合，颇欠分晓。翁同龢是年四月二十七日罢官，五月十三日出京，其四月初十《日记》云：“王鹏运封奏，大臣误国。见起，三刻，语多，王劾余与张荫桓朋谋纳赂也。薰莸同器，泾渭杂流，元规污人，能无嗟诧。”二十四日云：“是日见起，上……以张荫桓被劾，疑臣与彼有隙，欲臣推重力保之。臣据理力陈，不敢阿附也。语特长，不悉记。”五月初八日云：“樵野来告，初六日与军机同见，上以胡孚宸参折示之。折仍斥得贿二百六十万，与余平分。蒙温谕竭力当差。又云，是日军机见东朝起，极严责，以为当办，廖公力求始罢。又云，先传英年将张某围拿，既而无事；皆初六日事也。余漫听漫应之而已。”可印证也。又录李岳瑞《春冰室野乘》所记一则如下，亦可参阅：

> 南海张樵野侍郎荫桓，起家簿尉，粗识字，中岁始力学，四十后即后出持使节，入赞总署，而骈散文诗，皆能卓然成家，余力作画，亦超逸绝尘，真奇材也。生平作事，不拘绳尺，且以流外官致身卿贰，辇下诸贵人尤疾之，以故毁多于誉，然干局实远出诸公上。戊戌五月常熟去国时，侍郎亦被人参奏。闻东朝已有旨饬步军统领即日前往抄籍矣，以荣禄力谏而止。实则荣禄别有用心，非为侍郎乞恩也。尝见其为人所画便面，湿云滃郁，作欲雨状，云气中露纸鸢一角，一童子牵其线，立危石上，自题诗其上曰：“天边任尔风云变，握定丝纶总不惊。”盖即此数日中所作也。　　　　(原第13卷第41期)

三七　张之洞购赝鼎

名人嗜古器物者，每传有受欺之笑柄。如毕沅、阮元、潘祖荫、翁同龢等，均有此类传说，见于诸家记载。张之洞亦有之。易宗夔所辑《新世说》卷七《假谲门》云：

张香涛于光绪中以鄂督入觐，偶游海王村，瞥见一古董店，装潢雅致，驻足流览。庭陈一巨瓮，为陶制者，形既奇诡，色亦斑斓，映以大镜屏，光怪陆离，绚烂夺目。谛视之，四周皆篆籀文如蝌蚪，不可猝辨，爱玩不忍释。询其价，则谓为某巨宦故物，特借以陈设，非卖品也，怅怅归。逾数日，张偕幕僚之嗜古者往观之，亦决为古代物，必欲得之，令肆主往商。未几，偕某巨室管事至，索值三千金。张难之，询其家世，不以告，往返数四，始以二千金获之。舁回，命工拓印数百张，分赠僚友，置之庭，注水满中，蓄金鱼数尾。一夕，大雷雨，旦起视之，则篆籀文斑驳痕，化为乌有矣。盖向之苍然而古者，纸也；黝然而泽者，蜡也；古董鬼伪饰以欺人者也。

此项话柄，亦足发噱，惟事之信否，未可遽必。近阅卓从乾《杏轩偶录》，多言晚清鄂省事（卓氏为湖北安陆县人），于此事所记尤详。据云：

清慈禧后晚年，张文襄公督鄂，奉诏陛见。清故事：凡疆臣展觐后，未奉回任之命，不敢出都。时鄂抚端午桥兼署督篆，阴贿后左右，沮文襄返鄂。后左右复向公索巨资，公无以应，由是留滞辇下者几一年。每日无事，携一仆游琉璃厂，自东口至西口，凡古董肆必入焉，厂中人莫不识公者。一日，至某肆，见宅内亚字朱栏中置一缸，形甚古，作八方式，各方皆有字，籀篆隶草，各体俱备，似陆续题跋者，而碧苔紫藓，斑驳陆离，字迹模糊，读不成句。缸口缘边微有缺损处，露极细赤丝，洵为巨石凿成者。缸内注水，夏不涸，冬不冻，蓄五色金鱼数头，游泳于萍藻之际，甚自得也。公爱之，问于肆主曰："此缸系何代所制?"肆主曰："余儿时闻先祖与某贝子博，贝子负万金，以此缸作抵押，先祖得之甚喜。相传为明宫禁中物，闯王入宫，但捆载金银珠宝而去，此缸欹于阶下，弃不顾，由是流落人间。至于制造何代何人，实无可考。"公问售价若干，肆主曰："先祖遗言，凡宗室懿亲八旗阔老来购者，必须万金以外，若遇清廉士大夫而又好古者，价可略减。今观老先生囊橐萧然，岂能复购此物耶?"公笑而去。反寓后，问各老友挪借五千金，明日持交肆主，肆主固不受。公曰："此缸幸遇吾人能识之，故以重价；若京中之拥巨资者，未必肯一顾也。"肆主曰："凡物诎于不知己而伸于知己，今既遇公，岂可贬价以求售乎?"公笑曰："此金可暂收，后当补给也。"越日而公回任之命下，遂以厚毡包裹石缸周身，雇八人舁置专车之上，同载抵鄂，即陈于后庭书室之外，仍以朱栏护之。立招鄂中官吏之博雅者来相参考，若梁臬司星海、黄学使绍基（按：当作"箕"）、纪山长香葱、杨广文惺吾诸先生，皆莫知此缸之朝代，惟同声赞叹为莫名之实物而已。某夜，公方被酒卧，忽大雷雨，暴风挟冰块如万箭齐发，直射书室，玻璃俱碎，彻夜檐溜如悬瀑布，有倾河倒海之势，公拥被不觉也。晨起，至庭前，见八方式之古缸，悉委地为泥涂，金鱼三四头，皆拨剌沟渠中，困顿欲死，公懊恼者久之。忽传梁臬司至，公衣冠出见。梁问曰："昨夜古缸无恙乎？"公曰："已物化矣。"梁方代为惋惜，公掀髯大笑曰："五千金何足惜！使当日肆主定索万金，吾亦必与之矣。今而知貌为高古者诚不足与真金石并寿也。"时余方肄业两湖，有同学某君尝以文襄之好古而受人欺作为笑柄，余曰："惟真好古者乃能受人欺，若徒博好古之名，而实爱钱如性命者，岂能受此欺乎？"某君闻之有愧色，盖某君尝以博雅自诩，而又出纳最吝者。

与见于《新世说》者略有异同，而言之较繁，虽间有不了了处，语气则甚津津焉。此或事属有因，不尽虚诬耶。

三八　张之洞优容熊汝梅

叶昌炽为甘肃学政时，《日记》中兴"始知州县有褫革生员之权，学政则不能办一人"之叹，盖学政虽尊，究属客位之故耳（详见本报第十一卷第十三期所载《随笔》）。又尝闻林贻书（开謩，尝为河南学政）言，学政按临，不可无故开罪州县官，必俟其出结，始可放心，亦阅历之谈。李岳瑞《春冰室野乘》书熊知事（县）（见《国风报》第二年第七期。坊间之《春冰室野乘》单行本止于第一年）云：

> 昔在都下，闻蜀中友人为道强项令熊明府汝梅事，谓足继何易于。熊为鄂之黄安人，以庶吉士出宰四川，初任奉节，继调梁山，奉节为夔州首邑。梁山亦剧县，其宰奉节也。张文襄方督蜀学，按试夔。故事，学政所临，一切皆首县供应。会穆宗上宾，哀诏至蜀，地方官遵例哭临。是日诸官齐集，文襄领班，立阶上，将跪，视地上砖，无拜褥，令从者以毡至。左右传呼首县索取，熊正色曰："此何时也，安所得毡！"令以草荐至。文襄不得已，竟藉草，固心衔之。时公馆所用帷帐茵褥隐囊之属，皆红紫绸缎，例应以布素易之，文襄仆私取旧所供者，不以归县；熊索之急，则殴其从人，且詈及熊。熊大愤，召县役四十人率以往学政署，戒之曰："吾命汝捕即捕，命汝杖即杖，即学政见罪者，吾自当之。"至则植立龙门外，令诸役皆詈，且索物，如有出者，即反走。果四人出门叱问，甫逾阈，熊亟呼曰："捉！"四十人蜂拥上，执四人，缚以缧，即龙门外褫衣杖之。四人者，悉美锦狐裘，衣带纠结，猝不解，则以刃断之。杖甫施，知府已使人来召。熊语之曰："吾公事毕即来耳。"知

府不得已，亲来，谓四人曰："孰令若横至此！吾固言熊老爷不可犯，今何如者！"俄而文襄遣人来，言前犯事者已逐出，此四人者非也。熊谬曰："乃非学政仆耶？若是，愈不可逭！"命尽系之狱。文襄竟无如何。功令，学政按试竣，地方官必具结，声明并无需索，详大府，咨部，学政乃得行，结不出，学政不得去。文襄试既毕，索结，熊难之，曰："吾自分与学政同落职耳！"布政使某公以手书解之，乃出结，释四人于狱，语之曰："归语汝主，无与县令构怨！县令罢，捐万金可复职；编修罢，非钱所能买也！"顾文襄亦优容之，尝语人曰："熊令固好官，惜太客气耳。"熊闻之笑曰："不客气，那敢尔！"

学政为知县所苦，事实上固有可能也。其后二十余年，尹铭绶以编修为山东学政，按试泰安时，与知县毛澂相迕，其事闻有与之相类处，澂亦以不出结难之，知府竭力调停，始勉强出结云。铭绶光绪甲午翰林，澂则庚辰翰林，以庶常散馆为知县者，故早六科之老前辈也。闻澂对铭绶，有"卑职狗运不通"之忿詈语。（熊汝梅同治戊辰翰林，为张之洞癸亥翰林后辈。）

（原第13卷第42期）

三九　李鸿章卑视洋人

李鸿章历办外交，曾大蒙清议之纠责，媚外之诮，众口一词，甚至拟以秦桧，斥以私通外国，烧城铄金，莫能自解。迨庚子之役受大创，鸿章议和尽瘁而死，物论始回焉。鸿章外交政策与手段，固有可议，要非有心媚外，且对外人词色之矜傲，尤其态度所特具。甲午之役，伍廷芳以议和随员赴日，日首相伊藤博文，为述十年前奉使至天津订约时鸿章态度之尊严，有追忆令人心悸之语（见王耀煜《中日战辑》卷四）。梁启超《李鸿章》第十二章，述其轶事有云："李鸿章接人常带傲慢轻侮之色……与外人交涉，尤轻侮之，其意殆视之如一市侩，谓彼辈皆以利来，我亦持筹握算，惟利是视耳。崇拜西人之劣根性，鸿章所无也。"李岳瑞《春冰室野乘》云：

> ……文忠卑视外人之思想，始终未尝少变，甲午以后，且益厉焉。其对外人，终不以文明国人待之。此老倔强之风力，今安得复睹此人哉？其使俄也，道出日本，当易海船，日人已于岸上为供张行馆，以上宾之礼待之。文忠衔马关议约之恨，誓终身不复履日地。从人敦劝万端，终不许，竟宿舟中。新船至，当乘小舟以登，询知为日本舟，遂不肯行。船主无如何，为于两舟间架飞梁，始履之以至彼船。其晚年直

总署也，总署故事，凡外国使至，必以酒果款之，虽一日数至，而酒果仍如初，即此项已岁糜数千金。公至署，诸使来谒，署中依例以酒果进。公直挥而去之，曰："照例，外宾始至，乃款以酒果，再至则无之也。"诸使皆色变，然竟不能争。法使施阿兰狡甚，虽恭忠亲王亦苦之。公与相见，方谈公事，骤然询曰："尔今年年几何矣？"外人最恶人询问年龄，然慑于公威望，不能不答。公掀髯笑曰："然则是与吾第几孙同年耳。吾上年路出巴黎，曾与尔祖剧谈数日，尔知之乎？"施竟踧踖而去，自是气焰少杀矣。丁酉岁暮，俄使忽以书来求见，公即援笔批牍尾曰："准于明日候晤。"时南海张樵野侍郎在座，视之愕然曰："明日岁除矣，师尚有暇晷会晤外人乎？俄使亦无大事，不过搅局耳，不如谢却之。"公慨然曰："君辈眷属皆在此，儿女姬妾，团乐情话，守岁迎新，惟老夫萧然一身，枯坐无俚，不如招三数洋人，与之嬉笑怒骂，此亦消遣之一法耳。明日君辈可无庸来署，老夫一人当之可矣。"其侘傺如此。

斯皆其对外态度见于记载，可供参考者。（鸿章使俄，由上海乘法国邮船前往，并无过日本换船事，或事在由美洲回国途中欤？又，"法使……慑于公威望"，不无语病。）又甓园居士（刘焜）《庚子西狩丛谈》卷四下述鸿章在总理各国事务衙门事云：

予生平未见文忠，然无意中却有一面，至今印像犹在脑际。前清同文馆即设在总署，予一日偶从馆中偕两教习同过总署访友，经一客厅后廊，闻人声嚣嚣。从窗际窥之，见座中有三洋人，华官六七辈，尚有司官翻译，皆翎顶辉煌，气象肃穆，正议一重大交涉。首坐一洋人，方滔滔汩汩，大放厥词，似向我方诘难者，忽起忽坐，矫首顿足，余两人更轩眉努目以助其势，态度极为凌厉。说毕，由翻译传述。华官危坐祗听，面面相觑；支吾许久，始由首座者答一语，声细如蝇，殆不可闻。翻译未毕，末座洋人复蹶然起立，词语稍简，而神气尤悍戾，频频以手攫拿，如欲推翻几案者。迨翻译述过，华官又彼此瞪顾多时，才发一言，首座者即截断指驳，其势益汹汹，首末两座，更端往复，似不容华官有置喙余地，惟中坐一洋人，意态稍为沉静，然偶发一言，则上下座皆注目凝视，若具有发纵能力，而华官之覆答，始终乃只有一二语，面赪颜汗，局促殆不可为地。

予当日见此情状，血管几欲沸裂。此时忽闻传呼声，俄一人至厅事门外，报王爷到；旋闻足音杂沓，王爷服团龙褂，随从官弁十数，皆行装冠带，一拥而入，气势殊烜赫。予念此公一来，当可稍张吾军。既至廊下，则从者悉分列两旁，昂然而入，华官皆肃立致敬，顾三洋人竟视若无睹，虽勉强起立，意殊不相属，口中仍念念有词。王爷先趋至三客座前，一一握手，俯首几至膝上，而洋人傲岸如故。王爷尚未就座，即已厉色向之噪聒；王爷含笑以听，意态殊极恭顺。

子至此已不能复耐，即扯二人共去，觅所识友人，告以所见。吾友曰："中堂在座否？"予曰："吾不识谁为中堂？"曰："李中堂也。中堂在此，当不至是。"予乃约其同至故处。友逐一指认，告姓名，曰："中堂尚未至也，然今日必来，盍再觇之？"予亟盼中堂到。俄顷复闻呼报，予以为中堂至矣，乃另为一人。仍趋与洋人敬谨握手，即逡巡就坐。予乃大失望。

正于此际，续闻呼报，一从者挟衣包，先坌息趋入，置于门外旁几。吾友曰："此必中堂。"既而中堂果入门，左右从者只二人，才入厅数步，即止不前。此时三洋人之态度，不知何故，立时收敛，一一趋就身畔，鞠躬握手，甚谨饬。中堂若为不经意者，举手一挥，似请其还坐，随即放言高论，口讲指画。两从人为其卸珠松扣，逐件解脱，似从里面换一袭衣，又从容逐件穿上。公一面更衣，一面数说，时复以手作势，若为比喻状，从人引袖良久，公犹不即伸臂，神态殊严重，而三洋人仰面注视，如聆训示，竟尔不赞一词，喧主夺宾，顿时两方声势为之一变，公又长身玉立，宛然成鹤立鸡群之象。再观列坐诸公，则皆开颜喜笑，重负都释。予亦不觉为之大快，如酷暑内

> 热，突投一服清凉散，胸间郁火立刻消除。旋以促饭引去。始终不知所议何事，所言何词；但念外交界中必须有如此资望，方称得起“折冲”二字。自公以外，衮衮群贤，止可谓之仗马而已。
>
> 吾友因为言：“中堂一到即更衣，我已见过两次，或者是外交一种作用，亦未可知。”同人皆大笑之，谓如此则公真吃饭穿衣，浑身皆经济矣。语虽近谑，而推想亦不无理致。汉高踞洗而见郦生，亦先有以慑其气也。庚子难作时，予闻公被召入都，即向人庆慰，谓决有斡旋之望，当举此事为证，果如所料。予于文忠，亦庶几可谓之窥见一斑者矣。

写得甚为绚烂，容有渲染太过之处，要亦可资参阅。（王爷盖指庆王奕劻。引汉高事，嫌比拟失伦。）吴汝纶《李文忠公神道碑》有云：“其交远人，谈笑漫骂，阴阳阖开，接见风采，知为盖代英伟人也。”旨与刘氏所写略同。

（原第13卷第43期）

四〇　以服饰状貌威慑外人

上期拙稿所引《庚子西狩丛谈》述人言李鸿章之更衣，或是外交一种作用，颇奇。更奇者，则有谓清代中国官之章服能使外人畏惧。汉滨读易者（辜汤生）《张文襄幕府纪闻》卷下云：

近有英人名濮兰德者，曾充上海工部局书记官，后至北京为银公司代表，著一书曰《江湖浪游》，所载皆琐屑，专用讥词以揶揄我华人。内有一则曰“黼黻为厉”，大致谓：“五十年来，我西洋各国，因与中国通商，耗费许多兵饷，损失无数将士，每战辄胜，及战胜以后，一与交涉，无不一败涂地，是岂中国官员之才智胜我欧人耶？抑其品行胜我欧人耶？是又不然。若论其才智大概，即使为我欧人看门家丁，恐亦不能胜任；论其品行，亦大半穿窬之不如。如此等无才无品之人物，何我欧罗巴之钦使领事，遇之便觳觫畏惧，若不能自主，步步退让，莫之奈何，其故安在？余于此事，每以为怪，研究多年，始得其中奥妙，盖中国官之能使我西人一见而觳觫恐惧者，无他谬巧，乃其所服之黼黻为之厉也。鄙人之意，以为今日我西洋各国，欲图救交涉之失败，亟宜与中国商订新约，以后凡外务部及各省与我交涉之大小官员，不准挂朝球，穿黼黻，逼令改用窄袖短衣耸领高帽，如我欧制；如此，黼黻即不能为厉于我，则我西人之交涉，庶不致于失败矣。中国果能遵此新约，我西人即将庚子赔款全数退还中国，犹觉尚操胜算也！”云云。按如濮兰德以上所言，其藐视我中国已极，然君子不以人废言。其言我中国黼黻衣冠能使西人畏惧，虽系戏言，然亦未尝无至理寓乎其中。孔子不云乎：君子正其衣冠，尊其瞻视，俨然人望而畏之。且尝揆之人情，凡遇人之异于己者，我不能窥其深浅，则有所猜忌，故敬心生焉；遇人之同于己者，我一望而悉其底蕴，则无所顾畏，故狎心生焉。今人有以除辫变服为当今救国急务者，余谓中国之存亡，在德不在辫，辫之除与不除，原无大出入焉；独是将来外务部衮衮诸公及外省交涉使，除辫后窄袖短衣，耸领高帽，其步履瞻视，不知能使外人生畏敬心乎？抑生狎侮心乎？

其论奇而趣。辜氏就外人藐我之言中，看出一番道理，合于其主张中国文化胜于外人及尊崇有清之宗旨。此篇标题即曰《在德不在辫》，辜氏当清亡之后，至死不去辫！盖亦本于此种理论耳。前乎此，复有言以状貌慑服外人，以解决困难交涉者。袁枚《记富察中丞四事》，表彰托庸（满洲富察氏），第一事云：

东粤近海南诸夷，中国两戒之守，以广州虎门为限。乾隆八年，红毛国伐吕宋胜之，俘五百人，其众顺帆泊虎门，粤东大骇。总督策楞召布政使托公曰："外夷交攻，扬兵我境，剿之乎？听之乎？于国体奚宜？"公曰："当使进表称贡，献所俘五百人，请公处分。"策笑，有愠色，唶曰："君直戏耳！红毛虽夷，非痴人，其肯以万里全胜之师受驱使耶？君言之，君能之乎？"公曰："不能固不敢言。"策愈愠曰："君果能，恣君所请。"公笑曰："无多请也。请饬印知县、杨参将听指挥，六日内复命。”印令者，才而敏；杨参将者，修干伟髯有将貌者也。策许之。公出，召印令曰：“我欲使汝教红毛国进表称贡，献所俘五百人，请制府处分。”印令惊，如策所云。公曰：“汝直未思耳。红毛伐吕宋，涉大海数千里，粮能足乎？船漂浪击风必损坏，不于此修篷舰，其能归乎？此如婴儿寄食于人，小加裁禁，立可饿杀，何说之不能从？制军易吾言，不问，吾故未以此意晓之。”印令大喜，奋曰：“如公言，足以办矣。”与参将杨领五（此字下疑脱一字，当再就他本校之）人，短后衣，持弹，据狮子洋而营焉。密令米商闭户遏粜。红毛人来探，告之曰：“中国无他意，虑奸民欺汝外夷，以行滥物诱汝钱，故来相护耳。”红毛人不解意去，然望其炊烟渐缕缕希矣。居无何，红毛总兵求见。坐定未言，印令呵之曰：“中国夙以虎门为限，条禁森严，汝两国交哄，不偃旗疾过，扬兵于此，大悖。我制府性暴，好用兵，我等未敢遽白。所以守此者，欲断汝粮，饿死汝，然后白制军。”红毛总兵意大沮，目参将。参将禁声，须髯怒张，叱嗟而已。总兵愈恐，伏地请曰：“诚然粮尽，然终非有心犯天朝也。公幸赦之，且教之。”令微露其意。红毛人泣曰：“若然，诚天幸也。请代申此言。”令曰：“不可。吾为汝告方伯大人，方伯大人为汝告制军，阶级尚多，通过尚难，汝一旦失信，则我等先为汝带罪，故不敢也。”曰：

“红毛自具牒申请如何?”令为不得已而强应曰:“可。”红毛人把弩负箙，手加额，匍伏进表，贡所俘五百人，乞制府处分。策公大悦，竟以五百人仍还吕宋，而赏赐红毛，听其还国。……

如所云，托庸请印令、杨将于总督，任折冲，印令干员，杨将则惟仗“修干伟髯”之“将貌”，以“须髯怒张”怖外人，用使帖伏就范，状貌之关系外交，洵大矣哉！亦趣谈也。(袁氏纪事之文，易涉轻率浮夸，此节情事，可信之程度如何，尚是问题。《记富察中丞四则》，见《小仓山房文集》卷八；其卷三十四有《庆远府知府印公传》，为后此之作，即此印令也。传中“嗅夷与吕宋仇杀”云云一节，亦叙此事，而颇有异同，可参看，则只言印光任之能，不复道及此“修干伟髯”“须髯怒张”之杨参将矣。彭绍升《与袁子才先辈论〈小仓山房文集〉书》有云:“大集叙事文，腹笥既富，摹绘极工，其独到处，惊风雨，泣鬼神，不足喻也；顾其间传闻互异，多有淆讹，……惟望悉心考核，随手更定，俾毫发无所憾，而后即安，庶可为传世行远之计，不然，与为失实，毋宁阙疑，此即私心所深祷者也。”)

四一　周孝怀挽刘幼樵

天津刘幼樵（嘉琛）近卒于里，诸暨周孝怀（善培）挽以联云："共危舟，值大波，权活草间，零落已无几老；舍此都，适乐国，知从烟外，欷歔时数九州。"气遒情挚。二人清末同官四川相得，为患难之交。（周官劝业道、提法使，刘官提学使）。（原第13卷第44期）

四二　段祺瑞之才德

段祺瑞于月之二日卒于上海，以系三造共和之民国元老，闻者多致嗟悼焉。段氏早有知兵之名，佐袁世凯治军北洋，共王士珍、冯国璋称北洋三杰。其后当时势之推移，崭然有以自见，遂陟高位，执国柄，举措设施，动关大局，蔚为民国史上有声有色之人物。天津《大公报》三日短评《吊段芝泉先生》有云："段先生对于中华民国的关系之大，为孙中山先生及袁项城以外之第一人。"盖的论也。文学非所擅长，然颇留心翰墨，所作亦有别饶意致者。如民国十五年在临时执政任时所撰《因雪记》云：

> 丙寅正月五日卯正，披短衣，着下裳，净面漱口后，念净口真言，披长衣，念净衣真言，整冠，取念珠，放下蒲团，跏趺西向坐，瞑目宁神，虔诵佛号，

廿转数珠，合掌读愿文，顶礼已，启目，垂手，收念珠入袋中，起身，去蒲团：五年余如一日也。持烟及盒，排闼穿房，入外客厅，刘玉堂、周尧阶、汪云峰拥坐弈案，俱起逆余；云峰让一坐。尧阶久不弈，欲先试之，让三子，两局俱北；云峰继之，所负之数与尧阶两枰等。适点心至，馒首两碟，食其一，又尽麦粥两盂。刘谓雪似嫌小，举目视之，屋垣皆白。遂出念珠，默诵而行。出后门，过上房，赴后园，沿荷池，循引路，褰衣登山。安仁亭近在右侧，但不能穷千里之目，转而左向，更上，至正道亭。旋视远迩，一白无边，苍松翠柏，点缀摇曳，清气袭人，爽朗过望。因思励（厉）气久钟，不雨雪已数月，既雪矣，乖戾之意大杀，人民灾劫或可豁除。然环顾豫、鄂、鲁、直、临榆、张北，阴云惨淡，兵气沉霾，自顾职之所在，不免忧从中来，纲纪荡然已久，太阿倒持有年，人事计穷，欲速不达，心力交瘁，徒劳无补。惟有曲致虔诚，默祷上苍，由无量之慈悲，启一线之生机已耳。越涵慧亭，俯首降阶，遵曲径，穿小桥，傍石洞，绕山阳，过宅神祠，归坐内客厅。如意轮王咒百十一遍，往生咒倍之，大明王真言、往生真言等，接续诵毕，完一日之课程。遂援笔志之，以启发儿曹之文思。

一篇短文，有叙事，有写景，有感慨，有议论，以文家境诣言，虽似尚欠功候，而无冗语，无华饰，真率而具朴拙之趣。本非文人，不必以文人之文绳之也。

时当大局风云日亟，政府地位，危疑震撼，若不可终日，段氏身为执政，忧念中犹有悠闲之态，盖果于用人，己惟主其大纲，不必躬亲诸务，亦其素习然也。惟责任则自负，政治上无论成败，从不诿过于下耳。（临时执政制度，本不设国务总理，后为应付环境，始增置之，若代负责任者，不过权宜之计，非段氏真不肯负责也。）又尝闻人谈其任边防督办时轶事。欧战既停，段由参战督办改称边防督办，其机关则由督办参战处改称督办边防处（所统参战军亦改称边防军），处中事务，向委僚属处理，惟大事至府学胡同私邸启白而已（时吉兆胡同巨宅尚未建成）。一日雪后，偶至街头散步，顾谓随行之小僮曰："边防处距此远否？"对以不远。曰："可导我往彼一视。"比至，欲入，卫士见此叟步行而来，衣冠朴旧，因厉声呵止。僮斥之曰："此督办也，汝等何敢尔！"卫士愕然请罪，阍者亟报处中重要职员，恭迎入督办室。众以今日督办忽莅，不知有何大事，肃侍敬候训示。段微笑曰："街头步雪，乘兴闲游至此，诸君不必在此招待，可即各治其事。"众乃爽然而退。段在督办室小憩，旋就处中巡览一过，仍由小僮侍送，缓步而归。其暇逸之度，尤可概见。

李鸿章为段之乡前辈，以声望之隆，当晚清同、光、宣之际，一言"合肥"，皆知所指为李氏也。自入民国，段氏乃继之而起，专"合肥"之称，后先若相辉映。段有

《先贤咏》云：

昆仑三干（千）脉，吾皖居其中。
江淮夹肥水，层峦起重重。
英贤应运起，蔚然闲气钟。
肃毅天人姿，器识尤恢宏。
勋望诚灿烂，宏如万丈虹。
盛年入曾幕，文正极推崇。
发逆据白下，十三秋复冬。
分疆且不可，遣军犹北攻。
开科已取士，坛坫以争雄。
公奋投笔起，淮将征匆匆。
移师当沪渎，神速建奇功。
一战克大敌，中外咸靖恭。
全苏勘定后，抚篆摄旌庸。
助攻金陵复，鸟兽散群凶。
还师定中原，捻匪无遗纵（踪）。
分军靖秦陇，归来戍辽东。
卅载镇北洋，国际庆交融。
甲午败于日，失不尽在公。
寅僚不相能，未除芥蒂胸。
力言战不可，枢府不相容。
已筹三千万，意在添艨艟。
不图柄政者，偏作林园供。

海军突相遇，交绥首大同。
损伤相伯仲，几难判拙工。
策画设尽用，我力已倍充。
胜负究谁属，准情自明通。
及至论成败，集矢于厥躬。
继起督两粤，远谪示恩隆。
庚子拳乱作，权贵靡从风。
德使竟遇害，八国兴兵戎。
转战迫畿辅，无以挫其锋。
銮舆俱西幸，都城为之空。
联军客为主，洞穿乾清宫。
责难津津道，要胁更无穷。
仰面朝霄汉，气焰陵华崧。
环顾海内士，樽俎谁折冲。
五州所信仰，惟有李文忠。
国危而复安，深赖一老翁。

雅有劲气，亦未可以诗人之诗绳之，（诗中叙李事，间有未尽谛处，无关宏旨。）要见其对乡先贤钦慕之意耳。段在职时之肯负责任，盖有李氏之风。

鸿章子经方与段稔交，观其与客弈，有诗云：

俨同运甓惜光阴，镇日敲棋玉漏沉。
代谢几人称国手，后先一著见天心。

漫争黑白分疆界，转瞬兴亡即古今。
局罢请君观局外，纵横南北气萧森。

段和韵云：

孜孜闻道惜分阴，国势飘摇虑陆沉。
颠倒是非偏鼓舌，踌躇枢府费机心。
纲维一破那如昔，虞诈纷争直到今。
恶贯满盈终有报，难欺造物见严森。

又有一首云：

披裘玩雪不知寒，庭角初春赏牡丹。
放眼天空观自在，关心国势敢辞难？
众生且愿同登岸，沧海何忧既倒澜？
砭痛契深瘳厥疾，回环三复竟忘餐。

题为《伯行枉诗，且有颂不忘规之语，次韵奉答》，原唱未详。

段之《策国篇》，为十年以自抒经国抱负之作，亦可觇其志也。诗云：

乡镇聚为邑，联邑以成国。
国家幅员广，画省为区域。
民与国一体，忍令自残贼？
利害关国家，胡可安缄默？

果具真知见，兴邦言难得。
民智苦不齐，胸襟寡翰墨。
发言徒盈庭，转致生惶惑。
政府省长设，各国垂典则。
邑宰如家督，权限赖修饬。
统治成一贯，筹策纾奇特。
政不在多言，天健无休息。
晚近纲纪隳，高位佥人弋。
武夫竞干政，举国受掊克。
扰攘无宁土，自反多愧色。
往事不堪言，扫除勿粉饰。
日新循序进，廉耻继道德。
农时失已久，饥寒兼忧逼。
民瘼先所急，务令足衣食。
靖共期力行，百司各循职。
良善勤讲诱，去莠惩奸慝。
言出法必随，不容有窥测。
土沃人烟稀，无过于朔北。
旷土五分二，博种资地力。
兵民移实边，十省两千亿。
内地生计裕，边疆更繁殖。
道路广修筑，交通无闭塞。
集我国人资，银行大组织。
独立官府外，经理总黜陟。

发达新事业，随时相辅翊。
输入减漏卮，制造精品式。
肥料酌土宜，灌溉通沟洫。
比户余粟布，孝弟申宜亟。
既富而后教，登峰务造极。
国际蒸蒸上，谁复我挫折？

关怀国事之忱，溢于言表。今读报载《正道老人遗嘱》，痛心于“蹙国万里，民穷财尽”，殷望于“自力更生”“转弱为强”，尤足示此老精神所寄已。

（原第 13 卷第 45 期）

四三　袁世凯张朝玮办马金叙案

光绪二十五年，袁世凯抚山东，禁义和拳，当所部武卫右军尚未开拔到鲁，责成各巡防营就巡防地弹压，不准民间设坛习拳。马金叙时以记名总兵统领左路巡防营，驻茌平，东昌府十属为其防地。伊时茌平为南北通衢，地多流娼。防营习气，纪律欠佳，往往在外滋事。一日在娼家殴人致死，为御史王会英弹劾，廷寄交世凯查办，世凯委东昌府知府洪用舟督同茌平县知县豫咸按其事。用舟等不欲开罪金叙，为之洗刷净尽，世凯据以入奏。言官之气不平，搜罗他款，再行奏参，措词较前益加严厉，朝命世凯更行切实查明具奏。世凯乃改委济东泰武临道吉灿升督同聊城县知县确查禀覆，以聊城为东昌府首县，且距茌平不远也。时渑池张朝玮宰聊城，有能名，奉到公牍后，即进言于世凯暨灿升曰："此次须有以平言官之气，不然恐成僵局矣。"世凯等曰："君系老吏，斟酌为之可也。"洎禀覆，于所参情节较重者洗刷之，而亦不过于回护。禀之末段，大意谓："该总兵久历戎行，朴诚耐劳，此次因驭下宽纵，以致屡被弹劾，实属咎无可辞。惟方今将才难得，合无奏恳天恩，将该总兵革职留营效力，以观后效。"云云。世凯如禀奏覆。奉朱批："马金叙着即行革职，交袁世凯酌量差委；所请留营之处，着不准行。"缘留营即可仍带原队，犹实缺官之革职留任耳。盖其时政府于此犹执法颇严也。朝玮之办理此案，官场称之。（当时山东巡防营共二十四营，分左右前后四路，一路之统领，约当近制之混成旅旅长云。闻金叙即辛亥革命首任江西都督马毓宝之父。）

四四　误递万寿贺折获咎

光绪四年贵州按察使递万寿贺折，误将恭祝慈安皇太后万寿折呈递，交部议处，其事忆拙稿二三年前曾略述之。近阅陈夔龙《梦蕉亭杂记》，卷二有云：

> 余外任时，每月应奏折件交文案缮写后，必逐一检阅无讹，方始封发。至题本，则由幕中拟稿阅定

后，恭书“题”字，即由承办书吏翻清缮汉，即日拜发，不必再行检视。豫抚任内，恭值乙巳年十月慈禧万寿，先期例进贺本。钱谷友人某君以稿呈画，当以循例文字，匆匆一阅，即行书“题”，第贺本中有恭值七旬万寿字样，心窃疑之，以为本年系慈圣七十一岁寿辰，何以叙为七十，减去一岁？询之某君，谓历次贺本，均系照上届题本抄录。当检七十万寿贺本阅视，与此稿同，而疑终不释。复检六十九年万寿贺本阅视，则与七十悬殊。更检五十年、六十年万寿贺本，与各前一年贺本比对，亦复不同。计五十年、六十年贺本标明五十、六十字样，与七十年贺本标明七十字样同；其各前一年贺本文字从同，并不言年数，系属通同颂语。复检阅五十、六十万寿后一年之贺本，文字均与五十、六十万寿前一年同。反复研究，恍然大悟。缘寻常万寿庆典，礼部拟就普通贺表一通，先期颁行各省，临时缮写具题，以昭画一，独至整庆之年，部中另拟特别表文，标明五十、六十、七十字，仍先期颁行各省，照式缮题，以昭郑重。准是以推，本年七十晋一，仍应遵用普通贺表，毫无疑义。当将原稿涂销，仍烦某君另照普通贺表缮稿呈画讫。此事若于初画题稿时，稍不审慎，贸然发缮，直待各省表章一齐到京，经内阁看出，发回另缮，已赶不及；疏忽咎小，贻误咎大，即科以大不敬，亦复何说之辞？犹幸登时看出，从速改正，获免愆尤。始知

> 凡百执事，不得掉以轻心，此特一端耳。某君经此周折，卒不安馆席而去；虽欲留之，亦无从已。

亦几以贺寿获咎焉。所纪可作万寿贺表掌故观。

有为谈俞廉三轶事者。据云廉三以末秩累擢而至封疆，对于公牍奏议，缮清后必核对甚详，盖素性谨慎也。阅牍亦甚精察，属员有具文请领养廉银者，中有“养廉三百两”字样，“廉三”二字，适犯宪讳，大不怿，加以申饬。而在湖南巡抚任内，奏报起解京饷折，跪衔为缮折者漏书，竟未察觉，遂奉旨申饬，交部议处，殆所谓懵懂一时耶？

四五　陈孚恩之贤

陈孚恩历官有声，在署山东巡抚任内，曾奉宣宗赏给御书“清正良臣”匾额，后以吏部尚书坐肃党遣戍，于是论者多诋之，然肃顺谋逆之案，固冤狱也。称孚恩之贤者，亦自有之，如郭嵩焘《玉池老人自叙》云：

> 建昌陈子鹤尚书，有权贵之名，而其留心时局，甄拔人才，实远出诸贤之上。嵩焘之援江西，尚书方忧居，奉命办理团防，同居围城两月有余，相待至为优渥。又五年，至京师，常共往来。一日诣尚书，适有客数人在坐，谈洋务，一意主战。嵩焘笑曰：“洋

务一办便了；必与言战，终无了期。”闻者默然。顷之客散，尚书引予就僻处告曰：“适言洋务不战易了，一战便不能了，其言至有理，我能会其意，然不可公言之，以招人指摘。”予不能用其言，而心感之。嗣见冯鲁川，言在刑部多年，专意办案，不屑回堂，堂官讫无知者。陈公任刑部，有疑案特召询之，加倚任焉，自觉精神为之一振。及权兵部，李眉生在部，亦加异视。相与诵言其贤。乃悟流俗悠悠之议论，专持一见，不足据也。予自京师乞病归，尚书方验漕天津，闻而大戚，屡书属少留，候回京一见，予不敢从也。甫行两月，而有天津之变，车驾巡幸热河，尚书被诏扈行。逾年大丧，郑王、怡王皆赐自尽，尚书亦遣戍。盖其时郑王、怡王、肃相执朝权，汉员被诏仅尚书一人，言路据以为党，论劾及之。嵩焘南归稍缓一两月，天津兵溃，嵩焘前言皆验，尚书必邀致之，使并入党祸。尚书机警，能测洋务之必有变，而不能测及圣躬。白香山诗云：“祸福茫茫未可期，大都早退似先知。”嵩焘之不与党祸，早退之力也。既以自慰，亦重为尚书悲也。

虽未敢显翻肃顺之案，而以不能早退免祸致其悲慨，其意固大可见矣。咸丰间，嵩焘不主对外开战，引孚恩为同调，就当时局势言之也。“车驾巡幸热河，被诏扈行。……汉员被诏，仅尚书一人。”此嵩焘晚年记忆偶误。孚恩非被诏扈行，特大丧时，令其先赴行在耳。（加罪孚恩之谕，有“大行皇帝龙驭上宾，满汉大臣中，惟令陈孚恩一人先赴行在，是该尚书为载垣等之心腹，即此可见”等语。）若扈从行在者，匡源、杜翰、焦祐瀛以军机大臣受顾命，赞襄政务，皆汉员也。孚恩江西新城县（今黎川县）人，曰建昌者，殆因同时全国之新城名者有数县，故所隶之府耳。又胡思敬《国闻备乘》卷一有云：

> 庚申之役，文宗北狩，已得疾，中外惶悚。英人欲拥立恭亲王奕䜣，如契丹待石晋故事，恐廷臣异议，未敢轻发。和约成，大宴夷酋于礼部，英法皆以兵往，议尊恭王绝席，令王公以下皆跪迎，以觇人情向背。大学士周祖培股栗不能言。孚恩拂衣起曰：“王大臣事同一体，今日玉帛之会，观礼近万人，先朝典制具在，不可紊也。”夷酋知众论不予，遂戢邪谋。是役微孚恩特（持）正，祸几不测。世以其阿附肃逆，咸加丑诋，并其大节而亦没之，殊可痛惜。

亦颇足广异闻，惟英人谋拥立奕䜣之说，未敢遽以为信也。（原第13卷第46期）

四六　道光间江浙军事

湘潭黎吉云，道咸间名御史也。近读其手写《日记》，道光二十三年癸卯正月二十四日云：

在家饭后至财盛馆，长星垣请也。席间晤……四川人倪府东名应垣，乙未顺天举人，容仪颇伟。散后至（曾）涤笙处谈，吴竹如在坐，始知府东其素相好者，从浙江军营回来者也。拟于次日访之。”

二十五日云：

至川南馆，晤倪府东谈。府东言：道光二十一年九月，扬威将军奕经，参战文蔚启行，至十月十五日抵苏州（此时苏抚梁章钜），应垣后至，暂随将军住苏州，调兵，制器械，恐遽至浙，则办理一切，易漏消息故也。苏州地方官，惮供应，恨不速之行，未免有此疆彼界之心，所需物料多掣肘。年内将军遣随员至浙省探虚实，审进退，而浙抚刘韵珂，意欲自掩其失地之咎，屡以大言相吓唬，在外间打听，亦悉如抚军声口，以故随员归述其言，将军胆气已慑，然将军固一意主战者也。幕中臧牧庵（名纡青，宿迁人），有谋略，布置甚周密，定于二十二年正月三路进兵。

正月二十九日：

收复宁波、镇海，奈汉奸走漏消息，哄夷得准备，不能克，宁波城中伤官兵亦仅百余人。镇海则河南守备刘天保，带兵勇数百名，三入其城，杀鬼子数百人。先约朱贵带队于寅刻到镇海接应，至午刻未到，天保始退。行十余里，遇朱贵兵，责其爽约，而容熙为之解劝。容熙且言可不必去，以至不能收复镇海。二月初四，参赞文蔚驻慈溪。鬼子带二千人（奏万余人）来，围住朱贵营。刘天保所带乡勇，挟其不应援镇海之仇，亦不肯往救，以故朱贵死围中。我兵突围出，亦杀有鬼子数百名。此后将军回杭城，参赞驻绍兴，渐有欲议和之意矣。推原其故，皆系浙抚不欲将军成功，与容熙结为兄弟，将军一举一动，容熙无不密示抚军，而抚军又结将军随员阿彦达，彦达亦为抚军所用，将军有谋，必先商之彦达，彦达辄阻挠。

参赞住绍兴，阴结死士入宁波城杀鬼子，亦斩首数百十级。又使人潜往英夷火药局旁，通地道以焚之，未果。时浙抚刘闻之，又函禀将军，谓不必如此举动。又阴耸彦达属将军致参赞书以止之，末注抚军亦以为然。又写一告示，交参赞贴宁波城，禁止私刺鬼子者。参赞接书大怒，请将军奏参，而己亦欲奏参刘抚。将军于是邀参赞至杭城中，令抚军与之讲和。

英夷自此不欲往宁波城，而往定海矣。

乍浦之失也，由两处乡勇，一起千余，一起七百余，众寡不敌，彼此挟仇，然皆为英夷所畏，（上年英夷至乍浦，岸上乡勇举手招之使来，英夷不敢前而退。）有一起私通英夷，告之先揭满营。两起乡勇皆恶满营兵者，不之救。此次满兵伤者最为多。

是时总兵尤渤，带兵一千名，守松江府城外，离海口十里。英夷三日内三至，尤总兵令兵不动。英夷施放大炮，约至八里外便无力，不能伤人。英夷见此处兵有固守之心，遂不欲入。至苏州所属之泖湖，离苏州八十里，水浅不能入，因由狼山而窥镇江。至镇江，如入无人之境。尔时英夷无意入镇城，意欲直入大江，而镇江副都统海龄，日杀无辜，民不聊生，往夷船请之入城。维时青州兵守西门，英夷至，不能入，受伤死者数百人。该民遂领英夷由十三门入，镇城以亡。(此数语系闻之洪云洲者，非府东言也。)

时府东又设计，谓逆夷已入圌山关。此能入而不能出之境也，若用破坏粮艘千只，中载土石，压沉圌山关外，又招买柴草船数百只，泊各港内，从上流焚之，可以令其片帆不返。(盖夷船起椗，必两时方能行。)白将军，将军欣然允之，行文苏抚（程矞采）要粮艘。回文并无余剩粮艘，遂寝不行。是时抚议将成矣。

英夷既往镇江，前宁波省城所招集汉奸，未尝带之往，口粮亦自是不给，汉奸遂叛英夷。府东设计谕汉奸为我用。浙洋中有绿行岛，海岛之最大者也，中藏万余人，要乘三次潮始能入口。其人善泅而多力，兵器非外间所有，并有药桶伏路旁，遇之者毙。其头目叫做石天泰，天泰之侄叫做石宁夏。汉奸中有素与之往来者，因往与勾结，许以官职重赏。天泰已允，约以不烦我一兵，不需我一钱，先将定海收复，次收镇海，夷船之在镇江者，闻捣其巢穴，必遄回救之，总令他不留一人。俟灭尽夷船，始请赏。谋既定，白将军，将军意甚喜。既而闻和议已成，又不果。遂发功牌及翎顶等往谢，而天泰以不得成功恨死。今惟其侄领其党，有善用之者，尚可招之出也。

又言：英夷最大头目曰老胡猕，其面目似猴子，约六十余人，喜淫而多财。前林少穆先生所烧烟土，半系此人的，故此人挟恨，情愿出帑请英国主与我为难。老胡猕所坐船只，最为长大，往往居中调遣。其与我战之兵船，多系雇来者，被我兵杀伤一名，则由老胡猕出钱若干赔之，故我所杀伤之鬼子，彼必带其首级往胡处验明照赔。府东谓若能刺死老胡猕，则卜鼎喳、郭士啊、马□□诸皆解体也，因遣人分路打听老胡〔猕〕下落。良久，查得老胡猕常住定海东山一小村中。村有杨姓者，二女为老胡猕所掳，不数日辄来住宿。于是有慈溪北山民愿往擒之，或活捉，或割取首级，惟命。谋既定，白之将军，将军亦以抚议既定不敢从中起衅而止。

府东之言如此。节节失却机宜，良可悼叹，而浙抚刘玉坡系人人道好者，而府东之言，虽比之秦桧无以异，未知然否。据言尤渤、刘天保皆能用兵，有进无退，以此见尚有可用之将也。据称浙江各乡勇并所招山东、福建各乡勇，青州兵，皆可用，以此见尚有可用之兵勇也。姑书所言于此，以为后图。

此关于道光间所谓鸦片战争之史料也。道光二十一年辛丑，浙江定海、镇海、宁波等处失守，协办大学士吏部尚书奕经受命以扬威将军赴浙办理军务，户部左侍郎文蔚亦以参赞大臣赴浙协剿。迨翌年七月中英订立城下之盟之《南京条约》，战事告终，奕经、文蔚旋即以“老师糜饷，坐失机宜”均革职定斩监候之罪。黎民记述倪应垣所谈其间浙江军务种种，为身与其事者之言。所谈兼及苏境，浙、苏比邻，且本属一事也。轶事异闻，足资考镜。黎氏于论及浙抚刘韵珂处，并加眉批云：“此君所言浙抚多方掣肘之处，殊难凭信。将军大权在手，浙抚既掣肘，何难奏参？况刘玉坡事事为民，岂肯有意阻挠？现在浙营回来者，人人皆说坏抚军，果何故耶？存参。”关于英人入镇江一节，注明有闻之洪云洲者。《日记》二十三日有“在唐秋涛处公请洪云洲太守（同年）……”之语，盖即是日所闻。

（原第 13 卷第 47 期）

四七　记镇江失守

前录湘谭黎氏手写《日记》中记述倪应垣等所谈道光间鸦片战争之浙苏军事（见第四十七期）。关于镇江之失守，谓："尔时英夷无意入镇城，意欲直入大江，而镇江副都统海龄，日杀无辜，民不聊生，往夷船请之入城。"如所云，亦奇耻也。按：海龄死于此役，道光二十二年六月上谕云：

> 耆英奏：查明镇江城陷时，京口副都统海龄并其妻及次孙同时殉节。该副统为国捐躯，忠义可嘉，着加恩照都统例赐恤，并着耆英派委员寻觅该副都统及伊妻、伊孙尸身，妥为盛殓，并查其见存子女，一同护送回旗。该副都统有子几人，着俟百日孝满后，由该旗查明一并带领引见，候朕施恩。俟军务完竣，着该地方官建立专祠，以表忠荩。伊妻及伊次孙均着附祀。

节（饰）终之典隆焉（寻予谥昭节）。七月又谕云：

> 前因镇江失守，副都统海龄自缢殉难，念其为国捐躯，特加优恤。兹有人奏"海龄查拿汉奸，误杀良民不计其数，以致人心不服，将该副都统围住，海龄因纵兵开炮轰击，夷闻内变，乘势直入府城，海龄之

死，闻系被民戕害”等语。查拿汉奸，本系守城要务，若因此多杀无辜，激成内变，则其死殊不足惜；惟奸民乘乱泄忿，戕官纵贼，实属罪大恶极，纵不能悉数诛夷，必应将为首数人，立伸国法。着将原折钞给程矞采阅看。毕竟镇江如何失守，海龄是否被戕，确切查明，据实具奏，不得因海龄已死，代为弥缝，亦不可因乱民较多，意图消弥。

又九月谕云：

前据耆英等奏海龄殉难属实，有旨仍照都统例赐恤，并将附祀恤典照议办理。本日复据耆英等奏寻获海龄及伊妻、伊孙尸骸并京口副都统印信，又查明道员禀揭各款并京口打仗阵亡受伤官兵，各一折。原任京口副都统海龄于镇江城陷时自缢殉难，前据耆英等询取旗员确供，并阖营押结，复据该城绅士等众口一词，其为临难捐躯，已无疑义（议）。兹复寻获尸骸，眼同伊子宜琛泰检明认领，并获海龄原着葛纱袍襟及伊妻所带玉环，确凿有据，且搜获汉奸，亦止处斩十三人，其余讯系平民，均经释放，是周项原禀各款系属得自传闻，而海龄见危授命，大节无亏，允宜特为宣布，以息浮言。前有旨准其照部议入祀京师昭忠祠，并于该地方建立专祠，所有随同殉难之伊妻、伊孙，均着附祀专祠。海龄灵柩，着耆英等派员护送回旗。……常镇道周顼所禀失实，着与该处城陷后未经殉难之文武各员一并查明，再行严参。……

观此三谕，海龄虽终获优恤祠祀，而中经京曹之奏劾，同官之禀讦，其一时物议亦可见已。

倪氏所云："参赞住绍兴，阴结死士入宁波城杀鬼子，亦斩数百十级。……英夷自此不欲住宁波城，而住定海矣。"按：鄞（宁波府治）陈康祺《郎潜纪闻三笔》卷三有云：

西人之陷吾明州，为道光二十一年八月庚戌。其明年三月乙亥始弃郡城，越二日，并弃镇海。时将军奕经、参赞文蔚辈，张皇战功，以收复告，诏第诸将劳绩，升赏有差。其实宁波之复，偷儿徐保、张小火及其党六十人力也。吾师徐先生《时栋集》中有《偷头记》一篇，甚详且确，删节录存，非欲翘将军、参赞之过也。记云："西夷英吉利据宁波府，我师袭攻之，不克。时大将屯绍兴，而前鄞令舒君在军中。一日缚间谍至，将斩之，舒君视其人，则庎之善为偷者也，意哀之，曰：'若为偷而死，盍为偷而生？若能窃鬼头来，吾且白将军赏赉汝。'偷诺而去。华人谓夷鬼子，而别其色，谓其国人白鬼，其收刺他部落以为奴为兵者为黑鬼。既而偷果以夷头献，舒君介之见将军，将军大喜，厚赉之。又既而献头者纷若，乃与群偷计其直，黑鬼一头钱若干，白鬼倍之，生获又数倍之。自是逾城洞穴，日昏暮遍府中无非偷者。夷据城，夜必巡街巷，两夷先后行，方格磔笑语（磔格语笑），后者或（忽）无声，回视之，已失头而仆。前者大骇僵立，旋又失其头。或着夷衣冠，持竹杖，橐橐然曳乌皮屐以来，夷人近与语，遽刺杀之。其生致之也，则以布自后扣其颈，使不得鸣，而绞布两端，负而趋至幽僻，箝口置诸橐，缒以出城。或为夷所见，追之，则别一偷自曲巷出，并偷追者头。夷巡城上，亦往来通夕，群偷各以长藤为环，暗默候城外，闻巡者过，为怪声惊之。夷倚堞俯视，遽以藤环钩其头而坠，塞其口而反缚之，候如初。城上夷谓坠者误失足，皆伸头下视，思援之，又尽为偷所钩致；乃哗然拥所获以去，疾如风。凡城内外以窃鬼头至者，党日众，计日巧，所获日多，其奇策秘术，莫得而详也。一日，将军复下令，得群夷百不如得酋一，能生致之，赏万金，官三品，不者取其首可也。久之反命，酋不可得，盖酋不夜出，其所居邃室，环以夷兵，又一夕屡易其寝所，得酋一不如得群夷百之速而易也。顾酋虽防护甚谨，而心常惕惕，每日夕即觳觫自惊扰。旦夕以失首报者，恒数十或至百余。由是大惧，盖率其属，登舟他去，而将军以克复府城入告矣。”康祺按，先生所述，吾乡人皆能言之……

可相印证。颁赏与下令者，盖即参赞文蔚耳。徐氏所述，容有传说过甚之处，英人殆不至若是之愚笨，而使偷儿之技屡售不已也。将军大员，无术制敌，而乞灵于此种狡猾伎俩，纵偶效，亦无关全局之胜负。浙抚刘韵珂沮之，固未可厚非。［韵珂，山东汶上人。闻张二陵君言，其曾祖石渠先生（文林）宰汶上时，韵珂已由闽浙总督解职归，因相稔，其致先生书札，偶及旧事，谓："譬之家长，对于子弟之吃零嘴，买玩物，只能约束子弟，不能毁人之糖挑、物摊。"言外之意，殆不以林则徐之烧毁鸦片为然，持责备贤者之态度，颇异公论。］倪氏言奕经、文蔚抵苏州，"苏州地方官惮供应，恨不速之行，未免有此疆彼界之心，所需物料多掣肘"。黄钧宰《金壶浪墨》卷二有云："夷务告警，上命宗室奕山公为靖逆将军，讨粤东之贼，奕经公为扬威将军，剿贼于江浙，参赞以下皆行，禁旅随之，士饱马腾，桓桓南下，先后入淮境，水陆并进，旌旗飞扬。沿途司供亿者动遭鞭挞。某邑侯亲诣馆驿求见星使，军〔士〕揶揄唾詈，或张弩举槊向之。邑侯曰：'欲杀，杀我，官贫民瘠，供给无可增也！'左右曰：'是强项令！'麾之去，竟免诛求。"盖钦差方面，不满于地方官之惮供应而掣肘；地方官方面，则以滥索供给诛求无厌为苦也。又《金壶浪墨》卷三有云："将军驻节苏州，往来于杭、绍之间，营帐中器皿珍羞，穷极瑰异。又幕客知州鄂君者，滥支军饷，费用无度，以博将军欢。会天寒风雪，帘幙壁衣之属，皆以貂狐洋鼠为之，围炉拥酒，侑以管弦，论者谓有缓带轻裘雅歌投壶之意。时夷人要求不已，参佐或请进兵。将军酒半，启帷探望，曰：‘寒哉气也！’”词涉调侃，亦可参阅。

（原第13卷第49期）

四八　左宗棠等述洪杨军事

洪、杨之军起事后，咸丰三年攻长沙不克，十月趋岳州，陷之。旋于十一月十二日相继陷汉阳、武昌（湖北巡抚常大淳等死之）。翌年正月，九江、安庆均不守（安徽巡抚蒋文庆等死之），二月遂陷南京［两江总督陆建瀛（先以战败革职）等死之］，建太平天国首都于此。（提督向荣以钦差大臣督师踵至，扼诸国门。）盖方兴之势，所过如摧枯拉朽也。湘潭黎吉云手写《日记》，卷后附有摘录左宗棠等三书，均他处所未见，述当时情事颇悉，可供研考咸丰初年军事者之参稽，特一并移录于次：

邓弥之世八兄有友人与之书言：

> 咸丰二年，博勤恭武守岳州，贼来先遁入武昌，其所带兵即在城外抢夺，声言贼即至，因而常抚仓猝将九门坚闭，烧城外民房，周围数十里，四昼夜光烛天，民不及避，自尽自溺及焚死者约万余人，文报遂绝，薪米遂无从采买。常抚又将京口一带戍兵全撤守城，故贼水陆并进，无人侦探。常抚又屡促焚汉口

镇、汉阳城外数十里民房，十一月十二日辰刻纵火。汉口张司马夜逃，义勇四千遂大肆劫掠。汉阳守兵三千，缒城奔溃，多溺死者，亦存空城。贼只数十人，梯而入，皆以陆路来者。武昌城头自初九开炮，十二日止，见船即打碎，凡三百余艘，皆良民难民。向提军在武昌城外与贼接仗小胜，贼近濠溃窜，川兵欲出击，双□（按：此字不可辨。是时双福以江南提督入城助防，与常大淳同殉难，此或是“福”字，惟字形颇不类。）常抚禁止之，兵皆解体。十二月初四日黎明，贼十余人梯上保安门，守兵六百名一齐缒城逃散，未开一枪，而城已陷。是日戕官五百余人，烧常抚尸，戮民积尸高与城齐。城外发冢。已而胁从之贼十余万，分水陆弃武昌而下。自十一月至除夕，文报探报皆不得确，人心大乱。

江西去年八月，民已纷纷移徙，赖当途厉禁，半月始定。自汉阳失守，难民泊九江者数千艘，城郊一夕数惊。先是，官兵守官牌峡，又有铁炮横江，绅民出丁夜巡，颇为安堵。署道有移关入城之议，众始惧。及撤戍移炮，民益惧。福建音镇带两卒强入城，宿土地祠。大员无肯驻城外者，官眷纷纷下船。署道又不肯稍轻其税，致船只蔽江面，日夕相惊，民皆胆落，遂于十一月二十日至二十五日城郊一空。

正月初四，制台使水师下巢湖扼贼，自领于初六日出城。水师遇贼，只开一炮，见贼众而援兵尚杳，各船溃散，袁都司自沉于江。恩（长?）镇退还，见援兵只三百人，亦沉于江。制台令此三百人在姑塘听调，为贼轰散。

初八日江西抚张遁往瑞昌，九江金城官皆遁。十一日贼数十人入城，城无一人，惟将火药器械及粮台钱米取去，扬帆东下。张抚在瑞昌，又退至德安，十七日退回省城，从者亦寥寥无几。

又厚甫与其子书：

恽臬司于十一月中旬驰赴浔郡，张抚于十二月初四日启节前往，统带兵勇合计六千八百有奇。陆制军于新正初三日率师抵浔，统水军两营兵三千名，勇二千名。张抚初八日披（拔）营由陆路至瑞昌县。刚到县城，而向军门已轻骑前来，始知贼兵已过道士袱矣。维时浔郡存城兵不满千。制府进师，始过下巢湖，未至武穴镇，即值船千余蔽贼而下，以木牌冲锋，继以空船燃火，我兵枪炮齐施。迨炮已放尽，人力已竭，而贼兵始至，中其奸计，前锋恩镇落水死。制府当即回舟，至九江，星夜放下彭泽，犹欲等待向军门一晤，乃贼之前队亦已驶至，放火箭焚其坐船，因另坐小江船回保金陵。张抚所带兵勇，不战而溃，旋即退守德安。正月十一日午陷九江城。廉访、观察督钱粮台，于初九日避往姑塘。当贼船初入瑞境也，向帅率疲卒二千，由间道驰至马头，见我兵恇怯，亦为束手。嗣见后队只千余人，在下巢湖岸边游奕，向军门即亲率兵数百，思一击以少挫其锋，讵知甫杀贼百余，而大队抄围，中其诱兵之计，阵亡都守四员。向军门跨马渡江，水已没腹，几不可保。贼船泊小池及下游十八套一带。中丞于十六日返省。（按：此书有眉注云：“方其泊于小池口等处之时，若有数百敢死之兵，涉险宵济。乘风纵火，贼船虽众，不为灰烬，亦遭覆没。惜乎兵已早溃，失此一大机会也。”未知是否亦录自原书，抑黎氏所加按语也。）

二月十八日接左季高信云：

武汉两城，遗胔骈积，尸横遍野，武昌滋生局收埋至一万有余，以五堂合计，当不下七八万，而贼所屠戮旋经焚毁者，不知凡几，丁男少女被掳上船之际悲愤自沉者，又不下万余人。汉阳一城，半遭虐焰，计亦不下数万人。惨哉！武昌土人云：贼未来之先，官计算丁口，共七十余万人，今其存者不过十有余万，又皆老弱尪羸，气息仅属之人。湖北兵饷堤工每岁约需八十余万，自二年十一月以后，至今应领之款二十余万，迄无以应。

贼于正月十一过九江，守兵尽溃，文武先逃。贼入城不一日旋即挂帆东下。十七日未刻抵安庆，戌刻城陷。文武先营城外，贼至不知所之。贼以空城无所得，举火延烧衙署房屋，火至七日未熄。贼于十八日登舟，驶金陵。

二十八日围金陵，二月十一日失守。向荣十二日始至六合，而琦善、陈金绥尚无信，若向提军由池州、太平一带陆路取道高淳，亦可速赴金陵。

又云：

真长发贼不过二千有奇，余惟衡、永、郴、桂新附之兵，颇能战。萧朝溃（贵）、韦正（昌辉）实伏冥诛。洪秀全不知实有其人否，即使有之，亦碌碌无能为，惟杨秀清苍滑异常，贼中一切皆其主持。现在诸贼饱掠思归，即老贼亦多怀异志，只缘蓄发已长，出则为官军所杀，是以不敢轻离其党。若官军能得一大胜仗，出示招降，毋论长发短发，投诚概予免杀，示以大信，事犹可为。贼志子女玉帛，不过盗贼之雄。杨秀清之所以能用众者，只在一严字。我自军兴以来，糜烂数千里，用款至二千万，未尝戮一逃将，斩一溃兵，事安得不败？余长清弃道州不守，贼遂围长沙；福兴不肯结营龙回潭，贼遂由长沙窜去；博勒恭武弃岳州不守，贼遂围湖北。此三提督不即在军前正法，何以作士气而振军威？诸将如瞿腾龙、朱占鳌、郑魁士、戴文兰、全玉贵、邓绍良，皆可当一面。

盖均咸丰三年春间之书。时黎氏已罢御史之职，就养其子福畤直隶藁城县署。萧朝贵（清军方面每于“朝”“贵”二字加水旁）为洪、杨方面之西王。咸丰三年正月上谕，谓：“张亮基奏，查明逆匪萧潮溃（朝贵）业已轰毙等语。萧潮溃（朝贵）一犯，系贼中著名凶悍首逆，伪号西王，经生擒逆匪罗五等供称，该逆前在长沙城外被炮轰毙，尸埋老龙潭地方，现已起获尸身，验明枭挫，……”是当日固以被炮轰毙入告，他记载亦大率云然，左书乃以“冥诛”为言，以善终矣，殆传闻未谛耳。（宗棠在亮基幕，而此书所言乃与奏报异。）韦正即北王韦昌辉，系被杀于咸丰六年南京之内讧，此时亦谓“伏冥诛”，自属传讹。至“洪秀全不知实有〔其〕人否”，颇奇，然不足深怪，盖杨氏握大权，清人方面，对敌军内部，消息隔膜，不免致疑于洪氏之无，当时固异说纷纭也。

（原第 13 卷第 50 期）

第九卷（原第十四卷）

1937年（民国26年）

一　六十年之回顾——丁丑谈往

（一）清议不满洋务派

国人今日群知西洋近代文化之足重视与宜取法，甚且有倡所谓“全盘西化”之极端论者；而回溯六十年前，出使英国大臣郭嵩焘（中国首任驻外公使）所著《使西纪程》，称道西洋之善，以诏国人之瞢于外情者，俾为借镜之资，总理衙门刊行之，清议大哗，讲官编修何金寿抗疏论劾，奉旨毁其版。此光绪三年丁丑（公元一八七七年）事也。李慈铭是年六月十八日《日记》云：

> 阅郭嵩焘侍郎《使西纪程》，自丙子十月十七日于上海拜疏出洋，至十二月八日抵英吉利伦敦止。伦敦者，英夷都城也。记道里所见，极意夸饰，大率谓其法度严明，仁义兼至，富强未艾，寰海归心。其尤悖者，一云：“以夷狄为大忌，以和为大辱，实自南

宋始。西洋立国二千年，政教修明，具有本末，与辽金崛起一时，倏盛倏衰，情形绝异。其至中国，惟务通商而已，而窟穴已深，逼处凭陵，智力兼胜，所以应付之力，并不得以和论；无故悬一和字，以为劫持朝廷之资，哆口张目，以自快其议论，至有谓宁可覆国亡家不可言和者，京师已屡闻此言，诚不意宋明诸儒议论流传为害之烈一至于斯也。”一云：“西洋以智力相胜，垂二千年，麦西（即摩西）、罗马、麦加迭为盛衰，而建国如故。近年英、法、俄、美、德诸大国，角立称雄，创为万国公法，以信义相先，尤重邦交之谊，致情尽礼，质有其文，视春秋列国，殆远胜之。而俄罗斯尽北漠之地，由兴安岭出黑龙江，悉括其东北地，以达松花江，与日本相接；英吉利起极西，通地中海以收印度诸部，尽有南洋之利，而建藩部香港，设重兵驻之。比德度力，足称二霸，而环中国逼处以相窥伺，高掌远蹠，鹰扬虎视，以日廓其富强之基，而绝不一逞兵纵暴以掠夺为心，其构兵中国，犹展转据理争辩，持重而后发，此岂中国高谈阔论虚骄以自张大时哉？轻重缓急，无足深论，而西洋立国自有本末，诚得其道，则相辅以致富强，由此而保千年可也；不得其道，其祸亦反是。”云云。嵩焘自前年在福建被召时，即上疏痛劾滇抚岑毓英，以此大为清议所贱。入都以后，众诟益丛，下流所归，几不忍闻。去年夷人至长沙，将建天主堂，其乡人以嵩焘主之也，群欲焚其家，值湖南乡试，几至罢考。迨此书出而通商衙门为之刊行，凡有血气者，无不切齿。于是湖北人何金寿以编修为日讲官，出疏严劾之，有诏毁板，而流布已广矣。嵩焘之为此言，诚不知是何肺肝；而为之刻者，又何心也。嵩焘力诋议论虚骄之害，然士夫之肯为此议论者有几人哉，呜呼！余特录存其言，所以深箸其罪，而时势之岌岌，亦可因之以见，其尚缓步低声，背公营私，以冀苟安于旦夕也，哀哉！

又王闿运是年《日记》有云：

三月七日：过力臣谈，云筠仙有书还。未知见英主与否。力臣云：昨得其书，洋洋千余言，不可示人也。然亦不知其所布置。

八日：登楼，作书寄筠仙，并诗一章，大意言宜化夷为夏。诗未成。樾岑来，因要之上楼以示之。

四月廿八日：松生送筠仙日记至，殆已中洋毒，无可采者。

六月十二日：越岑来言：何金寿本名何铸，昨疏劾郭筠仙有二心于英国，欲中国臣事之，有诏饬郭嵩焘毁其《使西记》版。铸本桧党，而不附和议，甚可怪也。

王、李均当时文士之负盛名者，李官京曹，加以热骂，王处乡里，加以冷嘲，盖足代表朝野多数士大夫之意见。（闿运寄嵩焘书，见《湘绮楼笺启》，有“开其蔽误，告以圣道”；“奉使称职，一时之利；因而传教，万世之福”等语。）嵩焘在同时辈流中，具通识远见，其《使西纪程》所言，旨在揭举西洋优点，以愧励国人，而诫其勿更漫以岛夷犷族目之。俾祛虚骄之习，不吝取则，且外交之道不可不讲，以杜患而图强也。在今日观之，固已平常，当时则嵩焘之孤怀已。一般高谈阔论而对外情绝不求知者，闻所未闻，诧为媚外，因群起抨击，甚至疑蓄异志，视为汉奸焉。此嵩焘所以引为憾事，愤慨之意，时流露于文字间也。李鸿章为大臣中最推重嵩焘者，是年三月二十六日与书有云：

> 阅新闻纸，知已顺抵伦敦，觐见英主。总署钞寄行海日记一本，循览再四，议论事实，多未经人道者，如置身红海欧洲间，一拓眼界也。……胡筱泉为余杭命案夺职，执事坐补少司马，差强人意；数万里苦役，担当国是，仅以此酬庸，犹未慊也。

鸿章亦以讲“洋务”为清议所甚不满者。（余杭命案，即震动一时之葛毕氏案，经刑部平反，是年议结，浙江学政胡瑞澜以曾派覆审革职，嵩焘以候补侍郎补其兵部左侍郎缺。）

嵩焘是年有致鸿章一长函，中有云：

自隋唐之世，与西洋通商，已历千数百年，因鸦片烟之禁而构难，以次增加各海口，内达长江，其势日偪，其患日深，宜究明其本末，条具其所以致富强之实，而发明其用心，而后中国所以自处，与其所以处人者，皆可以知其节要。谋勒为一书，上之总署，颁行天下学校，以解士大夫之惑。朝廷所以周旋远人之心，固自有其远者大者，当使臣民喻知之。以为此义明，即国家亿世之长基可操券而定也。道天津，亦尝为中堂陈之。及至京师，折于喧嚣之议论，噤不得发。窃谓中国人心，有万不可解者。西洋为害之烈，莫甚鸦片烟。英国士绅，亦自耻其以害人者为构衅中国之具也，力谋所以禁绝之；中国士大夫甘心陷溺，恬不为悔。数十年国家之耻，耗竭财力，毒害生民，无一人引为疚心。钟表玩具，家皆有之；呢绒洋布之属，遍及穷荒僻壤。江浙风俗，至于舍国家钱币而专行使洋钱，且昂其价，漠然无知其非者。一闻修造铁路、电报，痛心疾首，群起阻难，至有以见洋人机器为公愤者。曾劼刚以家讳乘坐南京小轮船至长沙，官绅起而大哗，数年不息。是甘心承人之害，以使朘吾之脂膏，而挟全力自塞其利源，蒙不知其何心也。办理洋务三十年，疆吏全无知晓，而以挟持朝廷曰公论，朝廷亦因而奖饰之曰公论。呜呼！天下之民气，郁塞壅遏无能上达久矣，而用其鸱张无识之气，鼓动游民，以求一逞，官吏又从而导引之；宋之弱，明之亡，皆此嚣张无识者为之也。嵩焘楚人也，生长愚顽之乡，又未一习商贾，与洋人相近，盖尝读书观理，历考古今事变，而得之于举世哗笑之中，求所以保邦制国之经，以自立于不敝，沛然言之，略无顾忌，而始终一不相谅；窜身七万里之外，未及两月，一参再参，亦遂幡然自悔其初心，不复有所陈论，而见闻所及，有必应陈之中堂者。……

又致沈宝（葆）桢书有云：

……至于嵩焘之遭诟谤，尤以两湖为甚，惟其所见愈狭而所持之论乃愈坚。……道之不明，而意气之激，以不得其平，则亦何词不可逞，何罪不可诬哉？如曾文正公功德在天下，立行卓卓如见，而犹为议论所集，于嵩焘何有？虽然，文正公为天下了事，声名之美恶，不当复顾；嵩焘并无了事之权，徒欲发明其义，为天下任谤，以使在事者有所藉手以行其意，而终以不相谅，悠悠终古，谁与明之？文正公处于不能退之势，则以进为义；嵩焘处于不能进之势，则以退为义，各行其心之所安而已。病体益衰，精力短乏，尤不堪事任。外度之世，内度之身，自计已审，若徒以人言而已，生世不过百年，百年以后，此身与言者之口俱尽，功名无显于时，道德无闻于身，谁复能举其名姓者？区区一时之毁誉，其犹飘风，须臾变灭，良亦无足计耳。

闳通之论，孤愤之怀，其时良难喻之人人也。嵩焘自引病归，即不再出，卒于辛卯（光绪十七年）六月，其《玉池老人自叙》是年最后所记有云："吾在伦敦所见东西两洋交涉利害情形，辄先事言之，以为关系国体，行之又至简易，不惮越职言之，而一不见纳。距今十余年，使命重叠，西洋情事，士大夫亦稍能谙知，不似从前之全无知晓，而已失之机会不可复追，未来之事变且将日伏日积，而不知所穷竟。鄙人之引为疚心者多矣。……三月二十日嵩焘病中记。"李鸿章奏陈嵩焘事迹请宣付史馆折有云："生平于洋务最为究心，所论利害，皆洞入精微，事后无不征验。前后条列各件，外廷多不尽知。病归后，每与臣书，言及中外交涉各端，反复周详，深虑长言，若忧在己。迄今展阅，敬其忠爱之诚，老而弥笃，且深叹不竟其用为可惜也。"

（二）丁丑会试纪事

丁丑会试，大学士宝鋆为正考官，吏部尚书毛昶熙、刑部右侍郎钱宝廉、内阁学士崑冈副之。

殿试，状元为闽县王仁堪，榜眼为孝感余联沅，探花为华亭朱赓飏，均本京官也（王、余皆内阁中书，余兼军机章京，朱吏部七品小京官）。此次殿试时，秩序颇紊乱，事后经言路指摘，五月十一日上谕云："给事中郭从矩奏请饬整顿士习一折，殿廷考试，宜如何谨守礼法，乃本年殿试，竟有贡士争取题纸，任意喧哗，实属不成事体。嗣后着礼部先期晓谕，毋许再蹈故习。如有不守规矩者，即着指名严行参办。”盖既往不咎也。李慈铭是日《日记》，录谕加注云：

> 故事，殿试题纸下时，士子先行三跪九叩首，礼毕皆跪，大臣监之，司官以次授题讫，始皆起。今年题纸甫到，人争攫取，多裂去首二道，碎纸狼藉遍地。有不得题者百十人，复争持主者索再给。主者不得已，乃别以一纸榜帖殿柱，使观之。桓东子弟悉以曳白登科，于是策试于廷者十九亡赖矣。拟题皆历科陈言，字字可宿构，而状元王仁堪尚持笔不能下。措辞里鄙，无不可笑。有常熟人管高福者，以“肾肠”字单抬，我皇上“我”字双抬，亦得居三甲。朝考日，试畏天之威于时保之论，雪白荼蘼红宝相八韵诗。有福建人谢章铤揣摩论题之意，执政以媚夷人也，遂援引汉唐，力申以小事大之义。沈吴江素主夷人，得之大喜，欲置高等；有力争之者，始退三等。直隶人王凤藻，诗文皆他人为之，而书不能成字，诗之首句看罢荼蘼了，书作看黑（罢），亦仅置三等。其不能成文者数十人，皆知识为之代作，公然挟书执笔，东西传递，监试王大臣临视嘻笑，恬不为怪。盖法纪荡然，廉耻丧尽，时事可知，不须识者矣。

慈铭是年会试又报罢，正满腹牢骚，所言殆不免过甚其辞处。盛昱二甲第十。据奭良《伯羲先生传》，谓殿试第一，越日检出误字，置二甲。如所云，盛昱几为有清一代惟一之宗室状元矣。二甲第一孙宗锡、第二孙宗縠，善化人，兄弟同入翰林，道光乙巳翰林孙鼎臣之子也。谈者谓自同治戊辰迄光绪丁丑，五科状元之名，适符五行，可称佳话。

陈康祺《郎潜纪闻初笔》卷一云：

> 军兴以来，被兵诸省，停举乡试，自甲子、乙丑后始渐次补行。或曰，上元启运，文明大开，故自戊辰至丁丑，五科状元，其名适与五行巧合：戊辰第一人洪钧名在金字部，辛未梁燿枢在木字部，甲戌陆润庠在水字部，丙子曹鸿勳在火字部，丁丑王仁堪在土字部，珠联璧合，名应文昌，非偶然也。余谓姓名相同甚多，科目得人始重。古来帝王姓氏，上应图谶，如汉号卯金，晋称典午，以及刘秀、李渊之先兆，大抵皆事后附会之说，况区区三百人中冠冕乎？相业如王文正，忠节如文信国，状元亦自足贵；彼秦桧、留梦炎，适足为巍科上第之玷。愿洪、梁诸君，勉自树立，俾他日留此一段佳话耳。

钧官至侍郎，颇以使才见称；燿枢官至少詹事，未与要政，无所见长；润庠和谨，官最尊，为有清状元宰相之殿，卒于鼎革之后，闻因袁世凯营帝制愤死，世颇哀之；鸿勳官至巡抚，无盛誉，亦无恶名；仁堪仅至知府，官较卑而历任镇江、苏州，有贤声，称循吏焉。

（原第 14 卷第 1 期）

二　李慈铭久困科场

李慈铭以美才负文誉，而久困场屋，同治庚午始捷乡试，会试又屡蹶。光绪丁丑，年四十九矣，正月元日《日记》有云："同仲彝、梅卿贺年，书元辰吉语。下午坐听事南荣负日，偕两君掷采筹十五周，采选格三周，余采筹七得状元，采选两得探花。此亦古人试年庚之意也（见放翁诗注），夜以朱笔点金蕊中《礼笺》九叶、王凤喈《尚书后案》三叶、王曼卿《经义述闻》三叶，皆取宋人三魁之义。以经学大师而为科名利市，足为吉祥佳话。"初二日云："紫泉来。禔盦来。复偕两君掷采选格二十周，余十一得状元。"科名心热，可见一斑。初十云："比日稍和，春气渐动，遂觉疲茶，时欲就床偃卧，病体日深，老景日益。龙锺至此，尚复逐黄面小儿，提篮踏闱，争冬烘之一决耶？今年誓不应试，并拟闭关谢绝计偕之客。念明日是先母生日，因赋一诗，以当誓墓之文：《先母生日前一夕，大风，独坐京邸泣赋是篇》：'五十孤儿泣断蓬，亡灵惭对影堂中。岂真白发充朝隐，虚负黄泉眄祭丰。（先母临殁时，语慈铭曰："汝贫甚，药物不必复求，他日富贵，祭我稍丰可也。”每思此语，肝肠欲裂。）徙宅分无酬教育，首丘何日得来同？犹迟地下莱衣戏，一盏残灯独敢风。’”牢骚哀怨，而不再应试之志，若甚决绝矣。然竟未能自坚，未几仍与“计偕”之客往还。二月二十四日《日记》有“进退维谷”之语，届期依然入闱应试焉。兹摘录其《日记》中关于此次会试者如左：

三月初六日：邸钞：命大学士宝鋆（镶白，戊戌）为丁丑科会试正考官，吏部尚书毛昶熙（武陟，乙巳）、刑部右侍郎钱宝廉（嘉善，庚戌）、内阁学士（宗室）昆冈（正蓝，壬戌）为副考官，编修陈理太（按：慈铭以避家讳改书“泰”为“太”）、张端卿等，给事中夏献馨等，吏部郎〔中〕沈源深、礼部员外郎光熙十八人为同考官。

初七日：下午入城，寓东砖门外崇骁骑家。付赁寓银四两七钱五分。

初八日：早起，入闱，坐文字舍。酉刻早卧。

初九日：丑刻题纸到，辰刻起视。首题“修己以安百姓〈修己以安百姓〉”，次题“言而世为天下则”，三题“见贤焉然后用之”，诗题“露苗烟蕊满山春，得‘烟’字”。戌刻诗文悉成。亥刻卧。

初十日：晨起誊真，午交卷（赏号军钱四千），冒大雨出闱。云门至寓午饭。

十一日：早起入闱，坐暑字舍。

十二日：子刻题纸到，巳刻起，作文，不起草。至夜初更（赏号军钱三千）五艺皆完，即卧。

十三日：早起补草，辰刻交卷，巳刻冒雨出闱。㹤夫代负篮装，可感也。

十四日：巳刻入闱，坐藏字舍。夜月殊佳。早睡。

十五日：晨起，作五策，不起草。至夜初更，正草皆完。是日不快，竟日不食，夜卧不能寝。五更疾动（赏号军钱三千）。

十六日：黎明交卷，偕同舍湖州同年王者香（兰）出闱，即坐车出城还寓。

二十日：闻昨日宗室（二名）榜发，盛伯希中式。

二十六日：邸钞：诏定是科会试中额三百二十三名，浙江得二十五名。

四月初六日：写殿卷一开。……是日闱中进呈前十名试卷，闻第一直隶人，文皆恶劣不堪。

初九日：神祠签诗，始于五代，灵验之事，多载稗官。京师正阳门右关帝祠签，自明以来，历著奇验，而陶然亭文昌神签，近世亦有灵应。余己未、庚申尝两祷关庙，所言亦征。今老矣，日暮途远，应试之事，自此遂绝，昨洗沐，素食一日，今晨盥漱毕，即驱车至前门祷关帝庙及观音堂，还至陶然亭祷文昌阁。关庙签诗云："一般行货好招邀，积少成多自富饶。常把他人比自己，管须日后胜今朝。”文昌签云：“爱君兄弟有声华，桃李虽春未有花。遥约和风新草木，定知仙骨变黄芽。”皆不知何祥也。（文昌签诗，道光初江宁周臬使开麒尝占得之。周为癸未探花，次句应之。）午前归。

十一日：是日报红录，云门、紫泉皆中，绍府共中五人，山阴得三人：程仪洛、潘遹、俞麟振。庚午同榜仅中一杭人蒋某，则吾不忍目之矣。国家取士，至于如此，使我犹与此曹角逐，尚得谓之靦然人面哉？

十三日：晡后取闱卷，为第五房编修臧济臣所点抹，鼠辈何足责哉？

文士之为举业者，望中之心甚切，而以久困场屋，牢骚而生作辍之念，卒仍逐队入场，不中则再发牢骚，骂考官，看来颇觉可笑，然科举时代，类是者不乏，弗足怪也。出榜之前，谓“应试之事，自此遂绝”，出榜后又言不再“与此曹角逐”，而至下科（庚辰），慈铭复应试，遂得中式，成进士，偿其所愿，年已五十二矣。（张謇甲午成进士，掇大魁，其《文录外编自序》谓：“……顾试礼部又四摈，年四十矣，私以为试于有司供其喜怒而寒燠之者，已二十有六年，可已矣。又二年甲午，父健在，命更北行为最终之试。……”使甲午仍不中，或亦未必不再试也。）

三　樊增祥与李慈铭交谊

樊增祥为慈铭门人，丁丑成进士，改翰林院庶吉士。（其捷乡、会试均早于慈铭一科。）时与慈铭形迹甚亲，感情最厚，对之慰藉备至。慈铭是年《日记》有云：

七月初七日：云门馈银八两，此必不敢受者也。

十二日：前日云门馈助祭银两，作书辞还，云门复书，言甚挚笃，是〔深知我贫也。今日赋诗为谢，并缀小启，录之于此。文本可不存，以志良友〕之觍耳。

谢樊云门庶常惠先君子生日祭银启

大火流西，清风戒节。后尝祭之六日，直先人之诞辰。岁在强梧，算盈七秩。莱衣换葛，久绝称觞之期；礼堂授经，已迷凿楹之处。治鱼菽以充荐，藐音容其莫追。难援税服之文，虚设事存之礼。周礼犹醵，非所语于朋施；馈食将宾，讵反资其家具。吾弟孝能锡类，廉欲润人，猥分陔兰之餐，来左楚茨之祭。晏婴逼俭，得丰弋卵之筵；顾欢永怀，免废蓼莪之什。深铭寒露，载戢高风。

八月初六日：赠云门尊人鉴庭总戎（燮）楹联云：“弢钤嗣功，踵绩于阁；礼乐教子，遂名其家。”

(总戎为宁远大将军，谥勇毅，图形紫光阁弼公先生廷之元孙，韶州总兵尚彬先生经文之曾孙，咸丰中以永州镇总兵署湖南提督，忤左相国，为湖广总督官公劾罢。)

二十日：为云门书折扇，并制长歌，写一团扇赠之。

送樊云门庶常乞假还夷陵省亲

君家勋阀高三川，勇毅百战天山边。
韶州雄杰世辛赵，至今画像留凌烟①。
阿翁桓桓擅文武，丁国中衰奋虓虎。
陷阵常占军锋先，召对颇闻至尊许。
三湘专制罴（罢）当关，一言忤要对簿还。
手把六经授双骥，时亦射猎城南山。
君是僧弥更秀出，弱冠声名盖七泽。
负米常轻千里行，佣书能课一朝毕。
胸吞云梦八九强，意气辟易驱群羊。
兴酣落纸出词赋，跨蹑两宋追三唐。
世上小儿逞轻薄，兔园一跃踞台阁。
顶门衣钵驱乌文，经义纷纶抵弹雀。
余也卧病长安中，蓬蒿塞户无人通。
君独嗜痂百倾倒，翻屈绿耳师跛邛。
自古师生论资格，执贽狺狺较阶级。
此事自足风（平）千秋，只愧涓埃乏相及。

黄金榜上春风开，簪花直上凌云台。
家声亦藉玉堂重，国事正急连城才。
桂花如雨落山驿，锦袍归觐好行色。
盛年报答君亲长，岂为科名诩乡国。
一尊相饯城西隅，病中执手重踟蹰。
楚江双鲤时来上，并约陶敦报老夫②。

自注：① 君先世居四川三台，魏默深《圣武记》称勇毅公及根石总戎为国朝父子名将，勇毅绘像紫光。

② 谓仲彝。

九月二十四日：子谊复来走别，余送之出门，子宜潸然泪下。近日仲彝、云门、梅卿之别，皆有此况，盖深知余老病，又年来益穷，都中无人能相容也。日前云门寄子宜、弢夫书，力劝二君暂留京邸，谓："君辈若行，从此师门遂无一人在左右，可胜叹怅！"呜呼！此言它人尚不可闻，况仆耶？

此盖慈铭对增祥极爱重之时。其后以甚恶张之洞，而增祥亲附之，颇示不满。慈铭《日记》，最后八册，为增祥持去，遂不获与世相见，或谓增祥以中有对己诋斥之语，已于生前毁之矣，可慨也！

徐宗亮《归庐谈往录》卷一云："左文襄公初以举人居骆文忠公幕府，事无大小，专决不顾。……一日樊提督诣文忠，延文襄出共谈，意大龃龉，遽起批樊颊，大诟，樊不能堪，致有互揭查办之举。文襄回籍，樊亦奉旨罢任。樊归，谓子增祥曰：'一举人如此，武官尚可为哉？若不得科第，非吾子也！'增祥卒入翰林，甚有才名。"增祥以将家子掇巍科，盖有赖于左宗棠一激之力。（增祥父燮被骆秉章参劾革职，始禀讦宗棠于官文，宗棠因之出湖南抚幕，且几罹不测。宗亮所叙，稍有未谛。至慈铭谓为官文劾罢，当是秉章会官文衔奏劾耳。）

（原第14卷第2期）

四　孙思昉论其师章太炎

姜亮夫君（寅清）近由巴黎来书，已录为《章太炎弟子论述师说（二）》，见本报第十三卷第四十八期。（编者按：现收入《民国笔记小说粹编》之《一士类稿·一士剩稿》中。）旋更接孙思昉君（至诚）由天津来两书，有所讨论，并录于次，俾参阅焉：

书一：

承视姜君书，弟之所知已尽前楮，惟愿言之怀，犹有绪余，足以渎听者。昔韩昌黎有言：孔子之道大而能博，门弟子不能遍观而尽识也，故学焉而皆得其性之所近，其后离散分处诸侯之国，又各以其所能授弟子，原远而末益分。盖人人之思维，离主观几无客观，故见仁见智，未易强同。姜君固兼宗井研廖氏、海宁王氏之学者也。余杭先生之说适与两氏相反，姜君立言自不能无所依违。佗（他）不具论，至谓近世治学之歆向在于求真，先生治学之歆向在于求用，异乎吾所闻矣。先生与王鹤鸣书（见《文录》二）曰："足下云：儒术在致用，故古文不如今文，朱、陆不如颜、李。仆以九流著于周、秦，凡为学者，非独八儒而已。经师授受，又与儒家异术。商瞿、高行、铎椒之流，尝事王侯，名不确确显著如孟、荀、鲁连也。春秋断狱，禹贡治河，三百五篇，当谏书，无过以典训缘饰，不即曲学干禄者为之。汉之循吏，吴公、张释之、朱邑、黄霸，少驽如韩延寿，皆以刀笔长民，百姓戴德。仲舒乃为张汤增益苛碎，尝仕江都，民无能称，侔于千驷。此则经术致用，不如法吏明矣。周官九两，曰儒以道得民。郑君曰儒诸侯保氏，有六艺以教民者。今颜、李所治六艺云何？射御犹昔，礼乐即已疏陋，其言书数，非六书九章也，点画乘除以为尽矣。贩夫贩妇以是钩校计簿，何艺之可说。仆谓学者将以求是有用与否固不暇计，求六艺者究其一端，足以尽形寿，兼则倍是，泛博以为用。此谓九能之士，不可言学。近世翁同龢、潘祖荫之徒，学不覃思，徒捃摭《公羊》以为奇，觚金石刻画，厚自光宠，然尚不足言致用。康有为善傅会，媚以拨乱之说。又外窃颜、李为名高，海内始彬彬向风，其实

> 自欺。诚欲致用，不如掾史识形名者多矣。学者在辨名实，知情伪，虽致用不〔足〕尚，虽无用不足卑。古之学者，学为君也；今之学者，学为匠也。为君者，南面之术，观世文质而已；为匠者，必有规矩绳墨，模形惟肖。审谛如帝，用弥天地，而不求是则绝之。韩非说炳烛尚贤，治则治矣，非其书意。仆谓学者宜以自省。

是先生之学固以求是自揭矣，未闻先生晚年定论有违前说也。

书二：

> 鄙作《余杭先生伤词》有“勤求经训，务期有用”之语，与先生自述学贵求是不贵致用之说若有殊，其中尚待释疑，盖夫子自道之言与因材施教之说异。学以求是为第一义谛，而致用已落第二义谛矣。《伤词》追述遗训，与其复弟函中语相类。其言曰：“若言精求经训。非自《说文》《尔雅》入手不可。足下疲于吏事，恐不能专意为此。但明练经文，略记注义亦自有用。”足见学人之治学与俗吏之向学迥不可同日语。然求是与致用云者，特各有所重轻而已。实则言其异，则所谓一致而百虑；言其词，又所谓殊途而同归者矣。先生之言学，侧重求是，而亦不废致用。

综观先生致王鹤鸣及至诚书，其意之重轻所在，读者可自得之也。

五 孙思昉所作王棽林碑传

禹县王槐三（棽林），为豫中绩学潜修之士，亦思昉所师事者，近卒于里，思昉为作碑传，足章（彰）其人，因录志之：

王先生传

王先生讳棽林，字槐三，河南禹县人。以所居角山，自号角山老农。甫冠，才气艻发。年二十二，以府试第一，入州学。长沙曹公广权知禹州。课士，得先生，奇其才，尝仿汪中故事，以超超等宠异之。中清光绪壬寅举人。性好学，不屑谐俗。遂绝意仕进。生平于名利泊如也。识尤卓，庚子拳匪起，蚤见败征，赋诗见意。时尚制艺，即攻策论，及试策论。又研科学，后重科学，反治国故。尝为乡里辟学校，教农桑，创矿业，练团防，可谓知时务已。其为学无所不窥，要归之修己自得。以为并世攘敚执要，成为祸乱。故录民史，以明民贵，然非奖进民权之谓，乃崇论天爵，薄仕宦为不足羡尔。清世小学家言务博奥，不可猝明，虑非保氏所职，故甄小学，期宜舆人，用其术，音义可望而知。古以教国子者，至是始复其旧。尤邃于音，谓凡民唇颏，皆可参验，其数一二三四是也。数千年绝学，欻自先生发之。然不轻著书，乃笔《训诂丛话》《简易识字法》，发其凡。后依高邮王氏律令。作《读书随录》，最贤卓宁极。凡内不自信，外不足信世者，虽竘善则绝之。古人有成说，即有新义，无能远过者，则绝之。有所弹正，不能与世共决其误者，则绝之。前人所已明，与雷同者则绝之，其精采如此。晚年尤好诗，以兴观群怨为旨。谓入之深者，乃能缮性情以就至行。故时托意歌咏，亦间与诸子弟倡报（和），世以比叶天寥云。民国初，项城袁公延之掌记室，不就。后陕西督军刘公镇华，慕其名，欲召入幕。或为之劝驾者，谢曰愿爱人以德，卒莫能致也。乃与同县陈先生嘉桓、田先生春同修《禹县志》，成数十卷。内行修洁，性静穆，无妄语，或竟日眙视不言。然一遇知解，每纵谭衎昼夜不倦。解友之厄，辄斥资无吝色。及曹公之丧，乃昌议迎葬禹西，起冢立祠，以拟朱邑桐乡。其好义皆此类也。诗文皆雅和，自言文不如诗。其诗能有唐宋，能自成家，而清丽千眠，大抵近越缦。著有《民史传》《读书随录》《孟子学案》《庄子钩玄》《训诂丛话》《简易识字法》《畏秋楼诗稿》《角山文集别集》《书牍》《遣日录》凡如（若）干卷行世。所评选诗文甚众，藏于家。年六十有七，民国二十五年十一月卒。赞曰：闻诸余杭章先生有言：汉儒虽博稽名物，〔犹〕

重风节。清世为汉学者说经日以精博，躬行则衰，而晚近士习益侜张。若先生者，不独抱此绝学，更有其姱节，志抗浮云，枯槁不舍，视古所谓人师经师者无愧色矣。

角山先生碑

角山先生讳棽林，字槐三，禹县王氏。淑质贞纯，瑰才卓荦，幼膺奇表，群号圣童。强识拟于仲宣，构思疾于少孺。爰以第一人入州学，于时博涉群书，洞达时务，抒俶傥之画策，眇众虑以立论。越岁壬寅举孝廉，籍甚当时。然杨云守其清静，诸葛安于淡泊，乃能土石王侯，浮云富贵，虽征辟交至，卒不降身，耻已处而复出，若有初而无终，可谓明洁鲜于白珪，贞操厉乎寒松已。自是肆志山林，覃精图史，骋其轶材，蔚成茂绩。凡夫六艺之典，百家之编，罔不剥散纷疑，刊摘沉秘。而形寿所至，小学尤精。盖清儒所理，失保氏之真，索隐探赜，存易求难，此其蔽也。独先生妙达神旨，冥契古人，望形识意，依类知音，此则先喆所希论，后学所未窥者矣。若夫从容啸咏，出入雅风，诗以穷工，文不加点，犹余事也。所著有《民史传》《读书随录》《孟子学案》《庄子钩玄》《训诂丛话》《简易识字法》《畏秋楼诗稿》《角山文集》《别集》《书牍》《遣日录》凡如干卷。呜呼，可以传矣。先生性能合道，思若通神，清识难尚，至德可师，末学后生，赖以文其材素者，不可殚纪。年六十有七，民国二十五年十一月卒。门人某等永怀德音，靡所置念，乃勒玄石，用表灵区。铭曰：

觥觥夫子，旷代之英。眈于玄览，淡于世荣。曾师庄子，物论自齐。解其天弢，和以天倪。繄彼小学，莫殚莫究。久郁而发，保氏之旧。孟言民贵，始明天爵。史以张之，亦述亦作。先生之学，切理厌心。先生之语，乃玉乃金。先生之诗，可以入神。先生之笔，可以写真。哲人其萎，斯文将丧。缅维微言，如何可忘。吾思夫子，慈母婴儿。吾将安仰，吾将安依。　　　　　　（原第14卷第3期）

六　光绪初太监掘得藏银案

光绪四年戊寅，有告退太监苏德掘得藏银一案，经言路奏陈，派步军统领、顺天府尹查覆。近于吴县彭君心如处，得观其曾祖芍亭先生（祖贤，官至湖北巡抚）手写《日记》。是年四月纪偕步军统领荣禄遵查此案情形颇详，时官顺天府尹也。兹移录如下：

初五日：荣大金吾召见后，交到军机处交片，内开："本月初五日军机大臣口传面奉谕旨：着派荣、彭刻即前往查看，钦此。"又交片："有人片奏：风闻京北上地村居住内监苏德，置有拆房基一所，在沙河镇街中。去岁十月营兵因刨挖碎砖，挖出银一缸，约有一万数千两，官员觊觎，将兵丁法取刑求。苏姓以人情势力，将银归己。今岁二月苏姓又挖出银七缸、金一铜箱，金系条，银系宝，每宝百两，系前明成化光化字样，约在十数万两，续又挖出银一窖，长九尺，深五尺，宽二尺，每日夜间装车载运，尚在刨挖。询问工人，据云苏姓已奏明皇太后赏给”等语。遵旨即刻驰赴沙河镇，时已酉刻，会同荣大金吾，各带司员，前往查看，并命苏德指引，据称如有以多报少，情甘认罪。查毕取供，并取北路同知把总禀供，又派员赴上地村点查窖银秤见斤两确数。亥刻，金吾登舆回城（定例，提督司九门禁钥，不得在城外住宿），予宿于店。霸昌道续燕甫（昌）来见。

初六日：卯刻，燕甫邀至苏姓地，开更楼门，登楼覆视。回店，昌平州吴履福来见。予回城，午刻到署。陈令（嵋）带苏文兴呈验样银，开呈秤银清单。计开：

第一袋碎银九十五斤，

二袋小元宝一百二十七斤，

三袋小元宝一百四十七斤，

四袋方锭八十九斤，

五袋小圆锭七十七斤，

六袋小圆锭九十二斤，

七袋小圆锭七十五斤，

八袋小圆锭一百斤，

九袋大元宝七十四锭，重二百四十二斤，有乾隆年号。

共一千零三十七斤，计一万六千五百九十二两。

外有呈样大元宝一锭，方圆小锭五个，不在前数之内。申刻酌定奏稿，与荣金吾删改，即缮稿缮折。

初七日：寅刻入朝，卯刻奏事处传：折留中。……恭录四月初七日奉上谕："前据御史英俊奏，闻告退太监苏姓在沙河镇置有房基一处。上年营兵在该处刨出银一万数千两，官员觊觎，将兵丁等刑求，几致酿成重案。本年又刨出金银，约银十数万两，续挖出银一窖，询系该太监奏明皇太后赏给等语，当派荣禄、彭祖贤前往查看。兹据奏称：查明太监苏德在沙河置买铺房及空院一处，共刨出银一万六千六百余两，并无十数万两之多。据苏德供称，此项银两未敢擅动，曾经奏明，奉皇太后懿旨赏给，并无刨出银窖金条情事，实系情愿报效。上年营弁王振声暨该太监遣抱苏文兴，均赴北路厅同知衙门呈报，兵丁张邦振等挖出银两，私自藏匿，经该同知讯断，给还地主领回，将张邦振责惩，各等情。太监苏德在伊房地刨出银两，曾据奏明，惟未声明银两确数，当奉皇太后懿旨赏给。现据荣禄等查明具奏，奉懿旨：着将此项银一万四千两交顺天府，以为资遣灾民之需，余银二千六百余两，着赏给苏德。钦此。"

附录奏稿如左："奏为遵旨会同查勘沙河镇刨出埋藏银两情形，恭折覆奏，仰祈圣鉴事：窃照本年四月初五日准军机大臣口传面奉谕旨：着派荣、彭刻即前往查看，钦此。钦遵。并准将附片原奏交阅前来，臣等公同阅看。查原套内称：'风闻京北上地村居住内监苏姓置有拆房基一所，在沙河镇街中，去岁十月间营兵因刨挖碎砖，挖出银一缸，约有一万数千两。官员觎觊，将兵丁法取刑求，苏姓以人情势力，将银归己。今岁二月苏姓又挖出金一铜箱，银七缸，金系条，银系宝，每宝百两，系前明成化光化字样，约在十数万两，续又挖出银一窖，长五尺，深五尺，宽二尺，每日夜间装车载运，尚在刨挖。询问工人，据云苏姓已奏明皇太后赏给'等语。臣荣随带员外郎倭什鉴额、铎洛仑，中军副将赵清、参将王山宽；臣彭随带治中萧履中、候补知县陈嵋，会同前往。是日申刻各抵昌平州属之沙河镇地方，传到内监苏德。先勘得沙河镇街路西有铺面数间，进内有大空院一所，询是关闭当铺房屋拆卸地基，四围有院墙。查看房基地身多有刨挖痕迹，地面高下不等。据苏德指验炕箱一处，称系在内陆续刨出小缸一口，瓦坛五个，当时铁镐磕碎一坛，尚有正坛四个，约计银万余两。臣等周历勘视后，回至公所，即据呈验缸坛。并询据苏德供称，系直隶景州人，在昌平州属上地村寄居，先前充当乾清门总管太监，同治十年一月因病乞休，是年置买沙河镇街西关闭当铺空院一块，临街瓦房六间，租与谷姓开设烧饼铺生理。上年十月间捕盗营兵丁由空院内挖出银两，经捕盗营把总王振声禀明北路厅，太监亦遣义子苏文兴呈报厅官，传到张姓等，追出银一千余两，当十钱五百吊，交苏文兴领回。本年三月十九日因盖房使用砖块，刨出小坛一个，内装银两。由是日至二十五日三次，连前共刨出银五坛一小缸，约有万余两，分为三次用轿车四辆拉运到家。太监世受国恩，得此异财，未敢丝毫擅动，情愿报效，出于至诚，是月二十八日进内口奏，面奉皇太后懿旨，将此项银赏给太监，钦此。委无铜箱、银窖、金条情事，如虚，情甘认罪。并据跪称，实系情愿报效，恳求转奏赏收各等语。质之该太监义子苏文兴，供俱相符。臣等饬派司员倭什鉴额等亲赴该太监寓所点视，大元宝七十五锭，余俱小宝，共方锭、碎锭共计一万六千六百余两，宝上有乾隆年号者。臣等复加查核，仅止一万余两，并无十数万之多，且验视大元宝，每个重五十两有奇，并非百两，亦无前明成化光化字样。此臣等现在查看讯明之实在情形也。至原奏所称去岁十月营兵刨挖银一缸，官员法取刑求，苏姓以人情势力将银归己一节，臣等饬据北路厅同知郑沂禀称：上年十月二十日捕盗营把总王振声报，该弁亲戚苏文兴在沙河镇街置有房铺空基一所，嘱为照管。九月间派令雇工鲁楞、兵丁张邦振赴院内挖砖使用，闻有挖出银两私自藏匿情事。又据苏文兴报同前由。该同知传到张邦振、鲁楞查讯，初犹狡供不承，迨经掌责押追，始据吐实，陆续追出银一千三百五十八两，又以银易当十京钱五百吊。该同知以定律所载，官私地内掘得埋藏无主之物，方准收用。今张邦振刨出银两，系在有主地中，理应给主，当传苏文兴将银钱一并具领；张邦振隐匿不报，责惩保释在案。此上年十月捕盗营兵丁掘得银两该厅讯断给还地主领回之实在情形也。所有臣等遵旨前往沙河会同查看讯明各缘由，谨合词恭折覆奏，伏乞皇太后皇上圣鉴。谨奏。请旨。”

初八日：恭录初七日谕旨，录原奏，札饬霸昌道北路厅，传知苏德，饬令遵旨将所得埋藏银一万四千两交送本府兑收，以为资遣之需。

十二日：苏德从沙河镇送到所掘藏银一万六千六百余两，予命经历在二堂弹兑库平一万四千两归库存储，以备资遣之用，余银二千六百余两交苏德领回，赏给金花红袖。

上谕中谓苏德刨出银两曾据奏明，惟未声明银两确数，当奉皇太后懿旨赏给云云，似有回护；苏德之亟以情愿报效为言，或亦宫中授意也。时以久旱，灾民麇集，顺天府正办赈务，兼谋资遣，故即以此款拨给充用。

（原第14卷第4期）

七　清光绪丁未政潮之重要史料
——袁世凯致端方之亲笔秘札

光绪三十三年丁未政潮，亦清季一大事也。庆亲王奕劻自继荣禄而为军机领袖，直隶总督袁世凯深与结纳，为其谋主，于是北洋遥制朝政，其权力之伟，更远过于李鸿章时。瞿鸿禨以才敏受知，且有清望，帘眷亦隆，与奕劻同直枢垣，遇事每有争持，对北洋则时主裁抑，由是奕劻与之积不相能，世凯尤憾之，而清议以奕劻贪庸，世凯跋扈，多右鸿禨。此为丁未政潮之张本。

三十二年丙午，议改官制，世凯奉命参与，欲乘机行责任内阁制，俾奕劻以总理大臣握行政全权，鸿禨知其意，隐沮之，言路亦陈其不便。孝钦采鸿禨之议，仍用军机处制，惟令军机大臣不兼部务。吏部尚书鹿传霖、学部尚书荣庆、陆军部尚书铁良、民政部尚书徐世昌均奉旨专管部务罢直，而命世续（大学士）、林绍年（开缺广西巡抚，候补侍郎）入军机。旧枢臣留者，惟奕劻、鸿禨二人。鸿禨时官外务部尚书（协揆），以对外关系，得仍以部臣兼枢臣。世凯大失望，益衔鸿禨。

翌年丁未三月，东三省设督抚，以徐世昌为东三省总督，并授为钦差大臣，兼管三省将军事务，班居各督之首。奉、吉、黑三巡抚，则唐绍仪、朱家宝、段芝贵也。四人之膺简，庆、袁之力。北洋势力愈伸张，而芝贵以直隶候补道，骤署黑龙江巡抚，速化尤可惊，舆论为之大哗。初，奕劻子贝子衔镇国将军载振，以按事东三省过天津，芝贵购歌妓杨翠喜以献，至是其事哄传焉。新授四川总督岑春煊入觐，道出汉口，突于是时入觐。孝钦念西行护驾之功，温慰备至，留京补邮传部尚书，未到任即面参邮传部左侍郎朱宝奎革职，党于庆、袁者也，并屡为孝钦痛言奕劻贪黩误国，请予罢黜。庆、袁已大震，而御史赵启霖复抗章严劾段芝贵献妓载振，并十万金贿奕劻诸状。命罢芝贵署抚，派醇亲王载沣、大学士孙家鼐按其事，以世凯等巧为弥缝，载沣等亦惧开罪奕劻等，未肯深究。四月，以所参不实入告，奉谕革启霖职。（当尚未覆奏，御史江春霖亦上章论列。案结后，又劾王大臣查案疑窦颇多。都御史陆宝忠、御史赵炳麟均论救启霖。）载振不自安，乞罢，遂准其开去御前大臣、领侍卫内大臣、农工商部尚书等缺及一切差使，孝钦盖亦不能无疑于奕劻父子也。

庆、袁以瞿、岑相合，林绍年助之，均为清议所归，非去之不能自全，力谋排去之道，乃由奕劻以独对施其技。是月，春煊首外简两广总督（广西人例不补授两广总督，春煊前曾署理，今乃补授此缺，非故事也），摈出国门，绍年继奉补授度支部右侍郎之命，俾罢枢直。（绍年曾署邮传部尚书，系临时性质，此次补授度支侍郎，当解机务，故即奏请开去军机要差。）鸿禨于孝钦前力请留绍年于军机，以资赞襄。孝钦可之，降谕无庸到度支部任，仍直枢垣。而春煊以粤督之简，大出意外，引疾恳辞，奉谕："岑春煊病尚未痊，朝廷亦甚廑念，惟广东地方紧要，……非得威望素著情形熟悉之人不足以资镇慑。该督向来办事认真，不辞劳怨，前在该省，筹防一切，深合机宜，是以特加简畀，务当迅速赴任，通筹布置，安良除暴，消患未萌。该督世受国恩，当兹时事艰难，自应力图报称，勉副朝廷倦怀南服绥靖岩疆之意，毋得再行固辞。"云云，始怏怏出京，陛辞时犹以朝政为言，孝钦意亦尚惓惓云。

五月，鸿禨突以翰林院侍读学士恽毓鼎奏劾罢斥。上谕云："恽毓鼎奏参瞿鸿禨暗通报馆、授意言官各节，着交孙家鼐、铁良秉公查明，据〔实〕覆奏。钦此。"同日朱谕云："恽毓鼎奏参枢臣怀私挟诈请予罢斥一折，据称协办大学士、外务部尚书、军机大臣瞿鸿禨，暗通报馆，授意言官，阴结外援，分布党羽，余肇康于刑律素未娴习，因案降调未久，与该大臣儿女亲家，托法部保授丞参等语。瞿鸿禨久任枢垣，应如何竭报忠称，频年屡被参劾，朝廷曲予宽容，犹复不知戒慎。所称窃权结党保守禄位各节，姑免深究。余肇康前在江西按察使任内因案获咎，为时未久，虽经法部补授丞参，该大臣身任枢臣，并未据实奏陈，显系有心回护，实属徇私溺职。法部左参议余肇康着即行革职；瞿鸿禨着开缺回籍，以示薄惩。钦此。"语意殊牵强支离，盖不过藉毓鼎一参而行其处分耳（孙家鼐等旋奏遵查各节，请毋庸置议，报闻）。奕劻之所以施其媒孽者，据闻乃以戊戌旧案动孝钦也。至七月，罢春煊两广总督，同日出绍年为河南巡抚，政潮乃告一结束矣。枢垣人物，则鹿传霖（解部务）、戴沣于五月，张之洞（大学士）、袁世凯（外务部尚书）于七月，奉命入直。（八月命之洞兼管学部事务，盖管部又与尚、侍待遇不同也。）

丁未政潮之经过，大致如上述。近发见世凯是年四月致两江总督端方亲笔秘札一通，为关于此次政潮极可珍之史料。其文云：

> 午桥四弟大人阁下：上、中两旬间奉读三月二十五日、四月初八日（并抄件）两次。惠函，拜聆种切。大谋此来，有某枢暗许引进，预为布置台谏。大谋发端，群伏响应，大老被困，情形甚险。幸大老平时厚道，颇得多助，得出此内外夹攻之厄。伯轩、菊人甚出力，上怒乃解，而联合防堵，果泉亦有力焉。十六日大老独对，始定议遣出。上先拟遣，次日即发表。
>
> 公举苏盦本意，大老亦在上前说明，颇以为然，但大谋既去，位置苏公，必将又松一步。为苏计，大可趁此北来，在部浮沉数月，明此心迹，为将来大用地步。大谋不肯去，十六日亦曾议及，当有对待之术继之。伊眷渐轻，势大衰，无能为矣，不如不来为愈也。举武进、郑、张，上均不以为然，人得藉口谓其推翻大老，排斥北洋，为归政计，因而大中伤。武进

供给，亦有人言及，恐从此黄鹤一去矣。兄久有去志，甚愿大谋或武进来代，但大局攸关，受国厚恩，何敢任其败坏也？育公始颇受疑，此次全开差缺，由于某枢要弄，现已释然。默揣情形，大老决不能动，同班中或不甚稳耳。人心太险，真可怕也！大老心地厚道，事理明白，阅历深久，声望远著，如推翻之，何人替代，当今实无第二，两宫圣明，必可鉴及；若辈何不自量耶。匆匆此复，敬请台安。祈即付丙。如小兄名心顿首。四月十九日。

孙道建林，已晤谈，极干练，甚佩甚佩。

此札由端方家流出，现藏章行严君（士钊）所。观此，奕劻以危词耸听，即谓瞿、岑辈谋重翻戊戌旧案，请太后归政，颇显然矣。"人得藉口"云云，盖不啻自道耳，此最为孝钦所惊心动魄者。瞿、岑眷隆，动摇匪易，以归政为说，实排挤之妙诀也。瞿、岑戊戌前皆尝与康有为、梁启超款曲，鸿禨于辛丑间犹力举康、梁，并请解党禁，孝钦虽不怿，而未疑有他，不之罪也。及是，京沪及海外报纸斥奕劻者，与言官所论，若出一口，奕劻辈遂持以耸动孝钦，大抵以瞿、岑外结党人报馆主谋在归政为词，浸润既行，乃借题以发之矣。［康有为庚申（民国九年）《敬题瞿文慎公像》诗有云："十年黄阁事艰关，去佞之难过拔山。若使刻袁功得就，岂看龙劫血斑斑？三犯龙鳞敢举仇，爱才爱国有深忧。频陪绿野须眉古，遗像清高憾未酬。”自跋谓：“西狩间，公三举鄙人，后怒举其仇，几不测。愧无以报，题像潸然。”云云。当政潮后，曾广钧有《游仙诗》四首，初托名王闿运，后乃入集。第一首隐指鸿禨。其词云：“楚国佳人号绛绡，芙蓉新殿斗纤腰。不教茅许同仙籍，偏有裴樊渡石桥。芝馆乌龙攀绣榻，桃源仙犬吠云翘。青童昨夜朝阿母，一夕微霜蕙叶凋。”］札中所云某枢，指鸿禨；大谋谓春煊，大老谓奕劻，则隐语也。伯轩为世续，菊人为徐世昌，果泉为诚勋，苏盦为郑孝胥，张盖张謇，育公谓载振（字育周），武进谓盛宣怀。

春煊四月十七日授两广总督，与札中所叙十六日奕劻独对事，正吻相合。（绍年十八日授度支部右侍郎，十九日命毋庸到任，仍直枢垣。）至云“同班中或不甚稳”，盖微示鸿禨将去矣。（世传孝钦曾于鸿禨独对时甚露不满奕劻之意，鸿禨因请解其机务，俾保晚节，孝钦颔之。鸿禨门人汪康年闻其事，旋外报载奕劻即将罢直消息，孝钦怒鸿禨泄漏，奕劻诇知，于是鸿禨被参罢斥矣。此说颇盛传也。奕劻于鸿禨罢后，即自请罢直，盖试探之意。虽懿旨慰留，而命载沣入军机，以分其势。载沣分较亲，惟庸懦不能与抗衡耳。）　　　　　　（原第14卷第5卷）

方段芝贵暨奕劻父子之被弹也，道路沸然，多谓奕劻宜出军机，春煊宜代世凯督畿辅。世凯所谓“兄久有去志，甚愿大谋或武进来代”云云，盖得意语，亦痛定思痛之语耳。盛宣怀与世凯交恶，世凯对之，亦甚有虞心也。

至谓“大老心地厚道，事理明白，声望远著”“当今实无第二”云云，则庆、袁交谊深固，奕劻甘为傀儡，世凯利用之，其作此言，自无足怪。赵启霖辈直为声震一时，而谓“预为布置”“群伏响应”云云，亦见政敌口吻。

春煊入觐时，面恳开四川总督之缺，并微示愿留京之意。孝钦即曰：“你的事总好办。”又指德宗而语春煊曰：“我常和皇上说，当年若无岑春煊，我母子安有今日！”遂授邮传部尚书，其承眷如是。迨动于奕劻之危词，屏而远之，而犹有念旧之意。春煊行至上海，闻鸿禨出政府，意颇迟回，因称疾不遽赴镇。其后决仍莅粤矣，而开缺之谕骤下，盖又被中伤也。庆、袁以春煊虽“眷渐轻，势大衰”，而身膺兼圻重任，岩疆开府，势犹足虑，且东朝对之并未决绝，宜更为斩草除根之计。据闻系遣其党伪为梁启超（一说康有为）与之同在上海时报馆摄影（或谓即端方承旨所为，一说蔡乃煌），由奕劻呈诸孝钦，以为佐验。孝钦果大恚，遂罢春煊，且谓彼负我、我不负彼也。上谕云：“岑春煊前因患病着请开缺，迭经赏假，现假期已满，尚未奏报起程，自系该督病尚未痊。两广地方紧要，员缺未便久悬，岑春煊着开缺安心调理，以示体恤。钦此。”翌年世凯开缺之谕，以足疾为言，亦曰“以示体恤”，颇相映成趣。（戊戌翁同龢以军机大臣、协办大学士、尚书罢归，丁未瞿鸿禨又以军机大臣、协办大学士、尚书罢归，相距九年，亦遥遥相对。鸿禨，同龢门人也。）

郑孝胥时见目为岑党，而端方荐之。观此札所云，当属别有用意。惟世凯谓位置必将又松一步，而四月二十二日即简授安徽按察使，二十七日又调广东按察使（均未到任），似更有原因也。

林步随君跋此札，可资参印，兹移录于次：

光绪壬寅以后，两宫岁常以春夏园居。三十三年丁未，西林入都，授邮传部尚书，余时方以词曹兼部属。一日西林幕客同里高君啸桐走告曰："闻昨日召见军机之后，庆王单起，此何事也？故事，枢廷独对，必有非常处分，君常在瞿相邸中，宁有所闻邪？"余愕然无以对。高君谓："此事关系至巨，宜急往淀园面叩其详。"余诺之。次晨驰往，文慎方退食，余如高言以叩。文慎喟然曰："为赞帅耳。"盖林文直在枢廷，以方鲠取厌同列非一日，上意亦不悦。庆王独对，即为承旨摈文直出军机也。旨下，授文直度支部右侍郎。故事，军机大臣本秩已跻二品，出授卿贰，显为左降，大骇观听。文直以边省巡抚，骤入政地，实文慎左右之。及是，文慎为之力请，乃收回退出军机之命，更降旨令不必到部。不知者以为文直危而获安，为文慎得君未替之证，而不知非也。西林之入都也，面劾庆王贪黩，词甚激切，台官江春霖、赵启霖又先后抗章弹其父子，而汪舍人康年主《京报》，讥诋尤力，士论哗然和之，上亦颇为之动。一日庆王以疾乞假，文慎承旨，太后慨然谓："奕劻年老，设遂不起，尔试思谁可继其任者？”文慎请依故事用近支宗亲，因举醇王，太后颔焉。此事为庆王及袁督所闻。袁、庆素相结，朝士趋炎以图自贵者，京津之间，交午无虚日，闻之大恐。西林掌邮部，未履任，即劾罢侍郎朱某。到部以后，又严汰冗滥旗员。赵侍御弹贝子载振，虽获罪，而载振卒不敢恋栈。初，北洋候补道段芝贵进女伶杨翠喜于载振，秽德彰闻，袁实阴主之，遂得骤简黑龙江巡抚。文慎、文直皆侃侃以为不可，而庆王已纳其赇，悍然不顾也。讵意卒为台垣所论劾而罢。若辈既自危，追求其故，以西林素为文慎所厚，汉大臣中两公皆得太后旨，非两公联翩去位，若辈不能安枕；又以江侍御、汪舍人为文慎门人，赵侍御为邑子，疑弹章必文慎授意，于是密为倾陷之谋，以事报复。首以文慎与西林意在复翻戊戌前案，排去北洋谋归政为词，其词危耸，且依约附会，颇有迹象，最足中太后之忌。文慎尝自恃得君，密请赦还康、梁，至于再三，积前后事，遂颇有疏疑之意矣。是日庆王之独对，盖即密陈此说，先去西林，使复督粤，假罢林文直事为掩同列耳目计耳。文慎忠而忘危，竟未之觉也。事后朝士始知之。今观袁与端手札中，果有大老独对遣出西林，及某枢不稳之言，并所进排斥北洋谋归政之说亦具在焉，不啻俯首自承。此事本出密谋，外间虽能揣知其情，初无佐验，及见此函，和盘托出，遂成千古信谳矣。项城此举，玩弄亲贵，仇视士大夫，固不出其持禄养交之惯技，而立意追寻戊戌余隙，不惜恶直丑正以败坏天下事，则阮、马之为祸于宏光，易世而后，思之犹有余愤。此事关系大局，为近数十年史事一大关键。余既见闻真确，不可以无纪。说者多云汪舍人泄漏文慎奏对之语以致祸，其实当丁未春夏之交，庆王眷已稍衰，观西林之留京，载振之开缺，朝士已微知之，无待于泄漏。此盖若辈中伤之计已售，特假某词臣一疏，摭暗通报馆一事，以为发难之端耳。文慎忠谨素著，得君最专，岂有倚信七年之久，忽因漏一言而获罪？况文慎之与庆王不协（谐），上意亦非不知之耶？某词臣此疏，出侍郎杨某手笔，先欲贿台臣上之，皆惮清议无应者，继重赂某，始得上焉。其事宣传辇毂，士庶无不知者。文慎罢相，出都之日，由部备专车，朝士赴车站送行者甚众，而杨某亦与焉，趋跄之际，忽悚然却行数武，见者愕然称异云。又杨翠喜之案，交醇王及孙寿州相国查办。寿州主稿覆奏，极力为庆王父子洗刷，大为士论所不与。高啸桐尤愤切，讥之曰：“寿州今为夭州矣！”此皆当时逸话，牵连记之。

袁督初求媚于文慎，无所不至。尝自言当修门生之敬，文慎拒之；继又请为昆弟交，亦不纳。是时京师权贵家有婚丧，辄由北洋公所委员供应帐饮之费，已成事例。乙巳文慎为次子授室，援例以请，复进贺仪八百金，皆谢却之。袁既绝意于结纳，不得不谋排挤矣。

丙午议改官制，袁入京主张最多，全案几皆其一手起草。文慎与司核定，隐操可否之权，袁亦知之，曾密请先示意旨，文慎阳为推让，袁不疑也。及奏上，竟用文慎言，不用内阁总理制，而令军机大臣不兼部务。于是鹿传霖、荣庆、铁良、徐世昌一日并罢，文慎与庆王独留。袁大惊愕，失所望，而朝列亦自此多侧目，不及一年，遂不克安其位矣。文慎与袁龃龉，一在北洋创办印花税，一在北洋新兵归陆军部直辖，而官制亦其一，皆意在削袁之权也。七年之中，虽未尝大行其志，而献替实多。《清史稿》本传云："持躬清刻，以儒臣骤登政地，锐于任事。"颇得其实也。

文慎与张文达同里同榜至交，文达管学务，实秉文慎意旨，而文达与袁颇昵，结儿女亲，文慎不谓然。两家宾客，传言过甚，不无微隙。及文达绾邮部，卒不堪袁党某侍郎之揶揄，以致饮恨而没，始悔不用文慎言也。

又，故宫档案中有丁未四月二十一日致端方电稿一件（现存大高殿）。文云："南京陶。西林假满即出京，无他意，亦不容其旁觊。赞补度支，坚请解机务。闻今日邸有单起，恐政府尚有更动消息。外间谣言，有杨五之说。述，箇。"发电者之"述"，未知何人，待考。此电内容，亦可与袁札合看。至谓谣传杨士琦入军机，当时此说颇盛传也。胡思敬《国闻备乘》卷三纪孙家鼐事有云："奕劻既倾去瞿鸿禨，请以杨士琦代，孝钦欲用家鼐。及家鼐入见，叩头力辞，言老病不胜重任。孝钦曰：'然则杨士琦何如？'家鼐力言：'士琦小有才，性实巧诈，与臣同乡，臣知最稔，古所谓饥则依人饱则远扬者也。'孝钦颔之，遂不用士琦，仍召鹿传霖入直。奕劻由是气沮。"如所云，士琦之不获枢直，由家鼐厄之。

《国闻备乘》卷二有云："丁未六月，安徽巡警会办徐锡麟炸死巡抚恩铭，率党劫军械局以叛。布政使冯煦电奏至，举朝大骇。奕劻欲因是挤去绍年，请出之以代恩铭。世续曰：'皖省事简，今乱首已获，遽出枢臣为巡抚，恐南人震惊，新党互相猜疑，激成大变。冯煦办贼尚好，以节钺授之，必无事。'太后大悟，即升煦为安徽巡抚。"《陈衍年谱》卷五（其子声暨编）是年有云："是岁五月皖抚恩铭被刺，庆郡王奕劻长枢廷，请即以赞丈抚皖。后曰：'皖藩冯煦办善后甚妥，即以冯某补授，林某再候他缺。'军机大臣例约五六人，旁行斜上，跪帝、后榻前，帝、后语，前一二人得闻之。赞丈班居最后，后与庆邸语，全未知之也。既而遂命抚汴。"均言林绍年外授豫抚之前，奕劻已先欲出为皖抚，盖鸿禨既去，绍年益不能安于枢垣矣。（安徽巡警学堂会办徐锡麟枪击巡抚恩铭致死，为五月二十六日事。奕劻光绪二十年甲午即晋亲王，早非郡王矣。）

林君跋语中，涉及高凤岐。凤岐曾为春煊幕僚，相善。此次政潮之后，以侍郎于式枚荐，应御史之试，延试第一，弗予记名，传为异事，亦庆、袁沮之也。

（原第14卷第6期）

八　鉴园主人林希祖

开封旧有鉴园，著闻于时，今废矣。溯其盛衰，一小沧桑也。鉴园主人为吴县林希祖，字至山，奋起孤寒，究心河务，历佐东河大府，以名幕称，其人亦可传。傅钟沅《林先生家传》云：

> 至山林先生，讳希祖，石痴其自号也。先世籍福建莆田，徙居粤东，再迁江苏吴县。曾祖良铨，雍正初就征贤良方正，官云南楚雄知府，有政声。祖洪，浙江乌镇同知。父遇春，需次县佐，以能诗名畿辅间。先生生八岁而孤，侨寓保阳，家无余资，赖母王太孺人食贫教养，迄于成立。自太孺人殁后，始游学四方。初至黔阳，将举高材生而中辍；复涉洞庭，浮汉江，入皖公山；最后至京师。所至考其风土形势，究极民间利病，交游多一时豪俊，学识遂日益进。久之，困无所遇，始南走汴，依其戚王青园中河官廨。先生少博览群籍，于河防水利诸书，尤有夙悟。时值祥工、牟工大役屡兴，益与讲习修防，凡有指授，洞

中机宜，声誉日起，自是为东河上客者垂三十年。所主如郑筱山、张子青两尚书，乔鹤侪、曾沅圃两宫保，苏赓堂河帅，贾运生、钱调甫、德晓峰三中丞，德樾亭廉访，周春门、陶松君两观察，均以文章勋绩著闻，极宾主之盛。遇有笺奏，多出先生手，婉曲详尽，动邀俞旨。自咸丰五年河决铜瓦厢，漕运废阻，时以军兴旁午，未遑议治。逮岁戊辰，发、捻次第就平，而河复决荥泽，惟先生赞襄堵筑，费省而成功亦速。当轴者鉴其劳，将为先生奏请奖叙；坚辞却之。先生尝谓束黄蓄清为目下要着，拟自铜瓦厢下抵利津海口，一律筑堤，方为万全；又谓北路水无来源，导卫济运，亦一时权宜之策，惟治运必先治黄，治黄非设官防守与不治同。乔、曾两公先后采其议入奏，计臣均以费艰而止。迄今河溢山东无宁岁，海运道梗，始仓猝筹议河运，然后服先生之老谋远识也。性慷慨好施，中年馆俸所入较丰，率以周恤急难，内外戚党及寒畯之士，赖以举火者尝数十家，或岁时无所归，则归先生，是以列屋宾客恒满。念家世吴门，擅山水之胜，欲归未得，乃买宅城东，就宅旁辟鉴园，叠石穿池，杂莳花木，环以亭榭，幽深靓丽，公余辄集名流，品茶读书，啸咏其中。素善饮，一举十觞，每至更残烛灺，座客或逡巡避席，先生益豪纵淋漓，高诵韩昌黎文、杜少陵诗，声震林宇，栖禽簌簌惊起。是时四方冠盖过夷门者，必造鉴园，先生亦乐与酬酢，

> 敦槃之会称极盛焉。以光绪丙子十一月感寒疾遽卒，年六十五。次年窆于东南乡百塔庄之原，士友会葬者车数百辆，倾动城邑，至有身褴缕手纸钱泣拜而去者，知先生之德泽入人深矣。先生至性特异，自伤早孤，父母均不获为一日之养，念辄流涕。与弟小泉友爱甚，为授室。既而小泉久无子，先生始娶孙孺人，时年三十九矣。连举丈夫子四：履坤，彭年，履坦，履庄，女子子二。小泉殁，以彭年为之后。居恒训履坤等以兄弟相敬爱为本，疾革时犹谆谆再四。至今履坤等内外雍睦，欣慽无间言，世称有家法云。生平所著诗文多散佚无存，惟为诸河帅代拟奏疏十余卷藏于家。
>
> 论曰：先生内行甚修，尤尚气节，泥涂轩冕，翛然出尘。其重然诺，好施予，盖出天性。遇义举，一日散千金立尽。余曩客先生家，亲见之。有劝为子孙计者，先生笑吟“生存华屋处，零落归山丘”句相答，其豪爽旷达如此。呜呼！自先生殁而义侠之风无闻久矣。

其身世及性行，盖大致具是。曾国荃督东河时，礼重之，宾主投分颇深，后在两江总督任，序其季子履庄所编《年谱》云：

> 余尝慕陶贞白、靖节两先生之为人，以其不必尽

谢世网而遗荣利，自具翛然物外之概，性既定而天独全，此其所以难能而可贵耳。然皆生值世局扰攘之时，宜其无动于中。若夫幸际隆平，性定而天全，为尤难也。光绪元年，余待罪河东，礼罗至山先生于幕中。先生久客汴梁，历任河帅相需如左右手，河防利病，先生了若指掌，论事决策，如烛照数计而无不合，如数家珍而无不知，数族典而悉不忘。余既深器其才，徐而审其为人，是笃行君子也，益心敬之。二年冬，余奉命调抚山右。晋、豫饥馑洊臻，赤地千里，官民交困，先生衋然伤之。不数月，先生遂归道山，遥望大梁，於邑不能自已。其哲嗣将刊先生之遗书，先叙《年谱》一册，邮寄金陵，属以数言缀其简末。余受而读之。先生少孤，奉母劬学，岐嶷能自立。先为其弟营室家毕，继以年逾壮始娶而有后。每岁馆谷所赢，则以刊先集、营宗祠为急务，又尽出其余资，佽助戚党之贫乏者，豫中士林，咸谓有东汉义烈之风，是岂足为先生异哉？世固未有厚于其亲而不推其仁爱以及于人者也，亦未有薄于其亲而能厚于他人者也。先生之用心如此，犹其余事，非笃行君子，修业进德，又安能肫挚至此极耶？先生在汴尝营鉴园一区，亭台缭曲，花竹葱郁，性喜佳客，访夷门之胜者咸于是投辖，先生辄以盘飧兼味款之，与之高吟朗咏，尽欢而散。今观篇中所载题咏诸作，是皆有得于中而无凭藉于外者，庶几贞白、靖节之为人欤。捐馆

> 之日，吊车幅辏，如悼其私。昔郗嘉宾之殁，当时名流为诔者至四十余人，史氏以为美谈。先生方之，殆无愧色。夫其所得于人之爱慕者如此，则其自尽于己之克贞夫一者可想见已。先生有子四，曰履坤、彭年、履坦、履庄，咸能砥砺名节，以世其业。善必有后，其信然欤。他日方兴未艾，操券可知。余扬先生之清芬，是篇特其喤引也已。光绪十三年丁亥仲夏，湘乡曾国荃拜序于两江节署。

推许甚至。于鉴园，亦特书其事焉。（在汴临别时，国荃书联以赠曰："天爵在身，无官自贵；异书满室，其富莫京。"）园建于同治八年己巳，初名且园。《年谱》是年所叙云：

> 是年三月，买宅双龙巷，移居之。……是年营造花园成，名曰且园。就园东叠石成山，倩许竹人、王筱川两君经营之。傍山结祠堂三楹，以祀先世。山之前凿池，池侧结屋三楹，曰听莺馆；直馆之北结屋五楹，曰春系舫；面山结屋为挹岚轩；山之南结亭，名曰秋曙；于亭侧制铁器如珍珠泉，于假山制竹器，引檐溜为瀑布。

此为园之始建。同治十二年癸酉云：

> 园东北续营屋三楹，迁先世神主于其中，名曰诵

芬堂。旧祠堂改为拥翠山房。复添盖有余闲室，诗寱，憩云阁，荣荆书屋，自制楹联悬之。附录楹联："翼燕懔贻谋，杜库曹仓，篇简搜来皆手泽；椎牛贞世守，秋尝春禴，几筵设处恻心神。"（诵芬堂）"微雨新晴，协风应律；贞筠抽箭，秋兰被崖。"（祠堂檐柱）"曲榭好风来，喜入耳书声，写心琴语；小楼新月上，看烟笼塔院，碧映亭台。"（荣荆书屋）"机象外融，升高有属；恬澹自适，养物作春。"（朗榭东壁）"四壁梅花孤塔影，半城晴雪万家烟。"（朗榭南壁）"何处笛声催月上，有时云影送诗来。"（朗榭西窗）"雕梁虹拖，云甍鸟跂；鸾觞酌礼，神鼎烹鱼。"（憩云阁）"常爱溪山对无事，不难风月集嘉宾。"（憩云阁窗外）"暮齿卧游谊，阶（偕）旧雨徜徉，宛成市隐；当暇日陈踪重话，尚难忘帝京城阙，黔国河山，皖岭云岚，楚江灯火。故乡归梦杳，向彝门卜筑，权作岩栖；论生平长物无多，只赢得几卷图书，一庭花鸟，半窗风月，三径烟霞。"（拥翠山房）"艮岳渺难寻，试看池畔数峰，如展米家新画稿；狮林常寄想，携到江南片石，恍瞻吴郡好湖山。"（拥翠山房回廊）"壁绕藤苗，窗含竹影；凤依桐树，鹤听琴声。"（春系舫）"眼底云烟皆是幻，胸中丘壑竟何奇?"（春系舫南窗）"柳阴筛槛绿，花影络阶红。"（挹岚轩）"且谈风月，聊寄壶觞。"（挹岚轩南窗外）"致石成山，蓄溪得水；安门对月，就阁临风。"（秋

曙亭）“别开幽径，小有洞天。”（园门）

则又加经营矣。观所撰各联，想见乐趣豪情。

（原第 14 卷第 7 期）

至光绪二年丙子，园已大成，定名曰鉴园，有《鉴园记》之作。《年谱》是年云：

> 五月作《鉴园记》，倩周再山明府思濂书，黄坦原别驾履中为刊石。附录《鉴园记》：“北宋名园多在洛下，汴州虽为帝京，而园亭之胜无闻焉，盖都会浩攘之地，饶于阛阓鼎钟，绌于林泉邱壑，理固然也。自屡经河患，土益窳，花木益鲜，士大夫税驾是邦，皆憾其无游观之美，登眺之乐，惟余一吹台，卓立郊野，临以望远，但增怀古之感，不足以遣兴而怡情，欲求如梓泽兰亭者，邈不可得。余先世家岭南，至曾大父太守公侨寓吴门，始占籍姑苏，然少则随先君子羁宦畿辅间，长而游学京师，又以饥驱一至贵阳，年三十始来客汴州，垂今已三纪矣。中间访荆高之市，登黔灵之山，沿汉溯江，东至舒桐，独未折柳金阊，探梅庾（庾）岭，每遇故乡人述山水风日之胜，辄怡然神往，恨未能携笠屐游赏其间。凡人之情，久劳则思逸，如王右军去官以后，与东土人士营弋钓之娱；宗少文结宇衡山，自谓老疾将至，当澄怀观道，卧以游之，此皆袪期旷远，抚怀迟暮，翛然思

所以致其休息者也。余夙无济胜具，今既景迫桑榆，欲归未得，则虽以他乡垸堉之区，亦将有终焉之志，爰买宅夷门，小营菟裘，辟宅后隙地为之园。无远山爽气可挹，则就园东叠石以象之，层峦耸翠，曲磴萦青，昔故人王丹麓、刘汉台两画史所经营也。凿池山下，无源则易竭，复穿井以灌之，施略彴于其上，月明风细，可以藉草而钓也。面山之屋曰挹岚轩，傍山而结者曰拥翠山房，皆宜为烟云所萦带，因致其拄笏之思也。有亭翼然，临于山之南者，曰秋曙，谓风景萧朗，一如月之曙气之秋也。桥边垂柳一株，种之不二年，长条蹢地，已旖旎可人，其侧有馆曰听莺者，所谓‘听莺多上柳边桥’是也。直馆之北，为屋五楹，旁临清潭，中庋米家书画，则春系舫也。园北隅地较洼下，就其势穿之，置舍焉，以结境幽邃，与上古陶穴之风相近，故名之曰诗窨也。其西容膝之屋十间，曲折缭引，宜弹琴，宜围棋，宜焚香坐咏，宜书宜画，皆闲者所有事，因名之曰有余闲室也。室之前有屋北向，曰荣荆书屋，地僻而气旷，令儿辈读书其间，冀可得吟风弄月之趣也。介乎园之中，为憩云阁，以据一园之要径，游倦而思憩，可于是乎跂足而徜徉也。又有屋峨然在东北，以祀先世者，曰诵芬堂，念余小子课儿弄孙，逍遥暮齿，赖食旧德之有自，将春秋致其诚感也。中为周廊十余间，廊之上皆为台，凭栏而望，则铁塔行云，隋堤柳色，夕阳城郭，烟火万家，毕赴眼底，故西北峙以小阁，名之曰朗榭，谓至此顿朗人心目也。园之广不过十亩，其所叠石不必太湖灵璧，而亦多磊落之致；其所植不必奇花异木，而尚饶繁缛之观。试当夫茶烟欲歇，花雨初晴，俯仰徘徊，亦足以发遥情而遣世虑。既落成，名之曰鉴园。此小园耳，讵有越州鉴湖人在镜中之胜？抑闻诸庄子曰，鉴明则尘垢不止，止则不明也，久与贤人处，则无过。余少长尘埃中，幸不为名公巨卿所弃，得与之凭临而游处，益将镜视〈视〉太清，磨莹晚节，夷犹酣嬉，以无愧天地万物之鉴焉矣。丙子仲夏至山老人记。”

胜概尤可见。鉴园主人是冬即卒，盖享有是园凡七八年。后嗣多不得志，家渐贫。入民国后，是园驯至废而他属，闻者每兴盛衰之感焉。汉军张曼石（景延）为鉴园主人女婿，躬阅是园沧桑，撰有《悲鉴园曲（九折）》以抒所感。近于无锡安君筠庄（鉴园主人之外曾孙）处见之，因移录于左：

〔北新水令〕乱鸦啼树送残阳，恁萧条鉴园门巷。荒苔偎古井，败叶满回廊。触目凄凉，全不似旧时样。

〔驻马听〕想当日呵，第宅高张。幕府声名传里党。园林新创，亭台花月冠金梁，华筵排日召冠裳。

名流下笔题楹榜。真欢畅，清歌妙舞樽前赏。

〔沉醉东风〕到于今迷离惝恍，似经过几度沧桑。拆平了秋曙亭，改换了春系舫，空闲了拥翠山房。话到当年景牧堂，怎教人不低回惆怅。

〔前腔〕则见那诵芬堂峁然在望，越添人无限恓惶。冷清清锁重门，静悄悄没声响。原为着春禴秋尝，倒作了避债高台竟日藏。还仰赖祖庭保障。

〔前腔〕那西北一带呵，虽则是屋无闲旷。可奈他院宇全荒。住些个寻常百姓家，恰便似破碎山河状。再休提鸟语花香，镇日呶呶诟谇场。添几辈村童扰攘。

〔折桂令〕记得那假山紧靠东墙。堆砌玲珑，气势飞扬。郁郁苍苍。一株一片，辇自他方。小的似东坡雪浪，大的如南国奇礓。选购呵精良，鬻出呵仓皇。只者（这）般小小兴衰，也难禁老泪千行。

〔沽美酒〕俺也曾宴平台，夜未央，偕伴侣，恣翱翔。朗榭西边秋月朗。看碧沉沉的夜色，和烟树共苍茫。

〔太平令〕俺也曾效淳于，作客齐邦。读书处满架缥缃，更携同结发糟糠，久居在需云供养。羡伊家时方盛昌，肃肃的雁行，好似那荆树田家真庆广。

〔离亭宴带歇拍煞〕只道他云礽继起蒸蒸上，田园世守长无恙，谁知是一梦黄粱。年老的早盖棺，年少的已半百，年幼的才成长。剩青裙白发人，付困苦儿孙养。愿先亡者在天灵爽，使弟兄们各自强，筑里们相和睦，子侄们知忍让。良时难再来，故旧多凋丧。问五十年欢娱悲怆，到而今还有谁记这本陈年账。

感旧伤怀，长歌当哭，甚恻楚动人，与《鉴园记》并读，诚觉不堪回首也。（原第14卷第8期）

九　谈梅钟澍

宁乡梅钟澍，嘉庆二十三年戊寅举人，会试十一次，始于道光十八年戊戌成进士，入翰林，庚子散馆，以主事分礼部，翌年卒，嘉道老辈中以绩学高行见重当时胜流者也。其事迹，王闿运所为《梅礼部家传》，叙述颇悉，文云：

钟澍字霖生，青云君之三子也。幼颖悟端谨，生有至性，成童入学，弱冠乡举。时嘉庆季年，科举积重，非进士无所成名，而举人亦各自矜重，敦品励学。君十上公车，前后交何文安父子、胡文忠父子、罗文僖、劳文毅、贺耦耕兄弟、汤海秋，并一时名人，而邓湘皋又为其县学官，相得甚欢，以此京朝乡里诸闻人，无不敬礼梅霖生。而君布衣食贫，坚苦卓绝，不以文自矜，唯以廉隅自砥，羁旅厄穷，忍人之所难堪。道光中考取国子监学正，既补官，成进士，选庶吉士，入翰林，与曾文正同馆。文正新进，方从倭文端、唐确慎讲正学，砭俗宦，以君早有廉正名，尤相敬待。君本与胡文忠父同举，文忠师事之，及入翰林，乃在文忠后，散馆改礼部主事，众嗟惜焉。君与书邓湘皋，深以官闲得专意撰述为幸。君之取学正也，补官例得外吏，则自奋厉，将为陆清献、于清端之续，及改部曹，又欲以文学自见，而要期于捐介绝俗，孤洁自喜，盖其素所期许，而人亦共信之者也。孝弟谨信，则其天性。兄丧未闻赴，归见几筵，抱栗主审视，一恸陨绝，至今乡人传道之。笃于师友，不妄然诺。道光二十一年五月二十五日卒于京师，年四十有三。一时知好，腾书相告，无不伤痛，若丧其亲戚也。搜其遗稿，得文、诗各一卷及其家书，并传于家。邓湘皋又附其诗于《耆旧集》。未十年而东南兵起，曾、胡均以治军贵显，湘州人士，一技能皆有以自见，然儒业大绌，文亦靡矣。后之言经学词章者，不复能勤笃谨守，袭先辈风，而科第愈盛愈不贵，每闻君遗言，辄洒然自失焉。曾、胡皆求君子至军中，或荐至四品官。今其子孙在县自有名字，为清门。方君卒之前夕，友人梦其来别，云当与云阁同归斗极宫，云阁即文忠父字也，期日侦之，俱卒，竟不知其何祥云。

王闿运曰：贺蔗农视学湖北，妙选宾从，以梅孝廉为首，唱酬甚欢。余读其歌诗及家书，辄心异之。及上公车，湘士二百余人，曾文正独属余问讯梅生，则君之子也。相去不十年，不得一见。郭筠仙广求声气，亦竟未见梅礼部，君之介节固然，亦其艰苦奔走，不得家食，诚贞苦之士与。湘中自军兴而有标榜之风，前辈朴拙，或以为陋，故论者推君为先正，有祀乡贤之请。君之意诚不在一祀以为名，而今之请祀者果能效君品节以自励乎？抑徒徇名而聊以应故事也？君卒将六十年，传志已具，采其遗意为家传，以附于君子之林焉。

闿运此文，通行之八卷本《湘绮楼文集》未载，以编集过早，晚年之作未收入也。（闿运之子代功所编《湘绮府君年谱》，谓有《湘绮楼文集》二十六卷，又《外集》二卷。此二十八卷本，当属全稿，然未见刊行。）今据《梅氏遗书》所载录之。欲更知其详，则当阅钟澍孙英杰所编《礼部君年谱》（亦见《梅氏遗书》）。关于请祀乡贤事，详英杰《企鹤山房文集》卷一《礼部君请祀乡贤全案跋尾》一文。

钟澍所著《薜花崖馆诗集》《文略》《家书》，合编为《梅氏遗书》，附录师友诗文、书牍暨哀感录（唁书、墓志铭、哀辞、祭文、挽诗、挽联等）。其诗文所存不多，均见清才卓诣；家书娓娓而道，尤极可观。如与兄弟书（道光丁亥）云：

……安化为汉梅锡故里，故记称梅山。其县志所载乡贤即梅锡，名宦则章惇也。县无城，四面皆山。县署前有小溪，四时无水，遇大雨或有之。居民约百户，大半歇家。市中无瓦器，无酒，有水酒，一二十枚钱可得一大壶，饮之则腹胀。茶叶必三四月四乡挑入城，才有购处；平时虽有，无佳者。豆腐亦贵。无鱼虾鳖鳝，无菱角、莲藕、黑豆、红枣之属。其余应用之物，大约皆无，而海味及绸绫，又无论矣。如此荒凉绝无佳境，只好静坐读书耳。

为一则不经意之小品文字，有疏宕之致。其时湖南之安化，于此可略睹矣。是年钟澍以举人馆安化县署也。章惇入《宋史·奸臣传》，而安化县志褒为名宦，亦是非之公之不可泯者。安化之置县，始于有宋。时神宗为君，王安石为相，惇于熙丰五年受命察访荆湖北路，经制蛮事，功业甚伟，清议方嫉安石，于此役亦致讥诋，实朋党之见。王夫之《宋论》谓："澧沅辰靖之间，蛮不内扰，而安化、静州等州县，迄今为文治之邑，与湖湘诸郡县齿，则其功其可没乎？"良允。（惇招降梅山峒蛮苏氏，籍其民万四千八百余户，田二十六万四百余亩，均定其税，使岁一输，筑武阳、开峡二城，置安化县。）溯惇生平，列诸奸臣，亦甚冤也。又书（庚寅）云：

署中阅卷五人，湖南四，关西一。阅卷共一室，室中置文几五，坐榻五，脚榻五，卷箱五。先令人研墨半杯，以絮实其中。置砚一，笔二，一尖颖，一将秃毫，以尖者批，以秃者圈点。卷到，五人就五位，各濡笔点窜。少顷，有笑者，有骂者，有以鼻息叹者，有掷笔免冠，去叆叇，扶烟具，伸腰离座，往来室间者。不得佳卷，比自己作不出好文时光景更烦恼；其或得之，则开眉点首，拍膝摇足，持示他座共赏之。即或他座不暇顾，亦自喜自语自诵，虽聒他人耳，亦不暇顾。此时光景，又比自己作出好文时更爽快。看老生文，有极忙时，忙则自卯至酉，皆低头凝睇，忘阴晴，忘旦暮，忘饭羹味；所极不忘者烟，而亦不得烟味。黄昏时略一闭目定神。少焉，列双炬其前，象两目也，又复阅。阅到倦极时，头晕眼花，腰酸腿木，偶一昂首，见苍墨气弥满室中，蜡烟乎，香篆乎，文光乎，八百孤寒怨气乎，不可得而辨。嘻，惫矣！将三鼓，乃置酒，或就席饮，或以一杯就一卷饮，饮皆不敢多，亦不能多。饮后或仍阅，或即睡，故有三鼓睡，四鼓睡，五鼓犹未睡，即睡而未成睡者。人生心血有几许，那禁得如此耗散？幸阅童生卷，用心不如是苦耳，然有难焉者。阅卷以一人提总，四人荐卷，所荐太滥则去取难，即所荐不滥，而或卷已符额，额外尚余数卷，或数十卷，其文不必不如额内之卷，则去取亦难，宜逐一比较：前艺不相下，较之后艺；后艺不相下，较之诗；数者均不相下，较之字，如此才能断定，故提总甚难。一棚考毕，先生可以休矣，然而不然；批点月课文，磨勘一等文，删削待刻诗古文，而最无味者莫如改贡卷。贡卷之来，有欠通，有略通，有前艺通而经艺未见通，有前艺不甚通而经艺过于通，有前后艺亦通而八韵诗平仄欠通者；改复令誊，誊后乃批，乃解部，如是则谓之贡。贡乎，胡太不怜我乎！贡事毕，月课卷来矣。襄阳节幕。

写阅卷情状，可谓委曲详尽，笔致隽爽而风趣盎然，耐人寻味。时在湖北学政贺熙龄幕府，王闿运所谓“贺蔗农视学湖北，妙选宾从，以梅孝廉为首”也。宜宾陈代卿，同光间官山东州县，曾充乡试同考官，其《秋闱纪事》有云：“回忆分校时，目不暇瞬，手不停披，夜漏三四下，烛影摇红，荧荧然与朱书相眩。倦极就枕，小眠复兴，几不知饮食甘旨。得佳卷，辄击节高吟，与同志共赏，以为必售技，喜极呈荐；又复过计深虑，或被经文五策疵累，至三场皆完璧，而后大喜过望；复恐主司取舍，好恶不同，心摇摇如悬旌，殆过于秀才应举时数倍。”虽有乡试、学政试之异，而所记阅卷状态，亦可同览。

（原第 14 卷第 9 期）

一〇　柏台清要漫谈

进士以入翰林为荣，而庶常复以留馆授职是尚，散馆之试，其重要关键也。俞越《春在堂随笔》卷一有云：

> 余壬子散馆后，未引见，戏书一诗黏斋壁云："天风吹我下蓬瀛，敢与群仙证旧盟？好向玉堂称过客，重烦丹笔注微名。升沉有数人难挽，造化无心事总平。却笑随园老居士，落花诗句太关情。"跋其后云："散馆改官，口占一律。"同年慎延青、毓林见之而笑。及引见后，蒙恩授编修，延青过余斋，喟然长叹。余问何叹，延青曰："吾叹此一首好诗，将来编集时竟无从安顿也。"相与大笑。……

深惧改官，而预作强为排遣之词，益见得失萦心，而留馆授职恒为庶常之所重视，斯亦颇足暴其情绪焉。袁枚乾隆壬戌散馆改官，作《落花》诗，有"从古倾城好颜色，几枝零落在天涯"；"莫讶旁人怜玉骨，此身原在最高枝"；"佳人已换三生骨，拾得花钿更黯然"等句，自况其遇，故樾诗及之。自来以是致慨升沉者，盖比比矣。梅钟澍（其事迹见第九期）道光庚子应散馆试后，以主事签分礼部仪制司，识者均以不获留馆，为之惋惜。马维藩者，梅氏少尝受业其门，师生之谊甚笃，与书致慰藉勖励之意，谓：

早岁知桐城有姚姬传先生，不获见其著作。去年舍甥黎菊生来自粤西，行箧携有《惜抱轩诗文》，取而读之，诚国朝有数著述手。考其官阶，即固以翰林改官部曹者也。以先生名重海内，稍从事古学者无不知有先生，词馆之去留，果足为其轻重哉？吾弟生平读书为文，卓有树立胜人之处。前接劭青书，称吾弟改官之日，若郁郁然罔所适从也者。嘻！翰林诚可贵，然如天下文章尽在乎是之说，乃颍滨苏氏以之称翰林欧阳公，非泛泛称翰林公也。儒生远大之业，趁吾弟之性情学力造之，远之学庐陵翰林可也，不翰林亦可也，近之学桐城，部曹可也，即并如桐城之性甘恬退，归以著述自任亦可也。虽然，弟家贫而亲又笃老，菽水之供，正不能不需此升斗，且门庭内之延颈举首望者又不一而足也，其能欲归即归也哉？……

此书为是年十二月所寄。（劭青为李隆萼字，梅氏之友，同为维藩门人。）翌年辛丑梅氏复书云：

二月县人来，接读手谕，惶悚莫名，然不能不辨。钟澍庸懦无德，而天似有意位置之，每惧无以堪此，而又窃幸可自适其适也。钟澍年甫四十，精力早衰，假使博检讨头衔，势须终日作楷字，苦我手眼矣；清俸数十金以外，何以自存活，势须终岁教书，苦我心血矣。教书纵能自给，何以养南方待哺之家，势须每月借贷，每年借贷，幸而一得差囊，犹可稍稍补苴，不幸而一不得，又不幸而又不得，则坐困矣。即令偶有所得，而以积年之逋负，取偿于三岁之差囊，以一救万，其何能济，故有差竣甫返之日，即借贷过年之时，不及十年，而债台累万级者比比也。如是则终身困，而况蓬莱瀛海，年来亦有波涛（伊于胡底）；大考煌煌，堕落即成泥滓（其犹龙乎）。其败裂又不可以坐困言耶。而钟澍胥无虑是，是则钟澍之厚幸也。虽然，兵刑钱谷之烦，又岂庸懦书生与夫精力早衰者所能胜任哉？而钟澍又无虑是，以此谓苍苍者之位置不为无意也。夫苍苍者亦岂真管着天壤间所谓钟澍其人，特钟澍自适其适，自幸而自慰，觉以彼易此而有所不愿也。而谓改官之日郁郁罔所适从，则诬钟澍矣，然而无怪其诬也。夫所谓适其适者，亦钟澍处之则适耳。钟澍携一子，役两仆，僦古寺数楹居之，出则乘敝车，亦或舍车。冠服既旧，不惜尘涴，无意求新，斋厨荒寂，可与阇黎共饭，曲意撙节，斟酌应酬，遁于僻陋，习于孤冷，故终岁所入，足敷旅费，并能寄养家口，若稍稍放松则不足，若眷属入京则不足。钟澍见为适，人或以为苦也，而钟澍亦有所苦。年来敝体大异畴昔，病肺亦即病肠，平日所惊惧厌恶之病，无端得之。半年以来，侵寻辗转，似宜于静坐，而不爱读书。噫，使半生以后长如此，则真苦

> 矣！钟澍自念本少宦情，又不谙吏治，既隐在朝市，宜尚友古人，容台闲暇，天与岁月，苟思树立，岂甘虚掷，而有所患苦，觉日就颓废也？夫古人之能成一家言，及近今海内之以著作显者，类皆生有异禀，而又毕生精力赴之。多病则生道心，老病宜于著述，病亦不为患，患在因病而颓废，因颓废而病益积，物有由腐，枢能不蠹，钟澍惴惴焉惧天之有意位置之而无以堪此也。敬陈本志，兼述近状，惟吾师鉴之。

语甚款恳，盖翰林虽地望清华，世所艳羡，非部曹所及，而穷翰林之苦，亦正可畏也。梅氏强支病躯，不甘颓废，而遽于是年五月卒于所居圆通观矣。维藩挽联云："长愧十年，别逾五年，数千里接京邸一纸书，盼望正无穷，乌可令此人死！纪群世谊，管鲍交谊，卅余载与君家好兄弟，悲喜罔不共，何者能须臾忘！"黎吉云、曾国藩、陈源兖、郑敦谨时与钟澍同官京朝，交谊甚厚。吉云挽联云："并世有斯人，生来雅量清襟，立脚肯随流俗转？论交逾十载，从此花晨月夕，赏心空与古欢期。"国藩联云："万缘今已矣，新诗数卷，浊酒一壶，畴昔绝妙景光，只赢得青枫落月；孤愤竟何如，盛业千秋，诒谋百世，平生未了心事，都付与流水东风。"源兖联云："尊酒细论文，忆曩时百遍相过，痛饮狂歌空度日；千秋同洒泪，纵此后斯人不见，风流儒雅亦吾师。"敦谨联云："著作古人难，方期椽笔千秋，不朽名山传盛业；知交同调少，岂意牙琴一曲，无边大海溯遗音！”又李隆萼联云：“造物忌才华，历廿载名场辛苦，才息奔波，何堪此去匆匆，夙抱未酬君且死；交亲同骨肉，忆昨岁京邸缠绵，竟成永诀，回念平生事事，痛心惟有我偏多。”师友之言如此。

梅氏庚子散馆改部属后，即有家书（与子），深示知足，毫无愠意，尤足征翌年复其师所云，实非饰词也。书云：

> 四月十七日散馆，二十二日引见，以部属用我，此天所以爱我也。我此时手眼难于作楷，此时心血难于教书。做了部官，便免此厄，每岁出息，除俸银六十两俸米六十斛之外，可分印结银，少则四百金，多则六百金，将家眷接来在京共住，或可以不欠帐。我年过四十，不要天天作楷，不要天天教书，并不要天天愁钱，便是乐境。若以封典论，则六部主事系六品，明年覃恩，京官可以加级请封，便是五品冠服，未为不荣也。至于讲究补缺，讲究外放府道，则须迟之十年或十数年。我宦情本淡，绝不作此等打算，不过大隐在朝市，或到十年后将头衔一转到御史衙门，便拟还山，主讲湘阴仰高书院或常德朗江书院，我之志愿，如是而已。尔等年少，宜有大志，勉自为之，莫学老夫也。家眷是总要进京的，但看尔秋闱何如。尔若今年得中，便可奉尔母携尔眷属及七儿眷属来京，否则尔须在南边下场，如何便进京来？若尔夫妇

不来，而尔母独来，必彼此牵挂，甚不妥也。只好迟二三年再说。且家眷一来，用度繁杂，一年出息，能够敷衍一年，便是万幸，断不能再有存积；若家眷未来，则我节省用去，一年或积百金，或积二百金，亦未可定。俟稍有存积，然后将家眷接来，胆子便大些，所以家眷总是迟来的好，然望尔今年秋闱得中，我便于九十月间打算接家眷也。可将此意告尔母知之。四月二十五日。

翰林若不常放差，则穷翰林之收入固不如穷部曹，以部曹有印结银可分，差足恃为养命之源，而翰林无之也。梅氏既出翰林，屈为部曹，所冀将来得膺御史头衔，以柏台清要之班，亦可为读书人吐气耳。至关于料量家事者，京官景况，于此亦见一斑。　　（原第14卷第10期）

一一　试事清谈

（一）萧培元命题泄愤

清同治二年壬戌，萧培元由赞善简放山东济南遗缺府，即补授济南，在任六年，未得迁擢。会府试，乃于命题寓意。济南府属合试，凡十六州县，加德州卫为十七属，其试题如下：

一以贯之　历城

任重而道远　章邱

济漯而注诸海　邹平

南人有言曰　淄川

府闵子骞曰　长山

三思而后行　新城（今改为桓台）

试剑　齐河

文武之道　齐东

童子将命　济阳

生物不测　德州（今德县）

再斯可矣　德州卫（今并入德县）

临之以庄　德平

科而后进　禹城

岁寒　临邑

让以德之　平原

他日归则有馈　陵县

人而无恒　长清

各题之首字，顺读之，为“一任济南府，三试文童生，再临科岁让他人”也。（六年应科岁四试，曰三试者，以值军事停科之故。）盖寓淹滞之感，兼含慰藉之意，有不惜割裂书句以成之者焉。（培元官至济东泰武临道，署按察使。）

（二）黄体芳试题寓褒贬

光绪初年，黄体芳在山东学政任内，尝于按临莱州府时，出题寓褒贬当时大臣之意。掖县首题为“顾左”，次题为“是社稷之臣也”。昌邑首题为“老彭”，次题为“非吾所能及也”。平度首题为“有李”，次题为“国人皆曰可杀”。借试题以称颂左宗棠、彭玉麟而痛诋李鸿章，亦割裂书句以为之，激烈处尤见意气之盛。体芳官翰林，侃侃言事，为当时直臣之一，与同侪健者有“翰林四谏”之目，所谓清流也。宗棠、玉麟对外均主强硬，喜言战，鸿章则主和平，不惜委曲求全，清议以屈辱为耻，多深讥之，体芳此种态度，颇足代表一时清议。光绪十一年乙酉，体芳以参劾鸿章由兵部左侍郎左迁通政使；十七年辛卯乞休。时张裕钊门人范当世馆鸿章所，撰《武昌张先生七十寿言》有云：“以余所识天下之长者，乃独有相国、通政及先生三人，而相国与通政之为人斯邈不相知矣。往时通政建言，乃拳拳焉惟相国之务去，此岂能知相国者？六七年以来，朝廷所易置封疆大吏不为不多，求多一相国而不可得，则吾不知其忧叹悲愤又当何如？相国不以人论之为嫌，顾若通政之愚不可及，则亦未必尽知之。惟以今天下言路之塞，惜此诸公，而叹滔滔者之靡届而已。夫不可奈何而义不能去，此其所处又难于通政。由是言之，去就之间，哀乐之情，以吾私独校此三人者，其为先生不犹愈乎？何者，彼其所求者易给，而其所为乃为天下之所贱简，独可偷为一身之娱而无所庸其得失者也。”作裕钊寿文，牵合鸿章及体芳以为敷佐，（其友吴汝纶甚誉此篇，称为奇作，而谓有如时文家所谓无情搭者。）所论亦可与体芳骂李之试题合看。

同治九年庚午两江总督马新贻被张文祥刺杀一案，梁溪坐观老人（张祖翼）《清代野记》卷下记其事，有云：“其年为同治九年庚午乡试之年，马死之日在七月下旬，正上下江学使者录遗极忙时也。次日上江学使殷兆镛考贡监场，题为‘若刺褐夫’。诸生哗然，相率请示如何领题，殷沉吟曰：‘不用领题，不用领题。’又次日补考，题为‘伤人乎’。盖皆谑而虐矣。”对新贻施以恶谑，与体芳对鸿章之痛诋虽有间，要皆示不慊之意耳。

（三）排比命题寓巧思

锡缜《退复轩随笔》卷二云：“考试生童，往往按属县多寡，排比命题，辄寓巧思。赵粹甫同年佑宸视学山东，集诗云：‘君子笃于亲，家之本在身。仁民而爱物，修己以安人。子服尧之服，君仁莫不仁。得其心有道，膏泽下于民。君不行仁政，当如后患何？因民之所利，为力不同科。居简而行简，执柯以伐柯。取于民有制，一撮土之多。君子求诸己，修身以俟之。厄穷而不悯，贫贱不能移。死矣盆成括，异哉子叔疑。学而优则仕，有美玉于斯。人之生也直，易地则皆然。苟正其身矣，求仁莫近焉。质胜文则野，人病舍其田。以德行仁者，颜渊闵子骞。’滨州杨牧济诗云：‘德行颜渊闵子骞，侍于君子有三愆。先王之道斯为美，非曰能之愿学焉。’”虽近游戏，颇见巧思。

（四）彭元瑞命题工对

彭元瑞最以出题之巧见称，如梁绍壬《两般秋雨盦随笔》卷二云：

> 文勤督学浙江，所命试题，如王二麻子，斩绞徒流杖类，俱极巧妙。一日至敷文书院课士，山长以有事出院，因出四题，肄业生云“至于岐下”，请考生云“放于琅琊”；肄业童云“馆于上宫”，请考童云“处于平陆”。公谓诸生曰：“汝等知今日出题之意否？”对曰：“不知。”公曰：“横看去。”乃“至放馆处”四字也。又试金华，九学同场，将出题，教职中偶禀他事，语杂“仲四先生”。公问仲何人？曰武义岁贡，设帐郡斋者。遂连书九题：“武王是也”“义然后取”“岁不我与”“进不隐贤”“士志于道”“仲尼之徒”“四时行焉”“先行其言”“生之者众”合“武义岁进士仲四先生”九字。童生初场，题分四仲：“管仲”“虞仲”“微仲”“牧仲”。次场，教职中耳语云：“今日恐不能再切仲四先生矣”。公即书四题：“大王”“尊贤”“西子”“席也”，补足“设帐郡斋”之语。（按：四题首字顺读，为“太尊西席”。）覆试

总题："仲壬四年。"仲闻之，谓太守曰："宗师前后试题，胜于为我作传矣。"又试处州，初场府尊不到，委同知点名，次场来谒，公曰："太尊今日才来？"对曰："方从省下来，不获已，故命同知来。"公曰："来与不来，听太尊自便。尚有童生正场，太尊来，益昭慎重。"对曰："敢不如命？"是日七学出题，自一字至七字止："来""医来""远者来""送往迎来""厚往而薄来""不远千里而来""而未尝有显者来"。经题："七日来复""凤凰来仪""贻我来牟""郯子来朝""礼闻来学"。以问答中多"来"字故也。及试童生次场，府尊奉委上省，仍委同知点名。公笑谓教职曰："太尊今日真不获已也。"题出"又其次也""委而去之""同其好恶""知其所止""来者不拒"。（按：五题首字顺读，为"又委同知来"。）其敏慧类如此。又闻某方伯试士命题云："伯牛有疾""子路请祷""充虞路问""康子馈药""瞽瞍杀人""右师往吊""门人治任"。盖其时督学新亡，方伯摄行试事故也。

（五）彭文勤出题之巧

又梁章钜《制义丛话》卷二十二云：

缪莲仙曰："彭文勤公视学浙省时，试题多触景生情，机趣横溢。乾隆戊戌冬，案临处州，……及试童生，闻郡中适有重案，遂以五刑命题，一为“以杖”，二为“其徒”，三为“若流”，四为“则绞”，五为“而斩”。……及次年科试其地，点名毕，所留监场教职，有二人禀：“今日某乡宦治丧，卑职与有旧，不能不结。”公笑而许之。俄顷出题，一为“伯牛有疾”，二为“康子馈药”，三为“子路请祷”，四为“充虞路问”，五为“右师往吊”。覆试日，有一文生二武生补考，文题“且一人之身”，武题“夫二子之勇”。……

学使者出题之巧，莫过于彭文勤公。在江南时，科试七属，题为“岁辛丑二月再来”，每属一字，盖年月恰值，副此巧思，一时传为佳话。又考某属，亲书三个“洋洋乎”，付监场教官传云：一系“鬼神之为德”章，一系“大哉圣人之道”章，一系“关雎之乱”章。教官禀称：“今日试四属，尚少一题。”公笑曰：“少则洋洋焉。”因补书之。其敏给如此。又相传公在浙江时，岁试金华四属老生，府学题为“今有受人之牛羊而为之牧之者”，金华题为“今有同室之人斗者”，兰溪题为“今有人日攘其邻之鸡者”，东阳题为“今有御人于国门之外者”。值此四学诸生不驯，公于考之次日罚令向文庙拔除宿草，诸生作诗，揭于通衢云：“府学牧牛羊，金华闹一场。兰溪犹小窃，大盗起东阳。”公闻，急释之。

又钱泳《履园丛话》卷二十一云：

> 南昌相国彭文勤公，……督学江苏时，岁科院试，出题俱有巧思，如考两学则出“率西水浒”“逾东家墙”，“有众逐虎”“其父攘羊”之类，考三学则出“王之不王”“朝将视朝”“行尧之行”之类，不可枚举。其时适值万寿，考八学，则出“臣彭恭祝天子万年”，嵌在八题之第一字，如“臣事君以忠”“彭更问曰”“恭则不侮”“祝鮀治宗庙”“天子一位”“子服尧之服”“万乘之国”“年已七十矣”之类。有提调官王姓，雅号王二麻子；适考四学，遂出“王二麻子”四题：“王何必曰利”“二吾犹不足”“麻缕丝絮”“子男同一位”。考六学，则出“李陵答苏武书”，嵌在六题之末一字，如“井上有李”“必因丘陵”“夫子不答”“后来其苏”“又尽善也谓武”“子所雅言诗书”之类。……

可以参阅。（其互见者不重录；惟“伯牛有疾”等题一节，二梁所述有异同，盖一事而传说相歧者。）

（原第 14 卷第 11 期）

（六）割裂试题

以出题割裂而被讥嘲者，鲍桂星之事为最著，由士子所为嘲诗而传也。《两般秋雨盦随笔》卷三云：

鲍觉生先生（桂星）督学河南，出题每多割裂，士子逐题作诗嘲之云：“礼贤全不在胸中，扭转头来只看鸿。一目如何能四顾，本来孟子说难通。（顾鸿。）世间何物最为凶，每一伤人是大虫。能使当先驱得去，其余慢慢设牢笼。（驱虎。）广大何容一物胶，满场文字乱蓬茅。生童拍手呵呵笑，渠是鱼包变草包。（及其广大草。）屠刀放下可齐休，只是当年但见牛。莫谓庞然成大物，看他觳觫觉生愁。（见牛。）礼云再说亦徒然，实在须将实物先。匹帛有无何足道，算来不值几文钱。（礼云玉。）古来惨刻算殷商，炮烙非刑事可伤。不见周文身一丈，也教落去试油汤。（十尺汤。）没头没脚信难题，七十提封一望迷。阿伯不知何处去，剩将一子独孤恓。（七十里子。）秋成到处谷盈堆，又见渔人撒网回。不是池中无别物，恐防现出本身来。（谷与鱼。）纸上筌蹄亦可求，葩经专纪草春秋。一生最怪莺求友，伐木都教影不留。（兽草。）真成一片白茫茫，无土水于何处藏？欺侮圣人何道理，要他跌落海中央。（下袭水。）拣取明珠玉任沉，依然一半是贪心。旁人不晓题何处，多向红楼梦里寻。（宝珠。）但凭本量自推摩，果是真刚肯怕磨。任你费将牛力气，姑来一试待如何？（坚乎磨。）

可谓极调侃之能事，亦其自取之耳。河南督学之后乎鲍氏者，俞樾于咸丰间以出题割裂被劾夺官，世言其题有“王速出令反”“君夫人阳货欲”等，盖传者过甚其词，俞氏似不至出此类怪诞之题也。同治间山东学政于建章尝以“龟蛟龙”“鳖生焉”命题。陈恒庆《归里清谈》云：

> 戊辰冬，于学使建章，吾师也，按试莱府，试潍县、即墨之日，题为“龟蛟龙”，合场士子窘甚。予在堂号，草草完卷，日尚未西。将交卷，后有牵予者，回顾之，其人以卷面示予，乃卫案首江姓，低声曰：“次篇诗皆有，惟首篇一字难著，若被黜，有死而已；君盍救我！”予恻然，乃急为作三百字一篇，亦不佳。予与江皆入泮。岁丁巳，两人皆年届古稀，彼此相见，各道阔别；江之亲我，如我老妻，可笑也。戏占一绝云：“前生总是订因缘，锁院相逢笑輾然。倩我捉刀三百字，为君延算七旬年。”此次曹殿撰以县案首入泮，彼此相戏曰：“同案后得科第者，为蛟龙；不然，则鼉矣！”予幸不为鼉。此外刘伯舆，刘兰陔，登贤书，予尝呼为蛟。及试胶、高诸县，题为“鳖生焉”。潍新生相庆曰：“幸而免！”予曰：“幸而免，原有此谚。王姓行七者，曰几几乎；王姓行九者，曰幸而免。恭喜诸君，皆为王老七、王老九矣！”

亦关于割裂题之谈柄。曹殿撰谓光绪丙子状元曹鸿勋，与恒庆均潍县人。恒庆于丙戌成进士，迟于鸿勋十年，榜下主事。

《制义丛话》卷二十二云："乾隆三年议准：考试命题，固取发明义理，而亦以展才思，遇有人文最盛之区，若命题专取冠冕，士子蹈常袭故，或无从浚发巧思，间出截搭题，则旁见侧出，亦足觇文心之变化，第必须意义联属，血脉贯通。若上下绝不相蒙，恣意穿凿，割裂语气，殊属伤雅。嗣后学政出题，宜以明白正大为主，即间出长搭题，亦必求文义关通，毋蹈割裂之陋习，则既不诡于义理，而亦不阏其性灵，庶文章之能事曲尽，而课士之法亦周详矣。又，乾隆四十年议准：程景伊奏称，覆勘各省试卷，见试题渐趋佻巧割裂，其最甚者，如四川头场试题'又日新康诰曰'六字，连上牵下，全无义理，既不足以见学问书卷，而稍知机法者便可侥幸获售，请饬部禁止。从之。……敬维训谕周至，功令严明，乃掌文衡者流，仍不免有偭规错矩之事，抑独可欤？"并引邱濬《大学衍义补》中所讥"经书题往往深求隐僻，强截句读，破碎经文，于所不当连而连，不当断而断"云云，以证明代已有出题割裂书句之弊，盖此风旧矣。

（七）出题错误

出题错误，其事亦间有之，见于记载。若乾隆五十八年癸丑新进士朝考论题误"稽古"为"积古"，且为皇帝之笔误。高宗于朝考后御制《笔误识过文》云：

昨朝考题，三月即拟定，手书封识，交监试官，以试诸士，可谓谨密之极矣。乃今日阅卷诸臣，定等呈览，视之则“积古”也，不见于经文，乃憬然悟曰：本拟“稽古”，而予笔误“稽”为“积”，监试诸臣，见不及此，而未请旨，是诸士子之误，皆予一人之误也。夫试题一字之误，亦何关紧要，然使政之是非，人之生死，亦如此误书可乎？且予误而无人敢言，则诸事丛脞，其弊将不可胜言矣。书此用戒后此朱笔之慎也。予更思之：稽古固出于典谟，但稽者考也，稽在人而古自古，犹有彼此之分焉；至积则聚也，积而聚古于心，施于言行，播为政治，而非徒资博雅之为，不亦宜乎？诸士子并未言及此，是以申而论之。然总类饰非文过之辞，益重吾过而已耳。

由军机大臣遵旨恭录，示新进士。新进士潘世恩（状元）等奏称：

我皇上熙绩厘工，惠畴亮采，合洪纤而无间，实中外所共闻。凡系乎民生，关乎政治，岂有毫发未致其精详者？乃协中既审于万岁，识过并严于一字。盖慎之又慎，弥昭翼翼之小心，虽微乎甚微，亦寓煌煌之大诫。况稽于古训，何如积于厥躬？阐义入神，竭臣等愚蒙而莫能索解；因文见道，经圣人指示而顿觉贯通。臣等雒诵回环，曷胜钦服惭悚之至。

斯皆见于潘世恩《自订年谱》。阮元《积古斋记》云：

> 元督学山左时，高宗纯皇帝赐御笔《笔误识过文》一卷。此文纪笔误试题“稽古论”为“积古论”引过一事。元奏折谢恩，奉批答云：“文佳，非徒颂即规。”臣愚岂能于圣德规颂万一。而“积古”一言，反有深惬私衷者，因名山左金石之斋曰“积古斋”，所以记恩述事也。（按：所作《山左学署八咏》，咏积古斋云：“吉金与乐石，齐鲁甲天下。积之一室中，证释手亲写。”

又《小沧浪笔谈》有云：

> 余有《山左学署八咏》，属同年王椒畦（学浩）图之，……八曰“积古斋”，即“小石帆”之后轩。余聚山左金石数千本，校正于此。适御赐御笔《笔误识过》墨刻卷子，论“积古”“稽古”之义，纪恩述事，名此斋也。

此桩公案，当日盖因错误而反若嘉话，可觇君臣之际焉。

（原第14卷第12期）

一二　孙士达与天津教案

阅《孙竹堂观察书牍辑要》：竹堂名士达，会稽人，同光间以道员办理交涉等事，敏干勤锐，见重当途，亦一时能员也。（光绪元年四月交卸署理天津海关篆务后，隐居常熟以终。）其孙祖同辑印其手书函稿，起同治九年七月，讫光绪元年五月，凡六十一通，为一卷，有关时政外交，史料所系，可资研索。同治九年庚午天津教案，孙氏以江苏候补道赴津，随江苏巡抚丁日昌襄办，躬与其役，兹摘录其是年《致董酝卿大农》《致王补帆中丞》书如左：

七月十八日致董：

……嗣闻津民有滋事之信，遥想荩筹硕画，大费周章。……月之初浣，雨翁奉命赴津办理洋务，原约抵津后邀士达襄助。士达谂知雨翁匆匆起程，未曾调员随带，参谋需人，士达现届禫服，义不敢畏难苟安，拟于二十外航海北上，一以酬雨翁之知遇，一以晋谒，展数年之思慕。

八月初六日致董：

士达于前月二十四日自上海搭坐轮船，于三十日抵津，即在雨翁行辕襄助。……细核民教全案，日久不为获犯，无怪彼族躁急，要求不已。日昨与素识之领事、洋商，细加访询，其于府县一节，晓以情理，疑团颇解，所愤愤者陈国瑞耳。士达复令其交出证据，必为查办，断不护惜，以失和好，意亦稍沮。近日获犯有七十余名，认凶者十余名，刻尚昼夜审讯。士达曾在上海，托素好之洋商，访查外洋成案，类如民教相哄杀毙领事之事，共有两起，不过缉凶议赔了事，不致构起兵端，然皆克日办竣，却无如此案之拖延。若使雨翁早到一月，此案可少枝节，惜〔曾〕侯相因病迁延，而在事人员亦鲜谙洋务者，漫无主张，以致上烦宵旰忧劳，为可惜耳。

二十九日致董：

教案自丁中丞抵津后方严拿凶犯，讵知曾侯相存心仁恕，延至十八日，丁中丞号令有所不行，盖由此严彼宽，地方文武渐生玩泄。丁中丞焦急万状，谆嘱士达设法补救。士达初因丁中丞严督文武缉凶，正是提纲挈领之举，故未多参末议，而津郡绅士，叠经曾侯相延邀，到者寥寥，及询以缉凶之事，皆顾身家之累，绝无一人应命，即毛大司空在此亦然。士达无法可施，犹忆与辛绣圃、黑雨帆旧日共办厘金，曾订兰谱，又与冯小泉亦有世谊，为大局计，连日奔驰拜恳，晓以大义，该绅等始觉感动，密开凶犯名单，深得其力，即丁中丞欲俟案结将义忿之犯属筹款抚恤一节，亦属该绅等示意，于是上下情通，津民共知官长之苦心矣。……李节相以丁中丞既欲南旋，必留士达为其替身，否则断不能允。殊不知士达家有病人，大小儿年止九龄，不能管事，又乏戚属照应，本难远出，因感丁中丞知遇，奋身航海来津，志在公私两尽，而李节相素非同志，士达在苏候补八载，遇有棘手之事，则令士达奔走，而上海道三次开缺，以候补道府及候补直隶州补授。士达向办洋务之员，故意沮抑，使补署皆成虚望，受屈已久，决意不就，……今乃与不同志者共办一事，恐与公事无益，辞之甚力。乃李节相再三强留，不容脱身，丁中丞亦慰劝甚切，只得暂且留止；自知才弱事难，未能立效耳。自二十三日第一批出奏之后，地方文武，视为了事，又复恬嬉如故。曾侯相虽有九月二十日之限，而不破除情面，力加催办，恐亦徒成具文。李节相口气，惧招物议，怕做恶人，不知将来作何了结。士达虽于曾侯相、李节相前力陈案宜究实，犯须缉拿，不可含糊松劲，免致藉口，而众人以为获犯匪易，不可究出姓名，以免日后之累，专图敷衍了事，不知洋酋消息最灵，断难欺隐，口众我寡，多与争执，必以为士达帮助洋人缉凶，徒害华民性命矣。言之可为一叹。想执事统筹全局，自有维持之方，无烦士达琐渎也。事关大局，言无忌讳，伏乞原恕。

九月初三日致董：

士达与少白素不浃洽，前次强留，因士达不允，并欲将雨翁一并留津，士达睹雨翁为难，勉强允诺，言明不要薪水，不讨保举，报效至洋案完结而止。今日延见，又将督署稿案见委，并云俟得缺之后，放回江苏，词气甚决，其假意优容，亦极备至。士达时运不佳，复蹈火坎，为之奈何！……少白在保定时，附奏“雨翁抵津之后，穷搜极捕，非株连无辜，即激变良民”等语，雨翁甚为气愤，故雨翁恭报起程折内，亦有“少白到后，拿获正凶张国顺等数名，大致已有眉目之语”抵之。其实正凶张国顺系黑雨帆密为举首雨翁饬拿就获之犯也。此间审、缉二事皆不吃劲，洋案何日得了，殊为忧念。伏望执事频加催促，以期速结，实大局之幸也。

十六日致董：

士达为少白所留，综核刑钱军务，事繁才绌，终日劳劳。本拟教案完结，即遄程南下，岂知少白优待异常，士达不得不捐弃前忿，勉留襄助。约俟十月初十以前，将积案扫清，告归起复。少白又婉留再四，坚订至明春分手，且为函致浙抚，请咨起复。曾侯相在津，士达间参幕府末议，颇加青目，顿释前嫌，此皆雨翁调停之意，感激何如！少白又云，与曾侯相言明，将来江苏关道缺出，必为士达位置；且谓吃□多年，殆由谗忌所沮，殊非出于本怀。虽有推心置腹之谈，不知异日言行相符否。士达此刻无可如何，但当我尽我心，宁人负我我不负人而已。

十月二十六日致董：

士达此次入幕，本非始愿所及，追勉强从事，自惭学业久荒，深为凛惕，讵知臭屁文章，竟为糊眼主司所鉴赏，推心置腹，剖析夙嫌，更出意计之外，且欲代为汲引，此系饵我之术，欲我久在此间办事。士达本无妄念，不为所动。旋接家书，知内子有病，急欲南归，初以荐贤自代，略有允意，后请办竣存积奏稿，竟觉更久。及近日兼办通商，则又欲强留。士达坚执前议，毅然请辞。……昨日送来川资三百金，士达亦坚辞不受；士各有志，不欲为财利所摇动耳。

十二月二十日致王：

士达于七月间随丁中丞赴津查办教案，其时津民焚杀法领事一员，法翻译二员，法国男女十二名，比国二名，义国一名，英国一名，俄国三名，共二十一（二）名，焚烧法国天主堂、仁慈堂二处，又英美讲书堂四处，曾侯相误信崇宫保之言，既恐彼国动兵，又虑津民激变，而教（按：此字疑为“都”字之误）

中众口藉藉，函牍纷纷，动称清议，曾侯相病未痊愈，精神恍惚。时将两月，未曾获犯，各国公使赴总理衙门滋闹，几至不可收拾。幸丁中丞到津，雷厉风行，督拿案犯，各酋始行帖服。士达兼参曾侯相幕府，共定斩犯二十名，军流徙罪三十六名，抚恤法、英、比、义四国男女银二十五万，俄国三万，赔修教堂等费银十三万。所幸津民焚杀之信，到在法国与布国（普鲁士）交兵七日之后，故法王复信，但令妥办完事，如有不妥，再行听信，绝无加兵之意，非甘心输服，不遑顾也。此实朝廷洪福，殊非意想所及。丁中丞于教案大致甫竣，即闻太夫人抱病，奏请回苏。李伯相莅津，力留士达为丁中丞替身，力辞再四，李伯相款留甚殷，士达不得已，襄办积牍。李伯相推心置腹，极为契洽，实赖盛德之先容，委非梦想所敢期。士达既得参赞于曾侯相、李伯相之前，遂力陈此次焚杀洋人各犯，必须据实办理，因防日后反复，且欲藉此以废其教；即或未能照行，亦当酌定章程，以示限制，因知行教为法国独崇，而通商为各国所共，英酋威妥玛有行教害及通商之语，本非各国所愿，可惜谬论未能得行。

此案之结，孙氏赞画之力盖不少。所录致董恂各书，均在津所发，致王凯泰书，则离津南旋所发也。时恂以户部尚书兼充总理各国事务衙门大臣，其自订《还读我书室老人年谱》是年十月有云："夏间以天津民教滋衅，法国领事官丰大业等被戕，纷哓不已，无分昼夜，奔走各馆，至是大定。"为在中央致力此案者。凯泰时官福建巡抚。孙氏各书，于此案办理之经过，甚可供研讨之资料。曾国藩以此案负残民媚外之重谤，一时声望大减，而实尝以"存心仁恕"见病，斯亦足征处境之苦。郭嵩焘为以此案办法为然者，与沈葆桢书有云："曾文正在天津，诚有过者，乃在不明立科条，分别从教者之良莠，以使百姓与教民两无猜嫌；至其办理教案，则亦天理人情之至矣。"孙氏所云"藉此以废其教"，固事实上所难办到，而"酌定章程，以示限制"，盖犹嵩焘"明立科条"云云之意也。孙氏不慊于李鸿章，每流露于字里行间，鸿章倚办诸事，后遂委署津海关道，而其间终若未尽释然云。（孙权关篆十月，即翩然引去，于所获盈余捐助海防经费二万金，辞不邀奖。）

（原第14卷第13期）

一三　孙士达折服柳原

同治十年，日本遣使伊达宗城及柳原前光来华，商订条约，清廷命直督李鸿章为全权大臣，办理日本通商事务，而以江苏按察使应宝时、直隶津海关道陈钦（字子敬）随同帮办，在津开议。约成后，伊达等回国复命，日政府于翌年遣柳原再行来华，交涉改约，鸿章不许，由孙士达（参看上期）偕陈钦与柳原辩论，并周旋其间，柳原卒废然而去。关于此事，孙氏致董恂、日昌各书，在史料上颇有价值，兹摘录之：

十年四月初三日致董：

日本议约一事，昨得子敬回信，此事仅派一正一副，不能位置。应宝时本一谄媚圆熟之流，素鲜才识，李伯相既器重其人，派充正使，张子青再三保其洋务出色，可谓瓦釜雷鸣。士达不得与议约之役，一旦充使，直如暗中摸索，深恐公私两误，殊为惆怅。

二十七日致丁：

士达于二月初浣接子敬复函，以芜棫未到前三日，伯相已将议约一事奏派应敏斋会办。伯相又谕子敬："此事关系重大，未经议约之先，言者动献拒绝之计，将来办理必多棘手，故特攀引湘相，以为分谤地步，先派敏斋为正使，俟日本使臣到津，再派子敬为副使，欲以南北两洋共办其事；又以常驻日本之使，非士达莫称其职等因。如此，议约之事，士达可以弗预。而出使一节，何独谬爱菲材？"……续接舍亲胡令裕燕来信，伯相又与侯相函商，欲保士达出使日本，不知侯相如何答复。……近闻日本议约使臣于本月二十外可抵津门，敏斋于十八日由苏起程，谒见侯相后，即搭轮船赴津。将来议论如何，再当禀陈。

七月初四日致董：

士达因李少翁批令北上，即于六月二十四日抵津，见面两次，谓士达堂上既无老亲，出使外洋，义不容辞。又令查勘城工，士达均皆力辞。……其日本和约，尚无成议。前英国修约时，北洋委员不及南洋；今应宝时一筹莫展，丑态毕露，南洋委员转不及北洋。谄媚圆熟之辈，虽为上司所喜，实不足以当大事。雨翁少君有事，宝时便装耳聋；及马榖山被刺，亦以耳聋请假。苏省两次重案，宝时身任臬司，一味取巧规避，毫不沾染。刻下日本议约，极欲含糊了事，既不如愿，故智复萌，又以耳聋请假矣。此人本以州同到苏，松郡光复之役，私报首先登城，幸得优奖；及少翁莅苏，乃借三分债酬应，竟得超补上海道，钱神可谓有灵。

中元节致董：

日本约已议定，应宝时耳聋亦愈。昨闻日本使臣进京之行，总署函令宝时伴送，乃宝时志切南旋，坚辞不允。伯相面谕士达勉当此差，士达本有进京之役，故即允诺，大约月杪方能登程也。

十八日致董：

顷伯相面谕，日本约已议定，有二十五日画押之信。惟闻画押后即欲赴京，委令士达伴送，因该使初至中国，且赍有贡品，系为通好而来，与别国驻京使臣不同，自应相机照料，不妨略破小费，既免沿途滋事，又使东使感我之情，免听别国诱惑，以杜饶舌等因。士达与子敬细加筹商，在天津起程时，为其代雇船只，船价或代付，或自付，临时酌量而行，抵通后车价无几，彼此情况稍亲，或酌量代给，惟抵京后须为其代觅住处，务使与各国公使馆相远，使其往来不便。士达与之同寓，名为照料，暗寓稽查。凡一切使费，不算公项，以防日后藉为成例，统由士达仰体朝廷柔远、伯相厚待之意，斟情代给，不失驾驭之体，亦可联络交情，以觉（冀）一举两得。今日见过东使，言及同行照料，甚为感荷。兹由子敬特派差弁穆文斌家人俞贵进都，租觅宽大房屋，须与总署相近，计莫如贤良寺，不知该寺有无空屋，刻下东使上下人等约有三十名，穆弁等人地生疏，仰祈饬纪指引。此事伯相知之，亦甚欣感，租定后不过扫除洁净，修整厨灶，使其方便而已。

十一年四月十八日复董：

日本副使柳原前光，自充四等钦差大臣，于本月初二日照会伯相，订期请见。伯相恶其妄自尊大，将照会发交子敬收存，亦不接见。柳原又拜晤士达与子敬，初次会面，略叙寒温，未便遽还照会。士达于三日答拜柳原，嘱其将照会撤回，另文照会关道，可以议事，柳原坚执不允，士达痛加驳斥，于是柳原将行馆所贴钦差大臣门封撤销，另换少办务使衔条，杜门不出多日。初九日求见伯相，面呈外务卿照会，伯相责其无信，大加呵谴。又因日本外务卿照会内有请改条款之事，亦即掷还不收。柳原复会士达与子敬，彼此反复辩驳，不遗余力。柳原自知理屈，屡诎于辞，约于十一日再会。届期来见，柳原垂头丧气，自言诸事遵教，不复以钦差自居。士达与子敬遂将伯相发下照会交还，令其另备公文照会关道，再转请伯相核示。柳原应允，并云上年立约回国，浮言孔多，伊达因此罢休，伊等带罪出使，情非得已，务恳善为成全。士达等以现请声明三条，皆可商酌，但须换约以后再办，而原约断不能动。如果彼此和好，设有为难之事，随时可以商办；若以西约为比，则我断不照允。十六日柳原来见士达，据云“前日诸承指示，自当遵办，拟将照会草稿，先期送来阅看，以请教正”等语。由此观之，业已理屈辞穷，似不致另生枝节。……此次柳原职位较卑，不以使臣相待，事涉勉强，幸其所议者乃改约之事，彼既所谓无信，故我得行其志。若士达他日出使，伯相云：“自侯相谢世后，孤掌难鸣，不敢独创议论。如换约之后，派使出洋，须总督微露其意，我必力保，以了此愿。”敢祈留意裁成，是所至祷。

五月十一日致董：

柳原于九日来见，谈及公事。渠意请给该国外务卿回文，以便返国。士达诘以前经照会李中堂公文，曾由士达与子敬当面退还，嘱其另备文牍照会关道，转请李中堂示遵，何以忽出此言。据称此事有须面言，非笔墨所能尽述者。士达复加驳诘，据云伊国与中国立约，西洋人极为妒忌，意谓非彼居间引进，中国未必照准，而该国人心不一，有读中国书者，以中国系同文之邦，仅隔一海，应敦友谊，必不我拒；亦有读西国书者，谓中国人与西国人通商有素，浼其先容，可以率由旧章，成之必易，而伊达不以为然，创议不用西人，自来修好立约，此初议之原委也。及伊达立约回国，读西洋书者阅看条约，谓与西约不同，大为诧异，群议纷起，伊达因此罢官。责成柳原与郑永宁来华修改。渠等明知事不合理，无可措词，推却再三，坚不允许，实系不得已而来，此彼逼复来之原委也。士达以柳原等既有如此苦衷，我当代为排解。柳原等感激异常，遂将该国请改五条，逐一详说。如第一条，“两国通商事宜，该国换西约之后，恐有参差，预为声明，请归一律”等语，士达以立约之后，尚未换约，便要修改，岂不背约；况贵国与西约尚未换妥，遽欲废中国之约，太觉冒昧。今以友谊而论，两国通商章程，本照本国成章，将来贵国通商口岸如有增减，税项若有经损益，我国自不肯强人所难，可以随时商办，须俟换约以后再议，不能改动原约，亦不得以西约为比。柳原云，原约不可动一节，伊已心领神会，不复萌此妄念。又如第二条，“两国彼此相助”一节，据称“既经修好，自尽友谊，此条请删除”等语，士达以甫经定约，便欲删除，是废约也，彼此邻近，本与西国不同，立约相助，正尽友谊，况西洋各国，或彼此保护，或互相友助，有立明约者，有立密约者，坚如金石，今奈何甫经立约，便议废之，岂不为西人讥笑耶？且立约时业已言明美国原有此约，非属创始，又闻贵国与美国约内亦有此条，何故不以为然，即此一端，知非诚心修好之明证。柳原云，美国与中国该国原有此约，但美国自愿相助而言。今现约系指两国彼此相助，事有不同，该国现与美国换约，亦拟删除此条，兹惟转达来意耳。两国立约，既言相助，何能单指一面，固属狡辞。现该国与美国修约，尚未竣事，何必遽请删除，即换约以后，如议此条，应俟十年修改之时再商。刻下以此为言，非特违约，亦且薄交。又如第三条，“禁带刀械”一节，据称“带刀系该国礼制，不便公禁，责成理事官，使我无犯可也。该国与西国均无此条，而中国独禁之，似属难行”等语，士达查约内本有“两国政事禁令各有异同，彼此不得干预强请开办”一条，原系为中国吸烟习教者不准彼国查禁而设，闻该国佩带双刀单刀，有关体制，亦未便强之使禁，故嘱其换约以后商办。又如第四条，“两国税则如有仅载进口税则未载出口税则者，遇有出口皆照进口税则纳税”一节，据称“该国不然，按价抽税，照值百抽五之例”等语，士达以为细故何必预行声明，俟换约后再商非迟。又如第五条，“两国商民设理事官者，经理事官审办；未设理事官者归地方官约束”两节，据称“中国人现在日本贸易者少，佣趁者多，内有闽广人，劫掠攘夺，无所不为，日本人代管年久，时觉棘手。前闻李中堂云，中国拟派理事官一员，赴彼治理。该国口岸既多，华人在彼颇夥，断难周到。即或多派一二员，亦属人地生疏，何从下手，似须会同办理”等语，士达以中国人归中国官办理，此至当不易之道理。中国理事官初到口岸，情形未熟，华人旧案，又由贵国地方官执掌。即无此议，亦必抄录案卷，诸望指教。但鄙意我国如果派员，当先照会贵国，烦地方官相助数月，然后照约各办各事，非比贵国领事馆，诸事创办，较易料理也。然此系我国应办之事，乃承预筹及之，亦觉难解。柳原等不觉大笑。据称：“以上各件，曾在本国力言不必派员，随时可以商办，乃自去岁九月回国后，至本年二月起程，有不晓事之徒，无日不以口舌相诘难，竟有‘带罪图功’之语，明知其不可为，故使我等为之，务求转恳李中堂格外原恕，迟一二日便将原稿送来请改”等语。十一日柳原将草稿送来，士达查看，语句平顺，亦不自称本大臣。当即转商子敬，并呈伯相看过，不加笔削，令其缮文照会关道。柳原云，接到照覆之后，伊即起程回国，无论本国如何刁难，亦抵死不来矣。士达自照会送到，酌拟一稿，由子敬核定，会衔具详，以了此案。

盖孙氏于同治十年虽未参与条约谈判，而曾奉命伴送日使入京，至翌年交涉，则躬任折冲，所叙种种情事，与王芸生《六十年来中国与日本》第一辑所载相印证，可资研讨也。（其谓日使赍有“贡品”，为旧日用语，所谓天朝口气耳。） （原第14卷第14期）

一四　应宝时任监司之优劣

应宝时在当时监司中，颇有声誉，而孙氏独深诋其庸猥，品评盖有异乎恒常。徐宗亮《归庐谭往录》（成于光绪十二年）卷二关于宝时之纪载云：

上海龙门学院，创自应廉访宝时，地在城西幽处，陂塘芦苇，颇似村居，讲堂学舍，环以曲水，规制亦甚严肃。学徒以二十人为度，课程以躬行为主。

万清轩、刘融斋两先生，先后主讲，甚负时望。每午师生会堂上，请益考课，寒暑无间；诵读之外，终日不闻人声。有私事乞假，必限以时，莫敢逾期不归。刘先生主讲最久，士论尤协。途遇学徒，望而知为院中人也。刘没后，一显宦告休寓此，大府荐主是院。学徒执众以请，则告以“生辈高材，何烦日课？”乞假以出，则告以“生辈植品，何烦定假？”积日既久，院中出入无禁，日夕在外者有之。课试一事，等诸寻常校艺，昔之良法美意，荡然尽矣。廉访初意，欲驾学海堂而上，专讲躬行，而辅以文术。然学海堂定制，用意极精，以广东物力之富，道光全盛之时，而公费岁入不过五百金，仅可自给；但立学长，不立山长，学长若缺，即由学徒推补。文达阮公，当时创建，其俭如此，上以杜贵要挟荐，下以杜游闲请托，而专为真读书之士谋一下帷地也。龙门大旨与学海相类，而主讲束脩优厚，予人以觊觎之端，未及二十年，时移而事迁矣。

应廉访练习政事，第赋性明察，为之上下者不甚易易。其在苏藩任时，饬各州县储常平仓谷，以备凶荒，合计百余万石，交卸时专案结报，不能蒙混丝毫，至今著为令焉。高刺史心夔，需次落拓。廉访知其才，拔署吴县两次，甚著名迹。常熟、吴江两邑，漕事号难治，选干吏往，曲为扶持之，事遂立办。一时监司中，莫有其比。其心迹事功，与严中丞树森相类。中丞初任州县，颇苍滑，自受胡文忠公知遇，力争上流，号为廉明。廉访则受曾文正公及合肥相国知遇，历上海道晋至两司，亦皆卓卓可称。吴江沈相国桂芬，雅不善焉。当鄂藩出缺，政府议代，恭邸遽言资格才望应臬司自当首指，相国起应曰："应臬司外正中邪，害吴人不足，又令之害楚人乎！"次日有来京候简之旨，廉访遂告养归。廉访夙工结纳，吴中士绅多相契好，未知吴江相国以何事龃龉也。

言宝时之善，而亦不无微辞焉。

一五　丁日昌与刺马案

孙氏谓："雨翁少君有事，宝时便装耳聋；及马穀山被刺，亦以耳聋请假。苏省两次重案，宝时身任臬司，一味取巧规避，毫不沾染。"盖以事关本省督抚，巡抚丁日昌之子涉及命案，总督马新贻被刺而死，宝时感于案情之棘手而有意规避也。此两案巨细有间，各为一事，而当时有传为日昌对新贻报复之说者。《归庐谭往录》卷二云：

马端愍新贻之被刺也，郑尚书敦谨、张漕督之万先后遵旨查办，均以刺者张文详为洋盗复仇，定律凌迟结案。而中外议论颇多异同，其谓事涉暧昧者，固不足辨，究考其实，复仇一说，亦在疑似之间。时王少常家璧督学陕西，奏称丁中丞日昌主使，以报私恨，袁侍郎保恒适办西征粮台，亦主其说，请饬使臣切实根究。廷寄将原折抄给阅看，中有“既有此说，亦不可不使郑敦谨等知之”之谕。先是，丁中丞之子，以狎妓斗殴，致酿人命。中丞请旨，交端慜查办，坐凶人抵罪，亦未及丁，实两无所嫌也。主使之说，不知何来。大抵中丞于属吏颇近操切，衔恨者多，世传百韵诗，至污辱不忍卒读，传授增加，何所不至？王、袁两公，素重端慜，悼此惨祸，仓卒据以入告，初不察其虚实重情有关国是。幸赖朝廷宽大，不欲兴起大狱，卒就使臣议结，王、袁之奏，亦等诸台谏风闻耳。端慜在江南，恪守曾文正遗规，俭以维俗，勤以励治，亦称其职，而舆情则不甚惬焉。

新贻遇刺，事极兀突，奏请严究主使者，尚有给事中刘秉厚等。至日昌之子一案，系日昌自行举发，先谓其无服族人都司丁炳等滋事，续奏有其侄监生丁继祖在场，并风闻其子分发补用知府丁惠衡与焉。经署臬司杜文澜督审，案内人犯均称惠衡并不在场。继又奏称：“臣访闻有臣子跟丁范贵在内，疑伊亦在场，当时忿怒，欲以家法处死，丁惠衡畏死潜逃。”云云。奉谕革惠衡职。此案甫经新贻审结，而新贻遽遇刺而卒。（新贻请将日昌交部议处，日昌复自请严加议处，谕加恩宽免。）

一六　李慈铭述马新贻

新贻被刺之案，谳定而疑窦长留，且身后不免谤议，特称其治绩者亦不乏，拙稿前曾略述之。徐氏所叙，亦许其称职［新贻谥端敏，菲（非）端愍］。李慈铭于新贻怀知己之感，深致嗟悼。新贻系于同治九年七月二十六日遇刺，翌日卒。慈铭八月初五日（时在杭州）《日记》云：

数日前闻两江制府马公出城谒客，方下舆，有衣仆隶衣者跪道左。马公问故，其人忽出匕首刺马公，中腹下，剚入者四寸。材官道从者以百数，皆瞤眙不知所为，而其人已逸去。马公舆而归，血逆注不能言。阖城鼎沸。旋闻公即于次日日加未卒。予深惊骇，且疑其未真。今日知抚署有急报至，事已确，且已捡盗，供称姓名张正荣，河南光州人，究所繇及主使，皆不答。吁，可异哉！马公历官以谨慎称，待士大夫颇有恩，与之交者未尝见其疾言遽色，忽遭此变，深为未喻。且以一县令，不二十年，致位督部，虽身与军事，无汗马之劳，徒以荐牍屡膺，随材平进，甫晋皖藩，旋擢浙抚，命督闽浙，即移两江，眷渥任隆，几无伦比。而亨衢方展，异变忽臻，年甫五十，尚未有子，岂祸福之相倚，抑高明之难居欤？其隶浙四载，虽无赫赫名，而拮据绥集，以俭率下，调停悍将，与民休息，故去后颇令人思。予辱与相知，备承推挹，虽居穷忍饿，未曾仰赖豪（毫）发，而虚襟略分，有逾故交。自移建业，予性素懒，未通一书，而公每见浙中人士，未尝不殷殷致问。近日子虞公虒自秣陵归，犹传公深以仆病为念。知己之感，生何能忘！今秋得办北上之资，当迂道绝江，具斗酒只鸡，哭公雨花台上耳。乙丑冬，乡人罗、章之与予为难也，时二凶挟蒋布政势甚横，公虽不能直，而甚愤之，尝公言之越人曰："罗某都中所为之衣冠不齿，若章某鼠伏乡里中可耳，今皆痛诋李君，则李君为人，益可信矣。"及次年春，公来越，晤予于舟中，深以前事愧。予再三致谢，且曰："君子小人，不辨自明，君何屑与彼二人辩哉?"时高君次封为越守，尝出公先后手书眎予，其倾折于予，有非辞所能尽者。丁卯之春，予来杭见公，公犹喟然及前事，曰："今贤士大夫犹多为君不平，而君未尝稍见辞色，此君之所以过人远也。"呜呼，即此一事观之，公得不为知己哉！

低回悼叹，情见乎词。至关于遇刺情形，当时得之传闻者如是也。八月二十九日，录初四日赐恤之谕，注云：

毓桢为马公从兄弟子，新自山东来，尚未定为嗣而变起。公之被刺也，方由箭道步入署东侧门，有疏戚某自其乡来，遮道乞贷，公止而问之。盗忽自旁出，刺公倒地。吏急闭城门捕盗，人情汹汹。布政使梅君出示谕民，言总督有家难，无预外人事；而安徽学政殷阁学，次日验录遗生，出题曰“若刺褐夫”，士论大哗。此辈不特全无人心，其文理不通，亦已甚矣。设有以此登白简者，纵朝廷宽而不问，恐亦无地自容也。

安徽学政殷兆镛出题事，可参阅第十一期拙稿所述。赐恤谕有“伊子马毓桢加恩赏给主事，分部行走”之语，盖遇变后始定为嗣者。（原第14卷第15期）

一七　瞿鸿禨张百熙交谊深厚

瞿鸿禨、张百熙，生同里闬，订交最早，同治九年庚午同领乡荐，相继成进士，入词林（瞿辛未，张甲戌），其后同官尚书，瞿且直枢廷，晋揆席，均以名臣见称。近获见其往来手札，特移录数通，以飨读者。

己亥（光绪二十五年）张致瞿书云：

子玖老前辈同年大人节下：别三稔矣，积想成痗，如何可言！百熙不肖，以暗于知人，几获大戾，为师友辱，然区区愚忱，迫于救时，切于报国，至不顾利害而汲汲为之，其不颠覆以至今日者，盖亦天幸而已。方咨送某某时，尝声明酌中采取等语，（意谓考试之事，究属以言取人，且时务一途，本宜节取。）虽亦觉其危言谠论，不无偏激，而通晓时事，似有过人之才。不谓包藏祸心，陷于悖逆，至于如是，是则愚蒙无识所未及深察隐微者矣。往者论列时流，将以某名并举，经我老前辈指示，乃遂去之，以近于不孝而黜之于剡章，岂有觉其不忠而反登诸荐牍？平居读史，尝窃议胡文定理学大儒，何以轻信人言，谬举秦桧（殆亦迫于救时之过耳），乃自蹈其失，而可加甚焉。从此不敢轻议古人，妄评当代。鄙意于某某初非有党同之见，特以自信太过，其弊一至于此，此则非惟寡识，亦坐不学之过矣。仰荷东朝天覆之恩，不从吏议，且未久即蒙开复，不知何以为报。每一念及，辄汗涔涔下。老前辈夙加伟视，而百熙乃躬冒不韪若此，其何以对知己，但有引咎自责而已。屡欲函讯起居，匆匆未果，即乘轺之喜，卿贰之荣，亦阙然未有以贺也。非无典签，但可以酬恒泛，如公笃谊，反致阔疏。去秋已来，则以获咎抱惭，临池辄辍，恃老前辈有以谅之耳。时局日益阽危，德人之于胶州，俄人之于旅大，英人之于九龙，法人之于广湾，瓜华之见端，（仲华相国曾以此面奏东朝，故敢及此。）西人所谓势力圈也。势力之圈所在，他国不得沮害。（按：“圈”原笔误为“权”。）如英人公向译署言，长江一带，不得割与他国，盖认为其权力之所到也。切肤之痛至此，或犹以为不过割我海疆边境而已，岂非梦梦哉？《诗》曰："我生不辰，逢天亶怒。"又曰："载胥及溺，其何能淑？"两宫忧劳宵旰，为人臣者顾莫展一筹，诗人可作，应亦不料世难之至于斯极也。吕氏曰："燕雀争善处于一室之下，子母相哺，自以为安矣，至于突决火焚，颜色不变，乃不知祸之将及己也。"又曰："万人操弓共射一招，招无不中；万物章章以害一生，生无不伤。"今外夷之祸之烈，岂惟一招一生而已，而犹以为祸不及己，自同燕雀，岂不痛哉！一人一身之出处，一家一室之福祸，殆不足言，特为老前辈放言世变如此，知必为之同声一叹也。此间试事极难措手。次远前辈语熙曰："三年辛苦，竟无补益。"初以为其言之谦也，今乃知其信然，且不惟无补而已，至声名性命功名皆可不保，甚矣其难也！顷试惠州，舟次书此，以达奉拳。敬叩春祺。年晚张百熙顿首。己亥除夕前二日。

附诗暨跋云：

要使天骄识凤麟（东坡送子由使契丹诗句），读公诗句气无伦。岂期变法纷朝政，差免书名到党人。修怨古闻章相国，推恩今见宋宣仁。（百熙以主事康有为讲求时务，所识通雅之士多称道其才者，因以其名咨送特科，当声明蠲除忌讳，酌中采取等语。既念与主事素不相识，其心术纯正与否不可知，复据实陈明，并将该员业蒙钦派差使，可否免其考试，请旨办理。又片陈，中国自强，在政不在教；在讲求政事之实际，不在比附教派之主名。请明降谕旨，严禁用孔子纪元及七日休沐等名目，以维持名教而免为从西之导等语。均仰邀留览。及康难作，而被罪者众，百熙独叨特恩镌职留任，以视东坡之遭遇宣仁，有过之无不及也。）过书举烛明何在，削牍真惭旧侍臣。

《题东坡居士居儋录》诗三首之一，录奉教削，小注皆事实，藉以明使才之误。荣相语鹿滋轩前辈，谓某枢府误记。（谓系仲老，必不然也。）刚相谓："不有片陈之件亦如张香涛不理会矣。"（面语熙者）熙谓："咨送与奏保，同一谬妄，处分实属应得。"刚云："东朝初颇生气，谓张某里边人，何亦如此！"枢庭当奏："张某此片，不是保他，因曾咨送考试，恐其心术不可靠，故尔声明如此。"东朝意亦释然，此所以不久即开复也。"附片明言咨送考试，何以言保送保才？此折系八月初十日到京，何以延至二十五日始行交议？公记会东樵之折否？可以悟矣。然东朝天覆之恩，闻者无不感激，况身受者乎？惟有愧汗而已！百熙附识。

戊戌政变，张以曾荐康有为获咎，观此，可知世传以使才论荐之为误会，即荐应经济特科之试，亦咨送而非奏保也。张氏幸免严谴，犹有余怖，故以“包藏祸心，陷于悖逆”谓康，而以未觉其不忠误登荐牍自谓，且别引一以近于不孝既知遂不论荐之人，与康对举，明非有心，其时情态如此，盖处境使然耳。书之后幅，畅论时局阽危之状，忧国之怀若揭，玩其词意，固仍以德宗之变法图强为是也。时张以内阁学士督学广东，瞿以礼部侍郎督学江苏。次远为恽彦彬（辛未传胪）字，为张广东学政之前任。仲老谓廖寿恒（字仲山）。张之洞曾赞行新政，政变并未追究，故刚毅以为言。己亥刚毅奉命往广东筹饷，与张相晤而面语之。

又庚子致瞿书云：

> 子玖老前辈同年大人节下：前奉手教，备纫爱注，冗于尘俗，裁答稽迟，歉甚歉甚。比得电传，恭悉宠命钦承；梁（荣）除都宪，抒素怀于启沃，用宏济乎艰难，隆栋之膺，计在指顾，不惟同曹称庆，抑湘中人士所引领以祝之者也。百熙承乏岭南，惭无报称，渥荷圣慈，忝晋容台，高厚难酬，益滋悚惧。先是因暌离桑梓，多历年所，拟此次报满时，乞假一月，归省先茔。自联兵北犯，来（乘）舆西狩，天下多故，大局阽危，暂假一节，未便陈请。现在试事告毕，考优亦已举办，俟新任抵粤，即行交卸，驰赴行都。尊处离西安较近，受代必当较早，天寒岁暮，迢递关河，驿程辛瘁，不堪预计，但冀大局速定，长途

无梗，斯为大幸耳。肃复，恭叩大喜，敬请台安。年晚生张百熙顿首。九月二十一日。

此书由广州发，十月初四日到江阴学署。陈夔龙《梦蕉亭杂记》卷二，谓张、瞿相约交卸后会于汉口，联辔入秦，瞿氏爽约先抵西安，云云。前经根据事实，辨其非确（见本报第十二卷第三十三期）。今复见此书，亦足旁证相约同赴西安之说之难信，盖此书到时，瞿正准备交卸启程，书中惟言“尊处离西安较近，受代必当较早”云云，毫无相约“联辔入秦”之语气也。

又辛丑瞿致张书：

潜斋长兄同年大人阁下：别后不胜怀想，定复同之。冬卿大喜，为之庆抃。然外部一席，实宜让于稷契，不才两次荐公自代，卒未如愿，实亦弟之不幸也。举劾大疏，声震天下。慈圣谓：“如此认真，甚属难得。”深为褒许。修工办法，极为核实，积弊自可一清。诸事都顺手否？两得来电，使节一件，略相不以为然，或即从缓。此间一切照常，筹款则尚无端倪，何以为计？俄得消息如何，便中示及是荷。手布，敬请台安，并贺除喜，不一一。弟止盦顿首。七月尽。

瞿由礼部侍郎递升左都御史、工部尚书，复转外务部尚书，所遗之缺，历由张氏递补。外务部为新设之部，班在旧有各部之上，责任较重，瞿膺斯命，荐张自代而未获允。所谓“举劾大疏”，指张任总宪举劾言官而言。所谓“修工”，指承修跸路工程而言，张以此差先由行在入都，共事者为陈夔龙等。陈氏于《梦蕉亭杂记》卷二自叙承修此项工程经过云：

……适奉旨定期十月还宫。维时京城残破不堪，急需修理，全权大臣先期电奏，请派大员承修跸路工程。行在枢府拟定长沙张尚书百熙、长白桂侍郎春，奏请派充。慈圣笑谓：“此次工程，须由在京大员中拣派，情形熟悉，较为得力。我意中已有两人，一兵部侍郎景沣，一顺天府尹陈夔龙，不如一并派充，四人合办。”枢臣承旨后，即刻电京遵照。桂侍郎前在庄王府任差，有庇拳嫌疑，不果前来；张尚书一时不能赶到，先由余与景侍郎召匠选料，赶速开工。初次入东华门，蓬蒿满地，弥望无际，午门、天安门、太庙、社稷坛等处，为炮弹伤毁，中炮处所，密如蜂窠，想见上年攻取之烈，不寒而栗，拔荆斩棘，煞费经营。此外如天坛、先农坛、地坛、日月坛暨乘舆回时经过庙宇，大半均被焚毁，急须修理，工程浩大，估计实需工款约百万两，而堂子全部择地移建，与正阳门城楼之巨工，尚不在内。景侍郎狃于从前习惯，凡工程估定价目后，堂司各员例取二成节省经费，拟照前例，借工帑余润以偿拳乱损失。余不以为然，谓："此次拳祸之烈，为二百年所未有，九庙震动，民力艰难，此项工程不得以常例论，应核实一律到工，即所派员司，一律自备夫马，洁身任事，将来大工告竣，准给优保，以酬其劳。"侍郎意不怿，谓余有意与彼作梗。适张尚书到京，颇以余所论为是。侍郎无如何，始允会同入奏立案。余等分期率同员司，督理工作，历经三月，工程大致完竣，当即电知行在。……赴漕督任。逾年壬寅，接张尚书等函，知堂子业已兴建讫。余复于漕督任内捐廉一万两，倡修正阳门城楼，各省均提公款助修，计一年余始行工竣。承修跸路工程之案，乃告一结束。特备书以谂来者。

所述情事，可备考，因缀录之。（原第14卷第16期）

一八　张百熙办教育

张氏一生宦历，以充管学大臣时最为有声有色，为中国教育史上有名人物，其时赖瞿氏在枢廷左右之，俾得发舒。而事属经始，颇感困难，有疑谤交乘之势。兹更摘录其致瞿书关于办学者如左：

所难者，则学堂也。（从前京师议论，皆以学堂为无父无君之地，今犹是见解，犹是议论也。昨与夔臣相国言及，同为太息久之。）容诣略相及公处详言之。

昨日法使馆一晤，未克絮谈。前函言学堂为难一节，拟不向略公道及。若因其难而不为，既无以对朝廷，亦无以对我公与略相也。勉竭小才，至开办后再行陈说，彼时必望公体谅此心耳。现在吴总教及荣提调勋（略公至亲，极好，极明达）、绍提调英已于初三日前赴日本考察学务，译书、编图两局亦已开办。潜手定编书大纲，一曰定宗旨。宗旨者，群矢之的也，人人向此的而致力焉，虽不中不远矣。宗旨乌乎定？必择其可以正人心、端趋向，绝无流弊者，建一名号以为标识，则莫如爱国。国家教忠孝，励廉节，无非欲养成此爱国之民，使人人各全其忠孝廉节之美德也。此次编书，当先揭明此义。二曰芟烦碎。略言：既定此爱国之宗旨，则凡关涉政治，于国家有利无害者，精为甄综，一切烦碎之笺疏，支离之诞说，概从删薙，则成书精而讽诵易，必不使学者疲日力于无用也。三曰通古今。略言：今日之所急，当以究心教养之原与夫通考历朝礼乐兵刑之制能见诸施行者为要务，若第博考其异同沿革之迹，仍不能谓之有用也，故必以知今为主，而证以既往之陈迹，以定其损益，使人人读书时之精神皆贯注于政治之中。四曰求贯通。略谓：今所编纂诸书，非一人可办，总期于经史诸子中可以变通互证者特加之意，则学者诵习时可收贯通之效等语。未知公谓然否？载籍极博，浩如烟海，非有一定之宗旨，主一之精神，以范围之，贯注之，随意抉择，即成巨帙，何所裨补于时事耶？知公亦必以为然也。改建学堂一层，刻已于瓦厂地方，择定一区，月内可以署券。将来即请将从前大学堂（已残破不堪，由大学拨款修理）改作宗室八旗中学堂，而大学堂之速成科即借中学堂地先行开办。俟明年城外大学堂有成，再行挪移。日内已将宗室觉罗各学校接收。左右两翼学尚有学舍，觉罗学则久已荒芜矣。中学堂大概情形，月内或可具奏，惟经费一项，除常年左右翼及八旗应领户部款项五万二千金外，尚不敷银五六万两。大学堂常年经费，已自拮据，万不能兼顾中学堂（必令兼顾中学堂经费，则并大学堂亦不能办），势不能不另请的款。此则必须仰赖大力主持者矣。翰林院编书应用书籍，已由上海购来四百一十二种，日内即拟咨送。谨附及。

鞠尊前日来述一节，潜与此公并无嫌隙，或闻外间讹言传述，遂尔率陈，然亦可怪诧矣。好在学堂章程，已经奏定，海内周知，并无诡异之说，即香帅所奏办法，除武学堂外，其所定学科，与潜所奏章程，十同八九，可见公理相同，不能特别以示歧异也。现今大学堂办法，何以即有大祸，略园何不面诘之？实有意外之流弊，亦不妨改良也。此事非与略园当面一言不可。流言之来无端，恐有处心积虑以排我而因以害及学堂者。一二日当奉诣一谈。

湖北所奏章程，无非欲专揽教育之务，然省学堂卒业仅令外洋游历一年，不令升入京师大学，虽欲自为风气，而学生仅得举人，不能得进士，恐学生亦未必愿意也。中学堂习外国语文三年，而高等学堂无之，未免疏漏。各国语文，仅习三年，未合也。（奉朱批议奏，其以此乎?）公于学堂有大功，略相能从公言以保学堂，是亦有大功者，而下走乃以不足轻重之身，致负疑谤，以致负我两公，可愧甚矣。行当投劾以去，以避贤路，他日公幸毋固留，以重其罪也。

所述编书大纲，可略见其教育宗旨。京师大学堂旧址，今北京大学犹沿用之，而当时张氏另有在城外建校之计画也。略园为荣禄别号，时以大学士为枢臣领袖。燮臣为孙家鼐字，时以大学士同任学务。鞠尊为江苏候补道朱恩绂字，长沙人，时在京以乡谊往来瞿、张间。当时学堂（称学堂不称学校者，以科举制度下之府、州、县学通称学校，故称学堂以别之）毕业生奖励办法，中学堂奖拔、优、岁贡，高等学堂（各省省会设之，程度介于大学、中学之间）奖举人（暨官职），大学堂奖进士（暨官职）。湖北所奏章程，不符通制，高等学堂毕业，不令升入大学，奖励出身，以举人为止，故张氏言“恐学生亦未必愿意”。又：

学务事日前与华翁深谈，意见颇合，似以缓设学部为宜。此时照香帅所定学务处章程，分科办理（此即与学部无异），不立学部之名，而居其实，必于学界有所裨补。俟一年之后，各省学堂普立，再就学务处已扩之规模改作学部，不至头绪棼如。务乞力为主持，学界幸甚！（乞与徐、铁两公商之，好处甚多，愿加详审。）

学部非设不可，而兹事体大，下走实不敢承。公之意固公而非私，然自揣无此学识，以公一人之意争之，不得固失言，得而不能胜任，使我公有举不得人之悔，而议之者并公而咎之，何如慎之于始也？公谓何如？下走于学务，于京师各馆，尚无不可对人之处，及此而卸肩，何快如之？若既为人所轻而忌之，不去必不讨好，且将并其前所办者亦以为罪。（开学不久，即两人同办，实亦不能罪及一人，然事未可知也。）非公爱我，谁可与言及此者？幸乘其自任而赞成之，俾潜得以引身而退，公之赐也！

顷有人言，将以铁、徐两公领户部，然则荣与潜必学部矣。（本不愿久于户部，故前有调回吏部之请，今不可得矣。）二三年来，颇有退志，所以迟迟者，始则以东朝万寿，不能不一随班，嗣以学务羁身，难于摆脱，后复以东方事变，万无可言归之理。今东事粗定，但能开去学务，无论身居何部，冀可渐得自由。果如所闻，则衰病之躯，何能胜此重寄？（窥当事之意，未必以此为重要也。）况有匿名书一事在心，更何能有所施为耶？忧来无端，聊为知己发之，知公亦不能为潜计矣！

此三书为主张缓设学部及力陈不愿任学部尚书者。初拟即照张之洞所定学务处章程办理，暂不设部，继以设部将成事实，深恐即以学部尚书相畀，蕲得摆脱。盖疑谤所集，不得不谋退步耳。华翁谓同膺管学之任之荣庆（字华卿）。所云“幸乘其自任而赞成之”，似亦即指彼。徐、铁两公，指徐世昌、铁良，丙午修改官制，二人均参与其事。至“铁、徐两公领户部”“荣与潜必学部”之说，似以为各部仍设满汉两尚书，而己与荣庆将同授学部尚书（荣庆蒙古旗人，例补满缺），势难挽回矣。新官制公布，各部均仅设尚书一人，荣庆授学部尚书，张授邮传部尚书，铁良授陆军部尚书，徐授民政部尚书。（户部改度支部，溥颋授尚书。）“东方事变”指日俄战事，扰及东陲。瞿致张书有云：

> 公于学务有益，学务于公亦相宜。吾两人苦心热血，一旦皆付之东流，夫复何说！……公随人仰屋持筹，无往而非难境，可想而知，如能乞外，最为上策，容日再倾吐言之。连日胸中恶劣，了无佳况，奈何，奈何！

此盖张氏以环境之困难，势须摆脱办学职务，而瞿氏深致其慨惋也。张另有一书致瞿，有“或铨或外，否则惟有引退耳”之语，言或吏部或乞外，此书所云“如能乞外，最为上策”，似即对此而言。

瞿、张夙好，其往来手札，瞿兑之君（宣颖，子玖相国之嗣）藏弆颇富，近得就观，移录如右。

（原第14卷第17期）

一九　绍兴嫁女陋习

绍兴一带，嫁女积习奢侈，女家负担重，糜费多，甚至因而荡产，前曾据所闻略述之（见本报第六卷第四十七期）。近阅《越缦堂日记补》，李慈铭所记嫁妹情形，于此种奢风，感慨系之，可资印证也。（李籍会稽，与山阴同为绍兴府治，今废府，二县合为绍兴县。）咸丰六年丙辰九月十五日云：“是日也，长妹荥阳氏出阁。……妹生于道光十六年丙申，至三十年庚戌字于城中月池坊郑氏，及今出阁。……早起祀神，上午教妇，午祭告祖先，邀族人宴。……夜半送妹上车，予偕开先、诗舫、楚材诸弟随送至郑宅，更以舟送箱、簏、铺陈去。”十六日云：“寅刻花烛，卯刻宴毕辞归。……辰刻郑郎偕妹来反马，茶三献，再拜去。郑郎少妹五岁，自其祖以贾起家，四十年来，日蕃滋。其诸父辈皆以货殖雄于乡，而渐侈，子弟或事游荡，遂稍稍有落其家者。郑郎父最以谨厚称，只一子，以岁庚戌求婚于先本生王父司马公。司马公率予至其家亲相婿，时郑郎髫也。司马公喜其厚重，即许字。今婿能行亲迎，而司马公弃养五年，不及见也。”十七日云：“料理长妹三朝礼物。”十八日云：

> 以鸡、鹅、鱼、豚、脯腶、榛、栗、枣、胡桃、荔枝、龙眼、莲、芡、梨、柿、橘、柚、酥、侬糗、饵粉、瓷粔、籹糖、蜜之属共六十四榼，簪珥、银钏、巾饰、衫裙、铅粉之给婢媪者共四箱，鞋袜杂佩之贽舅姑者共四箧，又奉以衾枕铺褥一副，为长妹做三朝。郑宅犒钱八千文。吾乡嫁女，以奢相尚，为天下最；〔上〕自服饰器皿，下及刀匕箕鬣，无一不具，而费之无用者复不訾。余家素清俭，比又中落，凡来我家作妇者嫁具皆不盈一车，而长妹此行，又不能不稍随婿家为转移。昔贤云嫁女必须胜吾家者，然降及后世，悉索敝赋，职是为厉，其亦善为女谋而不知自谋者耶！乃笑牵羊买犬家，正宜收乌珰十事，讲田夫礼耳。

十二月初十日云：“为次妹陈设嫁具。未能绝秦，又兴诅楚，牺牲玉帛，待于两境，真悉索敝赋矣。夜写奁目。”十一日云：“张氏来迎奁，并致犒钱二十千文。”十八日云：“上午祭祖，为次妹行教妇礼。妹今年十八矣，小弱初胜冠帔也。……上马坊张氏以彩舆来迎，从人三十六人，奠雁，番钱三十二元。……夜治酒六筵赐张从人。二更后偕莲士、柏塍伯、楚材弟及傔从鼓吹三十六人送妹上车去，三更抵张宅，遣客一张姓、一王姓来迎。丑刻观花烛。新郎年十四，长与妹等也。寅刻张氏设宴，亲家翁张钝甫上舍行安席礼。”二十日云：“为次妹点检做三朝礼物，一切视长妹稍差。”二十一日云：“遣价十四人至张氏做三朝。”翌年丁巳八月初九日云：“是日遣人至次妹家送中秋节物：鸡一双回，鹅一双回，鱼一双，豚五斤八两，大月饼四百九十枚，小月饼二斤十两，水晶月饼二百六十枚，细沙月饼五斤八两，素月饼二斤，西洋蛋团四斤，水桃酥二斤，卷酥二斤，藕十九斤，梨十斤，绿柿十一斤，朱柿二斤余，石榴三斤，蒲桃一斤。”十一日云：“长妹返婿家，以舟送之，并中秋节物：双鸡回，双鹅回，双鱼，豚五斤，大月饼五百廿枚，小月饼三斤，水晶月饼三百枚，细沙月饼四斤，西洋蛋团三斤，蛋饼一斤半，桂花饧球一斤半，象鼻酥三斤半，水桃酥二斤，砂仁糕一斤，绿柿十四斤（每斤钱十六），朱柿三斤半（每斤钱十七），石榴二斤（每斤钱二十），梨十二斤（每斤钱三十六），梅梨四斤（每斤钱三十七），藕廿三斤（每斤钱二十）。”九月初一日云：

> “盗不入五女门”，自古已然。越俗往往以嫁女破家，张文恭《万历郡志》备言之。余家世尤甚，虽明知为陋俗而不能革，又相攸唯择富而家食者，故自殿纂公来，历六世百余房，无佳婿，颇不惜以素族爱息事卖绢牙郎，既门户不相当，而诛索尤甚，于是倾资餍之，月有问，节有馈，岁有献，以及生子，将临蓐，则先作衣服褓褓并裹粽以遗之，曰解胞，粽曰解胞粽。

至三日，则具榛、栗、鸭子以遗之，曰洗儿。至弥月，则更制衣服，绣襦袍，刻镂金绮冠饰以百十数，及瑶环瑜珥以遗之，曰满月。及周岁，则更大其冠若衣，又益以靴带诸絺绣之物，曰得周。而自解胞后，凡产母之一饮一食，曰问之母家，傅婢乳妪之赏赐及收生妪之犒物，曰母〔家〕。弥月周晬祀神之牲之醴之烛，曰母家。一不具，则诃斥立至，甚至生男至上学则有礼，生女至裹脚则有礼，男女至十岁至二十岁皆有礼，率如前，上者物以千数，次以百，下此者咸鄙夷之，翁媪不复以子妇齿。女家汲汲惟恐后，万不责一报，往往卖田宅典衣物以济事，而其翁媪若婿，则遂以其贫也而仍鄙夷其女，彼此更相笑相叹，而为之者相踵，亦卒无悔者。比转瞬而所谓卖绢郎者，粥奁物，既，粥祖产，既，则亦四壁立；不必荡子也。盖其先既取之不义，所积易败，又家食，自豪侈，性率愚蠢，故遂立尽，而女亦终致寒饿，不得享其富。噫，俗之敝，无逾于此者矣！安得良有司谆谆劝谕，并闻之朝，立严法以禁之，而积习或可少破也。哀哉！余拉杂书此者，固有所感，亦有补世道不少。使人能诵余此文，有不蘧然梦觉洒然汗出者哉？夫睦姻从厚，岂不谓然，而作此无谓，则不可也。况旧姻新特，致慨风人，诚能从余言而节损以为惠，则姻谊可久，裁新以厚旧，则薄俗可联，今翁婿以贿成，舅甥等行路，而内外兄弟不可问矣。……

初三日云："遣婢仆以角黍二千枚，绣衣文葆两箱，并鲞脯、凫、豚、鸭卵、龙眼、胡桃、枣子之属及六母鸡，问遗长妹。妹之翁郑六犒我钱一千文。"初四日云："长妹产一女，赏郑仆来告者钱一千。"初六日云："遣婢仆以鸭卵四百及榛、栗、枣、豆、莲子、龙眼、胡桃、松子、杶子之属为长妹洗儿。"十月朔云："料理长妹女儿弥月礼物：金冠、珠冠、绣冠共十二顶，绣衣两箱，花袍花衫四簏。"初二日云："是日遣人至郑氏妹家送礼，副以鸡、鹅、鱼、豚、烛、炮等物。郑六先具柬来请酒，还之。"十一月初三日云："次妹返婿家，以舟从送之，并冬至节物：饨馄两木筐，橘一筐，石榴一筐，鸭、豚及食物杂果共八蛮榼。"十二月十四日云："是日遣人至次妹家送年礼，并解胞之馈，一切视长妹。"翌年戊午正月十三日云："张氏妹生子来告。"十五日云："遣仆婢辈至张氏，为次妹洗儿，送画卵六百，榛果之属称是。"五月初三日云："分遣仆婢以角黍食物牲果之属遗两妹。"九月初四日云："长妹所生女周晬，送礼：金绣各样缎鞋十六副，金绣布鞋六副，金绣绸袜十副，布袜八副，绣花各色缎绉、绫罗、纱布衣裳共六十领，绣花裤四事，金绣珠帽两顶，鹅一对，鱼一对，豚五斤，馒头百二十枚，面十斤，烛一对，福纸一方，药爆两封。郑氏犒我钱二千文。"翌年己未正月十三日云："次妹返聓乡，并送容甥周晬盘冠履衣服去。"观《越缦堂日记钞（补）》所载，虽奁具未详，而礼物之烦费，可见其概。陋俗相沿，宜李氏之慨喟。时至今日，或已渐革浇风欤？

（原第 14 卷第 19 期）

二〇　湘绮楼追记

王闿运一代文豪，其子代功为编年谱，称有《湘绮楼文集》二十六卷，外集二卷，而坊间仅有八卷本，晚年之文，均未收入。曾请宁乡梅伯纪君（焯宪）代访，其家与王氏有旧也。近得来书，亦未见此二十八卷本，盖迄未印行，并谓："湘绮故居，在湘潭之云湖桥，适当湘潭、湘乡之孔道，十年前湘乱迭乘，闻其迭遭兵燹，书籍散失殆尽，但以其后嗣无闻，无从问讯。昨阅《湘报》，有关于湘绮楼纪载一则，故家零落，风流歇绝，良可慨叹。兹持剪报附呈，知亦同此怃然。"所剪示者，为刘湜《湘绮楼追记》，其文云：

> 去年十月间从长沙回到我的故乡——湘潭，……偶然想到一回事，值得我几番追忆。记得发蒙读书时，是在湘绮先生故宅，而今足足十年了。那时我才十岁，正是□□□闹得很糟，把湘绮楼前的古树，砍得寸木不留。楼虽先年被水浸坍了，得着树木的陪衬，还留有几许风光，经此之后，只留下一块方形的草坪，给人们徘徊凭吊。
>
> 湘绮楼虽然倒了，但是楼后的两进屋还是如故，

再（每）进间有宽大的丹池，所种的花木都已高出屋外，虽然是旧式房屋，可是空气流通，景致也还幽美。（按：丹池，湘语庭院之大者。）

相隔我家，只一条小小的涟水，不记十月那日里，我独自渡过涟水，向十年未到的旧游之地迈进，一会儿已达到了。可是眼前的一切，都不是我脑海中所想到的景象，屋子破了，墙壁已有裂痕，庭子里的花木和果树也不多留，为的已非旧主了！五年前售与周姓，现教局虽有收回公产重修湘绮楼之提议，究没有成为事实，恐终于是个意见。

……在湘绮楼前，触景生情，增加我无限感慨，曾有诗一首云："湖江口北云峰麓，远树空濛暗幽谷。松老参天欲化龙，胡为鸟声鸣剥啄！荒村寥落少人行，但见歌吟樵与牧。攀跻幽径过山塘（山塘即楼址地名），十年重到湘绮屋。升阶笑问应门童，云言我是周人仆。园林寂寞惊萧然，三五昏鸦噪寒木。人亡物在事全非，感物怀人景触目。从来大梦果依稀，沧桑非是年华速。我今涕泪何潸然，徘徊忍向西风哭。"

凭吊故居，抚今感昔，阅者想同深感喟也。梅君钞示王氏寿其外王父廖荪畡先生（树蘅）七十序，亦晚年之作，在坊本文集之外者，兹移录之：

近世论士必曰热心，而刘岘庄尚书独自号冷稳，若冰炭之不相合也。非热不足以济人，非冷不足以应世。士君子怀才抱道，要必有发见之时，乃后不为虚声，不然者，岩谷枯槁而自以为冷，声华喧赫而自以为热，其可嗤也均矣。当东南鼎沸之时，天下波（披）靡，而独有湘乡曾侯倡为求人才分国忧之言，于是左、胡和之，虽走卒下吏，一艺之长，得以自达。闿运弱冠亦与其议论，湖外人才搜访遍矣。宁乡近邑，廖氏名族，有荪畡先生者，与刘克庵兄弟游，称名诸生，竟寂然不相闻。其后湘军愈昌，诸将分旄，而周提督得称大将，专阃固原，乃始礼接之，邀游列营，历览关原，赋诗而还。陈巡抚故宦湘中，颇与唱酬，名声乃稍稍闻于省城。未几而海外耀兵，疆臣失职，征调惶扰。陈君自鄂臬调藩畿辅，江湖波荡，而先生拿扁舟越重湖，游虎丘而还，其于世盖翛然矣，可谓冷矣。俄而陈君抚湘，康、梁得志，亟用热心之言，举国若狂。湘人被知用者皆旋踵放弃，独常宁矿利大效，海外腾书以为巨厂；部尚书移文湘抚称廖氏私产，即先生为陈抚所开辟也。方其受事时，与巡抚约，一不得掣肘，荐一人，授一策，即请退矣，故其举事皆自经画，以成此伟绩。无尺寸之柄，而御数千万人，外排众议，内检罅漏，为湖南所恃以立国，陈抚所赖以雪谤。身杂丁役之间，躬畚锸之事，食不兼味，居不重幕，亦哑然自笑，不自知其何所求也。人之目之者，皆以拥厚资，握全权，一语不合，则以求去要必胜，省局尝欲驾驭之，排挤之，而卒不能。徐视其容色，听其言论，若不知有开矿之利，而遑恤人言乎？闿运长先生八岁，相见时年逾六十矣，未暇问其设施，但观其诗文春容高华，无寒俭之音，不与冷官相称。未几，果以学官改部司，主省局，天下言矿政者交推之，而亦垂垂老矣。今年正满七十，同事诸君皆欲称觞致词，而以予知先生最深，属为文张之。予以为先生性冷而心热，蓄道德能文章，而不见用，偶见之于纤小之事，已冠当时，名海内；使其柄大政，课功效，必能扩充之无疑也。士无所挟持，诚虚生耳，虽膺高爵，享厚禄何益？先生家固小康，以勤俭治之，男妇各有所职，六丈夫子，俱有才能，恂恂雍雍，门庭儒雅，尤予所叹羡。尝戏语之云："君毋自夸能教，此福非他人所及也。生平得接贤人君子众矣，先生得天独厚，而不自表襮，特假矿以发之。今七十既老，当古人致政之年，宜及斯时谢事闲居，饮酒赋诗，传子课孙，以福泽长曾元，而何汲汲远游，避客遁世之为？"先生笑曰："吾前者西征东游，子未闻一言，今独欲吾具衣冠，延贺客，仆仆亟拜，以为子酒肉计，子言谬也。姑待吾归而论之。"然闿运窃自喜相见晚，而相知深，吾文果足用也，遂书以为寿。

廖氏尝居其同里提督周达武幕府，序所谓周提督也。（达武《武军纪略》一书，自述蜀黔战事，文字甚工，即廖氏代撰。）王氏为不赞成戊戌新政者，故于陈宝箴有不满之词。廖氏《珠泉草庐文录》，弁以王氏所为序，同为坊本王集所无，并录于下：

珠泉草庐诗文，余皆得而读之。诗裔皇中宫音，尝决其非乡曲穷愁文士。文因小见大，务为有用之作，不甚雕绘，颇取韩退之"气盛言宜"之说，沛然而来，忽然而止，于今所谓古文家者，皆有合焉。余之得奉教也，由陈右铭。右铭罢官旅湘，为余亟称廖君能文词；及其抚湘，乃倚以主矿政。余窃意文人不耐杂，不虞君之肯为用也。既而右铭罢去，矿利大兴，海内皆推廖君所主为第一，直省无敢比者，无有称其文诗者矣。独张子虞、柯凤笙前后督湘学，稍知其能诗。余虽勉与君唱和，于古文义法未之窥也。昔归熙甫论王元美，以为庸妄巨子，余之不见屏而猥承相与论文，岂非幸与？退之非薄六朝，余不敢擅论八家，盖人各有能有不能，而余之论君文，曾不敢谓当君意也。丙午小寒日，王闿运题。

又有阎镇珩所为序云：

前明茅氏八家之选，议者或疑其未公，近世益之为十家，然李之学优于孙，而其才实非子厚匹也。明嘉隆诸子，貌为秦汉，当时已不厌人心，惟震川自比介甫、子固，至今犹师法之不已，然未有齿及王、李者，盖文章贵真不贵伪，王、李之效秦汉，伪也；震川之为八家，真也。惟真则可久，其伪者特蜉蝣之旦暮而已。与震川同时有摹效史迁者，震川为文讥之，比于东里效西施之颦。夫人才之高下不同，古今之时变亦异，必欲舍我而效人，如邯郸学步，直匍匐而归耳。善夫曹子桓之言曰："文章者，人之精神，形躯有时而敝，精神终古不泯。"学者诚知文章为吾之精神，则必实道其胸中之所得，使真气沛然，不可抑遏，如是虽欲无久于世得乎？廖君荪畡，积其所为文成一巨册，间使人走遗予，且俾商论。予读之，真气充溢，绝不为俗儒摩拟之习，至其状写景物，尤出之以自然。廖君其深于古者与？然吾闻文章之体莫尚乎简洁而精严，望溪标举"义法"二字，原出于《史记·年表序》，百余年来，人人诵言义法，然为之而能简洁精严者盖亦少矣。姬传之才，不逮八家远甚，惟其善于修饰，工于淘洗，故古光油然，为世所宝重。廖君诚能于此求之，其必有进乎今之所得者矣。丙午小阳月，石门阎镇珩序。

王（阎）氏此序，涉及义法及八家之类，似即针对阎（王）序而发者。　　　　（原第14卷第20期）

二一　廖树蘅与王闿运

廖氏起诸生，为湘中宿儒，学行为一时胜流所引重，工诗文，事功则见诸常宁水口山矿务，绩效大彰，世所艳称。卒于癸亥（民国十二年，寿八十有四）。其次子基棫撰行状所叙有云：

> 岁乙未，义宁陈公宝箴抚湘，明年大兴矿政。先是，陈公备兵辰沅，延府君课其次子三畏，其长子三立与府君尤善，故陈公父子知府君深，遂委办常宁水口山矿务。矿场在万山中，地狭隘，商人开采久，千疮百孔，积潦甚深，交夏至即当停采。府君徬皇筹度，得开明礲一法，将朽壤揭去，开一大口，上哆下敛，使积潦归于一泓，用田家龙骨车戽之，水易尽，然后隧地深入。规画既定，削牍上陈，已报允，讵兴工两月，主省局者悉反前议，谓古今中外无此办法，函牍交驰，百端诮让。府君不为动。……至十月乃获大矿，明礲成效卓著，泰东西人来视矿者，咸……极言土法之善，水口山之名，已喧腾中外矣。戊戌，府君部选宜章训导，巡抚俞公廉三以水口山不能易人，遂调署清泉，兼顾矿场。……会朝廷召试经济特科，俞公及柯督学劭忞各疏举府君名以应，府君以年老辞未赴。岁癸卯，俞公移晋抚，继之者赵公尔巽，初履任，即

> 调府君主省局，水口山委先兄基植接办。先兄悉遵府君成画，前后十六年，都费银一百一十九万两，而加设西法厂实占十之四五焉，获利在六百万两外。府君既入省局，将积弊澈底廓清，常谓治矿如经商，当保官本，图渐进，毋务恢张。在事八年，官商大和，利无旁溢。巡抚岑公春蓂以府君有功湘矿，特奏保举……再疏请，以分部主事得赏三品衔二等商勋。府君办矿虽久，然未经手一钱。当开工时，作文誓山神，有"洗手奉公，勉存朝气。有渝此盟，明神殛之"等语；而言者不察，谓有私财数十万，府君亦勿与辩也。……改革后，幅巾还山，不一与闻世事。……所著书，已刊行者曰《珠泉草庐文录》二卷，《诗钞》四卷，《后集》二卷，《茭源银场录》二卷，《武军纪略》二卷，《祠志续编》三卷；未刊行者《读史录》二卷，《文后集》一卷，杂著一卷，书牍十卷，笔记廿二卷，骈文一卷，《自订年谱》二卷。

可与王氏寿序合看。《茭源银场录》，吾所见惟署卷一之一册，为水口山办矿之公牍，而别有《茭源银场诗录》一册，为咏矿事者，并刊列友好之赠诗，未知是否即以《诗录》作卷二也。廖氏友朋所致书札多通，藏于家，承梅君钞示，颇为眼福。王氏尺牍，每杂诙谐，自成逸调，移录坊本《湘绮楼笺启》之外者，俾与读者同赏焉：

山中消夏，近伏乃凉，未识杖巾优游何处。珠泉银局，心远自清，热客夏畦，城乡同病，亦不以归去为高也。承命撰刘碑，并示大意，遵即序次，并本店自造之文，非汉非唐，似传似论，后世有凥运其人，毁誉正未可料，愿公毋遽灌米汤耳。即求转发刘世兄为幸。专颂道佳，不具。

舍亲得芘，正拟申谢，适承寄函，欣快览之。大作及弟子诸诗词，并经细读，老斫轮不待言矣，两世兄挥洒莫比，尤为胜事，惟词中未留老翁地步，用意偶疏，兹为批出呈鉴。次公送赵诗不及翁作，则地位使然，赵赏不足凭也。应酬诗姑置不论，委和楼诗，潦草塞责，实非极思，因未身到，无可说耳。今年樱桃实少，新笋不生，惟山菌尚佳，嫌同肉价。送春多雨，未得间行，遥想清吟，无任离索之感，专复叩安。附呈五纸，惟望察览幸甚。

十二日上船，十六日始发，十七日还山。踯躅盛开，燕子已来，樱花犹繁于瞿园，惜不得诗人共赏之也。久在城中，心目一朗，俟分秧后，或再入城耳。家谱呈上。来弁求一依止处，想左大人新矿须人，可顺便一嘘植否？敝处冗食者无数，若得大才为之疏通，不减唐子明清查饭数，然八字所招，爱莫能助。昔颜渊箪瓢，而孔子欲为之宰，知贫家乃有余粮，财神无患此矣。到家万事粗足，唯未向高楼一宴，以为缺典。专肃颂安，不具。

两次入城，均不得见，提调之旷官可知，殊不及日日摸雀者善于其职也。闻有煌煌大文，整顿三公司，徒托空言，亦非真混，今日岂尚可庄语耶？有长沙徒弟黄伯仁，初学钱店，颇通书算，求随便驱使，与一碗饭可矣。弟近建议开吃饭学堂，专收桐油罐，此人尚非全无用者，可添修凤楼也。秋清且游华山，冬至还湘，想又回珠泉矣。必须豫备佳酿，不再负约为幸。

前留信，想得见。天雨不止，遂不能出，吴竹庄一肚皮话无从说起也。妻弟蔡叔止，贵县门婿，想闻其名。兹有至戚名条，求量宜即用，统压群班，破除他人情面，作弟情面，其所关情面不少。书此以博一笑，余俟面言。

前闻赏羊，心欲得之，以例却不便索耳。果荷重赐，感悦无似。冬笋六筐，来自嘉平，与公赐时辽远，岂使者之讆言耶？令人又悔失此六筐也。俞举早有成言，作阅名单，天下阔人不少，但少老人耳。得公魁之，使此科生色，不可辞也。石门阎生，似又删去，尊处见折底否？与小儿同科，居然年伯，虽辞免，已辱矣，呵呵。明当相见。适有客在，不具。专谢，并颂台安。

前闻七日不食，舁疾还乡，甚讶，甚念。即欲专力走候，旋得来教，细字谨书，较常倍加工整，乃知神明之旺也。所患证候，似是伤寒转疟，乃大幸也。天不欲困财神，勿药自愈矣，亦暗合仲景法也。山中消夏，自是清福，前约相访，正可畅谈，但避暑宜在河房，故将东下，俟初秋送爽，相见珠泉。闻新起一楼，定胜湘绮，恐有金银气耳。炉瓶拜赐，然窃有一说，以公本非匠家，托人置祭器，未宜把式，工价犒赏，乞即示价，仍当送上，再请饬匠作一副小者，为弟专祠之用，则可曰廖先生之所赐耳。本欲遣人来调节，因佣工已升碓房老板，无人知府第所在处，今特令园丁问路前来，若不迷方，一日可至，否则须多一日耳。三儿昨俱在乡过节，行期已定十一，归期约在初伏。陈伯平前辈闻病重，想可不到苏州也。

昨遣足递笺，由省转达，伻来知尚未入览，而鸥鸦盈笼，冬鹜山旁，复得佳产。即共温泉之浴，必有补髓之功，来示乃欲取肥如某中丞之论鸽，恐家凫将随鹅去俱矣。去岁所馈，在舍复生二子，不知何人盗去，并母失之。谚曰：母鸡公鸭，佐食须得雄者，然不必温泉种也。今此八凫，不知几雄几雌，赐生必畜，虽公来不敢烹耳。幐以多珍，盘餐增色矣。学堂岌岌不保，惟存古尚可支持。久当往衡，缘女病六痊，窃比袁绍。承示少俟，谨迟高轩。唐碑知已重竖，拓本尚未细审，然心愿满矣。亦他日故事，可入县志者。尊使为家佣所留，必欲报蛭席之赏，恐累其暗行十里耳。呵呵。

会试人京城呼为煤炭客，以其不谙事也。新法煤亦成，矿政又成大宗，犹瞿、张之发达矣。先生送煤并运，而阊运较贤于亨大利，则矿人之利溥矣。明年辞事，尚须为我再济，期之春水生也。送上十七饼银，不足无补，多即犒押船者。并前诗一纸，直幅一张，联则未逢暇时，俟后呈上。敬颂道安。

今日始将联纸涂鸦，尚未署款，即复承润笔鱼鲜来箕之惠，益自恧也。君豫撰著丛残，须就篦搜之。既不识其子弟，其兄又与文人隔绝，恐不可得矣。如不问诗，不待应昆之诿讹也。省城有为鬼国辟天街之说，盖玉池所早料者，弟已为佻巧之刘琨耶？此谢，即颂晚安。

知公先我而来，又后我而到，行踪轻简，宜其胜湘潭人也。但送炭是其专责，况正当雪中，今遣船来，未知可自往松柏耶？抑又出尊厨余积耶？乞示为幸。明午当见，先此恭颂道安。

（原第14卷第21期）

凉雨潇潇，归帆好发，水涸沙行，舟轿并困，故不诣送，亦以相见在即也。诗卷呈鉴，白马巷裱店所裱，物换星移，已不可追矣。公视今胜昔耶？昔胜今耶？泰山一篇，乃压卷之作，彼时所未有，故跋语自负，非谓书佳也。即颂夕安，不宣。（炭以大惠，当领繁劳，少得为佳，所谓少许胜人多许。又谢。）

二十六日请客，故言二十七日断炊，其实早买零煤矣。分送则不必，反劳费也。不通卷又来四百余，本系辞馆，先已出题，不能不看，斯文扫地矣。特科之生谣言，盖考生先发制人。报纸之为害如此，经济先生何以救之？

积雨新晴，方欲待路干诣谈，已复雨矣，今年恐不能步也。前承代运石炭，久不问价，买卖固无不取钱之理，苜蓿亦非送炭之官，今送上二十元，多即见还，少则更索，以示光明磊落之概，无染山阴习气也。呵呵。

六日从游，勤款周至，虽宾礼太过，而心赏俱欣，陶李当年，知未能及，但游记不易作耳。节日还家，满堂全福。闾运计程稍远，方羡遄归，及至朝家亭，偶见旗亭有敝县告示，询知已入本都界首，遂得捷径，由银田驰还，甫及初更，遂行百里，舁夫饥渴，曾不告劳，教练之有素也。又不肯暂留，未能酬之，归美主君，专此致谢，并叩同福，余续不宣。

消夏山中，相去七舍，以触热不宜过从，致阻欢会。屡欲遣人问讯，因循逾月，想北窗高卧，绕膝孙曾，比块居者犹有福缘，况尘中人，敢希清凉？兹因俗事奉扰高贤，来信并呈，当蒙照准。此事久不提及，昨藩司行札到县，始得消息，云只须贵局取销，便可请抚台批了，是否无碍，希即示知，以便回报周生也。周本躬叩，弟为公损轿夫饭，令其去矣。新作食瓜诗呈鉴。知公不尝生冷，聊付两蒂，以诒细君，并附茶奁，用作秋供。顺颂道安，不具。

正初还山，得游尘外，龙狮灯火，犹见承平，咫尺桃源，方成独乐，想耳闻教士，目见金山，傲世居卑，别有寄托，偃苏兴孔，送考收租，又一快也。闿运乡居一旬，稍理笔砚，拟呈尊太公墓碑，畲称美之志，虽不合八家法门，于汉格已为详切，幸斟酌之。两月期满，督部又必有鸿文，科举更张，教官必有山长，闿运引退，盖以辟贤，不知矿能世守否？堆金润笔，企予望之。

正月闻高升总局，初不为婵娟思归之说，以为不还衡而遥揽耳。三月间以贵县南轩祭田事又寄一书，昨到省乃知仍吾同学也。得赐函，荷承奖谢，不以为浅弱而加美词焉。水陆之珍，山家顿富，邻里皆知，仁孝之厚宠也，敢不拜嘉？园梅正熟，妇女压糖，忽得蔗冰，尤为适用，一家欢笑，以为得文章之力也，过百朋矣。承示并欲书本上石，闿运但习挂帐记名之书，殊不能佳。敝同事有黄觐虞，徐叔鸿亦不恶劣，公直患转折耳，俟再至长沙代谋之。时局殊无定，中外骑虎，群儿皇惑，不值静者一觑，然以矮檐下竟牵率忧天，公私俱无旦夕策，况长计乎？此时尚何颜拥皋比？仁兄居官当差，旅进旅退，反裕如也。拙著乃群弟子敛钱本经，捐俸适中其计，学官正事，则亦可矣。来使早发，奉候午祺，并谢，不尽。

积热得风，休息一日，乐可知也。篆额俟归时令写，字价稍减于兄而犹过其父，不可远致。明当入城，来示当告胡、程，行箧无具耳。新诗一首伴肉，尚乞正削，敬颂夕安。

昨日一跌，几于不起。江督远来问讯，穷料仁兄必闻消息，正欲续报平安，果承专使，发函欣慰，兼拜重赐，并云可作贺仪，则一举两用，信富翁之惜费矣。同进士比于如夫人，乃至贵至珍之品，岂可与老病夫同年而语乎？宜以维多利亚之花，不宜华盛顿之腿。且翰林封篠，唯送西瓜，将俟仲夏，泥首局门，求赏差使，恐新瘥之后，不得登楼耳。碧浪新亭，经省城众议停工，闿运依《湘军志》故事，俯伏服罪。此足发公莞尔。来足早行，灯下作此。

使还奉书，知尚高卧，矿人渐有官气，宜为巡抚所留也。承示上巳行春，将临扫径，山林之乐，非物役者所希。衡席久虚，将于清明节上船，作舟中寒食诗，不能作兰亭集矣。子鸭之馈，不欲使小儿女叨赐，亦求俟他时也。新成祠庙，诸男济济，此福为同侪罕有，惟有企羡。闿运为孤女所累，行止不能自由，去腊今春，吟情顿减，密室畅谈，庶可销夏。遵谕寄书，无任驰系。

别又半年，惭无新养，似闻来雁，云欲飞凫，顷奉手书，知期正岁。猥蒙忆及生日，饰以鸿词，兼媵多珍，捧承惶悚。百朋之赐，前已拜嘉，重贺叠施，谦云助作，虽知贫同于鲍叔，而炫富有类王阳，诚恐下士闻风，争夸五凤，则点金无术，将累老兄，不许原辞，必从隗始，即送考为虚行耳。且谢且笑。闿运以嫁女入城，中丞以次制序赐寿，既为从来未有之典，又当不可称庆之时，叩首固辞，抚藩蔡公既坚不肯，岂洋务亦染华风耶？日本笑人，行将及我，先生闻之，当又莞然。贵提调亦倡率，祭酒甚妒公之先鞭也。在城度岁否，尚未可定。日内颇为烦冗，手肃先谢，迟当续启。

送别后，以为必追逐湘舟，聚谈坡局，乃二十五日女船已到，官绅均不许嫁娶，赵家姊又系未出阁之老女，不租屋主婚。众议留待明春，以省往返，不得比袁本初回籍之例，以此独居空馆，静待岁除，视先生还山围炉，虽儿女满前，究无故山茅栗，以此为负也。将与谭兵备作消寒诗，甫开一社，苦无题目。其前一集为《咏物》四首，俟善写来院，方能钞呈请和。第二集即送袁锦旋之诗，尚未暇作。余寿平亦竟不至。此间又派兵援桂东，军书旁午者连日，想公尚不知也。今年水仙甚少，云系烟客不来之故，此又一题目，诸郎想能知之。专颂岁禧，中外禔福。

七月半遣人到省，闻嫂夫人捐尘上仙，不胜惊怛，以为群纪之交，必当遣赴，迄今逾月，消息渺然，想尊府自依国故，不吊不赴，然无端遥唁，亦非慎审，转展思忖，辄令山庄诸女，探明专使，谨致薄意。城中儿辈，各自营生，无人知此礼也。仁兄老年失助，哀惱可知，但逝者达生，必不以百龄为限，宽怀俯育，以慰诸郎，是所切祷。又闻窀穸已就，家政益繁，衡州之行，想可暂作排遣。遥望杖履，无任悲钦。诸位世兄，同此奉唁。

辞别以来，风声日幻，乃为汤、郭相攻之谣，事不关已，不宜过问也。但恐一旦被劫，致负宿诺，今遣送上嫂夫人志铭初稿，即希改定。节录校略，文笔冗沓，殊不足赞扬盛美，恃有大匠加以绳削，则成章矣。农忙不宜闲游，故未得诣。并颂诸郎侍安，不具。

前得书，懒未作复，在衡又得手书，怪其不嗣音，而不罚其简慢，虽袁公之恩遇，不是过也。蔡锷之徒，何敢异心？昨归即大风雪，以致未能走谢，若再无书，恐筹安诸君，又费猜疑。谨遣使报聘，并约明春花开时为珠泉之游，或有酬咏，未可知也。山居幸无验契房捐之扰，然如先生挥斥多金，而始安眠，究有贫富之分，不敢以此相骄，至燃糠啜粥，则俱翛然，又幸身历三朝而依然富贵，比之胜国诸老为有幸福矣。专此奉复，敬颂遍安，不宣。送灶日。

诸札漫为次第，未能详考其先后。末通当是民国乙卯所作，曰送灶日，已入民国五年矣。（王氏卒于是年旧历九月。）　　　　（原第14卷第22期）

二二　陈宝箴之文才

陈宝箴循吏名臣，在湖南巡抚任，值戊戌政变，坐党案罢斥，未竟其施，世咸惜之。其文学为政事所掩，诗文世罕流传。廖树蘅交宝箴及其长子三立，并尝课其次子三畏（参看第二十一期）。于宝箴《四觉堂诗文》，录有副本。近承梅伯纪君抄示，乃获读之。其目如下：

《四觉草堂文钞》：（一）《疏广论》，（二）《晋谢安淝水战论》，（三）《拟陈夷务疏》，（四）《上江西沈中丞书》，（五）《上曾相国书》，（六）《报江味根书》，（七）《答席廉访书》，（八）《代席廉访与娄军门止移军书》，（九）《与段观察论办教匪书》，（十）《与席砚乡书论贵州兵事》，（十一）《与田鼎臣书》，（十二）《答黄鸿九书》，（十三）《与吴缵先书》，（十四）《答易笏山书》，（十五）《与吴嶰谷书》，（十六）《与恽次山方伯书》，（十七）《与易笏山书》，（十八）《记义宁州牧叶公济英御贼死难事》，（十九）《义宁同仇录序》，（二十）《义宁同仇录书后》，（廿一）《书宜黄令傅君培峰死难事》，（廿二）《送廉访李公归郁林序》，（二十三）《送李直斋去官义宁序》，（廿四）《赠张翁序》，（廿五）《送董小山之官修仁序》，（廿六）《送严雨农南归序》，（廿七）《余母刘孺人六十寿序》，（廿八)《丁节妇传》，(廿九)《祭闵子清文》，(三十)《书周贞女》，(三十一)《书洪山凯旋图后》，(三十二)《书塾侄诗卷》。

《四觉草堂诗钞》：(一)《游永州澹岩柬廷芳太守》，(二)《陟庐山顶旷然有高世之想举酒作歌》，(三)《感事》，(四)《洛阳女儿行》，(五)《易笏山出都将为从军之行作长歌行送之》，(六)《题独坐图》，(七)《赵州道中》，(八)《苏畡学博从常宁矿厂以石山五枚见贻并缀以诗瑰玮雄奇雅与石称率次韵戏酬奉呈粲政》。

三立诗文，俱臻卓诣，蔚为名家，功候之深，思力之精，自尤胜于其父。宝箴非专以文学鸣，然所作轩昂雄骏，亦多可观，其忧国之怀，匡时之略，读之如见其人，性情流露处，则饶悱恻缠绵之致，四觉草堂固宜与散原精舍并传也。(宝箴卒于光绪二十六年庚子六月，闰八月三立所撰行状，有“待刊行世”之语，惟至今尚无刻本。)其《上曾相国书》云：

中堂阁下：宝箴自前年拜谒台端后，遂不及修问，譬之观海者望洋而返，目动神悚，虽终身不忘，而不敢以蠡渊之明，托词于微波，若其他泛常起居之言，机务至烦，又不肯以溷渎聪听，荒简之咎，如何可言！宝箴自皖城游席廉访军中，其间往返归省，在军盖期年，学问荒芜，无毫末进取，每念往者亲承言论，悼人材之衰息，顾谓宝箴，宜与汪瀚辈以气节学谊与乡人相砥砺，以持其弊，归而报膺，寤寐寝兴，如临师保，顾自念梼昧，无所树植，复不能殚精于道义，以取师友之资，四顾茫茫，陨失是惧，崎岖奔走之余，蹉废日月，行自伤也。昨读家书，汪瀚赴中堂召，去家数月，暴病以卒于道，闻之惊怛，悲愤无尽，傥所谓天道，是耶非耶！今年春正月，瀚冒大雪，走百里，访宝箴山中，五日始达，手足冻僵，闭门热炉火，剧谈数昼夜，娓娓不竭。值宝箴得湖北友人书论捻匪事，相与谓得中堂驻淮济间三四年，择沈毅有法度将卒，以重兵扼必走之冲，更得一二贤大吏，助我公宣布朝廷威德，创惩董戒，可使百年以来寇乱根株断矣。瀚又谓："吾受中堂知良厚，不以吾有他才能也。我以终天之恨，志不愿复出取荣显，然中堂苟复有师旅之任，虽万里必趋赴之，聊与均苦耳。"瀚今年授徒邑中，以门人就试，偕至章门，宝箴自家之石城军中，复与邂逅，依依不忍别，欲送之至建昌，遂过宁都，览易堂之遗迹，寻以其子病不果，而宝箴遽去，盖于是遂永诀矣。方是时，瀚体貌如平常，语言意思，蔼然油然，其于师友之情，古今成败废兴之故，绵邈悱恻，若不可以自已，孰谓其遽止于是而已哉？訾（瀚）家无恒产，去年归自皖南，始出薪资买薄田，又以贫戚友之售之也，较常值倍，仅得五六亩，不足以供饘粥，门祚衰薄，鲜兄弟，其孤幼弱，女四人，昏嫁无时，良可悲矣。虽然，人生得一知己，可以死而不恨，瀚以闾里穷士，读书励行，无以自高异，而中堂知之且深，瀚虽死宜无憾；独其生平志行节概可称，为学明大体，有敦笃君子之风，苟身没而名不彰，亦志士之所痛也。其门人辈将为营葬，欲得中堂一言表其墓，而不敢请，宝箴以为瀚实受中堂知，以其惓惓于中堂，知中堂亦惓惓于瀚耳，将毋可乎？若其身后之事，诸孤之教育，则宝箴与二三友朋之责也，顾与瀚游者皆穷士，其力率不足温煦而覆翼之，且奈何耶？义宁山僻之乡，学者罔所师法，自瀚游中堂之门，始稍稍有知向往者，如宝箴即其人也。今瀚又已矣，回绎往者中堂人材之论，愈益愀然。一乡一邑学术废兴之际，果亦有数存乎其间与！临书惶悚，伏维垂鉴。

风义甚笃，性情之文也。方宗诚评云："古谊敦笃，足征性情之厚。"郭嵩焘评云："此文出笔兼学韩、欧，韩之沉郁，欧之昭晰，与题称也。然如两公遒紧处，觉犹有未至。"文中述曾国藩训勖一节，亦非泛然之词。胡思敬《国闻备乘》卷二《陈右铭服膺曾文正》一则云："陈宝箴初以举人谒曾国藩，国藩曰：'江西人素尚节义，今顾颓丧至此，陈子鹤不得辞其责。转移风气，将在公等，其勉图之。'子鹤者，新城陈孚恩也，附肃党，官至尚书，日营求入阁，故国藩及之。宝箴以资浅位卑，愕然莫知所对。国藩字而徐解之曰：'右铭疑吾言乎？人亦贵自立耳，转移之任，不必达而在上也，但汝数君子若罗惺四、许仙屏者，沈潜味道，各存一不求富贵利达之心，一人唱之，百人和之，则风气转矣。'宝箴谨佩不忘，对江西人辄传述其言，且喜且惧，自谓生平未受文正荐达，知己之感倍深于他人。"思敬籍新昌（今宜丰县），亦江西人也。（关于陈孚恩，颇未谛。孚恩早受宣宗知遇，道光朝已官至刑部尚书，以军机大臣与顾命。肃顺则文宗即位后以乾清门侍卫授内阁学士，始渐见柄用也。后虽坐肃顺党获重咎，此狱固难即成允谳耳。）国藩最重转移风气，其道光二十七年丁未所作《原才》云：

> 风俗之厚薄奚自乎？自乎一二人心之所向而已。民之生，庸弱者戢戢皆是也，有一二贤且智者，则众人君之而受命焉。尤智者所君尤众焉。此一二人者之心向义，则众人与之赴义；一二人者之心向利，则众人与之赴利。众人所趋，势之所归，虽有大力莫之敢逆，故曰挠万物者莫疾乎风。风俗之于人之心，始乎微而终乎不可御者也。先王之治天下，使贤者皆当路在势，其风民也皆以义，故道一而俗同。世教既衰，所谓一二人者不尽在位，彼其心之所向，势不能不腾为口说而播为声气，而众人者势不能不听命而蒸为习尚，于是乎徒党蔚起，而一时之人才出焉。有以仁义倡者，其徒党亦死仁义而不顾；有以功利倡者，其徒党亦死功利而不返。水流湿，火就燥，无感不雠，所

从来久矣。今之君子之在势者，辄曰天下无才；彼自尸于高明之地，不克以己之所向转移习俗而陶铸一世之人，而翻谢曰无才，谓之不诬可乎？否也！十室之邑，有好义之士，其智足以移十人者，必能拔十人中之尤者而材之；其智足以移百人者，必能拔百人中之尤者而材之。然则转移习俗而陶铸一世之人，非特处高明之地者然也，凡一命以上，皆与有责焉者也。有国家者得吾说而存之，则将慎择与共天位之人，士大夫得吾说而存之，则将惴惴乎谨其心之所向，恐一不当而坏风俗而贼人才。循是为之，数十年之后万有一收其效者乎，非所逆睹已。

盖转移风气陶铸人才之抱负与所以倡率群伦者，大端具斯，其教宝箴，亦本斯旨。三立所撰宝箴行状有云："府君学宗程朱，兼治永嘉叶氏、姚江王氏说。师友交游，多当代贤杰，最服膺曾文正公及沈文肃公。两公以荼厘事交恶，用府君言得俱解。与郭公嵩焘尤契厚，郭公方言洋务，负海内重谤，独府君推为孤忠闳识，殆无其比。及抚湖南，郭公已前卒，遇设施或牴牾，辄自伤曰：'郭公在，不至是也。'"宝箴诸文，多有嵩焘评识，盖文字上亦引为畏友也。又尝以文请教于国藩。国藩有《复陈右铭太守》书，谓："接到惠书，并附寄大文一册，……大著粗读一过，骏快激昂，有陈同甫、叶水心诸人之风。"更进以法度戒律之说。方宗诚为笃守程朱之学者，其《柏堂师友言行记》卷三云：

“义宁陈右铭太守宝箴，少登贤书，不急求仕进，遍游各帅幕，观天下形势，并阴访天下贤豪长者，以备世用。遇予金陵，谓予曰：‘往者龙阳易笏山观予气盛，谓宜琢磨。予甚感之，但念豪气须以学问琢磨，却不可以阅历琢磨也。’此语极有识。右铭尝以所为文一卷见示，卓荦有奇气。予为删易数处，右铭甚然之。右铭负奇气而能虚心，可敬也。”

（原第 14 卷第 23 期）

二三　咸丰间义宁战守史迹

《记义宁州牧叶公济英御贼死难事》《义宁同仇录序》《义宁同仇录书后》三篇，为关于咸丰军兴义宁战守史迹者。《义宁同仇录序》云：

> 义宁崇山峻岭，形势险要，……比者粤寇弄兵，蔓延两楚，义宁阻江楚之冲，错接楚壤，武昌不守，则江西陆路门户实资管钥焉。当贼踞浔阳时，楚中贼张正，欲取道义宁通浔援，以成水陆狼狈之势，于是州人感奋，始团练。州牧叶公济英用其锋而淬厉之，凡数十战皆捷，贼无敢过义宁一步。方此之时，省会以南数百里，锋镝不惊，田庐无恙，师不劳于外，饷不竭于内，从容谈笑而晏然无南顾之忧，以义宁一州足以扼其吭而拊之背耳。前抚军陈公启迈，不察形势之利宜，无复以义宁为事。咸丰五年，贼自楚悉师来

攻，山城如斗，无蚍蜉蚁子之援，州人死守二十余日而城陷，屠灭尽矣。自是以来，贼渠石达开等由义宁而瑞州，而抚建，而临吉，深为我省数年之害，而义宁之人，死皆不幸有忠烈之名，生者不幸再有克复之绩。呜呼，此可为流涕而长号者也。军兴以来，战凡数十，捐助军需百万，死事士民十数万，始末六年，百折不回，艰难险巇，义宁之民劳且疲矣，义宁之财竭矣，义宁之民之心亦庶几其无罪矣乎！……

龙文彬评："低徊往复，得力龙门。"方宗诚评："文气正厉。"郭嵩焘评："按：咸丰五年，义宁之警，抚军陈公檄吴都司往援，军覆，州城陷，再檄罗忠节公驰剿，一战破之，忠节公遂由通城进规武昌，中兴之业，实肇于义宁一战。其后石达开扰及江西全境，则陈公去位久矣。于此蔽罪陈公，似未为允；文则感慨遥深，抑扬往复，使人味之不尽。"宝箴自记："按：吴都司军抵义宁时，州城已破，团练已解，故一战而殁。当义宁未陷时，贼未犯者两年余，皆为团练击却之故，不能逾义宁而扰及江西全境。方贼围州城，粮道邓公厚甫以州境关系江西门户，力请急援，抚军陈公不许，久而调援，则无及矣。石逆能逾义而扰江境，由于陈公不速调援义宁，其咎似难以去位解也。"

诗亦移录数首，略见风致：

陟庐山顶旷然有高世之想举酒作歌

秋风吹客庐山颠，山上白云垂玉涎[①]。
坳堂杯水覆彭蠡，襟袖拂拂生云烟。
乾坤莽荡不可极，仰视苍苍非正色。
中有仙人来帝旁，驾鹤骖鸾似相识。
招我以翱游，期我奋羽翼。
鸿荒未辟岂有君，十二万年驰瞬息。
人与蚊蝇同仆缘，荣悴何当置胸臆？
左挹香炉峰，右把金芙蓉，五老箕踞何龙钟！
此山仙灵所窟宅，不与七十二君玉捡金泥封。
俯仰撼北极，歌呼动南溟。
鲲鹏鸠莺皆吾群，尧舜事业如浮云。
下山大笑且沉醉，浇我胸中丘壑之嶙峋。

自注：①俯瞰瀑布。

题独坐图

老子其犹龙，唯啬以为宝。
精气弥大千，卷藏在怀抱。
至人贵守独，灵台自洒扫。
元宰天长存，不惜形质槁。
消息感贞元，握之为要道。
譬彼尺素丝，毋为杂绀缫。
孤松产崆峒，勿求颜色好。
览君独坐图，翛然觉深造。
四顾天无垠，清光满炎昊。

洛阳女儿行

洛阳女儿新嫁娘，淡扫蛾眉眉细长。
轻裾薄裳态羞涩，上堂敛衽朝姑嫜。
妯娌顾笑婢耦语，较量新人共谁美。
低眉四顾心黯伤，不是闺中旧时侣。
女儿生小本良家，掌中娇养颜如花。
豪门委禽百不当，亲戚喧传殷丽华。
桃叶蓁蓁春日媚，入门渐渐抛珠翠。
窈窕窗前见小姑，感触心中无限事。
小姑盈盈阿母前，青丝覆额花盈颠。
娇痴不识嫁时事，飞琼绿萼真神仙。
愿得嫦娥不死药，服之轿若鸿鹄飞青天，
一守广寒千万年。

廖基棫评："此诗藉题发自己怀抱，用意较王摩诘诗为尤深，谁谓后人不及前人耶！瞻麓堂主人偶记。"

赵州道中

燕市雄心自未休，酒酣含笑把吴钩。
胡笳吹断边声远，风雪天寒过赵州。

廖氏友朋书札，王闿运诸书前已移录（见第二十一、二两期），兹更录陈宝箴三通如下：

荪晐仁兄先生史席：春杪返自里门，值先慈大事方殷，未获饫聆清教，遂尔扶榇东归。辱荷台从步送江干，谊隆情渥，感篆良深。比惟晋德崇业，日新有功，堂上康和，百祉蕃集，至为颂仰。小儿仰被教泽，闻亦粗有进步，望风铭感，我怀如何！惟失学之人，如久旱之植，生意萧条，必日有以灌溉之，乃有发荣滋长之效，尚乞先生日将四书经史等书与为讲解，即示以作人立志之方。此外古文时文，随时讲解，使义理浸渍，志趣有卓然向上之机，则生意悠然，庶几渐有长进。高识以为何如？去年读大著古今体诗，极为佩服，然鄙意学问须识大头脑，当先立其大者，所望从事圣贤，务为有体有用之学，则所成益大，所诣靡涯矣。刍荛仍乞教鉴，不具。愚弟陈宝箴顿首。

大作藻采缤纷，如闻琼琚玉珮之音，自然合度。七古如《会春园词》诸作，俊丽芊绵，置之樊川集中，几不可辨，近体亦纡徐卓荦，大雅不群，惟五古体格稍逊耳。近读曾文正公杂记，谓作诗须克去徇外为人之见，屡以此痛自绳警，即此可想见公之意量深远，而古人诗教之本源亦不外此，故公之诗词亦皆卓然有以自立。三百篇且姑勿论，即如陶渊明、左太冲、太白、少陵诸人，其性情胸次，学问根柢，真有不可及处，故数千百年后，读其诗者，足以鼓舞悲愉，激扬志气，盖其精神有独至者，故久而不敝也。孔子论诗，可以兴观群怨，事父事君，此岂研揣声容、磨切体势所能至哉？光景易驰，斯道甚大。连日获读诸君子所著文词，各臻研妙，不禁望洋兴叹，有失学之悔，然尤望与同志友生交相敦勉，务厚植其所以立言之本者，斯本末交修所到，愈不可以道里计矣。高识以为何如？

睽教忽已经年，每憩闲园，未尝不企想清谈挥麈梧竹生风时也。顷奉惠书，并观与儿子长幅手翰，词旨隽远，著纸欲飞，读之有凌云之概，想见游心翰墨，抗迹古人，所获多矣，把玩慰喜无量。弟今年奔走风尘中，迄九阅月，光阴坐废，须发半苍，顷复重寻磨辙，终日旋转，不离故步，五十如此，百年可知，仰观骏采，直在百尺楼下矣。辱承奖饰，弥益内愧。家人罗湘，书画均有意致，诚如尊教，已留在寓中；第主人非萧颖士，又不足以资其温饱，终复飞向高梧耳。

相推相期相勉，具征款款之情。论诗特引曾国藩语，亦见对国藩之服膺。其文《书塾侄诗卷》云：

诗言志，志超流俗，诗不求佳，然志高矣。又当俯仰古今，读书尚友，涵养性情，有悠然自得之致，绵渺悱恻，不能自已，然后感于物而有言，言之又足以感人也。后世饰其鞶帨，类多无本之言，故曰“雕虫篆刻，壮夫不为”。然即以诗论，亦必浸淫坟籍，含英咀华，以相输灌，探源汉魏，涉猎唐宋人，于作者骨格神韵具有心得，然后执笔为之，不见陋于大雅之林矣。今侄且无肆力于诗，且先肆力于学，以侄之聪明才能，摆脱一切流俗之见，高著眼孔，拓开心胸，日与古人为徒，即以古人自待，毋自菲薄，毋或怠荒，他日德业事功，皆当卓有成就，以此发为诗文，如万斛泉源，不择地而涌矣。况不必以调章小道与专门名家者争优劣耶？子夏曰："虽小道必有可观者焉，致远恐泥。"闻侄渐留意于书画笔墨之间，而未知向学，故书此以广所志，勉旃，勉旃！

亦可同览。（原第14卷第24期）

二四 陈三立致廖树蘅手札

陈宝箴、王闿运致廖树蘅手札，经录飨读者。（见第二十一、二、四各期。）陈三立诸札，尤亲切而意致深长，兹亦移录（其时期之先后，大致臆揆而排比之）如次：

荪畡仁兄我师足下：旧岁春暮，于永之愚园，得奉惠书，并留别七言二首，词旨之婉挚，声情之绵邈，而我两人数年来性情学业踪迹，莫不一一综括其中，读之旷乎其若思，茫乎其若迷，悄然怒然，不知其何以一往而深也。嗟乎！人之相知，贵相知心，夫岂声容文貌之为哉？是以自君别后，益无聊奈，大有海宇苍凉之感，此其故，盖亦可以思矣。大诗浑雅之中复有雄直之气行乎其间，大似苏、黄。每思次答奉寄，稍摅鄙怀；而永、衡归舟，遂以无诗。抵家后人事牵迫，除夕前数日始由永州抵湘，今岁更为帖括所溷，以故不复成句，殊歉也。无誉凶耗，正月下旬已得宁〈宁〉夏喻太守书及所寄讣函，闻之怛悼伤怀，雪涕无已。以无誉之才之学而止于此，岂非天哉！岂非天哉！幸其业粗有所就，庶可托于无穷，然无誉憔悴坎坷，未一展施其志，因亦不能终竟其事于文术，乃年未衰老，而以饥躯客死于万里穷边之乡。呜呼，此古今志士之所为仰天而悲也！昔人有言，诗人多穷而多夭，是耶非耶！而三立所为疚心者，所代为校刊诗篇，以字画讹舛，展转迁延，未能早日告成，使无誉以一见为快，而不虞无誉之遽止于斯也。悲夫，悲夫！用是历日以来，更为重校遗篇，而再芟其可不必存者凡百数十首，务令尽去疵累以归精纯。其校刊之役，近已觅东墅太守馆师吴君萱阶代为料理。此君温实通雅，尤精训诂校雠之学，将来工竣，必有可观。其稍得尽心于死友者，如是而已。承示恤孤之举，此朋友之责也，尔时当徐图所以报之。从者游息园林，真趣洋溢，吟咏必多。顷者更奉教言，始悉复有客游之事。此行如果可遂，务乞假道会垣，为闲园数日之聚，一祓此抑塞磊落之怀，盼甚盼甚，慎毋金玉尔音也。家君已于日前还里，约以三月中领咨北上。拙作诗文，为近所得者，屡欲奉写尘览，因无便足，辄用中止。兹特附呈，祈教正所不及焉。匆匆布复，所怀万端，不尽百一。愚弟陈三立顿首。

前月奉惠书，懒未即答，日间朱君至，复承寄示，敬承动止嘉娱，颂仰无已。拙文数首，谬荷崇奖非分，徒滋愧仄。赠杜秀才序，首段过于繁冗，诚如高论，然此文前后皆属凑衍成篇，诚不仅“友也者”三语而止也。大诗绵芊都雅，风格在元遗山、高青邱之间。其颇有率意处，足下但再三苦吟，仆知其必有合矣。《隆山人诗稿》日内可告成功，惟山人自宁夏寄家君七律四首，敝处又将原函失去，今欲以此诗补续卷尾，无从据录。忆从者当钞有底稿于日录，如此稿尚未失落，即乞于一二日内惠录原诗，迅速递寄，便付手民，至为跂祷。三立年来已绝虑百家，殚心一艺，然制举文究只作得十数篇，甚矣趋时合变之学之难也！先生文兴当有佳胜，愿暂无以吟咏易之，其可乎？近日时局略有更变，想早知闻。敝乡李雨翁以明洋务起家，号为干练，其莅节湖湘，或总署以上年有洋人交涉之故耶？然此君当必能以综核之术一变混沌之风也。蓬洲大令，果毅有为，诸吏中罕其伦比，而以治益阳，尤当乱国任重典之义，教化整齐，良有厚望。足下通才远识，委蛇其间，倘果可补阙拾遗，亦似不必过为出位之思。昔人有言，一命之士，苟存心于利物，于人必有济，君子之自待待人，诚有非流俗所能识也。三立归试，拟在六月初旬；家君还辙，亦在秋节前后。实君数次寄书，必问讯足下，顷又奉台从一书及二语合篇四本，今送上，乞登存之。又隆山人诗刻，邮寄较难，如贵居停胥役有来城者，即属其至闲园取上，庶为妥便。烈日炎风，挥汗如雨，喋喋布达，不尽所怀，伏维裁察。

闲园小叙，顿有琴樽之乐，更多沧桑之感，惜文驾匆匆别去，尚不能罄此积抱也。日前奉手书，敬悉敬悉。三立归试，即在数日内矣。文章不要平仄，或能与贵乡举人后先辉映，亦难豫知。然愿从者亦不必过于谦抑，他日富贵逼人，恐无解于满口"同年"到处"老师"也。呵呵。隆诗已刻就，拟以三十部留伫闲园，敬似台从携取。元穆已早到，甚盼惠临，隆诗均已分饷（飨）之矣。家伯宿病将近全瘳，家君日内亦可出都，附慰拳注。杨芷生屡以饥躯乞援，近益窘急。三立深哀其穷，而无能为力，徒为之怅惘而已。顷私念益阳公局势颇宽大，又能书法，与芷生略相类，不识能以阶前盈尺地位置寒儒否？此盖鄙人尧舜博施之心，抑亦措大无聊之思也。先生以为何如？

违别以来，复更寒暑，天时人事，互有歧异，鸡鸣月夕，鸟语花晨，每怀良友，劳思如何！三立自罢试南旋，残冬时始抵湘寓，尘状碌碌，一无可叙述，故虽两奉笺教，勉欲裁答，而所思万端，每一把笔，辄觉无从说起，盖非徒疏懒之病而已。近晤朴堂观察，知足下今岁一意治经，而以读《论语》为主，严立课程，以期自得，闻之忻企感愧，盍可喻言？念三立与足下，资质性情，盖皆颇异流俗，只以不能实用其力，故无以自拔于汶浊之中。岁月如流，相见数回，便成老大，牛山之泪，其可胜洒邪！三立日来心气尤觉日即昏愚，不解何故，拟不久附入校经堂内读书，看以习静为致力之方可能有益此身否？又校经堂肄业相识者为成赞钧、何璞元、袁绶瑜、朱恢元、杜云秋、陈伯涛、胡子威、王吉来、王麓波凡九人，亦甚可收切磋之益也。现在用功，于经拟先治《礼记注疏》，于史拟先治《通鉴辑览》，而以立乎其大达于世用为本。至于词章考据，虽不汲汲，亦姑不舍置焉。先生将何以教之？俄夷之事，海内疑愤，主和主战，皆无把握，盖廷臣泄沓于内，疆臣颟顸于外，万事堕坏，无可措手。时局至此，可胜痛哭！足下为有心人，倘亦发愤无聊形之歌咏者，盍寄我令一击碎唾壶耶？《隆山人节略》收到，当勉为撰述，用报故人。其令宗廖君者，朴老亦曾言之，惟今日天下正英雄坐困之时，恐终无由令寒士欢颜耳。杨芷生穷饿已极，百出气力，莫能援手，拟为图一暂局，藉活目前。然四顾萧条，无能冀其一盼者。惟念益阳县试，定在春间，假阅卷之名，获半菽之惠，质诸贤主人，尚无不可，且已托朴老言之，是芷生之企祷无已者也。又，前年衡山僧所托募缘一事，顷默庵等均已来省，谓工已粗竣，催取颇殷，忆足下言于乡间已捐得二三十金者，并乞寄交，以了此案。三立则更不能乞与一钱，此亦彼教之所不能责望也。敝家粗适如恒，家尊于前日往衡州勾当公事，听鼓逐队，了无好怀，知注，并闻。暗窗尘几，拉杂言之，淡墨枯毫，不复成字。惟珍重，不尽千一。

读大著《论时事书》，识议通伟，生气勃勃纸上，自是先生本色文字。其言铁路无益一节，与仆去年之意相合，而与今年之见相违，至其所以相合相违之故，仆不能言之也，想先生亦不能解其不能言之也。无誉哀词，笔致凄澹，惟中叙家君缘由累半纸，而后忽接以江西陈伯严等字，未免突兀可笑。凡先生粗率之处，大都类此，此三立与元穆于所托之事所由疑而不敢放心也。其可无详询确访以补前过乎？所论《隆山人传》二节及姜君所云云者，均为老成之见，大与狂生殊异，请先生即执笔删润之。第上书左公一节，纵有不实，终觉无妨。盖作文者仆也，于隆氏无一所与，即令左公见之，亦当一笑，乌有累朝元老而肯与少年秀才较量者耶？郎君诗句，似瓣香无誉，直欲摩乃翁之垒，他日掩君诗名者，必此少年，可严防之！此间风景都非，家公为政，粗称平善，所可喜者，所兴水利约可溉田六百顷，余则多非巡道之所得为已。近况何似？朴堂观察无恙乎？急盼惠音。顺颂侍奉万福。

(原第 14 卷第 25 期)

别又数日，想见抄胥之苦。刘果敏碑文，顷筠老已交来，舍弟与云秋等所拟议，似不尽然，一笑。此稿请即寄省卿太守，如有眷口尚未行，并可以此寄朴公，并乞先生致朴公一书，为述鄙意，便不加函作郑板桥字也。上巳碧浪湖修禊，会者数十人，君不可不一作鲫鱼。午刻必到，朓甫如回，亦望邀之。此颂箸安，并候回札。

前奉惠书，兼辱赐山谷老人所书朱拓，时正以洋鬼子入城事闹得天昏地暗，不及裁复。昨又承教，宜若可稍稍披露所怀，用塞天末故人无穷之思矣。而孙黄求矿，匆匆告别，复不能较张胖子洋洋洒洒，下笔千言，殊自愧也。大诗别纸录还，杜老所谓“得失寸心知”者，盖天良不昧之说，公于此矿取盈三百万金后，方悟鄙人非引诱良家子弟耳。掘矿之款，打老虎之枪，均由局一律筹寄。李广文者，为之神往，何不闻公早言及，亦岂新交耶？贱子不日有鄂、沪之游，惟万不敢与张胖子同舟，合并声明。

前解洋二万元，想荷察存。日前李司事至，复承书教，并悉近状，至以为慰。买米一节，已经总局办就，仍令李司事押回，一切可验文照收。惟全州之米，家君言，已准桂抚来咨，不便出境，盖粤西亦有偏灾之故耳。似此则全州采米之举，已有难行，嗣后宜于何处购取，高明必能筹及也。惠示明黹之法，足征苦心孤诣，惟此间闻者咸以为疑，殆谓五金之矿与石炭有别，且中外皆少此显豁呈露之办法，老人亦遂不能遥断。窃念公家之事，不厌求详，辨难讨寻，其理益出，如公等之雅量高致，有定力而无成见，则可深知而笃信者也。百吉坳矿已定委黄修原及祁阳之欧绅主办。修原须节后偕矿师卜定，请以此转告仙太守知之。其所荐陈、赵二生，即暂存备用，或无不可。修原之徘徊，誉者谓为老谋深算，毁者谓为老奸积猾，先生以为何如？机器已托人在沪采购，惟矿师尚无至者，颇深焦灼。余容续布。敬叩节禧，不具。

腊中奉椾教，以专卒急返，未及裁答，方以为歉。新诗鲜秀名贵，不独无豆腐气，亦无矿苗气，退之所谓“天葩吐奇芬”，庶为得之。具此好怀抱，不禁且羡且慕也。顷又得书，则专言矿事而无诗，明瀧主人竟获此奇效，以张湘矿之先声，而关言者之口，何快如之！然诸闻之者多不以为经济过人，而以为福气出众，闻之代为不平。执事聆之，亦当大笑亿千场矣。尊厂去松柏市不过十里，家公还节时自当往视，但只在尊局一便饭，千万及龙大令，不必供张，致开此端，滋流弊。上年出巡，沿途皆不用燕菜，不用新绣花铺垫，无不照办。龙大令盛意虽殷殷，家公请代为转致，毋稍过费，以符儒素之风也。匆匆奉复，敬颂勋安。

别来又已几载，沧桑之变既已至此，复骤值先公大故，通天之罪，万死何辞！独幸东南粗安，于去冬得毕葬事，差足慰故人之悬悬也。先公既万世不视，而在湘孤怀苦志，即厚爱如先生，亦有未能深知者，俟是非粗明，谣诼渐定，乃敢出而示人，想公亦以为然也。先生所治之矿仍极盛，功绩如此，处约如此，乃荷降赙有加，感泣何已！世变未已，何时可图相见？人便草布谢忱，兼颂眠食百福。

一昨奉到由长沙寄书，藉稔逸兴豪情，依依如昔，仰慰无任。大著重付精刻，急欲先睹；交邮局附寄二三册，不过费数十百钱耳，教官虽贫苦，亦何必吝此区区，俾吾望眼欲穿哉？下走岁时偶托吟咏，未死余生，聊以遣日，复安知昔有甫白，今有税鼎着，然评论至公，卒无以易也。至高怀挚情，辄引吾乡穆堂翁之言，非三十年素心老友不能及此，但颇怪公何所见闻而云然？岂有长沮竟不知桀溺，巢父反致疑许由者耶？独家与国相关、身与群同祸之故，实不无幽愤悲哀颠倒展转于其心。旁观者或据为热中之根株伏于隐微，遂推为诛心之论，则走固有不得而辞矣。证之贤达，其谓我何？江南为腥膻征逐之场，亦为云水栖游之地，见仁见智，各从其适。阁下既戴尧天文入羿彀，学租不逋，矿砂不竭，终难自拔，要自有一倚门斗，一付子弟之良法。我辈皆已为五六十人，此生能几相见，虽有巧历，未许逆料，安可命驾逶迟，不来话六朝烟水耶？嗟乎，嗟乎！公本招隐之旨，走语好游之方，孟子之嚣嚣，庄生之相视，亦道真之所存也。复讯吟履，伏维亮鉴。

久不通问，伏承道履胜常，撰著日富，至为跂仰。走以毛布政兄之官肃州，日前抵汉上话别，惜公不及与一温三十年前同游祝融之零梦也。有年家子王咫孙大令，以一官列珂乡。其人学有根底，颇能戛戛独造，因公喜得端士，宏奖风雅，故特介绍，乞随时进而教之，知必相得益彰也。匆促草讯近安。

以平生最敬爱之人，至累岁不通音耗，公亦当怜其插足埃壤，非复人境也。今于乡里之役，昔所谓贪嗔痴爱，已变为割断决绝，虽乡人强督，犹谥曰“名誉总理”，然此心既与之划拒，浮云舒卷，亭亭自如，庶可从此稍理故业耳。公之起居，时时旁闻于湘士，道坚而吟兴不辍，极慰跂仰。惟颇传去岁有鼓盆之恸，犹未敢遽信浮论，久之似非讹谬，用寄一纸幛，写拳拳，又冀公岁寒朝澈有以自广也。走（定）侨寓江介垂十年，得诗不下七八百篇，亟思就正，有所去取。公傥能于秋爽江清，翩然过我，一抒积愫，何幸如之！世中事不欲相溷，维努力葆卫，不尽百一。

疏懒之习，老而弥甚，未及数通问讯，知我公亦视为固然，不以为怪也。前奉惠书暨名父子唱酬之什，洒然如挹珠泉，湔涤肠胃，赵提学犹嫌有教育家气也。秋深鞠黄，想吟兴当益搴举。所惓惓不忘者，公能偕湘绮老人一来观江南风物否耳？今冬为公七十生日，义当献鄙词为寿，惟方为人佣，益败佳趣，或难急就以应令辰，要决以诗文补祝，博公一笑。下走自侨居白下，约得诗千余篇，好事如郑苏堪者，挺任选政，而吾乡李夏之徒，复抽资付排印，念此举便利，有可慰师友间如公辈之欲阅吾近稿者，亦遂听客之所为。

大抵岁杪可竣工，再寄公评论也。时局愈危，不敢纵及，惟为道珍卫，不宣。

日日思见公，既不获，遂并书问及欲有以娱公之文字亦迄今无以报，颓懒之性，老而益坚，知公必且笑且恨也。湘变粗定，方图善其后，达人阅世，观微观妙，傥有感行造端寓诸吟咏者乎？续集所得，极盼披讽，以证卅载前间圆寂馆共老友挑灯况味也。下走流寓江南十年矣，乡人好事者强取八年来长短句醵资付印，顷已毕，因使寄呈哂教，不吝摘削，尤符夙愿。匆促即颂道履吟福，不具。

日前奉复书，若于拙稿有偏嗜者，此由公气味习惯，遂忘其丑，或出诸面生可疑之人，恐公亦持湘军主义而排洋鬼子矣。兹因恪士之便，仍带呈八部，以备布施。公明岁摆落矿事，尚冀一来游江南。吾辈皆垂垂老矣，以三十余年性命文字之契，不可不再图欢聚快谈，以为五百年后之纪念也。此语并祈告芷荪、顺循诸子为荷。匆颂著安，不具。

易世以来，消息隔绝，近闻山居颐养，撰著日富，无任跂仰。贱子避兵海上，倏阅三载，祸变弥张，地维且裂，愁吟偷息，有不可终日之惧。万劫悠悠，而不免时萦心魂者，惟故交老友如公辈数人耳。颇欲及衰朽未甚，于一二年内与公话旧联咏于湖湘间，第不念天时人事何如耶？梅根行急，略草数行，藉讯起居，惘惘不尽。

情怀若揭，至可诵览。两人交谊之厚，投分之深，亦于此觇其便（梗）概，其间以谐谑处，犹征莫逆。

附识：顷闻散原老人谈及，四觉草堂奏议、诗文集等，右铭先生逝世后，即谋汇刊，会发见诗稿（二三百首）毁于鼠蚀，因而停顿，耿耿至今，兹仍拟刊行，诗集全稿既迄难补齐，当就梅君移录者附入云。

（原第14卷第26期）

二五　廖树蘅办矿

廖树蘅办水口山矿，以开明礲之法收大效，其始省中矿务总局固不谓然，廖氏力争始得行，迨明验已著，中外交称焉（参看第二十一期及第二十期）。兹将廖氏关于主开明礲之公牍二件（附总局批一件）录左，亦水口山矿之重要史料也：

禀抚部院陈并总局言水口山地地势平衍，请开明礲以避水害：窃树蘅于三月二十日将履勘龙王、水口两山大概情形，并拟办水口山矿务事宜，禀明在案。见在夏令已深，应即鸠工开办。查水口山开采利病，得矿非难，戽水为难。礲深至二十丈以外，日夜需用水夫三四百名，自非大旱泉枯，时刻不能停止。抽水之器，截竹为之，俗称孔明车，一抽不盈升勺。前与矿师议及，此山车水之费，暂时只将废𥕢积水车尽，非三四千金不可，即此一项，已属不赀。查矿砂愈深愈好，𥕢路既远，人夫木料灯油之费亦随之而增，又须加开气𥕢，以资宣泄，工费与正𥕢相等。取矿之法，石工用火药轰裂，谓之放炮，然迫于矿𥕢寻尺之地，仅能摧落前左右三方之砂，顶高一层碍难攻错。相传废𥕢尚有遗矿未经取尽，自属应有之义。且开挖二十余丈之𥕢，必经历数月之久。今若拘守成法，不能不照商民所丢二十余丈之废𥕢挖入，以臻稳著，而补苴崩陷，较开新更难。夫以阅时如此之久，耗费如此之多，入地如此之深，而局蹐一𥕢之中，所获仍属有限。凡寻觅矿苗，诇察勤惰，仍不能不仰鼻息于矿夫中所谓工班头者，在已毫无把握，此其所以尤难也。伏想湘属锻灰采煤，向有明𥕢暗𥕢之别：暗𥕢穴地深入，如此间现所办者是也；明𥕢则平地开一大口，宽深十数丈数十丈不等，迤逦斜下，作为坦坡，豁然开通，全无遮蔽。据询本山银铅诸矿，萃在两山适中之地，矿徒之年老者类能言之。今若就历年山民开采之所，开一明𥕢，招集民夫，略用兵法部勒，金鼓以齐其作息，左右以分其出入，复于𥕢之外沿修筑沟道，以防阳水溢入，仿制农家所用之龙骨车，以戽𥕢底积水。每车昼夜用夫四名，更番踏之，计龙骨车一具可抵竹筒车六条之用，向之日役水夫数百名不足者，今以数十人任之有余，凡属暗𥕢积弊，一扫而空。至于开挖土方，树蘅生长乡间，于穿筑塘堰及他水土之役，颇尝究心，大约土方一丈深一尺谓之一井，一井之土，给挖夫工食钱百文，多亦不过百二十文，以方深二十丈牵算，约得土方八万井，需钱九千余串，而上哆下敛，折算只得一半。虽工程浩大，成数难拘，大致不出于此。既开之后，土中砂苗呈露，一轰可落无数石，一日可轰无数回，工费之省，出矿之易，宁止数倍？夫使估算经费，明𥗽不及暗𥗽之多，则暗𥗽优矣，费无差别，暗则利少而害多，明则利多而害少，奚惮而不为也？区区之愚，窃以为可。且查商人开办旧章，就水口山平地入者为母𥗽，左右铜鼓造锡坑里高阜取入者为子𥗽，子𥗽例贴母𥗽车水之费，以母𥗽水尽子𥗽早经涸出故也。若此法办成，将来造坑两处，尚可加开数口。何者？既无水害，成本自轻，开挖尚属易易。当发此议时，此邦之人，亦多疑沮，大致谓土经矿气冲动，最为疏恶，若敞开大口，虑有坍塌；及语以坦坡斜度办法，群情遂尔释然。常人难与虑始，固由故步自封，少见多怪，抑亦易幽深为昭旷，无所容其诡弊，惧因此失其佣作之利；岂知口门大开，诸害悉免，昔之必俟大暑过后始能兴工者，今且日日可开，工作且愈多而愈久乎？连日邀同喻守，则量度数，旁谘博访，勤求办法，拟于五月初八日破土兴工。惟变更成法，浮议易腾，人三成众，慈母投杼，伏求宪台毅然主之于上，俾树蘅得一意从公，不虞牵掣，自当矢竭移山之愚，以图报称。即令明礶难奏大效，将来另于明礶中加开暗礶，短去十余丈之车路，犹为事半功倍。……几经考究，委无流弊。是否如斯，伏祈训示祗遵。

总局批：据禀已悉。该绅于水口山情形，考察既熟，深思博访，创此明礶之法，又与喻守光容筹商，亦称其至善，策其必成，足见询谋佥同。但此法为中外所罕闻，此矿亦与锻灰采煤有别，又舍孔明车简便通行之法而改用龙骨车，本总局未能悬揣。该绅拟开明礶之地，仍系旧礶，抑系别开新礶？以西人礶学之精，讲习历练，尚须钻机乃能深悉，禀中称银砂所聚，何以知之？其别有神术乎！又禀称礶夫所指之处，礶夫系何姓名，果精于礶学否？前委张都司查勘，据称照旧照开挖为妥。今不从矿师所指之口，而遵礶夫所指之处，是礶夫反胜于矿师矣！从此开入，果易见砂，不致虚糜巨款否？该绅既勤求有得而建此议，毅然自任，谅必确有把握，不致亏耗官本，自贻后悔！仰即详明禀复。果能收费省效速之益，本总局乐观厥成也。此缴。

禀总局复陈明礶情形：……窃本月初六日奉宪台札饬："该训导创开明礶，本总局当即详悉批示，又奉抚宪面谕，另致一缄，于方深二十丈之明礶所以不可开之故，反复论辩，以为古今中外所无，决其窒碍难行，必然劳费无成。该训导果有独得之秘，何不明白禀覆，效徐元直之‘事有不至，至于十反，来相启告’？本总局毫无成见，自可择善而从。若考求未真，尚无十分把握，即当俯纳本总局之说，停此大工。乃该训导一切不顾，辄于五月初八日大开明䃎，独不思矿务何等重大，当此国帑艰难，岂容视同瓦砾，肆意一掷耶！现在抚宪札委本总局提调邹令代钧前往查办。该训导当与邹令虚心以求是，毋再私心以求胜也！”等因。捧诵之余，莫名惶悚！窃树蘅之以明䃎为可开，与夫久稽禀复之处，亦自持之有故，敬为宪台一再陈之。水口山虽有山名，开采之所究系平地，历经民人开挖，山体受戕已深，中空数十丈之地，废䃎交午，何止百十，停淤积潦，糜烂不堪。自来䃎路之易于崩陷，积水之难于车戽，䃎夫之艰于出入，大都受敝于此；然查此腐溃之病块，亦只及十余丈之远，以下则石䃎一道，深入无间，乃近年商民开采，积日月以凿成者。传闻石䃎之内，藏矿甚多，今若不将此朽坏揭去，则废䃎潴蓄之水，灌满石䃎，不车则取矿无期，车则一昼夜非用夫三四百名不可，而修整废䃎之需工料，䃎内昏黑之多费灯油，矿徒之出入幽潜无从稽其勤惰，种种患害，皆所不免，春夏水泉泛溢，碍难工作，更不待言。一开明䃎，则土返其宅，水归其壑，外用龙骨车以戽明䃎之水，内用竹筒车以戽石䃎之水，水既无害，则日日可以兴工，时时可以取矿，无停役待时之事。明䃎矿旺，取之明䃎；明䃎矿衰，取之石礲。石礲之上既敞开大口，短去十余丈之暗礲，以后即欲下石礲取矿出入亦自便易。前禀所谓即欲于明礲中加开暗礲犹属事半功倍者，指此。天下事履之而后知其艰，亦必知之深而后能尽其变。树蘅到山，已将四月，深知町中开采岁久，上层土性疏恶，实于暗礲非便，知其不便而不言，将来虚糜帑项，一事无成，宪台即不深加谴诃，此心何堪自问！区区之愚，始终谓明礲为可开者以此。树蘅虽愚，岂不知凡事蹈常袭故，仰候音旨，可以见好而免过？其不敢有所避就，诚欲得当以报左右耳。现在兴工甫十日，日役夫千余名，常属苦饥，野有饿殍以工代赈，咸效子来，而开深已至四丈，方倍之，用钱五百余串。既蒙委员查办，只合将民夫遣散，候该令回辕禀报，以取进止，决不敢私心求胜，重烦督诲之来！……到山以来，为矿气蒸蚀，肢节疢□，不能起坐，牍覆稍迟……

观此可知明礲经始时之波折，与廖所持以力争者，盖几以"古今中外所无"而竟遭制止，后来明礲之效，为时艳称，却又正以"古今中外所无"耳。陈三立与廖氏书，言及明礲处（见第二十六期），亦可参阅。

（原第14卷第27期）

二六　隆观易其人其文

陈三立与廖树蘅书，屡及隆山人（见第二十五期）。山人名观易，字无誉，别号卧侯，宁乡畸士，诗才清妙，交树蘅，因并与三立及其父宝箴相识，均爱重之。宝箴为刊其《罘罳草堂诗集》，弁以序云：

> 宁乡隆君无誉，诗人也。其里中友笙陔廖君，既馆于予，乃数为予言无誉之人之诗。无誉伏处穷山中，无名声于时，一卷啸吟，冥思孤往，憔悴而专一。其为诗垂三十年，屡变其体，所得诗逾六七千首，今存者亦千首有奇。然无誉尝一游秦中而归，故今诗言边事者为多焉。今年九月，无誉复有秦陇出塞之行，假道长沙，遇宿笙陔斋中，予得与相见，接其论议，读所撰著文字，根柢郁茂，其经世之志，略见于斯矣。既而取阅其《罘罳草堂诗卷》，则逢源杜与韩，语言之妙类大苏，而似归宿于吾乡山谷老人，世之号为能诗者未易而有也。无誉自言，向读朱文公《中庸注》至静深而有本之语，恍然悟诗教之宗，故其诗淡简以温，志深而味隐，充充乎若不可穷。往尝论今之为诗者，大抵气矜而辞费，否则病为貌袭焉，而窃喜子瞻称山谷御风骑气以与造物者游之言，谓为得其诗之真，而颇怪世少知之而为之者，盖乡先辈声响歇绝，殆千数

百年于兹矣。读无誉诗，其庶几过之也。无誉将行，予与笙陔以其诗无副本，虑亡阙于道里之险艰，相与尼留其稿，而略为择录若干首，付之剞劂，兼以质无誉塞外云。光绪三年嘉平月，义宁陈宝箴。

是编营始丁丑之冬，寻以人事牵迫，辄舍去。今年春夏，以手民劣恶，别录为编，选良董成，历月凡五，用既厥工，未几而无誉之赴（讣）至，盖无誉已于戊寅冬十月病殁甘肃之宁夏官幕矣。呜呼，以无誉之才之学之年，而不获竟其志业，以大白诸世，而遂以客死，岂非其命邪！抑无誉敝精力于吟咏声病之间，而因以戕其生邪！独恨懒漫侵寻，未克寄无誉是编，商略取置，使一及见之，然亦不谓无誉之遽止于此也！抚校遗编，为之雪涕。已卯夏五月，宝箴附识。

三立与王闿运各为作传，其文如下：

三立《隆观易传》：

隆观易，字无誉，长沙宁乡人也。幼奇慧，年十三以诗谒湘乡曾文正公，由是数从曾公游，遂通经史百家之书。父艺虎为里豪所中，陷于狱。艺虎故才士，亦曾公所引重也。观易乃阴干曾公，豪闻而惧，私念艺虎交厚曾公，罪当出，即出当杀我，遂贿狱卒毙艺虎。观易哀愤，穷日夜谋杀豪，以死无恨。未几豪病死，于是观易谢绝人世，敝精力呕血为诗歌。斗室空山，憔悴枯槁，其志深故其道隐，其怨长故其词约而多端。同治中，县人喻光容者官甘肃狄道州，招观易。光容起自兵间，为牧守，顾雅好儒学，与观易相得甚欢，为留二年而归。当是时，相国左公次第定回疆，规善后，观易客游其间，就所知陈书相国言边事。相国高才素嫚，又观易乡里后进，而相国更事久，益儿子畜之，得观易书，笑曰："隆氏子亦上书言事耶!"然观易所言实良策，后相国所施设，竟多与观易合云。观易既归，益放其意为诗，白（自）比苏轼、陈师道。光绪三年，复就光容于宁灵，至数月卒，年四十一。观易少负气跅驰，喜言大略，议论踔厉纵横，机牙四应，无不人人绌伏。后更摧挫抑敛，恂恂如处子。人有称誉，则惶恐引避；有毁之者，必谢过，曰："死罪！诚如公言。"终不复辩。卒后，湖湘间颇重视观易诗，后生学徒，多效其体，观易之名浸昌矣。所著书曰《禹贡水经考》《经义知新录》《六百日通》《西征续觚》《西征续集》《宁灵消食录》《罘罳草堂诗文》，凡若干卷。赞曰：

业业隆生，狂狷之间。固穷无恶，猎艺斯专。观俗秦坂，咏志湘川。风犹孔硕，留规后贤。

闿运《隆观易小传》：

隆观易，字无誉，宁乡人也。父任侠，为里豪所仇。观易年十余，避走衡阳，易姓名，居莲湖书院，从生童诵读，颖异劬学，诗文幽苦。衡阳欧阳生时为馆师，察异之，诘其自来，具诉其冤。生女夫曾国藩属（适）以侍郎治兵衡州，移文宁乡，悉反其事，捕系其父所怨家数十人，欲穷治其狱。时骆秉章为巡抚，以国藩侵官权，固不乐，里豪乃遍诉其县吏士，因左宗棠告巡抚，径下檄用便宜斩其父，事又大反。观易甫归，遇奇变，即又窜走山谷间。有廖翁者，知其冤，客舍之，资其衣食。观易学亦日进。既逃死不敢出，唯与二三相知不涉世事者以诗写其忧，不袭于古，自发抒其愤，所遭际然也。岁久，事益解，而怨家犹盛，不敢入城市者二三十年。县人文武达者皆无因与相识。后乃识廖树蘅。树蘅奇其才，哀其遇，稍稍言于官士间。义宁陈宝箴，好奇士也，得见观易，特以为诗人之穷者，又隐厄不自拔耳，然尤喜其诗，为之刊行，间以示人，人亦未之问也。观易既久抑不得奋，思游关陇从军绝塞以自振。光绪初过宝箴寓邸辞而行，行未至嘉峪，道卒，年四十一。妻某氏，困约时所娶也，有子某，贫不能自存。树蘅合其友数人经纪之，出其诗以示王闿运。

王闿运曰：自军兴以来，搜求振拔文武之材多矣，曾侯尤好文，一介之士，一语之善，未尝不知赏也。余居家亦汲汲于遗才，自谓无遗焉矣，乃初不知有隆生；知之矣，不知其厄穷之由。夫文章易见耳，当吾之身，百里之内，而使斯人颠倒侘傺以终，可不悲乎！

廖树蘅曰：湘绮此文，较骈枝室尤佳，波澜格局略同，高老过之，学以年进也。论词得史公之遗，令人往复不尽，卧侯不死矣！

其人其诗，于一序二传，可知其概，均非苟作也。闿运所叙，与三立间有异同。观易父之死，陈传谓里豪贿狱卒毙之，王传则云骆秉章下檄斩之，其事不侔矣。（树蘅子基棫，于《宁乡县志》传观易，此节谓：“观易……乞援曾公，诺之。仇闻而惧，观易未及反，而艺虎已先毙矣。”传末附叙其子云：“子志毅，诸生，未几亦卒。”王传（坊本《湘绮楼文集》未载）树蘅特加称叹；文固佳，然论词与寿树蘅七十序（见第二十期）之“当东南鼎沸之时，天下波（披）靡，而独有湘乡曾侯倡为求人才分国忧之言，于是左、胡和之，虽走卒下吏，一艺之长，得以自远。闿运弱冠亦与其议论，湖外人才搜访遍矣。宁乡近邑，廖氏名族，有荪畡先生者，与刘克庵兄弟游，称名诸生，竟寂然不相闻”，略嫌词意近复，似均不无矜气。（寿廖之作，时期似在传隆之后。）　（原第14卷第28期）

二七　曾国藩与骆秉章之龃龉

王闿运《隆观易小传》言骆秉章以不乐曾国藩侵官权而下檄斩观易之父，与陈三立《隆观易传》所叙有异（均见第二十八期）。按：《湘军志·曾军篇》纪咸丰三年骆、曾事有云：

> ……诸州县亦时禀承国藩，言所兴除。有上言胥隶贪恣，辄捕治斩之。其行馆即讯者，经三月杀五十余人，文法吏大哗。……骆秉章复来，以国藩所行异于罗绕典及诸团练大臣，心诽之，然见其所奏辄得褒答，受主知，未有以难也。……提标兵固轻侮练勇，倚提督益骄，适湘勇试火枪，伤营兵长夫。因发怒，吹角执旗，列队攻湘勇。城上军都逾堞出，城中惊哗。国藩为鞭试枪者以谢，乃已。俄而辰勇与永顺兵私斗，辰勇者塔齐布所教练也，提标兵益傲怒，复吹角列队讨辰勇。于是国藩念内斗无已时，且不治军，则吏民益轻朝使，无以治奸轨，移牒提督名捕主者。提督亦怒，谩曰："今如命！"缚诣辕门。标兵汹汹满街。国藩欲斩所缚者以徇，虑变，犹豫未有所决。营兵既日夜游聚城中，文武官闭门不肯谁何，乃昌狂公围国藩公馆门。公馆者，巡抚射圃也。巡抚以为不与己公事，国藩度营兵不敢决入，方治事，刀矛竞入，刺钦差随丁几伤。国藩乃叩巡抚垣门，巡抚阳惊，反谢遣所缚者，纵诸乱兵不问。司道以下，公言曾公过操切，以有此变。国藩客皆愤怒，以为当上闻。国藩叹曰："时事方亟，臣子既不能弭大乱，何敢以己事渎君父，吾宁避之耳。"即日移屯衡州。

亦可合看。如闿运所云，秉章之于国藩，良有忮心矣。《湘军志平议》郭嵩焘于“心诽之”云云批曰：“骆文忠与罗文僖同处，即一切委之罗文僖，与曾文正同处，即一切委之曾文正，其心诚无所计校，才虽薄而固君子人也，未宜以此冤之。”嵩焘侄孙振墉注引李元度《骆文忠公别传》：“曾文正公时以侍郎奉命治团练，公与同心戮力，虽议论时有不合，而公事力护持之。”又秉章《自撰年谱》叙咸丰三年国藩由省移衡事云：“是时曾涤生在又一村居住。嗣因镇筸兵赌博，拿获后欲解来正法。是时兵勇鼓噪，闹至又一村，出而弹压，兵勇始散。曾涤生见兵心不服，不在省住，移节到衡州矣。”

《湘绮楼笺启》，与左宗棠书有云：“闿运行天下，见王公大人众矣，皆无能求贤者。涤丈收人材不求人材，节下用人材不求人材，其余皆不足论此。以胡文忠之明果向道，尚不足知人材，何从而收之？故今世真能求贤者，闿运是也，而又在下贱，不与世事，性懒求进，力不能推荐豪杰，以此知天下必不治也。”亦见闿运以求贤自负，大言无所讳，寿廖树蘅与传隆观易所云，可与此参阅。

廖树蘅《罘罳山人隆君哀辞》云：

> 余年十六，尝随友人于郭外浮图，见题句绝佳，未署山人名，访之罕有识者。嗣于何君雨畦所见山人诗稿，始悉其人。年甫弱冠，著书已满家，乃愈益骇服，赋小诗介雨畦以道意。时山人方构家祸，茧足梅

山溪峒间，辽阔无由识面，岁时略因雨畦存问而已。同治己巳，余以事抵安化之曲溪，山人适馆余族祠堂之迟楼，相见如平生欢，亟出馆中诗，篝灯读之。其时山人方肆力于苏、黄诸家，余爱诵不忍释手。是夕风霰交作，楼外松枥尽缟，檐冰堕阶墄，铿然有声。两人者，围炉煮茗，深谈达夜分，以为坡、谷以后，无是乐也。既而山人客游秦陇，余亦叠丁忧戚，音问阔绝，逾六七年。丁丑，山人倦游归，访余山中，赋一诗以去。未几，复有出山之志，余适馆今河北道陈公宝箴长沙寓园，山人径来就余告别。陈公夙闻山人名，闻其来，喜甚，命公子伯严款留数日，极文酒谈宴之乐。余介绍其间，藉与山人畅论古今文章风会得失，穷晓夜不休。计相知二十年，言论踪迹之密，以此为最。濒行，陈公复尼留其《罘罳草堂诗》十卷，序而行之。岂知山人去甫一年，讣音遽至，盖山人以戊寅十月十六日卒于乡人喻仙乔太守宁灵官舍，呜呼，异矣！当山人发长沙时，余与陈伯严及湘乡张福荄、杜云秋、张仲容，安化黄澍亭、李闳刚，徒步送之驿步门外，目击征蓬渺渺，随鸥波而远。数人者，鹄立江岸，意殊惨戚。至今思之，有余痛矣。吾乡自宋以来，词章之学，虽不乏人，而能卓然名家直造古人堂奥者，殆不数数觏。山人处荒山中，无师友切劘之助，而刻意砥行，垂三十年，以从事于古人之学，遂奄有乡先生之长，而若或遇之，可谓能自树立者矣。使假以岁年，其所表见，当不仅是。美志不遂，溘然穷泉，倘所谓天者非耶！此余所以感念畴昔，不禁缘缨泣下而不能自已也。爰为之词曰：

峣峣罘罳，青苍戌削。流沙西来，素波瀺灂。清气所积，实生闻人。赫矣隆子，与古为邻。镂心刿肝，翱翔文史。完神葆素，皭然不滓。凭既夺席，鼎亦解颐。邈以高风，乡衮畴依？希世之珍，旷代一见。石室藤函，用俟来彦。

亦情文兼至，足章其人，宜与两传及陈宝箴序、陈三立书同读，于书所云，亦可见陈、廖文字之互相商订也。

树蘅家所藏友朋书札，有观易书数通，兹亦移录供览：

余既多难杜门，荪君亦连年奉家讳倚庐读礼，不相闻问者行复五年。癸酉秋逐队会垣，与茀荄茂才联床麓山，畅论天下人才，今古文章，风会得失，意气壮甚，两人皆起坐顿足太息。已而觏姜君福阶，则能谈吾荪君近状甚详，并致语蒙索近诗。余病懒，去冬苦咳三月，几不起，不欲频以区区近名者干造物之忌也。何以应吾荪君？聊录旧作十章。院中诸子皆入闱，倚枕独眠，日长人静，清风徐起，闻木樨香自檐隙来，迟二日为中秋也。

别后作诗二首，录呈郢政，适有少冗，不得久留会垣，人生会合，岂非天哉！拙稿恐浮沉，仍携返。

若有意外，乞留神。半生杜门息辙，落落寡上下之交，不得不呼首山也。儿子恋试事，逗遛旅次，新人针线，欲乞灵于老阿婆，肯乞与残脂否？门下士姜生绍仙，好学深思，颇有国中颜子之目，倘晋谒，祈幸教之。目眚兼夜不成书，留此，敬候著安。

辱书慰喜弥日，晤惕非，并闻动履之详。六年云□，万里风驰，无一状可告吾荪畡者，但惭悚耳。西征凡成书二十卷，浮荆襄，道商洛，掠终南、太华而西极于临洮，借天水、金牛、南溪、巴渝，经两川，下三峡，以归于旧隐，山川形胜，人物风土，颇悉见于简编，甚欲得荪畡与吾苐荄一论定。解装以来，人事如织，不获就行旅。承约以蒲午，入梅天气，非暑则雨，当候秋风，然七八月中荪畡当应举，计拟早梅前后闻捷鼓来作北上送行诗耳。承贶雄篇未领，恳更录示，以为宠光。山居如退院僧，旧雨不来，新知辽阔，阴雨连月，梧竹凄迷，日在虫声潦雾中，怀想曷可言宣！把晤尚遥，惟珍重自力。

蒲午由纳官钱人贡书，谅已尘览。比维眠食清胜，风气新凉，足近灯火，文字磨琢，想当日新，何慰如之！观易入夏稍患劳嗽，誓以百日不理书籍，然猩猩得酒，时复中之，结习固自难除。比作得文十余篇，诗百十首，有欲亟求吾荪畡鉴定者，方事医药，不能远出，良用怅惘。茀荄自归山未便通书，不审兴居何似，省闱良觌，幸为致语。忆梅山叙齿，忝与足下齐年，前晤惕非，道阁下意气盛于曩日，观易齿发已就凋疏，衰病日侵，志事徒成画饼，可为太息。黄花开候，当来与吾荪畡作十日谈，以倾其生平。顷欲寄书与西安，乞为代请加封递去。余非面莫究。

（原第14卷第29期）

二八　杨岳斌彭玉麟交恶事

咸丰五年湘军水师在湖北沙口、沌口之役，杨岳斌、彭玉麟情事，前引王闿运《湘军志·水师篇》并所为玉麟行状暨俞樾所为《玉麟神道碑》所叙（见本报第十三卷第十六期及第二十一期）。近阅吴光耀《慈禧三大功德记》卷一有云：

王闿运《湘军志》，体裁宏简，叙议平实，司马子长后无两之作，唯《水师篇》言杨载福、彭玉麟交恶事，不无曲笔。先是彭以五万金设船山书院于东洲，聘王主讲，以为终老之地，以故不能无所偏也。杜少陵《悲陈陶》《悲青坂》，不能为房琯曲笔，韩退之顺宗实录，不能为柳宗元曲笔，古人父子君臣朋友之间，自有相处中正之道，何必曲笔，反两失之？杨学术弗逮彭，彭朴勇弗逮杨，两人分领水师，同心戮力，以平大乱，要皆一时名将帅。彭偶有讳败攘功之事，实未尝有小人倾陷贤能之心，所以为君子之过，日月之食也。彭呼救，杨不应，宜有恨者彭耳。彭曰：“风急水溜，呼固宜不闻。”彭果有此语，是彭已自为和解，杨何深仇积怨更不乐邪？安得言载福先已不乐玉麟？汉水南入江，西岸迫近汉阳县城，东岸迫近汉口码头，西、东两岸，人烟繁盛，筑大堤以束汉水，故入江处广不过十丈，不敌江水十一。寇陷武昌，三岸犄角驻重兵，安得言载福之出也寇无备？言寇无备，故载福幸而免炮邪？下文于玉麟之张帆先行也，又安得言寇先已密备？言先已密备，故玉麟不得免炮邪？当玉麟呼载福，是两船同时在一江中，何以载福往来自如，独不惧炮？则载福勇、玉麟怯之情见矣。非载福所处地易，玉麟所处地难也。地逼窄难避炮，唯汉水入江处为甚，安得言玉麟攻汉阳寇舟岸发炮不得近？江水中流最湍急，但可言寇船中流游弋，安得言机舟傍中流？师行不战则无炮，但战何处无炮？由汉入沌迂远避炮，是了未经行阵之言，彭亦不应有此议。托诸众议不如托诸或议，众多而或少也。况汉口两岸逼窄，避炮更难，此全不识汉口地形之言也。与其出入汉水，不如当江中流上下，反得自在。玉麟以小船迂远由沌入汉攻蔡店，蔡店在汉口上游六十里西岸，小于长江上游九十里之金口，非财赋要区，非岩险重地，在所必争。当时或以武汉寇严无可下手，乃图小逞于蔡店，

> 亦无聊之举耳，不得误认为奇兵。桐城陈澹然为光耀言：此事不直实在彭。杨、彭约会战，彭先发败走，遇杨舟来呼救，杨以为寇胜而骄懈，方当乘其骄懈奋击之，鼓风纵流而前，慷慨应彭曰："怕甚么！"追寇至泥汊未返，彭泊舟内湖，闻胜掩以为功，先报帅府。杨武人质直，以是轻彭文儒使诈，怒不与言。胡林翼忧之，明年春，特宴两人太湖军中，曰："平寇赖湘军，湘军赖水师，水师赖公两人，两人不协，奈大局何！"奉觞进两人，痛哭伏地拜不起。两人惭谢，交欢如初。陈所言时地微异，情事较近。

光耀籍江夏（今武昌县），所叙或于地理较稔，因录之，以备读《湘军志·水师篇》者参阅。（闿运与玉麟踪迹较亲，或不免有稍私于玉麟处。《水师篇》成，曾寄玉麟商定也。惟主讲衡州东洲书院，事在《湘军志》成书以后矣。撰《湘军志》之前，曾应玉麟之请在衡修《衡阳志》。）胡林翼调和彭、杨一节，与方宗诚《柏堂师友言行记》所云（本报第十三卷第十六期所载拙稿亦引之）大致相类，惟言在太湖军中，则未谛，以其时未治军太湖也。至韩退之、柳子厚云云，论史不离俗见。

二九　《慈禧三大功德记》之谬误

光耀此书，间有可采，而大端多谬，于孝钦与德宗之际，恣为不根之语，阅者当辨之也。王小航《方家园杂咏纪事》卷尾戊辰初夏（民国十七年）自记有云：“《方家园杂咏记事》成稿后，搁置经年，未付剞劂。因近日见吴某印行其所著之《慈禧三大功德记》，识见卑陋，满纸皆市井之谰语，颠倒是非，甚至谓恭王奕䜣谋篡，李鸿章卖国于日本，光绪帝让位于康有为，种种怪谬，而人或信之，不得已刊印此编，以破其妄。”盖深恶之。光耀叙戊戌政变事有云（见卷一）：

> 太常寺卿蒙古岳梁，神机营带队大臣兼管电灯公所，供奉内廷四十年，光耀昆弟交也，为言：袁世凯报秘回宫，德宗、王大臣罗跪，慈禧徐问德宗曰：“尔何故改民主？”曰：“自心愿。”曰：“尔知民主是何事？”曰：“教康有为做几天我看。”曰：“尔何故令袁世凯兵围颐和园？”曰：“康有为言：变法先变服，变服从皇太后始，兵围皇太后乃肯先变服。”曰：“尔何故置刀床上？”曰：“康先生言：爸爸不变服，杀爸爸。”慈禧问至此，无言坠泪，以为自家儿生不慧为人所愚，未复何说，于是复听政。

书中可令人喷饭处，大抵类是。

三〇　李端棻弄巧成拙

戊戌新政，李端棻由仓场侍郎擢礼部尚书（先命署理，旋予真除）；迨政变，不自安，以“滥保匪人”等语自行奏请议处。奉谕：“实属有意取巧，未便稍从末减。李端棻着即革职发往新疆严加管束。”陈夔龙《梦蕉亭杂记》卷一纪其事云：

> ……新会某孝廉，乃尚书典试粤东所得士，继之以婚姻。戊戌会试，寓尚书宅，地近则言易入。当变政之前数月，新政逐日举行，朝野震骇。尚书时为仓场侍郎，封奏独夥，均系变法维新，与平素旧学宗旨，大不相符。门生故旧，纷纷訿议。余目睹党祸已成，窃代忧之。七月杪，礼部堂官不为司员王照代奏事件，奉旨六堂同日褫职。尚书超擢礼尚。八月朔，由通还京，余谒之于邸第，谓公曰：“交非恒泛，不作谀词。今日为公贺，恐明日将为公吊耳。”公愕然。时公门人贻司业榖亦在坐。公曰：“然则何以教我？”余曰：“时局如此，成败利钝未能逆料，只有谢病辞官，尚是保身一法。”公曰：“初三日到任，已传知阖部曹司，并发谕帖，此事岂能中止？”余谓：“从前乾嘉时代，和珅擅权用事，闽中某中丞时为苏抚，与和素通声气，

后知和将败，恐罹党祸，亟思请疾而又无词可措，爰于大朝会时观瞻所系，故作失足昏晕状，具折请假开缺，卒免于祸。公盍仿而行之?”公踌躇未决。贻君曰：“此计甚妥，师座若肯弃此官，门生亦愿弃微职，从公优游林下。”越日公赴部履新，部中土地祠祀唐韩文公愈，例须行礼，公于行礼时故为失足不起，众目共睹，匆匆扶归，即缮折请病假二十日，贻君亦同日请假，风义可佩。此假期内，波谲云诡，幸在旁观。迨十五日张侍郎荫桓奉旨遣戍，南城外士大夫群相议论，全集矢于公。公不得已，具折自行检举。奈是日适有内监他案发生，东朝震怒，阅公奏疏，谓为有心取巧，仍从重论发往新疆效力赎罪……

端棻以政潮坐新党获谴，本自光明，乃轻徇人言，托病请假，作观望之计，弄巧成拙，博得“有意取巧”之恶评，甚为不值，良可惋惜耳。张荫桓与端棻之获谴，系八月十四日、十九日先后发表。“新会某孝廉”指梁启超，端棻己丑典试广东所得士，妻以女弟者也。《梦蕉亭杂记》兼叙李、张发遣情形，前已引录（见本报第十三卷第四十期）。

（原第14卷第30期）